# DIREITO DO TRABALHO

## PARTE II

## SITUAÇÕES LABORAIS INDIVIDUAIS

CB126181

MARIA DO ROSÁRIO PALMA RAMALHO

Professora Agregada da Faculdade de Direito de Lisboa
Doutora em Direito

# DIREITO DO TRABALHO

## PARTE II

## SITUAÇÕES LABORAIS INDIVIDUAIS

3.ª EDIÇÃO

REVISTA E ACTUALIZADA
AO CÓDIGO DO TRABALHO DE 2009

ALMEDINA

DIREITO DO TRABALHO

PARTE II

SITUAÇÕES LABORAIS INDIVIDUAIS

AUTORA
MARIA DO ROSÁRIO PALMA RAMALHO

EDITOR
EDIÇÕES ALMEDINA, SA
Av. Fernão Magalhães, n.° 584, 5.° Andar
3000-174 Coimbra
Tel.: 239 851 904
Fax: 239 851 901
www.almedina.net
editora@almedina.net

PRÉ-IMPRESSÃO | IMPRESSÃO | ACABAMENTO
G.C. – GRÁFICA DE COIMBRA, LDA.
Palheira – Assafarge
3001-453 Coimbra
producao@graficadecoimbra.pt

Maio, 2010

DEPÓSITO LEGAL
310279/10

Os dados e as opiniões inseridos na presente publicação
são da exclusiva responsabilidade do(s) seu(s) autor(es).

Toda a reprodução desta obra, por fotocópia ou outro qualquer
processo, sem prévia autorização escrita do Editor, é ilícita
e passível de procedimento judicial contra o infractor.

***Biblioteca Nacional de Portugal – Catalogação na Publicação***

RAMALHO, Maria do Rosário Palma

Direito do trabalho. – 3ª ed. rev. e actual. – 2 v.
(Manuais universitários)
2º v. : Situações laborais individuais. - p.
ISBN 978-972-40-4227-5

CDU 349

*Aos meus Alunos*

# PREFÁCIO À 3.ª EDIÇÃO

A terceira edição do nosso *Direito do Trabalho – Parte II: Situações Laborais Individuais*, que ora se publica, procede à revisão desta obra à face do novo Código de Trabalho, aprovado pela L. n.º 7/2009, de 12 de Fevereiro, tal como já fizemos em relação ao primeiro tomo (*Direito do Trabalho I – Parte I: Dogmática Geral*).

Como é sabido, o novo Código do Trabalho introduziu profundas alterações no regime laboral, não só em termos sistemáticos, com a alteração da estrutura dualista do regime anterior, assente na repartição dos conteúdos normativos entre Código e Regulamentação, e ainda com relevantes modificações na estrutura interna do próprio Código, mas também em termos substanciais, com a introdução de modificações relevantes em muitos regimes laborais.

Acresce que, já depois da entrada em vigor do Código, foram publicados vários diplomas laborais avulsos, que vieram complementar os regimes do Código e preencher as remissões de algumas das suas normas nas mais variadas matérias.

Por fim, também ao longo deste ano, houve alterações significativas no quadro normativo comunitário em matéria social, não só por força da entrada em vigor do Tratado de Lisboa, mas também em resultado da alteração ou da actualização de diversos instrumentos normativos comunitários com incidência directa ou indirecta nestas matérias.

Em suma, no espaço de um ano, o quadro normativo laboral foi objecto de alterações sistemáticas e substantivas de grande alcance.

Perante este quadro e tendo-se, entretanto, esgotado a 2.ª edição deste tomo do nosso *Direito do Trabalho*, impunha-se uma nova revisão que actualizasse a obra em face do novo quadro legal.

Para além da revisão imposta pelo novo Código e pelos diplomas avulsos nesta matéria, aproveitou-se também a oportunidade desta nova edição para proceder a uma actualização das referências doutrinais e para apreciar as orientações jurisprudenciais mais recentes no domínio laboral.

Lisboa, 02 de Abril de 2010

## ABREVIATURAS E OUTRAS INDICAÇÕES DE LEITURA

### a) Abreviaturas

| | |
|---|---|
| AA | – Acordo de Adesão |
| ABGB | – Allgemeines Bürgerliche Gesetzbuch (Áustria) |
| Ac. | – Acórdão |
| AcP | – Archiv für die civilistische Praxis (Heidelberg) |
| ACT | – Acordo Colectivo de Trabalho |
| ACT | – Autoridade para as Condições de Trabalho |
| AD | – Acórdãos Doutrinais do Supremo Tribunal Administrativo |
| AE | – Acordo de Empresa |
| AJ | – Actualidade Jurídica |
| AR | – Assembleia da República |
| ArbR | – Arbeitsrecht – Zeitschrift für das gesamte Dienstrecht der Arbeiter, Angestellten und Beamten (Stuttgart) |
| ArbuR | – Arbeit und Recht. Zs. f. Arbeitsrechtspraxis (Köln-Deutz) |
| ArchPhDr | – Archives de philosophie du droit (Paris) |
| AuA | – Arbeit und Arbeitsrecht. Monatszeitschrift für die betriebliche Praxis (München) |
| BB | – Der Betriebs-Berater. Zs. f. Recht u. Wirtschaft (Heidelberg) |
| BFDUC | – Boletim da Faculdade de Direito da Universidade de Coimbra (Coimbra) |
| BGB | – Bürgerliches Gesetzbuch (Alemanha) |
| BMJ | – Boletim do Ministério da Justiça |
| BTE | – Boletim do Trabalho e do Emprego |
| CC | – Código Civil |
| CCom. | – Código Comercial |
| CCT | – Convenção Colectiva de Trabalho / Contrato Colectivo de Trabalho |
| CE | – Comunidades Europeias |
| CEDH | – Convenção Europeia dos Direitos do Homem |
| CEE | – Comunidades Económicas Europeias |
| C.Eur. | – Tratado da Constituição Europeia |
| CITE | – Comissão para a Igualdade no Trabalho e no Emprego |

| | |
|---|---|
| Civitas(REDT) | – Civitas, Revista Española de Derecho del Trabajo (Madrid) |
| CJ | – Colectânea de Jurisprudência |
| CJ(STJ) | – Colectânea de Jurisprudência / Acórdãos do Supremo Tribunal de Justiça |
| Col. | – Colecção de Acórdãos do Supremo Tribunal Administrativo |
| Conv. | – Convenção Internacional |
| CP | – Código Penal |
| CPC | – Código de Processo Civil |
| CPT | – Código de Processo do Trabalho |
| CIRE | – Código da Insolvência e da Recuperação de Empresas |
| CRCSS | – Código dos Regimes Contributivos da Segurança Social |
| CREF | – Código dos Processos Especiais de Recuperação da Empresa e de Falência |
| CRP | – Constituição da República Portuguesa |
| CSC | – Código das Sociedades Comerciais |
| CSE | – Carta Social Europeia |
| CT | – Código do Trabalho de 2009 |
| CT 2003 | – Código do Trabalho de 2003 |
| Dalloz | – Recueil périodique et critique de jurisprudence, de législation et de doctrine (Paris) |
| DAR | – Deutsches Arbeitsrecht (Darmstadt) |
| DB | – Der Betrieb. Wochenschrift für Betriebswirtschaft, Steuerrecht, Wirtschaftrecht, Arbeitsrecht (Düsseldorf) |
| Dec. | – Decreto |
| Dec. | – Decisão Comunitária |
| DG | – Diário do Governo |
| DG (Ap.) | – Diário do Governo (Apêndice) |
| DH. | – Dalloz Hebdomadaire (Paris) |
| DH. (Chr.) | – Dalloz Hebdomadaire – Chroniques (Paris) |
| Dir. | – Directiva Comunitária |
| Dir. | – Revista O Direito |
| Dir.RI | – Diritto delle relazioni industriali (Roma) |
| DJ | – Direito e Justiça |
| DL | – Decreto-Lei |
| DLav. | – Il Diritto del Lavoro. Rivista di dottrina e di giurisprudenza (Roma) |
| DLRI | – Giornale di diritto del lavoro e delle relazioni industriale (Milano) |
| Doc.Lab. | – Documentación Laboral (Madrid) |
| DR | – Diário da República |
| DR (Ap.) | – Diário da República (Apêndice) |
| DReg. | – Decreto Regulamentar |

| | |
|---|---|
| Droits | – Droits – Revue Française de Théorie Juridique (Paris) |
| DRdA | – Das Recht der Arbeit (Wien) |
| Dr.ouv. | – Le Droit Ouvrier (Paris) |
| DS | – Droit Social (Paris) |
| DUDH | – Declaração Universal dos Direitos do Homem |
| EGELR | – European Gender Equality Law Review |
| Enc.Dir. | – Enciclopedia del Diritto (Milano) |
| ESC | – Estudos Sociais e Corporativos |
| ETN | – Estatuto do Trabalho Nacional |
| ETT | – Empresa de trabalho temporário |
| Ex aequo | – Ex aequo – Revista da Associação Portuguesa de Estudos sobre as Mulheres |
| FDL | – Faculdade de Direito de Lisboa |
| Fest. | – Festschrift |
| Festg. | – Festgabe |
| IGT | – Inspecção-Geral do Trabalho |
| ILJ | – Industrial Law Journal (Oxford) |
| ILR | – International Labour Review (Genève) – *vd* RIT |
| IRS | – Imposto sobre o rendimento das pessoas singulares |
| JCP | – Jurisclasseur périodique (Paris) |
| JhJb | – Jehrings Jahrbücher. Jahrbücher für die Dogmatik des heutigen römischen u. deutschen Privatsrecht (Jena) |
| JO | – Jornal Oficial das Comunidades Europeias |
| JTT | – Journal des Tribunaux du Travail (Bruxelles) |
| JuBl. | – Jüristische Blätter (Wien) |
| JuJ | – Juristen Jahrbuch (Alemanha) |
| JurW | – Juristische Wochenschrift (Berlin) |
| JuS | – Juristische Schulung. Zs. für Studium u. Ausbildung (München) |
| JZ | – Juristenzeitung (Tübingen) |
| KJ | – Kritische Justiz (Alemanha) |
| L | – Lei |
| LAP | – Regime Jurídico das Associações Patronais |
| LAT | – Regime Jurídico dos Acidentes de Trabalho |
| Lav.80 | – Lavoro 80 (Milano) |
| Lav.80/Quaderni | – Lavoro 80 /Quaderni (Milano) |
| Lav.Dir. | – Lavoro e diritto (Bologna) |
| LC | – Lei Constitucional |
| LCCG | – Regime Jurídico das Cláusulas Contratuais Gerais |
| LCCT | – Regime Jurídico da Cessação do Contrato de Trabalho e do Trabalho a Termo |
| LComT | – Regime Jurídico das Comissões de Trabalhadores |
| LCT | – Regime Jurídico do Contrato de Trabalho |

LCTFP – Lei do Contrato de Trabalho em Funções Públicas
LD – Lei dos Despedimentos
LDT – Regime Jurídico da Duração do Trabalho
LFFF – Regime Jurídico das Férias, Feriados e Faltas
LG – Lei da Greve
LPMP – Lei da Protecção da Maternidade e da Paternidade
LRCT – Regime Jurídico das Relações Colectivas de Trabalho
LS – Regime Jurídico das Associações Sindicais
LSCT – Regime Jurídico da Redução e da Suspensão do Contrato de Trabalho
LTS – Regime Jurídico do Trabalho Suplementar
LTT – Regime Jurídico do Trabalho Temporário
LVCR – Lei dos Vínculos, Carreiras e Remunerações dos Trabalhadores que exercem Funções Públicas
Mass.GL – Massimario di Giurisprudenza del Lavoro (Roma)
NJW – Neue Juristische Wochenschrift (München)
Noviss.DI – Novissimo Digesto Italiano
NZA – Neue Zeitschrift für Arbeitsrecht (München)
OIT – Organização Internacional do Trabalho
ONU – Organização das Nações Unidas
Par.PGR – Parecer da Procuradoria-Geral da República
PE – Portaria de Extensão
PIDESC – Pacto Internacional dos Direitos Económicos, Sociais e Culturais
Polis – Polis – Enciclopédia Verbo da Sociedade e do Estado
Port. – Portaria
PR – Presidente da República
Pront.LT – Prontuário de Legislação do Trabalho
PRT – Portaria de Regulamentação do Trabalho
QL – Questões Laborais
RC – Tribunal da Relação de Coimbra
RCM – Regulamento de Condições Mínimas
RCT – Regulamentação do Código do Trabalho de 2003
RdA – Recht der Arbeit. Zs. f. die Wissenschaft u. Praxis des gesamten Arbeitsrechts (München)
RDE – Revista de Direito e Economia
RDES – Revista de Direito e Estudos Sociais
RE – Regulamento de Extensão
Rec. – Recomendação
Reg. – Regulamento
Rel.Lab. – Relaciones Laborales. Revista Critica de Teoria e Pratica (Madrid)

| | |
|---|---|
| Res. | – Resolução |
| REv. | – Tribunal da Relação de Évora |
| Rev.AAFDL | – Revista Jurídica da Associação Académica da Faculdade de Direito de Lisboa |
| Rev.DS | – Revue de droit social (Bruxelles) |
| Rev.Trab. | – Revista de Trabajo (Madrid) |
| Rev.trim.dr.civ. | – Revue trimmestrielle de droit civil (Paris) |
| RFDUL | – Revista da Faculdade de Direito da Universidade de Lisboa |
| RIDL | – Rivista italiana di diritto del lavoro (Milano) |
| RIT | – Revue internationale du travail (Genève) – *vd* ILR |
| Riv.dir.civ. | – Rivista di diritto civile (Padova) |
| Riv.dir.comm. | – Rivista del Diritto Commerciale e del Diritto Industriale e Maritimo/Rivista del Diritto Commerciale e del Diritto Generale delle Obbligazione (Milano) |
| Riv.soc. | – Rivista delle società (Milano) |
| Riv.trim.DPC | – Rivista trimmestriale di diritto e procedura civile (Milano) |
| RivDL | – Rivista di diritto del lavoro (Milano) |
| RivGL | – Rivista giuridica del lavoro (Roma) |
| RLJ | – Revista de Legislação e Jurisprudência |
| RLx | – Tribunal da Relação de Lisboa |
| RMP | – Revista do Ministério Público |
| ROA | – Revista da Ordem dos Advogados |
| RP | – Tribunal da Relação do Porto |
| SIv | – Scientia Ivridica |
| Soc. | – Arrêt de la Chambre sociale de la Cour de Cassation (França) |
| ST | – Sociologie du Travail (Paris) |
| STA | – Supremo Tribunal Administrativo |
| STJ | – Supremo Tribunal de Justiça |
| TC | – Tribunal Constitucional |
| TCE | – Tratado das Comunidades Europeias |
| TFUE | – Tratado sobre o Funcionamento da União Europeia |
| THEMIS | – THEMIS – Revista da Faculdade de Direito da Universidade Nova de Lisboa |
| TJ | – Tribunal de Justiça das Comunidades Europeias |
| TVG | – Tarifvertragsgesetz (Alemanha) |
| TJ | – Tribuna de Justiça |
| TUE | – Tratado da União Europeia |
| UCP | – Universidade Católica Portuguesa |
| Verbo | – Verbo – Enciclopédia Luso-Brasileira de Cultura |
| WSI-Mitt | – WSI – Mitteillung.Monatszeitschriften des Wirtschafts- und Sozialwissenschaftlichen Instituts in der Hans-Böckler-Stiftung (Köln) |

ZAS – Zeitschrift für Arbeitsrecht und Sozialrecht (Wien)
ZfA – Zeitschrift für Arbeitsrecht (Köln)
ZIAS – Zeitschrift für ausländisches und internationales Arbeits- und Sozialrecht (Heidelberg)
ZRP – Zeitschrift für Rechtspolitik (München)

**b) Outras indicações de leitura**

- Esta obra corresponde ao Volume II da nossa obra *Direito do Trabalho*. Assim, por uma razão de simplicidade, as matérias são apresentadas sequencialmente aos temas que constam do Volume I (*Direito do Trabalho – Parte I – Dogmática Geral*).

- As remissões e demais referências ao Volume I desta obra, constantes do texto ou de nota de rodapé, são feitas, sem indicação de Autor, pela indicação do título, abreviada para *Direito do Trabalho I*, seguida da referência ao parágrafo, ao número arábico e ao número românico para os quais se pretende remeter.

- Sempre que uma disposição legal é referida sem indicação da fonte e excepto se outra conclusão se retirar do contexto, deve entender-se que ela se reporta ao Código do Trabalho. As referências, sem mais, a *Código* reportam-se ao Código do Trabalho de 2009.

# I

# FORMAÇÃO DAS SITUAÇÕES JUSLABORAIS INDIVIDUAIS: O CONTRATO DE TRABALHO

## § 17.° Delimitação do contrato de trabalho

### 57. Noção e elementos essenciais do contrato de trabalho

#### 57.1. Noção legal de contrato de trabalho

**I.** No nosso sistema jurídico, o contrato de trabalho é, tradicionalmente, objecto de definição legal. Esta noção constava já do primeiro Regime Jurídico do Contrato de Trabalho, aprovado pela L. n.° 1952, de 10 de Março de 1937 (art. 1.°)[1], e foi mantida, com algumas alterações, tanto no Código Civil (art. 1152.°) como na LCT de 1966 e, depois, na LCT de 1969, de onde passou para ao Código do Trabalho (art. 10.° do CT de 2003 e art. 11.° do CT de 2009).

Actualmente, a noção de contrato de trabalho consta do art. 1152.° do CC (a que correspondia o art. 1.° da LCT de 1969) e do art. 11.° do CT. Para o Código Civil, «contrato de trabalho é aquele pelo qual uma pessoa se obriga, mediante retribuição, a prestar a sua actividade intelectual ou manual a outra pessoa, sob a autoridade e direcção desta»[2]. Já o art. 11.°

---

[1] Era o seguinte o texto do art. 1.° da LCT de 1937: «Contrato de trabalho é toda a convenção por força da qual uma pessoa se obriga, mediante remuneração, a prestar a outra a sua actividade profissional, ficando, no exercício desta, sob as ordens, direcção ou fiscalização da pessoa servida».

[2] Esta redacção tem origem no Projecto de GALVÃO TELLES para o regime do contrato de trabalho, apresentado em 1961, que, todavia, não referia o elemento da autoridade mas apenas o elemento da direcção – cfr., I. GALVÃO TELLES, *Parecer n.° 45/VII à Câmara Corporativa – Regime do Contrato de Trabalho (Projecto de Proposta de L. n.° 517), in Pareceres da Câmara Corporativa (VII Legislatura)*, 1961, II, Lisboa, 1962, 515-560 (525). Esta noção de contrato de trabalho estava, aliás, em consonância com a que foi proposta por este autor na Exposição de Motivos sobre a Proposta que o autor elaborou para o título do Código Civil de 1966 sobre os contratos em especial – cfr., I. GALVÃO TELLES, *Contratos Civis (Projecto completo de um título do futuro Código Civil Português e res-*

do CT define contrato de trabalho como «...aquele pelo qual uma pessoa singular se obriga, mediante retribuição, a prestar a sua actividade a outra ou outras pessoas, no âmbito de organização e sob a autoridade destas». Naturalmente, as duas noções não se opõem mas devem ser conjugadas, tendo, hoje, a noção do Código Civil especial interesse para integrar o conteúdo da actividade do trabalhador: esta actividade pode ser intelectual ou manual.

Mantendo-se estável na LCT e no Código Civil, a noção de contrato de trabalho foi objecto de alguma evolução com a codificação do Direito do Trabalho, tendo sido introduzidas alterações tanto no Código do Trabalho de 2003 como no Código do Trabalho de 2009.

Ao identificar o contrato de trabalho como «aquele pelo qual uma pessoa se obriga, mediante retribuição, a prestar a sua actividade a outra ou outras pessoas, sob a autoridade e direcção destas», o art. 10.° do CT de 2003 introduziu duas modificações na noção tradicional deste contrato: a primeira tinha a ver com a actividade do trabalhador, que deixou de ser qualificada como manual ou intelectual, distinção que traduzia a diferença entre operários e empregados, mas que não tem actualmente grandes projecções jurídicas; a segunda foi a referência expressa à titularidade da posição jurídica de empregador não apenas por uma mas também por duas ou mais entidades, por forma a enquadrar a figura da pluralidade de empregadores (que o Código do Trabalho de 2003 previa no art. 92.° e que o actual Código trata no art. 101.°)[3].

Já no Código do Trabalho de 2009, a noção de contrato de trabalho (art. 11.°) sobrevaloriza a componente de «autoridade» em relação ao elemento «direcção» no recorte da posição jurídica do empregador e introduz uma referência expressa à inserção do trabalhador «...no âmbito da organização...» do credor. Além disso, exige-se que o trabalhador seja uma

---

*pectiva Exposição de Motivos)*, BMJ, 1959, 83, 113-283 (252). No regime que antecedeu a LCT de 1969 (o DL n.° 47032, de 27 de Maio de 1966), a definição do contrato de trabalho (art. 1.°) já corresponde à da LCT.

[3] Já tendo apreciado a figura da pluralidade de empregadores, para aí remetemos. Cfr. M. R. Palma Ramalho, *Direito do Trabalho – Parte I: Dogmática Geral*, Coimbra, 2.ª ed., 2009, § 9.° ponto 43.4. Para mais desenvolvimentos sobre esta figura, *vd* ainda Rosário Palma Ramalho, *Grupos Empresariais e Societários. Incidências Laborais*, Coimbra, 2008, 307 ss., 375 ss., 465 ss., 484 ss., 581 ss., 638 ss., e *passim*.

pessoa singular, o que é uma decorrência do carácter *intuitus personae* do contrato de trabalho[4].

**II.** Noutros sistemas jurídicos, a delimitação do contrato de trabalho não passa por uma definição legal do mesmo, mas por outros critérios, como a noção de trabalhador subordinado ou a referência à posição jurídica de dependência que ele ocupa no vínculo laboral.

Assim, no sistema jurídico germânico, o vínculo laboral mantém-se até hoje filiado na figura ampla do contrato de serviços (*Dienstvertrag*), prevista no § 611.° do BGB: trata-se da modalidade do *Dienstvertrag* em que a posição jurídica do prestador do trabalho se caracteriza pela dependência pessoal (*persönliche Abhängigkeit*) relativamente ao credor do serviço, e a essa posição de dependência pessoal inerem especiais deveres de assistência do empregador (*Fürsorgepflichten*) – § 617.° e 618.° do BGB. Neste quadro, a delimitação conceptual da figura do contrato de trabalho (*Arbeitsvertrag*) deve-se à doutrina e à jurisprudência, que isolaram os elementos essenciais do contrato, com destaque para o elemento da dependência pessoal ou subordinação[5].

Também no sistema jurídico francês, o contrato de trabalho continua até hoje a ser identificado como uma modalidade do *contrat de louage* na lei civil, de acordo com a tradição napoleónica (é a figura do *louage de services*, que tem como modalidade o *louage des gens de travail* – arts. 1711.° e 1780.° do *Code civil*)[6]. A sua delimitação conceptual foi, pois, feita fora do Código Civil, ficando a dever-se, sobretudo, ao trabalho da doutrina e da jurisprudência, que foram afinando os elementos essenciais deste contrato, com destaque para o elemento da subordinação jurídica[7].

Já no sistema italiano, o *Codice civile* dedica o seu Livro V ao fenómeno do trabalho. Nessa sede, a lei refere-se, por diversas vezes, ao contrato individual de trabalho (recorrendo ao adjectivo *individual* para distinguir o contrato de trabalho dos contratos colectivos de trabalho[8]) e regula com minúcia a dinâmica deste contrato (Secção III, arts. 2096.° ss.), mas também não apresenta qualquer noção de contrato de trabalho. A delimitação da

---

[4] Especificamente quanto à exigência de que o trabalhador seja uma pessoa singular, *vd Direito do Trabalho I*, § 9.°, ponto 33.1.VI.

[5] Cfr., *infra*, ponto 57.4.

[6] Em geral e por todos quanto ao contrato de trabalho no *Code civil*, G. H. CAMERLYNCK, *Le contrat de travail, in* G. H. CAMERLYNCK (dir.), *Traité de Droit du travail*, I, 2.ª ed., Paris, 1982, 10 s.

[7] Cfr., *infra*, ponto 57.4.

[8] Por exemplo, no art. 2077.° do *Codice civile*.

figura é, assim, feita por um critério subjectivo, a partir da noção legal de trabalhador subordinado (art. 2094.°), na qual sobressaem os seguintes elementos: a prestação de uma actividade manual ou intelectual; a obrigatoriedade da retribuição; e a colocação do trabalhador sob a dependência e direcção do empregador. Esta norma deve ainda ser conjugada com a referência do *Codice civile* ao empregador e aos poderes laborais (art. 2086.°).

Na mesma linha, no direito espanhol, o trabalho dependente é perspectivado no Código Civil como uma modalidade do *arrendiamento de servicios* (art. 1544.°, e arts. 1583.° ss.), mas o vínculo laboral é actualmente delimitado no *Estatuto de los Trabajadores*[9]. A propósito do seu âmbito de aplicação, este diploma permite identificar o contrato de trabalho a partir das noções de trabalhador subordinado e de empregador (que constam do seu art. 1.°), nas quais avultam os seguintes elementos: é trabalhador subordinado o trabalhador voluntário que presta serviços retribuídos por conta alheia e no âmbito da organização e direcção de outra pessoa (art. 1.° n.° 1); por seu turno, o empregador é a pessoa física ou jurídica que recebe a prestação de serviços de trabalhadores subordinados (art. 1.° n.° 2).

A mesma orientação se pode observar no sistema jurídico brasileiro, cuja *Consolidação das Leis do Trabalho*[10] define o empregador e o empregado (arts. 2.° e 3.°), salientando nas suas posições jurídicas as ideias de «direcção» e de «dependência», respectivamente.

Já seguindo um critério de delimitação semelhante ao do sistema jurídico português, pode apontar-se o sistema belga, cuja *Loi du 3 juillet 1978, relative aux contrats de travail*, contém uma noção de contrato de trabalho que o identifica como o contrato pelo qual uma pessoa presta o seu trabalho «*sous l'autorité d'un employeur*» (art. 1.°).

**III.** No caso português, a noção legal de contrato de trabalho permite identificar os seguintes elementos essenciais desta figura: a actividade laboral; a retribuição; e a colocação do trabalhador (pessoa singular) sob a autoridade e no âmbito da organização do empregador, elemento que a doutrina e a jurisprudência identificam habitualmente e a partir da perspectiva do trabalhador pela expressão «subordinação jurídica».

Os elementos da actividade laboral e da retribuição recortam o binómio objectivo do contrato de trabalho, reportado aos deveres essenciais

---

[9] *Real Decreto legislativo 1/1995, de 24 de marzo*, que aprovou o texto refundido da *Ley del Estatuto de los Trabajadores*.

[10] Aprovada pelo *Decreto-Lei n.° 5452, de 1 de Maio de 1943*, e sucessivamente revista.

das partes. Por seu turno, o elemento da subordinação jurídica recorta o binómio subjectivo do contrato, no sentido em que evidencia a posição desigual que as partes nele ocupam: da parte do trabalhador, uma posição de dependência ou de subordinação, que envolve ainda a inserção numa organização alheia; e da parte do empregador, uma posição de domínio, que se manifesta na titularidade dos poderes laborais de direcção e de disciplina.

Já tendo, a propósito da delimitação do vínculo laboral, procedido ao tratamento *in se* destes elementos do contrato de trabalho[11], cabe agora apreciá-los do ponto de vista da sua aptidão para a qualificação do contrato, avaliando o modo como contribuem para distinguir o negócio laboral de figuras próximas.

### 57.2. **Elementos essenciais do contrato de trabalho: a actividade laboral**

**I.** A prestação de uma actividade produtiva constitui o primeiro elemento essencial do contrato de trabalho e corresponde ao dever principal do trabalhador.

A propósito do estudo da situação jurídica laboral, delimitou-se o conceito de actividade laboral com recurso a três critérios[12]:

i) Do ponto de vista da qualificação jurídica, *a actividade laboral é uma prestação de facto positiva*, uma vez que se analisa numa conduta humana activa apta a satisfazer as necessidades de outra pessoa. Esta qualificação jurídica é, naturalmente, compatível com actividades materiais de simples presença e até com actividades materialmente negativas.

---

[11] Cfr. *Direito do Trabalho I*, § 12.°, ponto 43. Relativamente à construção dogmática que propomos para o contrato de trabalho, *vd* ainda ROSÁRIO PALMA RAMALHO, *Da Autonomia Dogmática... cit.*, 711 ss., *Relação de trabalho e relação de emprego – contributos para a construção dogmática do contrato de trabalho, in Estudos em Homenagem ao Professor Doutor Inocêncio Galvão Telles*, I, Coimbra, 2002, 651-681 (republicado *in Estudos de Direito do Trabalho*, I, Coimbra, 2003,125-156) e ainda *«De la Servidumbre al Contrato de Trabajo» – deambulações em torno da obra de Manuel Alonso Olea e da singularidade dogmática do contrato de trabalho, in Estudos em Homenagem ao Professor Manuel Alonso Olea*, Coimbra, 2004, 529-545.

[12] Cfr. *Direito do Trabalho I*, § 12.°, ponto 43.2.1.

ii) Do ponto de vista do cumprimento, *a actividade laboral exige uma actuação positiva do trabalhador*, mas também se considera cumprida em situações pontuais de inactividade, desde que o trabalhador se mantenha na *disponibilidade* do empregador e que essa disponibilidade seja real e não meramente aparente.

iii) Do ponto de vista do conteúdo, *a actividade laboral caracteriza-se pela heterodeterminação*, no sentido em que as tarefas concretas em que se traduz carecem de ser definidas ao longo da execução do contrato, pelo empregador-credor.

**II.** Tem grande tradição, entre a doutrina e a jurisprudência, desde os primórdios do Direito do Trabalho, o recurso ao elemento da actividade laboral para alicerçar a distinção do contrato de trabalho relativamente a figuras próximas.

Nesta linha, acentua-se o facto de no contrato de trabalho se prometer uma *actividade continuada* ou, numa referência expressiva, de se pôr à disposição do credor a força de trabalho ou a energia do trabalhador, enquanto no contrato de prestação de serviço se promete uma obra ou um ou mais actos concretos, em suma, um *resultado*[13]. Em consonância com este critério de distinção, pode reconduzir-se a obrigação do trabalhador a

---

[13] Na doutrina germânica, este critério de delimitação foi desenvolvido, desde a pandectística, passando pelos pioneiros do Direito Laboral e até hoje, a partir das referências do BGB ao termo *serviço* e ao termo *obra*, na definição do *Dienstvertrag* e do *Werkvertrag* (que faria relevar no primeiro a actividade em si mesma (*Wirken/Tätigkeit*), e a obra produzida (*Werk/Erfolg*) no segundo – neste sentido, WINDSCHEID / KIPP, *Lehrbuch des Pandetten, 9 Auflage unter vergleichender Darstellung des deutschen bürgerlicher Rechts*, II, Frankfurt, 1906 (*reprint*, 1963), 723, E. MOLITOR, *Das Wesen des Arbeitsvertrages*, Leipzig, 1925, 32 ss., ou A. NIKISCH, *Die Grundformen des Arbeitsvertrag und der Anstellungsvertrag*, Berlin, 1926, 44 s., e *Arbeitsrecht*, I, 3.ª ed., Tübingen, 1961, 158 s., mas também, modernamente, R. MÜLLER-GLÖGE, *Münchener Kommentar zum Bürgerlichen Gesetzbuch*, IV – *Schuldrecht. Besonder Teil II (§§ 607-704)*, 3.ª ed., München, 1997, 157-312 (165).

Na doutrina italiana, este critério de distinção é também tradicional – cfr., entre outros, A. ASQUINI, *Del contratto di trasporto, in* L. BOLLAFIO / C. VIVANTE (dir.), *Codice del Commercio commentato, VI*, (*Parte Seconda*) – *art. 388.°-416.°*, 5.ª ed., Torino, 1925, 82, e L. RIVA SANSEVERINO, *Lavoro autonomo, in* A. SCIALOJA / G. BRANCA (dir.), *Commentario del Codice civile, libro V – Del lavoro (art. 2188.°-2246.°)*, 2.ª ed., Bologna-Roma, 1963, 154 ss., bem como *Contratto individuale di lavoro, in* U. BORSI / F. PERGOLESI, *Trattato di dirittto del lavoro*, II (*Il contratto di lavoro*), 3.ª ed., Padova, 1958, 1-379 (19).

uma obrigação de meios, ao passo que a obrigação do prestador de serviços é de qualificar como uma obrigação de resultado[14].

**III.** No nosso sistema jurídico, a distinção do contrato de trabalho de figuras próximas pelo critério do relevo da actividade em si mesma, e não pelo resultado a que ela conduz, é facilitada pelos termos utilizados pela lei na definição das diversas figuras negociais que envolvem uma actividade laborativa, no sentido de uma actividade humana produtora de utilidades. Assim:

- na definição do contrato de trabalho, a lei refere-se à *actividade* do trabalhador (art. 11.° do CT), esclarecendo ainda o Código Civil que se trata de uma *actividade intelectual ou manual* (art. 1152.°); por outro lado, na delimitação do objecto do contrato de trabalho, o art. 115.° n.° 1 do CT refere-se expressamente à «actividade para que o trabalhador é contratado», o que reforça a ideia de que o interesse do credor do trabalho se dirige à actividade de trabalho, em si mesma considerada;
- nesta linha distintiva, a noção legal de contrato de prestação de serviço delimita a posição do prestador pela obrigação de «proporcionar [...] certo *resultado do seu trabalho* intelectual ou manual...» (art. 1154.° do CC);
- na mesma linha, é acentuado o elemento do resultado do trabalho nas diversas modalidades do contrato de prestação de serviço disciplinadas pelo Código Civil: assim, a noção legal do contrato de mandato, constante do art. 1157.° do CC, identifica o mandatário como a pessoa que se «obriga a praticar *um ou mais actos jurídicos...*»; no contrato de depósito, o depositário assume a obrigação perfeitamente delimitada de *guardar e restituir a coisa* (art. 1185.° do CC); no contrato de empreitada, o dever do empreiteiro consiste em «realizar *certa obra*» (art. 1207.° do CC);
- por fim, o relevo do elemento «resultado» descortina-se na delimitação de outras modalidades de prestação de serviço, disciplinadas fora do Código Civil, como o contrato de agência: este contrato, regulado no DL n.° 178/76, de 3 de Julho, com as alterações intro-

---

14 Neste sentido, expressamente, P. ROMANO MARTINEZ, *Direito do Trabalho*, 4.ª ed., Coimbra, 2007, 283.

duzidas pelo DL n.° 118/93, de 13 de Abril, delimita a prestação do agente pela ideia de «*promoção* da celebração de contratos» (art. 1.°).

A distinção do contrato de trabalho de figuras próximas e, designadamente, das diversas modalidades do contrato de prestação de serviço que enquadram o trabalho autónomo, a partir da ideia da actividade *versus* resultado, tem sido sufragada entre nós, tanto pela doutrina[15] como pela jurisprudência[16], com apoio directo nas noções legais destes contratos.

Contudo, os limites operativos deste critério fazem com que ele deva ser considerado como um *critério de mera prevalência*. Assim, dir-se-á que no contrato de trabalho a actividade tem um valor prevalente para o empregador, enquanto no contrato de prestação de serviço é o resultado dessa actividade que tem mais relevo para o credor. Esta forma de aplicar o critério decorre da impossibilidade real de desligar a actividade do resultado[17], uma vez que para o credor de um serviço não são indiferentes os meios de que o prestador se socorre para atingir o resultado pretendido; e, da mesma forma, a actividade laboral é, pela natureza das coisas, dirigida a um fim e este fim não é, obviamente, irrelevante para o empregador – como observa GALVÃO TELLES[18], «todo o trabalho conduz a algum resultado e este não existe sem aquele»[19].

---

[15] Assim, GALVÃO TELLES, *Contratos civis – Exposição de motivos... cit.,* 165, A. VAZ SERRA, *Empreitada,* BMJ, 1965, 145, 19-190, e 146, 33-247 (19), BERNARDO LOBO XAVIER, *Curso de Direito do Trabalho*, 2.ª ed., Lisboa, 1993 (*reprint* 1999), 300, e *Iniciação ao Direito do Trabalho*, Lisboa – S. Paulo, 1994, 156, ROMANO MARTINEZ, *Direito do Trabalho cit.,* 283 s., L. M. TELLES DE MENEZES LEITÃO, *Direito do Trabalho*, Coimbra, 2008, 112, MONTEIRO FERNANDES, *Direito do Trabalho,* 14.ª ed., Coimbra, 2009, 127 s., ou J. LEAL AMADO, *Contrato de Trabalho*, 2.ª ed., Coimbra, 2010, 58.

[16] Acórdãos do STA de 4/07/1968, AD 71-1644, de 23/07/1968, AD 83-1507, de 11/02/1972, DG (Ap.) de 23/01/1974; Ac. RC de 13/12/1978, CJ, 1978, V, 1515; Ac. RP de 30/04/1979, CJ, 1979, II, 579; Ac REv. de 10/01/1984, CJ, 1984, I, 315; Ac. RLx. de 29/01/1992, CJ, 1992, I, 200; Ac. STJ de 7/10/1998, CJ, 1998, III, 251; Ac. STJ de 15/02/2005, CJ (STJ), 2005, I, 244.

[17] Na verdade, a debilidade deste critério delimitativo, que decorre da inseparabilidade material da actividade e do resultado, é apontada pela doutrina desde o início – por exemplo, G. RÜMELIN, *Dienstvertrag und Werkvertrag,* Tübingen, 1905, 1 ss., e ainda H. HOENIGER, *Grundformen des Arbeitsvertrages, in* H. HOENIGER / E. WEHRLE (Hrsg.), *Arbeitsrecht – Sammlung der reichsgesetzlichen Vorschriften zum Arbeitsvertrag,* 6.ª ed., Mannheim-Berlin-Leipzig, 1925, XXIII.

[18] *Contratos civis. Exposição de Motivos...cit.*, 165.

[19] Neste mesmo sentido, entre outros, MÁRIO PINTO / P. FURTADO MARTINS /

Por outro lado, a debilidade do critério do maior relevo da actividade sobre o resultado no contrato de trabalho é comprovada por diversos aspectos do regime do contrato de trabalho, que evidenciam a importância dos resultados da prestação laboral: assim, a possibilidade de a retribuição ser calculada, no todo ou em parte, em função dos resultados produtivos (art. 261.° n.° 2 do CT), os prémios de produtividade (art. 260.° n.° 1 b) do CT), a conformação de algumas situações juslaborais pela ideia de objectivos e o relevo do incumprimento desses objectivos (veja-se, por exemplo, o art. 374.° n.° 2 quanto ao despedimento por inadaptação) e, por fim, o relevo de um resultado danoso decorrente da actividade do trabalhador para efeitos da cessação do contrato de trabalho (nesta linha, veja-se o art. 351.° n.° 2 e) do CT, configurando como justa causa para o despedimento do trabalhador a lesão de interesses patrimoniais sérios da empresa). Em suma, o reconhecimento do valor prevalente da actividade relativamente ao resultado da prestação, no contrato de trabalho, não significa a total irrelevância deste último.

Por último, atesta a debilidade deste critério distintivo o facto de, na prática, muitas actividades laborativas poderem ser desenvolvidas tanto em moldes autónomos (através do denominado trabalho independente) como através de um contrato de trabalho e, especialmente, o facto de se ter disseminado o enquadramento laboral de actividades produtivas tradicionalmente reconduzidas a trabalho autónomo – assim, as profissões laborais de médico, de advogado, de arquitecto ou de engenheiro. Ora, esta tendência expansionista dos regimes laborais[20] contribui também para dificultar a distinção entre o negócio laboral e figuras próximas, com recurso ao critério da actividade *versus* resultado.

**IV.** Com as prevenções referidas, o elemento essencial da actividade laboral e a importância da valorização desta actividade em si mesma e de forma prevalente sobre o resultado no contrato de trabalho, têm, apesar de

/ A. Nunes de Carvalho, *Comentário às Leis do Trabalho*, I, Lisboa, 1994, 28. Alguma jurisprudência também chama a atenção para a dificuldade de separar a actividade do resultado, para efeitos de qualificação do contrato de trabalho e de distinção de contratos próximos, *verbi gratia,* do contrato de prestação de serviço – neste sentido, *vd*, por exemplo, Ac. RLx. de 14/02/2007, CJ, 2007, I, 156, Ac. STJ de 25/11/2009 (Proc. n.° 25/06.2TTEURS1), www.dgsi.pt., Ac. RLx. de 16/01/2008 (Proc. n.° 2224/2007), www.dgsi.pt, e Ac. RP de 23/03/2009 (Proc. n.° 0845906), www.dgsi.pt.

[20] *Direito do Trabalho I*, § 3.°, ponto 6.6.

tudo, utilidade: este elemento permite fixar o objecto do contrato no que se refere ao trabalhador, auxilia à delimitação do negócio laboral em relação a figuras próximas, com recurso a uma ideia de prevalência, e contribui ainda para explicar a regra geral da suportação do risco da não obtenção dos resultados pelo empregador, uma vez que o trabalhador apenas se obrigou à prestação de uma actividade, respondendo somente em caso de negligência no desenvolvimento da mesma.

### 57.3. **Elementos essenciais do contrato de trabalho (cont.): a retribuição**

**I.** O segundo elemento essencial do contrato de trabalho, que decorre directamente da respectiva noção legal, é o elemento da retribuição: a actividade laboral é necessariamente retribuída e o pagamento da retribuição constitui o dever principal do empregador.

A propósito da delimitação da situação jurídica laboral[21], identificámos os seguintes traços essenciais da retribuição:

i) Do ponto de vista da qualificação jurídica, a retribuição é uma *prestação de dare*, já que o seu cumprimento se analisa na entrega de um bem; é uma prestação de *conteúdo patrimonial e, pelo menos parcialmente, pecuniário*, porque deve ser satisfeita, pelo menos em parte, em dinheiro (art. 276.° n.° 1 do CT); e é uma *prestação periódica*, uma vez que o seu cumprimento se repete ao longo do tempo (art. 258.° n.° 2 do CT).

ii) Do ponto de vista da sua extensão, a prestação retributiva é a *contrapartida da actividade laboral* (art. 258.° n.° 1 do CT), evidenciando o nexo sinalagmático do contrato de trabalho, mas este nexo sinalagmático não é perfeito porque o direito do trabalhador à retribuição se mantém em diversas situações de não prestação efectiva do trabalho e porque o empregador assume encargos remuneratórios amplos com a celebração do contrato, que não decorrem da prestação da actividade laboral. Esta extensão dos deveres patrimoniais do empregador no contrato de trabalho alicerçou a distinção entre *remuneração em sentido estrito ou retribuição* (contrapartida da actividade laboral) e *remuneração em*

[21] *Direito do Trabalho I*, § 12.°, ponto 43.3.1.

*sentido amplo ou, simplesmente, remuneração* (que inclui a retribuição e outras prestações patrimoniais a cargo do empregador)[22].

**II.** O elemento da retribuição tem um importante significado histórico, técnico e axiológico para o contrato de trabalho: do ponto de vista histórico, este elemento facilitou o enquadramento do fenómeno do trabalho subordinado pela figura romana da *locatio conductio* e pelas suas projecções modernas da locação ou da prestação de serviço, já que nestas figuras o elemento do preço (*merces*) é essencial[23]; em termos técnicos, este elemento é também de grande importância, porque permite caracterizar o contrato de trabalho como um contrato obrigacional oneroso e sinalagmático[24]; por fim, do ponto de vista axiológico, este elemento é vital para comprovar a emancipação definitiva do trabalho subordinado livre relativamente ao trabalho escravo e ao trabalho servil, que o antecederam, uma vez que o pagamento da actividade prestada apenas faz sentido para o trabalhador livre[25].

Por esta razão, a importância do elemento da retribuição no contrato de trabalho é reconhecida unanimemente.

**III.** O elemento essencial da retribuição é utilizado tradicionalmente pela doutrina[26] e pela jurisprudência[27] como critério de delimitação do

---

[22] Cfr. *Direito do Trabalho I*, § 12.°, ponto 43.3.1.III.

[23] T. Mayer-Maly, *Römische Grundlagen des modernen Arbeitsrechts*, RdA, 1967, 8/9, 281-286 (285).

[24] Cfr., *infra*, ponto 60.

[25] Para mais desenvolvimentos sobre este ponto, *vd* Rosário Palma Ramalho, *Da Autonomia Dogmática... cit.* 70 ss.

[26] Apenas a título exemplificativo, o critério da retribuição já se encontra em M. Troplong, *De l'échange et du louage, in Le droit civil expliqué. Commentaire des Titres VII et VIII du livre III du Code Napoléon,* 3.ª ed., II, Paris, 1859, 225 ss., a propósito da distinção entre o *louage d'ouvrage* e o *mandat*; e, entre nós, é utilizado por Ruy Ulrich, *Legislação Operária Portugueza*, Coimbra, 1906, 110, também para distinguir o contrato de trabalho do mandato. Na doutrina laboral nacional, sustentam a aptidão qualifucativa deste elemento, entree outros, Fernanda Agria / Luiza Cardoso Pinto, *Contrato Individual de Trabalho,* Coimbra, 1972, 26 s.; Mário Frota, *Contrato de Trabalho,* I, Coimbra, 1978, 28; Menezes Cordeiro, *Manual de Direito do Trabalho*, Coimbra, 1991, 133; Bernardo Xavier, *Curso... cit.,* 290, e *Iniciação... cit.,* 151; Romano Martinez, *Direito do Trabalho cit.,* 284; Menezes Leitão, *Direito do Trabalho cit.*, 112 s.; Monteiro Fernandes, *Direito do Trabalho cit.,* 135 s.; Leal Amado, *Contrato de Trabalho... cit.*, 58 s.

[27] Neste sentido, entre muitos outros, o Ac. STJ de 19/01/1984, BMJ, 333-338, o Ac. RC de 29/10/1985, CJ, 1985, IV, 113, o Ac. STJ de 14/11/1990, AD, 350-261, ou o Ac. STJ de 7/10/1998, CJ, 1998, III, 251.

contrato de trabalho em relação a figuras próximas, numa dupla aplicação: *prima facie*, este elemento permite distinguir o contrato de trabalho, necessariamente oneroso, de outras situações que também envolvem uma actividade laborativa mas em que falta o elemento retributivo; numa segunda aplicação, este elemento tem auxiliado à diferenciação do contrato de trabalho a partir do modo como é calculada a remuneração.

Na sua primeira aplicação, o elemento da retribuição permite delimitar o contrato de trabalho em relação a duas situações próximas:

- a *prestação gratuita de trabalho* (assim a actividade laborativa desenvolvida no seio da família, para a paróquia ou noutras situações de voluntariado[28]): mesmo que nestas situações releve prevalentemente a actividade sobre o resultado e que a actividade seja desenvolvida sob a autoridade do respectivo destinatário, não estamos perante um contrato de trabalho porque falta o elemento essencial da retribuição;
- o *contrato de prestação de serviço gratuito*: uma vez que neste contrato os serviços podem ser prestados a título gratuito (art. 1154.° do CC), sempre que o sejam será fácil distinguir esta figura do contrato de trabalho, que é necessariamente oneroso[29].

Nesta sua aplicação, o critério da remuneração é, contudo, de reconhecida falibilidade. Desde logo, ele não é operativo em relação ao contrato de empreitada, em que o preço constitui elemento essencial (art. 1207.° do CC)[30], nem em relação ao contrato de agência, também necessariamente oneroso (art. 1.° n.° 1 do DL n.° 178/86, de 3 de Julho, na redacção dada pelo DL n.° 118/93, de 13 de Abril)[31]. Mas, na verdade, este

---

[28] Sobre o regime jurídico do voluntariado, *vd* a L. n.° 71/98, de 3 de Novembro, regulamentada pelo DL n.° 389/99, de 30 de Setembro, com as alterações introduzidas pelo DL n.° 176/2005, de 25 de Outubro.

[29] Romano Martinez, *Direito do Trabalho cit.*, 284 e 302.

[30] Sobre o carácter oneroso do contrato de empreitada, por todos, F. A. Pires de Lima / J. M. Antunes Varela, *Código Civil Anotado*, II, 4.ª ed., Coimbra, 1997, 867, nota [5], e P. Romano Martinez, *Contrato de Empreitada, in* Menezes Cordeiro (dir.), *Direito das Obrigações*, III, 2.ª ed., Lisboa, 1991, 409-561 (468).

[31] Sobre o carácter oneroso do contrato de agência, C. Lacerda Barata, *Anotações ao Novo Regime do Contrato de Agência,* Lisboa, 1994, 12, nota [2].

critério também opera mal mesmo em relação ao mandato pela escassa utilização do mandato gratuito na actualidade[32].

Na segunda aplicação deste critério de delimitação do contrato de trabalho, é salientado o diferente *modo de cálculo da remuneração* no contrato de trabalho e no contrato de prestação de serviço: quando é oneroso, o contrato de prestação de serviço tem habitualmente uma remuneração calculada em função do resultado atingido, ao passo que no contrato de trabalho a retribuição é usualmente calculada em função do tempo de trabalho[33].

Contudo, mesmo nesta aplicação, o critério da remuneração revela-se falível, pela verificação de algumas situações de prestação de serviço remuneradas em função do tempo (assim, por exemplo, o contrato de avença[34] e, em muitos casos, o contrato de agência); de outra parte, também no contrato de trabalho se admite o cálculo da remuneração em função do resultado atingido (é o que sucede com o trabalhador subordinado que ganhe à comissão, por exemplo).

Com estas limitações, o critério do modo de cálculo da remuneração deve, pois, ser considerado apenas como um factor indicativo do tipo de contrato em presença mas não, de todo em todo, como um critério de delimitação seguro do contrato de trabalho.

---

32 Sobre o carácter gratuito ou oneroso do contrato de mandato, PIRES DE LIMA / ANTUNES VARELA, *Código Civil Anotado cit.*, II, 789, notas [1] e [2], e M. J. COSTA GOMES, *Contrato de Mandato*, *in* MENEZES CORDEIRO (dir.), *Direito das Obrigações*, III, 2.ª ed., Lisboa, 1991, 263-408/C (283 ss.). Salientando a reduzida utilização do mandato gratuito e a consequente falibilidade do elemento da onerosidade na delimitação do contrato de trabalho, P.-D. OLLIER, *Le droit du travail*, Paris, 1972, 74, A. BRUN / H. GALLAND, *Droit du travail*, I, 2.ª ed., Paris, 1978, 391, ou L. ANGIELLO, *Autonomia e subordinazione nella prestazione lavorativa*, Padova, 1974, 74, entre muitos outros.

33 Esta aplicação do critério da remuneração na delimitação do contrato de trabalho encontra-se já entre os pioneiros do Direito Laboral. Assim, na Alemanha, por exemplo LOTMAR, *Die Idee eines einheitlichen Arbeitsrechts* (1912), *in* J. RÜCKERT (Hrsg.), *Philipp Lotmar Schriften zu Arbeitsrecht, Zivilrecht und Rechtsphilosophie*, Frankfurt am M., 1992, 603-614 (606), refere-se ao modo de pagamento para distinguir o contrato de obra do contrato de serviço, que inclui o trabalho autónomo e dependente; e, entre nós, numa linha não muito diversa, ADOLPHO LIMA, *O Contrato de Trabalho*, Lisboa, 1909, 140 s., refere o critério da forma de cálculo da retribuição (por tempo ou à peça) como critério delimitador entre o trabalho assalariado e a empreitada.

34 Chamando a atenção para as insuficiências deste critério justamente em apreciação da distinção entre o contrato de trabalho e o contrato de avença, por exemplo, o Ac. STJ de 7/10/1998, CJ, 1998, III, 251, ou o Ac.RLx. de 16/01/2008 (Proc. n.° 2224/2007-4), www.dgsi.pt.

### 57.4. Elementos essenciais do contrato de trabalho (cont.): a subordinação jurídica e os poderes laborais

#### 57.4.1. Aspectos gerais e delimitação no actual Código do Trabalho: a inserção do trabalhador na organização e a autoridade do empregador

**I.** O último elemento essencial do contrato de trabalho tem a ver com a posição desigual que as partes ocupam neste contrato: da parte do trabalhador, uma posição de dependência, que envolve estruturalmente (e hoje também por indicação expressa da lei) uma componente de inserção organizacional; da parte do empregador, uma posição de domínio, que decorre da titularidade dos poderes laborais de direcção e de disciplina.

Habitualmente referenciado pela doutrina e pela jurisprudência na perspectiva do trabalhador, através da locução *subordinação jurídica,* este elemento do contrato de trabalho emerge da definição legal do mesmo – como sucede no nosso sistema jurídico, através da referência à «autoridade e direcção» do empregador, na noção de contrato de trabalho constante do Código Civil (art. 1152.°), e da referência ao «âmbito de organização» e à «autoridade» do empregador, na noção de contrato de trabalho constante do Código do Trabalho (art. 11.°) – ou, como sucede noutros sistemas, recorta-se a partir das noções de empregador e de trabalhador ou da descrição das respectivas posições jurídicas[35].

**II.** Na delimitação geral do vínculo laboral, recortou-se já o elemento da subordinação jurídica pelas seguintes ideias fundamentais[36], que agora se recordam sumariamente:

i) *A subordinação jurídica põe em evidência o binómio subjectivo desigual que caracteriza o vínculo laboral* em razão da sujeição de uma das partes aos poderes laborais de direcção e disciplina que incumbem à outra parte.

ii) Embora seja por vezes justificada como consequência do carácter relativamente indeterminado da actividade laboral (que exige um poder de concretização), a subordinação tem a ver com a

[35] Cfr., *supra,* neste parágrafo, ponto 57.1.II.

[36] *Direito do Trabalho I,* § 12.°, ponto 43.4.

pessoa do trabalhador uma vez que identifica o seu posicionamento subjectivo no contrato de trabalho (apenas uma pessoa pode ser subordinada); por este motivo, *a subordinação corresponde a um estado de dependência pessoal* (a *persönliche Abhängigkeit* a que se refere a doutrina germânica) do trabalhador perante o credor. Naturalmente é também o facto de a subordinação se analisar num estado de dependência pessoal que o trabalhador tem que ser uma pessoa jurídica singular, tal como a noção de contrato de trabalho hoje refere expressamente, mas tem uma justificação estrutural na componente de pessoalidade do vínculo laboral – na verdade, este estado não quadra, pela natureza das coisas, a um ente jurídico colectivo.

iii) Do ponto de vista da sua extensão e porque não se justifica apenas na indeterminação relativa da actividade laboral, *a subordinação do trabalhador no contrato de trabalho não é apenas o reverso do poder de direcção do empregador mas tem um conteúdo amplo*: ela identifica a posição subjectiva de dependência do trabalhador relativamente ao empregador, que se manifesta no seu dever de obediência às instruções e ordens dimanadas do poder directivo (desde que respeitem os seus direitos e garantias), mas também na sua sujeição ao poder disciplinar, não só na vertente sancionatória deste poder (ou seja, manifestando-se na sujeição às sanções diciplinares) mas também na vertente prescritiva deste poder (i.e., manifestando-se no dever de obediência às regras disciplinares e organizacionais estabelecidas pelo empregador)[37].

iv) *A subordinação do trabalhador envolve, por um motivo estrutural, que agora decorre expressamente da noção de contrato de trabalho, uma componente organizacional*, no sentido em que, com a celebração do contrato de trabalho, o trabalhador se insere numa organização allheia (a organização do credor) que tem regras próprias de funcionamento e vai condicionar o desenvolvimento do seu vínculo.

---

[37] Quanto a estas duas componentes do poder disciplinar do empregador, *vd* M. R. Palma Ramalho; *Do Fundamento do Poder Disciplinar Laboral,* Coimbra, 2003, 262 ss., e *Direito do Trabalho I*, § 12.°, ponto 43.4.2.III.

**III.** O elemento da subordinação desempenha uma dupla mas incindível função no contrato de trabalho: de uma parte, a subordinação (ou, melhor dizendo, o nexo subjectivo dominial entre o empregador e o trabalhador que ela evidencia) é a moldura condicionadora do desenvolvimento do vínculo laboral; de outra parte, a subordinação é o critério verdadeiramente delimitador do contrato em relação a figuras próximas.

Cumpre apreciar separadamente estas duas funções do elemento da subordinação, que confirmam a sua importância decisiva no vínculo laboral.

**IV.** *O binómio subordinação do trabalhador / domínio do empregador constitui a moldura típica do desenvolvimento do vínculo laboral* e evidencia o conteúdo complexo da posição jurídica de cada uma das partes nesse vínculo.

A propósito da delimitação da situação jurídica laboral, já foi fixado o conteúdo essencial deste binómio, que nos limitamos, por isso, a recordar. Assim, a subordinação do trabalhador reconduz-se à sua disponibilidade para acatar as determinações do empregador/credor relativas ao modo de cumprimento da prestação principal e às exigências decorrentes da organização do empregador na qual o trabalhador se integra; esta subordinação manifesta-se no dever de obediência do trabalhador, nos restantes deveres acessórios que compõem a posição debitória ampla e complexa por ele assumida no contrato de trabalho (art. 128.° do CT)[38], e ainda na sua sujeição às sanções disciplinares que lhe sejam aplicadas pelo empregador; o limite desta subordinação é dado pelos direitos e garantias do trabalhador (art. 129.° do CT).

Por seu turno, a posição dominial do empregador – que é designada pela locução «autoridade e direcção» no Código Civil (art. 1152.°) ou simplesmente pelo termo «autoridade» no Código do Trabalho (art. 11.°) – decorre da titularidade de dois poderes laborais essenciais: o poder de direcção, através do qual o empregador determina a função do trabalhador (art. 118.° n.° 1 do CT) e define o modo de execução da sua prestação, por meio de ordens concretas ou de instruções genéricas (art. 97.° do CT); e o poder disciplinar, cuja componente prescritiva permite ao empregador fixar as regras de disciplina ou de comportamento organizacional, e cuja

[38] Que já apreciámos *in Direito do Trabalho I*, § 12.°, pontos 43.2.1, 43.2.2., e 43.4.1. Especificamente quanto ao dever de obediência, ainda *Direito do Trabalho I* § 12.°, ponto 43.4.1.IV.

componente sancionatória permite ao empregador punir o trabalhador pelo incumprimento dos seus deveres, com o objectivo de o recolocar numa situação de cumprimento ou, em casos de maior gravidade, pôr fim ao contrato de trabalho (arts. 98.° e 328.° do CT)[39].

É neste relacionamento desigual das partes ao longo do desenvolvimento do vínculo de trabalho que se encontra o elemento verdadeiramente diferenciador do contrato de trabalho em relação a outras figuras, que também podem constituir a moldura jurídica para a prestação de uma actividade laborativa para outrem.

Tal verificação basta para comprovar o valor do elemento da subordinação jurídica como critério distintivo do contrato de trabalho. É a segunda função deste elemento no contrato de trabalho, que acima identificámos.

**V.** *O confronto do elemento da subordinação com os restantes elementos essenciais do contrato de trabalho evidencia a sua importância vital para a distinção do negócio laboral de outros negócios que envolvem a prestação de uma actividade laborativa*: enquanto o elemento da actividade é comum e o elemento da retribuição pode estar presente nas várias formas de prestação de um trabalho, o elemento da subordinação é típico e específico do contrato de trabalho.

Por esta razão, e independentemente do modo como se retira do sistema normativo, a doutrina considera o elemento da subordinação como o traço verdadeiramente distintivo e identificador do contrato de trabalho perante as figuras próximas, dedicando-lhe grande atenção[40-41].

---

[39] *Direito do Trabalho I*, § 12.°, ponto 43.4.2.

[40] Destacando o valor do elemento da subordinação (*persönliche Abhängigkeit*) para efeitos da autonomização do vínculo de trabalho como modalidade do *Dienstvertrag* na doutrina germânica e austríaca e apenas entre os autores mais recentes T. TOMANDL, *Wesensmerkmale des Arbeitsvertrages in Rechthsvergleichender und Rechtspolitischer Sicht,* Wien – New York, 1971, 182 ss.; T. MAYER-MALY / F. MARHOLD, *Österreichisches Arbeitsrecht*, I e II, Wien – New York, 1987, 6 s.; W. ZÖLLNER / K. LORITZ, *Arbeitsrecht – ein Studienbuch*, 5.ª ed., München, 1998, 46 ss.; R. RICHARDI, *J. von Staudingers Kommentar zum Bürgerlichen Gesetzbuch mit Einführungsgesetz und Nebengesetzen*, 13.ª ed., II – *Recht der Schuldverhältnisse (§§ 611-615)*, Berlin, 1999 (49 s.); A. SÖLLNER, *Grundriß des Arbeitsrecht,* 12.ª ed., München, 1998, 1 ss., F. GAMILLSCHEG, *Arbeitsrecht* I 8.ª ed., München, 2000, 159 ss., ou M. LÖWISCH, *Arbeitsrecht – Ein Studienbuch,* 5.ª ed., Dusseldorf, 2000, 2. O conceito de *subordination juridique* é também amplamente tratado pela doutrina

francesa, que o reconhece como o critério verdadeiramente distintivo do contrato de trabalho – neste sentido, entre muitos outros, G. CAMERLYNCK, *Le contrat de travail cit.* 76 s., J. RIVERO / J. SAVATIER, *Droit du travail*, 8.ª ed., Paris, 1981, 86, H. GROUTEL, *Le critère du contrat de travail, in Tendances du droit du travail français contemporain. Études offertes à G.H. Camerlynck*, Paris, 1978, 49-62 (49), e *Droit du travail*, Paris, 1974, 33, M.-L. MORIN, *Louage d'ouvrage et contrat d'entreprise, in* A. SUPIOT (dir.), *Le travail en perspectives*, Paris, 1998, 125-143 (134 ss.), G. COUTURIER, *Droit du travail*, I, 3.ª ed., Paris, 1996, 102, A. MAZEAUD, *Droit du travail*, 3.ª ed., Paris, 2002, 251 ss., J.-M. VERDIER / A. COEURET / M.-A. SOURIAC, *Droit du travail*, 12.ª ed., Paris, 2002, 313. Na doutrina belga, também é reconhecido o valor determinante do elemento da subordinação na qualificação do contrato de trabalho (por todos, A. COLENS / D. COLENS, *Le contrat d'emploi – contrat de travail des employés*, 6.ª ed., Bruxelles, 1980, 11 ss.). Na doutrina italiana, o valor eminente do elemento da subordinação pode confrontar-se em S. MAGRINI, *Lavoro (contratto individuale di)*, Enc.Dir., XXIII, 369-418 (379), G. GIACOBBE, *Lavoro autonomo*, Enc. Dir., XXIII, 1973, 418-440 (420 e 428 s.), G. SUPPIEJ, *Il rapporto di lavoro*, Padova, 1982, 9 ss., D. MUSCARI TOMAJOLI, *Istituzione di diritto del lavoro*, 4.ª ed., Milano, 1985, 134 ss., F. TOFFOLETTO, *Subordinazione e carattere durevole della prestazione*, RIDL, 1986, II, 514-521 (515 s.), P. GIORGI, *La distinzione fra lavoro autonomo e lavoro subordinato nella giurisprudenza*, RIDL, 1986, II, 522-525 (523), M. PAPALEONI, *Il rapporto di lavoro, in* G. MAZZONI (dir.), *Manuale di diritto del lavoro*, I, 6.ª ed., Milano, 1988, 221-1142 (233 ss.), F. SANTORO-PASSARELLI, *Nozioni di diritto del lavoro*, 35.ª ed., Napoli, 1995, 86 ss., ou G. NICOLINI, *Manuale di diritto del lavoro*, 3.ª ed., Milano, 2000, 39 s. Na doutrina espanhola, o valor deste elemento no contrato de trabalho é destacado por autores como ALONSO OLEA, *Introducción al Derecho del Trabajo*, 5.ª ed., Madrid, 1994, 61, ou VALVERDE / / GUTIÉRREZ / MURCIA, *Derecho del Trabajo*, 4.ª ed., Madrid, 1995, 170. Nos sistemas anglo-saxónicos, salientam ainda a importância deste elemento no contrato de trabalho, autores como A. L. GOLDMAN, *Labor Law and Industrial Relations in the United States of America*, 2.ª ed., Deventer, 1984, 67 s., e HEPPLE / HOGGINS, *Employment Law*, 4.ª ed., London, 1981, 65. O mesmo destaque ao elemento da subordinação na delimitação do vínculo de trabalho em relação aos seus congéneres vínculos de serviço se encontra na doutrina brasileira, em autores como A. MASCARO NASCIMENTO, *Curso de Direito do Trabalho*, 20.ª ed., S. Paulo, 2005, 598 ss. Para indicações bibliográficas mais detalhadas, *vd* ROSÁRIO PALMA RAMALHO, *Da Autonomia Dogmática... cit.*, 85 ss. e, em especial, nota [194].

41 Quanto à doutrina nacional, o relevo do elemento da subordinação para a delimitação do contrato de trabalho é apontado unanimemente. Neste sentido, entre outros, L. CUNHA GONÇAVES, *Tratado de Direito Civil em Comentário ao Código Civil Português*, VII, Coimbra, 1933, 575; RAÚL VENTURA, *Teoria da Relação Jurídica de Trabalho – Estudo de Direito Privado*, I, Porto, 1944, 57; MÁRIO FROTA, *Contrato de Trabalho cit.*, I, 65 e 73, 78 s. e 90, BERNARDO XAVIER, *Curso de Direito do Trabalho cit.*, 287 s., e *Iniciação... cit.*, 153 ss.; MENEZES CORDEIRO, *Manual de Direito do Trabalho cit.*, 521 ss.; ROMANO

A aptidão particular do elemento da subordinação para a qualificação do contrato de trabalho tem sido igualmente salientada pela jurisprudência, que considera este elemento o critério decisivo de qualificação[42].

Por outro lado, na aplicação deste critério, a jurisprudência e a doutrina têm vindo a afinar o próprio conceito de subordinação. Nesta linha, são identificados os seguintes *traços característicos da subordinação*:

i) *A subordinação é jurídica e não económica*: este qualificativo realça o facto de a subordinação ser inerente ao contrato de trabalho, por força da sujeição do trabalhador aos poderes laborais, e permite distingui-la da situação de dependência económica em que o trabalhador se encontra perante o credor do seu trabalho, que pode decorrer do facto de carecer dos rendimentos do trabalho para subsistir ou da circunstância de trabalhar em exclusivo para um determinado credor[43-44] – assim, um trabalhador

---

MARTINEZ, *Direito do Trabalho cit.*, 284 ss.; MONTEIRO FERNANDES, *Direito do Trabalho cit.*, 136 ss.; e ROSÁRIO PALMA RAMALHO, *Do Fundamento do Poder Disciplinar...cit.*, 15 s., e *passim*, e *Da Autonomia Dogmática... cit.*, 86 ss.; MENEZES LEITÃO, *Direito do Trabalho cit.*, 113; LEAL AMADO, *Contrato de Trabalho... cit.*, 59 s.

[42] Entre outros, *vd* Ac. STA de 18/10/1960, DG (Ap) de 30/12/1961, 277; Ac. STA de 6/11/1962, AD, 14-237; Ac. STA de 15/01/1971, AD, 113-803; Ac. STA de 19/02/1971, DG (Ap.) de 3/10/1972, 48; Ac. STA de 19/03/1971, DG (Ap.) de 3/10/1972, 137; Ac. STA de 3/04/1972, AD, 11-1140; Ac. STA de 16/03/1976, DR (Ap.) de 15/02/1978, 229; Ac. STA de 1/06/1976, DR (Ap.) de 15/10/1979, 441; Ac. RC de 13/12/1978, CJ, 1978, V, 1515; Ac. RLx de 12/02/1979, CJ, 1979, II, 150; Ac. REv. de 22/07/1979, CJ, 1979, IV, 1340; Ac. STJ de 15/10/1980, AD 227-1351; Ac. RC de 30/10/1980, AD 241-133; Ac. STJ de 4/02/1981, AD 242-253; Ac. RLx de 14/12/1981, CJ, 1981, V, 234; Ac. RLx. de 27/05/1992, CJ, 1992, III, 263; Ac. STJ de 17/02/1994, CJ, 1994, I, 293; Ac. STJ de 11/01/1995, BMJ 443-178; Ac. RC de 23/02/1995, CJ, 1995, I, 78; Ac. RLx. de 19/02/1997, CJ, 1997, I, 183; Ac. STJ de 7/10/1998, CJ, 1998, III, 251; Ac. STJ de 20/01/1999, CJ, 1999, I, 265; Ac. STJ de 28/01/2004, CJ (STJ), 2004, I, 253; Ac. STJ de 19/06/2004, CJ (STJ), 2004, II, 279; Ac. STJ de 15/02/2005, CJ (STJ), 2005, I, 244; Ac. RLx. de 16/01/2008 (Proc. n.° 2224/2007-4), www.dgsi.pt; Ac. RLx de 9/04/2008 (Proc. n.° 1466/2008-4), www.dgsi.pt; Ac. STJ de 25/11/2009 (Proc. n.° 25/06.2TTEURS1), www.dgsi.pt.

[43] Acórdãos do STA de 19/03/1971, DG (Ap.), de 3/10/1972, 137, e de 1/06/1976, DR (Ap.) de 15/10/1979, 441, Ac. RLx de 19/01/1979, CJ, 1979, I, 94 e Ac. RC de 20/03/1981, CJ, 1981, II, 77). Por vezes, a jurisprudência refere-se à dependência económica no sentido de retribuição, ou seja, como exigência da percepção de um salário pelo trabalhador e não como necessidade do salário para a sua subsistência material; é com este sentido que, em algumas decisões, a dependência jurídica e a dependência económica são

que não dependa do salário para sobreviver, porque tem outros rendimentos, mantém a qualidade de trabalhador subordinado se estiver sujeito aos poderes laborais do empregador.

ii) *A subordinação pode ser meramente potencial*, no sentido em que para a sua verificação não é necessária uma actuação efectiva e constante dos poderes laborais, mas basta a possibilidade de exercício destes poderes[45] – assim, um trabalhador a quem o empregador já não dê ordens, porque nele deposita a maior confiança, ou aquele cujo empregador esteja ausente, não perde a qualidade de trabalhador subordinado.

iii) *A subordinação comporta graus* no sentido em que pode ser mais ou menos intensa, de acordo com as aptidões do próprio trabalhador, com o lugar que ocupa na organização laboral ou com o nível de confiança que o empregador nele deposita[46] – assim, a subordinação de um trabalhador especializado ou de um quadro técnico é habitualmente menos intensa do que a subordinação de um trabalhador indiferenciado.

iv) *A subordinação é jurídica e não técnica,* no sentido em que é compatível com a autonomia técnica e deontológica do trabalhador no exercício da sua actividade e se articula com as apti-

---

referidas como elementos essenciais do contrato de trabalho: Acórdãos do STA de 18/10/1960, DG (Ap.), 2.ª S., de 30/12/1961, 277, de 3/04/1962, ESC, 1962, 3, 139, de 19/2/1971, DG (Ap.) de 3/10/1972, de 16/03/1976, DR (Ap.), de 15/02/78, 229, de 1/06/1976, DR (Ap.) de 15/10/1979, 441; Ac. RC de 23/02/1995, CJ, 1995, I, 78; Ac. RLx. de 19/02/1997, CJ, 1997, I, 183; Ac. RLx. de 14/02/2007, CJ, 2007, I, 156; Ac. STJ de 20/01/1999, CJ, 1999, I, 265; Ac. RLx. de 9/04/2008 (Proc. 1466/2008-4), www.dgsi.pt.

[44] Sobre o sentido jurídico e não económico da subordinação do trabalhador, na doutrina, Raúl Ventura, *Teoria da Relação Jurídica de Trabalho cit.*, I, 105, Galvão Telles, *Contratos Civis. Exposição de Motivos cit.*,166, Pires de Lima / Antunes Varela, *Código Civil Anotado cit.*, II, 779, nota [2], Mário Frota, *Contrato de Trabalho cit.,* I, 31 ss., F. J. Coutinho de Almeida, *Os poderes da entidade patronal no direito português,* RDE, 1977, 301-334 (302), ou Monteiro Fernandes, *Direito do Trabalho cit.*. 139.

[45] Acórdãos do STA de 5/04/1949, Col., XI-202, de 3/03/1953, Col., XV-111, de 8/07/1958, Col. XX-623, de 28/03/1970, Col. XXIII-455, de 5/11/1963, AD 25-83, de 19/2/1971, DG (Ap.) de 3/10/1972; bem como o Ac. RP de 15/12/1980, CJ, 1980, V, 157, o Ac. REv. de 23/10/1990, CJ, 1990, IV, 304, o Ac. STJ, de 17/02/1994, CJ, 1994, I, 293, o Ac. RC de 23/02/1995, CJ, 1995, I, 78, ou o Ac. RLx. de 19/02/1997, CJ, 1997, I, 183. E, na doutrina, por exemplo, Monteiro Fernandes, *Direito do Trabalho cit.*, 138.

[46] Quanto aos graus de subordinação, entre muitos outros, Ac. RLx. de 14/02/2007, CJ, 2007, I, 156.

dões profissionais específicas do próprio trabalhador e com a autonomia inerente à especificidade técnica da própria actividade[47] (art. 116.° do CT) – assim, o estado de subordinação e, consequentemente, a existência de um contrato de trabalho é compatível com uma actividade profissional especializada ou que tenha uma componente académica ou artística.

v) *A subordinação tem uma limitação funcional*, não no sentido estrito de ser inerente à indeterminação da actividade laboral[48], mas no sentido em que é imanente ao contrato de trabalho, pelo que os poderes do empregador se devem conter dentro dos limites do próprio contrato[49].

**VI.** As alterações à noção de contrato de trabalho, introduzidas pelo Código do Trabalho de 2009, suscitaram algumas críticas na doutrina, justamente no que se refere ao elemento da subordinação jurídica, pelo desaparecimento da referência expressa ao elemento da direcção do empregador e pela adição da referência ao âmbito da organização do empregador, neste mesmo contexto[50].

Assim, foi sugerido que a dispensa do elemento «direcção» na noção de contrato de trabalho permitiria estender o objecto do negócio a situações de trabalho autónomo, desde que houvesse inserção do trabalhador

---

[47] ROMANO MARTINEZ, *Direito do Trabalho cit.*, 306. Sobre a compatibilidade da subordinação jurídica com a autonomia técnica, na jurisprudência, *vd*, por exemplo, o Ac. RLx. de 9/04/2008 (Proc. 1466/2008-4), www.dgsi.pt (reconhecendo a possibilidade de qualificação como contrato de trabalho de um contrato para o exercício de advocacia, com elevada autonomia técnica do prestador); no mesmo sentido, o Ac. RLx de 16/01/2008 (Proc. n.° 2224/2007-4), www.dgsi.pt, relativamente à actividade de engenharia; e o Ac. RLx. de 14/02/2007, CJ, 2007, I, 156, quanto à prestação de serviços de informática também envolvendo autonomia técnica.

[48] Neste sentido mais limitado, por exemplo, R. CORRADO, *Trattato di diritto del lavoro,* II, Torino, 1966, 306, RIVA SANSEVERINO, *Diritto del lavoro cit.*, 42, M. DELL'OLIO, *I collaboratori dell'imprenditore, in* P. RESCIGNO (dir.), *Trattato di diritto privato,* 15 *(Impresa e lavoro)*, I, 1986, 223-270 (234), ou G. PERA, *Compendio di diritto del lavoro,* 4.ª ed., Milano, 1996, 106 e 187.

[49] Ainda sobre o conceito e as características da subordinação jurídica, pode ver-se o Par. PGR de 23/03/1990 (DR, II S de 7 de Agosto de 1990, p. 8821).

[50] Sobre o ponto, por exemplo, P. ROMANO MARTINEZ / L. M. MONTEIRO / J. VASCONCELOS / P. MADEIRA DE BRITO / G. DRAY / L. GONÇALVES DA SILVA, *Código do Trabalho Anotado*, 8.ª ed., 2009, 129 ss. (anotação de ROMANO MARTINEZ).

estrutura organizativa do credor; e, de outra parte, a referência à inserção do trabalhador na organização do credor poderia ser interpretada ou como uma recuperação da construção institucionalista do vínculo laboral, ou como uma forma de limitar o âmbito do contrato de trabalho aos contratos de trabalho empresariais[51]. Em suma, por uma ou por outra via, esta nova noção de contrato de trabalho alteraria a área de incidência desta figura e dificultaria a sua distinção em relação a figuras próximas.

Perante estas dúvidas convém clarificar o alcance das alterações introduzidas à noção de contrato de trabalho, antes de avançarmos mais na exploração do elemento delimitador decisivo deste contrato, que é a subordinação jurídica.

A crítica à noção de contrato de trabalho vertida no art. 11.° do CT não tem razão de ser e esta nova noção não só não altera o âmbito de aplicação da norma[52] como corresponde, de uma forma mais clara, à substancialidade do vínculo laboral.

No que se refere à supressão das referências tradicionais ao elemento da direcção do empregador na noção do contrato de trabalho, tal supressão não significa um menor vigor do elemento da subordinação jurídica como elemento essencial deste contrato porque o poder de direcção é uma das projecções da «autoridade» do empregador, referida expressamente nesta noção legal. Assim, estando o poder de direcção compreendido na posição de autoridade do empregador, ele continua a ser pressuposto na noção de contrato de trabalho, pelo que a falta da uma referência expressa a este poder não significa a abertura do regime laboral ao trabalho autónomo.

Quanto à referência legal à inserção do trabalhador «no âmbito de organização [do credor]» não colhem nem as interpretações que aqui vêem o ressurgimento de uma concepção institucionalista do vínculo laboral, nem aquelas que entendem que tal referência afasta do universo laboral os contratos de trabalho não empresariais. Por um lado, enquanto organização do credor, a empresa não é uma instituição, porque lhe falta a ideia de obra comum e de comunhão de objectivos dos seus membros, que é essen-

---

[51] Neste sentido, P. ROMANO MARTINEZ / L. M. MONTEIRO / J. VASCONCELOS / P. MADEIRA DE BRITO / G. DRAY / L. GONÇALVES DA SILVA, *Código do Trabalho Anotado cit.*, 131 s. (anotação de ROMANO MARTINEZ).

[52] No mesmo sentido, LEAL AMADO, *Contrato de Trabalho... cit.*, 57.

cial ao conceito de instituição[53] – assim, da referência legal à organização do credor não se pode inferir uma concepção institucional do vínculo laboral, que está definitivamente ultrapassada[54]. Por outro lado, esta referência legal não resulta no afastamento do âmbito do contrato de trabalho dos vínculos laborais sem escopo empresarial, porque no nosso ordenamento jurídico o contrato de trabalho é uma figura unitária, que quadra tanto a contratos de trabalho empresariais como a contratos de trabalho não empresariais, e porque a organização do credor, que existe sempre e pode ser mais complexa ou mais rudimentar, não é necessariamente uma organização empresarial.

**VII.** A referência à integração do trabalhador no âmbito da organização do empregador, que é agora feita no contexto da noção de contrato de trabalho (art. 11.° do CT), vem justamente salientar a *componente organizacional do contrato de trabalho*, que oportunamente isolámos na nossa construção dogmática deste negócio[55] e que obviamente também tem um valor qualificativo.

Esta componente organizacional do contrato de trabalho realça justamente o facto de o trabalhador subordinado (contrariamente ao que sucede com outros prestadores de um serviço ou actividade laborativa) se integrar no seio da organização do credor da sua prestação com uma especial intensidade, sendo este elemento que explica diversos aspectos da situação jurídica do trabalhador, como a sua vinculação a deveres organizacionais (assim, deveres de produtividade ou deveres diversos de colaboração com os colegas de trabalho, mas também a sujeição a horários, ao regulamento empresarial, a códigos de conduta ou a deveres disciplinares), a influência quotidiana da organização do empregador no seu contrato de trabalho (evidenciada em múltiplos regimes laborais, que conformam os deveres dos trabalhadores em matéria de tempo e de local de trabalho, de alteração da

---

[53] Já tendo tratado o problema do conceito e relevo da empresa laboral, e reflectido sobre o seu perfil não institucional, no *Direito do Trabalho cit.*, I (*maxime*, § 9.°, ponto 34.2. ), para aí se remete uma justificação mais desenvolvida deste entendimento.

[54] Para mais desenvolvimentos sobre este ponto, *vd Direito do Trabalho cit.*, I, § 12.°, ponto 42.4.

[55] Quanto a estes aspectos da construção dogmática do contrato de trabalho, M. R. PALMA RAMALHO, *Da Autonomia Dogmática... cit.*, 716 ss. e 752 ss.; e ainda *Direito do Trabalho I*, § 12.°, pontos 43.5.1. e 43.5.2.

prestação, de mudança do empregador ou de cessação do contrato por motivos de gestão), e ainda a interdependência dos vínculos laborais da mesma organização (que se traduz em regras como a igualdade de tratamento entre os trabalhadores e em muitos aspectos da dinâmica colectiva dos contratos de trabalho).

Com a prevenção de que esta organização não pressupõe uma visão comunitário-pessoal do vínculo laboral nem se reconduz necessariamente a uma empresa, podendo até ser muito rudimentar, *o elemento organizacional do contrato de trabalho é também importante para o delimitar em relação a outros vínculos, que, apesar de envolverem também uma actividade de trabalho, não pressupõem esta integração do credor na esfera organizacional do credor*. Neste sentido, compreende-se a referência a este elemento na noção legal de contrato de trabalho, como uma especial projecção do elemento da subordinação jurídica do trabalhador: como decorre da lei, a subordinação do trabalhador (ou de outra perspectiva, a posição de domínio do empregador) no contrato de trabalho tem lugar no âmbito da organização do empregador.

### 57.4.2. **A determinação da subordinação jurídica: os indícios de subordinação e a presunção de contrato de trabalho**

**I.** A operacionalização do elemento da subordinação jurídica como critério delimitador do contrato de trabalho não é fácil, exactamente pela índole subjectiva deste elemento, ao contrário do que sucede com os elementos da actividade e da retribuição.

Assim, para aferir da existência de um estado de subordinação do trabalhador, que suporte a qualificação laboral do negócio jurídico, tanto a doutrina como a jurisprudência desenvolveram um método tipológico de qualificação[56], que passa pela identificação de factores susceptíveis de revelar aquele estado de subordinação: são os denominados *indícios de subordinação jurídica*. Se a verificação de todos ou de parte significativa destes indícios numa situação concreta permitir concluir pela existência de

[56] Em geral, sobre o método tipológico aplicado aos contratos, J. Oliveira Ascensão, *A Tipicidade dos Direitos Reais,* Lisboa, 1968, 19 ss., P. Pais de Vasconcelos, *Contratos Atípicos,* Coimbra, 1995, 85 ss., e *passim,* e R. Pinto Duarte, *Tipicidade e Atipicidade dos Contratos*, Coimbra, 2000, 30 ss. e 79 ss.

subordinação do trabalhador, estando os restantes elementos essenciais do contrato de trabalho também presentes, estaremos perante um contrato de trabalho[57].

Os *indícios de subordinação* mais frequentemente referenciados pela doutrina[58] e trabalhados pela jurisprudência são os seguintes:

i) *A titularidade dos meios de produção ou dos instrumentos de trabalho*[59]: o facto de os meios de produção ou de os instrumentos de trabalho pertencerem ao credor do trabalho é, habitualmente, um sinal da subordinação do trabalhador, apontando, em consequência, para a existência de um contrato de trabalho; pelo contrário, a titularidade dos meios produtivos ou dos instrumentos de trabalho pelo fornecedor do mesmo aponta para a sua autonomia, e, nessa medida, pode denunciar a existência de um contrato de prestação de serviço.

ii) *O local de trabalho*[60]: é indicativo da subordinação do traba-

---

[57] Sobre o método tipológico na sua aplicação ao contrato de trabalho, *vd* I. RIBEIRO PARREIRA, *Do tipo legal contrato de trabalho,* inédito (copiogr., FDL), Lisboa, 2001, ROMANO MARTINEZ, *Direito do Trabalho cit.*, 308 ss., e ainda *Trabalho subordinado e trabalho autónomo, in* ROMANO MARTINEZ (coord.), *Estudos do Instituto de Direito do Trabalho*, I, Coimbra, 2001, 271-293 (287 ss.), ZÖLLNER /LORITZ, *Arbeitsrecht... cit.*, 50, RICHARDI, *Staudingers Kommentar... cit.*, II, 51, L. NOGLER, *Metodo tipologico e qualificazione dei rapporti di lavoro subordinato,* RIDL, 1990, I, 182-223 (192 ss. e 200 ss.), PEREZ DE LOS COBOS ORIHUEL, *El trabajo subordinado como tipo contractual,* Doc. Lab., 1993, 1, 39, 29-48 (37 ss.), ou A. CATAUDELLA, *Spunti sulla tipologia dei rapporti di lavoro,* DLav., 1983, I, 77-90 (81 ss.).

[58] Uma lista de indícios de subordinação pode confrontar-se, por exemplo, em F. RIBEIRO LOPES, *Trabalho subordinado ou trabalho autónomo: um problema de qualificação,* RDES, 1987, 1, 57-80 (64 ss.), BERNARDO XAVIER, *Curso... cit.*, 303, e *Iniciação... cit.*, 158, MENEZES CORDEIRO, *Manual... cit.*, 532 ss., MONTEIRO FERNANDES, *Direito do Trabalho cit.*, 146 ss., ou P. ICHINO, *Libertà formale e libertà materiale del lavoratore nella qualificazione della prestazione come autonoma o subordinata,* RIDL, 1987, II, 70-85 (77 ss.), e ainda *Criteri «prioritari» e criteri «sussidiari» di qualificazione del rapporto di lavoro,* RIDL, 1990, II, 365-367, entre muitos outros.

[59] Ac. RLx 12/02/1979, CJ, 1979, II, 150, Ac. STJ, de 17/02/1994, CJ, 1994, I, 293, Ac. RC de 23/02/1995, CJ, 1995, I, 78, Ac. RLx. de 19/02/1997, CJ, 1997, I, 183, ou Ac. STJ de 20/01/1999, CJ, 1999, I, 265.

[60] Ac. RLx 12/02/1979, CJ, 1979, II, 150, Ac. STJ, de 17/02/1994, CJ, 1994, I, 293, Ac. RC de 23/02/1995, CJ, 1995, I, 78, Ac. RLx. de 19/02/1997, CJ, 1997, I, 183, Ac. STJ de 20/01/1999, CJ, 1999, I, 265, ou Ac. STJ de 15/02/2005, CJ (STJ), 2005, I, 244.

lhador o facto de ele desenvolver a sua actividade em instalações predispostas pelo credor, ao passo que o desenvolvimento da actividade laborativa em instalações próprias denuncia uma certa autonomia do prestador, na medida em que, num local de trabalho fisicamente distante do empregador, é menos fácil o controlo directo do credor sobre a execução da prestação.

iii) *O tempo de trabalho*[61]: de um modo geral, o trabalhador subordinado encontra-se adstrito a um determinado horário de trabalho, que delimita temporalmente a sua disponibilidade perante o empregador; pelo contrário, no trabalho autónomo, a gestão do tempo de trabalho compete habitualmente ao prestador[62].

iv) *O modo de cálculo da remuneração*[63]: embora, só por si, este critério seja insuficiente para a qualificação do negócio como contrato de trabalho, ele é útil como indício da subordinação, uma vez que o cálculo da remuneração em função do tempo evidencia o horizonte temporal em que o trabalhador está na disponibilidade do empregador; já uma remuneração à peça ou em função do resultado denuncia a autonomia do prestador do trabalho[64].

v) *A assunção do risco da não produção dos resultados*: o facto de o risco da não produção dos resultados correr por conta do credor aponta para a dependência do trabalhador, ao passo que a suportação desse risco pelo prestador do trabalho evidencia a sua autonomia, afastando a qualificação do negócio como contrato de trabalho.

vi) *O facto de o trabalhador ter outros trabalhadores ao seu serviço*: se o trabalhador tiver outros trabalhadores ao seu serviço,

---

[61] Ac. RLx 12/02/1979, CJ, 1979, II, 150, Ac. STJ de 17/02/1994, CJ, 1994, I, 293, Ac. RC de 23/02/1995, CJ, 1995, I, 78, Ac. RLx. de 19/02/1997, CJ, 1997, I, 183, Ac. STJ de 20/01/1999, CJ (STJ), 1999, I, 265, Ac. STJ de 15/02/2005, CJ (STJ), 2005, I, 244.

[62] Equacionando este indício, podem ver-se o Ac. RLx de 9/12/1992, CJ, 1992, V, 199, o Ac. RLx de 19/02/1997, CJ, 1997, I, 183, e o Ac. RLx. de 7/2/1996, CJ, 1996, I, 165.

[63] Ac. STJ de 15/02/2005, CJ (STJ), 2005, I, 244.

[64] Ainda no âmbito deste indício, alguma jurisprudência salienta o facto de o trabalhador receber subsídios de férias e de Natal como revelador da subordinação – por exemplo, Ac. RLx. de 14/02/2007, CJ, 2007, I, 156, e Ac. STJ de 27/11/2007, CJ (STJ), 2007, V, 302.

há um indício de autonomia, que pode afastar a qualificação laboral do seu contrato; pelo contrário, o facto de o credor do trabalho ter outros trabalhadores ao seu serviço aponta para uma situação de trabalho dependente[65]. Do mesmo modo, a previsão contratual da possibilidade de o trabalhador se fazer substituir por outro no desempenho da função é um indício da sua autonomia[66].

vii) *A dependência económica do trabalhador*: embora a dependência económica não se confunda com a subordinação jurídica, como acima se indicou, o facto de o trabalhador depender dos rendimentos do seu trabalho para subsistir ou o facto de desenvolver a sua actividade em exclusivo para um credor pode denunciar a sujeição aos poderes laborais e, nessa medida, a subordinação jurídica[67].

viii) *O regime fiscal e o regime de segurança social a que o trabalhador se encontra adstrito*: naturalmente, se o trabalhador estiver inscrito no regime de segurança social dos trabalhadores por conta de outrem e se o empregador proceder ao desconto e à retenção na fonte do seu IRS nos termos previstos para o regime fiscal dos trabalhadores dependentes, adivinha-se a subordinação jurídica; já se o trabalhador descontar para o regime de segurança social dos trabalhadores independentes ou se emitir recibos fiscais como trabalhador independente, a favor do empregador, há um indício da sua autonomia, que poderá justificar a qualificação do negócio como um contrato de prestação de serviço.

ix) *A sujeição do trabalhador a ordens directas ou a simples instruções genéricas e o controlo directo da sua prestação pelo credor*[68]: a emissão de ordens directas e o controlo directo da

---

[65] Assinalando este último critério, entre outros, o Ac. STJ, de 17/02/1994, CJ (STJ), 1994, I, 293, o Ac. RC de 23/02/1995, CJ, 1995, I, 78, o Ac. RLx. de 19/02/1997, CJ, 1997, I, 183, ou o Ac. STJ de 20/01/1999, CJ (STJ), 1999, I, 265.

[66] Neste sentido, o Ac. RLx. de 5/02/2003, CJ, 2003, I, 161.

[67] Realçando o valor do elemento da dependência económica como critério indicativo complementar (e não substitutivo) da subordinação jurídica, MÁRIO PINTO, *Direito do Trabalho... cit.*, 80.

[68] Referindo-se expressamente ao tipo de controlo exercido sobre o trabalhador como indício de subordinação, o Ac. RLx 12/02/1979, CJ, 1979, II, 150. Por seu turno, o

prestação do trabalhador apontam para a sua subordinação e, nessa medida, para a qualificação laboral do contrato; já a simples sujeição a instruções genéricas e a um controlo dos resultados pode apontar para uma situação de trabalho autónomo.

x) *A inserção do trabalhador na organização predisposta pelo credor e a sua sujeição às regras dessa organização*[69]: esta inserção evidencia a subordinação do trabalhador, ao passo que a não integração aponta para a sua autonomia[70].

**II.** A conclusão no sentido da existência de subordinação jurídica, a partir dos indícios de subordinação indicados, e a consequente qualificação laboral do contrato deve, contudo, ser rodeada das cautelas normalmente exigidas pela aplicação de um método indiciário à qualificação de um negócio jurídico, deve ainda ter especial atenção à evolução moderna do contrato de trabalho enquanto tipo negocial e, por fim, não deve conduzir a um resultado qualificativo contrário à vontade real das partes na conclusão do negócio.

---

Ac. STA de 14/02/1978, DR (Ap.) de 15/02/1982, salientou o carácter não determinante do factor da sujeição a directrizes para a execução da prestação quando não correspondam a uma autoridade efectiva do credor sobre o prestador; no mesmo sentido se pronunciou o Ac. STA de 19/02/1971, DG (Ap.) de 3/10/1972, 48, a propósito das instruções dadas a um gestor pelo representado. Já realçando a forma de organização do trabalho como indício de subordinação, o o Ac. STJ, de 17/02/1994, CJ (STJ), 1994, I, 293, o Ac. RC de 23/02/1995, CJ, 1995, I, 78, o Ac. RLx. de 19/02/1997, CJ, 1997, I, 183, o Ac. STJ de 20/01/1999, CJ (STJ), 1999, I, 265, e ainda o Ac. STJ de 15/02/2005, CJ (STJ), 2005, I, 244.

[69] Aplicando este critério, o Ac. STJ de 26/09/1990, BMJ 399-405; o Ac. REv. de 23/10/1990, CJ, 1990, IV, 304; e o Ac. RLx de 3/02/1993, CJ, 1993, I, 184.

[70] É habitual na jurisprudência, o agrupamento destes indícios em *indícios internos e externos* da existência do elemento fundamental da subordinação jurídica: assim, a existência de um horário de trabalho, de um local específico para o desempenho da actividade, do controlo externo da prestação pelo empregador, a propriedade dos instrumentos de trabalho e a sujeição a ordens e à disciplina na empresa são classificados como indícios internos; por seu turno, a inscrição do trabalhador nos regimes de segurança social e fiscal dos trabalhadores por conta de outrem correspondem a indícios externos da subordinação jurídica – neste sentido, apenas entre a jurisprudência mais recente, por exemplo, o Ac. STJ de 27/11/2007, CJ (STJ), 2007, V, 302, o Ac. RLx. de 9/04/2008 (Proc. 1466/2008-4), www.dgsi.pt., o Ac. RLx de 16/01/2008 (Proc. n.° 2224/2007-4), www.dgsi.pt, o Ac. STJ de 25/11/2009 (Proc. n.° 25/06.2TTEURS1), www.dgsi.pt., o Ac. RP de 23/03/2009 (Proc. n.° 0845906), www.dgsi.pt.

Em primeiro lugar, deve ter-se em conta que *a qualificação de qualquer situação jurídica com base num método indiciário não exige a presença, no caso concreto, de todos os indícios, mas apenas de um conjunto maior ou menor de indícios cujo valor seja considerado determinante, sendo ainda compatível com o relevo de indícios diferentes consoante os casos*[71].

Esta consideração, de alcance geral, vale sem restrições para o negócio laboral, adequando-se, aliás, particularmente bem à variedade de actividades laborais e de condições de trabalho. Assim, em contratos de trabalho comuns será mais relevante o indício do local de trabalho do que no contrato de trabalho temporário ou noutras situações laborais em que o trabalhador esteja deslocalizado como sejam o caso do teletrabalho e o caso dos trabalhadores móveis, por exemplo; da mesma forma, o indício do horário de trabalho não será relevante se o contrato de trabalho contemplar uma isenção total de horário, bem como no caso de um trabalho à distância, como o teletrabalho ou o trabalho no domicílio do trabalhador, casos em que também poderá não relevar o indício da titularidade dos instrumentos de trabalho nem o indício do controlo directo da actividade do trabalhador; por fim, o indício da sujeição a ordens directas ou a simples instruções genéricas perde valor em contratos que tenham por objecto uma actividade que, pela sua natureza, comporte um maior grau de autonomia técnica ou mesmo deontológica, como as actividades correspondentes a profissões liberais, como a do médico[72], a do engenheiro[73], ou a do advogado[74], as actividades artísticas[75] ou as actividades de docência[76].

---

[71] Neste sentido, o Ac. STJ de 25/11/2009 (Proc. n.° 25/06.2TTEURS1), www.dgsi.pt, chama a atenção para a necessidade de avaliar os indícios de subordinação na sua globalidade; no mesmo sentido, se pronunciou também o Ac. RP de 23/03/2009 (Proc. n.° 0845906), www.dgsi.pt.

[72] Sobre a qualificação do contrato de um médico, *vd* o Ac. RLx de 7/02/1996, CJ, 1996, I, 165.

[73] Sobre a qualificação do contrato para a prestação de serviços de engenharia, AC. RLx. de 16/01/2008 (Proc. n.° 2224/2007-4), www.dgsi.pt.

[74] Sobre o contrato de trabalho de advogados, *vd* o Ac. STJ de 13/01/1991, BMJ 405-345, o Ac. RLx. de 9/12/1992, CJ, 1992, V, 199, o Ac. STJ de 27/11/2007, CJ (STJ), 2007, V, 302, ou o Ac. RLx. de 9/04/2008 (Proc. n.° 1466/2008-4), www.dgwi.pt, bem como I. Ribeiro Parreira, *Contrato de Trabalho de Advogado. Uma Questão de Qualificação* (Relatório do Curso de Mestrado, FDL, inédito), Lisboa, 2000.

[75] Assim, por exemplo, quanto à qualificação do contrato celebrado com bailarinas profissionais, o Ac. RLx. de 8/11/1998 (inédito), referenciado por Romano Martinez,

Por outro lado, de acordo com a lógica do método tipológico de qualificação, *os indícios referenciados apontam para as características tendenciais do negócio jurídico a qualificar, pelo que não são fáceis de operacionalizar perante a evolução do próprio tipo negocial, devendo ter em conta essa evolução.*

Esta consideração é especialmente importante na aplicação deste método de qualificação ao contrato de trabalho, por força da evolução do próprio tipo contratual. Com efeito, nos últimos anos, dois factores têm contribuído para tornar mais difícil a operacionalização destes indícios de subordinação por reporte às características tradicionais do contrato de trabalho: por um lado, têm-se desenvolvido novos modelos de vínculo laboral, que apresentam desvios em relação a algumas das características típicas do contrato de trabalho às quais se reportam aqueles indícios (é o caso do trabalho temporário, do teletrabalho e de outras formas de trabalho à distância, ou ainda do trabalho em comissão de serviço); por outro lado, mesmo a configuração do próprio contrato de trabalho comum tem evoluído, por força das novas formas de organização do trabalho no seio das empresas e mesmo por força das novas formas de relacionamento das empresas entre si (assim, a organização menos verticalizada das empresas, a que inere uma maior autonomia dos trabalhadores, a mobilidade geográfica e a adaptabilidade de horários, o trabalho em grupo ou repartido, ou o trabalho no âmbito dos grupos de empresas)[77].

É, contudo, reconhecido que esta evolução do contrato de trabalho típico não envolve, regra geral, a atenuação da subordinação do trabalhador, mas apenas a alteração das suas manifestações no sentido de uma maior sofisticação: de facto, mesmo que não se encontre na empresa, o trabalhador de hoje pode ser tão ou mais eficazmente controlado à distância,

---

*Direito do Trabalho cit.*, 301, nota [1]; e sobre a qualificação do contrato celebrado com um toureiro, o Ac. STA de 22/12/1942, referenciado por RAÚL VENTURA, *Teoria da Relação Jurídica de Trabalho cit.*, 96, nota [1].

[76] Sobre a qualificação dos contratos para a prestação de actividade docente, *vd* Ac. STJ de 26/06/1996, CJ (STJ), 1996, II, 285; Ac. STJ de 6/04/2000, CJ (STJ), 2000, 2, 249; Ac. RLx. de 31/01/1990, CJ, 1990, I, 198; Ac. RLx de 3/12/1993, CJ, 1993, I, 184; Ac. RLx. de 15/01/1997, CJ, 1997, I, 177; Ac. RP de 10/12/1998, CJ, 1998, V, 252; Ac. RP de 23/03/2009 (Proc. n.° 0845906), www.dgsi.pt.

[77] São as diversas valências do movimento de flexibilização do Direito do Trabalho, que referimos *in Direito do Trabalho I*, § 2.°, ponto 4.2.2., sob a designação de flexibilização externa e flexibilização interna.

por meios informáticos ou telemáticos, do que na tradicional vigilância à vista pelo capataz da fábrica; ainda que tenha isenção de horário de trabalho, o trabalhador mantém-se na disponibilidade do empregador com a mesma intensidade, porque é contactável por telemóvel, muitas vezes a qualquer hora; e o controlo da sua prestação, da perspectiva dos resultados atingidos, pode ser tão constante como o tradicional controlo visual da actividade laboral pelo capataz, porque é feito por indicadores automáticos computorizados[78].

*Em suma, porque a subordinação do trabalhador no contrato de trabalho tem hoje novas manifestações mas é igualmente intensa, os indícios tradicionais de subordinação devem ser apreciados e valorizados em consonância com esta evolução.*

Por fim, *é importante cotejar os indícios de subordinação com a vontade real das partes na conclusão do contrato de trabalho*, que tem sempre um papel determinante para a qualificação do negócio[79].

Assim, por exemplo, o relevo da vontade real das partes na operação de qualificação do negócio, obrigará, de acordo com o art. 236.° do CC, a não atender à titulação formal de um contrato como «contrato de prestação de serviço» quando, em concreto, indícios relevantes apontem para a subordinação do trabalhador[80]. E, na mesma linha, a vontade real das par-

---

[78] Em especial sobre as novas manifestações da subordinação nos vínculos laborais modernos e sobre a necessidade de reponderação do critério qualificativo da subordinação, pode ver-se A. Supiot, *Les nouveaux visages de la subordination*, DS, 2000, 2, 134 ss., e ainda deste autor, *Au-delà de l'emploi. Transformations du travail et devenir du droit du travail en Europe – Rapport pour la Commission des Communautés Européennes avec la collaboration de l'Université Carlos III de Madrid*, Paris, 1999, 38 e s.; bem como J.-E. Ray, *Nouvelles technologies et nouvelles formes de subordination*, DS, 1992, 6, 525-537, e ainda *Du Germinal à Internet. Une nécessaire évolution du critère du contrat de travail*, DS, 1995, 7/8, 634-637.

[79] Raúl Ventura, *Teoria da Relação Jurídica de Trabalho cit.*, 93; Romano Martinez, *Direito do Trabalho cit.*, 308.

[80] Neste sentido, o Ac. STJ de 15/02/2005, CJ (STJ), 2005, I, 244, considerando irrelevante a titulação formal de um contrato como «contrato de avença», quando, na realidade, a situação era de trabalho subordinado; e, na mesma linha, e Ac. RLx. de 9/04/2008 (Proc. 1466/2008-4), www.dgsi.pt., relativamente à titulação formal de um contrato como contrato de prestação de serviços, quando a execução do mesmo demonstra a subordinação do trabalhador; no mesmo sentido, *vd* ainda o Ac. RLx de 16/01/2008 (Proc. n.° 2224/2007-4), www.dgsi.pt., o Ac. STJ de 25/11/2009 (Proc. n.° 25/06.2TTEURS1), www.dgsi.pt., e o Ac. RP de 23/03/2009 (Proc. n.° 0845906), www.dgsi.pt.

tes pode impor o afastamento de um indício aparente da autonomia do trabalhador, quando este indício seja desmentido por outros, cujo conjunto indique que as partes quiseram, afinal, celebrar um contrato de trabalho – assim, o trabalhador que está formalmente inscrito no regime fiscal dos trabalhadores independentes, emitindo recibos verdes pela remuneração que aufere, mas que desenvolve a sua prestação de trabalho com sujeição aos poderes laborais e em moldes idênticos aos dos restantes trabalhadores da empresa, é, efectivamente, titular de um contrato de trabalho, devendo considerar-se o indício fiscal irrelevante[81].

**III.** Ainda com referência à qualificação do contrato de trabalho a partir dos indícios de subordinação jurídica, cabe uma nota sobre a *presunção da existência de contrato de trabalho*[82]. Esta presunção foi instituída, após sucesssivas tentativas[83], pelo Código do Trabalho de 2003 (art. 12.°), foi alterada, ainda na vigência deste Código, pela L. n.° 9/2006, de 20 de Março[84], e consta agora, com significativas modificações, do art. 12.° do Código do Trabalho de 2009.

A utilidade do estabelecimento desta presunção no Código do Trabalho é a inversão do ónus da prova da existência do contrato de trabalho,

---

[81] Sobre uma situação deste tipo, *vd* o Ac. RLx. de 19/02/1997, CJ, 1997, I, 183.

[82] Especificamente sobre este problema, A. MENDES BAPTISTA, *Qualificação contratual e presunção de laboralidade*, *in Estudos sobre o Código do Trabalho*, Coimbra, 2004, 59-76, JÚLIO GOMES, *Direito do Trabalho cit.*, I, 140 ss., e ainda LEAL AMADO, *contrato de Trabalho... cit.*, 73 ss.

[83] O estabelecimento de presunções legais no domínio do contrato de trabalho tinha já sido tentado no nosso sistema jurídico, por mais de uma vez, com o objectivo de resolver situações de dúvida sobre a qualificação dos vínculos de trabalho e, designadamente, para regularizar as situações de trabalho falsamente independente – nesta linha se sucederam um Projecto de diploma apresentado à discussão pública em 25 de Março de 1996, um Anteprojecto elaborado na sequência do *Acordo de concertação estratégica celebrado na Comissão Permanente de Concertação Social do Conselho Económico e Social em 20/12/1996*, publicado na RDES, 1997, 1/2/3, 291-332, (ponto 3 do Acordo, relativo ao «combate ao trabalho ilegal»), e a Proposta de Lei n.° 235/VII, para a regularização das situações de trabalho subordinado impropriamente qualificadas. Contudo, estes Projectos não chegaram a ir adiante. Por todos, sobre estes projectos de diploma, P. FURTADO MARTINS, *A crise do contrato de trabalho*, RDES, 1997, 4, 335-368 (346 ss.).

[84] Esta norma não constava nem do Anteprojecto nem da Proposta de Lei relativa ao Código do Trabalho de 2003, tendo sido introduzida já em sede de discussão do diploma na Assembleia da República.

nos termos do art. 350.° do CC[85]: na presença dos indícios enunciados no art. 12.° do CT, o trabalhador fica dispensado de demonstrar, nos termos gerais do art. 342.° do CC, que desenvolve uma actividade laborativa retribuída para o empregador e que se encontra numa posição de subordinação, para lograr a qualificação do negócio como um contrato de trabalho[86]. Naturalmente, sendo a presunção ilidível, como é de regra, a qualificação laboral do negócio pode ser afastada (art. 350.° n.° 2 do CC), se o empregador provar a autonomia do trabalhador ou a falta de outro elemento essencial do contrato de trabalho[87]. Além disso, a presunção não é impeditiva de que o trabalhador possa fazer prova da existência do contrato de trabalho com recurso directo ao art. 11.° da LCT, se não puder fazer valer os requisitos da presunção[88].

Noutros sistemas jurídicos, também encontramos quer presunções de laboralidade (é o caso do sistema jurídico espanhol[89]), quer presunções de autonomia, para determinadas situações (como sucede com o trabalho no domicílio, no sistema francês[90]).

---

[85] Monteiro Fernandes, *Direito do Trabalho cit.*, 150, salienta a utilidade especial das presunções na qualificação dos contratos de trabalho, tendo em conta o seu carácter consensual – que dificulta a respectiva prova – e a difusão de práticas diversas de dissimulação de situações jurídicas laborais por detrás de outras figuras negociais.

[86] Sobre a repartição do ónus da prova da existência de um contrato de trabalho, *vd* o Ac. STJ de 21/06/1995, CJ (STJ), 1995, II, 299, o Ac. STJ de 25/10/1995, BMJ 450-349, ou o Ac. RP de 23/09/2009 (Proc. n.° 0845906), www.dgsi.pt.

[87] Sobre o carácter ilidível da presunção, por exemplo, o Ac. RLx. de 7/05/2008 (Proc. n.° 1875/2008-4), www.dgsi.pt.

[88] Neste sentido, Ac. RLx. de 12/09/2007 (Proc. n.° 4420/2007-4), www.dgsi.pt. Deve, contudo, ter-se em conta, que este Acórdão aplicava a presunção de laboralidade na sua versão originária, cuja configuração era particularmente exigente, podendo, paradoxalmente, tornar mais difícil a qualificação do negócio como contrato de trabalho do que a partir dos elementos essenciais do mesmo. A questão não se coloca hoje com a mesma acuidade, perante a nova redacção da presunção.

[89] Art. 8.° n.° 1 do *Estatuto de los Trabajadores*. Sobre esta presunção de laboralidade, ainda Furtado Martins, *A crise... cit.*, 345, e nota [10].

[90] Sobre esta presunção, introduzida, em alteração ao *Code du travail*, pela *Loi Madelin – loi n.° 94-126 du 11 février 1994*), podem ver-se J.-E. Ray, *Le droit du travail á l'épreuve du télétravail : le statut du télétravailleur*, DS, 1996, 2, 121-127 (121 s. e 125), G. Lyon-Caen, *Le droit du travail: une technique réversible?* Paris, 1995, 24, e B. Teyssié, *Sur un fragment de la loi n.° 94-126 du 11 février 1994: commentaire de l'article L. 120-3 du Code du travail*, DS, 1994, 7/8, 667-672.

**IV** As sucessivas alterações da presunção de laboralidade, desde que foi instituída pelo Código do Trabalho de 2003, demonstram a dificuldade da sua utilização para os efeitos para que foi criada – i.e., como qualquer presunção legal, para facilitar a prova da situação a que se reporta. Estas dificuldades ficam patentes com uma breve resenha das várias versões porque passou a formulação desta presunção.

Na versão original do Código do Trabalho de 2003, era de presumir a existência de um contrato de trabalho quando se verificassem cumulativamente os seguintes indícios, enumerados nas várias alíneas do art. 12.° daquele diploma: a inserção do trabalhador na organização do credor da actividade, com sujeição às respectivas orientações; a prestação do trabalho na empresa credora da actividade ou em local por esta controlado; a sujeição do trabalhador a um horário de trabalho previamente definido; a retribuição calculada em função do tempo de trabalho ou situação de dependência económica do trabalhador perante o credor da actividade; o fornecimento dos instrumentos de trabalho essenciais pelo credor da actividade; a execução ininterrupta da prestação de trabalho por mais de noventa dias.

Com esta formulação, a presunção era não só de fraca utilidade como podia até ser contraproducente, pelos seguintes motivos: em primeiro lugar, tratava-se de uma presunção de extremo rigor, uma vez que se exigia a presença de *todos* os indícios constantes do art. 12.°, quando a qualificação laboral do negócio nos termos comuns seria possível apenas pela verificação de alguns deles[91]; em segundo lugar, os próprios indícios eram desequilibrados quanto ao seu valor, e, em alguns casos, incompreensíveis (era o caso do indício da alínea e) do art. 12.°, relativo aos noventa dias de execução do contrato[92]); por outro lado, a verificação cumulativa destes indícios apontava para um vínculo de trabalho típico ou comum (ou seja, um trabalho numa organização empresarial, com horário determinado, com sujeição a ordens directas do beneficiário da actividade, com a remu-

[91] Quanto a este ponto, ainda o Ac. RLx. de 12/09/2007 (Proc. n.° 4420/2007-4), www.dgsi.pt, que afastou a qualificação do negócio como um contrato de trabalho, por via da presunção, justamente por faltar um dos requisitos dessa presunção; e, no mesmo sentido, Ac. RLx. de 7/05/2008 (Proc. n.° 1875/2008-4), www.dgsi.pt.

[92] Contra, Mendes Baptista, *Qualificação contratual e presunção de laboralidade cit.*, 69 s., considerando este indício útil por evidenciar a estabilidade típica do vínculo laboral.

neração calculada em função do tempo e até com a estabilidade temporal dada pelo prazo mínimo de noventa dias de execução da prestação), ou seja, para uma situação em que não se suscitam, regra geral, dúvidas de qualificação; por fim, a presunção arriscava-se a ter efeitos contraproducentes, na medida em que podia levar os tribunais a uma ponderação mais exigente dos indícios de subordinação invocados pelo trabalhador, tendo presente esta norma, quando, sem ela, a verificação de alguns destes indícios já seria considerada bastante para alicerçar a convicção judicial da existência de subordinação e a inerente qualificação laboral do contrato.

A segunda formulação da presunção, introduzida pela L. n.° 9/2006, de 20 de Março, não contribuiu, contudo, para aumentar a sua utilidade, porque embora se tenham simplificado os indícios de laboralidade (limitando-os à dependência e inserção do prestador do trabalho na estrutura organizativa do beneficiário da actividade, à existência de ordens, direcção e fiscalização deste do credor, e à percepção de retribuição), fez-se coincidir a maior parte desses indícios com os próprios elementos essenciais do contrato de trabalho, o que lhes retirou qualquer valor indiciário, para além de os continuar a conceber como indícios cumulativos, o que diminuía a sua operacionalidade. Na verdade, nesta formulação, a única utilidade da presunção era realçar o indício da dependência do prestador (desde que concebida como dependência económica e não jurídica, para não se confundir com este elemento essencial) e a importância da inserção do trabalhador na organização do credor.

**V.** É no quadro descrito que se deve analisar a actual formulação da presunção de laboralidade, constante do art. 12.° n.° 1 do Código do Trabalho de 2009.

Nos termos desta norma, presume-se a existência de um contrato de trabalho sempre que ocorram alguns dos seguintes indícios[93]:

– o local de trabalho coincidir com instalações do beneficiário da actividade ou por ele controladas (al. a) do n.° 1 do art. 12.°);
– a pertença dos equipamentos e instrumentos de trabalho ao beneficiário da actividade (al. b) do n.° 1 do art. 12.°);

---

[93] A lei refere-se a este indícios como «características», o que é incorrecto do ponto de vista técnico, porque se trata, efectivamente, de elementos de facto que constituem pistas para uma determinada qualificação jurídica.

– a existência de horário de trabalho (al. c) do n.° 1 do art. 12.°);
– o carácter periódico da retribuição paga como contrapartida da actividade (al. d) do n.° 1 do art. 12.°);
– o desempenho de funções de direcção ou chefia na empresa pelo prestador da actividade (al. e) do n.° 1 do art. 12.°).

O vigor da presunção de laboralidade é ainda reforçado com regras de tutela contra-ordenacional aplicáveis à qualificação fraudulenta dos contratos. Assim, é prevista uma contra-ordenação muito grave para estas situações, quando pretendam causar prejuízo ao trabalhador ou ao Estado (art. 12.° n.° 2), e em caso de reincidência, pode ocorrer a perda de subsídio ou benefício atribuído ao empregador (art. 12.° n.° 3). Além disso, se o empregador faltoso estiver inserido num grupo societário, as outras sociedades do grupo são responsáveis pelo pagamento da coima, nos termos do art. 12.° n.° 4, solução que já nos parece excessiva, por não pressupor qualquer conluio fraudulento entre o empregador e as outras sociedades do grupo.

Como decorre do exposto, o tratamento desta matéria no actual Código do Trabalho apresenta três grandes diferenças em relação ao regime anterior: a primeira diferença tem a ver com o tipo de indícios de subordinação indicados pelo legislador, que são agora indícios em sentido próprio, porque não se confundem com os elementos essenciais do contrato de trabalho, antes apontam para tais elementos, designadamente para o elemento da subordinação do trabalhador; a segunda diferença tem a ver com a natureza do enunciado legal destes indícios, que passou a ser exemplificativa, bastando assim teoricamente que apenas dois desses indícios ocorram para que possa ser presumida a existência de um contrato de trabalho; e a terceira diferença reporta-se às consequências da qualificação fraudulenta do vínculo de trabalho para o empregador, que são agora mais gravosas, dando um sinal claro do desvalor associado pelo legislador à qualificação fraudulenta do negócio laboral.

Com a actual configuração, pode, pois, dizer-se que, pela primeira vez, a presunção de laboralidade desempenha uma função útil na qualificação do contrato de trabalho.

**V.** Para além desta presunção geral, existem ainda presunções de laboralidade em relação a contratos de trabalho especiais. É o que sucede com o contrato de trabalho dos artistas de espectáculos, cujo novo regime jurídico, instituído pela Lei n.° 4/2008, de 7 de Fevereiro, contempla, no seu art. 6.°, uma presunção de laboralidade.

Em sentido oposto, em relação a certas categorias de trabalhadores e para determinados efeitos, a lei estabelece presunções de autonomia: é o que sucede, para efeitos da sujeição ao regime de segurança social dos trabalhadores independentes, com os trabalhadores intelectuais, designadamente os autores de obras protegidas nos termos do Código do Direito de Autor e dos Direitos Conexos[94].

### 57.5. Conclusão: o critério decisivo para a qualificação do contrato de trabalho

**I.** Comprovada a importância decisiva do elemento da subordinação para a qualificação do contrato de trabalho, apresentados os indícios de subordinação e enunciadas as cautelas a ter na aplicação do método indiciário para a sua determinação, cabe responder ainda a uma questão: a questão de saber se, apesar da diversidade das situações laborais, é possível encontrar um critério relativamente seguro e decisivo para a determinação da subordinação e, consequentemente, para a qualificação do negócio como um contrato de trabalho.

No elenco dos indícios de subordinação, é habitualmente salientado o valor do indício da sujeição do trabalhador a ordens directas do empregador, quanto ao modo de desenvolvimento da actividade laboral, e da sujeição a um controlo efectivo da prestação. Em suma, a subordinação é reconduzida essencialmente ao dever de obediência do trabalhador e feita corresponder ao poder directivo, até porque outros indícios (como o local, o tempo de trabalho ou a imputação do risco) apontam também indirectamente para as condições que tornam possível o exercício do poder directivo[95].

---

[94] O novo do Código dos Regimes Contributivos da Segurança Social (CRCSS), aprovado pela L. n.° 110/2009, de 16 de Setembro, disciplina esta matéria no art. 136.°, mas ainda não está em vigor.

[95] Sobre esta correspondência, tradicional na doutrina, podem ver-se, entre outros, RAÚL VENTURA, *Teoria... cit.* 104 ss., MÁRIO FROTA, *Contrato de Trabalho cit.*, I, 34, L. BRITO CORREIA, *Direito do Trabalho*, I, Lisboa, 1980/81, 94, BARROS MOURA, *Notas para uma Introdução ao Direito do Trabalho*, Lisboa, 1979/80, 26, João Moreira da SILVA,

**II.** O reconhecimento tradicional do poder directivo como critério qualificativo por excelência do contrato de trabalho, enquanto reverso da subordinação do trabalhador, merece ser reponderado, porque corresponde a uma visão excessivamente estreita da própria subordinação e porque o poder de direcção é pouco saliente como marca distintiva do contrato de trabalho.

Como já vimos, a subordinação corresponde a um estado subjectivo de dependência pessoal do trabalhador, que é típico do contrato de trabalho e que não se deixa confinar à prestação de trabalho, dada a miríade de outros deveres que também integram a situação jurídica do trabalhador: no reverso da subordinação do trabalhador está, pois, o poder directivo (enquanto poder destinado à determinação e à concretização da actividade laboral), mas está também o poder disciplinar prescritivo (para definição das regras de comportamento e disciplina na organização do empregador, que não sejam atinentes à actividade de trabalho) e está ainda o poder disciplinar sancionatório (dirigido à aplicação de sanções disciplinares).

---

*Direitos e Deveres dos Sujeitos da Relação Individual de Trabalho*, Coimbra, 1983, 53, MESSIAS DE CARVALHO / V. NUNES DE ALMEIDA, *Direito do Trabalho e Nulidade do Despedimento,* Coimbra, 1984, 5, MENEZES CORDEIRO, *Manual... cit.,* 127, ou BERNARDO XAVIER, *Curso... cit.*, 325, e *Iniciação... cit.*, 173; e, com referência à literatura estrangeira, entre outros, NIPPERDEY / MOHNEN / NEUMANN, *Der Dienstvertrag,* Berlin, 1958, 1106, TOMANDL, *Wesensmerkmale des Arbeitsvertrages... cit.,* 182 ss., RICHARDI, *Staudingers Kommentar... cit.*, II, 49 s., SÖLLNER, *Grundriß des Arbeitsrecht cit.* 1 ss., BARASSI, *Elementi di diritto del lavoro*, 7.ª ed., Milano, 1957, 140 s., RIVA SANSEVERINO, *Diritto del lavoro,* 14.ª ed., Padova, 1982., 43 e 241 ss., E. REDENTI, *Variazioni sul tema del verbo commandare,* Riv.Trim.DPC, 1959, 777-794 (778), V. CASSÌ, *La subordinazione del lavoratore nel diritto del lavoro,* 2.ª ed., Milano, 1961, 149, G. SUPPIEJ, *La struttura del rapporto di lavoro,* II, Padova, 1963, 9 ss., C. SMURAGLIA, *La persona del prestatore nel rapporto di lavoro,* Milano, 1967, 279 s., L. ANGIELLO, *Autonomia e subordinazione... cit.*, 44, M. GHIDINI, *Diritto del lavoro*, 6.ª ed., Padova, 1976, 344, PAPALEONI, *Il rapporto di lavoro cit.,* 238 e 591, C. CESTER / G. SUPPIEJ, *Lavoro subordinato (contratto e rapporto)*, NovissDI, IV (Apendice), 1983, 757-797 (761), M. DESPAX, *L'évolution du lien de subordination,* DS, 1982, 1, 11-19 (13 e 15), D. LOSCHAK, *Le pouvoir hiérarchique dans l'entreprise privée et dans l'administration*, DS, 1982, 1, 22-40 (30 s.), M. JAMOULLE, *Le contrat de travail,* I, Liège, 1982, 12, MARTÍN VALVERDE / F. R.-S. GUTIÉRREZ / J. G. MURCIA, *Derecho del Trabajo cit.,* 170. Mas, em entendimento diverso, considerando que a ideia de direcção não é idónea para delimitar o contrato de trabalho relativamente a outros contratos envolvendo a prestação de uma actividade laborativa, L. SPAGNUOLO VIGORITA, *Subordinazione e diritto del lavoro – problemi storico-critici*, Napoli, 1976, 47 s.

Perante este conteúdo amplo da posição de domínio do empregador no contrato de trabalho, o reporte típico da subordinação ao poder directivo revela-se, pois, redutor.

**III.** Por outro lado, a verdade é que, enquanto marca distintiva do contrato de trabalho, o poder de direcção é pouco saliente, o que dificulta a sua aptidão para distinguir este contrato das figuras s afins.

A falta de saliência do poder directivo como critério distintivo do contrato de trabalho decorre de três factores[96]:

i) *As situações de enfraquecimento ou de real inefectividade deste poder*: há situações em que o poder de direcção não é exercido pelo seu titular (assim, o trabalhador cujo empregador esteja ausente, e aquele que, por qualquer outra razão, não receba ordens ou instruções, bem como as situações de elevada autonomia técnica); ora, como nestas situações o contrato de trabalho não se descaracteriza, forçoso é concluir pelo fraco valor qualificativo deste poder.

ii) *As situações de prescindibilidade do poder directivo*: em alguns contratos de trabalho, o poder directivo não é da titularidade do empregador, mas é, por lei, atribuído a outra entidade (assim, no trabalho temporário, o poder directivo cabe à empresa utilizadora, embora a lei reconheça a empresa de trabalho temporário como empregador – arts. 172.º a) e b) e 185.º n.º 2 do CT); e, no trabalho portuário, o empregador é a entidade portuária, mas o poder directivo cabe à entidade que requisita os trabalhadores – arts. 1.º, 3.º, e 7.º do DL n.º 282-A/84, de 20 de Agosto)[97]; por outro lado, em vicissitudes contratuais como a cedência ocasional de trabalhadores o poder directivo é atribuído à entidade cessionária (art. 288.º do CT), que, todavia, não é o empregador. Ora, estas situações de desdobramento dos poderes laborais evidenciam, até certo ponto, a prescindibilidade do poder directivo e a sua inaptidão para qualificar o contrato, uma vez que o vínculo laboral não se estabelece com a entidade titular daquele poder.

---

96 Para mais desenvolvimentos sobre este ponto, *vd* ROSÁRIO PALMA RAMALHO, *Do Fundamento do Poder Disciplinar Laboral cit.*, 268 ss.

97 Especificamente sobre estes casos, ainda o nosso *Do Fundamento... cit.*, 242 ss.

iii) *A falta de singularidade do poder directivo, pela verificação de que este poder também existe noutros contratos envolvendo uma actividade laborativa*: ainda que sob outras designações, nas diversas figuras negociais que enquadram o denominado trabalho autónomo são previstos poderes de instruir o prestador da actividade e de controlar a actividade prestada – assim, na execução do mandato, o mandatário deve conformar-se com as instruções do mandante (art. 1161.° a) do CC); na empreitada, o dono da obra tem o poder de fiscalizar o empreiteiro e pode mesmo, unilateralmente, introduzir modificações ao plano inicial, que vinculam o empreiteiro (arts. 1209.° e 1216.° n.° 1 do CC); e no contrato de agência o agente deve conformar a sua conduta às instruções da outra parte (art. 7.° a) do DL n.° 178/86, de 3 de Julho). Em suma, a existência de um poder ordenador ou directivo parece ser um traço comum às diversas formas de actividade laborativa desenvolvidas para satisfação das necessidades de outrem, designadamente quando revistam carácter continuado, o que diminui a aptidão qualificativa deste poder.

Perante o exposto, conclui-se pela *inaptidão do poder de direcção para, por si só, operar a qualificação do contrato de trabalho*. Sem negar a importância deste poder no contrato, forçoso é reconhecer que tal importância decorre não tanto de uma diferença qualitativa como de uma diferença de intensidade, em razão do maior grau de indeterminação da prestação laboral (que exige um poder de escolha mais amplo) e do carácter continuado do vínculo (que impõe uma necessidade acrescida de adaptação da prestação, a concretizar pelo credor).

Por outro lado, enquanto critério qualificativo do contrato de trabalho, o poder de direcção resulta ainda mais enfraquecido nos vínculos laborais modernos, quer naqueles que se desviem do contrato de trabalho típico, quer, no âmbito do próprio contrato de trabalho típico, pela disseminação de formas de organização do trabalho mais autónomas e menos verticalizadas[98]. Por outras palavras, as novas formas de subordinação contribuem também para esbater o vigor qualificativo do poder de direcção.

---

[98] Chamando a atenção para as insuficiências do critério da sujeição ao poder directivo do empregador, actuado na empresa onde o trabalhador se insere, para delimitar o conceito de subordinação, justamente neste tipo de situações, P. ICHINO, *Subordinazione e autonomia nel diritto del lavoro*, Milano, 1989, 98 ss.

**IV.** Mas se, por si só, o poder directivo não é um critério decisivo para a qualificação do contrato de trabalho, qual é a alternativa?

Retoma-se, para este efeito, a proposta de uma visão integrada dos dois poderes laborais como critério decisivo para a qualificação do contrato de trabalho: o poder directivo; e o poder disciplinar, na sua vertente prescritiva e na sua vertente sancionatória.

Quanto ao poder directivo, a sua grande diferença relativamente aos poderes ordenatórios, que se encontram noutros contratos envolvendo a prestação continuada de uma actividade produtiva, está no grau de eficácia das ordens e instruções do empregador, que decorre do facto de serem assistidas pelo poder disciplinar sancionatório – dito de outra forma, embora o mandante, o dono da obra ou o dono do negócio tenham um poder instrutório sobre o mandatário, o empreiteiro ou o agente, respectivamente, o desrespeito pelas suas instruções apenas lhes permite recorrer aos meios comuns de cumprimento coercivo e de ressarcimento dos danos. Assim, na análise das emanações do credor do trabalho, ao abrigo do poder directivo, para efeitos da qualificação do contrato, deverá sempre verificar-se se aquele poder foi assistido da tutela disciplinar, uma vez que é esta tutela que constitui o elemento verdadeiramente singular do negócio laboral.

Já o poder disciplinar laboral tem uma aptidão qualificativa do contrato, por si próprio (ou seja, desligado do poder directivo), relativamente a duas situações:

- as situações de atribuição do poder directivo a um ente terceiro: nestes casos, a lei qualifica como empregador o titular do poder disciplinar, o que evidencia o valor qualificativo autónomo deste poder;
- as situações de real enfraquecimento do poder directivo, por força da ausência do empregador, do nível de confiança que este deposita no trabalhador ou do elevado grau de autonomia deste na realização da prestação e no cumprimento dos deveres associados: nestes casos, o elemento decisivo para a qualificação será, com probabilidade, o grau de integração do trabalhador no seio da organização empresarial e a sua sujeição a regras de disciplina da organização, que não se reportem à prestação (em suma, a sujeição ao poder disciplinar na sua faceta ordenadora ou prescritiva), para além da sujeição ao poder disciplinar sancionatório[99].

---

[99] Realçando o valor decisivo da sujeição do trabalhador às regras disciplinares

**V.** À solução preconizada podem ser opostos dois argumentos: o primeiro invoca lugares paralelos no universo jurídico privado (como a disciplina associativa) para refutar a singularidade do poder disciplinar laboral e, por essa via, afastar o seu valor qualificativo do contrato de trabalho; o segundo assinala o facto de se assentar a qualificação num elemento patológico do negócio jurídico, que tem a ver com o respectivo incumprimento.

Estas críticas não procedem.

Efectivamente, quer na sua vertente prescritiva, quer na sua vertente sancionatória, o poder disciplinar laboral não tem paralelo no panorama dos negócios jurídicos privados, e não é também comparável à disciplina no seio das associações, porque esta é uma auto-disciplina e aquele é um poder heterónomo, atribuído pela lei ao empregador, para prossecução dos seus próprios interesses. Trata-se, pois, de um poder profundamente singular no universo negocial privado, sendo nessa singularidade que se funda a sua aptidão específica para a qualificação do contrato de trabalho.

Por outro lado, também não colhe o argumento do recurso a um elemento patológico do negócio para alicerçar a qualificação do contrato de trabalho, porque o poder disciplinar tem também uma componente prescritiva, que é de grande valia para efeitos da qualificação do contrato, já que revela a componente de inserção organizacional do trabalhador típica e própria deste negócio[100].

## 58. **Figuras afins do contrato de trabalho**[101]

**I.** Da delimitação que fizemos do contrato de trabalho transparece, de imediato, a necessidade de o distinguir de figuras próximas, para o que se devem aplicar os critérios de delimitação enunciados.

---

vigentes na empresa nos casos de elevada autonomia técnica do trabalhador, para comprovar a subordinação jurídica do trabalhador, exactamente no sentido que preconizamos, Ac. STJ de 27/11/2007, CJ (STJ), 2007, V, 302, e ainda o Ac. RP de 23/03/2009 (Proc. n.° 0845906), www.dgsi.pt

[100] Sobre esta componente organizacional do contrato de trabalho, *vd Direito do Trabalho I*, § 12.°, ponto 43.5.1.

[101] Em especial sobre este ponto, J. Acácio Lourenço, *Contrato de trabalho e figuras afins*, *in Estudos sobre Temas de Direito do Trabalho*, Lisboa, 1979, 13 a 16; Menezes

**II.** Destacam-se, entre as figuras próximas do contrato de trabalho, por poderem envolver a prestação de uma actividade humana livre e produtiva, para satisfação das necessidades de outrem – i.e., uma *actividade laborativa*, no sentido que, oportunamente, se deu à expressão[102] –, as seguintes modalidades contratuais:

- o contrato de prestação de serviço, em especial nas modalidades do mandato, da empreitada, da avença e da agência;
- o contrato de sociedade;
- o contrato de aprendizagem e outras situações jurídicas ligadas à formação profissional;
- os vínculos para o exercício de funções públicas.

### 58.1. **Contrato de trabalho e contrato de prestação de serviço**

**I.** Nos termos do art. 1154.° do CC, «contrato de prestação de serviço é aquele em que uma das partes se obriga a proporcionar à outra certo resultado do seu trabalho intelectual ou manual, com ou sem retribuição». Neste contrato, está pois envolvida uma prestação laborativa (o *trabalho intelectual ou manual*), que é, todavia, valorizada pelo *resultado* em que se traduz e à qual pode ou não corresponder uma *retribuição*; por outro lado, do cotejo desta noção com a noção legal de contrato de trabalho (art. 1152.° do CC e art. 11.° do CT) decorre que, no contrato de prestação de serviço, o trabalho é prestado em moldes autónomos, uma vez que não se faz menção a especiais poderes de autoridade do credor.

**II.** A similitude da prestação envolvida no contrato de trabalho e no contrato de prestação de serviço (nos dois casos, estamos perante uma actividade laborativa) explica a aptidão histórica da segunda figura para enqua-

---

Cordeiro, *Manual de Direito do Trabalho cit.*, 520 ss., Bernardo Xavier, *Curso de Direito do Trabalho cit.*, 297 ss., Mário Pinto, *Direito do Trabalho – Introdução. Relações Colectivas de Trabalho*, Lisboa, 1996, 74 ss.; Jorge Leite, *Direito do Trabalho,* II, Coimbra, ed. de 1992/93 (*reprint* de 1999), 47 ss., Romano Martinez, *Direito do Trabalho cit.,* 300 ss.; Júlio Gomes, *Direito do Trabalho cit.*, 145 ss., Menezes Leitão, *Direito do Trabalho cit.*, 122 ss., Monteiro Fernandes, *Direito do Trabalho cit.,* 143 ss.; Leal Amado, *Contrato de Trabalho... cit.*, 67 ss.

[102] Cfr. *Direito do Trabalho I*, § 1.°, ponto 1.3.

drar o fenómeno do trabalho subordinado fabril, na sua origem[103], e explica ainda a recondução do contrato de trabalho a uma modalidade de prestação de serviços, que é feita, até hoje, pelos sistemas jurídicos que não autonomizam o contrato de trabalho na lei civil – é o caso do sistema jurídico alemão (§ 611.° do BGB), que identifica o contrato de trabalho como a modalidade do *Dienstvertrag* caracterizada pela posição de dependência pessoal (*persönliche Abhängigkeit*) do prestador.

Configurando um sentido amplo para o contrato de prestação de serviço, a recondução do contrato de trabalho a uma modalidade de prestação de serviços é também sufragada, entre nós, por MENEZES CORDEIRO[104] (como consequência da construção obrigacional da figura do contrato de trabalho proposta por este autor[105]), ainda que como mera hipótese dogmática, uma vez que o legislador civil optou pela autonomização formal das duas figuras.

A nosso ver, esta recondução é de afastar, não apenas em razão do argumento legal, mas pela especificidade dogmática do contrato de trabalho, que decorre das suas componentes de pessoalidade e de inserção organizacional[106]. Estas componentes justificam, respectivamente, a essência subjectiva da subordinação do trabalhador e a abrangência desta subordinação, reportada não apenas ao poder directivo, mas também ao poder disciplinar prescritivo e sancionatório do empregador. São estas componentes do contrato de trabalho que confirmam a sua diferença genética do contrato de prestação de serviço, reconhecida pelo Código Civil.

**III.** A delimitação das várias modalidades de prestação de serviço relativamente ao contrato de trabalho deve ser feita caso a caso, uma vez que os critérios delimitativos não são sempre os mesmos e o recurso aos indícios de subordinação ou de autonomia do prestador da actividade assim o impõe.

Como ponto de apoio adicional, deve dar-se o adequado relevo à vontade real das partes no momento da celebração do negócio, uma vez que o

---

[103] Cfr. *Direito do Trabalho I*, § 2.°, ponto 3.1, e § 12.°, ponto 42.2.III.

[104] A. MENEZES CORDEIRO, *Da situação jurídica laboral: perspectivas dogmáticas do direito do trabalho*, ROA, 1982, 89-149 (141 s.), e *Manual de Direito do Trabalho cit.*, 521 e nota [5]. No mesmo sentido se pronunciou ROMANO MARTINEZ, *Direito do Trabalho cit.*, 300.

[105] *Direito do Trabalho I*, § 12.°, ponto 42.4.

[106] *Direito do Trabalho I*, § 12.°, ponto 43.5.

princípio geral da autonomia privada faz deste elemento o factor decisivo em qualquer operação de qualificação[107].

### 58.1.1. **Contrato de trabalho e contrato de mandato**

**I.** A distinção entre o contrato de trabalho e o contrato de mandato (art. 1157.° ss. do CC) pode ser feita pelos seguintes critérios: o critério da natureza dos actos praticados; o critério da gratuitidade *versus* onerosidade; e o critério da posição subjectiva de dependência ou de autonomia do prestador.

O critério da *natureza dos actos praticados* pode facilitar a qualificação do negócio, na medida em que o mandato incide necessariamente sobre actos jurídicos, ao passo que no contrato de trabalho a actividade do trabalhador pode passar pela prática de actos materiais. No entanto, este critério nem sempre é operativo, porque o contrato de trabalho também pode envolver a prática de actos e negócios jurídicos, caso em que a sua celebração implica a concessão ao trabalhador dos poderes necessários para os praticar (art. 115.° n.° 3 do CT). Por outro lado, diminui a operacionalidade deste critério o facto de os actos jurídicos que correspondem a algumas das tradicionais profissionais liberais (como a dos advogados, por exemplo) serem hoje comummente desenvolvidos sob a moldura de um contrato de trabalho.

O *critério da gratuitidade* decidirá a qualificação do negócio quando o mandato não seja retribuído, uma vez que no contrato de trabalho a retribuição é elemento essencial. Este critério não funcionará, naturalmente, no caso do mandato oneroso, o que diminui significativamente a sua operacionalidade no que toca especificamente à distinção entre os dois contratos, até porque, nos termos do art. 1158.° n.° 1 do CC, o mandato se presume oneroso sempre que «tiver por objecto actos que o mandatário pratique por profissão» – ora, são justamente estes casos que também podem ser enquadrados por um contrato de trabalho.

---

[107] Do relevo da autonomia das partes decorre também a possibilidade de cumulação de um contrato de trabalho e de um contrato de prestação de serviço, entre as mesmas partes e para o desempenho de actividades diferentes, a desenvolver em moldes subordinados no primeiro caso e em moldes autónomos, no segundo caso – sobre a admissibilidade desta situação, *vd* o Ac. RLx. de 24/04/2002, CJ, 2002, II, 172.

O *critério da posição subjectiva de dependência ou de autonomia do prestador* é, quase sempre, o critério decisivo: no contrato de mandato falta a subordinação do prestador do serviço, que constitui elemento essencial do contrato de trabalho. Deve, contudo, ter-se em conta que o dever de conformação do mandatário às instruções do mandante (art. 1161.° a) do CC) não configura, só por si, subordinação, uma vez que a subordinação não se cinge à sujeição do trabalhador ao poder de direcção do credor; e, por outro lado, deve atentar-se no facto de a subordinação jurídica ser compatível com a autonomia técnica e deontológica do prestador do trabalho (art. 116.° do CT), que é, em alguns casos, muito elevada. Assim, para a clarificação definitiva da posição do trabalhador no contrato, poderão ser especialmente valiosos os indícios de subordinação que têm a ver com o seu grau de inserção na estrutura produtiva do credor e com a sua sujeição ao poder disciplinar prescritivo e sancionatório.

**II.** A distinção entre os contratos de mandato e de trabalho não constitui obstáculo a conexões entre estes dois tipos contratuais.

Neste contexto, destacamos a situação contratual do trabalhador subordinado que é designado para integrar a administração da sua empresa. Sendo esta função incompatível com o estatuto de subordinação que, até então, aquele trabalhador detinha (já que, nas novas funções, o trabalhador passa a identificar-se com o empregador), o art. 398.° n.° 2 do CSC estabelece duas soluções: se o contrato de trabalho tiver sido celebrado no ano anterior à designação, extingue-se por caducidade[108]; se tiver sido celebrado há mais de um ano, suspende-se[109].

No caso de suspensão do contrato coexistem, pois, dois vínculos: um contrato de mandato para a função de administração da empresa, em execução normal; e um contrato de trabalho, no estado latente de suspensão, e que voltará a ser efectivo no momento em que cesse o mandato. Esta sus-

[108] No caso, a extinção do contrato de trabalho configura uma forma de caducidade, motivada por impossibilidade legal superveniente absoluta de subsistência do vínculo – art. 343.° b) do CT. Cfr., *infra*, § 34.°, ponto 126.3.

[109] Para mais desenvolvimentos sobre as regras do art. 398.° do CSC, *infra*, neste parágrafo, ponto 58.2.; e apreciando os problemas colocados por estas regras no contexto dos grupos societários (nomeadamente, o problema do destino do contrato de trabalho do trabalhador de uma empresa do grupo, que assume funções de administração noutra empresa do mesmo grupo), ROSÁRIO PALMA RAMALHO, *Grupos Empresariais e Societários... cit.*, 517 ss.

pensão deve seguir o regime geral da suspensão do contrato de trabalho, previsto nos arts. 294.º e ss. do CT[110].

**III.** Por fim, deve ter-se em conta que os critérios de delimitação do contrato de trabalho relativamente ao contrato de mandato são também operativos para o distinguir das *modalidades inominadas de prestação de serviços*, uma vez que estas se sujeitam ao regime do contrato de mandato, nos termos do art. 1156.º do CC.

### 58.1.2. **Contrato de trabalho e contrato de empreitada**

**I.** A segunda modalidade típica do contrato de prestação de serviço da qual cabe distinguir o contrato de trabalho é o contrato de empreitada (arts. 1207.º ss. do CC).

Para a delimitação entre os dois contratos não releva o critério da retribuição, porque ambos os negócios são onerosos; e este critério continua a ser inoperante mesmo se atendermos ao modo de cálculo da remuneração, porque também na empreitada o preço pode ser pago de modo fraccionado. Por outro lado, o critério do relevo prevalente do resultado do trabalho sobre a actividade (no caso, a obra executada) é também de operacionalidade reduzida, porque os mesmos actos materiais podem constituir o objecto de qualquer uma das modalidades contratuais.

**II.** O critério decisivo para a distinção é, de novo, o da autonomia do empreiteiro na realização da obra[111]. Contudo, recorda-se que, também neste contrato, a autonomia não é total, uma vez que é compatível com poderes de fiscalização e mesmo com a possibilidade de introduzir alterações unilaterais, que assistem ao dono da obra (arts. 1209.º e 1216.º n.º 1 do CC). Por esta razão, os indícios de subordinação atinentes ao grau de inserção do trabalhador na organização do credor e a sua sujeição ao poder disciplinar prescritivo e sancionatório podem ser decisivos para clarificar a sua posição contratual e, por inerência, para qualificar o contrato.

---

[110] Apreciaremos esta matéria, *infra*, § 31.º, ponto 119.

[111] Sobre os critérios de distinção entre o contrato de trabalho e o contrato de empreitada, *vd* o Ac. STJ de 24/05/1995, BMJ 447-308.

Como critérios complementares de distinção, salientam-se o critério da distribuição do risco da não produção dos resultados, que, por via de regra, corre na empreitada por conta do empreiteiro (art. 1227.° do CC), ao passo que no contrato de trabalho cabe ao empregador[112]; e o critério da existência ou da ausência de colaboradores do empreiteiro, ou de situações de subempreitada, que são muito frequentes e que indiciam a autonomia do empreiteiro na realização da obra, para além de contrariarem o carácter *intuitus personae* do contrato de trabalho[113].

### 58.1.3. **Contrato de trabalho e contrato de avença**

**I.** Como modalidade de mandato ou de empreitada (consoante o seu objecto envolva essencialmente a prática de actos jurídicos ou de actos materiais) deve ainda referir-se o contrato de avença[114].

Muito divulgado no domínio das profissões liberais, o contrato de avença é uma figura especialmente próxima do contrato de trabalho pelos seguintes motivos: pela relativa indeterminação inicial dos actos a realizar, em situação que lembra a indeterminação genética da actividade laboral[115]; porque ambos os contratos são onerosos e na avença a remuneração do avençado também reveste um carácter periódico; porque o avençado se sujeita a instruções do credor quanto à execução do trabalho e, ainda, com frequência, a condições externas ao desenvolvimento da prestação também definidas pelo credor – assim, o dever de presença na empresa durante um determinado número de horas, que só na designação difere de um horário de trabalho.

**II.** O contrato de avença está, com frequência, associado ao desempenho de profissões liberais de uma forma continuada e em benefício de um mesmo credor. Dada a frequência com que, na actualidade, as profissões liberais são desenvolvidas também num enquadramento de trabalho

---

[112] Salientando o valor deste critério para esta distinção, ROMANO MARTINEZ, *Direito do Trabalho cit.*, 330.

[113] Cfr., *infra*, neste parágrafo, o ponto 60.

[114] Sobre este contrato, *vd o* Ac. STA de 5/05/1998, referenciado por ROMANO MARTINEZ, *Direito do Trabalho cit.*, 306 e nota [5].

[115] *Supra*, neste parágrafo, ponto 57.2.I.

subordinado (assim, os advogados que integram o departamento de contencioso de uma empresa, os médicos de um hospital ou os arquitectos ou engenheiros integrados numa empresa de construção civil), é particularmente difícil a distinção entre este contrato e o contrato de trabalho.

De novo, o critério decisivo será o da posição de autonomia ou de subordinação do prestador do trabalho, mas na aplicação deste critério devem ser valorizados, sobretudo, os indícios de subordinação que revelem a integração do trabalhador na organização do credor e a sua sujeição às correspondentes regras disciplinares[116].

### 58.1.4. **Contrato de trabalho e contrato de agência**

**I.** O contrato de agência é o contrato no qual o agente se compromete a promover, por conta da outra parte, a celebração de contratos, de forma autónoma e estável e mediante retribuição – art. 1.° n.° 1 do DL n.° 178/86, de 3 de Julho, com a redacção dada pelo DL n.° 118/93, de 13 de Abril[117].

O regime jurídico do contrato de agência estabelece, entre outros, como deveres do agente, o dever de respeitar as instruções da outra parte que não colidam com a sua autonomia (art. 7.° n.° 1), o dever de sigilo (art. 8.°) e o dever de não concorrência (art. 9.°).

**II.** Como decorre quer da noção legal do contrato de agência quer do enunciado destes deveres do agente, diversos elementos aproximam esta figura do contrato de trabalho: nos dois casos é praticada uma actividade de trabalho (no caso do contrato de agência trata-se de uma actividade material de promoção comercial, com vista à celebração de negócios jurí-

---

[116] Relativamente à distinção entre o contrato de trabalho e o contrato de prestação de serviço, na modalidade da avença, *vd* o Ac. STJ de 15/02/2005, CJ (STJ), 2005, I, 244, que recorre ao método indiciário para a determinação da subordinação jurídica.

[117] Em geral, sobre o contrato de agência, podem ver-se M. HELENA BRITO, *O Contrato de Agência, in Novas Perspectivas do Direito Comercial,* Coimbra, 1988, 107-135, M. JANUÁRIO COSTA GOMES, *Apontamentos sobre o Contrato de Agência,* Sep. da TJ, 1990, 3, C. LACERDA BARATA, *Sobre o Contrato de Agência*, Coimbra, 1991, e ainda *Anotações ao Novo Regime do Contrato de Agência cit.*, e A. PINTO MONTEIRO, *Contrato de Agência – Anotação ao Decreto-Lei n.° 178/86, de 3 de Julho,* 4.ª ed., Coimbra, 2000. Para mais desenvolvimentos sobre a distinção entre o contrato de agência e o contrato de trabalho, JÚLIO GOMES, *Direito do Trabalho cit.*, 145 ss.

dicos[118]); nas duas situações encontra-se um elemento de estabilidade; nos dois casos, há lugar a retribuição pelo trabalho; e em ambas as situações se configuram deveres de sigilo e não concorrência e um poder instrutório ou directivo do credor.

Uma vez que nada impede que a prática de actos de promoção comercial seja objecto de um contrato de trabalho e uma vez que o trabalhador subordinado também pode ter uma retribuição variável, materialmente semelhante à comissão do agente, o critério decisivo para a distinção entre as duas figuras é, de novo, o critério da autonomia ou da subordinação do prestador na execução do contrato: embora tanto o trabalhador subordinado como o agente actuem por conta dos respectivos credores, a autonomia é um elemento essencial do contrato de agência, ao passo que a subordinação jurídica do prestador é um elemento essencial do contrato de trabalho[119].

Contudo, uma vez que a autonomia do agente se concilia com o dever de respeitar as instruções da outra parte (desde que compatíveis com aquela autonomia), nos termos do art. 7.° do DL n.° 178/86[120], para a determinação da posição de autonomia ou de subordinação do prestador da actividade perante a outra parte poderão ser especialmente valiosos os indícios de subordinação que se reportem a factores exógenos à prestação e, designadamente, os indícios ligados à inserção organizacional e disciplinar do trabalhador. É ainda relevante o critério do risco da actividade que, no contrato de agência, corre por conta do agente.

Por outro lado, a vontade real das partes e um critério geral de substancialidade na qualificação das situações jurídicas impõem que a designação formal de uma determinada situação como agência não valha sempre que, na realidade, o vínculo jurídico subjacente corresponda a trabalho subordinado – é o que sucede, na maioria dos casos, com os denominados «agentes de seguros», com os «agentes de vendas» ou com os trabalhadores das «agências» bancárias, que são habitualmente trabalhadores subordinados[121].

---

[118] Ac. RLx. de 7/10/1993, CJ, 1993, IV, 134.

[119] Neste sentido, C. Lacerda Barata, *Anotações ao Novo Regime do Contrato de Agência cit.*, 14 s. Sobre a distinção entre contrato de trabalho e contrato de agência, com recurso ao critério da subordinação, na jurisprudência, Ac. STJ de 7/05/2003, CJ (STJ), 2003, II, 253.

[120] Neste sentido, Pinto Monteiro, *Contrato de Agência cit.*, 42 s.

[121] Identificando algumas destas situações como tipicamente laborais, mau grado a

**III.** Os critérios de distinção entre o contrato de agência e o contrato de trabalho são também genericamente operacionais para distinguir este último contrato do *contrato de mediação*, em que o mediador coloca duas pessoas em contacto com vista à celebração de futuros negócios entre elas – também neste caso, o mediador age com autonomia.

### 58.2. **Contrato de trabalho, contrato de sociedade e contratos ligados à gestão societária**

**I.** O contrato de sociedade é aquele em que duas ou mais pessoas se obrigam a contribuir com bens e serviços para o exercício em comum de certa actividade económica produtiva, a fim de repartirem entre si os lucros dessa actividade (art. 980.° do CC).

Este contrato poderá ter afinidades com o contrato de trabalho quando a contribuição dos sócios seja em serviços: é o problema do enquadramento jurídico da actividade prestada à sociedade pelos sócios de indústria, sócios de capital e de indústria e sócios-gerentes.

**II.** A distinção entre os dois contratos através dos critérios da prevalência do resultado ou da actividade e da existência ou do modo de cálculo da retribuição revela-se difícil, na medida em que a actividade de gerência da sociedade é uma actividade prolongada no tempo e não um conjunto de actos isolados e que é também habitualmente (ainda que não obrigatoriamente) remunerada em função do tempo.

A falibilidade destes dois critérios de distinção realça a importância do critério da subordinação jurídica, que tem sido amplamente utilizado pela jurisprudência para distinguir os dois contratos: a actividade desenvolvida pelo sócio-gerente não corresponde a trabalho subordinado, porque o sócio participa da vontade da pessoa colectiva, o que exclui, à partida, a possibilidade da sua colocação em situação de subordinação perante essa mesma pessoa colectiva. Assim, apesar de corresponder a uma actividade laborativa, no sentido de actividade humana livre e produtiva desenvolvida para satisfação de necessidades de outrem, esta actividade

designação e apesar do grau de autonomia de que gozam estes trabalhadores, Pinto Monteiro, *Contrato de Agência cit.*, 42.

do sócio não é uma actividade laboral, por ausência de subordinação, devendo o seu vínculo reconduzir-se à figura do mandato[122].

Enunciado o critério de distinção, deve, contudo, chamar-se a atenção para algumas situações relativas a participações sociais ou à gestão societária, em que a aplicação do critério distintivo da subordinação exige maiores cautelas. Estas situações são, essencialmente, de cinco tipos: trabalhadores subordinados com participação no capital social em posição minoritária; sócios cooperantes; administradores ou gestores societários não sócios; gerentes não sócios e gerentes comerciais; trabalhadores dirigentes.

**III.** No que se refere aos *trabalhadores subordinados com participação no capital social em posição minoritária* (assim, o trabalhador de uma empresa cotada em bolsa, que adquiriu acções da mesma ou que recebeu um pequeno lote de acções como prémio do seu empregador, bem como o trabalhador que é titular de uma pequena quota da sociedade), crê-se que o critério afinado pela jurisprudência, segundo o qual a posição de subordinação jurídica e a qualidade de sócios ou de accionistas são, por natureza, incompatíveis, deve ser aplicado *cum granu salis*.

É que, se parece correcto que o sócio-gerente ou os accionistas com efectivo peso na formação da vontade da pessoa colectiva não possam ter um vínculo de subordinação com essa mesma entidade, o mesmo já não poderá dizer-se em relação a qualquer pequeno accionista que trabalhe na empresa.

Assim, entende-se que apenas quando a posição societária do trabalhador lhe permite, efectivamente, participar na formação da vontade da sua empresa é que se torna insubsistente a posição de subordinação que inere ao seu vínculo laboral. Pelo contrário, se a circunstância de deter uma pequena parcela do capital social em nada altera o modo como o trabalhador desempenha a sua actividade na empresa, mantendo-se a subordinação, a sua qualidade de sócio ou de accionista não colide com a sua qualidade de trabalhador subordinado.

---

[122] Aplicando este critério, entre outros, Ac. STJ de 16/12/1983, BMJ 332-418, Ac. STJ de 8/01/1992, BMJ 413-360, Ac. STJ de 25/02/1993, CJ (STJ), 1993, I, 257, Ac. STJ de 17/02/1994, CJ (STJ), 1994, I, 293, Ac. RLx. de 13/07/1988, CJ, 1988, IV, 150, Ac. RP de 26/09/1992, CJ, 1992, IV, 288, Ac. RC de 2/12/1993, CJ, 1993, V, 86.

**IV.** O mesmo entendimento pode ser sustentado para o *trabalho prestado no âmbito das cooperativas*[123]. Embora, em tese geral, o trabalho prestado pelos sócios cooperantes seja de reconduzir a trabalho autónomo, pela incompatibilidade entre a qualidade de sócio e o estatuto de trabalhador subordinado, a jurisprudência tem vindo a admitir o enquadramento laboral desta actividade laborativa, desde que haja subordinação[124-125].

**V.** No caso do *trabalho prestado por administradores não sócios ou por gestores públicos*, a jurisprudência tem-se inclinado no sentido de excluir a qualificação laboral do respectivo vínculo, reconduzindo-o à figura do mandato, por ausência de subordinação jurídica[126]. Para essa qualificação aponta a autonomia do trabalhador e o tipo de função que desempenha, na qual aparece como representante da empresa e corporiza o interesse e a vontade desta[127].

Nestes casos, deve, contudo, ter-se em atenção a possibilidade, acima indicada, de os administradores ou gestores serem escolhidos entre os trabalhadores subordinados da empresa. Para esta situação, rege o art. 398.° n.° 2 do CSC, que determina a caducidade ou a suspensão dos respectivos contratos de trabalho, consoante tenham menos ou mais de um ano de antiguidade como trabalhadores subordinados.

Diferentemente do entendimento que sustentamos, alguns autores têm defendido que a função de administração pode ser desenvolvida sob a moldura de um contrato de trabalho em regime de comissão de serviço, uma vez que tal regime se refere expressamente a cargos de administração ou equivalentes (art. 161.° do CT) – poder-se-ia assim entender que o

---

[123] Quanto ao regime jurídico das cooperativas, *vd* o Código Cooperativo, aprovado pela L. n.° 51/96, de 7 de Setembro.

[124] Sobre o ponto, entre outros, Ac. STJ de 17/2/1994, CJ (STJ), 1994, I, 293, Ac. RC de 13/12/1990, CJ, 1990, V, 98, Ac. RLx. de 12/06/1991, CJ, 1991, III, 218, Ac. RC de 30/03/1995, CJ, 1995, II, 55, ou Ac. RC de 10/10/1996, CJ, 1996, IV, 84.

[125] Em especial na doutrina sobre o trabalho cooperativo, JORGE LEITE, *Relação de trabalho cooperativo*, QL, 1994, 2, 89-108; e, na literatura estrangeira, A. VALLEBONA, *Il lavoro in cooperativa*, RIDL, 1991, I, 291-299.

[126] Neste sentido, por exemplo, o Ac. RC de 19/03/1998, CJ, 1998, II, 73.

[127] Também neste sentido, na doutrina, RAÚL VENTURA, *Teoria da Relação Jurídica de Trabalho cit.*, 296 ss., A. MENEZES CORDEIRO, *Da Responsabilidade Civil dos Administradores das Sociedades Comerciais*, Lisboa, 1997, 392 ss.

art. 398.° n.° 2 do CSC teria sido derrogado neste ponto por uma lei mais recente[128].

Esta posição não nos parece, contudo, aceitável por um motivo substancial: é que este entedimento levaria à confusão, na mesma pessoa, da qualidade de empregador e de empregado, o que é incompatível porque a pessoa não pode subordinar-se a si mesmo[129]. Sustenta-se assim uma interpretação retritiva do art. 161.° do CT, na parte em que se refere às funções de administração: tais funções podem ser desenvolvidas sob a moldura da comissão de serviço laboral apenas se ainda corresponderem a trabalho subordinado[130].

**VI.** No que se refere aos *gerentes não sócios das sociedades por quotas*, designados no pacto social ou posteriormente escolhidos pelos sócios para gerir a sociedade (nos termos previstos no art. 252.° do CSC), deve também sustentar-se a sua recondução à qualidade de mandatários, por razões idênticas às que justificam a qualificação dos administradores e gestores. Contudo, relativamente a esta categoria, alguma jurisprudência tem admitido a sua qualificação como trabalhadores subordinados, uma vez que, enquanto pessoas estranhas à sociedade, podem, na prática, subordinar-se a instruções dos sócios[131] – de novo parece, pois, ser decisiva para

---

[128] Neste sentido, *vd* L. M. Monteiro, in Romano Martinez/L.M. Monteiro/J. Vasconcelos/P. Madeira de Brito/G. Dray/L. Gonçalves da Silva, *Código do Trabalho Anotado cit.*, 424 ss., e ainda Júlio Gomes, *Direito do Trabalho cit.*, 170.

[129] Quanto ao argumento apontado pelos defensores de uma interpretação ampla da referência a cargos de administração no regime da cedência ocasional, no sentido da derrogação implícita da norma do art. 398.° n.° 2 do CSC pelo Código do Trabalho de 2003, como lei posterior, trata-se de um argumento formal e reversível, uma vez que o art. 398.° n.° 2 do CSC foi mantido na Reforma do Código das Sociedades Comerciais, que é, por seu turno, posterior ao Código do Trabalho de 2003; aliás, a reversibilidade do argumento continua a manter-se hoje, embora no sentido contrário, já que o novo Código do Trabalho mantém a anterior delimitação da figura da cedência ocasional e é, por sua vez, posterior à Reforma do Código das Sociedades Comerciais. Em todo o caso, pela sua índole formal, este argumento não deve, quanto a nós, ser sobrevalorizado perante o argumento substancial da incompatibilidade genética das funções de administração com o estatuto de subordinação.

[130] Para mais desenvolvimentos sobre este ponto, Rosário Palma Ramalho, *Grupos Empresariais e Societários... cit.*, 526 ss.

[131] Sobre o ponto, entre outros, os Acórdãos do STJ de 19/03/1992, BMJ 415-421, de 25/02/1993, CJ (STJ), 1993, I, 257, e de 29/09/1999, CJ (STJ), 1999, III, 248.

a qualificação a existência de subordinação jurídica, embora, no caso concreto, nos pareça difícil configurar a sua existência.

Contudo, estes gerentes societários não podem ser confundidos com os chamados *gerentes comerciais*, que dirigem um ou mais estabelecimentos de uma empresa da qual não são sócios. Relativamente a estes trabalhadores, o facto de serem reconhecidos como mandatários da empresa pelo Código Comercial (art. 248.° ss.) não obsta à qualificação do seu vínculo como um contrato de trabalho, desde que esteja presente o elemento da subordinação jurídica[132]. Deve, aliás, dizer-se que os instrumentos de regulamentação colectiva do trabalho prevêem, com frequência, esta categoria de trabalhadores.

Nesta mesma categoria de trabalhadores subordinados podem ainda integrar-se os *comissários ou mandatários mercantis*, que celebram negócios em seu nome e por conta do comitente (art. 266.° do CCom.), desde que ajam de acordo com as instruções do comitente, o que quase sempre sucede.

**VII.** Os *trabalhadores dirigentes*[133] (como os directores ou mesmo os directores-gerais[134]) são ainda trabalhadores subordinados, uma vez que a subordinação jurídica é compatível com um elevado grau de autonomia técnica (art. 116.° do CT) e – independentemente desta – com a autonomia geral de actuação destes trabalhadores, que decorre da circunstância de serem trabalhadores que gozam da confiança pessoal do empregador. O facto de, por força das funções directivas desempenhadas, estes trabalhadores representarem os interesses do empregador, até perante outros trabalhadores, e sobre estes exercerem os poderes laborais, por delegação do empregador, não colide com a sua própria qualificação como trabalhadores subordinados.

Acentua-se, contudo, também quanto a estes trabalhadores, a necessidade de ter especialmente em conta, na determinação da sua situação de

---

[132] Neste sentido se pronunciou o Ac. do STJ de 17/02/1994, CJ (STJ), 1994, I, 293.

[133] Sobre esta categoria de trabalhadores, *vd Direito do Trabalho I*, § 9.°, ponto 33.2.III.

[134] Mas, no âmbito do CSC, não era de equiparar a esta situação e sim à situação de administrador o director único da sociedade anónima, que tivesse assumido o modelo de gestão que comportava esta figura, nos termos do art. 278.° do CSC. Na nova redacção desta norma, introduzida pelo DL n.° 76-A/2006, de 29 de Março, a lei refere-se já à figura do administrador único.

subordinação, os indícios de subordinação relacionados com a sua inserção na organização e com a sua sujeição às regras disciplinares, uma vez que a sua vincada autonomia dilui o poder directivo do empregador.

### 58.3. Contrato de trabalho e contrato de aprendizagem

**I.** Com grande tradição no nosso sistema jurídico (já era previsto no Código Civil de Seabra, sendo regulado nos arts. 1424.° a 1430.°[135]), o contrato de aprendizagem integra actualmente o regime jurídico da aprendizagem, estabelecido pelo DL n.° 205/96, de 25 de Outubro[136], que, por sua vez, se enquadra no âmbito mais geral das medidas de incentivo à formação profissional.

O regime jurídico da aprendizagem destina-se a assegurar a formação profissional dos jovens, entre a idade limite da escolaridade mínima obrigatória e, preferencialmente, os 25 anos, num sistema misto. Este sistema comporta uma fase de formação em estabelecimento de ensino e uma fase de formação técnico-profissional específica, que decorre numa empresa ou num centro de formação profissional e que pode envolver o desenvolvimento de uma actividade de trabalho (arts. 1.° e 2.° do DL n.° 205/96, de 25 de Outubro).

No âmbito deste regime, o contrato de aprendizagem é, pois, um meio de assegurar a componente prática ou técnico-profissional específica da formação, sendo celebrado entre o formando, ou o seu representante, e a entidade formadora, que pode ser uma empresa em colaboração com as instituições de ensino ou de formação profissional (art. 16.° do DL n.° 205/96, de 25 de Outubro).

**II.** Embora a lei refira expressamente que o contrato de aprendizagem «não gera nem titula relações de trabalho subordinado» (art. 16.° n.° 3 do DL n.° 205/96, de 25 de Outubro), as afinidades entre este contrato e o contrato de trabalho decorrem da circunstância de a formação poder

---

[135] Sobre este contrato, pode ver-se Menezes Cordeiro, *Manual de Direito do Trabalho cit.*, 575 ss. Este autor reconduz o contrato de aprendizagem a um contrato de trabalho especial.

[136] Este diploma substituiu a anterior regulamentação, que constava do DL n.° 102/84, de 29 de Março.

envolver a prestação de uma actividade de trabalho e do facto de, no desempenho dessa actividade, o formando ter deveres semelhantes aos do trabalhador subordinado (art. 20.° do DL n.° 205/96, de 25 de Outubro).

Apesar destes pontos de contacto, o contrato de aprendizagem e o contrato de trabalho podem distinguir-se com recurso a três critérios:

- um *critério remuneratório*: no contrato de aprendizagem não há lugar a uma retribuição como contrapartida do trabalho prestado e a cargo da empresa, mas sim lugar a apoios de formação, cujo objectivo é subsidiar a formação do aprendiz (art. 24.° do DL n.° 205/96, de 25 de Outubro);
- um *critério funcional*: o objecto nuclear do contrato de aprendizagem é a formação do aprendiz e não a prestação de uma actividade laboral remunerada, como sucede no contrato de trabalho; este objecto não é desvirtuado pelo facto de a formação do aprendiz passar pelo desenvolvimento de uma actividade laborativa;
- um *critério disciplinar*: embora o formando tenha deveres parcialmente semelhantes aos do trabalhador subordinado, não se sujeita ao poder disciplinar; em caso de dúvida, este factor poderá, assim, ser decisivo para a qualificação do contrato[137].

**III.** Ainda no contexto da formação profissional, cabe referir os *estágios no âmbito do ensino técnico-profissional,* regulados pelo DL n.° 253/84, de 26 de Julho.

Estes estágios profissionais têm lugar em empresas ou noutras instituições públicas ou privadas, que desenvolvam as correspondentes actividades profissionais, e passam pela celebração de um acordo entre a escola técnico-profissional e a empresa, relativo a cada estagiário (art. 3.° do DL n.° 253/84, de 26 de Julho). O estagiário tem direito a uma bolsa de formação (art. 2.° do referido diploma) e fica obrigado a deveres de obediência, de zelo, de sigilo, de assiduidade e de pontualidade (art. 6.° b) do diploma).

Para distinguir esta situação do contrato de trabalho valem os critérios acima indicados.

---

137 Aplicando justamente este três critérios para proceder à delimitação entre o contrato de trabalho e o contrato de aprendizagem (no caso, um contrato de aprendizagem da função de ajudante de cabeleireira), *vd* o Ac. RP de 6/01/2006 (proc. n.° 0643849), www.dgsi.pt.

**IV.** A distinção entre estas figuras e o contrato de trabalho não ilude os laços que entre elas se estabelecem. Neste contexto, cabe salientar que esta conexão foi também estreitada pela inclusão de uma componente obrigatória de formação nos contratos de trabalho celebrados com trabalhadores menores, em duas situações: menores de idade inferior a 16 anos, que tenham concluído a escolaridade obrigatória mas não possuam uma qualificação profissional; e menores com 16 anos ou mais, que não tenham concluído a escolaridade obrigatória ou não possuam uma qualificação profissional (arts. 66.° n.° 1, 67.° n.° 1 e 69.° n.° 1 do CT).

### 58.4. **Contrato de trabalho e vínculos para o exercício de funções públicas**

**I.** A última categoria de situações jurídicas da qual cabe distinguir o contrato de trabalho, pela sua particular afinidade, é a dos vínculos para o exercício de funções públicas. Actualmente, estes vínculos são regulados pela L. n.° 12-A/2008, de 27 de Fevereiro (LVCR), que instituiu os novos regimes de vinculação, carreiras e remunerações dos trabalhadores que exercem funções públicas (LVCR) e pela L. n.° 59/2008, de 11 de Setembro (LCTFP), que disciplina especificamente o contrato de trabalho em funções públicas.

As afinidades entre os trabalhadores comuns e os trabalhadores que exercem funções públicas são muitas, tanto do ponto de vista subjectivo como do ponto de vista objectivo. Assim:

i) Numa *perspectiva subjectiva*, são patentes as semelhanças entre a posição jurídica destas duas categorias de trabalhadores, já que ambos se encontram numa posição de subordinação perante o credor da actividade, e porque os funcionários públicos são formalmente qualificados pela Constituição como trabalhadores (art. 269.° da CRP), sendo-lhes, por isso, extensíveis os direitos fundamentais reconhecidos aos trabalhadores pela Lei Fundamental.
ii) *Numa perspectiva objectiva*, são igualmente evidentes as afinidades dos vínculos que emergem, respectivamente, do contrato de trabalho e da investidura em funções públicas (qualquer que seja a fonte desta investidura), já que, nos dois casos a actividade prestada é uma actividade laborativa, no sentido em que é

uma actividade humana e produtiva, livre, retribuída e apta a satisfazer as necessidades de outrem (aliás, a mesma actividade pode ser prestada num contexto privado ou público), nos dois casos há lugar a retribuição e esta é calculada em função do tempo, e nos dois casos concorrem os clássicos poderes laborais de direcção e disciplina do empregador ou da pessoa colectiva pública, respectivamente.

**II.** A distinção entre os trabalhadores comuns e os trabalhadores com funções públicas (tradicionalmente designados como funcionários públicos) e os respectivos vínculos de trabalho era relativamente fácil de fazer no nosso sistema, mas a evolução do enquadramento jurídico dos trabalhadores públicos nos últimos anos obriga hoje a colocar esta distinção em novos parâmetros.

A compreensão desta matéria no quadro jurídico actual obriga, por isso, a uma brevíssima recordatória histórica, que passe pelas várias fases de evolução desta matéria no nosso sistema: a fase tradicional de enquandramento do vínculo destes trabalhadores pelo regime jurídico do emprego público; a fase intermédia, que se caracteriza pelo dualismo da categoria dos trabalhadores públicos e do respectivo enquadramento jurídico; e a fase actual.

Tradicionalmente, as funções públicas eram, no nosso sistema jurídico, desempenhas no contexto de um vínculo de emprego público, constituído através de um contrato administrativo de provimento ou de um acto administrativo de nomeação, que conferiam ao trabalhador a qualidade de funcionário – nos termos do regime constando do DL n.° 427/89, de 7 de Dezembro.

Apesar das afinidades entre o vínculo jurídico de emprego público e o vínculo laboral, era possível distinguir estes vínculos com recurso a dois critérios: o critério do modo de constituição do vínculo (o vínculo de emprego público não tinha, em regra, uma base contratual ou, quando a tinha, a sua origem era um contrato administrativo); e o critério da natureza e actuação pública do credor do trabalho no vínculo de emprego público (nos vínculos de emprego público, o credor do trabalho é o Estado ou outra pessoa colectiva pública, actuando no exercício do seu *ius imperii*[138]).

A clareza desta distinção esbateu-se progressivamente com a disseminação da contratação laboral pelo Estado e demais pessoas colectivas

---

[138] Sobre o ponto, *vd* ainda *Direito do Trabalho I*, § 1.°, ponto 1.6.

públicas. Permitida, em primeiro lugar, no sector empresarial do Estado, onde constitui a regra, viabilizada depois, a título excepcional e apenas através de contratos de trabalho a termo, na administração directa e indirecta, e, por fim, generalizada, no âmbito da administração indirecta, e, embora com restrições por critérios atinentes às funções do Estado, ao nível da administração central (arts. 1.° e 25.° da L. n.° 23/2004, de 22 de Junho, que instituiu o Regime Jurídico do Contrato de Trabalho na Administração Pública), a celebração de contratos de trabalho passou a ser comum no universo público.

Assim, nesta segunda fase, passaram a ditinguir-se duas grandes categorias de trabalhadores públicos sujeitos a dois regimes diferentes: os funcionários públicos tradicionais, sujeitos ao regime do emprego público e cujo vínculo se constituia mediante nomeação ou contrato administrativo de provimento; e os trabalhadores públicos com contrato de trabalho, celebrado ao abrigo da L. n.° 23/2004, de 22 de Junho, e sujeitos ao regime desta lei e, subsidiariamte, ao regime do Código do Trabalho.

Com este sistema dual, a distinção entre os trabalhadores trabalhadores públicos e os trabalhadores comuns passou a ter que ser feita em moldes separados. Assim, quanto aos funcionários públicos tradicionais, o critério de distinção era ainda o da fonte do respectivo vínculo e o da actuação do Estado ou da pessoa colectiva pública empregadora com o seu *ius imperii*; já quando o Estado e as demais pessoas colectivas públicas recorriam à contratação laboral, nos termos da L. n.° 23/2004, de 22 de Junho, estávamos perante um contrato de trabalho em sentido próprio, que podia seguir o regime comum, constante do Código do Trabalho, ou corresponder a um contrato de trabalho especial.

**III.** O actual regime do contrato de trabalho em funções públicas, constante da LVCR e da LCTFP, veio alterar profundamente o enquadramento da actividade destes trabalhadores, em moldes que obrigam a reequacionar os critérios de distinção entre o contrato de trabalho comum e os vínculos de trabalho público.

Embora mantenha a estrutura dualista do regime de 2004, o actual sistema redefiniu as fronteiras das duas categorias de trabalhadores públicos (agora denominados genericamente como «trabalhadores que exercem funções públicas») e reformulou os respectivos regimes. Assim, nos termos dos arts. 9.° e 10.° da LVCR, os trabalhadores com funções públicas sujaitam-se agora necessariamente a um de dois modelos de vinculação:

– o *modelo da nomeação*, aplicável aos trabalhadores que desempenham funções numa das áreas de reserva da função pública (estabelecidas no art. 10.º deste diploma), e cujo regime consta essencialmente deste mesmo diploma;
– o *modelo do contrato de trabalho em funções públicas* (para o qual transitaram automaticamente os restantes funcionários), que abrange agora a esmagadora maioria dos trabalhadores públicos (e não, como decorria do regime anterior, apenas os novos trabalhadores), para o qual foi disposto um novo regime que se divide entre a LCTFP (L. n.º 59/2009, de 11 de Setembro), a LVCR e ainda o Estatuto Disciplinar (actualmente constante da L. n.º 58/2009, de 9 de Setembro). Contudo, este novo regime não só é um regime abrangente (e não um regime laboral de especialidade, como era o regime da L. n.º 23/2004, de 22 de Junho) como é um regime de cunho muito menos privatista e materialmente mais próximo do anterior regime do emprego público, designadamente com um âmbito diminuto de liberdade contratual reconhecida às partes e em que avultam as prerrogativas de autoridade do Estado típicas dos vínculos de emprego público.

Perante este quadro, a distinção entre o contrato de trabalho e os vínculos de trabalho em funções públicas tem agora que ser feita em novos moldes. Assim, relativamente aos trabalhadores públicos em regime de nomeação, a fonte do respectivo vínculo (i.e., o acto administrativo unilateral de nomeação) e os poderes de autoridade inerentes à natureza pública da entidade empregadora continuam a alicerçar a distinção em relação aos trabalhadores comuns e ao respectivo vínculo laboral. Mas relativamente aos trabalhadores com contrato de trabalho em funções públicas, apesar de formalmente parecer arredado o critério de distinção que assenta na fonte negocial do vínculo (já que a lei titulou formalmente a prestação laborativa destes trabalhadores por um contrato de trabalho), colhe ainda o critério da natureza pública do empregador e da actuação dos inerentes poderes de autoridade, que afastam substancialmente este vínculo do contrato de trabalho comum e colocam até dúvidas em relação à possibilidade de o qualificar, como até aqui sucedia, como um contrato de trabalho especial[139].

---

[139] Retomaremos este tema, *infra*, § 21.º, ponto 79.7. Para já trata-se apenas de justificar os critérios de delimitação entre o contrato de trabalho e os vínculos de trabalho em funções públicas.

### 58.5. Outras situações

Para além dos casos indicados, merecem ainda referência outros contratos e outras situações de trabalho, pelas afinidades ou conexões que podem ter com o contrato de trabalho. Salientamos as seguintes:

i) *Contrato de depósito* (art. 1285.° do CC): sendo a distinção entre este contrato e o contrato de trabalho relativamente clara, por força da natureza da obrigação do depositário e da ausência de subordinação jurídica, chama-se a atenção para o facto de o trabalhador subordinado ter deveres típicos de um depositário relativamente aos instrumentos de trabalho e a outros bens que o empregador lhe confie – o dever de custódia, que envolve a conservação e a boa utilização desses bens (art. 128.° n.° 1 g) do CT) e o dever de restituição dos bens por ocasião da cessação do contrato de trabalho (art. 342.° do CT).

ii) *Contrato de parceria pecuária* (art. 1121.° do CC): pode haver dificuldades na distinção entre este contrato e o contrato de trabalho, na medida em que o parceiro pensador se obriga a criar e a cuidar dos animais à sua guarda, o que envolve a prestação de um serviço à outra parte. A interpretação do contrato e da vontade das partes será determinante para verificar se as condições em que o parceiro pensador desenvolve a sua actividade correspondem a uma situação de autonomia ou de subordinação, devendo o contrato ser qualificado como contrato de trabalho no segundo caso.

iii) *Contrato de transporte*: sendo um contrato atípico, o contrato de transporte tem como objecto a tomada, o transporte e a largada de passageiros ou de bens, mediante um preço. A sua distinção do contrato de trabalho decorre da verificação do elemento da subordinação jurídica, podendo, no caso, ser valorizados como indícios de subordinação a continuidade do vínculo (um contrato de transporte esporádico ou um contrato duradouro para operações repetidas de transporte poderão indiciar a autonomia ou a subordinação do transportador, respectivamente), a sujeição do transportador a instruções do credor na execução da actividade, a distribuição do risco ou a inserção do transportador na organização do credor.

iv) *Trabalho associativo*: a actividade prestada no âmbito de uma associação e pelos associados não configura habitualmente um contrato de trabalho, uma vez que se trata de um trabalho autodeterminado e realizado sem subordinação. Contudo, se se verificar a subordinação jurídica do trabalhador e se estiverem presentes os outros elementos essenciais do contrato de trabalho (com destaque para a retribuição), o carácter de associado do trabalhador não exclui, por si só, a qualificação laboral do vínculo.

v) *Trabalho no seio da família*: o carácter comunitário dos vínculos familiares impede, em princípio, a recondução do trabalho prestado neste contexto a um contrato de trabalho, por falta do elemento essencial da oposição de interesses das partes, que é, neste caso, substituído pelo dever de cooperação típico da instituição familiar[140]. Nesta linha, não corresponde, em princípio, a um vínculo laboral o trabalho prestado por um dos cônjuges ao outro e o contrato de trabalho preexistente ao casamento cessa com a respectiva celebração, por força do surgimento do dever mútuo de cooperação (art. 1674.° do CC), bem como pelo desaparecimento do elemento da subordinação jurídica; do mesmo modo, não é laboral o trabalho prestado pelos filhos em benefício dos pais, ainda que, neste caso, se descortine uma relação de subordinação e haja uma obrigação natural de compensação por esse trabalho (art. 1895.° n.° 2 do CC)[141].

Contudo, entende-se que o trabalho prestado neste contexto tipicamente familiar se deve distinguir dos vínculos de trabalho entre dois familiares, num contexto separado da família propriamente dita – ou seja, em que já não seja relevante o ele-

---

[140] O mesmo entendimento é de sustentar, por idênticas razões, para o trabalho prestado por um religioso no seio da respectiva comunidade, ainda que de forma subordinada – a este propósito, Ac. STJ de 14/11/1986, BMJ 361-410, e Ac. RLx. de 24/06/1998, CJ, 1998, III, 176. Sobre as relações de trabalho no seio de comunidades religiosas e, em geral, no domínio religioso, G. DOLE, *Les professions ecclésiastiques. Fiction juridique et réalité sociologique*, Paris, 1987.

[141] Especificamente sobre as relações de trabalho entre os cônjuges, R. LOBO XAVIER, *Limites à Autonomia Privada nas Relações Patrimoniais entre os Cônjuges*, Coimbra, 2000, 625 ss., e J. ACÁCIO LOURENÇO, *Contrato de trabalho e figuras afins cit.*, 19 ss.

mento institucional e de economia comum. Assim, por exemplo, não se vê obstáculo à qualificação como contrato de trabalho do negócio celebrado entre o pai e o filho, para que este desempenhe funções no estabelecimento daquele ou na empresa da família, desde que estejam presentes os elementos essenciais do contrato, designadamente a subordinação jurídica[142].

## 59. As situações de parasubordinação: o trabalho no domicílio e os contratos «equiparados» ao contrato de trabalho[143]

**I.** Delimitados os elementos essenciais do contrato de trabalho e feita a sua distinção de figuras próximas, cabe referir uma categoria intermédia de situações entre o trabalho subordinado e o trabalho autónomo: são as situações de parasubordinação[144].

---

[142] Relativamente a uma situação deste tipo, Ac. RLx. de 4/03/1998, CJ, 1998, III, 165.

[143] Sobre esta matéria, na doutrina nacional, M. C. TAVARES DA SILVA, *Trabalho no domicílio,* ESC, 1962, 4, 13-41, MANUELA AGUIAR, *A regulamentação do trabalho domiciliário,* ESC, 1973, 35, 59-66, A. MONTEIRO FERNANDES, *Notas sobre os contratos «equiparados» ao contrato de trabalho (art. 2.° da LCT),* ESC, 1970, 34, 11-35, e ainda *Direito do Trabalho cit.,* 154 ss., FERNANDA AGRIA / LUIZA CARDOSO PINTO, *Contrato Individual de Trabalho cit.,* 27 s., BARROS MOURA, *Notas para uma Introdução do Direito do Trabalho cit.,* 45 ss., MÁRIO TORRES, *Trabalho no domicílio*, RMP, 1987, 30, 25-66, MENEZES CORDEIRO, *Manual de Direito do Trabalho cit.,* 112, BERNARDO XAVIER, *Curso de Direito do Trabalho cit.,* 300, MÁRIO PINTO, *Direito do Trabalho... cit.,* 78 ss., MÁRIO PINTO / FURTADO MARTINS / NUNES DE CARVALHO, *Comentário às Leis do Trabalho cit.,* 35 ss., JÚLIO GOMES, *Algumas considerações sobre o trabalho no domicílio,* RDES, 2003, 51-86, e ainda *Direito do Trabalho cit.*, 191 ss., e ROMANO MARTINEZ, *Direito do Trabalho cit.,* 308 ss., e 345 ss.. Noutros contextos doutrinais, sobre este tema, G. SANTORO-PASSARELLI, *Il lavoro parasubordinato*, Milano, 1983, M. PEDRAZZOLI, *Prestazione d'opera e parasubordinazione*, RIDL, 1984, 506-556, ou M. VITORIA BALLESTRERO, *L'ambigua nozione di lavoro parasubordinato*, Lav. Dir., 1987, 1, 41-67, J.-J. EINEM, *Abhängige Selbständigkeit-Handlungsbedarf für den Gesetzgeber?*, BB, 1994, 1, 60-64, G. HEUBERGER, *Sachliche Abhängigkeit als kriterium des Arbeitsverhältnis*, Königstein, 1982, ou ainda F. DOROY, *La vérité sur de faux travail indépendant*, DS, 1995, 7/8, 638-641, R. JAMBU-MERLIN, *Les travailleurs intelectuels à domicile*, DS, 1981, 561-568, ou A. JEAMMAUD/M. de FRIANT, *Contratto di lavoro, figure intermedie e lavoro autonomo ne'll ordinamento francese, in* M. PEDRAZZOLLI (dir.), *Lavoro subordinato e dintorni – comparazioni e prospecttive*, Bologna, 1989, 255-273.

[144] A designação, de grande expressividade, é de origem italiana – entre outros, G. SANTORO-PASSARELLI, *Il lavoro parasubordinato, cit.,* M. PEDRAZZOLI, *Prestazione d'opera*

Em termos gerais, a locução «parasubordinação» reporta-se àquelas situações que envolvem a prestação de um trabalho em moldes formalmente autónomos (i.e., sem subordinação jurídica), mas em que à autonomia formal do prestador corresponde uma situação de dependência económica ou material do credor do serviço, que justifica a tutela do prestador do trabalho em termos próximos da tutela conferida aos trabalhadores subordinados. Em suma, os fenómenos de parasubordinação reflectem uma realidade complexa, que envolve duas situações:

– *do ponto de vista jurídico, a prestação de trabalho corresponde a trabalho autónomo ou independente*, uma vez que falta o requisito da subordinação jurídica do trabalhador; em consequência, o contrato não pode ser qualificado como um contrato de trabalho, reconduzindo-se, quase sempre, à figura da prestação de serviços, numa das suas modalidades;
– *do ponto de vista material, o prestador do serviço encontra-se numa situação de dependência económica perante o credor, que é materialmente semelhante à de um trabalhador subordinado, justificando, por isso, uma tutela especial.* Esta tutela especial passa pela extensão, total ou parcial, das regras laborais, ou seja, pela aplicação de um regime que não corresponde à qualificação do próprio vínculo.

Naturalmente, a possibilidade de extensão, total ou parcial, da tutela laboral a situações de trabalho formalmente autónomo evidencia a tradicional tendência expansionista do Direito do Trabalho[145], justificada por razões de justiça material, a que muitos sistemas jurídicos têm sido sensíveis, ainda que por vias diversas e com uma diferente intensidade[146]. No plano do direito internacional, também a OIT se tem mostrado sensível aos

---

*e parasubordinazione cit.*, ou M. Vittoria Ballestrero, *L'ambigua nozione di lavoro parasubordinato cit.*

[145] *Direito do Trabalho I*, § 3.°, ponto 6.6.

[146] Na Itália, o tema tem sido amplamente tratado e é actualmente regulado pela Lei do Trabalho no Domicílio (*Legge n. 877, de 18/12/1973*), que prevê a extensão da tutela laboral aos trabalhadores parasubordinados no domicílio; na Alemanha, estes trabalhadores correspondem à categoria dos «sujeitos semelhantes a trabalhadores» (*Arbeitnehmerähnliche Personen*), prevista no § 12.° – A da TVG, e podem beneficiar de alguma protecção laboral (sobre o ponto, Gamillscheg, *Arbeitsrecht cit.*, I, 172 ss.).

problemas colocados por estas situações, emitindo normas sobre o trabalho no domicílio (Conv. n.° 177 e Rec. n.° 184, ambas de 1996); e no plano comunitário, os Estados Membros foram aconselhados a ratificarem a Conv. n.° 177 da OIT pela Rec. 97/370/CE, de 27 de Maio de 1998.

Deve, contudo, ficar claro que a sujeição das situações de parasubordinação, no todo ou em parte, à tutela laboral, não é um problema de qualificação do contrato que as titula, mas um problema de equiparação do seu regime ao regime laboral: ou seja, do ponto de vista da qualificação, o trabalho parasubordinado é trabalho autónomo, devendo reconduzir-se a uma prestação de serviço, por falta de subordinação jurídica; mas a verificação da dependência económica do trabalhador pode determinar que, não obstante a qualificação, o seu vínculo negocial venha a ser, para efeitos de regime, equiparado, no todo ou em parte, a um contrato de trabalho.

**II.** O sistema juslaboral nacional enquadrou tradicionalmente os problemas da parasubordinação através da figura dos «contratos equiparados», prevista no art. 2.° da LCT de 1969[147].

De acordo com esta norma, deveriam sujeitar-se aos princípios laborais, sem prejuízo de legislação especial, os vínculos que tivessem como objecto a prestação de uma actividade de trabalho sem subordinação jurídica, se realizada no domicílio do prestador, bem como as situações em que o prestador do trabalho comprasse as matérias primas ao credor e lhe vendesse posteriormente o produto acabado, desde que estivesse em situação de dependência económica relativamente ao credor.

Em consonância com o acima exposto, esta norma evidenciava que os denominados «contratos equiparados» não constituem uma nova figura contratual, mas sim um contrato que titula a prestação de um trabalho autónomo (quase sempre, um contrato de prestação de serviço), mas que se sujeita aos princípios definidos na legislação laboral e a um regime especial. Em suma, o problema dos contratos equiparados não era um problema de qualificação, mas antes um problema regimental.

---

[147] A LCT de 1937 sujeitava, sem restrições, ao regime laboral, o trabalho prestado por peça ou à tarefa, ainda que no estabelecimento do trabalhador – art. 1.° § 1.°. A locução «contratos equiparados» constava já da LCT de 1966, cujo art. 2.° previa a sujeição destes contratos não ao regime, mas aos princípios definidos na própria LCT. A LCT de 1969 acrescentou à redacção desta norma a referência remissiva para a legislação especial.

Na sua formulação inicial, a norma suscitava dois problemas sobre os quais a doutrina debateu longamente: o problema da integração do conceito de *dependência económica*; e o problema da interpretação da referência remissiva da norma e da sua menção à necessidade de respeito pelos princípios laborais, designadamente enquanto a legislação especial preconizada pela lei não surgia (situação que perdurou por mais de duas décadas).

Porque ainda são relevantes no contexto normativo do Código do Trabalho, actual, que também se refere a esta figura no art. 10.°[148], vale a pena tecer algumas observações sobre as duas questões.

No que toca à integração do *conceito de dependência económica*, ele deve ser entendido não no sentido puramente economicista do termo (reportado à necessidade do rendimento do trabalho para a subsistência do trabalhador e da sua família), mas reportado à situação em que o trabalhador, apesar de formalmente autónomo, se integre num processo produtivo alheio que o envolva de modo exclusivo[149] – as referências da lei ao trabalho no domicílio e à compra de matérias primas ao credor para posterior revenda ao mesmo sujeito[150] apontam exactamente neste sentido.

No que toca à remissão para legislação especial e à forma de integração da lacuna regulativa, na falta dessa legislação especial, tendo em conta a necessidade de respeito pelos princípios laborais imposta pela norma, a doutrina oscilava entre os seguintes entendimentos:

– para alguns autores, a norma do art. 2.° da LCT teria natureza programática, pelo que, até ao surgimento da legislação especial, estas situações se deviam sujeitar ao regime do contrato de prestação de serviço; este entendimento ficou conhecido como *teoria do direito comum* e foi sufragado por autores como MENEZES CORDEIRO e MONTEIRO FERNANDES[151];

[148] Esta norma corresponde, com alterações, ao art. 13.° do CT de 2003.

[149] Sobre estes dois sentidos do conceito de dependência económica, MONTEIRO FERNANDES, *Direito do Trabalho cit.*, 139.

[150] Estas referências constavam expressamente do art. 2.° da LCT, mas mantiveram-se no regime especial do trabalho no domicílio, aprovado em 1991, e constam também do regime actual desta matéria, que foi instituído pela L. n.° 101/2009, de 8 de Setembro (art. 1.° n.° 1).

[151] MENEZES CORDEIRO, *Manual de Direito do Trabalho cit.*, 115; MONTEIRO FERNANDES, *Notas sobre os contratos equiparados... cit.*, 34 s.

– para outros autores, a norma tinha, em si mesma, um conteúdo preceptivo, que justificava, de imediato, a equiparação destas situações a situações laborais; este entendimento ficou conhecido como *teoria da equiparação efectiva*, tendo sido sufragado por autores como Bernardo Xavier e Barros Moura[152].

A nosso ver, a solução mais correcta para a interpretação da referida norma, no contexto da LCT, seria uma solução intermédia, ou de *equiparação limitada*. De acordo com este entendimento, alicerçado no vigor da referência legal aos princípios laborais e na necessidade efectiva de tutela destes trabalhadores, a norma do art. 2.° da LCT teria aplicação imediata, justificando-se a integração da lacuna regulativa através da sujeição destes trabalhadores ao regime laboral. No entanto, esta equiparação apenas se estenderia às normas laborais que não pressupusessem a subordinação jurídica, uma vez que, por definição, tal subordinação não ocorria nestes casos.

Este entendimento permitia estender a estes prestadores de trabalho a aplicação de normas relativas à retribuição, ao poder de direcção, ou à segurança e higiene no local de trabalho, ou à tutela acidentária, mas deixaria de fora as normas sobre poder disciplinar, tempo de trabalho, faltas, férias, ou cessação do contrato, entre outras.

**III.** As dificuldades colocadas pelo art. 2.° da LCT foram, em parte, ultrapassadas com o surgimento de um *regime jurídico específico para o trabalho prestado no domicílio do trabalhador* (instituído pelo DL n.° 440/91, de 14 de Novembro), que, com muito atraso, deu conteúdo à referência remissiva daquela norma da LCT.

Neste regime, orientado pelos princípios laborais (em consonância com o estabelecido na LCT), acabou por se adoptar uma solução híbrida, de extensão limitada do regime laboral comum, com exclusão da matéria disciplinar e dos deveres inerentes à presença física do trabalhador na empresa. Em todo o caso, o pendor laboralista do regime era relativamente acentuado, destacando-se a inspiração de diversas soluções pelo princípio do *favor laboratoris*.

---

[152] Bernardo Xavier, *Regime Jurídico do Contrato de Trabalho Anotado*, 2.ª ed., Coimbra, 1972, 38 s.; Barros Moura, *Notas para uma Introdução... cit.*, 46 ss.

O regime aprovado deixou, contudo, ainda em aberto algumas questões, uma vez que o seu âmbito de aplicação era limitado ao trabalho manual (art. 1.° n.° 5 do diploma). Assim, manteve-se o problema da possibilidade de equiparação dos contratos que tivessem por objecto uma actividade intelectual, quando à ausência de subordinação jurídica do trabalhador correspondesse uma dependência económica do credor da prestação.

No âmbito do Código do Trabalho de 2003, a matéria dos contratos equiparados era referida no art. 13.° do CT[153], mas o regime do trabalho com dependência económica no domicílio foi remetido para a RCT (arts. 14.° a 26.°), que revogou o DL n.° 440/91, de 14 de Novembro (art. 10.° n.° c) da RCT).

**IV.** Com o surgimento do Código do Trabalho de 2009, este quadro normativo foi, de novo, alterado. A figura dos contratos de trabalho equiparados é agora referida no art. 10.° do CT, com algumas alterações em relação ao tratamento anterior, mas a regulamentação do trabalho no domicílio foi uma das matérias que a Lei Preambular ao Código do Trabalho remeteu para legislação especial, mantendo-se assim em vigor os preceitos da RCT até ao surgimento de tal legislação (art. 12.° n.° 6 a) da Lei Preambular ao CT). Este regime especial foi, entretanto, instituído pela L. n.° 101/2009, de 8 de Setembro, operando então a revogação da RCT nesta matéria. O quadro normativo actual nesta matéria conta, pois, com o art. 10.° do CT (referência genérica aos contratos equiparados) e com o regime constante deste novo diploma, que mantém, aliás, uma linha de continuidade com o regime anterior.

Ao nível das fontes, com referência a esta temática, cabe ainda ter em conta a Convenção n.° 177 da OIT relativa ao trabalho no domicílio, e a Rec. n.° 97/370/CE, de 27 de Maio de 1998, relativa à ratificação desta Convenção, já referidas.

Do art. 10.° do CT ressaltam os seguintes aspectos, relativos ao conceito de contrato equiparado e ao respectivo regime:

i) O *conceito de contrato equiparado* recorta-se por três elementos: a prestação de um trabalho, a ausência de subordinação jurí-

[153] Esta norma não constava do Anteprojecto do Código do Trabalho, tendo sido introduzida na Proposta de Lei, na sequência da discussão do Anteprojecto em sede de Concertação Social.

dica e a dependência económica do prestador em relação ao beneficiário da actividade. Continuam pois a não constar do Código os indicadores tradicionais da dependência económica (i.e., a referência ao facto de o trabalhador desenvolver a actividade no próprio domicílio e a referência à compra das matérias primas e posterior venda do produto acabado ao mesmo sujeito), o que abre a porta à integração do requisito da dependência económica por um leque mais vasto de situações do que as anteriormente contempladas pelo art. 2.° da LCT). Em compensação, a actual formulação do preceito propicia um maior grau de indeterminação do próprio requisito da dependência económica.

ii) É estabelecida *a regra da sujeição destes contratos ao regime do Código do Trabalho, quanto a direitos de personalidade, igualdade e não discriminação e segurança, higiene e saúde no trabalho*. Ora, comparando a norma com o preceito correspondente do Código do Trabalho de 2003 (art. 13.°), observa-se que esta regra é agora instituída em moldes mais positivos e de equiparação directa (ou seja, tem efeitos regimentais imediatos) – diferentemente, tanto a LCT como o CT de 2003 se limitavam a estabelecer a necessidade de respeito pelos princípios laborais relativos a estas matérias, na regulamentação especial sobre esta matéria. Por outro lado, observa-se que a enumeração das matérias em que, por efeito desta norma, ocorre uma sujeição imediata destes contratos ao regime laboral, é feita em moldes taxativos, o que significa que, noutras matérias, o regime pode ser, de facto, diferente.

iii) Desaparece, nesta norma, a *remissão tradicional da regulamentação destas situações para legislação especial* (que constava do art. 2.° da LCT e do art. 13.° do CT de 2003). Contudo, este regime especial não deixou de ser necessário, apenas não tendo que contemplar as matérias referidas no art. 10.°. Além destas matérias e independentemente de tal regime especial, deve ainda ter-se em conta a matéria dos acidentes de trabalho e das doenças profissionais, cujo regime de reparação é também aplicável aos contratos equiparados e aos trabalhadores economicamente dependentes, por força do art. 4.° n.° 1 c) do Diploma Preambular ao CT.

**V.** O actual *regime do trabalho economicamente dependente no domicílio* consta, como se referiu, da L. n.° 101/2009, de 8 de Setembro, que substituiu o regime constante dos arts. 14.° a 26.° da RCT. Com referência a este diploma, importa atentar nas questões atinentes à delimitação do fenómeno do trabalho no domicílio e apreciar os principais traços regimentais da figura.

No que toca à *noção de trabalho no domicílio*, para efeitos de sujeição ao regime legal, rege o art. 1.° deste diploma, que retoma o conceito de contrato equiparado, que constava do art. 2.° da LCT e que tinha sido desenvolvido pelo DL n.° 440/91 de 14 de Novembro (art. 1.°) e pela RCT (art. 14.°). Assim, correspondem a trabalho no domicílio dois tipos de situações: o trabalho no domicílio ou em estabelecimento próprio do trabalhador; e o negócio em que o trabalhador compre as matérias primas e forneça ao vendedor dessas mesmas matérias primas o produto acabado.

Contudo, estas duas situações só se sujeitam ao regime legal do trabalho no domicílio, verificados os seguintes requisitos:

- *ausência de subordinação jurídica do trabalhador* (art. 1.° n.° 1 da L. n.° 101/2009): se houver subordinação jurídica, estaremos perante um contrato de trabalho em sentido próprio, uma vez que o local de trabalho é apenas um indício da posição subordinada ou autónoma do trabalhador e não um critério decisivo para a qualificação do contrato;
- *existência de dependência económica do trabalhador* em relação ao credor da actividade (art. 1.° n.° 1, *in fine* da L. n.° 101/2009): na falta desta dependência, não faz sentido aplicar um regime diferente daquele que corresponda à qualificação do contrato, uma vez que falece a necessidade de tutela do trabalhador;
- a *prestação do trabalho decorrer no domicílio do trabalhador ou em estabelecimento próprio do trabalhador* (art. 1.° n.° 1 da L. n.° 101/2009); a lei admite, contudo, que a actividade seja prestada «noutras instalações», por razões de segurança ou de saúde do trabalhador ou da sua família (art. 1.° n.° 3 b) da L. n.° 101/2009);
- *a prestação pessoal do trabalho*, ou seja, uma prestação não apoiada numa organização própria do trabalhador, o que indiciaria a sua autonomia (art. 1.° n.° 3 a) da L. n.° 101/2009); ainda assim, a lei é relativamente flexível quanto a este requisito, porque permite a colaboração entre diversos trabalhadores, não subordinados

entre si e até ao número de quatro, na prestação deste tipo de actividade, desde que para um mesmo beneficiário e no domicílio de um deles (art. 1.° n.° 2 da L. n.° 101/2009); e permite ainda que o trabalhador utilize ajudantes que sejam membros do seu agregado familiar (art. 1.° n.° 3 a) da L. n.° 101/2009).

Mantendo um traço que já vinha da RCT e que constituiu, ao tempo, a grande diferença na delimitação legal do trabalho no domicílio relativamente ao direito anterior, o actual regime não não faz qualquer ressalva quanto à natureza da actividade prestada, que pode assim ser uma actividade material ou intelectual[154]. Na verdade, qualquer tipo de actividade laborativa se pode sujeitar ao regime do trabalho no domicílio, verificados os requisitos acima enunciados.

No que toca aos *aspectos regimentais*, o diploma agora em vigor mantém uma linha de continuidade com o regime da RCT, que permite continuar a caracterizar este regime como um *regime de equiparação limitada ao regime laboral*. Os traços essenciais deste regime são os seguintes:

- os *direitos e deveres das partes* são adaptados ao contexto domiciliário da prestação do trabalho, por forma a assegurar o respeito pela privacidade e pelo descanso do trabalhador (art. 4.° da L. n.° 101/2009);
- o regime laboral em matéria de *segurança, higiene e saúde no trabalho*, bem como o regime laboral relativo a *acidentes de trabalho e doenças profissionais*, aplicam-se a estes trabalhadores (art. 5.°); na mesma linha, estes trabalhadores sujeitam-se ao *regime de segurança social* dos trabalhadores por conta de outrem, nos termos previstos em legislação especial (art. 15.°)[155];

---

[154] Diferentemente, o regime do trabalho no domicílio constante do DL n.° 440/91, de 14 de Novembro, só era aplicável às actividade manuais e não ao trabalho intelectual (art. 1.° n.° 5), o que deixava de fora, designadamente, algumas situações de trabalho intelectual em que, mau grado a ausência de subordinação jurídica, a dependência económica é frequente – é o caso do teletrabalho economicamente dependente. Estas situações cabem agora na alçada da lei.

[155] O novo CRCSS (ainda não entrado em vigor) disciplina esta matéria no art. 24.° n.° 2, segundo o qual o regime de segurança social dos trabalhadores por conta de outrem se aplica aos trabalhadores titulares de um contrato equiparado ao contrato de trabalho.

- estes trabalhadores têm direito a *formação profissional* em moldes equivalentes aos dos restantes trabalhadores do credor (art. 6.°);
- as *regras laborais em matéria remuneratória* são parcialmente estendidas a estes trabalhadores, ainda que com adaptações, como forma de compensar a situação de efectiva dependência económica do trabalhador em relação ao credor da actividade e também os custos inerentes ao facto de a actividade ser exercida em instalações próprias do trabalhador (é o que decorre das regras constantes do art. 7.° do diploma, quanto ao modo de cálculo da remuneração e quanto ao seu vencimento, e do art. 8.°, que prevê um subsídio anual); com o mesmo objectivo, são asseguradas compensações ao trabalhador em caso de suspensão ou de redução da actividade por motivo imputável ao credor (art. 9.°);
- já o *regime de cessação do contrato* é um regime específico (art. 10.°): o contrato pode cessar por denúncia do trabalhador com aviso prévio (art. 10.° n.° 1); por resolução do credor da actividade, com aviso prévio e devidamente fundada em motivo não imputável nem ao trabalhador nem ao credor, ou por denúncia do empregador com aviso prévio relativo ao fim da incumbência de trabalho (art. 10.° n.° 2); por caducidade, no caso de falta de trabalho que determine a inactividade do trabalhador por mais de 60 dias, mas conferindo ao trabalhador direito a uma compensação (art. 10.° n.° 4 e art. 11.° n.° 3); e por resolução da iniciativa de qualquer das partes, com efeitos imediatos, se fundada em incumprimento do contrato pela outra parte (art. 10.° n.° 3).

Como decorre do exposto, não são extensíveis a estes trabalhadores as regras laborais que mais ostensivamente evidenciam a subordinação jurídica: o poder disciplinar, a tutela laboral geral em matéria de despedimento e as regras decorrentes da inserção na empresa, que não ocorre, por definição, nesta situação (é o caso das disposições sobre faltas, férias, horário de trabalho, etc...).

A lei estabelece ainda uma norma instrumental relativa ao registo deste trabalhadores (art. 12.° da L. n.° 101/2009), uma norma cautelar de proibição do recurso a esta modalidade de trabalho em situações de crise empresarial, que envolvam a redução do tempo de trabalho ou a suspensão de contratos de trabalho ou ainda despedimentos colectivos (art. 2.° do diploma), bem como uma norma de reforço da tutela dos menores que desenvolvam este tipo de actividade (art. 3.°).

Como decorre desta apreciação panorâmica, o espírito da lei continua a ser o de uma equiparação limitada do trabalho no domicílio com dependência económica ao trabalho subordinado, sendo também patente que essa equiparação é conseguida, sobretudo, à custa da sobrecarga financeira do credor do trabalho, não tanto no aspecto da remuneração, como nos aspectos ligados aos regimes da segurança social e da tutela acidentária.

Ora, perante o alargamento desta modalidade de trabalho às actividades intelectuais, pode pôr-se em dúvida o grau de justiça material desta solução, porque, embora não seja de excluir, a dependência económica dos trabalhadores intelectuais não é habitualmente tão acentuada, pelo que a sua necessidade de tutela é menor; e, pode, sobretudo, suscitar-se a questão da bondade económica da solução, numa época em que o mito da sustentabilidade económica *ad eternum* da tutela laboral pelas empresas[156], que, durante décadas, sustentou a vocação expansionista do Direito do Trabalho, foi definitivamente ultrapassado.

## 60. **Características do contrato de trabalho**[157]

**I.** Delimitado o contrato de trabalho nos seus elementos essenciais, estabelecidos os critérios de distinção de figuras próximas e apreciadas as situações de parasubordinação, estamos aptos a caracterizá-lo enquanto negócio jurídico. A delimitação, a integração sistemática e o regime do contrato de trabalho permitem reconhecer-lhe as seguintes características:

i) Trata-se de um *negócio jurídico bilateral*, uma vez que envolve duas partes, que estão investidas em posições jurídicas contrapostas; deve ter-se em conta que a figura da pluralidade de empregadores, prevista no art. 101.° do CT, permite que a parte empregadora do contrato seja integrada por mais do que um sujeito.

---

[156] *Direito do Trabalho I*, § 2.°, ponto 4.2.1., c) I.

[157] Sobre este ponto, MENEZES CORDEIRO, *Manual de Direito do Trabalho cit.*, 518 ss., BERNARDO XAVIER, *Curso de Direito do Trabalho cit.*, 291 ss., MÁRIO FROTA, *Contrato de Trabalho cit.*, I, 39 ss., JORGE LEITE, *Direito do Trabalho cit.*, II, 64 ss., ROMANO MARTINEZ, *Direito do Trabalho cit.*, 287 ss., JÚLIO GOMES, *Direito do Trabalho cit.*, 82 ss., MENEZES LEITÃO, *Direito do Trabalho cit.*, 114 ss., MONTEIRO FERNANDES, *Direito do Trabalho cit.*, 177 ss., e LEAL AMADO, *Contrato de Trabalho cit.*, 61 ss.

ii) É um *contrato nominado e típico*, porque a lei não só o prevê como também procede à sua regulação.

iii) É um *contrato patrimonial e, nesse sentido, obrigacional*, não só em termos formais, já que integra o elenco dos contratos previstos no Código Civil em sede de Direito das Obrigações, mas também em termos substanciais, na medida em que as prestações principais das partes (a actividade laboral, devida pelo trabalhador, e a retribuição, que incumbe ao empregador) têm conteúdo patrimonial.

iv) É um *contrato com uma componente de pessoalidade*, pela singularidade da actividade laboral, enquanto prestação do trabalhador; e *com uma componente organizacional*, pela relevância da organização do empregador na sua configuração e disciplina jurídica[158]. Chama-se, contudo, a atenção, em conformidade com a concepção sustentada, para o facto de a componente organizacional não envolver o reconhecimento da natureza comunitária do vínculo, mas salientar apenas o valor do elemento da inserção do trabalhador na organização *do* empregador e a influência quotidiana dessa organização no vínculo[159].

v) É um *contrato oneroso e sinalagmático*[160], porque a remuneração faz equivaler a posição das partes no contrato do ponto de vista das vantagens que dele retiram (as utilidades decorrentes da actividade laboral para o empregador e o enriquecimento patrimonial do trabalhador que decorre da retribuição), ao mesmo tempo que evidencia a reciprocidade das suas obrigações negociais, uma vez que o dever de pagar a remuneração se

---

[158] Quanto a estas componentes do contrato de trabalho, *vd* ainda *Direito do Trabalho I*, § 12.°, ponto 43.5.

[159] Num sentido comunitário, o carácter organizatório do contrato de trabalho é salientado, por exemplo, por BERNARDO XAVIER, *Curso de Direito do Trabalho cit.*, 292 s.

[160] Em geral, sobre o carácter sinalagmático e oneroso dos negócios jurídicos e sobre a distinção entre estas duas classificações, MANUEL DE ANDRADE, *Teoria Geral da Relação Jurídica*, II, 7.° *reprint*, Coimbra, 1987, 43 e 54 ss., I. GALVÃO TELLES, *Manual dos Contratos em Geral*, 4.ª ed., Coimbra, 2002, 479 ss. e 485 ss., e 491, e *Direito das Obrigações*, 7.ª ed., Coimbra, 1997, 95 ss., J. M. ANTUNES VARELA, *Das Obrigações em Geral*, I, 9.ª ed., Coimbra, 1998, 405 ss. e 414 ss., M. J. ALMEIDA COSTA, *Direito das Obrigações*, 7.ª ed., Coimbra, 1998, 306 ss. e 313 ss. (*reprint* 1999), A. MENEZES CORDEIRO, *Direito das Obrigações*, I, Lisboa, 1980 (*reprint* 1988), 422 ss.

configura tecnicamente como a contraprestação do dever de trabalho. Todavia, o sinalagma do contrato de trabalho é um sinalagma imperfeito, porque, em alguns casos, subsiste o dever principal de uma das partes perante a ausência de prestação da outra parte.

vi) É um *contrato consensual*, porque se sujeita à regra geral da liberdade de forma (art. 219.° do CC, e art. 110.° do CT[161]). Esta característica é, contudo, meramente tendencial, porque há diversas situações em que se verificam exigências acrescidas de forma; nestes casos é usualmente exigida a forma escrita.

vii) É um *contrato intuitus personae*, pela essencialidade das características pessoais do trabalhador para o empregador[162]. Esta característica justifica que o trabalhador tenha que ser sempre uma pessoa singular, como decorre, aliás, da noção legal de contrato de trabalho (art. 11.° do CT) e que a prestação laborativa seja infungível, o que inviabiliza a substituição do trabalhador por outra pessoa no cumprimento dos seus deveres contratuais[163].

viii) É um *contrato duradouro e de execução continuada*, porque tem uma vocação de continuidade no tempo. Esta característica pode ser mais ou menos marcada, consoante o contrato tenha sido celebrado por tempo indeterminado ou a termo resolutivo e repercute-se, no plano regimental, em institutos laborais como a categoria, a antiguidade ou a carreira do trabalhador.

Ainda a propósito da caracterização do contrato de trabalho, três outras características têm sido apontadas a este contrato, sobre as quais vale a pena reflectir: o carácter colaborativo ou de comunhão de interesses do contrato; o carácter fiduciário do contrato; e a questão da debilidade da liberdade negocial neste contrato.

---

[161] Estas normas correspondem ao art. 6.° da LCT.

[162] Já se demonstrou esta essencialidade, a propósito da conceptualização do vínculo laboral e, designadamente, da sua componente de pessoalidade. Para aí se remete – *Direito do Trabalho I*, § 12.°, ponto 43.5.2.III.

[163] Não reconhecendo esta característica para a generalidade dos vínculos laborais, por força da massificação do trabalho moderno, Menezes Cordeiro, *Manual de Direito do Trabalho cit.*, 520.

**II.** O reconhecimento do *carácter colaborativo do contrato de trabalho* é tradicional na doutrina italiana[164] e foi também, durante décadas, enfatizado entre nós[165], em decorrência das concepções comunitário-pessoais sobre a situação jurídica laboral[166]: o reconhecimento da comunhão de interesses entre empregador e trabalhador justificava a ênfase dada à colaboração das partes no contrato.

No nosso sistema jurídico, esta ideia teve concretização no denominado *princípio da mútua colaboração* entre empregador e trabalhador, que foi plasmado no art. 18.° n.° 1 da LCT.

A índole corporativista originária desta norma (que se evidenciava na referência aos interesses superiores da Nação, que completava o enunciado do princípio), aliada ao facto de não ter sido expressamente revogada, levou a doutrina a debater sobre o sentido do referido princípio à luz da ordem jurídico-constitucional instituída pela Constituição de 1976. Para alguns autores, a norma teria sido derrogada pelo novo sistema jurídico-constitucional (neste sentido se pronunciaram JORGE LEITE, COUTINHO DE ALMEIDA e BARROS MOURA[167]). Para outros, seria ainda de reconhecer a utilidade do princípio da mútua colaboração no novo quadro constitucional, com diversos fundamentos: acentuando a importância dos deveres de colaboração das partes em razão do carácter duradouro do contrato de trabalho e da inserção na empresa (foi o entendimento de BERNARDO XAVIER[168]); reconduzindo o dever de colaboração a uma característica peculiar do contrato de trabalho, a reconhecer como dever englobante das partes do qual decorrem todos os restantes deveres acessórios (foi o enten-

---

164 Por exemplo, L. BARASSI, *Il dovere della colaborazione,* Riv.DL, 1950, 1-15, G. MAZZONI, *Crisi o evoluzione del diritto del lavoro?,* DLav., 1954, I, 9-19 (12), ou C. LEGA, *La comunità del lavoro nell'impresa,* Milano, 1963, 70 ss.

165 Por exemplo, J. DE ALMEIDA POLICARPO, *A colaboração na empresa – noção e fundamentos do princípio da colaboração,* ESC, 1962, 1, 72-82, N. CABRAL BASTO, *O contrato de trabalho – colaboração e subordinação,* ESC, 1967, 23, 83-109, ou M. BIGOTTE CHORÃO, *A colaboração na empresa perante o Direito Português,* Dir., 1971, 9-22.

166 Sobre estas concepções, *Direito do Trabalho I*, § 12.°, ponto 42.3.

167 JORGE LEITE e COUTINHO DE ALMEIDA exprimiram este entendimento logo na 1.ª edição da sua *Legislação do Trabalho*, Coimbra, 1986, 70 e nota [9], mantendo-a ainda na 17.ª edição da mesma obra, em 2002 (p. 103, nota ao art. 18.° da LCT). Em sentido idêntico, J. BARROS MOURA, *Compilação de Direito do Trabalho Sistematizada e Anotada*, Coimbra, 1980, 83.

168 *Curso de Direito do Trabalho cit.,* 295 s.

dimento de ROMANO MARTINEZ[169]), ou propondo uma nova leitura deste dever à luz do princípio da boa fé na execução do contrato, ou seja, como concretização da regra geral do art. 762.° n.° 2 do CC (foi a proposta de MENEZES CORDEIRO)[170].

Não se encontra no Código do Trabalho uma disposição de conteúdo similar ao do art. 18.° n.° 1 da LCT[171], mas apenas a referência à boa fé, como princípio geral de actuação do trabalhador e do empregador no exercício dos seus direitos e no cumprimento dos seus deveres (art. 126.° n.° 1), e uma concretização de dever de colaboração das partes em sede de execução do contrato de trabalho, com vista à melhoria da produtividade e à promoção humana, profissional e social do trabalhador (art. 126.° n.° 2).

A nosso ver, o princípio da colaboração no contrato de trabalho tem uma dupla função, que já lhe havíamos reconhecido na interpretação que preconizámos para o art. 18.° n.° 1 da LCT[172] e que é agora confirmada pelo texto do art. 126.° do CT:

i) *A colaboração das partes na execução do contrato de trabalho*: nesta dimensão, o princípio da colaboração apela a um comportamento das partes de acordo com os ditames da boa fé. Neste sentido, que decorre expressamente do n.° 1 do art. 126.° do CT, o dever de colaboração, que incumbe tanto ao trabalhador como ao empregador, é uma concretização do princípio geral da boa fé, na sua dimensão objectiva e aplicado ao cumprimento dos contratos. Esta é a dimensão obrigacional do princípio da mútua colaboração.

ii) *A colaboração na empresa ou na organização do empregador*: os deveres de colaboração das partes no contrato de trabalho têm também uma outra dimensão, que decorre dos elementos

---

[169] O autor manifestou esta posição na edição copiografada do seu *Direito do Trabalho*, II, tomo 1 (*Contrato de Trabalho*), 3.ª ed., Lisboa, 1999, 23, 234 e nota [2], e 235 ss.

[170] *Manual de Direito do Trabalho cit.*, 100 s.

[171] Já no âmbito do direito anterior, a *Exposição de Motivos da Proposta de Código do Trabalho* (Proposta de Lei n.° 29/IX, publicada na Separata n.° 24/IX, do *Diário da Assembleia da República* de 15-11-2002), referia no ponto 3.5., a «comunhão de interesses do moderno Direito do Trabalho» como fundamento do próprio Código. Contudo, esta referência não teve qualquer desenvolvimento no texto do Código.

[172] ROSÁRIO PALMA RAMALHO, *Da Autonomia Dogmática... cit.*, 717 ss. (*maxime* 723 s.).

específicos do contrato de trabalho (o elemento de inserção organizacional do trabalhador e o elemento de pessoalidade). O elemento organizacional justifica o enfoque especial do n.° 2 do art. 126.° na colaboração entre as partes com vista ao aumento da produtividade da empresa; por seu turno, a componente de pessoalidade do contrato de trabalho explica a referência legal à colaboração com vista à «promoção humana, profissional e social» do trabalhador. A especificidade da colaboração entre empregador e trabalhador decorre, pois, da dimensão organizacional e pessoal própria do contrato de trabalho.

Em conclusão, *a índole colaborativa do contrato de trabalho deve ser reconhecida como uma característica do contrato de trabalho, cuja especificidade decorre do facto de essa colaboração ter uma dimensão organizacional ou empresarial e também uma dimensão pessoal*.

Esta dimensão especificamente laboral do dever de colaboração tem diversas projecções, que evidenciam a tutela dos interesses da organização ou dos interesses pessoais do trabalhador: assim, são os interesses da organização que justificam os deveres de colaboração do trabalhador para com os colegas; e é a tutela de interesses do trabalhador, que transcendem o contrato, que justifica, por exemplo, o dever de ocupação efectiva a cargo do empregador (art. 129.° n.° 1 b) do CT).

**III.** Uma outra característica do contrato de trabalho, que é referenciada em certos sectores doutrinais como corolário do carácter *intuitus personae* do vínculo, é a sua *índole fiduciária*: neste sentido, o contrato de trabalho assentaria numa especial relação de confiança entre as partes[173].

Embora se pudesse eventualmente justificar o reconhecimento desta característica numa visão comunitário-pessoal do vínculo laboral (na qual o elemento de lealdade pessoal entre as partes é mais acentuado)[174], entende-se que a índole fiduciária não é uma característica geral do contrato de trabalho nem decorre necessariamente do carácter *intuitus personae* do contrato, porque esta última característica tem a ver com o relevo

---

[173] Neste sentido, BERNARDO XAVIER, *Curso de Direito do Trabalho cit.*, 296 s., bem como ROMANO MARTINEZ, *Direito do Trabalho cit.*, 292.

[174] *Direito do Trabalho I*, § 12.°, ponto 42.3., e para mais desenvolvimentos, ROSÁRIO PALMA RAMALHO, *Da Autonomia Dogmática... cit.*, 279 ss.

das qualidades pessoais do trabalhador no momento da contratação, não legitimando, por si só, a caracterização do vínculo de trabalho como um vínculo de confiança pessoal entre empregador e trabalhador.

Não sendo de reconhecer como uma característica geral do contrato de trabalho, o elemento da fidúcia deve, todavia, ser valorizado em algumas situações laborais especiais, em que, por força das funções exercidas pelo trabalhador, releva a confiança pessoal entre as partes e, por consequência, os deveres de colaboração e de lealdade têm uma maior intensidade: são as funções de chefia e os cargos de confiança pessoal. Nestes casos, o contrato de trabalho é de considerar, efectivamente, como um contrato fiduciário.

O Código do Trabalho foi sensível a estas situações especiais, para as quais estabeleceu a figura da comissão de serviço. A justificação desta figura é, exactamente, a «especial relação de confiança» pressuposta pela «natureza» da actividade desenvolvida (art. 161.°)[175], e o seu regime dá relevo prático à referida componente de confiança pessoal, designadamente para efeitos de facilitar a cessação do vínculo[176].

**IV.** Um último ponto a equacionar na caracterização do contrato de trabalho tem a ver com as *situações de redução ou mesmo de amputação da liberdade negocial*, na sua celebração, que, no limite, poderiam descaracterizar a figura enquanto negócio jurídico. O problema pode colocar-se em relação a dois tipos de situações, em que a liberdade negocial na celebração do contrato de trabalho sofre uma compressão significativa:

– o *contrato de trabalho de adesão* (art. 104.° do CT), em que o trabalhador se limita a aceitar as condições contratuais previamente estabelecidas pelo empregador ou em sede de regulamento da empresa ou num formulário geral de contratação, não tendo, assim, liberdade de estipulação;

– *alguns contratos de trabalho «impostos» ao empregador por lei*, caso em que faltaria a sua liberdade de celebração – assim, as normas que promovem a admissão de certas categorias de trabalhado-

---

175 O regime do contrato de trabalho em comissão de serviço constava, antes da codificação do Direito Laboral, do DL n.° 404/91, de 16 de Outubro, tendo depois passado para os arts. 244.° ss. do CT de 2003.

176 Quanto ao regime jurídico desta figura, *vd, infra,* § 21.°, ponto 76.

res, como os trabalhadores portadores de deficiência ou com capacidade de trabalho reduzida (arts. 84.° e 85.° n.° 2 do CT), ou as que estabelecem a preferência dos trabalhadores a termo da empresa no acesso a postos de trabalho por tempo indeterminado (art. 145.° n.° 1 do CT), e ainda as normas que, em caso de igualdade de condições de dois trabalhadores, imponham a contratação do trabalhador do sexo subrepresentado (por exemplo, ao abrigo de uma lei de quotas).

No nosso entender, deve haver um reduto mínimo de liberdade das partes para que se configure um negócio jurídico, mas esta liberdade pode circunscrever-se à liberdade de celebração. É o que se passa nas duas categorias de situações indicadas.

No que se refere aos contratos de trabalho de adesão, o trabalhador é livre de celebrar o contrato e conserva um mínimo de liberdade de estipulação, na medida em que se pode opor, por escrito, às condições contratuais estabelecidas pelo empregador (art. 104.° n.° 2), e se pode socorrer da LCCG (art. 105.°).

No caso dos contratos de trabalho «impostos» ao empregador, entende-se que o carácter *intuitus personae* do contrato de trabalho não impede a instituição de regras de preferência, como princípios de orientação em prossecução de valores considerados de relevo social. No entanto, porque o reduto mínimo do princípio geral da liberdade contratual contende com a imposição que uma efectiva contratação ao empregador contra a sua vontade, justifica-se que o desrespeito por este tipo de preceitos tenha consequências apenas ao nível indemnizatório. Desta forma, subsiste também neste caso a liberdade negocial do empregador.

A conclusão no sentido da natureza negocial do contrato de trabalho não obsta ao reconhecimento de que esta liberdade é objecto de mais limitações neste contrato de que noutros contratos de direito privado, pelo peso acrescido das normas imperativas no âmbito do Direito do Trabalho, apesar da índole privada deste ramo jurídico[177].

---

[177] Sobre a matriz privada do Direito do Trabalho, enquanto ramo jurídico, *Direito do Trabalho I*, § 3.°, ponto 6.1.

## 61. Tipologia dos contratos de trabalho: contrato de trabalho comum, contratos de trabalho especiais e contratos de trabalho sujeitos a regras específicas, atinentes ao tipo ou à situação dos trabalhadores

**I.** A natureza ampla e unitária da noção de contrato de trabalho, no nosso sistema jurídico, torna útil a distinção no seu seio, da seguinte tipologia:

- *contrato de trabalho comum*, que constitui a categoria residual e de referência;
- *contratos de trabalho especiais*, que integram as modalidades de contrato de trabalho sujeitas a um regime especial, por motivos atinentes aos sujeitos envolvidos, às características da prestação ou à duração do contrato;
- *contratos de trabalho sujeitos a regras específicas*, categoria que abrange as situações laborais para as quais a lei prescreveu regras especiais, atendendo a certas características dos sujeitos envolvidos e independentemente do carácter comum ou especial do próprio contrato.

Cabe deixar claro que a categoria residual do contrato de trabalho comum não corresponde ao conceito largamente difundido de relação de trabalho típica e que, por outro lado, os contratos de trabalho especiais são também contratos típicos no sentido técnico do termo, porque têm o seu regime previsto na lei.

O denominado *contrato de trabalho típico* (assente que se trata de uma tipicidade em sentido social) é aquele em que estão presentes as características mais habituais no negócio laboral, oportunamente referenciadas[178]: a ocupação do trabalhador a tempo integral e em regime de exclusividade, a duração indeterminada do vínculo, a integração do trabalhador no seio de uma organização verticalizada, a tutela contra o despedimento e a associação de um determinado nível de protecção social ao contrato de trabalho.

---

[178] *Direito do Trabalho I*, § 2.°, ponto 4.2.1. a) I., e b) II. Sobre este ponto, *vd* ainda ROSÁRIO PALMA RAMALHO, *Da Autonomia Dogmática... cit.*, 537 ss., com indicações bibliográficas.

**II.** O reconhecimento de *contratos de trabalho especiais* exige um maior cuidado no manuseamento das fontes a aplicar a estes contratos, que passa por uma relação de dupla subsidariedade. Assim:

- aos contratos de trabalho especiais cabe aplicar, em primeiro lugar, as regras especiais que a lei preveja para eles; todavia, quando este regime não conste do Código do Trabalho e lhe seja anterior (o que sucede em diversas situações), deve ter-se um cuidado suplementar na articulação entre estas regras especiais e as normas do Código, bem como na interpretação das remissões do diploma especial para a legislação laboral geral, que foi, entretanto, substituída; em suma, cabe proceder à interpretação destes contratos à luz do Código do Trabalho[179];
- nos aspectos não regulados de forma especial serão aplicáveis as normas laborais gerais que sejam compatíveis com a especificidade de cada contrato (art. 9.° do CT); o Direito Laboral comum funciona, assim, como direito subsidiário para efeitos do regime jurídico destes contratos;
- por último, as lacunas regulativas que ainda subsistam podem ser integradas através da aplicação das regras civis gerais, desde que não incompatíveis com as especificidades do contrato em questão nem com princípios próprios do Direito do Trabalho, por força da autonomia dogmática que assiste a este ramo jurídico[180].

A classificação dos contratos de trabalho especiais pode ser feita tomando como critério a fonte da sua especificidade: o objecto da prestação laboral; ou o factor temporal, que pode ser reportado ou à duração do contrato ou à modelação do tempo de trabalho.

O reconhecimento da especialidade de alguns contratos de trabalho, em razão da especificidade do objecto da prestação laboral tem grande tradição entre nós e não carece de particular justificação: trata-se de situações em que as características da própria actividade desenvolvida não se coa-

---

[179] Neste sentido, ROMANO MARTINEZ, em comentário ao art. 9.° do CT, *in* ROMANO MARTINEZ / L. M. MONTEIRO / JOANA VASCONCELOS / P. MADEIRA DE BRITO / G. DRAY / L. GONÇALVES DA SILVA, *Código do Trabalho Anotado cit.*, 119.

[180] *Direito do Trabalho I*, § 14.°, e, para mais desenvolvimentos, ROSÁRIO PALMA RAMALHO, *Da Autonomia Dogmática... cit.*, 701 ss., 961 ss. e *passim*.

dunam com o regime laboral comum, sendo, por isso, necessário proceder à adaptação deste regime. Entre os diversos contratos de trabalho especiais que se evidenciam por este critério, salientamos o contrato de serviço doméstico, o contrato de trabalho rural, o contrato de trabalho dos profissionais de espectáculos, o contrato de trabalho a bordo, o contrato de trabalho portuário, o contrato de trabalho do praticante desportivo, o contrato de trabalho temporário, o contrato de trabalho em comissão de serviço e o contrato de teletrabalho subordinado. Quanto ao contrato de trabalho para o exercício de funções públicas, a recente reorientação do seu regime coloca substanciais dificuldades à sua recondução a um contrato de trabalho especial, como era habitual até aqui.

Por aplicação do critério temporal, reportado ou à duração do contrato ou à modelação do tempo de trabalho, podemos ainda isolar as seguintes modalidades especiais de contrato de trabalho: contrato de trabalho a termo resolutivo, contrato de trabalho a tempo parcial e contrato de trabalho intermitente.

Todas as modalidades especiais de contrato de trabalho referenciadas estão sujeitas a um regime especial, mas, em alguns casos, este regime especial consta do Código do Trabalho (caso do contrato a termo resolutivo, do teletrabalho subordinado, do trabalho em comissão de serviço, do trabalho a tempo parcial, do trabalho temporário e do trabalho intermitente), enquanto, noutros casos, tal regime consta de diploma próprio.

Apreciaremos com mais detalhe estes contratos de trabalho especiais a propósito da matéria do conteúdo da situação jurídica laboral[181].

**III.** Por último, cabe referir as situações que, embora não correspondam a contratos de trabalho especiais, determinam *especificidades de regime no contrato de trabalho*, por força de determinadas características do sujeito trabalhador e para tutela de interesses diversos. Neste contexto, são de apontar os regimes especiais aplicáveis aos contratos de trabalho a celebrar ou em execução e que envolvam as seguintes categorias de trabalhadores:

– trabalhadores menores;
– trabalhadoras grávidas, puérperas e lactantes;

---

[181] *Infra*, §§ 20.° e 21.°.

– trabalhadores portadores de deficiência ou de doença crónica;
– trabalhadores estudantes;
– trabalhadores estrangeiros.

A propósito da matéria relativa ao conteúdo do contrato de trabalho, apreciaremos estas situações[182].

[182] *Infra*, § 22.°.

## § 18.° Formação do contrato de trabalho

### 62. Pressupostos do contrato de trabalho

**I.** De acordo com um entendimento tradicional, os pressupostos de um negócio jurídico são condicionamentos externos ao negócio mas dos quais depende a respectiva validade. Esta delimitação aponta ainda para a classificação dos pressupostos negociais como pressupostos subjectivos ou objectivos[183]: os pressupostos subjectivos dizem respeito às partes e têm a ver com a sua capacidade e legitimidade para a celebração do negócio; os pressupostos objectivos reportam-se às qualidades do objecto negocial e aos requisitos do conteúdo do negócio.

**II.** O regime do contrato de trabalho permite identificar alguns desvios às regras civis, tanto no que respeita aos pressupostos subjectivos como no que se refere aos pressupostos objectivos.

No que se refere aos pressupostos subjectivos, merece referência o pressuposto da capacidade, pelos desvios às regras gerais, sobretudo no que respeita à capacidade do trabalhador; e o pressuposto da legitimidade, para equacionar a questão específica do pluriemprego. No domínio dos pressupostos objectivos, cabe referir as regras do Código do Trabalho relativas aos efeitos da ilicitude do objecto ou do fim do contrato de trabalho. Ainda neste contexto, deve ser apreciado o requisito da idoneidade profissional do trabalhador (tema a que se associa o da carteira profissional), cuja qualificação como pressuposto subjectivo ou objectivo tem dividido a doutrina.

---

[183] Em geral e por todos sobre o conceito de pressupostos do negócio jurídico e sobre a classificação dos pressupostos do negócio jurídico, A. MENEZES CORDEIRO, *Tratado de Direito Civil Português*, I (*Parte Geral*), tomo I, 3.ª ed., Coimbra, 2005, 486.

### 62.1. Capacidade

**I.** A capacidade é a medida das situações jurídicas de que uma pessoa pode ser titular (capacidade jurídica de gozo) e que pode exercer de modo pessoal e livre (capacidade jurídica de exercício)[184] – art. 67.° do CC.

A regra geral em matéria de capacidade jurídica das pessoas singulares é a de que esta capacidade é genérica (art. 67.° do CC). Não obstante, há diversas situações genéricas de incapacidade de exercício das pessoas singulares, que têm a ver com estados de inaptidão natural ou de aptidão reduzida de alguém para reger a sua vida e/ou o seu património:

- a menoridade: até perfazer dezoito anos, a pessoa é considerada genericamente incapaz de exercício e tem mesmo algumas restrições à sua capacidade de gozo (arts. 122.° e 130.° do CC); entre os dezasseis e os dezoito anos, pode, contudo, ser equiparado ao maior, em caso de emancipação pelo casamento (arts. 132.° e 133.° do CC);
- a interdição: os estados de anomalia psíquica, surdez-mudez ou cegueira, que tornem a pessoa maior de idade incapaz de reger a sua vida e os seus bens, justificam a decretação judicial da interdição, nos termos dos arts. 138.° e ss. do CC;
- a inabilitação: os estados de anomalia psíquica, surdez-mudez ou cegueira permanentes menos graves do que aqueles que justificam a interdição, e ainda o estado de toxicodependência, alcoolismo ou prodigalidade, que tornem a pessoa maior de idade incapaz de reger o seu património, justificam a decretação judicial de inabilitação, nos termos dos arts. 152.° e ss. do CC.

Acresce que as situações de incapacidade genérica das pessoas singulares não obstam à validade de certos actos e negócios jurídicos: são as situações de excepção à incapacidade, contempladas no art. 127.° do CC.

Por seu turno, a regra geral sobre a capacidade das pessoas colectivas consta do art. 160.° do CC, que atribui a estas entidades todos os direitos e obrigações necessários ou convenientes à prossecução dos seus fins, e

---

[184] Em geral e por todos sobre o conceito de capacidade jurídica, A. MENEZES CORDEIRO, *Tratado de Direito Civil Português*, I (*Parte Geral*), tomo III, Coimbra, 2004, 293 s.

que não sejam vedados por lei ou inseparáveis da personalidade singular[185].

**II.** Recordadas as regras civis gerais em matéria de capacidade, cabe aferir este pressuposto geral do negócio jurídico ao caso do contrato de trabalho.

Nos termos do art. 13.º do CT, a capacidade para celebrar contratos de trabalho segue as regras gerais, pelo que são aplicáveis os competentes preceitos do Código Civil para aferir da capacidade do empregador e da capacidade do trabalhador para a celebração do contrato.

A estas regras preferem, contudo, as regras especiais do Código do Trabalho (art. 13.º do CT, *in fine*). Estas regras referem-se, sobretudo, à capacidade do trabalhador e têm a ver com os seguintes factores: a idade e, por associação, a escolaridade mínima obrigatória; a interdição e a inabilitação. Para além destas regras, deve ainda atentar-se nas regras do Código do Trabalho sobre o trabalho de estrangeiros.

No que toca à capacidade do empregador, decorrem limitações da declaração judicial de insolvência.

**III.** No que se refere à *capacidade para celebrar contratos de trabalho na qualidade de trabalhador*, a primeira limitação a ter em conta decorre da própria singularidade do contrato quanto à prestação do trabalhador: o elemento de pessoalidade do contrato de trabalho, evidenciado na inseparabilidade da prestação laboral da pessoa do trabalhador, na essência eminentemente subjectiva do elemento da subordinação jurídica e no relevo das qualidades pessoais do trabalhador (ou seja, o carácter *intuitus personae* do contrato), determina que *apenas pessoas singulares ou físicas tenham capacidade para celebrar contratos de trabalho na qualidade de trabalhadores*[186] – o que, aliás, decorre hoje expressamente da noção legal de contrato de trabalho (art. 11.º do CT). Fica, assim, afastada a possibilidade de o trabalhador ser uma pessoa colectiva[187].

---

[185] Por todos, em geral, sobre a capacidade jurídica das pessoas colectivas, MENEZES CORDEIRO, *Tratado... cit.*, I (*Parte Geral*), tomo III, 591 ss.

[186] Já se estiverem na qualidade de empregadores, o problema não se coloca.

[187] Contra este entendimento, MENEZES CORDEIRO, *Manual de Direito do Trabalho cit.*, 108, embora num contexto legal diferente do do Código do Trabalho de 2009. Para mais desenvolvimentos sobre este ponto, *Direito do Trabalho I*, § 9.º, ponto 33.1.VI.

Assinalada esta limitação, pode dizer-se que as regras relativas à capacidade do trabalhador evidenciam uma dupla tendência:

- de uma parte, *as regras civis gerais sobre a capacidade são aligeiradas no caso do contrato de trabalho*, facilitando-se a celebração destes contratos por incapazes; este aligeiramento explica-se pela importância económica do bem trabalho, que é, muitas vezes, o principal ou mesmo o único meio de subsistência do trabalhador ou da sua família;
- de outra parte, *há regras especiais de tutela dos trabalhadores que são incapazes em termos gerais*, exactamente para prevenir os efeitos perversos do aligeiramento das regras de capacidade, acima referido.

**IV.** As primeiras regras especiais do Código do Trabalho sobre a capacidade para a celebração de contratos de trabalho na qualidade de trabalhador referem-se ao *trabalho de menores*[188].

A matéria do trabalho de menores tem sido no nosso sistema jurídico uma matéria delicada do ponto de vista social em razão das dificuldades crónicas de lidar com os problemas do trabalho infantil e juvenil; por consequência, trata-se também uma matéria muito instável em termos normativos. A LCT regulava esta matéria nos arts. 112.° ss., mas estas normas foram sucessivamente alteradas e complementadas até ao surgimento do Código do Trabalho de 2003[189], no âmbito do qual a matéria era tratada

---

[188] Em geral sobre a capacidade dos menores para a celebração de contratos de trabalho, Menezes Cordeiro, *Manual de Direito do Trabalho cit.*, 542 ss., Bernardo Xavier, *Curso de Direito do Trabalho cit.*, 414 s., Jorge Leite, *Direito do Trabalho cit.*, II, 69 ss., e ainda *Alguns Aspectos do Regime Jurídico do Trabalho de Menores*, ProntDT, 1990, 40, 11-16, Romano Martinez / L. M. Monteiro / J. Vasconcelos / Madeira de Brito / G. Dray / L. Gonçalves da Silva, *Código do Trabalho Anotado cit.*, 241 ss. (anotação de G. Dray), Romano Martinez, *Direito do Trabalho cit.*, 376 ss., Júlio Gomes, *Direito do Trabalho cit.*, 455 ss., ou Monteiro Fernandes, *Direito do Trabalho cit.*, 310 ss.

[189] Com efeito, a LCT foi alterada pelo DL n.° 396/91, de 16 de Outubro, e pela L. n.° 58/99, de 30 de Junho, e pela L. n.° 118/99, de 11 de Agosto, e o seu regime foi complementado, entre outros, pelo DL n.° 107/2001, de 6 de Abril, sobre actividades de trabalho proibidas ou condicionadas aos menores, pelo DL n.° 58/2002, de 15 de Março, regulando a admissão ao trabalho de menores sem a escolaridade obrigatória, e pelo DReg. n.° 16/2002, de 15 de Março, sobre a formação profissional de menores. Com a entrada em vigor da RCT, estes diplomas avulsos foram revogados.

em sede do próprio Código (arts. 53.° a 78.°), mas era desenvolvida na Regulamentação (arts. 114.° a 146.°).

O actual regime jurídico nesta matéria consta dos arts. 66.° e ss. do CT, que incorporou a maioria dos preceitos da RCT na matéria. Complementam ainda o regime do Código do Trabalho nesta matéria dois diplomas, que disciplinam questões anterirmente tratadas na RCT:

- o novo regime jurídico de segurança e saúde no trabalho, aprovado pela L. n.° 102/2009, de 10 de Setembro, cujos arts. 61.° a 72.° enunciam os trabalhos proibidos ou condicionados a menores;
- o diploma de regulamentação do Código do Trabalho (L. n.° 105/ /2009, de 14 de Setembro), cujos arts. 2.° a 11.° regulam a matéria da participação de menor em espectáculos, por remissão do art. 81.° do CT.

Além destes diplomas, cabe ainda ter em conta a Dir. n.° 94/33/CE, de 22 de Junho, sobre protecção dos jovens no trabalho.

O regime desta matéria no actual Código do Trabalho é, globalmente, mais escorreito do que o regime anterior. Neste regime são previstos os requisitos específicos para a admissão dos menores ao trabalho, são definidos os princípios gerais norteadores dos vínculos laborais com menores e é estabelecida uma disciplina específica para estes vínculos em diversas matérias. Teremos oportunidade de apreciar estas especificidades regimentais *in se*, a propósito dos vínculos de trabalho sujeitos a regime especial[190]; por ora, realçamos apenas os aspectos deste regime atinentes à capacidade para a celebração de contratos de trabalho.

Nos termos do Código do Trabalho (arts. 66.° e ss.), a capacidade dos menores para celebrar um contrato de trabalho depende da verificação de diversos requisitos, atinentes à idade, à escolaridade mínima e à qualificação profissional, à aptidão física e psíquica para o trabalho a realizar e ao consentimento ou não oposição dos representantes legais (arts. 68.° n.° 1, 69.° n.° 1 e 70.° do CT). Estes requisitos, cumulativos, são os seguintes:

i) *Idade mínima*: a idade mínima de admissão à prestação de trabalho subordinado é de 16 anos (art. 68.° n.° 2 do CT).

---

[190] *Infra*, § 22.°, ponto 80.

Contudo, os menores que ainda não tenham completado 16 anos, mas tenham já concluído a escolaridade mínima obrigatória, podem ser admitidos ao desempenho de trabalhos leves que não ponham em causa a sua segurança e saúde nem a sua assiduidade escolar (art. 68.° n.° 3), sendo considerados trabalhos leves aqueles que não possam prejudicar o desenvolvimento físico ou psíquico do menor, nem a sua formação educativa ou profissional (art. 68.° n.° 3 *in fine*)[191].

Estas regras constituem uma excepção à regra civil da incapacidade geral de exercício de direitos dos menores (art. 122.° do CC), que acresce às excepções à incapacidade enunciadas no art. 127.° do CC, e que, no caso, se justifica pela importância do trabalho para a subsistência do menor e da sua família[192].

ii) *Nível mínimo de escolaridade e qualificação profissional*: o menor só pode prestar trabalho subordinado se tiver concluído a escolaridade mínima obrigatória, que se encontra actualmente fixada no 9.° ano de escolaridade (art. 68.° n.os 1 e 2 e art. 69.° n 1 do CT).

Contudo, podem celebrar contratos de trabalho os menores com idade compreendida entre os 16 e os 18 anos, que não tenham obtido o nível mínimo de escolaridade nem possuam qualificação profissional, nas condições estabelecidas no art. 69.° n.° 1. Estas condições evidenciam a preocupação de incluir uma valência formativa no contrato de trabalho celebrado com estes menores, e garantindo os meios práticos de assegurar o oebjectivo formativo: assim, o contrato só é admitido se o menor frequentar modalidade de educação ou formação que confira a escolaridade obrigatória e uma qualificação profissional (art. 69.° n.° 1); neste caso, o menor trabalhador beneficia do regime

---

[191] O conceito de trabalhos leves era anteriormente desenvolvido pela RCT (art. 115.°).

[192] A idade mínima para a prestação de trabalho é tradicionalmente dissociada da maioridade legal por uma razão económica, mas tem vindo a subir, a par da elevação do nível da escolaridade obrigatória. No âmbito da LCT de 1937, a idade mínima para prestar trabalho era de 12 anos, tendo sido posteriormente fixada nos 14 anos, com a subida do nível mínimo de escolaridade para o 6.° ano. Com a elevação da escolaridade mínima obrigatória para os nove anos, pela L. n.° 46/86, de 14 de Outubro, esta idade foi fixada nos 16 anos.

do trabalhador estudante em condições bonificadas quanto à dispensa para a frequência de aulas (art. 69.° n.° 3); e tem ainda direito a gozar de licença sem retribuição e de passar para o regime de trabalho a tempo parcial, para efectivação do seu direito à formação qualificante (art. 67.° n.os 3 e 4)[193].

Estes requisitos – que só são dispensados no caso de se tratar de trabalho prestado durante as férias escolares do menor (art. 69.° n.° 2 do CT) – são ainda aplicáveis aos menores com menos de 16 anos que tenham a escolaridade mínima obrigatória (podendo, por isso, prestar trabalhos leves, nos termos do art. 68.° n.° 3) mas não possuam qualificação profissional (art. 69.° n.° 1).

iii) *Aptidão física e psíquica do menor para o trabalho a realizar*: nos termos dos arts. 66.° n.° 1 e 68.° n.° 1 do CT, os menores só podem prestar os trabalhos para os quais tenham «capacidades[194] físicas e psíquicas adequadas».

Para efeitos da avaliação deste requisito, o art. 72.° n.° 1 do CT estabelece a obrigatoriedade de sujeição do menor a um exame médico que certifique a sua aptidão física e psíquica para o exercício das funções, devendo este exame ser realizado antes da celebração do contrato, ou, em caso de urgência na contratação, até quinze dias após a admissão (art. 72.° n.° 1 al. a) do CT); prevê-se ainda um exame médico anual para reavaliação da situação (al. b) do n.° 1 do art. 72.° do CT).

Em prossecução do objectivo de assegurar a adequação física e psíquica dos menores ao trabalho a prestar, e, portanto, em complemento a estas disposições, o novo regime da segurança e saúde no trabalho, aprovado pela L. n.° 102/2009, de 10 de Setembro elenca um conjunto de actividades proibidas ou con-

---

[193] Quando comparado com o regime anterior (que previa soluções diversas, consoante o menor estava contratado a termo ou por tempo indeterminado), o regime do actual Código do Trabalho é mais fácil de operacionalizar, porque recorre à técnica, mais simples e clara, da indexação destes casos ao regime do trabalhador estudante, que se limita a reforçar.

[194] O termo «capacidade» utilizado pela lei neste contexto (art. 68.° n.° 1 e art. 72.° n.° 1 a) do CT) não deve ser entendido num sentido técnico mas naturalístico. Está em causa, efectivamente, a aptidão natural do menor para a prestação da tarefa em concreto, quer do ponto de vista físico quer do ponto de vista psíquico, e não a sua capacidade jurídica de exercício.

dicionadas aos menores, por razões de saúde e de segurança (arts 61.° e ss., e arts. 68.° e ss., respectivamente).

iv) *Consentimento dos representantes legais do menor na celebração do contrato de trabalho.* A lei prevê que o contrato de trabalho seja celebrado directamente com o menor (e, não, portanto, através dos seus representantes legais, como é a regra civil), mas com o consentimento dos representantes legais. Contudo, o requisito do consentimento é equacionado de forma diferente pela lei, consoante a idade e o nível de escolaridade do menor:
   - se o menor tiver completado 16 anos e a escolaridade mínima obrigatória é válido o contrato de trabalho celebrado directamente com ele, desde que não haja oposição escrita dos seus representantes legais (art. 70.° n.° 1 do CT); esta regra derroga o art. 127.° n.° 1 c) do CC, que exige expressamente a autorização dos representantes legais do menor para o exercício de uma actividade profissional por este[195];
   - se o menor tiver menos de 16 anos ou se não tiver concluído a escolaridade mínima, o contrato celebrado directamente com ele apenas é válido mediante a autorização escrita dos representantes legais (art. 70.° n.° 2 do CT).

Por outro lado, do consentimento ou da não oposição dos representantes legais do menor para a celebração do contrato deve distinguir-se o consentimento para a percepção da remuneração directamente pelo menor. Sobre esta matéria, a regra é que o menor recebe directamente a remuneração (quer tenha mais ou menos de 16 anos e independentemente do nível de escolaridade), salvo oposição escrita dos representantes legais (art. 70.° n.° 3 do CT).

**V.** Ainda relativamente à capacidade dos menores para a celebração de contratos de trabalho, cabe apreciar três problemas: a situação dos menores emancipados pelo casamento; a questão das consequências da

---

[195] Neste sentido, Mário Pinto / Furtado Martins / Nunes de Carvalho, *Comentário... cit.*, 299 s.

violação das regras do Código do Trabalho nesta matéria; e a questão da extensão das regras do Código do Trabalho sobre a capacidade dos menores para a celebração de contratos de trabalho a outros tipos de trabalho prestado por menores.

Quanto aos *menores emancipados pelo casamento*, a questão que se coloca é a da sua sujeição às disposições especiais do Código do Trabalho em matéria de capacidade dos menores para a celebração de contratos de trabalho, uma vez que o art. 133.° do CC lhes atribui plena capacidade para o exercício dos seus direitos.

Dispõe o art. 66.° n.° 4 do CT que a emancipação não prejudica a aplicação das normas laborais relativas à protecção da saúde, educação e formação do menor. Assim, conjugando esta norma com os preceitos do Código do Trabalho relativos à celebração de contratos de trabalho com menores e com o art. 133.° do CC, conclui-se que o menor emancipado pode celebrar o contrato de trabalho pessoal e livremente, não lhe sendo aplicável o requisito do consentimento ou da não oposição dos representantes legais. Contudo, o contrato sujeita-se aos restantes requisitos que condicionam a capacidade do menor, acima enunciados, uma vez que este requisitos se referem à sua saúde, educação e formação. Desta conjugação resulta, pois, uma limitação aos efeitos gerais da emancipação, no domínio laboral.

Quanto às *consequências da violação das regras do Código em matéria de capacidade dos menores para a celebração de contratos de trabalho*, é útil o estabelecimento de algumas distinções:

i) No que toca ao *requisito da idade*, resulta claramente da lei que não podem celebrar contratos de trabalho os menores de idade inferior a 15 ou a 16 anos (consoante o momento em que adquiram o nível mínimo de escolaridade). Alguns autores já reconduziram esta proibição a uma incapacidade de gozo dos menores, para efeitos laborais, uma vez que não é suprível pelos representantes legais[196]. Quanto a nós, trata-se de uma proibição legal, motivada não apenas pelo interesse do menor mas também por interesses públicos ligados à proscrição do trabalho

[196] Neste sentido, L. Brito Correia, *Direito do Trabalho cit.*, I, 125.

infantil e à garantia da educação e saúde dos jovens, e, por isso, dirigida não só ao menor e aos seus representantes como ao próprio empregador. Desta proibição emerge não apenas a nulidade do contrato, por aplicação directa do regime geral dos negócios jurídicos celebrados em contravenção de disposições legais imperativas (art. 294.° do CC)[197], mas também a imposição ao empregador de um dever especial de indagação sobre a idade e a situação escolar do menor aquando da celebração do contrato, com tutela criminal.

ii) No que toca aos *requisitos da aptidão física e psíquica para o trabalho a prestar, da natureza do próprio trabalho e da escolaridade mínima*, a consequência da sua falta é também a nulidade do contrato, pelos interesses públicos subjacentes a estes requisitos: os interesses de garantia da saúde e de promoção da educação e formação das crianças e dos jovens.

iii) Já no que toca ao *requisito da autorização ou da não oposição dos representantes legais do menor*, crê-se que a sua falta determina a anulabilidade do contrato, nos termos gerais. Deve, contudo, atender-se às regras especiais constantes do art. 70.° n.os 4 e 5 do CT nesta matéria, que são duas: a oposição ao contrato ou a revogação da autorização podem ser manifestadas a todo o tempo; no caso de serem manifestadas durante a execução do contrato têm eficácia extintiva sobre o mesmo (dispensando assim o recurso à acção de anulação) no prazo de 30 dias sobre a sua emissão, prazo este que pode ser reduzido para metade com os fundamentos do n.° 5 do art. 70.°[198].

Para além destas consequências, deve reter-se a tutela criminal e/ou contra-ordenacional associada a estas regras, que se justifica pelo interesse público de combate ao trabalho infantil e de promoção da saúde e da educação das crianças e jovens subjacente a este regime. Assim, a contratação

---

[197] Neste sentido, MENEZES CORDEIRO, *Manual de Direito do Trabalho cit.*, 543, e ROMANO MARTINEZ, *Direito do Trabalho cit.*, 378.

[198] A norma da LCT que correspondia a este artigo (art. 123.° n.os 3 e 4) mandava aplicar a esta situação o regime previsto para os contratos de trabalho nulos mas executados. Apesar desta referência não constar actualmente do Código do Trabalho, julga-se que ela continua a fazer sentido para esta situação.

de menores com idade inferior à mínima legal, sem a escolaridade obrigatória ou para trabalhos prejudiciais à sua saúde constitui crime (art. 82.° do CT); e a não cessação imediata da actividade pelo menor que realize tarefas proibidas ou condicionada, após a notificação do empregador para o efeito pela entidade competente, constitui crime de desobediência qualificada (art. 83.° do CT); a violação de outras disposições do Código do Trabalho sobre o trabalho de menores constitui contra-ordenação grave ou muito grave, consoante os casos.

Por outro lado, entende-se que o empregador é civilmente responsável pelos prejuízos que cause ao menor que contrate com culpa, sem respeitar os requisitos acima referidos. Trata-se quanto a nós de responsabilidade civil por facto ilícito, fundada na violação de normas legais destinadas a proteger interesses alheios (art. 483.° n.° 1 do CC).

Por fim, assinala-se a *extensão geral das regras sobre a capacidade dos menores para celebrarem contratos de trabalho ao trabalho autónomo prestado por menores*, nos termos do art. 3.° da Lei Preambular ao Código do Trabalho. Assim:

- o menor com idade inferior a 16 anos não pode ser contratado para prestar trabalho autónomo (art. 3.° n.° 1 da Lei Preambular), a não ser que tenha concluído a escolaridade obrigatória e que a actividade a desenvolver corresponda a um trabalho leve, no sentido laboral do termo (art. 3.° n.os 1 e 3), ou no caso de participação em espectáculos e outras actividades de natureza cultural, artística ou publicitária, que se sujeita a um regime especial (arts. 2.° a 11.° da L. n.° 105/2009, de 14 de Setembro)[199-200];
- os contratos para a prestação destas actividades seguem as regras gerais do Código Civil (art. 3.° n.° 2 da Lei Preambular ao CT), mas estes menores são protegidos pelas regras do Código do Trabalho aplicáveis aos trabalhadores menores (art. 3.° n.° 4 do mesmo diploma).

---

[199] Este regime especial estava anteriormente previsto nos arts. 138.° a 146.° da RCT, que se mantiveram em vigor até ao surgimento deste diploma (art. 12.° n.° 6 g) da Lei Preambular ao Código do Trabalho de 2009).

[200] Desenvolveremos este tema, *infra*, § 22.°, ponto 80.

Resta deixar uma nota sobre a natureza jurídica das normas do Código do Trabalho sobre a capacidade dos menores. Na vigência do anterior Código do Trabalho entendemos que estas normas deviam ser qualificadas como normas imperativas absolutas[201], por força dos interesses públicos subjacentes a esta matéria, pelo que não podiam ser alteradas nem por instrumento de regulamentação colectiva do trabalho nem por contrato de trabalho. Contudo, no quadro do actual Código do Trabalho, esta qualificação deixa de poder ser feita em termos genéricos, uma vez que o trabalho de menores é uma das matérias enunciadas no art. 3.° n.° 4 do Código, relativamente às quais se estabelece uma presunção de imperatividade mínima (como regra geral), admitindo-se que sejam afastadas por convenção colectiva de trabalho embora apenas para dispor em sentido mais favorável ao trabalhador. Assim, para afastar esta possibilidade terá que resultar inequivocamente do texto da norma a «oposição» a qualquer alteração por fonte de valor inferior; e, em qualquer caso, a afastar-se o regime legal terá que ser sempre no sentido mais favorável ao trabalhador, que, no caso, não poderá deixar de ser entendido como o sentido que reforce a tutela do trabalhador menor, já que é esse o espírito geral destas normas.

**VI.** As regras do Código do Trabalho sobre a capacidade dos menores para a celebração de contratos de trabalho são aplicáveis, com as devidas adaptações aos interditos e inabilitados.

No caso dos *interditos* (arts. 138.° ss. do CC), a adaptação destas regras será especialmente necessária porque não se verifica aqui o interesse de assegurar a formação educativa destes trabalhadores – a componente formativa do contrato de trabalho com menores está, pois, ausente. Em compensação, a prestação de trabalho poderá, nestes casos, ter que ser conjugada com as necessidades terapêuticas específicas destes trabalhadores. Para este efeito, poderão ser também aplicadas as disposições do Código relativas ao trabalho de pessoas com deficiência crónica ou com capacidade de trabalho reduzida (arts. 84.° ss. do CT).

Relativamente aos *inabilitados* (art. 152.° ss. do CC), a adaptação apenas será necessária no caso de a sentença de inabilitação integrar a acti-

---

[201] No sentido que conferimos ao termo oportunamente – *Direito do Trabalho I*, ponto 26.2.II.

vidade profissional do incapaz no âmbito da sua incapacidade (art. 153.° do CC).

**VII.** A *nacionalidade do trabalhador* não interfere na sua capacidade para celebrar contratos de trabalho, por força do princípio constitucional da igualdade e não discriminação (art. 13.° da CRP), concretizado no art. 15.° n.° 1 da CRP em relação aos estrangeiros, apátridas e cidadãos europeus, e que se projecta também especificamente no direito de acesso ao emprego (art. 47.° n.° 1 da CRP)[202].

O Código do Trabalho reafirma o princípio da igualdade de tratamento entre os trabalhadores nacionais e os trabalhadores estrangeiros no art. 4.°, que é, por sua vez, uma concretização do princípio geral da igualdade e não discriminação entre trabalhadores, consagrado no art. 24.° n.° 1. A violação do princípio da igualdade de tratamento entre os trabalhadores nacionais e estrangeiros constitui contra-ordenação muito grave (art. 24.° n.° 5).

Contudo, à semelhança do que já sucedia anteriormente[203], o Código do Trabalho estabelece alguns requisitos específicos para a celebração de

---

[202] Sobre este ponto e, em geral, sobre o contrato de trabalho celebrado com estrangeiros, pode ver-se P. Ortins Bettencourt, *Trabalho de estrangeiros, in* A. Moreira (coord.) *VI Congresso Nacional de Direito do Trabalho. Memórias*, Coimbra, 2004, 29-37, e Romano Martinez, *Direito do Trabalho cit.*, 384 ss.

[203] O trabalho de estrangeiros começou por ser regulado no DL n.° 97/77, de 17 de Março, em termos contrários ao princípio constitucional da igualdade e ao princípio comunitário da livre circulação de trabalhadores, porque se estabelecia uma percentagem máxima de trabalhadores estrangeiros nas empresas nacionais – sobre este diploma, por todos, Menezes Cordeiro, *Manual de Direito do Trabalho cit.*, 547 ss. e, em especial sobre o princípio comunitário da livre circulação de trabalhadores, Maria Luísa Duarte, *Tribunal das Comunidades Europeias (Acórdãos de 27 de Setembro de 1989 e 27 de Março de 1990 – Livre Circulação de Trabalhadores) – Comentário*, ROA, 1991, I, 255-290, Ana Guerra Martins, *Curso de Direito Constitucional da União Europeia*, Coimbra, 2004, 548 ss., bem como R. Blanpain/J.-C. Javillier, *Droit du travail communautaire*, 2.ª ed., Paris, 1995, 141 ss. A L. n.° 20/98, de 12 de Maio, que revogou o diploma de 1977, já não continha esta limitação, mas manteve alguns requisitos formais e procedimentais para a contratação destes trabalhadores, que foram, *grosso modo*, mantidos pelo Código do Trabalho de 2003 e pela RCT (arts. 86.° a 90.° do CT 2003 e arts. 157.° a 159.° da RCT). Sobre esta matéria, no contexto anterior à codificação laboral, devia ainda ter-se em conta a L. n.° 9/2000, de 15 de Junho, que se referia especificamente à situação dos trabalhadores destacados, transpondo a Dir. n.° 96/71/CE, do Parlamento e do Conselho, de 3 de Junho de 1996, sobre o destacamento de trabalhadores no âmbito de uma prestação de serviços.

contratos de trabalho com trabalhadores estrangeiros e apátridas, para a prestação de actividade laboral no território nacional. Estas regras constam do art. 5.º, relativamente ao trabalho de estrangeiros em geral, e dos arts. 6.º a 8.º, relativos à situação dos trabalhadores destacados. As questões da determinação da lei aplicável aos contratos de trabalho destes trabalhadores continuam a sujeitar-se ao regime constante do art. 6.º do CT de 2003, que permanece em vigor por expressa determinação da Lei Preambular ao Código do Trabalho de 2009 (art. 12.º n.º 2).

Já tendo tratado as questões relativas à lei aplicável ao contrato destes trabalhadores e ao destacamento[204], cabe referir os *requisitos específicos dos contratos de trabalho celebrados com estrangeiros e apátridas para a prestação de actividade laboral no nosso país*.

Por um lado, deve ficar claro que estes requisitos não configuram qualquer incapacidade do trabalhador mas são de ordem procedimental e formal, dirigindo-se, aliás, tanto aos trabalhadores como aos respectivos empregadores. Por outro lado, tais requisitos aplicam-se apenas aos contratos celebrados com trabalhadores oriundos de países não comunitários e aos trabalhadores apátridas, uma vez que, relativamente aos trabalhadores que sejam cidadãos de países membros da União Europeia ou de países que consagrem a igualdade de tratamento relativamente aos cidadãos nacionais em matéria de exercício de actividades profissionais, a equiparação com os trabalhadores portugueses é plena (art. 5.º n.º 6 do CT[205]).

Relativamente aos contratos de trabalho celebrados com trabalhadores estrangeiros não comunitários e com trabalhadores apátridas, devem reter-se as seguintes regras do Código do Trabalho:

– o contrato de trabalho pressupõe a autorização de residência ou de permanência do trabalhador em território nacional[206]; este pressu-

[204] Especificamente sobre estes temas, *Direito do Trabalho I*, ponto 29.IV.

[205] O *Aviso do Secretário de Estado da Segurança Social e das Relações Laborais, de 20 de Abril de 1999*, publicado no BTE, I Série, de 8 de Maio de 1999, identifica os países a considerar como integrados no espaço económico europeu. Quanto aos países que consagram a igualdade de tratamento com Portugal em matéria de exercício da actividade profissional, são o Brasil (Convenção de Brasília sobre Igualdade de Direitos e Deveres entre Brasileiros e Portugueses), Cabo-Verde, Guiné-Bissau e São Tomé e Príncipe.

[206] A este propósito, *vd* o Ac. RLx. de 2/07/2003, CJ, 2003, V, 145, cominando a

posto explica a exigência de apensação da documentação comprovativa dessa situação ao contrato (art. 5.° n.° 1 b) e n.° 4 do CT);

- o contrato deve ser reduzido a escrito (corpo do art. 5.° n.° 1 do CT), deve conter as menções indicadas nas várias alíneas do art. 5.° n.° 1 e deve ser elaborado em duplicado (art 5.° n.° 3)[207];
- a celebração do contrato deve ser comunicada pelo empregador à Autoridade para as Condições de Trabalho por via informática antes do início da execução do trabalho (art. 5.° n.° 5 a) do CT); a cessação do contrato é também objecto de comunicação escrita do empregador àquele serviço, no prazo de 15 dias (art. 5.° n.° 5 b) do CT);
- a violação destas normas constitui contra-ordenação grave (art. 5.° n.° 7 do CT).

**VIII.** Ainda a propósito do tema da capacidade do trabalhador, justifica-se uma nota final, relativa a duas situações: a situação do trabalhador insolvente; e a situação das mulheres trabalhadoras.

Relativamente ao *trabalhador insolvente*[208], dispõe expressamente o art. 113.° do CIRE[209] que a declaração judicial de insolvência do trabalhador não tem efeitos sobre o seu contrato de trabalho[210].

---

sanção da nulidade para o contrato de trabalho celebrado com um estrangeiro, na ausência de título válido de permanência em Portugal.

[207] No âmbito do CT de 2003 e da RCT, previa-se a elaboração deste contrato em triplicado (art. 158.° n.° 3 da RCT), já que um dos exemplares do contrato devia ser remetido à Inspecção-Geral do Trabalho, ficando os outros para as partes. No actual Código, a formalidade de comunicação da celebração do contrato aos serviços inspectivos passa a ser cumprida por via informática, pelo que basta a celebração do contrato em duas vias.

[208] Para mais desenvolvimentos sobre este ponto, *vd* M. R. Palma Ramalho, *Aspectos laborais da insolvência,* QL, 2005, 26, 145-163; republicado *in Estudos em Memória do Professor Doutor José Dias Marques*, Coimbra, 2007, 687-705.

[209] Código da Insolvência e da Recuperação de Empresas, aprovado pelo DL n.° 53/2004, de 18 de Março, com as alterações introduzidas pelo DL n.° 200/2004, de 18 de Agosto. Este Código veio substituir o CREF (Código dos Processos Especiais de Recuperação da Empresa e de Falência), aprovado pelo DL n.° 132/93, de 23 de Abril. A norma do CIRE referida em texto não constava do CREF.

[210] Sobre este ponto, Romano Martinez, *Da Cessação do Contrato*, Coimbra, 2005, 417, nota [831].

Embora esta regra não tenha correspondência no anterior regime da insolvência, ela resultava já da norma constitucional que consagra o direito ao trabalho (art. 58.° n.° 1 da CRP), e das regras de processo civil relativas à impenhorabilidade parcial da retribuição (art. 824.° n.° 1 a) e n.$^{os}$ 2 e 3 do CPC, com as alterações introduzidas pelo DL n.° 38/2003, de 8 de Março), que, naturalmente, pressupõem a possibilidade de o insolvente angariar os seus meios de subsistência, designadamente através do trabalho.

Na mesma linha, a pessoa que seja declarada judicialmente insolvente pode celebrar contratos de trabalho na qualidade de trabalhador, sendo até desejável que o faça.

Relativamente às *mulheres trabalhadoras,* cabe referir duas limitações tradicionais aos respectivos contratos de trabalho. A primeira destas referências reporta-se à incapacidade laboral da mulher casada e reveste, actualmente, apenas um interesse histórico; a segunda refere-se às limitações ao trabalho feminino em algumas áreas e tem ainda alguma actualidade. Assim:

i) Na ordem jurídico-constitucional anterior à Constituição de 1976, *a capacidade da mulher casada e não separada para celebrar contratos de trabalho era limitada*, uma vez o marido podia opor-se à celebração ou à continuação de um contrato já celebrado, alegando razões ponderosas – era o regime que constava do art. 117.° da LCT, em consonância com as regras civis (art. 1676.° n.° 2 do CC, na redacção originária)[211].
Com a consagração do princípio da igualdade e não discriminação em razão do sexo na Constituição de 1976 (art. 13.° n.$^{os}$ 1 e 2), este regime ficou ferido do vício de inconstitucionalidade material, tal como as regras do Código Civil nesta matéria, que foram, entretanto, alteradas pelo DL n.° 496/77, de 25 de Novembro.
Para o ponto que nos interessa, importa reter o art. 1677.°-D do CC, que atribui a ambos os cônjuges o direito de exercer qualquer profissão ou actividade sem o consentimento do outro. Os

[211] Por todos sobre este regime da LCT, BERNARDO XAVIER, *Regime Jurídico do Contrato de Trabalho Anotado cit.*, 180 s.

preceitos da LCT nesta matéria foram também revogados, pelo que a questão pode, hoje, ser recordada como uma curiosidade histórica.

ii) Por outro lado, desde os primórdios do Direito do Trabalho que *o trabalho das mulheres foi restringido ou mesmo proibido em determinados sectores*, por razões diversas, ligadas à perigosidade ou à natureza das actividades (assim, o trabalho nocturno na indústria, o trabalho nas minas ou o trabalho nas forças militares ou militarizadas), tendo algumas destas proibições sido reforçadas internacionalmente em Convenções da OIT. Em consonância com esta orientação tradicional, em Portugal era vedado o trabalho nocturno das mulheres na indústria[212], na sequência da ratificação da Conv. n.° 89 da OIT sobre esta matéria, e persistem até hoje algumas limitações no acesso das mulheres a determinadas categorias profissionais, designadamente no âmbito das forças militares e militarizadas[213].
No plano comunitário, este tipo de proibições colide com o princípio fundamental da igualdade de género (art. 3.° n.° 3 do TUE) e, designadamente, com a projecção deste princípio na igualdade de oportunidades e de tratamento entre homens e mulheres no trabalho e no emprego (arts. 153.° n.° 1 i) e 157.° n.° 1 do TFUE). Este princípio, que é tradicional no direito da União Europeia e desenvolvido em numerosas directivas comunitárias e em abundante jurisprudência comunitária[214], apenas admite a limitação do acesso aos trabalhadores de um sexo a determinada profissão ou categoria profissional quando justificada em razões objectivas e nas quais a pertença a um sexo seja uma condição determinante para o exercício da actividade (art.

---

[212] Sobre este tema em especial, *vd* F. LIBERAL FERNANDES, *Sobre o trabalho nocturno feminino na indústria*, QL, 1994, 1, 24-36.

[213] Assim, o Estatuto dos Militares das Forças Armadas, aprovado pelo DL n.° 263/99, de 25 de Junho, com as alterações introduzidas pelo DL n.° 197-A/2003, de 30 de Agosto, admite a imposição de requisitos especiais para a admissão a certas profissões ou ramos das Forças Armadas. Na prática e a título de exemplo, na Marinha, são reservadas aos homens as categorias de fuzileiros, mergulhadores e torpedeiros.

[214] Para mais desenvolvimentos sobre este ponto, *vd Direito do Trabalho I*, § 6, ponto 16.5.a).

2.° n.° 6 da Dir. 76/207, de 9 de Fevereiro de 1976, na redacção dada pela Dir. 2002/73, de 23 de Setembro de 2002, e arts. 1.° a) e 14.° n.° 1 a) e n.° 2 da Dir. 2006/54/CE, de 5 de Julho de 2006)[215].

Por outro lado, no plano do direito nacional, estas limitações e proibições colidem com o princípio constitucional da igualdade, na sua valência de género (art. 13.° n.° 2 da CRP) e com as projecções constitucionais deste princípio no direito ao trabalho e na liberdade de acesso às profissões (art. 58.° e art. 47.° da CRP), que o Código do Trabalho confirma nos arts. 24.° e 30.°. Em consonância com estes princípios, o Estado português denunciou a Convenção da OIT sobre a proibição do trabalho nocturno feminino na indústria, de 1948[216]. Contudo, impõe-se a ponderação de outras situações, designadamente no âmbito das forças militares e militarizadas, de modo a erradicar algumas diferenças que ainda existem ou, no mínimo, a reavaliar os critérios que, no passado, justificaram a exclusão do pessoal feminino em certas categorias profissionais específicas, para aferir da sua objectividade e justificação na actualidade.

**IX.** Para encerrar a matéria relativa ao pressuposto da capacidade, resta fazer uma referência à *capacidade para celebrar contratos de trabalho na qualidade de empregador*[217].

Não se vislumbram aqui desvios relativamente às regras civis gerais, quer no caso de o empregador ser uma pessoa singular, quer no caso de ser uma pessoa colectiva. No segundo caso, importa referir que o contrato deve ser outorgado pelo órgão competente ou por mandatário da pessoa colec-

---

[215] Para mais desenvolvimentos sobre esta matéria no plano comunitário, *vd* M. R. Palma Ramalho, *Direito Social da União Europeia,* Coimbra, 2009, 79 ss.

[216] Sobre este ponto em especial, F. Liberal Fernandes, *Consequências da denúncia pelo Estado português da Convenção n.° 89 da OIT, sobre o trabalho nocturno das mulheres na indústria (1948)*, Pront.LT, 1993, 44, 16-20.

[217] Sobre o ponto, L. Carvalho Fernandes, *Efeitos da declaração de insolvência no contrato de trabalho segundo o Código da Insolvência e da Recuperação de Empresas*, RDES, 2004, 1/2/3, 5-39, L. M. Teles de Menezes Leitão, *As repercussões da insolvência no contrato de trabalho, in Estudos em Memória do Professor Doutor José Dias Marques*, Coimbra, 2007, 871-884 (872 ss.), e Rosário Palma Ramalho, *Aspectos laborais da insolvência cit.* (QL), 147 ss.

tiva com poderes para o efeito e deve ter-se em conta a possibilidade de contratação do trabalhador por vários empregadores, no contexto de grupos empresariais ou de empregadores com estruturas organizativas comuns, ao abrigo da figura da pluralidade de empregadores (art. 101.° do CT)[218].

Por fim, importa referir que a *declaração judicial de insolvência do empregador* impede-o de celebrar novos contratos de trabalho, que só podem ser celebrados pelo administrador da insolvência. Esta limitação, que resulta da conjugação do art. 347.° n.° 2 do CT com o art. 55.° n.° 4 do CIRE[219], não corresponde, todavia, a uma incapacidade em sentido próprio, mas sim a um impedimento resultante das limitações impostas pela lei à continuação da exploração da empresa pelo insolvente[220].

Aliás, a partir da sentença de declaração de insolvência, passa também a ser o administrador da insolvência que fica adstrito à continuação da exploração da empresa (art. 55.° n.° 1 b) do CIRE) e ao cumprimento das obrigações do empregador relativamente aos contratos de trabalho vigentes na empresa (art. 347.° n.° 1 do CT)[221].

### 62.2. **Legitimidade; a questão do pluriemprego**[222]

**I.** O pressuposto negocial da legitimidade reporta-se à situação do sujeito perante um determinado negócio que lhe permite actuar em concreto a permissão genérica (i.e., a capacidade) que tem para contratar. Por

---

[218] Já tendo apreciado esta matéria, a propósito da apresentação da figura do empregador, *in Direito do Trabalho I*, § 9.°, ponto 34.3., para aí se remete. Para mais desenvolvimentos, *vd* ainda ROSÁRIO PALMA RAMALHO, *Grupos Empresariais e Societários... cit.*, 392 ss.

[219] Esta possibilidade era já contemplada no art. 173.° do CREF em relação ao liquidatário judicial.

[220] Sobre o ponto, ROMANO MARTINEZ, *Direito do Trabalho cit.*, 425.

[221] L. CARVALHO FERNANDES, *Efeitos da declaração de insolvência... cit.* 22, que, observa, contudo, que a mesma obrigação recairá sobre o empregador insolvente, quando, nos termos dos arts. 223.° ss. do CIRE, seja incumbido da administração da massa insolvente.

[222] Em especial sobre esta matéria, MENEZES CORDEIRO, *Manual de Direito do Trabalho cit.*, 549 ss., e P. FURTADO MARTINS, *O pluriemprego no Direito do Trabalho, in* A. MOREIRA (coord.), *II Congresso Nacional de Direito do Trabalho. Memórias*, Coimbra, 1999, 191-210.

outras palavras, a legitimidade verifica-se quando a pessoa que, em abstracto, pode contratar, o possa, de facto, fazer naquele caso concreto.

**II.** A legitimidade para a celebração de um contrato de trabalho, na qualidade de trabalhador, tem a ver com a possibilidade de disponibilização da força de trabalho e apenas poderá suscitar problemas se o trabalhador for ainda parte noutro contrato de trabalho. A questão colocada por este pressuposto no domínio laboral é, pois, a questão da *exclusividade do trabalhador ou da admissibilidade do pluriemprego*: pode ou não o trabalhador celebrar outros contratos de trabalho na pendência do primeiro?

A maioria da doutrina tem respondido afirmativamente a esta questão[223]. Efectivamente, dois argumentos de peso alicerçam o entendimento de que o trabalhador mantém a legitimidade para a celebração de novos contratos de trabalho na pendência do primeiro: um argumento estrutural e um argumento constitucional.

Por um lado, a disponibilidade a que o trabalhador se obriga perante o empregador, com a celebração do contrato de trabalho, não é total, por força dos limites funcionais e temporais da sua subordinação jurídica[224]. Assim, em princípio, nada impedirá o desempenho de outras actividades pelo trabalhador, ainda que tituladas por um contrato de trabalho, fora daqueles limites.

Por outro lado, o princípio constitucional da liberdade de trabalho (art. 58.° n.° 1 da CRP)[225] obsta à imposição de limites ao trabalhador no acesso ao emprego, independentemente do facto de ele já ser parte num contrato de trabalho.

O pluriemprego é assim admissível, como regra geral.

**III.** A admissibilidade de princípio do pluriemprego deve, todavia, compaginar-se com restrições de vária ordem. Estas restrições são explíci-

---

[223] Era já este o entendimento de RAÚL VENTURA, *Teoria da Relação Jurídica de Trabalho cit.*, 304 s. No mesmo sentido, MENEZES CORDEIRO, *Manual de Direito do Trabalho cit.*, 549 ss., e FURTADO MARTINS, *O pluriemprego... cit.*, 192 e 197. Mas em sentido diverso, GOMES CANOTILHO / VITAL MOREIRA, *Constituição da República Portuguesa Anotada*, 3.ª ed., Coimbra, 1993, 263 s.

[224] *Vd* a delimitação da subordinação jurídica, *supra*, § 17.°, ponto 57.4.

[225] Sobre este princípio, JORGE MIRANDA, *Liberdade de Trabalho e Profissão*, RDES, 1988, 2, 145-162, e o nosso *Direito do Trabalho I*, § 5.°, ponto 13.II.

tas ou implícitas, consoante sejam cominadas directamente na lei, em instrumento de regulamentação colectiva do trabalho ou no próprio contrato de trabalho, ou decorram dos deveres do trabalhador.

Desenvolvendo esta classificação, encontramos as seguintes categorias de *restrições explícitas ao pluriemprego*:

i) *Restrições legais*: a lei pode estabelecer incompatibilidades entre o exercício de diversas profissões, por razões deontológicas ou de interesse público (por exemplo, o exercício em simultâneo da magistratura e da advocacia ou as incompatibilidades no âmbito de funções públicas, justificadas pela necessidade de assegurar a imparcialidade do trabalhador no respectivo exercício)[226]; contudo, estas restrições devem ser devidamente justificadas, por forma a não contrariarem discricionariamente o princípio constitucional da liberdade de trabalho.
Ao nível das restrições legais ao exercício de outra actividade, destaca-se o regime dos trabalhadores com funções públicas (seja em regime de nomeação, seja em regime de contrato de trabalho), que consta actualmente dos arts. 25.° ss. da LVCR: de acordo com estas normas, há um conjunto de incompatibilidades legais entre funções públicas e outras funções, sendo as funções públicas desempenhadas por regra em regime de exclusividade, pelo que o desempenho de outra actividade pelos trabalhadores carece de autorização[227]. Trata-se obviamente de um regime mais limitativo do que o regime dos trabalhadores subordinados comuns, para os quais há, pelo contrário, um princípio geral de liberdade nesta matéria.

ii) *Restrições convencionais*: alguns instrumentos de regulamentação colectiva do trabalho vedam o desempenho de actividades secundárias remuneradas. Estas restrições só são, contudo, de admitir quando devidamente justificadas e devem ser acompanhadas de contrapartidas financeiras adequadas.

---

[226] Dando diversos exemplos de restrições legais à cumulação de contratos de trabalho, FURTADO MARTINS, *O pluriemprego... cit.,* 195 ss.

[227] Para uma apreciação deste regime embora ainda no âmbito da L. n.° 23/2004, de 22 de Junho, *vd* M. ROSÁRIO PALMA RAMALHO / P. MADEIRA DE BRITO, *Contrato de Trabalho na Administração Pública. Anotação à Lei n.° 23/2004, de 22 de Junho,* 2.ª ed., Coimbra, 2005, 21 ss.

iii) *Restrições negociais*: o contrato de trabalho pode conter uma cláusula de exclusividade ou uma cláusula que vede determinadas actividades laterais na pendência do contrato[228]. Estas cláusulas têm sido admitidas com base num argumento interpretativo *a contrario sensu* do art. 136.° n.° 1 do CT, que apenas veda a imposição de limites à liberdade de trabalho após a cessação do contrato de trabalho. No entanto, porque estamos perante um direito fundamental do trabalhador, a sua limitação voluntária tem que se restringir ao mínimo possível e deve ser justificada objectivamente, nos termos gerais do art. 18.° da CRP[229].

Para além destas restrições explícitas, o princípio do pluriemprego sujeita-se a *restrições implícitas*, que resultam dos deveres do trabalhador no contrato de trabalho[230] e do princípio geral da boa fé que subjaz globalmente ao cumprimento do contrato. Relevam em particular, para este efeito, os seguintes deveres do trabalhador:

i) O dever de lealdade, na sua expressão da não concorrência (art. 128.° n.° 1 f) do CT), veda, por si só e sem necessidade de qualquer disposição legal, convencional ou negocial nesse sentido, o desempenho pelo trabalhador de uma actividade lateral que possa concorrer com a actividade do empregador (assim, por exemplo, o trabalhador de uma oficina de automóveis que tem também uma pequena oficina, para a qual «atrai» os clientes do seu empregador invocando que pratica preços mais baixos).

---

[228] Em especial sobre o dever de não concorrência e sobre as cláusulas de não concorrência, A. Menezes Cordeiro, *Concorrência laboral e justa causa de despedimento*, ROA, 1986, 487-527, e Júlio Gomes, *As cláusulas de não concorrência no direito do trabalho (algumas questões), in* M. Afonso Vaz / J. A. Azeredo Lopes (coord.), *Juris et de Jure – Nos Vinte Anos da Faculdade de Direito da Universidade Católica Portuguesa – Porto*, Porto, 1998, 933-968.

[229] Para Menezes Cordeiro, *Manual de Direito do Trabalho cit.*, 551, trata-se também da limitação voluntária de um direito de personalidade do trabalhador, pelo que se aplica o regime do art. 81.° do CC: o trabalhador poderá, assim, revogar unilateralmente a limitação, ainda que incorrendo no dever de indemnizar o empregador pelos prejuízos causados.

[230] Sobre estes deveres, *vd Direito do Trabalho I*, § 12.°, ponto 43.2.2.

ii) O dever de cumprimento pontual do contrato de trabalho veda, só por si, o desempenho de qualquer actividade lateral que conduza a um cumprimento imperfeito do contrato (por exemplo, uma actividade desenvolvida durante o período de descanso do trabalhador, que se traduza depois na sua falta de assiduidade ou de pontualidade ou ainda na diminuição da sua produtividade no desenvolvimento da actividade principal). Quanto a nós, é ainda este dever que justifica a proibição de exercício pelo trabalhador, durante o período de férias, de outra actividade remunerada, salvo se já a vinha exercendo cumulativamente ou se o empregador a isso o autorizar (art. 247.° n.° 1 do CT) – trata-se, no fundo, e em clara tutela da posição jurídica do empregador no contrato[231], de evitar que a recuperação física do trabalhador proporcionada pelas férias (que assegura o bom cumprimento do contrato no período subsequente) não seja frustrada pelo desempenho da outra actividade.

### 62.3. Idoneidade negocial; habilitações, carteira profissional e inscrição em ordens profissionais

**I.** Para além dos pressupostos relativos às partes, a validade do negócio jurídico depende ainda dos pressupostos relativos ao objecto ou conteúdo do negócio, que no caso do contrato de trabalho, são a actividade laboral e a remuneração.

Podem colocar-se problemas relativamente à actividade laboral a dois níveis:

- de uma parte, o sujeito trabalhador tem que estar apto a desempenhar o tipo de actividade para que foi contratado, quando esta actividade exija uma qualificação especial: é o pressuposto da *idoneidade negocial do trabalhador*;
- de outra parte, a actividade laboral, em si mesma, tem que observar os requisitos gerais de licitude, possibilidade e conformidade à ordem pública e aos bons costumes: é o pressuposto da *idoneidade do objecto negocial*.

---

231 No mesmo sentido, FURTADO MARTINS, *O pluriemprego... cit.*, 198.

**II.** O requisito da *idoneidade negocial do trabalhador*[232] tem a ver com as suas habilitações académicas e profissionais e com a respectiva certificação, quando sejam exigidas para o desenvolvimento de determinada actividade laboral. Embora estas qualificações se reportem ao sujeito trabalhador, crê-se ser mais adequado integrar o pressuposto da idoneidade negocial na categoria dos pressupostos objectivos do negócio laboral, porque tem a ver com a actividade a desenvolver pelo trabalhador – ou seja, trata-se de um requisito externo sem o qual aquela actividade não pode ser executada por aquele sujeito.

Parece ter sido também esta a orientação qualificativa do Código do Trabalho, que trata a matéria na Secção relativa à actividade do trabalhador (arts. 115.° e ss.).

**III.** O pressuposto da idoneidade negocial do trabalhador no contrato de trabalho é meramente eventual e reporta-se à exigência de habilitação académica ou de qualificação profissional específica, comprovadas pela detenção de carteira profissional ou título equivalente ou pela inscrição do trabalhador em ordem profissional. Assim:

i) No que se refere às habilitações e à qualificação do trabalhador, são exigidas *habilitações escolares mínimas* ao trabalhador menor, independentemente do tipo de actividade laboral a prestar, nos termos já explicitados (art. 68.° do CT)[233]; mas podem também ser exigidas *habilitações académicas de determinado grau ou qualificações físicas ou psíquicas especiais* para o exercício de determinadas profissões[234];

---

[232] Sobre este ponto, MENEZES CORDEIRO, *Manual de Direito do Trabalho cit.*, 551 ss., MÁRIO PINTO / FURTADO MARTINS / NUNES DE CARVALHO, *Comentário… cit.*, 40 ss., e ROMANO MARTINEZ, *Direito do Trabalho cit.*, 426 ss.

[233] *Supra,* neste parágrafo, ponto 62.1.IV.

[234] Assim, por exemplo, aptidões físicas para o exercício de certas actividades, que sejam definidas por lei. A este propósito, o Ac. da RP de 10/02/2003, CJ, 2003, I, 234, considerou nulo, por contrariedade à lei, o contrato de trabalho para a função de vigilante de uma empresa de segurança privada, celebrado com um trabalhador que não prestou as provas de capacidade e robustez física exigidas para o desempenho dessas funções pelo DL n.° 231/98, de 22 de Julho, e pelas Portarias n.° 970/98, de 16 de Novembro, e n.° 64/01, de 31 de Janeiro.

ii) Por outro lado, o exercício de certas actividades depende da titularidade de *carteira profissional*, que atesta a aptidão específica do trabalhador para uma determinada profissão em concreto[235], ou de *título equivalente* (por exemplo, a carta de condução); estas profissões são definidas por portaria ministerial.

iii) Por fim, o exercício de certas actividades é condicionado pela *inscrição do trabalhador em ordem profissional*, que emite a correspondente *cédula profissional* (por exemplo, a inscrição na Ordem dos Médicos ou na Ordem dos Advogados).

O regime jurídico das *carteiras profissionais* consta do DL n.° 358//84, de 13 de Novembro. Deste regime jurídico estão expressamente excluídas as profissões cujo exercício depende da inscrição em ordens, que são disciplinadas pelos seus estatutos específicos[236] (art. 1.° n.° 2 do DL n.° 358/84).

Os traços mais salientes deste regime jurídico são os seguintes:

- a exigência de qualificações especiais para o exercício de certas profissões é justificada pela defesa da saúde e integridade das pessoas ou para preservação e segurança dos bens (art. 1.° n.° 1);
- as profissões que exigem qualificações especiais são determinadas por portaria ministerial (art. 2.°); diversas profissões têm uma regulamentação específica nesta matéria, ainda sedeada no regime legal da carteira profissional e que foi ressalvada pelo art. 8.° n.° 1 deste diploma;
- a carteira profissional é emitida pelos serviços competentes do Ministério responsável pela área laboral ou pelas Secretarias Regionais do Trabalho dos Açores e da Madeira (art. 4.° ); contudo, na medida em que se mantêm em vigor alguns regulamentos de âmbito profissional nesta matéria, elaborados ao abrigo do regime anterior, que atribuía a competência para a emissão destas carteiras aos sindicatos[237], na eventualidade de subsistirem ainda algumas

[235] Sobre a função da carteira profissional, pode ver-se, por exemplo, o Ac. RLx. de 13/11/2002, CJ, 2002, V, 155, e o Ac. RC de 7/04/2005, CJ, 2005, II, 57.

[236] Ac. STJ de 26/04/1995, CJ (STJ), 1995, I, 288, e Ac. RP de 6/10/1997, CJ, 1997, IV, 256.

[237] No regime anterior (estabelecido no Dec. n.° 29931, de 15 de Setembro de 1939), as carteiras profissionais eram emitidas pelos sindicatos nacionais. Esta norma foi consi-

situações deste tipo, deve recorrer-se à norma constante do art. 457.° n.° 4 do CT, que determina que a emissão de qualquer documento essencial ao exercício de uma actividade profissional não fique dependente da filiação sindical do trabalhador ou do pagamento da quotização sindical;

– para além da nulidade dos contratos celebrados com vista ao exercício destas profissões, sem a correspondente carteira profissional ou equivalente, a lei qualifica ainda tal exercício como contra-ordenação grave, que é extensível ao empregador que consinta em tal exercício, em caso de contrato de trabalho (art. 6.°).

Para além deste regime, deve ter-se em conta o DL n.° 95/92, de 23 de Maio, que regula a emissão de *certificados de aptidão profissional*, associados à aprovação em cursos de formação profissional.

**IV.** Os efeitos da falta de idoneidade profissional do trabalhador no contrato de trabalho são tratados pelo Código do Trabalho no art. 117.°. Nesta norma são equacionadas duas situações:

i) A situação de *falta da carteira profissional ou do título profissional equivalente no momento da celebração do contrato de trabalho* (art. 117.° n.° 1): neste caso, o contrato é nulo, por impossibilidade legal originária de desenvolvimento da actividade[238]. Esta solução (também estabelecida no art. 6.° n.° 1 do DL n.° 358/84, de 13 de Novembro) deve ser estendida aos casos de falsas declarações sobre as habilitações do trabalhador ou de falsificação de documentos comprovativos dessa habilitação, independentemente de outras sanções legais que caibam no caso.

---

derada inconstitucional (Ac. TC. n.° 46/84, de 23 de Maio, DR, II S. de 3/07/1984, Ac. TC n.° 91/85, de 18 de Junho, DR, I S. de 18/07/1985, e Ac. TC n.° 197/2000, de 29 de Março, DR I S de 5/05/2000), por contrariar o princípio da liberdade sindical. Já no caso das profissões cujo exercício se sujeita à inscrição em ordens profissionais, as correspondentes cédulas são emitidas pelas ordens profissionais, mas o estatuto jurídico público destas entidades afasta qualquer juízo de inconstitucionalidade (neste sentido, MENEZES CORDEIRO, *Manual de Direito do Trabalho cit.*, 553).

[238] Equacionando uma situação deste tipo, por exemplo, o Ac. RLx. de 3/02/1999, CJ, 1999, I, 162, e o Ac. RLx. de 11/12/2002, CJ, 2002, 5, 155.

ii) A situação relativa à *cassação da carteira profissional ou do título profissional equivalente posteriormente à celebração do contrato de trabalho*, pela entidade para tal competente (art. 117.° n.° 2): neste caso, o contrato de trabalho caduca, por impossibilidade legal superveniente e absoluta do trabalhador para continuar a desempenhar a actividade; exige-se, contudo, que a decisão de retirada do título profissional seja irrecorrível, uma vez que esta é a única situação que se configura como uma impossibilidade absoluta, nos termos exigidos pelo art. 343.° b) do CT[239]. Cabe aplicar a esta situação o regime da cessação do contrato de trabalho por caducidade, estabelecido nos arts. 343.° ss. do CT[240].

### 62.4. **Requisitos do objecto negocial**[241]

**I.** No que se refere aos requisitos da actividade laboral, enquanto objecto do negócio jurídico, deve ter-se em conta o art. 124.° do CT, mas esta norma carece de ser conjugada com o regime geral dos requisitos do objecto e do fim do negócio jurídico, constante dos arts. 280.° e 281.° do CC.

Assim, a actividade laboral deverá revestir as seguintes características:

i) Deve ser *uma actividade legal e fisicamente possível* (art. 280.° n.° 1 do CC): uma vez que a actividade laboral corresponde a uma prestação infungível[242], o requisito da possibilidade física deve ser aferido não só em termos objectivos (i.e., a actividade deve ser realizável), mas também em termos subjectivos (ou seja, a actividade deve ser possível para aquele trabalhador em concreto) – assim, por exemplo, será nulo por impossibilidade

---

[239] Sobre uma situação deste tipo, *vd* o Ac. REv. de 15/07/2003, CJ, 2003, IV, 263, que considera, adicionalmente, que a caducidade não opera automaticamente, mas exige uma comunicação do empregador ao trabalhador.

[240] Cfr., *infra*, § 34.°, ponto 126.3.

[241] Sobre este ponto, podem ver-se MONTEIRO FERNANDES, *Sobre o objecto do contrato de trabalho*, ESC, 1968, 25, 13-35, *Requisitos objectivos do contrato de trabalho*, ESC, 1969, 29, 33-54, BERNARDO XAVIER, *Curso de Direito do Trabalho cit.*, 416, e ROMANO MARTINEZ, *Direito do Trabalho cit.*, 426 ss.

[242] Cfr., *supra*, § 17.°, ponto 60.1.

física o contrato de trabalho celebrado com um trabalhador surdo para desempenhar a função de telefonista. Pela mesma razão se compreende que a ocorrência de um facto que torne fisicamente impossível a prestação da actividade pelo trabalhador, durante a execução do contrato de trabalho (por exemplo, o telefonista que fique surdo), determine a cessação do contrato por caducidade, devida a impossibilidade superveniente absoluta de execução da actividade pelo trabalhador (art. 343.º b) do CT)[243].

ii) Deve ser *uma actividade determinada ou determinável* (art. 280.º n.º 1 do CC): o carácter relativamente indeterminado da actividade laboral[244] assegura a compatibilidade deste requisito com alguma «peregrinação» inicial do trabalhador por diversas tarefas, até que se fixe numa dada função, mas não é compatível com uma indeterminação total da sua actividade. Assim, será nulo, por indeterminação do objecto, que se reconduz a uma situação de servidão, o contrato de trabalho em que o trabalhador se comprometa a fazer «seja o que for» para o empregador[245].

iii) Deve ser *uma actividade lícita*, no sentido em que não pode ser contrária à lei, nem ofensiva da ordem pública ou dos bons costumes (art. 280.º n.os 1 e 2 do CC). Como contratos de trabalho com objecto contrário à lei podem apontar-se os contratos celebrados com menores ou com mulheres grávidas para a prestação de actividades proibidas, entre muitos outros. Destes requisitos, o mais difícil de avaliar é o último, pelo carácter impreciso e variável do conceito de bons costumes nos diversos contextos sociais[246].

---

[243] Trataremos esta tema a propósito da cessação do contrato de trabalho, *infra*, § 34.º, ponto 126.3.

[244] *Direito do Trabalho I*, § 12.º, ponto 43.5.2.II. e *passim*.

[245] Também neste sentido MONTEIRO FERNANDES, *Direito do Trabalho cit.*, 307.

[246] A este propósito, atente-se na actual discussão em torno do contrato de trabalho prostitucional, na sequência da sua admissão na Alemanha (*Prostitutionsgesetz vom 20 Dezember 2001*) e também na sequência da qualificação da actividade prostitucional como prestação de serviços remunerada, a integrar no âmbito do conceito de actividade económica, para efeitos comunitários, pelo TJ (Ac. TJ de 20 de Novembro de 2001, Proc. n.º C-268/99). Em Portugal, a licitude deste contrato está fora de causa pela incriminação do lenocínio, no art. 170.º n.º 1 do CP. Sobre o tema, com indicações bibliográficas, J. LEAL AMADO, *Contrato de trabalho prostitucional?*, QL, 2002, 20, 236-240 (republicado *in* J. LEAL AMADO, *Temas Laborais*, Coimbra, 2005, 35-40).

Por outro lado, a licitude pode reportar-se tanto ao objecto da actividade como ao fim por ela prosseguido, nos termos do art. 281.° do CC – assim, tem um objecto ilícito o contrato de trabalho celebrado com um tipógrafo em que este fabrica notas falsas, e tem um fim ilícito o contrato de trabalho celebrado no âmbito da mesma organização e globalmente para servir o mesmo objectivo, com um paquete.

**II.** O contrato de trabalho cujo objecto seja impossível ou indeterminado, e ainda o contrato de trabalho de objecto ou fim ilícito, é nulo nos termos gerais do Código Civil (arts. 280.° e 281.°).

No que toca à ilicitude do fim, vigora também para o negócio laboral a regra do art. 281.° do CC, segundo a qual a ilicitude do fim apenas determina a nulidade do contrato quando o fim seja comum a ambas as partes[247].

O Código do Trabalho dispõe especificamente em relação aos efeitos da nulidade do contrato de trabalho contrário à lei ou à ordem pública (art. 124.°), estabelecendo duas regras adicionais: a parte que conhecia a ilicitude perde todas as vantagens que auferia em consequência do contrato para o serviço administrativo com competência para a gestão financeira da segurança social (art. 124.° n.° 1); a parte que conhecia a ilicitude não pode eximir-se ao cumprimento das suas obrigações contratuais ou legais, nem reaver o que prestou ou o seu valor, quando a outra parte ignorar essa ilicitude (art. 124.° n.° 2). A violação do disposto no n.° 1 deste artigo constitui contra-ordenação grave, nos termos do art. 124.° n.° 3.°.

Porque a compreensão plena deste regime só é possível após o estudo do tema da invalidade do contrato de trabalho, que se fará um pouco mais à frente[248], para aí se remete a sua justificação.

Ainda assim, assinala-se desde já – e com alguma perplexidade – uma diferença relevante quanto ao âmbito de incidência desta norma relativamente à norma correspondente do Código do Trabalho de 2003 (art. 117.°), uma vez que estas consequências financeiras adicionais da decla-

---

[247] A este propósito, o Ac. RC de 16/01/2003, CJ, 2003, I, 53, não considerou ferido de nulidade o contrato de trabalho celebrado entre um motorista e uma empresa de transportes internacionais de mercadorias, apesar de a actividade desta empresa ser ilegal, por falta do necessário alvará.

[248] *Infra*, neste parágrafo, ponto 67.1.

ração de nulidade destes contratos eram também extensíveis aos contratos de trabalho cujo objecto fosse contrário aos bons costumes – referência que desapareceu do novo Código.

Perante esta alteração, não pode, de qualquer modo, concluir-se pela admissibilidade de contratos de trabalho cujo objecto seja contrário aos bons costumes, porque o desvalor do contrato de trabalho no que toca ao seu objecto decorre, como acima se referiu, do Código Civil – assim, um contrato de trabalho em que a actividade do trabalhador é contrária aos bons costumes é nulo, por vício do objecto negocial.

Contudo, neste caso, parecem não decorrer da declaração de nulidade do contrato os efeitos financeiros que o art. 124.° do CT estabelece para os outros vícios relativos ao objecto ou fim do contrato. Sendo certo que, na maioria das situações de contrariedade aos bons costumes, o objecto do contrato será também contrário à lei (caso em que se aplica o art. 124.°), é uma solução que não convence inteiramente, porque não se descortinam razões substanciais para a diferença de regimes nestes dois casos.

## 63. **Processo de formação do contrato de trabalho**

**I.** A celebração de um contrato de trabalho é precedida, regra geral, de um *iter negocial*, que pode ser mais simples ou mais complexo, mais rápido ou mais demorado, mas que envolve uma série de actos conducentes à celebração do contrato – em suma, a celebração do contrato de trabalho é o culminar de um *processo negocial*.

**II.** Evidenciado o relevo do processo negocial para a celebração do contrato de trabalho, importa apreciar as seguintes questões que podem surgir a este propósito:

– a sujeição do contrato de trabalho às regras gerais de formação do negócio jurídico;
– o relevo especial de alguns negócios preliminares na formação do contrato de trabalho, como a promessa de trabalho e o concurso para a celebração de um contrato de trabalho;
– a possibilidade de celebração de um contrato de trabalho por adesão e a aplicabilidade do regime jurídico das cláusulas contratuais gerais aos contratos de trabalho.

### 63.1. Regras gerais

**I.** Ao *iter* negocial, que precede a celebração de um contrato de trabalho, são aplicáveis as regras gerais da formação dos negócios jurídicos, que se encontram estabelecidas nos arts. 217.° e ss. do Código Civil.

Seguindo a orientação proposta por MENEZES CORDEIRO[249], distinguimos cinco fases na formação do contrato de trabalho, que correspondem aos trâmites comuns (ainda que nem todos necessários) da formação do negócio jurídico:

- a *fase dos contactos negociais preliminares*, destinada à identificação das partes e ao reconhecimento dos seus objectivos negociais;
- a *fase das negociações*, destinada à troca das informações relevantes para a formação da vontade negocial de cada uma das partes;
- a *fase dos negócios preparatórios*, que revelam o consenso das partes sobre alguns dos aspectos do conteúdo do contrato de trabalho;
- a *fase da proposta e da aceitação*, na qual se atinge o acordo negocial;
- a *fase da redocumentação*, posterior à celebração do contrato de trabalho e que surge quando à celebração do contrato se sucedem deveres de comunicação ou de registo do mesmo.

De todas as fases enunciadas apenas a *fase da proposta e da aceitação* é indispensável. Tal como nos restantes negócios jurídicos, a celebração do contrato de trabalho exige uma proposta negocial (i.e., uma declaração negocial completa, inequívoca quanto à vontade contratual e formalmente adequada)[250] – no caso, a declaração será completa quando seja claramente identificado o outro contraente e quando sejam definidas, ainda que de uma forma genérica ou por remissão para o instrumento de regulamentação colectiva do trabalho aplicável, a actividade laboral e a retribuição, dependendo os requisitos de forma do tipo de contrato de trabalho a celebrar. A declaração negocial de aceitação obedece aos mesmos requisitos, surgindo o contrato quando as partes cheguem a acordo sobre todos os aspectos que considerem relevantes para a formação da sua vontade negocial, nos termos do art. 232.° do CC.

---

[249] *Manual de Direito do Trabalho cit.*, 556 s.

[250] Quanto aos requisitos da proposta negocial, *vd*, por todos, MENEZES CORDEIRO, *Tratado de Direito Civil cit.*, I (tomo I), 552 s.

São também aplicáveis à formação do contrato de trabalho as regras civis relativas às modalidades de declaração negocial (art. 217.° do CC), ao valor negocial do silêncio (art. 218.° do CC) e aos prazos de validade das declarações negociais (arts. 224.° ss. do CC).

De qualquer modo, apesar de eventuais, as restantes fases da formação do negócio jurídico são de verificação frequente no caso do contrato de trabalho.

Na fase dos *negócios preparatórios*, são admitidas as convenções relativas ao valor declarativo do silêncio (art. 218.° do CC), à forma das declarações negociais (art. 223.° do CC), ao prazo de validade das declarações negociais (art. 228.° n.° 1 a) do CC), bem como os pactos de preferência (art. 414.° do CC), entre outras.

Destas convenções preparatórias merecem destaque as figuras do concurso para a celebração de um contrato de trabalho e da promessa de trabalho, o primeiro pela sua frequência, e a segunda pelos desvios que apresenta relativamente ao regime geral do contrato-promessa. Justifica-se, por isso, uma referência autónoma a estas figuras.[251]

A fase da *redocumentação* é particularmente importante em alguns contratos de trabalho, a cuja celebração estão associados deveres de comunicação, e é genericamente importante em relação a todos os contratos, para efeitos de registo do pessoal da empresa.

Assim, quanto ao primeiro caso, a lei sujeita o empregador a deveres de comunicação à Autoridade para as Condições de Trabalho relativamente à celebração de contratos de trabalho com menores de idade inferior a 16 anos ou sem a escolaridade mínima obrigatória (arts. 68.° n.° 5 e 69.° n.° 4 do CT), e à celebração de contratos com trabalhadores estrangeiros (art. 5.° n.° 5 do CT). Na mesma linha, a celebração e a cessação de contratos de trabalho a termo deve ser comunicada à Autoridade para as Condições de Trabalho (art. 144.° n.° 2 do CT). E, por fim, o número de trabalhadores de cada empresa e respectiva situação em matéria de acidentes de trabalho devem ser comunicadas à Autoridade para as Condições de trabalho quando o empregador inicia a sua actividade (art. 127.° n.° 4 e 5 do CT).

---

[251] *Infra*, pontos seguintes.

Quanto aos deveres de registo, a lei impõe, como dever geral do empregador, a manutenção e actualização de um registo dos respectivos trabalhadores, com a respectiva identificação e situação contratual (art. 127.° n.° 1 j) do CT). Este registo é importante para a aplicação de alguns regimes laborais: assim, a admissibilidade de medidas de acção positiva para o favorecimento da empregabilidade de trabalhadores de um sexo em determinado sector (medidas previstas no art. 27.° do CT) pressupõe o registo dos trabalhadores na empresa com indicações relativas ao género; da mesma forma, o registo dos trabalhadores, diferenciado por sexo, é condição para a avaliação da existência de práticas discriminatórias na contratação; por fim, o registo dos trabalhadores da empresa e respectivas situações contratuais é necessário para efeitos do cumprimento das obrigações anuais de informação sobre a actividade social da empresa (L. n.° 105/2009, de 14 de Setembro, que regulamentou o Código do Trabalho, art. 1.° n.° 1 h) e art. 32.°).

**II.** Na formação do contrato de trabalho, as partes devem nortear a sua conduta pelo princípio geral da boa fé, sob pena de responsabilidade *in contrahendo*. Esta regra resultava já do princípio geral do art. 227.° do CC, mas é também objecto de uma referência expressa no art. 102.° do CT, como princípio norteador da negociação do contrato.

Dada a relevância particular de alguns deveres das partes na formação do contrato (o dever de informação e o dever de não discriminação), cabe uma referência autónoma a esta matéria[252].

### 63.2. **Promessa de contrato de trabalho**[253]

**I.** A promessa de contrato de trabalho é um negócio preparatório no processo de formação do contrato de trabalho, a que as partes recorrem quando não querem ou não podem vincular-se de imediato em termos definitivos, por diversas razões (porque falta um pressuposto essencial à vali-

[252] *Infra*, ponto 64.

[253] Em geral sobre este tema, Menezes Cordeiro, *Manual de Direito do Trabalho cit.*, 565 ss., Mário Pinto / Furtado Martins / Nunes de Carvalho, *Comentário... cit.*, 53 ss., e, já no âmbito do Código do Trabalho, Romano Martinez, *Direito do Trabalho cit.*, 423 ss., e Monteiro Fernandes, *Direito do Trabalho cit.*, 303 s.

dade do contrato de trabalho, porque ainda não cessou um contrato de trabalho anterior do trabalhador ou porque o empregador não tem ainda o posto de trabalho disponível), mas pretendem garantir a celebração futura do contrato de trabalho.

**II.** A promessa de contrato de trabalho está prevista no art. 103.° do CT e é tradicional no nosso ordenamento juslaboral[254]. O seu regime comporta alguns desvios em relação ao regime geral do contrato-promessa (arts. 410.° ss. do CC), pelo que se exige um particular cuidado no recurso às normas civis para complemento do regime laboral nesta matéria.

Os traços mais importantes do regime da promessa de contrato de trabalho resultam da conjugação do art. 103.° do CT com os arts. 410.° ss. do CC e são os seguintes:

i) É admitida a promessa bilateral ou unilateral de trabalho: neste sentido, o art. 103.° n.° 1 b) do CT refere-se expressamente ao «promitente» ou «promitentes» (no mesmo sentido *vd* o art. 411.° CC).
ii) A promessa de trabalho rege-se pelas regras aplicáveis ao contrato definitivo (art. 410.° n.° 1 do CC). Todavia, este princípio geral de equiparação tem desvios em matéria de forma.
iii) A promessa de trabalho tem que revestir forma escrita, por exigência do art. 103.° n.° 1. Trata-se de uma forma qualificada, uma vez que do contrato devem constar, como menções obrigatórias, a declaração inequívoca da vontade de celebrar o contrato definitivo pelo promitente ou promitentes, a espécie de trabalho a prestar e a respectiva retribuição (art. 103.° n.° 1 a), b) e c). O vício de forma do contrato-promessa de trabalho determina a nulidade do contrato, nos termos gerais (art. 220.° do CC)[255].

---

[254] Assim, a LCT já previa expressamente a promessa de trabalho (art. 8.°), em norma que já provinha da LCT de 1966, mas à qual se acrescentou a referência à não aplicação do regime da execução específica. No Código do Trabalho de 2003, a matéria foi tratada no art. 94.°.

[255] Sobre as exigências de forma no contrato-promessa de trabalho e as consequências da sua falta, *vd* Ac. RLx. de 1/04/1992, CJ, 1992, II, 201, Ac. RLx. de 9/03/1994, CJ, 1994, II, 163, e Ac. RC de 5/07/1996, CJ, 1996, IV, 76.

iv) O não cumprimento da promessa de contrato de trabalho dá lugar a responsabilidade civil nos termos gerais (art. 103.° n.° 2), mas não é aplicável à promessa de contrato de trabalho o regime da execução específica previsto no art. 830.° do CC, por força do art. 103.° n.° 3.

Os dois últimos aspectos do regime da promessa de trabalho indicados merecem uma referência complementar, por se desviarem do regime comum do contrato-promessa. Estes desvios justificam-se directamente na fisionomia particular da situação jurídica laboral.

A exigência acrescida de forma na promessa de trabalho relativamente ao próprio contrato de trabalho definitivo (que segue a regra geral da liberdade de forma, nos termos do art. 110.° do CT) constitui um desvio às regras gerais sobre a forma dos negócios preparatórios, mas justifica-se pelo facto de a mera promessa de trabalho colocar o trabalhador numa situação mais frágil do que a que decorreria da celebração de um contrato (de trabalho) definitivo. A exigência de forma escrita corresponde, pois, ao objectivo de assegurar uma maior ponderação das partes e de facilitar a prova do vínculo, por estar em causa um enfraquecimento da posição do trabalhador relativamente ao regime comum[256].

Por seu turno, a proibição legal expressa do regime da execução específica em caso de incumprimento da promessa de trabalho (art. 103.° n.° 3 do CT) encontra justificação na infungibilidade da prestação de trabalho, no carácter *intuitus personae* do contrato de trabalho e, no que ao trabalhador se refere, no princípio constitucional da liberdade de trabalho, que colide com a imposição da celebração do contrato ao trabalhador ou ao empregador[257-258]. Deste modo, o incumprimento da promessa de trabalho só pode dar lugar a indemnização pelos danos causados, nada parecendo também obstar à estipulação de um sinal, que funciona como previsão antecipada da indemnização por incumprimento, nos termos do art. 442.° do CC[259].

---

[256] Desenvolveremos esta ideia a propósito do tema da forma do contrato de trabalho, *infra*, neste parágrafo, ponto 65.

[257] Sobre esta matéria, *vd* o Ac. RLx. de 17/04/1991, CJ, 1991, II, 227.

[258] Mas criticando esta opção do legislador, ainda no âmbito da LCT, MENEZES CORDEIRO, *Manual de Direito do Trabalho cit.*, 567 s., por considerar que o recurso à execução específica só devia poder ser afastado por vontade das partes.

[259] Neste sentido, expressamente, MENEZES CORDEIRO, *Manual de Direito do Trabalho cit.*, 566, e ROMANO MARTINEZ, *Direito do Trabalho cit.*, 437. Ainda quanto à indem-

A doutrina tem ainda discutido a questão da admissibilidade de transmissão da posição contratual de qualquer das partes na promessa de trabalho, nos termos do art. 412.° do CC[260]. É uma hipótese que parece ser de rejeitar, a menos que a outra parte nisso acorde, por força da componente de pessoalidade do contrato de trabalho.

**III.** Da promessa de contrato de trabalho deve distinguir-se o *contrato de trabalho de execução diferida no tempo*. Neste último caso, estamos perante a celebração de um contrato de trabalho em sentido próprio, mas que ainda não se encontra em execução – por exemplo, o contrato de trabalho é celebrado no dia em que a empresa encerra para férias, diferindo-se, por isso, o início da prestação de trabalho para um mês depois.

A acuidade prática da distinção decorre da maior facilidade de rompimento de uma promessa de trabalho do que de um contrato de trabalho, cuja cessação por iniciativa do empregador está fortemente condicionada. De todo o modo, em caso de dúvida de qualificação, dois argumentos poderão auxiliar à resolução do problema: de uma parte, para que se possa reconhecer a existência de uma promessa de trabalho é necessária a verificação dos requisitos do art. 103.° n.° 1 do CT, sendo de especial valia, para este efeito, a forma escrita do contrato, com a indicação inequívoca de que se trata de uma promessa; de outra parte, para a produção de efeitos do contrato de trabalho basta a sua celebração, ainda que a execução do contrato seja diferida no tempo.

O contrato-promessa de trabalho deve ainda distinguir-se do *contrato de trabalho sujeito a condição ou a termo suspensivos*, situação prevista no art. 135.° do CT.

Também nestes casos está em causa um contrato de trabalho em sentido próprio e não um negócio jurídico preparatório, inserido no processo de formação de outro contrato, como sucede na promessa de trabalho, embora a produção dos seus efeitos dependa da verificação do evento futuro certo ou incerto em que se consubstanciam o termo ou a condição, respectivamente (arts. 278.° e 270.° do CC). Por outro lado, como a apo-

---

nização devida por rompimento de um contrato-promessa de trabalho, Ac. STJ de 2/12/1998, CJ (STJ), 1998, III, 281 ss.

[260] Sobre o ponto, ROMANO MARTINEZ, *Direito do Trabalho cit.*, 437 s.

sição de condição ou de termo suspensivo ao contrato de trabalho exigem também a forma escrita (art. 135.° do CT), as declarações negociais ajudarão a dissipar dúvidas de qualificação[261].

### 63.3. **Concurso para a celebração de um contrato de trabalho**[262]

**I.** Verifica-se um concurso para a celebração de um contrato de trabalho quando, durante o processo negocial, é praticado um acto jurídico com vista ao aparecimento de potenciais contraentes, cujo objectivo é permitir ao autor do concurso escolher um deles para a celebração do contrato no final do concurso[263].

Os concursos para a celebração de contratos de trabalho são, regra geral, facultativos, o que se justifica pela inserção global do Direito do Trabalho no domínio do direito privado[264], e pela consequente sujeição do contrato de trabalho ao princípio civil geral da liberdade negocial (art. 405.° do CC). Este princípio permite ao empregador, nos limites da lei, contratar quem entender e formar a sua vontade negocial pelo processo que julgar mais conveniente.

Apenas no caso da contratação de trabalhadores por entidades empregadoras públicas, se prevê, como regra, um procedimento concursal (arts. 50.° ss. da LVCR, aplicáveis quer aos trabalhadores que desempenham funções públicas em regime de nomeação quer aos trabalhadores com contrato de trabalho em funções públicas[265]). As razões deste procedimento concursal prendem-se com a natureza pública do empregador (uma pessoa colectiva pública), que é norteado pelo princípio de competência e não da liberdade, com a necessidade de respeito pelas regras

---

[261] A este propósito, o Ac. STJ de de 11/03/1992, BMJ 415-401, e o Ac. RLx. de 17/04/1991, CJ, 1991, II, 227, não qualificaram como contrato-promessa de trabalho o acordo em que as partes subordinaram o vínculo laboral à decisão futura da empresa.

[262] Sobre este ponto, MENEZES CORDEIRO, *Manual de Direito do Trabalho cit.*, 562 ss., e ROMANO MARTINEZ, *Direito do Trabalho cit.*, 433 ss.

[263] MENEZES CORDEIRO, *Manual de Direito do Trabalho cit.*, 562.

[264] Quanto ao carácter privado do Direito do Trabalho, no conjunto das suas áreas regulativas, cfr. *Direito do Trabalho I*, § 3.°, ponto 6.1.

[265] O regime deste procedimento concursal é desenvolvido pela Port. n.° 83-A/2009, de 22 de Janeiro.

constitucionais em matéria de acesso à função pública, que exigem a transparência e a igualdade de oportunidades (art. 47.° n.° 2 da CRP), e com os interesses públicos subjacentes a estes contratos[266]. Ainda assim, assinala-se o acréscimo de formalismo no procedimento concursal prescrito por estes diplomas relativamente ao processo de selecção mais simplificado que era anteriormente previsto na L. n.° 23/2004, de 22 de Junho (arts. 5.° e 9.° n.° 4) para a celebração de contratos de trabalho por tempo indeterminado e de contratos a termo na Administração Pública. Este maior formalismo é um dos aspectos dos novos diplomas reguladores dos vínculos de trabalho na Administração Pública em que se projecta a orientação mais publicista destes diplomas relativamente à orientação legislativa anterior.

Apesar de facultativos, os concursos para a celebração um de contrato de trabalho são, na prática, cada vez mais frequentes, pelo que lhes deve ser dada a devida atenção.

**II.** Como observa MENEZES CORDEIRO[267], o recurso ao mecanismo do concurso com vista à celebração de um contrato de trabalho tem grandes vantagens, tanto para o trabalhador como para o empregador: do ponto de vista do trabalhador, o concurso abre oportunidades de trabalho a que o trabalhador não teria acesso de outra forma e optimiza o funcionamento das regras de concorrência do mercado de trabalho; do ponto de vista do empregador, o concurso aumenta a probabilidade de encontrar o melhor parceiro negocial entre os diversos candidatos, com ganhos para a gestão, e confere legitimidade à escolha feita.

**III.** Quando não sejam impostos pela lei, os concursos para a celebração de um contrato de trabalho são livremente organizados pelo empregador, que os pode conceber em moldes mais abertos ou mais restritos (por exemplo, limitando os candidatos pelo nível e pelo tipo de habilitações, ou por um critério geográfico), bem como em moldes vinculativos ou meramente indicativos (consoante o autor do concurso se obrigue ou não a contratar alguém no final).

---

[266] Para mais desenvolvimentos sobre este ponto, ROSÁRIO PALMA RAMALHO / / MADEIRA DE BRITO, *Contrato de Trabalho na Administração Pública cit.*, 22 ss. e 47 ss.

[267] *Manual de Direito do Trabalho cit.*, 562 s.

Apesar do seu grau de liberdade na organização do concurso, o autor do concurso fica vinculado aos termos em que o organizou e deve observar o princípio geral da boa fé na formação dos negócios jurídicos ao longo do concurso. Na sua aplicação a esta matéria, o princípio da boa fé passa por exigências de seriedade e de transparência do concurso, bem como por deveres de igualdade e não discriminação entre os candidatos, e ainda por deveres de confidencialidade e de respeito pela vida privada dos concorrentes, que têm diversas concretizações na lei[268].

Naturalmente, o incumprimento culposo das regras do concurso e o desrespeito pelo resultado final, em caso de concurso vinculativo, quer por parte do autor do concurso quer por parte do trabalhador, fazem accionar o mecanismo da responsabilidade civil *in contrahendo*, nos termos do art. 227.° do CC e do art. 102.° do CT.

É discutido se os danos a indemnizar por quebra injustificada do concurso cobrem apenas o interesse contratual negativo (justificando, por exemplo, o reembolso das despesas que o concorrente teve com o concurso ou das despesas que o autor do concurso teve com as provas a que submeteu o concorrente, que, sem justificação, não veio a outorgar o contrato de trabalho) ou também podem cobrir o interesse contratual positivo, se o dano for causal (assim, se, por exemplo, vier a provar-se que o trabalhador preteriu uma outra possibilidade de contratação, por lhe ter sido dito que seria o escolhido naquele concurso, o que não veio a suceder)[269]. Em qualquer caso, a responsabilidade depende da verificação dos requisitos da tutela da confiança que subjazem ao princípio geral da boa fé, na sua aplicação à responsabilidade *in contrahendo*[270].

Também se coloca a questão da aplicabilidade do instituto da execução específica ao concurso. Tal possibilidade deve ser afastada, não só por um argumento formal de maioria de razão decorrente do facto de a lei proibir este recurso no caso do contrato-promessa de trabalho (art. 103.° n.° 3), mas, substancialmente, porque relevam no caso do concurso os argumentos que justificam substancialmente a solução legal para o caso da promessa e que foram oportunamente expendidos.

---

[268] A propósito dos deveres especiais das partes na formação do contrato de trabalho (*infra*, ponto 64.2) teremos ocasião de aprofundar estas concretizações.

[269] Neste sentido, Menezes Cordeiro, *Manual de Direito do Trabalho cit.*, 565.

[270] Sobre estes requisitos, Menezes Cordeiro, *Da Boa Fé no Direito Civil cit.*, I e II, 527 ss. e 1243 ss.

### 63.4. Contrato de trabalho por adesão e cláusulas contratuais gerais[271]

**I.** Ainda no âmbito do processo de formação do contrato de trabalho, cabe referir a possibilidade de formação do contrato por adesão e com recurso a cláusulas contratuais gerais. Esta possibilidade está contemplada nos arts. 104.° e 105.° do CT.

**II.** Como é sabido, a expressão *contrato por adesão* identifica aqueles negócios jurídicos em que uma das partes define, por inteiro, o conteúdo do contrato e a outra se limita a aceitar (ou seja, a *aderir*) ao que tiver sido previamente definido. Característico destes contratos é, pois, a ausência de liberdade negocial de estipulação do aderente e, por isso, a sua maior debilidade negocial[272].

É também sabido que, no moderno tráfego negocial de massas, a celebração de contratos por adesão passa, com frequência, pela elaboração de cláusulas contratuais gerais. Estas cláusulas são proposições negociais predeterminadas por um dos contraentes, com um conteúdo rígido e dirigidas a um número indeterminado de destinatários, que se limitam a subscrevê-las, celebrando, assim, um contrato de adesão[273].

O reconhecimento do desequilíbrio negocial das partes neste tipo de contratos justifica um regime específico para a contratação com recurso a cláusulas contratuais gerais, que compense a maior debilidade negocial do contraente aderente com as adequadas medidas de tutela e que evite ou

---

[271] Sobre este tema, *vd* J. F. ALMEIDA POLICARPO, *Algumas observações acerca do art. 7.° do Decreto-Lei n.° 47 032, de 27-05-1966*, ESC, 1968, 28, 127-132, MENEZES CORDEIRO, *Manual de Direito do Trabalho cit.*, 570 ss., MÁRIO PINTO / FURTADO MARTINS / / NUNES DE CARVALHO, *Comentário... cit.*, 47 ss., A. MOTA PINTO, *Notas sobre o contrato de trabalho de adesão (de acordo com o direito vigente e o Código do Trabalho)*, QL, 2003, 21, 34-73, ROMANO MARTINEZ / L. M. MONTEIRO / J. VASCONCELOS / MADEIRA DE BRITO / / G. DRAY / L. GONÇALVES DA SILVA, *Código do Trabalho Anotado cit.*, 305 ss. (anotação de ROMANO MARTINEZ), ROMANO MARTINEZ, *Direito do Trabalho cit.*, 443 ss., JÚLIO GOMES, *Direito do Trabalho cit.*, 306 ss., e MONTEIRO FERNANDES, *Direito do Trabalho cit.*, 306 s.

[272] Em geral e por todos sobre a figura do contrato de adesão, C. A. MOTA PINTO, *Contratos de adesão: uma manifestação jurídica da moderna vida económica*, RDES, 1973, Abril-Dezembro, 122 ss.

[273] Em geral e por todos sobre estas características das cláusulas contratuais gerais, M. J. ALMEIDA COSTA / A. MENEZES CORDEIRO, *Cláusulas Contratuais Gerais. Anotação ao Decreto-Lei n.° 446/85, de 25 de Outubro*, Coimbra, 1991, 2.

sancione os abusos associados ao moderno tráfego negocial de massas e às situações de domínio do mercado por algumas empresas, em que este tipo de contratos é mais frequente. No caso português, este regime jurídico consta do DL n.° 446/85, de 25 de Outubro, com as alterações introduzidas pelo DL n.° 220/95, de 31 de Agosto, e pelo DL n.° 249/99, de 7 de Julho[274]. Pelo seu relevo e aplicabilidade no domínio laboral cabe salientar, nas alterações introduzidas ao regime das cláusulas contratuais gerais pelo DL n.° 249/99, de 7 de Julho[275], designadamente a extensão deste regime a contratos individualizados, cujo conteúdo tenha sido previamente elaborado e não negociado com a contraparte (art. 1.° n.° 2 da LCCG, na redacção introduzida pelo DL n.° 249/99, de 7 de Julho) – com esta alteração, o regime da LCCG passou, pois, a aplicar-se a todos os contratos de adesão e não apenas àqueles que sejam celebrados com recurso a cláusulas contratuais gerais.

**III.** A celebração de contratos de trabalho por adesão é muito frequente, funcionando como meio de uniformização do regime contratual dos trabalhadores.

Estes contratos de adesão podem, na verdade, corresponder a três modelos: um *modelo individualizado*, em que o trabalhador assina uma proposta de contrato de trabalho cujo conteúdo foi antecipada e integralmente fixado pelo empregador; um *modelo formulário*, em que o trabalhador preenche e assina um formulário contratual previamente elaborado e uniforme para todos ou para um conjunto de trabalhadores; e um *modelo regulamentar*, em que o contrato se consolida através da aceitação expressa ou tácita do trabalhador às condições negociais estabelecidas, em moldes genéricos e uniformes, no regulamento da empresa. Apenas nos dois últimos casos estaremos perante uma contratação com recurso a cláusulas contratuais gerais.

Merece particular atenção a *celebração de contratos de trabalho de adesão através da aceitação do regulamento da empresa*. Para esta situação, o art. 104.° n.° 2 do CT estabelece uma presunção de aceitação das

---

[274] Em geral e por todos sobre o regime constante da LCCG, MENEZES CORDEIRO, *Tratado de Direito Civil cit.*, I, tomo I, 613 ss.

[275] Em transposição da Dir. n.° 93/13/CEE, do Conselho, de 5 de Abril de 1993, relativa às cláusulas abusivas nos contratos celebrados com consumidores.

condições contratuais estabelecidas no regulamento se o trabalhador não se lhes opuser, por escrito, no prazo de 21 dias sobre o início da execução do contrato ou sobre a divulgação do regulamento, se esta for posterior[276-277].

Não está aqui em causa, naturalmente, a faceta normativa do regulamento de empresa, mas a sua faceta negocial[278], que, por integrar o contrato de trabalho, tem que ter o acordo do trabalhador, configurando esta solução legal um caso de atribuição de valor negocial ao silêncio (no caso, o silêncio do trabalhador), nos termos previstos pelo art. 218.° do CC. Por outro lado, a aplicação desta norma pressupõe o conhecimento do teor do regulamento empresarial pelo trabalhador, o que passa pela sua afixação nos locais de estilo da empresa (art. 99.° n.° 3 a) do CT) e pela prestação dos esclarecimentos necessários sobre o conteúdo das suas disposições pelo empregador[279].

Deve, porém, distinguir-se a situação de oposição inicial do trabalhador ao conteúdo negocial do regulamento empresarial da sua oposição à alteração do regulamento pelo empregador, na pendência do contrato. No primeiro caso, está em causa a consolidação do vínculo laboral na globalidade do seu conteúdo, pelo que, se o trabalhador se opuser às condições contratuais estabelecidas no regulamento empresarial nos primeiros 21 dias de execução do contrato, resta ao empregador proceder à renegociação dessas condições ou denunciar o contrato no âmbito do período experimental. No segundo caso, está em causa uma modificação do conteúdo do contrato, que o trabalhador pode rejeitar manifestando a sua opo-

---

[276] Esta norma corresponde ao art. 7.° da LCT e ao art. 95.° n.° 2 do CT de 2003. O CT de 2003 encurtou o prazo de oposição do trabalhador de 30 para 21 dias, solução que o actual Código do Trabalho mantém. Não se vislumbram outros motivos para esta redução senão a diminuição do tempo de incerteza sobre a posição do trabalhador relativamente ao regulamento interno.

[277] Sobre este tipo de contratos de trabalho, na jurisprudência, *vd*, por exemplo, o Ac. RLx. de 28/06/2006, www.dgsi.pt., considerando que nada obsta a que as partes afastem no contrato de trabalho determinado preceito do regulamento interno.

[278] Já tendo apreciado a figura do regulamento de empresa, a propósito das fontes laborais, e distinguido, a esse propósito, o seu conteúdo normativo e o seu conteúdo negocial, para aí se remete. Cfr. *Direito do Trabalho I*, § 8.°, ponto 24. Desenvolveremos a matéria relativa à faceta normativa do regulamento da empresa a propósito do estudo dos poderes laborais do empregador, *infra*, § 28.°, ponto 103.3.

[279] Equacionando diversos problemas quanto ao conhecimento efectivo do regulamento da empresa por parte do trabalhador, A. Mota Pinto, *Contratos de trabalho de adesão cit.*, 64 ss.

sição às condições contratuais constantes do novo regulamento, por escrito e no prazo de 21 dias; se o fizer, o regulamento não lhe será aplicável, mantendo-se o conteúdo do seu contrato inalterado – é o que decorre do princípio civil geral *pacta sunt servanda* (art. 406.° do CC), que exige o consenso das partes para a modificação do conteúdo dos contratos[280].

**IV.** Uma vez que está aqui em causa a faceta negocial do regulamento de empresa, e que, nesta sua faceta, as disposições do regulamento correspondem a proposições negociais pré-determinadas, uniformes e rígidas, justifica-se a aplicação do regime jurídico das cláusulas contratuais a estas disposições, tal como em relação aos formulários uniformes de contratação laboral. Esta aplicação, que era já propugnada maioritariamente pela doutrina[281] e levada a efeito pela jurisprudência[282], foi introduzida pelo CT de 2003 (art. 96.°) e consta do art. 105.° do actual Código do Trabalho.

Por outro lado, os termos expressos do art. 105.° do CT, conjugados com a extensão do âmbito de aplicação da LCCG aos contratos individualizados mas sem prévia negociação individual, viabilizam a aplicação deste regime aos contratos de trabalho de adesão singulares.

O art. 105.° do CT determina a sujeição ao regime das cláusulas contratuais gerais dos «aspectos essenciais do contrato de trabalho que não resultem de prévia negociação específica, mesmo na parte em que o seu conteúdo se determine por remissão para instrumento de regulamentação colectiva do trabalho»[283].

---

[280] Neste sentido, a jurisprudência tem sustentado a impossibilidade de o empregador impor ao trabalhador a alteração unilateral das cláusulas do regulamento interno que revistam natureza contratual e que já tenham sido aceites pelo trabalhador – Ac. STJ de 16/06/2004, CJ (STJ), 2004, II, 275.

[281] Menezes Cordeiro, *Manual de Direito do Trabalho cit.*, 573, Romano Martinez, *Direito do Trabalho cit.*, 432, e A. Mota Pinto, *Notas sobre o contrato de trabalho de adesão cit.*, 47 ss.; mas, em sentido diverso, no âmbito do sistema jurídico anterior ao Código do Trabalho, Mário Pinto / Furtado Martins / Nunes de Carvalho, *Comentário... cit.*, 51.

[282] Ac. RLx. de 28/06/1995, CJ, 1995, III, 192, e Ac. RP de 17/06/2002, CJ, 2002, III, 236.

[283] Na norma correspondente do Código do Trabalho de 2003 (art. 96.°) a formulação era um pouco mais vaga, ressalvando-se os aspectos do contrato em que tivesse havido «prévia negociação individual». A nova redacção está em directa consonância com a formulação do art. 7.° da LCCG, sobre cláusulas prevalentes, que também se refere expressamente à parcela do conteúdo do contrato que tenha sido objecto de acordo específico das

Embora se compreenda a intenção protectiva da lei no estabelecimento deste regime, dissipando as dúvidas que houvesse sobre a aplicação da LCCG no domínio do contrato de trabalho[284], a formulação da norma suscita, ela própria, diversas dúvidas, que podem, na prática, dificultar a aplicação do regime da LCCG ao contrato de trabalho.

Estas dúvidas respeitam ao âmbito de aplicação deste regime e decorrem da referência da lei aos aspectos essenciais do conteúdo do contrato e da remissão para os instrumentos de regulamentação colectiva do trabalho. Cabe expô-las com algum detalhe.

Em primeiro lugar, *a sujeição do contrato de trabalho ao regime das cláusulas contratuais gerais é limitada pela lei aos «aspectos essenciais» do contrato de trabalho*. Ora, não só não se vislumbra a utilidade desta delimitação, no caso de todo o contrato ter sido celebrado com recurso a cláusulas contratuais gerais, como é difícil apurar o que se entende por «aspectos essenciais» do contrato[285]: este termo, necessariamente diferente do conceito técnico de «elementos essenciais» abrange certamente a determinação da actividade contratada e do montante da retribuição, mas abrangerá ou não as cláusulas relativas à categoria, ao tempo e ao local de trabalho, a complementos remuneratórios ou a outros deveres do trabalhador?

Perante esta dificuldade, e tendo em conta o vector de protecção do contraente débil nos contratos celebrados com recurso a este tipo de cláusulas, que subjaz globalmente à LCCG, crê-se ser de reconduzir à locução «aspectos essenciais» todos os elementos que tenham contribuído decisivamente para a formação da vontade do trabalhador de celebrar o contrato de trabalho e não apenas os elementos essenciais do contrato, desde que não tenham sido objecto de negociação individual. Em suma, propugna-se uma interpretação extensiva da norma quanto a este ponto.

---

partes. Nesta nova formulação da norma também se substitui a remissão para «cláusulas» de instrumento de regulamentação colectiva do trabalho pela referência, mais simples e menos atreita a confusões, a remissão para instrumento de regulamentação colectiva do trabalho.

[284] Assim, expressamente, ROMANO MARTINEZ / L. M. MONTEIRO / J. VASCONCELOS/ / P. MADEIRA DE BRITO / G. DRAY / L. GONÇALVES DA SILVA, *Código do Trabalho Anotado cit.*, 306 (anotação de ROMANO MARTINEZ).

[285] Também salientando o carácter impreciso desta expressão, ROMANO MARTINEZ / / L. M. MONTEIRO / J. VASCONCELOS / MADEIRA DE BRITO / G. DRAY / L. GONÇALVES DA SILVA, *Código do Trabalho Anotado cit.*, 306 s. (anotação de ROMANO MARTINEZ).

Já a expressão «que não resultem de prévia negociação específica» deixa claro que também os contratos de trabalho por adesão individualizados se sujeitam à LCCG.

Em segundo lugar, a norma prevê a *sujeição ao regime das cláusulas contratuais gerais dos aspectos essenciais do conteúdo do contrato, na parte em que se «determinem por remissão para instrumento de regulamentação colectiva de trabalho»*. Esta parte da norma carece de uma cuidada interpretação, pela necessidade de a conjugar com a natureza das cláusulas dos instrumentos de regulamentação colectiva do trabalho e com a norma do art. 3.° e) da LCCG, que subtrai expressamente ao âmbito da própria LCCG as cláusulas dos instrumentos de regulamentação colectiva do trabalho.

A não aplicação da LCCG às cláusulas de instrumentos de regulamentação colectiva do trabalho justifica-se pela natureza diferente destas cláusulas e pela dispensabilidade da protecção conferida pelo regime da LCCG no domínio laboral, uma vez que o Direito do Trabalho desenvolveu os seus mecanismos específicos de tutela do contraente débil, designadamente no âmbito da contratação colectiva. Com efeito, apesar do seu carácter uniforme, as cláusulas dos instrumentos de regulamentação colectiva do trabalho não correspondem a proposições negociais predeterminadas e rígidas impostas por uma das partes à outra, mas são o resultado de um processo negocial e do subsequente acordo entre os outorgantes dos instrumentos de regulamentação colectiva do trabalho. Acresce que a aplicação dos instrumentos de regulamentação colectiva do trabalho às situações juslaborais individuais não decorre da *adesão* do trabalhador àquele instrumento de regulamentação colectiva do trabalho, mas do nexo de representação que liga o trabalhador à associação sindical outorgante da convenção colectiva ou de expressa determinação legal (no caso de instrumento de regulamentação colectiva do trabalho administrativo). Por outro lado, o escopo de protecção do contraente débil que justifica o regime das cláusulas contratuais gerais é desenvolvido no domínio laboral através de regras específicas que dispensam outras formas de tutela, *verbi gratia* o princípio do *favor laboratoris* na sua aplicação à relação entre os instrumentos de regulamentação colectiva do trabalho e o contrato de trabalho (art. 476.° do CT)[286]. Por fim, a aplicação da LCCG às convenções

[286] Já tendo desenvolvido esta matéria a propósito das fontes laborais, para aí se remete – *Direito do Trabalho I*, § ponto 31.3.III.

colectivas de trabalho constitui uma limitação ao princípio da autonomia colectiva (art. 56.° n.° 3 da CRP), o que pode colocar um problema de constitucionalidade.

Em suma, *o recurso à LCCG no âmbito dos instrumentos de regulamentação colectiva do trabalho não se afigura adequado nem necessário, para além de ser limitativo da autonomia colectiva*[287].

Afastada a identidade de natureza entre as cláusulas contratuais gerais e as cláusulas de instrumentos de regulamentação colectiva do trabalho, poderá, contudo, a norma do art. 105.° do CT ser entendida como uma derrogação do art. 3.° e) da LCCG, na parte que se refere ao conteúdo normativo dos instrumentos de regulamentação colectiva do trabalho[288], admitindo-se que, independentemente da sua natureza, as cláusulas destes instrumentos relativas aos contratos de trabalho se devem sujeitar ao regime das cláusulas contratuais gerais.

Sendo este o sentido que resulta, de forma mais clara, do art. 105.° do CT, chama-se, no entanto, a atenção para os perigos deste entendimento. Tal entendimento poderia conduzir, por exemplo, a que as associações sindicais promovessem a acção inibitória relativamente a cláusulas de convenções colectivas de trabalho que acordaram, ou à prevalência indiscriminada de cláusulas dos contratos de trabalho individualmente acordados sobre o regime da convenção colectiva de trabalho, em prejuízo da uniformidade de regimes por esta proporcionado, ou ainda à alegação, por parte dos trabalhadores, de que não se sujeitam à convenção colectiva de trabalho porque o seu conteúdo não lhes foi integralmente comunicado pelo empregador. Ora, tais consequências não fazem sentido perante a natureza dos instrumentos de regulamentação colectiva do trabalho.

Em face destes inconvenientes, preconiza-se uma *interpretação restritiva desta regra do art. 105.° do CT e a sua conjugação com o art. 3.° e) da LCCG* nos seguintes moldes: os instrumentos de regulamentação

---

[287] Também criticando esta solução do Código do Trabalho, A. MOTA PINTO, *Notas sobre o contrato de trabalho de adesão cit.*, 70 s.

[288] É a solução preconizada por ROMANO MARTINEZ, *in* ROMANO MARTINEZ / L. M. MONTEIRO / J. VASCONCELOS / MADEIRA DE BRITO / G. DRAY / L. GONÇALVES DA SILVA, *Código do Trabalho Anotado cit.*, 308. Para este autor, a referência do art. 3.° e) da LCCG deve actualmente considerar-se limitada ao conteúdo negocial dos instrumentos de regulamentação colectiva do trabalho, aplicando-se a LCCG ao restante conteúdo.

colectiva do trabalho não se sujeitam à LCCG, na globalidade do seu conteúdo, nos termos do art. 3.° e) da LCCG; todavia, no âmbito específico de cada contrato de trabalho e com referência aos aspectos essenciais do seu conteúdo, que sejam determinados por remissão para instrumento de regulamentação colectiva do trabalho, são aplicáveis, com as devidas adaptações, as regras da LCCG no que toca à interpretação das cláusulas contratuais gerais (art. 11.° LCCG), bem como a regra relativa à prevalência das cláusulas especificamente acordadas sobre as estipulações colectivas (art. 7.° da LCCG), mas apenas se as primeiras forem mais favoráveis do que as segundas (por imposição do art. 476.° do CT), e ainda os preceitos da LCCG relativamente a cláusulas absoluta e relativamente proibidas (arts. 15.° ss. da LCCG).

**V** Da sujeição do conteúdo negocial do regulamento da empresa, das proposições negociais constantes de modelos uniformes de contratação laboral e dos contratos de trabalho individualizados mas não negociados ao regime das cláusulas contratuais gerais decorrem, entre outras, as seguintes implicações:

- devem ser respeitados os requisitos de integração deste tipo de cláusulas nos contratos de trabalho, que constam da LCCG (arts. 4.° e ss.), devendo, designadamente, ser assegurado que o trabalhador delas tome conhecimento e as compreenda, como condição *sine qua non* para o funcionamento da presunção de aceitação do regulamento constante do art. 104.° n.° 2 do CT;
- em matéria de interpretação, são aplicáveis os princípios de favorecimento do trabalhador, como parte débil do contrato, em caso de dúvida sobre o sentido das cláusulas constantes do regulamento empresarial ou dos formulários de contratação (arts. 10.° e 11.° da LCCG);
- são aplicáveis as regras da LCCG relativamente às cláusulas proibidas, com as necessárias adaptações (arts. 15.° e ss. da LCCG).

Acresce que as associações sindicais têm legitimidade para promover a acção inibitória de cláusulas proibidas, que constem do regulamento da empresa e tenham conteúdo negocial, ou ainda de formulários de contratação, nos termos do art. 26.° n.° 1 b) da LCCG. Já relativamente a cláusulas dos instrumentos de regulamentação colectiva, não se admite esta acção, pelos motivos acima indicados.

## 64. Deveres especiais das partes na formação do contrato de trabalho

**I.** Na formação do contrato de trabalho, as partes devem nortear a sua conduta pelas regras da boa fé, sob pena de responsabilidade *in contrahendo*. Este princípio, extensível tanto aos preliminares como à fase da negociação do contrato, decorria já do art. 227.° do CC, mas encontra-se hoje plasmado no art. 102.° do CT.

Trata-se de uma concretização objectiva do princípio geral da boa fé, que faz apelo a uma actuação dos contraentes conforme aos valores dominantes da ordem jurídica. No caso, o princípio impõe às partes que não frustrem injustificadamente as expectativas da outra parte em relação ao negócio e que adoptem um comportamento correcto para com ela, respeitando, designadamente, os deveres de informação e de lealdade[289].

Tal como sucede em termos gerais, a violação culposa destes deveres, que cause danos à outra parte, faz surgir o dever de indemnizar, desde que se verifiquem os requisitos da tutela da confiança – i.e., a criação de um estado de confiança no declaratário sobre a formação do contrato, a imputação dessa situação ao declarante, o investimento do declaratário nessa situação de confiança, e, por fim, a frustração injustificada da situação de confiança pelo declarante com um resultado danoso para o declaratário[290].

**II.** A especificidade do vínculo laboral, designadamente por força das suas componentes de pessoalidade e inserção organizacional[291], confere um relevo particular a alguns dos deveres das partes na fase da formação do contrato de trabalho, mas também impõe alguns limites a esses mesmos deveres. Por outro lado, projectam-se nesta matéria valores jurídicos gerais, dos quais decorrem deveres específicos a ter em conta na formação do contrato de trabalho.

---

[289] Trata-se de concretizar os dois grandes vectores do princípio da boa fé em sentido objectivo, enunciados por MENEZES CORDEIRO: o vector da tutela da confiança legítima e o vector da primazia da materialidade subjacente. Sobre o ponto, A. MENEZES CORDEIRO, *Da Boa Fé... cit.*, II, 1234 ss. e 1252 ss., e sobre a concretização específica do princípio da boa fé no instituto da culpa *in contrahendo*, *idem*, I, 546 ss. Sobre a aplicação destes princípios à formação do contrato de trabalho, ainda MENEZES CORDEIRO, *Manual de Direito do Trabalho cit.*, 557 ss.

[290] Ainda MENEZES CORDEIRO, *Da Boa Fé cit.*, II, 1243 ss.

[291] E que foram oportunamente evidenciados – cfr. *Direito do Trabalho I*, § 12.°, pontos 43.5.1. e 43.5.2.

A componente organizacional do contrato de trabalho (evidenciada pela inserção estável do trabalhador na organização do empregador), associada ao carácter continuado do vínculo laboral, aumenta a *importância e o âmbito do dever de informação* relativamente aos aspectos relevantes para a formação da vontade negocial de qualquer das partes: assim, o trabalhador tem interesse não apenas em conhecer o seu empregador mas em ter informações sobre a organização interna da empresa onde vai prestar o trabalho ou sobre a sua solvabilidade; por seu turno, o empregador não está apenas interessado nas informações relativas à aptidão do trabalhador para a função, mas também, por exemplo, em conhecer as suas expectativas profissionais. Em suma, sendo o contrato de trabalho um vínculo especialmente «envolvente», o âmbito dos deveres de informação e de lealdade na formação do mesmo é bastante amplo.

Mas, por seu turno, o elemento de pessoalidade do vínculo de trabalho (e, designadamente, a inseparabilidade da actividade laboral da pessoa do trabalhador e o envolvimento global da sua personalidade no vínculo), conjugado com o princípio constitucional da reserva da vida privada, impõe *limites aos deveres de informação na fase da formação do contrato, para preservação da esfera extra-laboral da vida do trabalhador*: assim, por princípio, o trabalhador não tem que informar o empregador sobre o seu estado de saúde, sobre a sua situação familiar ou sobre as suas convicções religiosas ou partidárias.

Por fim, *o princípio geral da igualdade e da não discriminação impõe limites à liberdade do empregador, na formação do contrato*.

**III.** A multiplicidade e a delicadeza dos problemas que podem surgir na formação do contrato de trabalho, pela necessidade de conjugar os deveres de lealdade e informação das partes com a fisionomia específica do vínculo laboral e com outros valores relevantes da ordem jurídica, justificam uma maior atenção ao dever de informação e ao dever de não discriminação na formação do contrato de trabalho.

### 64.1. **O dever de informação e os seus limites**[292]

**I.** Na negociação do contrato de trabalho, as partes devem informar-se mutuamente sobre todos os elementos relevantes para a formação da

[292] Em especial sobre este ponto, MENEZES CORDEIRO, *Manual de Direito do Traba-*

vontade negocial de cada uma delas – o objecto do contrato, as qualidades pessoais do trabalhador, as suas habilitações académicas e profissionais, bem como as informações pertinentes sobre o empregador e a empresa, sobre as condições de trabalho e outros elementos relevantes.

O Código do Trabalho refere-se especificamente ao dever de informação nos arts. 106.° e ss. Estas normas correspondem, com alterações, ao regime constante da L. n.° 5/94, de 11 de Janeiro, que tinha transposto a Dir. n.° 91/533/CEE, de 14 de Outubro, relativa à obrigação de o empregador informar o trabalhador sobre as condições aplicáveis ao contrato ou à relação de trabalho[293] e aos arts. 97.° ss. do CT de 2003.

Embora a lei preveja o cumprimento do dever de informação por parte do empregador no prazo de 60 dias sobre o início da execução do contrato (art. 107.° n.° 4 do CT) e alguns dos elementos sobre os quais incide este dever, no que diz respeito ao empregador (indicados no art.

---

*lho cit.*, 558, e *O respeito pela esfera privada do trabalhador, in* A. MOREIRA (coord.), *I Congresso Nacional de Direito do Trabalho. Memórias*, Coimbra, 1998, 16-37, JORGE LEITE, *Dever de informação,* QL, 1994, 3, 189-192, JOSÉ JOÃO ABRANTES, *Contrato de trabalho e direitos fundamentais, in* A. MOREIRA (coord.), *II Congresso Nacional de Direito do Trabalho. Memórias*, Coimbra, 1999, 105-114, e *Contrat de travail et droits fondamentaux – contribution à une dogmatique commune européenne, avec référence spéciale au droit allemand et au droit portugais*, Frankfurt am Main, 2000 (e, na versão portuguesa, *Contrato de trabalho e Direitos Fundamentais,* Coimbra, 2005), ROSÁRIO PALMA RAMALHO, *Contrato de trabalho e direitos fundamentais da pessoa, in Estudos de Direito do Trabalho,* I, Coimbra, 2003, 157-178 (também publicado *in Estudos de Homenagem à Professora Doutora Isabel de Magalhães Collaço*, II, Coimbra, 2002, 393-415), P. MEIRA LOURENÇO, *Os deveres de informação no contrato de trabalho*, RDES, 2003, 1-2, 29 ss., ROMANO MARTINEZ / L. M. MONTEIRO / J. VASCONCELOS / MADEIRA DE BRITO / G. DRAY / / L. GONÇALVES DA SILVA, *Código do Trabalho Anotado cit.*, 308 ss. (anotação de ROMANO MARTINEZ) e 143 ss. (anotação de G. DRAY), T. COELHO MOREIRA, *Da Esfera Privada do Trabalhador e o Controlo do Empregador*, Coimbra, 2004, 582 ss., D. OLIVEIRA FESTAS, *O direito à reserva da intimidade da vida privada do trabalhador no Código do Trabalho*, ROA, 2004, I/II, 369-458, AMADEU GUERRA, *A Privacidade no Local de Trabalho. As novas Tecnologias e o Controlo dos Trabalhadores através de Sistemas Automatizados. Uma Abordagem ao Código do Trabalho*, Coimbra, 2004, 131 ss., e ROMANO MARTINEZ, *Direito do Trabalho cit.*, 453 ss. Na doutrina estrangeira, sobre este ponto, podem ver-se, entre outros, BERNARD TEYSSIÉ, *Personnes, entreprises et relations de travail*, DS, 1988, 5, 374-383, bem como RENÉ SAVATIER, *La protection de la vie privée des salariés*, DS, 1992, 4, 329-336.

[293] A L. n.° 5/94, de 11 de Janeiro, foi revogada expressamente pelo Diploma Preambular ao Código do Trabalho de 2003 – art. 21.° n.° 1 r).

106.° n.° 3), pressuporem a celebração do mesmo, da delimitação deste dever, feita pelo art. 106.° n.os 1 e 2 do CT, pode retirar-se o seu conteúdo essencial, que releva logo desde o início da formação do contrato. Assim:

- da parte do empregador, o dever de informação incide sobre «aspectos relevantes do contrato de trabalho» (art. 106.° n.° 1);
- da parte do trabalhador, o dever de informação incide sobre «aspectos relevantes para a prestação da actividade laboral» (art. 106.° n.° 2).

Apesar dos termos imprecisos utilizados (a expressão «aspectos relevantes» é pouco esclarecedora), esta formulação da norma evidencia a preocupação da lei em estabelecer o paralelismo das partes em matéria de dever de informação[294]. Esta perspectiva constituiu uma novidade do Código do Trabalho de 2003, já que o regime anterior nesta matéria (constante da L. n.° 5/94, de 11 de Janeiro), apenas se referia ao dever de informação do empregador, em conformidade com a directiva comunitária[295], decorrendo o dever de informação do trabalhador do princípio geral da boa fé na sua aplicação à formação dos contratos (ou seja, do art. 227.° do CC)[296]. O actual Código do Trabalho mantém esta mesma perspectiva.

Esta perspectiva «igualitarista» do Código sobre o dever de informação não pode obscurecer a fundamental diferença da posição do empregador e do trabalhador com respeito a este dever. É que as informações prestadas pelo empregador e pelo trabalhador na formação do contrato e por ocasião da sua celebração servem, na verdade, objectivos parcialmente

---

[294] Neste sentido, expressamente, ROMANO MARTINEZ, *in* ROMANO MARTINEZ / L. M. MONTEIRO / J. VASCONCELOS / MADEIRA DE BRITO / G. DRAY / L. GONÇALVES DA SILVA, *Código do Trabalho Anotado cit.*, 310.

[295] Art. 1.° da L. n.° 5/94, de 11 de Janeiro.

[296] Esta perspectiva do Código do Trabalho de 2003 sobre o dever de informação das partes foi tributária da visão igualitarista deste Código sobre a posição do empregador e do trabalhador no contrato de trabalho, que se evidenciou em diversos outros institutos laborais, em homenagem ao carácter obrigacional do contrato. É uma perspectiva que não perfilhamos, por ser contrária à essência dominial do vínculo laboral, que verdadeiramente o singulariza enquanto vínculo de direito privado. Já tendo oportunamente justificado este entendimento, para aí se remete (ROSÁRIO PALMA RAMALHO, *O novo Código do Trabalho. Reflexões sobre a proposta de lei relativa ao novo Código de Trabalho, in Estudos de Direito do Trabalho*, I, Coimbra, 2003, 15-67 (29 ss.), e *Direito do Trabalho I*, § 2.°, ponto 5.2.2.VII.

diversos: assim, as informações prestadas pelo empregador ao trabalhador são importantes para que ele forme a sua vontade negocial, num primeiro momento, mas têm também uma grande importância para efeitos de clarificação do conteúdo do seu contrato e, se necessário, para efeitos de prova da existência do mesmo, por força do princípio da liberdade de forma na vinculação laboral (art. 110.º do CT); já as informações prestadas pelo trabalhador ao empregador relevam essencialmente para o primeiro objectivo.

Por outro lado, a diferente natureza das prestações do empregador e do trabalhador no contrato de trabalho justifica a imposição de limites diferentes aos respectivos deveres de informação na formação do contrato: é que o envolvimento global da pessoa do trabalhador na prestação (revelador da componente de pessoalidade do vínculo laboral) aumenta a possibilidade de ameaças à sua esfera privada e pessoal na formação do contrato de trabalho (aliás, como na sua execução), justificando-se, por isso, um maior rigor na protecção da esfera privada do candidato a um emprego.

Esta diferença fundamental não resulta, de modo suficientemente claro, do art. 106.º do CT, apesar de a norma reportar o dever de informação do empregador ao *contrato*, globalmente considerado, ao passo que focaliza o dever de informação do trabalhador na *actividade laboral*. Por esta razão, no que toca aos limites do dever de informação do trabalhador na formação do contrato de trabalho, o art. 106.º n.º 2 tem que ser articulado com as disposições do Código do Trabalho sobre o direito à reserva da vida privada (arts. 16.º e 17.º), e, genericamente, com os preceitos do Código Civil em matéria de direitos de personalidade (arts. 70.º ss. do CC) e com os preceitos constitucionais relevantes em matéria de direitos fundamentais[297].

**II.** Da conjugação destas normas ressalta, como *regra geral relativa ao âmbito do dever de informação do trabalhador na formação do contrato de trabalho*, a circunscrição deste dever aos aspectos relevantes para o desempenho adequado da actividade laboral que constitui o objecto do seu contrato.

---

[297] Por todos, sobre a relação entre a protecção laboral dos direitos de personalidade e o regime comum de tutela destes direitos no Código Civil, GUILHERME DRAY, *Direitos de Personalidade. Anotações ao Código Civil e ao Código do Trabalho*, Coimbra, 2006, 61 ss. e *passim*, bem como L. MENEZES LEITÃO, *Direito do Trabalho cit.*, 151 ss.

Assim, em princípio, o trabalhador ou a trabalhadora candidatos a um emprego não têm que informar o empregador sobre aspectos ligados à sua vida privada, quer tenham a ver com a sua esfera pessoal, familiar ou íntima (como informações relativas à saúde ou estado de gravidez, ao estado civil ou à orientação sexual), quer tenham incidência social (como informações relativas às convicções religiosas ou ideológicas, às preferências clubísticas ou ao cadastro criminal[298])[299]. Este princípio de reserva decorre das regras constitucionais e civis sobre o direito à reserva da intimidade da vida privada (art. 26.° n.° 1 da CRP e art. 80.° do CC), mas está também vertido no art. 16.° n.° 2 do CT (quanto ao âmbito do direito de reserva) e no art. 17.° n.° 1 do CT, que proíbe ao empregador inquirir o trabalhador sobre estas matérias no processo de recrutamento.

Este princípio geral deve, contudo, aplicar-se de forma judiciosa, uma vez que pode ser justificado o pedido de informação sobre alguns destes aspectos, se, no caso concreto, tal informação constituir um requisito objectivo estritamente necessário e justificado para o desempenho da actividade: assim, se, em princípio, a candidata a um emprego não tem o dever de revelar que se encontra grávida, já deverá fazê-lo quando esteja a candidatar-se à prestação de uma actividade incompatível com o estado de gravidez (por exemplo, se se candidata a um lugar como operadora de radiologia ou em que manuseia substâncias químicas perigosas); da mesma forma, o trabalhador que é portador do vírus do HIV e que se candidata à função de enfermeiro instrumentista tem o dever de informar o empregador da sua patologia; e se, por regra, o trabalhador não tem o dever de informar o empregador sobre as suas convicções religiosas ou ideológicas, já o deverá fazer quando se candidatar a um lugar numa organização de tendência, como um partido político ou uma instituição religiosa[300].

---

[298] Quanto a informações sobre o cadastro criminal do trabalhador, *vd* ROMANO MARTINEZ, *Direito do Trabalho cit.*, 456 e nota [1], considerando-as exigíveis quando o trabalhador se candidata a um lugar numa empresa de segurança.

[299] Como observa L. MENEZES LEITÃO, *Código do Trabalho Anotado*, 2.ª ed., Coimbra, 2004, 38, esta norma do art. 17.° do CT (o Autor reporta-se ainda ao Código do Trabalho de 2003) aplica a doutrina das três esferas, tutelando a reserva da vida íntima, da vida privada e da vida pública (mas extra-laboral) do trabalhador.

[300] Em especial sobre estas situações, G. DOLE, *La liberté d'opinion et de conscience en droit comparé du travail,* I, Paris, 1997, 49 ss., 87 ss. e 127 ss. e A. DIAS COIMBRA, *«Empresas» de tendência e trabalho dependente*, RDES, 1989, 1/2, 197-228.

Em suma, em cada caso concreto, deverá ser cotejado o direito fundamental ou o direito de personalidade do trabalhador em questão com a actividade laboral a exercer, sendo desta conjugação que se retira em concreto a extensão do dever de informar.

**III.** Para efeitos da conjugação do dever de informar com o direito do trabalhador à reserva da sua vida extra-laboral, as alíneas a) e b) do n.° 1 do art. 17.° do CT estabelecem *requisitos justificativos da inquirição do candidato a um emprego sobre aspectos da sua vida privada*. Estes requisitos são diferentes consoante a incidência da informação solicitada. Assim:

i) Quanto a *informações sobre a generalidade dos aspectos relacionados com a vida privada do trabalhador* (o que inclui a sua esfera, íntima, pessoal, familiar e social, nos termos acima indicados), o art. 17.° n.° 1 a) estabelece que o trabalhador só pode ser questionado se a informação for relevante e estritamente necessária para avaliar a sua aptidão para a execução do contrato, e desde que seja fornecida por escrito a fundamentação da indagação. Exige-se pois uma conexão directa entre o relevo da informação e a execução do contrato, com vista à formação de um juízo de aptidão do trabalhador para aquela execução[301].

ii) Quanto a *informações relativas ao estado de saúde do trabalhador ou ao estado de gravidez da trabalhadora*[302], o art. 17.° n.° 1 b) e n.° 2 estabelece que apenas podem ser exigidas quando sejam justificadas por exigências particulares inerentes à natureza da actividade profissional em questão, desde que seja fornecida por escrito a respectiva fundamentação e que as infor-

[301] Não está assim em causa averiguar, por esta via, se o trabalhador tem maior ou menor facilidade ou predisposição para executar a função, ou ainda se tem algum impedimento temporário para o fazer, mas apenas se é apto para desenvolver uma função para a qual um determinado aspecto da sua vida privada seja objectivamente determinante. Os casos acima indicados exemplificam situações em que estes factores podem ser determinantes.

[302] Quanto às questões sobre o estado de gravidez da trabalhadora ou candidata a um emprego, está ainda em causa o princípio constitucional da igualdade, na sua vertente de género, apesar de o Código do Trabalho tratar a questão a propósito do direito à reserva da intimidade da vida privada.

> mações sejam prestadas a um médico[303]. Exige-se pois, neste caso, uma conexão ainda mais estreita entre o relevo da informação e a actividade profissional em questão[304].

Para reforço desta tutela, o art. 19.º n.º 1 do CT proíbe ainda a realização de testes e exames médicos aos candidatos a emprego, excepto para efeitos de cumprimento das normas sobre segurança e saúde no trabalho ou nas situações do art. 17.º n.º 1 a) e com a devida justificação escrita; e o art. 19.º n.º 2 proíbe, de todo em todo, a realização de testes de gravidez às candidatas a emprego[305]. Além disso, o art. 13.º da L. n.º 12/2005, de 26 de Janeiro, proíbe a realização de testes genéticos durante a formação

---

[303] Em especial sobre este ponto, na literatura comparada, J. SAVATIER, *Secret médical et obligation de discrétion de l'employeur*, DS, 1986, 5, 419-423.

[304] Tomando mais uma vez em conta os exemplos de informação sobre a situação de gravidez ou da patologia do vírus HIV, acima indicados, estaremos perante uma situação deste tipo apenas quando esteja em causa a profissão de técnica de radiologia ou de enfermeiro instrumentista, por exemplo, mas não quando estes trabalhadores se candidatem a outras funções, apesar de ambos poderem vir a ter impedimentos mais ou menos prolongados para o desempenho das respectivas funções, por ocasião do parto ou se a patologia do trabalhador se vier a agravar. Em suma, não estão em causa eventuais vicissitudes que a situação clínica destes trabalhadores possa vir a produzir no contrato, mas acautela-se, tão somente, uma incompatibilidade objectiva entre aquela situação clínica e a actividade profissional a desenvolver.

[305] No Anteprojecto do Código do Trabalho de 2003, estas excepções tinham uma formulação mais ampla: permitia-se o questionamento dos trabalhadores ou candidatos a emprego sobre matérias da sua vida privada quando essas informações fossem «necessárias para a execução do contrato de trabalho» (art. 14.º n.º 1, que correspondia no Anteprojecto ao art. 17.º do CT de 2003); autorizavam-se os testes e exames médicos quando justificados pela «natureza da actividade profissional» (art. 16.º n.º 2 do Anteprojecto); e nada era referido em especial sobre os testes de gravidez, o que fazia pressupor a sua exigibilidade. Esta formulação, cujo grau de amplitude e indeterminação arriscava a inconstitucionalidade, por contrariedade ao princípio da reserva da intimidade da vida privada e, no caso dos testes da gravidez, ainda por contrariedade ao princípio da igualdade entre homens e mulheres, foi corrigida na Proposta de Lei. Na sequência do juízo de inconstitucionalidade proferido pelo Tribunal Constitucional, em apreciação preventiva da constitucionalidade de algumas normas do Código do Trabalho de 2003, a norma do n.º 2 art. 17.º foi ainda alterada no sentido da exigência de que a informação sobre a saúde ou o estado de gravidez fosse prestada a um médico e não directamente ao empregador. Sobre este ponto, *vd* o Ac. TC n.º 306/2003, de 25 de Junho, DR, IS-A de 18/07/2003, especialmente quanto ao ponto II A).

e a execução do contrato de trabalho, ainda que com o consentimento do trabalhador[306].

Por seu turno, o art. 17.° n.os 3 e 4 do CT assegura a sujeição das informações prestadas à tutela conferida pelo regime geral de protecção dos dados pessoais, constante da L. n.° 67/98, de 26 de Outubro, com a qual o Código do Trabalho se tem que articular[307].

A violação destas regras constitui contra-ordenação muito grave (art. 17.° n.° 5).

O regime descrito procura assegurar a compatibilidade dos deveres de informação do trabalhador no contrato de trabalho (quer na fase da sua formação, que agora nos ocupa, quer ao longo da sua execução, que se sujeita às mesmas regras), que correspondem a um comportamento conforme à boa fé, com a salvaguarda dos direitos fundamentais e dos direitos de personalidade que lhe assistem perante o empregador – salvaguarda esta que tem uma especial importância no contrato de trabalho de trabalho, por força da envolvente pessoal da actividade laboral, que torna mais fáceis e prováveis as ameaças a estes direitos do trabalhador[308].

Porém, deve ficar claro, designadamente para situações de dúvida sobre a exigibilidade de informação atinente a aspectos da vida privada do trabalhador, que subsistam após a aplicação dos critérios dispostos pelos

---

[306] Em especial sobre este ponto, BERNARDO XAVIER, *O acesso à informação genética. O caso particular das entidades empregadoras*, RDES, 2003, 3-4, 11-49, e ainda J. LEAL AMADO, *Breve apontamento sobre a incidência da revolução genética no domínio juslaboral e a Lei n.° 12/2005, de 26 de Janeiro*, QL, 2005, 25, 111-120.

[307] Em especial sobre este ponto, AMADEU GUERRA, *A Privacidade no Local de Trabalho cit.*, 131 ss., MENEZES LEITÃO, *Código do Trabalho Anotado cit.*, 39, e *A protecção dos dados pessoais no Código do Trabalho, in A Reforma do Código do Trabalho*, Coimbra, 2004, 123-138, e C. SARMENTO E CASTRO, *A protecção dos dados pessoais dos trabalhadores*, QL, 2002, 19, 27-60, e QL, 2002, 20, 139-163; e ainda, na literatura estrangeira, FERNANDEZ VILLAZON, *Los derechos de los trabajadores frente al tratamiento de datos personales. Comentario a la Directiva 95/46/CE, relativa a la protectión de las personas físicas en lo que respecta al tratamiento de datos personales y la libre circulación de esos datos*, Rel. Lab., 1996, II, 1178-1209.

[308] Sobre este ponto, por todos, JOSÉ JOÃO ABRANTES, *Contrato de trabalho e direitos fundamentais, in* A. MOREIRA (coord.), *II Congresso Nacional de Direito do Trabalho... cit.*, 105 ss., e *Contrat de travail et droits fondamentaux.. cit.*, *passim* (e, na versão portuguesa, *Contrato de Trabalho e Direitos Fundamentais cit.*, *passim*), ROSÁRIO PALMA RAMALHO, *Contrato de trabalho e direitos fundamentais... cit., in Estudos de Direito do Trabalho cit.*, I, 157 ss.

arts. 16.° e 17.° do CT, bem como para dúvidas sobre a extensão da informação a prestar, que o direito à reserva da vida privada e o direito à igualdade de tratamento entre homens e mulheres (que também está em causa no caso dos testes de gravidez) têm a categoria de direitos fundamentais, pelo que as restrições que lhes sejam impostas devem ser reduzidas ao mínimo, de acordo com o regime geral do art. 18.° da CRP. Assim, a dúvida sobre a exigibilidade da informação deve ser resolvida através da prevalência daqueles direitos, e a dúvida sobre a extensão da informação a prestar deve ser resolvida no sentido da restrição desta informação ao conteúdo mínimo correspondente à necessidade objectiva da inquirição.

Por outro lado, relativamente às informações recolhidas com o consentimento do trabalhador ou candidato a emprego, é aplicável o regime especial de tutela do art. 81.° do CC, que permite a revogação unilateral do consentimento, uma vez que tal consentimento corresponde a uma auto-limitação de um direito de personalidade do trabalhador.

**IV.** Enunciados os limites do dever de informação do trabalhador, resta equacionar dois problemas: a questão da violação dos limites da inquirição pelo empregador e a questão das consequências da recusa de prestação de informação fora destes limites pelo trabalhador ou da prestação de informação voluntária mas incorrecta pelo trabalhador nestas matérias.

Se o empregador inquirir o trabalhador ou o candidato a emprego sobre aspectos da sua vida privada, fora dos casos do art. 17.° n.° 1 a) e b) do CT, a sua actuação é ilícita, pelo que o trabalhador ou o candidato podem recusar-se a prestar a informação, não podendo tal recusa dar lugar à aplicação de qualquer sanção disciplinar na pendência do contrato.

Contudo, é sabido que, na prática, as situações não se colocam com esta simplicidade, especialmente nos processos de recrutamento: assim, *quid juris* se o empregador questionar a candidata a um emprego sobre o estado de gravidez, não sendo tal indagação relevante para a actividade profissional a desempenhar, e, por receio de perder a oportunidade de emprego, a candidata o informar que não está grávida, vindo depois a verificar-se que está? Pode ou não o empregador invocar a quebra do dever de lealdade, por prestação de informações falsas na formação do contrato, como justa causa para o despedimento da trabalhadora?

A nosso ver, a resposta é claramente negativa, por dois motivos: por um lado, sendo ilícito o pedido de informação, não pode o empregador prevalecer-se posteriormente das consequências do acto ilícito que ele próprio praticou contra a outra parte (tal actuação constituiria, no mínimo, um caso de abuso do direito, na modalidade de *tu quoque*); por outro lado, a actuação da trabalhadora corresponde ao meio substancial de defesa do seu direito à intimidade da vida privada sem sacrifício do direito ao trabalho, o que basta para a justificar.

**V.** Relativamente ao *dever de informação do empregador*, ele deve incidir sobre todos os aspectos do contrato de trabalho que sejam relevantes para a formação da vontade negocial do trabalhador, de acordo com as regras gerais – art. 106.° n.° 1 e n.° 3 do CT.

Independentemente do cumprimento do seu dever de informação durante a formação do contrato, o Código do Trabalho impõe ao empregador o dever de prestação de informação escrita ao trabalhador, no início da execução do contrato, sobre os principais aspectos da sua situação jurídica laboral. Dispõem sobre esta matéria os arts. 107.° a 109.° do CT (em transposição da Dir. 91/533/CEE, de 14 de Outubro), nos quais são estabelecidas as seguintes regras:

- a informação abrange elementos relativos à identificação do empregador, incluindo, quando seja o caso, a referência às relações de participação societária recíproca, de domínio ou de grupo societário que o empregador protagonize; elementos relativos ao próprio contrato, como a sua data, eventual duração e correspondentes prazos de aviso prévio da respectiva cessação; elementos conformadores da situação jurídica do trabalhador, como o local de trabalho, a categoria do trabalhador, com indicação sumária do respectivo conteúdo, a retribuição, o período normal de trabalho e as férias; e ainda a indicação do instrumento de regulamentação colectiva do trabalho aplicável, quando seja o caso, bem como outros elementos relevantes, que decorram do contrato de trabalho em concreto – estes elementos decorrem, em enumeração exemplificativa, do art. 106.° n.° 3;
- a informação deve ser prestada por escrito e assinada pelo empregador, no prazo de 60 dias sobre o início da execução do contrato (art. 107.° n.$^{os}$ 1 e 4); contudo, se o contrato revestir forma escrita, apenas os elementos que dele não constem carecem de ser comunicados posteriormente (art. 107.° n.° 3);

– a lei regula separadamente o dever de informação do empregador, quando esteja em causa a prestação de trabalho no estrangeiro (art. 108.°);
– no decurso da execução do contrato, o trabalhador deve ser informado de qualquer alteração dos elementos incluídos no âmbito do dever de informação do empregador, devendo esta informação ser dada por escrito, no prazo de 30 dias sobre aquelas alterações (art. 109.° n.os 1 e 2); esta regra é extensível ao dever de informação do trabalhador em relação a alterações relevantes para o desenvolvimento da actividade laboral, no decurso da execução do contrato (art. 109.° n.° 3).
– a violação dos deveres de informação por parte do empregador ou do trabalhador constitui contra-ordenação grave (arts. 106.° n.° 5, 107.° n.° 5, 108.° e 109.° n.° 4).

Relativamente ao regime desta matéria no Código do Trabalho de 2003, destacam-se duas alterações substanciais.

Em primeiro lugar, cumpre realçar o agravamento das sanções associdas ao incumprimento dos deveres de informação do empregador e do trabalhador, que constitui agora contra-ordenação grave[309]. Este agravamento reflecte o objectivo de dar uma maior eficácia ao regime legal.

Em segundo lugar, é de realçar o alargamento do âmbito do dever de informação do empregador no que toca às suas relações de colaboração societária, novidade do Código do Trabalho de 2009 (art. 106.° n.° 3 a)) que, a nosso ver, se justifica por três razões. Por um lado, esta informação torna a identificação do empregador, enquanto agente económico, mais completa perante o trabalhador, o que não é de negligenciar até para a formação da vontade negocial deste. Por outro lado, esta informação é instrumental em relação a alguns mecanismos especiais de tutela do trabalhador em contexto de grupo, como é o caso do regime de responsabilidade solidária pelos créditos laborais em contexto de grupo (art. 334.° do CT), que lhe permite reclamar os créditos que tenha sobre o empregador directamente a outras sociedades com que o empregador esteja em relação societária de participações recíprocas, de domínio ou de grupo – ora, este regime pressupõe a identificação de tais sociedades, que é agora

[309] No âmbito do CT de 2003, apenas era estabelecida uma contra-ordenação leve sanção para a violação dos deveres de informação do empregador (art. 650.°).

viabilizada por esta norma. Por fim, esta identificação proporciona também uma maior clarificação do estatuto jurídico do trabalhador quando o respectivo empregador esteja inserido num grupo, em aspectos tão diversos como a configuração de alguns dos seus deveres ou a previsão de situações de mobilidade entre as empresas do grupo[310].

### 64.2. O princípio da igualdade e o dever de não discriminação[311]

#### a) Aspectos gerais

**I.** Outro dever com relevo particular na formação do contrato de trabalho é o dever de não discriminação entre os vários candidatos a um emprego.

Este dever, que impende sobre o empregador e limita a sua liberdade negocial, decorre do princípio constitucional da igualdade (art. 13.° da CRP) e da concretização laboral deste princípio no domínio do acesso ao

---

[310] Para mais desenvolvimentos sobre esta matéria, que teremos ocasião de tratar oportunamente, *vd* ROSÁRIO PALMA RAMALHO, *Grupos Empresariais e Societários cit.*, 444 ss., 616 ss., e *passim*.

[311] Sobre este ponto, GUILHERME DRAY, *O Princípio da Igualdade no Direito do Trabalho. Sua Aplicabilidade no Domínio Específico da Formação de Contratos Individuais de Trabalho*, Coimbra, 1999, e ainda *Autonomia privada e igualdade na formação e execução de contratos de trabalho, in* ROMANO MARTINEZ (coord.), *Estudos do Instituto de Direito do Trabalho*, I, Coimbra, 2001, 21-105, M. MANUELA MAIA, *A discriminação sexual no mercado de trabalho. Uma reflexão sobre as discriminações directas e indirectas,* QL, 2000, 15, 84-112, JÚLIA CAMPOS, *Igualdade e não discriminação no direito do trabalho, in* A. MOREIRA (coord.), *IV Congresso Nacional de Direito do Trabalho. Memórias*, Coimbra, 2002, 267-321, ROMANO MARTINEZ / L. M. MONTEIRO/J. VASCONCELOS / MADEIRA DE BRITO / G. DRAY / L. GONÇALVES DA SILVA, *Código do Trabalho Anotado cit.*, 167 ss. (anotação de G. DRAY), VERA LÚCIA RAPOSO, *Os limites da igualdade: um enigma por desvendar (a questão da promoção da igualdade laboral entre os sexos),* QL, 2004, 23, 42-80, e ainda ROSÁRIO PALMA RAMALHO, *O Direito do Trabalho do Trabalho numa sociedade em mutação acelerada e o problema da igualdade de tratamento entre trabalhadores e trabalhadoras*, bem como *Igualdade e não discriminação em razão do género no domínio laboral – situação portuguesa e relação com o direito comunitário,* ambos publicados *in Estudos de Direito do Trabalho cit.*, I, 215-225 e 227-246, respectivamente, e também *Igualdade de género e direito comunitário – notas breves,* Ex aequo, 2004, 10, 51-60, *O direito da igualdade e o Código do Trabalho, in A Reforma do Código do Trabalho*, Coimbra, 2004, 173-190, e ainda *Direito Social da União Europeia cit.*, 79 ss.

emprego (art. 58.° n.° 1 b) da CRP), bem como dos princípios comunitários da igualdade entre mulheres e homens e da não discriminação em razão da raça ou etnia, da nacionalidade ou do território de origem, do sexo, da orientação sexual ou da situação familiar, e das convicções religiosas ou ideológicas (art. 119.° do Tratado de Roma, arts. 2.°, 13.° e 137.° ss. do TCE e, actualmente, arts. 8.°, 10.° e 157.° ss. do TFUE).

**II.** Ao nível comunitário, estes princípios foram desenvolvidos pela jurisprudência e em múltiplas directivas. Três destas directivas relevam em especial na matéria da formação do contrato de trabalho:

- a Dir. 76/207/CEE, de 14 de Outubro de 1976, modificada e refundida pela Dir. n.° 2002/73, de 23 de Setembro de 2002, relativa à igualdade de tratamento entre mulheres e homens no acesso ao emprego e no trabalho[312]; e posteriormente substituída pela Dir. 2006/54/CE, de 5 de Julho de 2006;
- e a Dir. 2000/78/CE, de Novembro de 2000, incidente sobre a não discriminação em geral no trabalho e no emprego[313].

Com referência ao acesso ao emprego, tanto o TCE como estas Directivas estabelecem várias regras que limitam a liberdade negocial do empregador na celebração de contratos de trabalho, em nome do respeito pelo valor fundamental da igualdade de género e pelo princípio geral de não discriminação – assim, regras relativas aos anúncios de ofertas de emprego que asseguram a respectiva neutralidade, a limitação do acesso de trabalhadores de um sexo ou com determinadas características por cri-

---

[312] Para apreciação desta Directiva, pode ver-se M. T. Lanquetin, *L'égalité entre les femmes et les hommes: sur la directive 2002/73 CE du 23 septembre 2002*, DS, 2003, 3, 312-322; e genericamente sobre esta matéria no direito comunitário, Blanpain//Javillier, *Droit du travail communautaire cit.*, 216 ss.

[313] *Direito do Trabalho I*, § 6.°, ponto 16.5. Como vimos então, os princípios da igualdade de género e da não discriminação em geral são claramente delimitados no universo comunitário e têm uma densidade diferente nos textos normativos da União Europeia. Respeita-se aqui esta diferença. Para uma apreciação da Dir. 2000/78, enquanto projecção do princípio geral da não discriminação do Tratado, *vd* também Maria Luísa Duarte, *O estatuto de cidadão da União e a (não) discriminação em razão da orientação sexual*, *in Estudos em Memória do Professor Doutor António Marques dos Santos*, II, Coimbra, 2005, 361-389 (374 ss.). Sobre este ponto, *vd* ainda Rosário Palma Ramalho, *Direito Social da União Europeia cit.*, 79 ss.

térios de estrita necessidade e objectividade, e a admissibilidade de acções positivas dos Estados para incentivar o emprego dos trabalhadores do sexo ou da categoria subrepresentada em determinado sector, com o objectivo de compensar uma situação de desigualdade material existente.

Para além destes instrumentos, deve ainda ter-se em conta a Dir. 2000/43/CE, de 29 de Junho, que estabelece um quadro jurídico geral para o combate à discriminação baseada em motivos de origem racial ou étnica, porque pode ter um relevo indirecto em matéria laboral[314].

**III.** Entre nós, esta matéria foi desenvolvida por diversos diplomas legais:

- o DL n.° 392/79, de 20 de Setembro, que estabeleceu o quadro geral do regime jurídico da igualdade entre homens e mulheres no trabalho e no emprego, e cujos arts. 3.°, 4.°, 7.°, e 12.° n.° 1 incidiam exactamente sobre o acesso ao emprego;
- o DL n.° 426/88, de 18 de Novembro, que estabeleceu idêntico regime protectivo para os trabalhadores da Administração Pública;
- a L. n.° 105/97, de 13 de Setembro, que estabeleceu medidas tendentes a aumentar a operacionalidade das regras sobre a igualdade de género no acesso ao emprego e no trabalho (assim, o conceito de discriminação indirecta, a previsão de regras específicas sobre recrutamento destinadas a facilitar a detecção de situações de discriminação no acesso ao emprego, a atribuição de legitimidade processual directa às associações sindicais para proporem acções judiciais sobre discriminação sistémica de género, e o estabelecimento de regras especiais sobre repartição do ónus da prova nessas acções).

O primeiro e o terceiro destes diplomas foram expressamente revogados com a entrada em vigor da Regulamentação do Código do Trabalho de 2003. Quanto ao DL n.° 426/88, de 11 de Novembro foi revogado tacitamente, uma vez que o regime disposto pelo Código do Trabalho de 2003 e pela respectiva Regulamentação, em matéria de igualdade e não discriminação, era directamente aplicável aos trabalhadores públicos (art. 5.° a) da Lei Preambular ao CT de 2003 e art. 1.° n.° 2 da RCT). Contudo,

---

[314] Sobre esta Directiva, ainda MARIA LUÍSA DUARTE, *O estatuto de cidadão da União... cit.*, 374 ss.

actualmente, as regras sobre esta matéria aplicáveis aos trabalhadores com funções públicas, constam da LCTFP (arts. 13.° ss. do Regime, e arts. 4.° ss. do Regulamento).

A regulamentação desta matéria no âmbito do Código do Trabalho de 2003 sujeitava-se a algumas críticas sistemáticas, não só porque passava por uma repartição das matérias entre o Código do Trabalho e a Regulamentação que não se compadecia com a importância da matéria (afinal, trata-se de regimes que concretizam um direito fumdamental), mas porque nem sequer eram compreensíveis os critérios de remissão para a RCT (assim, os conceitos essenciais à operacionalização do princípio da igualdade e parte das normas sobre as consequências da violação do princípio, por exemplo)[315].

Já na vigência do Código do Trabalho de 2003 foram ainda aprovados dois diplomas relativos à transposição da Dir. 2000/43/CE: a L. n.° 18/ /2004, de 11 de Maio, e o DL n.° 86/2005, de 2 de Maio de 2005.

**IV.** O Código do Trabalho actual desenvolve o princípio constitucional e comunitário da igualdade de oportunidades e de tratamento no acesso ao emprego em termos gerais (arts. 23.° e ss.) e especificamente no que se refere à igualdade de oportunidades entre homens e mulheres (arts. 30.° ss.), tendo incorporado, no essencial, as regras que constavam da RCT sobre esta matéria. Em secção autónoma (art. 29.°) – o que constitui uma novidade – o Código trata ainda a matéria do assédio no trabalho.

Além disso, a Lei Preambular ao Código do Trabalho refere a transposição total ou parcial das directivas comunitárias relevantes nestes área – art. 2.° alíneas i), j) e o).

Para uma melhor compreensão desta matéria, segue-se a apresentação dicotómica da matéria, proposta pelo Código do Trabalho, distinguindo-se entre o princípio da não discriminação em geral e o princípio da igualdade de género, e fazendo-se ainda uma referência breve ao princípio da proibição do assédio no trabalho. Em qualquer dos casos, foca-se em especial a incidência destes princípios na matéria da formação do contrato de trabalho.

---

[315] Para mais desenvolvimentos sobre este ponto, ROSÁRIO PALMA RAMALHO, *O novo Código do Trabalho. Reflexões sobre a proposta de lei... cit.*, 15 ss. (*maxime* 53 ss.), bem como *O direito da igualdade e o Código do Trabalho cit.*, 174 ss.

### b) Princípio da não discriminação em geral

**I.** A primeira dificuldade que se coloca na operacionalização do princípio geral da não discriminação é a da *delimitação do próprio conceito de discriminação*. Para este efeito, a lei enuncia um conjunto de factores discriminatórios, delimita negativamente o princípio e fornece as noções de discriminação directa e indirecta.

**II.** A regra geral é a da qualificação como discriminatória e, consequentemente, da proibição de toda a conduta do empregador que privilegie, beneficie, prejudique, prive de qualquer direito ou isente de qualquer dever um trabalhador ou candidato a emprego, em razão da ascendência, idade, sexo, orientação sexual[316], estado civil, situação familiar, património genético, capacidade de trabalho reduzida, doença crónica, nacionalidade, raça ou origem étnica, religião, convicções políticas ou religiosas, filiação sindical, território de origem, língua, grau de instrução, situação económica, e condição social. (art. 24.° n.° 1 do CT)[317]. Esta enumeração de factores de discriminação é exemplificativa, como decorre expressamente da letra do preceito.

Por outro lado, são ainda de qualificar como discriminação, para efeitos de sujeição a estas normas, as seguintes condutas:

– a conduta de assédio discriminatório sobre o trabalhador ou candidato ao emprego, i.e., a conduta de assédio, baseada num dos factores de discriminação indicados no art. 24.° n.° 1 (art. 29.° n.° 1 do CT); e a conduta de assédio sexual, que é, pela natureza do próprio assédio, sempre de qualificar como uma discriminação de género (art. 29.° n.° 2 do CT);
– as condutas do empregador motivadas por razões atinentes à parentalidade (art. 25.° n.° 6 do CT).

A *qualificação das condutas de assédio e das condutas motivadas por razões atinentes à parentalidade como discriminação* tem origem na

---

[316] Especificamente sobre esta matéria, MARIA LUÍSA DUARTE, *O estatuto de cidadão da União... cit.*, 376 ss., com amplas referências à jurisprudência comunitária sobre este tema.

[317] Na indicação dos factores de discriminação, o Código incluiu os factores adicionais de discriminação que constavam anteriormente do art. 32.° n.° 1 da RCT.

Dir. n.° 76/207/CEE, de 9 de Fevereiro de 1976, na redacção introduzida pela Dir. 2002/73/CE, de 23 de Setembro de 2002 (art. 2.° n.° 2, parágrafos 3 e 4, e n.° 7) e exige um esclarecimento complementar.

Deixando um pouco mais para a frente a análise do regime do assédio, cabe referir, desde já, no que toca às *condutas motivadas por razões atinentes à parentalidade*, que a sua equiparação a condutas discriminatórias não decorre do Código do Trabalho com clareza (tanto mais que o Código separa claramente as matérias relativas à igualdade das matérias relatuvas à parentalidade). Contudo, esta equiparação infere-se do art. 25.° n.° 6 do CT e é, além disso, um imperativo comunitário – uma vez que o direito comunitário qualifica o tratamento diferenciado em razão da maternidade e da paternidade como uma discriminação em razão do género (art. 2.° n.° 2 c) da Dir. n.° 2006/54/CE, de 5 de Julho de 2006) – pelo que não suscita dúvidas.

**III.** Estabelecida a proibição geral de actos discriminatórios e enunciados os factores de discriminação, a lei procede à *delimitação negativa do conceito de discriminação*. Assim, nos termos do art. 25.° n.° 2 do CT, não se considera discriminatória a conduta do empregador relativamente a um trabalhador ou candidato a emprego que se baseie num dos factores enunciados no art. 24.° n.° 1, quando esse factor constitua um «requisito justificável e determinante para o exercício da actividade», tendo em conta «a natureza dessa actividade ou o contexto da sua execução», e desde que «o objectivo a atingir seja legítimo e o requisito proporcional».

Como decorre dos termos legais, estas limitações podem ser consideráveis, designadamente por aplicação do critério do «contexto da execução» da actividade. Ainda assim, é de assinalar a este propósito, que a lei é hoje mais objectiva neste ponto do que sucedia no âmbito do Código anterior, que se referia, de um modo muito mais impreciso, ao «contexto do contrato» para avaliar estas limitações (art. 23.° n.° 2 do CT de 2003).

Em todo o caso, deverá ter-se sempre em conta que o princípio da igualdade corresponde a um direito fundamental, pelo que as restrições que lhe sejam impostas devem ser reduzidas ao mínimo (art. 18.° da CRP). É, assim, justificada uma interpretação restritiva desta norma e dos critérios que estabelece para a delimitação negativa do conceito de discriminação.

**IV.** Por fim, para efeitos de operacionalização do princípio geral da não discriminação e do princípio da igualdade de género, a lei procede à *delimitação dos conceitos envolvidos nesta temática* (art. 23.° n.° 1 do CT): os conceitos de discriminação directa e indirecta; e os conceitos de trabalho igual e de valor igual.

Relevam, em especial, para aferir da prática de discriminações na formação do contrato de trabalho os *conceitos de discriminação directa e indirecta*. Assim:

i) Há discriminação directa sempre que, por força de um dos factores discriminatórios indicados na lei, o trabalhador ou candidato a emprego seja sujeito a um tratamento menos favorável do que o tratamento dado a outra pessoa em situação comparável (art. 23.° n.° 1 a)); será o caso da não contratação de um trabalhador ou de uma trabalhadora para determinada função porque se reserva aquela função a mulheres ou a homens, respectivamente.

ii) Há discriminação indirecta sempre que uma disposição, critério ou prática aparentemente neutros sejam susceptíveis de ter efeitos desproporcionais no âmbito do grupo atingido por aquele factor (art. 23.° n.° 1 b)); este conceito é, contudo, delimitado negativamente pela lei, que salvaguarda os critérios ou práticas diferenciados quando sejam «objectivamente justificados por um fim legítimo e os meios para o alcançar sejam adequados e necessários» (art. 23.° n.° 1 b) *in fine*); exemplo de uma discriminação indirecta será o estabelecimento de um requisito académico uniforme para a contratação que, sendo aparentemente neutro, tenha efeitos proporcionalmente diferentes nos trabalhadores de uma determinada etnia, que não têm, por via de regra, o mesmo grau académico; mas tal requisito académico já se justificará se a actividade a desempenhar o justificar objectivamente[318].

---

[318] Apesar do esforço definidor da lei, os conceitos de discriminação directa e indirecta são, reconhecidamente, de operacionalização difícil. Quanto a este ponto, *vd* Rosário Palma Ramalho, *Garantir a Igualdade Remuneratória entre Mulheres e Homens na União Europeia* (com tradução em língua inglesa, sob o título *Guaranteeing Equal Pay bettween Women and Men in the European Union*, e em língua francesa, sob o título *Garantir l'égalité de rémunération entre femmes et hommes dans l'Union Européenne*), Lisboa, 2003, 47 e 70 ss. Neste contexto, não pode deixar de se observar que a noção de discriminação indirecta, que hoje consta da lei, é menos clara do que o conceito de discri-

Deve ainda ter-se em conta que *as situações de discriminação na contratação laboral podem ter uma dimensão individualizada ou sistémica*. Na discriminação individualizada está a causa a preterição de um candidato a um emprego em relação a outro, quando ambos estejam em igualdade de circunstâncias e fundando-se tal preterição num concreto factor discriminatório; na *discriminação sistémica* está em causa determinado sector de actividade ou categoria profissional, no qual a percentagem de trabalhadores de determinado grupo ou de trabalhadores de um sexo é muito mais elevada do que a de outros trabalhadores, ficando tal desequilíbrio a dever-se a um factor de discriminação na contratação, como os critérios de selecção mais valorizados e sem que tais critérios correspondam a uma razão objectiva (assim, por exemplo, as profissões muito masculinizadas ou muito feminizadas, porque, no primeiro caso, se valoriza mais o factor da força física e, no segundo caso, se valoriza mais o factor da atenção ao detalhe, sem que qualquer destes factores seja justificável objectivamente no caso concreto).

**V.** O Código do Trabalho complementa a tutela do princípio geral da não discriminação no acesso ao emprego e no trabalho com regras tendentes ao reforço da operacionalidade do próprio princípio e com o estabelecimento das consequências para o seu incumprimento.

Entre as *regras de reforço da operacionalidade do princípio da não discriminação* destacamos as seguintes:

i) A *regra relativa à repartição do ónus da prova da situação de discriminação*, segundo a qual cabe ao trabalhador ou candidato a emprego, que se considere discriminado, fundamentar a alegação de discriminação com a indicação do trabalhador ou dos trabalhadores favorecidos, mas compete ao empregador provar que a diferença de tratamento não se funda em qualquer factor de discriminação (art. 25.° n.° 5)[319]. Esta regra aplica-se

minação indirecta que constava do art. 2.° da L. n.° 105/97, de 13 de Setembro, no sistema anterior à codificação laboral. Por outro lado, desapareceu também a norma sobre indícios de discriminação (que constava do art. 3.° da L. n.° 105/97, de 13 de Setembro), que era de grande importância para a detecção das situações de discriminação sistémica.

[319] Como decorre do exposto, trata-se de uma regra de repartição e não de inversão do ónus da prova, o que está, aliás, em consonância com o princípio comunitário nesta matéria, estabelecido na Dir. n.° 97/80/CE, do Conselho, de 15 de Dezembro de 1997, rela-

a qualquer prática discriminatória em razão da parentalidade (art. 25.° n.° 6).

ii) A *admissibilidade de medidas de acção positiva*, i.e., medidas temporárias tendentes ao favorecimento de uma categoria de trabalhadores subrepresentada numa área de actividade determinada, por força de um dos factores de discriminação, com o objectivo de combater uma situação de desigualdade de facto preexistente (art. 27.°). Na sua aplicação ao acesso ao emprego, esta regra poderá justificar medidas diversas de incremento da empregabilidade de trabalhadores de determinada categoria – por exemplo, medidas de redução das obrigações contributivas do empregador para a segurança social, ou que estabeleçam fundamentos específicos para a contratação de certa categoria de trabalhadores, ou ainda a adopção de quotas para a admissão de trabalhadores de categorias subrepresentadas em determinadas profissões[320]. Em suma, trata-se de aplicar o princípio da igualdade em termos substanciais e não apenas em moldes formais, o que passa pela erradicação de desigualdades de facto previamente existentes[321].

---

tiva ao ónus da prova nos casos de discriminação baseada no sexo (art. 4.°). Chama-se, no entanto, a atenção para o decréscimo concreto da tutela laboral por reporte ao sistema anterior à codificação, uma vez que desapareceu a regra de inversão total do ónus da prova que se aplicava às acções propostas pelas associações sindicais para combater casos de discriminação sistémica de género no acesso ao emprego e no trabalho (art. 5.° da L. n.° 105/97, de 13 de Setembro, revogada).

[320] Deve assinalar-se que, embora o conceito de acção positiva apenas venha sendo desenvolvido há poucos anos e seja criticado severamente por alguns sectores, tal conceito tem, na prática, uma grande tradição no nosso sistema, que o Código mantém. Nesta linha, vejam-se os incentivos à contratação laboral a termo de trabalhadores desempregados de longa duração ou à procura do primeiro emprego (art. 140 n.° 4 b) do CT), e o incentivo à contratação de pessoas com deficiência ou com doença crónica (arts. 85.° n.° 2 e 86.° n.° 4 do CT). Trata-se, obviamente, de medidas de acção positiva.

[321] A admissibilidade de medidas de acção positiva em matéria de igualdade no trabalho e no emprego decorre directamente do art. 157.° n.° 4 do TFUE. Esta norma, com origem no TCE (art. 141.° n.° 4) veio pôr fim a alguma polémica sobre este tipo de medidas na jurisprudência comunitária. Ficou célebre o Ac. do TJ sobre o caso *Kalanke* (Ac. TJ de 17/10/1995 – Proc. C-450/93), por se ter pronunciado contra uma medida de acção positiva nesta área, quando este tipo de medidas tinha sido, até então, admitido pacificamente; a este Acórdão sucedeu o Ac. *Marschall* (Ac. TJ de 11/11/1997 – Proc. C-409/95) sobre o mesmo tema. Sobre este ponto, VERA LÚCIA RAPOSO, *Os limites da igualdade... cit.*, 70 ss.

iii) *Regras de clarificação do âmbito das práticas discriminatórias, na contratação*: nos termos da lei, o direito à igualdade de oportunidades no acesso ao emprego abrange a igualdade nos critérios de selecção e nas condições de contratação em todos os sectores de actividade e a todos os níveis hierárquicos, bem como o acesso à formação profissional (art. 24.° n.° 2 a) e b)). Contudo, nos termos do art. 24.° n.° 3 a) e b), este direito é compatível com as limitações que decorram da aplicação das normas legais relativas ao trabalho de estrangeiros e apátridas, da aplicação das normas de protecção da maternidade e paternidade (designadamente, as normas que vedam ou limitam o desempenho de actividades perigosas durante a gravidez, o puerpério e a amamentação), da aplicação das normas que condicionam o desenvolvimento de actividades perigosas do ponto de vista da preservação do património genético e, ainda, da aplicação das normas relativas a requisitos de idade para o desenvolvimento de determinadas actividades, entre as quais se destacam as normas que condicionam ou vedam certas actividades aos menores, para protecção da sua saúde e do seu desenvolvimento. Em suma, o princípio da igualdade de tratamento no acesso ao emprego deve desenvolver-se dentro dos limites da lei.

iv) *Regra tendente à promoção da efectividade do princípio da igualdade e não discriminação na contratação colectiva* – neste sentido, o art. 492.° n.° 2 d) prevê como conteúdo das convenções colectivas de trabalho a implementação de medidas que visem a efectiva aplicação do princípio da liberdade e não discriminação entre trabalhadores e trabalhadoras[322].

v) *Regras de protecção do trabalhador que reclame contra o empregador por prática discriminatória* – nesta linha, a lei presume ser abusiva a aplicação de qualquer sanção disciplinar (incluindo o despedimento) sob a aparência de punição de outra infracção, quando tenha lugar até um ano após a data da recla-

322 Chama-se, contudo, a atenção, para o carácter meramente recomendatório desta norma, uma vez que esta matéria não integra o conteúdo obrigatório das convenções colectivas de trabalho, constante do art. 492.° n.° 1.

mação, queixa ou propositura de acção contra o empregador, com fundamento em discriminação (art. 331 n.° 2 b) do CT)[323]

Relativamente às *consequências da violação do princípio geral da não discriminação*, o Código estabelece as seguintes regras:

– a previsão da responsabilidade civil pelos danos patrimoniais e não patrimoniais causados ao trabalhador ou ao candidato a emprego, por actos discriminatórios (art. 28.°);
– a cominação da invalidade de qualquer acto do empregador que prejudique o trabalhador em razão da sua rejeição ou submissão a uma prática discriminatória (art. 25.° n.° 7);
– a qualificação da violação do princípio geral da não discriminação como contra-ordenação muito grave (art. 25.° n.° 8).

Conjugando estas regras com o princípio geral da liberdade contratual do empregador (no caso, está em causa a liberdade de escolha do parceiro negocial), coloca-se a questão de saber se, perante a violação do princípio geral da não discriminação, o empregador é obrigado a contratar o trabalhador discriminado. A resposta parece ser negativa, por ser irrazoável impor ao empregador a celebração de um contrato de trabalho com um parceiro negocial que não escolheu, e tendo ainda em conta o carácter *intuitus personae* do contrato de trabalho e a recusa da execução específica para outras situações de rompimento injustificado do processo negocial tendente à celebração do contrato de trabalho (é o caso, como vimos[324], da quebra da promessa de contrato de trabalho e do desrespeito pelos resultados do concurso para a celebração de um contrato de trabalho).

As consequências da violação destas regras, para o candidato a emprego, situam-se, pois, ao nível da responsabilidade civil pré-contratual, de acordo com o princípio geral da *culpa in contrahendo* estabelecido pelo art. 227.° do CC e da concretização laboral deste princípio especificamente para esta matéria no art. 28.° do CT[325].

---

[323] No âmbito do CT de 2003, tanto esta regra como a regra anterior eram limitadas às discriminações de género.

[324] *Supra*, neste parágrafo, pontos 63.2. e 63.3.

[325] No mesmo sentido, GUILHERME DRAY, *Autonomia privada e igualdade... cit.*, 83 s.

**VI.** Neste contexto, cabe ainda referir a aprovação da L. n.° 46/2006, de 26 de Agosto, sobre discriminação com fundamento em deficiência.

Este diploma contém um conceito de discriminação directa e indirecta e de acções positivas (arts. 1.° e 2.°) e desenvolve a matéria da discriminação no acesso ao emprego e no local de trabalho, pelo que se deve compatibilizar com as normas gerais sobre discriminação previstas no Código do Trabalho.

Assinala-se ainda a referência, neste diploma, de práticas discriminatórias no acesso ao emprego e no local de trabalho, bem como a previsão do direito a indemnização por danos patrimoniais e não patrimoniais, causados pela prática discriminatória, a instituição de um sistema de inversão parcial do ónus da prova da situação de discriminação e normas de tutela contra-ordenacional nesta matéria.

### c) O direito à igualdade entre trabalhadores e trabalhadoras no acesso ao emprego

**I.** O princípio geral da não discriminação é objecto de um desenvolvimento específico no Código do Trabalho, na valência da igualdade entre trabalhadores e trabalhadoras, tal como sucede no âmbito do Direito Social da União Europeia[326].

Relativamente ao acesso ao emprego, a regra geral é a da qualificação como discriminação de género de todo e qualquer acto de exclusão ou restrição do acesso de um candidato a um emprego ou de um trabalhador, em razão do respectivo sexo, a qualquer tipo de actividade profissional ou à formação exigida para aceder a essa actividade, ou ao desenvolvimento da carreira profissional (art. 30.° n.° 1 do CT). Estas práticas discriminatórias (que podem ser directas ou indirectas, nos termos do art. 23.° n.° 1 a) e b)) são proibidas, nos termos da regra geral do art. 25.° n.° 1 do CT.

A esta valência do princípio da igualdade são aplicáveis as regras gerais do Código do Trabalho sobre não discriminação, acima enunciadas.

---

[326] Para mais desenvolvimentos sobre esta valência do princípio da igualdade no domínio comunitário, *vd* Rosário Palma Ramalho, *Direito Social da União Europeia cit.*, 79 ss., com amplas indicações bibliográficas e de jurisprudência comunitária.

No entanto, o Código estabelece algumas regras adicionais com incidência na igualdade de género no acesso ao emprego. Destacamos as seguintes:

- os anúncios de ofertas de emprego e outras formas de publicidade ligadas à pré-selecção ou ao recrutamento de trabalhadores não podem conter, de forma directa ou indirecta, qualquer restrição, especificação ou preferência baseada no sexo (art. 30.° n.° 2); esta regra deve ser conjugada com o art. 25.° n.° 2, no sentido de excepcionar as ofertas de emprego relativas a uma função para cujo desempenho o sexo do trabalhador seja uma condição objectivamente determinante (assim, por exemplo, uma oferta de emprego como modelo de uma marca de roupa da senhora)[327];
- nas acções de formação profissional em áreas de actividade em que predominem os trabalhadores de um sexo deve ser dada preferência aos trabalhadores do sexo subrepresentado, bem como aos trabalhadores que tenham beneficiado de licença de parentalidade (art. 30.° n.° 3)[328];
- as disposições de instrumentos de regulamentação colectiva do trabalho ou de regulamentos internos de empresa, que estabeleçam profissões ou categorias profissionais destinadas especificamente a trabalhadores de um sexo, consideram-se aplicáveis aos trabalhadores de ambos os sexos (art. 26.° n.° 1)[329] – esta norma é, aliás também aplicável a outras situações de discriminação, por força do art. 26.° n.° 3;

---

[327] Relativamente a anúncios de ofertas de emprego contrários ao princípio da igualdade de género, podem ver-se o Parecer n.° 10/CITE/1991, *in* Comissão para a Igualdade no Trabalho e no Emprego, *Pareceres 1981-1994,* 127 ss., bem como o Parecer n.° 2/CITE/95, de 8/02/1995, e o Parecer n.° 5/CITE/1995, de 27/09/1995, ambos publicados *in* Comissão para a Igualdade no Trabalho e no Emprego, *Pareceres 1995-1996,* 11 ss. e 25 ss.

[328] Esta norma estabelece também um princípio de preferência no acesso à formação profissional para os trabalhadores com escolaridade reduzida e sem qualificação, bem como para os trabalhadores responsáveis por famílias monoparentais. Neste particular, não se entende a inserção sistemática do preceito, já que estes casos não se reconduzem a discriminações de género.

[329] Para ilustração de questões de discriminação de género no acesso ao emprego, com origem em categorias profissionais dirigidas apenas aos trabalhadores de um sexo em convenções colectivas de trabalho, podem ver-se o Parecer n.° 1/CITE/81, de 12/05/1981, o Parecer n.° 1/CITE/1985, de 29/11/1985, o Parecer n.° 1/CITE/1986, de 28/01/1986, o Parecer n.° 1/CITE/1987, de 17/02/1987, *in* Comissão para a Igualdade no Trabalho e no Emprego, *Pareceres 1981-1994,* 9 ss. e 31 ss., 39 ss., e 48 s., respectivamente.

– as disposições de estatutos de organizações dos trabalhadores que restrinjam o acesso ao emprego, actividade profissional ou carreira aos trabalhadores de um sexo, fora das excepções legalmente permitidas, consideram-se aplicáveias automaticamente aos trabalhadores de ambos os sexos (art. 26.° n.° 4.°);

– para efeitos do controlo da aplicação do princípio da igualdade de género no acesso ao emprego e no trabalho, os empregadores devem manter, durante cinco anos, registo dos recrutamentos efectuados, de onde constem os aspectos mais relevantes para o processo de contratação, com discriminação por sexos, bem como os balanços sociais (art. 32.°)[330]; esta norma é de grande importância para a alegação e prova das situações de discriminação.

**II.** Ainda com referência à discriminação de género no acesso ao emprego, cabem duas observações complementares: a primeira tem a ver com a necessidade de conjugação desta matéria com o tema da parentalidade e, mais genericamente, com o tema da conciliação entre a vida profissional e familiar; a segunda tem a ver com a perspectiva de abordagem do tema da igualdade de género, que é hoje imposta tanto pela nossa Constituição como pelo Direito Social da União Europeia e que diferencia o princípio da igualdade de género das outras valências do princípio geral da não discriminação.

A *conjugação do princípio da igualdade de género com a matéria da maternidade e da paternidade e com a temática mais ampla da conciliação entre a vida profissional e a vida familiar* impõe-se em termos gerais, pelas íntimas ligações entre as duas matérias, mas impõe-se particularmente na área do acesso ao emprego, porque nesta área as responsabilidades familiares e a situação familiar das mulheres constituem, na prática e com muita frequência, obstáculos materiais à sua contratação laboral ou ao seu acesso a determinadas categorias profissionais. Deste modo, apesar de o Código do Trabalho ter apresentado separadamente a matéria da igual-

---

[330] Esta norma corresponde ao art. 6.° da L. n.° 105/97, de 13 de Setembro. Chama-se, contudo, a atenção para o facto de ter deixado de ser prevista a legitimidade processual directa das associações sindicais para proporem acções relativas a discriminações sistémicas de género – esta regra constava do art. 4.° da L. n.° 105/97. A regra relativa ao registo dos processos de recrutamento era especialmente valiosa para a instrução destes processos.

dade de género e a matéria da maternidade e da paternidade e de fazer apenas escassas referências ao tema da conciliação, deve salientar-se a importância de medidas que promovam a participação equilibrada dos homens e das mulheres nas tarefas inerentes à conciliação entre a vida familiar e profissional, porque este equilíbrio na conciliação é uma condição material para a promoção da igualdade de género em geral e para a igualdade de oportunidades entre homens e mulheres no acesso ao emprego e no trabalho em particular[331].

A segunda observação que o princípio da igualdade de género, na sua aplicação ao domínio laboral e, designadamente, à formação do contrato de trabalho, nos sugere tem a ver com a *imposição de uma visão positiva e prospectiva deste princípio, em moldes que o diferenciam do princípio geral da não discriminação.* É que, correspondendo a promoção da igualdade entre homens e mulheres a uma tarefa fundamental do Estado português (art. 9.° h) da CRP) e a um objectivo fundamental da União Europeia (art. 2.° do TCE), que deve ser tido em conta transversalmente no conjunto das suas políticas (é o princípio do *mainstreaming*, consagrado no art. 3.° n.° 3 do TUE e art. 8.° do TFUE), o cumprimento deste desígnio não se basta com o estabelecimento de um princípio geral de igualdade de oportunidades e com a perseguição das situações de discriminação existentes, mas exige a ponderação do valor da igualdade de género em moldes positivos e pró-activos, ou seja, tendo como objectivo a *paridade*.

Em suma, porque decorre dos textos normativos fundamentais de Portugal e da União Europeia, esta perspectiva geral sobre o princípio da igualdade de género e os maiores desafios que ela coloca à implementação do referido princípio devem ser assumidos.

---

[331] É neste sentido que dispõe a Resolução do Conselho de 29/06/2000, relativa à participação equilibrada das mulheres e dos homens na actividade profissional e na vida familiar, adoptada durante a presidência portuguesa da União. Sobre esta matéria, com desenvolvimentos, ROSÁRIO PALMA RAMALHO, *Conciliação equilibrada entre a vida profissional e familiar – uma condição para a igualdade de entre mulheres e homens na União Europeia*, in *Estudos de Direito do Trabalho cit.*, I, 269-277, e ainda, *Protection de la maternité et articulation entre la vie familiale et la vie professionnelle par les hommes et par les femmes*, in *Estudos de Direito do Trabalho cit.*, I, 279-286 (e na versão francesa, *Protection de la maternité et articulation entre la vie familiale et la vie professionnelle par les hommes et par les femmes. Une nouvelle problématique?*, in AFFJ & EWLA (dir.), *L'égalité entre femmes et hommes et la vie professionnelle. Le point sur les développements actuels en Europe*, Paris, 2003, 137-142.

### d) O assédio no trabalho

**I.** O assédio no trabalho é hoje referido com autonomia pelo Código do Trabalho, que lhe dedica uma divisão própria da secção em que trata os temas da igualdade e não discriminação – divisão II, art. 29.°.

Esta matéria coloca problemas de delimitação e de regime.

**II.** No que se refere à *delimitação do assédio*, trata-se de um comportamento indesejado, que viola a dignidade do trabalhador ou candidato a emprego e cujo objectivo ou efeito é criar um ambiente hostil ou degradante, humilhante ou desestabilizador para o trabalhador ou o candidato a emprego (art. 29.° n.° 1).

Desenvolvendo este conceito geral, a doutrina costuma identificar as seguintes formas de assédio:

- o *assédio sexual* e o *assédio com conotação sexual* (*sexual harrassement)*, em que o comportamento indesejado e com efeitos hostis tem conotação sexual, podendo assumir forma verbal, gestual ou física (art. 29.° n.° 2)[332];
- o *assédio moral discriminatório*, em que o comportamento indesejado e com efeitos hostis se baseia em qualquer factor discriminatório que não o sexo (art. 29.° n.° 1) (*discriminatory harrassement)*;
- e o *assédio moral não discriminatório*, quando o comportamento indesejado não se baseia em nenhum factor discriminatório, mas, pelo seu carácter continuado e insidioso, tem os mesmos efeitos hostis, almejando, em última análise, afastar aquele trabalhador da empresa (*mobbing*)[333].

---

[332] São estas modalidades de assédio que estão contempladas na Dir. 76/207, na redacção dada pela Dir. 2002/73 (art. 2.° n.° 2 parágrafos 3 e 4) e que foram transpostas para a Dir. 2006/54/CE, de 5 de Julho de 2006 (art. 1.° n.° 1 c)) Nestas Directivas, o assédio é considerado como uma discriminação de género. Sobre esta matéria, *vd* ainda a Rec. n.° 92/131/CEE, da Comissão, de 27 de Novembro de 1991, relativa à protecção da dignidade das mulheres e dos homens no trabalho e ao assédio sexual.

[333] Sobre os conceitos de assédio sexual, assédio discriminatório por razões não atinentes ao sexo e assédio moral, I. Ribeiro Parreira, *O assédio sexual no trabalho*, *in* A. Moreira (coord.), *IV Congresso Nacional de Direito do Trabalho. Memórias,* Coimbra, 2002, 159-265, e ainda *O assédio moral no trabalho, in* A. Moreira (coord.), *V Congresso Nacional de Direito do Trabalho. Memórias,* Coimbra, 2003, 209-247, bem como M. Regina Redinha, *Assédio moral ou* mobbing *no trabalho, in Estudos em Homenagem ao Prof. Doutor Raúl Ventura,* II, Coimbra, 2003, 833-847.

No âmbito do Código do Trabalho de 2003, afigurava-se difícil integrar a última forma de assádio (i.e., o *assédio moral não discriminatório* ou *mobbing*) no âmbito da tutela conferida pelo princípio da não discriminação, apesar da sua importância e frequência prática, já que não se descortinava qualquer factor de discriminação na base deste comportamento. Por essa razão, subscrevemos a tutela do trabalhador vítima destas práticas pela via dos direitos de personalidade, fazendo apelo, em concreto, ao direito à integridade física e moral (art. 18.° do CT de 2003), uma vez que este tipo de práticas constitui manifestamente um atentado à integridade física e moral do trabalhador ou candidato a emprego.

Contudo, a formulação da norma no actual Código do Trabalho (art. 29.° n.° 1) abre a porta a outras possibilidades de interpretação, uma vez que a existência de um factor discriminatório na base do comportamento assediante deixou de estar obrigatoriamente presente. Assim, parece-nos que o Código acolhe hoje expressamente as três modalidades de assédio acima referidas, não sendo por isso necessário recorrer ao princípio da integridade física e moral do trabalhador (agora constante do art. 15.°) para o proteger contra as práticas de *mobbing*.

**III.** Contudo, em tudo o mais, as opções do actual Código, quer na formulação da norma sobre o assédio, quer na sua autonomização em divisão própria, foram menos conseguidas e exigem uma interpretação muito cuidada da norma, pelas dúvidas que se podem colocar quanto ao seu conteúdo e regime.

Em primeiro lugar, o princípio geral de probição das práticas de assédio contra o trabalhador ou candidato a emprego (que deveria ser o conteúdo essencial do preceito) não é agora referido expressamente na norma, constando apenas da epígrafe desta divisão, que não tem, como se sabe, conteúdo normativo. Naturalmente, a ilicitude destas práticas infere-se, que mais não seja, da previsão do direito do trabalhador a indemnização pelos danos resultantes destas práticas e da qualificação da violação da norma como contra-ordenação muito grave (art. 29.° n.os 3 e 4). Contudo, a verdade, é que a proibição destas condutas não consta da norma, o que é de lamentar[334].

---

[334] Na verdade, a norma limitou-se a aproveitar o texto da norma sobre a noção de assédio que constava do CT de 2003, mas esqueceu que, naquele Código, esta matéria era tratada directamente como discriminação (art. 24.° n.° 1) e em sede do princípio geral da

Em segundo lugar, a verdade é que a autonomização da matéria do assédio relativamente ao tema da discriminação em geral coloca dúvidas sobre a aplicação neste domínio de algumas regras procedimentais da maior valia relativamente às condutas discriminatórias, com destaque para a regra de repartição do ónus da prova, prevista no art. 25.º n.º 5. A questão que se coloca, concretamente, é a de saber se esta regra é aplicável às situações de assédio, uma vez que tais situações não são agora formalmente qualificadas como discriminação, ao contrário do que sucedia anteiormente. A nosso ver, ao menos nas situações em que o assédio tenha um fundamento discriminatório, esta regra deve continuar a ser aplicada, porque estamos, de facto, perante uma discriminação, sendo que tal qualificação é, além disso, um imperativo comunitário (art. 2.º n.º 2 a) da Dir. n.º 2006/54/CE, de 5 de Julho de 2006).

## 65. **Forma e formalidades no contrato de trabalho**[335]

No âmbito do contrato de trabalho, a matéria da forma obriga a equacionar as seguintes questões:

- a questão da aferição do princípio geral do consensualismo no domínio deste contrato;
- o problema da distinção entre forma e formalidades;
- a questão do enquadramento dos comportamentos concludentes e das relações negociais de facto no domínio laboral.

### 65.1. **Regras especiais em matéria de forma no contrato de trabalho**

**I.** Em matéria de forma, o contrato de trabalho submete-se ao princípio geral do consensualismo, nos termos do qual as partes podem mani-

não discriminação, pelo que beneficava da proibição de práticas discriminatórias estabelecida pelo Código no art. 23.º n.º 1).

[335] Sobre este ponto, pode ver-se MENEZES CORDEIRO, *Manual de Direito do Trabalho cit.*, 585 ss., MÁRIO PINTO / FURTADO MARTINS / NUNES DE CARVALHO, *Comentário... cit.*, 45 ss., ROMANO MARTINEZ, *Direito do Trabalho cit.*, 475 ss., ou LEAL AMADO, *Contrato de Trabalho... cit.*, 183 ss.

festar a sua intenção de contratar pelo modo que entenderem e inclusivamente de forma tácita (art. 219.° do CC)[336-337]. O *princípio da liberdade de forma* na celebração do contrato de trabalho está consagrado no art. 110.° do CT[338] e é afastado apenas em caso de previsão legal expressa em contrário. Na prática, a maioria dos contratos de trabalho é celebrada sem recurso a qualquer forma especial.

Deve, contudo, ter-se em conta que o princípio da liberdade de forma na celebração do contrato de trabalho é independente do dever que assiste ao empregador de informar o trabalhador sobre os aspectos essenciais do conteúdo do seu contrato de trabalho. Este dever de informação consta do art. 106 n.$^{os}$ 1 e 3 do CT e passa por uma comunicação escrita a trabalhador, a prestar no prazo de 60 dias sobre o início da execução do contrato (art. 107.° n.° 4), nos termos oportunamente apreciados[339].

**II.** O Código do Trabalho dispõe sobre a forma do contrato de trabalho em diversos pontos, o que justifica uma análise sistematizada das várias situações em que a lei impõe particulares exigências de forma. Seguindo uma classificação destas situações proposta por MENEZES CORDEIRO[340], observa-se que *a lei exige uma forma especial no contrato de trabalho em três categorias de situações*: contratos de trabalho especiais; cláusulas de contratos de trabalho que afastem regimes legais supletivos; e cláusulas que estabeleçam regimes menos favoráveis para o trabalhador.

Com referência à primeira categoria de situações, a lei exige a forma escrita para a celebração, entre outros, dos seguintes *contratos de trabalho especiais ou sujeitos a um regime especial*:

– contrato de trabalho a termo (art. 141.° do CT);

---

[336] Em geral e por todos sobre o princípio do consensualismo na celebração do negócio jurídico, MENEZES CORDEIRO, *Tratado de Direito Civil cit.*, I (*Parte Geral*), tomo I, 565.

[337] Assim, por exemplo, a actuação do trabalhador em conformidade com as condições contratuais definidas no regulamento da empresa durante o período em que se lhe podia opor (art. 104.° n.° 2 do CT) corresponde a uma declaração tácita de aceitação daquelas condições contratuais.

[338] No âmbito do CT de 2003, o princípio do consensualismo era fixado no art. 102.°, e, em norma autónoma (art. 103.°) eram enunciadas diversas situações em que o Código impunha exigências de forma. Este último preceito, que era redundante, não tem correspondência no Código do Trabalho actual.

[339] Cfr. neste parágrafo, ponto 64.1.V.

[340] *Manual de Direito do Trabalho cit.*, 587.

- contrato de trabalho a tempo parcial (art. 153° do CT)[341];
- contrato de trabalho intermitente (art. 158.° do CT);
- contrato de trabalho em regime de comissão de serviço (art. 162.° n.° 3 do CT);
- contrato de teletrabalho (art. 166.° n.° 4 do CT);
- contrato de trabalho temporário (art. 181.° do CT);
- contrato de trabalho com trabalhador estrangeiro (art. 5.° n.° 1 do CT);
- contrato de trabalho com pluralidade de empregadores (art. 101.° n.° 2 do CT);
- contrato de trabalho a bordo de embarcações de pesca (art. 6.° da L. n.° 15/97, de 31 de Maio);
- contrato de trabalho do praticante desportivo e contrato de formação desportiva (arts. 5.° e 32.° da L. n.° 28/98, de 26 de Junho);
- contrato de trabalho dos profissionais de espectáculos (art. 10.° da L. n.° 4/2008, de 7 de Fevereiro).
- contrato de trabalho para funções públicas (art. 72.° da LCTFP (Regime) );

Na segunda categoria de situações, a lei exige a forma escrita para o *afastamento, pelas partes, de regimes legais supletivos ou imperativos mínimos*, ainda que o contrato de trabalho obedeça, ele próprio, à regra da liberdade de forma. Exemplificam esta categoria de situações as seguintes exigências:

- afastamento da adesão do trabalhador a disposições do regulamento empresarial (art. 104.° n.° 2 do CT);
- afastamento ou redução do período experimental pelo contrato de trabalho (art. 111.° n.° 3 do CT);
- afastamento ou limitação da mobilidade funcional do trabalhador (art. 120.° n.° 2 do CT);
- afastamento ou limitação da mobilidade geográfica do trabalhador (art. 194.° n.° 2 do CT).

---

[341] No caso dos contratos de trabalho a tempo parcial, em regime de teletrabalho ou de comissão de serviço, a exigência de forma escrita aplica-se não apenas à celebração *ex nuovo* do contrato de trabalho nesses regimes, mas também ao acordo de conversão de um contrato de trabalho comum nestas modalidades especiais.

No terceiro tipo de situações, a lei exige a forma escrita para o *estabelecimento de regimes especiais que, sendo permitidos por lei, são menos favoráveis para o trabalhador* do que o regime que resulta da celebração ou do desenvolvimento do contrato de trabalho nos moldes comuns. É o que sucede nos seguintes casos:

- celebração de um contrato-promessa de trabalho (art. 103.° n.° 1 do CT);
- aposição de termo ou condição suspensivos ao contrato de trabalho (art. 135.° do CT);
- estabelecimento de pacto de não concorrência (art. 136.° n.° 2 a) do CT);
- alargamento da mobilidade funcional do trabalhador (art. 120.° n.° 2 do CT);
- alargamento da mobilidade geográfica do trabalhador (art. 194.° n.° 2 do CT);
- acordo para a cedência de trabalhador (art. 290.° n.° 1 do CT, para a cedência ocasional de trabalhadores; art. 183.° n.° 1 do CT, para a cedência temporária de trabalhador por tempo indeterminado de uma empresa de trabalho temporário; art. 58.° da LVCR, para a cedência de trabalhadores com funções públicas, em regime de nomeação ou de contrato de trabalho; e art. 19.° da L. n.° 28/98, de 26 de Junho, quanto à cedência do praticante desportivo no contrato de trabalho desportivo);
- acordo de pré-reforma (art. 319.° do CT);
- acordo para a prestação do trabalho dos artistas em regime de intermitência (art. 10.° n.° 3 da L. n.° 4/2008, de 7 de Fevereiro).

Nas duas últimas categorias de situações apresentadas, observa-se um desvio em relação às regras gerais de forma do negócio jurídico, uma vez que o acordo relativo a aspectos acessórios ou a negócios preparatórios do contrato de trabalho se sujeita a exigências de forma superiores às do próprio contrato[342].

---

342 Apenas assim não sucede no caso do acordo para a prestação da actividade artística em regime de intermitência, uma vez que o novo regime jurídico nesta matéria (a L. n.° 4/2008, de 7 de Fevereiro) passou a exigir a forma escrita para o próprio contrato de trabalho dos artistas. Ainda assim, se o contrato destes profissionais tiver sido celebrado antes do surgimento deste diploma, o acordo superveniente quanto ao regime da intermitência já terá que revestir forma escrita.

**III.** As maiores exigências de forma do negócio jurídico são, por via de regra, justificadas pelo valor superior dos bens envolvidos no negócio, por imperativos de publicidade das situações jurídicas e de facilitação da respectiva prova, bem como pela conveniência de assegurar uma maior ponderação às partes na formação da sua vontade negocial[343].

No domínio do contrato de trabalho releva, sobretudo, a última justificação, uma vez que, como se evidencia na segunda e na terceira categoria de situações e ainda em alguns dos contratos especiais indicados (como o contrato de trabalho a termo, o contrato de trabalho temporário ou a comissão de serviço), está em causa um enfraquecimento da posição negocial do trabalhador em relação ao que decorreria da aplicação do regime laboral comum, o que justifica uma ponderação superior. Adicionalmente, as exigências de forma no âmbito da celebração do contrato de trabalho servem o objectivo de facilitar a prova da situação jurídica laboral e do regime que lhe é aplicável[344].

Por outro lado, é ainda a preocupação de tutela do trabalhador que justifica as regras laborais especiais sobre as *consequências do vício de forma* na celebração de alguns contratos de trabalho ou no estabelecimento de certos regimes laborais.

Embora o regime da nulidade seja genericamente aplicável em tais situações (nos termos do art. 220.° do CC), decorre ainda, em certos casos, da falta ou do vício grave de forma do contrato de trabalho ou da estipulação negocial uma consequência especial que recai sobre o empregador: assim, o contrato de trabalho a termo e o contrato de trabalho temporário, aos quais falte a forma escrita ou uma menção essencial, convertem-se em contratos de trabalho por tempo indeterminado (art. 147.° n.° 1 c) e art. 181.° n.° 2 do CT, respectivamente); os contratos de trabalho a tempo parcial, em regime de intermitência ou em regime de comissão de serviço são tidos como contratos de trabalho a tempo integral ou sujeitos ao regime comum, em caso de vício de forma (arts. 153.° n.os 2 e 3, 158.° n.° 2 e

---

343 Por todos sobre estas justificações, MENEZES CORDEIRO, *Tratado de Direito Civil cit.*, I (*Parte Geral*), tomo I, 567 s.

344 É, aliás, a mesma preocupação de assegurar a maior ponderação das partes que justifica as exigências superiores de forma em matéria de cessação do contrato de trabalho, designadamente quando tal cessação decorra do acordo das partes ou da iniciativa do empregador.

162.° n.° 4 do CT, respectivamente); e o contrato de trabalho com pluralidade de empregadores não celebrado por escrito ou com omissões relevantes confere ao trabalhador o direito de optar pelo empregador ao qual fica vinculado (art. 101.° n.° 5 do CT).

Em suma, com estas regras repõe-se a situação mais favorável ao trabalhador, que, nestes casos, decorreria do regime comum do contrato de trabalho. Excepção a esta regra parece apenas ser o contrato de teletrabalho, em que o valor da exigência de forma é apenas *ad probationem*, nos termos do art. 166.° n.° 6 do CT.

Esta orientação da lei, no que se refere à forma do contrato de trabalho e ao estabelecimento de certos regimes laborais, permite reconhecer uma *projecção específica do princípio da protecção do trabalhador em matéria de forma*[345], que justifica estes desvios às regras gerais: sempre que esteja em causa o enfraquecimento da posição do trabalhador relativamente ao regime laboral comum, a forma escrita impor-se-á como meio de assegurar uma maior ponderação das decisões negociais pelas partes e de facilitar a prova das respectivas situações jurídicas; e a não observância dos requisitos essenciais de forma do contrato pode determinar a nulidade, nos termos gerais, ou o retorno ao regime geral que confere uma maior protecção ao trabalhador.

### 65.2. **Forma e formalidades**

**I.** A forma do negócio jurídico é o modo como se manifesta a vontade negocial das partes na celebração desse negócio; quando à exigência de determinada forma a lei associa certas referências ou menções, que devem constar obrigatoriamente do negócio formal, estamos perante uma forma qualificada. Por seu turno, as formalidades do negócio têm a ver com os procedimentos materiais ou jurídicos que a lei impõe, na sequência da celebração de determinados negócios, e que completam o respectivo processo de formação – assim, por exemplo, actos de comunicação ou de registo da celebração dos contratos[346].

---

[345] É o entendimento de MENEZES CORDEIRO, *Manual de Direito do Trabalho cit.*, 587, que se acompanha inteiramente.

[346] Em geral e por todos sobre as distinções entre forma e formalidades do negócio jurídico, MENEZES CORDEIRO, *Tratado de Direito Civil cit.*, I (Parte Geral), tomo I, 565 s.

**II.** Embora estas distinções não resultem com absoluta clareza da lei, elas têm grande relevo no contrato de trabalho.

Em primeiro lugar, cumpre referir que, nos casos em que o contrato de trabalho seja sujeito a exigências legais de forma (i.e., quando seja um negócio formal), a forma a seguir é a *forma escrita*. Trata-se, contudo, de uma *forma qualificada*, porque do documento contratual devem constar certas menções obrigatórias. Algumas destas menções obrigatórias são comuns a todas as situações em que a lei exige a forma escrita (assim, a identificação e a assinatura das partes), enquanto outras variam consoante as especificidades do contrato de trabalho em questão – assim, vejam-se, no Código do Trabalho, o art. 141.° n.° 1, quanto às menções obrigatórias do contrato de trabalho a termo, o art. 153.° n.° 1.°, quanto às menções do contrato de trabalho a tempo parcial, o art. 158.° n.° 1 quanto às menções do contrato de trabalho intermitente, o art. 166.° n.° 4.° quanto às menções do contrato de teletrabalho, o art. 162.° n.° 3, quanto às menções do contrato de trabalho em regime de comissão de serviço, o art. 181.° n.° 1, quanto às menções do contrato de trabalho temporário, ou o art. 5.° n.° 1, quanto às menções do contrato de trabalho celebrado com trabalhador estrangeiro; e, relativamente a contratos de trabalho regulados fora do Código do Trabalho, entre outros, o art. 6.° n.° 1 da L. n.° 15/97, de 1 de Maio, quanto às menções do contrato de trabalho a bordo de embarcações de pesca, ou o art. 5.° da L. n.° 28/98, de 26 de Junho, quanto às menções do contrato de trabalho desportivo.

O ponto importante a reter nesta matéria é que, tal como sucede em relação à falta de forma, a omissão das menções mais importantes pode importar a consequência, acima indicada, da conversão do contrato em contrato por tempo indeterminado (no caso do trabalho a termo ou do trabalho temporário) ou do retorno ao regime laboral comum (na maioria dos outros casos). Estas menções obrigatórias mais importantes têm assim valor *ad substantiam* para o contrato em questão[347].

Já as restantes menções obrigatórias têm valor *ad probationem*, pelo que a sua falta não afecta a validade do contrato, podendo ser suprida por outros meios de prova (nos termos gerais do art. 364 n.° 2 do CC) e não determinando outras consequências laborais especiais.

---

[347] Com referência às exigências de forma no contrato de trabalho a termo resolutivo, *vd* o Ac. STJ de 26/10/1994, CJ (STJ), 1994, III, 279, qualificando esta forma como *ad substantiam* porque não pode ser substituída por outro meio de prova.

Em relação a alguns contratos de trabalho, a lei exige ainda que o contrato seja elaborado em mais do que um exemplar – assim sucede, por exemplo, com o contrato de trabalho celebrado com trabalhador estrangeiro (art. 5.° n.° 3 do CT) e com o contrato de trabalho desportivo (art. 5.° n.° 1 da L. n.° 28/98, de 26 de Junho).

**III.** Por outro lado, a lei associa à celebração de determinados contratos de trabalho algumas *formalidades* de natureza pública ou justificadas por interesses laborais colectivos, e que são, aliás, independentes do carácter formal ou consensual do contrato de trabalho em questão. Correspondem a esta exigência, entre outras, as seguintes formalidades:

i) Deveres de comunicação da celebração de certo tipo de contratos (aliás, como da respectiva cessação) às estruturas representativas dos trabalhadores na empresa (à comissão de trabalhadores e, quando o trabalhador seja sindicalizado, à sua representação sindical na empresa): assim sucede, por exemplo, com os contratos de trabalho a termo (art. 144.° n.° 1 do CT).

ii) Deveres de comunicação da celebração de certo tipo de contratos de trabalho à Autoridade para as Condições de Trabalho: assim, o contrato de trabalho celebrado com menor de idade inferior a 16 anos ou que não tenha concluído a escolaridade obrigatória (art. 68.° n.os 3 e 5 do CT), o contrato de trabalho a termo (art. 141.° n.° 2 do CT) e o contrato de trabalho celebrado com trabalhador estrangeiro (art. 5.° n.° 5 do CT).

iii) Deveres de registo de certos contratos de trabalho junto de entes públicos ou equiparados: assim, o contrato de trabalho do desportista deve ser registado na respectiva federação desportiva, sob pena de o desportista não poder participar em competições desportivas (art. 6.° n.° 1 da L. n.° 28/98, de 26 de Junho); e o contrato de aprendizagem deve ser registado no Instituto do Emprego e Formação Profissional (art. 18.° n.° 1 do DL n.° 205/96, de 25 de Outubro).

iv) Deveres de registo interno dos contratos de trabalho celebrados, pelo próprio empregador, para efeitos de aferição de eventuais práticas discriminatórias em razão do sexo na contratação (art. 32.° do CT) e para efeitos da elaboração do mapa de pessoal e das informações periódicas sobre a actividade da empresa (art. 127.° n.° 1 j) do CT).

A distinção entre a forma qualificada e as formalidades associadas à celebração de certos contratos é também relevante em razão das consequências da falta ou do vício da primeira ou da ausência das segundas: no caso de faltarem as formalidades estabelecidas para o contrato, por regra a sanção não será a invalidade, mas a ineficácia do contrato[348] e, eventualmente, a sujeição do empregador a coimas[349], uma vez que as formalidades têm, em princípio, valor *ad probationem*[350].

**IV.** Conexa com a matéria da forma do contrato de trabalho está a questão do *enquadramento dos comportamentos concludentes*.

Como é sabido, o comportamento concludente tem a ver com a situação em que a actuação da pessoa determina a aplicação de certo regime negocial, independentemente da emissão de qualquer declaração negocial, expressa ou tácita[351].

No domínio do contrato de trabalho, poderá reconhecer-se um comportamento concludente quando alguém se encontra inserido na organização de outrem, aí desenvolvendo uma actividade laboral, sem que tal situação seja titulada por qualquer declaração negocial tendente à celebração de um contrato de trabalho. Contudo, crê-se que a figura terá escasso relevo prático, uma vez que, vigorando a regra da liberdade de forma, em tal caso a actuação das partes corresponderá, por regra, a uma declaração negocial tácita de celebração do contrato de trabalho, perfeitamente admissível à luz do art. 217.° n.° 1, 2.ª parte do CC.

---

[348] Sustentando a mera ineficácia do contrato de trabalho desportivo perante a federação desportiva respectiva, no caso de não ter sido respeitada a formalidade do registo do mesmo junto dessa federação, que é imposta pelo art. 6.° da L. n.° 28/98, de 26 de Junho, J. Leal Amado, *Vinculação* versus *Liberdade. O Processo de Constituição e Extinção da Relação Laboral do Praticante Desportivo*, Coimbra, 2002, 143. É também o que decorre do art. 18.° n.° 3 do DL n.° 205/96, de 25 de Outubro, relativamente ao contrato de aprendizagem.

[349] É o que sucede com a falta de comunicação da contratação de menores nos termos dos arts. 68.° n.os 3 e 5 do CT, que constitui contra-ordenação leve (art. 68.° n.° 6); por seu turno, a falta de comunicação do contrato celebrado com trabalhador estrangeiro constitui contra-ordenação grave (art. 5.° n.° 7 do CT).

[350] Especificamente sobre as consequências da falta de registo dos contratos de trabalho quando exigível, Ac. STJ de 6/12/2000, Pront.DT, 2001, 59, 94.

[351] Em geral e por todos sobre a figura dos comportamentos concludentes, Menezes Cordeiro, *Tratado de Direito Civil cit.*, I (Parte Geral), tomo I, 596. Sobre a aplicação da figura no domínio laboral, ainda Menezes Cordeiro, *Manual de Direito do Trabalho cit.*, 589 ss.

## 66. Período experimental[352]

**I.** Uma outra matéria ligada à formação do contrato de trabalho é a matéria do período experimental. Este período corresponde à fase inicial de execução do contrato de trabalho, durante a qual as partes aferem, na prática, do seu interesse na prossecução do vínculo, podendo, em caso negativo, fazê-lo cessar sem necessidade de aviso prévio ou de invocação de qualquer motivo.

O período experimental é uma figura específica do vínculo laboral e encontra-se regulado nos arts. 111.° a 114.° do CT[353]. Esta figura levanta problemas de admissibilidade, de regime e de qualificação. Além disso, com referência ao sistema jurídico português, deve salientar-se a sua grande importância prática, em razão do regime restritivo em matéria de cessação do contrato de trabalho por iniciativa do empregador.

**II.** O período experimental coloca, desde logo, um problema de admissibilidade, que se deixa enunciar em termos interrogativos: porquê

[352] Em especial sobre a matéria do período experimental, podem ver-se RAÚL VENTURA, *O período de experiência no contrato de trabalho*, Dir., 1961, 4, 247-280, M. J. PUPO CORREIA, *Da experiência no contrato de trabalho*, BFDUC, 1971, Supl. XVIII, 149-174, MENEZES CORDEIRO, *Manual de Direito do Trabalho cit.*, 577 ss., BERNARDO XAVIER, *Curso de Direito do Trabalho cit.*, 419 s., JÚLIO GOMES, *Do uso e abuso do período experimental*, RDES, 2000, 1/2, 37-74, e 3/4, 245-276, P. FURTADO MARTINS, *Cessação do Contrato de Trabalho*, 2.ª ed., Cascais, 2002, 201 ss, T. GUERRA DE ALMEIDA, *Período experimental. Breves notas para o estudo comparativo dos regimes jurídicos português e espanhol, in* MONTEIRO FERNANDES (coord.), *Estudos de Direito do Trabalho em Homenagem ao Professor Manuel Alonso Olea*, Coimbra, 2004, 589-611, ROMANO MARTINEZ / L. M. MONTEIRO / J. VASCONCELOS / MADEIRA DE BRITO / G. DRAY / L. GONÇALVES DA SILVA, *Código do Trabalho Anotado cit.*, 316 ss. (anotação de L. M. MONTEIRO), ou LEAL AMADO, *Contrato de Trabalho… cit.*, 191 ss. Sobre o período experimental ou «contrato de experiência» como é designado no sistema jurídico brasileiro, pode ainda ver-se MASCARO NASCIMENTO, *Curso de Direito do Trabalho cit.*, 660 ss., e, na literatura espanhola, por exemplo, MARTIN VALVERDE, *El Período de Prueba en el Contrato de Trabajo,* Madrid, 1976.

[353] No âmbito do sistema anterior à codificação laboral, o período experimental estava regulado essencialmente na LCCT (o art. 55.° constituía a norma geral na matéria e o art. 43.° regulava o período experimental nos contratos de trabalho a termo). Contudo, outros aspectos relativos ao período experimental constavam de outros diplomas (assim, o problema da relação entre este período e a antiguidade do trabalhador era regulado pelo art. 44.° n.° 4 da LCT). O Código do Trabalho de 2003 deslocou – e bem – a disciplina do período experimental para a matéria da formação do contrato de trabalho (arts. 104.° ss.), opção que se mantém no actual Código do Trabalho.

admitir que, após a obtenção do acordo negocial, as partes possam voltar atrás na sua decisão, ainda por cima sem necessidade de justificação?

A *admissibilidade do período experimental* decorre das especificidades do contrato de trabalho e do vínculo laboral: é que, não obstante a fase de negociação do contrato poder já dar uma antevisão do desenvolvimento futuro do vínculo, só com a execução do trabalho podem, efectivamente, as partes aferir do seu interesse na manutenção de um negócio que, ainda por cima, se prevê continuado no tempo. Efectivamente, só com a prestação efectiva da actividade laboral é que o empregador pode avaliar as qualidades e aptidões do trabalhador para a função (recorde-se que estas qualidades têm uma importância vital para o contrato, pelo seu carácter *intuitus personae*); e, da mesma forma, é só com a sua integração na organização do empregador (ou seja, verificado o elemento de inserção organizacional do contrato) que o trabalhador pode confrontar as suas expectativas em relação a essa organização e, por consequência, confirmar o seu interesse na manutenção do vínculo.

A razão de ser do período experimental permite também concluir que esta figura é estabelecida pela lei não apenas em favor do empregador (o que corresponde à *communis opinio* e correspondia também à índole originária da figura na LCT de 1937[354]), mas também em favor do trabalhador, uma vez que tanto um como outro avaliam o interesse na continuação do contrato durante este período[355] – em suma, o período experimental corresponde ao interesse das duas partes. Nesta linha, o art. 111.° n.° 2 do CT dispõe que, durante o período experimental, as partes devem agir de modo a que a outra parte possa apreciar o interesse na manutenção do vínculo[356].

Deve, apesar de tudo, reconhecer-se que o período experimental tem um interesse acrescido para o empregador, uma vez que, decorrido este período, o empregador está mais limitado quanto à possibilidade de fazer cessar o contrato de trabalho do que o trabalhador[357].

---

[354] Era o que decorria dos arts. 12.° § único, 14.° e 15.° deste diploma.

[355] Quanto a este objectivo do período experimental, Ac. RLx. de 15/06/1994, CJ, 1994, III, 177.

[356] Na verdade, a redacção desta norma não é a mais feliz, redundando quase numa repetição da norma anterior (constante do art. 111.° n.° 1). O que está aqui em causa é o dever de as partes não impedirem, através do seu comportamento durante este período, que a outra parte possa avaliar o interesse na continuação do vínculo.

[357] Como veremos, *infra*, § 33.°, o empregador apenas pode fazer cessar o contrato por despedimento, motivado por justa causa ou em fundamentos objectivos ligados à

**III.** Do ponto de vista regimental, a figura do período experimental caracteriza-se, essencialmente, pelos seguintes traços:

i) A *duração do período experimental* varia de acordo com o tipo de contrato de trabalho em causa e com o grau de complexidade da função desempenhada pelo trabalhador (art. 112.° n.° 1 do CT)[358]. Assim, cabe distinguir as seguintes situações:

1) Nos *contratos de trabalho por tempo indeterminado*, o período experimental tem a duração de 90 dias para a generalidade dos trabalhadores, de 120 dias para os trabalhadores que exerçam cargos de complexidade técnica ou elevado grau de responsabilidade ou cargos que pressuponham uma qualificação especial e ainda funções de confiança, e de 240 dias para pessoal de direcção e quadros superiores (art. 112.° n.° 1 alíneas a), b) e c))[359].
Estas diferenças justificam-se pela maior dificuldade de aferir a aptidão do trabalhador nas funções de maior complexidade ou de confiança.

2) Nos *contratos de trabalho a termo* rege apenas o critério da duração do contrato: assim, o período experimental tem a duração de 30 ou 15 dias, consoante o prazo do contrato

---

empresa ou ao trabalhador, ao passo que o trabalhador pode sempre denunciar o contrato com aviso prévio. Reconhecendo a maior utilidade prática do período experimental para o empregador, JÚLIO GOMES, *Do uso e abuso... cit.*, 32 ss.

[358] No regime anterior ao Código do Trabalho de 2003, era ainda utilizado um terceiro critério para a fixação da duração do período experimental, que tinha a ver com a dimensão das empresas, sendo este período mais alargado nas empresas com menos de 20 trabalhadores – art. 55.° n.° 2 da LCCT. Tendo aquele Código procedido a um alargamento do período em termos gerais (era de 60 dias, para a generalidade das empresas e de 90 para as pequenas empresas), deixou de fazer sentido este critério de diferenciação. O actual Código mantém esta opção.

[359] A dificuldade colocada por esta disposição é a da integração do conteúdo dos conceitos de elevada responsabilidade, complexidade técnica ou que pressuponham uma qualificação especial. Esta integração terá que ser feita no caso concreto e a mesma função, considerada em abstracto, pode justificar uma qualificação diferente num determinado contexto (assim, a função de cozinheiro corresponderá a uma função de elevada complexidade técnica se estiver em causa o lugar de *maître* de um restaurante, por exemplo – justamente sobre uma situação deste tipo se pronunciou o Ac. REv. de 14/05/1996, CJ, 1996, III, 297).

seja superior ou inferior a seis meses, ou se preveja que a sua duração venha a ser superior ou inferior a seis meses, no caso de contrato de trabalho a termo incerto (art. 112.° n.° 2)[360-361].

3) Nos *contratos de trabalho em regime de comissão de serviço* só há lugar a período experimental se as partes o estabelecerem expressamente e não pode, neste caso, ser superior a 180 dias (art. 112.° n.° 3). A razão de ser desta norma prende-se com o regime da própria comissão de serviço, que permite a qualquer das partes pôr fim à comissão quando entender e sem necessidade de justificação (art. 163.°) – por outras palavras, como nestes contratos tanto o empregador como, sobretudo, o trabalhador estão sempre «à prova», numa situação em tudo semelhante à do período experimental, este não se justifica.

Por outro lado, tendo em conta que a comissão de serviço corresponde a um contrato de trabalho especial (quando o contrato de trabalho é celebrado *ex nuovo* neste regime) mas também pode corresponder a um acordo modificativo de um contrato de trabalho já existente[362] para o desempenho de tarefas de administração, direcção ou outras tarefas que envolvam um vínculo de confiança pessoal (art. 162.° n.° 1), coloca-se a questão de saber se esta norma relativa ao período experimental é aplicável apenas à primeira modalidade ou também à segunda modalidade. Entende-se que apenas

---

[360] Tal como já sucedia no CT de 2003, esta norma apenas se refere expressamente aos contratos a termo incerto cuja duração previsível é inferior a seis meses (art. 112.° n.° 2 b). Julga-se que a regra deverá valer também para aqueles contratos cuja duração se preveja que ultrapassará os seis meses, através de uma interpretação analógica da al. b) deste preceito às situações cobertas pela alínea a).

[361] Criticando o regime legal no que se refere aos contratos de trabalho a termo, por entender que, nestes contratos, a regra deveria ser a da dispensabilidade de período experimental, particularmente nos contratos de curta duração, MONTEIRO FERNANDES, *Direito do Trabalho cit.*, 340. Na verdade, não se vê como esta norma pode ser aplicada à nova figura dos contratos de trabalho a termo de muito curta duração, previstos no art. 142.° do CT.

[362] Teremos ocasião de desenvolver esta classificação da comissão de serviço a propósito do estudo desta figura, *infra*, § 21.°, ponto 76. Por ora, devem reter-se apenas as respectivas consequências em matéria de período experimental.

na primeira situação (ou seja, na denominada comissão de serviço externa) se justifica a existência de período experimental, se for estipulado expressamente pelas partes nos termos do n.° 3 do art. 112.°, porque apenas nesta modalidade de comissão de serviço estamos perante o início da execução do contrato» (nos termos dispostos pelo art. 111.° n.° 1; no caso do acordo de comissão de serviço com um trabalhador que já está na empresa (i.e., a comissão de serviço interna), o contrato já está em execução, apenas se modificando, pelo que não faz sentido onerar o trabalhador com a imposição de um novo período experimental[363]. Evidentemente que a não aplicação da figura à comissão de serviço interna não obsta a que o empregador ou o trabalhador façam cessar esta comissão quando o entenderem, nos termos do respectivo regime.

ii) *Natureza das normas relativas ao período experimental*: as normas legais sobre o período experimental têm natureza imperativa mínima, uma vez que a lei permite o seu afastamento apenas num sentido mais favorável ao trabalhador: assim, o período experimental pode ser reduzido por instrumento de regulamentação colectiva do trabalho ou por acordo escrito das partes, ou mesmo excluído por acordo escrito das partes (arts. 112.° n.° 5 e 111.° n.° 3), mas os seus limites não podem ser alargados[364].

Apenas no caso dos contratos de trabalho em regime de comissão de serviço, a regra geral da dispensa do período experimental (art. 112.° n.° 3 do CT) é de considerar como uma regra supletiva nos termos gerais, já que as partes podem afastá-la no sentido da consagração daquele período.

---

[363] Contra, L. M. MONTEIRO, em anotação a esta norma *in* ROMANO MARTINEZ / L. M. MONTEIRO / J. VASCONCELOS / MADEIRA DE BRITO / G. DRAY / L. GONÇALVES DA SILVA, *Código do Trabalho Anotado cit.*, 320.

[364] Sobre a inadmissibilidade do alargamento do período experimental, *vd o* Ac. RLx de 20/03/1996, CJ, 1996, II, 170; por seu turno, o Ac. RLx de 25/05/1994, CJ, 1994, III, 171, pronunciou-se sobre uma questão relativa ao período experimental em contratos sucessivos.

iii) *A contagem do período experimental* tem início com a execução do contrato de trabalho (art. 111.° n.° 1)[365], mas essa execução é de reportar especificamente ao início do desenvolvimento da actividade laboral pelo trabalhador (art. 113.° n.° 1), uma vez que é perante este desempenho que qualquer das partes pode avaliar do seu interesse na continuação do vínculo. À execução da prestação de trabalho a lei equipara, para efeitos do início da contagem do período experimental, a frequência pelo trabalhador de acções de formação ministradas pelo empregador ou por determinação deste, desde que tais acções não excedam metade da duração do período experimental (art. 113.° n.° 1 *in fine*).
Por outro lado, tendo em conta o objectivo do período experimental, a lei prevê o desconto, no cômputo deste período, dos dias de falta, licenças ou dispensa do trabalhador e das situações de suspensão do contrato (art. 113.° n.° 2)[366], embora não dos dias de descanso semanal nem dos feriados – por esta via, a lei realça a estrita ligação entre o período experimental e a execução efectiva da actividade laboral[367-368].

iv) *Cessação do contrato de trabalho durante o período experimental*: este ponto corresponde ao aspecto essencial do regime do período experimental e está tratado no art. 114.° do CT, que

---

365 Especificamente sobre a contagem do período experimental, *vd* o Ac. RLx. de 18/01/1985, CJ, 1985, I, 174, o Ac. RPto de 18/04/1988, CJ, 1988, II, 245, o Ac. RC de 20/01/2000, CJ, 2000, I, 66, e o Ac. RLx. de 29/06/2005, CJ, 2005, III, 155.

366 É pacífico na jurisprudência o entendimento de que a contagem do período experimental se interrompe durante os tempos em que não há prestação efectiva de trabalho, à excepção dos períodos de descanso diário e semanal do trabalhador. Sobre o ponto *vd* os Acórdãos citados na nota anterior.

367 Com esta norma, que foi introduzida pelo Código do Trabalho de 2003, ficaram dissipadas algumas das dúvidas suscitadas por aquele regime sobre o início da contagem do período experimental e sobre as interrupções desta contagem em situações de não trabalho.

368 Está, obviamente, em causa o início da execução *daquele* contrato de trabalho em concreto e não o início da actividade do trabalhador na empresa. Assim, se a um contrato de trabalho a termo suceder um novo contrato de trabalho a termo ou por tempo indeterminado com o mesmo trabalhador, parece fazer sentido a sujeição a novo período experimental, com a duração inerente ao tipo de contrato em questão – sobre o ponto, Ac. RLx de 25/05/1994, CJ, 1994, III, 171, e Ac. RLx. de 26/09/2001, CJ, 2001, IV, 161.

introduziu alguma modificações substanciais ao regime do Código do Trabalho anterior na matéria.

De acordo com esta norma, no decurso do período experimental qualquer das partes pode denunciar o contrato de trabalho sem necessidade de invocação de justa causa e sem direito a indemnização. A denúncia não carece também de aviso prévio, a não ser no caso de já ter decorrido um tempo razoável sobre o início do período experimental: assim, se já tiverem decorrido 60 dias ou 120 dias sobre o início do período experimental, a denúncia do contrato pelo empregador deve respeitar um aviso prévio de 7 e de 15 dias, respectivamente (art. 114.° n.$^{os}$ 2 e 3) – a novidade introduzida pelo Código do Trabalho de 2009 refere-se à extensão do prazo de aviso prévio até 15 dias, que não era prevista no Código anterior. Já se a denúncia for da iniciativa do trabalhador, a lei não impõe aviso prévio, qualquer que tenha sido a duração do contrato até ao momento.

O facto desta denúncia ser incondicionada não significa, no entanto, que seja insindicável e que possa ser exercida em moldes abusivos, ou seja, que contrariem a função para que foi instituído o próprio período experimental[369] – nesta linha, por exemplo, o Ac. STJ de 25/06/1986[370] considerou existir abuso do direito de despedimento no período experimental, na situação em que o trabalhador não tenha tido oportunidade de demonstrar a sua aptidão para o trabalho ou de efectuar a prestação.

---

[369] Neste sentido, FURTADO MARTINS, *Cessação do Contrato de Trabalho cit.*, 202, e JÚLIO GOMES, *Do uso e abuso... cit.*, 268 ss. Contudo, o segundo autor reconduz esta situação a um despedimento ilícito, com todas as consequências laborais que daí decorrem, ao passo que o primeiro apenas associa a esta conduta efeitos indemnizatórios. A nosso ver, se o trabalhador demonstrar que a cessação do seu contrato durante o período experimental se fundou em motivo que nada tem a ver com a sua aptidão para a função, não julgamos serem de excluir, à partida, as consequências laborais específicas da ilicitude do despedimento (assim, por exemplo, o empregador que denuncia o contrato de uma trabalhadora durante o período experimental, porque ela fica grávida), uma vez que a sua conduta é ilícita. Embora seja de reconhecer a dificuldade de prova dos motivos subjacentes à denúncia, tal dificuldade não constitui argumento bastante para limitar as consequências da ilicitude.

[370] BMJ 358-470; ainda sobre o exercício abusivo do direito de denúncia durante o período experimental, podem ver-se o Ac. STJ de 12/02/1997, BMJ 464-301, e o Ac. RLx. de 08/05/1996, CJ, 1996, III, 157.

Por outro lado, o Código veio clarificar uma questão controvertida no âmbito do direito anterior, sobre este ponto, que era a questão das consequências do desrespeito do prazo de aviso prévio pelo empregador, antes da denúncia. Nos termos do art. 114.° n.° 4, tal incumprimento total ou parcial apenas investe empregador no dever de pagar ao trabalhador a retribuição correspondente ao tempo de aviso prévio em falta. Afasta-se assim – a nosso ver, correctamente – a sanção gravosa da consolidação do contrato para estas situações, que seria excessiva.

v) *Período experimental e antiguidade do trabalhador*: nos termos do art. 112.° n.° 6, a antiguidade do trabalhador conta-se desde o início do período experimental. Este regime reforça a ligação da figura do período experimental ao elemento organizacional do contrato de trabalho, nos moldes acima indicados, uma vez que a antiguidade é também um reflexo desta componente organizacional.

**IV.** Uma outra questão suscitada nesta matéria é a *questão da natureza do período experimental*, sendo discutida a sua qualificação como uma fase inicial do contrato de trabalho[371] ou como um negócio laboral preliminar[372]. Por outro lado, tendo em conta que o aspecto essencial do regime jurídico do período experimental é a facilidade de fazer a cessar o contrato de trabalho, a figura pode ainda ser reconduzida a uma modalidade específica de cessação do contrato de trabalho[373].

O argumento de maior peso no sentido da recondução do período experimental a uma situação laboral preliminar decorre do facto de, apenas após o decurso deste período, o vínculo laboral se consolidar em definitivo enquanto tal.

Não se subscreve este entendimento. Para nós, *o período experimental corresponde à fase inicial da execução do contrato de trabalho* e não a um negócio laboral preliminar pelos seguintes motivos:

---

[371] Nesta linha, por exemplo, ROMANO MARTINEZ, *Direito do Trabalho cit.*, 465 s., e MONTEIRO FERNANDES, *Direito do Trabalho cit.*, 341.

[372] Neste sentido, MENEZES CORDEIRO, *Manual de Direito do Trabalho cit.*, 580, e BERNARDO XAVIER, *Curso de Direito do Trabalho cit.*, 419.

[373] Nesta perspectiva, FURTADO MARTINS, *Cessação do Contrato de Trabalho cit.*, 201.

- em primeiro lugar, porque o contrato de trabalho fica perfeito com o acordo das partes e este acordo não só não pressupõe como habitualmente precede o início da execução da actividade laboral; ora, sendo o período experimental reportado a esta execução, ele não corresponde a um negócio preliminar;
- em segundo lugar, porque a execução do contrato de trabalho pode ser diferida no tempo, mas apenas quanto a alguns dos seus efeitos, produzindo-se, entretanto, os demais (assim, por exemplo, o trabalhador que é contratado na véspera do encerramento da empresa para férias tem direito à retribuição correspondente ao tempo de encerramento da empresa, mas o seu período experimental só terá início após a reabertura da empresa, porque só nesse momento ele começa a desenvolver a sua actividade); ora, se numa situação deste tipo o contrato já produz efeitos mas o período experimental ainda não corre, não pode este período configurar uma situação laboral preliminar;
- por fim, porque o contrato de trabalho não se modifica decorrido o período de experiência, mas apenas se consolida, pela maior dificuldade de o fazer cessar a partir desse momento – é pois do mesmo vínculo que se trata; e, no mesmo sentido, se o contrato cessar durante o período experimental, esta cessação corresponde, tecnicamente, a uma denúncia (como decorre, aliás, dos termos do art. 114.° n.° 1), o que pressupõe a prévia celebração e execução do contrato. Ora, este facto não só colide com a qualificação do período experimental como negócio laboral preliminar, como torna também desnecessária a sua recondução a uma modalidade específica de cessação do contrato de trabalho.

Correspondendo o período experimental a uma fase do contrato de trabalho, é assim de aplaudir a opção do Código de Trabalho – que já provém do Código do Trabalho de 2003 – de tratar a figura a propósito da formação do contrato e não, como sucedia no regime legal anterior (tanto na LCCT como na LD), a propósito da cessação do contrato, apesar de o aspecto da cessação ser o ponto mais marcante do regime jurídico da figura.

Como fase inicial do contrato de trabalho, o período experimental corresponde a uma fase de grande precariedade do vínculo, mas este aspecto não é de molde a alterar a sua qualificação técnica.

**V.** Cabe ainda uma observação relativa à *importância específica do período experimental no nosso sistema jurídico, que decorre da sua ligação indirecta com sistema vigente em matéria de despedimento por iniciativa do empregador*[374]. É que, na prática, a dificuldade de fazer cessar o contrato por parte do empregador, que fez do sistema juslaboral português um dos sistemas jurídicos mais restritivos em matéria de despedimentos[375], torna o período experimental extremamente útil para o empregador, sobretudo se este período for extenso, não só como meio de verificação das aptidões do trabalhador mas como forma de fazer cessar o contrato de trabalho sem particulares condicionalismos. Em suma, deste ponto de vista, o período experimental tem funcionado como uma válvula de segurança do sistema de cessação do contrato de trabalho, para efeitos de facilitar a cessação precoce do negócio laboral.

A evolução do sistema normativo nesta matéria, desde o primeiro regime jurídico autónomo dos despedimentos, de 1975, que regulou também o período experimental, até à codificação do Direito do Trabalho, evidencia que a lei tem sido sensível a este papel adicional do período experimental, uma vez que é patente a tendência para um alargamento progressivo da duração deste período, bem como para a sua extensão aos contratos de trabalho a termo (tendência esta que, como vimos, se mantém no actual Código do Trabalho)[376].

Perante este quadro, é pertinente perguntar se o período experimental continua hoje a servir o desígnio para que foi instituído e se continua a

---

[374] Sobre este ponto em especial, Rosário Palma Ramalho, *Insegurança ou diminuição do emprego? A rigidez do sistema jurídico português em matéria de cessação do contrato de trabalho e de trabalho atípico, in* A. Moreira (coord.), *X Jornadas Luso-Hispano-Brasileiras de Direito do Trabalho – Anais*, Coimbra, 1999, 91-102 (97 s.); republicado *in Estudos de Direito do Trabalho cit.*, I, 95-106 (102).

[375] Desenvolveremos esta ideia, *infra*, § 33.°, ponto 124.

[376] No Regime Jurídico dos Despedimentos, instituído pelo DL n.° 372-A/75, de 16 de Julho (LD), o período experimental foi fixado em 15 dias para a generalidade dos contratos de trabalho (art. 28.° n.° 1), regra que o Regime dos Contratos a Prazo (DL n.° 781/76, de 26 de Outubro) veio também a adoptar para os contratos de trabalho a prazo (art. 5.°). Em 1989, o novo regime dos despedimentos e do contrato de trabalho a termo, aprovado pelo DL n.° 64-A/89, de 27 de Fevereiro (LCCT), elevou a duração do período experimental, tanto para os contratos por tempo indeterminado (art. 55.°) como para os contratos a termo (art. 43.°), em regime que ficou consolidado com a alteração desta norma pelo DL n.° 403/91, de 16 de Outubro.

fazer sentido. Embora se tenha que reconhecer que, para além do seu desígnio originário, o período experimental tem também outras virtualidades, crê-se que o equilíbrio global do sistema jurídico laboral depõe em favor da manutenção desta figura e justifica um alargamento razoável da sua duração enquanto o regime jurídico da cessação do contrato de trabalho mantiver a sua índole restritiva.

Evidentemente, caberá assegurar que o direito de pôr fim ao contrato de trabalho ao abrigo do período experimental não é exercido em moldes abusivos, nos termos acima indicados, ou seja, para disfarçar uma motivação ilícita para a cessação do contrato ou com um intuito sancionatório sobre o trabalhador. Em suma, impõe-se o exercício do direito dentro dos limites da boa fé[377].

## 67. Os valores negativos do contrato de trabalho: invalidade e convalidação do contrato de trabalho; relações laborais de facto[378]

### 67.1. Aspectos gerais

**I.** Verifica-se a ineficácia do negócio jurídico quando este não pode produzir todos ou parte dos seus efeitos. Como é sabido, o quadro geral das situações de ineficácia do negócio em sentido amplo permite distinguir entre a invalidade e a ineficácia em sentido estrito: verifica-se a invalidade, quando está em causa a subsistência do negócio por falta dos respectivos pressupostos, pela ocorrência de vícios na sua formação ou pelo

---

[377] Neste sentido, MENEZES CORDEIRO, *Manual de Direito do Trabalho cit.*, 580.

[378] Sobre este ponto, RAÚL VENTURA, *Nulidade total e nulidade parcial do contrato de trabalho*, Dir, 1962, 245-273, MENEZES CORDEIRO, *Manual de Direito do Trabalho cit.*, 643 ss., BERNARDO XAVIER, *Curso de Direito do Trabalho cit.*, 420 s., MÁRIO PINTO / FURTADO MARTINS / NUNES DE CARVALHO, *Comentário... cit.*, I, 69 ss., e JÚLIO GOMES / CATARINA CARVALHO, *Sobre o regime da invalidade do contrato de trabalho, in* A. MOREIRA (coord.), *II Congresso Nacional de Direito do Trabalho. Memórias*, Coimbra, 1999, 147--176, ROMANO MARTINEZ / L. M. MONTEIRO / J. VASCONCELOS / MADEIRA DE BRITO / G. DRAY / L. GONÇALVES DA SILVA, *Código do Trabalho Anotado cit.*, 344 ss. (anotação de MADEIRA DE BRITO), ROMANO MARTINEZ, *Direito do Trabalho cit.*, 481 ss., MONTEIRO FERNANDES, *Direito do Trabalho cit.*, 336 ss., JÚLIO GOMES, *Direito do Trabalho cit.*, 515 ss., ou LEAL AMADO, *Contrato de Trabalho... cit.*, 187 ss.

desrespeito das regras de forma, podendo a invalidade cominar uma situação de nulidade ou de anulabilidade[379]; há ineficácia em sentido estrito quando o negócio é validamente constituído mas não produz, ainda assim, todos os seus efeitos[380].

**II.** Este quadro geral das situações de ineficácia do negócio jurídico aplica-se ao contrato de trabalho, que pode ser inválido ou ineficaz nos termos gerais. Não há, pois, neste domínio, novas e diferentes causas de ineficácia do negócio[381].

Já relativamente aos *efeitos da declaração de invalidade do negócio*, o contrato de trabalho apresenta relevantes especificidades, quanto ao regime da invalidade parcial, quanto aos efeitos da invalidade nos contratos de trabalho executados e quanto ao regime da convalidação do contrato. Tais especificidades evidenciam a singularidade dogmática do contrato de trabalho no panorama dos negócios obrigacionais, que é reconhecida pela lei na forma pragmática como concebe as soluções que melhor se adequam aos valores em jogo, ainda que tais soluções sejam desviantes do regime comum da invalidade[382].

Esta matéria encontra-se regulada em secção específica do Código do Trabalho (arts. 121.° a 125.°), sem prejuízo da previsão de outros efeitos especiais associados à invalidade total ou parcial do contrato de trabalho noutras normas do Código.

Ligado a esta matéria está ainda o problema das relações laborais de facto.

---

379 Ou ainda, para alguma doutrina, um caso de inexistência – assim, J. OLIVEIRA ASCENSÃO, *Direito Civil. Teoria Geral*, II (2.ª ed.), Coimbra, 2003, 367 ss.

380 Por todos, sobre o quadro geral das situações de ineficácia do negócio jurídico, MENEZES CORDEIRO, *Tratado de Direito Civil cit.*, I, 853 ss., e OLIVEIRA ASCENSÃO, *Direito Civil. Teoria Geral cit.*, II, 364 ss.

381 MENEZES CORDEIRO, *Manual de Direito do Trabalho cit.*, 646.

382 Ainda assim, como observam JÚLIO GOMES e CATARINA CARVALHO, *Sobre o regime da invalidade do contrato de trabalho cit.*, 150, na sua interpretação das normas legais sobre o regime da invalidade, a doutrina tem sido maioritariamente tributária de uma perspectiva de conciliação destas normas com o regime civil geral das invalidades. Não sendo esta perspectiva conciliatória de rejeitar, cremos que, em alguns casos, deve assumir-se a diversidade das soluções laborais, que têm em conta os valores próprios do Direito do Trabalho.

### 67.2. A invalidade do contrato de trabalho; a redução e a conversão dos negócios laborais inválidos

**I.** O regime da *invalidade parcial do contrato de trabalho* comporta duas regras, dispostas pelo art. 121.° do CT: a regra geral, nos termos da qual a nulidade ou a anulação parcial do contrato de trabalho não impede a subsistência do negócio, salvo quando se mostre que ele não teria sido celebrado sem a parte viciada (n.° 1); e a regra especial, segundo a qual as cláusulas do contrato de trabalho, que violem normas imperativas, se consideram substituídas por estas normas (n.° 2).

**II.** A regra geral deste artigo não contém, em si mesma, qualquer especificidade. Trata-se da concretização laboral do regime civil da redução do negócio jurídico nulo ou anulado, que está estabelecido no art. 292.° do CC, e que, em aplicação do princípio geral do aproveitamento dos actos jurídicos, permite a subsistência do negócio parcialmente nulo ou anulado, uma vez expurgada a causa da invalidade[383].

Como é de regra no regime geral da redução, este aproveitamento do contrato de trabalho parcialmente inválido fica na dependência da vontade hipotética das partes. Assim, o contrato só se manterá caso se mostre que teria sido celebrado mesmo sem a parte viciada (art. 121.° n.° 1, parte final)[384].

**III.** As particularidades do regime da redução do contrato de trabalho decorrem da regra do n.° 2 do art. 121.°, não só pela especificidade da regra em si mesma, mas também porque, na sua aplicação prática, esta regra comprime significativamente o alcance da regra geral do n.° 1[385].

---

[383] Em geral sobre o regime da invalidade parcial e da redução do negócio jurídico, L. CARVALHO FERNANDES, *A Conversão dos Negócios Jurídicos Civis*, Lisboa, 1993, 536 ss., e *passim*.

[384] Na redacção originária do preceito (art. 14.° n.° 1 da LCT), a expressão era «salvo quando se demonstre que os contraentes ou qualquer deles o não teriam concluído sem a parte viciada». A redacção actual do preceito, em linha com a do Código do Trabalho de 2003 (art. 114.°), que remete directamente para o negócio, não obsta ao relevo negativo da vontade de qualquer dos contraentes, independentemente da vontade da contraparte, para afastar o aproveitamento do negócio. Além disso, esta redacção aproxima mais o preceito da disposição do art. 292.° do CC, o que evidencia a equivalência das situações.

[385] Contra, considerando que esta regra não reveste especificidade, ROMANO MARTINEZ, *Direito do Trabalho cit.*, 487.

O art. 121.° n.° 2 consagra um *regime de substituição das cláusulas do contrato de trabalho que violem normas imperativas pelos correspondentes preceitos imperativos*[386]. As especificidades deste regime são duas:

- em primeiro lugar, a substituição opera automaticamente (nos termos da lei, as cláusulas «consideram-se substituídas» pelas normas imperativas), dispensando-se o recurso aos meios jurisdicionais para verificação da desconformidade do contrato com a lei e sua posterior e eventual redução, dentro dos limites legais;
- em segundo lugar, esta substituição impõe-se à vontade das partes relativamente à conclusão do negócio sem a cláusula viciada; por outras palavras, ainda que se mostre que ambos ou qualquer um dos contraentes não teriam concluído o contrato sem a cláusula que viola a norma imperativa (por exemplo, uma cláusula que estabelece um período normal de trabalho semanal superior ao máximo legalmente permitido), o que invalidaria o mecanismo da redução do contrato ao abrigo do n.° 1 do art. 121.°, esta demonstração é irrelevante porque a lei determina a manutenção do contrato com o conteúdo que decorre da norma imperativa.

Estas duas regras suscitam problemas delicados, quer do ponto de vista regimental (no que toca à articulação das regras entre si), quer do ponto de vista da construção dogmática deste mecanismo de substituição automática. Além disso, deve ser ponderada a questão do âmbito do conceito de «norma imperativa» para efeitos da aplicação destas regras.

---

[386] Na redacção originária desta norma (art. 14.° n.° 2 da LCT), o regime da substituição automática apenas operava se a cláusula negocial inválida fosse menos favorável do que o regime constante da norma imperativa violada. O Código do Trabalho de 2003, tal como o actual Código do Trabalho, afastaram essa condição, repondo o princípio geral da prevalência das normas imperativas sobre a liberdade negocial, independentemente do seu carácter mais ou menos favorável, princípio que já era, aliás, subscrito pela doutrina – por exemplo, MÁRIO PINTO / FURTADO MARTINS / NUNES DE CARVALHO, *Comentário... cit.*, I, 69. Naturalmente, o preceito continua a ter em conta o tipo de imperatividade da norma, mas de um modo diferente: em caso de imperatividade absoluta, a cláusula do contrato de trabalho que disponha diferentemente é sempre inválida; em caso de imperatividade mínima, apenas viola a norma a cláusula do contrato que disponha em sentido menos favorável do que a lei.

**IV.** No que se refere à *articulação entre o n.° 1 e o n.° 2 do art. 121.°*, entende-se que a regra especial do n.° 2 prevalece sobre a regra geral do n.° 1, diminuindo o alcance desta regra geral. Com efeito, por força do n.° 2, o contrato de trabalho parcialmente nulo ou anulado, por contrariedade à lei, deverá subsistir, com o seu conteúdo reduzido e «substituído» pelo conteúdo que resultar das normas imperativas aplicáveis; só nos restantes casos será de aplicar a regra geral do n.° 1.

Como decorre do exposto, a especificidade do mecanismo da redução, na sua aplicação aos contratos de trabalho parcialmente inválidos, reside no facto de esta redução poder operar contra a vontade hipotética da parte a quem aproveita a cláusula negocial viciada[387]. Este regime especial tem a sua razão de ser na tutela dos valores subjacentes às normas laborais imperativas, com destaque (embora não exclusivamente) para as necessidades gerais de tutela do trabalhador[388].

**V.** O segundo problema colocado pela regra do n.° 2 do art. 121.° tem a ver com a *construção dogmática do próprio mecanismo da «substituição automática»*.

Um entendimento tradicional concebe este mecanismo como uma recepção, pelo contrato de trabalho, do conteúdo das normas «substitutivas» da cláusula inválida – é a teoria da recepção automática. Outro entendimento realça a ideia de que as normas imperativas invalidam as cláusulas negociais que se lhes oponham, sendo esse o fundamento do mecanismo de substituição e reconduzindo-se tal substituição a um caso de conversão

---

[387] Neste sentido, expressamente, MADEIRA DE BRITO, *in* ROMANO MARTINEZ / L. M. MONTEIRO / J. VASCONCELOS / MADEIRA DE BRITO / G. DRAY / L. GONÇALVES DA SILVA, *Código do Trabalho Anotado cit.*, 344 ss.. Como observa este autor, uma articulação entre estes dois preceitos que fizesse prevalecer a regra geral do n.° 1 retiraria sentido útil ao n.° 2, uma vez que a parte beneficiada pela cláusula contrária a uma norma imperativa demonstraria que não teria concluído o contrato sem a parte viciada – assim, por exemplo, num contrato de trabalho em que fosse fixado um período normal de trabalho semanal de 50 horas, a prevalência da regra do n.° 1 do art. 121.° determinaria a nulidade do contrato perante a demonstração, pelo empregador, da essencialidade daquele tempo de trabalho para a formação da sua vontade negocial; a regra do n.° 2, pelo contrário, assegura que o contrato se mantém com a sujeição do trabalhador ao limite semanal máximo de horas de trabalho, que a lei fixa em 40 horas.

[388] Assim, este regime também se aplica às cláusulas do contrato de trabalho que limitem direitos do empregador e que constem de normas imperativas.

legal, uma vez que é alterado o conteúdo do negócio, sem margem para atender à vontade das partes – é a teoria da conversão[389].

A nosso ver, e tendo em conta a observação de RAÚL VENTURA[390] no sentido de que as normas não podem transformar-se em cláusulas contratuais, este mecanismo da substituição deve ser perspectivado do seguinte modo: a invalidade parcial do contrato de trabalho produz uma lacuna quanto à parcela do conteúdo do negócio a que se reportavam as cláusulas inválidas; o mecanismo de substituição é o meio que a lei predispôs para integrar tal lacuna e consiste numa remissão simples para a norma imperativa que quadre à situação[391]. O carácter automático desta remissão assegura a eficácia do sistema e a tutela dos interesses mais relevantes em jogo.

**VI.** Por fim, a regra do art. 121.° n.° 2 coloca um *problema de âmbito de aplicação, que decorre do que deva entender-se por «normas imperativas» para efeitos da aplicação do mecanismo da substituição automática.*

A conjugação desta norma com o art. 476.° do CT, que regula a relação entre os instrumentos de regulamentação colectiva do trabalho e o contrato de trabalho e, designadamente, o condicionamento da possibilidade de afastamento das disposições do instrumento de regulamentação colectiva do trabalho pelo contrato de trabalho (este afastamento só pode ocorrer se a cláusula do contrato de trabalho for mais favorável do que o regime do instrumento de regulamentação colectiva do trabalho), e ainda a existência de regimes legais que apenas são disponíveis para as convenções colectivas de trabalho (nos termos do art. 3.° n.° 5 do CT), permite concluir que as cláusulas dos instrumentos de regulamentação colectiva do trabalho também podem apresentar-se como regimes indisponíveis perante o contrato de trabalho – por outras palavras, como normas imperativas[392].

---

[389] Sobre o ponto, MENEZES CORDEIRO, *Manual de Direito do Trabalho cit.*, 648.

[390] *Nulidade total e nulidade parcial... cit.*, 268.

[391] MÁRIO PINTO / FURTADO MARTINS / NUNES DE CARVALHO, *Comentário... cit.*, I, 68 e s., chamam a atenção para as dificuldades de operar esta substituição pelo regime normativo imperativo, no caso das normas proibitivas mas sem conteúdo preceptivo. O ponto terá que ser visto no caso concreto e, não sendo possível operar a substituição, recorrer-se-á à regra geral do n.° 1, ou o contrato caducará por impossibilidade objectiva absoluta e superveniente.

[392] Cfr., quanto a esta matéria, *Direito do Trabalho I*, pontos 26.4.I. e 31.3.III.

Assim, entende-se que a regra do art. 121.° n.° 2 do CT é extensível tanto à relação entre o contrato de trabalho e a lei como à relação entre o contrato de trabalho e os instrumentos de regulamentação colectiva do trabalho: para efeitos desta norma, os regimes convencionais colectivos que afastem normas legais convénio-dispositivas correspondem a normas imperativas perante os contratos de trabalho, pelo que as cláusulas do contrato de trabalho que os contrariem devem ser consideradas automaticamente substituídas pelas cláusulas correspondentes desses instrumentos de regulamentação colectiva do trabalho[393-394].

**VII.** Para além da figura da redução do negócio jurídico, releva ainda neste domínio a *figura da conversão do contrato de trabalho inválido*, em termos que projectam a figura civil geral da conversão do negócio jurídico, ainda que, de novo, com especificidades.

Como é sabido, a conversão do negócio jurídico inválido ocorre quando ele se transforma num negócio de tipo ou conteúdo diferente, do qual contenha os requisitos essenciais de substância e desde que tal transformação não contenda com a vontade hipotética das partes (art. 293.° do CC).

Ora, embora a figura da conversão não seja referida no art. 121.° do CT, soluções típicas de conversão legal são previstas em diversas situações de invalidade do contrato de trabalho, ao longo do Código e em diplomas laborais avulsos: assim, entre outros casos, o contrato de trabalho a termo resolutivo celebrado em desconformidade com a lei (seja por falta ou por vício grave de forma, seja por falta de fundamentação) converte-se em contrato de trabalho por tempo indeterminado (art. 147.°); o contrato de trabalho temporário com vícios graves de forma ou de fundamentação, converte-se em contrato de trabalho por tempo indeterminado entre o tra-

---

[393] Este regime depõe contra a qualificação apriorística que o Código do Trabalho faz das convenções colectivas de trabalho como instrumentos colectivos «negociais» (art. 2.°). Na verdade, aqui como noutros pontos do seu regime, as convenções colectivas de trabalho demonstram a singularidade que lhes assiste, justamente pela sua incontornável essência normativa. Quanto a este ponto, *Direito do Trabalho I*, § 14.°, ponto 48.2.

[394] Também advogando a extensão desta regra aos instrumentos de regulamentação colectiva do trabalho, Madeira de Brito, *in* Romano Martinez / L. M. Monteiro / J. Vasconcelos / Madeira de Brito / G. Dray / L. Gonçalves da Silva, *Código do Trabalho Anotado cit.*, 345.

balhador temporário e a empresa de trabalho temporário (arts. 181.º n.º 2, 182.º, n.º 2 e 183.º n.º 2) e o mesmo sucede em caso de nulidade do contrato de utilização, que pode determinar a conversão do contrato de trabalho temporário em contrato por tempo indeterminado com a empresa utilizadora (art. 177.º n.º 5); o contrato de trabalho em regime de comissão de serviço com vícios graves de fundo ou de forma converte-se em contrato de trabalho por tempo indeterminado (art. 162.º n.º 4); e os contratos de trabalho intermitente e de trabalho a tempo parcial viciados convertem-se em contratos de trabalho sob o regime comum e a tempo integral, respectivamente (arts. 157.º n.º 2 e 153.º n.º 2).

Relativamente a algumas destas situações, *verbi gratia* em relação ao contrato de trabalho a termo, tem sido sustentada a tese de que o vício do termo corresponde a uma nulidade parcial do contrato, até porque o termo é tecnicamente uma cláusula acessória, pelo que a subsistência da situação laboral como contrato por tempo indeterminado corresponderia ainda a uma hipótese de redução. Não é este o nosso entendimento, por uma razão de substancialidade na análise das situações jurídicas: é que, independentemente da qualificação técnica do termo como cláusula acessória, o contrato de trabalho por tempo indeterminado, que emerge da invalidade daquela estipulação, é, na verdade, um contrato com um *conteúdo diferente* do contrato pretendido pelas partes, integrando-se assim perfeitamente no âmbito da previsão da figura da conversão do negócio jurídico feita pelo art. 293.º do CC[395].

Por maioria de razão, a recondução das outras situações indicadas à figura da conversão parece ser a mais adequada: no caso do contrato de trabalho temporário, a conversão não envolve apenas a modificação do tipo contratual mas envolve, inclusivamente, a modificação das respectivas partes (já que o contrato de trabalho temporário é celebrado

395 Efectivamente, não está aqui em causa a consideração como não escrita de uma cláusula acessória ilícita de um negócio, nos termos gerais, mas uma modalidade de contrato de trabalho, que é diferente em alguns dos aspectos mais importantes do seu regime, como a motivação, a duração e a forma de cessação. Mesmo que se recuse a qualificação do contrato de trabalho a termo como um contrato de trabalho especial – embora só do ponto de vista dogmático, uma vez que não é esta qualificação que resulta actualmente da lei – isso não invalida o reconhecimento desta diferença substancial de conteúdo do contrato, que permite subsumir a situação à figura da conversão do negócio jurídico.

entre o trabalhador e a empresa de trabalho temporário e converte-se num contrato de trabalho por tempo indeterminado com a empresa utilizadora, pelo menos em alguns casos); no caso dos contratos de teletrabalho, de comissão de serviço e a tempo parcial, ocorre também uma mudança do conteúdo do contrato, ou do tipo de contrato para quem os qualifique como contratos de trabalho especiais, pelo que se justifica a recondução desta regra a um caso de conversão. Tratando-se de uma conversão legal, ela opera de modo automático e é independente da vontade das partes.

### 67.3. Os efeitos da invalidade do contrato de trabalho: especificidades

**I.** A segunda especificidade do regime laboral em matéria de invalidade decorre da *regra da não retroactividade dos efeitos da declaração de nulidade ou da anulação do contrato de trabalho executado*, ao contrário do que sucede no regime geral da invalidade (art. 289.° n.° 1 do CC)[396].

O regime laboral nesta matéria está estabelecido nos art. 122.° a 124.° do CT[397]. Este regime reveste, contudo, alguma complexidade, compreendendo diversas regras:

– a regra geral da não retroactividade dos efeitos da declaração de nulidade ou da anulação do contrato de trabalho (art. 122.° n.° 1);
– a regra relativa aos actos modificativos inválidos do contrato de trabalho (art. 122.° n.° 2 );
– regras relativas aos factos extintivos do contrato de trabalho ocorridos antes da sua declaração de nulidade ou anulação (art. 123.° n.° 1 e 2);

---

[396] Em geral e por todos quanto ao regime geral da invalidade do negócio jurídico, no que toca aos efeitos da declaração de nulidade e da anulação, MENEZES CORDEIRO, *Tratado de Direito Civil cit.*, I (tomo I), 873 ss.

[397] Na LCT, estes preceitos correspondiam ao art. 15.° e ao art. 16.°. No Código do Trabalho de 2003, a matéria era tratada nos arts. 115.° a 117.°, sendo de notar o importante esforço de simplificação e de clarificação deste regime levado a efeito pelo Código de 2003 e que o actual Código do Trabalho mantém.

– regras sancionatórias em relação ao contraente de má fé, que invoque a invalidade (art. 123.° n.os 3 e 4, e art. 124.°).

**II.** A *regra geral*, enunciada no art. 122.° n.° 1, é a de que *o contrato de trabalho declarado nulo ou anulado, mas que tenha sido executado, produz efeitos como se fosse válido em relação ao tempo durante o qual esteve em execução*[398].

As razões de ser desta regra são a impraticabilidade da repetição das prestações laborais, não apenas no que toca à actividade laboral[399] mas também por força da complexidade da posição debitória das partes no contrato de trabalho[400], a necessidade de tutela do trabalhador nestas situações[401] e, por último, a conveniência de estabelecer um regime de aplicação escorreita num contrato que, apesar de inválido, pode ser executado durante largo tempo. O pressuposto desta regra é, naturalmente, que o contrato tenha sido executado, uma vez que, se não tiver havido execução do contrato, não emergem razões justificativas de qualquer desvio à regra geral do art. 289.° n.° 1 do CC.

Deve, contudo, ficar claro que este regime não valida o contrato nulo ou anulado pelo tempo que esteve em execução, mas também não consubstancia uma ficção de contrato de trabalho[402] ou uma relação laboral de facto, uma vez que houve uma manifestação de vontade das partes em celebrar um contrato, ainda que inválido – apenas se tal manifestação de

---

[398] Sobre este ponto, Ac. RP de 24/11/2003, CJ, 2003, V, 237, e Ac. STJ de 4/05/2005 (Proc. n.° SJ200505040007794), www.dgsi.pt.

[399] Reforçando esta motivação da regra, MÁRIO PINTO / FURTADO MARTINS / NUNES DE CARVALHO, *Comentário... cit.*, I, 72.

[400] Efectivamente, a repetição das prestações principais das partes não seria aqui praticável, porque, não sendo a actividade laboral repetível *in se*, apenas o poderia ser em equivalente pecuniário, e tal equivalente seria a retribuição. Mas para além da impraticabilidade de repetição das prestações principais, é também impraticável a devolução da miríade de prestações secundárias de cada uma das partes, que também contribuem para tornar complexas as respectivas posições negociais. É pois a complexidade da posição debitória das partes (que justificámos amplamente *in Direito do Trabalho I*, § 12.°, ponto 43. e *passim*) que justifica esta regra.

[401] Reforçando o valor desta motivação, JÚLIO GOMES e CATARINA CARVALHO, *Sobre o regime da invalidade do contrato de trabalho cit.*, 154 s.

[402] Diversamente, ROMANO MARTINEZ, *Direito do Trabalho cit.*, 482 ss., que reconhece nesta situação um caso de ficção de contrato de trabalho.

vontade faltasse de todo mas tivesse havido execução se poderia, com propriedade, reconhecer uma situação laboral de facto para o tempo da execução[403]. A nosso ver, trata-se de um regime concebido para salvaguardar os efeitos de um contrato celebrado e executado, mas que padece de um vício de invalidade.

O alcance concreto desta regra justificaria ainda uma observação complementar, em razão da supressão da referência feita pelo regime anterior à codificação laboral (art. 15.° n.° 1 da LCT) no que toca à ressalva dos efeitos produzidos pelo contrato durante a acção de declaração de nulidade ou de anulação do contrato, se este continuasse a ser executado e até ao trânsito em julgado da sentença de anulação ou de declaração de nulidade. Desaparecida esta referência, suscita-se a questão do relevo da mera propositura da acção (e não já do trânsito em julgado da respectiva sentença) para efeitos do fim da sujeição do contrato a este regime. Crê-se, no entanto, que os interesses que a lei acautela com este regime são os que decorrem da execução efectiva do contrato, sendo tais interesses independentes da propositura da acção tendente à extinção do vínculo. Assim, se o contrato continuar a ser executado no decurso da acção, não se vislumbram motivos para o dispensar da aplicação deste regime, enquanto tal execução perdurar.

Questão diversa é a de saber se o conhecimento da causa da invalidade confere, por si só, à parte beneficiada pela respectiva declaração o direito de suster de imediato a execução do contrato, com aquele fundamento. Julga-se que sim, no caso da nulidade, porque a nulidade opera *ipso jure*, mas entende-se que não, no caso de vício gerador de anulabilidade, porque o efeito invalidante do contrato carece de ser determinado judicialmente[404].

---

[403] No sentido que sufragamos, JÚLIO GOMES e CATARINA CARVALHO, *Sobre o regime da invalidade do contrato de trabalho cit.*, 164 ss., retirando a consequência da inaplicabilidade do regime do art. 15.° n.° 1 da LCT (correspondente ao actual regime do art. 122.° n.° 1 do CT) a situações de contrato de trabalho inexistente; considerando que esta situação se reconduz a uma relação laboral de facto, ROMANO MARTINEZ, *Direito do Trabalho cit.*, 468. Retomaremos esta questão, *infra*, ponto 67.5.

[404] Sobre este ponto, com desenvolvimentos, JÚLIO GOMES e CATARINA CARVALHO, *Sobre o regime da invalidade do contrato de trabalho cit.*, 161 ss. Contudo, *vd* o entendimento de princípio de MENEZES CORDEIRO, *Tratado de Direito Civil cit.*, I (tomo I), 863 ss., quanto à dispensa de princípio da invocação judicial quer da anulabilidade quer da nulidade.

**III.** A regra geral da não retroactividade da declaração de nulidade ou da anulação do contrato de trabalho estende-se também aos *actos modificativos inválidos*, nos termos definidos pelo art. 122.° n.° 2. Assim, estes actos produzem efeitos como se fossem válidos em relação ao tempo de execução do contrato, mas apenas se a ressalva daqueles efeitos não for de molde a afectar as garantias do trabalhador.

A aplicação desta regra no caso concreto tem que ter em conta a relação entre os actos modificativos inválidos e o próprio contrato de trabalho, devendo distinguir-se as seguintes situações: contrato de trabalho válido e actos modificativos inválidos; contrato de trabalho inválido e actos modificativos inválidos; contrato de trabalho inválido e actos modificativos válidos.

No terceiro caso, o acto modificativo válido não é afectado pela invalidade do próprio contrato de trabalho (assim, por exemplo, o acto regular de promoção de um trabalhador, cujo contrato seja nulo por falta de carteira profissional, é válido). No primeiro e no segundo casos, a invalidade do acto modificativo é apreciada de forma independente da validade do próprio contrato de trabalho e de acordo com o requisito do respeito pelas garantias do trabalhador: assim, independentemente da validade ou invalidade do contrato, o respectivo acto modificativo inválido vê ressalvados os seus efeitos durante o tempo de execução do contrato, a não ser que esta ressalva afecte garantias do trabalhador, caso em que será aplicado o regime geral da nulidade, repondo a situação que existia antes do acto inválido (assim, por exemplo, o acto de despromoção ilícita de um trabalhador num contrato de trabalho válido ou inválido, deve seguir o regime geral, porque a solução da ressalva dos efeitos produzidos contraria a garantia da irreversibilidade da categoria).

**IV.** O Código do Trabalho estabelece ainda uma regra para o tratamento dos *factos extintivos do contrato de trabalho inválido*, que ocorram antes da declaração de nulidade ou da anulação: nos termos do art. 123.° n.° 1, estes factos seguem o regime da cessação do contrato de trabalho, com os respectivos requisitos e efeitos (nomeadamente indemnizatórios), sendo assim independentes da invalidade do mesmo.

A razão de ser desta regra reside em que, nos casos em que o contrato seja tido como válido e cesse, nos termos gerais, se perde o interesse na declaração de nulidade ou na anulação do contrato. Se o próprio acto de cessação do contrato estiver viciado, tal deve ser apurado em sede própria, ou seja, na acção de impugnação do despedimento ou da denúncia do contrato; assim como nada impede que, nesta mesma sede, se discuta um problema de invalidade do contrato, que pode ser relevante para efeitos de fixação de um eventual dever de indemnizar ou para efeitos de obstar à reintegração do trabalhador[405].

A lei contempla especificamente a relação entre a cessação do contrato e a sua invalidade em duas regras:

– no caso de despedimento ilícito ou de denúncia sem aviso prévio num contrato a termo, que seja declarado nulo ou anulado, é limitado o valor da indemnização devida, que deve ser calculado nos termos dos arts. 393.° e 401.°, respectivamente (art. 123.° n.° 2);
– no caso de invocação da invalidade pela parte de má fé (correspondendo esta à celebração ou à manutenção do contrato com conhecimento da causa de invalidade) contra a parte de boa fé, seguida de cessação imediata da prestação de trabalho, a lei investe a parte de má fé no dever de pagar uma indemnização à outra parte, a calcular nos termos dos arts. 392.° n.° 2 e 401.° do CT, respectivamente para as situações de despedimento ilícito e de denúncia sem aviso prévio (art. 123.° n.$^{os}$ 3 e 4)[406].

**V.** Na matéria dos efeitos da invalidade, o Código do Trabalho estabelece ainda regras especiais para o caso de *invalidade do contrato de trabalho cujo objecto ou fim seja contrário à lei ou à ordem pública*.

Para estes casos, da articulação dos arts. 280.° e 281.° do CC com o art. 124.° do CT resultam as seguintes regras:

– o contrato de trabalho, cujo objecto seja contrário à lei ou à ordem pública ou ofensivo dos bons costumes, é nulo nos termos gerais (art. 280.° do CC);
– se apenas o fim do contrato for contrário à lei ou à ordem pública ou ofensivo dos bons costumes, o contrato só é nulo se o fim for comum a ambas as partes (art. 281.° do CC)[407];

---

[405] Equacionando uma situação deste tipo, por exemplo, o Ac. RC de 10/07/1997, CJ, 1997, IV, 63, e o Ac. STJ de 29/04/1998, CJ (STJ), 1998, II, 270.

[406] Especificamente sobre esta norma, em considerações ainda plenamente actuais, não obstante terem sido feitas no âmbito do regime anterior ao Código do Trabalho, MENEZES CORDEIRO, *Manual de Direito do Trabalho cit.*, 650.

[407] Neste sentido, ROMANO MARTINEZ, *Direito do Trabalho cit.*, 476; já no sentido da admissibilidade da nulidade do contrato de trabalho cujo vício de fim seja unilateral,

– no caso de o objecto ou de o fim do contrato de trabalho serem contrários à lei ou à ordem pública, a parte que conhecia a ilicitude perde todas as vantagens auferidas no decurso do contrato para o Instituto de Gestão Financeira da Segurança Social (art. 124.° n.° 1 do CT); a violação desta norma constitui contra-ordenação grave (art. 124.° n.° 3);
– a parte que conhecia a ilicitude não se pode eximir ao cumprimento de nenhum dever decorrente do contrato ou da lei para com a outra parte, nem reaver aquilo que prestou ou o seu valor, se a outra parte ignorar a ilicitude (art. 124.° n.° 2).

Relativamente a este ponto em concreto, deve ainda salientar-se uma diferença substancial entre o regime actual e o regime correspondente do Código do Trabalho de 2003 (art. 117.°), uma vez que na actualidade o âmbito de aplicação das regras do art. 124.° é menor. É que, embora a declaração de nulidade do contrato de trabalho por vício de objecto deva ser feita nos termos dos arts. 280.° e 281.° do CC, podendo assim decorrer de contrariedade do objecto ou do fim do contrato à lei, à ordem pública ou aos bons costumes, o Código do Trabalho apenas prevê os efeitos laborais acessórios da declaração de nulidade nos casos em que tal nulidade decorra de contrariedade à lei ou à ordem pública – e não no caso de mera contrariedade aos bons costumes.

Embora não se vislumbre a razão de ser desta diferença de tratamento e apesar de, na maioria dos casos, a contrariedade aos bons costumes envolver também contrariedade à lei – caso em que as normas do art. 124.° do CT podem ter aplicação – tem que se concluir que, quando o vício do objecto ou do fim do contrato seja (apenas) a ofensa aos bons costumes, o contrato pode ser declarado nulos nos termos gerais, mas as sanções laborais acessórias previstas no art. 124.° não têm lugar.

### 67.4. **A convalidação do contrato de trabalho**

**I.** Por fim, importa reter a regra do Código do Trabalho relativa ao *desaparecimento da causa de invalidade no decurso da execução do con-*

---

MÁRIO PINTO / FURTADO MARTINS / NUNES DE CARVALHO, *Comentário... cit.*, I, 78, e MONTEIRO FERNANDES, *Sobre o objecto do contrato de trabalho cit.*, 27 s.

*trato de trabalho*: nos termos do art. 125.° n.° 1, cessando a causa de invalidade durante a execução do contrato, este considera-se convalidado *ab initio*[408].

Como decorre dos termos legais («considera-se convalidado»), a convalidação do contrato de trabalho opera automaticamente com o desaparecimento da causa da invalidade. A convalidação retroage ao momento do início da execução do contrato, o que constitui uma solução de maior rigor do actual Código do Trabalho em relação ao regime anterior (art. 118.° n.° 1 do CT de 2003), que reportava mais vagamente a retroactividade ao «início» do contrato.

Este regime tem grande importância prática, sobretudo para efeitos da antiguidade do trabalhador e dos direitos dela decorrentes[409].

No âmbito do sistema anterior à codificação laboral – mas em argumentação perfeitamente actual, uma vez que o regime se mantém – a doutrina chamou a atenção para as dificuldades de conjugação da regra correspondente ao actual art. 125.° n.° 1 do CT com o regime geral da nulidade e da anulabilidade, salientando, designadamente, o perigo de inutilização do regime da anulabilidade na sua aplicação laboral, já que esta só pode ser desencadeada a partir da cessação do vício (art. 287.° n.° 1 do CC) – ou seja, justamente quando o contrato de trabalho se convalidaria ao abrigo daquela norma laboral.

Por esta razão, alguns autores entendem que a solução deste artigo é predominantemente aplicável a situações de nulidade[410]; outros advogam que, no caso de anulabilidade, a convalidação só opere decorrido um ano sobre a cessação do vício que a originou[411]; outros entendem que a anula-

---

[408] Esta norma corresponde ao art. 17.° da LCT e ao art. 118.° n.° 1 do CT de 2003, tendo o Código de 2003 adequadamente substituído a expressão «revalidação» pelo termo de «convalidação», tecnicamente mais correcto. Deve, contudo, ter-se em atenção que, ao contrário do que é previsto em termos genéricos no Direito Civil, no domínio laboral e por força desta regra, a convalidação não abrange apenas os contratos de trabalho anuláveis mas também os contratos de trabalho nulos. Em geral, sobre a convalidação, OLIVEIRA ASCENSÃO, *Direito Civil. Teoria Geral cit.*, 413 ss.

[409] Quanto a este ponto, *infra*, § 24.°, ponto 89.

[410] MENEZES CORDEIRO, *Manual de Direito do Trabalho cit.*, 650 s.

[411] ROMANO MARTINEZ, *Direito do Trabalho cit.*, 474 s. Mas atente-se na apreciação desta solução por JÚLIO GOMES e CATARINA CARVALHO, *Sobre o regime da invalidade do contrato de trabalho cit.*, 171, fazendo notar que tal solução (aliás, como a preconizada por

bilidade pode ser arguida sem dependência de prazo[412]; e outros ainda propõem a restrição do alcance desta norma à clarificação dos efeitos da convalidação, em nada alterando o regime civil relativamente aos prazos e termos de declaração da invalidade[413].

Estas interpretações restritivas da norma são tributárias da perspectiva de conciliação do regime laboral das invalidades com o regime correspondente do Direito Civil, que tem sido maioritária na doutrina nacional[414]. Crê-se, no entanto, que a compreensão deste regime exige a ponderação dos interesses laborais em jogo e a assunção do desvio às regras civis gerais sobre invalidade, implícito neste regime, como forma de prossecução daqueles interesses pela lei laboral.

A nosso ver, relevam no art. 125.º do CT três interesses essenciais, que justificam o regime por ele disposto: o interesse do aproveitamento integral do contrato de trabalho executado cujo vício cessou, que justifica a retroacção dos efeitos da convalidação ao início do contrato; o interesse da tutela do trabalhador, já que é, sobretudo, a evolução da sua situação jurídica laboral ao longo da execução do contrato que se vê acautelada com este regime; e o interesse na estabilidade e na preservação futura do vínculo que esteja em execução e cujo vício cesse, a denunciar o valor autónomo do elemento de inserção organizacional do contrato de trabalho para este efeito, o que justifica que a convalidação só ocorra se o contrato estiver em execução.

---

MENEZES CORDEIRO) conduz ao resultado paradoxal de favorecer a convalidação de um negócio que tem um vício mais grave (porque gerador de nulidade), em detrimento de outro com um vício mais leve (que apenas gera anulabilidade) – no primeiro caso a convalidação é imediata, ao passo que no segundo é remetida para as regras gerais.

412 ABÍLIO NETO, *Contrato de Trabalho. Notas Práticas*, 15.ª ed., Lisboa, 1998, 110. Não se descortina, contudo, o apoio desta solução nem na lei laboral nem no regime geral da invalidade, constante do Código Civil.

413 BERNARDO XAVIER, *Regime Jurídico do Contrato de Trabalho Anotado cit.*, 51, e MÁRIO PINTO / FURTADO MARTINS / NUNES DE CARVALHO, *Comentário... cit.*, I, 80 s. Mas, como observam JÚLIO GOMES e CATARINA CARVALHO, *Sobre o regime da invalidade do contrato de trabalho cit.*, 171, se este fosse o sentido útil do preceito, ele pouco acrescentaria ao regime que já decorre do art. 15.º da LCT (os autores reflectiram sobre o problema ainda vigência deste diploma, mas o argumento mantém validade à luz do art. 122.º n.º 1 do actual CT).

414 A que aludem JÚLIO GOMES e CATARINA CARVALHO, *Sobre o regime da invalidade do contrato de trabalho cit.*, 150.

Tendo em conta estes interesses, perfilha-se o entendimento de JÚLIO GOMES e CATARINA CARVALHO[415], que subscrevem a aplicação integral deste preceito, não apenas para definir os efeitos da convalidação, mas também o seu modo de funcionamento, *verbi gratia*, a sua aplicação quer aos casos de nulidade quer às situações de anulabilidade. Como observam estes autores, a pedra de toque deste regime (como, aliás, do regime do art. 122.°) é a execução do contrato: no caso, a continuação da execução do contrato após a cessação do vício *confirma* a vontade das partes na convalidação do negócio.

**II.** O art. 125.° n.° 2 estabelece uma excepção à regra da convalidação retroactiva do contrato de trabalho: em caso de vício de objecto ou de fim do contrato (ou seja, nas situações contempladas no art. 124.°), a convalidação só produz efeitos a partir do momento em que cesse a causa da invalidade. Trata-se de uma regra que se destina a evitar que as partes se prevaleçam das vantagens decorrentes de um contrato com uma actividade ou um fim ilícito, enquanto este ou aquela se tiverem mantido.

### 67.5. **As relações laborais de facto**[416]

**I.** Estreitamente ligado ao tema dos valores negativos do contrato de trabalho está a figura das denominadas *relações laborais de facto*, que teve, tradicionalmente, uma grande importância no domínio laboral, designadamente no âmbito da dogmática germânica[417].

---

415 *Sobre o regime da invalidade do contrato de trabalho cit.*, 173 ss.

416 Sobre esta matéria, MENEZES CORDEIRO, *Manual de Direito do Trabalho cit.*, 589 ss.; ROMANO MARTINEZ, *Direito do Trabalho cit.*, 451 ss.

417 Por todos, sobre a matéria, G. HAUPT, *Über faktisches Vertragsverhältnisse, Festschrift für H. SIBER*, II, 1943, 5-37, e A. NIKISCH, *Über «faktisches Vertragsverhältnisse», in E. v. CAEMMERER / A. NIKISCH / K. ZWEIGERT (Hrsg.), Vom Deutschen zum Europäischen Recht, Fest. für Hans Dolle*, I, Tübingen, 1963, 79-102, G. KÜCHENHOFF, *Faktische Vertragsverhältnisse und faktische Arbeitsverhältnisse?*, RdA, 1958, 4, 121-130, C.-W. CANARIS, *Atypische faktische Arbeitsverhältnisse*, BB, 1967, 4, 165-171, W. BEUTHIEN, *Das fehlerhafte Arbeitsverhältnis als bürgerlich-rechtliches Abwicklungsproblem*, RdA, 1969, 6, 161-174; quanto ao tratamento deste problema noutros contextos doutrinais, por exemplo, MATEO DELL'OLIO, *La prestazione di fatto del lavoro subordinato*, Padova, 1970.

As relações laborais de facto são os vínculos laborais que subsistem e são executados não obstante a falta de um contrato de trabalho. Na dogmática germânica e, por força da influência desta, noutros contextos doutrinais, às situações de falta de contrato de trabalho foram equiparadas, para efeitos de qualificação como relações laborais de facto, os casos de contrato de trabalho inválido mas executado, até à respectiva declaração de nulidade ou anulação.

A razão da autonomização da categoria dos vínculos de trabalho de facto na dogmática germânica (sobretudo a partir da década de quarenta do século passado) ficou a dever-se à dificuldade técnica de enquadrar as consequências da invalidade dos contratos de trabalho viciados e, designadamente, à dificuldade de enquadrar a não retroactividade dos efeitos da declaração de nulidade ou da anulação destes contratos, bem como de admitir que, em caso de desaparecimento da causa de invalidade do contrato, a sua convalidação retroagisse à data da celebração do negócio.

Esta dificuldade técnica, conjugada com a pujança das teorias institucionalistas de fundamentação do vínculo laboral (que prescindiam do contrato de trabalho para explicar a singularidade da relação de trabalho), que foram particularmente desenvolvidas pela mesma época e no mesmo contexto doutrinal[418], suportou, durante bastante tempo, esta figura.

**II.** No sistema jurídico português, como acabamos de ver, o regime legal de não retroactividade dos efeitos dos contratos de trabalho declarados nulos ou anulados e que tenham sido executados (que consta actualmente do art. 122.° n.° 1 do CT, mas é tradicional entre nós[419]), e, por outro lado, o papel que sempre foi reconhecido ao contrato de trabalho para fundamentar a relação de trabalho não são de molde a justificar uma importância dogmática significativa da figura das relações laborais de facto, nem a equiparação, para efeitos de qualificação, dos contratos de trabalho inválidos mas executados aos casos de ausência de contrato de trabalho, por falta de vontade negocial nesse sentido. Bem pelo contrário, crê-se que o art. 122.° do CT confirma a essência negocial (ainda que específica) do regime da invalidade do contrato de trabalho.

---

[418] Já tendo apreciado esta matéria *in Direito do Trabalho I*, § 12.°, ponto 42.3.VII., para aí se remete para maiores desenvolvimentos.

[419] Esta norma já constava da LCT (art. 15.°).

Por esta razão, não se subscreve a recondução dos contratos de trabalho inválidos a relações laborais de facto[420].

Fora deste domínio, tal como é indicado por ROMANO MARTINEZ[421], a nossa lei configura alguns casos de relações laborais de facto: é o caso, previsto no art. 147.° n.° 2 c) do CT, do contrato de trabalho a termo em que, tendo terminado a obra ou serviço para o qual o trabalhador foi contratado ou tendo regressado o trabalhador que ele foi substituir, o trabalhador se mantém ao serviço do empregador por mais 15 dias, determinando a lei que, findo esse prazo, o vínculo se consolida como contrato de trabalho por tempo indeterminado (assim, o tempo intercorrente correspondeu a um vínculo de trabalho de facto); e é o caso idêntico da consolidação, como contrato por tempo indeterminado com a empresa utilizadora, do contrato de trabalho temporário quando o trabalhador se mantenha ao serviço desta empresa por mais de 10 dias sobre o termo do contrato de trabalho temporário (art. 178.° n.° 4 do CT).

---

[420] Contra, ROMANO MARTINEZ, *Direito do Trabalho cit*, 451.

[421] *Direito do Trabalho cit.*, 451 s.

# II

# CONTEÚDO DAS SITUAÇÕES JUSLABORAIS INDIVIDUAIS

## SECÇÃO I
## Do conteúdo em geral e conteúdos especiais no contrato de trabalho

### § 19.° Conteúdos gerais típicos do contrato de trabalho

**I.** A extensão da matéria relativa ao conteúdo do contrato de trabalho aconselha a proceder a algumas distinções, que contribuam para uma apresentação mais clara e sistematizada dos problemas nela envolvidos.

Para o efeito, propõe-se a divisão da matéria do conteúdo em três grandes grupos de questões, tendo em conta a incidência dos temas a tratar nos aspectos gerais do conteúdo do contrato de trabalho, ou o relevo primacial destes temas para a delimitação da situação juslaboral do trabalhador e do empregador no contrato, respectivamente.

**II.** Esta metodologia de abordagem do tema do conteúdo do contrato passa pela apreciação sucessiva dos seguintes grupos de questões:

i) *Conteúdo em geral e conteúdos especiais do contrato de trabalho*. Este grupo de questões inclui a apreciação dos temas gerais do conteúdo dos negócios jurídicos, na sua aplicação ao contrato de trabalho – problemas relativos à fixação do conteúdo do contrato de trabalho, com destaque para a interpretação e integração do contrato, às cláusulas negociais típicas do contrato de trabalho e, ainda, a evolução do modelo típico de contrato de trabalho até ao surgimento de novos modelos de contrato de trabalho. Por fim, incluímos neste tema geral as matérias relativas aos contratos de trabalho especiais ou sujeitos a regimes especiais, a que o novo Código do Trabalho dá, agora, a devida ênfase.

ii) *Situação jurídica do trabalhador decorrente do contrato de trabalho*. Este grupo de questões inclui o estudo dos temas que conformam a situação jurídica em que o trabalhador fica investido, na sequência da celebração do contrato de trabalho: são os temas relativos à prestação do trabalhador no contrato (actividade laboral, deveres acessórios e problemas conexos), à integração do trabalhador na organização do empregador (categoria e antiguidade), à delimitação geográfica da sua actividade (local de trabalho) e à delimitação temporal da sua prestação (tempo de trabalho e tempos de não trabalho, o que inclui também os temas das férias e das faltas).

iii) *Situação jurídica do empregador decorrente do contrato de trabalho*. Neste grupo de questões incluem-se as matérias que conformam a posição negocial do empregador, ou seja, os temas relativos ao débito negocial do empregador (retribuição e deveres acessórios do empregador) e aos poderes laborais de direcção e disciplinar.

**III.** Justificada a metodologia a adoptar na apresentação das matérias do conteúdo do contrato de trabalho, deve ficar claro que o carácter compartimentado da apresentação dos diversos temas tem um alcance meramente pedagógico, em nada colidindo com a unidade material do contrato de trabalho e com a incindibilidade das posições que as partes nele ocupam.

## 68. A fixação do conteúdo do contrato de trabalho: interpretação e integração do contrato de trabalho

### 68.1. Aspectos gerais

**I.** O *conteúdo* da situação jurídica emergente da celebração do contrato de trabalho abrange o conjunto de regras legais e convencionais cuja aplicação é desencadeada pelo surgimento daquele contrato; como é sabido, o conteúdo distingue-se do *objecto* da situação jurídica, que se reporta às prestações e aos bens jurídicos que ela envolve ou sobre os quais incide.

Os elementos que integram o conteúdo das situações jurídicas são susceptíveis de diversas classificações, trabalhadas pela doutrina[1]. Assim:

---

[1] Em geral e por todos sobre estas distinções, MENEZES CORDEIRO, *Tratado de Direito Civil cit.*, I (tomo I), 673 ss.

– o conteúdo das situações jurídicas é composto por elementos normativos (com origem na lei ou noutra fonte relevante) e por elementos voluntários (com origem na vontade das partes manifestada no negócio jurídico);
– os elementos normativos podem ter natureza injuntiva ou supletiva, consoante se imponham às partes ou possam ser por elas afastados, no negócio;
– por seu turno, os elementos voluntários são necessários ou eventuais, consoante a sua inclusão no negócio jurídico seja indispensável à respectiva conformação ou seja facultativa.

**II.** Aplicando estas classificações ao contrato de trabalho, conclui-se que o conteúdo deste contrato é amplamente moldado pela lei (trata-se, aliás, de um contrato típico), e que, nessa moldagem, predominam as normas imperativas, que não podem, como é de regra, ser afastadas pelas partes, ou que apenas o poderão ser no caso de a imperatividade dos preceitos legais ser uma imperatividade mínima – é o regime que resulta do art. 3.° n.° 4 do CT.

Por outro lado, à imperatividade de muitas normas legais neste domínio acresce o facto de parte significativa do conteúdo do contrato de trabalho ser moldado por instrumentos de regulamentação colectiva do trabalho, cujas cláusulas apenas podem ser afastadas pelas partes para disporem em sentido mais favorável ao trabalhador, nos termos do art. 476.° do CT.

Por fim, deve ter-se em atenção que, em diversas matérias atinentes ao conteúdo do contrato de trabalho, a lei laboral estabeleceu regimes convénio-dispositivos[2], que só podem ser afastados por instrumento de regulamentação colectiva do trabalho e não por contrato de trabalho (art. 3.° n.° 5 do CT)[3]. Consequentemente, também no que se refere a estes regimes, a liberdade de estipulação das partes ao nível do contrato é restringida.

A conjugação de todos estes factores deixa uma margem reduzida para a liberdade das partes na fixação do conteúdo do contrato de trabalho, não obstante o carácter privado do contrato e do próprio Direito do Trabalho[4].

---

[2] Sobre este tipo de regimes, *vd Direito do Trabalho I*, § 7.°, ponto 18.2.

[3] Sobre esta matéria, *vd* ainda *Direito do Trabalho I*, Capítulo II, Secção II, ponto 31.1.

[4] Como se viu oportunamente – *Direito do Trabalho I*, § 1.°, ponto 1.6. e § 3.°, ponto 6.1.

Não obstante estas restrições, as partes podem ainda escolher a modalidade de contrato de trabalho a adoptar (ainda que nos limites fixados pela lei relativamente à escolha de certas modalidades) e podem modelar o respectivo conteúdo em concreto e nele introduzir cláusulas acessórias, também nos limites da lei.

**III.** Como última observação relativa a este panorama geral sobre o conteúdo do contrato de trabalho, é de assinalar a tendência da maioria dos sistemas juslaborais para a diminuição do peso das normas laborais imperativas e, por consequência, para a devolução às partes de um maior espaço de liberdade na conformação dos respectivos negócios laborais. É uma das projecções do movimento geral de flexibilização do Direito do Trabalho, que se vem adensando desde o último quarto do séc. XX[5].

Esta tendência tem encontrado eco entre nós, ainda que de um modo não sistemático e algo desequilibrado consoante as áreas de intervenção. O Código de Trabalho de 2003 e o Código de Trabalho de 2009 evidenciam também esta tendência, tendo aumentado significativamente o número de normas supletivas em comparação com o anterior regime legal do contrato de trabalho.

### 68.2. **Interpretação e integração do contrato de trabalho**

**I.** Integra a matéria do conteúdo do contrato de trabalho a delimitação das regras que devem presidir à fixação do sentido das estipulações negociais das partes e da supressão das lacunas do negócio – ou seja, o tema da interpretação e integração do contrato de trabalho.

**II.** A interpretação do contrato de trabalho[6] segue as regras gerais da interpretação do negócio jurídico, que constam dos arts. 236.° e ss. do CC[7].

---

[5] Já tendo apreciado a temática da flexibilização do Direito do Trabalho, para aí se remete – *Direito do Trabalho I*, § 2.°, ponto 4.2., *maxime* ponto 4.2.2.

[6] Utiliza-se o termo *interpretação* no sentido amplo, que abrange as operações de fixação do sentido das estipulações negociais e de integração das lacunas do negócio jurídico laboral, tendo em conta o carácter unitário da tarefa interpretativa.

[7] Por todos, sobre as regras de interpretação do negócio jurídico, MENEZES CORDEIRO, *Tratado de Direito Civil cit.*, I (tomo I), 756 ss., bem como C. FERREIRA DE ALMEIDA, *Texto e Enunciado na Teoria do Negócio Jurídico*, I, Coimbra, 1992, 177 ss. e *passim*.

O princípio do *favor laboratoris*[8] é a projecção do princípio laboral geral de protecção do trabalhador em matéria de interpretação e de conflitos de fontes, bem como na articulação entre as fontes e o contrato de trabalho. Este princípio pode determinar especificidades nestas matérias, quer na sua vertente puramente interpretativa, quer na sua vertente conflitual. Assim:

i) Na sua vertente puramente interpretativa, o *favor laboratoris* pode ser determinante como critério de resolução de dúvidas sobre o sentido a atribuir às declarações negociais; contudo, como se referiu oportunamente, nesta faceta interpretativa, o *favor laboratoris* não corresponde a um *prius* geral de interpretação em favor do trabalhador (pelas mesmas razões que justificam a recusa deste papel na aplicação do princípio à interpretação das fontes laborais[9]), dependendo a sua aplicação da verificação da maior debilidade negocial do trabalhador no caso concreto.
Reforçam-se, de qualquer modo, as ideias, oportunamente desenvolvidas, de que, nesta sua aplicação, o *favor laboratoris* mantém interesse na actualidade, e que tal princípio não corresponde a uma simples emanação do princípio civil geral da tutela do contraente débil, pelo seu carácter unilateral (ou seja, porque apenas possibilita o favorecimento do trabalhador).

ii) Na sua vertente conflitual, o *favor laboratoris* é relevante como *critério de resolução de conflitos entre as fontes laborais e o contrato de trabalho*, nos termos que salientámos aquando do estudo das fontes de Direito do Trabalho[10]. Nesta sua aplicação, o princípio pressupõe a operação prévia de determinação do sentido da norma legal ou convencional colectiva, da qual a estipulação contratual se afasta, e, na sequência dessa determinação, a emissão de um juízo sobre a possibilidade de afastamento da norma e sobre o sentido possível para esse afastamento.

---

[8] Sobre a importância geral e as diversas aplicações do princípio do *favor laboratoris*, *vd Direito do Trabalho I*, Capítulo II, Secção II, ponto 26.

[9] *Direito do Trabalho I*, Capítulo II, Secção II, ponto 27. II e III.

[10] *Direito do Trabalho I*, Capítulo II, Secção II, *maxime* ponto 31.3.

**III.** Desenvolvendo estas incidências do *favor laboratoris*, no que toca à *interpretação do contrato de trabalho*, entende-se que este princípio justifica, no mínimo, uma aplicação muito criteriosa e substancialista da regra geral de interpretação das cláusulas dos negócios jurídicos onerosos segundo o critério que conduza ao maior equilíbrio das prestações das partes. Na sua aplicação ao contrato de trabalho, perante a dúvida sobre o sentido a atribuir à declaração negocial e estando o trabalhador numa posição de real inferioridade negocial, deverá prevalecer o sentido da declaração que mais o favoreça, porque é esta interpretação que contribui para o equilíbrio substancial da posição das partes no contrato.

Tem também aplicação no domínio da interpretação do contrato de trabalho, com referência à parcela do conteúdo do contrato que seja determinada por remissão para o regulamento da empresa ou que não tenha sido objecto de prévia negociação individual, a regra específica de interpretação das cláusulas contratuais gerais, que consta do art. 11.° n.° 2 da LCCG e segundo a qual, em caso de dúvida sobre o sentido a atribuir a estas cláusulas, se opta pelo que seja mais favorável ao aderente (que é, no caso, o trabalhador). A aplicação desta norma ao contrato de trabalho era já sufragada pela doutrina sempre que o contrato fosse celebrado com recurso a cláusulas contratuais gerais[11] e decorre hoje expressamente do art. 105.° do CT. A nosso ver, esta aplicação não é, no entanto, de estender à interpretação das disposições de instrumentos de regulamentação colectiva do trabalho (apesar da redacção da parte final do art. 105.° do CT), porque estes instrumentos devem seguir as regras de interpretação da lei[12].

**IV.** No que se refere à *incidência do favor laboratoris na matéria dos conflitos entre as fontes laborais e o contrato de trabalho*, emergem as regras do art. 3.° n.° 5 e 476.° do CT, respeitantes às relações entre o contrato de trabalho e a lei e entre o contrato de trabalho e os instrumentos de regulamentação colectiva do trabalho. Assim temos respectivamente:

– se a disposição legal ou de instrumento de regulamentação colectiva do trabalho for supletiva, o contrato de trabalho pode afastar tal disposição em qualquer sentido;

[11] Por exemplo, MENEZES CORDEIRO, *Manual de Direito do Trabalho cit.*, 574.

[12] Já tendo justificado este entendimento oportunamente, para aí se remete – *Direito do Trabalho I*, Capítulo I, Secção II, ponto 27.V.

– se a disposição legal for absolutamente imperativa, não pode ser afastada pelo contrato de trabalho em nenhum sentido (nos termos do art. 3.° n.° 4, na parte final), o mesmo sucedendo em relação a disposição do instrumento de regulamentação colectiva do trabalho, que disponha em matérias convénio-dispositivas (art. 3.° n.° 4 *in fine e* n.° 5);
– se a disposição legal ou de instrumento de regulamentação colectiva do trabalho for imperativa mínima (qualificação que o art. 3.° n.° 4 e o art. 476.° permitem presumir, a não ser que outra qualificação resulte com clareza dos termos da própria disposição em questão), o contrato de trabalho pode afastá-la, mas apenas para estabelecer um regime que seja mais favorável ao trabalhador. É, pois, neste caso que o *favor laboratoris* tem a sua plena aplicação.

De outra parte, deve recordar-se, quanto à determinação do conteúdo do contrato de trabalho, no contexto da sua relação com as fontes, o regime especial de substituição automática das cláusulas do contrato que violem normas legais ou convencionais colectivas imperativas, disposto pelo art. 121.° n.° 2 do CT e que foi oportunamente analisado[13] – parte do conteúdo do contrato de trabalho pode também ser determinado através deste regime.

Por fim, é de realçar a importância dos *usos laborais* (art. 1.° do CT)[14] na fixação do conteúdo do contrato de trabalho e, designadamente, como critério atendível para ultrapassar dúvidas sobre o sentido das declarações negociais[15].

**V.** Especificamente no que se refere à *integração de lacunas no contrato de trabalho*, regem as regras civis gerais, constantes do art. 239.° do CC, que remete para a vontade hipotética das partes, dentro dos limites da boa fé[16].

Os usos laborais poderão ter também um relevante papel a desempenhar na integração de lacunas do contrato de trabalho.

---

[13] *Supra*, § 18.°, ponto 67.2.III. e IV.

[14] Em geral sobre os usos laborais, *Direito do Trabalho I*, § 7.°, ponto 19.2.

[15] Realçando a importância dos usos laborais neste contexto, MENEZES CORDEIRO, *Manual de Direito do Trabalho cit.*, 598.

[16] Em geral e por todos sobre os critérios de integração do negócio jurídico, MENEZES CORDEIRO, *Tratado de Direito Civil I (Parte Geral), tomo I cit.*, 772 ss.

## 69. Conteúdos gerais típicos do contrato de trabalho

### 69.1. Condição e termo no contrato de trabalho[17]

**I.** O termo e a condição são cláusulas acessórias típicas do negócio jurídico que subordinam os respectivos efeitos à verificação de um evento futuro, de natureza certa (termo) ou incerta (condição) – arts. 278.° e 270.° do CC, respectivamente.

O termo e a condição dizem-se suspensivos ou resolutivos, consoante da sua verificação dependa a produção dos efeitos do negócio ou a cessação dos efeitos de um negócio em curso. Por seu turno, o termo diz-se certo quando seja segura a produção do evento futuro e seguro o momento em que ocorrerá (ou seja, quando envolva a fixação de um prazo) e incerto quando é apenas segura a verificação do evento futuro mas não o momento em que tal evento ocorrerá – *certus an incertus quando*[18].

**II.** No domínio laboral, esta matéria é contemplada pelo Código do Trabalho a propósito das cláusulas acessórias do contrato de trabalho.

O art. 135.° do CT prevê a possibilidade de aposição de *condição ou termo suspensivos* ao contrato de trabalho: a produção de efeitos do negócio pode, assim, ficar na dependência de um evento futuro de verificação incerta (*i. e.*, uma condição suspensiva) ou certa (*i.e.*, um termo suspensivo)[19].

---

[17] Sobre este tema, J. Acácio Lourenço, *Elementos acidentais: o termo e a condição, in Estudos sobre Temas de Direito do Trabalho*, Lisboa, 1982, 35-47, Menezes Cordeiro, *Manual de Direito do Trabalho cit.*, 598 ss., Bernardo Xavier, *Curso de Direito do Trabalho cit.*, 417 ss., Mário Pinto / Furtado Martins / Nunes de Carvalho, *Comentário...cit.*, 565 ss. Jorge Leite, *Direito do Trabalho cit.*, II, 81 ss., A. Mendes Baptista, *A aponibilidade da condição resolutiva ao contrato de trabalho*, RMP, 1998, 74, 121-129 (121 ss.), Romano Martinez, *Direito do Trabalho cit.*, 661 ss., Romano Martinez / L. M. Monteiro / J. Vasconcelos / Madeira de Brito / G. Dray / L. Gonçalves da Silva, *Código do Trabalho Anotado cit.*, 372 ss. (anotação de L. M. Monteiro e Madeira de Brito), e Monteiro Fernandes, *Direito do Trabalho cit.*, 321 ss.

[18] Em geral e por todos sobre os conceitos de condição e de termo e as respectivas classificações, Manuel de Andrade, *Teoria Geral da Relação Jurídica cit.*, II, 355 ss. e 385 ss., e Menezes Cordeiro, *Tratado de Direito Civil cit., I (tomo I)*, 713 ss. e 727 ss.

[19] Esta norma corresponde ao art. 9.° da LCT, que exigia ainda expressamente que o documento de aposição do termo ou da condição fosse assinado por ambas as partes. O Código do Trabalho de 2003 regulava esta matéria no art. 127.°, que deixou de referir a

Uma vez que a aposição deste tipo de cláusulas ao negócio laboral resulta numa posição mais frágil do trabalhador, a lei exige que estas cláusulas sejam estipuladas de forma escrita – é uma das manifestações da projecção do princípio da protecção do trabalhador em matéria de forma, a que oportunamente se aludiu[20].

Ao termo e à condição suspensivos apostos ao contrato de trabalho é aplicável o regime geral constante dos arts. 270.° ss. do Código Civil.

**III.** A aposição de um *termo resolutivo* ao contrato de trabalho é admitida tradicionalmente no nosso ordenamento juslaboral: o art. 10.° da LCT admitia o contrato de trabalho sujeito a um termo certo ou prazo, em moldes amplos; mais tarde, o contrato de trabalho a prazo foi regulado em diploma especial (o DL n.° 781/76, de 28 de Outubro), tendo posteriormente integrado a LCCT (arts. 41.° ss. do DL n.° 64-A/89, de 27 de Fevereiro), e, posteriormente, veio a ser contemplado, em sede de cláusulas acessórias do contrato de trabalho, nos arts. 128.° ss. do CT de 2003. Actualmente, o contrato de trabalho a termo resolutivo é regulado nos arts. 139.° a 149.° do CT, como uma das modalidades de contrato de trabalho, o que se nos afigura mais adequado, uma vez que, independentemente da recondução técnica do termo a uma cláusula acessória do contrato, a importância dos desvios que em tal contrato concorrem relativamente ao modelo comum de contrato de trabalho determinam a sua qualificação como um contrato de trabalho especial.

Tal como já sucedia no âmbito da LCCT e do CT de 2003, o Código actual admite que ao contrato de trabalho seja aposto quer um termo resolutivo, quer um termo resolutivo incerto (art. 140.° n.$^{os}$ 1, 3 e 4). Por esta via, as partes podem, pois, estipular a cessação dos efeitos do contrato decorrido determinado prazo ou quando ocorra determinado evento futuro certo.

A importância dogmática da figura do contrato de trabalho a termo resolutivo, pelo conjunto de especificidades regimentais que envolve e que justificam a sua qualificação como um contrato de trabalho especial[21],

---

exigência da assinatura das partes, tal como o actual Código. A nosso ver, a assinatura das partes é obviamente de exigir.

[20] *Supra*, § 18.°, ponto 65.1.III.

[21] Como observa MENEZES CORDEIRO, *Manual de Direito do Trabalho cit.*, 599, «...o contrato de trabalho a termo não representa só, pela complexidade e amplitude do seu

bem como pela posição charneira que ocupa no sistema juslaboral português, justificam a sua apreciação separada e desenvolvida. É o que se fará, um pouco mais à frente[22].

**IV.** A lei não prevê a aposição de *condição resolutiva* ao contrato de trabalho e a doutrina divide-se quanto à sua admissibilidade: para uns, esta modalidade de condição seria de admitir como acordo inicial das partes relativo à cessação do contrato ou por analogia com a admissibilidade de termo incerto, a cujo regime se deve sujeitar[23]; para outros, o regime legal restritivo do contrato de trabalho a termo resolutivo (designadamente no que toca aos motivos justificados do próprio termo, que são muito restritivos) e os valores de estabilidade do vínculo laboral obstariam, por um argumento de maioria de razão, à admissibilidade da condição resolutiva, que, pela sua natureza incerta, coloca o trabalhador numa situação ainda mais precária do que a que decorre da aposição de um termo[24-25].

As dúvidas sobre a admissibilidade da condição resolutiva no contrato de trabalho subsistem na vigência do actual Código do Trabalho, pelo que cabe tomar posição sobre o problema. Para nós, a *aposição de condição resolutiva ao contrato de trabalho não é de admitir*, por um argumento literal, por um argumento de maioria de razão, decorrente do

---

regime, uma cláusula típica; é um autêntico conteúdo geral típico...». É uma observação que se sufraga inteiramente e que, a nosso ver, conduz ao reconhecimento de um tipo especial de contrato de trabalho, independentemente da qualificação técnica do termo resolutivo como uma cláusula acessória do negócio.

[22] *Infra*, § 20.°.

[23] Assim, MENEZES CORDEIRO, *Manual de Direito do Trabalho cit.*, 599 ss. Embora expendido ao abrigo do regime da LCCT, os argumentos do autor mantêm actualidade no quadro do Código do Trabalho. Também no sentido da admissibilidade da condição resolutiva, MÁRIO PINTO / FURTADO MARTINS / NUNES DE CARVALHO, *Comentário... cit.*, 56 ss., A. MENDES BAPTISTA, *A aponibilidade... cit., passim*. MONTEIRO FERNANDES, *Direito do Trabalho cit.*, 336, admite a apo aposição de condição resolutiva ao contrato de trabalho, nos termos em que seja admitido o termo incerto, ao abrigo do art. 140.° n.° 3.

[24] No sentido da inadmissibilidade da aposição da condição resolutiva, BERNARDO XAVIER, *Curso de Direito do Trabalho cit.*, 417, JORGE LEITE, *Direito do Trabalho cit.*, II, 84 ss.; J. ACÁCIO LOURENÇO, *Elementos essenciais... cit.*, 37 ss., J. JOÃO ABRANTES, *Estudos de Direito do Trabalho*, Lisboa, 1992, 48, nota [9], ou ROMANO MARTINEZ, *Direito do Trabalho cit.*, 661.

[25] A jurisprudência raramente se tem pronunciado sobre este problema. Ainda assim, veja-se o Ac. RLx. de 8/11/1985, CJ, 1995, V, 177.

regime do contrato de trabalho a termo resolutivo, e ainda por um motivo teleológico. Assim:

i) Em primeiro lugar, julga-se que a referência expressa da lei à condição e ao termo suspensivos, de uma parte, e, de outra parte, a referência exclusiva ao termo resolutivo (arts. 135.° e 139.° do CT, respectivamente) apontam no sentido da exclusão da admissibilidade da condição resolutiva.

ii) Em segundo lugar, crê-se que o argumento de maioria de razão é ainda de atender no contexto do Código de Trabalho. É que, embora os motivos justificativos da aposição de um termo resolutivo ao contrato tenham deixado de ser referidos em moldes taxativos pela lei (art. 140.° n.° 2), o recurso a este tipo de contrato continua a ser fortemente restringido pela lei (*verbi gratia*, através da cláusula geral constante do art. 140.° n.° 1)[26]. Ora, esta índole restritiva do regime do contrato a termo resolutivo não se compadece com a abertura do sistema a uma cláusula acessória que é um *plus* relativamente à própria cláusula de termo.

iii) Por último, a admissibilidade da condição resolutiva no contrato de trabalho poderia, na prática, frustrar o objectivo de protecção da estabilidade do vínculo de trabalho que o actual regime da cessação do contrato de trabalho e também o regime restritivo dos contratos a termo prosseguem, em consonância com o princípio constitucional da segurança no emprego (art. 53.° da CRP). Assim, também por um motivo teleológico, tal admissibilidade é desaconselhável.

Justificada a posição, cabe, no entanto, realçar a dificuldade prática de distinguir algumas das situações justificativas da aposição de um termo resolutivo ao contrato de trabalho, previstas no art. 140.° n.os 2 e 3 do CT, de verdadeiras condições resolutivas – é o que sucede com os casos em que o contrato de trabalho é celebrado para substituição do trabalhador ausente, quando não se possa saber com segurança se o trabalhador substituído vai ou não regressar (pense-se, por exemplo, no caso de o contrato

---

[26] A matéria será apreciada com mais detalhe a propósito do estudo da figura do contrato de trabalho a termo, *infra*, § 20.°. Por ora, pretende-se apenas dela retirar o argumento relevante para o problema que nos ocupa.

ser celebrado para substituição de um trabalhador que se encontra gravemente doente). Nestes casos, podemos efectivamente estar perante verdadeiras condições resolutivas, admitidas pela lei.

Esta constatação não é, no entanto, de molde a alterar a posição que se assumiu, e que se refere, naturalmente, à admissibilidade de princípio da figura. Por outras palavras, fora dos casos que a lei admitiu e que tecnicamente se reconduzam a uma condição resolutiva não é de admitir a aposição deste tipo de cláusula ao contrato de trabalho.

### 69.2. **Cláusulas limitativas da liberdade de trabalho na pendência do contrato de trabalho**[27]

**I.** O Código do Trabalho prevê ainda, como cláusulas acessórias típicas do contrato de trabalho, dois tipos de cláusulas limitativas da liberdade de trabalho do trabalhador: os pactos de não concorrência em relação ao empregador, após a cessação do contrato (art. 136.°); e os pactos de permanência (art. 137.°).

Para além da previsão expressa destes pactos, coloca-se a questão da admissibilidade da aposição da cláusula de não concorrência com o empregador, na vigência do contrato, e dos pactos de exclusividade.

**II.** Os princípios gerais relevantes nesta matéria são o princípio do cumprimento pontual dos contratos e o princípio da liberdade de trabalho.

Do princípio civil geral do cumprimento pontual dos contratos em consonância com as regras de boa fé (art. 762.° n.° 2 do CC) emerge um *dever genérico de não concorrência do trabalhador em relação ao empregador na pendência do contrato*, que justifica as cláusulas e os pactos de não concorrência durante a execução do mesmo.

---

[27] Sobre este tema, RAÚL VENTURA, *Extinção das relações jurídicas de trabalho,* ROA, 1950,1/2, 215-364 (358 ss.), MÁRIO PINTO / FURTADO MARTINS / NUNES DE CARVALHO, *Comentário...cit.,* 169 ss., JORGE LEITE, *Direito do Trabalho cit.,* II, 87 ss., JÚLIO GOMES, *As cláusulas de não concorrência no direito do trabalho cit.,* 933-968, ROMANO MARTINEZ / L. M. MONTEIRO / J. VASCONCELOS / MADEIRA DE BRITO / G. DRAY / L. GONÇALVES DA SILVA, *Código do Trabalho Anotado cit.,* 373 ss. (anotação de JOANA VASCONCELOS), ROMANO MARTINEZ, *Direito do Trabalho cit.,* 646 ss., MONTEIRO FERNANDES, *Direito do Trabalho cit.,* 651 ss., ou JÚLIO GOMES, *Direito do Trabalho cit.,* 608 ss.

Por seu turno, o princípio constitucional da liberdade de trabalho (art. 58.° n.° 1 da CRP) veda limitações irrazoáveis aos direitos do trabalhador em matéria de acesso ao emprego, tanto na pendência do contrato como após a respectiva cessação, bem como limitações ao seu direito de desvinculação do contrato. É ainda este princípio da liberdade de trabalho que se evidencia na proibição legal da celebração de acordos entre empregadores que possam limitar a admissão de trabalhadores que para eles tenham prestado serviço (art. 138.° do CT).

O regime legal nesta matéria traduz a articulação destes dois princípios.

**III.** No que se refere às *cláusulas ou pactos de não concorrência*, cabe distinguir duas situações: as cláusulas ou pactos de não concorrência com o empregador destinadas a produzir efeitos após a cessação do contrato de trabalho; e as cláusulas de não concorrência com efeitos na pendência do contrato.

O Código do Trabalho apenas se refere às *cláusulas de não concorrência com efeitos post pactum finitum*, ou seja, aquelas que limitam a liberdade de trabalho do trabalhador após a cessação do contrato de trabalho. A este propósito, o Código estabelece um princípio geral de proibição deste tipo de cláusulas, quer em sede de contrato de trabalho, quer em instrumento de regulamentação colectiva de trabalho (art. 136.° n.° 1), indicando depois as condições em que tais cláusulas podem ser admitidas (art. 136.° n.° 2). Uma vez que estas cláusulas estão necessariamente associadas à cessação do vínculo laboral – embora possam constar, logo à partida, do contrato de trabalho ou do instrumento de regulamentação colectiva do trabalho aplicável, na prática, elas integram com frequência os acordos revogatórios do contrato de trabalho – configurando-se como um efeito acessório da própria cessação do contrato, remete-se a sua análise mais aprofundada para o momento em que se tratar da cessação do contrato[28].

Relativamente às *cláusulas ou aos pactos de não concorrência na pendência do contrato de trabalho*, a doutrina tende a admiti-los, com fundamento em dois argumentos essenciais: um argumento *a contrario sensu*, retirado do art. 136.° n.° 1 do CT, no sentido em que, ao vedar as limita-

[28] *Infra*, § 40.°, ponto 144.2.

ções à liberdade de trabalho do trabalhador após a cessação do contrato, esta norma não impede tais limitações na pendência do mesmo, pelo que funcionaria aqui em pleno o princípio da liberdade negocial; e um argumento geral retirado do dever geral de não concorrência do trabalhador, enunciado no art. 128.° n.° 1 f) do CT, no sentido em que, se o trabalhador não deve negociar por conta própria ou alheia em concorrência ao empregador, é admissível a estipulação expressa de um dever de não concorrência com o mesmo conteúdo.

Sufraga-se, em tese geral, este entendimento, que projecta o princípio geral da autonomia privada. Impõe-se, todavia, a conjugação deste princípio com o princípio fundamental da liberdade de trabalho, de que resulta a necessária contenção destas limitações dentro de critérios de razoabilidade (ou seja, no âmbito das actividades que sejam efectivamente concorrenciais em relação à actividade desenvolvida para o empregador).

A mesma admissibilidade de princípio se sustenta em relação às *cláusulas de exclusividade*, que vedam o pluriemprego na pendência do contrato de trabalho, desde que tais cláusulas correspondam a uma limitação objectiva e razoável do princípio da liberdade de trabalho, nos termos do art. 18.° da CRP. Já tendo equacionado esta questão oportunamente, para aí se remete[29].

**IV.** O *pacto de permanência* é o acordo entre o empregador e o trabalhador (que pode integrar o próprio contrato de trabalho ou ser celebrado durante a sua execução) pelo qual o segundo se obriga a manter-se ao serviço do primeiro durante um determinado período. Estes pactos ou cláusulas contratuais estão previstos no art. 137.° do CT e configuram, como facilmente se compreende, uma auto-limitação do princípio constitucional da liberdade de trabalho, que passa, naturalmente, pela liberdade de denúncia do contrato de trabalho pelo trabalhador.

O art. 137.° do CT admite os pactos de permanência em circunstâncias bem definidas, com um alcance temporal delimitado, e permitindo-se, ainda assim, a desvinculação antecipada do trabalhador. Estes requisitos asseguram a adequação da restrição ao princípio constitucional da liberdade de trabalho, que decorre destes pactos, dentro de limites de razoabilidade. Assim:

---

[29] *Supra*, § 18.°, ponto 21.2.

– o pacto ou a cláusula de permanência só são admitidos como compensação ao empregador por despesas avultadas por ele feitas na formação profissional do trabalhador (art. 137.° n.° 1);
– o pacto de permanência tem a duração máxima de três anos (art. 137.° n.° 1);
– o trabalhador pode desvincular-se do pacto de permanência restituindo ao empregador as importâncias por ele dispendidas (art. 137.° n.° 2)[30];

Justificam-se algumas observações complementares, por força das alterações introduzidas pelo preceito relativamente ao regime do Código anterior (art. 147.° do CT de 2003).

Em primeiro lugar cabe reter que a lei se refere agora a despesas «avultadas» do empregador com a formação do trabalhador, quando anteriormente se referia a despesas «extraordinárias». A referência a despesas extraordinárias permitia distinguir estas despesas das despesas «normais» do empregador na formação profissional do trabalhador, em cumprimento dos seus deveres legais nessa matéria (art. 131.° do CT)[31]. Ora, na actual redacção do preceito, esta distinção já não é tão clara, o que justifica uma interpretação restritiva do preceito, neste ponto, como única forma de evitar uma limitação excessiva do princípio constitucional da liberdade de trabalho.

Em segundo lugar, observa-se que a lei continua a reportar as despesas avultadas que justificam o pacto de permanência, à «formação profissional» do trabalhador, ao passo que a norma correspondente do período prévio à codificação laboral (art. 36.° n.° 3 da LCT) se referia a despesas extraordinárias feitas pelo empregador «na preparação profissional» do trabalhador. Compreendendo-se o intuito de unificação terminológica que parece ter estado na origem da actual referência, julga-se que esta redacção foi para além do desígnio terminológico, reduzindo o âmbito de aplicação da norma, uma vez que o conceito de formação profissional é mais restrito do que o conceito de preparação profissional. Assim, se, por exem-

---

[30] A este propósito, entende MONTEIRO FERNANDES, *Direito do Trabalho cit.*, 656, que o dever de restituição deve ser proporcional ao tempo em falta para o termo do pacto.

[31] Contra o nosso entendimento e relacionando estes pactos directamente com os deveres gerais de formação profissional enunciados no art. 131.° do CT, MONTEIRO FERNANDES, *Direito do Trabalho cit.*, 656.

plo, o empregador custeia um programa de mestrado de um trabalhador numa determinada área, que seja de relevante interesse para a actividade profissional por ele desenvolvida na empresa, essa despesa é extraordinária e contribui para melhorar a preparação profissional do trabalhador, ainda que não corresponda, rigorosamente, a formação profissional e sim a formação académica. Não se vendo razão plausível para esta limitação e sendo reconhecido o interesse destes pactos tanto para os empregadores como para os trabalhadores, sustenta-se, neste aspecto, uma interpretação ampla do preceito, no sentido de englobar despesas análogas às despesas extraordinárias com a formação profissional.

Por fim, importa realçar que a nova redacção deste preceito relaciona de uma forma mais clara estes pactos com a cessação do contrato de trabalho por denúncia do trabalhador (art. 137.° n.° 1) e não com a cessação do contrato com outro fundamento. Esta nova redacção tornou assim despicienda a referência do Código do Trabalho anterior à exclusão do dever de restituição das importâncias recebidas nos casos em que o contrato tivesse cessado por resolução com justa causa ou se, em caso de despedimento ilícito, se o trabalhador não tivesse optado pela reintegração (art. 147.° n.° 1 *in fine*, e n.° 2 do CT de 2003). Ficam assim dissipadas as dúvidas sobre o alcance destes pactos: eles apenas constituem uma limitação ao direito de denúncia do contrato de trabalho pelo trabalhador, como, aliás, já sufragávamos no âmbito do regime anterior, com base num argumento teleológico de interpretação do preceito correspondente do Código do Trabalho de 2003[32].

**V.** Deve assinalar-se a importância das limitações à liberdade de trabalho em alguns contratos de trabalho especiais, com destaque para o contrato de trabalho do praticante desportivo – nesta matéria, dispõe o art. 18.° da L. n.° 28/98, de 26 de Junho, sobre as indemnizações de transferência dos desportistas e ainda, indirectamente, o art. 8.° n.° 1 do mesmo diploma, na medida em que estabelece uma duração mínima para este tipo de contrato de trabalho[33].

---

[32] Rosário Palma Ramalho, *Direito do Trabalho cit.*, II, 2.ª ed. (2008), 214 s.

[33] Sobre o ponto, com desenvolvimentos, *vd* J. Leal Amado, *Caso Bosman e a «Indemnização de promoção ou valorização» (art. 22.° n.° 2 do DL 405/95, de 218-11)*, QL, 1996, 7, 3-17, e ainda *Vinculação versus Liberdade. O Processo de Constituição e Extinção da Relação Laboral do Praticante Desportivo cit.*, 361 ss.

### 69.3. Contratos de trabalho em união com outros contratos; outras situações de conexão contratual[34]

**I.** É possível, nos termos gerais, a celebração de um contrato de trabalho em união com outro contrato, a celebração de contratos mistos neste domínio, bem como outras situações de combinação de contratos, admissíveis ao abrigo do princípio geral da autonomia privada (art. 405.° do CC).

Na prática, é relativamente frequente a combinação do contrato de trabalho com outros tipos de contrato – assim, entre outros casos, o contrato de trabalho de porteiro em conexão com um contrato de arrendamento da habitação do porteiro no prédio[35], o contrato de prestação de serviço celebrado entre uma agência de emprego e um candidato a emprego que fique na dependência da celebração do contrato de trabalho pelo candidato a emprego com a empresa contactada pela referida agência, o contrato de trabalho associado a um contrato de prestação de serviço por parte do empregador (como o contrato pelo qual o empregador fornece o serviço de infantário aos filhos dos seus trabalhadores), associado a um contrato de mútuo (por exemplo, o mútuo com acesso a juros bonificados celebrado entre uma instituição bancária e o seu trabalhador subordinado), ou associado a um contrato de compra e venda (por exemplo, o contrato pelo qual o trabalhador compra à sua empresa o automóvel de serviço, ao fim de alguns anos, a um preço mais baixo do que o valor de mercado)[36].

Os problemas regimentais que estas situações colocam são problemas de prevalência de um ou outro tipo contratual e devem ser resolvidos por aplicação das regras gerais da combinação ou da absorção[37].

**II.** Por outro lado, a lei laboral prevê algumas situações de combinação entre o contrato de trabalho e outros tipos de contrato, cujas conexões regula de forma específica. Destacamos duas situações:

---

[34] Sobre este ponto, MENEZES CORDEIRO, *Manual de Direito do Trabalho cit.*, 601 ss. e 610 ss, e ROMANO MARTINEZ, *Direito do Trabalho cit.*, 657 ss.

[35] Ac. RLx. de 1/07/1986, CJ, 1986, IV, 127.

[36] Na jurisprudência, sobre situações deste tipo, *vd*, por exemplo, o Ac. STJ de 16/05/2000, CT (STJ), 2000, II, 264.

[37] Sobre estas regras e, em geral, sobre as figuras de contrato misto e da união de contrato, *vd*, por todos, VAZ SERRA, *União de Contratos, Contratos Mistos*, Lisboa, 1960, 23 ss., PAIS DE VASCONCELOS, *Contratos Atípicos cit.* 215 ss., e PINTO DUARTE, *Tipicidade e Atipicidade dos Contratos cit.*, 44 ss.

– o contrato de trabalho temporário, celebrado entre um trabalhador temporário e uma empresa de trabalho temporário e cujo objecto é o desenvolvimento da actividade laboral do trabalhador para uma outra entidade, que é a empresa utilizadora (art. 172.° a) do CT); na medida em que o objectivo do contrato de trabalho temporário é a prestação de trabalho para o utilizador, este contrato está em necessária dependência do contrato celebrado entre a empresa de trabalho temporário e a empresa utilizadora, com vista ao fornecimento do trabalhador (é o contrato de utilização – art. 172.° c) do CT)[38];
– o acordo de cedência ocasional de trabalhador, que pressupõe um contrato de trabalho entre o trabalhador cedido e a entidade cedente e um acordo entre o empregador cedente e o empregador cessionário, tendo por objecto a cedência (art. 290.° n.° 1 do CT).

**III.** Num registo um pouco diverso, mas ainda conexo com esta matéria, cabe referir que as modernas formas de organização do trabalho nas empresas estão na origem de novas conexões entre contratos de trabalho ou entre o contrato de trabalho e um contrato de prestação de serviço envolvendo a prestação de uma actividade laborativa.

Nesta categoria de situações, destacamos o caso do trabalho repartido, do trabalho em grupo e da subcontratação laboral.

**IV.** No *trabalho repartido* (também conhecido pela designação *job sharing*, por ter origem nos países anglo-saxónicos), o mesmo posto de trabalho é dividido por vários trabalhadores, sendo a forma dessa repartição decidida pelos próprios trabalhadores[39]. Trata-se, pois, de uma figura próxima do trabalho a tempo parcial, mas que se caracteriza pela auto-organização da execução dos contratos pelos próprios trabalhadores, ao mesmo tempo que se aproxima da figura do trabalho em grupo, pela necessária coordenação entre os trabalhadores que partilham o posto de trabalho, ainda que, em si mesma, a actividade desenvolvida não seja uma actividade colectiva.

---

[38] Sobre o trabalho temporário, *vd infra*, § 21.°, ponto 74.

[39] Em especial sobre esta figura, M. Regina Redinha, *A Relação Laboral Fragmentada. Estudo sobre o Trabalho temporário*, Coimbra, 1995, 65 ss., com desenvolvimentos sobre as diversas formas que pode assumir esta modalidade de trabalho; e Rosário Palma Ramalho, *Da Autonomia Dogmática... cit.*, 591 e 595 ss., com referências à difusão desta modalidade de trabalho nos diversos sistemas europeus.

Correspondendo a necessidades modernas de flexibilização dos regimes laborais e tendo já sido objecto de atenção em alguns sistemas jurídicos[40], esta figura não coloca, todavia, em causa a construção dogmática unitária do contrato de trabalho, já nestas situações haverá tantos contratos de trabalho quantos os trabalhadores que ocupam o posto de trabalho repartido. As dificuldades que, eventualmente, surjam nesta forma de trabalho colocam-se ao nível da coordenação das diversas prestações laborais envolvidas, que pode continuar a ser orientada pelo empregador ou ser atribuída a um ou a todos os trabalhadores envolvidos.

**V.** O *trabalho em grupo* era já reconhecido por RAÚL VENTURA, sob a designação de «trabalho de esquadra»[41]. Este tipo de trabalho envolve uma actividade laborativa de índole colectiva (no sentido em que o seu desempenho exige a colaboração de vários trabalhadores), que é assumida por um conjunto de trabalhadores, respondendo o seu chefe ou representante perante o empregador pela respectiva execução e podendo mesmo a remuneração ser atribuída ao grupo e posteriormente distribuída – assim, o trabalho de uma orquestra ou de um grupo teatral.

O grupo de trabalho pode ser interno ou externo à organização: no primeiro caso, o grupo é constituído entre os trabalhadores da empresa por iniciativa do empregador; no segundo caso, o grupo é contratado, pelo empregador enquanto unidade *a se*, para o desenvolvimento da actividade em questão[42].

Se o grupo de trabalho é interno à empresa, estamos perante uma forma específica de organização e coordenação das prestações laborais; assim, há tantos vínculos laborais quantos os trabalhadores que integram o grupo e o respectivo representante actua como superior hierárquico dos restantes trabalhadores.

---

[40] Para uma apreciação comparada, *vd* ROSÁRIO PALMA RAMALHO, *Da Autonomia Dogmática... cit.*, 595 ss.

[41] RAÚL VENTURA, *Teoria da Relação Jurídica de Trabalho cit.*, 301 e *Notas sobre algumas modalidades de contrato de trabalho*, RFDUL, 1948, V, 253-258 (253).

[42] Estas distinções já se encontram em RAÚL VENTURA, *Teoria da Relação Jurídica de Trabalho cit.*, 302 ss.; sobre o ponto, pode ainda ver-se ZÖLLNER/LORITZ, *Arbeitsrecht... cit.*, 332 ss., SÖLLNER, *Grundriß... cit.*, 324 s., e sobre os novos desenvolvimentos destas formas de trabalho, T. BLANKE, *Arbeitsgruppen und Gruppenarbeit in der Betriebsverfassung*, RdA, 2003, 3, 140-155, bem como MONTOYA MELGAR, *Derecho del Trabajo*, 22.ª ed., Madrid, 2001, 526 s.

Já no caso do grupo externo, que é contratado enquanto tal para o desempenho de uma actividade laborativa, a qualificação das situações negociais envolvidas pode ser diversa, consoante o regime de prestação do trabalho de cada trabalhador. Assim, o contrato de grupo é, em si mesmo, um contrato de prestação de serviço, mas pode existir um contrato de trabalho entre cada membro do grupo e o respectivo chefe, se os membros do grupo desenvolverem a sua actividade de trabalho em moldes subordinados; já se houver uma efectiva subordinação entre os membros do grupo e o credor da prestação de trabalho em grupo, ainda que o grupo se sujeite ao respectivo chefe, haverá entre aquele credor e cada membro do grupo um contrato de trabalho, tudo funcionando como se o grupo fosse interno à empresa e sendo o chefe o superior hierárquico dos restantes trabalhadores.

No ordenamento jurídico nacional está contemplado um caso de contratação laboral em grupo, que corresponde justamente à modalidade de grupo externo, mas com subordinação de cada um dos membros do grupo ao empregador. Trata-se do contrato de trabalho em grupo para o desempenho de actividade artística, que se encontra previsto no art. 9.° da L. n.° 4/2008, de 7 de Fevereiro (sob a designação tecnicamente incorrecta de «Pluralidade de Trabalhadores»). Neste caso, o contrato de trabalho é celebrado directamente entre o empregador e o chefe do grupo, que deve estar munido dos poderes de representação de todos e de cada um dos trabalhadores do grupo (art. 9.° n.° 2 e 3). Da celebração deste contrato decorrem tantos vínculos laborais quantos os trabalhadores do grupo (art. 9.° n.° 5).

**VI.** Por fim, coloca-se a questão da admissibilidade da figura da *subcontratação laboral*, que ocorre quando o trabalhador encarrega outra pessoa de desempenhar a actividade que lhe competiria no contrato[43].

No nosso entender, o carácter *intuitus personae* do contrato de trabalho colide com a possibilidade de o trabalhador se fazer substituir por outra pessoa no cumprimento da sua prestação, porque a actividade laboral é inseparável da sua personalidade e são relevantes para o empregador as qualidades pessoais do trabalhador.

---

[43] Em geral, sobre a figura do subcontrato, P. Romano Martinez, *O Subcontrato*, Coimbra, 1989.

Esta posição de princípio não obsta, só por si, à aplicação da figura do subcontrato no domínio do contrato de trabalho, desde que tal passe por um acordo com o empregador[44]. Neste caso, ou o trabalhador substituto desenvolve a sua prestação sob a autoridade e direcção do empregador do trabalhador substituído e é, ele próprio, um trabalhador subordinado, ou desenvolve essa actividade sob a orientação do trabalhador substituído ainda que em benefício de outrem, sendo terceiro em relação ao empregador do trabalhador substituído.

Crê-se, todavia, que a singularidade do contrato de trabalho, pela sua componente de pessoalidade, condena a figura do subcontrato a uma escassa aplicação no domínio laboral.

## 70. **Relação de trabalho típica e emergência de novos modelos de vínculo laboral**

**I.** O contrato de trabalho corresponde a um *tipo legal* de contrato, porque nele se identificam determinados elementos essenciais, definidos por lei e cuja falta descaracteriza o negócio, e porque nele se reconhece um conjunto de características identificadoras dos negócios jurídicos, às quais a lei associa determinados regimes[45]; a este tipo legal corresponde uma configuração dogmática específica, que, no caso do contrato de trabalho, passa pela conjugação de um nexo patrimonial com elementos de pessoalidade e organizacionais.

Independentemente do concurso destes elementos, que, no seu conjunto, contribuem para alicerçar a construção dogmática do contrato de trabalho no universo jurídico, o contrato de trabalho corresponde também a um *tipo social*, no sentido em que a prestação de trabalho subordinado sob a moldura deste contrato apresenta habitualmente um certo conteúdo ou conjunto de características. Por isso, o vínculo laboral que apresente este conteúdo é habitualmente designado como *relação de trabalho típica*, sendo aqui o adjectivo *típico* de reconduzir ao conceito de tipicidade social e não legal.

---

[44] Neste sentido, MENEZES CORDEIRO, *Manual de Direito do Trabalho cit.*, 613, e, ROMANO MARTINEZ, *Direito do Trabalho cit.*, 659 s.

[45] Por todos, sobre a teoria do tipo e o pensamento tipológico aplicados à qualificação dos negócios jurídicos, PAIS DE VASCONCELOS, *Contratos Atípicos cit.*, 85 ss. e *passim*, e PINTO DUARTE, *Tipicidade e Atipicidade dos Contratos cit.*, 30 ss., 96 ss. e *passim*.

A delimitação do vínculo de trabalho socialmente típico é de grande importância, por duas razões: de uma parte, porque este modelo típico está na origem de muitos regimes laborais; de outra parte, para avaliar a evolução deste modelo ao longo da história do Direito do Trabalho e, consequentemente, da evolução (já feita ou a fazer) dos próprios regimes laborais em conformidade.

**II.** Como já tivemos oportunidade de referir, em termos sócio-económicos, a relação de trabalho típica é fácil de identificar, já que nela se encontram senão a totalidade, pelo menos a maioria das seguintes características[46]:

i) Do *ponto de vista do perfil dos sujeitos envolvidos*, o vínculo laboral típico corresponde a um modelo bem identificado de trabalhador e de empregador: o trabalhador subordinado típico é homem, é pouco ou medianamente qualificado, tem responsabilidades familiares e é economicamente dependente da retribuição (no sentido em que dela carece para a sua subsistência e da sua família)[47]; o empregador é habitualmente titular de uma empresa do sector industrial com alguma dimensão e dotada de um modelo de organização tendencialmente compartimentado e hierarquizado.

ii) Do *ponto de vista da estrutura*, o vínculo laboral típico é, quase sempre, um vínculo por tempo indeterminado (que, por vezes, abrange toda a vida activa de um trabalhador), que ocupa o trabalhador a tempo integral e que apresenta uma natureza unitária, não obstante as diversas categorias de trabalhadores e ressalvadas algumas situações laborais específicas em razão da natureza da própria actividade laboral envolvida (assim, os contratos de trabalho na área das artes ou do desporto, ou para a prestação de trabalho doméstico, agrícola ou a bordo).

---

[46] Sobre este conceito de relação de trabalho típica, *vd Direito do Trabalho I*, § 2.°, ponto 4.2.1.b).II., e com indicações bibliográficas, nesse mesmo ponto, em nota de rodapé. Para mais desenvolvimentos, ROSÁRIO PALMA RAMALHO, *Da Autonomia dogmática... cit.*, 537 ss.

[47] Especificamente sobre este ponto, *Direito do Trabalho I*, § 2.°, ponto 4.2.1.a).I., e nota.

iii) Do *ponto de vista da dinâmica interna,* o vínculo de trabalho típico caracteriza-se por uma acentuada rigidez, tanto em termos horizontais como em termos verticais, em consonância com o modelo empresarial típico acima indicado: assim, a posição jurídica do trabalhador tem contornos bem definidos e não consente grandes desvios, nem quanto à função em si, nem quanto às condições temporais e geográficas da respectiva execução; e as relações no seio da empresa são rígidas e hierarquizadas, baseando-se no dever de obediência do trabalhador e no exercício constante dos poderes laborais pelo empregador, quer pessoalmente, quer por delegação nos superiores hierárquicos do trabalhador.

iv) Por fim, do *ponto de vista axiológico*, o vínculo laboral típico parte do pressuposto da inferioridade económica e jurídica do trabalhador, pelo que o seu regime é globalmente vocacionado para a respectiva tutela. Com este objectivo, um conjunto de direitos e garantias inerem ao estatuto laboral do trabalhador e traduzem-se numa tutela forte em matéria retributiva e funcional, em matéria de local e de tempo de trabalho, em matéria acidentária e nas eventualidades cobertas pelo regime de segurança social, e, finalmente, em matéria de estabilidade do vínculo laboral, com a imposição de limites apertados à cessação do contrato de trabalho por iniciativa do empregador.

Este modelo típico do vínculo laboral explica não apenas muitos dos regimes laborais[48], como está na base da clara preponderância de um determinado modelo de contrato de trabalho durante décadas: o contrato de trabalho por tempo indeterminado, a tempo integral, com uma forte integração do trabalhador na estrutura produtiva do empregador e ao qual inere um estatuto protectivo amplo. Este modelo de contrato de trabalho

---

48 Efectivamente, é a debilidade económico-social do trabalhador subordinado típico perante o empregador, a par da sua debilidade negocial, que justifica a vocação tutelar dos regimes laborais, a imperatividade tendencial das normas laborais e a transferência do nível de negociação das condições de trabalho para a negociação colectiva; e é o perfil dominante da maioria das empresas que recorrem ao trabalho subordinado, que justifica regimes laborais como o do poder directivo e do poder disciplinar, bem como a rigidez de muitos institutos laborais. Em suma, a Ordem Jurídica teve em conta o perfil sócio-económico dos sujeitos a que se destinam os regimes laborais.

tem um carácter unitário (no sentido em que é aplicável à generalidade dos trabalhadores subordinados) e o seu regime é dotado de grande eficácia, porque radica essencialmente em normas legais imperativas e na negociação colectiva, não deixando muita margem para a liberdade contratual das partes.

**III.** Como também foi oportunamente referido, a alteração do modelo típico de empresa laboral[49], a modificação do perfil do trabalhador subordinado típico e o fim da homogeneidade desta categoria[50], a par da evolução da situação económica e de mercado, à sombra da qual aquelas empresas tinham florescido[51], a partir dos anos setenta do séc. XX, evidenciaram uma desadequação crescente de alguns regimes laborais e do próprio modelo típico de relação de trabalho e justificaram as novas tendências da evolução do Direito do Trabalho, que ficaram conhecidas como o *movimento de flexibilização da área jurídica*.

As tendências de flexibilização do Direito Laboral manifestam-se essencialmente em dois níveis, que denominamos de flexibilização interna e flexibilização externa[52]:

– a *flexibilização interna* evidencia-se na alteração de muitos regimes laborais no sentido do aligeiramento das garantias dos trabalhadores e da diminuição dos pontos de maior rigidez daqueles regimes, mas também no surgimento de novas preocupações tutelares no domínio laboral;
– a *flexibilização externa* manifesta-se na tendência para a proliferação de novas modalidades do contrato de trabalho a par do vínculo de trabalho típico, que, por se desviarem de alguma ou algumas das características daquele vínculo, são designadas, de forma tecnicamente imprópria mas expressiva, como contratos de trabalho atípicos[53].

---

[49] *Direito do Trabalho I*, § 2.° ponto 4.2.1.b). III. e IV.

[50] *Direito do Trabalho I*, § 2.° ponto 4.2.1.a). II.

[51] *Direito do Trabalho I*, § 2.° ponto 4.2.1.c).

[52] Para mais desenvolvimentos sobre estas tendências de flexibilização e sobre a respectiva implementação nos diversos sistemas juslaborais, *vd Direito do Trabalho I*, § 2.° ponto 4.2.2., e, em especial, Rosário Palma Ramalho, *Da Autonomia Dogmática... cit.*, 590 ss.

[53] Naturalmente, a atipicidade é aqui de entender em sentido social e não em sentido legal: várias destas modalidades de contrato de trabalho são legalmente típicas, porque

Já atendendo ao modo como se processa, a flexibilização actua essencialmente ao nível das fontes, procurando atenuar a rigidez das normas laborais. Este objectivo é conseguido através da diminuição do número de normas imperativas, da maior abertura à negociação das partes no contrato de trabalho, da promoção da elasticidade na negociação colectiva e na relação entre os instrumentos de regulamentação colectiva do trabalho e a lei. Este *modus operandi* da flexibilização ficou conhecido pelo termo *desregulamentação*[54].

**IV.** Especificamente no que respeita ao contrato de trabalho, as tendências de flexibilização traduzem-se naquilo que a doutrina já designou como a *erosão da relação de trabalho típica*[55]: ao modelo clássico de vínculo laboral, que integra a maioria das características acima enunciadas, sucede uma multiplicidade de figurinos laborais; à uniformidade do regime laboral aplicável à generalidade dos trabalhadores subordinados sucede uma pluralidade de regimes, aplicáveis aos diversos figurinos contratuais que podem enquadrar a prestação subordinada de trabalho; por fim, ao carácter substancialmente unitário da tutela laboral, que é assegurado por um modelo de contrato de trabalho largamente dominante, sucedem níveis de tutela diferenciados entre os trabalhadores, consoante sejam titulares de uma situação jurídica típica (os já chamados trabalhadores

---

estão reguladas na lei, mas a sua configuração apresenta desvios em relação a alguma ou algumas das características habituais do vínculo laboral comum – assim, e a título de exemplo, o contrato de trabalho a tempo parcial afasta a característica da ocupação do trabalhador a tempo integral, o contrato de trabalho temporário e o contrato de teletrabalho afastam-se das regras gerais quanto à integração do trabalhador na empresa e o contrato de trabalho em regime de comissão de serviço não se sujeita às regras gerais em matéria de estabilidade do vínculo laboral. Por todos, para um quadro dos vínculos de trabalho atípicos, no sentido indicado, E. CORDOVA, *Las relaciones de trabajo atípicas (I y II)*, Rel. Lab., 1986, I, 239-283.

[54] Sobre os conceitos de flexibilização e de desregulamentação e sobre o alcance destas tendências, *vd* ROSÁRIO PALMA RAMALHO, *Da Autonomia Dogmática... cit.*, 581 ss. Sobre o sentido e o alcance do processo de desregulamentação, *idem*, 605 ss.

[55] U. ZACHERT, *Die Zerstörung des Normalarbeitsverhältnisses*, ArbuR, 1988, 5, 129-137; ROSÁRIO PALMA RAMALHO, *Ainda a crise do direito laboral: a erosão da relação de trabalho «típica» e o futuro do direito do trabalho, in Estudos de Direito do Trabalho*, I, Coimbra, 2003, 107-121 (também publicado *in* A. MOREIRA (coord.), *III Congresso de Direito do Trabalho. Memórias*, Coimbra, 2001, 253-266).

*insiders* do sistema laboral) ou de uma situação jurídica laboral atípica (os *outsiders*)[56].

**V.** Esta tendência evolutiva do Direito do Trabalho – que não deixou de se acentuar, na maioria dos sistemas jurídicos, ao longo do último quartel do séc. XX e se manteve na viragem para o séc. XXI – projecta-se na matéria do conteúdo do contrato de trabalho, tanto no que se refere à valência externa da flexibilização como no que toca à valência interna. Assim:

– a valência externa do movimento de flexibilização do Direito do Trabalho, que se manifesta na abertura do sistema normativo a novos modelos de contratação laboral, obriga a equacionar, em sede de conteúdo geral do contrato de trabalho, estes modelos; é o que vamos fazer de seguida, com a apresentação das rubricas relativas aos contratos de trabalho especiais e a outras situações laborais sujeitas a regimes especiais;
– a valência interna da flexibilização, que se evidencia na alteração do perfil de alguns regimes laborais num sentido de menor garantismo e de maior elasticidade, obriga a dar uma atenção especial à evolução do regime do contrato de trabalho nesta perspectiva evolutiva; é o que faremos, a propósito do estudo do conteúdo da situação jurídica do trabalhador e da situação jurídica do empregador, que decorrem da celebração do contrato de trabalho.

Especificamente no que respeita à flexibilização externa do Direito do Trabalho, que se concretiza na abertura do sistema laboral à diversidade de modelos de contrato de trabalho, cabe saudar a perspectiva do actual Código do Trabalho nesta matéria, que é substancialmente diferente da orientação seguida pelo Código anterior.

Assim, enquanto o Código do Trabalho de 2003 continuava a assentar globalmente o regime do contrato de trabalho sobre o paradigma da relação de trabalho típica, não assumindo a diversidade dos modelos de vínculo laboral e chegando mesmo a não reconhecer o mais importante contrato de trabalho especial como tal (nesta linha, o contrato de trabalho a termo era tratado como um contrato de trabalho comum com uma cláu-

---

56 A. ICHINO / P. ICHINO, *A chi serve il diritto del lavoro?* RIDL, 1994, I, 469-503 (495).

sula acessória de termo, formalmente equiparada a outras cláusulas acessórias do contrato), o actual Código do Trabalho assume a realidade dos contratos de trabalho especiais, dedicando-lhes uma secção específica do regime do contrato de trabalho (a Secção IX, intitulada «Modalidades de contrato de trabalho»).

Nesta secção do Código, são tratados os mais significativos contratos de trabalho especiais:

- o contrato de trabalho a termo resolutivo (Subsecção I, arts. 139.° a 149.°);
- o contrato de trabalho a tempo parcial (Subsecção II, arts. 150.° a 156.°);
- o contrato de trabalho intermitente (Subsecção III, arts. 157.° a 160.°);
- o contrato de trabalho em regime de comissão de serviço (Subsecção IV, arts. 161.° a 164.°);
- o contrato de teletrabalho (Subsecção V, arts. 165.° a 171.°);
- o contrato para prestação de trabalho temporário (Subsecção VI, arts. 172.° a 192.°).

Ainda que em alguns casos esta perspectiva do Código do Trabalho não seja absolutamente rigorosa – na medida em que, em algumas das situações, podemos não estar perante a constituição *ab initio* de um vínculo laboral especial, mas apenas perante a modificação de um contrato de trabalho comum, que pode mesmo ser temporária (assim sucede, por exemplo, com a comissão de serviço interna ou com a passagem do trabalhador do regime de tempo integral para o regime de trabalho a tempo parcial temporariamente) – trata-se, sem dúvida, de uma perspectiva globalmente mais adequada à fisionomia «especial» destas situações juslaborais, já que tais situações se desviam, por um ou por outro motivo, do modelo do contrato de trabalho comum e desse traço específico resultam diferenças regimentais que justificam a sua qualificação como vínculos laborais especiais. Com esta perspectiva, o actual Código aproxima-se pois mais do actual quadro de diversificação dos modelos de contratação laboral.

Acresce que esta perspectiva do Código sobre os vínculos de trabalho especiais é mais conseguida também do ponto de vista sistemático, não só porque permite uma apresentação sequencial e ordenada das várias figuras, como também porque dá mais visibilidade aos diversos contratos especiais, com destaque para o contrato de trabalho a termo, que é, sem dúvida, o contrato especial de recurso mais frequente e que, paradoxalmente, tinha no Código anterior, muito menos visibilidade do que outras figuras de alcance prático mais reduzido.

**VI.** Ao longo dos parágrafos subsequentes vamos tratar sucesssivamente os vários contratos de trabalho especiais hoje incluídos no Código do Trabalho. Para além destas situações laborais especiais, merecem ainda destaque o contrato de trabalho com entidade empregadora pública e outros contratos de trabalho especiais em razão da actividade de trabalho prestada, que são regulados em diploma próprio.

## § 20.° Contratos de trabalho sujeitos a regime especial: o contrato de trabalho a termo resolutivo

### 71. Delimitação geral

**I.** O contrato de trabalho a termo resolutivo é a modalidade de contrato de trabalho cujos efeitos se encontram na dependência de um evento futuro certo. Tratando-se de um termo resolutivo, o contrato cessará, por caducidade, com a verificação do referido evento. O termo pode ser certo ou incerto, nos termos gerais, consoante o evento futuro seja certo quanto à sua verificação e quanto ao momento em que ocorrerá ou apenas quanto à sua verificação.

Esta modalidade de contrato de trabalho foi prevista tradicionalmente no nosso sistema juslaboral (como, aliás, nos restantes sistemas jurídicos) sob a designação de *contrato de trabalho a prazo* – art. 10.° da LCT. Tendo sido admitida a aposição ao contrato de trabalho quer de um termo certo quer de um termo incerto pela LCCT (arts. 41.° e 48.°, respectivamente), generalizou-se a designação deste contrato pela expressão, tecnicamente mais correcta[57], de *contrato de trabalho a termo resolutivo*.

Adverte-se, contudo, desde já, para o facto de tanto a lei como a doutrina e a jurisprudência referenciarem, com frequência, este contrato pela expressão abreviada de *contrato a termo*, tradição esta que foi mantida pelo Código do Trabalho. Ora, tendo em conta que nem todo o regime deste contrato está concentrado na secção do Código onde este contrato é apresentado (Subsecção I da Secção dedicada às modalidades de contrato

---

[57] Contra, por considerar a expressão «contrato a termo» mais hermética e, como tal, mais difícil de apreender pelos destinatários, JORGE LEITE, *Direito do Trabalho cit.*, II, 106. A designação «contrato a prazo determinado» é ainda utilizada por exemplo, no sistema brasileiro, no art. 470.° da *Consolidação das Leis do Trabalho* (sobre esta figura no direito brasileiro, por todos, MASCARO NASCIMENTO, *Curso de Direito do Trabalho cit.*, 671 ss.).

de trabalho – arts. 139.° a 149.°), e tendo ainda em conta que o Código prevê também a aposição de uma cláusula de termo suspensivo ao contrato de trabalho (art. 135.°)[58], deve ter-se em atenção que as referências feitas pelas normas laborais ao *contrato a termo* são dirigidas apenas ao contrato de trabalho a termo resolutivo e não ao contrato de trabalho a termo suspensivo.

Com esta prevenção, manteremos a tradição de referir esta modalidade de contrato de trabalho pela expressão abreviada de *contrato a termo*, por um motivo de simplicidade.

**II.** A contratação laboral a termo tem *vantagens* tanto para o empregador como para o trabalhador, para além de prosseguir interesses gerais. Contudo, este contrato também apresenta *inconvenientes*, sobretudo para o trabalhador.

No que respeita ao empregador, o recurso a esta modalidade de contrato de trabalho permite-lhe fazer face a necessidades de gestão corrente, quer por motivos atinentes ao pessoal (por exemplo, a necessidade de substituição de trabalhadores ausentes), quer por razões atinentes à natureza da actividade desenvolvida (por exemplo, actividades sazonais ou com necessidades produtivas desiguais ao longo do ano); e permite-lhe ainda lançar-se em empreendimentos novos, cujo êxito não esteja assegurado à partida, sem ficar onerado com os encargos da manutenção de trabalhadores por tempo indeterminado caso o empreendimento fracasse, evitando-se, por esta via, um risco excessivo. Em suma, do ponto de vista do empregador, a contratação laboral a termo constitui um importante instrumento de gestão.

Para o trabalhador, este tipo de contrato de trabalho pode também ser vantajoso para experimentar uma nova actividade profissional, bem como no caso em que o trabalhador pretenda vincular-se apenas durante um período determinado.

Por fim, do ponto de vista do interesse geral, este tipo de contrato prossegue o princípio constitucional do pleno emprego, porque potencia a criação de postos de trabalho, e é também particularmente vocacionado para proceder à integração das categorias de trabalhadores com maiores dificuldades de acesso ao emprego. Por outro lado, ainda em termos gerais, esta modalidade de contrato de trabalho constitui um factor de pro-

---

[58] Como vimos, *supra*, § 19.°, ponto 69.1.

gresso económico, na medida em que favorece novos empreendimentos das empresas.

Às vantagens deste tipo de contrato de trabalho correspondem, contudo, inconvenientes significativos, sobretudo para o trabalhador, cuja situação contratual é menos estável neste contrato do que num contrato de trabalho comum: é que, enquanto num contrato de trabalho comum, o despedimento por iniciativa do empregador depende de um incumprimento grave do trabalhador (a justa causa de despedimento) ou de um motivo gravoso de gestão, no caso do contrato de trabalho a termo o empregador tem apenas que aguardar a verificação do termo para fazer cessar o contrato por caducidade, se assim o entender.

**III.** O reconhecimento deste inconveniente essencial do contrato de trabalho a termo permite, desde já, assumir uma constatação que deverá estar presente ao longo do estudo desta figura: a constatação do *nexo incindível entre a figura do contrato de trabalho a termo e o regime jurídico da cessação do contrato de trabalho por iniciativa do empregador*[59].

Efectivamente, em sistemas jurídicos menos restritivos em matéria de cessação do contrato de trabalho por iniciativa do empregador, a figura do contrato de trabalho a termo tende a ser utilizada em menor escala e para acorrer às necessidades eventuais de pessoal acima indicadas. Pelo contrário, em sistemas jurídicos mais restritivos quanto à possibilidade de fazer cessar o contrato de trabalho por parte do empregador (como é o caso do sistema português), o recurso à contratação a termo funciona, na prática, como uma forma de contornar aquele regime restritivo.

O nexo entre as duas matérias deve, pois, ser assumido.

**IV.** *O contrato de trabalho a termo resolutivo é uma figura de grande importância no sistema juslaboral*, por motivos práticos, económicos, regimentais e dogmáticos:

- do ponto de vista prático, o contrato de trabalho a termo tem importância por força da sua frequente utilização, confirmada, aliás, pelo abundante acervo jurisprudencial na matéria;

---

[59] Em especial sobre esta ligação, ROSÁRIO PALMA RAMALHO, *Insegurança ou diminuição do emprego? A rigidez do sistema jurídico português em matéria de cessação do contrato de trabalho e de trabalho atípico cit.*, 95 ss.

– do ponto de vista económico, o contrato de trabalho a termo corresponde, como acima vimos, a desígnios relevantes em matéria de gestão dos recursos humanos, de favorecimento de novos projectos empresariais e de empregabilidade geral, dos quais o Direito do Trabalho não se pode alhear e que são particularmente valorizados no âmbito das modernas tendências de flexibilização da área jurídica;
– do ponto de vista regimental, este contrato apresenta diversos traços desviantes do regime do contrato de trabalho comum, que, no seu conjunto, nele permitem reconhecer um contrato de trabalho especial;
– por fim, do ponto de vista dogmático, este contrato contribui decisivamente para o equilíbrio global do sistema juslaboral, designadamente no caso português, por constituir uma forma de compensar o regime legal restritivo em matéria de despedimento.

**V.** Por fim, *assume-se a qualificação do contrato de trabalho a termo como um contrato de trabalho especial* e não como um contrato de trabalho comum ao qual é aposta uma cláusula acessória típica – no caso, um termo resolutivo.

Este aspecto deve ser clarificado, tendo em conta a alteração de perspectiva sobre este contrato do actual Código do Trabalho relativamente ao Código do Trabalho de 2003. Com efeito, o Código do Trabalho de 2003, desviando-se da tradição legal anterior nesta matéria, não reconduzia o contrato a termo a um contrato de trabalho especial, dispondo o seu regime em moldes autónomos, mas apresentava este contrato em sede de cláusulas acessórias do contrato de trabalho e a par de outras cláusulas acessórias, distribuindo o seu regime ao longo das diversas secções que regulavam o contrato de trabalho. Diferentemente, o actual Código trata a figura como uma das modalidades de contrato de trabalho, dedicando-lhe uma secção autónoma, que contém o essencial do seu regime jurídico.

A nosso ver, apesar o modo de apresentação das figuras jurídicas na lei não alterar a respectiva qualificação, que, aliás, não compete à lei fazer, devendo antes retirar-se do respectivo regime jurídico, a perspectiva de apresentação da figura do contrato de trabalho a termo no Código do Trabalho de 2003 era substancialmente inadequada e teleologicamente desfasada. Assim:

i) *A apresentação da figura do contrato a termo em sede de cláusulas acessórias e a par das cláusulas acessórias do termo e da*

*condição suspensivos e das cláusulas de não concorrência e de permanência era substancialmente incorrecta, porque não há qualquer paridade entre estas cláusulas.* É que, independentemente do facto de a cláusula de termo resolutivo corresponder tecnicamente a uma cláusula acessória do negócio laboral, o regime deste contrato contém um conjunto de especificidades extenso e com incidência em diversas matérias, desde a formação do contrato até à sua cessação, passando pela sua execução, que confirma este contrato como um contrato globalmente distinto do contrato de trabalho por tempo indeterminado. E a falta de paridade entre esta e outras cláusulas acessórias do contrato de trabalho explica também que os vícios de que padeça o contrato, por força do termo resolutivo, sejam sujeitos a um regime específico.
Em suma, independentemente da qualificação técnica do termo, o contrato de trabalho a termo resolutivo é um contrato especial, porque o seu regime aponta decisivamente no sentido desta qualificação e apenas o regime jurídico de uma figura pode constituir o suporte dogmático da respectiva qualificação.

ii) *A apresentação do contrato de trabalho a termo em sede de cláusulas acessórias do contrato de trabalho era também teleologicamente desfasada porque retirava visibilidade à figura, o que, naturalmente, não correspondia à sua importância nuclear no ordenamento juslaboral nacional*[60]. É que o contrato de trabalho a termo não é só um contrato de trabalho especial mas, verdadeiramente, o contrato de trabalho especial mais importante e mais utilizado no nosso sistema juslaboral[61].

Perante o exposto, assume-se a qualificação do contrato a termo como um contrato de trabalho especial. No caso, a especificidade do con-

---

[60] No CT de 2003, figuras como o trabalho em comissão de serviço ou o teletrabalho, reguladas em secção autónoma, tinham mais visibilidade do que o contrato de trabalho a termo, o que não tinha correspondência com a importância relativa de cada uma destas figuras.

[61] Para uma apreciação crítica mais desenvolvida desta opção sistemática do Código do Trabalho de 2003 em relação ao trabalho a termo, ROSÁRIO PALMA RAMALHO, *O novo Código do Trabalho. Reflexões sobre a proposta de lei relativa ao novo Código de Trabalho cit.*, 46 e 62 s.

trato reside na sua forma típica de cessação: cessação por caducidade, com a ocorrência do termo. Esta forma típica de cessação afasta o contrato a termo da característica tendencial da estabilidade do vínculo laboral, que inere ao contrato de trabalho comum, pelo facto de ser celebrado por tempo indeterminado e de ser acompanhado de um regime restritivo em matéria de despedimento.

É esta qualificação que subjaz hoje ao tratamento diferenciado desta modalidade de contrato de trabalho no Código do Trabalho. Porque corresponde melhor à natureza da figura e à sua importância global no universo jurídico laboral esta opção do novo Código é de saudar.

Deve ainda ter-se em conta que o regime do contrato de trabalho a termo, constante do Código do Trabalho, constitui o regime geral subsidiário em matéria de contratação laboral a termo, o que viabiliza o recurso a tal regime para integração das lacunas do regime de outros contratos a termo previstos em diplomas laborais especiais.

## 72. **Evolução histórica e análise comparativa**

**I.** Ao reconhecimento da importância do contrato de trabalho a termo tem correspondido, entre nós, uma acentuada *instabilidade do regime jurídico* respectivo, que evidencia a delicadeza deste tema. A compreensão do regime actual da figura e do papel que ela desempenha no sistema juslaboral hodierno exige, pois, uma breve incursão na sua evolução histórico-legal.

Na evolução do regime jurídico da figura do contrato a termo, até à actualidade, podem distinguir-se quatro períodos: o período correspondente à redacção originária da LCT; o período da autonomização legal deste contrato como contrato de trabalho especial, que corresponde ao surgimento do DL n.° 781/76, de 28 de Outubro; o período da LCCT, que disciplinou este contrato nos arts. 41.° ss.; e o período do CT de 2003, que disciplinou a matérias nos arts. 128.° ss. e noutros pontos do Código e da Regulamentação.

A evolução do contrato de trabalho a termo no sistema jurídico português constitui um exemplo paradigmático da ligação entre esta figura e o regime jurídico da cessação do contrato de trabalho, nos termos acima indicados.

**II.** A LCT de 1969, à semelhança da LCT de 1937[62], previa a possibilidade de aposição ao contrato de trabalho de um termo resolutivo certo ou incerto no seu art. 10.°, sem particulares restrições[63].

Esta admissibilidade genérica da contratação laboral a termo era apenas temperada com a exigência de forma escrita para a estipulação do termo e com a previsão legal da conversão automática do contrato a termo em contrato por tempo indeterminado, caso o trabalhador permanecesse ao serviço do empregador após o fim do prazo (art. 10.° n.° 2 da LCT).

Este sistema conjugava-se com um regime legal em matéria de cessação do contrato de trabalho por iniciativa do empregador menos restritivo do que o regime actual, uma vez que contemplava a hipótese de despedimento com aviso prévio.

**III.** Em 1976, o contrato de trabalho a prazo foi objecto de regulamentação autónoma, que constou do DL n.° 781/76, de 28 de Outubro. Este regime jurídico tinha um carácter mais restritivo do que o regime da LCT, caracterizando-se pelos seguintes traços essenciais[64]:

- só era admitido o termo certo ou prazo (a lei utilizava mesmo a designação tautológica de «prazo certo»);
- o contrato não podia prolongar-se por mais de três anos, contando para este efeito o período inicial e as renovações, findos os quais cessava ou se convertia automaticamente em contrato por tempo indeterminado;
- apenas em algumas situações, indicadas na lei, o contrato podia ser celebrado por prazo inferior a seis meses; nos restantes casos, o contrato a termo não carecia de motivo especial;
- o contrato estava obrigatoriamente sujeito a forma escrita, exigindo-se a indicação precisa do termo;

---

[62] No domínio da LCT de 1937, a possibilidade de aposição de um termo resolutivo ao contrato de trabalho era prevista no art. 13.°, sendo ainda vedada a denúncia antecipada do contrato, salvo caso fortuito ou de força maior.

[63] Sobre o contrato a termo no domínio da LCT, *vd*, entre outros, M. C. TAVARES DA SILVA, *Direito do Trabalho*, Lisboa (copiogr.), 1964-65, 585 ss., e BERNARDO XAVIER, *Regime Jurídico do Contrato de Trabalho Anotado cit.*, 39 ss.

[64] Por todos, sobre o regime do contrato de trabalho a termo ao abrigo deste diploma, JOSÉ JOÃO ABRANTES, *Do Contrato de Trabalho a Prazo*, Coimbra, 1982, 51 ss.

– a inobservância dos requisitos de validade relativos ao termo não determinava a nulidade do contrato nos termos gerais, mas revertia contra o empregador, através da conversão automática do contrato em contrato de trabalho por tempo indeterminado.

Apesar deste quadro legal mais exigente, o recurso ao contrato a termo, ao abrigo deste diploma, foi muito frequente. Este facto ficou a dever-se ao regime restritivo em matéria de despedimentos, entretanto instituído pelo DL n.° 372-A/75, de 16 de Julho (Lei dos Despedimentos), e posteriormente confirmado pela Constituição, através da consagração do princípio da segurança no emprego e da proibição dos despedimentos sem justa causa (art. 53.° da CRP).

A conjugação do regime do contrato a termo com o regime dos despedimentos teve um efeito drástico, tanto no que toca à sua frequência, como no que se refere à sua motivação, e ainda no que toca à sua execução.

Por um lado, a motivação dos empregadores ao recorrerem a esta modalidade de contrato de trabalho deixou de se prender exclusivamente com as necessidades de ocasionais de trabalho, que constituem a justificação tradicional deste contrato, para se centrar no objectivo de contornar as dificuldades acrescidas de fazer cessar o vínculo laboral, após o decurso do período experimental, que a Lei dos Despedimentos também tinha fixado no tempo, muito exíguo, de 15 dias para todos os contratos de trabalho (art. 28.° da LD).

Por outro lado, o limite máximo de três anos imposto à duração do contrato a termo, incluindo as renovações, potenciou muitas situações de fraude à lei, através da cessação do contrato no final do período, seguida da recontratação do mesmo trabalhador, ainda a prazo e com o objectivo de iludir as regras sobre a conversão do contrato a termo em contrato por tempo indeterminado. Ora, embora a lei contemplasse expressamente esta situação, estabelecendo a sanção da conversão do contrato a termo em contrato por tempo indeterminado, a dificuldade de prova da fraude, que dependia da iniciativa do trabalhador, determinou a proliferação destas situações e a sua manutenção durante largos períodos de tempo.

Deve, contudo, salientar-se a natureza diversa dos dois efeitos apontados: efectivamente, a cessação do contrato a prazo e a posterior recontratação do mesmo trabalhador para a mesma tarefa e a ainda a prazo constituía um aproveitamento ilícito do regime legal; já o recurso a este contrato com uma motivação diversa da tradicional era legítimo, uma vez que a lei apenas exigia expressamente uma motivação objectiva para estes contratos quando a sua duração não ultrapassasse os seis meses[65].

De qualquer modo, o saldo final deste diploma foi o recurso indiscriminado a esta modalidade de contrato de trabalho e a proliferação de situações de incumprimento da lei, se não na celebração destes contratos pelo menos na sua perpetuação.

**IV.** Foi neste quadro legal complexo e muito sensível do ponto de vista social que surgiu a LCCT (DL n.° 64-A/89, de 27 de Fevereiro), que revogou o DL n.° 781/76, de 28 de Outubro. Este diploma assumiu, pela primeira vez, a estreita conexão entre a matéria do contrato a termo e a matéria da cessação do contrato de trabalho, que regulou em conjunto.

Em termos substanciais, o regime do contrato a termo constante deste diploma foi ainda mais restritivo do que o regime anterior, contribuindo para fixar, em definitivo, este contrato como um contrato excepcional[66]. Efectivamente, à excepção de dois sinais de liberalização do regime deste contrato (a admissibilidade do termo incerto, há muito reclamada pela doutrina[67], e o alargamento do período experimental – arts. 48.° e 43.° da LCCT), o carácter restritivo do regime do contrato a termo manteve-se e foi mesmo adensado neste diploma, através das seguintes regras:

- o contrato a termo passou a exigir uma motivação objectiva em todos os casos, sendo tais motivos objectivos enunciados na lei em moldes taxativos (arts. 41.° e 48.° da LCCT, respectivamente para os contratos a termo certo e a termo incerto);

---

[65] Apenas um sector doutrinal minoritário considerava que o regime do contrato a termo era globalmente excepcional, pelo que seria exigível uma motivação objectiva independentemente da duração do contrato – neste sentido, por exemplo, José João Abrantes, *Do Contrato de Trabalho a Prazo cit.*, 56.

[66] No mesmo sentido, J. João Abrantes, *Breve apontamento sobre o novo regime jurídico do contrato de trabalho a prazo,* Rev.FDUL (Sep.), 1990, 241-247 (242), e *Contrato de trabalho a termo, in* Romano Martinez (coord.), *Estudos do Instituto de Direito do Trabalho*, III, Coimbra, 2002, 155-177 (155 ss.). Contudo, para este autor, a excepcionalidade resultava já globalmente do regime de 1976.

[67] Assim, por exemplo, José João Abrantes, *Do Contrato de Trabalho a Prazo cit.*, 55.

- manteve-se a duração máxima do contrato em três anos, mas fixou-se, cumulativamente, o número máximo de duas renovações para o contrato de trabalho a termo certo (arts. 44.° e 47.° da LCCT);
- reforçaram-se os requisitos de forma destes contratos (art. 42.° da LCCT);
- mantiveram-se as sanções de conversão automática do contrato em contrato por tempo indeterminado para os vícios de forma (art. 42.° n.° 3 da LCCT), de motivação (art. 41.° n.° 2 e 3 da LCCT) e de ultrapassagem da duração máxima do contrato ou do número legal máximo de renovações (art. 47.° da LCCT);
- conferiram-se diversos direitos aos trabalhadores em caso de cessação do contrato, designadamente direitos de preferência na admissão (art. 54.° da LCCT) e direitos de natureza indemnizatória (art. 46.° n.° 3 da LCCT).

O regime da LCCT foi claramente determinado pelo objectivo de pôr fim à utilização abusiva do regime legal anterior nesta matéria. Este objectivo foi conseguido: a partir de 1989, houve uma redução drástica do número de contratos de trabalho a termo e a protecção dos trabalhadores a termo foi reforçada de modo significativo.

Contudo, uma apreciação atenta da evolução subsequente à instituição deste regime, de novo conjugando a contratação a termo e o regime da cessação do contrato de trabalho, permite concluir que a opção legal de excepcionalização do contrato de trabalho não foi realista, teve consequências perversas e não produziu efeitos benéficos a médio e longo prazo no mercado de trabalho.

Assim, se é certo que a restrição do regime dos despedimentos, em 1975, foi responsável pelo aumento do número de contratos a termo em condições nem sempre lícitas, a verdade é que a excepcionalização da figura do contrato de trabalho a termo em 1989 teve efeitos ainda mais perversos: dificultada a contratação laboral a termo, os empregadores tenderam a diminuir os postos de trabalho e a recorrer ao *outsourcing*, o que resultou no prejuízo global da oferta de trabalho; ao mesmo tempo, generalizaram-se os acordos revogatórios e as denúncias dos contratos de trabalho assinadas pelo trabalhador e com a data em branco, que o empregador preenchia quando pretendia pôr fim ao contrato, e proliferaram ainda os falsos independentes. Por outras palavras, esta evolução saldou-se em novas situações de ilicitude e de fraude, ainda mais graves do que as anteriores porque deixavam o trabalhador mais desprotegido.

O regime da LCCT em matéria de contrato a termo foi ainda alterado pela L. n.° 38/96, de 31 de Agosto, que estabeleceu novas regras sobre o modo de indicação do motivo justificativo do contrato e sobre os acordos revogatórios do contrato. Na sequência da Directiva comunitária que aprovou o Acordo-Quadro sobre o trabalho a termo (Dir. n.° 99/70/CE, de 28 de Junho de 1999), este regime foi, de novo, alterado pela L. n.° 18/2001, de 3 de Julho, que dispôs, entre outros aspectos, sobre os contratos a termo sucessivos e sobre a prova dos factos que justificam a aposição do termo ao contrato[68].

**V.** Relativamente ao contrato de trabalho a termo, o Código do Trabalho de 2003 introduziu algumas modificações substanciais, para além da alteração sistemática oportunamente referida. Estas alterações disseram respeito, sobretudo, aos fundamentos e à duração do contrato a termo certo. Contudo, porque há uma linha de continuidade entre o regime desta figura naquele Código e no Código actual, podemos dar conta da evolução recente desta matéria a propósito do regime actual da figura.

Em qualquer caso, o esquisso sobre a evolução do regime legal da figura do contrato a termo, no último quartel do século XX, que acabamos de fazer é, por si só, suficiente para confirmar a importância vital desta figura para o equilíbrio global do sistema juslaboral português e justifica um especial cuidado no seu tratamento.

É, pois, neste quadro que se deve situar o regime jurídico actual deste contrato, previsto nos arts. 139.° a 149.° do actual Código do Trabalho e em mais algumas normas dispersas do Código.

**VI.** A importância do trabalho a termo para o equilíbrio dos sistemas juslaborais e como instrumento privilegiado para fazer face aos desafios de flexibilidade do Direito do Trabalho justifica ainda uma breve nota sobre as *tendências mais recentes dos diversos sistemas na abordagem desta figura*, bem como sobre as preocupações comunitárias nesta matéria.

---

68 Especificamente sobre as alterações ao regime do contrato de trabalho a termo, introduzidas pela L. n.° 18/2001, L. Miguel Monteiro / P. Madeira de Brito, *Alteração ao regime jurídico do contrato de trabalho a termo introduzida pela L. n.° 18/2001, de 3 de Julho*, RDES, 2002, 1, 93-132.

A evolução no tratamento da figura do trabalho a termo noutros sistemas europeus evidencia, tal como entre nós, a importância vital desta figura para prosseguir objectivos de flexibilidade da gestão dos recursos humanos e de promoção do emprego, mas também a sua delicadeza, pela facilidade com que este regime propicia a segmentação do mercado de trabalho (entre os trabalhadores por tempo indeterminado e os trabalhadores a termo), a que inerem diferenças de tratamento de relevo e que tendem a prolongar-se no tempo.

Ao nível do *direito comunitário*, a tensão entre os diversos valores em jogo observa-se claramente na Dir. 99/70/CE, de 28 de Junho de 1999, que se preocupou essencialmente em diminuir os efeitos perversos da contratação a termo, mas não deixou de considerar este modelo de contrato de trabalho como um modelo adequado para prosseguir os objectivos de flexibilização acima indicados. Nesta linha, a Directiva afirma o princípio geral da não discriminação entre os trabalhadores contratados a termo e por tempo indeterminado, devendo as diferenças de tratamento ser justificadas por motivos objectivos (cláusula 1.ª a) e cláusula 4.ª do Acordo-Quadro), proíbe a sucessão de contratos de trabalho a termo, sem justificação objectiva (cláusula 1.ª b) e cláusula 5.ª do Acordo-Quadro) e impõe aos empregadores deveres de informação sobre os postos de trabalho permanentes disponíveis na empresa (cláusula 6.ª do Acordo-Quadro)[69].

Ainda no plano do direito comunitário e nesta matéria, deve ter-se em conta a Dir. 91/383/CEE, do Conselho, de 25 de Junho de 1991, relativa à aplicação de medidas tendentes a promover a melhoria da segurança e da saúde dos trabalhadores que têm uma relação de trabalho a termo ou uma relação de trabalho temporário[70]. Esta Directiva instituiu um princípio de igualdade entre estes trabalhadores e os trabalhadores comuns no que toca à protecção na empresa em matéria de segurança a saúde, nas condições de trabalho e no acesso aos equipamentos de segurança, bem como deve-

---

[69] Para mais desenvolvimentos sobre esta Directiva, *vd* Christophe Vigneau, *L'accord-cadre européen sur le travail à durée déterminée*, DS, 1999, 11, 928-937, e Júlio Gomes, *O contrato de trabalho a termo ou a tapeçaria de Penélope?*, *in Estudos do Instituto de Direito do Trabalho*, IV, Coimbra, 2003, 35-99 (41 ss.).

[70] Foi apresentada uma Proposta de Directiva sobre a mesma matéria em 22 de Março de 2002, que não teve ainda seguimento.

res de informação destes trabalhadores em matéria de riscos de trabalho, deveres de vigilância médica adequada e deveres de formação.

Noutros *sistemas europeus*, a figura do contrato a termo tem tido também uma evolução oscilante entre os valores da estabilidade do emprego e da tutela dos trabalhadores, que justificam a imposição de restrições a esta forma de contratação laboral, e os objectivos de flexibilização e de promoção do emprego, que justificam o seu alargamento.

Assim, por exemplo, na Alemanha, a figura do contrato a termo não só é admitida ao abrigo do princípio geral da liberdade contratual, como foi incentivada pela Lei da Promoção do Emprego de 1985 (*Beschäftigunsgforderungsgesetz 1985*)[71] e foi ainda reforçada na *Lei sobre o Trabalho a Tempo parcial e sobre o Trabalho a Termo*, que entrou em vigor em 2001 (*Teilzeit-und Befristungsgesetz*), e cujo § 14.° Abs. 2 dispensa o motivo justificativo para os contratos de trabalho cujo termo não ultrapasse os dois anos.

Também em Espanha, embora a estabilidade do emprego seja o princípio geral, o contrato a termo é permitido pela lei[72] e o recurso a este contrato foi incentivado, por diversas vias, nas décadas de setenta e oitenta do séc. XX, tanto com o objectivo de fomentar o emprego[73] como com o objectivo de enquadrar o lançamento de novas actividades pelas empresas[74]. Na década de noventa, esta tendência inverteu-se, passando a exigir-se o carácter temporário das necessidades de mão de obra como justificativo geral dos contratos a termo[75], mas, nos últimos anos, a figura voltou a ser ampliada, através do denominado *contrato de inserção*[76], com o objectivo de fomentar o emprego. Em suma, também neste sistema o regime do contrato a termo tem sido objecto de grandes oscilações[77].

---

[71] P. Hanau, *Befristung und Abrufarbeit nach dem Beschäftigunsgforderungsgesetz 1985*, RdA, 1987, 1, 25-29; W. Däubler, *Una riforma del diritto del lavoro tedesco? – prime osservazioni sul Beschäftigungsforderungsgesetz 26 Aprile 1985*, RIDL, 1985, 528-546.

[72] Art. 15.° do *Estatuto de los Trabajadores*.

[73] *Ley de 31 de Marzo de 1977*, a que se seguiram outros diplomas com o mesmo objectivo.

[74] A *Ley 32/1984, de 2 de Agosto*, cria a figura do contrato a termo para lançamento de uma nova actividade.

[75] *Ley 14/1994, de 1 de Junho* e *Leyes 63 e 64/1997, de 26 de Dezembro*.

[76] *Ley n. 12/2001*.

[77] Sobre a evolução do regime jurídico do contrato a termo em Espanha, *vd* Ojeda Avilés, *El final de un «principio» (la estabilidad en el empleo), in Estudios de Derecho*

Em Itália, a evolução legislativa sobre o contrato a termo é também documentada pela doutrina[78]. É assinalada uma primeira tendência para a imposição de limites a esta forma de contratação laboral, que se mantém no *Statuto dei Lavoratori (Legge n. 300 de 1970,* art. 18.°, modificado pela L. 108/1990*)*, a que se segue uma tendência de abertura a estes contratos, primeiro limitada a alguns sectores de actividade, depois estendida aos restantes, ainda que com a intermediação das associações sindicais e através da negociação colectiva[79] e, de novo, objecto de ampliação por via legal. A alteração mais recente desta matéria é de 2001 (L. n. 368, de 6 de Setembro de 2001), tendo sido adoptada na sequência da Dir. 99/70/CE, de 28 de Junho de 1999.

Já em França, as regras sobre o contrato a termo foram alteradas sucessivas vezes desde 1979[80], primeiro no sentido da maior abertura a estes contratos e depois numa linha mais restritiva, em tendência semelhante à da nossa lei. Esta orientação mais restritiva mantém-se nas últimas alterações do *Code du travail* nesta matéria, introduzidas em 2002 (*Loi du 17 janvier 2002 – Loi de modernisation sociale*) e em 2003 (*Loi du 3 janvier 2003)*[81] e cujo sentido geral se mantém no novo *Code du travail* (arts. L. 1242-1 e L. 1242-2).

---

*del Trabajo en Memoria del Professor Gaspar Bayón-Chacón*, Madrid, 1980, 467-485, M. Rodriguez-Piñero, *Contratación temporal y nuevas formas de empleo*, Rel.Lab., 1989, I, 49-55, J. M. Ramírez Martinez, (dir.) / J. Garcia Ortega, / J. M. Goerlich peset / F. P. Cobos Orihuel / T. Sala Franco, *Curso de Derecho del Trabajo*, Valencia, 1999, 290 ss., J. L. Tortuero Plaza, *A insegurança do emprego: causas, instrumentos e políticas legislativas, in* A. Moreira (Coord.), *X Jornadas Luso-Hispano-Brasileiras de Direito do Trabalho – Anais*, Coimbra, 1999, 69-90 (71 ss.), e A. Montoya Melgar, *Derecho del Trabajo cit.*, 337 ss.

[78] Sobre o ponto, por exemplo, Renato Sconamiglio, *Diritto del lavoro,* 5.ª ed., Napoli, 2000, 188 ss.

[79] *L. n. 56987*, art. 23.°.

[80] *Loi du 3 janvier 1979, Ordonnance du 5 février 1982, Loi du 12 juillet 1990.*

[81] Sobre o regime jurídico da figura no sistema francês, *vd* G. Couturier, *Droit du travail cit.,* I, 175 s. 185 ss., J.-M. Verdier / A. Coeuret / M.-A. Souriac, *Droit du travail cit.,* 336 ss., A. Mazeaud, *Droit du travail cit.,* 298 ss., e C. Roy-Loustaunau, *Une avance insuffisante en matière de contrat à durée détérminée (loi du 3 janvier 2003),* DS, 2003, 3, 265-270.

## 73. Regime jurídico do contrato de trabalho a termo resolutivo[82]

### 73.1. Aspectos gerais

**I.** O regime jurídico do contrato de trabalho a termo encontra-se no Código do Trabalho de 2009, tal como constava do Código do Trabalho de 2003, embora com uma orientação sistemática diferente, como já se assinalou, e com relevantes alterações substanciais.

Actualmente, a disciplina do contrato a termo encontra-se essencialmente em subsecção autónoma da secção do Código dedicada às modalidades de contrato de trabalho, mas também noutras normas dispersas do Código. O quadro normativo nesta área é, assim, o seguinte:

– na secção dedicada às modalidades de contrato de trabalho (Secção IX), a primeira subsecção (arts. 139.° a 149.°) é dedicada ao contrato a termo resolutivo. Nesta subsecção são estabelecidos os fundamentos objectivos deste contrato (art. 140.° n.° 1, 2 e 4, para os contratos de trabalho a termo certo, e art. 140.° n.° 3 para o contratos de trabalho a termo incerto), é prevista a nova figura do contrato de trabalho a termo de muito curta duração (art. 142.°), são apresentadas as regras de forma deste contrato (art. 141.°), as regras relati-

---

[82] Sobre este ponto em geral, podem ver-se, entre outros, MENEZES CORDEIRO, *Manual de Direito do Trabalho cit.*, 617 ss., BERNARDO XAVIER, *Curso de Direito do Trabalho cit.*, 465 ss. s., e *Contrato de trabalho a prazo,* RDES, 1988, 4, 424-436, MÁRIO PINTO/FURTADO MARTINS / NUNES DE CARVALHO, *Comentário... cit.*, 565 ss., JORGE LEITE, *Direito do Trabalho cit.*, II, 101 ss., e *Contrato a termo para lançamento de nova actividade,* QL, 1995, 5, 76-87, P. ORTINS DE BETTENCOURT, *Contrato de Trabalho a Termo*, Amadora, 1996, P. PONCES CAMANHO, *Algumas reflexões sobre o regime jurídico do contrato de trabalho a termo, Juris et de Jure – Nos Vinte Anos da Faculdade de Direito da Universidade Católica Portuguesa – Porto*, Porto, 1998, 969-986, J. JOÃO ABRANTES, *Breve apontamento sobre o novo regime jurídico do contrato de trabalho a prazo cit.*, e *Contrato de trabalho a termo, in Estudos do Instituto de Direito do Trabalho cit..*, JÚLIO GOMES, *O contrato de trabalho a termo ou a tapeçaria de Penélope? cit.* 35-99, e *Direito do Trabalho cit.*, 580 ss., ROMANO MARTINEZ / L. M. MONTEIRO / J. VASCONCELOS / / MADEIRA DE BRITO / G. DRAY / L. GONÇALVES DA SILVA, *Código do Trabalho Anotado cit.*, 378 ss. (anotação de L. M. MONTEIRO e MADEIRA DE BRITO), IRENE GOMES, *Considerações sobre o regime jurídico do contrato de trabalho a termo certo no Código do Trabalho*, QL, 2005, 24, 137-169, ROMANO MARTINEZ, *Direito do Trabalho cit.*, 669 ss., MONTEIRO FERNANDES, *Direito do Trabalho cit.*, 322 ss., MENEZES LEITÃO, *Direito do Trabalho cit.*, 375 ss., e LEAL AMADO, *Contrato de Trabalho...cit.*, 93 ss.

vas à duração e renovação do contrato a termo certo (art. 148.°), as regras em matéria de sucessão de contratos a termo (art. 143.°) os casos de conversão do contrato em contrato por tempo indeterminado (art. 147.°), bem como regras gerais relativas à natureza globalmente convénio-dispositiva do regime legal nesta matéria (art. 139.°), aos deveres de informação do empregador relacionados com este tipo de contrato de trabalho (art. 144.°) e ainda algumas regras relativas ao tratamento dos trabalhadores a termo e aos direitos especiais que lhes assistem após a cessação do contrato (arts. 146.° e 145.°);

– a matéria relativa ao período experimental nestes contratos está regulada em momento anterior (art. 112.° n.° 2);

– a matéria relativa à formação profissional dos trabalhadores a termo está regulada a propósito dos deveres do empregador (art. 131.° n.° 2);

– a matéria da cessação do contrato a termo é regulada na secção relativa à cessação do contrato de trabalho por caducidade (arts. 344.° e 345.°, respectivamente para os contrato a termo certo e incerto); nesta sede é ainda regulado o contrato a termo celebrado com um trabalhador reformado (art. 348.°), bem como as especificidades do regime comum da cessação do contrato de trabalho no caso de ser a termo (art. 393.°);

– outras especificidades do regime jurídico do contrato a termo estão dispersas pelo Código, sendo tratadas a propósito das matérias a que se reportam: assim, o direito a férias destes trabalhadores, quando o seu contrato tenha duração inferior a seis meses (art. 239.° n.° 4), e os efeitos da suspensão dos contratos destes trabalhadores (art. 295.° n.° 3).

Fora do Código do Trabalho devem ainda ter-se em conta, pela sua grande importância para esta matéria, as normas relativas aos deveres de contribuição para a segurança social relativas a estes contratos, que constam do novo CRCSS (art. 55.° n.os 2 e 3). Este Código não se encontra ainda em vigor.

**II.** O actual regime do contrato de trabalho a termo apresenta significativas diferenças em relação ao regime desta figura no Código de 2003, tanto do ponto de vista sistemático como em termos substanciais. Independentemente de aprofundarmos o alcance de cada uma destas diferenças no lugar próprio, é útil fornecer desde já um quadro geral das mesmas.

As diferenças sistemáticas decorrem do reconhecimento do contrato a termo como contrato de trabalho especial, nos termos já assinalados, e traduzem-se, em conformidade com esse reconhecimento, na concentração do essencial do regime deste contrato na subsecção do Código que lhe é dedicada. Ainda assim, cabe completar este regime com as disposições do Código acima assinaladas, com destaque, naturalmente, para as regras em matéria de caducidade do contrato, que constituem o principal traço de especialidade deste vínculo laboral.

Além disso, assinala-se a preocupação de economia do legislador no tratamento da figura, que levou à junção de regras anteriormente dispersas por várias normas – assim sucede com a matéria da fundamentação objectiva destes contratos, quer o contrato seja a termo certo quer seja a termo incerto (que estão agora concentradas no art. 140.°), com a disciplina da duração e renovação do contrato a termo certo (agora concentrada nos arts. 148.° e 149.°) e com as situações de conversão do contrato a termo em contrato por tempo indeterminado (agora concentradas no art. 147.°). Trata-se, nestes pontos, de uma sistematização bem conseguida.

Em termos substanciais, as modificações introduzidas são também significativas, destacando-se, sobretudo, alterações nas seguintes matérias[83]:

– fundamento objectivo do contrato a termo, no caso de lançamento de nova actividade ou de novo estabelecimento (art. 140.° n.° 4 a) );
– previsão da nova figura do contrato de trabalho a termo de muito curta duração (art. 142.°);
– duração máxima dos contratos de trabalho a termo (art. 144.° n.os 1 e 4);
– número máximo de renovações do contrato de trabalho a termo certo (art. 148.° n.° 1);
– novas regras sobre duração do contrato a termo e contratos a termo sucessivos, para efeitos do cômputo dessas situações (art. 148.° n.° 5 e 143.° n.° 1);

---

[83] Abstemo-nos de referir as inúmeras alterações de redacção das normas, comuns a todo o Código, quando tenham apenas um alcance terminológico.

– nova regra sobre o direito a formação profissional dos trabalhadores a termo (art. 131.° n.° 2).

Retira-se do conjunto destas alterações – que vamos avaliar *in se*, um pouco mais à frente – que a perspectiva do actual Código do Trabalho sobre esta figura é mais restritiva do que a do Código anterior.

Com efeito, nesta matéria o Código do Trabalho de 2003 era mais aberto do que o regime anterior (constante da LCCT), já que, através do aligeiramento da fundamentação objectiva do contrato e do alargamento da sua duração máxima, procurou aproveitar as potencialidades da figura do contrato a termo, enquanto instrumento de flexibilização do Direito do Trabalho, favorecendo a adequação dos quadros normativos às necessidades modernas de gestão e aos desafios da produtividade e da competitividade das empresas.

Ora, algumas das alterações introduzidas nesta matéria pelo novo Código apontam no sentido inverso a esta tendência, ao passo que outras evidenciam uma filosofia algo persecutória em relação a este modelo de contratação laboral – é o caso da norma que volta a fixar a duração máxima do contrato de trabalho a termo nos três anos (art. 148.° n.° 1 c) do CT), pondo fim à possibilidade de renovação adicional do contrato anteriormente prevista; é o caso da exclusão das grandes empresas do âmbito de aplicação da norma relativa aos contratos a termo por motivos de iniciativa económica (art. 140.° n.° 4 a)); e é ainda o caso das novas regras sobre o cômputo da duração do contrato e sobre a delimitação dos contratos sucessivos (arts. 148.° n.° 5 e 143.° n.° 1), que têm em conta não só anteriores contratos a termo, mas também contratos de trabalho temporários e até contratos de prestação de serviço celebrados com o mesmo empregador ou até com empregadores do mesmo grupo empresarial. Além disso, esta mesma filosofia persecutória é patente na nova regra do art. 55.° n.° 2 do novo CRCSS, que vai agravar a contribuição para a segurança social nestes contratos, na parte a cargo do empregador, em 3 pontos percentuais – o que, claramente, pretende restringir o recurso a estes contratos.

A nosso ver, esta perspectiva restritiva e persecutória em relação ao contrato de trabalho a termo, que transparece do actual Código do Trabalho, não é nem adequada nem realista. Por um lado, perante a dificuldade constitucional de aligeirar o regime da cessação do contrato de trabalho, uma certa liberalização do regime jurídico do contrato de trabalho a termo seria uma via eficaz para atingir o objectivo de flexibilização do Direito do Trabalho, que actualmente constitui uma das preocupações da área jurídica – as virtualidades do contrato a termo nesta perspectiva não deviam pois ser desperdiçadas. Por outro lado, independentemente de qualquer objectivo de flexibilização do Direito do Trabalho, o contrato de trabalho a termo é um poderoso instrumento de combate ao desemprego, pelo que a sua restrição numa época em que a taxa de desemprego sobe dramaticamente – como sucede actualmente em Portugal – peca por irrealismo.

**III.** A opção sistemática do Código do Trabalho relativamente ao contrato de trabalho a termo abre duas possibilidades na apresentação do regime jurídico deste contrato: a apresentação unitária deste regime, complementada por referências adicionais a propósito do estudo de outras matérias, quando tal se justifique; e a elucidação dos problemas suscitados pela contratação laboral a termo a propósito de cada tema do contrato de trabalho. Em homenagem à qualificação do contrato a termo como contrato de trabalho especial e também por um motivo de clareza e simplicidade, opta-se pela primeira solução.

Os aspectos mais relevantes do regime do contrato de trabalho a termo têm a ver com os fundamentos deste contrato, com as exigências de forma e com as formalidades associadas a este contrato, com a duração e a renovação do contrato, com a sua causa específica de cessação e, por fim, com os efeitos acessórios dessa cessação. São estes os aspectos que vamos tratar.

**IV.** Em sede de apresentação geral do regime jurídico da figura do contrato a termo, deve ainda ter-se em conta que as normas do Código do Trabalho sobre este contrato revestem natureza convénio-dispositiva[84]. Trata-se de uma alteração significativa, que já provém do Código do Trabalho de 2003 (art. 128.°), mas que constitui uma inversão em relação ao regime legal anterior à codificação laboral, que era dotado de imperatividade absoluta (art. 2.° n.° 1 da LCCT).

A natureza convénio-dispositiva do actual regime legal nesta matéria é fixada pelo art. 139.° do CT, que permite o afastamento das normas do Código por instrumento de regulamentação colectiva do trabalho, à excep-

---

84 Sobre esta categoria de normas laborais, *vd Direito do Trabalho I*, § 7.°, ponto 18.2.

ção das regras relativas ao fundamento dos contratos a termo nas situações de primeiro emprego ou de desempreho de longa duração (art. 140.° n.° 4 b)) e das regras relativas à duração dos contratos a termo certo (art. 148.° n.os 1, 4 e 5).

Nos termos gerais do art. 3.° n.° 5 do CT, esta possibilidade de afastamento das normas legais por instrumento de regulamentação colectiva do trabalho deve ser entendida como vedando a alteração do regime legal por contrato de trabalho. Por outro lado, nos termos da regra do art. 3.° n.° 1 do CT, que dispõe sobre a relação entre as normas legais e os instrumentos de regulamentação colectiva do trabalho, o afastamento do regime legal em convenção colectiva ou regulamento de extensão pode ser num sentido mais favorável ou menos favorável ao trabalhador, apenas não podendo ocorrer se a norma for absolutamente imperativa.

Embora o art. 139.° corresponda, em abstracto, a uma abertura do sistema laboral na disciplina do contrato a termo, ele deve ser interpretado com cautela, justamente porque, independentemente desta previsão geral, terá sempre que se determinar a natureza específica de cada preceito legal para concluir sobre a possibilidade do seu afastamento em sede de negociação colectiva. Assim, embora a norma só vede expressamente a possibilidade de afastamento do regime do contrato a termo na sua aplicação à contratação de trabalhadores à procura de primeiro emprego ou de desempregados de longa duração e em relação à duração dos contratos a termo, não parece fazer sentido que, ao abrigo desta disposição geral, os instrumentos de regulamentação colectiva do trabalho possam afastar o regime legal em aspectos tão diversos como a fundamentação objectiva do contrato (dispensando o requisito geral do n.° 1 do art. 140.°), a forma (dispensando a exigência da forma escrita, imposta pelo art. 141.°), ou afastando as diversas soluções de conversão legal do contrato de trabalho a termo ilícito em contrato por tempo indeterminado (art. 147.°).

Em suma, o art. 139.° tem que se conjugar com o art. 3.° n.° 1, não isentando, por si só, o intérprete da tarefa de avaliação da natureza da norma legal a afastar pelo instrumento de regulamentação colectiva do trabalho, para concluir, em concreto, sobre a possibilidade do seu afastamento[85].

---

[85] Júlio Gomes, *O contrato de trabalho a termo ou a tapeçaria de Penélope cit.*, 83 s., em apreciação da norma correspondente a esta no CT de 2003 chama ainda a atenção para o facto desta norma poder constituir um desincentivo à filiação sindical dos tra-

### 73.2. Fundamentos

**I.** Tal como já sucedia no regime anterior, o contrato a termo não corresponde a um modelo de contrato de trabalho de recurso livre mas exige um fundamento objectivo. O Código do Trabalho de 2003 alterou, no entanto, significativamente, as regras relativas à justificação objectiva deste contrato que constavam da LCCT[86] e o actual Código mantém neste ponto uma linha de continuidade com as soluções do anterior Código.

As regras do Código nesta matéria obrigam a distinguir duas *categorias de situações de contratação a termo*:

- *os casos de contratação a termo com uma motivação de gestão normal ou corrente* (art. 140.° n.os 1 e 2, quanto aos contratos a termo certo, e art. 140.°, n.° 3 quanto aos contratos a termo incerto)[87];
- *os casos de contratação a termo com uma motivação de iniciativa económica e com uma motivação social* (art. 140.° n.° 4, respectivamente alíneas a) e b) do CT).

Uma vez que estas duas categorias de situações dão lugar a um regime diverso, elas devem ser consideradas separadamente.

**II.** Os *contratos a termo com um fundamento de gestão corrente* são os que correspondem às situações que o Código do Trabalho enuncia nos

---

balhadores, na medida em que, por não ser abrangido pela convenção colectiva de trabalho que, por hipótese, restrinja as situações em que é possível a contratação a termo, passa a ser mais fácil contratar um trabalhador não sindicalizado do que um trabalhador filiado na associação sindical que outorgou a convenção.

[86] No regime anterior à codificação laboral, seguia-se o critério, mais simples e mais fechado, de indicar as situações em que era admitido o recurso ao contrato a termo (arts. 41.° e 48.° da LCCT). A enumeração era taxativa, o que apenas viabilizava o recurso a uma interpretação extensiva – neste sentido, ROMANO MARTINEZ, na 1.ª edição do seu *Direito do Trabalho* (Coimbra, 2002), 621. Para uma crítica a este sistema de enumeração taxativa e fazendo o cotejo entre as situações previstas no art. 41.° da LCCT e no Código do Trabalho (de 2003), veja-se JÚLIO GOMES, *O contrato de trabalho a termo ou a tapeçaria de Penélope cit.*, 52 ss.

[87] No CT de 2003, a fundamentação objectiva dos contratos a termo estava regulada em duas normas – o art. 129.°, para os contratos a termo certo, e o art. 143.° para os contratos a termo incerto. No actual Código do Trabalho, esta matéria é tratada em conjunto, nos vários números do art. 140.°.

n.os 2 e 3 do art. 140.°, respectivamente para os contratos a termo certo e para os contratos a termo incerto. Estas situações decorrem de dois tipos de necessidades de gestão:

i) *Necessidades de gestão atinentes ao trabalhador*: incluem-se aqui os contratos a termo celebrados para substituição de trabalhadores ausentes (art. 140.° n.° 2 a) e b), e n.° 3, respectivamente para os contratos a termo certo e incerto), podendo a substituição ser directa ou indirecta (ou seja, podendo envolver a deslocação de um trabalhador da empresa para o posto de trabalho do trabalhador ausente e a contratação a termo de um trabalhador para o posto de trabalho do trabalhador deslocado); os contratos para substituição directa ou indirecta de trabalhadores em situação de licença sem retribuição (art. 140.° n.° 2 c) e n.° 3); e ainda os contratos para substituição de trabalhador que passou a trabalhar em regime de tempo parcial por período determinado (art. 140.° n.° 2 d) e n.° 3). Em suma, neste tipo de situações, que, desde o Código de 2003, foram alargadas através da abertura à substituição indirecta, está em causa a gestão corrente dos recursos humanos da entidade empregadora.

ii) *Necessidades de gestão atinentes à actividade empresarial*: incluem-se aqui os contratos a termo celebrados no âmbito de actividades sazonais ou equivalentes (assim, nas actividades agrícolas ou no sector da hotelaria, por exemplo)[88], em caso de acréscimo excepcional de actividade da empresa (por exemplo, porque a empresa aceitou uma encomenda de dimensões muito acima do seu nível habitual de produção)[89], para execução de tarefa ocasional ou de serviço determinado e não duradouro (assim, uma tarefa não incluída na actividade habitual da empresa e especificamente definida e limitada no tempo) – são as

---

[88] Quanto à admissibilidade da contratação a termo nas actividades sazonais, *vd*, por exemplo, o Ac. STJ de 10/07/2008 (Proc. n.° JSTJ00), www.dgsi.pt, considerando como actividade sazonal aquela cujo ciclo anual de produção seja irregular, mas exigindo que o empregador prove que a contratação ocorreu no pico produtivo. Ainda obre este ponto, podem ver-se o Ac. RC de 12/07/2007, CJ, 2007, IV, 67, e o Ac. REv. de 29/05/2007, CJ, 2007, II, 269.

[89] Sobre o fundamento do contrato de trabalho a termo numa situação de acréscimo excepcional da actividade da empresa, *vd* o Ac. STJ de 14/03/2007, www.dgsi.pt.

situações previstas no art. 140.° n.° 2 e), f) e g) e n.° 3; e ainda os contratos celebrados no âmbito da actividade de construção civil, obras públicas, montagens e reparações industriais, para execução de uma obra, projecto ou actividade complementar definida e temporária (art. 140.° n.° 2 h) e n.° 3)[90].

Por fim, deve incluir-se nesta categoria de situações o contrato de trabalho a termo de muito curta duração, que constitui uma novidade do actual Código do Trabalho (art. 142.°), e que pode ser celebrado em actividade sazonal agrícola ou para realização de evento turístico de duração não superior a uma semana, tendo a vantagem adicional de dispensar a redução do contrato a escrito. Dada a possível coincidência entre o fundamento objectivo deste contrato e as situações contempladas na alínea e) do n.° 2 do art. 140.°, poderá optar-se por uma das duas modalidades consoante a necessidade da empresa seja inferior ou superior a uma semana.

Como decorre do exposto, este segundo grupo de situações corresponde, pois, a necessidades temporárias de pessoal por motivos atinentes à actividade empresarial, mas que ainda se podem inserir no âmbito da gestão corrente da empresa[91].

Dois aspectos relativos à fundamentação destes contratos a termo afastam, contudo, decisivamente o actual regime do art. 140.° do CT (aliás, como o regime correspondente do Código anterior) do regime desta matéria que constava do art. 41.° da LCCT.

Por um lado, *as situações enunciadas no n.° 2 do art. 140.° correspondem a um enunciado exemplificativo* (é o que decorre do corpo desta norma), o que abre a porta a outros motivos na base da celebração de contratos de trabalho a termo certo; já no caso dos contratos a termo incerto, a redacção do art. 140.° n.° 3 aponta para uma enumeração taxativa. Deve,

---

[90] Para mais desenvolvimentos sobre estas situações em concreto, ainda JÚLIO GOMES, *O contrato de trabalho a termo ou a tapeçaria de Penélope cit.*, 57 ss.

[91] Estas situações eram já previstas no regime anterior à codificação laboral (art. 41.° n.° 2 da LCCT). A enumeração do Código do Trabalho é, todavia, mais completa e um pouco mais aberta, para além de se ter aproveitado para clarificar algumas das situações previstas no regime anterior, designadamente no que toca à alínea h) do n.° 2 do art. 140.°. Ainda assim, é de lamentar a pouca sensibilidade do Código em relação às necessidades de contratação a termo no sector dos serviços, que, aliás, já provém do Código de 2003.

no entanto, ter-se em conta que, sendo o regime do contrato a termo um regime globalmente convénio-dispositivo, nos termos oportunamente indicados, apenas será possível prever outras situações de recurso à contratação a termo em instrumento de regulamentação colectiva do trabalho e não no contrato de trabalho ou no regulamento da empresa.

Por outro lado, exige-se que estas situações (e, no que toca ao contrato a termo certo, qualquer outro motivo indicado para o contrato, uma vez que o enunciado do art. 140.° n.° 2 é exemplificativo) correspondam aos critérios gerais de fundamentação deste tipo de contrato, enunciados no art. 140.° n.° 1: de acordo com esta norma, é necessário que o contrato corresponda a uma necessidade temporária da empresa e que seja celebrado pelo período estritamente necessário à satisfação dessa necessidade. Como acima se referiu, esta norma reveste carácter imperativo, pelo que não pode ser afastada por instrumento de regulamentação colectiva do trabalho.

Em suma, a conjugação do n.° 1 com os n.os 2 ou 3 do art. 140.° do CT permite concluir que a celebração de contratos de trabalho a termo com uma fundamentação de gestão corrente passa por duas operações sucessivas: a indicação de um dos motivos do art. 140.° n.° 2 (ou de outro motivo, no caso de um contrato a termo certo) ou do art. 140.° n.° 3 (no caso de contrato a termo incerto); e a subsunção deste motivo à cláusula geral de fundamentação do art. 140.° n.° 1, com o objectivo de verificar se o contrato corresponde, efectivamente, a uma necessidade temporária da empresa e se é celebrado pelo tempo correspondente a essa necessidade.

A cláusula do n.° 1 do art. 140.° funciona assim como um controlo geral de admissibilidade do contrato, restringindo essa contratação quando necessário.

A *cláusula geral do n.° 1 do art. 140.° do CT* suscita, no entanto, diversas dúvidas, que, aliás, se colocavam no âmbito do Código do Trabalho de 2003 e que o novo Código não resolveu. Exige-se, pois, um cuidado particular na sua aplicação, designadamente em relação aos seguintes pontos:

– em primeiro lugar, a expressão «necessidade temporária da empresa» é bastante vaga, remetendo-nos para o próprio empregador, uma vez que é ele que, no exercício dos seus poderes de gestão empresarial, acaba por definir o que corresponde a uma necessidade deste tipo[92]; a expressão pode, apesar de tudo, ser objectivada por contraposição ao conceito de necessidades permanentes ou estáveis da empresa[93];

- em segundo lugar, ao fixar como requisito geral a existência de uma «necessidade temporária da *empresa*», a norma parece também circunscrever a possibilidade de aposição de termo resolutivo aos contratos de trabalho com escopo empresarial; ora, julga-se que o termo *empresa* se quer, na verdade, reportar ao *empregador*, sob pena de estarmos perante uma restrição considerável do regime anterior, que não tem qualquer justificação[94];
- por último, a referência ao «período estritamente necessário à satisfação dessa necessidade» da empresa obriga a um cuidado especial na fixação da duração do contrato, que passa assim a ter dois tectos máximos (o que decorre do art. 148.° n.os 1 ou 5, consoante o termo seja certo ou incerto, e o que decorre da própria motivação do contrato, por aplicação directa do art. 140.° n.° 1); por outro lado, a redacção suscita o problema de saber se os contratos podem ser celebrados por período *inferior* ao da necessidade, o que se julga possível, sob pena de incompatibilidade deste regime com as regras de renovação destes contratos, dispostas no art. 149.°[95].

**III.** Além das situações contempladas no art. 139.° n.° 2 do CT e tal como já sucedia anteriormente, o contrato a termo resolutivo pode ainda

---

[92] Criticando o preceito correspondente do CT de 2003 por esta razão, JÚLIO GOMES, *O contrato de trabalho a termo ou a tapeçaria de Penélope cit.*, 81 s.

[93] A este propósito, *vd* o Ac. STJ de 19/05/1993, CJ (STJ),1993, II, 283, o Ac. RC de 11/11/1992, CJ, 1992, V, 103, e o Ac. RLx de 13/04/1994, CJ, 1994, II, 166, todos considerando a estipulação do termo como nula em contratos destinados a prover à satisfação de necessidades permanentes da empresa.

[94] Efectivamente, não se vislumbra qualquer razão plausível para não permitir a contratação a termo de um enfermeiro para prestar assistência a um doente acamado na sua residência, durante o período de férias do enfermeiro que presta habitualmente essa actividade, por exemplo.

[95] No mesmo sentido, o Ac. STJ de 13/01/2010, www.dgsi.pt. considerou admissível que um contrato de trabalho a termo, com fundamento na execução de projecto precisamente definido e não duradouro, pudesse ser celebrado por tempo inferior à duração do próprio projecto, uma vez que lei só impõe uma correlação entre a duração do contrato e a necessidade que o justificou no caso dos contratos a termo de duração inferior a seis meses.

ser celebrado *com uma motivação de iniciativa económica e com uma motivação social*, nos termos do art. 140.° n.° 4. Assim:

i) Pode ser celebrado um *contrato a termo para enquadrar o lançamento de uma nova actividade de duração incerta bem como o período inicial de laboração da empresa ou de estabelecimento de empresa*[96] *com menos de 750 trabalhadores* (art. 140.° n.° 4 a))[97]. Nestas situações de motivação empresarial não corrente, a contratação a termo tem grande interesse como forma de diminuir o risco associado a um projecto empresarial novo, mas apenas nas empresas que não tenham uma certa dimensão[98]. Chama-se, contudo, a atenção para a novidade introduzida pelo actual Código nesta matéria: é que no regime anterior correspondente (art. 129.° n.° 3 a) do CT de 2003) o recurso à contratação a termo nesta situação não era condicionado pela dimensão das empresas. Este afastamento das grandes empresas do âmbito de aplicação da norma pela actual Código parece, aliás, arbitrário[99], uma vez que o fundamento objectivo da contratação

---

[96] Sobre um contrato a termo com este fundamento, por exemplo Ac. STJ de 29/05/2008, www.dgsi.pt, considerando que tal fundamento não é puramente objectivo, exigindo-se a avaliação de que o estabelecimento está, de facto, ainda em lançamento, mesmo durante o período dos dois anos de duração do contrato.

[97] Parece ser de ter em conta o período inicial de laboração da empresa ou do estabelecimento, bem como o do lançamento da nova actividade não apenas para efeitos da celebração do contrato a termo como para efeitos da sua duração, cujo máximo é fixado em dois anos (art. 148.° n.° 1 b)). Assim, por exemplo, não será de admitir a celebração de um contrato a termo por seis meses com fundamento nesta alínea, um mês antes de completados os dois anos sobre o início da laboração do estabelecimento. Por outro lado, em apreciação deste fundamento do contrato a termo, a jurisprudência já equiparou ao início de laboração do estabelecimento a situação de ampliação do estabelecimento e da respectiva área negocial – neste sentido, pode ver-se o Ac. STJ de 9/06/2004, CJ, (STJ), 2004, II, 273.

[98] Julga-se que, mesmo que se trate de um contrato de trabalho a termo reportado a um novo estabelecimento, o número de trabalhadores a ter em conta para efeitos desta norma é de reportar à empresa no seu todo e não ao estabelecimento em causa.

[99] A arbitrariedade desta limitação resulta ainda acrescida com a adopção do limite máximo dos 750 trabalhadores por empresa, já que este limite nem tem sequer a ver com a noção de grande empresa para o Código (nos termos do art. 100.° n.° 1 d) é grande empresa a que empregue 250 ou mais trabalhadores). Esta norma apenas se compreende dentro da filosofia algo persecutória do actual Código relativamente à contratação a termo.

a termo neste caso tem a ver com um projecto empresarial em concreto (o lançamento de uma nova actividade económica ou a expansão de uma actividade económica existente), que não se altera em função da dimensão da empresa.

ii) Pode ser celebrado um *contrato a termo para contratar jovens à procura do primeiro emprego e desempregados de longa duração*[100], bem como noutras situações previstas em legislação especial de política de emprego[101] (art. 140.° n.° 4 b)). Nesta situação, o contrato de trabalho a termo funciona como instrumento de prossecução de políticas sociais, no caso para favorecer a integração no mercado de trabalho de pessoas com dificuldades acrescidas de colocação.

---

[100] Nos termos do art. 3.° do DL n.° 34/96, de 18 de Abril, é desempregado de longa duração o trabalhador que não tem emprego e se encontra inscrito num centro de emprego há mais de doze meses; e nos termos do art. 2.° do mesmo diploma, é considerado como jovem à procura do primeiro emprego a pessoa com idade compreendida entre os 16 e os 30 anos, inscrita num centro de emprego e que nunca tenha celebrado um contrato de trabalho por tempo indeterminado. O conceito de primeiro emprego para efeitos desta norma, que já vem do regime anterior é, contudo, um conceito controvertido, que tem dividido a doutrina e a jurisprudência. Assim, exigindo um vínculo laboral por tempo indeterminado para afastar a possibilidade de recurso a este fundamento do contrato a termo, *vd* Ac. STJ de 26/04/1999, BMJ 486-287, Ac. STJ de 4/06/2003, CJ (STJ), 2003, II, 271, Ac. RC de 16/05/1996, CJ, 1996, III, 63, Ac. REv. de 24/11/1998, CJ, 1998, V, 292, Ac. RP de 11/11/2002, CJ, 2002, V, 220, Ac. RLx. de 15/01/2003, CJ, 2003, I, 151, Ac. RLx de 10/12/2003, CJ, 2003, V, 166, e Ac. STJ de 28/01/2004, CJ (STJ), 2004, I, 262, este último considerando ainda que não é exigível qualquer limite de idade a estes trabalhadores; mas manifestando a opinião contrária, Menezes Cordeiro, *Manual de Direito do Trabalho cit.*, 630, e Júlio Gomes, *O contrato de trabalho a termo ou a tapeçaria de Penélope cit.*, 61; e, mais recentemente na jurisprudência, o Ac. RLx. de 2/06/2004, CJ, 2004, III, 160, bem como o Ac. RLx. de 6/04/2005, CJ, 2005, II, 151, subscrevem um entendimento mais restritivo do conceito de trabalhador à procura do primeiro emprego, para efeitos da justificação do contrato de trabalho a termo, a partir dos diplomas mais recentes em matéria de política de emprego (DL n.° 132/99, de 21 de Abril, Port. n.° 196/2001, de 10 de Março, e Port. n.° 1191/2003, de 10 de Outubro), que apenas incluem aquela noção os trabalhadores que não tenham exercido uma actividade profissional subordinada ou autónoma por mais de seis meses, seguidos ou interpolados.

[101] Este âmbito de aplicação da norma não está claramente definido, mas parece apontar para situações diversas, como a contratação de deficientes ou de trabalhadores pertencentes a minorias étnicas. Condição para a aplicação da norma a estas situações será o respectivo enquadramento por legislação especial de política de emprego.

Nestas situações, e como decorre expressamente do corpo do n.° 4 do art. 140.°, o contrato não depende dos requisitos constantes da cláusula geral do n.° 1 do mesmo artigo, o que significa que estes trabalhadores podem ser contratados para a satisfação de necessidades permanentes da empresa[102]. Por outro lado, nestas situações apenas é permitida a celebração de contrato de trabalho a termo certo.

**IV.** *A fundamentação do contrato a termo deve constar do texto do contrato, com a indicação circunstanciada dos motivos que lhe servem de base*, não bastando assim uma referência simples ou meramente remissiva à alínea do n.° 2 art. 140.° que se considere aplicável[103] (art. 141.° n.° 1 e) e n.° 3 do CT). Além disso, quando seja o caso, deve constar ainda do contrato a justificação da conformação do respectivo motivo aos parâmetros da cláusula geral do n.° 1 do art. 140.° do CT.

Os vícios de fundamentação do contrato a termo não determinam a nulidade do contrato nos termos gerais[104], mas antes a sua *conversão auto-*

[102] Neste sentido, expressamente, Ac. RLx. de 18/02/2004, CJ, 2004, I, 159, e Ac. RLx. de 6/04/2005, CJ, 2005, II, 151. Mas, em sentido não coincidente, o Ac. STJ de 29/05//2008, www.dgsi.pt, considerou que o fundamento destes contratos não é puramente objectivo, cabendo designadamente avaliar se a empresa está em início de laboração, nomeadamente quando ocorra a renovação do contrato no período dos dois anos, que a lei estabelece como tempo máximo para a sua duração. E também numa perspectiva restritiva, o Ac. STJ de 24/10/2007, www.dgsi.pt, considerou nulo o contrato a termo com trabalhador à procura do primeiro emprego, porque as sucessivas renovações do contrato demonstram que ele corresponde a uma necessidade permanente de emprego, o que inviabiliza o fundamento.

[103] Neste sentido, no âmbito do sistema anterior ao Código de 2003, a jurisprudência cominou com a nulidade, com a consequência da conversão legal, os contratos a termo justificados por mera subsunção a uma alínea do art. 41.° da LCCT, e em que não se indicasse a tarefa a realizar em concreto ou o trabalhador substituído. Com indicações neste sentido, Júlio Gomes, *O contrato de trabalho a termo ou a tapeçaria de Penélope cit.*, 65 s.; e sobre o ponto, Ac. RLx. de 12/03/2003, CJ, 2003, II, 145, Ac. RLx de 9/12/2004, CJ, 2004, V, 157, Ac. STJ de 4/06/2003, CJ (STJ), 2003, II, 271, e Ac. STJ de 14/01/2004, CJ (STJ), 2004, I, 249. Já o Ac. STJ de 14/03/2007, www.dgsi.pt, considerou que a não indicação da alínea da norma legal na qual se fundamenta o contrato a termo não é relevante se do clausulado do contrato resultar com clareza o respectivo motivo e este for admissível, à luz da norma.

[104] A nulidade do contrato por vício da cláusula acessória corresponderia, efectivamente, à solução geral, uma vez que a estipulação do termo é essencial para a formação da vontade negocial.

*mática em contrato por tempo indeterminado* (art. 147.° do CT), tal como já acontecia ao abrigo do regime anterior. Assim sucede no caso de celebração do contrato a termo fora dos casos previstos na lei (art. 147.° n.° 1 b)), nas situações em que a cláusula de termo tenha como objectivo iludir as disposições que regulam o contrato a termo (art. 147.° n.° 1 a)) e ainda quando os fundamentos do contrato não sejam indicados ou o sejam de modo insuficiente no respectivo texto, bem como se não corresponderem às funções efectivamente exercidas[105] (art. 147.° n.° 1 c)). Apenas no caso do contrato de trabalho de muita curta duração, o vício de fundamento (como, aliás, qualquer outro vício) determina a mera modificação do prazo do contrato, que se considera celebrado por seis meses (art. 142.° n.° 3 do CT).

A lei faz recair sobre o empregador o ónus da prova dos factos que justificam a celebração do contrato a termo (art. 140.° n.° 5 do CT). Sendo esta uma regra geral, ela aplica-se a todos os casos de contratação a termo, o que implica um especial dever de diligência do empregador na apreciação dos motivos do contrato, ainda que estes respeitem ao trabalhador[106].

Por fim, deve ter-se em conta que o motivo objectivo justificativo do contrato é reavaliado por ocasião da respectiva renovação, quando esta seja admitida, nos termos do art. 149.° n.° 3 do CT. Assim, a lei condiciona a renovação do contrato à persistência dos requisitos materiais que justificaram a sua celebração, sob pena de conversão imediata e automática do contrato em contrato por tempo indeterminado (art. 147.° n.° 2 a) do CT)[107].

Questão diversa é a de saber se o contrato a termo certo, cujo motivo justificativo desapareça durante a execução, se converte imediatamente em contrato por tempo indeterminado, se caduca imediatamente ou se se mantém até ao final do período em curso. Tendo em conta os interesses em jogo nesta matéria e o facto de a lei impor a reavaliação dos motivos no momento da renovação, julga-se que o contrato deve subsistir até ao final

---

[105] Sobre esta situação, *vd*, por exemplo, o Ac. RP de 21/06/2004, CJ, 2004, III, 235.

[106] Assim, o empregador deve verificar se o trabalhador está mesmo na situação de primeiro emprego ou de desempregado de longa duração, por exemplo. Considerando que, neste caso, se justifica um aligeiramento dos deveres de indagação do empregador, JÚLIO GOMES, *O contrato de trabalho a termo ou a tapeçaria de Penélope cit.*, 67.

[107] Sobre a necessidade de subsistência do motivo justificativo do contrato a termo, aquando da respectiva renovação, pode ver-se o Ac. RLx. de 8/06/2004, CJ, 2004, IV, 148.

do período em curso. Se, nesse momento, o empregador não fizer actuar a caducidade, então o contrato converter-se-á em contrato por tempo indeterminado.

**V.** Para além das situações contempladas nestas normas do Código do Trabalho, *outras normas legais permitem o recurso à celebração de contratos de trabalho a termo*, com fundamentos específicos e, em alguns casos, com desvios em relação ao regime geral do contrato de trabalho a termo constante do Código. Entre estas situações, destacamos, a título exemplificativo, as seguintes:

i) *Contrato de trabalho a termo com trabalhador reformado*: nos termos da lei, o trabalhador reformado que continue ao serviço do empregador por mais de 30 dias sobre o conhecimento da situação de reforma por ambas as partes[108], bem como o trabalhador que atinja a idade de 70 anos sem se ter reformado, vêm os respectivos contratos de trabalho automaticamente convertidos em contratos a termo (art. 348.° n.os 1 e 3 do CT, respectivamente). Estes contratos apresentam diversas especificidades, em matéria de forma (não carecendo de redução a escrito), de duração e de renovações (a duração é fixada em seis meses e não há limite de renovações) e de cessação (esta sujeita-se aos prazos de aviso prévio de 60 ou de 15 dias, consoante seja da iniciativa do empregador ou do trabalhador, e não confere qualquer direito de indemnização ao trabalhador) – art. 348.° n.° 2[109].

ii) *Contrato de trabalho a termo no âmbito da Administração Pública*: nos termos do art. 6.° n.os 3, 5 e 6 da LVCR e dos arts. 93.° ss. da LCTFP (Regime), as pessoas colectivas públicas (incluindo o Estado) podem celebrar contratos de trabalho a termo certo. Os fundamentos objectivos do contrato, estabeleci-

---

[108] Neste ponto em particular o Código do Trabalho actual desviou-se do regime do Código do Trabalho de 2003, que reportava o momento da conversão do contrato em contrato a termo ao período de 30 dias sobre o início da situação de reforma do trabalhador e não sobre o momento em que as partes tiveram conhecimento desta situação.

[109] Este último ponto era omisso na legislação anterior à codificação laboral, mas já correspondia ao entendimento de parte da jurisprudência – neste sentido, *vd* Ac. RLx. de 17/02/1998, CJ, 1998, I, 167, e Ac. RLx. de 24/10/2001, CJ, 2001, IV, 171; mas, no sentido contrário, Ac. RLx. de 28/04/1999, CJ, 1999, II, 167.

dos no art. 93.º n.º 1 da LCTFP (Regime), adaptam as motivações gerais do contrato de trabalho a termo ao contexto e às necessidades específicas das entidades empregadoras públicas, mas, ao contrário do que sucede no Código do Trabalho, a enumeração legal dos fundamentos do contrato é taxativa. Estes contratos são ainda sujeitos a regras específicas no que toca à constituição do vínculo e à sua duração, renovação e cessação (arts. 94.º ss. da LCTFP (Regime)[110].

iii) *Contrato de trabalho a termo no âmbito de um processo de insolvência da empresa*: nos termos do art. 55.º n.º 4 do CIRE, o administrador da insolvência pode contratar a termo certo ou incerto os trabalhadores necessários à liquidação da massa insolvente ou à continuação da exploração da empresa, após a declaração judicial da insolvência. O fundamento específico destes contratos, que acresce às situações previstas no art. 140.º n.º 2 do CT, é, pois, a necessidade de trabalhadores no contexto do próprio processo de insolvência. Estes contratos caducam com o encerramento definitivo da empresa ou do estabelecimento em que aqueles trabalhadores prestem serviço ou, salvo convenção em contrário, no momento da respectiva transmissão, o que constitui um desvio em relação às regras laborais gerais em matéria de transmissão do estabelecimento.

iv) *Contrato de trabalho a termo com desportista profissional*: nos termos do art. 8.º da L. n.º 28/98, de 26 de Junho, o contrato de trabalho desportivo é, necessariamente, um contrato a termo, que pode ter uma duração variável entre uma e oito épocas. O regime deste contrato a termo afasta-se significativamente do regime geral do contrato de trabalho a termo em matérias

---

[110] Por todos, sobre este regime jurídico, que transitou, quanto a estes aspectos, da L. n.º 23/2004, de 22 de Junho, ROSÁRIO PALMA RAMALHO / MADEIRA DE BRITO, *Contrato de Trabalho na Administração Pública cit.*, 42 ss. Deve, contudo, salientar-se que, diferentemente do que sucedia no âmbito da L. n.º 23/2004, o actual regime do contrato a termo na Administração Pública coloca diversos problemas, uma vez que, tal como a maioria dos regimes da LCTFP, foi pensado por decalque do regime do Código do Trabalho de 2003 nesta matéria, não tendo assim acompanhado as alterações introduzidas nesta matéria pelo Código do Trabalho de 2009.

como o período experimental, a duração, as renovações e a conversão[111].

v) *Contrato de serviço doméstico a termo*: nos termos do art. 5.° do DL n.° 235/92, de 24 de Outubro, o contrato de trabalho para prestação de serviço doméstico pode ser celebrado a termo por mera convenção das partes, desde que por período não superior a um ano, ou quando se verifique a natureza transitória do trabalho a prestar. Trata-se, pois, de uma motivação específica e menos rigorosa do que as que são previstas no art. 140.° do CT.

vi) *Contrato a termo para prestação de trabalho a bordo de embarcações de pesca*: este contrato depende dos requisitos estabelecidos no art. 5.° da L. n.° 15/97, de 31 de Maio.

vii) *Contrato de trabalho dos profissionais de espectáculos públicos a termo, certo ou incerto*: a contratação a termo destes trabalhadores encontra-se prevista nos artigos 5.° e 7.° da L. n.° 4/2008, de 7 de Fevereiro, e o regime jurídico deste contrato a termo tem um conjunto de especificidades, que o afastam do regime laboral comum[112].

### 73.3. **Forma e formalidades**

**I.** Para além dos requisitos substanciais, o contrato de trabalho a termo está sujeito a apertados requisitos de forma e a algumas formalidades.

As *exigências de forma do contrato a termo* estão enunciadas no art. 141.° CT. De acordo com esta norma, o contrato a termo deve ser celebrado por escrito, deve ser assinado pelas partes e deve conter as seguintes menções obrigatórias (art. 141.° n.° 1): a identificação e a assinatura dos contraentes, a actividade contratada e a retribuição, o local e o período normal de trabalho, a data de início do trabalho, o termo estipulado e os respectivos motivos, a data da celebração do contrato e, em caso de termo

---

[111] Sobre este tema, por todos, J. LEAL AMADO, *Vinculação versus Liberdade. O Processo de Constituição e Extinção da Relação Laboral do Praticante Desportivo cit.*, *passim*, e *Contrato de Trabalho Desportivo Anotado*, Coimbra, 1995, *passim*.

[112] Apreciaremos estas especificidades um pouco mais à frente – *infra*, ponto 79.3.

certo, a data da respectiva cessação. A forma do contrato a termo é, pois, uma *forma qualificada*.

As mais importantes exigências de forma têm, no contrato a termo, um valor *ad substantiam*, mas a sua falta reverte contra o empregador, através da solução da conversão do contrato em contrato por tempo indeterminado. Assim, se não obedecer à forma escrita, se não for assinado pelas partes[113] ou se as menções mais importantes do art. 141.° n.° 1 do CT (a identificação das partes, a data de início do contrato ou de início do trabalho, o termo e o motivo justificativo) forem omissas ou feitas de modo insuficiente, o contrato converte-se automaticamente em contrato por tempo indeterminado (art. 147.° n.° 1 c) ). Exceptua-se o caso do contrato de trabalho a termo celebrado com entidade empregadora pública, relativamente ao qual a lei afasta expressamente a possibilidade de conversão como efeito da nulidade (art. 92.° n.° 2 da LCTFP (Regime) ). Em caso de vício de forma, o contrato é pois nulo, nos termos gerais, ressalvando-se os efeitos já produzidos, nos termos do art. 83.° n.° 1 da LCTFP (Regime)[114].

Desta mesma norma se retira que as restantes menções obrigatórias do art. 141.° n.° 1 têm apenas um valor *ad probationem*, não sendo a validade do contrato prejudicada pela sua falta. No entanto, deve ter-se em conta que estes elementos integram o conteúdo geral do dever de informação do empregador ao trabalhador, nos termos do art. 106.° n.° 2, pelo que, se não constarem do contrato, deverão ser indicados posteriormente ao trabalhador pelo meio previsto no art. 107.° n.° 4.

Além disso, tendo em conta que o contrato de trabalho a termo pode ser renovável, a lei estabelece exigências de forma para essa renovação: nos termos do art. 149.° n.° 3 parte final, se a renovação do contrato for feita por prazo diverso do prazo inicial, ela deve revestir forma escrita, sob pena de conversão imediata e automática do contrato em contrato por tempo indeterminado[115].

---

[113] Sobre a conversão do contrato a termo em contrato de trabalho por tempo indeterminado, por falta de assinatura do empregador, *vd* o Ac. REv. de 2/03/2004, CJ, 2004, II, 263.

[114] Em especial sobre a justificação deste regime, que provém da L. n.° 23/2004, de 22 de Junho, ROSÁRIO PALMA RAMALHO / MADEIRA DE BRITO, *Contrato de Trabalho na Administração Pública cit.*, 57 ss.

[115] Neste sentido, *vd* o Ac. RLx. de 8/06/2004, CJ, 2004, IV,148.

**II.** Para além das exigências de forma, a celebração de contratos a termo impõe diversas *formalidades* ao empregador. Salientamos as mais relevantes:

- dever de comunicação da celebração destes contratos à comissão de trabalhadores, bem como à associação sindical de que o trabalhador seja membro, e ainda à Autoridade para as Condições de Trabalho, com indicação do fundamento do contrato (art. 144 n.os 1 e 2);
- dever de afixação de informação relativa a postos de trabalho por tempo indeterminado existentes na empresa (art. 144.° n.° 4);
- dever de inclusão do trabalhador contratado a termo no cômputo dos trabalhadores da empresa, para efeitos da determinação das obrigações sociais relacionadas com o número de trabalhadores a termo na empresa (art. 146.° n.° 2).

**III.** As exigências de forma acima referidas são dispensadas no contrato de trabalho a termo de muito curta duração, previsto no art. 142.° do CT, que constitui, como se referiu, uma novidade do actual Código. Neste caso, o contrato não tem que ser reduzido a escrito, bastando ao empregador comunicar à segurança social a celebração do contrato em formulário próprio com determinadas especificações – art. 142.° n.° 1. Em suma, as exigências de forma são, neste caso, substituídas pela formalidade da comunicação aos serviços administrativos competentes pelo empregador, o que se compreende, tendo em conta que a duração máxima destes vínculos não justifica o formalismo habitual da contratação a termo.

Em caso de incumprimento das exigências relativas a este contrato em matéria de comunicação à segurança social (como, aliás, no caso dos outros vícios do contrato) o trabalhador considera-se vinculado à empresa por contrato a termo com duração de seis meses, nos termos do art. 142.° n.° 2.

### 73.4. **Duração, renovações e conversão**

**I.** As diversas disposições legais sobre a aposição de um termo ao contrato de trabalho e sobre a duração do contrato a termo procuram, no seu conjunto, diminuir o grau de instabilidade que, inevitavelmente, este tipo de contrato introduz na situação jurídica laboral do trabalhador.

O conjunto destas disposições permite reconhecer três vectores essenciais através dos quais a lei prossegue aquele objectivo:

i) *A preferência pela aposição de um termo certo ao contrato de trabalho*: a conjugação dos arts. 140.° n.os 2 e 3 do CT permite concluir que, em regra, a cláusula de termo deve corresponder a um termo certo, uma vez que só é possível o recurso ao termo incerto nas hipóteses mais restritivas (e taxativas) do n.° 3. Por esta via, a lei opta por favorecer os vínculos em que a instabilidade do trabalhador é menor, uma vez que ele conhece antecipadamente a duração do contrato.
Em todo o caso, perante os novos limites máximos de duração dos contratos de trabalho a termo certo e incerto estabelecidos pelo actual Código do Trabalho (seis anos para o contrato a termo incerto e apenas três anos para o contrato a termo certo – art. 148.° n.° 4 e n.° 1 c), respectivamente), entende-se que a preferência da lei pelos contratos a termo certo perdeu consistência, já que a disparidade na duração máxima dos dois contratos acaba por tornar mais apelativo o contrato a termo incerto.

ii) *A preferência por contratos a termo de maior duração*: o art. 148.° n.° 2 do CT limita o recurso aos contratos a termo com duração inferior a seis meses a algumas das situações previstas no art. 140.° n.° 2, cominando a conversão automática da cláusula negocial sobre o prazo para seis meses, em todos os outros casos de inobservância deste limite e desde que se mantenha a necessidade temporária da empresa (art. 148.° n.° 3) – se tal não suceder, a solução será antes a da conversão em contrato por tempo indeterminado, ao abrigo do art. 147.° n.° 1 b)[116]. Esta

---

[116] Este ponto exige um esclarecimento complementar, uma vez que a referência final do art. 148.° n.° 3 à necessidade de que se mantenha a necessidade temporária da empresa para que opere a modificação do prazo de duração do contrato para seis meses constitui uma novidade do actual Código do Trabalho. De facto, a norma tem agora que ser lida com mais cautela, porque suscita o problema do destino do contrato se não se mantiver a necessidade temporária da empresa. Conjugando este preceito com a exigência geral de fundamentação do contrato numa necessidade temporária da empresa (art. 140.° n.° 1) crê-se que, também nestes contratos, se faltar este requisito geral, o contrato terá antes que se converter em contrato por tempo indeterminado, nos termos do art. 147.° n.° 1 b) do CT.

norma aponta pois para um objectivo de estabilização da situação jurídica do trabalhador, através da fixação de um limite mínimo geral para a duração dos contratos a termo. Além disso, art. 148.° n.° 2 veda a celebração dos contratos a termo de curta duração por tempo inferior ao da necessidade do trabalhador para a tarefa ou serviço a realizar.
É ainda nesta linha que se deve também compreender o regime de modificação *ope legis* do prazo do contrato a termo de muito curta duração para os seis meses, em caso de vício do contrato (art. 142.° n.° 3), solução que é, aliás, paralela à solução do art. 148.° n.° 3.

iii) *O objectivo de não eternização dos contratos a termo*: tendo em conta que o contrato a termo deve corresponder a uma necessidade transitória de trabalho, a lei estabelece diversas regras para obstar à eternização destes contratos. Estas regras têm a ver com a duração máxima do contrato, com os limites às suas renovações e com a proibição dos contratos a termo sucessivos. Pela sua importância, estas regras devem ser consideradas separadamente.

**II.** A *duração máxima do contrato a termo* é fixada de forma diversa, consoante o termo seja certo ou incerto e ainda nos casos de contrato de trabalho a termo de muito curta duração.

O contrato de trabalho a termo incerto dura pelo tempo necessário à substituição do trabalhador ausente ou à conclusão da actividade para a qual o trabalhador foi contratado. Contudo, no limite, este contrato não poderá ultrapassar os seis anos de duração (art. 148.° n.° 4), o que constitui uma novidade do Código do Trabalho de 2009, destinada a evitar a eternização destas situações, particularmente precárias.

Se o trabalhador contratado a termo incerto continuar ao serviço por mais de 15 dias para além da verificação do termo, o contrato converte-se automaticamente em contrato por tempo indeterminado, nos termos ao art. 147.° n.° 2 c) do CT. Como se referiu oportunamente, este hiato de 15 corresponde a uma relação laboral de facto[117].

---

[117] *Supra*, § 18.°, ponto 67.5.II.

No que toca ao contrato a termo certo, a sua duração máxima tem que ser conjugada com a possibilidade de renovação e exige a aplicação de diversas regras. Nesta matéria, o Código do Trabalho introduziu alterações significativas no regime anterior. Assim:

i) *A duração do contrato é acordada pelas partes mas sujeita-se a um limite legal máximo geral*: este limite é de três anos, incluindo o período inicial e as renovações na generalidade dos casos (art. 148.° n.° 1 c)); no caso de contratação a termo para início de laboração da empresa ou do estabelecimento ou para lançamento de nova actividade, bem como no caso de contratação de trabalhadores desempregados de longa duração e noutras situações previstas em legislação especial de política de emprego (ou seja, nas hipóteses previstas no art. 140.° n.° 4 a) e b) parte final), a duração máxima do contrato é apenas de dois anos (art. 148.° n.° 1 b)); no caso de contratação de jovens à procura do primeiro emprego (ou seja, na hipótese prevista no art. 140.° n.° 4 b) primeira parte), a duração legal máxima do contrato é de dezoito meses (art. 148.° n.° 1 a)); por fim, no caso do contrato de trabalho de muito curta duração, o contrato não pode ter duração superior a uma semana (art. 142.° n.° 1).

ii) No caso de as partes não terem afastado a possibilidade de renovação do contrato (o que podem fazer, ao abrigo do art. 149.° n.° 1), *a duração do contrato tem que ser conjugada com o número máximo de renovações, que é fixado em três* (art. 148.° n.° 1): assim, o contrato cujo período inicial tenha sido de um ano atinge o limite legal máximo de três anos apenas com duas renovações automáticas por igual período (nos termos do art. 149.° n.° 2), mas o contrato cujo período inicial seja de seis meses atinge o seu limite máximo de duração aos 24 meses, com três renovações automáticas.

Este regime apresenta três alterações significativas em relação ao regime correspondente do Código do Trabalho de 2003 (para além do caso especial do contrato de trabalho a termo de muito curta duração), que, no seu conjunto, evidenciam a perspectiva mais restritiva do actual Código em relação ao contrato a termo. Estas alterações referem-se ao número máximo de renovações do contrato, à sua duração máxima e às regras de contagem dessa duração.

Por um lado, o número máximo de renovações do contrato a termo, que podem ocorrer até ao limite da sua duração, passou de duas para três (art. 148.° n.° 1). Em compensação, desapareceu a possibilidade de renovação adicional do contrato, uma vez atingido o limite máximo de três anos ou depois das duas renovações ocorridas durante aquele limite, que permitia a elevação da duração total do contrato por mais tempo – que, na maior optimização temporal do regime, podia chegar aos seis anos (art. 139.° n.° 2 do CT de 2003). Assim, na prática, o contrato a termo certo pode hoje ser renovado mais uma vez mas durará em regra menos tempo do que anteriormente.

Por outro lado, foi introduzida uma *nova norma relativa ao cômputo da duração do contrato a termo, no caso da aplicação da regra geral de 3 anos de duração máxima*. Nos termos do art. 148.° n.° 5, deve ser tida em conta, para a determinação da duração total do contrato não apenas o tempo decorrido desde a celebração do contrato a termo com aquele empregador (incluindo o período inicial e eventuais renovações), mas também o tempo correspondente a trabalho temporário no mesmo posto de trabalho, e ainda a contrato de prestação de serviço com o mesmo objecto, realizados pelo mesmo trabalhador, com a mesma entidade ou com sociedade que com ela esteja em relação de domínio ou de grupo ou com a qual tenha estruturas organizativas comuns[118]. Esta norma, que pretende atacar as situações de fraude à qualificação laboral dos vínculos de trabalho e a circulação dos trabalhadores no seio dos grupos de empresas sob diferentes molduras contratuais, causa as maiores dificuldades de aplicação e tem um âmbito útil de aplicação muito circunscrito. Contudo, porque este entendimento decorre da articulação da norma com uma disposição paralela que o novo Código instituiu em matéria de contratos a termo sucessivos (art. 143.° n.° 1, *in fine*), remetemos a sua justificação para um pouco mais à frente.

---

[118] Estão aqui em causa as situações de coligação societária, previstas nos arts. 481.° ss. do CSC, mais especificamente as relações societárias de domínio (arts. 486.° s. CSC) e as relações societárias de grupo em sentido estrito, que incluem as relações de domínio total (art. 488.° ss.) e de grupo constituído por contrato de grupo paritário ou por contrato de subordinação (arts. 492.° e 493.° e ss., do CSC, respectivamente). Para mais desenvolvimentos sobre este ponto, *vd* Rosário Palma Ramalho, *Grupos Empresariais e Societários... cit.*, 127 ss.

**III.** Especificamente no que se refere à *renovação do contrato a termo certo*, a conjugação destes preceitos do Código permite estabelecer ainda as seguintes regras:

i) *As partes podem afastar, no próprio contrato de trabalho a termo, a possibilidade de renovação no final do período de vigência* (art. 149.° n.° 1), mas se o não fizerem, presume-se que o contrato é renovável. Por outro lado, a conjugação desta norma com o art. 148.° n.° 1 contribui para resolver a questão da admissibilidade de um contrato a termo sem renovação mas por um período único superior ao previsto na lei: esta solução parece ser vedada pela lei porque o n.° 1 do art. 148.° estabelece a regra da duração máxima em termos gerais (ou seja, sem fazer uma referência expressa ao facto de o contrato ser renovável).

ii) *O número máximo de renovações legalmente permitido* é *de três* devendo ocorrer dentro dos limites máximos legais de duração do contrato fixados no art. 148.° n.° 1[119].

iii) *As renovações do contrato a termo podem ser tácitas ou expressas*: a renovação tácita ocorre quando, no final do período contratual em curso, nenhuma das partes faça actuar a caducidade do mesmo e é feita por período idêntico ao inicial (art. 149.° n.° 2); se as partes pretenderem renovar o contrato a termo por período diferente do inicial, têm que o declarar expressamente e obedecer aos requisitos de forma da celebração do contrato (art. 149.° n.° 3, parte final)[120].

iv) *A renovação do contrato está sempre sujeita aos requisitos materiais da celebração do contrato*[121]; na falta destes requisitos, bem como dos requisitos de forma em caso de renovação por prazo diferente do inicial, o contrato converte-se automaticamente em contrato por tempo indeterminado (art. 149.° n.° 3).

v) *O contrato a termo renovado considera-se como um único contrato*, nos termos do art. 149.° n.° 4, o que tem efeitos relevan-

[119] Assim, se o período inicial do contrato for de dezoito meses, só pode haver mais uma renovação por igual período.

[120] Sobre este ponto, Ac. RC de 13/05/1992, CJ, 1992, III, 157.

[121] Ac. RLx. de 28/02/1996, CJ, 1996, I, 178.

tes para a contagem da antiguidade do trabalhador e para efeitos do cálculo da compensação pela cessação do contrato[122].

vi) No caso do *contrato a termo de muito curta duração*, a lei não parece impedir a renovação, mas estabelece como limite máximo anual do trabalho prestado ao abrigo deste tipo de contrato os 60 dias (art. 142.° n.° 2).

**IV.** Apresentadas as regras sobre a duração e a renovação do contrato de trabalho a termo, resta apreciar as consequências da sua falta.

A este propósito, a lei dispõe que a ultrapassagem dos prazos legais máximos de duração do contrato ou do número máximo de renovações legalmente permitido, bem como a renovação do contrato com inobservância dos requisitos materiais e ainda dos requisitos de forma, quando exigíveis, determinam a conversão automática e imediata do vínculo em contrato de trabalho por tempo indeterminado (é o que decorre do art. 147.° n.° 2 b) do CT).

A mesma sanção de conversão é aplicável ao contrato a termo não sujeito a renovação, se a caducidade não for accionada no final do respectivo prazo, bem como no caso de contrato de trabalho a termo incerto, se o trabalhador permanecer ao serviço por mais de 15 dias sobre a verificação do termo, como acima referimos (art. 147.° n.° 2 c) do CT). Neste caso, a solução da conversão prossegue o objectivo, acima indicado, de não deixar eternizar a situação jurídica do trabalhador com a configuração instável que é típica do contrato a termo.

Nos contratos de trabalho a termo celebrados com pessoas colectivas públicas, a lei afasta expressamente a renovação automática mas não a renovação expressa (art. 104.° n.° 2 da LCTFP (Regime)), bem como a possibilidade de conversão legal do contrato, em caso de vício do mesmo ou atingida a duração máxima ou o limite das renovações (art. 92.° n.° 2 da LCTFP (Regime)). Assim, sem prejuízo de eventual responsabilidade disciplinar e financeira da parte contratante pública, estes contratos são nulos ou caducam nos termos gerais. Esta solução, que provém da L. n.° 23/2004, de 22 de Junho (art. 10.° n.° 2), era já a sufragada pela jurisprudência constitucional[123]

---

[122] Sobre o ponto, Ac. RLx. de 15/05/1996, CJ, 1996, III, 160.

[123] Cfr., em especial o Ac. TC n.° 683/99, de 21/12/1999, DR, II S. de 3/02/2000, e o Ac. TC n.° 368/2000, de 11/07/2000, DR, I S. de 30/11/2000, este último dotado de força obrigatória geral.

com fundamento na violação das regras gerais de acesso à função pública que adviria da extensão da solução geral da conversão a estes casos[124].

**V.** Problema afim do da renovação do contrato a termo, mas que dele se deve distinguir com clareza, é o problema da *sucessão de contratos de trabalho a termo*, ou seja, da cessação de um contrato a termo seguida da recontratação a termo, daquele ou de outro trabalhador, para o mesmo posto de trabalho[125].

Tal como já sucedia ao abrigo dos regimes anteriores (art. 41.°-A da LCCT[126] e art. 132.° do CT de 2003), o Código do Trabalho proíbe este tipo de práticas, que pretendem obviar à aplicação das normas sobre o contrato a termo e, designadamente, evitar a conversão destes contratos em contratos por tempo indeterminado (art. 143.° n.° 1 do CT). Contudo, a proibição depende de certos requisitos e tem algumas limitações. Assim, por um lado, a proibição só actua se a cessação do contrato não tiver sido devida a motivo imputável ao trabalhador, em relação ao mesmo posto de trabalho e durante um período correspondente a um terço da duração do contrato que cessou (art. 143.° n.° 1). Por outro lado, o n.° 2 do art. 143.° estabelece diversas situações em que a proibição não actua, e que têm a ver com a natureza das actividades e com o surgimento de novas necessidades de contratação posteriormente à cessação do contrato anterior.

A violação desta proibição legal determina a conversão do contrato em contrato por tempo indeterminado, nos termos do art. 147.° n.° 1 d), contando-se a antiguidade do trabalhador desde o início do primeiro contrato[127].

---

[124] Para mais desenvolvimentos sobre este regime especial, ROSÁRIO PALMA RAMALHO / MADEIRA DE BRITO, *Contrato de Trabalho na Administração Pública cit.*, 54 e 57 ss. Ainda sobre esta matéria, *vd, infra*, ponto 79.7.

[125] Como observa a jurisprudência, está vedada a contratação a termo de um novo trabalhador para a função concreta desempenhada pelo seu antecessor e não simplesmente para a mesma categoria profissional – Ac. RLx. de 24/09/2003, CJ, 2003, IV, 151.

[126] Para mais desenvolvimentos sobre este regime, no âmbito do CT de 2003 mas em considerações que mantêm ainda utilidade, e para uma apreciação crítica das soluções do Código nesta matéria *vd* JÚLIO GOMES, *O contrato de trabalho a termo ou a tapeçaria de Penélope cit.*, 74 ss. e 90 ss.

[127] Ainda fazendo apelo ao art. 41.°-A da LCCT, que instituiu este regime, em transposição da directiva comunitária o Ac. RLx de 3/03/2004, CJ, 2004, II, 142, pronunciou-

Neste contexto, importa reter uma importante alteração introduzida pelo Código do Trabalho de 2009 na regra constante do art. 143.° n.° 1. Nos termos desta norma, ficam agora abrangidas pela proibição dos contratos a termo sucessivos não só as situações em que são celebrados de seguida vários contratos a termo com o mesmo empregador e para o mesmo posto de trabalho (situação já contemplada no Código do Trabalho de 2003), mas também as situações de celebração de um contrato a termo para um posto de trabalho antes ocupado por um trabalhador temporário e o contrato de prestação de serviço que antes tivesse sido celebrado com a mesma entidade e com os mesmo objecto; além disso, são contabilizados para este efeito os contratos a termo, temporários ou de prestação de serviço que tenham sido celebrados com o mesmo empregador, mas também os que tenham sido celebrado com outras sociedades com as quais no actual empregador esteja em relação societária de domínio ou de grupo[128] ou com as quais detenha estruturas organizativas comuns.

Esta norma, cujo paralelo é a disposição constante do art. 148.° n.° 5 do CT, como já se referiu, tem como objectivo combater as práticas de evasão à contratação laboral e as limitações da contratação a termo, e, quanto à segunda parte, visa combater as práticas de circulação dos trabalhadores no seio dos grupos de empresas em moldes de menor transparência e que desprotegem o trabalhador[129].

Contudo, nestas novas aplicações, a norma suscita diversas dificuldades e o seu alcance é manifestamente excessivo, pelos seguintes motivos:

i) Por um lado, a finalidade da norma impõe que, na sua extensão ao trabalho temporário, apenas possa relevar, para efeitos da determinação da sucessão de contratos, o contrato de trabalho temporário celebrado com o mesmo trabalhador e não contratos de trabalho temporário celebrados com diferentes trabalhadores para o mesmo posto de trabalho. Embora esta exigência não

-se também pela nulidade do contrato de trabalho a termo celebrado sob forma escrita, na vigência de um anterior contrato de trabalho celebrado sem sujeição a forma especial e que era, assim, de reconduzir nos termos gerais, a um contrato de trabalho por tempo indeterminado, que se entendeu subsistir.

[128] Trata-se das situações de coligação societária previstas nos arts. 482.° ss. do CSC.

[129] Especificamente sobre este último ponto, *vd* Rosário Palma Ramalho, *Grupos Empresariais e Societários... cit.*, 471 ss.

conste expressamente do texto da norma – e seja dispensável para o caso de sucessão simples entre contratos de trabalho a termo no seio da mesma empresa, em que é suficiente que o posto de trabalho ocupado seja o mesmo – apenas com este conteúdo faz sentido esta aplicação extensiva da norma, porque o que se pretende é proteger o trabalhador cujo enquadramento negocial vai variando, quando materialmente continua a fazer a mesma coisa na mesma empresa. Aliás, de outra forma também não se compreenderia a norma do 147.° n.° 3 *in fine*, na parte em que manda contar a antiguidade do trabalhador pela soma dos contratos sucessivos – naturalmente só podem estar aqui em causa contratos celebrados pelo mesmo trabalhador, porque o trabalho prestado por um trabalhador não pode contar para a antiguidade de outro trabalhador.

Neste ponto, sustenta-se assim uma interpretação restritiva da norma.

ii) Por outro lado, a norma será sempre de difícil aplicação na sua extensão ao trabalho temporário prestado no âmbito de contratos com diferentes empregadores do mesmo grupo empresarial, porque, nestes casos, o posto de trabalho do trabalhador temporário junto do utilizador não pode coincidir com o posto de trabalho que ele ocupa na segunda empresa, uma vez que o conceito de posto de trabalho é, por definição, um conceito interno à empresa[130]; e será ainda menos viável a aplicação desta norma ao caso de o contrato a termo ser antecedido de um contrato de prestação de serviço com «o mesmo objecto», porque o objecto do contrato de um prestador de serviços não é, por definição, o mesmo que o objecto de um contrato de trabalho[131].

Assim sendo, dificilmente ficará preenchida a condição objectiva de aplicação da norma na sua extensão aos contratos de

[130] Já no segundo caso de extensão para fora do âmbito do mesmo empregador (i.e., o caso de empregadores com estruturas organizativas comuns), é mais verosímil na prática que o trabalhador ocupe, sob diferentes molduras contratuais, o mesmo «posto de trabalho» na estrutura comum.

[131] A solução poderia ser diferente quanto a este ponto se, em lugar do critério do «objecto» do contrato, a lei tivesse adoptado o critério das «funções efectivamente exercidas».

prestação de serviço e, no caso do trabalho temporário, pelo menos na sua extensão a outros empregadores.

iii) Por fim, a extensão da probição da sucessão destes contratos a contratos com diferentes empregadores no âmbito do mesmo grupo societário ou em estruturas organizativas comuns também se afigura uma solução arrevezada para um problema que é, afinal, uma questão de determinação do empregador real ou de pluralidade atípica de empregadores, que pode e deve ser resolvido noutra sede e com rescurso a outros mecanismos[132].

As considerações que acabamos de fazer valem, com as necessárias adaptações, para a norma do art. 148.° n.° 5, relativa ao cômputo destas situações para efeitos da determinação da duração máxima do contrato de trabalho a termo.

Assim, também neste caso, apenas se devem contabilizar os diversos contratos celebrados com um único trabalhador, uma vez que é a situação jurídica deste trabalhador que se pretende acautelar.

Por outro lado, também para efeitos desta norma será difícil avaliar o requisito do «mesmo posto de trabalho» para contabilizar o trabalho temporário prestado a outra empresa do grupo, e, genericamente, o requisito do «mesmo objecto» para contabilizar anterior contrato de prestação de serviço.

Mas, independentemente destas dificuldades, crê-se que o preceito do art. 148.° n.° 5 não terá grande utilidade, porque das duas uma: ou a duração máxima do contrato é atingida com o período inicial (por exemplo, um contrato a termo celebrado por três anos) e então a norma é inútil, porque no final deste período o contrato caduca ou converte-se em contrato por tempo indeterminado; ou a duração máxima do suposto contrato a termo é atingida através de «renovações» do período inicial, mas neste caso, estando em causa não um único contrato a termo, que se vai renovando, mas vários contratos (a termo, temporários ou de prestação de serviço), não há verdadeiramente uma renovação, mas a situação cai antes sob a alçada da proibição de de contratos sucessivos (art. 143.° n.° 1 *in fine*), pelo que a norma do art. 148.° n.° 5 é desnecessária, para estes casos.

---

[132] Para mais desenvolvimentos sobre este ponto, ROSÁRIO PALMA RAMALHO, *Grupos Empresariais e Societários... cit.*, 471 ss. e *passim*.

Resta, ainda assim, uma aplicação útil para esta norma, que será a de viabilizar a contabilização, para efeitos da duração máxima do contrato a termo, de contratos sucessivos no mesmo posto de trabalho, quando esta sucessão seja lícita, porque corresponde a uma das excepções ao princípio da proibição dos contratos sucessivos – i.e., uma das situações previstas no n.° 2 do art. 143.°. Nestes casos, a soma destes contratos conta para efeitos da duração total do contrato a termo, prevista no art. 148.° n.° 5.

### 73.5. **Cessação: causas específicas e efeitos acessórios**

**I.** O traço que mais singulariza o contrato a termo em relação ao vínculo laboral comum tem a ver com o modo típico de cessação: o contrato a termo cessa por caducidade, que ocorre com o decurso do prazo (no caso do contrato a termo certo) ou quando cesse o motivo justificativo da contratação do trabalhador (no caso do contrato a termo incerto).

A matéria relativa à cessação do contrato a termo encontra-se dispersa pelo Código do Trabalho. Assim, devem ter-se em conta as seguintes normas:

- os arts. 343.° a), 344.° e 345.°, em sede do regime jurídico da cessação do contrato de trabalho, regulam a causa específica de cessação do contrato a termo, ou seja, a cessação por caducidade; estas normas têm ainda que ser conjugadas com os arts. 147.° , 148.° e 149.°;
- o art. 393.° apresenta as especificidades do contrato a termo quando cesse pelas causas comuns a outros contratos de trabalho; mas, nesta matéria, deve ainda ter-se em conta o art. 400.° n.os 3 e 4;
- alguns efeitos acessórios da cessação do contrato a termo encontram-se contemplados nos arts. 144.° e 145.°.

**II.** A cessação do contrato por efeito da verificação do termo resolutivo, ocorre por caducidade, tal como previsto no art. 343.° a) do CT. Contudo, em desvio às regras gerais, a caducidade não opera *ipso jure* neste caso, mas passa por uma *comunicação escrita à outra parte*, manifestando a vontade de não renovar o contrato ou de não o converter em contrato por tempo indeterminado. Esta comunicação constitui uma declaração recipienda, nos termos do art. 224.° do CC, pelo que só produz efeitos a partir do momento em que entre na esfera jurídica do trabalhador[133]. Por outro lado, a esta comunicação deve ser emitida com uma antecedência diversa, consoante o autor e o tipo e duração do contrato a termo. Assim:

- no contrato a termo certo, a comunicação deve ter uma antecedência de 15 ou 8 dias, consoante seja da iniciativa do empregador ou do trabalhador (art. 344.° n.° 1)[134];
- no contrato a termo incerto, a comunicação da iniciativa do empregador tem uma antecedência de 7, 30, ou 60 dias relativamente à previsão do fim da necessidade do trabalhador, consoante o contrato tenha durado até seis meses, de seis meses a dois anos ou por um período superior (art. 345.° n.° 1); não sendo referida nesta norma a comunicação da iniciativa do trabalhador, entende-se ser de aplicar o prazo de aviso prévio de 8 dias, previsto para o contrato a termo certo, no art. 344.° n.° 1, *in fine*, por analogia; a lei estabelece ainda regras de emissão destas comunicações, no caso de estarem envolvidos diversos trabalhadores (art. 345.° n.° 2).

É discutido se a exigência de comunicação ao trabalhador da vontade de fazer cessar o contrato, como modo de fazer actuar a caducidade do contrato a termo, se mantém no caso de as partes determinarem, à partida, que o contrato não se encontra sujeito a renovação – o que pode suceder ao abrigo do art. 149.° n.° 1 do CT.

No âmbito do regime anterior ao Código do Trabalho de 2003, tínhamos entendido que, mesmo nesta situação, a caducidade apenas operava mediante o requisito geral da comunicação da vontade de não renovar o contrato no final do termo estipulado, porque a lei não distinguia com clareza entre contratos de trabalho a termo renováveis e não renováveis e também por força da natureza imperativa do regime de caducidade deste contrato[135]. Já o regime do Código do Trabalho de 2003 viabilizava o

---

[133] Sobre este ponto, *vd* o Ac. RLx. de 11/03/1992, CJ, 1992, II, 186.

[134] Esta norma corresponde na LCCT, ao art. 46.° n.° 1, mas o aviso prévio da comunicação do empregador era aqui de 8 dias, tal como o do trabalhador. Os prazos actuais nesta matéria remontam ao CT de 2003 (art. 388.° n.° 1).

[135] Neste mesmo sentido, MENEZES CORDEIRO, *Manual de Direito do Trabalho cit.*, 637; contra, entre outros, ROMANO MARTINEZ, na 1.ª edição do *Direito do Trabalho cit.*, 626. Sobre o ponto, Ac. RLx. de 5/07/1995, CJ, 1995, IV, 149, e Ac. RLx. de 5/05/1999,

entendimento contrário, uma vez que a lei distinguia claramente entre os contratos cuja não renovação era acordada *ab initio* pelas partes e os contratos a termo renováveis (como tal se presumindo todos aqueles em que faltasse o acordo de não renovação) e relativamente aos quais fazia sentido a exigência de tal comunicação. Deste modo, embora com dúvidas, sustentou-se que o acordo das partes no sentido da não renovação do contrato dispensava o aviso prévio de cessação do contrato para fazer actuar a caducidade do mesmo; e, correlativamente, sustentou-se que a permanência do trabalhador ao serviço após o termo do contrato, neste caso, não determinava a renovação (porque as partes afastaram tal possibilidade), mas a conversão automática do contrato em contrato por tempo indeterminado[136].

O Código do Trabalho de 2009 introduziu uma alteração na norma que regula esta matéria (art. 149.° n.° 2) e uma alteração na norma sobre o aviso prévio da caducidade do contrato a termo (art. 344.° n.° 1) que obriga a repensar esta questão. Assim, embora se continue a admitir que as partes afastem a possibilidade de renovação do contrato a termo por acordo (art. 149.° n.° 1), a lei estabelece agora que «na ausência de estipulação a que se refere o número anterior [i.e., o acordo do art. 149.° n.° 1] *e de declaração de qualquer das partes que o faça cessar*, o contrato renova-se...» (art. 149.° n.° 2); e por outro lado, na norma sobre a caducidade do contrato a termo certo, é estabelecido que o contrato «...caduca no final do prazo estipulado, *ou da sua renovação,* desde que o empregador ou o trabalhador comunique...» (os sublinhados correspondem à alteração das normas).

Ora, a segunda parte da norma do art. 149.° n.° 2 e a conjugação desta norma com a nova especificação quanto ao aviso prévio no art. 344.° n.° 1, que se refere ao aviso prévio da cessação do contrato independentemente do carácter renovável ou não renovável do contrato, apontam para a exigibilidade genérica da emissão de um aviso prévio como condição operativa da caducidade em qualquer contrato a termo e independentemente de as partes nele terem inserido uma cláusula de renovação ou não.

---

CJ, 1999, III, 158. Ainda no âmbito do regime da LCCT, o Ac. RP de 22/03/2004, CJ, 2004, II, 230, considerou dispensável a comunicação quando o contrato indicasse, à partida, que não seria renovável.

[136] Rosário Palma Ramalho, *Direito do Trabalho cit.*, II (2.ªed.), 262.

Assim, embora com dúvidas, consideramos que, à face da actual redacção destas duas normas, o dever de comunicação da intenção de fazer cessar o contrato no final do prazo se estende aos contratos a termo em que as partes tenham acordado a não renovação; e, ainda em consonância com o texto da norma (na sua parte final), o incumprimento de tal dever determina que o contrato se renova por igual período, apesar de as partes não o terem, à partida, concebido como um contrato renovável[137].

**III.** Os *efeitos da falta da comunicação da intenção de fazer cessar o contrato a termo, bem como da comunicação intempestiva da mesma*, são diversos, consoante o tipo de contrato a termo e a iniciativa da cessação do contrato.

No caso de contrato a termo certo, a falta de comunicação do empregador ou a comunicação que não respeite o prazo de aviso prévio determinam a renovação automática do contrato por igual período ou a sua conversão em contrato por tempo indeterminado, se já se tiver esgotado o número máximo de renovações (art. 149.° n.° 2 e art. 147.° n.° 2 b) do CT).

No caso do contrato a termo incerto, o desrespeito pelo aviso prévio ou a falta de comunicação da cessação do contrato, por iniciativa do empregador, apenas conferem ao trabalhador o direito a ser indemnizado pelo valor correspondente ao tempo de aviso prévio em falta (art. 345.° n.° 3 do CT). Apenas no caso de o trabalhador se manter em funções após a comunicação atempada da cessação do contrato ou por mais de 15 dias sobre a realização da tarefa para que foi contratado ou sobre o regresso do trabalhador que substituiu, há lugar à conversão do contrato, nos termos do art. 147.° n.° 2 c) do CT.

A lei não estabelece as consequências da falta de comunicação do trabalhador que tenha a iniciativa da cessação do contrato, no respectivo termo, ou da comunicação que não respeite o aviso prévio de 8 dias fixado na lei. Entende-se ser de aplicar aqui o regime comum da denúncia do contrato com aviso prévio por iniciativa do trabalhador antes do termo (art.

---

[137] Contra, considerando que em caso de acordo das partes no sentido do carácter não renovável do contrato a termo, a respectiva caducidade não depende de aviso prévio, L. M. Monteiro e Madeira de Brito, *in* Romano Martinez / L. M. Monteiro / J. Vasconcelos / Madeira de Brito / G. Dray / L. Gonçalves da Silva, *Código do Trabalho Anotado cit.*, 920.

400.° n.os 3 e 4 do CT), com as necessárias adaptações: assim, o trabalhador fica obrigado a pagar ao empregador uma indemnização correspondente ao período de aviso prévio em falta (art. 401.°).

**IV.** A cessação do contrato a termo por caducidade exige ainda algumas formalidades adicionais e determina alguns efeitos acessórios.

As *formalidades associadas à cessação destes contratos* prendem-se, sobretudo, com a necessidade de comunicação dessa cessação às estruturas representativas dos trabalhadores e, periodicamente, à Autoridade para as Condições de Trabalho (art. 144.° n.os 1 e 2 do CT); no caso de não renovação do contrato a termo de trabalhadora grávida, puérpera ou lactante, a lei impõe ainda ao empregador o dever de comunicar à Comissão para a Igualdade no Trabalho e no Emprego o motivo da não renovação do contrato, no prazo de 5 dias úteis (art. 144.° n.° 3).

Os principais *efeitos decorrentes da cessação do contrato a termo* prendem-se com o direito do trabalhador a uma indemnização pela cessação do contrato e com o seu direito de preferência na admissão para postos de trabalho permanentes. Estes direitos pretendem compensar os trabalhadores pela maior incerteza da sua situação juslaboral, quando comparada com um contrato de trabalho por tempo indeterminado. Assim:

i) No contrato a termo a certo, a cessação por caducidade e por iniciativa do empregador confere ao trabalhador o *direito a uma compensação,* cujo valor corresponde a dois ou três dias de retribuição de base e diuturnidade por cada mês de duração do contrato, consoante ele tenha durado mais ou menos de seis meses, e sendo as fracções de mês calculadas proporcionalmente (art. 344.° n.os 2 e 3 do CT)[138]; este direito é extensível à

[138] Esta norma corresponde ao art. 388.° n.os 2 e 3 do CT de 2003, e, com alterações, ao regime do art. 46.° n.° 1 da LCCT, na redacção introduzida pela L. n.° 18/2001, que estabeleceu o direito a uma compensação de 3 dias por cada mês de duração do contrato, não podendo ser inferior a um mês. Esta norma suscitou algumas dúvidas quanto ao alcance desta última referência, que podia entender-se como referida à duração do contrato ou ao valor da compensação, sendo certo que, na segunda interpretação, uma compensação no valor de um mês de retribuição se afigurava manifestamente excessiva em casos em que o contrato a termo durasse, por exemplo, dois meses ou mesmo menos tempo. O Código do Trabalho de 2003 veio resolver a questão, não fazendo referência a um limite mínimo, mas apenas a uma regra de proporcionalidade. Por outro lado, ao estabelecer uma com-

cessação do contrato a termo incerto por caducidade, mas, neste caso, é independente de a iniciativa da cessação caber ao empregador ou ao trabalhador (é o que decorre do art. 345.° n.° 4)[139].

ii) No prazo de 30 dias sobre a cessação do contrato a termo, o trabalhador tem *direito de preferência na admissão* para a empresa em regime de contrato por tempo indeterminado, para o exercício de funções idênticas às que desempenhou e desde que esteja em igualdade de condições com outros candidatos (art. 145.° n.° 1 do CT). Julga-se, no entanto, que a norma deve ser interpretada restritivamente, não se configurando o direito de preferência independentemente da causa de cessação do contrato (como parece decorrer do preceito), mas apenas quando a cessação decorra de caducidade accionada pelo empregador – outra solução seria incompatível com os valores em jogo no contrato a termo. De outra parte, a violação do direito de preferência confere ao trabalhador o direito a ser indemnizado pelo valor correspondente a três meses de retribuição base, cabendo ao trabalhador alegar a violação e ao empregador provar a sua inexistência (art. 145.° n.os 2 e 3)[140]; esta norma deve conjugar-se com a norma do art. 144.° n.° 3, que obriga o empregador a afixar informação dos postos de trabalho permanentes e que constitui a condição para o exercício daquele direito de preferência.

**V.** Para além da cessação por caducidade, o contrato a termo pode cessar pelas causas comuns a outros contratos de trabalho, sujeitando-se ao respectivo regime. Neste caso, devem apenas ter-se em conta as especificidades constantes do art. 393.° n.° 2 e 400.° n.os 3 e 4 do CT, respectivamente para as consequências do despedimento ilícito e para a denúncia por iniciativa do trabalhador com aviso prévio.

---

pensação diferenciada para os contratos a termo de duração inferior e superior a seis meses, o Código protegeu mais, deste ponto de vista, os trabalhadores contratados por menos tempo, o que se justifica pela maior instabilidade da respectiva situação jurídica.

[139] Sobre os efeitos acessórios da cessação do contrato de trabalho a termo e especificamente em relação à compensação monetária por cessação do contrato, pode ver-se o Par. PGR n.° 23/97, publicado no DR, II S. de 3-1-2000, 2 ss.

[140] Com efeito, julga-se que o efeito estritamente indemnizatório que decorre da violação deste direito de preferência é o único que se compadece com a manutenção da liberdade contratual do empregador.

Apreciaremos estas especificidades a propósito do estudo do regime jurídico da cessação do contrato de trabalho.

### 73.6. **Outros aspectos**

**I.** Para além dos aspectos focados, que constituem os pontos de maior especificidade da figura do contrato a termo resolutivo, devem ainda reter-se algumas regras específicas sobre este contrato de trabalho especial, que se encontram dispersas pelo Código do Trabalho.

**II.** Entre estas regras, destacamos as seguintes:

- o período experimental do contrato a termo resolutivo é fixado pelo art. 112.° n.° 2 a) e b) em 30 ou 15 dias, consoante o contrato tenha duração igual ou superior a seis meses, ou inferior a seis meses, respectivamente; ou, no caso do termo incerto, consoante se preveja a verificação do termo num período superior ou inferior a seis meses[141];
- o tratamento dos trabalhadores contratados a termo e por tempo indeterminado rege-se por um princípio geral de igualdade (art. 146.°);
- o trabalhador contratado a termo por mais de três meses (como tal contando o período inicial e as renovações do contrato) tem direito a aceder à formação profissional anual, por um período proporcional à duração do respectivo contrato naquele ano (art. 131 n.° 2.°)[142];
- o direito a férias do trabalhador contratado a termo por período inferior a seis meses segue as regras constantes do art. 239.° n.° 4;
- o prazo de caducidade dos contratos a termo não deixa de correr durante a situação de suspensão do contrato (art. 295.° n.° 3)[143].

---

[141] *Supra,* § 18.°, ponto 66.III.

[142] Neste ponto, observa-se uma alteração relativamente ao regime do Código do Trabalho de 2003, que apenas conferia direito à formação profissional aos trabalhadores a termo com contratos de duração mínima de seis meses (art. 137.°).

[143] Sobre este ponto, Ac. RP de 18/06/1990, CJ, 1990, III, 259, e Ac. STJ de 9/02/1993, CJ (STJ), 1993, I, 247.

Para além destas normas do Código do Trabalho devem ainda ter-se em conta as disposições do novo CRCSS (que ainda não se encontra em vigor) sobre a taxa contributiva global aplicável aos contratos a termo, que sofre um agravamento de três pontos percentuaios na parcela devida pelo empregador, excepto nas situações em que a celebração do contrato seja devida à necessidade de substituição de trabalhador ausente em gozo de licença de parentalidade ou por incapacidade para o trabalho por período superior a 90 dias – art. 55.° n.$^{os}$ 2 e 3 do CRSS.

É uma norma que, tal como outras, pretende desincentivar o recurso a este contrato de trabalho especial.

## § 21.° Outros contratos de trabalho sujeitos a regime especial

### 74. Contrato para prestação de trabalho temporário[144]

#### 74.1. O trabalho temporário: delimitação geral

**I.** Produto típico das tendências de flexibilização dos regimes laborais do último quartel do séc. XX[145] e com um relevo crescente, o traba-

---

[144] Sobre este tema, podem ver-se, entre outros, MENEZES CORDEIRO, *Manual de Direito do Trabalho cit.*, 602 ss., LUÍS MORAIS, *O trabalho temporário, in Dois Estudos*, Lisboa, 1991, 59 ss., P. CAMANHO / M. CUNHA / S. PAIS / P. VILARINHO, *Trabalho temporário*, RDES, 1992, 1/3, 171-257, A. DIAS COIMBRA, *A mobilidade do trabalhador no âmbito da cedência imprópria e o problema da inexistência de relação contratual laboral entre o trabalhador e o utilizador*, ROA, 1993, III, 815-839, M. REGINA REDINHA, *Empresas de trabalho temporário*, RDE, 1984/85, 137-171, *A Relação Laboral Fragmentada. Estudo sobre o Trabalho Temporário cit.*, e *Trabalho temporário: apontamento sobre a reforma do seu regime jurídico, in Estudos dos Instituto de Direito do Trabalho*, I, Coimbra, 2001, 443-470, JORGE LEITE, *Direito do Trabalho cit.*, II, 119 ss., P. FURTADO MARTINS, *Questões sobre trabalho temporário*, RDES, 1999, 1, 51-85; JÚLIO GOMES, *Algumas observações sobre o contrato de trabalho por tempo indeterminado para cedência temporária*, QL, 2001, 17, 41-86, GUILHERME DRAY, *Trabalho temporário, in* ROMANO MARTINEZ (coord.), *Estudos do Instituto de Direito do Trabalho*, IV, Coimbra, 2003, 101-143, CÉLIA REIS, *Notas sobre o trabalho temporário, in* ROMANO MARTINEZ (coord.), *Estudos do Instituto de Direito do Trabalho*, IV, Coimbra, 2003, 145-185, ROMANO MARTINEZ, *Direito do Trabalho cit.*, 685 ss., MONTEIRO FERNANDES, *Direito do Trabalho cit.*, 163 ss., e LEAL AMADO, *Contrato de Trabalho...cit.*, 128 ss. Na doutrina comparada, sobre esta figura, entre outros, G. BÉLIER / L BERTHONNEAU, *Le droit du travail temporaire*, Paris, 1990, e ainda de G. BÉLIER, *Le contrat de travail à durée indéterminée intermitent*, DS, 1987, 9/10, 696-701, bem como G. COUTURIER, *Droit du travail cit.*, I, 122 s. e 173 ss., J.-M. VERDIER / A. COEURET / M.-A. SOURIAC, *Droit du travail cit.*, 348 ss.; ZÖLLNER / LORITZ, *Arbeitsrecht... cit.*. 334 ss., G. SCHAUB, *Arbeitsrecht Handbuch*, 9.ª ed., München, 2000, 1235 ss., SÖLLNER, *Grundriß... cit.*, 325 ss., R. WANK, *Neuere Entwicklungen im Arbeitnehmerüberlassungsrecht*, RdA, 2003, 1, 1-11, NICOLINI, *Il lavoro temporaneo,*

lho temporário é um fenómeno complexo, que envolve diversas entidades e outros tantos negócios jurídicos e que coloca diversos problemas de regime e de construção dogmática.

Entre nós, o trabalho temporário foi admitido e regulado em 1989, pelo DL n.° 358/89, de 17 de Outubro (LTT). Este diploma, que foi posteriormente alterado pela L. n.° 39/96, de 31 de Agosto (art. 1.°), e pela L. n.° 146/99, de 1 de Setembro[146], esteve em vigor até ao surgimento da nova LTT (L. n.° 19/2007, de 22 de Maio), que procurou adaptar o regime da figura ao Código do Trabalho de 2003, entretanto aprovado. O Código do Trabalho de 2009 acolheu a figura dos contratos para a prestação de trabalho temporário, que regula em subsecção própria (subsecção VI, arts. 172.° a 192.°) da secção dedicada às modalidades de contrato de trabalho. Com a entrada em vigor do Código do Trabalho actual, foi revogada parcialmente a LTT de 2007 (art. 12.° n.° 1 c) da Lei Preambular ao CT), tendo-se mantido, contudo, em vigor os preceitos deste diploma relativos ao licenciamento e à actividade das empresas de trabalho temporário. Por fim, já na vigência do actual Código do Trabalho, foi publicado o DL n.° 260/2009, de 25 de Setembro, que estabeleceu a disciplina das empresas de trabalho temporário e procedeu à revogação dos preceitos da LTT de 2007 que ainda estavam em vigor (art. 35.° do DL n.° 260/2009, de 25 de Setembro).

Ao nível do direito comunitário, deve também ter-se em conta a Dir. 91/383/CEE, do Conselho, de 25 de Junho de 1991, relativa à aplicação de medidas tendentes a promover a melhoria da segurança e da saúde dos trabalhadores que têm uma relação de trabalho a termo ou uma relação de trabalho temporário[147]. Esta Directiva estabelece um princípio de igualdade entre estes trabalhadores e os trabalhadores comuns no que toca à protecção em matéria de segurança e saúde, às condições de trabalho e ao acesso aos equipamentos de segurança, bem como o direito de informação destes

---

Padova, 1998, e *Manuale di diritto del lavoro cit.*, 853 ss., ou SCONAMIGLIO, *Diritto del lavoro cit.*, 201 ss.

[145] Cfr. *Direito do Trabalho I*, § 2.°, ponto 4.2.2.I.

[146] Em especial, sobre as alterações introduzidas no diploma em 1999, M. REGINA REDINHA, *Trabalho temporário: apontamento sobre a reforma do seu regime jurídico cit.*, e JÚLIO GOMES, *Algumas observações sobre o contrato de trabalho por tempo indeterminado para cedência temporária cit.*

[147] Este regime encontra-se em processo de revisão (Proposta de Directiva da Comissão, de 22 de Março de 2002).

trabalhadores sobre o posto de trabalho e os seus riscos e ainda deveres especiais do empregador relativamente à vigilância médica adequada e à formação profissional destes trabalhadores.

**II.** O fenómeno do trabalho temporário enquadra a contratação de trabalhadores por uma empresa que se dedica à actividade de fornecimento, a título oneroso, desses mesmos trabalhadores a outras entidades, para as quais desenvolverão a sua actividade laboral, por um tempo determinado. Neste fenómeno intervêm assim três entidades:

i) A *empresa de trabalho temporário* (habitualmente designada como ETT, em locução com origem no direito francês): é a pessoa singular ou colectiva que admite e remunera os trabalhadores, com eles celebrando um contrato de trabalho a termo ou por tempo indeterminado, para cedência temporária a outras entidades; o objecto social da empresa de trabalho temporário é a actividade de cedência ou colocação dos seus trabalhadores nas entidades que solicitem os seus serviços, para além outras actividades acessórias (art. 2.° d) e art. 3.° do DL n.° 260/2009, de 25 de Setembro), mas esta empresa é o verdadeiro empregador dos trabalhadores temporários e não, simplesmente, uma agência de intermediação de emprego ou de colocação de trabalhadores (art. 2.° g) do DL n.° 260/2009, de 25 de Setembro, e art. 172.° a) e b) do CT).

ii) A *entidade utilizadora*: é a pessoa singular ou colectiva para a qual o trabalhador temporário presta serviço, em moldes subordinados, ainda que sem sujeição ao poder disciplinar, já que este poder se mantém na titularidade da empresa de trabalho temporário (art. 2.° h) do DL n.° 260/2009, de 25 de Setembro).

iii) O *trabalhador temporário*: é o trabalhador subordinado que celebra um contrato com a empresa de trabalho temporário, a termo ou por tempo indeterminado para cedência temporária, com vista à prestação da sua actividade laboral temporariamente para uma ou para sucessivas entidades utilizadoras (art. 2.° g) do DL n.° 260/2009, de 25 de Setembro, e art. 172.° a) e b) do CT).

A especificidade do contrato para prestação de trabalho temporário perante o contrato de trabalho comum reside justamente do carácter tripartido do vínculo laboral emergente deste contrato. Como decorre do exposto e ao contrário do que sucede na generalidade das situações laborais, no vínculo de trabalho temporário estão envolvidas não duas mas três entidades: o trabalhador, a empresa de trabalho temporário e a entidade utilizadora, para a qual o trabalhador desempenha a sua actividade laboral. E, como se verá, esta tripartição do vínculo condiciona o respectivo regime jurídico em múltiplos aspectos.

A recondução deste contrato a um contrato de trabalho especial não suscita assim qualquer dúvida.

**III.** O recurso ao trabalho temporário tem origem nos países anglo-saxónicos – tradicionalmente mais abertos a soluções de maior flexibilidade e diversidade no recrutamento de pessoal – e nas suas empresas de *man power*, mas difundiu-se rapidamente nos países da Europa Continental, sendo também regulado, por exemplo, em França, na Alemanha, em Itália, e, após o levantamento da sua proibição, em Espanha[148]. O regime jurídico português nesta matéria é, na sua origem, claramente inspirado no regime francês[149], mas as principais alterações à LTT de 1989, introduzidas pela L. n.° 146/99, de 1 de Setembro, inspiraram-se na lei alemã.

A rápida difusão do trabalho temporário deve-se às *vantagens* que ele apresenta relativamente à contratação laboral nos moldes tradicionais e mesmo em relação ao contrato de trabalho a termo, tanto para empregadores como para trabalhadores. Para os empregadores, o recurso ao trabalho temporário facilita o acesso a trabalhadores de que necessitem para uma tarefa determinada e a trabalhadores especializados, sem os custos habituais de um processo comum de recrutamento (uma vez que este processo cabe à empresa de trabalho temporário) e sem ficarem onerados com

---

[148] No direito espanhol, *L. n.° 14/1994, de 1 de Junho*. O regime jurídico francês nesta matéria foi estabelecido pela *Loi du 3 janvier 1972*, depois alterada pela *Ordonnance n. 82-131, du 5 février*, com um pendor mais restritivo; em 1986, a *Ordonnance n. 86-948, du 11 août*, unificou o regime do contrato de trabalho temporário e do contrato a termo (cfr. COUTURIER, *Droit du travail cit.*, I, 173 ss.). Actualmente, o trabalho temporário é regulado nos arts. L. 1251-1 e ss. do *Code du travail*. Quanto ao regime italiano, *vd* a L. n. 196/1997, e SCONAMIGLIO, *Diritto del lavoro cit.*, 201 ss. Quanto ao regime alemão, *vd* a *Arbeitnehmerüberlassungsgesetz* (AÜG), *vom 20.Juli.1995*, e, por exemplo, WANK, *Neuere Entwicklungen im Arbeitnehmerüberlassungsrecht cit.*

[149] Para o cotejo dos dois regimes, pode ver-se J.-M. VERDIER / A. COEURET / M.-A. SOURIAC, *Droit du travail cit.*, 348 ss.

aqueles trabalhadores, cujo vínculo laboral é estabelecido com a empresa de trabalho temporário, o que não é uma vantagem de pouca monta tendo em conta as tendências modernas para a nuclearização das empresas e para o *out-sourcing*. Para os trabalhadores, a principal vantagem desta forma de trabalho é aumentar o nível de empregabilidade, o que não é despiciendo em conjunturas depressivas do mercado de trabalho.

Contudo, a estas vantagens vêm somar-se alguns *inconvenientes*, que explicam a tradicional desconfiança das associações sindicais em relação a este tipo de trabalho e justificam algumas cautelas na respectiva regulação.

Estes inconvenientes são, sobretudo, para os trabalhadores, mas não deixam de revestir interesse geral. Por um lado, os trabalhadores temporários são menos protegidos do que os trabalhadores subordinados comuns, não só pela precariedade da sua situação juslaboral como também pelo facto de não se integrarem completamente nem na empresa de trabalho temporário (porque não é aí que prestam a sua actividade) nem na empresa utilizadora (porque não são trabalhadores dessa empresa), tendo assim dificuldades acrescidas de acederem às instâncias colectivas de representação dos seus interesses. Por outro lado, o recurso frequente ao trabalho temporário tem o inconveniente geral de obviar à criação de postos de trabalho permanentes, para além de facilitar o contorno das restrições legais à contratação a termo, quando existam, como é o caso português.

Os inconvenientes do trabalho temporário justificam algum cuidado na sua regulamentação, e, designadamente, a definição de balizas claras para a criação e actividade das empresas de trabalho temporário.

**IV.** Do trabalho temporário devem distinguir-se as seguintes *situações afins*:

i) O *contrato de trabalho com local diluído ou plurilocalizado*, situação que ocorre quando, por força da sua própria natureza, a actividade laboral é desenvolvida em vários locais (é o caso da actividade do motorista, ou do trabalho prestado a diversos clientes por empresas de limpeza ou de vigilância): neste caso, o trabalhador tem um contrato de trabalho uno, que o liga à sua empresa e é essa empresa que exerce os poderes laborais; o facto de desenvolver a sua actividade fora da empresa ou mesmo num local controlado por outra instituição, não o subordina a essa instituição, pelo que não altera a qualificação do seu contrato[150].

ii) As *situações de deslocação temporária do trabalhador para locais diferentes das instalações da empresa*: estas situações podem reconduzir-se à figura da mobilidade geográfica ou da mobilidade funcional (respectivamente, arts. 194.° e 120.° do CT), não alterando o modelo do vínculo laboral, ainda que, nessas deslocações, o trabalhador contacte com terceiros à empresa.

iii) A *cedência ocasional de trabalhadores*: figura originariamente regulada pela LTT (arts. 26.° ss.) e posteriormente integrada no CT de 2003 (arts. 322.° a 329.°), a cedência ocasional é actualmente regulada nos arts. 288.° a 293.° do CT de 2009 e envolve a deslocação temporária do trabalhador da sua empresa originária para outra empresa, que exercerá os correspondentes poderes laborais e que é também titulada por um acordo especial. Contudo, neste caso, o trabalhador é um trabalhador permanente da empresa cedente, para a qual desenvolvia a mesma actividade que vai manter na empresa cessionária; além disso, a empresa cedente não é uma empresa de trabalho temporário[151].

iv) O *trabalho a termo*: embora as duas figuras possam corresponder ao mesmo tipo de necessidades e tenham muitas afinidades de regime, no caso do trabalho a termo o vínculo laboral é ainda uma relação bipartida e não tripartida e na qual não há qualquer desdobramento dos poderes laborais, ao contrário do que sucede no caso do trabalho temporário.

v) O *contrato de trabalho com pluralidade de empregadores* (art. 101.° do CT): embora ambas as figuras tenham em comum a

---

[150] Evidentemente, nada obsta a que estas tarefas sejam realizadas em regime de trabalho temporário, o que, aliás, sucede, com alguma frequência. Para tanto terão, contudo, que concorrer os outros elementos do fenómeno, que não estão aqui presentes.

[151] As afinidades entre as figuras da cedência ocasional e do trabalho temporário conduzem, no entanto, alguma doutrina a qualificar a primeira figura como um caso de trabalho temporário atípico e a tratar as duas figuras em conjunto – neste sentido, MONTEIRO FERNANDES, *Direito do Trabalho cit.*, 168 ss. Quanto a nós, parece-nos mais claro reservar a designação de trabalho temporário para as situações de tripartição do vínculo laboral em que intervém necessariamente uma empresa de trabalho temporário.

complexidade da posição jurídica do empregador, elas distinguem-se com base no facto de, no trabalho temporário, o empregador ser apenas uma das entidades envolvidas (a empresa de trabalho temporário).

### 74.2. **Os contratos para a prestação de trabalho temporário: regime jurídico**

#### 74.2.1. **Aspectos gerais**

**I.** O actual regime jurídico do trabalho temporário está distribuído entre o Código do Trabalho e o DL n.° 260/2009, de 25 de Setembro, de acordo com os seguintes critérios:

- o DL n.° 260/2009, de 25 de Setembro, regula as matérias atinentes ao licenciamento das empresas de trabalho temporário, às actividades que podem desenvolver e aos deveres a que se sujeitam;
- o Código do Trabalho disciplina os vínculos jurídicos envolvidos no trabalho temporário (contrato de utilização de trabalho temporário e contratos de trabalho a termo ou por tempo indeterminado para a prestação de trabalho temporário), dispondo ainda sobre o regime aplicável ao trabalhador temporário em várias matérias.

Em termos gerais, este regime jurídico caracteriza-se pelo seu carácter restritivo, tanto pelos requisitos apertados que a lei impõe à constituição das empresas de trabalho temporário, como pelos moldes excepcionais em que se admite a contratação e a utilização de trabalhadores temporários. Ora, se o primeiro tipo de restrições se justifica pela necessidade de manter algum controlo público sobre a actividade económica de angariação de trabalhadores, já a segunda restrição mereceria uma reavaliação, tendo em conta a importância deste tipo de trabalho para fomentar a empregabilidade de curto e médio prazo e para aceder a trabalhadores especializados.

**II.** O *exercício da actividade de empresa de trabalho temporário* está regulado nos arts. 3.° a 13.° do DL n.° 260/2009, de 25 de Setembro, e caracteriza-se pelos seguintes aspectos essenciais:

i) O exercício da actividade destas empresas exige uma autorização administrativa prévia, que passa pelo preenchimento dos requisitos mencionados no art. 5.° deste diploma e pela instrução de um processo para a respectiva verificação (art. 6.°); a autorização constará de alvará, nos termos do art. 8.° deste diploma;

ii) Para assegurarem a sua idoneidade financeira, as empresas de trabalho temporário são obrigadas a constituir uma caução, que é objecto de actualização periódica (art. 7°); a esta caução geral acresce uma caução adicional, no caso de a empresa de trabalho temporário celebrar contratos para utilização de trabalhadores no estrangeiro, nos termos do art. 10.° n.° 1 a) deste diploma.

iii) As empresas de trabalho temporário têm um conjunto de deveres, que estão enunciados no art. 9.°, e que incluem comunicações diversas aos centros de emprego e aos serviços consulares, quando a sua actividade envolva a cedência internacional de trabalhadores (arts. 9.° n.° 2 c) e 10.° n.° 3); no caso de celebrarem contratos para utilização de trabalhadores no estrangeiro, têm ainda os deveres de assegurar a assistência médica e medicamentosa a estes trabalhadores e de garantir o seu repatriamento no final do contrato, nos termos do art. 10.° n.° 1 b) e c).

As irregularidades de constituição das empresas de trabalho temporário podem repercutir-se nos contratos de trabalho temporário e de utilização que tais empresas venham a celebrar, com consequências para o trabalhador envolvido.

Assim, o art. 173 n.° 1 do CT comina com a sanção de nulidade o contrato de utilização celebrado entre uma empresa de trabalho temporário que não seja titular da licença respectiva. Dessa nulidade decorre ainda a nulidade do contrato de trabalho temporário associado ao contrato de utilização e a conversão automática daquele contrato em contrato de trabalho por tempo indeterminado entre o trabalhador e a empresa de trabalho temporário (art. 173.° n.° 3 do CT)[152]. Além disso, a lei determina a respon-

---

[152] Não era esta a solução da LTT de 1989, cujo art. 16.° previa a conversão automática do contrato com a empresa utilizadora – aplicando este regime, *vd*, por exemplo, o Ac. STJ de 22/05/1996, CJ (STJ), 1996, II, 262; Ac. RC de 19/01/1995, CJ, 1995, II, 48; Ac. RC de 14/12/2000, CJ, 2000, V, 67. Tivemos oportunidade de criticar esta solução drástica (cfr., Rosário Palma Ramalho, *Direito do Trabalho*, II, 1.ª ed., 270), cuja injustiça decorria de fazer recair sobre o utilizador as consequências de um acto ilícito prati-

sabilidade solidária da entidade utilizadora e da empresa de trabalho temporário pela satisfação dos créditos laborais deste trabalhador contra a empresa de trabalho temporário (art. 174.° n.° 1 do CT).

Já no caso de a irregularidade se verificar na operação de cedência do trabalhador, pelo facto de tal cedência não ser titulada por um contrato para esse efeito, celebrado nos termos da lei, considera-se que o trabalhador tem um contrato de trabalho por tempo indeterminado com a empresa de trabalho temporário (art. 173.° n.° 5 do CT)[153]. Em alternativa, e tanto para este tipo de irregularidade, como para a irregularidade decorrente de problemas de licenciamento da empresa de trabalho temporário, o trabalhador pode optar, durante os primeiros 30 dias de execução do contrato, pela cessação do mesmo[154], com direito a uma indemnização compensatória, calculada nos termos do art. 396.° do CT (art. 173.° n.° 6 do CT).

Por fim, a lei comina com a sanção de nulidade, o contrato celebrado entre duas empresas de trabalho temporário para cedência de trabalhador temporário entre elas, com vista à posterior cedência do mesmo trabalhador a um terceiro. Neste caso, previsto no art. 173.° n.° 2 do CT, o contrato converte-se em contrato de trabalho por tempo indeterminado com a entidade para a qual o trabalhador está a desenvolver a sua actividade (art. 173.° n.° 4 do CT).

**III.** No que se refere à *prestação do trabalho temporário* propriamente dita, decorre da natureza específica do trabalho temporário que ele pressupõe um vínculo jurídico tripartido. Este vínculo é instituído por dois

---

cado por uma entidade alheia, obrigando, assim, as entidades utilizadoras a um especial cuidado na verificação da situação das empresas de trabalho temporário, com as quais negoceiam. Tendo em conta este quadro, sustentámos a possibilidade de recurso ao princípio geral da boa fé, na sua aplicação *in contrahendo* (art. 227.° do CC), para obstar ao efeito da conversão do contrato, pelo menos nas situações em que a entidade utilizadora tivesse sido diligente na procura de informações sobre a empresa de trabalho temporário, na fase da negociação. Com a consagração da actual solução (que vem da LTT de 2007) ultrapassou-se este problema.

[153] A solução actual difere, neste ponto, da solução da LTT de 2007, que cominava para este caso a conversão do contrato em contrato sem termo com a empresa utilizadora (art. 16.° n.° 5).

[154] Não se compreende bem a limitação desta possibilidade aos primeiros 30 dias de execução da prestação, uma vez que o vício pode não ser detectado durante esse período.

contratos distintos, que a lei regula separadamente, mas cuja relação de interdependência permite reconhecer como uma situação de união funcional de contratos:

i) O *contrato de utilização de trabalho temporário*: é o acordo celebrado entre a empresa de trabalho temporário e o utilizador com vista ao fornecimento de trabalhadores temporários pela primeira à segunda (art. 172.° c) e arts. 175.° ss. do CT); trata-se de um contrato de prestação de serviço, qualificação que consta, aliás, expressamente da lei;
ii) O *contrato para a prestação de trabalho temporário*: é o contrato de trabalho celebrado entre a empresa de trabalho temporário e o trabalhador temporário com vista à prestação de trabalho temporário pelo trabalhador para uma ou mais empresas utilizadoras (art. 172.° a) e b) do CT); este contrato pode ser celebrado por tempo indeterminado (arts. 183.° ss. do CT) ou a termo certo ou incerto (arts. 180.° ss. do CT).

Neste modelo tripartido de vínculo laboral não parece haver qualquer elo negocial directo entre o trabalhador temporário e o utilizador, apesar de o trabalhador prestar a sua actividade para o utilizador. Esta configuração tem levado a doutrina a sustentar a existência de uma relação de facto ou, quando muito, de uma relação jurídica de origem legal entre o trabalhador e o utilizador[155].

Quanto a nós, o vínculo entre o trabalhador temporário e o utilizador tem base negocial, na medida em que a integração do trabalhador na organização do utilizador se pode ainda conceber como uma projecção do elemento de inserção organizacional do contrato de trabalho[156]. Por outras palavras, é porque o contrato de trabalho tem uma componente organizacional necessária que se justifica que o trabalhador temporário se integre no seio da organização da entidade que vai beneficiar da sua prestação (que, no caso, tem a particularidade de não ser a contraparte do contrato), com a inerente sujeição às regras de trabalho e de comportamento vigentes nessa organização, mas também com acesso aos mesmos direitos de que gozam os restantes trabalhadores dessa organização.

---

[155] Sobre este ponto, Júlio Gomes, *Algumas observações... cit.*, 42.

[156] Sobre este elemento do contrato de trabalho *vd Direito do Trabalho I*, § 12.°, ponto 43.5.

Assim, as relações entre o utilizador e o trabalhador temporário têm uma base negocial, ainda que indirecta, fundamento este que permite accionar os mecanismos da responsabilidade contratual nos termos gerais, em caso de incumprimento.

### 74.2.2. **O contrato de utilização de trabalho temporário**

**I.** O *contrato de utilização de trabalho temporário* sujeita-se ao regime disposto nos arts. 175.° e ss. do CT. Trata-se de um regime muito restritivo, tanto no aspecto da motivação como no que se refere à duração do vínculo.

Quanto à motivação do contrato de utilização, a lei apenas admite o recurso a este contrato com dois tipos de fundamentos objectivos: os fundamentos correspondentes às necessidades de gestão corrente da empresa que motivam o contrato de trabalho a termo (necessidades de substituição de trabalhador, acréscimo temporário ou excepcional da actividade, actividades sazonais); e alguns fundamentos específicos, que têm a ver, sobretudo, com necessidades urgentes ou intermitentes de um trabalhador que não justificam o recurso à contratação a termo (art. 175.° n.° 1 do CT). Estes fundamentos são taxativos, o que evidencia a excepcionalidade da figura do trabalho temporário.

**II.** Quanto à sua duração, o contrato de utilização de trabalho temporário sujeita-se a diversas limitações.

A regra geral é a da indexação da duração do contrato ao período estritamente necessário à satisfação das necessidades que constituem o seu fundamento (art. 175.° n.° 3) – é um sistema semelhante ao que o Código estabelece para o contrato de trabalho a termo, no art. 148.° n.° 2. Além disso, são fixadas durações máximas de seis meses, doze meses ou dois anos, consoante o motivo justificativo do contrato (art. 178.° n.° 2 do CT). É ainda admitida a renovação do contrato de utilização enquanto persista a causa justificativa, mas até um limite máximo de dois anos (art. 178.° n.° 2). Por fim, dispõe o art. 178.° n.° 4.° que, se o trabalhador permanecer ao serviço do utilizador decorridos 10 dias sobre a cessação do contrato de utilização, passa a ser considerado como trabalhador por tempo indeterminado do utilizador.

**III.** No que toca aos aspectos formais, o contrato deve ser reduzido a escrito, ser elaborado em duplicado e conter obrigatoriamente as disposições constantes do art. 177.° do CT – trata-se, pois, de uma forma qualificada.

A falta de forma escrita ou de indicação do motivo justificativo determinam a nulidade do contrato de utilização e a sua conversão em contrato de trabalho por tempo indeterminado celebrado entre o utilizador e o trabalhador (art. 177.° n.os 4 e 5)[157]. A mesma consequência ocorre em caso de indicação de motivo falso ou que não corresponda a um dos fundamentos previstos na lei (art. 176.° n.os 2 e 3).

Em regime semelhante ao dos contratos a termo, o art. 179.° do CT estabelece ainda a proibição dos contratos sucessivos, temporários ou a termo.

### 74.2.3. **O contrato a termo para prestação de trabalho temporário**

**I.** O *contrato para prestação de trabalho temporário*, outorgado entre a empresa de trabalho temporário e o trabalhador temporário, pode ser celebrado a termo (certo ou incerto) ou por tempo indeterminado.

A primeira modalidade – ainda hoje designada pela lei, aliás sem grande rigor, como «contrato de trabalho temporário»[158] (arts. 172.° a) do CT) – é a modalidade tradicional, que se caracteriza pelo facto de o trabalhador ser contratado pela empresa de trabalho temporário com vista à cedência imediata ao utilizador e pelo tempo que durar essa cedência – ou seja, trata-se de uma contratação a termo, que pode revestir a modalidade de termo certo ou de termo incerto (art. 180.° n.° 1).

O contrato a termo para a prestação de trabalho temporário está directamente dependente de um contrato de utilização determinado, tendo, aliás, que ter o mesmo fundamento (art. 180.° n.° 1), e, embora a lei não se refira à ordem cronológica de celebração dos dois contratos, a regra será a pre-

---

[157] Sobre a aplicação do preceito correspondente da LTT de 1989, podem ver-se o Ac. STJ de 22/05/1996, CJ (STJ), 1996, II, 262, e o Ac. RC de 4/05/2000, CJ, 2000, III, 60.

[158] Efectivamente, o adjectivo *temporário* refere-se à actividade a desenvolver para o utilizador e não à duração do vínculo com a empresa de trabalho temporário: este vínculo será constituído por tempo indeterminado ou a termo e nos dois casos, o trabalhador prestará a sua actividade *temporariamente* ao terceiro utilizador.

cedência do contrato de utilização sobre o contrato de trabalho temporário, uma vez que o local de trabalho e os motivos do recurso ao trabalho temporário constituem menção obrigatória do contrato de trabalho temporário (art. 181.° n.° 1 b) e d) do CT).

Nos aspectos formais, este contrato é disciplinado pelo art. 181.° do CT, que impõe a forma escrita na celebração do contrato. Trata-se de uma forma qualificada, uma vez que o contrato deve conter algumas menções obrigatórias.

**II.** Um problema que já decorria da versão originária da LTT era o das consequências dos vícios do contrato de trabalho temporário na modalidade de contrato a termo[159]. No actual regime jurídico, este problema não é ainda, quanto a nós, resolvido de uma forma clara, exigindo algum esforço de interpretação.

Em primeiro lugar, a indexação genética deste contrato ao contrato de utilização justifica a regra geral sobre a admissibilidade de ambos os contratos exactamente nas mesmas condições (art. 180.° n.° 1 do CT); e desta indexação decorre, naturalmente, a regra segundo a qual a celebração do contrato de trabalho temporário a termo fora das situações previstas para o contrato de utilização determina a nulidade do próprio termo, com a consequência da conversão do contrato em contrato por tempo indeterminado (art. 180.° n.° 2 do CT)[160].

---

[159] Como é sabido, no regime da primeira LTT era simplesmente feita uma remissão para o regime do contrato de trabalho a termo, ao tempo constante do art. 42.° da LCCT, que não era esclarecedora, porque este contrato tem uma estrutura bipartida e não tripartida, como sucede com o trabalho temporário. Neste contexto, parte da doutrina entendia que o vínculo laboral se consolidava com o utilizador – neste sentido, MENEZES CORDEIRO, *Manual de Direito do Trabalho cit.*, 609 e REGINA REDINHA, *A Relação Laboral Fragmentada... cit.*, 233 – e outros autores defendiam a consolidação do contrato com a empresa de trabalho temporário. Quanto a nós, sustentámos a conversão do contrato com o utilizador, por ser para esta entidade que o trabalhador desenvolve a prestação, mas considerámos, em teoria, a admissibilidade da solução contrária atendendo ao facto de, entretanto e em sede de revisão da LTT, ter passado a ser admitida a possibilidade de celebração de contratos de trabalho por tempo indeterminado para a prestação de trabalho temporário pela empresa de trabalho temporário (cfr., ROSÁRIO PALMA RAMALHO, *Direito do Trabalho cit.*, II, 1.ª ed., 273 s.). Sobre as consequências dos vícios do contrato de trabalho temporário a termo, *vd*, por exemplo, o Ac. STJ de 17/10/2007 (Rec. n.° STJ20071017002096), www.dgsi.pt

[160] No que se refere às consequências da cessação do contrato de utilização no destino do contrato de trabalho temporário que lhe está indexado, *vd* o Ac. STJ de 9/12/2007

Assentes estes pontos, podem suscitar-se dúvidas sobre o regime desta conversão, designadamente sobre a determinação da entidade que passa a ser o empregador, uma vez que, nuns casos, a lei indica a empresa de trabalho temporário e, noutros casos, se refere à empresa utilizadora, para este efeito. Procurando fazer uma leitura coerente dos vários preceitos que se referem a esta matéria, parece ser esta a solução interpretativa mais adequada:

i) Em caso de vício substancial do contrato de trabalho temporário (nomeadamente porque foi celebrado fora das condições do contrato de utilização, exigidas pelo art. 180.° n.° 1 do CT), ocorre a nulidade do termo, da qual decorre a conversão do contrato em contrato de trabalho por tempo indeterminado com a empresa de trabalho temporário (art. 180.° n.° 2 do CT).

ii) Em caso de vício de forma do contrato de trabalho temporário decorrente da falta de redução a escrito ou de omissão ou indicação insuficiente no título contratual do motivo justificativo (requisitos impostos pelo art.181.° n.° 1 do CT), ocorre também a conversão do contrato em contrato de trabalho por tempo indeterminado com a empresa de trabalho temporário (art. 181.° n.° 2 do CT)[161].

iii) Em caso de cumulação de vício substancial do contrato de trabalho temporário com vício do contrato de utilização, ocorre a conversão do contrato em contrato de trabalho por tempo indeterminado com a empresa utilizadora (art. 180.° n.° 3 do CT)[162].

---

(Proc. n.° SJ200709120018014), considerando que neste caso o contrato de trabalho temporário também cessa, por verificação de termo resolutivo.

[161] Esta solução foi, aliás, sufragada pelo Ac. RC de 25/09/2003, CJ, 2003, IV, 59, ainda no âmbito da anterior LTT.

[162] Para além destas situações, cabia considerar no âmbito da LTT de 2007, o caso de cumulação de vício substancial e de vício de forma do contrato de trabalho temporário, para o qual regia o art. 25.° n.° 4 daquela lei, que determinava a conversão do contrato em contrato de trabalho por tempo indeterminado com a empresa utilizadora. Ora, tendo em conta que a empresa de trabalho temporário pode celebrar contratos de trabalho por tempo indeterminado e, por outro lado, que o contrato de trabalho temporário é celebrado entre a empresa de trabalho temporário e o trabalhador, esta solução de conversão do contrato com a entidade utilizadora não era a mais indicada nem a mais justa, porque fazia recair sobre o utilizador a consequência de um vício que não lhe é imputável – neste sentido crítico *vd* o nosso *Direito do Trabalho cit.*, II, 2.ª ed., 279.

Assinala-se ainda que, em qualquer destas situações, o trabalhador pode optar, no decurso dos primeiros 30 dias de prestação da actividade[163], pela cessação do vínculo com direito a indemnização (arts. 180.° n.° 3 e 181.° n.° 2 do CT).

**III.** Por fim, e em moldes diferentes do regime anterior, a lei ocupa-se das matérias relativas à duração e às renovações do contrato de trabalho temporário e à sua cessação por caducidade.

No que se refere à duração do contrato, rege o art. 182.° do CT, que estabelece as seguintes regras:

- o contrato a termo certo para a prestação de trabalho temporário tem a duração máxima de seis meses, doze meses ou dois anos, consoante o motivo justificativo, incluindo o período inicial e as renovações, que podem ocorrer desde que subsista o motivo justificativo (art. 182.° n.os 2 e 3 do CT) – contrariamente ao previsto no regime geral do contrato a termo, não há, pois, um limite ao número de renovações;
- o contrato a termo incerto para a prestação de trabalho temporário dura pelo tempo necessário à satisfação das necessidades do utilizador, mas dentro dos limites de seis meses, doze meses ou dois anos, consoante o motivo justificativo (art. 182.° n.° 4 do CT);
- estes contratos não se sujeitam aos limites mínimos de duração (*verbi gratia*, à regra do mínimo de seis meses) do art. 148.° n.° 2.° do CT;
- para o cômputo da duração total destes contratos, valem as regras de determinação dos contratos sucessivos lícitos estabelecidas no art. 148.° n.° 5 do CT (art. 182.° n.° 5).

No que se refere à cessação do contrato por caducidade, o art. 182.° n.° 6 estende a estes contratos o regime da cessação do contrato a termo,

---

O problema já não se coloca no âmbito do actual CT, que determina a conversão do contrato com a ETT também neste caso.

[163] De novo, não se compreende a limitação deste direito aos primeiros 30 dias de execução da prestação, uma vez que o vício pode não ser detectado o vício do contrato.

no qual avulta, obviamente, o direito dos trabalhadores a uma indemnização compensatória[164].

### 74.2.4. O contrato de trabalho por tempo indeterminado para prestação de trabalho temporário

**I.** A outra modalidade que pode revestir o contrato para prestação de trabalho temporário (que resultou da alteração ao regime da LTT introduzida em 1999) é a de um *contrato por tempo indeterminado para prestação de trabalho temporário*[165] entre a empresa de trabalho temporário e o trabalhador, com vista à cedência temporária deste a futuros e sucessivos utilizadores.

Esta possibilidade é contemplada pelos arts. 172.° b) e 183.° ss. do CT, devendo estes contratos ser celebrados por escrito e conter algumas menções obrigatórias: a declaração de aceitação das cedências futuras pelo trabalhador; a delimitação geográfica da área de cedência; a descrição da categoria funcional do trabalhador para efeitos das funções a desempenhar; a identificação do alvará da empresa de trabalho temporário; e o

---

[164] A jurisprudência discute várias questões sobre a cessação do contrato de trabalho temporário em correlação com o regime de caducidade do contrato a termo. Assim, relativamente a um contrato de trabalho temporário que teve como fundamento a necessidade de substituição de um trabalhador, o Ac. RLx. de 04/09/2008, www.dgsi.pt, considerou que o regresso do trabalhador substituído ou a certeza do seu não regresso à empresa utilizadora provoca a cessação do contrato de trabalho temporário; e o mesmo Acórdão considerou que se este trabalhador continuar ao serviço do utilizador por mais de 15 dias sobre o regresso do trabalhador substituído (ainda que para outro posto de trabalho), o seu contrato se converte *ipso jure* em contrato por tempo indeterminado com o utilizador (na mesma linha, quanto à conversão pela continuação ao serviço do utilizador para além do tempo da necessidade, *vd* ainda o Ac. STJ de 12/09/2009 – Proc. SJ200709120011494), www.dgsi.pt. Já o Ac. RP de 12/04/2006 (Proc. RP200612040614440), www.dgsi.pt, aplica à realização seguida de vários contratos de trabalho temporários a probição geral da celebração de contratos de trabalho a termo sucessivos, considerando que, neste caso, o contrato se consolida como contrato por tempo indeterminado podendo o trabalhador escolher a sua entidade empregadora entre a empresa de trabalho temporário e a empresa utilizadora.

[165] A designação deste contrato na lei é a de *contrato de trabalho por tempo indeterminado para cedência temporária*. É uma designação equívoca, porque aproxima artificialmente a figura da *cedência ocasional*, que tem uma configuração diversa e desempenha uma função estruturalmente diferente.

limite retributivo mínimo para as cedências que venham a ocorrer (art. 183.° n.° 1 alíneas a) a d)).

**II.** A figura do contrato de trabalho por tempo indeterminado para prestação de trabalho temporário, inspirada na legislação alemã, tem uma dupla virtualidade: por um lado, ela permite assegurar que a empresa de trabalho temporário constitua um quadro permanente de trabalhadores temporários para ceder aos utilizadores que os solicitem, o que pode ser uma vantagem competitiva do ponto de vista do tempo de resposta às solicitações ou no caso de tarefas muito especializadas; por outro lado, esta modalidade de contrato diminui a incerteza estrutural do trabalho temporário e confere maior segurança aos trabalhadores temporários, não só porque têm um vínculo laboral por tempo indeterminado, mas também em termos financeiros, porque a empresa de trabalho temporário lhes assegura uma compensação remuneratória mínima durante os períodos em que não se encontrem ao serviço de nenhum utilizador (é o que decorre do art. 184.° n.° 2 do CT).

Mas, de outra parte, deve ter-se em conta que os maiores encargos financeiros, que decorrem desta modalidade de contrato de trabalho para cedência temporária para as empresas de trabalho temporário, podem constituir um óbice ao recurso a este regime por parte destas empresas. Este óbice não é de negligenciar num mercado de trabalho com as características do mercado nacional nem numa conjuntura económica menos favorável[166].

### 74.2.5. **A situação juslaboral do trabalhador temporário**

**I.** Apresentados os vários modelos que pode revestir a prestação de trabalho temporário, resta deixar algumas notas sobre a situação juslaboral do trabalhador temporário.

O princípio geral nesta matéria é o da integração do trabalhador na empresa utilizadora, pelo tempo que durar a sua permanência nessa empresa. Deste princípio decorre a sujeição do trabalhador ao regime de tra-

---

[166] Para um cotejo mais desenvolvido das vantagens e desvantagens deste novo enquadramento da prestação de trabalho temporário, *vd* JÚLIO GOMES, *Algumas observações... cit.*, 43 ss.

balho aplicável à generalidade dos trabalhadores da entidade utilizadora, no que toca ao local e à duração do trabalho, ao modo de execução da prestação (ou seja, ao poder directivo), às regras de saúde, higiene e segurança e ao acesso aos equipamentos sociais do utilizador (art. 185.° n.° 2 do CT). Por outro lado, em matéria remuneratória, o dever de pagar a retribuição incumbe à ETT (art. 172.° a) e b) d CT), mas, por um princípio de igualdade, o trabalhador tem direito a auferir a retribuição praticada para a sua categoria profissional na entidade utilizadora ou à prevista no instrumento de regulamentação colectiva aplicável nessa empresa, consoante a que seja mais favorável (art. 185.° n.° 5 do CT) e ainda às demais prestações remuneratórias (art. 185.° n.os 5 a 9).

Não obstante a integração do trabalhador na organização do utilizador, continuam a caber à empresa de trabalho temporário os deveres em matéria de formação profissional (art. 187.°) sendo ainda desta empresa a titularidade do poder disciplinar sobre o trabalhador (art. 185.° n.° 4). Já o poder directivo cabe ao utilizador (art. 2.° h) do DL n.° 260/2009, de 25 de Setembro).

Por fim, os trabalhadores temporários podem exercer os direitos colectivos que lhes assistem, quer no âmbito da empresa de trabalho temporário, quer no âmbito da empresa utilizadora, consoante as matérias (art. 189.°).

**II.** A situação juslaboral do trabalhador temporário é, assim, uma situação típica de desdobramento dos poderes laborais (correspondendo este vínculo, como expressivamente o designou Regina Redinha, a uma *relação jurídica fragmentada*[167]), na medida em que o poder directivo cabe ao utilizador mas o poder disciplinar se mantém na titularidade da empresa de trabalho temporário[168].

Este desdobramento não só patenteia a complexidade do vínculo de trabalho temporário, como pode dificultar a determinação do empregador real[169], sendo esta determinação aqui particularmente relevante, quer para

---

167 M. Regina Redinha, *A Relação Laboral Fragmentada cit.*

168 Sobre esta repartição dos poderes laborais no contrato de trabalho temporário e a propósito da distinção da figura de situações próximas, pode ver-se o Ac. RLx de 10/11/2004, CJ, 2004, V, 150.

169 A este propósito, e perante a integração do trabalhador no seio da empresa utilizadora, poderá sustentar-se que é esta empresa o empregador real, reconduzindo-se a empresa de trabalho temporário a um mediador ou ao representante da empresa utilizadora

a gestão quotidiana do vínculo laboral, como para fazer face às suas patologias – designadamente, para saber quem pode despedir o trabalhador em caso de incumprimento grave dos seus deveres laborais no âmbito da empresa utilizadora, e contra quem pode o trabalhador exercer os seus créditos remuneratórios e demais direitos que lhe advenham do estatuto de trabalhador subordinado.

Se atentarmos no elemento da subordinação jurídica, como critério delimitativo fundamental do contrato de trabalho, tal como tem sido desenvolvido tradicionalmente pela doutrina (ou seja, reportando este elemento ao poder de direcção)[170], também não obteremos uma resposta fácil ao problema, uma vez que, neste caso, o poder de direcção compete ao utilizador. A chave para a resolução do problema é pois, como se preconizou para as situações de dúvida de qualificação[171], atender à titularidade do poder disciplinar, que cabe, neste contrato, à empresa de trabalho temporário (art. 185.° n.° 4 do CT). É pois esta a entidade empregadora.

Desta qualificação decorre que, apesar da sua integração no seio da empresa utilizadora e da sua sujeição a ordens e instruções desta, em caso de incumprimento destas ordens ou instruções, o trabalhador temporário não pode ser sancionado disciplinarmente pelo utilizador, que apenas poderá requerer a sua substituição à empresa de trabalho temporário; e, de igual modo, o risco do não cumprimento do trabalhador temporário, junto da entidade utilizadora, corre por conta da empresa de trabalho temporário, que poderá ser chamada a responder pelos prejuízos causados por aquele trabalhador.

**III.** O regime descrito confirma a singularidade do fenómeno do trabalho temporário e a especificidade do contrato de trabalho envolvido neste fenómeno, que se evidencia no facto de este vínculo ter uma estrutura tripartida (envolvendo o trabalhador, a empresa de trabalho temporário e a entidade utilizadora) e determinar uma repartição dos poderes

---

para o recrutamento de pessoal. Foi esta a opinião sustentada por RAÚL VENTURA, *Notas sobre algumas modalidades de contrato de trabalho cit.*, 253 s., para uma modalidade especial do contrato de trabalho, com afinidades com o moderno trabalho temporário: o contrato de subministração. Discutindo exactamente um problema deste tipo, *vd* o Ac. STJ de 4/05/2005 (Rec. SJ200505040015054), www.dgsi.pt.

[170] Cfr., *supra*, § 17.°, ponto 57.5.I e II.

[171] *Supra*, § 17.°, ponto 57.5.III e IV.

e deveres laborais entre o utilizador e a empresa de trabalho temporário. Trata-se, em suma, de um contrato de trabalho especial.

Compreende-se assim a inclusão desta matéria na secção das modalidades de contrato de trabalho, feita pelo actual Código do Trabalho.

## 75. **Contrato de teletrabalho**[172]

**I.** O teletrabalho corresponde a uma forma de trabalho cuja especificidade decorre da conjugação de um factor geográfico e de um factor funcional: o factor geográfico é a separação espacial entre o trabalhador e as instalações da empresa, uma vez que o teletrabalho é, por definição, um trabalho à distância; o factor funcional é o tipo de prestação laborativa desenvolvida, que passa pelo recurso intensivo a tecnologias de informação e de comunicação entre o teletrabalhador e o credor da sua prestação.

Fenómeno emergente da moderna sociedade da informação e cuja dimensão é ainda difícil de avaliar, o teletrabalho foi suportado pelos avanços tecnológicos na área da informática e dos meios de telecomunicações, de onde retirou a sua designação.

Do ponto de vista económico, contribuiu para a difusão do fenómeno o peso crescente dos sectores terciário e quaternário da economia (o que explica que esta forma de trabalho tenha começado por se desenvolver nas áreas de serviços cuja informatização foi mais precoce, como a banca ou

---

[172] Entre outros, sobre a figura do teletrabalho, M. REGINA REDINHA, *O teletrabalho, in* A. MOREIRA (coord.), *II Congresso Nacional de Direito do Trabalho – Memórias*, Coimbra, 1999, 81-102 e *O teletrabalho,* QL, 2001, 17, 87-107, ROSÁRIO PALMA RAMALHO, *Novas formas da realidade laboral: o teletrabalho, in Estudos de Direito do Trabalho,* I, Coimbra, 2003, 195-211 (também publicado sob o título *Teletrabalho: reflexões sobre uma projecção da sociedade da informação, in Direito da Sociedade da Informação*, V, Coimbra, 2004, 185-202), GUILHERME DRAY, *Teletrabalho, Sociedade de Informação e Direito*, *in* ROMANO MARTINEZ (coord.), *Estudos do Instituto de Direito do Trabalho,* III, 261-286, ROMANO MARTINEZ / L. M. MONTEIRO / J. VASCONCELOS / MADEIRA DE BRITO / / G. DRAY / L. GONÇALVES DA SILVA, *Código do Trabalho Anotado cit.*, 435 ss. (anotação de GUILHERME DRAY), ROMANO MARTINEZ, *Direito do Trabalho cit.*, 675 ss., JÚLIO GOMES, *Direito do Trabalho cit.,* 736 ss., e LEAL AMADO, *Contrato de Trabalho... cit.*, 154 ss. Quanto à doutrina comparada, J.-E. RAY, *Le droit du travail à l'épreuve du télétravail: le statut du télétravailleur,* DS, 1996, 2, 121-127, ou L. GAETA, *Lavoro a distanza e subordinazione,* Napoli, 1993, e *Il telelavoro: legge e contrattazione*, DLRI, 1995, 68, 550 ss.

os seguros), associado às tendências gerais para a globalização da economia e para a especialização das empresas: a primeira tendência permitiu contar com a actividade laborativa de pessoas que se encontram distantes do respectivo credor, sujeitando-as, ainda assim, a um controlo sobre as respectivas prestações semelhante ao que é exercido sobre o trabalhador comum, já que é assegurado pelos meios de comunicação *on-line*; a segunda tendência incentivou o *out-sourcing*, do qual o recurso ao teletrabalho pode constituir uma das formas, com vantagens em termos de custos para as empresas, já que não têm os encargos correspondentes a um posto de trabalho fixo nas suas instalações.

Por outro lado, em países cuja população é geograficamente muito dispersa ou separada por barreiras naturais ou climatéricas, bem como para pessoas com dificuldades de locomoção ou com responsabilidades de atendimento presencial à família, o teletrabalho pode apresentar vantagens gerais de empregabilidade, para além de vantagens demográficas e até ambientais.

A estas vantagens do fenómeno contrapõem-se, contudo, alguns inconvenientes, sobretudo para o teletrabalhador. Entre estes inconvenientes destacam-se a tendência para o isolamento do trabalhador, com o desgaste psicológico inerente, o perigo acrescido de invasão da esfera privada do trabalhador, designadamente quando o local de trabalho coincida com a sua residência, o controlo mais difícil das condições de trabalho, bem como a dificuldade de acesso do trabalhador às suas instâncias representativas e, genericamente, à vivência colectiva da empresa.

**II.** As diversas motivações, que podem estar na origem do teletrabalho, explicam que seja um fenómeno multifacetado.

Efectivamente, para além dos aspectos essenciais comuns a todas as formas de teletrabalho (o facto de a actividade desenvolvida envolver o recurso intensivo a tecnologias informáticas ou telemáticas e o facto de o trabalho ser realizado à distância), o teletrabalho pode apresentar um perfil diferente, no que toca ao local de desenvolvimento da actividade, ao tipo de comunicação entre o teletrabalhador e o credor da actividade e ao grau de autonomia do próprio trabalhador no desempenho da sua actividade. Estas diferenças auxiliam também a distinguir a figura de figuras próximas. Assim:

i) No que toca ao *local de trabalho*, a prestação pode ser desenvolvida no domicílio do teletrabalhador ou em instalações disponíveis para o efeito e habitualmente partilhadas por outros teletrabalhadores, que prestam a sua actividade para uma ou para diversas entidades (os denominados centros comunitários de trabalho ou *telecottages*). Estas possibilidades obrigam a distinguir a figura do teletrabalho do denominado *escritório-satélite*, que surge quando o trabalho é realizado em instalações da empresa, distantes da sede da sua actividade principal[173]. Por outro lado, o facto de o teletrabalhador poder desenvolver a sua actividade no seu domicílio não reconduz, por si só, a figura do teletrabalho ao trabalho no domicílio, porque a actividade pode ser desenvolvida em moldes subordinados ou autónomos e com ou sem dependência económica.

ii) No que respeita ao *tipo de comunicação informática ou telemática estabelecida entre o teletrabalhador e o respectivo credor*, esta comunicação pode ser mais ou menos intensa, consoante o trabalhador esteja em contacto com o credor de uma forma permanente, intermitente ou esporádica (*on line* ou *off line*) e em termos de reciprocidade ou unilaterais (*two way line* ou *one way line*)[174]. Em todo o caso, exige-se sempre que a realização da actividade, em si mesma, dependa dos meios informáticos ou telemáticos.

iii) No que toca ao *grau de autonomia do teletrabalhador*, as situações podem também ser muito diversificadas. Evidentemente, o tipo e a intensidade das comunicações entre o trabalhador e o credor da prestação podem denunciar a existência de subordinação ou de autonomia do trabalhador, o que é decisivo para a qualificação do vínculo jurídico.

**III.** Do exposto se conclui pela *insusceptibilidade de fazer corresponder o fenómeno do teletrabalho a um enquadramento jurídico unitário*. Bem pelo contrário, o carácter difuso do fenómeno permite reconduzi-lo, pelo menos, a três molduras contratuais. Assim:

i) O teletrabalho corresponderá a *trabalho subordinado* se o conjunto de elementos relevantes permitir concluir pela posição

[173] Para mais desenvolvimentos sobre todas estas possibilidades quanto ao local de trabalho, *vd* Regina Redinha, *O teletrabalho... cit.*, 96 ss.

[174] Ainda Regina Redinha, *O teletrabalho... cit.*, 98 ss.

subordinada do trabalhador em relação ao credor da prestação, cabendo, naturalmente, valorizar mais alguns indícios de subordinação do que outros (assim, por exemplo, a propriedade dos meios de produção ou o tipo de orientações feitas ao trabalhador são aqui mais relevantes do que o local de trabalho). Neste caso, estamos perante um contrato de trabalho especial (que pode ser designado como *contrato de teletrabalho subordinado*), que retira a sua especificidade da conjugação do elemento da distância geográfica com o tipo de actividade desenvolvida, sujeitando-se ainda globalmente a um regime jurídico próprio.

ii) O teletrabalho corresponderá a *trabalho autónomo* se o teletrabalhador desenvolver a sua actividade com independência perante o credor, sendo especialmente relevante o resultado dessa actividade e, designadamente, se o trabalhador não se enquadrar no seio da organização do credor e não se sujeitar ao poder disciplinar deste. Neste caso, o fenómeno será de enquadrar pelo contrato de prestação de serviço, em alguma das suas modalidades.

iii) O teletrabalho pode ainda corresponder a *trabalho autónomo mas com dependência económica do prestador*, se a situação se configurar como um caso de parasubordinação. Neste caso, o vínculo pode ser reconduzido a trabalho no domicílio se o teletrabalhador desenvolver a actividade na sua residência ou em estabelecimento equiparado[175].

A figura do teletrabalho, na modalidade de trabalho subordinado, foi introduzida no nosso ordenamento jurídico pelo CT de 2003 (arts. 233.° a 243.°), que se inspirou no Acordo-Quadro sobre esta matéria, que foi celebrado em 16 de Julho de 2002, entre os parceiros sociais europeus (UNICE, UEAPM e CEEP). Tratou-se, ao tempo, de uma novidade, até no panorama comparado, uma vez que a figura do teletrabalho não é regulada na maioria dos paises[176].

---

[175] *Supra*, § 17.°, ponto 59. Para mais desenvolvimentos sobre este ponto, *vd.* o nosso *Novas formas da realidade laboral: o teletrabalho cit.*, 205 ss.

[176] O teletrabalho não se encontra ainda regulamentado na maioria dos países. Apesar de tudo, pode ver-se, em Itália, a *Legge n. 191/1998*, que regulou o fenómeno no âmbito da Administração Pública. Sobre o ponto, por todos, SCONAMIGLIO, *Diritto del lavoro cit.*, 116.

Actualmente, o regime do teletrabalho subordinado consta de subsecção autónoma de secção do Código do Trabalho de 2009 dedicada aos contratos de trabalho especiais – subsecção V, arts. 165.° a 171.°. Por outro lado, com a extensão da figura do trabalho no domicílio ao trabalho intelectual (operada pela RCT de 2004 e mantida no regime actual do trabalho no domicílio), o teletrabalho autónomo com dependência económica passou a poder ser enquadrado pelo regime do trabalho no domicílio, regendo-se, assim, neste caso, pela L. n.° 101/2009, de 8 de Setembro. Por fim, ao teletrabalho independente devem aplicar-se as regras gerais do Código Civil sobre o contrato de prestação de serviço, nas modalidades do contrato de mandato ou do contrato de empreitada, consoante o tipo de actividade desenvolvida pelo trabalhador.

A especificidade do teletrabalho subordinado em relação ao contrato de trabalho comum reside em dois aspectos essenciais, que se devem conjugar: a natureza da actividade laboral prestada, que deve envolver significativamente tecnologias de informação e de comunicação, e a distância do local de trabalho relativamente às instalações da empresa. Estes aspectos justificam a qualificação do contrato de teletrabalho como um contrato de trabalho especial.

Os aspectos do regime legal da figura do contrato de teletrabalho subordinado, constante dos arts. 165.° a 171.° do CT, que cumpre realçar, prendem-se com três pontos: a delimitação legal da figura do teletrabalho subordinado; os requisitos do acordo de teletrabalho; e a situação jurídica do teletrabalhador.

O regime actual da figura apresenta duas modificações substanciais relavantes em relação ao regime correspondente do Código do Trabalho de 2003: a primeira refere-se a uma nova situação de teletrabalho associada às práticas de violência doméstica; a segunda às consequências do vício de forma no acordo de teletrabalho.

**IV.** A *delimitação legal da figura do teletrabalho subordinado* é feita pelo art. 165.° do CT, e recorta os aspectos relativos à actividade em si mesma, ao local do seu desempenho e ao estatuto do trabalhador. Assim:

i) No que toca à *actividade prestada*, a noção legal de teletrabalho é restritiva, na medida em que exige que o trabalho seja desenvolvido com recurso a tecnologias de informação *e* de comunicação (ou seja, têm que estar presentes, cumulativamente, os dois elementos e não apenas um deles); de qualquer modo, nada parece obstar a que integrem a noção de teletrabalho situações diversas quanto ao tipo de comunicação estabelecido entre o teletrabalhador e a empresa (comunicação *on line*, *off line* ou mista).

Por outro lado, deve advertir-se para os perigos de uma interpretação demasiado ampla do elemento relativo à actividade desenvolvida: ao exigir que essa actividade seja desenvolvida *com recurso a* tecnologias de informação e de comunicação, entende-se o elemento informático ou telemático como um elemento essencial ao desempenho da actividade e não como um simples instrumento de trabalho (assim, por exemplo, um advogado da empresa que, na sua casa, escreva um documento jurídico em computador e o envie por correio electrónico ao empregador, não integra, só por esse facto, o conceito de teletrabalhador).

ii) No que respeita ao *local de desenvolvimento da actividade*, a lei acentua o elemento da distância entre o teletrabalhador e as instalações do empregador (o trabalho deve ser realizado *habitualmente fora* daquelas instalações)[177], mas não reconduz necessariamente o local de trabalho ao domicílio do trabalhador, o que permite enquadrar outros centros de trabalho.

Por outro lado, o elemento do local de trabalho obedece a um *critério de prevalência*, pelo que o vínculo de teletrabalho não se descaracteriza pelo facto de, esporadicamente, o trabalhador se deslocar às instalações da empresa ou aí desenvolver alguma actividade[178].

iii) Por fim, a referência legal à subordinação jurídica do prestador dissipa as dúvidas sobre o âmbito da figura tratada pelo Código: trata-se de *teletrabalho subordinado* e não de qualquer outra

---

177 É o que se deduz da expressão pouco feliz «fora da empresa».

178 Considerando que a noção legal de teletrabalho é ampla, por esta razão, G. DRAY, em anotação a esta norma *in* ROMANO MARTINEZ / L. M. MONTEIRO / J. VASCONCELOS / / MADEIRA DE BRITO / G. DRAY / L. GONÇALVES DA SILVA, *Código do Trabalho Anotado cit.*, 440.

forma de teletrabalho. Esta circunscrição do âmbito de aplicação do regime jurídico constante do Código do Trabalho permite distinguir a figura do trabalho no domicílio, que também pode corresponder a um caso de teletrabalho – neste segundo caso, está em causa trabalho formalmente autónomo prestado no domicílio do trabalhador, mas em que, por força da dependência económica do prestador, é aplicável o regime do trabalho no domicílio, constante da L. 101/2009, de 8 de Setembro[179].

De outra parte, o regime do contrato de teletrabalho subordinado, constante do Código do Trabalho, permite identificar duas *modalidades de teletrabalho subordinado*:

- o *teletrabalho externo*, modalidade em que é celebrado, *ab initio*, um contrato de teletrabalho subordinado com um trabalhador que não pertencia à empresa (art. 166.° n.° 1 *in fine* do CT); é esta modalidade de teletrabalho subordinado que permite reconhecê-lo como um contrato de trabalho especial;
- o *teletrabalho interno*, modalidade em que o acordo de teletrabalho é celebrado com um trabalhador comum da empresa, que passa à situação de teletrabalhador subordinado (art. 166.° n.° 1 parte inicial); este acordo corresponde a uma modificação do conteúdo do contrato de trabalho em curso, por consenso, ou seja, nos termos da regra geral do art. 406.° n.° 1 do CC.

No âmbito do teletrabalho interno, cabe ainda salientar a nova possibilidade de recurso a esta forma de trabalho subordinado, que consta do art. 166.° n.os 2 e 3, e que se deve conjugar com as práticas de violência doméstica. Nestes casos, o trabalhador ou a trabalhadora que sejam vítimas de violência doméstica, desde que tenham já apresentado a correspondente queixa-crime e se tenham ausentado da casa de morada de família (requisitos do art. 195.° n.° 1 do CT, mandado aplicar pelo art. 166.° n.° 2), têm o direito de passar a trabalhar em regime de teletrabalho, se a natureza da respectiva actividade laboral o permitir, não podendo o em-

[179] De outra parte, contribui ainda para a distinção das figuras do teletrabalho subordinado e do trabalho no domicílio o facto de o teletrabalho não ter que ser prestado no domicílio do trabalhador (assim, o teletrabalho desenvolvido num telecentro, por exemplo).

pregador recusar tal pedido. Naturalmente, nestes casos o regime de teletrabalho não decorre do acordo das partes.

Embora bem intencionada, esta norma deverá ter, contudo, pouca aplicação, uma vez que o requisito da saída da casa de morada de família (que constitui uma das condições exigidas pelo art. 195.° n.° 1 do CT) vai contender com o modo habitual de prestação do teletrabalho, que é o facto de o trabalhador desenvolver a sua actividade no próprio domicílio – propugna-se assim, neste ponto, uma interpretação ampla do conceito de domicílio do trabalhador para este efeito, de modo a poder estender-se a outra instalação onde o trabalhador esteja com alguma estabilidade (um centro de acolhimento, por exemplo). Por outro lado, terá que ser o empregador a aferir a presença do requisito da compatibilidade da prestação de trabalho com o afastamento do trabalhador das instalações da empresa (na medida em que nem todas as actividades laborais consentem esta forma de desnvolvimento e, de qualquer modo, o teletrabalho é, por definição, limitado às actividades prestadas com recurso intensivo a tecnologias de informação e de comunicação). Ora, esta avaliação constitui uma condição objectiva e prévia em relação à modificação da situação contratual do trabalhador, que é independente da verificação das outras condições de atribuição do direito de passagem à situação de teletrabalhador, que assiste a estes trabalhadores.

**V.** A prestação de teletrabalho subordinado é titulada pelo *acordo de teletrabalho*, à excepção do caso do teletrabalho motivado pelo exercício de violência doméstica, acima referido.

Este acordo deve revestir forma escrita, e conter as indicações constantes do art. 166.° n.° 4 do CT. Contudo, e contrariamente ao que sucedia no âmbito do CT de 2003, os vícios de forma do acordo de teletrabalho (incluindo a redução do acordo a escrito) têm apenas um valor *ad probationem* (art. 166.° n.° 6).

Na modalidade do teletrabalho interno, o acordo de teletrabalho deve ainda ser sujeito a um prazo, cujo período inicial não deve ultrapassar os três anos, excepto se for outra a solução definida em instrumento de regulamentação colectiva do trabalho (art. 167.° n.° 1 do CT)[180]. Este acordo pode ser feito cessar por qualquer das partes nos primeiros trinta dias, alargando-se assim a esta figura o denominado *direito ao arrependimento*, que

[180] Diferentemente, no caso de teletrabalho externo, a lei não faz esta exigência.

é admitido noutros contextos laborais[181], e que, neste caso, permite às partes avaliarem da sua capacidade de adaptação à nova forma de desenvolvimento da actividade laboral, que é substancialmente diversa da anterior (art. 167.° n.° 2). No final do prazo, o trabalhador poderá regressar ao posto de trabalho que tinha anteriormente (art. 167.° n.° 3).

**VI.** Relativamente à *situação jurídica do teletrabalhador*, vigora um princípio geral de igualdade de tratamento em relação aos restantes trabalhadores (art. 169.° do CT). A lei preocupa-se, em particular, com a regulamentação dos aspectos do estatuto do teletrabalhador que o colocam em situação de desvantagem relativamente ao trabalhador subordinado comum. Estes aspectos são os seguintes:

– a garantia da reserva da privacidade do teletrabalhador, designadamente quando ele trabalhe no seu domicílio (art. 170.° n.os 1 e 2);
– a salvaguarda da boa utilização dos instrumentos de trabalho e o reforço do dever de custódia em relação a esses instrumentos, que se presumem pertencer ao empregador (art. 168.°);
– o direccionamento da formação profissional do teletrabalhador para o domínio específico das tecnologias de informação (art. 169.° n.° 2);
– a garantia da participação e representação colectivas destes trabalhadores (art. 171.°), bem como, secundariamente, o favorecimento dos seus contactos com a empresa e com os demais trabalhadores (art. 169.° n.° 3).

No âmbito do CT de 2003, para além destes aspectos, eram ainda enfatizados os deveres do empregador em matéria de segurança, da saúde e da higiene do local de trabalho bem como o dever de limitação dos tempos de trabalho de modo a salvaguardar o direito do trabalhador ao descanso e à vida familiar (arts. 239.°, 240.° e 241.° do CT de 2003). O actual Código do Trabalho não dá particular saliência a estes deveres, mas, na verdade, eles estão incluídos no princípio geral de igualdade destes trabalhadores em relação aos trabalhadores comuns (art. 169.° n.° 1), que se refere, entre outras, a estas matérias.

---

[181] É o que sucede com o acordo de revogação do contrato de trabalho e no caso da denúncia do contrato de trabalho por iniciativa do trabalhador (arts. 350.° e art. 397.° do CT, respectivamente). *Infra,* § 34.°, ponto 127, e § 39.°, pontos 142. e 143.

## 76. Contrato de trabalho em regime de comissão de serviço[182]

**I.** Outro contrato de trabalho especial a merecer uma referência mais detalhada é o contrato de trabalho em regime de comissão de serviço. Regulada pela primeira vez entre nós pelo DL n.° 404/91, de 16 de Outubro (embora, anteriormente, fosse prevista em alguns instrumentos de regulamentação colectiva do trabalho) e tendo como inspiração a comissão de serviço do âmbito dos vínculos do funcionalismo público[183], esta figura foi integrada no Código do Trabalho de 2003, em secção autónoma[184].

No âmbito do Código do Trabalho actual, a figura da comissão de serviço é apresentada na secção do Código dedicada às modalidades de contrato de trabalho, em subsecção própria (Subsecção IV, arts. 161.° a 164.°). Trata-se, ainda neste caso, da perspectiva mais adequada, uma vez que se trata de uma situação laboral especial, residindo, no caso, a especificidade, no carácter fiduciário do vínculo laboral e na facilidade de o fazer cessar por iniciativa do empregador.

O *princípio subjacente à figura da comissão de serviço* e que orienta o seu regime jurídico é o do reconhecimento do carácter fiduciário de

---

[182] Sobre este tema, podem ver-se MENEZES CORDEIRO, *Manual de Direito do Trabalho cit.*, 674 s., e *Da constitucionalidade das comissões de serviço laborais,* RDES, 1991, XXXIII, 1/2, 129-148, BERNARDO XAVIER, *Curso de Direito do Trabalho cit.*, 344 ss., JORGE LEITE, *Comissão de serviço*, QL, 2000, 16, 152-161, FURTADO MARTINS, *Cessação do Contrato de Trabalho cit.*, 209 s., L. M. MONTEIRO, *Regime jurídico do trabalho em comissão de serviço, in* A. MONTEIRO FERNANDES (coord.), *Estudos de Direito do Trabalho em Homenagem ao Professor Manuel Alonso Olea*, Coimbra, 2004, 507-528, ROMANO MARTINEZ / L. M. MONTEIRO / J. VASCONCELOS / MADEIRA DE BRITO / G. DRAY / / L. GONÇALVES DA SILVA, *Código do Trabalho Anotado cit.*, 422 ss. (anotação de L. M. MONTEIRO), IRENE GOMES, *A comissão de serviço à luz do Código do Trabalho, in Estudos em Comemoração do 10.° Aniversário da Licenciatura em Direito da Universidade do Minho,* Coimbra, 2004, 613-630, ROMANO MARTINEZ, *Direito do Trabalho cit.*, 679 ss., JÚLIO GOMES, *Direito do Trabalho cit.*, 752 ss., e LEAL AMADO, *Contrato de Trabalho... cit.*, 150 ss.

[183] Neste âmbito, a comissão de serviço constituía a forma típica de nomeação do pessoal dirigente e equiparado, nos termos do art. 7.° n.° 1 do DL n.° 427/89, de 7 de Dezembro, e do art. 18.° da L. n.° 49/99, de 22 de Junho. O sistema mantém-se, aliás, no actual regime jurídico de funções públicas – art. 9.° n.° 4 e art. 23.° ss. da LVCR.

[184] Arts. 244.° a 248.° deste Código.

algumas situações jurídicas laborais. Não obstante a fidúcia não ser de aceitar como característica geral dos contratos de trabalho, como se estabeleceu oportunamente[185], em alguns casos o vínculo laboral baseia-se, efectivamente, numa relação de confiança pessoal entre o empregador e o trabalhador, que decorre do tipo de função que o segundo é chamado a desempenhar (uma função de chefia ou uma função de secretariado pessoal), e é esta circunstância que justifica o enquadramento especial deste tipo de vínculos de trabalho.

Deste princípio geral decorre também a maior especificidade do regime da figura da comissão de serviço, que é a possibilidade de pôr termo ao vínculo de comissão de serviço independentemente da ocorrência de justa causa (arts. 163.° e 164.° do CT). Constituindo um importante desvio ao princípio constitucional da segurança no emprego[186], este traço essencial da figura justifica-se pela inexigibilidade da continuação do vínculo, uma vez esgotada a relação de confiança pessoal entre as partes que presidiu à sua constituição.

**II.** Do regime legal da comissão de serviço (*verbi gratia*, do art. 162.° n.° 1 do CT) decorre que a figura pode revestir duas modalidades:

- a *comissão de serviço externa*, para recrutamento de novos trabalhadores, com os quais é celebrado um contrato de trabalho neste regime para o desempenho de uma função de especial confiança; é esta modalidade que justifica o tratamento da figura como contrato de trabalho especial[187] (art. 162.° n.° 1 parte final e n.° 2);
- a *comissão de serviço interna*, modalidade em que o empregador recorre a trabalhadores da empresa para o desempenho de funções de especial confiança pessoal através deste regime; neste caso, o contrato de trabalho destes trabalhadores sofre uma vicissitude

---

[185] Cfr, *supra*, § 17.°, ponto 60.IV.

[186] Em especial sobre este ponto, MENEZES CORDEIRO, *Da constitucionalidade das comissões de serviço laborais cit.*, e FURTADO MARTINS, *Cessação do Contrato de Trabalho cit.*, 209 s.

[187] A especificidade da figura da comissão de serviço decorre da facilidade de cessação do contrato por iniciativa do empregador, que contraria o princípio geral da segurança no emprego, e que não existe nos contratos de trabalho comuns.

modificativa, por acordo das partes, enquanto durar a comissão de serviço[188-189] (art. 162.° n.° 1 parte inicial).

Tanto numa como noutra modalidade, a figura da comissão de serviço é um instrumento de grande utilidade para a flexibilização das relações laborais, porque permite ao empregador adequar os recursos humanos de que dispõe a novas tarefas ou recrutar novos trabalhadores para esse efeito, sem ficar, perpetuamente, vinculado aos resultados dessa experiência: no caso da comissão de serviço interna, porque, finda esta, o trabalhador regressa ao seu posto de origem, o que permite ultrapassar a garantia da irreversibilidade da categoria (art. 129.° n.° 1 e) do CT); e no caso da comissão de serviço externa, porque a respectiva cessação não tem que obedecer a qualquer motivação especial.

Naturalmente, a utilidade da figura da comissão de serviço para atingir objectivos de flexibilização dos vínculos laborais é especialmente significativa em sistemas muito protectivos em matéria de cessação do contrato de trabalho e que não contemplam um abrandamento desta tutela para a categoria dos trabalhadores dirigentes, como é o caso do sistema português. A rigidez do sistema laboral nacional em matéria de despedimento é, pois, a principal responsável pela grande aplicação prática desta figura, entre nós.

**III.** Pela sua própria razão de ser, o *âmbito de incidência da figura da comissão de serviço* é limitado às funções laborais cujo desempenho pressupõe uma relação de especial confiança entre o empregador e o trabalhador. Nos termos do art. 161.° do CT, essas funções podem ser as seguintes: cargos de administração ou equivalentes; cargos de direcção ou de chefia directamente dependentes da administração ou de director-geral

---

[188] Ac. RLx. de 3/10/2001, CJ, 2001, IV, 162.

[189] No âmbito do regime da comissão de serviço anterior à codificação laboral, era estabelecido um direito de preferência dos trabalhadores internos no acesso a cargos a desempenhar em regime de comissão de serviço na sua empresa, em igualdade de circunstâncias – art. 2.° do DL n.° 404/91, de 16 de Outubro. Este direito era discutível, não só por atentar contra a liberdade de gestão do empregador, mas também por incompatibilidade com o elemento de confiança pessoal em que assenta o vínculo de comissão de serviço. O CT de 2003 suprimiu – e bem – este direito de preferência, solução que transitou para o actual Código.

ou equivalente[190]; funções de secretariado pessoal dos titulares dos cargos enunciados anteriormente[191]; outras funções previstas em instrumento de regulamentação colectiva do trabalho e cuja natureza pressuponha uma especial relação de confiança.

Comparando a norma com o regime anterior (constante do art. 244.° do CT de 2003), observa-se que a lei formulou de modo diferente o leque de funções que podem ser desenvolvidas em regime de comissão de serviço, alterando substancialmente o âmbito de incidência da norma, já que voltou a exigir que as funções de direcção ou de chefia estejam na *dependência directa* da administração, ao contrário do que sucedia até aqui[192]. Assim, o alargamento da incidência desta figura aos directores de segunda linha é actualmente mais difícil. Fica assim mais reduzida a operacionalidade da figura para a flexibilização do regime do contrato de trabalho, afastando, designadamente no caso da comissão de serviço interna os constrangimentos do princípio da irreversibilidade da categoria no acesso a funções dirigentes ou de chefia.

Relativamente ao recurso ao regime da comissão de serviço para o desempenho de cargos de administração, chama-se também a atenção para a necessidade de interpretar a norma *cum granu salis*. Correspondendo a comissão de serviço a um vínculo laboral, terá que se verificar previamente qual o enquadramento jurídico dos cargos de administração, já que apenas se poderá conceber o recurso à comissão de serviço se estas funções forem prestadas por trabalhadores subordinados[193].

---

[190] A referência ao cargo de director-geral neste contexto é nova.

[191] Sobre a admissibilidade da celebração de contrato de trabalho em regime de comissão de serviço para o desempenho de funções de secretariado pessoal, *vd*, por exemplo, o Ac. STJ de 8/02/2006 (Proc. n.° SJ200602080032744), www.dgsi, equiparando a funções de secretariado pessoal as funções de assessoria técnica directa da administração.

[192] Neste ponto, o Código do Trabalho actual voltou ao regime originário da comissão de serviço (DL n.° 404/91, de 16 de Outubro) que era mais restritivo quanto ao âmbito de incidência da figura do que o Código do Trabalho de 2003.

[193] Em sentido diverso quanto a este ponto, L. M. MONTEIRO, *in* ROMANO MARTINEZ / / L. M. MONTEIRO / J. VASCONCELOS / MADEIRA DE BRITO / G. DRAY / L. GONÇALVES DA SILVA, *Código do Trabalho Anotado cit.*, 424 ss. Já justificámos com mais profundidade este nosso entendimento a propósito da delimitação do contrato de trabalho em relação a figuras próximas (*supra*, § 17.°, ponto 58.3.), pelo que se remete para o que então foi dito. Para mais desenvolvimentos sobre o ponto, *vd* ainda ROSÁRIO PALMA RAMALHO, *Grupos Empresariais e Societários... cit.*, 526 ss.

Assinala-se, por fim, o perfil convénio-dispositivo da norma constante do art. 161.° do CT, que já vem, aliás, do regime anterior. Efectivamente, da conjugação da referência da norma à previsão de outras situações de recurso à figura em instrumento de regulamentação colectiva do trabalho com o art. 3.° n.° 5 do CT decorre que a extensão do regime legal nesta matéria só pode ser feita por via colectiva e não em sede do contrato de trabalho. Regista-se, em todo o caso, o carácter restritivo desta remissão para os instrumentos de regulamentação colectiva do trabalho uma vez que parece limitar-se à delimitação das funções que podem ser sujeitas a este regime. Além disso, pressupõe-se que, no exercício desta prerrogativa de delimitação de novas funções para efeitos de sujeição ao regime da comissão de serviço, os instrumentos de regulamentação colectiva do trabalho terão sempre que justificar tal sujeição com o requisito geral da confiança pessoal que inere a estes vínculos.

Para além das situações de recurso à comissão de serviço previstas no Código do Trabalho, assinala-se o regime de comissão de serviço no âmbito da relação jurídica de emprego público. Nos termos do art. 9.° n.° 4 da LVCR, a relação jurídica de emprego público é constituída por comissão de serviço no caso de funções dirigentes, da frequência de curso de formação específico e ainda para o exercício de certas funções integradas em carreiras. Esta comissão de serviço pública também é aplicável aos trabalhadores públicos cujo vínculo decorra de um contrato de trabalho em funções públicas e o seu regime (estabelecido nos arts. 23.° ss. da LVCR) e afasta-se significativamente do regime da comissão de serviço laboral[194].

O recurso à comissão de serviço fora dos casos previstos na lei comina uma situação de nulidade, por contrariedade à lei.

Nestes casos, embora a lei não o refira com a necessária clareza, crê-se ser de aplicar por analogia o regime do art. 162.° n.° 4 do CT, qualifi-

---

[194] Este regime afasta-se também radicalmente da figura da comissão de serviço prevista para os trabalhadores da Administração Pública com contrato de trabalho (art. 6.° da L. n.° 23/2004, de 22 de Junho), que entroncava directamente na comissão de serviço laboral. Sobre o ponto, com desenvolvimentos, ROSÁRIO PALMA RAMALHO / PEDRO MADEIRA DE BRITO, *Contrato de Trabalho na Administração Pública... cit.*, 26 ss. E ainda sobre este ponto na LCTFP *vd, infra*, ponto 79.7.

cando-se o negócio como um contrato de trabalho comum, no caso de se tratar de uma comissão de serviço externa, ou considerando-se o acordo de comissão de serviço como não celebrado, no caso da comissão de serviço interna – neste sentido, embora com reporte ao regime do DL n.° 404/91, de 16 de Outubro, já se manifestou a jurisprudência[195].

**IV.** Do ponto de vista do *regime jurídico*, o actual Código do Trabalho está em linha com o Código anterior, apenas tendo procedido, pontualmente, a alterações no modo de enunciar algumas regras, mas sem diferenças substanciais signficativas. Assim, devem reter-se os seguintes aspectos da figura da comissão de serviço:

i) *O contrato de trabalho ou o acordo para prestação de funções em regime de comissão de serviço deve ser reduzido a escrito*, nos termos do art. 162.° n.° 3 do CT, e dele devem constar as menções referidas nessa mesma norma. A não redução a escrito e, bem assim, a não referência das funções a desempenhar e do regime da comissão de serviço aplicável determinam a conversão automática do contrato em contrato de trabalho comum (art. 162.° n.° 4). Trata-se, em suma, da manifestação do princípio de protecção do trabalhador na matéria da forma, que se evidencia nas maiores exigências de forma quando estejam em causa regimes menos favoráveis para o trabalhador do que o regime comum[196].

ii) *O contrato de trabalho ou o acordo para a prestação de trabalho em regime de comissão de serviço pode ser feito cessar por qualquer das partes sem necessidade de justa causa*, mediante comunicação escrita à outra parte e apenas com sujeição a um aviso prévio de 30 ou 60 dias, consoante a comissão de serviço tenha tido uma duração inferior ou superior a dois anos (art. 163.° n.° 1). Este é o aspecto de maior importância no regime da figura, pelos motivos assinalados[197].

---

[195] Ac. RLx. de 3/10/2001, CJ, 2001, IV, 162.

[196] Cfr., *supra*, § 18.°, ponto 65.1.III.

[197] Contudo, a jurisprudência já sufragou um entendimento restritivo da norma que possibilita a cessação da comissão de serviço em moldes incondicionados. Neste sentido,

iii) *Da cessação da comissão de serviço decorrem os direitos previstos no art. 164.° do CT*, que são diversos consoante a comissão de serviço tenha sido utilizada no âmbito de um contrato de trabalho preexistente ou para recrutamento *ex nuovo* de um trabalhador[198]. Assim:

- a *cessação da comissão de serviço de trabalhador da empresa* confere-lhe o direito a retomar o posto de trabalho que detinha anteriormente (art. 164.° n.° 1 a), parte final), contando-se o tempo da comissão de serviço para efeitos de antiguidade, como se tivesse decorrido na categoria de que o trabalhador é titular (art. 162.° n.° 5); quando a iniciativa da cessação da comissão de serviço seja do empregador, pode o trabalhador optar pela resolução do contrato nos 30 dias seguintes (este prazo geral, constante do art. 164.° n.° 1 b), pode ser aumentado por instrumento de regulamentação colectiva do trabalho ou por contrato de trabalho, nos termos do art. 164.° n.° 2), com direito à indemnização prevista na alínea b) do n.° 1 mesmo artigo e cujo valor pode ser alargado, nos termos do art. 164.° n.° 2;
- a *cessação da comissão de serviço de trabalhador externo* tem os mesmos efeitos extintivos e indemnizatórios, quando seja de iniciativa do empregador (excepto em caso de cessação do contrato por despedimento com justa causa) e a não ser que tenha sido acordada a integração do trabalhador em determinado posto de trabalho, por ocasião do acordo de constituição da comissão de serviço, tal como é previsto no art. 162.° n.° 2 e n.° 3 d) e no art. 164.° n.° 1 a), *in fine*.

---

o Ac. STJ de 22/10/2003 (Proc. n.° 02S2771), www.stj.pt., entendeu que não eram de admitir como fundamentos para a cessação da comissão de serviço razões que, objectivamente, representem factores de discriminação ilegítima, por contrariedade ao princípio constitucional da igualdade, tal como é vertido no art. 13.° da CRP. Em suma, o exercício do direito de cessação da comissão de serviço (como, aliás, o exercício de qualquer direito) deve manter-se nos limites gerais do abuso do direito e da boa fé.

[198] Sobre os efeitos da cessação da comissão de serviço, *vd*, por exemplo, o Ac. STJ de 13/02/2008 (Proc. n.°200802130040074), www.dgsi.pt.

## 77. Contrato de trabalho a tempo parcial[199]

**I.** A lei laboral impõe limites máximos à duração do trabalho diário e semanal, mas não impede que o contrato de trabalho seja celebrado por um período de tempo inferior àqueles limites. Quando isso suceda dentro de determinados parâmetros, definidos pela lei, estamos perante um contrato de trabalho a tempo parcial.

Embora uma das características do vínculo laboral típico seja a ocupação do trabalhador a tempo integral[200], o trabalho a tempo parcial tem conhecido uma relevante expansão nas últimas décadas, ainda que com um peso significativamente maior nos países do Centro e do Norte da Europa do que nos países do Sul[201]. Esta expansão parece ficar a dever-se

---

[199] Sobre este tema podem ver-se, entre outros, Júlio Gomes, *O trabalho a tempo parcial, in* A. Moreira (coord.), *III Congresso de Direito do Trabalho. Memórias*, Coimbra, 2001, 57-92, F. Liberal Fernandes, *Comentário às Leis da Duração do Trabalho e do Trabalho Suplementar*, Coimbra, 1995, 116, Regina Redinha, *A Relação Laboral Fragmentada cit.*, 62 s., A. Dias Coimbra, *Negociação colectiva europeia: o trabalho a tempo parcial*, QL, 1999, 13, 60-89, Jorge Leite, *Direito do Trabalho cit.*, II, 121 ss., P. Ponces Camanho, *O trabalho a tempo parcial, in* Romano Martinez (coord.) *Estudos do Instituto de Direito do Trabalho*, IV, Coimbra, 2003, 205-223, Romano Martinez / L. M. Monteiro / J. Vasconcelos / Madeira de Brito/ G. Dray / L. Gonçalves da Silva, *Código do Trabalho Anotado cit.*, 408 ss. (anotação de L. M. Monteiro), Romano Martinez, *Direito do Trabalho cit.*, 545 s., Monteiro Fernandes, *Direito do Trabalho cit.*, 390 ss., Júlio Gomes, *Direito do Trabalho cit.*, 676 ss., e Leal Amado, *Contrato de Trabalho...cit.*, 134 ss. Com referência à doutrina comparada, entre outros, Zöllner / / Loritz, *Arbeitsrecht... cit.*, 45, 130 s., e 363, Söllner, *Grundriß... cit.*, 321 ss., F. Favennec-Héry, *Le travail à temps partiel*, DS, 1994, 2, 165-175, e *Le travail à temps partiel*, Paris, 1997, J.-M. Verdier / A. Coeuret / M.-A. Souriac, *Droit du travail cit.*, 442 ss., Mazeaud, *Droit du travail cit.*, 308 ss., e Couturier, *Droit du travail cit.*, I, 448 ss., S. Giubbonni / Silvana Sciarra, *La regolamentazione del part-time in Europa – Introduzione*, DLRI, 2000, 4, 547-557, Sconamiglio, *Diritto del lavoro cit.*, 207 ss., M. Rodriguez-Piñero, *Trabajo a tempo parcial y Derecho Comunitario*, Rel.Lab, 1998, II, 167-178, ou M. E. Senise Barrio, *El Trabajo a Tempo Parcial como Instrumento de Creación de Empleo*, Madrid, 2001.

[200] Cfr., *supra*, § 19.°, ponto 70.

[201] Para um panorama comparado sobre o nível de desenvolvimento do trabalho a tempo parcial, *vd* M. Ruivo / M. P. González / J. M. Varejão, *Why is part-time work so low in Portugal and Spain, in* J. O'Reilly / C. Fagan (dir.), *Part-Time Prospects – An international comparison of part-time work in Europe, North America and the Pacific Rim*, London – New-York, 1998, 199-213, e para uma visão recente sobre este tipo de tra-

a factores como a melhoria geral do nível de vida (a elevação geral dos salários permite a subsistência de um agregado familiar sem necessidade de os dois cônjuges trabalharem a tempo inteiro), a diversificação do perfil das empresas, em especial no sector dos serviços (o que as torna receptivas a modalidades de trabalho mais flexíveis ou menos exigentes em termos de horário), as novas necessidades de conciliação da vida profissional com a vida familiar, que surgiram com o acesso maciço das mulheres ao mercado de trabalho, a partir da década de sessenta do século XX (o que explica que este tipo de trabalho tenha uma elevadíssima taxa de feminização, em todo o mundo), e ainda os desejos de conjugação da vida profissional com outras actividades, como o estudo, por exemplo.

Em Portugal, a difusão do trabalho a tempo parcial não é ainda significativa (*verbi gratia,* por comparação com outros países da União Europeia), situação para que certamente concorrem factores como o nível salarial médio dos agregados familiares, mas também uma cultura empresarial mais tradicional, que faz com que o empregador dificilmente prescinda de ter os trabalhadores disponíveis pelo número de horas máximo que a lei permite, bem como o relativo desinteresse das estruturas de representação colectiva dos trabalhadores por esta forma de trabalho (situação a que também não é alheia a sua elevada taxa de feminização)[202] e ainda factores culturais e históricos diversos[203].

---

balho nos países do Centro e do Norte da Europa, H. F. Eisemann / M. le Friant / J. Liddington / A. Numhauser-Henning / L. Roseberry / R. Schinz / B. Waas, *Der Anspruch auf Teilzeitarbeit und seine gerichtliche Durchsetzung in den Niederlanden, Frankreich, Großbritannien, Schweden, Dänemark und der Bundesrepublik Deutschland*, RdA, 2004, 3, 129-141. Sobre a difusão deste tipo de trabalho em Itália, E. Ghera, *La flessibilità: variazioni sul tema,* Riv.GL, 1996, 2, 123-136 (130 s.), na Bélgica, Pierre Denis, *Droit du travail*, Bruxelles, 1992, 15 s., em Espanha, M. E. Casas Baamonde / F. Valdés dal Ré, *Diversidad y precariedad de la contratación laboral en España,* Rel. Lab., 1989, I, 240-258 (243 ss.), em França, A. Jeammaud / M. le Friant, *Contratto di lavoro, figure intermedie e lavoro autonomo nell'ordinamento francese, in* M. Pedrazzoli (dir.), *Lavoro subordinato e dintorni – comparazioni e prospettive*, Bologna, 1989, 255-273 (261 ss.), Favennec-Héry, *Le travail à temps partiel cit.*, 166 s.

202 O desinteresse das estruturas de representação colectiva dos trabalhadores por esta forma de trabalho, no nosso sistema, evidencia-se no facto de a matéria não ser tradicionalmente prevista nos instrumentos de regulamentação colectiva do trabalho, em aproveitamento da previsão que, para tal, que constava da lei (art. 43.° da LDT).

203 Sobre o ponto, ainda M. Ruivo / M. P. González / J. M. Varejão, *Why is part-time work so low in Portugal and Spain cit.*, 199 ss.

Apesar deste quadro, a figura do trabalho a tempo parcial merece a devida atenção, pelas virtualidades que apresenta, quer para os trabalhadores, quer para os empregadores, quer em termos gerais[204]: assim, do ponto de vista dos trabalhadores, o trabalho a tempo parcial prossegue importantes objectivos de conjugação da vida profissional com outras actividades e necessidades, que correspondem também ao interesse público, como a conciliação da vida profissional com a vida familiar (art. 59.° n.° 1 b) e art. 67.° h) da CRP, este último introduzido, em sede de Revisão Constitucional, pela LC n.° 1/2004, de 24 de Julho) ou a promoção da educação (arts. 73.° e 74.° da CRP); do ponto de vista dos empregadores, o trabalho a tempo parcial constitui um relevante instrumento de flexibilização da gestão; por fim, do ponto de vista dos interesses gerais, o trabalho a tempo parcial fomenta a empregabilidade, na medida em que permite a partilha de postos de trabalho[205] entre diversos trabalhadores.

**II.** O trabalho a tempo parcial coloca diversos problemas, que vão desde a sua delimitação até à definição de orientações no tratamento dos trabalhadores a tempo parcial, designadamente por comparação com os trabalhadores a tempo inteiro da mesma empresa ou do mesmo sector de actividade e por forma a evitar práticas discriminatórias entre estas categorias de trabalhadores.

Estes problemas, que se tornaram mais evidentes com a expansão do fenómeno nas últimas décadas, estiveram na origem das normas internacionais sobre a matéria, entre as quais se destacam a Conv. n.° 175 e a Rec. n.° 182 da OIT, ambas de 1994 e, ao nível do direito comunitário, a Dir. n.° 97/81/CE, de 15 de Dezembro de 1997, que aprovou o Acordo-Quadro sobre o trabalho a tempo parcial, celebrado entre a UNICE, o CEEP e a CES em 6 de Junho de 1997[206].

---

[204] Sobre estas virtualidades, WANK, *Atypische Arbeitsverhältnisse,* RdA, 1992, 2, 103-113 (104), e M. LÖWISCH, *Arbeits– und sozialrechtliche Hemmnisse einer weiteren Flexibilisierung der Arbeitszeit*, RdA, 1984, 4, 197-214 (198), MÁRIO PINTO, *L'assouplissement du temps de travail,* DJ, 1992, VI, 125-148 (130 s.). Em geral, sobre o tema da partilha do trabalho, *vd* ainda SUPIOT, *Le travail, liberté partagée,* DS, 1993, 9/10, 715-724.

[205] Cfr., *supra*, § 19.°, ponto 69.3.IV.

[206] Em especial sobre esta Directiva, DIAS COIMBRA, *Negociação colectiva europeia: o trabalho a tempo parcial cit.*, e JÚLIO GOMES, *O trabalho a tempo parcial cit.*, 63 ss.

Os objectivos essenciais da Dir. n.° 97/81/CE parecem ser os seguintes: de uma parte, assegurar a igualdade de tratamento entre os trabalhadores a tempo integral e os trabalhadores a tempo parcial, com recurso aos conceitos de não discriminação e de proporcionalidade (consoante as matérias) e tendo, designadamente, em conta a circunstância, amplamente tratada pelo Tribunal de Justiça, de o trabalho a tempo parcial ser motivo frequente de discriminações indirectas de género, pelo facto de ser predominantemente feminino (o que contraria directamente o art. 157.° do TFUE e as directivas sobre a igualdade de tratamento entre trabalhadoras e trabalhadores); de outra parte, o reconhecimento da importância do fenómeno do trabalho a tempo parcial como instrumento de flexibilização do Direito do Trabalho, que pode servir necessidades dos trabalhadores, do emprego em geral (através da partilha de postos de trabalho) e da organização do trabalho nas empresas.

**III.** No sistema jurídico nacional, a figura do trabalho a tempo parcial começou por ser prevista no art. 43.° da LDT, em termos gerais, e na L. n.° 4/84, de 5 de Abril (LPMP, que instituiu o regime jurídico de protecção da maternidade e da paternidade), como mecanismo de promoção da conciliação entre a vida profissional e a maternidade e paternidade (art. 19.°). Contudo, o art. 43.° da LDT remetia a disciplina desta matéria para os instrumentos de regulamentação colectiva do trabalho, limitando-se a enunciar critérios de preferência no acesso a esta forma de trabalho e a estabelecer um princípio geral de proporcionalidade em matéria de retribuição. Já na óptica específica da tutela da maternidade e da paternidade, o art. 19.° da LPMP foi mais longe, conferindo aos trabalhadores com filhos menores de 12 anos ou deficientes o direito a trabalhar a tempo parcial, nos termos que vieram a constar do diploma de regulamentação desta lei (o DL n.° 135/85, de 3 de Maio, depois revogado pelo DL n.° 230/2000, de 23 de Setembro), e que passavam pela autorização do empregador, cuja recusa tinha que ser objectivamente justificada (arts. 16.° e 17.° do DL n.° 230/2000, de 23 de Setembro).

O primeiro regime legal da figura entre nós é, assim, relativamente recente: ele foi instituído pela L. n.° 103/99, de 26 de Julho (LTTP), que aproveitou a oportunidade de transposição da Directiva n.° 97/81/CE para regular a matéria[207]. Para além de proceder à transposição dos princípios

---

[207] O mesmo sucedeu, aliás, noutros sistemas jurídicos, que regularam a matéria pela mesma época ou procederam à alteração do regime anterior para se conformarem com

gerais de equiparação e não discriminação destes trabalhadores perante os congéneres trabalhadores a tempo integral, bem como da regra da proporcionalidade em matéria remuneratória, este diploma introduziu algumas medidas de fomento desta modalidade de trabalho, com o objectivo de promover a conciliação entre a vida profissional e familiar e de aumentar a oferta de emprego através da partilha de postos de trabalho, especialmente para certas categorias de trabalhadores, como os jovens e os desempregados de longa duração[208]. Este regime foi incorporado no Código do Trabalho de 2003, que revogou a L. n.° 103/99, de 26 de Julho[209], e tratou a matéria a propósito do tempo de trabalho (arts. 180.° a 187.° do CT de 2003).

No Código do Trabalho actual, o tratamento do trabalho a tempo parcial apresenta algumas diferenças em relação ao regime desta figura no Código anterior: uma diferença sistemática e duas diferenças substanciais.

Assim, em termos sistemáticos, o trabalho a tempo parcial é agora tratado a propósito das modalidades de contrato de trabalho, em subsecção autónoma (Subsecção II, arts. 150.° a 156.°.°). É, a nosso ver a opção mais adequada, porque, como já tivemos ocasião referir a propósito do enquadramento desta matéria em sede de tempo de trabalho no Código do Trabalho de 2003[210], a matéria do trabalho a tempo parcial não se deixa reduzir a um problema de tempo de trabalho, configurando-se, pelo menos quando o trabalhador é contratado para este regime, como um contrato de trabalho especial, uma vez que apresenta um conjunto relevante de especificidades de regime. É pois de saudar a nova inserção sistemática da figura no actual Código, que está mais de acordo com a índole especial desta situação laboral.

---

a Directiva. Assim, com referência à Itália, a matéria foi regulada pelo *Decretto 25 Fev. 2000, n. 61*, alterado pelo *Dec. n. 100/2001* e pelo art. 46.° do *Dec. 276/*2003; em Espanha, a figura está prevista no art. 12.° do *Estatuto de los Trabajadores*, com as alterações introduzidas pelo *Real Decreto Legislativo 15/1998, de 27 de Novembro* e pelo *Real Decreto Lei n.° 5/2001, de 2 de Março*; em França, a figura é prevista na *Loi Aubry de 13 de Junho de 1998* e na *Loi Aubry II, n.° 2000/37, de 19 de Janeiro*, que alteraram o *art. L. 212-4-2 do Code du travail*, sendo actualmente regulada nos arts. L. 3123-1 e ss. do novo *Code du travail*.

[208] Arts. 3.° n.° 7, 7.°, 8.° e 9.° da L. n.° 103/99, de 26 de Julho.

[209] Diploma Preambular do Código do Trabalho de 2003 (art. 21.° n.° 1 z)).

[210] Quanto à nossa crítica relativamente a esta opção do Código do Trabalho de 2003, *vd.* Rosário Palma Ramalho, *Direito do Trabalho cit.*, II (2.ª ed.), 301.

Do ponto de vista substancial, assinlala-se, pela sua importância, a delimitação do trabalho a tempo parcial em moldes mais amplos neste Código do que sucedia no Código do Trabalho de 2003 (art. 150.° n.° 1 do CT actual). Menos relevante mas ainda de assinalar é o desaparecimento do prazo supletivo de três anos para a duração do acordo de prestação de trabalho em regime de tempo parcial por período determinado, no art. 155.° n.° 4 do CT actual.

A análise da figura do contrato de trabalho a tempo parcial comporta a apreciação das seguintes questões: delimitação do conceito de trabalho a tempo parcial; modalidades que pode revestir esta forma de prestação de trabalho; aspectos essenciais do seu regime; conjugação das normas gerais do Código sobre o trabalho a tempo parcial com as referências especiais a esta forma de trabalho no contexto da maternidade e da paternidade, que também constam da lei (art. 55.° e 57.° do CT)[211] .

**IV.** No que toca à *delimitação da figura do trabalho a tempo parcial*, rege o art. 150.° n.° 1 do CT, nos termos do qual é de qualificar como trabalho a tenpo parcial o trabalho cuja duração semanal seja inferior à duração do período normal de trabalho a tempo completo numa situação comparável.

Deve assinalar-se a diferença entre este conceito de trabalho a tempo parcial e o conceito correspondente do CT de 2003 (art. 180.° n.° 1), que apenas qualificava como tal o trabalho cuja duração correspondesse a 75% ou menos da praticada a tempo completo numa situação comparável. Este limite máximo colocava o problema da qualificação e do regime a aplicar àquelas situações em que o período normal de trabalho semanal fosse superior aos 75% mas ainda inferior aos 100% correspondente a um contrato de trabalho a tempo integral. Com a nova redacção da norma, este problema deixa de existir.

Tal como sucedia no âmbito do Código do Trabalho anterior (embora a norma seja agora formulada do modo inverso), a lei permite a fixação de

---

[211] No âmbito do Código do Trabalho de 2003, estas referências eram também feitas a propósito do regime da maternidade e da paternidade, mas careciam de ser complementadas pela RCT. O actual Código integrou as referências anteriormente constantes da RCT.

limites máximos de delimitação do trabalho a tempo parcial em instrumento de regulamentação colectiva do trabalho (art. 150.° n.° 6)[212] – e se assim suceder, volta a surgir o problema da qualificação da situação do trabalhador cujo período normal de trabalho semanal esteja fixado entre o limite determinado pela convenção colectiva e os 100% do período normal de trabalho semanal comparável. Por outro lado, deve ter-se em conta a proibição geral do art. 151.° do CT, que veda aos instrumentos de regulamentação colectiva do trabalho a exclusão da liberdade de celebração de contratos de trabalho a tempo parcial.

Os critérios de comparação das situações de trabalho a tempo completo e a tempo parcial são os indicados no art. 150.° n.° 4 (que tem em conta o tipo de actividade prestada e o contexto da empresa) e a lei prevê a determinação do tempo completo para efeitos desta comparação por recurso a uma média, quando os períodos normais de trabalho semanais não sejam fixos, nos termos do art. 150.° n.° 2; estes critérios podem ser completados por critérios adicionais estabelecidos em instrumento de regulamentação colectiva do trabalho (art. 150.° n.° 6).

Cabe às partes definir o modo de distribuição do tempo de trabalho, em meios dias ou em dias completos, tendo como base a semana, o mês ou o ano, nos termos do art. 150.° n.° 3. A admissão da base mensal ou anual para a determinação do tempo de trabalho é, aliás, uma novidade deste Código do Trabalho.

Tal como já sucedia no âmbito do Código do Trabalho de 2003, a delimitação legal do âmbito da figura do trabalho a tempo parcial suscita algumas dificuldades.

Em primeiro lugar, a lei não refere um número de horas mínimo para que se consubstancie uma situação de trabalho a tempo parcial. Assim, são de reconduzir a esta figura situações em que o período normal de trabalho se reduza, por exemplo, a um dia ou a uma manhã ou tarde por semana.

---

[212] Na formulação da norma correspondente a esta no Código do Trabalho anterior, por força do limite legal máximo dos 75% do período normal de trabalho semanal, o que a lei permitia era que os instrumentos de regulamentação colectiva do trabalho alargassem tal limite. Perante a formulação actual da norma, a permissão é, naturalmente, a inversa.

Em segundo lugar, cabe conjugar este artigo com o limite estabelecido para o caso de recurso a este tipo de trabalho por razões atinentes à maternidade ou à paternidade (art. 55.° n.° 3 do CT), e que é fixado em metade do tempo completo de trabalho prestado numa situação comparável ou em dois ou três dias por semana, como regra geral. Sendo esta última norma um preceito especial em relação ao regime geral do trabalho a tempo parcial, deverá ser ela a prevalecer no caso de recurso ao trabalho a tempo parcial por motivos atinentes à paternidade e à maternidade. Contudo, como se trata de uma regra supletiva, nada obsta a que as partes estabeleçam outro limite, o que é, aliás, previsto no art. 55.° n.° 3, parte inicial.

Por fim, permanece a dúvida sobre a qualificação da situação jurídica do trabalhador que trabalhe menos do que os seus colegas a tempo integral e em situação comparável mas, ainda assim, por um tempo superior ao limite máximo que seja definido para o trabalho a tempo parcial em instrumento de regulamentação colectiva do trabalho, ao abrigo do art. 150.° n.° 6. Neste caso, parece que estamos perante um vínculo laboral a tempo integral com redução de horário, que não se sujeita às regras dos arts. 150.° e ss. do CT.

**V.** Tal como vimos suceder nos vínculos de comissão de serviço e de teletrabalho, o trabalho a tempo parcial pode corresponder a um contrato de trabalho especial, se for celebrado *ab initio* com esta configuração, ou a um acordo modificativo de um contrato de trabalho comum, que passa a sujeitar-se ao regime do trabalho a tempo parcial. Da mesma forma, a lei admite a modificação de um contrato de trabalho a tempo parcial em contrato de trabalho a tempo integral, por acordo escrito (art. 155.° n.° 1)[213].

O regime destes acordos apresenta algumas diferenças. Assim:

- o *contrato de trabalho celebrado ab initio a tempo parcial* deve revestir forma escrita (art. 153.° n.° 1 do CT) e deve conter as menções constantes desta mesma norma, nomeadamente a identificação e a assinatura das partes e a referência ao regime de tempo

213 Sobre a modificação do contrato por força da alteração do tempo de trabalho, pode ver-se, embora no contexto anterior à regulamentação legal do contrato de trabalho a tempo parcial, o Ac. RP de 21/09/1992, CJ, 1992, IV, 285.

parcial; os vícios de forma mais importantes determinam a recondução do vínculo a um contrato de trabalho comum a tempo completo (art. 153.° n.os 2 e 3)[214];

– o *acordo de modificação de um contrato de trabalho a tempo integral em contrato de trabalho a tempo parcial ou o inverso* deve revestir forma escrita e pode ser celebrado a título definitivo ou período determinado (art. 155.° n.° 1), findo o qual o trabalhador tem o direito de retomar o trabalho em regime de tempo completo (art. 155.° n.° 4); a lei reconhece ainda ao trabalhador o direito de arrependimento em relação ao acordo, nos sete dias subsequentes à sua celebração e excepto se o documento onde o acordo foi exarado tiver sido reconhecido notarialmente (art. 155.° n.os 2 e 3). No âmbito do Código do Trabalho de 2003, previa-se para o caso de instituição do regime de trabalho a tempo parcial por período determinado um prazo supletivo máximo de três anos para a duração do acordo[215], mas tal limite deixou de constar do actual Código do Trabalho.

A lei remete para os instrumentos de regulamentação colectiva do trabalho o estabelecimento de critérios de preferência no acesso aos postos de trabalho a tempo parcial para trabalhadores com responsabilidades familiares, portadores de deficiência, doença crónica ou com capacidade de trabalho reduzida e ainda estudantes (art. 152.° n.° 1 do CT), e atribui ao empregador o dever de tomar em consideração, tanto quanto possível e na medida dos postos de trabalho disponíveis, as aspirações dos trabalhadores quanto ao acesso ao regime de trabalho a tempo parcial, bem como deveres de informação nesta matéria (art. 156.° n.° 1 a), b) e c) e n.° 2 a)). Embora estas regras tenham tutela contra-ordenacional (arts. 152.° n.° 2 e 156.° n.° 3), crê-se que elas têm escassa utilidade, pelo menos no que se refere ao atendimento aos pedidos de mudança de regime de trabalho feitos pelos trabalhadores (art. 155.° n.° 1 do CT), já que esta mudança depende do acordo das partes.

---

[214] A este propósito, o Ac. STJ de 17/01/2001, CJ (STJ), 2001, I, 278, entendeu que, constituindo o vínculo de trabalho a tempo parcial um vínculo excepcional, a prova da sua constituição incumbe ao empregador. Sobre o mesmo problema, *vd* também o Ac. RP de 2/12/2002, CJ, 2002, V, 225.

[215] Art. 186.° n.° 5 do CT de 2003.

**VI.** No que respeita ao *regime jurídico dos trabalhadores a tempo parcial*, ele é orientado por dois grandes princípios, que decorrem da Directiva comunitária que regula esta matéria:

i) Um *princípio geral de equiparação ou de não discriminação entre os trabalhadores a tempo parcial e os trabalhadores a tempo integral numa situação comparável*. À semelhança do que sucede com a Directiva, este princípio tem um alcance limitado porque é compatível com diferenças de tratamento por razões objectivas, cuja definição pode ser feita em instrumento de regulamentação colectiva do trabalho (art. 154.° n.os 1 e 2 do CT).

ii) Um *princípio de proporcionalidade, em matéria remuneratória em sentido amplo*, que inclui a retribuição[216] e outras prestações remuneratórias com ou sem carácter retributivo, que sejam previstas em instrumento de regulamentação colectiva do trabalho ou auferidas pelos trabalhadores a tempo integral em situação comparável (art. 154.° n.° 3 a)). Apesar deste princípio, o trabalhador tem direito integral ao subsídio de refeição, excepto se o seu tempo de trabalho for inferior a cinco horas por dia, caso em que o valor do subsídio é calculado proporcionalmente (art. 154.° n.° 3 b)).
Como já foi salientado em apreciação destas normas[217], estas soluções de proporcionalidade pecam por excesso de rigidez, pelo menos quanto a alguns complementos remuneratórios, como um subsídio de transporte (por exemplo, se o trabalhador continua a ter o mesmo número de deslocações à empresa ainda que para menos horas de trabalho) ou o subsídio de refeição (relativamente ao qual a solução legal não parece equacionar a possibilidade de o tempo de trabalho ser contabilizado não numa base diária mas numa base semanal – por exemplo, o trabalhador só vai trabalhar dois ou três dias completos em cada

216 Aplicando este princípio de proporcionalidade em matéria retributiva, ainda antes do surgimento da LTTP, *vd* Ac. STJ de 26/11/1997, CJ (STJ), 1997, III, 290.

217 Júlio Gomes, *O trabalho a tempo parcial... cit.*, 83 s. Apesar de feitas no contexto da LTTP, as observações deste autor mantêm actualidade perante o Código do Trabalho.

semana). Por outro lado, relativamente a outras prestações com conteúdo remuneratório, a jurisprudência já recusou expressamente a aplicação da regra da proporcionalidade (assim, por exemplo, em relação ao cálculo das indemnizações e da pensão por acidente de trabalho sofrido por trabalhador a tempo parcial[218]), ainda que no âmbito da LTTP.

Subsistem diversos problemas quanto ao regime jurídico deste contrato, que decorrem da circunstância de o paradigma do vínculo laboral no Código do Trabalho ser o do contrato de trabalho a tempo integral. Assim, questões como a da duração do período experimental destes trabalhadores, da contagem da sua antiguidade, da conjugação do seu tempo de trabalho com a figura do trabalho suplementar (não só no que toca à exigibilidade deste trabalho como no que respeita à base de cálculo para o respectivo pagamento), ou do modo de cálculo da indemnização por antiguidade, em caso de cessação do contrato, deveriam ter merecido maior atenção, uma vez que não se deixam resolver por aplicação simples do princípio da equiparação ou do princípio da proporcionalidade[219].

Resta dizer que a passagem de um trabalhador ao regime de trabalho a tempo parcial por tempo determinado constitui fundamento legal para a contratação de trabalhador a termo para o mesmo posto de trabalho e para os períodos em que este fique desocupado (art. 140.° n.° 2 d) do CT).

**VII.** Apreciado o regime geral do trabalho a tempo parcial, cabe uma última nota de *conjugação deste regime com o regime especial de trabalho a tempo parcial por motivos atinentes à maternidade e à paternidade*.

O direito de acesso ao regime de trabalho a tempo parcial é conferido aos trabalhadores com filhos menores de 12 anos ou portadores de deficiência, no art. 55.° n.° 1 do CT. O regime do trabalho a tempo parcial por motivo de parentalidade (que está distribuído entre os arts. 55.° e 57.° do CT) apresenta significativas diferenças em relação ao regime geral do

---

[218] O Ac. RP de 16/01/1995, CJ, 1991, I, 252, considerou que a base de cálculo destas indemnizações e da pensão deveria ser a retribuição correspondente ao trabalho a tempo integral, apesar de o trabalhador estar em regime de tempo parcial, sob pena de o dano não ser integralmente ressarcido.

[219] Sobre alguns destes pontos, com desenvolvimentos, Júlio Gomes, *Trabalho a tempo parcial cit.*, 76 ss.

trabalho a tempo parcial, nos aspectos relativos à natureza do instituto, ao processamento e à duração. Assim:

i) *Quanto à natureza do instituto*: enquanto no regime geral o acesso ao trabalho a tempo parcial depende do acordo das partes, neste caso configura-se um direito do trabalhador a aceder a este regime de trabalho e o correspondente dever do empregador, a que este só se pode eximir com fundamento em necessidades imperiosas de funcionamento da empresa ou na impossibilidade de substituição do trabalhador (art. 57.º n.º 2), e após a emissão de parecer prévio favorável da Comissão para a Igualdade no Trabalho e no Emprego[220] (art. 57.º n.º 5), ou, na falta deste parecer favorável, por decisão judicial (art. 57.º n.º 7). Por outro lado, a escolha da distribuição do tempo de trabalho a prestar cabe ao trabalhador (diferentemente do que sucede no regime geral, constante do art. 150.º n.º 3), que apenas a tem que indicar ao empregador (art. 55.º n.º 3 e 57.º n.º 1 c)).
Em suma, o regime legal nesta matéria continua a evidenciar a preocupação de fomentar o recurso ao trabalho a tempo parcial como instrumento de promoção da conciliação da vida familiar com a actividade profissional[221]. De outra parte, é este mesmo escopo de promoção da conciliação entre a vida familiar e profissional do trabalhador que explica as restrições à cumulação deste regime de trabalho a tempo parcial com o exercício de outra actividade de trabalho, fora da residência habitual do trabalhador, que decorrem do art. 55.º n.º 5.

ii) *Quanto ao processamento*: o acesso ao regime de trabalho a tempo parcial por motivos atinentes à maternidade e à paternidade não passa por um acordo entre as partes, mas depende de um requerimento escrito do trabalhador ao empregador, elabo-

---

[220] A instituição da obrigatoriedade deste Parecer justificou já uma ampla actividade da CITE nesta área, desde o surgimento do Código do Trabalho. Para cotejo desta actividade, *vd Pareceres da CITE no Ano de 2004*, Lisboa (Comissão para a Igualdade no Trabalho e no Emprego – Ministério do Trabalho e da Solidariedade Social), 2006, 285 ss.

[221] Já os incentivos a esta figura para promoção da empregabilidade de certas categorias de trabalhadores, como os desempregados de longa duração e os jovens, não se mantiveram neste regime.

rado nos termos e prazos previstos no art. 57.° n.° 1, e sujeito aos trâmites previstos nos n.os 3 a 8 do mesmo artigo.

iii) *Quanto à duração*: o regime de trabalho a tempo parcial com fundamentos ligados à maternidade e à paternidade é, pela sua própria natureza, temporário, prevendo-se uma duração máxima de 2 ou 3 anos (consoante o trabalhador tenha até três filhos ou três ou mais filhos), ou até 4 anos, em caso de filho com deficiência ou doença crónica (art. 55.° n.° 4).

Nos restantes aspectos, é aplicável o regime geral do trabalho a tempo parcial, com as necessárias adaptações, designadamente quanto à aplicação dos princípios da equiparação e da proporcionalidade[222].

## 78. **Contrato de trabalho intermitente**[223]

**I.** O Código do Trabalho de 2009 incluiu ainda na secção dedicada às modalidades de contrato de trabalho um novo contrato de trabalho especial, que não tinha, até agora, sido regulado na nossa ordem jurídica em termos gerais: é o contrato de trabalho intermitente, actualmente previsto na Subsecção III desta secção do Código (arts. 157.° a 160.°).

O trabalho intermitente (também designado como «trabalho alternado» ou «trabalho sob chamada») caracteriza-se pela prestação descontinuada da actividade laboral, intercalando períodos de actividade do trabalhador com períodos de inactividade, mas durante os quais o vínculo laboral se mantém e o trabalhador tem direito a uma compensação de disponibilidade, de valor inferior ao da retribuição. A especificidade deste contrato em relação ao contrato de trabalho comum reside justamente nesta conjugação de períodos de actividade e de inactividade com disponibilidade, que não existe nos vínculos laborais comuns.

---

[222] Chamando a atenção para as dificuldades de compatibilização dos dois regimes, Júlio Gomes, *Trabalho a tempo parcial cit.*, 85 s.

[223] Em geral, sobre o tema do trabalho intermitente, Romano Martinez / /L. M. Monteiro / J. Vasconcelos / Madeira de Brito/ G. Dray / L. Gonçalves da Silva, *Código do Trabalho Anotado cit.*, 418 ss. (anotação de Madeira de Brito e Leal Amado, *Contrato de Trabalho... cit.*, 139 ss.

Fenómeno emergente das tendências de flexibilização do moderno Direito do Trabalho, o trabalho intermitente constitui mais um instrumento do empregador para a optimização dos recursos humanos na sua empresa, que lhe confere a vantagem de poder contar com a disponibilidade de um trabalhador por tempo indeterminado sem ter que lhe pagar a retribuição integral nos perídos em que não carece dos seus serviços.

O trabalho intermitente é admitido e regulado em alguns sistemas jurídicos[224]. Na nossa ordem jurídica, esta figura só tinha até agora sido prevista como modalidade especial do contrato de trabalho dos profissionais de espectáculos (art. 8.° da L. n.° 4/2008, de 7 de Fevereiro), tendo em atenção o carácter descontinuado dos espectáculos públicos. Com o Código do Trabalho de 2009, a possibilidade de recurso a este contrato de trabalho especial foi, pois, generalizada.

No estudo da figura do trabalho intermitente, cabe apreciar os problemas relativos à sua admissibilidade, à distinção entre este contrato e figuras próximas (com destaque para o trabalho a tempo parcial) e ao seu regime jurídico.

**II.** A *admissibilidade do contrato de trabalho intermitente* depende da observância dos requisitos constantes do art. 157.° do CT, que são de dois tipos:

i) *Requisitos atinentes ao tipo de actividade exercida*: nos termos do art. 157.° n.° 1, estes contratos apenas são admitidos em empresas que exerçam uma actividade descontínua ou de intensidade variável (assim, por exemplo, uma empresa de um sector de actividade com picos sazonais).
Este requisito geral carece, contudo, de ser afinado num duplo sentido, dado o seu carácter excessivamente extenso e vago: de uma parte, crê-se que, embora a lei refira este requisito à empresa, ele é, na verdade de reportar ao objecto concreto de cada contrato de trabalho, no sentido em que não basta que a empresa desenvolva uma actividade descontinuada ou de intensidade variável, mas se exige que o contrato daquele trabalhador em

[224] Assim, por exemplo na Alemanha, sob a designação de *Arbeit auf Abaruf* – sobre o tema no contexto do sistema jurídico germânico, por exemplo, P. Hanau, *Befristung und Abrufarbeit nach dem Beschäftigunsgforderungsgesetz 1985*, RdA, 1987, 1, 25-29.

concreto tenha como objecto uma actividade desse tipo, porque só deste modo se vai ao encontro do objectivo da figura (assim, por hipótese, as funções permanentes de uma empresa que desenvolve uma actividade com picos sazonais não podem ser prestadas no regime de trabalho intermitente). De outra parte, retira-se globalmente do regime do trabalho intermitente que o carácter descontinuado da actividade se deve aferir com base num critério de anualidade (assim, uma empresa que desenvolva uma actividade continuada não pode socorrer-se desta modalidade de contrato de trabalho aproveitando o facto de estar perante uma crise pontual de encomendas, por exemplo) – a não ser assim, poderia recorrer-se a este modelo contratual em praticamente todos os casos, uma vez que quase todas as empresas têm uma intensidade de produção variável.

ii) *Requisitos atinentes à própria configuração deste contrato de trabalho*: a este nível não pode ser acordado um regime de intermitência num contrato de trabalho a termo ou temporário (art. 157.° n.° 2), para evitar a cumulação de dois regimes de menor tutela na mesma situação laboral.
Por outro lado, a repartição dos períodos de actividade e de inactividade do trabalhador tem que contemplar a prestação de, pelo menos, seis meses (dos quais pelo menos quatro devem ser seguidos) de trabalho a tempo completo ao longo do período de um ano (art. 159.° n.° 2), o que se destina a evitar um tempo excessivo de inactividade do trabalhador ao longo da execução do contrato. Contudo, a lei permite que os períodos de actividade sejam fixos, mas também que sejam variáveis (art. 159.° n.° 1) – apenas no segundo caso, temos um *trabalho intermitente sob chamada*, ao passo que no primeiro caso temos uma situação de *trabalho intermitente em períodos alternados*[225].

**III.** O contrato de trabalho intermitente deve distinguir-se de figuras próximas, nomeadamente do contrato de trabalho a termo, do contrato

---

[225] Leal Amado, *Contrato de Trabalho...cit.*, 139. Como refere este autor, as partes podem combinar as duas modalidades.

para prestação temporária de trabalho e do contrato de trabalho a tempo parcial. A distinção entre esta figura e as figuras do trabalho a termo e do trabalho temporário é mais fácil de fazer do que a distinção relativamente ao trabalho a tempo parcial.

Relativamente ao contrato de trabalho a termo, a diferença reside no carácter continuado da prestação da actividade, até que ocorra o termo do contrato; pelo contrário, no contrato de trabalho intermitente a prestação é, por natureza, descontinuada, para além de que, por imposição legal, este contrato não pode ser celebrado a termo (art. 157.° n.° 2 do CT).

No caso do trabalho temporário, as semelhanças podem ocorrer se o contrato para prestação de trabalho temporário for celebrado por tempo indeterminado, já que, neste caso, o trabalhador temporário intercala períodos de actividade (para um ou mais utilizadores) com períodos de inactividade no seio da empresa de trabalho temporário. Contudo, as duas figuras distinguem-se pela circunstância de o trabalho temporário envolver um vínculo tripartido, o que não sucede no trabalho intermitente, para além de que a lei proíbe expressamente que o trabalho intermitente seja prestado em regime de trabalho temporário (art. 157.° n.° 2).

No caso do trabalho a tempo parcial, a distinção é particularmente difícil de estabelecer, por força do grau de liberdade reconhecido às partes para determinarem a distribuição do período normal de trabalho semanal no contrato de trabalho a tempo parcial, que pode, inclusivamente passar por um horário de trabalho descontinuado (em que a actividade laboral é prestada apenas em dois ou três dias por semana, por exemplo) ou ter até uma base de cálculo anual – situação que também caracteriza o trabalho intermitente. Apesar da maior proximidade destas duas figuras, elas podem ser distinguidas com recurso aos seguintes critérios: no trabalho a tempo parcial não há propriamente lugar a um período de inactividade em que o trabalhador se mantenha na disponibilidade do empregador para retomar o trabalho, e, por essa razão, a sua retribuição é calculada nos termos comuns (i.e., em função da actividade desenvolvida), não havendo também qualquer compensação pelo período de inactividade. De qualquer modo, como é bom de ver, a distinção é particularmente difícil de fazer quando o trabalho intermitente seja por períodos fixos (i.e., trabalho alternado) e não por períodos variáveis (i.e., trabalho sob chamada).

**IV.** No que toca ao regime desta modalidade especial do contrato de trabalho, cabe referir as exigências de forma deste contrato, o modo de distribuição dos períodos de actividade e de inactividade e os direitos especiais dos trabalhadores intermitentes. Por outro lado, importa proceder à conjugação deste regime geral do trabalho intermitente com o caso especial do trabalho intermitente dos artistas.

Quanto à *forma do contrato de trabalho intermitente*, a lei impõe que o contrato seja reduzido a escrito, devendo conter as menções referidas no art. 158.° n.° 1 do CT. A não redução do contrato a escrito ou falta de indicação do número de horas ou de dias completos de trabalho ao longo de um ano, determinam a conversão do contrato em contrato de trabalho comum (art. 158.° n.° 2).

Por outro lado, embora a lei pareça reportar a formalização do acordo de trabalho intermitente à constituição do vínculo de trabalho, parece-nos possível que, durante a execução do contrato de trabalho, as partes acordem na modificação do contrato, de forma a sujeitá-lo ao regime de intermitência, desde que estejam preenchidos os requisitos substanciais da figura e se adopte a forma adequada. Esta possibilidade é, aliás, expressamente prevista no caso do trabalho intermitente para desempenho de actividade no sector dos espectáculos (art. 8.° n.° 2 da L. n.° 4/2008, de 7 de Fevereiro), não se vislumbrando um motivo plausível para excluir esta possibilidade em geral. Assim, em suma, tanto é admissível convencionar o regime do trabalho intermitente *ab initio* como durante a execução de um contrato de trabalho comum[226].

Quanto à *determinação dos períodos de actividade e de inactividade do trabalhador*, rege o art. 159.° do CT, que estabelece as seguintes regras:

- cabe às partes estabelecer a duração dos períodos de actividade, em moldes contínuos ou interpolados, com o limite anual mínimo correspondente a seis meses de trabalho a tempo completo, devendo ao menos quatro meses ser de trabalho ininterrupto (art. 159.° n.os 1 e 2); no caso de ficar estabelecido no contrato um tempo de actividade inferior ao limite legal mínimo, considera-se tal limite como verificado, nos termos do art. 158.° n.° 3;
- cabe às partes definir o início e o termo de cada período de actividade ou definir a antecedência mínima que o empregador deve respeitar para avisar o trabalho da retoma da actividade (para o caso

[226] No mesmo sentido, LEAL AMADO, *Contrato de Trabalho...cit.*, 143.

em que os períodos de actividade não sejam fixos) – art. 159.° n.° 1; em qualquer caso, o tempo mínimo deste aviso prévio é de 20 dias (art. 159.° n.° 3).

No que toca à *situação jurídica do trabalhador durante os períodos de inactividade*, a regra geral é que se mantêm, durante estes períodos, todos os direitos e obrigações das partes que não pressuponham a efectiva prestação do trabalho (art. 160.° n.° 4 do CT). Assim, tanto o trabalhador como o empregador continuam adstritos aos deveres acessórios independentes da prestação principal e mantêm-se os direitos do trabalhador em matéria de férias, por exemplo.

Com referência aos períodos de inactividade destacam-se ainda os seguintes direitos do trabalhador intermitente:

i) O *direito a receber uma compensação retributiva do empregador*, a pagar com a mesma periodicidade da retribuição. O valor desta compensação pode ser fixado em instrumento de regulamentação colectiva do trabalho ou na sua falta, corresponde a 20% da retribuição de base (art. 160.° n.° 1) – evidentemente, a letra da norma não se opõe à fixação de uma compensação de valor superior no acordo das partes. O trabalhador tem ainda direito a subsídios de Natal e de férias, cujos valores são calculados com base na média das retribuições e compensações auferidas nos últimos doze meses (art. 160.° n.° 2);

ii) O *direito a exercer outra actividade durante o período de inactividade* (art. 160.° n.° 4). Este direito decorre do princípio constitucional da liberdade de trabalho (art. 58.° n.° 1 da CRP) e da projecção laboral deste princípio na admissibilidade do pluriemprego. Contudo, julga-se que este princípio sofre, também neste caso, as restrições que decorrem do dever de não concorrência (art. 128.° n.° 1 f) do CT), uma vez que o vínculo de trabalho ainda persiste durante os períodos de inactividade; e entende-se também que esta norma é compatível com pactos de exclusividade, desde que objectivamente justificados e adequadamente compensados, nos termos que vimos oportunamente[227].

---

[227] *Supra*, § 18.°, ponto 62.2.

Resta conjugar o regime geral do trabalho intermitente previsto no Código do Trabalho com o regime de trabalho intermitente dos artistas, instituído no âmbito do contrato de trabalho dos profissionais de espectáculos, pela L. n.° 4/2008, de 7 de Fevereiro – o regime de trabalho intermitente, previsto no art. 8.° deste diploma, que foi, aliás, o antecedente histórico do actual regime do trabalho intermitente no Código do Trabalho de 2009.

Sendo a norma do art. 8.° da L. n.° 4/2008, de 7 de Fevereiro, uma norma especial, o regime dela constante prevalece sobre o regime geral deste contrato. As especificidades deste regime especial de trabalho intermitente – que teremos ocasião de aprofundar, a propósito do estudo do contrato de trabalho dos artistas[228] – prendem-se com a delimitação das situações em que é admissível o recurso a estes contratos, com a determinação dos períodos de trabalho efectivo, com a antecedência mínima do aviso prévio, e com o valor das compensações durante os períodos de inactividade.

## 79. **Outras situações**[229]

### 79.1. **Contrato de serviço doméstico**[230]

**I.** Modalidade de contrato de trabalho já prevista e regulada com autonomia no Código Civil de 1867, sob a denominação de «serviço

---

[228] Cfr., *infra*, ponto 79.3.

[229] Para além das situações abaixo descritas, outros vínculos laborais são, entre nós, objecto de regulamentação específica – assim, e a título de exemplo, o contrato de trabalho no sector dos transportes ferroviários, regulado pelo Dec. Regulamentar n.° 381/72, de 9 de Outubro, ou o contrato de trabalho do pessoal dos serviços externos do Ministério dos Negócios Estrangeiros, disciplinado pelo DL n.° 44/99, de 3 de Novembro.

[230] Em especial sobre o contrato de trabalho doméstico, RAÚL VENTURA, *Teoria da Relação Jurídica de Trabalho cit.*, 38 ss., FERNANDA AGRIA, *Serviço Doméstico. Problemas e Soluções*, ESC, 1968, 26, 52-101, J. ACÁCIO LOURENÇO, *Algumas considerações sobre o regime jurídico do trabalho rural e do serviço doméstico, in Estudos sobre temas de Direito do Trabalho*, Lisboa, 1982, 49-58, CARLOS ALEGRE, *Contrato de Serviço Doméstico*, Lisboa, 1994, F. FRAÚSTO DA SILVA, *Sobre a exigência legal de forma escrita para o despedimento no contrato de serviço doméstico*, QL, 2000, 16, 232-237, *Em torno*

doméstico» e como subespécie do contrato de prestação de serviços (arts. 1370.° a 1390.°), o contrato de trabalho doméstico encontra a razão da sua especificidade na conjugação de dois factores: o tipo de funções do trabalhador; e a especificidade da comunidade familiar, enquanto organização laboral.

Por um lado, as funções do trabalhador destinam-se à satisfação de necessidades domésticas e afins do empregador e da sua família, ou agregado equiparado, cuja realização não se coaduna com as regras laborais gerais em matéria de tempo de trabalho.

Por outro lado, o trabalhador doméstico integra-se na comunidade familiar do empregador, de um modo intenso, e que pode ainda densificar-e no caso de o trabalhador residir no domicílio do empregador, sendo certo que esta comunidade tem relevantes especificidades enquanto organização laboral. Ora, esta integração intensa do trabalhador e a especificidade da comunidade familiar não só densificam os elementos de inserção organizacional e de pessoalidade do contrato de trabalho (no caso, a característica da fidúcia é, aliás, particularmente relevante), como permitem o acesso do trabalhador à intimidade da vida privada e familiar do empregador em termos que justificam uma tutela acrescida do próprio empregador[231].

Tanto basta para comprovar a especialidade desta modalidade de contrato de trabalho e, consequentemente, para justificar a sua regulamentação separada.

**II.** Do ponto de vista do regime, suscitaram-se historicamente alguns problemas relativamente a este contrato, já que a LCT reconheceu a sua especificidade e o afastou do seu âmbito de aplicação, prevendo a sua regulamentação especial (art. 5.° do diploma preambular à LCT)[232], mas

---

*do contrato de trabalho doméstico*, ProntDT, 2001, 60, 83-130, e ainda *Serviço doméstico, intimidade e despedimento*, RDES, 2001, 3/4, 215-317, Romano Martinez, *Direito do Trabalho cit.*, 663 ss., e H. G. Santos Alves, *O contrato de trabalho doméstico. Algumas reflexões*, Porto (inédito – UCP, Porto) 2003. Na jurisprudência, entre outros, o Ac. RP de 25/11/2002, CJ, 2002, V, 225, admitindo a celebração deste contrato a tempo parcial. E no direito comparado, Sconamiglio, *Diritto del lavoro cit.*, 128 s.

[231] Em especial sobre este ponto, Fraústo da Silva, *Serviço doméstico, intimidade e despedimento cit.*, 215 ss.

[232] O mesmo sucedeu expressamente com a LDT (art. 4.°).

tal regulamentação só surgiu tardiamente, com o DL n.° 508/80, de 20 de Outubro[233]. Por esta razão, no período intercorrente, a doutrina dividiu-se quanto ao regime a aplicar a este contrato, sustentando alguns autores a sua sujeição às regras do Código de Seabra, mesmo depois do surgimento do CC de 1966, enquanto outros preconizavam a sujeição deste contrato ao regime laboral comum com as necessárias adaptações[234].

Actualmente, o regime do contrato de trabalho doméstico consta do DL n.° 235/92, de 24 de Outubro, que voltou a designá-lo como «contrato de serviço doméstico»[235]. Esta opção quanto à designação do contrato é pouco feliz, uma vez que induz em confusão quanto à sua qualificação, sendo certo que ele tem todos os elementos essenciais do contrato de trabalho (art. 2.° n.° 1 do diploma): a prestação de uma actividade laboral, a retribuição e a subordinação jurídica do prestador. Traços específicos deste contrato, que completam a sua delimitação são, como acima se referiu, o tipo de tarefas que constitui o objecto da prestação laboral (as tarefas domésticas e afins, enumeradas no n.° 1 do art. 2.° deste diploma)[236], a integração do trabalhador num agregado familiar ou equiparado (n.° 2 do art. 1.°), e ainda o carácter regular e não ocasional ou intermitente da actividade desenvolvida (é o que decorre do n.° 3 do art. 1.° do diploma, que procede, por esta via, à delimitação negativa do contrato).

A qualificação do contrato de serviço doméstico não oferece, pois, dúvidas: trata-se de um contrato de trabalho, pela presença dos respectivos elementos essenciais; e é um contrato de trabalho especial, por força dos elementos que o diferenciam do regime laboral comum e que justificaram um regime específico.

---

[233] Diversos outros sistemas regulam também em moldes específicos este contrato – é o que sucede, por exemplo, em Itália (SCONAMIGLIO, *Diritto del lavoro cit.*, 128 s.).

[234] Sobre esta questão, ainda na vigência do Código Civil de Seabra e da LCT de 1937, RAÚL VENTURA, *Teoria da Relação Jurídica de Trabalho cit.*, 41 ss.; e já na vigência do CC de 1966 e da LCT de 1969, por exemplo, J. ACÁCIO LOURENÇO, *Algumas considerações... cit.*, 50 ss., com indicações bibliográficas.

[235] A lei de 1980 tinha adoptado a designação «contrato de trabalho doméstico», tecnicamente mais correcta.

[236] A jurisprudência tem aplicado este critério objectivo de delimitação do contrato de trabalho doméstico, que atende ao tipo de tarefas desempenhadas, como um critério de prevalência, não desqualificando o contrato se, ocasionalmente, o trabalhador desenvolver outras funções – Ac. RLx de 13/05/1992, CJ, 1992, III, 260. Sobre o ponto, CARLOS ALEGRE, *Contrato de Serviço Doméstico cit.*, 20.

**III.** No *regime do contrato de serviço doméstico*, destacamos os seguintes traços de maior especificidade:

- as modalidades do contrato de serviço doméstico são descritas no art. 7 .° do DL n.° 235/92, de 24 de Outubro, podendo o contrato ser a tempo integral ou a tempo parcial e comportar ou não o fornecimento de alimentação e de alojamento ao trabalhador; em caso de fornecimento de alojamento e/ou de alimentação, o art. 8.° prevê a inclusão destas prestações no cômputo da retribuição;
- a aposição de termo resolutivo ao contrato é mais facilitada neste contrato (art. 5.°);
- o período experimental é de 90 dias (art. 8.° n.° 1);
- há algumas especificidades em matéria remuneratória e de compensação por trabalho prestado em dia de descanso semanal ou feriado, bem como no regime do subsídio de Natal (arts. 9.° e ss.);
- as regras da cessação do contrato evidenciam uma menor tutela do trabalhador do que o regime laboral comum, tanto no que se refere às causas de cessação por iniciativa do empregador, que são mais alargadas (arts. 28.°, 29.° e 30.°)[237], como no que respeita às consequências do despedimento ilícito, em que se faz depender a rein-tegração do acordo do empregador (art. 31.°). Uma e outra especificidades encontram a sua justificação na importância acrescida do elemento de pessoalidade neste contrato e nas especificidades da organização familiar na qual o trabalhador se insere.

A qualificação do contrato de serviço doméstico como um contrato de trabalho especial determina a aplicação do regime laboral comum nos aspectos não disciplinados especificamente pelo DL n.° 235/92, de 24 de Outubro – é o que decorre, aliás, expressamente do art. 9.° do CT.

Deve, contudo ter-se em atenção que, com a codificação laboral, alguns aspectos do regime do contrato de trabalho doméstico ficaram um pouco desfasados, na medida em que o seu referente era o regime geral anterior. Na articulação deste diploma com as regras do Código do Trabalho impõe-se pois alguma cautela.

---

[237] Sobre a resolução deste contrato, *vd* por exemplo, o Ac. RP de 15/12/2003, CJ, 2003, V, 243.

### 79.2. Contrato de trabalho rural[238]

**I.** O contrato de trabalho rural enquadra a actividade laboral subordinada na área agrícola, pecuária ou florestal. As especificidades desta actividade, que exigem a adaptação das regras laborais gerais, reportam-se, sobretudo, ao tempo de trabalho e à regularidade da prestação laborativa, já que, como facilmente se compreende, a rigidez das regras comuns não se compadece facilmente com os ritmos naturais próprios desta actividade.

**II.** A especificidade do contrato de trabalho rural levou o art. 5.° do Diploma Preambular da LCT a excluí-lo do seu âmbito de aplicação, o mesmo sucedendo em relação ao Regime da Duração do Trabalho (art. 4.° da LDT).

Na ausência de diploma específico sobre esta matéria, surgiram dúvidas sobre o regime aplicável a este contrato. Estas dúvidas foram aparentemente ultrapassadas pela Lei de Bases da Reforma Agrária (L. n.° 77/77, de 29 de Setembro), cujo art. 58.° estendia ao contrato de trabalho rural as normas laborais gerais, mas vieram, de novo, a surgir com a revogação deste diploma pela L. n.° 108/88, de 26 de Setembro, que não continha uma norma de teor idêntico ao do art. 58.° da L. n.° 77/77[239]. Diplomas laborais posteriores à LCT e à LDT afastaram expressamente o contrato de trabalho rural do respectivo âmbito de incidência – assim, o regime das férias, feriados e faltas (art. 1.° da LFFF) e o regime do trabalho suplementar (art. 1.° do DL n.° 421/83, de 2 de Dezembro) – ao passo que outros o contemplaram expressamente – foi o que sucedeu com o regime da adaptabilidade dos horários, aprovado pela L. n.° 21/96, de 23 de Julho (art. 8.°) e com a L. n.° 73/98, de 10 de Novembro, sobre a

---

[238] Sobre este tema, *vd* J. Acácio Lourenço, *Algumas considerações... cit.*, 49 ss., Menezes Cordeiro, *Manual de Direito do Trabalho cit.*, 537, Jorge Leite, *Observatório Legislativo*, QL, 1996, 8, 194-240 (209 ss.), e Romano Martinez, *Direito do Trabalho cit.*, 659 ss.; na jurisprudência, pode ver-se o Ac. RP de 13/05/2002, CJ, 2002, III, 225, e Ac. REv. de 28/05/2002, CJ, 2002, III, 274. Relativamente ao regime jurídico destes contratos, noutros sistemas jurídicos, pode ver-se, quanto à Alemanha, Söllner, *Grundriß... cit.*, 31, e Montoya Melgar, *Derecho del Trabajo cit.*, 525, quanto ao regime espanhol.

[239] Em especial sobre este ponto, Jorge Leite, *Observatório Legislativo cit.*, 209 ss.

organização do tempo de trabalho (art. 1.° n.° 2). Este quadro normativo atesta as dificuldades de determinação do regime legal aplicável a estes contratos.

Entretanto, foi publicada uma Portaria de Regulamentação do Trabalho que regulou este contrato: a PRT do sector da agricultura, publicada no BTE n.° 21, de 8/06/1979. Esta Portaria ocupa-se da delimitação do trabalho rural e da natureza jurídica do empregador, que pode ser uma pessoa singular ou colectiva (Base II)[240], realça o valor dos usos e costumes locais para determinar o regime aplicável a este contrato em diversos pontos, estabelece fundamentos específicos para a aposição de termo resolutivo a este contrato (Base V e Base VI) e contém ainda diversas remissões para o regime laboral geral.

No quadro actual, deve ter-se em conta que o Código do Trabalho não contém uma norma genérica de exclusão deste contrato do seu âmbito de incidência, ao contrário do que sucedia com a LCT, com a LDT, com a LFFF e com a LTS, que foram, como é sabido, expressamente revogadas pelo Diploma Preambular ao Código. Por outro lado, também na regulação das matérias do tempo de trabalho, do trabalho suplementar e do regime das férias, feriados e faltas, levada a efeito pelo Código – matérias em que são reconhecidas tradicionalmente as maiores especificidades do vínculo de trabalho rural – não se encontram também normas que excluam o trabalho rural do respectivo âmbito de incidência.

Perante este quadro, deve concluir-se que o regime constante do Código do Trabalho é genericamente aplicável ao contrato de trabalho rural. Efectivamente, uma vez que este contrato não dispõe de um regime legal especial, não parece ser de aplicar a norma geral do art. 9.° do CT, que afasta a aplicação das normas do Código que sejam incompatíveis com as especificidades dos contratos sujeitos a regime especial. Contudo, o certo é que a reconhecida especificidade do trabalho subordinado na área da agricultura, pecuária e florestal depõe contra este entendimento.

Por outro lado, da sujeição genérica deste contrato às normas do Código do Trabalho decorre ainda a necessidade de compatibilizar com essas normas o único instrumento normativo específico que dispõe sobre esta figura, e que é a Portaria de Regulamentação do Trabalho de 1979,

---

[240] Sobre o conceito de empresa agrícola para este efeito, *vd* o Ac. RP de 5/03/1990, CJ, 1990, II, 251.

uma vez que, nos termos da regra geral do art. 3.° n.° 2 do CT, as normas do Código não podem ser afastadas por este tipo de instrumento de regulamentação colectiva do trabalho.

Em suma, esta é uma área em que se impõe uma intervenção normativa urgente.

### 79.3. **Contrato de trabalho dos profissionais de espectáculos**[241]

**I.** O contrato de trabalho dos profissionais de espectáculos é um contrato de trabalho especial de grande tradição, cuja regulamentação separada remonta aos anos sessenta do século XX, mas que foi recentemente objecto de um novo regime jurídico, constante da L. n.° 4/2008, de 7 de Fevereiro.

Este diploma permitiu ultrapassar as dúvidas sobre as regras aplicáveis a esta categoria de trabalhadores, uma vez que se mantinham parcialmente em vigor os diplomas que, desde 1960, regulavam esta actividade (o Dec. n.° 43181 e o Dec. n.° 43190, ambos de 23 de Setembro de 1960)[242], mas um outro diploma (o DL n.° 38/87, de 26 de Janeiro) anunciava o propósito de aproximar as regras aplicáveis a estes trabalhadores do regime laboral comum.

A L. n.° 4/2008, de 7 de Fevereiro, foi entretanto alterada pelo diploma de regulamentação do Código do Trabalho de 2009 (L. n.° 105/ /2009, de 14 de Setembro), que lhe aditou um artigo (art. 10.°– A), com vista à admissão da figura do contrato de trabalho a termo de muito curta duração no âmbito destas actividades.

---

[241] Sobre o regime do contrato de trabalho dos artistas, Rosário Palma Ramalho, *Contrato de trabalho dos profissionais de espectáculos... cit.*, *passim*, e Júlio Gomes, *Da fábrica à fábrica de sonhos – primeiras reflexões swobre o regime do contrato de trabalho dos profissionais de espectáculos, in Liberdade e Compromisso*, II (*Estudos em Homenagem ao Professor Mário Fernando de Campos Pinto,* Lisboa, 2009, 247-280; quanto a este figura no âmbito dos regimes anteriores ao actual, Bernardo Xavier, *Contratos de trabalho dos profissionais de espectáculos (direito aplicável)*, RDES, 1986, 103-139. Já equacionando este contrato no âmbito do DL 38/87, pode ver-se Menezes Cordeiro, *Manual de Direito do Trabalho cit.*, 538; e quanto ao regime actual,

[242] Ponto 8 do Preâmbulo do diploma.

**II.** A razão da qualificação deste contrato como um contrato de trabalho especial prende-se com a própria prestação laboral, não só pelo facto de se consubstanciar numa actividade artística (o que pode exigir uma configuração especial dos deveres do trabalhador e do empregador e suscitar problemas de autoria da obra intelectual ou artística, por exemplo), mas também porque esta actividade está ligada à produção e organização de espectáculos públicos (o que passa por uma indexação à temporada de espectáculos e pela adaptação das regras laborais comuns nas matérias relativas ao tempo e ao local de trabalho e aos contratos a termo, entre outros).

O novo regime jurídico deste contrato tenta lidar com estas especificidades da actividade artística prestada em moldes subordinados e no contexto de um espectáculo público.

As mais importantes especificidades da L. n.° 4/2008, de 7 de Fevereiro, prendem-se, por um lado, com a delimitação do contrato para a prestação de actividade em espectáculos públicos e com as modalidades que tal contrato pode revestir; e, por outro lado, com os aspectos relativos à forma do contrato, aos direitos e deveres das partes, ao tempo e ao local de trabalho, aos direitos de propriedade intelectual sobre a obra artística e à cessação do contrato por inaptidão superveniente do trabalhador para continuar a actividade.

**III.** No que se refere à delimitação do contrato desta categoria de trabalhadores, rege o art. 1.° da L. n.° 4/2008.

Nos termos desta norma, o contrato de trabalho dos artistas é delimitado pela conjugação do critério da actividade prestada (que tem que ser uma actividade artística desenvolvida com regularidade, sendo estas actividades enumeradas exemplificativamente no n.° 2 deste artigo), e o critério da destinação dessa actividade (que tem que ser um espectáculo público, que é definido no n.° 3 do mesmo artigo). A lei presume que a actividade é exercida de forma regular quando o trabalhador esteja inscrito em registo administrativo próprio destas actividades (art. 3.° n.$^{os}$ 1 e 2), mas não deve, quanto a nós, confundir-se este requisito de regularidade com a exigência de que a actividade seja exercida a título exclusivo ou sequer como actividade principal do trabalhador – contra esta limitação sempre deporia o princípio geral da admissibilidade do pluriemprego.

Por outro lado, resulta da norma que o regime da L. n.° 4/2008 só se aplica às actividades artísticas e não às actividades técnicas associadas à produção e realização de espectáculos públicos – o que é uma solução diferente da do regime anterior[243]. Contudo, embora o diploma não seja genericamente aplicável aos contratos destes trabalhadores, são-lhes extensíveis as regras por ele dispostas em matéria de tempo e de local de trabalho (art. 1.° n.° 5 do diploma, que manda aplicar a estes trabalhadores as regras constantes dos arts. 12.° a 17.°), uma vez que nestas matérias se justifica a introdução de desvios ao regime laboral comum.

**IV.** No que respeita às modalidades de contrato de trabalho para a prestação de actividade artística, salientam-se, em primeiro lugar, os desvios do regime constante deste diploma em matéria de contrato de trabalho a termo e ainda a consagração das figuras do trabalho intermitente e do trabalho em grupo, que não tinham até ao momento sido acolhidas no nosso ordenamento jurídico-laboral.

No que se refere ao contrato de trabalho a termo, assinalam-se as seguintes especificidades, constantes dos arts. 5.° e 7.° da L. n.° 4/2008, de 7 de Fevereiro:

i) Relativamente à fundamentação do contrato a termo, que pode ser certo ou incerto, o desempenho da actividade artística (i.e., de uma das actividades qualificadas como tal pelo art. 1.° n.° 2 do diploma, ou de uma actividade similar, desde que exercidas com regularidade) é, em si mesmo, um fundamento objectivo para a celebração do contrato a termo ao abrigo deste diploma, não cabendo assim recorrer à cláusula geral do art. 140.° n.° 1 do CT, nem às situações taxativas de admissibilidade estabelecidas pelo art. 140.° n.° 3 do CT, respectivamente no caso de aposição de um termo certo ou de um termo incerto ao contrato. Por outras palavras, desde que o objecto do contrato seja a prestação de uma actividade artística regular e destinada a um espectáculo público, as partes podem escolher a modalidade de contrato que entenderam, optando livremente pela celebração de um contrato de trabalho por tempo indeterminado ou a termo, e, no âmbito deste último, pela aposição de um termo certo ou

[243] O § 1.° do art. 1.° do Dec. n.° 43190, de 23 de Setembro de 1960, incluía na lista de profissionais a sujeitar ao respectivo regime jurídico, os pontos, os contra-regras, os maquinistas e os respectivos ajudantes.

incerto ao contrato. Há, pois, neste regime, uma abertura à contratação laboral a termo no sector das artes, que contraria a tendência restritiva da lei laboral geral relativamente a esta modalidade de contrato de trabalho e que se justifica pela especificidade da actividade artística e pelo carácter estruturalmente temporário dos espectáculos públicos.

ii) Relativamente à duração do contrato a termo certo e às suas renovações assinala-se a maior liberdade das partes no estabelecimento da duração do contrato (art. 7.° n.° 2 da L. n.° 4/2008), desde que respeitando o limite máximo de oito anos (art. 7.° n.° 3)[244]. Também nada parece impedir que esta duração máxima seja obtida num único período contratual ou através de renovações sucessivas de um contrato, cuja duração foi, inicialmente, fixada para o um período mais curto, mas a regra é a não renovação automática do contrato (art. 7.° n.° 2, *in fine*). Por fim, não é aplicável a regra geral da proibição dos contratos sucessivos (art. 7.° n.° 3).

iii) Na sequência da alteração à L. n.° 4/2008, introduzida pela L. n.° 105/2009, de 14 de Setembro, a lei permite também a celebração de contrato de trabalho a termo de muito curta duração para a prestação de actividade artística de duração não superior a uma semana (art. 10.°-A) – é a extensão ao domínio do trabalho artístico da figura geral dos contratos de trabalho a termo de muito curta duração, introduzida pelo Código do Trabalho de 2009 no art. 142.°.

iv) Por fim, assinala-se o regime diferente deste contrato em matéria de férias, prevendo-se, como regra geral supletiva, o seu gozo antes da cessação do contrato mesmo que o contrato dure mais do que seis meses (art. 7.° n.° 4 da L. n.° 4/2008).

**V.** As maiores novidades deste regime jurídico residem na previsão das figuras do trabalho intermitente e do trabalho em grupo, neste sector de actividade.

---

[244] Esta duração máxima de oito anos tem paralelo, por exemplo, no regime do contrato de trabalho desportivo, que pode também estender-se até um máximo de oito épocas – art. 8.° n.° 1 da L. n.° 28/98, de 26 de Junho. Contudo, no caso da actividade artística, este limite é um pouco arbitrário e carece de justificação objectiva.

O art. 8.° da L. n.° 4/2008, de 7 de Fevereiro, permite o acordo das partes com vista à *prestação da actividade artística em moldes intermitentes*, sempre que os espectáculos públicos não apresentem carácter de continuidade. Este regime pressupõe um contrato de trabalho por tempo indeterminado e pode ser instituído por ocasião da celebração deste contrato ou já na sua vigência e quer em moldes temporários quer a título definitivo (art. 8.° n.° 2). Trata-se, obviamente, de uma solução que procura conjugar o carácter estruturalmente transitório dos espectáculos públicos com a maior protecção do trabalhador que é dada pela titularidade de um vínculo de trabalho por tempo indeterminado.

O regime de trabalho artístico intermitente assenta na distinção entre tempos de trabalho efectivo e tempos de não trabalho: os primeiros correspondem ao tempo de duração, promoção e preparação do espectáculo público, e aos tempos de deslocação para esses espectáculos, quando itinerantes (art. 8.° n.° 3); os segundos correspondem aos períodos de inactividade do trabalhador (por exemplo, o período em que o actor de teatro não integra o elenco de actores da peça que está em cena).

Desta distinção decorrem consequências regimentais. Assim, nos períodos de trabalho efectivo o contrato executa-se nos moldes comuns; já nos períodos de inactividade, os direitos, deveres e garantias das partes que pressupõem a prestação de trabalho suspendem-se (art. 8.° n.° 5), mas acautelaram-se alguns interesses específicos como a manutenção da disponibilidade do trabalhador (art. 8.° n.° 4), o direito do trabalhador a uma compensação e aos demais complementos retributivos (alínea a) e b) do n.° 6 do art. 8.°) e o direito do trabalhador a exercer outras actividades (alínea c) do n.° 6 do art. 8.°).

O regime do trabalho intermitente no sector das artes foi a primeira experiência de consagração jurídica desta figura no nosso ordenamento juslaboral. Com a subsequente previsão da figura do trabalho intermitente em termos gerais no Código do Trabalho de 2009 (arts. 157.° a 160.°), coloca-se a questão da compatibilização dos dois regimes. Sendo o regime do art. 8.° da L. 4/2008 um regime especial, uma vez que a disciplina do trabalho intermitente aqui explanada vai ao encontro das características específicas da actividade em causa, ele prevalece, naturalmente, sobre a disciplina geral do trabalho intermitente constante do Código do Trabalho.

**VI.** Sem consagração no plano normativo até agora, a figura do *trabalho em grupo* já era referida na nossa doutrina juslaboral por autores como Raúl Ventura (sob a denominação de «trabalho de esquadra»[245]), para designar a situação em que o trabalho é desenvolvido por um conjunto de trabalhadores, dependendo o respectivo êxito da articulação entre os trabalhadores do grupo.

As artes constituem um universo especialmente vocacionado para o trabalho em grupo porque muitas actividades artísticas desenvolvidas em regime de subordinação envolvem um conjunto de trabalhadores actuando em articulação – é o caso da orquestra ou dos coros, da companhia de bailado ou de teatro, ou dos actores de uma peça de teatro, de um filme ou de um espectáculo televisivo. Parece ter sido para dar resposta a estas situações que o art. 9.° da L. n.° 4/2008, de 7 de Fevereiro, veio prever a figura do contrato de trabalho para o exercício de actividade artística em grupo, sob a designação de «pluralidade de trabalhadores»[246].

Os aspectos mais relevantes do regime jurídico do trabalho artístico em grupo referem-se à celebração do contrato, à sua execução e à sua cessação.

Assim, quanto à celebração do contrato é de assinalar a simplificação dos procedimentos contratuais, uma vez que o contrato pode ser celebrado directamente entre o empregador e um representante dos trabalhadores (o chefe do grupo), nos termos do art. 9.° n.° 2. Esta celebração pressupõe a prévia outorga de poderes de representação ao chefe do grupo pelos trabalhadores, para o que a lei exige um instrumento escrito (art. 9.° n.° 3);

---

[245] R. Ventura, *Teoria da Relação Jurídica de Trabalho cit.*, I, Porto, 1944, 301, e ainda *Notas sobre algumas modalidades de contrato de trabalho*, RFDUL, 1948, V, 253-258 (253).

[246] Com esta designação parece estabelecer-se um lugar paralelo com a figura da pluralidade de empregadores, prevista no art. 101.° do CT. Contudo, é uma designação pouco rigorosa já que este grupo de trabalhadores, que é contratado em conjunto para desenvolver a actividade artística (por exemplo, a orquestra, o grupo teatral ou a companhia de bailado) nada tem a ver com a realidade dos grupos empresariais ou societários ou dos grupos de empregadores, com estruturas organizativas comuns, que subjaz à figura da pluralidade de empregadores. Para mais desenvolvimentos sobre a figura da pluralidade de empregadores, *vd* Rosário Palma Ramalho, *Direito do Trabalho cit.*, I, 341 ss., e ainda *Grupos Empresariais e Societários cit.*, 307 ss., 375 ss., 465 ss., 581 ss., 638 ss. e *passim*.

o contrato deve ainda mencionar expressamente cada um dos trabalhadores do grupo (art. 9.° n.° 2 e art. 10.° n.° 5).

Por outro lado, embora seja celebrado num único instrumento, o contrato de trabalho em grupo determina o surgimento de tantos vínculos laborais quantos os elementos do grupo (art. 9.° n.° 5) – é um aspecto que inere ao elemento da subordinação jurídica, que só pode reportar-se a uma pessoa singular. Em consonância com esta pluralidade de vínculos laborais, os poderes e os deveres do empregador ao longo da execução do contrato exercem-se também de forma independente em relação a cada trabalhador membro do grupo.

Por fim, assinala-se a relativa independência destes vínculos no que toca à respectiva cessação por motivo atinente ao trabalhador. Assim, as situações de impossibilidade de continuação do vínculo relativas a cada trabalhador do grupo não afectam a continuação do contrato com os demais membros do grupo, a não ser que da falta daquele elemento resulte a impossibilidade de continuação da actividade pelo próprio grupo (art. 9.° n.° 7).

**VII.** Cabe ainda reter as seguintes *especificidades do regime do contrato de trabalho especial dos profissionais de espectáculos*:

- o art. 10.° da L. 4/2008 consagra a regra da forma escrita para a celebração deste contrato, em qualquer das suas modalidades; apenas se exceptua desta regra o caso do contrato de trabalho a termo de muito curta duração, que não carece de ser reduzido a escrito, mas cuja celebração tem que ser comunicada pelo empregador ao serviço de segurança social competente, com as referências exigências no art. 10.°-A (é um regime semelhante ao do art. 142.° do CT e que tem a mesma justificação);
- o art. 11.° realça, como deveres especial dos artistas, o dever de diligência na realização do espectáculo público e o dever de colaboração com os colegas em caso de prestação conjunta; e como dever do empregador, o dever de ocupação efectiva do trabalhador;
- os arts. 12.° a 17.° consagram diversas regras especiais em matéria de tempo e de local de trabalho, que são também aplicáveis ao pessoal técnico e auxiliar do espectáculo, por força do art. 1.° n.° 5;
- o art. 18.° estabelece uma regra especial em matéria de direitos de autor da obra artística;

– o art. 19.° consagra um regime especial de reclassificação do trabalhador, como alternativa à cessação do contrato de trabalho por caducidade, em caso de inaptidão superveniente absoluta para o exercício da profissão por motivo decorrente das características da própria actividade artística.

### 79.4. **Contrato de trabalho a bordo**[247]

**I.** O trabalho subordinado prestado a bordo, quer de embarcações de pesca, quer no sector da marinha de comércio, corresponde também a uma categoria especial de vínculos laborais.

A especificidade deste trabalho decorre da prestação, em si mesma considerada (o trabalho numa embarcação, cuja necessária continuidade exige a adaptação das regras laborais gerais em diversas matérias), e do contexto da sua execução (pelo contacto ininterrupto entre o chefe da embarcação e os marítimos e destes entre si, são especialmente intensos os respectivos laços mas há também um reforço dos poderes laborais na embarcação, o que se justifica ainda por razões de segurança geral da embarcação e da respectiva tripulação).

A especificidade dos contratos de trabalho a bordo (também designados como *contratos de matrícula*) foi tradicionalmente reconhecida no nosso sistema jurídico – aliás como noutros países[248] – remontando os respectivos regimes jurídicos às décadas de sessenta e setenta do século passado, respectivamente quanto à regulamentação da profissão dos tra-

---

[247] Sobre este tema, pode ver-se A. MENEZES CORDEIRO, *Direito Marítimo. Cessão de exploração de um navio. Contrato de trabalho a bordo. Particular responsabilidade civil marítima emergente da matrícula*, CJ, 1988, III, 34-47, e ROMANO MARTINEZ, *Direito do Trabalho cit.*, 677 s. Sobre o contrato de trabalho a bordo na jurisprudência, *vd* o Ac. STJ de 9/02/1994, CJ (STJ), 1994, I, 288, o Ac. RC de 10/04/1997, CJ, 1997, II, 70, e o Ac. RP de 10/11/1997, CJ, 1997, V, 245.

[248] Estes vínculos de trabalho são também objecto de regulamentação especial, por exemplo, na Alemanha (SÖLLNER, *Grundriß... cit.*, 30 s.), e na Itália, que regula também separadamente o trabalho subordinado a bordo de aeronaves (SCONAMIGLIO, *Diritto del lavoro cit.*, 126 s.). Também em Espanha há normas específicas sobre o trabalho a bordo de embarcação e de aeronave (MONTOYA MELGAR, *Derecho del Trabajo cit.*, 525).

balhadores marítimos da pesca (DL n.° 45 968 e DL n.° 45 969, ambos de 15 de Outubro de 1964)[249] e dos trabalhadores da marinha mercante (DL n.° 74/73, de 1 de Março, com as alterações introduzidas pelo DL n.° 104/89, de 6 de Abril). O regime jurídico do contrato de trabalho a bordo de embarcações de pesca consta actualmente da L. n.° 15/97, de 31 de Maio[250].

**II.** O regime do contrato de trabalho a bordo de embarcações de pesca, que consta da L. n.° 15/97, de 31 de Maio, desvia-se do regime laboral geral em diversas matérias, das quais destacamos as seguintes:

- os fundamentos para a celebração do contrato a termo certo ou incerto são os que constam do art. 5.° deste diploma;
- o contrato sujeita-se sempre à forma escrita, mas a falta de forma é sempre imputável ao armador (art. 6.°);
- é expressamente prevista a delegação dos poderes laborais do armador no comandante ou no mestre da embarcação, quando a bordo (art. 9.°);
- o local de trabalho será qualquer embarcação do armador (art. 11.°);
- há especificidades quanto ao regime do período normal de trabalho, do descanso diário e do trabalho suplementar quando a embarcação estiver no mar, bem como no que se refere ao trabalho prestado em dias de descanso, incluindo ao nível do respectivo pagamento (arts. 17.° e ss.);
- o regime da retribuição comporta também especificidades (arts. 27.° ss.).

---

[249] A LCT reconheceu a especificidade destes contratos no art. 8.° do Diploma Preambular, sancionando assim o regime especial destes diplomas, que lhe é anterior. O mesmo sucedeu com a LDT (art. 3.° n.° 3), com a LTS (art. 1.°), com a LFFF (art. 1.°) e com a L. n.° 21/96, de 23 de Julho, que estabeleceu o regime da adaptabilidade dos horários (art. 8.°).

[250] Sobre esta matéria devem ainda ter-se em conta os seguintes diplomas: DL n.° 116/97, de 12 de Maio, e Port. n.° 356/98, se 24 de Junho, sobre segurança e saúde no trabalho a bordo; DL n.° 384/99, de 23 de Setembro, que aprova o regime jurídico da tripulação do navio; e o DL n.° 280/2001, de 23 de Outubro, sobre o regime jurídico da profissão de marítimo.

### 79.5. **Contrato de trabalho portuário**[251]

**I.** O contrato de trabalho portuário é, como o nome indica, aquele que tem por objecto a prestação da actividade de carga e descarga de navios ou outras embarcações nos portos. A especificidade deste contrato decorre da prestação laboral, que envolve a sujeição do trabalhador à autoridade do porto, mas passa por operações sucessivas de cedência do seu trabalho aos capitães dos navios que atracam no porto – trata-se, pois, de um vínculo triangular[252].

O regime deste contrato de trabalho especial e o regime da actividade portuária encontram-se dispersos por vários diplomas: o DL n.° 280/93, de 13 de Agosto, estabelece o regime jurídico do trabalho portuário; o DL n.° 298/93, de 28 de Agosto, estabelece o regime jurídico da actividade portuária; e o DReg. n.° 2/94, de 28 de Janeiro, ocupa-se, em particular, da operação de cedência destes trabalhadores[253].

**II.** Do ponto de vista estrutural, o vínculo de trabalho portuário tem semelhanças com o vínculo de trabalho temporário, uma vez que envolve três entidades[254]: a empresa de trabalho portuário, entidade cuja função consiste na cedência dos trabalhadores portuários para o exercício de tarefas de movimentação de cargas (art. 2.° c) e arts. 8.° ss. do DL n.° 280/93, bem como arts. 8.° ss. do DReg. n.° 4/94) ou a autoridade portuária (art. 2.° h) do DL n.° 280/93); o trabalhador portuário, que pode ser oriundo do

---

[251] Sobre o tema do trabalho portuário, *vd* Menezes Cordeiro, *Manual de Direito do Trabalho cit.*, 537; Rosário Palma Ramalho, *Do Fundamento do Poder Disciplinar Laboral cit.*, 242 ss., e Romano Martinez, *Direito do Trabalho cit.*, 709 s., e A. Nunes de Carvalho, *Trabalho portuário: especificidades, evolução histórica e regime actual, in Liberdade e Compromisso*, II (*Estudos em Homenagem ao Professor Mário Fernando de Campos Pinto,* Lisboa, 2009, 149-212. Na jurisprudência, *vd,* entre outros, o Ac. STJ de 6/06/1993, CJ (STJ), 1993, II, 292, o Ac. RLx. de 26/11/1997, CJ, 1997, V, 164, o Ac. STJ de 10/05/2001, DR I S. de 15/06/2001, e o Ac. RLx. de 9/06/2004, CJ, 2004, III, 163.

[252] Sobre este contrato, *vd* o Ac. RLx. de 9/06/2004, CJ, 2004, III, 163, debruçando-se sobre o regime aplicável aos trabalhadores portuários, e, designadamente, sobre o carácter triangular do vínculo que se estabelece entre estes trabalhadores, o utilizador dos seus serviços e a empresa de trabalho portuário (que o Tribunal qualifica como o empregador).

[253] Para mais desenvolvimentos sobre o regime jurídico deste contrato e respectivas especificidades, M. R. Palma Ramalho, *Do Fundamento... cit.,* 242 ss.

[254] *Supra,* neste parágrafo, ponto 74.

contingente comum do porto ou estar vinculado à empresa de trabalho portuário, e desenvolve a actividade de movimentação de cargas e descargas no porto (art. 2.° a) do DL n.° 280/93); e as entidades às quais são cedidos os serviços do trabalhador portuário, que podem ser as empresas de estiva (art. 2.° g) e arts. 7.° ss. do DL n.° 298/93, e ainda art. 2.° do DReg. n.° 2//94) ou outros utentes de áreas portuárias.

A operação de cedência dos trabalhadores portuários (disciplinada pelo DReg. n.° 2/94, de 28 de Janeiro) é titulada por um contrato de utilização (art. 10.° do DReg. n.° 2/94) e, tal como sucede no trabalho temporário, observa-se aqui, em maior ou menor grau, um desdobramento dos poderes laborais, com a atribuição do poder directivo à entidade que utiliza os serviços do trabalhador portuário, mas mantendo-se o poder disciplinar na esfera do empregador.

### 79.6. **Contrato de trabalho do praticante desportivo e de formação desportiva**[255]

**I.** Tendo visto a sua especificidade reconhecida mais recentemente, tanto entre nós como noutros sistemas[256], o vínculo de trabalho desportivo

---

[255] Entre a abundante literatura que nos últimos anos tem sido publicada, entre nós, sobre o contrato de trabalho desportivo, pode ver-se, de J. Leal Amado, *O DL n.° 305/95, a relação laboral desportiva e a relação laboral comum,* QL, 1995, 6, 187-192, *Contrato de Trabalho Desportivo Anotado*, Coimbra, 1995, *Caso Bosman e a «Indemnização de promoção ou valorização» (art. 22.° n.° 2 do DL 405/95, de 18-11)*, QL, 1996, 7, 3-17, *Vinculação* versus *Liberdade. O Processo de Constituição e Extinção da Relação Laboral do Praticante Desportivo cit.*, ,entre os diversos títulos deste autor dedicados ao tema, de A. Mendes Baptista, *É o regime laboral comum aplicável aos contratos entre clubes e treinadores profissionais?*, RMP, 1999, 80, 129 ss., *Breve apontamento sobre as cláusulas de rescisão,* RMP, 2002, 91, 140 ss., e ainda *Grupo normal de trabalho. Equipas B e dever de ocupação efectiva do praticante desportivo, in Estudos de Homenagem ao Prof. Doutor Raúl Ventura,* II, Coimbra, 2002, 819-832, Romano Martinez, *Direito do Trabalho cit.*, 717 ss., J. Zenha Martins, *Mobilidade dos Futebolistas Profissionais. Contributo para o Estudo do Contrato de Trabalho Desportivo*, Lisboa (FDL, inédito), 2005, e, deste mesmo autor, *A vinculação laboral desportiva e os pactos de opção, in Liberdade e Compromisso*, II (*Estudos em Homenagem ao Professor Mário Fernando de Campos Pinto,* Lisboa, 2009, 321-378, e A. Mendes Baptista, *Pacto de opção, contrato de trabalho desportivo e o Acórdão da Comissão Arbitral Paritária de 28 de Março de 2008, in Liberdade e Compromisso*, II (*Estudos em Homenagem ao Professor Mário*

enquadra a prática desportiva profissional em moldes subordinados, bem como a formação na área do desporto.

O vínculo de trabalho associado à actividade desportiva tem sido objecto de um interesse renovado nos últimos anos, não apenas pelo relevo crescente dos interesses económicos associados ao desporto profissional, mas também na sequência da jurisprudência comunitária, que se pronunciou sobre as regras da cedência e transferência dos trabalhadores desportivos, apreciando a respectiva conformidade com o princípio comunitário da livre circulação de trabalhadores (*Ac. Bosman*, de 15 de Dezembro de 1995)[257].

**II.** No nosso sistema, este vínculo foi regulado em moldes especiais pelo DL n.° 305/95, de 18 de Novembro, posteriormente substituído pela L. n.° 28/98, de 26 de Junho, já aprovada na sequência do *Ac. Bosman* e que constitui o seu regime actual. Este regime distingue entre o *contrato de trabalho do praticante desportivo*, que enquadra o desporto profissional desenvolvido em moldes subordinados e envolvendo a participação em competições desportivas (art. 2.° a) do diploma) e o *contrato de formação desportiva* (arts. 31.° ss.). Este regime não se aplica aos treinadores desportivos, suscitando-se, aliás, algumas dúvidas sobre o regime a que se sujeitam estes trabalhadores[258].

Relativamente ao caso específico dos futebolistas profissionais, deve ainda ter-se em conta a CCT publicada no BTE, n.° 33, I Série, de 8/09/1999.

**III.** A especificidade da actividade desportiva e de formação desportiva levou à consagração de regras especiais em diversas matérias, na

---

*Fernando de Campos Pinto)*, Lisboa, 2009, 51-78. A jurisprudência tem-se também já pronunciado sobre esta matéria – *vd*, entre outros, Ac. RLx. de 3/12/1996, CJ, 1996, V, 120, Ac. STJ de 10/02/1998, CJ (STJ), 1998, I, 56, Ac. STJ de 26/05/1998 (Proc. n.° 5039) (www.dgsi.pt), Ac. STJ de 6/05/2000, BMJ 497-251.

256 Assim, quanto ao sistema italiano, SCONAMIGLIO, *Diritto del lavoro cit.*, 127.

257 Especificamente sobre este tema, LEAL AMADO, *Caso Bosman e a «Indemnização de promoção ou valorização» cit.*, 3 ss.

258 Sobre este ponto, Ac. STJ de 9/06/2004, CJ (STJ), 2004, II, 271, e ainda o Ac. RLx. de 11/11/2009, www.dgsi.pt, este último defendendo que a lacuna legislativa nesta matéria deve, apesar de tudo, ser integrada com recurso à aplicação do regime do contrato de trabalho desportivo, por analogia.

L. n.° 28/98, de 18 de Novembro. Entre essas regras, destacamos as seguintes, relativamente ao contrato de trabalho do praticante desportivo:

- este contrato é sempre celebrado a termo e o seu regime apresenta diversos desvios em relação ao regime laboral comum do contrato a termo, designadamente em matéria de duração – com o mínimo de um ano ou do período correspondente a uma época e o máximo de oito anos (art. 8.° n.° 1) – e de renovações, que não são, por princípio, automáticas; também as soluções gerais de conversão dos contratos a termo em contratos por tempo indeterminado são de considerar inaplicáveis a este contrato, porque depõem contra a sua natureza necessariamente temporária;
- estes contratos obedecem obrigatoriamente à forma escrita, contendo ainda certas menções obrigatórias (art. 5.°);
- as federações desportivas interferem na formação destes contratos, procedendo, designadamente, ao respectivo registo (art. 6.°);
- os trabalhadores têm alguns deveres especiais, designadamente com o objectivo de assegurar a sua boa condição física (art. 13.°), mas têm também o direito à ocupação efectiva (alínea a) do art. 12.°)[259];
- o período experimental apresenta especificidades (art. 11.°), assim como as regras sobre o tempo de trabalho (art. 15.°) e sobre a retribuição (art. 14.°);
- há regras específicas sobre a cedência e a transferência destes trabalhadores (arts. 19.° e 20.°), que limitam a liberdade de circulação destes trabalhadores, bem como a sua liberdade de trabalho, no final do contrato.

O contrato de formação desportiva é disciplinado nos arts. 31.° ss. da L. n.° 28/98, de 18 de Novembro.

---

[259] Efectivamente, foi no âmbito do trabalho desportivo que, pela primeira vez, foi admitido expressamente entre nós o direito dos trabalhadores a serem efectivamente ocupados pelo empregador, o que foi então justificado pela importância dos danos que a inacção destes trabalhadores pode trazer para a sua actividade e para a sua carreira profissional. Sobre o ponto, MENDES BAPTISTA, *Grupo normal de trabalho. Equipas B e dever de ocupação efectiva do praticante desportivo cit*. Como é sabido, com o Código do Trabalho de 2003 este dever ganhou um alcance genérico e é hoje configurado como uma das garantias do trabalhador (art. 129.° n.° 1 b) do CT de 2009).

### 79.7. Contrato de trabalho em funções públicas[260]

#### 79.7.1. Evolução geral

**I.** O contrato de trabalho no âmbito da Administração Pública corresponde a uma situação híbrida, cuja especificidade decorre, no caso, da qualidade do empregador, que é o Estado ou outra pessoa colectiva pública, integrada no âmbito da administração directa ou indirecta, central, regional ou local.

Esta natureza pública do empregador e a necessidade de conciliação de interesses laborais e públicos neste vínculo justificam as significativas especificidades regimentais desta figura. Tais especificidades são, na verdade, hoje, de tal ordem, que dificultam a qualificação deste vínculo como um contrato de trabalho especial.

O contrato de trabalho na Administração Pública foi formalmente reconhecido como um contrato de trabalho especial em 2004, com a instituição de um regime jurídico específico pela L. n.° 23/2004, de 22 de Junho. Este regime introduziu profundas alterações na filosofia da contratação laboral por parte do Estado e das pessoas colectivas públicas.

Contudo, mercê de uma reorientação política global em matéria de vinculação para o exercício de funções públicas, este regime foi, entretanto, objecto de rápidas e profundas alterações, introduzidas por via indirecta através do novo *Regime Jurídico da Mobilidade dos Funcionários e Agentes da Administração Pública*, aprovado pela L. n.° 53/2006, de 7 de Dezembro. Posteriormente, a L. n.° 12-A/2008, de 27 de Fevereiro (LVCR) determinou o alargamento profundo da contratação laboral em ambiente público e veio a determinar o surgimento de um novo regime nesta matéria – é o *Regime do Contrato de Trabalho em Funções Públicas (LCTFP),* aprovado pela L. n.° 59/2008, de 11 de Setembro. Este regime, que entrou em vigor em 1 de Janeiro de 2009 (art. 23.° da L. n.° 59/2008), veio substituir globalmente a L. n.° 23/2004, de 22 de Junho da qual apenas persistem em vigor alguns preceitos.

---

260 Sobre este tema, ROSÁRIO PALMA RAMALHO / PEDRO MADEIRA DE BRITO, *Contrato de Trabalho na Administração Pública. Anotação à L. n.° 23/2004, de 22 de Junho cit.*, e ROSÁRIO PALMA RAMALHO, *O contrato de trabalho na Reforma da Administração Pública,* QL, 2005, 24, 121-136.

Para compreender os traços essenciais do novo regime jurídico do contrato de trabalho em funções públicas, é útil recordar brevemente a evolução desta matéria no nosso ordenamento jurídico.

**II.** O sistema jurídico português foi, até há poucos anos, muito pouco aberto à contratação laboral por parte do Estado ou de outras pessoas colectivas públicas, em consonância com a visão publicista tradicional de estrita separação entre os vínculos de trabalho privado e de serviço público, de acordo com a qual os vínculos de serviço público se constituem, necessariamente, através de um acto público de nomeação ou de um contrato administrativo de provimento.

Esta perspectiva tradicional fez com que o recurso à contratação laboral no âmbito da Administração Pública fosse admitido apenas nos seguintes moldes:

- no sector empresarial do Estado, não havia restrições significativas ao nível da constituição e da regulação dos vínculos laborais, cujo regime se pauta globalmente pelas regras laborais comuns, tanto no que se refere à disciplina do contrato de trabalho como no domínio das situações juslaborais colectivas[261].
- nas restantes pessoas colectivas públicas que integram a administração indirecta do Estado (com destaque para os institutos públicos), o recurso à contratação laboral dependia de autorização expressa nas respectivas leis orgânicas e era considerado excepcional;
- no âmbito da administração directa, a contratação laboral limitava-se à figura do contrato a termo, que era prevista, em moldes excepcionais e com um regime substancialmente diferente do regime comum do contrato a termo, nos arts. 18.° a 21.° do DL n.° 427/89, de 7 de Dezembro, com as alterações introduzidas pelo DL n.° 218/98, de 17 de Julho.

---

[261] Esta tendência de aproximação do regime aplicável aos vínculos de trabalho no seio das empresas públicas ao regime laboral comum encontra-se já no DL n.° 260/76, de 8 de Abril (que estabeleceu as bases gerais das empresas públicas) e cujo art. 30.° determinava a sujeição genérica do estatuto do respectivo pessoal ao regime laboral comum, com algumas particularidades, aplicáveis às empresas que explorassem serviços públicos. Sobre este ponto, com desenvolvimentos, J. Acácio Lourenço, *As Relações de Trabalho nas Empresas Públicas*, Coimbra, 1984, 52 ss. e 56 ss. Com a redefinição do sector empre-

Esta perspectiva restritiva sobre a contratação laboral no sector público não só contrariava as tendências para a denominada *privatização do emprego público*, que se têm vindo a impor noutros sistemas jurídicos[262] e também entre nós, quanto a outras valências do fenómeno[263], como veio, na prática, a ter efeitos perversos.

Entre tais efeitos, destacam-se a utilização das permissões de contratação laboral nos institutos públicos muito para além da vocação pontual para que foram concebidas, o recurso generalizado à contratação laboral a termo na administração directa, também para além do preenchimento de necessidades urgentes e transitórias dos serviços que a fundamentam legalmente e ao abrigo de um regime jurídico que é menos exigente para o empregador Estado do que para o empregador privado[264], e, por fim, uma significativa insegurança dos trabalhadores quanto ao regime jurídico a que se encontram sujeitos, tanto mais que, com frequência, desempenham tarefas em tudo idênticas às dos trabalhadores públicos. Na última década, estes efeitos perversos foram ainda agravados pelas restrições no acesso à função pública, pela via tradicional da nomeação ou do contrato

---

sarial do Estado pelo DL n.° 558/99, de 17 de Dezembro, esta tendência consolidou-se: nos termos do art. 16.° deste diploma, o pessoal das empresas públicas passou a reger-se pelo regime geral do contrato de trabalho e a contratação colectiva segue também as regras gerais. Esta uniformização de regimes não obsta, evidentemente, à persistência temporária de regimes diferentes para os trabalhadores que acompanharam a alteração da natureza jurídica de algumas destas entidades e para os novos trabalhadores.

262 Assim, por exemplo, em Itália (Sconamiglio, *Diritto del lavoro cit.*, 129 ss.).

263 Já tendo oportunamente equacionado estas tendências, a propósito do carácter expansionista do Direito do Trabalho, para aí se remete – cfr., *Direito do Trabalho I*, § 3.°, pontos 6.1.IV. e 6.6.III. Em geral sobre estas tendências, *Os Caminhos da Privatização da Administração Pública, IV Colóquio Luso-Espanhol de Direito Administrativo*, Coimbra, 2001, Paulo Otero, *Legalidade e Administração Pública. O Sentido da Vinculação Administrativa à Juridicidade*, Coimbra, 2003, 304 ss., e Rosário Palma Ramalho, *Intersecção entre o regime da função pública e o regime laboral – breves notas, in Estudos de Direito do Trabalho cit.*, 69-93 (80 ss.).

264 Assim, diferentemente do que sucede no regime geral do contrato de trabalho a termo, em caso de vício gerador de nulidade do contrato, não havia lugar à sua conversão em contrato por tempo indeterminado (art. 18.° n.os 4 e 5 do DL n.° 427/89, de 7 de Dezembro, na redacção introduzida pelo DL n.° 418/98, de 17 de Julho), e, em caso de cessação do contrato a termo a lei impedia a recontratação do mesmo trabalhador durante seis meses, mas não vedava a contratação imediata de outro trabalhador para a mesma função (art. 20.° n.° 6 do referido diploma). Especificamente sobre este ponto, *vd* Rosário Palma Ramalho, *Intersecção... cit.*, 86 s.

de provimento, já que tais restrições foram sistematicamente contornadas pela via da contratação a termo, muitas vezes em moldes irregulares. Acresce que, ciclicamente, a situação destes «trabalhadores irregulares» da Administração foi resolvida através da sua integração na função pública, solução que, obviamente, anulou as restrições de acesso à função pública adrede estabelecidas[265].

Em suma, o recurso à contratação laboral no domínio público teve uma significativa expansão nos últimos anos, mas, frequentemente, tal contratação foi feita em moldes irregulares e escapando a qualquer controlo. Esta situação solicitava uma intervenção normativa urgente e foi neste contexto que surgiu a L. n.° 23/2004, de 22 de Junho.

### 79.7.2. **O regime da L. n.° 23/2004, de 22 de Junho**

**I.** O art. 6.° do Diploma Preambular do Código do Trabalho de 2003 previu a elaboração de legislação especial de adaptação das normas do Código aos contratos de trabalho celebrados no âmbito da Administração Pública, sem prejuízo dos princípios gerais em matéria de emprego público.

A L. n.° 23/2004, de 22 de Junho, deu cumprimento a esta previsão legal mas, mais do que um regime jurídico de adaptação, instituiu um regime abrangente e globalmente inovador para a contratação laboral no seio da Administração Pública, que veio cobrir não apenas o contrato de trabalho mas também a área da contratação colectiva[266].

---

[265] Especificamente sobre este ponto, ANA FERNANDA NEVES, *Relação Jurídica de Emprego Público*, Coimbra, 1999,117 ss.

[266] O Dec. da AR n.° 157/IX, que aprovou este regime jurídico foi objecto de apreciação preventiva da constitucionalidade, tendo o Ac. TC n.° 155/2004, DR I S-A de 22/04/2004, considerado inconstitucionais algumas das suas normas: o art. 7.° n.° 5, na parte em que cominava a nulidade do contrato de trabalho em caso de falta de autorização do Ministério das Finanças, e o art. 8.° n.° 3, na parte em que cominava a nulidade do contrato por falta de identificação da entidade outorgante por parte da Administração Pública; as restantes normas do diploma que foram sujeitas à apreciação preventiva da constitucionalidade (art. 7.° n.° 4, que estabelece a nulidade do contrato sem correspondência ao quadro de pessoal; restante conteúdo do art. 8.° n.° 3; art. 10.° n.° 3, que afastava a conversão do contrato em contrato por tempo indeterminado em caso de nulidade; e art. 14.° n.° 2, que admitia a cedência ocasional do trabalhador independentemente do seu acordo), foram consideradas em conformidade com a CRP.

Justifica-se uma breve recordatória dos traços essenciais deste regime para compreender a evolução subsequente do sistema e também pelo facto de alguns dos aspectos mais inovadores deste diploma terem transitado para os diplomas que actualmente regulam esta matéria.

**II.** O regime da L. n.° 23/2004, de 22 de Junho assentava em quatro pilares essenciais, dois dos quais com fundamento axiológico, e os outros dois de natureza técnica.

O primeiro pilar do diploma era a *distinção, no leque das funções do Estado, entre funções de soberania e autoridade ou constitutivas de direitos para terceiros e funções prestacionais, técnicas ou auxiliares*: enquanto o primeiro tipo de funções (art. 1.° n.° 4 do diploma) se mantinha vedado à contratação laboral, o segundo tipo de funções podia ser desenvolvido em regime de contrato de trabalho (art. 25.° n.° 2). Com esta delimitação das funções do Estado e demais pessoas colectivas públicas traduzia-se na lei a distinção, já anteriormente ensaiada na doutrina e posta em prática noutros sistemas, entre função pública em sentido restrito ou reserva da função pública (que envolvia funções de soberania ou autoridade) e função pública em sentido amplo, que seria compatível com outras molduras jurídicas, mais ágeis e competitivas do que o vínculo tradicional de funcionário público.

O segundo pilar deste regime legal tinha a ver com a *necessidade de conciliação entre os princípios laborais gerais*, que subjazem necessariamente a qualquer vínculo laboral sob pena de descaracterização (*verbi gratia*, o princípio da liberdade contratual e o princípio da contratação colectiva) *e os princípios fundamentais em matéria de emprego público* (*verbi gratia*, as regras constitucionais de liberdade e igualdade no acesso à função pública e a orientação geral da Administração Pública pelo interesse público), a que o Estado e as demais pessoas colectivas públicas estão genericamente vinculados na sua actuação e, portanto, também enquanto partes de um vínculo laboral. A procura desta conciliação explicava diversos preceitos da L. n.° 23/2004, em matérias tão diversas como os deveres destes trabalhadores (art. 4.°), o seu processo de selecção (art. 5.° e art. 9.° n.° 4), os limites gerais à contratação laboral por tempo indeterminado através da figura do quadro de pessoal (art. 7.° n.° 1 e art. 25.° n.° 3), a motivação e as especificidades de regime dos contratos a termo (arts. 9.° e 10.°), o regime de contratação colectiva (arts. 19.° a 22.°) e a previsão de soluções de intercomunicabilidade entre este regime e o regime da função pública (arts. 23.° e 24.°), não obstante a clara separação entre o estatuto e a qualidade de funcionário público e destes trabalhadores «privados» do Estado (art. 2.° n.° 2). Da conjugação dos diversos interesses em jogo decorria, efectivamente, um regime especial para estes trabalhadores do Estado, que, sem deixar de ser um regime laboral, era penetrado pelos valores que norteiam a actividade da Administração.

O terceiro pilar do diploma era de ordem técnica e tinha a ver com o seu âmbito de aplicação: *o diploma abrangia a contratação laboral em toda a Administração Pública, mas assentava na divisão tradicional entre administração directa e indirecta, central, regional e local* (art. 1.° n.° 2). Em alteração ao quadro legal anterior na matéria, tinha especial significado a abertura geral à contratação laboral nos institutos públicos e, ao nível da administração directa, o condicionamento do acesso a esta forma de contratação pelo critério, acima indicado, das funções do Estado, sem prejuízo de poderem, desde logo, ser celebrados contratos de trabalho para funções de apoio administrativo, auxiliar e de serviços gerais (art. 25.° n.° 2).

Por fim, e em consequência da delimitação, no leque das funções do Estado, entre funções de soberania e de autoridade e funções prestacionais e auxiliares, *o diploma assentava numa lógica dicotómica quanto ao enquadramento dos trabalhadores do Estado*: uns eram funcionários públicos e outros eram trabalhadores públicos em sentido amplo; apenas os segundos se sujeitavam ao diploma, convivendo o seu regime com o regime geral da função pública. Deve, de qualquer modo, ter-se em conta que, sendo o novo regime aplicável aos vínculos de trabalho a constituir, aqueles funcionários e agentes que desenvolviam funções auxiliares ou técnicas não viam o seu estatuto alterado.

**III.** Assentando nestas ideias fundamentais, os *aspectos essenciais do regime do contrato de trabalho na Administração Pública instituído pela L. n.° 23/2004, de 22 de Junho,* eram os seguintes:

i) Quanto às suas *modalidades*, o contrato de trabalho celebrado por pessoas colectivas públicas podia ser celebrado por tempo indeterminado ou a termo (art. 1.° n.° 2, art. 7.° n.° 1 e art. 9.° da L. n.° 23/2004); quando a actividade a desempenhar correspondesse a uma função dirigente, o contrato devia obrigatoriamente ser celebrado no regime da comissão de serviço prevista no Código do Trabalho (art. 6.°).

ii) A *contratação por tempo indeterminado* por pessoas colectivas públicas dependia de vaga no quadro de pessoal existente ou constituído para o efeito (art. 7.° n.° 1 e art. 25.° n.° 3), passava por um processo de selecção que garantia a igualdade de acesso (art. 5.°), revestia necessariamente forma escrita, com diversas menções obrigatórias, determinando a falta das mais importantes a nulidade do contrato (art. 8.°), e tinha que ser comunicada e, em alguns casos, autorizada pelo Ministério das Finanças e pelo Ministério que tutela a Administração Pública (art. 7.°).

iii) O *regime do contrato de trabalho a termo* celebrado por pessoas colectivas públicas (arts. 9.° e 10.° do diploma) apresentava algumas especificidades em matéria de fundamentos, de processo de selecção, de duração e de renovações, e de caducidade do contrato

iv) Relativamente à *situação jurídica dos trabalhadores privados da Administração Pública*, eram de realçar os seguintes pontos do diploma: quanto aos deveres do trabalhador, acresciam aos deveres laborais gerais, constantes do Código do Trabalho ou decorrentes de instrumento de regulamentação colectiva do trabalho, deveres especiais de isenção e imparcialidade e de promoção do interesse público, bem como a sujeição destes trabalhadores ao regime das incompatibilidades e à autorização para o exercício de outras funções (art. 4.°); os níveis retributivos destes trabalhadores eram equiparados aos dos funcionários públicos, sem prejuízo do regime resultante de instrumento de regulamentação colectiva do trabalho (art. 13.°); o tempo de trabalho podia ser alargado, por instrumento de regulamentação colectiva do trabalho, aos limites previstos para os funcionários públicos de categoria equivalente (art. 12.°); era admitida a cedência ocasional destes trabalhadores entre pessoas colectivas públicas, com as especificidades constantes do art. 14.°, entre as quais se destacava a admissibilidade da cedência unilateral, que prescindia do acordo do trabalhador; contudo, esta cedência apenas podia ocorrer no quadro da colaboração entre pessoas colectivas públicas, devia ser fundamentada em necessidades prementes das entidades envolvidas ou em razões de economia e eficácia na prossecução das suas atribuições e não prejudicava os direitos do trabalhador e, designadamente, as regras gerais sobre o tempo de trabalho e a mobilidade geográfica e funcional[267]; por fim, eram previstas soluções de intercomunicabilidade do regime da função pública com o regime definido neste diploma, bem como a cedência de funcionários públicos a pessoas colectivas privadas, nos termos, respectivamente, dos arts. 23.° e 24.°.

v) Relativamente às *vicissitudes dos contratos de trabalho*, o diploma continha diversas normas de adaptação de regimes do Código do Trabalho com uma motivação eminentemente económica ou empresarial, que não era transponível, sem mais, para o universo da Administração Pública. Neste plano, destacavam-se as normas sobre redução do tempo de trabalho e suspensão do contrato (art. 15.°), sobre sucessão nas atribuições das pessoas colectivas públicas (art. 16.°, adaptando o regime laboral comum em matéria de transmissão do estabelecimento), sobre a extinção da pessoa colectiva (art. 17.°, adaptando o regime geral da caducidade por desaparecimento do empregador), e sobre o despedimento por redução de actividade (art. 18.°, adaptando os regimes do despedimento colectivo e da extinção do posto de trabalho).

vi) Por último, era estabelecido um *regime jurídico especial de contratação colectiva* que passava pela articulação de convenções colectivas de trabalho de diferentes níveis (os contratos colectivos nacionais e sectoriais, os acordos colectivos sectoriais e os acordos de pessoa colectiva pública – art. 19.° n.$^{os}$ 1 e 2), sobre matérias diversas (art. 20.° n.° 1), com âmbitos de incidência progressivamente mais específicos e que se aplicavam em simultâneo e de forma articulada, de acordo com as regras estabelecidas no art. 20.°. Nesta matéria, a lei passou, de qualquer modo, a reconhecer um verdadeiro direito à contratação colectiva e não apenas o direito de negociação colectiva[268] (ao contrário do regime disposto para os funcio-

---

[267] Como se indicou acima, esta norma foi objecto de apreciação preventiva da constitucionalidade, e foi considerada conforme com a Constituição.

[268] ROSÁRIO PALMA RAMALHO, *O contrato de trabalho na Reforma da Administração Pública cit.*, 134.

nários públicos e agentes do Estado, na L. n.° 23/98, de 26 de Maio[269]).

**IV.** Como decorre do exposto, o regime do contrato de trabalho na Administração Pública, instituído pela L. n.° 23/2004, de 22 de Junho, era ainda um regime laboral apesar das suas relevantes especificidades – o que, aliás, justificava a norma remissiva geral para o Código do Trabalho e respectiva legislação especial, constante do art. 2.° n.° 1 deste diploma. Assim, o contrato de trabalho em ambiente público sujeitava-se ao regime laboral comum nas matérias não reguladas especificamente, como era o caso do poder disciplinar (não havendo lugar à aplicação do Estatuto Disciplinar dos Funcionários Públicos), dos acidentes de trabalho e doenças profissionais, da segurança social e da cessação do contrato de trabalho. Além disso, estes trabalhadores tinham os direitos e garantias dos trabalhadores subordinados comuns, tanto no plano individual como ao nível colectivo. Por fim, sendo este um vínculo jurídico privado, não obstante a natureza pública do empregador, os litígios dele emergentes sujeitavam-se, naturalmente, à jurisdição laboral.

### 79.7.3. **A evolução subsequente: o novo Regime do Contrato de Trabalho em Funções Públicas**

**I.** Como acima se referiu, a política relativa aos modelos de vinculação para o exercício de funções públicas sofreu, entretanto, uma reorientação global. Esta reorientação determinou, em primeiro lugar, a introdução de algumas alterações substanciais à L. n.° 23/2004, de 22 de Junho e veio, posteriormente, a ditar a substituição global deste diploma.

**II.** As principais alterações à L. n.° 23/2004, de 22 de Junho, foram introduzidas por via indirecta através do novo regime jurídico da mobilidade dos funcionários e agentes da Administração Pública, aprovado pela

[269] Em especial sobre este ponto, F. LIBERAL FERNANDES, *O Direito de Negociação Colectiva na Administração Pública*, QL, 1998, 12, 221-225, colocando mesmo o problema da constitucionalidade deste regime, por não garantir a contratação colectiva. Em sentido diverso na apreciação deste problema, ANA FERNANDA NEVES, *Relação Jurídica de Emprego Público cit.*, 232 ss.

L. n.° 53/2006, de 7 de Dezembro. Em síntese, as alterações introduzidas por este diploma foram as seguintes:

- as soluções de comunicabilidade especial entre o regime da função pública e o regime laboral, previstas, sob a designação de cedência especial de funcionários e agentes, nos arts. 23.° e 24.° da L. n.° 23/2004, foram alargadas à generalidade dos funcionários e agentes do Estado, pelo que aquelas normas da L. n.° 23/2004 foram revogadas (art. 49.° c) da L. n.° 53/2006). O regime delas constante mantém-se, contudo, praticamente inalterado, nos arts. 9.° e 10.° da L. n.° 53/2006, de 7 de Dezembro;
- foram introduzidas alterações ao regime de sucessão nas atribuições e de caducidade dos contratos por extinção da pessoa colectiva pública (arts. 16.° e 17.° da L. 23/2004).

**III.** A alteração mais profunda do quadro legal descrito foi introduzida pela L. n.° 12-A/2008, de 27 de Fevereiro (LVCR), que estabeleceu o *Novo Regime de Vinculação, de Carreiras e de Remunerações dos Trabalhadores que exercem Funções Públicas*.

Este diploma confirma e amplia, em definitivo e em termos gerais, as tendências de «laboralização» dos vínculos da função pública, a que acima nos referimos, por duas vias – a primeira, mantendo-se na linha de um dos pilares da L. n.° 23/2004 (o pilar na reserva da função pública); a segunda desviando-se de outro pilar daquele diploma (o pilar da coexistência de regimes de trabalho público e privado na função pública).

Por um lado, o novo regime de vinculação, de carreiras e de remunerações dos trabalhadores que exercem funções públicas assenta no conceito de reserva de função pública estabelecido pelo art. 1.° n.° 4 da L. n.° 23/2004. Contudo, o conteúdo de tal conceito é integrado agora directamente por referência a funções e categorias profissionais determinadas e prossegue-se um objectivo fundamental: ampliar o quadro dos trabalhadores da Administração Pública cujo vínculo é titulado por um contrato de trabalho e reduzir ao mínimo os trabalhadores cujo vínculo é titulado por um acto administrativo formal de nomeação pública – nos termos do art. 10.° deste diploma, estes trabalhadores passam a ser apenas os profissionais que desempenham funções de defesa e de representação do Estado, de segurança e de investigação criminal. Em suma, o conceito de reserva da função pública é reduzido a um conteúdo mínimo.

Por outro lado, diferentemente do que estabelecia a L. n.° 23/2004, que apenas era aplicável para o futuro, deixando incólumes as situações já constituídas, o novo diploma procede à ampliação do quadro de trabalhadores da Administração Pública titulares de um contrato de trabalho através da conversão automática dos actuais vínculos de funcionalismo público em contratos de trabalho, na modalidade de contratos de trabalho por tempo indeterminado ou de contratos de trabalho a termo, consoante os casos (arts. 88.° ss. do diploma). Por outras palavras, a alteração da natureza dos vínculos de funcionalismo público vigentes em vínculos laborais foi consumada por decreto.

**IV.** Na sequência da aprovação deste diploma, entendeu-se que o agora designado *contrato de trabalho para o exercício de funções públicas* continuava a exigir uma regulamentação especial, diferente da estabelecida pela L. n.° 23/2004, de 22 de Junho. É esta regulamentação especial que consta agora da L. n.° 59/2008, de 11 de Setembro (LCTFP), e que substituiu a L. n.° 23/2004, de 22 de Junho.

Os traços essenciais da LCTFP referem-se à estrutura do diploma, aos aspectos de maior especificidade das suas regras relativamente ao regime laboral comum e à índole geral do texto normativo.

Do ponto de vista estrutural, parecendo que o contrato de trabalho em funções públicas continua a ser perspectivado como um contrato de trabalho especial, a verdade é que o novo diploma não se limita a disciplinar os aspectos em que o regime jurídico deste contrato se afasta do regime laboral comum (remetendo, nos restantes aspectos, para o Código do Trabalho) mas se apresenta como um regime legal completo deste contrato, no sentido em que pretende disciplinar todos os aspectos relativos à formação, execução e cessação do mesmo[270]. Esta disciplina espraia-se ao longo de

---

[270] Em sede do Projecto normativo subjacente a este diploma, havia mesmo remissões expressas para artigos do Código do Trabalho de 2003 e da respectiva Regulamentação, mas estas remissões desapareceram do texto final do diploma, que optou, nestes casos, por reproduzir o texto das normas do Código do Trabalho de 2003 e da Regulamentação. Ora, se a primeira opção poderia levantar problemas por ocasião da revisão do próprio Código, que ocorreu entretanto, a segunda é uma técnica que depõe contra os princípios da economia legislativa, apesar da vantagem de tornar o regime jurídico mais fácil de manusear.

um texto legal dividido em duas partes, intituladas, algo enigmaticamente, *Regime* (que compreende 407 artigos) e *Regulamento* (que compreende 302 artigos). Além disso, o Diploma Preambular tem normas de conjugação com outros diplomas e prevê expressamente a revogação da L. n.° 23/2004, de 22 de Junho, excepto quanto aos arts. 16.° a 18.°, que se mantêm em vigor (arts. 7.° e 18.° f) da Lei Preambular). De outra parte, é referida a aplicabilidade directa do diploma aos trabalhadores que exercem funções públicas em regime de nomeação, em algumas matérias (art. 8.° da Lei Preambular).

Na sua organização interna, a nova LCTFP (tanto no Regime como no respectivo Regulamento, segue a lógica do Código do Trabalho de 2003 e da Regulamentação de 2004, quanto à divisão em capítulos, secções e subsecções, tratando sucessivamente a maioria dos aspectos regimentais do contrato. Apenas a matéria disciplinar não é tratada neste diploma, sujeitando-se estes trabalhadores ao novo Estatuto Disciplinar dos trabalhadores que exercem funções públicas, instituído pela L. n.° 58/2008, de 9 de Setembro de 2008; e outras matérias não são também aqui versadas porque já foram reguladas em termos gerais pela LVCR (é o caso dos regimes do recrutamento, da mobilidade ou da comissão de serviço).

Obviamente, esta sistematização interna da LCTFP com reporte ao Código do Trabalho de 2003 e à Regulamentação de 2004 causa hoje as maiores dificuldades de articulação, uma vez que ambos os diplomas de referência foram entretanto revogados e o Código do Trabalho de 2009 adoptou uma sistematização integrada e completamente diversa.

Do ponto de vista substancial, salientam-se as seguintes soluções do novo diploma, por se distanciarem em especial do regime laboral comum:

- o contrato de trabalho reveste sempre forma escrita (art. 72.° da LCTFP), mantendo-se a solução que já vinha da L. n.° 23/2004;
- o trabalhador está sujeito em especial aos deveres previstos no Estatuto Disciplinar dos trabalhadores que exercem funções públicas (art. 88.° da LCTFP – Regime, que remete para o art. 3.° do novo Estatuto Disciplinar);
- o regime do contrato de trabalho a termo mantém as especificidades que já decorriam da L. n.° 23/2004, nomeadamente a natureza imperativa das normas que o consagram e a regra da não conversão do contrato em contrato por tempo indeterminado (art. 92.° n.os 1

e 2 da LCTFP – Regime), a fundamentação do contrato a termo em moldes taxativos e adaptada às necessidades dos serviços públicos (art. 93.°), os limites de renovação e a regra da não renovação automática (arts. 103.° e 104.°);

- deixa de ser prevista a possibilidade de contrato de trabalho no regime de comissão de serviço previsto no Código do Trabalho, sendo esta matéria regulada na LVCR que prevê a comissão de serviço pública (arts. 23.° e 24.° da LVCR);
- não são previstas directamente as formas de cessação do contrato de trabalho por motivos objectivos ligados ao empregador, mas continuam em vigor os arts. 16.° a 18.° da L. n.° 23/2004, de 22 de Junho, sobre estas matérias[271];
- o sistema de contratação colectiva continua a ser um sistema articulado (art. 343.° da LCTFP – Regime), tal como na L. n.° 23/ /2004, sendo definidas novas categorias especiais de instrumentos de regulamentação colectiva do trabalho convencionais (os acordos colectivos de carreira e os acordos colectivos de entidade empregadora pública – art. 2.° n.° 3). Contudo, o conteúdo dos instrumentos de regulamentação colectiva do trabalho dos vários níveis está fixado à partida (343.° n.° 2 da LCTFP – Regime e art. 81.° n.° 2 da LVCR) e os interlocutores negociais, por parte dos trabalhadores, têm que preencher requisitos mínimos de representatividade (art. 347.° da LCTFP – Regime), o que não tem paralelo no regime laboral comum.

Em termos gerais, observa-se que o novo regime jurídico do contrato de trabalho em funções públicas é um regime de cunho muito mais publicista do que o regime da L. n.° 23/2004, de 22 de Junho.

---

[271] A matéria da cessação destes contratos é, aliás, especialmente difícil de articular, uma vez que esta matéria está prevista na LVCR (art. 33.°), mas esta norma remete para as causas de cessação previstas na LCTFP. Ora, neste diploma só é contemplado o despedimento por inadaptação do trabalhador e não são referidos nem o despedimento colectivo nem o despedimento por extinção do posto de trabalho – apenas equacionados na L. 23/ /2004. Mesmo considerando-se a vigência das normas deste diploma sobre esta matéria (arts. 16.° a 18.°), é difícil concluir se estas causas de despedimento se aplicam ao contrato de trabalho em funções públicas, como devem ser apreciados os respectivos fundamentos, quais os procedimentos a adoptar para a sua efectivação e em que termos se deve articular o direito à indemnização compensatória por cessação do contrato.

Esta tendência publicista evidencia-se não só em matérias-chave como o poder disciplinar, com a sujeição destes trabalhadores ao Estatuto Disciplinar, que expressamente remete para o Código do Procedimento Administrativo (art. 1.° da L. n.° 58/2008, de 9 de Setembro), como em matéria de contratação, uma vez que a maior facilidade de celebração de contratos de trabalho por pessoas colectivas públicas, instituída pela L. n.° 23/2004, deixou de constar do novo diploma, regendo-se agora a matéria pela LVCR (arts. 4.° e ss.). Por outro lado, é também este diploma que regula o trabalho em regime de comissão de serviço (art. 23.°) e os mecanismos de mobilidade geral do trabalhador (arts. 58.° ss.), em moldes que se afastam dos previstos no Código do Trabalho. Por fim, a jurisdição competente para dirimir os litígios decorrentes dos vínculos de emprego público constituídos por contrato é, por expressa determinação da lei (art. 83.° da LVCR), a jurisdição administrativa e fiscal.

A contrastar com estes traços de publicização, a maioria das normas do novo regime limita-se, contudo, a proceder a adaptações (muitas delas meramente formais) do regime laboral comum. Todavia, como estas normas tomam como referente as normas correspondentes do Código do Trabalho de 2003 e da Regulamentação deste Código, e como, entretanto, o novo Código do Trabalho substituiu estes diplomas e introduziu inúmeras alterações à maioria daqueles regimes, o actual regime do contrato de trabalho em funções públicas acaba por estar hoje muito mais longe do regime laboral comum do que já esteve.

Perante este quadro, a natureza jurídica da figura do vínculo de trabalho em funções públicas é, assim, no mínimo, controversa e a recondução deste contrato a mais um contrato de trabalho especial parece comprometida, em favor da qualificação como uma figura jurídica híbrida, a meio caminho entre o contrato de trabalho comum e um vínculo de funcionalismo público tradicional.

## § 22.° Outros regimes laborais especiais

### 80. Contrato de trabalho com menores, com trabalhadores deficientes, com doença crónica ou com capacidade de trabalho reduzida

**I.** As *especificidades do trabalho de menores* são contempladas pelo Código do Trabalho nos arts. 66.° ss. e prosseguem o interesse dos próprios menores e o interesse social geral de assegurar que a prestação de trabalho por jovens não seja feita em moldes que possam prejudicar a sua saúde e desenvolvimento físico e psíquico, nem a sua educação e formação inicial.

As especificidades do trabalho de menores evidenciam-se logo na formação do contrato, sujeitando a constituição do vínculo à verificação de requisitos relativos à idade e ao nível mínimo de escolaridade, bem como ao tipo de função a realizar e à componente formativa do contrato (arts. 68.° ss. do CT). Já tendo apreciado estas exigências a propósito da matéria da formação do contrato de trabalho, para aí se remete[272].

Na fase da execução do contrato e enquanto o trabalhador for menor, mantêm-se os mesmos condicionamentos à actividade que pode desenvolver e às suas condições de trabalho. Assim:

- o empregador deve proporcionar ao trabalhador menor condições de trabalho adequadas à sua idade e que não ponham em perigo a sua saúde, o seu desenvolvimento físico e psíquico e a sua formação, devendo ainda avaliar periodicamente os riscos relacionados com o trabalho (art. 66.° n.os 1 e 2 do CT);
- o empregador deve assegurar a componente de formação do contrato de trabalho do menor (arts. 66.° n.° 1 e 67.° n.° 2 do CT);

---

272 *Supra*, § 18.°, ponto 62.1.IV e V.

- o empregador deve sujeitar o menor a exames médicos anuais para prevenção dos riscos decorrentes do trabalho para a sua saúde e desenvolvimento (art. 72.°);
- o menor tem um regime especial de protecção em matéria de tempo de trabalho, que pode passar pela redução dos limites máximos do período normal de trabalho (art. 73.°) e pela dispensa do regime de adaptabilidade de horários (art. 74.°), que implica a proibição do trabalho suplementar (art. 75.°) e que envolve limitações acrescidas ao trabalho nocturno (art. 76.°), bem como uma tutela superior em matéria de intervalos de descanso, de descanso diário e semanal (arts. 77.° a 80.°).
- o menor tem direitos especiais no que toca ao acesso a licenças sem retribuição, para frequência de programas de formação, e à passagem ao regime de trabalho a tempo parcial (art. 67.° n.os 3 e 4).

Estas regras são completadas pelo Regime Jurídico da Segurança e Saúde no Trabalho, que foi aprovado pela L. n.° 102/2009, de 10 de Setembro. Neste diploma são enunciadas as actividades proibidas ou condicionadas aos menores (arts. 61.° e ss.).

Este regime é globalmente extensível ao trabalho independente de menores, nos termos do art. 3.° n.° 4 da Lei Preambular ao Código do Trabalho.

O diploma que regulou o novo Código do Trabalho (L. n.° 105/2009, de 14 de Setembro), estabelece, nos arts. 2.° a 11.°, o *regime da participação do menor, com idade inferior a 16 anos, em espectáculos e outras actividades de natureza cultural, artística ou publicitária*, em cumprimento da remissão do art. 81.° do CT. Este regime envolve limites etários e de tempo de trabalho diferenciados consoante as actividades em causa (art. 3.°), condiciona a participação do menor nestas actividades a uma autorização ou a uma comunicação administrativa (arts. 5.° e ss.) e exige a celebração de um contrato com os representantes legais do menor (art. 9.°).

Este tipo de trabalho não deve ser qualificado como trabalho subordinado, por ausência dos elementos essenciais do contrato de trabalho, designadamente a sujeição do menor aos poderes laborais. A disciplina desta matéria pela L. n.° 105/2009 é, contudo, formalmente justificada pelo art. 3.° n.° 3 do Diploma Preambular ao Código do Trabalho, que estende as regras de protecção e as limitações ao contrato de trabalho celebrado com menores aos menores que realizem actividades autónomas.

**II.** As *especificidades do contrato de trabalho celebrado com trabalhadores com capacidade de trabalho reduzida ou com trabalhadores portadores de deficiência ou de doença crónica* são contempladas nos arts. 84.º e 85.º e ss. do CT, respectivamente para cada uma das categorias assinaladas[273].

A principal dificuldade colocada nesta matéria (que já provém do Código do Trabalho anterior e o actual Código não resolveu) tem a ver com os próprios conceitos de trabalhador com capacidade de trabalho reduzida e de trabalhador com deficiência ou doença crónica.

Efectivamente, as duas categorias sobrepõem-se parcialmente, uma vez que o critério utilizado para a sua delimitação é diferente: na primeira categoria, valorizam-se os efeitos da incapacidade (ou, melhor dizendo, da inaptidão) do trabalhador para o trabalho; na segunda categoria, valoriza-se o motivo dessa incapacidade (i.e., a deficiência ou a doença crónica), sendo certo que o relevo laboral da deficiência ou da doença está no facto de dela resultar uma redução da aptidão para o trabalho. Por outro lado, no que toca ao conceito de trabalhador com deficiência, deve ainda ter-se em conta a noção mais ampla de pessoa com deficiência, que consta do art. 2.º da L. n.º 38/2004, de 18 de Agosto, que estabelece as bases gerais do regime jurídico da prevenção, habilitação, reabilitação e participação da pessoa com deficiência.

A dificuldade de destrinça das duas situações contempladas pelo Código do Trabalho é especialmente importante pela indefinição do regime a aplicar à categoria dos trabalhadores com capacidade de trabalho reduzida, uma vez que o art. 86.º n.º 4.º do CT prevê a emissão de legislação complementar para esta categoria de situações, mas o diploma regulamentar do Código não se debruça sobre esta matéria.

Apesar da indefinição parcial do regime aplicável, são reconhecíveis, no conjunto das normas do Código do Trabalho sobre os contratos de tra-

---

[273] Especificamente sobre este tema, ROMANO MARTINEZ / L. M. MONTEIRO / J. VASCONCELOS / MADEIRA DE BRITO / G. DRAY / L. GONÇALVES DA SILVA, *Código do Trabalho Anotado cit.*, 273 ss. (anotação de GUILHERME DRAY).

balho celebrados com estes trabalhadores, três objectivos essenciais, que, pelo menos parcialmente, são comuns às duas categorias de trabalhadores consideradas. Estes objectivos são os seguintes:

i) Facilitar o acesso destes trabalhadores ao emprego, através de medidas de incentivo à sua contratação e à sua formação profissional (arts. 85.° n.° 2 e 86.°), embora com respeito pelos interesses do empregador; no caso da contratação de trabalhadores com deficiência ou doença crónica, o art. 84.° n.os 2 e 3 prevê a instauração de medidas de acção positiva para estimular a sua admissão.

ii) Favorecer a adaptação das condições de trabalho à situação particular destes trabalhadores (art. 84.° n.os 1 e 3, e art. 85.° n.° 1 parte final); no caso dos trabalhadores com deficiência ou doença crónica, são previstas medidas relativas ao horário de trabalho, ao trabalho nocturno e ao trabalho suplementar (arts. 87.° e 88), limitadas embora pela ideia da proporcionalidade dos encargos que estas medidas de adaptação do posto ou das condições de trabalho imponham ao empregador (art. 86.° n.° 1 *in fine* e n.° 3).

iii) Garantir a igualdade de direitos e de tratamento entre estes trabalhadores e os trabalhadores comuns, sem prejuízo das especificidades decorrentes da situação destes trabalhadores. Embora este princípio geral (que concretiza o princípio constitucional da igualdade, enunciado no art. 13.° da CRP, e o seu desenvolvimento laboral, enunciado no art. 24.° do CT) esteja formulado pela lei apenas com referência aos trabalhadores com deficiência ou doença crónica (art. 85.° n.° 1), entende-se que se trata de um princípio geral para este tipo de situações, justificando-se a sua extensão aos trabalhadores com capacidade de trabalho reduzida.

Estes objectivos estão em concordância com as normas da L. n.° 38/ /2004, de 18 de Agosto, que consagra algumas medidas de habilitação e reabilitação das pessoas com deficiência no domínio do emprego, trabalho e formação, e de promoção da conciliação entre a vida profissional e a vida familiar das pessoas com deficiência e das pessoas com deficientes a cargo (arts. 25.°, 26.° e 27.°).

Entre estas medidas prevê-se, em moldes a regulamentar, a aplicação de quotas de emprego para trabalhadores com deficiência, tanto no sector privado (até 2% do número total de trabalhadores) como no sector público (5% ou mais dos trabalhadores)[274], que podem ser preenchidas quer através da contratação laboral quer através da celebração de contratos de prestação de serviço (art. 28.° e 50.°). Deve ainda ter-se em conta o regime do emprego protegido, estabelecido pelo DL n.° 40/83, de 25 de Janeiro[275], que introduziu diversas medidas de promoção e apoio ao trabalho das pessoas deficientes, quer em regime de trabalho subordinado quer em regime de trabalho independente apoiado.

Ao nível internacional, destaca-se o interesse da OIT sobre esta matéria, com a emissão uma convenção e de uma recomendação: a Conv. n.° 159, de 1983, sobre Reabilitação profissional e emprego da pessoa portadora de deficiência (aprovada para ratificação pela Res. da AR n.° 63/98, de 2 de Dezembro) e a Rec. n.° 168, de 1983, sobre Reabilitação profissional e emprego da pessoa portadora de deficiência.

## 81. Contrato de trabalho com trabalhadoras grávidas, puérperas ou lactantes

**I.** As *especificidades do trabalho prestado por trabalhadoras grávidas, puérperas e lactantes* estão previstas nos arts. 33.° e ss. do CT e inserem-se no campo mais vasto da tutela da parentalidade e da conciliação entre a vida profissional e a vida familiar. No âmbito do Código do Trabalho de 2003, esta matéria estava dispersa entre o Código e a Regulamentação, mas o Código do Trabalho de 2009 incorporou a maioria das normas da RCT nesta matéria.

Especificamente em matéria de segurança e saúde das trabalhadoras grávidas puérperas e lactantes, o regime do Código é complementado pelo novo Regime da Segurança e Saúde no Trabalho, que foi aprovado pela L. n.° 102/2009, de 10 de Setembro, e cujos arts. 50.° a 60.° incorporaram as disposições anteriormente constantes da RCT sobre os trabalhos proibi-

---

[274] No sector público, esta matéria era já prevista no DL n.° 29/2001, de 3 de Fevereiro.

[275] Com as alterações introduzidas pelo DL n.° 194/85, de 24 de Junho.

dos ou condicionados a esta categoria de trabalhadoras, para tutela da sua saúde e função genética.

Nesta matéria, devem ainda ter-se em conta as regras de direito comunitário, entre as quais se destaca a Dir. n.° 92/85/CEE, do Conselho, de 19 de Outubro, relativa à implementação de medidas destinadas a promover a melhoria da segurança e da saúde das trabalhadoras grávidas, puérperas e lactantes[276]. Deve ainda ter-se em atenção a Dir. n.° 2002/ /73/CE, do Parlamento e do Conselho, de 23 de Setembro, que alterou a Dir. n.° 76/207/CEE, do Conselho, de 9 de Fevereiro, relativa à implementação do princípio da igualdade de tratamento entre mulheres e homens no que se refere ao acesso ao emprego, à formação e promoção profissional e às condições de trabalho, que confirmou definitivamente a ligação entre a protecção das trabalhadoras na gravidez e na maternidade com o princípio da igualdade de tratamento entre trabalhadoras e trabalhadores, em consonância com a orientação do Tribunal de Justiça na matéria, bem como a Dir. n.° 2006/54, de 5 de Julho, que procedeu à consolidação das normas comunitárias nesta área, e que dispõe no mesmo sentido (art. 2.° n.° 2 c))[277]. No que se refere a outros objectivos de tutela da maternidade e da paternidade e à promoção da conciliação entre a vida profissional e a vida familiar, relevam também a Dir. n.° 96/34/CE, do Conselho, de 3 de Junho, relativa ao Acordo-Quadro sobre a licença parental, celebrado entre a União das Confederações da Indústria e dos Empregadores da Europa (UNICE), o Centro Europeu das Empresas Públicas (CEEP) e a Confederação Europeia dos Sindicatos (CES)[278], a Dir. n.° 2010/18/UE, de 8 de Março de 2010, que veio substituir a Dir. n.° 96/34, e a Res. do Conselho de 29 de Junho de 2000, relativa à parti-

[276] A Lei da Protecção da Maternidade e da Paternidade (L. n.° 4/84, de 5 de Abril), que constituiu o primeiro regime geral sobre esta matéria no nosso país e se manteve em vigor ao surgimento da RCT, era globalmente conforme à Dir. 92/85, tendo sido, aliás, elaborada ao tempo em que se preparava aquele texto comunitário. Actualmente, a referência à transposição desta Directiva consta do art. 2.° b) do Diploma Preambular ao CT.

[277] Relativamente à transposição destas Directivas, *vd* o art. 2.° o) do Diploma Preambular ao CT.

[278] Relativamente à transposição desta Directiva, *vd* o art. 2.° d) do Diploma Preambular ao CT.

cipação equilibrada das mulheres e dos homens na vida profissional e na vida familiar[279].

Ainda no plano comunitário, deve salientar-se a dinâmica deste quadro normativo, já que a directiva de protecção das grávidas está em processo de revisão, e a directiva da licença parental acaba de ser revista[280].

**II.** A categoria das trabalhadoras grávidas, puérperas e lactantes é definida pelo art. 36.° do CT, em moldes algo formais (aliás, à imagem do que sucede na Directiva n.° 92/85), já que passam obrigatoriamente pela comunicação pela trabalhadora ao empregador do seu estado de gravidez, de puerpério (período que corresponde aos 120 imediatamente posteriores ao parto) ou de amamentação, comunicação essa que deve ser escrita e comprovada por atestado médico. Compreendendo-se a razão geral da exigência, não deixa de se considerar relevante, nos termos gerais da boa fé, o conhecimento do estado da trabalhadora pelo empregador por outra via, designadamente quando tal estado seja evidente, para evitar que o empregador se furte ao cumprimento imediato das prescrições legais de protecção destas trabalhadoras (é a solução que o actual Código do Trabalho estabelece no art. 36.° n.° 2).

**III.** Subjazem às normas do Código do Trabalho em matéria de tutela das trabalhadoras grávidas, puérperas e lactantes, três objectivos essenciais:

i) *Garantir a tutela da função genética destas trabalhadores e da sua saúde na gravidez e no puerpério, para além da pro-*

---

[279] Sobre este último instrumento, que foi aprovado sob a presidência portuguesa da União Europeia, *vd* Rosário Palma Ramalho, *Conciliação equilibrada entre a vida profissional e familiar – uma condição para a igualdade de entre mulheres e homens na União Europeia, in Estudos de Direito do Trabalho cit.*, I, 269-277, bem como *Protection de la maternité et articulation entre la vie familiale et la vie professionnelle par les hommes et par les femmes, in Estudos de Direito do Trabalho*, I, Coimbra, 2003, 279-286 (também publicado *in* AFFJ & EWLA (dir.), *L'égalité entre femmes et hommes et la vie professionnelle. Le point sur les développements actuels en Europe*, Paris, 2003, 137-142.

[280] Sobre os desenvolvimentos mais recentes do direito comunitário nesta matéria, *vd* Rosário Palma Ramalho, *Reconciling Family and Professional Life and the Gender Equality Principle in Employment, in European Gender Equality Review* (EGELR), 2009/2, 7-15.

*tecção do feto e da saúde do recém-nascido*. Para este objectivo contribuem as normas que vedam ou condicionam trabalhos perigosos para a gestação ou para a amamentação (art. 62.° do CT e arts. 50.° a 60.° da L. n.° 102/2009, de 10 de Setembro), as normas que permitem a frequência de consultas pré-natais e justificam as dispensas para amamentação ou aleitação (art. 46.° e 47.°), as normas que outorgam a licença de maternidade, em caso de risco clínico durante a gravidez e em caso de aborto (arts. 37.°, 38.° e 40.°), e, durante a gravidez, o puerpério e a amamentação, as normas que permitem a transferência da trabalhadora nocturna para um horário diurno (art. 60.°), e a dispensa da trabalhadora do regime de adapatbilidade de horários e da prestação de trabalho suplementar (arts. 58.° e 59.°).

ii) *Assegurar que a situação de gravidez, puerpério e lactância das trabalhadoras não seja motivo para o seu tratamento discriminatório ou menos favorável relativamente a outros trabalhadores, tanto no acesso ao emprego como na execução do contrato*. Para este objectivo, que liga as temáticas da maternidade e da igualdade de género, são estabelecidas as normas que proíbem a indagação da situação de gravidez aquando da formação do vínculo (arts. 17.° n.° 1 b) e 19.° n.° 2), e as normas de protecção destas trabalhadoras contra o despedimento (art. 63.°).

iii) *Promover a conciliação da vida profissional com a vida familiar*. Para este objectivo, mais vasto e extensível não só às trabalhadoras mães como aos trabalhadores pais, concorrem as normas que conferem o direito à licença parental inicial e à licença parental exclusiva do pai (arts. 40.° e 43.°), o direito à licença por adopção (art. 44.°) e o direito à licença parental complementar e à licença para assistência a filho (arts. 51.° e 52.°), bem como as normas que prevêem condições especiais de trabalho para apoio aos filhos pequenos ou portadores de deficiência ou de doença crónica (arts. 53.° a 56.°), e ainda as normas que atribuem o direito a faltar para o seu acompanhamento (arts. 49.° e 50.°).

## 82. Contrato de trabalho com estudantes[281]

**I.** As *especificidades dos contratos de trabalho celebrados com trabalhadores-estudantes* encontram-se previstas nos arts. 89.° ss. do CT. Esta secção do Código corresponde, no essencial, ao regime do Código do Trabalho anterior e da RCT, cujas normas foram agora incorporadas no Código, e que, por seu turno, se tinham inspirado no primeiro regime geral sobre esta matéria entre nós, que constou do *Estatuto do Trabalhador-Estudante*, aprovado pela L. n.° 116/97, de 4 de Novembro.

As normas do Código do Trabalho nesta matéria são ainda complementadas pela L. n.° 105/2009, de 14 de Setembro, cujo, art. 12.° estabelece algumas especificidades (aliás, de conteúdo não laboral) do trabalhador estudante na frequência do establecimento de ensino.

Tendo a sua justificação originária no interesse geral de promover a educação dos trabalhadores portugueses, tradicionalmente de nível muito elementar (investimento educativo este do qual, a médio prazo, o empregador poderia também retirar vantagens), o regime tutelar do trabalhador estudante deixou de corresponder a esta motivação originária, por dois motivos: em primeiro lugar, porque o nível global da escolaridade aumentou, o que diminuiu a necessidade de incentivar a educação básica; em segundo lugar, porque a presunção de que o empregador beneficia, mais tarde ou mais cedo, do aumento de qualificações do trabalhador é ilusória, uma vez que não é exigida qualquer ligação entre a actividade desenvolvida pelo trabalhador na empresa e a área na qual ele escolhe continuar os seus estudos, e também porque o regime abrange apenas a educação escolar em qualquer grau, deixando de fora a formação profissional, excepto no caso dos jovens que estejam a frequentar curso de formação profissional ou programa de ocupação temporária com duração mínima de seis meses, que podem também prevalecer-se destas regras (art. 89.° n.° 1 do CT).

---

281 Sobre este tema, *vd* A. Mendes Baptista, *Considerações sobre o estatuto do trabalhador-estudante*, ROA, 1999, III, 1061-1080, Romano Martinez / L. M. Monteiro / / J. Vasconcelos / Madeira de Brito / G. Dray / L. Gonçalves da Silva, *Código do Trabalho Anotado cit.*, 278 ss. (anotação de Guilherme Dray). Na jurisprudência, sobre esta matéria, *vd*, entre outros, o Ac. TC n.° 454/97, de 25/06/1997, o Ac. RLx. de 22/05/1990, CJ, 1990, III, 186, e o Ac. RC de 20/01/1994, CJ, 1994, I, 66.

Deste modo, conclui-se que o escopo essencial subjacente às regras legais especiais, que a lei impõe nos contratos de trabalho celebrados com estes trabalhadores, é a tutela do interesse pessoal dos próprios trabalhadores na melhoria das suas habilitações e da sua cultura. Apesar de extravasar o domínio contratual, este interesse impõe-se ao acordo negocial, confirmando a lógica peculiar do contrato de trabalho, que permite, por vezes, o sacrifício do consenso negocial a interesses próprios de uma das partes[282].

**II.** Em prossecução do objectivo acima indicado, a lei impõe regras especiais de tutela dos trabalhadores estudantes nas seguintes matérias (arts. 90.° e ss. do CT):

- relativamente ao tempo de trabalho, recomenda-se a adaptação do horário de trabalho e facilita-se a dispensa de trabalho para frequência das aulas (art. 90.° n.$^{os}$ 1, 2 e 3), ao mesmo tempo que se condiciona a exigibilidade de trabalho suplementar e o regime de trabalho por turnos (art. 90.° n.$^{os}$ 6 e 4);
- quanto ao regime das faltas, consideram-se justificadas as faltas para prestação de provas de avaliação no dia e na véspera das provas (arts. 91.° n.$^{os}$ 1 e 3 e 249.° n.° 2 c)), não determinando estas faltas perda de retribuição, nos termos do art. 255.° n.° 2 do CT, *a contrario sensu*[283]; são ainda justificadas outras faltas, motivadas pela necessidade de deslocação para efeitos de prestação daquelas provas, não determinando a perda de retribuição até ao limite de 10 faltas (art. 91° n.° 3);
- quanto ao regime das férias e licenças, facilita-se a sua marcação pelo trabalhador, tendo em conta as necessidades de estudo (art. 92.°).

A obtenção do estatuto de trabalhador estudante e a manutenção dos direitos inerentes a esse estatuto dependem do aproveitamento escolar (art.

---

[282] Sobre esta lógica peculiar do contrato de trabalho, *Direito do Trabalho I*, § 12.°, ponto 43.5., e, para mais desenvolvimentos, Rosário Palma Ramalho, *Da Autonomia Dogmática... cit.*, 731 ss. e 773 ss.

[283] Especificamente sobre as faltas dadas pelos trabalhadores estudantes para a preparação de provas de avaliação, *vd* o Ac. TC n.° 454/97, de 25 de Junho de 1997.

89.° n.° 2 do CT). O Código contém ainda uma disposição recomendatória no sentido de ser promovida a reclassificação profissional dos trabalhadores, de acordo com a valorização obtida nestes cursos (art. 93.°).

## 83. Contrato de trabalho com estrangeiros e apátridas[284]

**I.** As especificidades regimentais do *contrato de trabalho celebrado com trabalhador estrangeiro ou apátrida* constam dos arts. 4.° e 5.° do CT. O actual Código procedeu a uma alteração sistemática na apresentação desta matéria relativamente ao Código do Trabalho de 2003 (que a tratava muito mais à frente – arts. 86.° e ss. – e a desenvolvia ainda na RCT)[285], optando por tratá-la no capítulo dedicado à aplicação das normas laborias, conjuntamente com o regime dos trabalhadores destacados.

As normas sobre o trabalho de estrangeiros e apátridas e prosseguem um objectivo de interesse público: o objectivo de controlo da regularidade da situação e, indirectamente, das condições de permanência destes trabalhadores no nosso país.

Por esta razão, é a propósito da celebração dos contratos de trabalho destes trabalhadores (e, no caso de serem contratos a termo resolutivo, também por ocasião da respectiva renovação ou conversão) que a lei impõe algumas formalidades, que envolvem deveres de comunicação da celebração do contrato às entidades administrativas competentes, bem como deveres de depósito e registo público desses contratos[286] – art. 5.°

---

[284] Sobre este tema, ROMANO MARTINEZ / L. M. MONTEIRO / J. VASCONCELOS / / MADEIRA DE BRITO / G. DRAY / L. GONÇALVES DA SILVA, *Código do Trabalho Anotado cit.*, 109 ss. (anotação de ROMANO MARTINEZ). E, na literatura comparada, sobre o trabalho de estrangeiros e sobre as questões do destacamento internacional, entre outros, A. LYON--CAEN, *Les rapports internationaux de travail*, DS, 1978, 6, 197-203, e ainda *La mise à disposition internacionale du salarié*, DS, 1981, 12, 747-753, bem como ROLF BIRK, *Diritto del lavoro e imprese multinazionali*, RIDL, 1982, 137-155.

[285] Este regime do Código de 2003 sucedeu ao primeiro regime geral na matéria, que foi instituído pela L. n.° 20/98, de 12 de Maio. Esta lei foi revogada apenas com a entrada em vigor da RCT.

[286] Como se referiu oportunamente, estas regras não se aplicam a trabalhadores nacionais de Estado do Espaço Económico Europeu nem a trabalhadores de outros Estados que consagrem a igualdade de tratamento com os cidadãos nacionais em matéria de exer-

do CT. Já tendo dado conta destas exigências, aquando da apresentação da matéria da formação do contrato de trabalho, para aí se remete[287].

Durante a execução do contrato, rege um princípio geral de igualdade de tratamento entre o trabalhador estrangeiro e os trabalhadores nacionais (art. 4.° do CT), em consonância com o princípio constitucional da igualdade e não discriminação (art. 13.° da CRP) e com a respectiva concretização laboral (art. 24.° do CT).

A cessação dos contratos de trabalho destes trabalhadores deve ser comunicada à Autoridade para as Condições de Trabalho, no prazo de 15 dias (art. 5.° n.° 5 b) do CT).

**II.** Deve distinguir-se a situação dos trabalhadores estrangeiros da situação dos *trabalhadores destacados*[288]. A regulamentação desta situação foi imposta pela Dir. n.° 96/71/CE, de 3 de Junho (transposta para o direito interno pela L. n.° 9/2000, de 15 de Junho), e consta actualmente dos arts. 6.° a 8.° do Código do Trabalho.

A figura dos trabalhadores destacados tem a ver com duas situações:

i) *O destacamento de trabalhador de empresa estrangeira em território nacional* – é o caso em que um trabalhador de uma empresa estabelecida noutro Estado presta a sua actividade em estabelecimento dessa empresa situado no território nacional, ou está em Portugal em execução de contrato celebrado entre empresa estrangeira e uma empresa nacional (art. 6.°).

ii) *O destacamento de um trabalhador de uma empresa estabelecida em Portugal no estrangeiro* – é o caso em que um trabalhador de uma empresa estabelecida em território nacional presta a sua actividade em estabelecimento dessa empresa situado no estrangeiro, ou está no estrangeiro em execução de contrato celebrado entre a empresa nacional e o beneficiário da sua actividade (art. 8.°).

---

cício de actividades profissionais (é o que decorre do art. 5.° n.° 6 do CT, por força, respectivamente, do princípio da livre circulação de trabalhadores no espaço europeu e do princípio da reciprocidade).

[287] *Supra*, § 18.°, ponto 62.1.VII.

[288] Sobre este ponto, D. MOURA VICENTE, *Destacamento Internacional de Trabalhadores, in Direito Internacional Privado – Ensaios*, I, Coimbra, 2002, 85-106.

O essencial deste regime, fixado no art. 7.° do CT, cifra-se num princípio geral de aplicação a estes trabalhadores (com ressalva dos regimes mais favoráveis) das normas constantes do Código ou de instrumento de regulamentação colectiva do trabalho de âmbito geral que disponham nas seguintes matérias: segurança no emprego, limites máximos do tempo de trabalho, períodos mínimos de descanso, férias retribuídas, salário mínimo, condições de cedência, condições de segurança, higiene e saúde, protecção da maternidade e paternidade, protecção do trabalho de menores e igualdade de tratamento.

Já tendo procedido oportunamente à apreciação deste regime, deixa-se a competente remissão[289].

---

[289] *Direito do Trabalho I*, ponto 29.IV.

## SECÇÃO II
## A situação jurídica do trabalhador no contrato de trabalho

### 84. Sequência

**I.** Apresentados os conteúdos gerais e especiais típicos do contrato de trabalho, cabe apreciar o conteúdo das situações juslaborais do trabalhador e do empregador, que resultam da celebração do contrato. Nesta secção, apreciaremos a situação juslaboral do trabalhador; na secção subsequente apreciaremos a situação juslaboral do empregador.

**II.** A situação juslaboral do trabalhador decorrente do contrato de trabalho pode delimitar-se por uma conjugação de critérios: um critério objectivo, que permite identificar a prestação de trabalho e os deveres acessórios; um critério hierárquico, que permite situar o trabalhador na organização do empregador; um critério geográfico, que identifica a área de execução da prestação de trabalho; e um critério temporal, que fixa os limites e as condições de tempo nas quais o trabalhador deve desenvolver a sua prestação.

A análise da situação jurídica do trabalhador no contrato de trabalho envolve, assim, o estudo de quatro grandes grupos de matérias:

i) *As matérias relativas à actividade laboral e aos deveres acessórios do trabalhador*, que implicam a apreciação das seguintes questões: a análise da prestação de trabalho, como dever principal do trabalhador; a aprcciação dos deveres acessórios, com destaque para os mais importantes; e a apreciação dos problemas ligados à delimitação da actividade laboral, ao seu âmbito e ao regime jurídico da sua variação.

ii) *As matérias relativas ao posicionamento do trabalhador no seio da organização do empregador*, que englobam os problemas da categoria, da carreira e da antiguidade.
iii) *As matérias relativas ao local de trabalho*, que englobam o problema da determinação do local de trabalho e a questão das condições e formas da sua alteração.
iv) *As matérias relativas ao tempo de trabalho e aos tempos de não trabalho*: na matéria do tempo de trabalho, incluem-se questões gerais sobre a delimitação temporal da disponibilidade do trabalhador, bem como os temas relativos à organização do tempo de trabalho (conceitos operativos nesta matéria, trabalho suplementar, por turnos e nocturno); na matéria relativa aos tempos de não trabalho relevam os problemas relativos ao descanso semanal, aos feriados, às férias e às faltas.

A exposição que segue focará, sucessivamente, as matérias indicadas.

## § 23.° A actividade laboral e os deveres acessórios do trabalhador

### 85. A actividade laboral e os deveres acessórios

#### 85.1. A prestação de trabalho como dever principal do trabalhador: actividade ou disponibilidade

**I.** Na reconstrução dogmática do vínculo laboral, feita oportunamente[290], identificámos dois binómios essenciais desse vínculo, com recurso a um critério objectivo e a um critério subjectivo: o *binómio objectivo actividade de trabalho / remuneração*, que recorta as prestações essenciais das partes no contrato de trabalho, uma vez ultrapassada a concepção comunitário-pessoal do vínculo laboral; e o *binómio subjectivo subordinação jurídica / poderes laborais*, que identifica o posicionamento desigual que as partes ocupam no contrato de trabalho, por força da componente dominial que lhe assiste.

O Código do Trabalho reconhece a actividade laboral como objecto do contrato de trabalho, na respectiva noção legal (art. 11.°) e no art. 115.°. O Código dedica uma secção à matéria da actividade laboral[291], onde trata os problemas da determinação desta actividade (art. 115.°), da autonomia técnica do trabalhador (art. 116.°), do título profissional (art. 117.°), do âmbito da actividade laboral e da mobilidade funcional (arts. 118.° e 120.°), e ainda da mudança do trabalhador para categoria inferior (art.

[290] Cfr., *Direito do Trabalho* I, § 1.°, ponto 1.5., e § 12.°, ponto 43.1. e 43.2., bem como, neste Volume, § 17.°, pontos 57.1.III. e 57.2.

[291] No âmbito do CT de 2003, a norma correspondente ao actual art. 115.° (o art. 111.°) era mesmo epigrafada como «Objecto do contrato». Contudo, era uma designação formalmente incorrecta, uma vez que a norma só se referia à actividade de trabalho e não à remuneração, sendo que esta constitui também objecto do contrato de trabalho, enquanto prestação principal do empregador.

119.°). É uma sistematização mais simples e adequada que a do Código do Trabalho anterior, que repartia esta matéria por três secções.

Por seu turno, o regime jurídico da retribuição, que constitui a outra componente do binómio objectivo do contrato de trabalho, está contemplado nos arts. 258.° e seguintes do Código.

**II.** Já tendo procedido à delimitação da actividade laboral, como prestação principal do trabalhador no contrato de trabalho, basta agora recordar sumariamente as suas características e a sua configuração essencial, para nos podermos concentrar nos aspectos dinâmicos da sua determinação, extensão e variação.

No que toca às *características da actividade laboral*[292], recorda-se que ela corresponde a uma actividade positiva, do ponto de vista jurídico, ainda que em termos materiais possa consistir numa actividade de simples presença ou mesmo de abstenção; é uma actividade continuada, porque se prevê que venha a ser executada ao longo de um certo tempo; é uma actividade de conteúdo relativamente indeterminado, tanto no momento da celebração do contrato como posteriormente (*ab initio*, porque carece de ser concretizada pelo empregador, através da atribuição de uma função integrada por determinados conteúdos, e, ao longo da execução do contrato, pela exigência de adequação permanente da actividade definida à evolução das necessidades do empregador, dentro de certos limites); por último, é uma actividade exercida em situação de subordinação, uma vez que o trabalhador se sujeita aos poderes laborais de direcção e disciplina do empregador.

No que tange à *configuração essencial da actividade laboral*, retoma-se a ideia, oportunamente justificada[293], de que esta actividade não se deixa reduzir à atitude de disponibilidade do trabalhador perante o empregador, apesar do relevante grau de indeterminação inicial e sucessivo que lhe assiste[294].

---

[292] Cfr., *supra*, § 17.°, ponto 57.2.I.

[293] *Direito do Trabalho I*, § 12.°, ponto 43.2.1.III. a VI.

[294] Sobre este tema e conferindo um relevante significado à disponibilidade do trabalhador para integrar o objecto do contrato de trabalho, A. Monteiro Fernandes, *Sobre o objecto do contrato de trabalho cit.*, 20 s.

Já tendo recusado, em tese geral, a substituição da ideia de actividade pela ideia de disponibilidade como objecto do contrato de trabalho, podem agora ser aduzidas novas razões neste sentido, que se retiram da definição legal do contrato de trabalho e dos seus pressupostos, entretanto apreciados, bem como da perspectiva do Código do Trabalho sobre o objecto deste contrato: em primeiro lugar, os termos da definição de contrato de trabalho apontam para uma actividade e não para a mera disponibilidade do trabalhador (art. 11.° do CT); em segundo lugar, o requisito de determinabilidade do objecto do contrato não pode significar a indeterminação do mesmo, nos termos gerais, sob pena de nulidade do contrato (art. 115.° do CT, conjugado com o art. 280.° do CC)[295]; em último lugar, o relevo da actividade em si mesma explica o dever do empregador de atribuir uma função ao trabalhador (art. 118.° n.° 1 do CT).

Assim, *pode estabelecer-se em definitivo que o objecto da prestação principal do trabalhador no contrato de trabalho é o desenvolvimento de uma actividade e não a sua atitude de disponibilidade para o trabalho.* Naturalmente, esta conclusão é perfeitamente compatível com a determinação da actividade em moldes meramente genéricos, *ab initio,* com a sua concretização numa função um pouco adiante, com o âmbito amplo da actividade definida, até por força do elevado grau de indeterminação que a actividade laboral mantém ao longo da vigência do contrato e mesmo, como veremos, com a variação da actividade definida dentro de determinados parâmetros.

A conclusão estabelecida não obsta ao *relevo da ideia de disponibilidade, desde que não desligada da actividade em si mesma*: como conceito auxiliar do conceito de actividade, a disponibilidade do trabalhador relevará nas situações em que a prestação da actividade não seja possível,

---

[295] Com efeito, o relativo grau de indeterminação da actividade laboral não pode nem deve ser confundido com a indeterminação total dessa actividade, sob pena de se abrir a porta à não atribuição ao trabalhador de nenhuma função e, com isso, à sua vinculação irrestrita ao empregador, o que significaria o retorno a uma situação de servidão do prestador. Ora, nesta linha, o enfoque do objecto da prestação principal do trabalhador numa actividade positiva favorece mais a desejável determinação do objecto do contrato do que o enfoque na ideia de disponibilidade.

por motivos não imputáveis ao trabalhador e desde que não seja meramente aparente[296].

### 85.2. **O direito do trabalhador à ocupação efectiva**[297]

**I.** Conexo com a prestação da actividade laboral, como dever principal do trabalhador, está a questão do seu direito à ocupação efectiva.

O problema da ocupação efectiva do trabalhador coloca-se quando não é, na prática, integrado o conteúdo da sua prestação por nenhuma tarefa ou serviço concreto, ainda que continue a ser-lhe paga a retribuição. O problema da ocupação efectiva é, pois, um problema de inactividade do trabalhador.

**II.** O problema da ocupação efectiva não pode ser confundido com duas questões próximas:

i) A *desocupação temporária do trabalhador por razões técnicas ligadas à actividade produtiva da empresa*: é o caso do trabalhador que está desocupado, porque se verificou uma quebra de produção ou por força de um atraso no ciclo produtivo. Neste caso, não se coloca o problema da ocupação efectiva do traba-

---

[296] Já tendo oportunamente desenvolvido esse entendimento sobre o relevo auxiliar do conceito de disponibilidade (*Direito do Trabalho I*, § 12.°, ponto 43.2.1.IV. a VI.), para aí se remete a devida justificação.

[297] Sobre o tema, JORGE LEITE, *Direito de exercício da actividade profissional no âmbito do contrato de trabalho*, RMP, 1991, 47, 9-34, A. NUNES DE CARVALHO, *Sobre o dever de ocupação efectiva*, RDES, 1991, 3/4, 261-327, P. FURTADO MARTINS, *A relevância dos elementos pessoais na situação jurídica do trabalhador subordinado. Considerações em torno de uma manifestação típica: o dever de ocupação efectiva*, RMP, 1991, 47, 35-53, e ainda *Despedimento Ilícito, Reintegração na Empresa e Dever de Ocupação Efectiva. Contributo para o Estudo dos Efeitos da Declaração da Invalidade do Despedimento*, Lisboa, 1992, 173 ss., MENEZES CORDEIRO, *Manual de Direito do Trabalho cit.*, 654 ss., BERNARDO XAVIER, *Curso de Direito do Trabalho cit.*, 338 ss., ROMANO MARTINEZ, *Direito do Trabalho cit.*, 514 ss., MONTEIRO FERNANDES, *Direito do Trabalho cit.*, 292 ss., e JÚLIO GOMES, *Direito do Trabalho cit.*, I, 571 ss. Ao nível do direito comparado, entre outros, sobre o tema, ZÖLLNER / LORITZ, *Arbeitsrecht... cit.*, 207, GAMILLSCHEG, *Arbeitsrecht cit.*, I, 390 s., ou MONTOYA MELGAR, *Derecho del Trabajo cit.*, 401 s.

lhador, porque a sua inactividade é justificada objectivamente em razões de gestão.

ii) A *falta de cooperação creditória do empregador*: é o caso do trabalhador que não pode prestar a sua actividade laboral, porque o empregador não lhe forneceu os instrumentos e meios de trabalho de que carece para esse efeito. Neste caso, o problema que se coloca é o do incumprimento, por parte do empregador, do seu dever de cooperação creditória, uma vez que não realiza os actos necessários para viabilizar o cumprimento da prestação pela outra parte (art. 813.°, *in fine* do CC)[298].

O isolamento destas situações próximas permite concluir que o problema da ocupação efectiva do trabalhador não decorre de toda e qualquer situação de inactividade deste, mas apenas surge naquelas situações em que o empregador, de forma deliberada e independente de qualquer causa objectiva ligada às vicissitudes da actividade empresarial, nada lhe dá para fazer.

Isolado o problema, a questão que se coloca é, então, a de saber se o trabalhador tem ou não o direito a ser efectivamente ocupado, bem como a ser ressarcido pelos prejuízos que a inactividade lhe tenha provocado.

**III.** É reconhecido que a colocação deliberada e objectivamente injustificada do trabalhador numa situação de inactividade ocorre com frequência, e tem, muitas vezes, um objectivo sancionatório: não pretendendo manter aquele trabalhador, mas não tendo fundamento para fazer cessar o seu contrato, o empregador opta por colocá-lo à margem ou, como é comum dizer-se, «na prateleira», esperando com isso pressioná-lo à denúncia do contrato; ou, perante um comportamento do trabalhador que lhe desagrada, o empregador sanciona-o com a inactividade forçada.

Por outro lado, corresponde a uma visão simplista do problema considerar a não ocupação do trabalhador como uma falsa questão, com base no argumento de que o trabalhador mantém o direito à retribuição sem ter que trabalhar[299]. O facto é que o envolvimento integral da personalidade

---

298 Monteiro Fernandes, *Direito do Trabalho cit.*, 292 ss.

299 Referindo que, por esta razão, o maior prejudicado com a inactividade do trabalhador é o empregador, Bernardo Xavier, *Curso de Direito do Trabalho cit.*, 339. É um entendimento que não acompanhamos.

do trabalhador no contrato de trabalho, que constitui um dos traços mais singulares do vínculo laboral, para o qual se chamou oportunamente a atenção[300], torna evidentes os danos profissionais e psicológicos que para ele podem advir da situação de inactividade injustificada, ainda que a retribuição continue a ser paga.

O problema é real. Cabe à Ordem Jurídica fornecer as pistas para a sua resolução.

**IV.** A questão do *reconhecimento de um direito do trabalhador à ocupação efectiva* mereceu a atenção da jurisprudência e dividiu tradicionalmente a doutrina nacional.

Na doutrina, enquanto alguns autores eram mais reticentes no reconhecimento deste direito, por entenderem que o empregador tinha apenas o ónus mas não o dever de ocupar o trabalhador[301], outros autores inclinaram-se para o reconhecimento de um direito genérico do trabalhador a ser ocupado de facto nestas situações, bem como a ser compensado pelos prejuízos decorrentes da sua desocupação injustificada[302].

Por seu turno, a jurisprudência tendeu a admitir o direito de ocupação efectiva do trabalhador, inicialmente apenas nas profissões em que a inactividade prolongada é mais susceptível de fazer diminuir o valor profissional do trabalhador – assim, em funções de relevante visibilidade, ou em áreas profissionais altamente especializadas, que carecem de uma actualização constante[303] – e, mais recentemente, na generalidade dos contratos de trabalho[304].

---

[300] *Direito do Trabalho I*, § 12.°, ponto 43.5.2.

[301] Nesta linha, por exemplo, Bernardo Xavier, *Curso de Direito do Trabalho cit.*, 338, e Nunes de Carvalho, *Sobre o dever...cit.*, 323, que apenas admitiam o relevo da figura nos termos excepcionais do abuso do direito.

[302] Foi o entendimento sustentado por Menezes Cordeiro, *Manual de Direito do Trabalho cit.*, 654 ss., por Furtado Martins, *Despedimento ilícito... cit.*, 188 ss., e Monteiro Fernandes, *Direito do Trabalho cit.*, 282. Romano Martinez, na 1.ª edição do seu *Direito do Trabalho cit.*, 525, admitia a existência deste dever mas apenas como emanação do princípio geral da boa fé no cumprimento dos contratos (art. 762.° n.° 2 do CC), não lhe reconhecendo por isso qualquer particularidade, posição que mantém, aliás, no contexto do Código do Trabalho (*Direito do Trabalho cit.*, 516).

[303] Entre muitos outros, *vd* o Ac. TC n.° 951/96, de 10/07/1996, DR, II S. de 18/12/1996, 17539, o Ac. RP de 1/10/1984, CJ, 1984, IV, 268, o Ac. STJ de 12/07/1985, BMJ 349-328, o Ac. RP de 23/11/1987, CJ, 1987, V, 252, o Ac. REv. de 19/11/1987, CJ,

Para sustentar o reconhecimento deste dever, nos termos expostos, foram invocados argumentos constitucionais e argumentos legais: entre os argumentos constitucionais, foram apontados, como fundamento para o reconhecimento deste direito, o direito ao trabalho (art. 58.° n.° 1 da CRP) e o direito à organização do trabalho em condições socialmente dignificantes e que assegurem a realização pessoal do trabalhador (art. 59.° n.° 1 c) da CRP)[305]; ao nível da lei, foram indicados, como justificação deste direito, os deveres do empregador de proporcionar boas condições de trabalho, tanto do ponto de vista físico como moral e o dever, de contribuir para o aumento da produtividade dos trabalhadores (art. 19.° da LCT)[306], bem como, por analogia com as situações civis, o argumento da necessidade do consentimento do devedor (no caso, o trabalhador) para a remissão da dívida pelo credor-empregador, nos termos do art. 863.° do CC[307].

**V.** Até ao surgimento do Código do Trabalho de 2003, o dever de ocupação efectiva apenas tinha consagração legal expressa relativamente a uma categoria especial de trabalhadores subordinados: os praticantes desportivos (art. 12.° a) da L. n.° 28/98, de 26 de Junho)[308].

O Código do Trabalho de 2003 veio dissipar as dúvidas sobre esta matéria, estabelecendo, em sede de garantias do trabalhador e como dever geral do empregador, o dever de não «obstar injustificadamente à prestação efectiva do trabalho» (art. 122.° b) do CT de 2003). A mesma solução é mantida no actual Código do Trabalho (art. 129.° n.° 1 b)). Em suma,

---

1987, V, 297, o Ac. STJ de 29/01/1988, BMJ 373-451, o Ac. STJ de 13/01/1993, CJ (STJ), 1993, I, 220, o Ac. REv. de 8/11/1994, CJ, 1994, V, 300, o Ac. RLx. de 11/01/1995, CJ, 1995, I, 169, o Ac. RLx. de 27/09/1995, CJ, 1995, IV, 154, o Ac. RLx. de 15/01/1997, CJ, 1997, I, 176, ou o Ac. RLx. de 29/09/1999, CJ, 1999, IV, 166. Para mais indicações de jurisprudência, *vd* FURTADO MARTINS, *Despedimento ilícito... cit.*, 179.

[304] Por exemplo, Ac. STJ de 31/03/2004, CJ (STJ), 2004, I, 286, e Ac. RLx. de 30/04/2003, CJ, 2003, II, 158.

[305] Sobre estes argumentos na fundamentação do dever de ocupação efectiva, pode ver-se o Ac. TC n.° 951/96, de 10/07/1996, DR, II S. de 18/12/1996, 17539.

[306] Ac. STJ de 29/01/1988, BMJ 373-451.

[307] MENEZES CORDEIRO, *Direito do Trabalho cit.*, 657.

[308] Sobre o dever de ocupação efectiva neste contexto, pode ver-se A. MENDES BAPTISTA, *Grupo normal de trabalho. Equipas B e dever de ocupação efectiva do praticante desportivo cit.*, 819 ss.

*o direito do trabalhador à ocupação efectiva é consagrado, hoje, em termos genéricos pela lei.*

Acresce que esta garantia dos trabalhadores deve ser articulada com a previsão geral do assédio moral do trabalhador no local de trabalho, contida no art. 29.° do CT, sempre que a frustração do direito do trabalhador a ser efectivamente ocupado revista um carácter reiterado, tendente a criar-lhe um ambiente desestabilizador, degradante ou hostil no local de trabalho e, no limite, levá-lo à denúncia do contrato.

A consagração do direito do trabalhador à ocupação efectiva corresponde à orientação mais correcta, por dois motivos essenciais: por força da identificação do objecto do contrato, da parte do trabalhador, com a ideia de actividade, nos termos acima enunciados; e pelo relevo dos elementos pessoais no contrato de trabalho, no que ao trabalhador respeita.

De uma parte, o dever de ocupação efectiva do trabalhador é um corolário da centragem da prestação de trabalho na ideia de actividade e não na ideia de disponibilidade do trabalhador. Assim, se o trabalhador é contratado para desenvolver determinada actividade (a integrar por um conjunto mais ou menos complexo de actos e tarefas que o empregador, em cada momento, lhe exija), a situação de inactividade injustificada não corresponde à integração do objecto do contrato pela outra parte.

De outra parte, sendo a actividade laboral inseparável da pessoa do trabalhador, o relevo dos elementos de pessoalidade no contrato de trabalho demonstra a importância do exercício, de facto, da actividade laboral e, também, as consequências danosas que podem advir para o trabalhador da frustração desse exercício.

**VI.** Reconhecido o direito de ocupação efectiva do trabalhador, a sua configuração pelo Código do Trabalho exige ainda uma observação complementar sobre o *âmbito positivo e negativo do direito em questão*.

Em termos positivos, decorre da formulação do art. 129 n.° 1 b) do CT que o direito a ser ocupado efectivamente assiste genericamente a todos os trabalhadores. Ultrapassa-se, assim, a perspectiva, perfilhada anteriormente por alguns sectores, que circunscrevia aquele direito às categorias de trabalhadores cuja inactividade fosse de considerar especialmente prejudicial. Apesar de tudo, a categoria do trabalhador ou a função que, em concreto, desempenhe poderá ser relevante, designadamente para efeitos de avaliação dos danos que para ele decorram da situação de inactividade.

No que se refere aos limites do direito à ocupação efectiva, eles evidenciam-se na fórmula negativa que a lei escolheu para o consagrar, estabelecendo a proibição de o empregador «obstar, injustificadamente, à prestação efectiva de trabalho» (art. 129.° n.° 1 b) do CT). Esta formulação afasta, pois, do âmbito da figura as situações em que a não ocupação do trabalhador seja justificada[309].

Por outro lado, em alguns contratos de trabalho especiais, o âmbito do direito à ocupação efectiva é limitado por razões que se prendem com a actividade desenvolvida – é o caso do contrato de trabalho dos artistas, em que tal dever só se estende aos ensaios (art. 11.° n.° 3 da L. 4/2008, de 7 de Fevereiro), carecendo nesse contexto a recusa de ocupação do trabalhador pelo empregador de uma justificação objectiva.

A delimitação do direito à ocupação efectiva pelo critério do carácter injustificado da inactividade do trabalhador carece, contudo, de ser objectivada, sob pena de se manter um relevante grau de incerteza jurídica na matéria. Para este efeito e na linha que já tínhamos ensaiado no âmbito do sistema anterior à codificação do Direito do Trabalho, propomo-nos recorrer à figura do *jus variandi*, aplicando os seus requisitos à situação em causa, para obter critérios objectivos de justificação das situações de inactividade do trabalhador.

A aplicação da figura do *jus variandi* à situação em apreço é um corolário natural do enfoque do objecto do contrato de trabalho, no que ao trabalhador respeita, na ideia de actividade de trabalho (e não no conceito de disponibilidade), nos termos expostos. É que, se o trabalhador se obriga, pelo contrato, à prestação de uma actividade positiva, a inactividade terá que ser vista como algo que extravasa esse objecto; e, com esta configuração só pode ser admitida como variação do próprio objecto, se corresponder aos requisitos legalmente impostos para essa variação – a transitoriedade da situação, o interesse objectivo da empresa na variação e a não modificação substancial da posição do trabalhador em resul-

309 Neste sentido, por exemplo, o Ac. RLx. de 25/01/2006 (N.° 8769/2005-4), www.dgsi.pt., considerando que este dever só se pode considerar violado se a desocupação do trabalhador for injustificada e imputável ao empregador a título de culpa.

tado dessa variação (art. 120.° n.° 1 do CT)[310]. A verificação destes requisitos, nos casos de inactividade do trabalhador, permitirá aferir, em concreto e de forma objectiva, se tal inactividade é justificada ou não e, por consequência, se se consubstancia ou não um direito do trabalhador à ocupação efectiva[311].

**VII.** Ao reconhecimento do direito do trabalhador à ocupação efectiva inere o correspondente dever do empregador, cuja violação se reconduz a um incumprimento contratual. Este incumprimento dá lugar a uma dupla tutela: uma tutela positiva, que se consubstancia no direito do trabalhador de reclamar o exercício da actividade contratada[312]; e uma tutela negativa, que se consubstancia no direito do trabalhador a ser compensado pelos danos patrimoniais e não patrimoniais que a inactividade lhe tenha causado, nos termos previstos no art. 323.° do CT[313].

Para além desta tutela, a violação do dever de ocupação efectiva pelo empregador constitui justa causa para a resolução do contrato por iniciativa do trabalhador, nos termos gerais do art. 394.° n.° 2 b) do CT, e com direito a indemnização[314].

---

[310] Teremos ocasião de desenvolver a matéria do *jus variandi*, e os respectivos requisitos, *infra*, neste parágrafo, ponto 87.2. Por ora, deixa-se apenas a ideia da aplicabilidade geral do instituto à temática do dever de ocupação efectiva.

[311] Contra este entendimento, já foi sustentada a impropriedade do recurso ao *jus variandi* neste contexto, dado o carácter excepcional da própria figura do *jus variandi* e o facto de a norma que o consagra não tutelar o interesse do trabalhador mas conformar o poder directivo do empregador – neste sentido FURTADO MARTINS, *Despedimento Ilícito... cit.*, 187. A crítica perde, contudo, de vista o essencial do entendimento preconizado, que tem a ver com a natureza da prestação de trabalho: correspondendo esta prestação a uma actividade positiva, constitui um desvio à mesma tanto a exigência de uma outra actividade como a não exigência de actividade nenhuma, pelo que ambas as situações caem no âmbito da previsão legal do *jus variandi*.

[312] Neste contexto, ROMANO MARTINEZ, *Direito do Trabalho cit.*, 521, entende que o trabalhador pode ainda recorrer à figura da sanção pecuniária compulsória (art. 829.°-A do CC), exigindo uma determinada quantia por cada dia de desocupação injustificada.

[313] Reconhecendo especificamente a responsabilidade do empregador pelos danos patrimoniais e não patrimoniais decorrentes da violação do direito do trabalhador à ocupação efectiva, Ac. STJ de 31/03/2004, CJ (STJ), 2004, I, 286.

[314] Neste sentido, já se pronunciou a jurisprudência: Ac. REv. de 8/11/1994, CJ, 1994, V, 300, Ac. RLx. de 11/01/1995, CJ, 1995, I, 169, Ac. RLx. de 27/09/1995, CJ, 1995, IV, 154, Ac. RLx. de 15/01/1997, CJ, 1997, I, 176, e Ac. RLx. de 29/09/1999, CJ, 1999 IV, 166.

### 85.3. Os deveres acessórios do trabalhador: deveres integrantes e deveres autónomos da prestação principal[315]

#### 85.3.1. Aspectos gerais

**I.** Conexa com a actividade laboral, está a questão do enquadramento dos deveres acessórios do trabalhador no contrato de trabalho. É o conjunto destes deveres e a sua conjugação com o dever principal de prestação da actividade de trabalho que evidencia a complexidade da situação juslaboral do trabalhador, a que oportunamente se fez referência[316].

Os deveres acessórios do trabalhador estão previstos, em enumeração de índole exemplificativa, no art. 128.° do CT. Este elenco dos deveres do trabalhador deve ser complementado pelo enunciado das situações constitutivas de justa causa de cessação do contrato por facto imputável ao trabalhador (art. 351.° n.° 2 do CT), que revelam, a *contrario sensu*, os deveres do trabalhador e cujo conteúdo não é totalmente coincidente com o do art. 128.°. Além disso, outros deveres podem resultar do instrumento de regulamentação colectiva do trabalho aplicável, do regulamento da empresa, dos usos ou do próprio contrato de trabalho.

Subjacente a estes deveres está o princípio orientador geral da boa fé, constante do art. 126.° n.° 1 do CT. No que respeita ao trabalhador, este princípio geral manifesta-se ainda, especialmente, na exigência de que o trabalhador colabore para a obtenção da maior produtividade na execução do contrato (art. 126.° n.° 2, primeira parte).

**II.** Já tendo procedido à classificação dos deveres acessórios do trabalhador, pelos critérios gerais da fonte de que emanam e da natureza que revestem, bem como pelo critério especificamente laboral da sua conexão com o dever principal de desenvolvimento da actividade laboral[317], cabe agora proceder à apresentação mais detalhada de cada um desses deveres.

---

[315] Sobre o tema dos deveres acessórios do trabalhador, podem ver-se, entre outros, MENEZES CORDEIRO, *Manual de Direito do Trabalho cit*, 126 ss., J. MOREIRA DA SILVA, *Direitos e Deveres dos Sujeitos da Relação Individual de Trabalho cit.*, 21 ss. e 51, ROSÁRIO PALMA RAMALHO, *Do Fundamento... cit.*, 211 s., MÁRIO PINTO / FURTADO MARTINS / NUNES DE CARVALHO, *Comentário... cit.*, 89 ss., ROMANO MARTINEZ, *Direito do Trabalho cit.*, 498 ss., e JÚLIO GOMES, *Direito do Trabalho cit.*, I, 529 ss.

[316] *Direito do Trabalho I*, § 12.°, ponto 43.2.2., II. e III.

[317] *Direito do Trabalho I*, § 12.°, ponto 43.2.2.

Para esse efeito, socorremo-nos do critério classificativo laboral, proposto por HERSCHEL[318] mas também desenvolvido pela doutrina nacional[319], que distingue entre os *deveres acessórios integrantes da prestação principal e os deveres acessórios independentes da prestação principal*:

i) Na categoria dos *deveres acessórios integrantes* incluem-se aqueles deveres do trabalhador que estão estreitamente ligados à prestação principal e, que por isso, acompanham as respectivas vicissitudes, sendo apenas exigíveis na pendência daquela prestação. Nesta categoria, destacam-se, independentemente de outros deveres decorrentes do contrato de trabalho, de instrumento de regulamentação colectiva do trabalho ou dos usos, o dever de obediência, os deveres de assiduidade e pontualidade, o dever de zelo e diligência na realização do trabalho e o dever de promover a melhoria da produtividade da empresa.

ii) Na categoria dos *deveres acessórios autónomos* incluem-se aqueles deveres do trabalhador que não dependem da prestação principal, pelo que se mantêm nas situações de não prestação de trabalho e nas situações de suspensão do contrato (art. 295.° n.° 1 do CT). Nesta categoria, merecem especial referência o dever de lealdade, em geral e nas manifestações específicas do dever de sigilo e do dever de não concorrência, os deveres de respeito e urbanidade, o dever de custódia e os deveres atinentes à disciplina na organização, em geral e especificamente em matéria de higiene, segurança e saúde.

Esta classificação dos deveres do trabalhador evidencia a complexidade da posição debitória que ele ocupa no contrato de trabalho, chamando, designadamente, a atenção para o facto de o trabalhador poder estar em situação de incumprimento mesmo que continue a desempenhar (e, por hipótese, a desempenhar bem!) a actividade laboral. Por outro lado, esta distinção permite determinar o alcance exacto do débito contratual do

---

318 W. HERSCHEL, *Haupt – und Nebenpflichten im Arbeitsverhältnis*, BB, 1978, 12, 569-572.

319 MENEZES CORDEIRO, *Concorrência laboral e justa causa de despedimento cit.*, 497 ss., e *Manual de Direito do Trabalho cit.*, 129 ss., J. MOREIRA DA SILVA, *Direitos e Deveres dos Sujeitos da Relação Individual de Trabalho cit.*, 21 ss. e 51, e ROSÁRIO PALMA RAMALHO, *Do Fundamento... cit.*, 211 s.

trabalhador, na pendência da prestação principal e nas situações em que esta prestação não é exigível (porque o trabalhador está fora do seu tempo de trabalho, no período de descanso semanal ou em férias) bem como nas situações de suspensão do contrato. Numa e noutra situações, os deveres acessórios integrantes não são exigíveis, mas os deveres acessórios autónomos da prestação principal continuam efectivos, podendo o respectivo incumprimento ser sancionado em termos disciplinares (art. 328.° e ss. do CT) e nos termos gerais da responsabilidade civil, se emergirem danos da respectiva violação (art. 323.° n.° 1 do CT).

**III.** Ainda em sede de apresentação geral dos deveres acessórios do trabalhador deve ter-se em conta a *dimensão pessoal de alguns destes deveres* (como o dever de lealdade, mas também o dever de respeito e de tratamento urbano) e a *dimensão organizacional de outros* (ainda o dever de lealdade e o dever de respeito e trato urbano, mas também os deveres de promoção da produtividade da empresa e de cooperação na empresa com colegas ou em matéria de segurança). Estas dimensões dos deveres do trabalhador projectam os elementos de pessoalidade e de inserção organizacional do vínculo de trabalho oportunamente realçados[320].

A dimensão pessoal de alguns deveres do trabalhador decorre do envolvimento integral da sua personalidade no contrato de trabalho e explica também a imposição ou a limitação de condutas pessoais ao trabalhador, em determinados parâmetros, bem como o relevo geral da confiança pessoal entre as partes no contrato de trabalho. Esta matéria carece de ser articulada com o tema dos direitos de personalidade do trabalhador[321].

A dimensão organizacional do vínculo laboral evidencia-se no contexto empresarial de diversos deveres acessórios do trabalhador e no facto de alguns destes deveres não se dirigirem apenas ao empregador, mas poderem ter como destinatários os colegas do trabalhador.

Este perfil particular dos deveres do trabalhador pode ser comprovado a propósito da apresentação das duas categorias de deveres enunciadas.

---

[320] *Direito do Trabalho I*, § 12.°, ponto 43.5.

[321] *Infra*, neste parágrafo, ponto 85.4.

### 85.3.2. Deveres acessórios integrantes da prestação principal

#### a) Dever de obediência

**I.** Apesar de não ter merecido um destaque especial na lei (art. 128.° n.° 1 e) e n.° 2 do CT), o *dever de obediência* é o dever acessório mais importante do trabalhador, a par do dever de lealdade.

A importância do dever de obediência é reconhecida genericamente pela doutrina (que o considera a manifestação, por excelência, da subordinação jurídica[322]), a ponto de autores como MONTEIRO FERNANDES referirem, de uma forma expressiva, que, para o trabalhador, «cumprir é, essencialmente, obedecer»[323], bem como pela jurisprudência, que se refere a este dever como «a pedra angular do contrato de trabalho»[324]. A opção legal de não tratar diferenciadamente este dever no elenco dos deveres do trabalhador não deve, pois, suscitar dúvidas quanto ao seu peso no vínculo laboral[325].

---

[322] É o entendimento tradicional, subscrito, entre muitos outros, por RAÚL VENTURA, *Teoria da Relação Jurídica de Trabalho cit.*, 104 ss., MÁRIO FROTA, *Contrato de Trabalho cit.*, I, 34, BRITO CORREIA, *Direito do Trabalho cit.*, 94, BARROS MOURA, *Notas para uma Introdução... cit.*, 26, J. MOREIRA DA SILVA, *Direitos e Deveres... cit.*, 53, MENEZES CORDEIRO, *Manual de Direito do Trabalho cit.*, 127, BERNARDO XAVIER, *Curso de Direito do Trabalho cit.*, 325, e *Iniciação... cit.*, 173, ou RUI ASSIS, *O Poder de Direcção do Empregador*, Coimbra, 2005, 49. Na doutrina comparada, entre muitos outros, reforçam o significado do dever de obediência, como manifestação da subordinação jurídica, L. BARASSI, *Elementi... cit.*, 140 s., RIVA SANSEVERINO, *Diritto del lavoro cit.*, 43 e 241 ss., E. REDENTI, *Variazioni sul tema del verbo commandare cit.*, 778, V. CASSÌ, *La subordinazione del lavoratore... cit.*, 149, G. SUPPIEJ, *La struttura del rapporto di lavoro cit.*, II, 9 ss., C. SMURAGLIA, *La persona del prestatore nel rapporto di lavoro cit.* 279 s., L. ANGIELLO, *Autonomia e subordinazione... cit.*, 44, BRUN / GALLAND, *Droit du travail cit.*, I, 688, M. DESPAX, *L'évolution du lien de subordination cit.*, 13 e 15, M. JAMOULLE, *Le contrat de travail,* I, Liège, 1982, 12; também na doutrina germânica, o dever de obediência é perspectivado como a principal manifestação da dependência pessoal do trabalhador, por autores como R. RICHARDI, *Staudingers Kommentar... cit.*, II, 49 s., ou SÖLLNER, *Grundriß cit.*, 1 ss., entre muitos outros.

[323] A. MONTEIRO FERNANDES, *Sobre o fundamento do poder disciplinar*, ESC, 1966, 18, 60-83 (61).

[324] Ac. STJ de 3/06/2009 (N.° 08S3085), www.dgsi.pt.

[325] Neste contexto, MENEZES CORDEIRO, *Manual de Direito do Trabalho cit.*, 127, lamenta a falta de relevo dogmático do dever de obediência na lei.

**II.** Como se referiu a propósito do estudo da subordinação jurídica[326], *o dever de obediência do trabalhador é especialmente vigoroso, tanto pela sua extensão como pela sua intensidade.*

Em termos extensivos, este dever envolve o cumprimento das ordens e instruções do empregador «repeitantes a execução ou disciplina do trabalho» (art. 128.° n.° 1 e) do CT). Por outras palavras, o trabalhador deve obediência não apenas às directrizes do empregador sobre o modo de desenvolvimento da sua actividade laboral (ou seja, ao poder directivo), mas também às directrizes emanadas do poder disciplinar prescritivo, em matéria de organização da empresa, de comportamento no seu seio, de segurança, higiene e saúde no trabalho, ou outras[327].

Por outro lado, o dever de obediência é também especialmente intenso, uma vez que se estende às directrizes emanadas do empregador e dos superiores hierárquicos do trabalhador, no âmbito da delegação dos poderes laborais a que o empregador tenha procedido (art. 128.° n.° 2 do CT). Acresce que, em situações laborais especiais e em vicissitudes do contrato de trabalho que envolvam o desdobramento dos poderes laborais (por exemplo, em contratos como o contrato de trabalho temporário ou o contrato de trabalho portuário e em situações como a cedência ocasional de trabalhadores), o dever de obediência estende-se a entidades terceiras em relação ao contrato de trabalho.

**III.** Apesar da sua intensidade e extensão, *o dever de obediência do trabalhador tem limites gerais e específicos.*

Os limites gerais do dever de obediência são os direitos e garantias do trabalhador: como refere o art. 128.° n.° 1 e) *in fine*, o dever de obediência cessa quando a ordem ou instrução do empregador colida com os direitos e garantias do trabalhador, sendo nestes casos legítima a desobediência[328]. Esta norma deve assim ser articulada com o art. 129.° n.° 1, que estabelece as garantias gerais do trabalhador, bem como

---

326 *Direito do Trabalho I*, § 12.° , ponto 43.4.1.IV.

327 Neste sentido, expressamente, Ac. STJ de 3/06/2009 (N.° 08S3085), www.dgsi.pt. Quanto a esta faceta prescritiva do poder disciplinar, *Direito do Trabalho I*, § 12.°, ponto 43.4.2.IV. e, neste Volume, *infra*, § 29.°, ponto 106.2. Para mais desenvolvimentos, ROSÁRIO PALMA RAMALHO, *Do Fundamento do Poder Disciplinar Laboral cit.*, 262 ss.

328 RUI ASSIS, *O Poder de Direcção do Empregador cit.*, 50 s.

com outras previsões estabelecidas na lei, em instrumento de regulamentação colectiva do trabalho, em regulamento da empresa ou no contrato de trabalho, respeitantes a direitos e garantias do trabalhador. Por outro lado, o dever de obediência não pode colidir com os direitos fundamentais e de personalidade do trabalhador, pelo que a desobediência em relação a uma ordem que ofenda estes direitos será legítima[329]. Por fim, o dever de obediência é limitado genericamente pela licitude da própria ordem, não devendo o trabalhador obediência a um comando ilegal.

No que tange especificamente ao cumprimento da prestação principal, o dever de obediência do trabalhador está ainda limitado pela autonomia técnica ou deontológica, que seja inerente à actividade profissional desenvolvida pelo trabalhador (art. 116.° do CT). Assim, por exemplo, o trabalhador médico está sujeito às instruções do respectivo superior hierárquico, que não seja médico, em matéria de organização do serviço hospitalar onde desenvolve a sua actividade, mas não a directrizes que interfiram nos actos médicos.

**IV.** Em resultado da sua extensão, o *incumprimento do dever de obediência* não se circunscreve ao desrespeito pelas directrizes do empregador relativas à prestação principal, mas pode também decorrer da violação de regras disciplinares pelo trabalhador. Assim, a qualificação deste dever como um dever integrante da prestação principal deve entender-se como uma qualificação que atende ao seu conteúdo prevalente.

O incumprimento do dever de obediência constitui uma infracção disciplinar, a sancionar nos termos gerais (art. 328.° ss. do CT). Se esta infracção for grave e culposa pode integrar uma situação de justa causa para despedimento imediato do trabalhador, nos termos previstos pelo art. 351.° n.° 2 a) do CT[330].

---

[329] Trataremos esta matéria, um pouco mais à frente e numa perspectiva geral. Por ora, fica a indicação de que os direitos fundamentais e os direitos de personalidade do trabalhador constituem um limite imanente ao seu dever de obediência no contrato de trabalho.

[330] Sobre a desobediência ilegítima como justa causa para despedimento, Ac. RLx. de 24/03/1993, CJ, 1993, II, 161, Ac. RLx. de 22/03/1995, CJ, 1995, II, 171. *Infra*, § 35.°, ponto 129.3.

### b) Deveres de assiduidade e de pontualidade

**I.** Nos termos do art. 128.° n.° 1 b) do CT, o trabalhador deve ser assíduo e pontual no trabalho.

Os deveres de assiduidade e de pontualidade são deveres instrumentais do dever principal de prestação do trabalho, recortando em termos geográficos e temporais a disponibilidade do trabalhador e, portanto, a exigibilidade daquela prestação: o empregador é credor da actividade do trabalhador no local de trabalho que tenha sido fixado e no horário de trabalho que tenha sido determinado.

Acentua-se a importância não apenas da assiduidade do trabalhador (ou seja, da sua presença física no local de trabalho e no dia de trabalho), como também da sua pontualidade (i.e., da sua chegada ao local de trabalho à hora fixada para o início da sua actividade). Ao estabelecer o dever de pontualidade, a lei acautela as perturbações que podem decorrer para o funcionamento da organização do empregador da chegada tardia do trabalhador ao local de trabalho.

A *modelação dos deveres de assiduidade e de pontualidade em concreto* depende da situação de cada trabalhador, no que toca ao período normal de trabalho (ou seja, ao número de horas de trabalho que o trabalhador se obrigou a prestar, por dia e por semana, nos termos dos arts. 197.° n.° 1 e 198.° do CT), e, sobretudo, ao horário de trabalho (ou seja, ao modo como aquelas horas estão distribuídas ao longo do dia, nos termos do art. 200.° do CT). Assim, o modo de cumprimento destes deveres é diferente consoante o trabalhador se sujeite a um horário de trabalho fixo ou variável, assim como se trabalhar em regime de adaptabilidade de horário ou por turnos, ou ainda se estiver isento de horário de trabalho ou se estiver adstrito à prestação de trabalho suplementar[331].

**II.** A *quebra do dever de assiduidade* faz incorrer o trabalhador na situação de falta, que é definida no art. 248.° n.° 1 do CT como a ausência

---

[331] Este ponto será aprofundado a propósito da matéria do tempo de trabalho, *infra*, § 26.°, ponto 93.

do trabalhador do local de trabalho durante o período em que devia desempenhar a sua actividade[332]. Para efeitos da configuração de uma situação de falta, a lei tem em conta a ausência correspondente a um dia ou a meio dia de trabalho (art. 256.° n.° 2 do CT). Além disso, a lei equipara à situação de falta a soma das ausências por tempo inferior que perfaçam um dia de trabalho, nos termos do art. 248.° n.° 2.

A falta apenas será justificada nos casos previstos na lei ou se autorizada pelo empregador, consubstanciando, nos outros casos, uma infracção disciplinar (arts. 249.° e 256.° n.° 1 do CT). A infracção disciplinar por motivo de falta injustificada é considerada grave quando antecede ou sucede a um dia de descanso ou feriado (art. 256.° n.° 2 do CT) e consubstancia justa causa para despedimento se as faltas ultrapassarem o limite anual de 5 faltas seguidas ou 10 interpoladas, ou, independentemente do número de dias de falta, se da falta resultarem prejuízos ou riscos graves para a empresa (art. 351.° n.° 2 g) do CT).

A *quebra do dever de pontualidade* não é equiparada à situação de falta pela lei, mas o empregador pode recusar a prestação do trabalhador durante todo ou parte do dia de trabalho, se o trabalhador se apresentar ao trabalho com um atraso injustificado superior a 60 ou a 30 minutos, respectivamente (art. 256.° n.° 3).

### c) Dever de zelo e diligência na realização do trabalho

**I.** O terceiro dever acessório do trabalhador a merecer uma referência especial é o dever de zelo e diligência, previsto na alínea c) do n.° 1 do art. 128.° do CT. Dever integrante da prestação principal, é este dever que permite avaliar o modo de cumprimento dessa prestação.

A *medida do zelo ou da diligência do trabalhador no desenvolvimento da actividade laboral* deve ser aferida segundo o critério geral do bom pai de família, tendo em conta o contexto laboral em concreto[333].

---

[332] Este ponto será aprofundado a propósito do estudo das faltas, *infra*, § 26.°, ponto 96.

[333] Mário Pinto / Furtado Martins / Nunes de Carvalho, *Comentário... cit.*, 91.

Assim, a actuação do trabalhador será diligente se corresponder ao comportamento normalmente exigível para aquele tipo de trabalhador, naquela função em concreto. Naturalmente, a diligência exigível a um trabalhador especializado, a um trabalhador dirigente ou a um trabalhador muito experiente é superior ao zelo exigível a um trabalhador indiferenciado ou menos experiente.

**II.** O *incumprimento do dever de diligência*, de forma repetida e revelando o desinteresse do trabalhador pelas funções ou pelo posto de trabalho, pode consubstanciar justa causa para despedimento, nos termos do art. 351.° n.° 2 d) do CT[334].

Por outro lado, a redução anormal de produtividade do trabalhador pode ser relevante como justa causa de despedimento, nos termos do art. 351.° n.° 2 m) do CT, bem como para efeitos do despedimento por inadaptação (art. 374.° n.° 1 a) do CT), sendo que no segundo caso, a falta de produtividade do trabalhador não tem qualquer conotação disciplinar.

### d) Dever de promover a melhoria da produtividade da empresa

Nos termos do art. 128.° n.° 1 h) do CT, o trabalhador tem o dever de contribuir para a melhoria da produtividade da empresa.

Este dever entronca com o dever de zelo e diligência, mas vai, na verdade, para além dele, porque os actos a realizar para a melhoria da produtividade da empresa ou organização do empregador podem não se circunscrever ao modo de exercício da actividade laboral, mas envolver a colaboração com os colegas.

Este dever tem pois uma dimensão organizacional, que importa salientar.

---

[334] Sobre o relevo disciplinar da falta de zelo e diligência do trabalhador na execução do trabalho, Ac. RC de 24/04/1991, CJ, 1991, II, 133, Ac. RLx. de 29/03/1993, CJ, 1993, II, 170, Ac. RLx. de 27/10/1993, CJ, 1993, IV, 196, Ac. RLx. de 30/11/1994, CJ, 1994, V, 190, ou Ac. REv. de 25/06/1996, CJ, 1996, III, 300, entre muitos outros. Ainda sobre esta matéria, *infra*, § 35.°, ponto 129.3.

### 85.3.3. Deveres acessórios autónomos da prestação principal

#### a) Dever de lealdade

**I.** Embora seja referido na lei sem particular destaque (art. 128.° n.° 1 f) do CT), o dever de lealdade é, a par do dever de obediência, o mais importante dos deveres acessórios do trabalhador. O reconhecimento da importância deste dever é compatível com a recusa das concepções comunitário-pessoais do vínculo laboral, a que se procedeu oportunamente[335] e com uma visão patrimonial do contrato de trabalho, ainda que, no que toca ao dever de lealdade, o seu significado particular no vínculo laboral decorra dos elementos de pessoalidade e de inserção organizacional deste vínculo[336].

Enquanto dever independente da prestação principal, o dever de lealdade surge com a celebração do contrato de trabalho e mantém-se ao longo da respectiva execução, incluindo nas situações de não prestação da actividade de trabalho, seja em sede de execução normal do contrato, seja em situações de suspensão do contrato. Trata-se ainda de um dever dotado da característica da pós-eficácia, uma vez que perdura para além da cessação do vínculo laboral.

**II.** Ao dever de lealdade do trabalhador no contrato de trabalho deve ser reconhecida *uma dimensão restrita e uma dimensão ampla*[337].

---

[335] Recorda-se a recusa da recondução do dever de lealdade à categoria de dever principal do trabalhador, em consequência da ultrapassagem da concepção comunitário-pessoal do vínculo laboral, a que se procedeu oportunamente – *Direito do Trabalho I*, § 12.°, ponto 42.5. Nestas concepções, era também atribuído um significado muito relevante ao dever de lealdade, mas na óptica da sua integração no dever de colaboração entre as partes para a prossecução dos objectivos comunitários. Sobre os deveres de lealdade e de colaboração nesta óptica comunitário-pessoal, por exemplo, ALMEIDA POLICARPO, *A colaboração na empresa – noção e fundamentos do princípio da colaboração*, ESC, 1962, 1, 72-82, ou CABRAL BASTO, *O contrato de trabalho – colaboração e subordinação cit.*, e ainda BIGOTTE CHORÃO, *A colaboração na empresa perante o Direito Português cit.*

[336] Sobre estas componentes do vínculo laboral, *vd Direito do Trabalho I*, § 12.°, ponto 45.3.

[337] MENEZES CORDEIRO, *Manual de Direito do Trabalho cit.*, 129, ou MONTEIRO FERNANDES, *Direito do Trabalho cit.*, 237 ss.

Na dimensão restrita, contemplada no art. 128.° n.° 1 f) do CT, o dever de lealdade concretiza-se essencialmente[338] no dever de não concorrência e no dever de sigilo:

i) O *dever de não concorrência*[339] veda ao trabalhador a negociação, por conta própria ou alheia, nas áreas em que possa concorrer com a actividade desenvolvida para o seu empregador. Nesta concretização, o dever de lealdade impõe restrições à liberdade que assiste ao trabalhador de exercer outra actividade profissional fora do tempo de trabalho passado na empresa (ou seja, ao princípio constitucional da liberdade de trabalho), pelo que só haverá incumprimento deste dever quando se observe uma efectiva concorrência entre as duas actividades em questão, ou porque se inserem na mesma área e desde que a actividade suplementar seja susceptível de vir a prejudicar o negócio do empregador, ou porque aquela actividade desvia ou pode desviar clientes ao empregador[340-341]. Como se viu oportunamente[342], o dever de não concorrência pode ser reforçado, por vontade das partes, através de pactos de exclusividade e de não concorrência, com efeitos durante a execução do contrato de trabalho e após a sua cessação, respectivamente.

ii) O *dever de sigilo* impõe ao trabalhador que guarde segredo sobre as informações de que disponha referentes à organização,

---

[338] Mas não exclusivamente. Estas duas concretizações do dever de lealdade são exemplificativas (Ac. STJ de 11/10/1995, CJ (STJ), 1995, III, 227).

[339] Especificamente sobre o dever de não concorrência com o empregador, Menezes Cordeiro, *Concorrência Laboral...cit.*, Romano Martinez, *Direito do Trabalho cit.*, 507 ss., ou Monteiro Fernandes, *Direito do Trabalho cit.*, 245 ss.

[340] O critério do desvio de clientes real ou potencial é sugerido, por exemplo, por Romano Martinez, *Direito do Trabalho cit.*, 509.

[341] Sobre o relevo disciplinar do dever de não concorrência, na jurisprudência, *vd* Ac. STJ de 18/12/1991, BMJ, 412-333, Ac. STJ de 5/03/1992, BMJ 415-395, Ac. STJ de 16/10/1996, CJ (STJ), 1996, III, 243, Ac. RC de 26/05/1992, CJ, 1992, III, 160, Ac. RLx. de 9/03/1994, CJ, 1994, II, 153, Ac. RC de 23/11/1995, CJ, 1995, V, 89, Ac. RP de 8/07/1996, CJ, 1996, IV, 261, Ac. RP de 6/10/1997, CJ, 1997, IV, 256. Sobre este ponto, infra, § 35.°, ponto 129.3.

[342] É a questão das restrições ao pluriemprego, que tratámos *supra*, § 18.°, ponto 62.2.

aos negócios, aos clientes ou aos métodos de produção da empresa. A extensão e a intensidade deste dever dependem do tipo de actividade desenvolvida pelo trabalhador, da natureza do cargo que ele ocupa na empresa e do grau de confiança que o empregador nele deposita, não sendo este dever delimitado pelo critério da veracidade da informação mas antes pelo prejuízo que dela possa advir para o empregador[343], com os limites que decorram do interesse público[344]. A lei reforça a importância do dever de sigilo relativamente aos membros das estruturas representativas dos trabalhadores na empresa, em razão da maior facilidade de acesso destes trabalhadores a informações confidenciais (art. 412.° do CT). Genericamente, o dever de sigilo limita o direito do trabalhador à liberdade de expressão na empresa, enunciado no art. 14.° do CT[345].

Nesta dimensão estrita, o dever de lealdade é dotado de pós-eficácia, no sentido em que o trabalhador continua obrigado ao sigilo após a cessação do seu contrato de trabalho[346] e porque são admitidos pactos de não concorrência para o tempo subsequente à cessação do contrato, ainda que sujeitos a limites temporais (art. 136.° n.° 2 do CT).

**III.** Em sentido amplo, o dever de lealdade é o dever orientador geral da conduta do trabalhador no cumprimento do contrato[347]. Cabe, no entanto, tecer algumas observações sobre o *âmbito do dever de lealdade neste sentido amplo*, uma vez que ele tem uma *dimensão obrigacional* e

---

343 Assim, como observa ROMANO MARTINEZ, *Direito do Trabalho cit.*, 512 s., viola o dever de sigilo o trabalhador que publicita as dificuldades financeiras da empresa, ainda que estas sejam reais, ocasionando com isso a diminuição do crédito do empregador na praça.

344 Neste sentido, MÁRIO PINTO / FURTADO MARTINS / NUNES DE CARVALHO, *Comentário... cit.*, entendem que não viola o dever de sigilo o trabalhador que comunica às autoridades que a empresa fez uma descarga poluente ilegal.

345 Sobre o dever de sigilo na jurisprudência, Ac. STJ de 11/10/1995, CJ (STJ), 1995, III, 277, Ac. RC de 4/11/1994, CJ, 1994, V, 72, e Ac. REv. de 4/07/1995, CJ, 1995, IV, 293. Ainda sobre esta matéria, § 35.°, ponto 129.3.

346 Contra, ROMANO MARTINEZ, *Direito do Trabalho cit.*, 508.

347 Realçando a dimensão ampla do dever de lealdade, por exemplo, o Ac. STJ de 22/04/2009 (N.° 09S0153), www.dgsi.pt.

uma *dimensão especificamente laboral*, e estas dimensões devem ser valorizadas em conjunto.

O dever de lealdade do trabalhador entronca, em primeiro lugar, no dever geral de cumprimento pontual dos contratos. Nesta perspectiva, o dever de lealdade do trabalhador tem como destinatário o empregador, contraparte no contrato de trabalho, e não é mais do que a concretização laboral do princípio da boa fé, na sua aplicação ao cumprimento dos negócios jurídicos, tal como está vertido no art. 762.° n.° 2 do CC . É também neste sentido que deve ser compreendida a referência ao dever de comportamento do trabalhador e do empregador segundo as regras da boa fé no cumprimento dos seus deveres e no exercício dos seus direitos, que consta do art. 126.° n.° 1 do CT.

Esta primeira dimensão do dever de lealdade (particularmente enfatizada por um sector da doutrina[348]) pode considerar-se como a sua dimensão obrigacional, na medida em que corresponde a uma exigência geral em matéria de cumprimento dos contratos. Nesta dimensão, o dever de lealdade do trabalhador encontra, aliás, correspondência no dever idêntico que assiste ao empregador, nos termos do art. 126.° n.° 1 do CT.

Mas o dever de lealdade do trabalhador, no sentido amplo indicado, tem uma outra dimensão, que decorre dos dois elementos do contrato de trabalho que o tornam singular no panorama dos contratos obrigacionais: o elemento do envolvimento pessoal do trabalhador no vínculo; e a componente organizacional do contrato.

O elemento da pessoalidade explica que a lealdade do trabalhador no contrato de trabalho seja, até certo ponto, uma *lealdade pessoal*, cuja quebra grave pode constituir motivo para a cessação do contrato. É este elemento de pessoalidade, traduzido na lealdade pessoal, que justifica, por exemplo, o relevo de condutas extra-laborais do trabalhador graves para efeitos de configuração de uma situação de justa causa de despedimento, bem como o relevo da perda da confiança pessoal do empregador no trabalhador para o mesmo efeito.

De outra parte, *a componente organizacional do contrato de trabalho justifica que o dever de lealdade do trabalhador não se cifre apenas*

---

[348] SÖLLNER, *Grundriß cit.*, 256, em entendimento que fez escola na doutrina germânica; e, entre nós, MENEZES CORDEIRO, *Manual de Direito do Trabalho cit.*, 96, e ROMANO MARTINEZ, *Direito do Trabalho cit.*, 504.

*em regras de comportamento para com a contraparte mas também na exigência de um comportamento correcto do ponto de vista dos interesses da organização*. Dito de outro modo, no contrato de trabalho, para além da lealdade ao empregador, enquanto contraparte num negócio jurídico, releva também a lealdade à empresa ou organização do empregador[349].

Nesta segunda dimensão, que é já especificamente laboral, no sentido em que valoriza elementos específicos do contrato de trabalho (o elemento de pessoalidade e o elemento organizacional), o grau de intensidade do dever de lealdade e as consequências do seu incumprimento dependem do tipo de funções do trabalhador e da natureza do seu vínculo de trabalho, em concreto.

A dimensão organizacional do dever de lealdade no contrato de trabalho descortina-se no art. 126.° n.° 2, primeira parte, do CT, na medida em que a exigência estabelecida nesta norma de que o comportamento das partes tenda para a obtenção da maior produtividade possível tem subjacente o contexto organizacional do vínculo, como contexto normal de aferição dessa produtividade. Este mesmo enfoque organizacional se evidencia no enunciado do dever de produtividade do trabalhador, no art. 128.° n.° 1 h) do CT, nos termos acima indicados.

### b) Dever de respeito e urbanidade

**I.** Nos termos do art. 128.° n.° 1 a) do CT, o trabalhador tem o dever de respeito e de tratamento urbano e probo tanto em relação ao empregador como em relação aos superiores hierárquicos, aos colegas de trabalho e a terceiros que contactem com a empresa.

Embora a lei enfoque em particular a ideia da urbanidade e da probidade no trato do trabalhador com as pessoas com as quais entre em contacto no contexto do seu vínculo laboral[350], o dever de respeito aponta genericamente para a necessidade de observância das regras de conduta

[349] Para mais desenvolvimentos sobre esta dimensão organizacional do dever de lealdade do trabalhador no contrato de trabalho, *vd* ROSÁRIO PALMA RAMALHO, *Da Autonomia Dogmática... cit.*, 721 ss.

[350] Sobre esta dimensão do dever de urbanidade e respectiva relevância disciplinar, *vd*, por exemplo, o Ac. RC de 2/04/1992, CJ, 1992, II, 95.

social adequadas, quer em matéria de tratamento quer em matéria de apresentação pessoal e de conduta do trabalhador.

A formulação necessariamente vaga do dever de respeito obriga à sua concretização e esta deve ter em conta o contexto específico de cada vínculo laboral – assim, um tratamento mais rude poderá ser comum em determinado contexto organizacional e intolerável noutro contexto, pelo que apenas no segundo caso deverá consubstanciar uma situação de incumprimento[351]; do mesmo modo, a apresentação pessoal do trabalhador pode ser mais relevante em certo contexto laboral do que noutro[352].

Os *limites do dever de respeito* são os direitos de personalidade do trabalhador, destacando-se, pela sua possível interacção com este dever, o direito à liberdade de expressão na empresa, o direito à imagem e o direito à reserva da vida privada do trabalhador. De outra parte, tendo em conta que este dever se mantém em situações de não prestação da actividade principal (uma vez que é um dever acessório autónomo), é difícil estabelecer a fronteira entre este dever e a liberdade de actuação do trabalhador fora do tempo e do local de trabalho.

O critério a reter na qualificação de certa conduta do trabalhador como infracção ao dever de respeito ou como manifestação de um dos seus direitos de personalidade deverá ser o da adequação da conduta do trabalhador ao contexto laboral em que a está a exercer, independentemente da exigibilidade da actividade laboral em concreto[353].

**II.** O dever de respeito e de urbanidade evidencia a componente organizacional do contrato de trabalho na sua extensão aos colegas de trabalho. E, em linha com esta extensão, completam a delimitação deste dever a previsão, em sede de despedimento por motivo imputável ao trabalhador, das «relações (...) entre o trabalhador e os seus companheiros», como critério de apreciação da justa causa (art. 351.° n.° 3 do CT), e a valorização, como situações de justa causa de despedimento, de factos

---

[351] Quanto a este ponto, por exemplo, o Ac. STJ de 19/02/1998, CJ (STJ), 1998, I, 265. Idêntico raciocínio de aferição do grau de incumprimento do dever de urbanidade, tendo em conta o perfil e a categoria do próprio trabalhador em concreto, se pode encontrar no Ac. STJ de 23/06/2004, CJ (STJ), 2004, II, 281.

[352] Relativamente a uma situação deste tipo, por exemplo, o Ac. STJ de 3/03/1998, CJ (STJ), 1998, I, 275.

[353] Aprofundaremos este entendimento no ponto seguinte.

como a violação de direitos e garantias de outros trabalhadores (art. 351.° n.° 2 b) do CT), a provocação de conflitos com outros trabalhadores (art. 351.° n.° 2 c) do CT) ou a prática, no âmbito da empresa, de violências físicas, injúrias ou outras ofensas punidas por lei e, ainda, de sequestro e crimes contra a liberdade de outros trabalhadores (alíneas i) e j) do n.° 2 do art. 351.°)[354].

**c) Dever de custódia**

**I.** O art. 128.° n.° 1 g) do CT impõe ao trabalhador o dever de velar sobre a boa utilização e sobre a conservação do equipamento de trabalho, bem como de qualquer bem que o empregador coloque ao seu serviço: é o denominado dever de custódia.

Embora a lei relacione directamente o dever de custódia com o «trabalho» executado, este dever não está necessariamente ligado ao desenvolvimento da actividade laboral, uma vez que podem ser (e são, com frequência) confiados ao trabalhador bens para utilização não apenas profissional como pessoal – assim, um automóvel de serviço, um computador portátil ou um telemóvel. O dever de custódia estende-se, naturalmente, a estes bens e deve ser observado tanto no local e no tempo de trabalho como fora do local e do tempo de trabalho.

A lei ocupa-se ainda especificamente do dever de custódia em relação ao equipamento e aos instrumentos de trabalho fornecidos aos teletrabalhadores (art. 168.° do CT).

**II.** Se a violação do dever de custódia determinar danos patrimoniais graves para o empregador, poderá consubstanciar-se uma situação de justa causa para despedimento, nos termos do art. 351.° n.° 2 e) do CT[355]. Além disso, o trabalhador responde civilmente pelos danos causados, nos termos gerais do art. 323.° do CT.

---

[354] A este propósito, a jurisprudência discutiu a relevância disciplinar de uma agressão física de um trabalhador a um colega fora do tempo de trabalho – Ac. RP de 22/01/1990, CJ, 1990, I, 274, Ac. RC de 28/01/1993, CJ, 1993, I, 85, e Ac. RLx. de 2/03/1994, CJ, 1994, II, 148. Voltaremos a esta matéria a propósito do tema do despedimento com justa causa, *infra*, § 35.°, ponto 129.3.

[355] Ac. RC de 7/07/1994, CJ, 1994, IV, 68. *Infra*, § 35.°, ponto 129.3.

### d) Deveres atinentes à disciplina na organização, em geral e especificamente em matéria de higiene, segurança e saúde

**I.** No elenco dos deveres acessórios independentes da prestação principal, cabe também realçar os deveres do trabalhador relativos ao cumprimento de regras de disciplina no seio da organização, quase sempre definidas em instrumento de regulamentação colectiva do trabalho ou em regulamento da empresa – assim, entre outras, as regras sobre o acesso às instalações, o uso de equipamento tecnológico, o fardamento ou a apresentação pessoal do trabalhador, ou a imposição de restrições ao fumo nas instalações.

A lei ocupa-se, em especial, das regras em matéria de segurança, higiene e saúde no trabalho, impondo aos trabalhadores o dever de as cumprir e de cooperar para a sua melhoria, designadamente através das estruturas representativas para o efeito[356]. Para tanto, é enunciado um conjunto de deveres no art. 128.° n.° 1 j) e j) do CT, normas que devem ser complementadas pelas regras constantes do art. 281.° do CT e ainda pelas regras impostas pelo regime jurídico da saúde, higiene e segurança nos locais de trabalho, constante da L. n.° 102/2009, de 8 de Setembro.

**II.** A violação grave dos deveres do trabalhador em matéria de segurança e higiene no trabalho constitui justa causa para despedimento, nos termos do art. 351.° n.° 2 h) do CT.

### e) Deveres atinentes à formação profissional

O Código do Trabalho de 2009 autonomizou ainda, no elenco dos deveres acessórios do trabalhador, o dever de participação diligente nas acções de formação profissional que lhe sejam proporcionadas pelo empregador (art. 128.° n.° 1 d)).

Trata-se, naturalmente, de um dever acessório autónomo da prestação principal, porque não tem a ver com o cumprimento desta, e que constitui o corolário natural dos deveres do empregador em matéria de formação profissional, que o actual Código também densificou (arts. 130.° ss.): ora,

---

[356] Estas estruturas estão previstas nos arts. 21.° e ss. da L. n.° 102/2009, de 10 de Setembro.

se o empregador está obrigado a proporcionar formação profissional ao trabalhador, este está, por seu turno, obrigado a apresentar-se e a participar activamente nas acções de formação profissional.

Embora não fosse essencial a autonomização deste dever no elenco dos deveres do trabalhador contemplados no art. 128.° do CT – uma vez que a presença nas acções de formação corresponde ao dever de obediência do trabalhador, que, como vimos, tem um sentido amplo – esta automomização tem o sentido pedagógico de reforçar que a participação dos trabalhadores nestas acções não é facultativa e sim obrigatória.

Assim, a ausência de participação do trabalhador nestas acções constitui infracção disciplinar, com as consequências gerais, incluindo a possibilidade de aplicação da sanção disciplinar mais grave do despedimento com justa causa, até porque, como decorre expressamente da norma que consagra as situações típicas de justa causa para despedimento (art. 351.° n.° 2 do CT), o enunciado legal destas situações é exemplificativo.

### 85.4. Actividade laboral, direitos de personalidade e direitos fundamentais do trabalhador[357]

**I.** O último aspecto a ter em conta na delimitação da actividade laboral reporta-se à relação desta actividade com a pessoa do trabalhador

---

[357] Sobre esta matéria, *vd* J. João Abrantes, *Contrato de trabalho e direitos fundamentais, in* A. Moreira (coord.), *II Congresso Nacional de Direito do Trabalho... cit.*, 105 ss., e, em especial, *Contrat de travail et droits fondamentaux – contribution à une dogmatique commune européenne, avec référence spéciale au droit allemand et au droit portugais cit.* (na versão portuguesa, *Contrato de Trabalho e Direitos Fundamentais cit.*), *passim*, e ainda, *O novo Código do Trabalho e os Direitos de Personalidade do Trabalhador, in A Reforma do Código do Trabalho,* Coimbra, 2004, 139-160, Rosário Palma Ramalho, *Contrato de trabalho e direitos fundamentais da pessoa, in Estudos de Direito do Trabalho cit.*, I, 157 ss., M. Regina Redinha, *Os direitos de personalidade no Código do Trabalho: actualidade e oportunidade da sua inclusão, in A Reforma do Código do Trabalho,* Coimbra, 2004, 161-172, Amadeu Guerra, *A Privacidade no Local de Trabalho cit., passim*, e Guilherme Dray, *Direitos de Personalidade... cit.*, 61 ss.; e, na literatura estrangeira, entre muitos outros, destaca-se o trabalho fundamental do F. Gamillscheg, *Die Grundrechte in Arbeitsrecht*, AcP, 1964, 164, 5/6, 385-444, e, ainda deste autor, *Die allgemeinen Lehren der Grundrechte in Arbeitsrecht*, ArbuR, 1996, 2,

e, especificamente, com os seus direitos de personalidade e direitos fundamentais.

Como foi realçado na construção dogmática do contrato de trabalho, um dos elementos de maior singularidade deste contrato reside no envolvimento da personalidade do trabalhador no vínculo, que decorre da dificuldade de estabelecer uma delimitação clara entre a prestação de trabalho e a pessoa do prestador[358]. Esta dificuldade, conjugada com o carácter continuado da situação jurídica e com o grau de indeterminação da prestação de trabalho ao longo da execução do contrato, torna particularmente vulneráveis os direitos de personalidade do trabalhador na vigência do contrato, bem como os direitos fundamentais que lhe assistem na qualidade de cidadão.

Justifica-se, assim, a particular protecção destes direitos em sede de execução do contrato de trabalho, bem como a afirmação de princípio de que a actividade laboral não deve ser desenvolvida em moldes susceptíveis de prejudicar esses direitos.

**II.** O Código do Trabalho foi sensível a esta matéria a dois níveis: em termos gerais, delimitando o dever geral de colaboração do empregador, em sede de execução do contrato, pelo objectivo de «promoção humana, profissional e social do trabalhador» (art. 126.° n.° 2, *in fine*), o que constitui um claro reconhecimento dos elementos de pessoalidade no contrato de trabalho; de outra parte, estabelecendo um regime de protec-

41-48. Sobre alguns direitos de personalidade e direitos fundamentais em especial no contexto do contrato de trabalho, J. Leal Amado, *Pornografia, Informática e Despedimento*, QL, 1994, 2, 109-116, A. Menezes Cordeiro, *A liberdade de expressão do trabalhador, in* A. Moreira (coord.), *II Congresso Nacional de Direito do Trabalho – Memórias*, Coimbra, 1999, 24-43, *Contrato de Trabalho e objecção de consciência, in* A. Moreira (coord), *V Congresso Nacional de Direito do Trabalho. Memórias*, Coimbra, 2003, 23-46, e ainda *O respeito pela esfera privada... cit.*, 16 ss., M. Teresa Moreira, *Da Esfera Privada do Trabalhador e o Controlo do Empregador cit.*, *passim*, e *O direito à reserva da intimidade da vida privada do trabalhador no Código do Trabalho cit.*, 369 ss., G. Dole, *La liberté d'opinion et de conscience en droit comparé du travail cit*, I, *passim*, Rosário Palma Ramalho, *O direito da igualdade e o Código do Trabalho, in A Reforma do Código do Trabalho cit.*, 173 ss., e Oliveira Festas, *O direito à reserva da intimidade da vida privada... cit.*, 369 ss.

[358] *Direito do Trabalho I*, § 12.°, ponto 43.5.2. e, para mais desenvolvimentos sobre esta construção, Rosário Palma Ramalho, *Da Autonomia Dogmática... cit.*, 764 ss.

ção dos direitos de personalidade do trabalhador, tanto em sede de formação como em sede de execução do contrato (arts. 14.° e ss.).

Já tendo equacionado o regime de protecção dos direitos de personalidade do trabalhador no contexto da formação do contrato de trabalho[359], cabem agora algumas referências ao regime de tutela dos direitos de personalidade em sede de execução do contrato e, designadamente para efeitos da delimitação da actividade laboral. Neste contexto, o Código do Trabalho dá uma particular atenção aos seguintes direitos do trabalhador: a liberdade de expressão e de opinião do trabalhador no seio da empresa (art. 14.°); o direito à reserva da intimidade da sua vida privada (art. 16.°, mas que deve ser complementado com os arts. 17.° a 21.°, que desenvolvem diversas valências do direito à reserva da vida privada); o direito à preservação da integridade física e moral (15.°); e o direito à inviolabilidade da correspondência e de outros meios de comunicação, relativamente a assuntos de carácter pessoal ou não profissional (art. 22.°).

Para além destes direitos de personalidade, que foram privilegiados pelo Código, por serem os mais vulneráveis no contexto laboral, deve recorrer-se ao Código Civil para cobrir os direitos de personalidade não regulados expressamente pelo Código do Trabalho (por exemplo, o direito à imagem, previsto no art. 79.° do CC), bem como à Constituição, no que toca aos direitos fundamentais – destacando-se aqui o direito fundamental à liberdade de consciência e à liberdade religiosa e de culto (art. 41.° da CRP), e o princípio da igualdade (art. 13.° da CRP, mas que está também hoje vertido no CT, nos arts. 23.° e ss.)

**III.** O *direito à reserva da intimidade da vida privada* (cuja previsão no art. 16.° e desenvolvimento nos arts. 17.° a 21.° do CT deve ainda ser conjugada com o art. 26.° n.° 1 da CRP e com art. 80.° do CC) deve ser entendido em termos amplos, de modo a incluir os aspectos ligados à esfera íntima, à esfera pessoal e ainda à vida familiar do trabalhador (é o que decorre do art. 16.° n.° 2 do CT).

---

[359] *Supra*, § 18.°, ponto 64. Como então vimos, a tutela dos direitos de personalidade do trabalhador nesta fase impõe, sobretudo, limites ao seu dever de informação (ponto 64.1.); ao nível dos direitos fundamentais, destaca-se a tutela dos princípios da igualdade e não discriminação em geral e da igualdade entre mulheres e homens no acesso ao trabalho (ponto 64.2.).

Este direito tem as seguintes implicações na execução do contrato de trabalho:

i) *Este direito veda as ingerências do empregador em aspectos da vida privada do trabalhador não directamente relevantes para a actividade laboral por ele desenvolvida.* Esta valência do direito à reserva da vida privada determina a inadmissibilidade de princípio da realização de testes de saúde irrelevantes do ponto de vista da actividade a desenvolver, como o teste para despistagem do vírus HIV ou testes de gravidez, bem como indagações sobre a orientação sexual, sobre a situação familiar do trabalhador ou sobre as suas actividades fora do local de trabalho (arts. 16.° n.° 2, 17.° n.os 1 a 3 e 19.° do CT); no que toca especificamente aos exames médicos, eles só podem ser realizados para fins ligados à saúde e segurança no local de trabalho e os seus resultados devem ficar com o médico (arts. 19.° n.os 1 e 3).

ii) *Este direito determina a proibição de certas formas de controlo da actividade do trabalhador na empresa*, que a evolução tecnológica moderna veio, aliás, facilitar, como o controlo à distância (arts. 20.° e 21.° do CT).

iii) *Este direito torna, em princípio, irrelevantes para o contrato de trabalho como para a sua cessação, as condutas extra-laborais do trabalhador*, a menos que possa ser estabelecida uma conexão objectiva relevante entre aquelas condutas pessoais e o contrato de trabalho[360-361].

---

[360] O relevo das condutas extra-laborais do trabalhador no contrato de trabalho tem sido apreciado pela jurisprudência para efeitos de configuração de justa causa para despedimento, admitindo-se essa relevância na presença de um nexo relevante entre estas actividades extra-laborais e a prestação de trabalho ou outros deveres laborais. Assim, o Ac. RC de 28/01/1993, CJ, 1993, I, 85, considerou justa causa de despedimento a agressão e as ameaças proferidas por um trabalhador contra um colega num restaurante, pelos reflexos prejudiciais deste comportamento no contrato de trabalho; o Ac. RLx de 17/06/1993, CJ, 1993, III, 187, admitiu como justa causa para despedimento a embriaguez e os desacatos cometidos pelo comandante de aeronave fora do tempo de trabalho, entendendo que comprometiam a imagem da empresa e diminuíam o tempo de descanso julgado conveniente para o desenvolvimento da função. Já o Ac. RC de 01/06/1985, CJ, 1995, III, 85, a propósito de um empréstimo particular contraído por uma funcionária bancária junto de clientes do banco, entendeu que a natureza particular da conduta da trabalhadora a tornava irrelevante como justa causa para despedimento. Este matéria

Por seu turno, o *direito fundamental à liberdade de consciência e à liberdade religiosa e de culto* (art. 41.° da CRP) poderá, em alguns casos, justificar a recusa da prestação de trabalho (assim, a recusa de colaboração em actividades abortivas por um médico católico).

Na mesma linha, o *princípio da igualdade* (art. 13.° n.os 1 e 2 da CRP e arts. 23.° e ss. do CT) inviabiliza actuações discriminatórias do empregador em razão da raça, da nacionalidade, do credo, da filiação partidária, da orientação sexual ou da situação familiar do trabalhador. E, em especial, o princípio da igualdade entre os trabalhadores dos dois sexos inviabiliza um tratamento discriminatório de género, na execução do contrato de trabalho, na remuneração, na categorização dos trabalhadores na empresa e na progressão profissional ou no acesso à formação profissional, assim como veda práticas discriminatórias ou limitações de direitos fundamentais ligados à maternidade e à paternidade (como a realização de testes de gravidez durante a execução do contrato, compromissos das trabalhadoras de não engravidarem durante certo tempo ou renúncias antecipadas às licenças de maternidade ou de paternidade) – arts. 19.° n.° 2, 24.° ss. e 30.° ss. do CT.

Por último, a *liberdade de expressão do trabalhador e o seu direito à imagem* (arts. 26.° n.° 1 e 37.° n.° 1 da CRP, e art. 79.° do CC, e, quanto à liberdade de expressão, ainda o CT, no art. 14.°) mantêm-se no seio da empresa e ao longo da execução do contrato de trabalho com as limitações que decorrem do dever de respeito oportunamente enunciadas[362].

**IV.** Este princípio geral de imposição dos direitos fundamentais e dos direitos de personalidade do trabalhador ao desenvolvimento da sua actividade laboral e, em geral, durante a execução do contrato de trabalho, é, naturalmente, compatível com a *admissibilidade de limites ou restrições a esses direitos* do trabalhador, que encontram a sua justificação no próprio contrato de trabalho.

---

será desenvolvida a propósito do tema do despedimento com justa causa, *infra*, § 35.°, ponto 129.3.

[361] Em especial sobre o direito à intimidade da vida privada e as suas projecções laborais, *vd* MENEZES CORDEIRO, *O respeito pela esfera privada do trabalhador cit.*, 16 ss., e OLIVEIRA FESTAS, *O direito à reserva da intimidade da vida privada... cit.*, 380 ss.

[362] Em especial sobre a liberdade de expressão no contexto do contrato de trabalho, MENEZES CORDEIRO, *A liberdade de expressão do trabalhador cit.*, 24 ss.

Estes limites podem ser limites imanentes, limites extrínsecos e limites voluntários, consoante decorrem da conformação interna dos direitos em questão, da necessidade da sua convivência com outros direitos e interesses ou da vontade do próprio titular.

**V.** Os *limites imanentes* dos direitos fundamentais e dos direitos de personalidade do trabalhador são os que decorrem do princípio geral segundo o qual as situações jurídicas devem ser exercidas dentro dos parâmetros de adequação funcional ou de admissibilidade para que foram conferidas. Uma vez ultrapassados estes limites imanentes, gera-se uma situação de abuso do direito, a tratar, nos termos gerais, com recurso ao art. 334.° do CC[363] (assim, por exemplo, o despedimento de dois trabalhadores que tiveram relações sexuais na empresa, tendo sido descobertos por alguém que espreitou pela frincha da porta[364], é justificado na inadequação do comportamento em questão ao local onde se desenrolou[365]).

**VI.** Os *limites extrínsecos* aos direitos fundamentais e de personalidade dos trabalhadores decorrem do relevo de outros interesses ou direitos que entrem em colisão com aqueles. Esta situação de colisão de direitos deve ser tratada nos termos gerais, ou seja, com a cedência recíproca e equilibrada dos direitos em confronto, ou através da prevalência do direito que, no caso concreto, se considere superior (art. 335.° CC)[366]. Assim, os direitos dos trabalhadores podem ter que ceder a interesses do empregador, que podem, inclusivamente, concretizar direitos fundamentais deste (o direito de propriedade sobre a empresa, ou o direito de livre iniciativa

---

[363] Por todos, sobre esta matéria, A. MENEZES CORDEIRO, *Da Boa Fé no Direito Civil cit.*, II, 661 ss.

[364] Ac. REv. de 07/04/92, citado por MENEZES CORDEIRO, *O respeito pela esfera privada... cit.*, 37.

[365] Contra, MENEZES CORDEIRO, *O respeito pela esfera privada... cit.*, 37, argumentando com a tutela que os actos sexuais sempre merecem, ao abrigo do direito à intimidade da vida privada.

[366] A este propósito, J. JOÃO ABRANTES, *Contrat de travail et droits... cit.*, 153 ss., desenvolve o critério da concordância prática entre os vários interesses juridicamente relevantes em confronto. O princípio nesta matéria será o da conjugação entre «a máxima liberdade possível do trabalhador» e a «mais vasta autonomia contratual possível», mas é em relação a cada contrato de trabalho em concreto e tendo em atenção a respectiva finalidade que aquela conjugação deverá ser feita.

económica – arts. 62.°, 80.° c) e 86.° da CRP), e mesmo direitos de personalidade do próprio empregador, ainda que a intensidade destas restrições extrínsecas varie em função de factores como o tipo de organização laboral em questão e a actividade laboral desenvolvida pelo trabalhador.

A dificuldade de proceder à conciliação destes direitos em concreto pode ser ilustrada com alguns exemplos.

Assim, a liberdade de expressão não pode permitir ao empregado de mesa de um hotel de luxo que ostente perante os clientes um emblema com os dizeres "abaixo os ricos", que o caixa de um banco tenha na lapela um *crachat* de um banco concorrente, ou que o funcionário de um clube de futebol receba as quotas dos sócios ostentando uma camisola de outro clube. E, nesta linha, o direito do trabalhador à imagem poderá ter que ceder perante interesses que corporizem o direito à imagem da própria empresa[367].

Relativamente ao direito à reserva da vida privada, a regra geral da irrelevância das condutas extra-laborais do trabalhador não impede que, em nome dos interesses da organização, o empregador exija a despistagem do vírus do HIV ao enfermeiro de um laboratório de análises clínicas ou a um médico odontologista, bem como um teste de gravidez à trabalhadora técnica de radiologia; e, na mesma linha, poderá constituir fundamento para a cessação do contrato de trabalho de um caixa de um supermercado a condenação por furto mesmo ocorrido noutro estabelecimento, ou o despedimento de um professor em razão da condenação por pedofilia, mesmo que o crime tenha sido praticado fora da escola. O que sucede nestes casos é que, apesar de serem alheios ao vínculo laboral, estes factos podem ter repercussões no contrato de trabalho, impedindo ou dificultando excessivamente a sua execução, ou, estando o contrato já em execução, inviabilizando a sua subsistência. É para este tipo de situações que a jurisprudência tem admitido o relevo dos comportamentos extra-laborais do trabalhador, desde que tenham uma conexão objectiva clara com um interesse da organização do empregador ou com um dever laboral. Quanto a nós, tal conexão existirá quando do comportamento ou da situação extra-laboral do trabalhador decorra ou possa vir a decorrer uma lesão relevante

---

[367] A este propósito, *vd* o Ac. TC n.° 436/2000 (inédito), que sustentou a constitucionalidade da exigência de determinado fardamento aos trabalhadores, bem como de se apresentarem ao serviço barbeados.

para a organização laboral, que torne inexigível a manutenção do vínculo para o empregador.

Por fim, os direitos inerentes à liberdade religiosa, ética ou partidária do trabalhador devem ceder no contrato de trabalho, quer quando inviabilizem a prestação da actividade, quer quando ponham em perigo a particular confiança exigível àquele trabalhador, por força do tipo de organização em que se insere. Assim, o trabalhador que professe uma religião que proíba o álcool não pode invocar a sua liberdade de credo para se recusar a trabalhar, depois de ter sido admitido numa fábrica de cervejas; o médico católico não pode recusar-se a praticar um acto de interrupção da gravidez, por razões éticas, após ter concorrido a uma clínica vocacionada para esse fim; e poderá admitir-se o despedimento de um trabalhador que, sendo sacristão de uma paróquia católica, professe publicamente outra religião, bem como o despedimento de um trabalhador de um partido político de determinada linha ideológica, na sequência da descoberta de que tal trabalhador milita num partido de ideologia oposta[368].

**VII.** Por fim, os direitos fundamentais e os direitos de personalidade do trabalhador podem ser objecto de *limites voluntários*, ou por vontade do próprio trabalhador (constituindo, pois, auto-limitações) ou por acordo entre o trabalhador e o empregador, no próprio contrato de trabalho ou em sede de instrumento de regulamentação colectiva do trabalho.

Os problemas colocados por este tipo de restrições devem ser resolvidos através da conjugação do regime de tutela dos direitos, liberdades e garantias, constante do art. 18.° da CRP, e do regime de protecção dos direitos de personalidade, constante do art. 81.° do CC. Da conjugação destes dois regimes retira-se o seguinte:

– quanto às fontes possíveis de restrição destes direitos de personalidade, apenas são de admitir as restrições impostas por contrato de trabalho e por instrumento de regulamentação colectiva do trabalho convencional, mas não por instrumento de regulamentação colectiva do trabalho administrativo, nem, muito menos, por determinação do empregador. Esta circunscrição das fontes de limitação

---

368 Em especial, sobre a liberdade de expressão e sobre a liberdade religiosa, designadamente nas organizações de tendência, Georges Dole, *La liberté d'opinion et de conscience... cit., passim.*

dos direitos de personalidade decorre do facto de o art. 81.° do CC a conceber como uma limitação consentida ou auto-limitação;

- quanto ao âmbito da restrição, entende-se que qualquer pacto ou declaração do trabalhador, que restrinja estes direitos, tem que reduzir-se ao mínimo e deixar intocado o conteúdo essencial daqueles direitos, sob pena de invalidade[369];
- por outro lado, pelo menos quando estejam em causa direitos de personalidade, mas, por analogia, porventura também outros direitos fundamentais do trabalhador enquanto pessoa humana, será de aplicar o regime do art. 81.° do CC, admitindo-se a revogação da declaração de renúncia ou de limitação destes direitos a todo o tempo e unilateralmente pelo trabalhador, e estendendo-se esta possibilidade às restrições cuja fonte seja uma convenção colectiva de trabalho.

## 86. **A determinação da actividade laboral**[370]

### 86.1. **Os conceitos operativos nesta matéria: o conceito de função e o conceito de categoria**

**I.** Delimitada a actividade laboral como dever principal do trabalhador e estabelecida a sua relação com os restantes deveres do trabalhador no contrato, cabe apreciar esta actividade do ponto de vista dinâmico, dando conta do modo de integração do seu conteúdo, do âmbito desse conteúdo e das possibilidades e limites da sua variação ao longo da execução do contrato.

**II.** Antes de procedermos a esta apreciação, cabe delimitar os *conceitos operativos fundamentais desta temática*, que não são fáceis de des-

---

[369] Neste sentido se pronunciaram, por exemplo, GOMES CANOTILHO / VITAL MOREIRA *Constituição Portuguesa... cit.*, 148.

[370] Em geral sobre esta matéria, BERNARDO XAVIER, *A determinação qualitativa da prestação de trabalho,* ESC, 1964, 10, 9-45, e *Curso de Direito do Trabalho cit.*, 319 ss. e 328 s., F. TOMÁS DE RESENDE, *As prestações das partes no contrato de trabalho,* ESC, 1969, 32, 9-40, MONTEIRO FERNANDES, *Sobre o objecto do contrato de trabalho,* ESC, 1968, 25, 13-35, e ainda *A categoria profissional e o objecto do contrato de trabalho*, QL, 1998, 12, 122-161, MENEZES CORDEIRO, *Manual de Direito do Trabalho cit.*, 665 ss. e 679 ss., e MÁRIO PINTO / FURTADO MARTINS / NUNES DE CARVALHO, *Comentário... cit.*, 108 ss.

cortinar, desde logo pela prolixidade linguística do legislador laboral nesta matéria[371]. Assim, para se referir à actividade laboral, a lei socorre-se, por vezes indistintamente, dos seguintes termos:

- *categoria*: o termo categoria é referido pela lei a propósito da actividade concretamente exercida pelo trabalhador (arts. 115.° n.° 2 e 118.° n.° 2, bem como art. 106.° n.° 3 c)), mas também a propósito do seu estatuto na organização do empregador (por exemplo, nos arts. 26.° n.° 2, 62.° n.° 3 b), 127 n.° 1 j), 129.° n.° 1 e), 162.° n.° 5, 164.° n.° 1 a), 276.° n.° 3, 360.° n.° 2 d), 368.° n.° 2, 369.° n.° 1 b), ou 389.° n.° 1 b)); por outro lado, a manutenção da categoria é configurada como um direito do trabalhador, que só pode descer de categoria em determinadas condições (arts. 129.° n.° 1 e) e 119.°);
- *função*: o termo função é referido pela lei a propósito da integração do conteúdo da prestação de trabalho pelo empregador (art. 118.° n.° 1), da delimitação do conceito de funções acessórias (art. 118.° n.os 2 e 3), e da mobilidade funcional (art. 120.°);
- *cargo e posto de trabalho*: estes termos são referidos a propósito da cessação do contrato de trabalho, no enunciado das situações de justa causa para despedimento (art. 351.° n.° 2 d)); o termo *posto de trabalho* é também utilizado para a delimitação da figura do despedimento por extinção do posto de trabalho (arts. 367.° e 368.°); e o termo *cargo* é referido ainda a propósito da delimitação das funções que podem ser exercidas em regime de comissão de serviço (art. 161.°);
- *carreira*: este termo é referido a propósito da delimitação das funções acessórias (art. 118.° n.° 3).

Dos conceitos referenciados, aqueles que devem ser considerados como os conceitos operatórios-chave para a delimitação do conteúdo da actividade laboral e para a apreciação do respectivo desenvolvimento são o conceito de função e o conceito de categoria.

---

[371] A prolixidade linguística da lei laboral nesta matéria foi adensada pela L. n.° 21/ /96, de 23 de Julho, que introduziu ainda expressões como *valorização e reclassificação profissional*, cujo sentido, todavia, não concretizou. O Código do Trabalho de 2003 e o novo Código do Trabalho simplificaram a terminologia, com amplas vantagens do ponto de vista da clarificação do sistema.

**III.** O *conceito de função* tem a ver com a delimitação horizontal do conteúdo da actividade laboral devida pelo trabalhador e pode ser entendido em dois sentidos:

i) Num *sentido formal*, a função corresponde ao cargo, lugar ou posto de trabalho ocupado pelo trabalhador.
ii) Num *sentido substancial*, a função corresponde ao conjunto de tarefas, mais ou menos definidas, que cada posto de trabalho inclui no seio da organização do empregador.

Como decorre do exposto, a função é um conceito intra-empresarial, que não tem a ver com as habilitações nem com as aptidões profissionais do trabalhador, embora deva ser atribuída pelo empregador tendo em conta essas aptidões e habilitações, de acordo com a regra geral do art. 118.° n.° 1 do CT. A dimensão intra-empresarial do conceito de função explica ainda o facto de uma função nominalmente idêntica em duas empresas poder corresponder materialmente a um conjunto de tarefas não totalmente coincidentes em cada uma dessas empresas.

A atribuição da função ao trabalhador cabe ao empregador e este acto tem uma importância evidente: ao atribuir a função, o empregador concretiza o débito negocial do trabalhador e, em consequência, limita o dever de obediência deste. A partir desta delimitação, o empregador apenas poderá, em princípio, exigir ao trabalhador o desempenho das tarefas compreendidas no objecto do contrato, que ficou determinado através da atribuição da função – é o princípio que a doutrina denomina de *princípio da invariabilidade da prestação* e que o Código do Trabalho consagra na primeira parte do n.° 1 do art. 118.°.

Por outro lado, o princípio básico no que toca à função do trabalhador é um *princípio de substancialidade ou efectividade*: a função corresponde ao conjunto de tarefas que, de facto, o trabalhador realiza e não a uma determinada designação formal; em caso de discrepância entre esta e aquelas, é a função efectiva e não a função nominal que prevalece, designadamente para efeitos da determinação do regime aplicável ao trabalhador[372].

---

[372] Neste sentido, expressamente, Ac. RP de 4/06/2007 (Proc. n.° 0617278), www.dgsi.pt.

**IV.** No *conceito de categoria* são reconhecidas pela doutrina e pela jurisprudência uma multiplicidade de acepções e de significados[373]. No conjunto destas acepções, salientam-se três valências essenciais:

i) A *categoria profissional*, que se reporta às qualificações e aptidões profissionais do trabalhador. Nesta acepção, o conceito de categoria é anterior e exterior ao contrato de trabalho e à integração do trabalhador na organização, mas pode ter uma relevância directa no contrato, designadamente quando o exercício de certa actividade profissional dependa da posse de carteira profissional ou de outro título de habilitação, cuja falta determina, como se viu[374], a nulidade do contrato ou, se aquele título vier a ser retirado durante a execução do contrato, a sua caducidade (art. 117.° do CT ).

ii) A *categoria normativa* (também designada *categoria-estatuto*), que corresponde à designação formal dada pela lei ou pelos instrumentos de regulamentação colectiva do trabalho a determinado conjunto de tarefas, com vista à aplicação do regime laboral previsto para essa situação.

iii) A *categoria interna à empresa*, que se reporta à posição do trabalhador no seio da hierarquia empresarial. Nesta acepção vertical, a categoria é fixada no momento da celebração do contrato de trabalho ou no início da execução do trabalho e vai sendo sucessivamente ajustada à evolução do trabalhador na pirâmide empresarial. Neste sentido, o conceito de categoria está intimamente relacionado com o conceito de carreira, que serve para aferir a progressão do trabalhador no seio da organização.

O conceito de categoria tem também a maior importância para delimitar a posição jurídica do trabalhador no contrato e no seio da organização do empregador, uma vez que é através da categoria que se determina o regime aplicável a esse trabalhador, do ponto de vista do tratamento

---

373 MENEZES CORDEIRO, *Manual de Direito do Trabalho cit.*, 665 ss., e BERNARDO XAVIER, *Curso de Direito do Trabalho cit.*, 319 ss.; e, na jurisprudência, entre muitos outros, Ac. STJ de 13/04/1994, CJ (STJ), 1994, I, 300, e Ac. STJ de 10/05/1995, BMJ 447-289.

374 *Supra*, § 18.°, ponto 62.3.III.

remuneratório e dos demais direitos e garantias inerentes à sua posição na empresa.

A importância deste conceito é reconhecida pela lei, ao associar à categoria uma garantia do trabalhador: a *garantia da irreversibilidade da categoria,* que o Código do Trabalho consagra no art. 129.° n.° 1 e) e que obsta, em princípio, à mudança do trabalhador para uma categoria inferior[375].

### 86.2. O âmbito do conceito de actividade contratada e a atribuição da função pelo empregador; o regime de prestação das funções afins ou funcionalmente ligadas à actividade contratada

**I.** Apresentados os conceitos-chave desta temática, cumpre então verificar como é que é definida a actividade laboral e qual é o seu âmbito, para efeitos do posterior estudo da admissibilidade da variação desta actividade e do respectivo regime jurídico.

Do art. 115.° n.os 1 e 2, conjugado com o art. 118.° do CT, retiram-se várias regras relativas à delimitação da actividade laboral a prestar pelo trabalhador[376]. Estas regras passam pela determinação genérica da actividade a desenvolver e pela atribuição de uma função concreta ao trabalhador, conjugando-se do seguinte modo:

i) A *definição genérica da actividade laboral é feita pelas partes*, ou através da sua descrição no contrato de trabalho ou por remissão para a categoria normativa, i.e., a categoria profissional constante do instrumento de regulamentação colectiva do trabalho aplicável ao trabalhador ou do regulamento da empresa (art. 115.° n.os 1 e 2)[377].

---

375 Trataremos esta matéria no parágrafo seguinte.

376 Em especial sobre este ponto, ROMANO MARTINEZ / L. M. MONTEIRO / J. VASCONCELOS / MADEIRA DE BRITO / G. DRAY / L. GONÇALVES DA SILVA, *Código do Trabalho Anotado cit.*, 324 ss. (anotação de MADEIRA DE BRITO), MONTEIRO FERNANDES, *Direito do Trabalho cit.*, 198 ss., JÚLIO GOMES, *Direito do Trabalho cit.*, I, 499 ss., e LEAL AMADO, *Contrato de Trabalho...cit.*, 243 ss.

377 Ainda assim, atente-se no facto de nada impedir que um contrato de trabalho tenha por objecto duas actividades distintas, que correspondam também a categorias dife-

ii) *A esta definição genérica da actividade laboral sucede a atribuição concreta de uma função pelo empregador*, que é feita nos termos do art. 118.° n.° 1 do CT. A atribuição de uma função ao trabalhador corresponde à primeira manifestação do poder de direcção (a que a doutrina chama tradicionalmente *poder determinativo da função*[378]) e é do exercício desta prerrogativa que surge o princípio da invariabilidade da prestação, constante desta mesma norma. Por força deste princípio, o trabalhador vê o seu débito contratual principal limitado, em regra, às tarefas que integram a função para a qual foi designado.

**II.** Fixado o modo de determinação da actividade laboral, enquanto objecto do contrato, por parte do trabalhador, cabe ainda proceder à clarificação cabal do seu conteúdo. É que, no âmbito deste objecto negocial, definido nos termos das normas acima indicadas, podem descortinar-se dois núcleos de funções, por conjugação do n.° 1 do art. 118.° do CT com os números 2 e 3 do mesmo artigo:

- as funções directamente correspondentes à actividade contratada (definida nos termos estabelecidos), que podemos designar como o *conteúdo nuclear da actividade laboral* (art. 118.° n.° 1);
- e as funções afins ou funcionalmente ligadas à actividade laboral definida no ponto anterior (art. 118.° n.° 2), que correspondem a outras actividades compreendidas no mesmo grupo ou carreira profissional do trabalhador (art. 118.° n.° 3); estas funções integram o *sentido amplo da actividade laboral* e podem ser exercidas acessoriamente à actividade laboral nuclear.

O isolamento do segundo grupo de funções no âmbito da actividade laboral corresponde às situações conhecidas, no âmbito do regime anterior à codificação laboral, como as *situações de polivalência funcional*.

---

rentes em instrumento de regulamentação colectiva do trabalho – expressamente neste sentido, Ac. REv. de 2/12/2003 (proc. n.° 2487/03-2), www.dgsi.pt

[378] A designação é de origem italiana, mas encontra-se, entre nós, em autores como BERNARDO XAVIER, *Curso de Direito do Trabalho cit.*, 325, ou MONTEIRO FERNANDES, *Direito do Trabalho cit.*, 267. Desenvolveremos este ponto a propósito do tema dos poderes laborais, *infra*, § 28.°, ponto 103.

O regime da polivalência funcional foi introduzido pela L. n.° 21//96, de 23 de Julho, em alteração ao art. 22.° da LCT, na tentativa de atenuar a considerável rigidez do nosso sistema juslaboral no que tocava às funções do trabalhador. Contudo, a aplicação prática deste regime suscitou as maiores dificuldades pelos seguintes motivos: pela dificuldade de operacionalizar os requisitos da figura da polivalência, que eram estabelecidos pela lei de um modo vago e com recurso a uma terminologia sem tradição juslaboral; pela dificuldade de conjugar a figura da polivalência com a figura que anteriormente enquadrava a variação das funções do trabalhador (o *jus variandi*), que se manteve com os seus próprios requisitos; e pela dificuldade de conceptualizar a própria figura da polivalência, vista por um sector da doutrina já como uma forma de variação do objecto do contrato de trabalho e por outros como um alargamento desse objecto[379].

Em suma, embora correspondesse a um objectivo de flexibilização do regime do contrato de trabalho, que era, neste domínio, particularmente necessário, a figura da polivalência funcional não clarificou o sistema juslaboral nesta matéria, suscitou as maiores dúvidas e revelou-se de operacionalidade difícil[380].

---

[379] Foi este último entendimento o que subscrevemos no âmbito do regime anterior (cfr., Rosário Palma Ramalho, *Da Autonomia Dogmática... cit.*, 643 ss.).

[380] Especificamente sobre o regime da polivalência funcional, podem ver-se, entre outros, Bernardo Xavier, *A mobilidade funcional e a nova redacção do art. 22.° da LCT*, RDES, 1997, 1/2/3, 51-130, e *Polivalência e mobilidade, in* A. Moreira (coord.), *I Congresso Nacional de Direito do Trabalho – Memórias,* Coimbra, 1998, 103-131, Amadeu Dias, *Polivalência funcional*, QL, 1997, 9/10, 38-60, e ainda *Redução do tempo de trabalho, adaptabilidade do horário e polivalência funcional*, Coimbra, 1997, Jorge Leite, *Flexibilidade funcional,* QL, 1997, 9/10, 5-37, M. Manuela Maia da Silva, *Mobilidade funcional,* QL, 1997, 9/10, 61-80, J. João Abrantes, *Flexibilidade e polivalência, in* A. Moreira (coord.), *I Congresso Nacional de Direito do Trabalho – Memórias,* Coimbra, 1998, 135-144, A. Vilar, *Flexibilidade e polivalência funcional, in* A. Moreira (coord.), *I Congresso Nacional de Direito do Trabalho – Memórias,* Coimbra, 1998, 145-168, Catarina Carvalho, *O exercício do jus variandi no âmbito das relações individuais de trabalho e a polivalência funcional, in Juris et de Jure – Nos Vinte Anos da Faculdade de Direito da Universidade Católica Portuguesa – Porto*, Porto, 1998, 1031-1063, ou L. Miguel Monteiro, *Polivalência funcional. Requisitos de concretização, in* Romano Martinez (coord.), *Estudos do Instituto de Direito do Trabalho cit.*, I, 295-314.

Mantendo, no essencial, o regime anterior nesta matéria, o Código do Trabalho de 2003 procedeu ao seu aperfeiçoamento, tanto no que se refere às condições de exigibilidade das funções afins do núcleo essencial da actividade contratada, que passaram a ser mais claras, como no que toca à conjugação deste regime com a figura do *jus variandi*, e, por fim, no que se refere à construção dogmática da matéria das funções afins ou acessórias, que é agora claramente perspectivada como um alargamento do âmbito da actividade laboral, enquanto objecto do contrato de trabalho da parte do trabalhador, nos termos indicados.

O Código do Trabalho de 2009 manteve-se na mesma linha, tendo apenas procedido à reinserção sistemática da figura do *jus variandi*, que tinha sido remetida pelo Código anterior para a secção relativa às vicissitudes do contrato de trabalho e que é agora tratada a propósito da matéria da actividade laboral (art. 120.°).

Subsistem, contudo, no Código actual (como no Código anterior) algumas dúvidas quanto à delimitação do sentido das actividades afins e ao alcance dos requisitos para a sua prestação, bem como quanto à relação entre essas actividades e a actividade principal.

**III.** O *desenvolvimento de funções afins ou funcionalmente ligadas às funções nucleares do trabalhador* está sujeito aos requisitos da afinidade das funções, da qualificação profissional do trabalhador e da sua não desvalorização profissional. Estes requisitos, cumulativos, não são, contudo, fáceis de concretizar, pelo que merecem uma análise mais detalhada. Assim:

i) *Só integram a actividade contratada em sentido amplo, a actividade nuclear do trabalhador e as «funções afins ou funcionalmente ligadas» àquela função nuclear* (art. 118.° n.° 2 do CT)[381]. Para integrar o conceito de afinidade ou conexão funcional, a lei recorre ao critério da inserção das actividades afins na mesma carreira ou no mesmo grupo profissional a que corresponde o núcleo essencial da actividade para que o trabalhador foi contratado (art. 118.° n.° 3), o que é, reconhecidamente, um critério de grande amplitude. A lei admite, no

[381] A terminologia legal é infeliz, por tautológica e pouco clara.

entanto, que, por instrumento de regulamentação colectiva do trabalho, sejam estabelecidos outros critérios para determinar a afinidade das funções, o que confere natureza convénio-dispositiva a esta norma, no sentido e para os efeitos do art. 3.° n.° 5 do CT[382].

ii) *É ainda necessário que o trabalhador tenha a qualificação profissional adequada para o desempenho daquelas funções* (art. 118.° n.° 2). Contudo, ficam dúvidas sobre a questão de saber se o requisito da qualificação profissional deve ser entendido em termos formais (i.e., como correspondendo à exigência de um título qualificativo) ou em termos substanciais, uma vez que a lei confere ao trabalhador, que exerça funções que exijam especial qualificação, o direito de acesso a uma formação profissional anual não inferior a dez horas por ano, para o efeito (art. 118.° n.° 4). A conjugação dos dois preceitos parece, na verdade, indicar que o exercício das funções afins depende, essencialmente, de um juízo positivo sobre a *aptidão substancial* do trabalhador para as desempenhar e não tanto da sua habilitação formal e certificada para o efeito.

iii) Por fim, *as funções a desempenhar não podem implicar a desvalorização profissional do trabalhador* (art. 118.° n.° 2 parte final). Este requisito, conjuntamente com o anterior, tem a maior importância para estreitar o leque de actividades exigíveis ao trabalhador, dentro do conjunto de funções afins identificadas por recurso à carreira ou grupo profissional do trabalhador. Contudo, é o requisito de mais difícil concretização, na medida em que envolve um juízo subjectivo sobre o que seja de considerar como «desvalorização profissional». Não nos parecendo que deste requisito decorra a proibição, pura e simples, da exigência ao trabalhador de funções que correspondam a uma categoria inferior à sua, uma vez que, no recorte das funções afins a lei faz apelo à carreira profissional e não à categoria do trabalhador, entende-se que este requisito obsta à exigência de tare-

[382] É assim, vedada, a alteração dos critérios legais ou convencionais colectivos em sede de contrato de trabalho.

fas que diminuam significativamente o estatuto do trabalhador no seio da empresa, designadamente perante os colegas[383].

*Desde que observem estes requisitos, as funções afins do núcleo central da actividade contratada integram o objecto do contrato e podem ser exigidas pelo empregador, nos mesmos termos daquela actividade.* As únicas especificidades no regime da prestação do trabalho, quando reportada a este âmbito alargado da actividade laboral, são o direito do trabalhador ao tratamento retributivo mais favorável que, porventura, corresponda àquelas funções, durante o tempo em que as exercer (art. 267.° n.° 1 do CT), e o direito à formação profissional, nos termos já explicitados (art. 118.° n.° 4).

**IV.** O regime desta matéria suscita ainda dois problemas que cumpre referir: o problema da transitoriedade no exercício destas funções; e o problema de saber se estas funções têm que ser acessórias da actividade nuclear do trabalhador ou se podem ser exercidas em substituição dessa actividade. O Código tomou posição sobre o primeiro problema mas não sobre o segundo.

Sobre o primeiro problema, decorre do regime do Código que *o exercício das actividades afins não se encontra sujeito a qualquer limite temporal*, ao contrário do que sucedia no regime anterior à codificação laboral, que estabelecia um limite geral de seis meses, findos os quais o trabalhador tinha direito a reclassificação profissional. A actual solução é, na verdade, a que melhor se coaduna com o reconhecimento, no objecto do contrato, de um conteúdo nuclear e de um conteúdo amplo: se estas actividades ainda integram a actividade contratada, elas correspondem ao débito negocial do trabalhador, pelo que a sua exigibilidade, em qualquer momento e de acordo com as necessidades da empresa, corresponde à gestão normal do vínculo laboral em moldes de elasticidade.

Já quanto ao *problema de saber as funções afins só podem ser desenvolvidas a título acessório da função nuclear do trabalhador ou também a título principal ou mesmo substitutivo daquela função*, a lei não é clara, já que se refere a estas funções como acessórias (art. 118.° n.° 4), mas, ao

---

383 Sobre os requisitos do desempenho de funções afins, ainda que no âmbito do regime da polivalência funcional, pode ver-se o Ac. RLx. de 9/12/2004, CJ, 2004, V, 154.

prever que tais funções podem ser determinadas pelo empregador a título «ainda que acessório» (art. 267.° n.° 1), permite a interpretação de que podem ser asseguradas a título principal ou substitutivo da função nuclear.

Do nosso ponto de vista, estas funções devem ser exercidas a título acessório da actividade nuclear do trabalhador[384] e não a título principal ou substitutivo daquela actividade, por dois motivos: porque esta solução é a que melhor se coaduna com a razão de ser da própria figura da afinidade funcional, que pretende, sobretudo, ultrapassar a rigidez do princípio da invariabilidade da prestação, facilitando o desempenho de tarefas adicionais ou complementares da actividade principal do trabalhador; e porque a solução inversa pode dar lugar a uma alteração da função nuclear do trabalhador em termos unilaterais (porque definidos pelo empregador) e definitivos (porque deixou de ser balizada por um limite temporal), uma vez que a actividade teoricamente *afim* é que passa a ser a actividade nuclear do trabalhador. Ora, ainda que formalmente ambas as actividades integrem o objecto do contrato, substancialmente há uma alteração daquilo que foi acordado pelas partes como actividade laboral, o que não se coaduna com o princípio geral *pacta sunt servanda* (art. 406.° n.° 1 do CC)[385-386].

---

[384] No mesmo sentido, *vd*,por exemplo, o Ac. RP de 4/06/2007 (Proc. n.° 0617278), www.dgsi.pt.

[385] Imagine-se um médico especialista que foi contratado para determinada especialidade e que, ao abrigo desta norma, é chamado a desenvolver, em exclusivo, a actividade de consulta de clínica geral. A consolidação desta situação no tempo envolve, na verdade, uma modificação do objecto do seu contrato, que contraria o inicialmente acordado, apesar de a actividade efectivamente exercida corresponder a todos os requisitos do art. 118.° n.° 2.

[386] Contra este entendimento, considerando que as funções afins podem ser desenvolvidas a título principal, MADEIRA DE BRITO, em anotação a esta norma, *in* ROMANO MARTINEZ / L. M. MONTEIRO / J. VASCONCELOS / MADEIRA DE BRITO / G. DRAY / L. GONÇALVES DA SILVA, *Código do Trabalho Anotado cit.*, 332. No âmbito do regime anterior ao Código de 2003 defendemos também este entendimento (ROSÁRIO PALMA RAMALHO, *Da Autonomia Dogmática... cit.*, 644, nota 533), que era então indispensável para explicar outros aspectos do regime jurídico da figura da polivalência funcional. Perante o regime actual e uma vez desaparecido o requisito da transitoriedade, a solução parece excessiva. Na jurisprudência, o Ac. RLx. de 9/12/2004, CJ, 2004, V, 154, segue também a orientação de que a actividade afim deve ser exercida de modo acessório e em acumulação com a actividade principal do trabalhador.

## 87. A variação da actividade laboral: a mobilidade funcional[387]

### 87.1. O alcance do princípio da invariabilidade da prestação

**I.** Uma vez fixado o âmbito da actividade laboral (no seu sentido mais estrito e no seu sentido mais amplo) *é relativamente ao sentido mais amplo que se deve configurar o princípio da invariabilidade da prestação de trabalho*[388]: de acordo com este princípio, formulado no art. 118.° n.° 1, primeira parte, do CT, o débito negocial do trabalhador fica, por regra, circunscrito, às tarefas que integrem aquela actividade e às tarefas afins ou funcionalmente ligadas àquela actividade, definidas nos termos do art. 118.° n.os 2 e 3, de acordo com os parâmetros acima indicados.

Apesar de ser hoje muito menos rígido do que antes da introdução do regime da polivalência funcional, por força do alargamento do âmbito do conceito de actividade laboral, nos termos indicados, o princípio da invariabilidade da prestação continua a ter grande importância, por dois motivos: em primeiro lugar, porque contribui para a objectivação da actividade laboral, e, nessa medida, prossegue o objectivo histórico do Direito do Trabalho de diminuir, tanto quanto possível, a dependência do prestador de trabalho subordinado em relação ao respectivo credor; em segundo lugar, porque este princípio constitui um limite geral aos desvios à especificação inicial da actividade laboral, que possam surgir ao longo da execução do contrato de trabalho.

---

[387] Sobre este ponto, em geral, MENEZES CORDEIRO, *Manual de Direito do Trabalho cit.*, 679 ss., MÁRIO PINTO / FURTADO MARTINS / NUNES DE CARVALHO, *Comentário... cit.*, 111 ss., ROMANO MARTINEZ / L. M. MONTEIRO / J. VASCONCELOS / MADEIRA DE BRITO / G. DRAY / L. GONÇALVES DA SILVA, *Código do Trabalho Anotado cit.*, 528 ss. (anotação de MADEIRA DE BRITO), ROMANO MARTINEZ, *Direito do Trabalho cit.*, 742 ss., bem como MONTEIRO FERNANDES, *Direito do Trabalho cit.*, 218 ss., e LEAL AMADO, *Contrato de Trabalho...cit.*, 246 ss. No direito comparado, salienta-se o tratamento da matéria no sistema jurídico italiano, que influenciou o sistema jurídico nacional neste domínio – entre muitos outros, sobre o tema, M. PAPALEONI, *Il rapporto di lavoro, in* G. MAZZONI (dir.), *Manuale di diritto del lavoro cit.*, I, 549 ss., G. GHEZZI, / U. ROMAGNOLI, *Il rapporto di lavoro*, 3.ª ed., Bologna, 1995 (*reprint* 1999), 191 s., ou R. SCONAMIGLIO, *Diritto del lavoro cit.*, 236 ss.

[388] Sobre este princípio, na jurisprudência, Ac. RC de 6/01/1993, CJ, 1993, I, 75.

O referido princípio continua, assim, a fazer sentido, embora se justifique o seu entendimento em moldes mais elásticos. É exactamente este entendimento que é propiciado pelo regime do Código do Trabalho[389].

**II.** O entendimento mais elástico do princípio da invariabilidade da prestação passa não apenas pelo conteúdo mais amplo de objecto do contrato de trabalho, que o Código do Trabalho hoje permite, mas também pela admissibilidade de desvios a este princípio, quando tal se justifique.

Para este efeito, a lei atribui ao empregador o direito de determinar a variação da actividade laboral: tradicionalmente conhecido como *jus variandi,* este poder do empregador é hoje designado pelo Código do Trabalho como mobilidade funcional.

### 87.2. **O regime do *jus variandi* ou mobilidade funcional**

**I.** Instituto singular no panorama negocial privado, o *jus variandi* é o direito que assiste ao empregador de, temporariamente, exigir ao trabalhador o desempenho de funções não compreendidas na actividade laboral, tal como foi definida (ou seja, no sentido estrito e no sentido amplo acima indicados). Em suma, trata-se de permitir ao empregador que, unilateralmente, introduza uma modificação no objecto do contrato, o que constitui um desvio ao princípio da invariabilidade da função e, genericamente, ao princípio do cumprimento pontual dos contratos (art. 406.° n.° 1 do CC).

Previsto originariamente no art. 22.° n.° 2 da LCT (de onde passou para os n.os 7 e 8 da mesma norma, com a L. n.° 21/96, de 23 de Julho), o *jus variandi* foi regulado, sob a designação de *mobilidade funcional*, como uma das vicissitudes do contrato de trabalho, no art. 314.° do CT de 2003. No Código do Trabalho actual, é tratado na secção relativa à actividade de trabalho (art. 120.°), o que se afigura mais adequado.

---

[389] Contra, entendendo que o princípio da invariabilidade da prestação deixou de fazer sentido em face do Código do Trabalho, Madeira de Brito, em anotação a esta norma (*in* Romano Martinez / L. M. Monteiro / J. Vasconcelos / Madeira de Brito / / G. Dray / L. Gonçalves da Silva, *Código do Trabalho Anotado cit.*, 331).

Com efeito, no âmbito do Código do Trabalho anterior, e contrariamente ao que sucedia na LCT (onde esta matéria era tratada a propósito do objecto do contrato de trabalho), a figura do *jus variandi* era regulada a propósito das vicissitudes do contrato de trabalho (Capítulo VII do título dedicado ao contrato de trabalho), e a par de outras situações, como a mobilidade geográfica, a transmissão do estabelecimento, a cedência ocasional ou as situações de suspensão do contrato.

Esta opção, que tinha subentendida a ideia da excepcionalidade da figura do *jus variandi*, difundida em alguns sectores da doutrina depois da introdução do regime da polivalência funcional[390], pecava, contudo, por irrealismo. É que, ainda que tecnicamente se possa reconduzir a uma vicissitude negocial, porque se traduz na alteração de um elemento essencial do contrato (o objecto), o *jus variandi* é um instrumento importante e de utilização corrente do contrato de trabalho (logo, não excepcional), que favorece a sua execução dinâmica e a sua adequação às necessidades do empregador, designadamente para substituição de outros trabalhadores. A opção do actual Código no tratamento desta figura é assim mais consentânea com a sua real função.

Para além do aspecto da inserção sistemática da figura, o novo Código do Trabalho introduziu também algumas alterações no seu regime, nos seguintes pontos: impôs um limite máximo de dois anos para a variação da função (art. 120.° n.° 3); estabeleceu um regime de caducidade para as cláusulas de mobilidade fucional (art. 120.° n.° 2 *in fine*); e transpôs para a norma sobre o *jus variandi* a disposição sobre os efeitos da variação de função na categoria do trabalhador, que constava anteriormente (e inadequadamente) da norma sobre a mudança de categoria (art. 120.° n.° 5).

A compreensão da figura do *jus variandi* exige a apreciação das seguintes questões: a questão do seu fundamento ou razão de ser; a apreciação dos seus requisitos; e uma breve reflexão sobre a sua natureza.

**II.** O *fundamento do jus variandi* reside nas necessidades de gestão do empregador, mais precisamente nas necessidades de compatibilizar os imperativos de gestão com as disponibilidades de mão de obra – assim, o acréscimo ocasional de trabalho num sector e a subocupação noutro sec-

[390] Este regime constituiria a «variação normal» da actividade laboral, o que remeteria a figura do *jus variandi* para a categoria de recurso excepcional.

tor poderão justificar a deslocação temporária de trabalhadores, e a ausência de um trabalhador poderá ditar a necessidade de o fazer substituir, para que continue a ser assegurado o serviço.

Como decorre dos exemplos dados, estão em causa no *jus variandi* necessidades de movimentação funcional de trabalhadores para fazer face a problemas ocasionais de gestão, para cuja resolução não se justifica a contratação de novos trabalhadores. Perante estas necessidades, o empregador pode impor ao trabalhador a prestação de uma actividade não compreendida no seu débito contratual.

**III.** *A lei condiciona o recurso ao jus variandi ou mobilidade funcional a diversos requisitos cumulativos*, que estão enunciados no art. 120.° do CT. Estes requisitos, que vêm sendo objecto de um amplo tratamento jurisprudencial[391], referem-se à justificação objectiva da ordem de alteração funcional no interesse da empresa, à duração dessa alteração, que tem que ser transitória e aos efeitos dessa alteração na situação jurídica do trabalhador, que deve ser salvaguardada, quer em termos de estatuto remuneratório e demais regalias, quer em termos de dignidade profissional. Assim:

i) O *jus variandi só é admissível se corresponder ao interesse da empresa* (art. 120 n.° 1). Este requisito tem sidoreportado à exigência de um fundamento objectivo de gestão para que o empregador possa exercer o direito de variação, não devendo confundir-se o interesse de gestão com as conveniências pessoais do empregador[392]. Com efeito, constituindo o *jus variandi* um desvio ao princípio norteador do desenvolvimento da actividade laboral (o princípio da invariabilidade), que, por sua vez, se filia

[391] Sobre os pressupostos da figura do *jus variandi*, podem ver-se, entre outros, o Ac. RC de 19/03/1992, CJ, 1992, III, 92, o Ac. RC de 6/01/1993, CJ, 1993, I, 75, o Ac. RP de 24/05/1993, CJ, 1993, III, 269, o Ac. RLx. de 1/04/1998, CJ, 1998, II, 175 (este esclarecendo que o ónus da prova destes requisitos recai sobre o empregador), bem como o Ac. STJ de 23/02/2005, CJ (STJ), 2005, I, 245, o Ac. RP de 4/06/2007 (Proc. n.° 0617278), www.dgsi.pt, o Ac. RP de 8/11/2004 (Proc. n.° 0411407), www.dgsi.pt.

[392] MADEIRA DE BRITO, em anotação a esta norma, *in* ROMANO MARTINEZ / L. M. MONTEIRO / J. VASCONCELOS / MADEIRA DE BRITO / G. DRAY / L. GONÇALVES DA SILVA, *Código do Trabalho Anotado cit.*, 337 s. E, na jurisprudência, Ac. RC de 6/01/1993, CJ, 1993, I, 75.

no princípio geral do cumprimento pontual dos contratos, apenas uma razão objectiva e séria o pode justificar.

Contudo, sendo, na prática, difícil de distinguir o interesse do empregador e o interesse da empresa (uma vez que é o primeiro que corporiza o segundo), crê-se que a falta deste requisito só poderá ser invocada em casos limite ou pela negativa, para obstar ao exercício do direito por capricho do empregador ou em moldes de grande arbitrariedade; já no caso de o direito de variação ser exercido pelo superior hierárquico do trabalhador, ao abrigo de uma delegação do poder directivo do empregador, este requisito terá um maior interesse prático, pois, neste caso, a distinção entre o interesse da empresa e o do superior hierárquico é mais visível.

A lei exige expressamente que a ordem de variação seja justificada (art. 120.° n.° 3)[393].

ii) *A variação da função só pode ser imposta ao trabalhador a título transitório* (art. 120.° n.° 1)[394]. O requisito da transitoriedade é da maior importância para evitar que, através desta figura, o empregador consiga modificar o objecto do contrato de trabalho sem o acordo do trabalhador (o que é vedado pelo princípio geral do cumprimento pontual dos contratos).

A dificuldade deste requisito reside, obviamente, no modo de aferição da transitoriedade da situação. Tendo em conta que as necessidades de gestão, que estão na base do *jus variandi*, são muito diversas, entende-se que este requisito deve ser aferido caso a caso, mas pode ser útil, como critério geral para avaliar a adequação da figura, a verificação de que, no caso concreto, não se justificaria o recurso a medidas alternativas, como a contratação de um trabalhador a termo ou a prestação do serviço por terceiros.

---

393 Por esta razão, MADEIRA DE BRITO, em anotação a esta norma, *in* ROMANO MARTINEZ / L. M. MONTEIRO / J. VASCONCELOS / MADEIRA DE BRITO / G. DRAY / L. GONÇALVES DA SILVA, *Código do Trabalho Anotado cit.*, 340 s., identifica aqui um requisito adicional da figura. Quanto a nós, trata-se da formalização do requisito do interesse da empresa.

394 Neste sentido, *vd* o Ac. RP de 4/06/2007 (Proc. n.° 0617278), www.dgsi.pt., considerando ilícito o recurso ao *jus variandi* quando a variação de função não seja transitória.

Para tentar objectivar este requisito, o art. 120.° n.° 3 exige que a justificação da ordem de variação indique o tempo previsível da variação e – o que constitui uma novidade do actual Código do Trabalho – impõe um limite máximo de dois anos para a variação da prestação, o que parece um prazo razoável. De qualquer, este limite não parece obstar nem a prorrogações de prazos iniciais mais curtos, até que se atinja este limite máximo, nem que mais tarde se volte a recorrer a este instituto, se se verificarem os restantes requisitos de admissibilidade[395].

iii) *Do jus variandi não pode resultar uma «modificação substancial da posição do trabalhador»* (art. 120.° n.° 1 *in fine*). Este requisito, que provém, sem alterações, do regime inicial da figura, constante do art. 22.° n.° 2 da LCT, é o requisito mais difícil de concretizar e aquele que tem colocado mais problemas de interpretação, por dois motivos: desde logo pela sua formulação equívoca (a expressão «alteração substancial» faz apelo a um juízo excessivamente subjectivo do intérprete); e, depois, pela dificuldade de o destrinçar do requisito da «não desvalorização profissional» do trabalhador, entretanto introduzido a propósito da figura próxima da polivalência funcional e que o Código mantém na delimitação da actividade laboral em sentido amplo, nos moldes acima expostos.
Um sector da doutrina tem entendido que este requisito veda o recurso ao *jus variandi* para o desempenho de uma função que corresponda a uma categoria inferior à do trabalhador, mas a maioria dos autores subscreve o critério proposto por FELICIANO DE RESENDE[396] para delimitar este requisito. Segundo este critério, haverá uma modificação substancial da posição do trabalha-

---

[395] Sobre este requisito, *vd* o Ac. STJ de 16/06/1993, CJ (STJ), 1993, II, 296, admitindo que ainda se verifica este requisito após quatro anos de desempenho da função neste regime, desde que o carácter precário da situação tenha sido sempre conhecido do trabalhador; mas em sentido oposto, para uma situação em que a função foi exercida durante dois anos, *vd* o Ac. STJ de 2/07/1997, CJ (STJ), 1997, II, 297; e para uma situação exercida durante seis meses, ainda o Ac. STJ de 23/05/2001, CJ (STJ), 2001, II, 281. Ainda sobre este requisito da transitoriedade, o Ac. STJ de 23/02/2005, CJ (STJ), 2005, I, 245, debate a questão do recurso repetido ao *jus variandi* por parte do empregador ao longo dos anos, considerando que tal recurso é lícito, desde que verificados os restantes requisitos da figura.

[396] FELICIANO DE RESENDE, *As prestações das partes no contrato de trabalho cit.*, 14.

dor sempre que, com a variação da sua função, ele seja colocado numa situação injustamente penosa, i.e., uma situação vexatória ou atentatória da sua dignidade (o que é independente da categoria a que formalmente corresponda a actividade solicitada).

Pela nossa parte, e atenta a diversidade das necessidades de gestão que podem justificar o recurso ao *jus variandi*, crê-se que este requisito deve ser articulado pela conjugação de dois critérios: um critério de afinidade mínima das funções em questão; e um critério de estado de necessidade.

O critério da afinidade mínima das funções permite afastar a possibilidade de recurso ao *jus variandi* quando a função exigida pelo empregador não tenha qualquer conexão com a função habitual do trabalhador[397]. Este critério poderá funcionar no caso de a variação ser feita dentro da mesma categoria vertical no seio da empresa (assim, por exemplo, será descabido solicitar ao jurista que substitua o arquitecto que faltou na elaboração de um projecto que ele tinha em mãos).

O critério do estado de necessidade permite ponderar em conjunto o interesse objectivo da empresa, que tem que fundamentar o *jus variandi*, e o grau de sacrifício que decorre da variação para o trabalhador. Assim, o interesse objectivo de gestão, que justifica o *jus variandi*, pode configurar-se como uma situação de necessidade, que permite a violação de um direito alheio (no caso, o direito do trabalhador à invariabilidade da prestação) para prossecução de um interesse superior (no caso, o interesse da evitar os prejuízos que podem advir para o empregador de não proceder à variação). Com esta configuração, a medida admissível do sacrifício imposto ao trabalhador deve ser proporcional ao prejuízo previsível para o empregador, admitindo-se uma variação mais significativa da função quando a necessidade do empregador seja mais grave ou mais urgente (assim, se é, em princípio, vexatório exigir ao quadro de uma empresa que desempenhe as funções de uma secretária na ausência desta, já será admissível exigir-lhe que, na ausência de todo o secretariado, mande uma correspondência urgente para o correio).

---

[397] Aplicando este critério, por exemplo, o Ac. RC. de 19/03/1992, CJ, 1992, III, 92, e o Ac. RC de 6/01/1993, CJ, 1993, I, 75.

**IV.** Merece ainda uma especial referência a questão da natureza jurídica do regime legal nesta matéria, que se liga aos requisitos de licitude da figura do *jus variandi*, não só porque se trata de um problema que dividiu classicamente a doutrina, mas também porque o Código do Trabalho de 2009 introduziu aqui algumas alterações.

No sistema anterior à codificação laboral, o recurso ao *jus variandi* estava ainda condicionado pelo *requisito da inexistência de convenção em contrário* (art. 22.° n.° 7 da LCT). A interpretação deste requisito dividiu a doutrina: alguns autores entenderam que este requisito tornava o regime do *jus variandi* globalmente supletivo, pelo que o direito de variação podia ser objecto de convenção negocial, tanto no sentido do fortalecimento dos seus requisitos ou mesmo no sentido da proibição da figura, como no sentido do alargamento ou da dispensa daqueles requisitos; outros autores defenderam que o regime legal do *jus variandi* deveria ser considerado como um regime imperativo mínimo, pelo que só seria de admitir a convenção em contrário (constante de instrumento de regulamentação colectiva do trabalho ou de contrato de trabalho) que dispusesse num sentido mais favorável ao trabalhador, fortalecendo os requisitos legais da figura, subordinando-a ao acordo do trabalhador ou mesmo proibindo-a[398]. Foi este segundo entendimento que subscrevemos, parecendo-nos que a solução contrária teria como consequência o esvaziamento da garantia geral da invariabilidade da prestação, sobretudo pela facilidade com que, em sede do contrato de trabalho, se incluem cláusulas de aceitação de alterações futuras e arbitrárias da função por iniciativa do empregador.

O modo como a figura foi tratada no Código do Trabalho de 2003 permitiu concluir pela *natureza supletiva do regime legal do jus variandi*, uma vez que a lei passou a permitir a sua modificação em sede de contrato de trabalho, tanto no sentido do alargamento dos requisitos da figura como no sentido da sua restrição – foi a admissibilidade, sem restrições, das chamadas *cláusulas contratuais de mobililidade funcional*[399], através das quais o trabalhador, para além da actividade contratada, se obriga a prestar qualquer outra actividade que o empregador lhe venha a solicitar sem

---

[398] No primeiro sentido, entre outros, MENEZES CORDEIRO, *Manual de Direito do Trabalho cit.*, 680. Parecendo inclinar-se no segundo sentido, entre outros, MÁRIO PINTO / / FURTADO MARTINS / NUNES DE CARVALHO, *Comentário... cit.*, 111 s.

[399] Na jurisprudência, apreciando os problemas colocados por acordos de mobilidade funcional, *vd*, por exemplo, o Ac. STJ de 22/01/2008 (Proc. n.° 07S3666), www.dgsi.pt.

necessidade de observar os requisitos legais ou aligeirando esses requisitos. Perante o regime do CT de 2003 nesta matéria (constante do art. 314.°), não pudemos deixar de considerar que esta solução diminuía substancialmente o alcance do princípio da invariabilidade da prestação e apresentava alguns perigos, sobretudo tendo em conta a debilidade negocial do trabalhador no momento da celebração do contrato de trabalho; e, por essa razão, advogámos uma interpretação restritiva para este preceito[400].

Porventura ciente dos resultados perversos, do ponto de vista da tutela do trabalhador, a que a solução do Código do Trabalho de 2003 podia conduzir, o Código do Trabalho de 2009 introduziu uma alteração nesta matéria. Assim, nos termos do art. 120.° n.° 2, as partes podem acordar no alargamento ou na restrição do *jus variandi,* mas tal acordo caduca no final de dois anos se não tiver sido aplicado. A nosso ver, este regime continua, contudo, a não resolver o problema, prestando-se, além disso, facilmente a abusos, como sejam a renovação dos referidos acordos antes de completado o prazo dos dois anos ou a criação de situações artificiais de variação, apenas para evitar a caducidade dos acordos.

Por esta razão, continua a justificar-se, no nosso entender, a interpretação restritiva do preceito, que sufragámos no âmbito do Código do Trabalho anterior.

Esta interpretação pode ser feita, a partir dos termos do próprio art. 120.° n.° 2, do seguinte modo: tendo em conta que a lei se refere ao alargamento ou à restrição da «faculdade» de *jus variandi* no contrato de trabalho, pode interpretar-se a norma como possibilitando tanto a restrição como o alargamento do instituto, mas não a modificação do seu regime jurídico, o que obrigará à verificação dos requisitos do instituto sempre que o empregador dele se pretenda prevalecer. Assim, será de admitir que as partes estipulem, à partida, que o trabalhador aceita uma futura variação da actividade pelo empregador ou se compromete, desde logo, a exercer esta ou aquela outra actividade para além da actividade contratada; mas tal estipulação não impedirá que, perante uma pretensão de variação da função em concreto, por iniciativa do empregador, devam ser verificados os requisitos do interesse da empresa, da transitoriedade, do tratamento retributivo, e da modificação substancial da posição do trabalhador, nos termos assinalados.

---

[400] Rosário Palma Ramalho, *Direito do Trabalho cit.*, II (2.ª ed.), 402.

Por outro lado, a referência do art. 120.° n.° 2 à admissibilidade de estipulação contratual sobre esta matéria não obsta a que os instrumentos de regulamentação colectiva do trabalho disponham sobre ela (o que, aliás, sucede com frequência)[401], o que é expressamente admitido pelo art. 120.° n.° 6 e poderá contribuir para balizar melhor o instituto na sua aplicação prática.

**V.** Desde que respeite os requisitos legais, o *jus variandi* configura-se como um direito do empregador, pelo que o trabalhador deve obediência à ordem de variação, respondendo disciplinarmente em caso de recusa da mesma. Na falta de qualquer um dos requisitos mencionados, a desobediência do trabalhador é legítima, uma vez que ele se encontra ao abrigo do seu direito à invariabilidade da prestação[402].

Por outro lado, a lei estabelece que o exercício de outras actividades, ao abrigo do *jus variandi*, não pode implicar um tratamento menos favorável para o trabalhador, do ponto de vista da sua remuneração e demais regalias inerentes ao seu estatuto na empresa (art. 120.° n.° 4): assim, o trabalhador mantém o direito à remuneração e demais regalias que auferia anteriormente, no caso de à nova função corresponder um tratamento menos favorável, mas tem direito ao tratamento inerente à nova função, caso seja este o mais favorável[403].

Este regime pretende acautelar as garantias da irredutibilidade da retribuição e da irreversibilidade da categoria (art. 129.° n.° 1 d) e e) do CT), que poderiam ser postas em causa quando a função que o trabalhador é chamado a desempenhar corresponda a uma categoria inferior à que ele detém; pelo contrário, se o trabalhador for chamado a desempenhar uma função que corresponda a uma categoria superior à sua, tem direito ao tratamento correspondente a essa função, de acordo com uma regra de substancialidade (120.° n.° 4, *in fine*).

Contudo, o direito do trabalhador ao estatuto remuneratório mais favorável não configura um requisito do *jus variandi* em sentido próprio,

---

[401] A este propósito, *vd* o Ac. STJ de 8/11/1995, CJ (STJ), 1995, III, 295, apreciando uma cláusula de uma convenção colectiva de trabalho que estabeleceu um regime mais restritivo para o *jus variandi* na sua aplicação aos trabalhadores dirigentes sindicais.

[402] Ac. RC de 19/3/1992, CJ, 1992, II, 92, e Ac. RC de 6/01/1993, CJ, 1993, I, 75.

[403] Sobre esta matéria, Ac. RLx. de 6/10/1993, CJ, 1993, IV,182, e ainda o Ac. REv. de 2/12/2003 (Proc. n.° 2487/03-2, www.dgsi.pt).

mas um aspecto do seu regime: assim, o não pagamento da retribuição mais elevada que caiba no caso não torna a ordem de variação ilegal mas confere ao trabalhador um crédito salarial[404].

Por fim, importa salientar que este tratamento mais favorável a que o trabalhador tenha direito, quando exerce uma função que corresponda formalmente a uma categoria superior, não lhe confere o direito a ser reclassificado nessa categoria quando cessar o *jus variandi* – é o regime que decorre agora do art. 120.° n.° 5 do CT, e que se encontrava anteriormente previsto a propósito da mudança de categoria, aliás, inadequadadamente, uma vez que o exercício de uma actividade formalmente correspondente a outra categoria reveste aqui um carácter temporário, pelo que não configura um caso de mudança de categoria.

Esta regra, que é tradicional entre nós, vem esclarecer que o regime legal da mudança de categoria tem como escopo as alterações definitivas da categoria interna do trabalhador na empresa e não outras alterações, independentemente dos reflexos que estas possam ter no estatuto ou no tratamento do trabalhador. Assim, não correspondem a uma mudança de categoria nem se sujeitam ao princípio geral da irreversibilidade da categoria as situações de desempenho acessório de função afim da função nuclear (ao abrigo do art. 118.° n.° 2 do CT), nem as situações em que o trabalhador é chamado temporariamente ao desempenho de uma função não correspondente ao objecto do seu contrato (ao abrigo do *jus variandi*, nos termos do art. 120.° do CT), mesmo quando tal desempenho confira ao trabalhador o direito a um tratamento mais favorável, em virtude do facto de essas funções corresponderem formalmente a uma categoria interna superior. Em suma, no desempenho destas funções, o trabalhador tem direito ao tratamento mais favorável que lhes corresponda e não ao que corresponde à sua categoria; mas, uma vez cessadas estas funções, o trabalhador volta a sujeitar-se ao tratamento que corresponde à sua categoria, que, entretanto, se manteve (incluindo em matéria remuneratória)[405].

---

[404] Neste sentido, MADEIRA DE BRITO, *in* ROMANO MARTINEZ / L. M. MONTEIRO / J. VASCONCELOS / MADEIRA DE BRITO / G. DRAY / L. GONÇALVES DA SILVA, *Código do Trabalho Anotado cit.*, 341. Também recusando a recondução da regra legal sobre o tratamento retributivo a um requisito da figura do *jus variandi*, MONTEIRO FERNANDES, *Direito do Trabalho cit.*, 221.

[405] Neste sentido, Ac. STJ de 22/01/2008, (Proc. n.° 07S3666), www.dgsi.pt., considerando que a perda da remuneração inerente às funções desempenhadas ao abrigo do

A lei admite, contudo, que esta regra possa ser afastada por disposição em contrário (art. 120.° n.° 5, parte inicial), ressalva que justifica algum cuidado: é que, se parece admissível que, por instrumento de regulamentação colectiva do trabalho ou por cláusula de contrato de trabalho, seja estabelecido o direito do trabalhador a ser promovido à categoria superior após o desempenho das funções correspondentes (por exemplo, se tal exercício ultrapassar um dado limite temporal ou se forem atingidos determinados resultados), já uma cláusula prevendo a solução inversa, da consolidação da posição do trabalhador na categoria inferior a que corresponda a função que vem exercendo a título acessório ou temporário, se afiguraria atentatória do princípio da irreversibilidade da categoria, que consta do art. 129.° n.° 1 e) do CT.

Por estes motivos, apenas se considera admissível a convenção no sentido da reclassificação do trabalhador na categoria superior, após um determinado tempo de exercício das funções ou mediante certas condições, mas não a convenção no sentido da reclassificação do trabalhador na categoria inferior.

**VI.** Cabe ainda uma nota final sobre a figura do *jus variandi* para realçar a sua singularidade dogmática.

O regime que acaba de se apresentar confirma a singularidade dogmática do *jus variandi,* pelo facto de permitir ao empregador impor unilateralmente uma alteração do objecto do contrato de trabalho, que tinha sido acordado pelas partes, em nome dos seus próprios interesses de gestão. Por outras palavras, a figura do *jus variandi* constitui um desvio ao princípio geral *pacta sunt servanda.*

Este desvio justifica-se dentro daquela lógica peculiar inerente ao vínculo laboral (que foi oportunamente assinalada), que permite que o consenso negocial ceda regularmente a interesses específicos de uma das partes, tutelados pela lei. No caso, evidencia-se o princípio laboral fundamental da prevalência dos interesses de gestão[406], que a lei sobrepõe ao acordo das partes quanto à actividade a desenvolver pelo trabalhador.

---

*jus variandi*, quando tal exercício termina, não ofende o princípio da irredutibilidade da retribuição.

[406] Cfr. *Direito do Trabalho I*, § 16.°, pontos 54.1. e 54.3.

## § 24.° O posicionamento do trabalhador na organização do empregador: a categoria, a carreira e a antiguidade

### 88. A categoria

#### 88.1. Acepções da categoria (remissão); a carreira

**I.** A situação jurídica do trabalhador no contrato de trabalho envolve também uma componente vertical, que tem a ver com a posição que ele ocupa no seio da organização do empregador. Esta organização pode ser de pequenas dimensões e corresponder a um modelo relativamente simples, ou ser de grande porte e passar por uma estrutura hierárquica complexa e compartimentada; em qualquer caso, por força da componente organizacional do contrato de trabalho[407], o trabalhador integra-se necessariamente na organização do empregador e essa integração tem efeitos na sua situação juslaboral.

**II.** O conceito-chave para apreciar os efeitos do elemento de inserção organizacional do contrato de trabalho na situação jurídica do trabalhador é ainda o conceito de categoria. Já tendo isolado as diversas acepções deste conceito[408], interessa agora retomar as que são relevantes para o recorte da posição do trabalhador na organização empresarial: a *categoria normativa* (ou *categoria-estatuto*), denominação formal correspondente à função desempenhada pelo trabalhador, dada pelo instrumento de regulamentação colectiva do trabalho aplicável ou pelo regulamento da empresa em vigor; e a *categoria interna à empresa*, que define a posição concretamente ocupada pelo trabalhador na hierarquia empresarial.

---

[407] *Direito do Trabalho I*, § 12.°, ponto 43.5.1.

[408] Supra, § 23.°, ponto 86.1.IV.

A categoria normativa e a categoria interna do trabalhador podem não ser coincidentes em absoluto, porque, enquanto a primeira corresponde a uma designação formal, constante de uma fonte laboral, aplicável a uma pluralidade de situações, a segunda tem a ver com o posto de trabalho concretamente ocupado pelo trabalhador no conjunto dos postos de trabalho previamente definidos pelo empregador na organização da sua empresa – assim, numa empresa mais pequena poderá haver apenas uma das duas categorias de trabalhadores administrativos previstas no instrumento de regulamentação colectiva do trabalho aplicável, ao passo que numa empresa de grandes dimensões poderemos encontrar mais do que as duas categorias previstas naquele instrumento.

O regime concretamente aplicável ao trabalhador, não só em termos remuneratórios como do ponto de vista do tratamento associado à posição que ele ocupa na hierarquia organizacional (assim, o acesso a funções de chefia ou de coordenação de outros trabalhadores, o exercício de poderes laborais por delegação, ou o direito a condições de trabalho mais favoráveis), decorre, pois, da conjugação da categoria normativa com a categoria interna.

**III.** A *categoria interna* fica determinada com a atribuição, pelo empregador, de um determinado posto de trabalho ao trabalhador no seio da sua organização (nos termos do art. 118.° n.° 1 do CT), posto de trabalho este que corresponde a uma certa posição na escala hierárquica da mesma.

Tendo em conta que o contrato de trabalho é uma situação jurídica duradoura, que tende a prolongar-se no tempo, a categoria interna é um conceito dinâmico, uma vez que, ao longo da execução do contrato, pode ser sujeita a variações. Estas variações são de dois tipos:

- *promoção*, que se verifica quando trabalhador ascende a uma categoria superior à que lhe foi atribuída no momento da celebração do contrato ou que entretanto adquiriu;
- *despromoção*, que se verifica quando o trabalhador é colocado numa categoria inferior à que detinha anteriormente.

Como veremos um pouco mais à frente, a lei ocupa-se, sobretudo, das variações descendentes da categoria, associando à categoria um princípio geral de irreversibilidade (art. 129.° n.° 1 e) do CT) e rodeando a descida da categoria de um conjunto de restrições substanciais e de cautelas procedimentais (art. 119.° do CT).

**IV.** Subjacente a esta matéria e também justificado pelo carácter simultaneamente duradouro e dinâmico do contrato de trabalho está ainda um outro conceito, que deve ser salientado: o *conceito de carreira*[409]. Embora não seja referido expressamente pela lei, este conceito é amplamente trabalhado pelos instrumentos de regulamentação colectiva do trabalho, nele se podendo também descortinar diversas acepções, tanto internas como externas à organização do empregador.

Na sua valência interna à organização, o conceito de carreira recorta quer o conjunto de categorias relativas a uma determinada actividade (por exemplo, os diversos escalões de uma actividade administrativa), quer o conjunto das categorias que o trabalhador vai ocupando no seio da organização, à medida que é promovido, e que correspondem, porventura, a diferentes actividades (assim, o trabalhador que é admitido para o desempenho de funções administrativas e depois ascende a funções técnicas e, finalmente, a funções de chefia e direcção). Por outras palavras, na acepção interna da carreira está em causa o percurso do trabalhador na empresa desde a celebração do seu contrato até à cessação do mesmo.

Na valência externa à empresa, fala-se em carreira profissional do trabalhador para designar globalmente o seu percurso profissional, que pode passar pela sucessão de vínculos laborais e/ou por trabalho autónomo. Embora nesta acepção o conceito de carreira ultrapasse a esfera do contrato de trabalho, esta valência não deve ser negligenciada porque, não raras vezes, o contrato de trabalho cede a interesses pessoais do trabalhador que têm a ver com a sua valorização profissional em termos que transcendem o próprio contrato – assim sucede quando, ao abrigo do estatuto do trabalhador estudante, o trabalhador solicita uma alteração do tempo de trabalho para poder frequentar as aulas, ainda que o curso que esteja a fre-

---

[409] Especificamente sobre este tema, A. NUNES DE CARVALHO, *Das Carreiras Profissionais no Direito do Trabalho,* Lisboa (copiogr., Faculdade de Direito da UCP), 1990, mas também MENEZES CORDEIRO, *Manual de Direito do Trabalho cit.*, 669 s.; e, já com reporte ao tratamento desta matéria no contexto do Código do Trabalho, NUNES DE CARVALHO, *Reflexões sobre a categoria profissional (a propósito do Código do Trabalho), in Estudos de Direito do Trabalho em Homenagem ao Professor Manuel Alonso Olea,* Coimbra, 2004, 123-161, *passim*.

quentar nada tenha a ver com a actividade que desenvolve na empresa[410], ou quando o trabalhador reclama a sua ocupação efectiva para não se desvalorizar profissionalmente para o futuro. Em suma, neste tipo de situações é a sua própria carreira profissional que o trabalhador valoriza, independentemente do contrato de trabalho de que seja parte, e a lógica peculiar deste contrato, que oportunamente se evidenciou, permite, em certas condições, o sacrifício do acordo das partes a este seu interesse pessoal. Apesar de exterior ao contrato de trabalho, esta dimensão do conceito de carreira não deve, pois, ser negligenciada pelos reflexos que nele pode ter.

### 88.2. O princípio da irreversibilidade da categoria e a mudança de categoria: regime jurídico[411]

**I.** Como acima se referiu, a lei laboral preocupa-se com as variações descendentes da categoria, conferindo ao trabalhador uma dupla tutela neste domínio: por um lado, estabelecendo um princípio geral de irreversibilidade da categoria; por outro lado, e em consonância com este princípio, admitindo a descida da categoria apenas em casos excepcionais e mediante apertados requisitos substanciais e procedimentais.

No que se refere às variações ascendentes da categoria, ou promoções, devem aplicar-se as regras civis gerais.

**II.** O *princípio da irreversibilidade da categoria* é formulado, em termos vigorosos, no art. 129.° n.° 1 e) do CT, e corresponde a uma das garantias do trabalhador: de acordo com esta norma, «é proibido ao empregador baixar a categoria do trabalhador, salvo nos casos previstos no Código».

Deste princípio decorre pois, como regra geral, que a evolução da posição hierárquica do trabalhador no seio da empresa (ou seja, a evolu-

---

[410] *Supra*, § 22.°, ponto 82.

[411] Sobre este tema, entre outros, Menezes Cordeiro, *Manual de Direito do Trabalho cit.*, 668 s., Bernardo Xavier, *Curso de Direito do Trabalho cit.*, 341 ss., Romano Martinez / L. M. Monteiro / J. Vasconcelos / Madeira de Brito / G. Dray / / L. Gonçalves da Silva, *Código do Trabalho Anotado cit.*, 335 (anotação de Madeira de Brito), Nunes de Carvalho, *Reflexões sobre a categoria profissional*, 148 ss. e *passim,* Romano Martinez, *Direito do Trabalho cit.*, 742 ss., e Júlio Gomes, *Direito do Trabalho cit.*, I, 499 ss.

ção da sua categoria interna) deverá ser sempre num sentido ascendente. A lei ressalva, naturalmente, as situações que em que ela própria admite a descida de categoria, sendo de assimilar às situações contempladas no Código outras situações de descida de categoria previstas noutros diplomas legais.

Por outro lado, a inserção da norma em sede de direitos e garantias do trabalhador evidencia o seu carácter imperativo. Fica assim vedado tanto aos instrumentos de regulamentação colectiva do trabalho como ao contrato de trabalho o estabelecimento de um regime menos favorável ao trabalhador nesta matéria, de acordo com as regras do art. 3.° n.° 1, *in fine* do CT.

**III.** As situações em que a lei admite a *descida de categoria do trabalhador* estão contempladas no art. 119.° do CT. Nesta matéria, o novo Código do Trabalho introduziu duas alterações sistemáticas e diversas alterações subtanciais, de que cabe dar conta.

Assim, por um lado, o novo Código do Trabalho abandonou a opção do Código anterior de tratar esta matéria a propósito das vicissitudes do contrato de trabalho[412] para passar a tratá-la a propósito da disciplina da actividade laboral. Embora a colocação sistemática da matéria no Código de 2003 fosse tecnicamente a mais adequada – já que, envolvendo uma modificação definitiva e profunda do conteúdo do negócio, a descida de catagoria corresponde, efectivamente, a uma vicissitude modificativa do contrato de trabalho – compreende-se a opção do actual Código pela ligação da matéria à actividade laboral (tratada na mesma secção) e às garantias do trabalhador. É também esta opção que justifica que tratemos de imediato este problema.

Por outro lado, ainda em termos sistemáticos, o novo Código do Trabalho deixou de tratar a questão da situação jurídica do trabalhador que regressa às suas funções de origem após o desempenho temporário de funções correspondentes a categoria superior a propósito da descida de categoria (era a opção do CT de 2003, aliás como da LCT), para passar a tratar esta matéria a propósito do *jus variandi* (no art. 120.° n.° 5). Esta segunda alteração sistemática corresponde também à opção mais adequada, uma vez que a regra se reporta a uma alteração funcional temporá-

412 No CT de 2003, a matéria era contemplada no art. 313.°.

ria e não definitiva, pelo que, em caso algum, configura um caso de mudança de categoria, como já se referiu oportunamente[413].

Já do ponto de vista substancial, o novo Código do Trabalho apenas introduz uma alteração significativa, que tem a ver com a autorização administrativa exigida para efectuar a mudança de categoria. Contudo, a nova redacção da norma coloca dúvidas em relação a dois outros pontos: o âmbito da categoria que é aqui objecto de tutela e a natureza da própria norma de tutela.

A explanação do regime jurídico nesta matéria permite dar conta daquela alteração e destas dúvidas.

O art. 119.° admite a colocação do trabalhador em categoria inferior àquela que detinha anteriormente em duas situações e mediante determinados requisitos[414]. Assim:

i) *O trabalhador apenas pode descer de categoria quando essa mudança decorra de necessidade premente da empresa ou do trabalhador*. A situação de necessidade premente da empresa aponta para um fundamento de gestão anormal (e não para uma conveniência de gestão corrente), como a extinção de um serviço ou de um posto de trabalho, ou a reestruturação dos postos de trabalho por razões tecnológicas, podendo a colocação do trabalhador numa função que corresponda a uma categoria inferior ser uma alternativa à cessação do contrato por causas objectivas, através da reconversão e da reclassificação profissional[415].

---

[413] *Supra*, parágrafo anterior, ponto 87.2.V.

[414] Sobre o carácter imperativo destes requisitos, *vd*, por exemplo, o Ac. STJ de 2/10/1996, BMJ 460-508.

[415] A possibilidade de recolocação do trabalhador por reconversão e reclassificação profissional é expressamente prevista pela lei como medida alternativa ao despedimento colectivo (art. 361.° n.° 1 c) do CT) e, indirectamente, a propósito do despedimento por extinção do posto de trabalho (art. 368.° n.° 4 do CT) e do despedimento por inadaptação (art. 375.° n.° 1 d) do CT). Trata-se de um afloramento da regra que a doutrina germânica apelida de *despedimento modificativo* (*Änderungskündigung*) – por exemplo, ZÖLLNER / / LORITZ, *Arbeitsrecht... cit*, 275 e 311 ss. – ainda que o empregador não tenha o dever de oferecer uma outra função ao trabalhador em alternativa à cessação do contrato, mas tão somente o dever de demonstrar que não tem um posto de trabalho compatível para o trabalhador na sua organização. Embora a lei não refira expressamente que a reconversão profissional do trabalhador nestes casos possa passar pela sua colocação em categoria inferior, esta hipótese é de admitir, desde que estejam preenchidos os restantes requisitos da

Por seu turno, a situação de premente necessidade do trabalhador aponta para aqueles casos em que o trabalhador fica impossibilitado de continuar a executar a prestação que vinha desenvolvendo, tendo, todavia, vantagem em aceitar uma função correspondente a uma categoria inferior para obviar à caducidade do contrato, por impossibilidade absoluta superveniente para a prestação da actividade (nos termos do art. 343.° b), primeira parte, do CT) – assim, por exemplo, o telefonista que fica surdo, ou o motorista que, na sequência de um acidente, fica impossibilitado de conduzir[416].

ii) *A descida de categoria em qualquer destas situações carece sempre do acordo do trabalhador*. A exigência do acordo do trabalhador é uma decorrência do princípio geral de cumprimento pontual dos contratos, que exige o acordo das partes para a respectiva modificação (art. 406.° n.° 1 do CC) – no caso, a descida de categoria envolve uma alteração da posição negocial do trabalhador, pelo que este terá que manifestar o seu assentimento.

iii) *A descida de categoria em qualquer destas situações carece da autorização da Autoridade para as Condições de Trabalho, sempre que tal descida envolva a diminuição da retribuição do trabalhador*. A autorização administrativa da mudança de categoria, através da intervenção da ACT, pretende, sobretudo, assegurar a regularidade do procedimento de descida de categoria, avaliando o motivo subjacente e confirmando se o consentimento do trabalhador na descida de categoria foi prestado de forma livre[417]. Contudo, deve atentar-se na alteração desta regra em relação ao regime do CT de 2003, uma vez que a necessidade de autorização é agora circunscrita às situações em que as novas funções impliquem a diminuição da retribuição, ao passo que anteriormente este era um requisito geral.

---

descida de categoria. Sobre o problema, no âmbito destas modalidades de despedimento, *infra*, § 36.°, ponto 134.2., § 37.°, ponto 137.1., e § 38.°, ponto 140.1., respectivamente.

[416] Sobre uma situação deste tipo, Ac. STJ de 25/01/1995, CJ (STJ), 1995, I, 254.

[417] Por esta via, se evita, por exemplo, que o empregador se prevaleça de uma cláusula do contrato de trabalho em que o trabalhador tenha dado antecipadamente o seu acordo a uma eventual e posterior recolocação em categoria inferior.

Por fim, importa chamar a atenção para dois novos problemas que a redacção deste preceito no novo Código do Trabalho vem colocar: o primeiro tem a ver com o âmbito da tutela conferida por esta norma; o segundo reporta-se à natureza da própria norma.

O problema do âmbito da tutela conferida pela norma decorre do facto de a lei se referir neste contexto à descida para «...a categoria inferior àquela para que [o trabalhador]se encontra contratado...», enquanto a norma correspondente do CT de 2003 (art. 313.°) se referia à categoria para que o trabalhador tivesse sido contratado e à categoria à qual tivesse sido promovido. Ora, perante a actual redacção do preceito, a dúvida reside em saber se a lei apenas tutela a categoria contratual originária do trabalhador ou também a categoria em que ele se encontra em cada momento. A nosso ver, a resposta deve ser no sentido de conferir a maior abrangência possível à tutela, uma vez que esta norma se deve conjugar com o princípio geral da irreversibilidade da categoria, enunciado no art. 129.° n.° 1 e). Assim, se o trabalhador tiver sido contratado com uma determinada categoria e, entretanto, tiver sido promovido a uma categoria superior, ele é tutelado nesta segunda categoria.

A segunda dúvida colocada por esta norma tem a ver com a sua natureza e, consequentemente com a possibilidade do seu afastamento em convenção colectiva de trabalho ou em contrato de trabalho, já que, ao contrário do que sucedia no âmbito do CT de 2003 não resulta claramente da norma a sua natureza imperativa[418]. Apesar de não ser tão explícita na lei, julgamos, contudo, que a norma não pode deixar de ser imperativa tanto para os instrumentos de regulamentação colectiva do trabalho como para o contrato de trabalho, uma vez que este regime se reporta a um direito, liberdade e garantia do trabalhador. Assim, este regime impõe-se quer à contratação colectiva quer às partes no contrato de trabalho.

**IV.** Se em relação à descida de categoria o legislador laboral foi especialmente cauteloso, já a matéria da *subida de categoria* não é objecto de uma referência legal específica no Código do Trabalho.

---

[418] De facto no âmbito do CT de 2003, o art. 313.° n.° 1 dispunha que «O trabalhador *só* pode ser colocado em categoria inferior...» (sublinhado nosso), o que apontava claramente para a imperatividade do preceito. O termo «só» foi retirado na actual redacção da norma.

O enquadramento jurídico desta questão deve, assim, ser feito com recurso às regras gerais do negócio jurídico. No caso, é de aplicar o princípio geral do cumprimento pontual dos contratos (art. 406.º n.º 1 do CC), que exige o acordo das partes para a respectiva modificação. Deste modo, consubstanciando a mudança de categoria, tanto no sentido ascendente como no sentido descendente, uma modificação do objecto do contrato, ela carece sempre do acordo de ambas as partes, pelo que o trabalhador pode licitamente recusar a promoção à categoria superior, pelos motivos que entender[419].

Embora não seja referida pela lei, a partir dos instrumentos de regulamentação colectiva do trabalho e dos regulamentos empresariais pode estabelecer-se a distinção entre dois tipos de promoções[420]:

– as *promoções por mérito*, que são promoções individuais, baseadas no juízo do empregador sobre a actividade desenvolvida em concreto por cada trabalhador e relativamente às quais o trabalhador tem uma mera expectativa;
– as *promoções automáticas*, previstas em muitos instrumentos de regulamentação colectiva do trabalho, para terem efeito de tanto em tanto tempo ou mediante certas condições, mas independentemente de qualquer juízo de mérito sobre o trabalhador, e que configuram um direito deste[421].

Ainda que, teoricamente, o trabalhador possa recusar os dois tipos de promoção, a necessidade do seu acordo coloca-se essencialmente em relação às promoções por mérito.

Das promoções automáticas devem ainda distinguir-se as *progressões salariais*: previstas em muitos instrumentos de regulamentação colectiva do trabalho, estas progressões valorizam o tempo que o trabalhador esteve em determinada categoria, associando a esse tempo um acréscimo

---

[419] Assim, por hipótese, o trabalhador que recusa um lugar de chefia porque considera as responsabilidades inerentes excessivas, ou porque simplesmente acha que não tem qualidades de liderança.

[420] Sobre esta classificação das promoções, entre outros, Menezes Cordeiro, *Manual de Direito do Trabalho cit.*, 670 s.

[421] Sobre estas promoções, por exemplo, o Ac. RLx. de 14/01/1998, CJ, 1998, I, 156.

remuneratório, mas sem outros reflexos na categoria do trabalhador, que se mantém.

Por outro lado, no que se refere às promoções por mérito, é de acentuar o facto de corresponderem a um juízo discricionário (mas não arbitrário) do empregador na apreciação dos trabalhadores[422]. Além disso, tanto no estabelecimento dos critérios de promoção dos trabalhadores como na decisão sobre tais promoções impõe-se o respeito pelo princípio da igualdade e não discriminação entre trabalhadores, nos termos dos arts. 24.° n.° 1 e 30.° ss. do CT.

Por fim, cabe distinguir as promoções de duas outras situações de desempenho de funções correspondentes formalmente a uma categoria superior:

i) O desempenho de funções acessórias afins ou de funções diversas correspondentes a categoria superior ao abrigo do *jus variandi* (arts. 118.° n.° 2 e 120.° n.° 1 do CT, respectivamente). Nestes casos, como acima vimos, não se verifica uma promoção porque a categoria do trabalhador não é alterada em definitivo, apesar de ele ter direito ao tratamento mais favorável que corresponda à função efectivamente exercida durante o tempo em que a desempenhar.

ii) O desempenho, a título substitutivo da actividade contratada e em moldes estáveis, de funções de administração, direcção ou chefia, em regime de comissão de serviço (arts. 161.° ss. do CT), nos termos oportunamente apresentados[423]. Como vimos, na modalidade da comissão de serviço interna, o trabalhador celebra um acordo com o empregador, que se justapõe ao seu contrato de trabalho e ao abrigo do qual ele vai desempenhar funções que correspondem a uma categoria superior, situação que tem afinidades materiais com a promoção. Contudo, também nestes casos não estamos perante uma subida de categoria, porque o contrato de trabalho subjacente ao acordo de

[422] Sobre esta matéria, *vd*, por exemplo, o Ac. RLx. de 9/02/1994, CJ, 1994, I, 179, acentuando o carácter discricionário do poder do empregador nas decisões sobre a promoção dos trabalhadores por mérito.

[423] *Supra*, § 21.°, ponto 76.

comissão de serviço permanece em estado latente até que a comissão de serviço cesse. Assim, o trabalhador não é promovido com a celebração do acordo de comissão de serviço, e, sobretudo, não desce de categoria com a cessação dessa comissão, limitando-se a recuperar a categoria que lhe cabia no contrato de trabalho (art. 164.° n.° 1 a) do CT). O princípio da irreversibilidade da categoria não fica, pois, em causa nesta situação.

## 89. **A antiguidade: acepções e efeitos jurídicos**[424]

**I.** O último problema relativo à delimitação da situação jurídica do trabalhador, do ponto de vista do seu posicionamento no seio da organização do empregador, tem a ver com um conceito muito particular da dogmática laboral: o conceito de antiguidade.

O conceito de antiguidade exprime a relevância especial do carácter continuado do contrato de trabalho e do elemento de inserção organizacional do trabalhador que inere ao vínculo laboral. Por outras palavras, a antiguidade valoriza a integração ou o vínculo de pertença do trabalhador a uma dada organização, desde o início da execução do seu contrato de trabalho até à respectiva cessação.

Para além desta acepção geral, reportada à antiguidade do trabalhador na empresa ou na organização, a antiguidade pode reportar-se à categoria interna, identificando, neste caso, o tempo de permanência do trabalhador em determinada posição na hierarquia da empresa, o que é relevante para diversos efeitos.

**II.** A antiguidade releva como conceito laboral autónomo para a produção de certos efeitos na situação jurídica do trabalhador. Alguns destes efeitos decorrem da lei e outros são estabelecidos nos instrumentos de regulamentação colectiva do trabalho, que se têm mostrado particular-

---

[424] Sobre este tema, entre outros, MENEZES CORDEIRO, *Manual de Direito do Trabalho cit.*, 657, BERNARDO XAVIER, *Curso de Direito do Trabalho cit.*, 319, MONTEIRO FERNANDES, *Direito do Trabalho cit.*, 230 ss., e ROMANO MARTINEZ, *Direito do Trabalho cit.*, 400 s.; e, na jurisprudência, Ac. STJ de 13/04/1994, CJ (STJ), 1994, I, 300.

mente atentos a esta matéria. Entre os *efeitos da antiguidade* destacamos os seguintes:

i) *Efeitos remuneratórios*: a antiguidade pode ter relevância para determinar o direito a diuturnidades, ou seja, a complementos retributivos que correspondem a um determinado período de tempo em que o trabalhador se mantém na empresa ou em determinada categoria; as diuturnidades são previstas no art. 262.° n.° 2 b).

ii) *Efeitos na carreira do trabalhador*: a antiguidade pode determinar o direito do trabalhador a ser provido na categoria superior (são as promoções automáticas, já apreciadas).

iii) *Efeitos em situações de ausência do trabalhador*: nestas situações, quando a falta do trabalhador seja justificada, a contagem do tempo de serviço para efeitos de antiguidade não é interrompida (art. 255.° n.° 1); já em caso de falta injustificada, os dias de falta são descontados na antiguidade do trabalhador (art. 256.° n.° 1).

iv) *Efeitos na concessão de licenças*: a menor antiguidade do trabalhador na empresa constitui um fundamento para a recusa da concessão de licença sem retribuição para formação profissional (art. 317.° n.° 3 b)).

v) *Efeitos em situações de redução e de suspensão do contrato de trabalho*: na generalidade das situações de redução e de suspensão do contrato de trabalho, o tempo de redução e de suspensão não é descontado na antiguidade do trabalhador (art. 295.° n.° 2); o mesmo sucede nas situações de suspensão do contrato de trabalho por razões atinentes à maternidade e à paternidade (art. 65.° n.° 1), bem como no caso da suspensão do contrato de trabalho por motivo de adesão do trabalhador à greve (art. 536.° n.° 3).

vi) *Efeitos em matéria de cessação do contrato*: no despedimento por extinção do posto de trabalho, a antiguidade dos trabalhadores é um dos critérios a ter em conta na escolha do posto de trabalho a extinguir, em caso de pluralidade de postos de trabalho idênticos (art. 368.° n.° 2 a) e d)); e a antiguidade do trabalhador na empresa é o critério a ter em conta no cálculo da indemnização a que o trabalhador tem direito, por ocasião da cessação do contrato por causas objectivas (arts. 366.° n.° 1, 372.°

e 379.°), bem como para a fixação do aviso prévio em Relação à data de cessação do contrato (arts. 363.° n.° 1, 371.° n.° 3 e 378.° n.° 2) a ainda no caso de um despedimento ilícito, quando o trabalhador não opte pela reintegração (art. 391.° n.° 1) e ainda no caso de resolução do contrato por iniciativa do trabalhador e com justa causa subjectiva (art. 396.° n.$^{os}$ 1 e 2).

**III.** Nos termos do art. 112.° n.° 6, a *contagem da antiguidade* inicia-se com o período experimental, e não, portanto, com a celebração do contrato de trabalho.

Julga-se, no entanto, que a formulação desta norma (que já provém do regime anterior[425]) não é a mais adequada para os efeitos da contagem da antiguidade, não só porque o período experimental pode ser excluído pelas partes (art. 111.° n.° 3), mas também porque as regras do Código do Trabalho sobre a contagem do período experimental remetem para a prestação efectiva do trabalho (art. 113.°), ao passo que o regime da antiguidade valoriza a integração do trabalhador na organização do empregador e não aquela prestação.

Por esta razão, interpreta-se a norma no sentido de a contagem da antiguidade se iniciar não com a celebração do contrato mas com o começo da sua execução[426], nos termos conjugados do art. 112.° n.° 6 e 113.° n.° 1 (sendo que o começo da execução coincide habitualmente com o início do período experimental, a não ser que este seja excluído), mas tal contagem não acompanha as restantes regras de contagem do período experimental.

Mas é exactamente porque a antiguidade valoriza o elemento de inserção organizacional do vínculo laboral e não a prestação efectiva do trabalho, que se compreende que a sua contagem não se interrompa em situações normais de não prestação do trabalho (durante o descanso semanal e nas férias do trabalhador) e até na generalidade das situações de suspensão do contrato de trabalho, nos termos acima indicados; e é ainda este escopo que justifica que a antiguidade do trabalhador num contrato de tra-

---

[425] Esta norma corresponde ao art. 44.° n.° 4 da LCT e ao art. 104.° n.° 3 do CT de 2003.

[426] Assim, se o contrato for celebrado num determinado momento mas só começar a ser executado algum tempo depois, é apenas no segundo momento que se inicia a contagem da antiguidade.

balho possa ser aproveitada no contrato que se sucede ao primeiro na mesma empresa – é o que sucede no caso da renovação do contrato de trabalho a termo e na sua conversão em contrato de trabalho por tempo indeterminado (art. 147.° n.° 3 e 149.° n.° 4).

Por fim, é também porque a antiguidade se reporta ao carácter continuado do vínculo laboral que se justifica a proibição imposta ao empregador, em sede de garantias do trabalhador, de despedir e voltar a readmitir o trabalhador, com o objectivo de o prejudicar nos direitos que para ele decorrem da antiguidade, ainda que com o seu acordo (art. 129.° n.° 1 j) do CT).

## § 25.° O local de trabalho[427]

### 90. Determinação e relevância do local de trabalho; o princípio da inamovibilidade

**I.** Delimitada a situação juslaboral do trabalhador do ponto de vista do seu objecto, cabe proceder ao seu enquadramento espácio-temporal, o que envolve a apreciação das matérias do local e do tempo de trabalho.

---

[427] Sobre esta matéria, entre outros, BERNARDO XAVIER, *O lugar da prestação do trabalho*, ESC, 1970, 33, 11-61, F. LIBERAL FERNANDES, *Mudança de local de trabalho e alteração do horário de trabalho*, QL, 1994, 3, 173-174, J. LEAL AMADO, *Inamovibilidade: uma garantia supletiva?*, QL, 1994, 3, 175-177, P. MADEIRA DE BRITO, *Do Local de Trabalho*, Lisboa (copiogr. – Faculdade de Direito de Lisboa), 1995, e *Local de Trabalho*, *in* ROMANO MARTINEZ (coord.) *Estudos do Instituto de Direito do Trabalho*, I, Coimbra, 2001, 355-386, A. MENDES BAPTISTA, *Transferência do trabalhador para outro local de trabalho, aviso prévio e esclarecimento sobre as condições da mudança*, QL, 1999, 14, 196-212, JÚLIO GOMES / AGOSTINHO GUEDES, *Algumas considerações sobre a transferência do trabalhador, nomeadamente no que concerne à repartição do ónus da prova*, RDES, 1991,1/2, 77-127, MENEZES CORDEIRO, *Manual de Direito do Trabalho cit.*, 683 ss., BERNARDO XAVIER, *Curso de Direito do Trabalho cit.*, 346 ss., MÁRIO PINTO / FURTADO MARTINS / NUNES DE CARVALHO, *Comentário... cit.*, I, 121 s., ROMANO MARTINEZ, *Direito do Trabalho cit.*, 530 ss. e 749 ss., ROMANO MARTINEZ / L. M. MONTEIRO / JOANA VASCONCELOS / P. MADEIRA DE BRITO / G. DRAY / L. GONÇALVES DA SILVA, *Código do Trabalho Anotado cit.*, 489 ss. (anotação de MADEIRA DE BRITO), MONTEIRO FERNANDES, *Direito do Trabalho cit.*, 439 ss., JÚLIO GOMES, *Direito do Trabalho cit.*, I, 636 ss., e LEAL AMADO, *Contrato de Trabalho... cit.*, 249 ss. Ao nível comparado, podem ver-se, entre outros, ZÖLLNER / LORITZ, *Arbeitsrecht cit.*, 181, SÖLLNER, *Grundriß... cit.*, 256, M. GRANDI, *La mobilità interna, in Strumenti della flessibilità dell'organizzazione aziendale*, Milano, 1986, 251-294, SCONAMIGLIO, *Diritto del lavoro cit.*, 256 ss., PAPALEONI, *Il rapporto di lavoro, in* MAZZONI, *Manuale di diritto del lavoro cit.*, I, 631 ss., I. DAUGAREILH, *Le contrat de travail à l'épreuve des mobilités*, DS, 1996, 2, 128-140, VERDIER / COEURET / / SOURIAC, *Droit du travail cit.*, 367 e 370, e ALONSO OLEA / CASAS BAAMONDE, *Derecho del Trabajo cit.*, 227 ss.

Debruçar-nos-emos, em primeiro lugar, sobre o tema do local de trabalho, dando conta da sua importância no contrato de trabalho, dos critérios da sua determinação, da garantia que lhe está associada e, por fim, das possibilidades da sua mudança e respectivo regime jurídico.

**II.** Numa primeira aproximação ao *conceito de local de trabalho*, dir-se-á que ele corresponde ao lugar físico de cumprimento da prestação do trabalhador, o que habitualmente coincide com as instalações da empresa ou com o estabelecimento do empregador.

Ao contrário do que sucede com a generalidade dos negócios jurídicos, em que a importância do lugar de cumprimento da prestação é diminuta, *no contrato de trabalho o local de desenvolvimento da actividade laboral é um aspecto da maior relevância, tanto para o empregador como para o trabalhador*. Esta importância manifesta-se a vários níveis, alguns dos quais já foram salientados a propósito do estudo de outras matérias. Assim:

i) *O local de trabalho pode ser um dos mais seguros indícios da subordinação jurídica*, como se salientou a propósito da distinção entre o contrato de trabalho e figuras afins[428]: a presença do trabalhador nas instalações do credor aponta para a sua subordinação, ao passo que o desenvolvimento da actividade de trabalho em instalações próprias aponta para a autonomia do trabalhador.

ii) *O local de trabalho manifesta fisicamente a situação de disponibilidade do trabalhador perante o empregador*: é a presença do trabalhador no local de trabalho que permite ao empregador direccioná-lo para a prática dos actos que integram o débito negocial, não sendo, aliás, admissível que, por princípio, o trabalhador desenvolva a sua prestação em local diverso daquele que tenha sido estabelecido para esse efeito[429].

iii) *O local de trabalho constitui um dos elementos negociais mais importantes para o trabalhador*, a quem interessam as condi-

[428] *Supra*, § 17.° , ponto 57.4.VI.

[429] Por esta razão, a execução da prestação em local diverso do convencionado é qualificada como incumprimento por autores como BERNARDO XAVIER, *Curso de Direito do Trabalho cit.*, 347.

ções ambientais e de segurança do mesmo, bem como a distância a que se encontra da sua residência: como é sabido, sendo o contrato de trabalho uma situação jurídica duradoura, o trabalhador acaba por organizar a sua vida pessoal e até a vida da sua família tendo em conta o local para onde todos os dias se desloca na execução do seu contrato de trabalho.

iv) *O local de trabalho é um elemento relevante para a aplicação de múltiplos regimes laborais*: assim, a retribuição deve ser paga no local de trabalho (art. 277.° n.° 1); o dever de assiduidade é reportado à presença do trabalhador no local de trabalho[430] e, por consequência, a falta é definida como a ausência do trabalhador desse local (art. 248.° n.° 1); o local de trabalho é um dos critérios delimitadores de um acidente de trabalho (art. 8.° n.° 1 do novo Regime Jurídico dos Acidentes de Trabalho (LAT), aprovado pela L. n.° 98/2009, de 4 de Setembro); e o local de trabalho pode ser determinante para a fixação do âmbito de incidência de instrumentos de regulamentação colectiva do trabalho.

**III.** A relevância do local de trabalho explica a atenção que a lei laboral lhe dispensa tradicionalmente, ocupando-se com a sua determinação, associando-lhe uma garantia de inamovibilidade e estabelecendo restrições à possibilidade da sua variação.

É esta também a orientação do actual Código do Trabalho, que, em sede de garantias do trabalhador, consagra a garantia da inamovibilidade do trabalhador (art. 129.° n.° 1 f) do CT), e que dedica uma secção autónoma à matéria do local de trabalho, onde se ocupa da sua delimitação e regula os diferentes casos de variação desse local (arts. 193.° a 196.°) – esta orientação sistemática no tratamento da matéria é, aliás, diferente da do Código do Trabalho anterior[431].

---

[430] *Supra*, § 23.°, ponto 85.3.2.b).

[431] Não era esta a apresentação das matérias no Código do Trabalho de 2003, que tratava separadamente a matéria da determinação do local de trabalho (em secção própria mas só com um artigo – art. 154.°) e as várias situações de alteração do local de trabalho, que eram tratadas a propósito das vicissitudes do contrato de trabalho (arts. 315.° e 316.°). A opção sistemática do actual Código do Trabalho aproxima-se mais do tratamento desta matéria na LCT, que não tinha uma secção específica para o tema do local de trabalho e

Para além desta alteração sistemática, assinalam-se algumas modificações substanciais, introduzidas pelo actual Código do Trabalho no tratamento da matéria do local de trabalho. Estas alterações dizem respeito à consagração expressa da possibilidade de alteração do regime legal em matéria de transferências do trabalhador em instrumento de regulamentação colectiva do trabalho (art. 194.° n.° 6), à previsão de uma nova causa de transferência (a transferência individual do trabalhador vítima de violência doméstica – art. 195.°) e ao estabelecimento da caducidade das cláusulas de mobilidade do trabalhador ao fim de dois anos (art. 194.° n.° 2 *in fine*). Além disso, assinala-se, como ponto positivo, alguma clarificação linguística nesta matéria, nomeadamente no que se refere à designação das várias situações de transferência do trabalhador[432]. Contudo, cabe assinalar que a solução de regulamentação conjunta das várias modalidades de transferência do trabalhador (definitiva e transitória, individual e colectiva), que foi adoptada pelo actual Código, suscita dificuldades de compreensão no que toca a alguns aspectos do regime jurídico dessas transferências.

**IV.** Como acima se referiu, a primeira aproximação ao *conceito de local de trabalho* aponta para o lugar físico de cumprimento da prestação do trabalhador, que coincide, em geral, com as instalações da empresa ou com o estabelecimento do empregador.

---

tratava a propósito da delimitação da posição das partes no contrato de trabalho os temas da inamovibilidade (como uma das garantias do trabalhador, prevista no art. 21.° n.° 1 d) deste diploma) e da mudança de local de trabalho (art. 24.°).

[432] Com efeito, no âmbito do Código do Trabalho de 2003, a terminologia utilizada pela lei para identificar as situações de mudança do local de trabalho e a organização do respectivo regime era muito pouco clara. Assim, na norma epigrafada «mobilidade geográfica» (art. 315.°), a lei tratava duas matérias distintas (a mudança de local de trabalho de um trabalhador determinado, a título definitivo, e a transferência colectiva de trabalhadores, decorrente da mudança do estabelecimento) e sujeitas a um regime diverso, identificando ambas as situações como situações de «transferência» (art. 315.° n.° 1 e n.° 2, respectivamente); já o art. 316.°, que se ocupava da mudança temporária do local de trabalho de um trabalhador individualizado, tinha como epígrafe «transferência» do trabalhador. Ora, esta terminologia induzia em erro quanto ao tipo de mudança de local de trabalho que estava em questão nos dois casos, sendo certo que as situações de mobilidade são, tipicamente, situações de variação transitória (neste caso, variação do local de trabalho), ao contrário do que se deduzia do texto do art. 315.°, e também em sentido diverso da utilização de idêntico termo, no artigo anterior, a propósito da mobilidade funcional (art. 314.°), que é também, tipicamente, uma variação transitória.

Contudo, esta noção não é adequada a diversas situações, em que a actividade laboral desenvolvida influencia directamente o local de trabalho, tornando-o de mais difícil determinação. Estas situações podem ser dos seguintes tipos:

i) *Contratos de trabalho em que a natureza da actividade laboral não se compadece com a fixação de um local de trabalho único ou mesmo preponderante*: são os *casos de local de trabalho diluído*, que se deixam exemplificar com actividades profissionais como a do motorista do camião, a do trabalhador da empresa de limpezas ao domicílio, a do inspector itinerante ou a do delegado de informação médica. Nestes casos, o local de trabalho não é fixo, por natureza, ainda que as instalações da empresa possam manter uma relevância acessória para esse efeito (porque, por exemplo, o trabalhador tem que se apresentar a certas horas do dia nessas instalações)[433].

ii) *Contratos de trabalho em que o local de trabalho se sujeita a alterações periódicas por força da actividade desenvolvida pela empresa* (por exemplo, os trabalhadores da construção civil que desenvolvem a sua actividade sucessivamente nas diversas obras da empresa, em localidades diferentes).

iii) *Contratos de trabalho em que, pela sua especificidade estrutural, a actividade é prestada nas instalações de uma entidade diversa do empregador, ainda que em moldes estáveis* (por exemplo, o contrato de trabalho temporário, o contrato de teletrabalho, e ainda o caso da cedência ocasional de trabalhadores). Também nestes casos de *local de trabalho externo* as instalações físicas do empregador podem ter um relevo acessório (por exemplo, para receber a retribuição), mas não se confundem com o local de trabalho do trabalhador.

iv) *As situações de deslocação do trabalhador para o exterior da empresa no exercício das suas funções* (por exemplo, o técnico que sai para uma reunião com um cliente ou o paquete que sai

[433] Neste sentido, compreende-se a noção diferenciada de local de trabalho perfilhada pela lei para estas categorias de trabalhadores, – assim, o art. 2.° a) do DL n.° 237/ /2007, de 19 de Junho, que regula matérias relativas ao tempo e ao local de trabalho dos motoristas rodoviários, integra na noção de local de trabalho não só as instalações da empresa como também o próprio veículo utilizado na actividade laboral.

para ir ao correio ou ao banco) ou em situações equiparadas ao exercício destas funções (como as deslocações para efeitos de formação profissional). Nestes casos, contemplados no art. 193.° n.° 2 do CT, embora o local de trabalho coincida com as instalações do empregador, o trabalhador desenvolve ocasionalmente a sua actividade (ou acção equiparada) fora daquelas instalações.

É tendo em conta este tipo de situações que a doutrina e a jurisprudência têm aperfeiçoado a *noção de local de trabalho*, de modo a fazê-la coincidir não com o espaço físico das instalações do empregador, mas com a ideia de *centro estável ou predominante do desenvolvimento da actividade laboral*[434] (o que permite incluir tanto os casos do local de trabalho diluído como as deslocações do trabalhador ao serviço da empresa).

Para determinados efeitos, o conceito de local de trabalho é ainda objecto de extensão: é o que se passa com os acidentes que o trabalhador sofra na ida para o trabalho ou no regresso a casa (acidentes *in itinere*), que são qualificados como acidentes de trabalho nos termos do art. 9.° n.° 1 a) da LAT.

**V.** O local de trabalho é determinado pelas partes (art. 193.° n.° 1 do CT) [435]. Quando o contrato de trabalho tem forma escrita, o local de trabalho consta, regra geral, do próprio contrato[436]; quando assim não suceda, é matéria de referência obrigatória pelo empregador no cumprimento do seu dever de informação, nos termos do art. 106.° n.° 3 b) do Código. Quando não haja uma determinação expressa do local de trabalho, ele retira-se implicitamente das declarações negociais ou por integração do contrato de trabalho, tendo em conta a prestação laboral a executar[437].

---

[434] Monteiro Fernandes, *Direito do Trabalho cit.*, 440.

[435] Chama-se a atenção para a epígrafe desta norma («Noção de local de trabalho») que não tem correspondência no respectivo conteúdo; efectivamente, a norma não define o local de trabalho.

[436] Em algumas situações, a referência ao local de trabalho no contrato é imposta pela lei – é o que sucede, por exemplo, no contrato de trabalho a termo (art. 141.° n.° 1 c) do CT) e no contrato de trabalho temporário (art. 181.° n.° 1 d) do CT).

[437] Sobre os critérios de determinação do local de trabalho, em anotação a esta norma do Código do Trabalho, Madeira de Brito, *in* Romano Martinez / L. M. Monteiro / Joana Vasconcelos / P. Madeira de Brito / G. Dray / L. Gonçalves da Silva, *Código do Trabalho Anotado cit.*, 490 s.

Uma vez determinado, o local de trabalho vincula o trabalhador (art. 193.° n.° 1), equivalendo, por isso, a uma situação de falta o desenvolvimento da actividade laboral fora desse local, salvo autorização do empregador.

**VI.** A determinação do local de trabalho faz surgir na esfera jurídica do trabalhador o direito a manter esse lugar ao longo da execução do contrato: é o *princípio da inamovibilidade*, que o Código estabelece como uma das garantias do trabalhador no art. 129.° n.° 1 f). De acordo com este princípio, cuja violação constitui contra-ordenação muito grave (art. 129.° n.° 2°), o local de trabalho só pode ser alterado por acordo das partes ou por determinação unilateral do empregador, mas, neste último caso, apenas nas situações previstas na lei ou em instrumento de regulamentação colectiva do trabalho e mediante um conjunto apertado de requisitos.

Deve, ainda assim, salientar-se o menor vigor do princípio da inamovibilidade no Código do Trabalho actual (tal como no Código do Trabalho de 2003), em comparação com o regime anterior à codificação laboral, uma vez que, na formulação deste princípio na LCT (art. 21.° n.° 1 e)), a lei não referia a possibilidade de afastamento do mesmo por acordo das partes[438].

Evidentemente, o princípio da inamovibilidade deve ser conjugado com o entendimento elástico do próprio conceito de local de trabalho (i.e., como centro estável ou preponderante do desenvolvimento da actividade laboral), pelo que, nas situações acima descritas de local de trabalho diluído ou externo e de deslocações em serviço, este princípio não está em questão.

Por outro lado, mesmo quando o local de trabalho seja fixo, o princípio da inamovibilidade não aponta para um espaço físico determinado (como um edifício, um gabinete ou uma sala), mas para uma área organizacional ou empresarial. Assim, não há uma mudança de local de trabalho quando, por força de um arranjo das instalações do empregador, o trabalhador mude para um outro gabinete, para outro andar, ou mesmo para um edifício contíguo ou próximo. Uma parte da doutrina identifica este tipo de mudanças do trabalhador no seio das instalações da empresa como «trans-

[438] Ainda que a jurisprudência já a admitisse – cfr. Ac. STJ de 5/02/1997, CJ (STJ), 1997, I, 271.

ferências internas»[439], para destacar o facto de tais mudanças não envolverem a deslocação do trabalhador para um estabelecimento topograficamente diverso; quanto a nós, entendemos que, neste tipo de situações, não cabe sequer falar em transferência ou mudança do local de trabalho do trabalhador, porque o centro estável da sua actividade na empresa não é alterado.

## 91. A modificação do local de trabalho

### 91.1. Aspectos gerais

**I.** Apesar da importância da estabilidade do local de trabalho, em especial para o trabalhador, o carácter duradouro e a componente organizacional do contrato de trabalho determinam a necessidade de se preverem alterações ao local inicialmente acordado pelas partes para o desenvolvimento da actividade laboral – pense-se no caso em que a empresa se expande e pretende mudar de instalações, ou na situação em que, por motivos de gestão, seja conveniente enviar o trabalhador para outro local.

Evidentemente, neste tipo de situações (aliás, como no caso em que a mudança do local de trabalho seja solicitada pelo trabalhador[440]), o princípio da inamovibilidade poderá ser ultrapassado através do acordo das partes sobre a modificação do local de trabalho. A dificuldade reside, contudo, na eventualidade de as partes não chegarem a acordo, sendo certo que, ainda nestes casos, a mudança do local de trabalho pode ser não só uma conveniência como um verdadeiro imperativo de gestão.

É para este tipo de situações que a lei prevê a mobilidade espacial do trabalhador, por determinação unilateral do empregador. Esta determinação unilateral sobrepõe-se ao acordo das partes sobre o local de trabalho fixado no contrato, sendo, por isso mesmo, uma clara projecção do princí-

---

[439] Assim, ROMANO MARTINEZ, *Direito do Trabalho cit.*, 750.

[440] Na verdade, a mudança do local de trabalho também pode ser do interesse do trabalhador (assim, um trabalhador cujo cônjuge esteja a trabalhar noutra cidade pode ter interesse em ser transferido para o estabelecimento da sua empresa nessa cidade). Valorizamos, contudo, as necessidades do empregador, porque são estas necessidades que estão na base do regime unilateral da modificação do local de trabalho, previsto pela lei.

pio laboral geral da compensação, na vertente da prevalência dos interesses de gestão[441].

Por outro lado, deve salientar-se a *importância do tema do local de trabalho do ponto de vista da flexibilização do Direito do Trabalho*, permitindo compreender porque é que a preocupação de diminuir os entraves à sua mudança tem sido comum a diversos sistemas jurídicos e propugnada por diversos autores com o mesmo objectivo[442]. A diminuição do pendor garantístico das normas sobre o local de trabalho é, efectivamente, uma das mais importantes áreas de incidência das modernas tendências de flexibilização interna do vínculo laboral, de que se deu conta oportunamente[443].

**II.** No nosso sistema jurídico, a transferência do trabalhador é prevista em dois tipos de situações:

i) *A modificação do local de trabalho de um trabalhador determinado*, i.e., uma mudança individual. Esta mudança pode ocorrer a título transitório ou a título definitivo e pode ter origem no acordo das partes, em determinação unilateral do empregador, ou em pedido do trabalhador (art. 194.° n.° 1 b) e n.° 2 do CT). Como caso específico de transferência a pedido do trabalhador, o novo Código do Trabalho introduziu a figura da transferência individual a pedido de trabalhador, com fundamento em violência doméstica (art. 195.°).

ii) *A mudança do estabelecimento*, que acarreta a modificação do local de trabalho de todos os trabalhadores que aí desenvolvam a sua actividade, ou seja, uma mudança colectiva, que pode ser transitória ou definitiva; o Código regula esta situação também no art. 194.° (n.° 1 al. a) e n.° 2).

---

441 Sobre este princípio, que foi oportunamente isolado, *vd Direito do Trabalho I*, § 16.°, ponto 54.3.

442 Neste sentido, M. Grandi, *La mobilità interna cit.*, 252., Pessi, *Riflessioni sul diritto del lavoro negli anni' 80, in Prospettive del Diritto del lavoro per gli anni' 80 – Atti del VII Congresso Nazionale di Diritto del lavoro, Bari, 23-25 Aprile 1982*, Milano, 1983, 59-78 (68 s.), ou I. Daugareilh, *Le contrat de travail à l'épreuve des mobilités cit.*, 132.

443 *Cfr.*, *Direito do Trabalho I*, § 2.°, ponto 4.2.2.b).I. Para mais desenvolvimentos sobre este ponto, Rosário Palma Ramalho, *Da Autonomia Dogmática... cit.*, 600 s.

**III.** Sujeitando-se as várias situações de mudança individual do local de trabalho e da situação de mudança colectiva a um regime diferente, apesar de serem apresentadas na mesma norma, impõe-se apreciá-las separadamente.

### 91.2. Modificação individual do local de trabalho: mudança definitiva e mudança transitória; mudança a pedido do trabalhador

**I.** A lei contempla a possibilidade de o empregador determinar unilateralmente a modificação do local de trabalho de um trabalhador determinado, tanto a título definitivo como a título transitório (art. 194.° n.° 1 corpo, e alínea b) do CT). Os requisitos da mudança definitiva e da mudança transitória são idênticos, mas o seu regime apresenta pequenas diferenças, pelo que as duas situações devem ser apreciadas separadamente.

Como novidade do Código do Trabalho de 2009, cabe ainda analisar a mudança individual a pedido do trabalhador vítima de violência doméstica (art. 195.° do CT).

**II.** Tanto a *mudança definitiva como a mudança transitória do local de trabalho de um trabalhador* estão sujeitas aos requisitos substanciais cumulativos enunciados no art. 194.° n.° 1 b) do CT. Estes requisitos são os seguintes:

i) *A mudança deve ser justificada pelo interesse da empresa.* Este requisito deve ser apreciado em termos objectivos (ou seja, como um interesse de gestão) e não confundido com as conveniências pessoais do empresário[444], uma vez que só um fundamento objectivo de gestão pode, efectivamente, justificar a ultrapassagem do acordo das partes por um acto unilateral do empregador, em projecção do princípio da prevalência dos interesses de gestão.
A justificação objectiva da mudança de local do trabalho deve constar da ordem de transferência do trabalhador, nos termos do art. 196.° n.° 2.

---

[444] Interpreta-se este requisito nos termos que já foram propostos para a apreciação do requisito idêntico, no caso do *jus variandi* – cfr., *supra*, § 23.° , ponto 87.2.III.

Para além disso, a exigência de uma justificação objectiva de gestão, que está na base da transferência do trabalhador, obsta à utilização desta faculdade do empregador para prosseguir outros objectivos (assim, por exemplo, para sancionar disciplinarmente o trabalhador).

ii) *A mudança do local de trabalho não deve causar prejuízo sério ao trabalhador*. Para efeitos da integração do conteúdo do conceito de prejuízo sério, dado o seu carácter indeterminado, a jurisprudência tem considerado que a mudança de local de trabalho apenas configura um prejuízo sério quando acarrete desvantagens económicas ou pessoais para o trabalhador e não quando determine inconvenientes ou incomodidades de ordem subjectiva (assim, a mudança para um local mais distante da residência do trabalhador não configura, por si só, um prejuízo sério, mas tal prejuízo já existirá se essa mudança for para uma região distante, onde o trabalhador não possua alojamento, por exemplo)[445] – é o que decorre da exigência legal de que o prejuízo seja «sério».

Já quanto ao carácter real ou meramente virtual do prejuízo, tem sido admitida a relevância de um prejuízo meramente virtual, desde que objectivamente comprovável. Em suma, sendo este um requisito a verificar no caso concreto, a ideia geral subjacente aponta para uma modificação substancial da vida do trabalhador em razão da mudança do local de trabalho.

Por outro lado, entende-se que o ónus da prova do prejuízo sério deve recair sobre o trabalhador, uma vez que a ele cabe alegar o prejuízo para obstar à ordem de transferência e tanto mais que este prejuízo se reporta a condições da sua vida pessoal, que o empregador não tem obrigação de conhecer[446].

---

[445] Sobre o requisito do prejuízo sério na jurisprudência, *vd* Ac. STJ de 23/11/1994, BMJ 441-178, Ac. STJ de 3/11/1994, QL, 1995, 2, 58, Ac. STJ de 24/03/1999, BMJ 485-239, e Ac. STJ de 2/12/2004, CJ (STJ), 2004, III, 290, bem como Ac. REv. de 28/03/1995, CJ, 1995, II, 287, Ac. REv. dc 3/05/1995, CJ, 1995, III, 313, Ac. RC de 5/11/1997, CJ, 1997, V, 59, Ac. RLx. de 18/03/1998, CJ, 1998, II, 170, ou Ac. STJ de 8/01/2010 (Proc. n.° 125/08.4TTMAI..P1), www.dgsi.pt.

[446] Este ponto era controvertido no âmbito da LCT, uma vez que o requisito do prejuízo sério era referido também no contexto da mudança do estabelecimento, embora aqui

Estes requisitos são afastados no caso da modificação do local de trabalho dos trabalhadores eleitos para as estruturas de representação colectiva. Nos termos do art. 411.° do CT, a transferência individual do local de trabalho destes trabalhadores depende do seu acordo e carece ainda de ser comunicada previamente à estrutura a que pertencem[447].

Este regime especial é uma das manifestações da tutela acrescida desta categoria de trabalhadores, evitando que o empregador consiga obstar à actuação destes trabalhadores ou diminuir a sua esfera de influência na organização, através de uma mudança do local de trabalho.

**III.** O art. 194.° n.° 2 do CT permite que as partes alarguem ou restrinjam a possibilidade de transferência do trabalhador, o que aponta para o *carácter supletivo do regime legal da modificação do local de trabalho* e diminui fortemente o vigor do princípio da inamovibilidade. Com esta regra, que provém do Código do Trabalho de 2003, ultrapassou-se a discussão, havida ao abrigo do regime anterior à codificação laboral, sobre a natureza supletiva ou imperativa mínima da norma que regia esta matéria

---

com o escopo de configurar um direito do trabalhador à indemnização por cessação do contrato. Prevendo a LCT uma inversão do ónus da prova, neste último caso, era discutida a extensão desta inversão ao caso da mudança individual do local de trabalho. Sobre esta discussão, no âmbito do regime anterior, por todos, JÚLIO GOMES / AGOSTINHO GUEDES, *Algumas considerações... cit.*, 118 e *passim*, MADEIRA DE BRITO, *Local de trabalho cit.*, 373 ss., e na jurisprudência, por exemplo, o Ac. REv. de 5/01/1993, CJ, 1993, I, 287, e o Ac. RLx. de 24/06/1998, CJ, 1998, III, 173. No regime constante do Código do Trabalho, a questão não se coloca, porque a lei já não se refere ao ónus da prova no caso da mudança do estabelecimento. No âmbito do Código do Trabalho e em anotação a esta norma, MADEIRA DE BRITO, *in* ROMANO MARTINEZ / L. M. MONTEIRO / JOANA VASCONCELOS / P. MADEIRA DE BRITO / G. DRAY / L. GONÇALVES DA SILVA, *Código do Trabalho Anotado cit.*, 500, sustenta que o ónus da prova do prejuízo sério recai sobre o empregador, uma vez que é a ausência de tal prejuízo que constitui condição para o exercício do direito de modificação do local de trabalho (no mesmo sentido, *vd* também o Ac. STJ de 12/02/2009 (Proc. n.° 08S2573), www.dgsi.pt). O óbice deste entendimento é, quanto a nós, o de implicar uma prova negativa, para a qual o empregador não dispõe de elementos (já que respeitam à organização da vida pessoal do trabalhador). Por esta razão, entende-se que, na fundamentação da ordem, o empregador deve simplesmente alegar a inexistência de prejuízo sério, de acordo com o conhecimento da vida do trabalhador que já tenha, não lhe sendo exigível uma indagação mais profunda sobre o assunto, e ao trabalhador caberá provar o prejuízo sério para se escusar ao cumprimento da ordem de transferência.

[447] Sobre a mudança de local de trabalho destes trabalhadores, *vd* o Ac. RLx. de 29/06/1994, CJ, 1994, III, 181.

(art. 24.° da LCT)[448], abrindo assim a porta a cláusulas do contrato de trabalho que fixem, à partida, uma pluralidade de locais de trabalho, bem como para o acordo das partes relativo a futuras transferências do trabalhador sem necessidade de observância dos requisitos legais. No sentido da natureza supletiva deste regime depõe ainda a referência expressa ao acordo das partes no enunciado do princípio da inamovibilidade, constante do art. 129.° n.° 1 f) do CT.

Embora esta seja a solução que formalmente resulta da lei, não deixa de se advertir para os resultados excessivos a que ela pode conduzir. Impõe-se assim uma interpretação das cláusulas contratuais nesta matéria particularmente cuidadosa e que atenda aos vectores da boa fé e do abuso do direito, nomeadamente, condenando-se, à partida, o estabelecimento de cláusulas de mobilidade excessivamente vagas ou que resultem na indeterminação do local de trabalho[449].

Por outro lado, deve ter-se em conta a nova regra introduzida pelo Código do Trabalho de 2009 sobre a validade destes acordos ou cláusulas de mobilidade: nos termos da parte final do art. 194.° n.° 2, os acordos nesta matéria caducam ao final de dois anos, se não forem utilizados. Esta solução procura evitar a eternização da instabilidade da situação jurídica do trabalhador, do ponto de vista geográfico, sendo por isso de aplaudir. Contudo, não deixa de se advertir para o perigo de utilização perversa desta norma, já que pode tentar o empregador a promover a mobilidade

---

[448] No sentido da supletividade do regime legal, no âmbito da LCT, se pronunciaram, entre outros, autores como BERNARDO XAVIER, *Curso de Direito do Trabalho cit.*, 353, MÁRIO PINTO / FURTADO MARTINS / NUNES DE CARVALHO, *Comentário... cit.*, I, 121 s., ROMANO MARTINEZ, na 1.ª edição do seu *Direito do Trabalho* (Coimbra, 2002), 479; mas contra, entendendo este regime como imperativo mínimo, o que vedaria o alargamento da possibilidade de modificação unilateral do local de trabalho pelo empregador, MOREIRA DA SILVA, *Direitos e Deveres... cit.*, 44, ou LEAL AMADO, *Inamovibililidade: uma garantia supletiva? cit.*, 176 s.

[449] Sobre este ponto, o Ac. STJ de 12/02/2009 (Proc. n.° 08S2573), www.dgsi.pt, advogou uma interpretação especialmente restritiva destas cláusulas, considerando que, embora válidas, elas não podiam ser invocadas de forma abusiva pelo empregador (o que entendeu suceder no caso de uma trabalhadora cujo contrato tinha tal cláusula, mas que tinha ocupado a sua função num determinado local, ao longo de 16 anos). Considerando o lapso de tempo decorrido e o carácter não ambulatório da função da trabalhadora, o Tribunal entendeu que estavam criados os pressupostos da tutela da confiança na manutenção daquele local de trabalho, pelo que o recurso à cláusula de mobilidade era contrário à boa fé.

cíclica do trabalhador, para obviar à caducidade destes acordos, ainda que, no caso concreto, não haja justificação objectiva para tal.

Por outro lado, assinala-se que a referência da norma à estipulação negocial das partes nesta matéria não afasta a possibilidade de os instrumentos de regulamentação colectiva do trabalho disporem sobre ela, nos termos agora expressos do art. 194.° n.° 6 do CT. Era uma solução que já tínhamos sustentado no âmbito do Código do Trabalho de 2003, nos termos gerais do art. 4.° n.° 1 desse Código[450], e que a lei veio agora consagrar de modo expresso. Na verdade, as convenções colectivas de trabalho podem ser um instrumento eficaz para balizar a aplicação prática do regime da modificação do local de trabalho, delimitando de forma diferente os requisitos de transferência dos trabalhadores ou impondo limites geográficos a essas transferências.

**IV.** Para além dos requisitos substanciais indicados, a mudança do local de trabalho sujeita-se ainda aos *requisitos procedimentais e de forma* enunciados no art. 196.° do CT: a decisão de transferência do trabalhador deve ser comunicada por escrito ao trabalhador, com indicação do respectivo fundamento de gestão; e deve ser emitida com um aviso prévio de 8 ou de 30 dias sobre a sua efectivação, respectivamente para a mudança transitória e para a mudança definitiva.

Por outro lado, o art. 194.° n.° 4 impõe ao empregador o custeamento das despesas do trabalhador com a transferência definitiva, que decorram dos acréscimos dos custos de deslocação e da mudança de residência[451].

---

[450] Rosário Palma Ramalho, *Direito do Trabalho cit.*, II, (2.ª ed.), 433.

[451] Em interpretação desta norma, Madeira de Brito, *in* Romano Martinez / L. M. Monteiro / Joana Vasconcelos / P. Madeira de Brito / G. Dray / L. Gonçalves da Silva, *Código do Trabalho Anotado cit.*, 498, sustenta que o dever do empregador de suportar o encargo do acréscimo nas despesas de deslocação do trabalhador e ainda as despesas da mudança de residência é alternativo, considerando que não faz sentido a suportação de ambas as despesas simultaneamente pelo empregador. Este entendimento apenas se nos afigura possível através de uma interpretação restritiva da norma. Por outro lado, continua a não ser claro o sentido a atribuir à expressão «custos de deslocação», designadamente quanto a saber se tais custos abrangem também o acréscimo das despesas quotidianas de transporte do trabalhador para a empresa (em sentido afirmativo, ainda que no âmbito do regime anterior ao Código, se pronunciou o Ac. RLx. de 18/02/2004, CJ, 2004, I, 157). Embora com dúvidas, inclinamo-nos no sentido negativo, por manifesta desproporcionalidade dos encargos que a solução inversa coloca sobre o empregador e assumindo que se trata de mais uma manifestação do princípio da prevalência dos interesses de gestão.

Por contraposição com o regime da transferência temporária para esta situação, parece estar fora do âmbito deste dever do empregador o pagamento das despesas de alojamento do trabalhador (assim, se o trabalhador tiver que mudar de casa, o empregador pagará essa mudança, mas não o acréscimo da renda da nova casa relativamente à renda que o trabalhador pagava anteriormente)[452].

**V.** Uma vez preenchidos os requisitos substanciais e procedimentais indicados, a decisão de mudança do local de trabalho configura um direito do empregador, que se sobrepõe ao acordo das partes, pelo que o trabalhador deve obediência à ordem de transferência, nos termos gerais. O não acatamento dessa ordem consubstancia uma infracção disciplinar[453].

Pelo contrário, se a ordem de transferência não corresponder aos requisitos legais, o trabalhador pode legitimamente recusar a mudança de local de trabalho, ao abrigo do princípio da inamovibilidade.

Além disso, o actual Código do Trabalho estabelece expressamente que, sobrevindo prejuízo sério da ordem de transferência individual e definitiva, o trabalhador pode ainda resolver o contrato, tendo direito à compensação de antiguidade prevista no art. 366.° (art. 194.° n.° 5). Esta norma – que é nova na parte em que se refere à transferência definitiva individual (no Código do Trabalho de 2003, apenas estava prevista expressamente esta possibilidade no caso da transferência colectiva de trabalhadores) reforça pois a tutela patrimonial do trabalhador que seja seriamente prejudicado pela ordem de transferência e prefira resolver o contrato. É que, embora a possibilidade de resolução do contrato neste tipo de situação já se retirasse das regras gerais (art. 394.° do CT), apenas se o trabalhador pudesse provar a culpa do empregador haveria lugar à indemnização compensatória, o que passa agora a ser dispensado.

Ainda assim, a norma deve ser interpretada com cuidado nesta sua nova aplicação, evitando-se a conclusão apressada de que, em caso de prejuízo sério decorrente da ordem de transferência individual do trabalhador, *apenas* lhe é possível recorrer à resolução do contrato por justa causa. Entende-se, pelo contrário, que não ocorrendo um dos requisitos da or-

---

452 Sobre o custeamento das despesas decorrentes da transferência do trabalhador, *vd* o Ac. RLx. de 11/02/1998, CJ, 1998, I, 166.

453 *Vd* o Ac. REv. de 28/03/1995, CJ, 1995, II, 287, apreciando uma situação deste tipo para efeitos de configuração de justa causa para despedimento.

dem, ela se torna ilícita e, por isso, não constitui o trabalhador no dever de obediência, tanto mais que está em causa a sua garantia da inamovibilidade (art. 129.° n.° 1 f) do CT). Assim, o trabalhador pode simplesmente não cumprir a ordem de transferência.

**VI.** Os *traços específicos da figura da transferência temporária* são os seguintes:

i) O prazo de aviso prévio da ordem de transferência é de 8 dias sobre a sua efectivação (art. 196.° n.° 1.°).

ii) Da ordem de transferência deve constar não apenas a justificação objectiva da mesma, mas também o tempo previsível da alteração do local de trabalho, que não pode, «salvo por exigências imperiosas do funcionamento da empresa», ultrapassar os seis meses (art. 194.° n.° 3). Não esclarecendo a lei o que entende por «exigências imperiosas do funcionamento da empresa», elas deverão ser apreciadas caso a caso. Por outro lado, a lei também não parece impedir que o trabalhador seja transferido mais do que uma vez a título temporário.

iii) O dever que impende sobre o empregador de custear as despesas impostas pela transferência do trabalhador é, neste caso, mais amplo, uma vez que inclui o acréscimo dos custos de deslocação, bem como os custos do alojamento do trabalhador e não apenas da mudança de residência (art. 194.° n.° 4). Os encargos superiores do empregador neste caso justificam-se pelo facto de a situação ser transitória, prevendo-se o regresso do trabalhador à situação anterior.

iv) No caso da transferência temporária, a lei não prevê a possibilidade de resolução do contrato de trabalho pelo trabalhador, ainda que da ordem de transferência decorra um prejuízo sério (art. 194.° n.° 5 *a contrario sensu*). Ainda assim, também neste caso o trabalhador poderá recusar a ordem, alegando prejuízo sério; e, haja ou não prejuízo sério, pode sempre resolver o contrato com justa causa, constituindo aqui justa causa a alteração duradoura das condições de trabalho promovida pelo empregador (ou seja, nos termos do art. 394.° n.° 3 b) do CT).

Deve ainda salientar-se que a figura da transferência individual transitória do trabalhador foi instituída com o Código do Trabalho de 2003, já que a LCT não enquadrava especificamente as mudanças temporárias de local de trabalho. Perante esta lacuna, a doutrina dividia-se, considerando alguns autores que estas situações se deviam subsumir ao regime geral da mudança de local de trabalho (constante do art. 24.° da LCT), com as necessárias adaptações, ou ao regime do *jus variandi* (art. 22.° n.° 7 e 8 da LCT), configurando o que veio a ser denominado como *jus variandi geográfico* e sujeitando-se aos respectivos requisitos[454].

O Código de 2003 integrou a lacuna e tomou posição no sentido da assimilação do regime desta situação ao regime da transferência definitiva do local de trabalho, com as especificidades acima indicadas. É a solução que melhor se coaduna com a realidade em causa nesta figura e que o actual Código do Trabalho mantém.

Evidentemente, esta qualificação pode obrigar à aplicação cumulativa dos requisitos da figura da mudança individual transitória do local de trabalho (i.e., os requisitos do art. 194.°) com os requisitos do *jus variandi* (art. 120.°), quando a exigência ao trabalhador de uma função diferente da actividade contratada seja acompanhada da sua deslocação geográfica.

**VII.** Uma outra questão, que tem sido debatida a propósito das mudanças individuais de local de trabalho, é a da possibilidade de previsão da medida de transferência do trabalhador como uma sanção disciplinar, designadamente em sede de instrumento de regulamentação colectiva do trabalho, uma vez que a lei permite que os instrumentos de regulamentação colectiva do trabalho consagrem outras sanções disciplinares para além das previstas no Código do Trabalho (art. 328.° do CT).

Independentemente do posterior aprofundamento desta questão a propósito da matéria do poder disciplinar[455] adianta-se, desde já, que esta hipótese não é de admitir: por um lado, o princípio da inamovibilidade constitui uma garantia do trabalhador, que se impõe à intervenção dos instrumentos de regulamentação colectiva do trabalho em matéria disciplinar (art. 328.° n.° 2); por outro lado, a modificação unilateral do local de trabalho só se justifica por motivos de gestão e não por motivos disciplinares.

---

[454] Neste último sentido, por exemplo, MENEZES CORDEIRO, *Manual de Direito do Trabalho cit.*, 687, e ROMANO MARTINEZ, na 1.ª edição do *Direito do Trabalho cit.*, 483 s.

[455] *Infra*, § 29.°, ponto 109.1.

**VIII.** Cabe, por último, referir a nova *modalidade de transferência individual a pedido do trabalhador vítima de violência doméstica* (art. 195.º do CT).

Como já se referiu, a transferência do trabalhador para outro local de trabalho pode também decorrer de pedido seu, cujas motivações podem ser as mais diversas. Contudo, este pedido tem que ter a anuência do empregador, pelo que tal transferência se efectiva por acordo das partes.

Situação diferente é a actualmente contemplada no art. 195.º, que confere ao trabalhador ou à trabalhadora[456] vítimas de violência doméstica, o direito a serem transferidos a seu pedido, temporária ou definitivamente, para outro estabelecimento do empregador, desde que tenham apresentado queixa-crime e que saiam da casa de morada de família (art. 195.º n.º 1 a) e b)). Verificadas estas condições, o empregador apenas pode adiar a transferência com fundamento em necessidades imperiosas da empresa ou até que exista posto de trabalho compatível e disponível noutro estabelecimento, tendo, entretanto, o trabalhador direito a suspender o contrato de trabalho (art. 195.º n.os 2 e 3, que deve ser conjugado com o art. 296.º n.º 2).

Trata-se de uma norma de vocação social – que tem um paralelo no regime especial de teletrabalho aplicável a trabalhadores vítimas de violência doméstica, também introduzido pelo novo Código do Trabalho (art. 166.º n.º 2) e que já apreciámos[457] – cujo objectivo é garantir que o trabalhador ou a trabalhadora vítimas de violência doméstica e que tenham que sair da sua casa para se afastarem do agressor, possam continuar a executar o contrato de trabalho em novo local.

Independentemente da bondade da solução, ela terá, contudo, que ser exequível na prática, o que depende de duas condições objectivas: que a empresa tenha vários estabelecimentos; e que o empregador disponha noutro estabelecimento de um posto de trabalho compatível com as aptidões do trabalhador e disponível (avaliação esta que não pode deixar de caber ao empregador).

---

[456] Embora a norma se refira a trabalhador sem indicação de género, trata-se de uma situação que afecta estatisticamente mais as mulheres do que os homens. Por esta razão, LEAL AMADO, *Contrato de Trabalho... cit.*, 265, entende que a norma não devia ignorar a dimensão de género.

[457] *Supra*, § 21.º, ponto 75.IV.

Ainda assim, na falta de destes requisitos, a lei confere ao trabalhador o direito de suspender imediatamente o seu contrato de trabalho (art. 296.° n.° 2 a) do CT).

### 91.3. Mudança do estabelecimento e transferência dos trabalhadores

**I.** O segundo tipo de situações em que pode ocorrer uma modificação do local de trabalho, por determinação unilateral do empregador, é o que decorre da mudança definitiva ou temporária do estabelecimento. Nos termos do art. 194.° n.° 1 a) do CT, o empregador pode transferir o trabalhador para outro local de trabalho «em caso de mudança ou extinção, total ou parcial, do estabelecimento onde aquele presta serviço». Embora esta figura seja formalmente reportada pela lei a *cada* trabalhador, ela consubstancia uma deslocação colectiva, no sentido em que abrange o conjunto dos trabalhadores do estabelecimento (ou da parte do estabelecimento) objecto de mudança.

**II.** O *regime da mudança do estabelecimento* tem pontos comuns com o regime da mudança individual de local de trabalho, mas apresenta também diferenças significativas. Os traços mais importantes da figura são os seguintes:

i) *A modificação do local de trabalho decorre da mudança ou da extinção, total ou parcial, do estabelecimento, mas, para efeitos desta norma, o termo «estabelecimento» deve ser interpretado em sentido amplo*: a mudança do estabelecimento pode respeitar a um dos estabelecimentos do empregador ou apenas a uma parcela desse estabelecimento, bem como à mudança de uma secção da empresa, e à mudança do conjunto ou de parte das suas instalações (art. 194.° n.° 1 a)). Por outro lado, a lei assimila à mudança do estabelecimento a extinção do mesmo, o que constitui uma novidade do actual Código. Por fim, entende-se que a norma é extensível aos contratos de trabalho não empresariais, relativamente aos quais não é adequado o termo «estabelecimento» (a mudança de residência do empregador num contrato de trabalho doméstico, por exemplo).

ii) Ao contrário do que sucede com a modificação individual do local de trabalho, *a transferência do trabalhador por força da mudança do estabelecimento não depende da ausência de prejuízo sério para o trabalhador e já pressupõe o interesse da empresa* (art. 194.° n.° 1 a)), o que se justifica por um motivo de praticabilidade do próprio regime: na verdade, o interesse da empresa é subentendido numa decisão de gestão sobre a deslocação de um estabelecimento ou de um serviço, mas não faz sentido questionar tal decisão, já que ela manifesta o direito de iniciativa económica e de livre gestão dos empresários e não o seu poder directivo; de outra parte, não seria praticável nem admissível obstar à mudança do estabelecimento com fundamento no prejuízo que pudesse decorrer dessa mudança para um ou mais trabalhadores determinados.
Em suma, a mudança colectiva do local de trabalho é incondicionada, porque se reconduz a uma projecção de uma decisão de gestão que ultrapassa a dimensão do próprio contrato de trabalho, mas que se impõe ao acordo contratual, em nome do princípio da prevalência dos interesses de gestão[458].

iii) Tal como vimos suceder no caso da mudança individual, *também na mudança colectiva a lei prevê que as partes possam alargar ou restringir a faculdade de transferência do trabalhador, em sede do contrato de trabalho, caducando tal acordo ao fim de dois anos se não tiver sido executado* (art. 194.° n.° 2). Contudo, não sendo esta mudança colectiva condicionada pelos requisitos da mudança individual, a convenção das partes sobre esta matéria é de reduzido alcance e utilidade – ela apenas poderá ir no sentido de excluir a transferência do trabalhador, mas mesmo uma convenção deste tipo só faz sentido no caso de transferência parcial do estabelecimento. Assim, sufraga-se uma interpretação restritiva desta norma quanto à sua aplicação à transferência colectiva. Por outro lado, a lei admite também expressamente que as convenções colectivas de trabalho disponham nesta matéria (art. 194.° n.° 6).

---

[458] A este propósito, *vd* o Ac. STJ de 28/03/1995, CJ (STJ), 1995, I, 286, e o Ac. RC de 17/06/1992, CJ, 1992, III, 163, observando que a mudança do estabelecimento não carece do acordo dos trabalhadores.

iv) Não se sujeitando a mudança colectiva aos requisitos da mudança individual não se coloca a possibilidade de recusa da modificação do local de trabalho pelo trabalhador. Em consequência, *se o trabalhador não aceitar o novo local de trabalho, a lei atribui-lhe o direito de resolver o contrato se a mudança lhe causar prejuízo sério e com direito à indemnização* prevista no art. 366.° do CT (é o regime estabelecido pelo art. 194.° n.° 5).

Decorre pois claramente deste regime que o requisito do prejuízo sério é aqui apenas um requisito para a resolução do contrato pelo trabalhador (que configura a respectiva justa causa) e não um requisito da modificação do local de trabalho. Tal como se referiu em apreciação deste requisito no caso da modificação individual do local de trabalho, o prejuízo sério não pode ser confundido com uma mera inconveniência pessoal do trabalhador[459] e deve ser provado por ele, de acordo com as regras gerais do ónus da prova[460]. Evidentemente, mesmo na ausência de prejuízo sério, o regime geral da resolução do contrato por iniciativa do trabalhador com fundamento na alteração duradoura mas lícita das condições de trabalho pelo empregador (art. 394.° n.° 3 b) do CT) ou mesmo o regime geral da denúncia do contrato de trabalho por iniciativa do trabalhador (arts. 400.° ss. do CT) permitem-lhe sempre fazer cessar o contrato, no caso de não querer acompanhar o estabelecimento; contudo, em qualquer destes casos, o trabalhador não tem direito a compensação[461].

---

[459] Ac. STJ de 8/01/2010 (Proc. n.° 125/08.4TTMAI..P1), www.dgsi.pt.

[460] Neste ponto, o Código do Trabalho actual (aliás como o Código do Trabalho de 2003) afastou-se do regime anterior à codificação laboral (art. 24.° da LCT), que previa a inversão do ónus da prova do prejuízo sério nesta situação: ao empregador cabia demonstrar que a transferência do trabalhador em resultado da mudança do estabelecimento não causava prejuízo sério ao trabalhador, para obstar ao pagamento da indemnização por cessação do contrato. Por outro lado, a lei reportava o prejuízo sério à indemnização e não à própria cessação do contrato, como agora sucede.

[461] Neste sentido, por exemplo, o Ac. STJ de 8/01/2010 (Proc. n.° 125/08.4TTMAI..P1), www.dgsi.pt.

Nos restantes aspectos, o regime da mudança colectiva do local de trabalho é idêntico ao regime da mudança individual, devendo distinguir-se se a mudança é definitiva ou temporária.

Assim, o empregador deve custear as despesas do trabalhador que resultem da mudança de residência, bem como as que decorram do acréscimo dos custos de deslocação e ainda, no caso da mudança temporária, as despesas de alojamento (art. 194.° n.° 4). Por outro lado, a decisão de transferência deve ser comunicada por escrito a cada trabalhador envolvido, com a antecedência de 30 ou de 8 dias sobre a sua efectivação (consoante se trate de mudança definitiva ou temporária) e com indicação do respectivo fundamento (art. 196.°), sendo que, neste caso, o fundamento corresponde simplesmente à mudança do estabelecimento, ou de parte dele, não sendo, quanto a nós, exigível uma justificação adicional.

## § 26.° Tempo de trabalho e tempos de não trabalho

### 92. Aspectos gerais

#### 92.1. Importância da delimitação temporal da situação jurídica do trabalhador. Sequência

**I.** Para completar a descrição da situação juslaboral do trabalhador cabe proceder à respectiva delimitação temporal.

Esta delimitação passa pelo estudo das matérias do tempo de trabalho e dos tempos de não trabalho do trabalhador. Esta distinção simples entre tempo de trabalho e tempos de não trabalho permite apreciar os diversos problemas atinentes a esta temática e pode enunciar-se do seguinte modo:

i) O *tempo de trabalho* traduz o período durante o qual o trabalhador está adstrito à execução da sua actividade laboral ou se encontra disponível para essa execução. Tendo em conta que o tempo de trabalho pode ser organizado em moldes muito diversos, o estudo desta matéria passa pela apreciação das seguintes questões: a delimitação dos conceitos operatórios básicos da organização do tempo de trabalho, i.e. os conceitos de período normal de trabalho diário, horário de trabalho e período de funcionamento; a apresentação dos problemas relativos ao horário de trabalho, aos intervalos de descanso e à isenção de horário; e o estudo dos temas do trabalho suplementar, por turnos e nocturno.

ii) Os *tempos de não trabalho* identificam diversas situações em que o trabalhador não está a executar a sua prestação, por vários motivos. Sob esta epígrafe, cabe apreciar as matérias do período de trabalho semanal e do descanso semanal, dos feriados, do direito ao descanso anual ou férias, e ainda as ausências do trabalhador do local de trabalho durante o tempo de trabalho, i.e., as faltas.

**II.** A delimitação do tempo de trabalho é um aspecto do conteúdo do contrato de trabalho com grande relevância para o trabalhador, por dois motivos: por um lado, porque contribui para limitar a sua subordinação perante o empregador; por outro lado, porque tutela a sua saúde.

De uma parte, a determinação do tempo de trabalho limita a subordinação do trabalhador perante o empregador e assegura a sua liberdade pessoal, que constitui um pressuposto axiológico fundamental do vínculo laboral, como se viu oportunamente[462]: aproveitando a ideia expendida por ALONSO OLEA a propósito das formas de delimitação da dependência do trabalhador, na sua apreciação da evolução histórica do trabalho servil para o trabalho subordinado livre[463], diremos que duas das condições que asseguram a compatibilidade da subordinação do trabalhador com a sua liberdade (e, portanto, que viabilizam o enquadramento jurídico da prestação do trabalho através de um contrato) são a objectivação da prestação de trabalho (que limita a dependência do trabalhador ao débito contratual definido) e a delimitação temporal da disponibilidade do trabalhador perante o credor, quer através da proibição dos vínculos de trabalho perpétuos, quer através da garantia da manutenção de tempos de não trabalho durante a vigência do contrato.

Por outro lado, a delimitação do tempo de trabalho (mais especificamente, a imposição de limites máximos ao tempo de trabalho) prossegue um objectivo de protecção da saúde do trabalhador, assegurando o seu descanso e a sua recuperação física nos períodos intercorrentes. Não é, por isso, de estranhar que os temas do limite da jornada de trabalho, do direito ao descanso semanal, e, um pouco mais tarde, do direito a férias, tenham correspondido a uma das primeiras reivindicações do operariado do século XIX e tenham sido das primeiras matérias a merecer a atenção dos sistemas jurídicos, nos primórdios do desenvolvimento do Direito do Trabalho como área jurídica, na transição do século XIX para o século XX[464].

---

[462] *Direito do Trabalho I*, § 1.°, ponto 1.3.

[463] ALONSO OLEA, *De la Servidumbre al Contrato de Trabajo*, 2.ª ed., Madrid, 1987, 156.

[464] Já tendo desenvolvido oportunamente esta matéria, para aí se remete – *Direito do Trabalho I*, § 2.°, ponto 3.1.II.

A atenção dada à matéria do tempo de trabalho mantém-se até hoje, tanto ao nível dos sistemas jurídicos nacionais como ao nível internacional e comunitário (com a aprovação de diversos instrumentos normativos nesta área) e, no âmbito nacional, quer ao nível das fontes heterónomas (com a disciplina legal das principais questões colocadas na matéria), quer ao nível das fontes laborais autónomas – o tempo de trabalho é, efectivamente, uma das matérias mais tocadas pelos instrumentos de regulamentação colectiva do trabalho e também tem merecido uma grande atenção dos parceiros sociais em sede de concertação social[465].

**III.** Pela sua importância, merece referência a *produção normativa comunitária em matéria de tempo de trabalho*, que tem tocado diversos problemas atinentes a esta temática. Entre outras, destacamos a aprovação de Directivas nas seguintes matérias:

- organização do tempo de trabalho, com o tratamento de questões relativas à jornada de trabalho, ao período normal de trabalho, ao direito ao repouso, ao ritmo de trabalho, às pausas, aos períodos de referência e ao trabalho nocturno (Dir. n.° 2003/88/CE, de 4 de Novembro, relativa a determinados aspectos da organização do tempo de trabalho, que refundiu a Dir. n.° 93/104/CEE, de 23 de Novembro, alterada pela Dir. 2000/34/CE, de 22 de Junho);
- regimes especiais em matéria de tempo de trabalho, tendo em conta as especificidades de certas categorias de trabalhadores (assim, quanto ao tempo de trabalho dos jovens, os arts. 8.° a 13.° da Dir. n.° 94/33/CE, de 22 de Junho, sobre a protecção dos jovens no trabalho) ou as especificidades de determinadas actividades económicas (assim, o tempo de trabalho no sector dos transportes rodoviários sujeita-se a regras diferenciadas, que constam de diversos instrumentos normativos[466]).

---

[465] No caso português, o debate deste tema em sede de concertação social foi determinante na orientação dos diplomas que introduziram a maleabilização do regime do tempo de trabalho, com destaque para a L. n.° 21/96, de 23 de Julho. Para mais desenvolvimentos sobre este ponto, Monteiro Fernandes, *Direito do Trabalho cit.*, 358 ss.

[466] Reg. CEE 3820/85, de 20 de Dezembro (em especial arts. 6.° a 9.°), modificado pelo Reg. CEE 2135/98, de 24 de Setembro, e pela Dir. 88/599/CEE, de 23 de Novembro, e Dir. 2002/15/CE, de 11 de Março. O desenvolvimento dos Regulamentos Comunitários e a transposição da Directiva de 2002 para o nosso sistema jurídico foram, entretanto, efec-

Indirectamente, também têm incidência em matéria de tempo de trabalho, na vertente da conciliação deste tempo com a vida familiar em geral e, em particular, com a tutela da maternidade e da paternidade, a Dir. n.° 92/85/CEE, de 19 de Outubro, sobre a protecção das trabalhadoras grávidas, puérperas e lactantes, a Dir. n.° 96/34/CE, de 3 de Junho, e a Dir. n.° 2010/18/EU, de 8 de Março, sobre a licença parental[467], e a Dir. n.° 97/81/CE, do Conselho, de 15 de Dezembro, relativa ao trabalho a tempo parcial.

**IV.** Voltando ao contexto nacional, importa salientar a dispersão normativa desta matéria no contexto anterior à codificação laboral. Com efeito, o regime jurídico dos temas atinentes ao tempo de trabalho e aos tempos de não trabalho estava disseminado por vários diplomas, dos quais destacamos os seguintes[468]:

- a LCT de 1969, que continha algumas normas gerais sobre duração do trabalho (arts. 45.° a 50.°);
- o regime geral da duração do trabalho (LDT), aprovado pelo DL n.° 409/71, de 27 de Setembro, que continha as regras essenciais sobre a matéria; este regime foi modificado por diversas vezes;
- o regime do trabalho suplementar (LTS), aprovado pelo DL n.° 421/83, de 2 de Dezembro, e posteriormente modificado pelo DL n.° 398/91, de 16 de Outubro;
- o regime da redução do período normal de trabalho e da adaptabilidade dos horários, aprovado pela L. n.° 21/96, de 23 de Julho, que alterou a LDT;

---

tuados pelo DL n.° 237/2007, de 19 de Junho. Especialmente sobre a conjunção das regras nacionais em matéria de tempo de trabalho com o direito comunitário, podem ver-se M. Fátima Ribeiro, *O tempo de trabalho no direito comunitário, in* S. Oliveira Pais / M. F. Ribeiro, *Dois Temas de Direito Comunitário do Trabalho*, Porto, 2000, 107-182, C. Oliveira Carvalho, *A regulamentação nacional do tempo de trabalho e o Direito comunitário: omissões e incompatibilidade*, QL, 2006, 3-59, e Rosário Palma Ramalho, *Direito Social da União Europeia cit.*, 75 s.

[467] A Dir. 96/34/CE foi recentemente substituída pela Dir. n.° 2010/18/EU, que alargou o período mínimo de duração da licença parental. Contudo, esta Directiva ainda não entrou em vigor, pelo que a referiremos em conjunto com a Directiva anterior.

[468] Em geral sobre o regime legal do tempo de trabalho no contexto normativo anterior ao Código do Trabalho, Liberal Fernandes, *Comentário às Leis da Duração do Trabalho e do Trabalho Suplementar*, Coimbra, 1995.

– o regime da organização do tempo de trabalho, aprovado pela L. n.° 73/98, de 10 de Novembro, que alterou a LDT;
– o regime das férias, feriados e faltas (LFFF), aprovado pelo DL n.° 874/76, de 28 de Dezembro, posteriormente alterado pelo DL n.° 397/91, de 16 de Outubro;
– o regime do trabalho a tempo parcial, aprovado pela L. n.° 103/99, de 26 de Julho;
– o regime dos períodos de funcionamento, constante do DL n.° 48/ /96, de 15 de Maio.

Com o surgimento do Código do Trabalho de 2003, estas matérias foram unificadas, tendo-se procedido à revogação expressa dos diplomas acima indicados[469], à excepção do DL n.° 48/96, de 15 de Maio, que se mantém em vigor. A mesma perspectiva unificada se mantém no novo Código do Trabalho, que disciplina estas matérias em secção autónoma do capítulo dedicado ao contrato de trabalho (a Secção II, intitulada «Duração e organização do tempo de trabalho»).

Relativamente ao Código anterior é apenas de assinalar uma alteração sistemática relevante neste ponto, que tem a ver com o não tratamento da matéria do trabalho a tempo parcial nesta sede, já que, como vimos oportunamente[470], o novo Código do Trabalho perspectiva a figura como um contrato de trabalho especial e trata-a na secção correspondente. É a opção que consideramos mais adequada.

Na secção do Código dedicada às matérias do tempo de trabalho são então tratados, sucessivamente, três grandes categorias de problemas relativos a esta temática:

I – *Noções e princípios gerais em matéria de tempo de trabalho*. Nesta subsecção são definidos o tempo de trabalho e os restantes conceitos operatórios desta matéria, i.e., os conceitos de período normal de trabalho, de período de descanso, de horário de trabalho e de período de funcionamento (arts. 197.° a 202.°).

---

[469] Cfr. Diploma Preambular ao Código do Trabalho de 2003, art. 21.° n.° 1 alíneas b), d), i), t), v), z).

[470] Cfr., *supra*, § 21.°, ponto 77.

II – *Problemas relativos ao tempo de trabalho*, distribuídos em várias subsecções, a saber:

- *limites à duração do trabalho*, subsecção onde são estabelecidos os limites máximos do período normal de trabalho e onde é regulado o regime da adaptabilidade dos horários (arts. 203.° a 211.°);
- *horário de trabalho*, subsecção onde são estabelecidas as regras relativas à determinação do horário, à sua alteração, aos intervalos de descanso e ao descanso diário e ainda aos mapas de horário de trabalho (arts. 212.° a 217.°);
- *isenção de horário de trabalho* (arts. 218.° e 219.°);
- *trabalho por turnos* (arts. 220.° a 222.°);
- *trabalho nocturno* (arts. 223.° a 225.°);
- *trabalho suplementar* (arts. 226.° a 231.°).

III – *Problemas relativos aos tempos de não trabalho*, que incluem as seguintes matérias:

- *descanso semanal* (arts. 232.° e 233.°);
- *feriados* (arts. 234.° a 236.°);
- *férias* (arts. 237.° a 247.°);
- *faltas* (arts. 248.° a 257.°).

Para complemento deste regime, devem ainda ter-se em conta outras normas do Código do Trabalho com incidência na matéria: assim, os direitos retributivos associados ao trabalho suplementar e nocturno e à isenção de horário de trabalho, bem como os efeitos retributivos dos feriados e das férias são tratados a propósito da matéria da retribuição (arts. 264.° e ss.); e diversas normas que projectam o princípio da compatibilização do tempo de trabalho com os interesses familiares do trabalhador e, especificamente, com a maternidade e a paternidade, encontram-se na secção do Código relativa à maternidade e à paternidade (arts. 33.° ss.).

Pese embora o menor rigor na apresentação sucessiva de algumas matérias[471], a vantagem da apresentação unificada do regime jurídico do

[471] Designadamente, não é feliz a apresentação dos problemas do horário de trabalho depois dos problemas dos limites à duração do trabalho, quando o horário de trabalho é um conceito instrumental geral desta temática.

tempo de trabalho e dos tempos de não trabalho não carece de ser enfatizada. Assinala-se também o esforço de simplificação dos conceitos operatórios e mesmo da terminologia associada a esta matéria, que foi feita sobretudo pelo Código do Trabalho de 2003 e que é mantida pelo actual Código. Esta simplificação é de grande importância, dadas as dúvidas que esta matéria suscitava no âmbito do regime anterior à codificação laboral, designadamente a partir do surgimento da L. n.° 21/96, de 23 de Julho.

Na explanação do regime jurídico do tempo de trabalho, o Código refere ter procedido à transposição de algumas das directivas comunitárias com incidência directa ou indirecta nesta matéria: a Dir. 2003/78/CE, de 4 de Novembro, relativa a determinados aspectos da organização do tempo de trabalho, a Dir. n.° 92/85/CEE, de 19 de Outubro, sobre a protecção das trabalhadoras grávidas, puérperas e lactantes, a Dir. n.° 96/34/CE, de 3 de Junho, sobre a licença parental, e a Dir. n.° 94/33/CE, de de 22 de Junho, relativa à protecção dos jovens no trabalho[472].

Em termos gerais, na comparação entre o tratamento da matéria do tempo de trabalho no Código do Trabalho de 2003 e no actual Código do Trabalho, realçam-se os seguintes pontos: em termos sistemáticos, há uma linha de continuidade entre os dois diplomas, no que toca à explanação dos vários regimes jurídicos (excepto, com referimos, quanto ao trabalho a tempo parcial), embora o novo Código seja mais detalhado, uma vez que procedeu à incorporação de regras da RCT neste domínio; do ponto de vista substancial, as principais alterações introduzidas pelo novo Código respeitam à adaptabilidade de horários, com a criação do regime de adaptabilidade grupal e da figura do banco de horas, denotando uma preocupação de optimização do tempo de trabalho aos interesses de gestão; por fim, quanto à natureza global do regime legal nesta matéria, assinala-se a menor margem dos instrumentos de regulamentação colectiva do trabalho para modelarem o regime do tempo de trabalho, uma vez que o art. 3.° n.° 3 do CT impõe alguns limites à negociação colectiva em matéria de tempo de trabalho (alíneas g), h) e i) do art. 3.° n.° 3).

---

[472] Cfr. art. 2.° alíneas b), c), d), e n) da Lei Preambular ao Código do Trabalho.

**V.** Partindo da distinção entre tempos de trabalho e tempos de não trabalho, a análise do regime jurídico desta matéria, a que vamos proceder, comporta a apreciação das seguintes categorias de questões:

- as questões relativas à organização do tempo de trabalho, que incluem os problemas relativos ao período normal de trabalho, ao horário de trabalho, ao trabalho suplementar, por turnos e nocturno;
- as questões relativas ao descanso semanal e aos feriados;
- as questões relativas às férias;
- as questões relativas às faltas.

Antes desta análise, impõem-se, contudo, duas referências preliminares: a referência aos princípios gerais subjacentes ao regime jurídico do tempo de trabalho e respectivas projecções, que permite compreender melhor o espírito geral do sistema e os interesses em jogo nesta matéria; e o isolamento dos conceitos operatórios fundamentais nesta área, para efeitos de clarificação da apreciação subsequente.

### 92.2. Princípios gerais em matéria de tempo de trabalho e suas projecções

**I.** A importância da delimitação do tempo de trabalho e dos tempos de não trabalho dos trabalhadores e a atenção que os sistemas jurídicos e as fontes comunitárias dedicam a esta matéria permitem reconhecer um conjunto de vectores orientadores do seu regime.

**II.** Estes princípios evidenciam o objectivo de tutela da saúde do trabalhador, a preocupação de conjugação dos deveres do trabalhador na execução do seu contrato, no que ao tempo de trabalho se refere, com os seus interesses pessoais e familiares, e, por fim, a importância da optimização da gestão do tempo de trabalho pelo empregador. No caso português, alguns destes princípios são de base constitucional, o que confirma formalmente a sua importância.

Justifica-se assim um breve enunciado destes princípios gerais e das suas projecções.

### 92.2.1. Tempo de trabalho e direito ao repouso: descanso diário, semanal e anual

**I.** O primeiro princípio geral orientador do regime do tempo de trabalho é um *princípio de compatibilização do tempo de trabalho com o direito do trabalhador ao repouso, a que subjaz, naturalmente, a tutela da saúde do trabalhador*.

Neste sentido, o art. 59.° n.° 1 c) da CRP consagra o direito de todos os trabalhadores ao repouso e aos lazeres, a um limite máximo da jornada de trabalho e ao descanso semanal e anual. Em execução desta norma, compete ao Estado, nos termos do art. 59.° n.° 2 b) e d) da CRP, fixar os limites máximos da duração do trabalho e desenvolver uma rede de centros de repouso e de férias.

**II.** O sistema normativo infra-constitucional desenvolve o princípio da compatibilização do tempo de trabalho com o direito ao repouso e à tutela da saúde do trabalhador, em diversas regras. Sem prejuízo de posterior desenvolvimento, salientamos as seguintes regras:

- a fixação de limites máximos para o período normal de trabalho diário e semanal (art. 203.°), e a determinação de um tempo mínimo de descanso diário (art. 214.°);
- a regra da determinação do horário de trabalho em moldes que respeitem a segurança e a saúde do trabalhador (art. 212.° n.° 2 a));
- as regras sobre limites e condições de prestação do trabalho nocturno e por turnos (arts. 222.° ss.);
- o direito a um descanso compensatório em caso de prestação de trabalho suplementar (art. 229.°);
- o regime jurídico do descanso semanal (arts. 232.° ss.);
- o regime jurídico das férias (arts. 237.° ss.).

Relativamente a algumas categorias de trabalhadores (como os trabalhadores jovens e as trabalhadoras grávidas, puérperas e lactantes), o vector da tutela do direito ao repouso e à saúde é reforçado em diversas normas sobre o tempo de trabalho, designadamente no que se refere ao trabalho nocturno e ao trabalho suplementar.

### 92.2.2. A conciliação entre o trabalho e a vida pessoal e familiar[473]

**I.** Um segundo vector de orientação geral do regime jurídico do tempo de trabalho é o da *conciliação entre o trabalho e a vida pessoal e familiar do trabalhador*. Não está já aqui em causa a necessidade de assegurar o descanso e a saúde do trabalhador, mas o objectivo de garantir que a sua actividade profissional seja compatível com tempos livres, que possa dedicar à sua vida pessoal e familiar.

Este princípio consta do art. 59 n.° 1 b) e d) da CRP, e, no que toca especificamente à conciliação entre a vida profissional e familiar, foi reforçado pela Revisão Constitucional de 2004 (LC n.° 1/2004, de 24 de Julho), através da introdução de uma nova alínea no art. 67.°, que impõe ao Estado o dever de desenvolver políticas sectoriais que promovam esta conciliação (art. 67.° n.° 1 h) da CRP).

Ainda no que toca à conciliação entre a vida profissional e a vida familiar, deve salientar-se a atenção do direito comunitário a esta matéria. Efectivamente, o objectivo de promover a conciliação entre a vida profissional e a vida familiar inspira já algumas regras da directiva de tutela das trabalhadoras grávidas, puérperas e lactantes (Dir. n.° 92/85/CEE, de 19 de Outubro), é manifesto nas Directivas sobre a licença parental (Dir. n.° 96/34/CE, de 3 de Junho, e Dir. n.° 2010/18/UE, de 8 de Março) e subjaz à Directiva sobre o trabalho a tempo parcial (Dir. n.° 97/81/CE, de 15 de Dezembro). Por outro lado, a União Europeia reforçou o vigor deste princípio ao aprovar uma resolução especificamente sobre esta matéria: é a Resolução do Conselho de 29/06/2000, relativa à participação equilibrada das mulheres e dos homens na actividade profissional e na vida familiar.

---

[473] Especificamente sobre este ponto, Rosário Palma Ramalho, *Conciliação equilibrada entre a vida profissional e familiar – uma condição para a igualdade entre mulheres e homens na União Europeia, in Estudos de Direito do Trabalho cit.*, I, 269 ss., bem como *Reconciling Family and Professional Life and the Gender Equality Principle in Employment cit., passim,* e ainda Rosário Palma Ramalho / Heloisa Perista, *Concilier famille et travail au Portugal: droit et pratiques, in AA/VV, Concilier famille et travail pour les hommes et pour les femmes: droit et pratiques*, Athènes – Bruxelles, 2005, 191-217.

**II.** O princípio da conciliação entre a vida profissional e a vida familiar projecta-se em diversos aspectos do regime jurídico do tempo de trabalho. Sem preocupações de exaustão, destacamos as seguintes normas do Código nesta matéria:

- no âmbito da organização do tempo de trabalho, o art. 212 n.° 2 b), referindo como critério a ter em conta na fixação do horário de trabalho as necessidades de conciliação entre a vida profissional e a vida familiar;
- no âmbito do direito a férias, o art. 237.° n.° 4, sobre o objectivo do direito a férias, e o art. 241.° n.° 7, sobre o gozo simultâneo de férias pelos trabalhadores casados entre si ou em união de facto, que trabalhem na mesma empresa;
- no domínio das faltas, a previsão, como faltas justificadas, das faltas por motivo de casamento, de falecimento de parentes ou afins, e ainda as faltas para assistência à família ou no âmbito de procedimento de procriação assistida (art. 249.° n.° 2, alíneas a), b), d) e) e f));
- o regime jurídico do trabalho a tempo parcial (arts. 150.° ss.) pode prosseguir globalmente o objectivo da conciliação entre a vida profissional e a vida familiar; é, aliás, tendo em atenção este objectivo que o art. 152.° n.° 1 inclui, entre os critérios de preferência no acesso a um posto de trabalho a tempo parcial, o facto de o trabalhador ter responsabilidades familiares.

No que se refere à conciliação entre a actividade profissional e outras actividades do trabalhador, o princípio encontra projecção legal, por exemplo, nas regras sobre determinação do horário de trabalho (art. 212.° n.° 2 c)), no regime jurídico do trabalhador estudante[474] (que prevê a redução do tempo de trabalho para frequência das aulas e considera justificadas as faltas para a prestação de provas escolares), e ainda noutras normas legais, designadamente em matéria de faltas justificadas (assim, são como tal qualificadas as faltas dadas por trabalhadores candidatos a eleições para cargos públicos durante o período de campanha eleitoral – art. 249.° n.° 2 h)).

[474] Que apreciámos, *supra*, § 22.°, ponto 82.

### 92.2.3. A conciliação entre o trabalho, a maternidade e a paternidade – o tema da parentalidade[475]

**I.** Um outro princípio geral orientador do regime jurídico do tempo de trabalho é o da *conciliação entre o tempo de trabalho e a tutela da maternidade e da paternidade*. Em bom rigor, este vector da conciliação é uma projecção do princípio mais amplo da conciliação entre a actividade profissional e a actividade familiar, acima referido, mas a importância fundamental da maternidade e da paternidade, por um lado, e, por outro lado, o desenvolvimento que a lei laboral confere à respectiva tutela justificam a sua referência autónoma.

**II.** A tutela da parentalidade tem base constitucional, decorrendo do reconhecimento expresso da maternidade e da paternidade como valores sociais eminentes e da afirmação do papel insubstituível dos pais e das mães junto dos filhos e na respectiva educação (art. 68.° n.$^{os}$ 1 e 2 da CRP). Em desenvolvimento deste princípio geral, a Constituição consagra ainda as seguintes regras nesta matéria:

- o direito das mulheres a especial protecção na gravidez e após o parto e, especificamente em relação às trabalhadoras, o direito à sua dispensa de trabalho por período adequado e sem perda da retribuição nem de quaisquer regalias (art. 68.° n.° 3 da CRP), cabendo ao Estado assegurar esta protecção (art. 59.° n.° 2 c) da CRP);
- o direito dos pais e das mães à dispensa do trabalho por períodos adequados, de acordo com os interesses da criança e as necessidades do agregado familiar (art. 68.° n.° 3).

Ao nível do direito comunitário, a tutela das trabalhadoras grávidas, puérperas e lactantes é ainda assegurada pela Dir. n.° 92/85/CEE, de 19 de Outubro, e a tutela dos direitos inerentes à paternidade e à assistência aos filhos, no contexto laboral, é objecto da directiva sobre a licença parental (Dir. n.° 96/34/CE, de 3 de Junho, e Dir. n.° 2010/18/UE, de 8 de Março).

---

475 Especificamente sobre este ponto, ROSÁRIO PALMA RAMALHO, *Protection de la maternité et articulation entre la vie familiale et la vie professionnelle par les hommes et par les femmes, in Estudos de Direito do Trabalho cit.*, I, 279 ss., e ainda *Reconciling Family and Professional Life and the Gender Equality Principle in Employment cit., passim.*

**III.** Ao nível da lei, estes princípios constitucionais e comunitários traduzem-se num sistema amplo de tutela da maternidade e da paternidade, que é desenvolvido nos arts. 33.° ss. do CT, sob a epigrafe «parentalidade», introduzida pelo actual Código do Trabalho[476]. Alguns dos aspectos deste regime de tutela projectam-se no tempo de trabalho.

Sem prejuízo do desenvolvimento posterior desta matéria, destacamos, desde já, as seguintes projecções do princípio de tutela da maternidade e da paternidade com incidência no tempo de trabalho:

- direito da trabalhadora grávida a licença em situação de risco clínico (art. 37.°);
- direito da trabalhadora a licença em caso de interrupção da gravidez (art. 38.°);
- direito da mãe e do pai trabalhadores a várias licenças (agora designadas como licenças parentais inicias) por ocasião do nascimento dos filhos: licença parental inicial de ambos os progenitores, com a duração de 120 ou 150 dias, no regime geral, que corresponde à antiga licença de maternidade (art. 40.°); licença parental inicial exclusiva da mãe, que corresponde à antiga licença de maternidade quanto ao período de seis semanas, para gozo obrigatório (art. 41.°); licença parental inicial do pai, em caso de impossibilidade da mãe (art. 42.°); licença parental inicial exclusiva do pai, de 10 dias (que corresponde à anterior licença de paternidade – art. 43.°);
- licença por adopção, equivalente à licença parental inicial (art. 44.°);
- direito da trabalhadora mãe e do trabalhador pai a outras licenças no âmbito da maternidade e da paternidade: a agora denominada licença parental complementar (que corresponde à antiga licença parental), prevista no art. 51.°; e outras licenças especiais para assistência a filhos (arts. 52.° e 53.°);

---

[476] Esta epígrafe, que corresponde a uma tradução literal do termo inglês «parenthood» e tem também correspondência na nova formulação do poder paternal como «responsabilidade parental» no Código Civil (arts. 1885.°), parece querer reforçar a partilha pelo pai e pela mãe das tarefas relativas aos filhos. Contudo, trata-se de uma designação infeliz, já que, ao contrário do que sucede com a expressão inglesa homóloga, na nossa língua parentalidade não é, de imediato, associado aos pais e sim a outros parentes, e ainda porque introduz uma confusão considerável na designação e na identificação das várias licenças associadas à maternidade e à paternidade, que a lei contempla.

– direito a condições especiais de tempo de trabalho para as trabalhadoras, durante a gravidez, o puerpério e a amamentação, designadamente em matéria de adaptabilidade de horário, de trabalho nocturno e de trabalho suplementar (arts. 58.°, 59.° e 60.°);
– direito a redução do tempo de trabalho, para amamentação ou aleitação (art. 47.°) e para assistência a menor portador de deficiência ou doença crónica (art. 54.°);
– direito a beneficiar de regimes especiais de trabalho com fundamento na maternidade e na paternidade, como o trabalho a tempo parcial e o horário flexível (arts. 55.° e 56.°);
– direito a faltas por motivo clínico associado à gravidez e durante o processo de adopção (arts. 46° e 45.°), para assistência inadiável a membros do agregado familiar (arts. 49.° e 249.° n.° 2 e)), para assistência a neto ou neta, em caso de parto de filha menor do trabalhador (art. 50.°), e para acorrer a necessidades de atendimento escolar dos filhos (art. 249.° n.° 2 f))[477].

### 92.2.4. A maleabilidade do tempo de trabalho como instrumento de flexibilização do Direito do Trabalho

**I.** O último vector de orientação do regime legal do tempo de trabalho é uma projecção das modernas tendências de flexibilização do Direito do Trabalho (na vertente da flexibilização do regime do contrato de trabalho ou flexibilização interna[478]) que, no caso, tem subjacente o princípio laboral fundamental da prevalência dos interesses de gestão[479].

O regime legal do tempo de trabalho é, tradicionalmente, um regime de acentuada rigidez, no sentido em que corresponde a um modelo fixo de distribuição do período normal de trabalho diário e semanal: em regra, o trabalhador fica adstrito a um número invariável de horas de trabalho, por dia e por semana, e o seu horário de trabalho é sempre o mesmo.

A rigidez deste regime tem consequências negativas óbvias do ponto de vista da gestão da organização produtiva pelo empregador. Por um lado,

---

[477] Desenvolveremos esta matéria, a propósito do tema das faltas, *infra*, neste parágrafo, ponto 96.

[478] *Direito do Trabalho I*, § 2.°, ponto 4.2.2.b).

[479] *Direito do Trabalho I*, § 16.°, ponto 54.1. e 54.3.

este modelo fixo não se adequa a actividades com desníveis produtivos (em alguns períodos os trabalhadores ficam desocupados, ao passo que noutros períodos não chegam para assegurar o serviço), dificultando a gestão dos recursos humanos da empresa. Por outro lado, qualquer actividade prestada fora do horário de trabalho é trabalho suplementar, com o inerente aumento dos custos de produção, já que o trabalho suplementar implica um acréscimo remuneratório.

Os motivos indicados constituíram a justificação para a *moderna tendência para a maleabilização do regime do tempo de trabalho*, que tem sido prosseguida em diversos países, sob o desígnio amplo da flexibilização. É neste contexto que têm sido admitidas soluções diversas de modelação do tempo de trabalho, que passam pela introdução do conceito de duração média do trabalho e pela indexação do período normal de trabalho não às unidades diária ou semanal mas a um período de referência mais alargado (a base mensal, bi-mensal, semestral ou mesmo anual), bem como por soluções de auto-organização do tempo de trabalho pelos próprios trabalhadores, tendo em conta o volume de trabalho necessário em cada momento e os objectivos finais a atingir[480]. E é também com o objectivo de flexibilizar o regime do tempo de trabalho que alguns países admitem e regulam, como vínculos de trabalho especiais, o trabalho intermitente ou sob chamada, e ainda o trabalho repartido[481].

Em suma, como refere SUPIOT[482], caminha-se decididamente para a individualização e para a heterogeneidade das soluções em matéria de tempo de trabalho.

---

480 É a solução designada por BÉRAUD como *travail modulé* – J.-M. BÉRAUD, *Die Flexibilisierung im französischen Arbeitsrecht, in Flexibilisierung des Arbeitsrecht – eine europäische Herausforderung*, ZIAS, 1987, 258-275 (268 s.).

481 Cfr., *supra*, § 19.°, ponto 69.3.IV.

482 A. SUPIOT, *Au-delà de l'emploi. Transformations du travail et devenir du droit du travail en Europe cit.*, 126. Para uma perspectiva comparada sobre as tendências de flexibilização do regime do tempo de trabalho nos países da Europa comunitária, *vd*, ainda nesta obra, pp. 123 ss., e ainda T. TREU, *Labour flexibility in Europe*, ILR, 1992, 4/5, 497--512, 504 ss. Relativamente a estas tendências na Alemanha, R. BIRK, *Competitividade das empresas e flexibilização do direito do trabalho*, RDES, 1987, 3, 281-307 (295 ss.), U. ZACHERT, *Die Zerstörung des Normalarbeitsverhältnisses cit.*, 133, M. LÖWISCH, *Arbeits- und sozialrechtliche Hemmnisse einer weiteren Flexibilisierung der Arbeitszeit cit.*, 197 ss., e, numa perspectiva crítica, J. ULBER, *Arbeitszeitrecht im Wandel*, WSI-Mitt, 1987, 745-752; em Espanha, M. RODRIGUEZ-PIÑERO, *La flessibilità e il diritto del lavoro*

Por outro lado, esta tem sido uma área de intervenção privilegiada dos instrumentos de regulamentação colectiva do trabalho, no sentido em que as normas legais sobre a matéria tendem a perder o carácter imperativo para passarem a ter carácter convénio-dispositivo. Por outras palavras, o processo de flexibilização tem passado nesta matéria essencialmente por soluções de re-regulamentação[483], com a devolução da competência para estabelecer os limites da duração do trabalho e a respectiva organização aos instrumentos de regulamentação colectiva do trabalho; e é também ao nível dos instrumentos de regulamentação colectiva do trabalho que têm sido testadas diversas soluções de flexibilização do tempo de trabalho, como a reclassificação do dia de descanso complementar como dia útil ou o aumento do período normal de trabalho por razões económicas[484-485].

**II.** Em Portugal, o regime legal do tempo de trabalho correspondeu aos moldes rígidos acima descritos, tanto na LCT como na LDT, e, posteriormente, na LTS[486].

Assim, o período normal de trabalho e o horário de trabalho eram fixados em termos rígidos com base na unidade diária e semanal, para a generalidade das profissões e dos trabalhadores (art. 5.° da LDT). Por outro lado, qualquer actividade prestada fora do horário de trabalho era qualificada como trabalho suplementar (art. 2.° da LTS), sendo este sujeito a

---

*spagnolo, in* M. D'ANTONA (dir.), *Politiche di flessibilità e mutameni del diritto del lavoro. Italia e Spagna*, Napoli, 1990, 205-227 (224 ss.), e C. ORTIZ LALLANA, *Lineas de tendencias y problemas fundamentales del sector juridico-laboral en las sociedades industriales: el caso español*, Rev.Trab., 1986, II, 93-123 (105 s.); em França, P. SÉGUIN, *L'adaptation du droit du travail*, DS, 1986, 12, 828-833 (829 s.); e na Bélgica, O. VANACHTER, *Flexibility and Labour Law: the Belgian Case, in Flexibilisierung des Arbeitsrechts – eine europäische Herausforderung*, ZIAS, 1987, 229-238 (234). Entre nós, sobre o tema, por exemplo, MÁRIO PINTO, *L'assouplissement du temps de travail cit.*, 125 ss.

[483] Sobre os conceitos de desregulamentação e de re-regulamentação, *vd Direito do Trabalho I*, § 2.°, ponto 4.2.2.c).

[484] Dando nota destas tendências da negociação colectiva em países como a França, a Bélgica e a Alemanha, BIRK, *Competitividade... cit.*, 295 s.

[485] Para mais desenvolvimentos sobre este ponto, *vd* ROSÁRIO PALMA RAMALHO, *Da Autonomia Dogmática... cit.*, 599 s.

[486] Para uma apreciação mais detalhada da evolução do regime jurídico do tempo de trabalho, antes da LCT de 1969, pode ver-se, por exemplo, MENEZES CORDEIRO, *Manual de Direito do Trabalho cit.*, 688 ss.

requisitos substanciais e a limites máximos diários e anuais (arts. 4.° e 5.° da LTS) e comportando uma remuneração mais elevada (art. 7.° da LTS).

No âmbito deste sistema, a única figura que assegurava alguma maleabilidade do tempo de trabalho era a isenção de horário, que, mediante uma compensação monetária global, dispensava o trabalhador dos limites do período normal de trabalho diário, evitando o recurso ao trabalho suplementar (art. 13.° e 14.° da LDT). Todavia, esta forma de maleabilização do tempo de trabalho tinha um alcance reduzido, não apenas porque a isenção de horário só era admitida para certas categorias de trabalhadores, mas também porque dependia de autorização administrativa (art. 13.° n.$^{os}$ 1 e 2 da LDT).

Por outro lado, as alterações introduzidas à LDT pelo DL n.° 398/91, de 16 de Outubro, abriram a porta a alguma maleabililização do regime do tempo de trabalho, permitindo o aumento do período normal de trabalho em sede de convenção colectiva. Contudo esta maleabilidade era, apesar de tudo, limitada.

A rigidez deste sistema foi atenuada com a introdução do regime da adaptabilidade dos horários, pela L. n.° 21/96, de 23 de Julho, que previu também um sistema de redução progressiva do período normal de trabalho semanal das 44 horas para as 40 horas[487].

Este regime, que foi posteriormente complementado pela L. n.° 73/ /98, de 10 de Novembro, instituiu o conceito de duração média do trabalho por indexação a um período de referência geral de quatro meses (art. 3.° n.° 3 da L. n.° 21/96) e estabeleceu diversas soluções de adaptação dos horários de trabalho às necessidades produtivas das empresas.

O Código do Trabalho de 2003 manteve, no essencial, o regime instituído em 1996 (arts. 164.° ss.), tendo aproveitado para simplificar a sua aplicação e para clarificar alguns conceitos relevantes nesta matéria.

---

487 Especificamente sobre o regime da adaptabilidade dos horários instituído por este diploma, *vd*, entre outros, J. J. ABRANTES, *A redução do período normal de trabalho. A Lei n.° 21/96 em Questão*, QL, 1997, 9/10, 81-89, JOAQUIM DAMAS, *A redução da duração do tempo de trabalho e a adaptação dos horários na Lei n.° 21/96*, QL, 1997, 9/10, 90-119, AMADEU DIAS, *Redução do tempo de trabalho, adaptabilidade do horário e polivalência funcional cit.*, e F. LIBERAL FERNANDES, *A organização do tempo de trabalho à luz da Lei n.° 21/96*, QL, 1997, 9/10, 115-138. E, para um panorama geral sobre a evolução do regime do tempo de trabalho, nesta época, ROSÁRIO PALMA RAMALHO, *Da Autonomia Dogmática... cit.*, 640 ss.

O actual Código do Trabalho manteve-se na linha do Código anterior, mas introduziu mais algumas medidas de flexibilização do tempo de trabalho, como o regime de adaptabilidade grupal, os bancos de horas e o regime de horário de trabalho concentrado (arts. 206.°, 208.° e 209.° respectivamente).

### 92.3. **Conceitos operatórios do regime do tempo de trabalho**[488]

**I.** Os conceitos operatórios essenciais à compreensão do regime do tempo de trabalho são os conceitos de tempo de trabalho, de período normal de trabalho, de horário de trabalho e de período de funcionamento[489].

**II.** O *conceito de tempo de trabalho* decorre do art. 197.° n.os 1 e 2 do CT. A fixação do seu conteúdo exige duas operações sucessivas de concretização: a primeira operação permite identificar o conteúdo nuclear do conceito; a segunda identifica as suas extensões.

Nos termos do art. 197.° n.° 1.°, *o tempo de trabalho é o período em que o trabalhador desempenha a sua actividade laboral ou está adstrito a esse desempenho*[490]. Neste seu conteúdo nuclear, o conceito de tempo de

---

[488] Sobre estes conceitos, *vd* ROMANO MARTINEZ, *Direito do Trabalho cit.*, 533 ss., JÚLIO GOMES, *Direito do Trabalho cit.*, I, 650 ss., MONTEIRO FERNANDES, *Direito do Trabalho cit.*, 347 ss., ou LEAL AMADO, *Contrato de Trabalho... cit.*, 273 ss.

[489] Os conceitos operatórios tradicionais da temática do tempo de trabalho, no nosso sistema, eram o conceito de período normal de trabalho (diário e semanal), o conceito de horário de trabalho (relacionado com o conceito de intervalo de descanso) e o conceito de período de funcionamento. O conceito de tempo de trabalho, com o sentido que agora consta do art. 197.° n.° 1 do CT, foi introduzido apenas com a L. n.° 73/98, de 10 de Novembro (art. 2.° n.° 1 a) ), para esclarecer as muitas dúvidas colocadas por um outro conceito, introduzido, no contexto da maleabilização dos horários de trabalho, pela L. n.° 21/96, de 23 de Julho – o conceito de «período de trabalho efectivo» (art. 1.° n.° 3 da L. n.° 21/96), que já não foi referido no Código do Trabalho de 2003, nem é referido no actual Código do Trabalho.

[490] A este propósito, o Ac. STJ de 2/11/2004, CJ (STJ), 2004, III, 271, bem como o Ac. STJ de 19/11/2008 (Proc. n.° SJ 200811190009304), www.dgsi.pt, qualificam como tempo de trabalho o período durante o qual o trabalhador permanece no seu local de trabalho e está disponível para exercer a actividade laboral, ainda que não o faça efectivamente. Já se o trabalhador estiver fora do local de trabalho e puder dispor do seu tempo, este tempo não é de qualificar como tempo de trabalho, ainda que o trabalhador possa ser localizado pelo empregador.

trabalho remete, pois, para o período em que o trabalhador deve, efectivamente, prestar a sua actividade.

Para além deste conteúdo nuclear, integram ainda o conceito de tempo de trabalho algumas situações de real inactividade do trabalhador, que a lei qualifica como *interrupções e intervalos do trabalho*[491]. Estas situações, referidas na parte final do art. 197.° n.° 1 e enunciadas no n.° 2 do mesmo artigo são as seguintes:

i) *A interrupção como tal qualificada por instrumento de regulamentação colectiva do trabalho, por regulamento empresarial ou por uso da empresa*[492] (art. 197.° n.° 2 a))[493]. Esta remissão da lei para outras fontes permite abranger uma grande diversidade de situações, sendo, aliás, a matéria frequentemente desenvolvida nos instrumentos de regulamentação colectiva do trabalho[494].
ii) *A interrupção ocasional do trabalho inerente à satisfação de necessidades pessoais inadiáveis do trabalhador ou autorizada pelo empregador* (art. 197.° n.° 2 b)). Integram este tipo de situações o afastamento pontual e breve do trabalhador do seu posto de trabalho para satisfação de necessidades biológicas ou

[491] O Código mantém a terminologia «interrupções» e «intervalos», que provém da legislação anterior nesta matéria e que se sujeita a equívocos, na medida em que o termo «intervalo» é tradicionalmente utilizado para referir os chamados «intervalos de descanso», sendo certo que estes não integram o conceito de tempo de trabalho.

[492] O Código do Trabalho de 2003 referia-se concretamente a «usos reiterados» da empresa (art. 156.° a)), em expressão redundante porque o uso é, por definição, uma prática reiterada; o actual Código do Trabalho refere-se simplesmente a «uso da empresa». Já com relevo substancial é o facto de serem tidos em conta para este efeito apenas os *usos das empresas* e não outros usos laborais (no sentido do art. 1.° do CT), como, por exemplo, os usos da profissão.

[493] Em interpretação desta norma, L. M. MONTEIRO, *in* ROMANO MARTINEZ / L. M. MONTEIRO / J. VASCONCELOS / MADEIRA DE BRITO / G. DRAY / L. GONÇALVES DA SILVA, *Código do Trabalho Anotado cit.*, 506, acentua a necessidade de os instrumentos de regulamentação colectiva do trabalho qualificarem expressamente as pausas como correspondendo a tempo de trabalho, para que integrem esta previsão normativa.

[494] Deve, no entanto, ter-se em atenção o art. 5.° da Lei Preambular ao CT, que defere a aplicação desta norma ao momento do surgimento das convenções colectivas de trabalho que disponham sobre a matéria. Até lá, continuam a aplicar-se os critérios de definição destas pausas previstos no art. 1.° da L. n.° 21/96, de 23 de Julho, e no art. 2.° n.° 1 a) da L. n.° 73/98, de 10 de Novembro.

para atender um telefonema, e ainda outras interrupções consentidas pelo empregador, tendo em atenção o caso concreto.

iii) *A interrupção determinada por motivos técnicos*, como a limpeza e manutenção dos equipamentos, ou a falta de matérias primas ou de energia, *por motivos climatéricos* que afectem a produtividade, ou *por motivos económicos*, como a quebra de encomendas (art. 197.° n.° 2 c)). A qualificação destas situações de inactividade como tempo de trabalho valoriza a manutenção da disponibilidade do trabalhador para o trabalho e a consequente atribuição do risco do não aproveitamento de tal disponibilidade ao empregador.

iv) *O intervalo para refeição, quando o trabalhador deva permanecer nas instalações da empresa e à disposição do empregador* em caso de necessidade (art. 197.° n.° 2 d)). Também neste caso é valorizada a disponibilidade do trabalhador para o desenvolvimento da actividade no período da sua refeição, o que não deve, em todo o caso, contender com o direito ao intervalo de descanso que lhe assiste ao longo do período normal de trabalho diário[495].

v) *A interrupção ou pausa no período de trabalho, imposta por motivos de segurança, higiene e saúde no trabalho* (art. 197.° n.° 2 e)). Exemplificam esta categoria de situações de inactividade as pausas mais frequentes em tarefas que exijam um elevado grau de concentração, ou em tarefas perigosas[496].

Como decorre do exposto, o conceito técnico-jurídico de tempo de trabalho não coincide com o conceito naturalístico de tempo de trabalho, porque não está necessariamente associado à prestação efectiva da actividade laboral. Da mesma forma, o *conceito de período de descanso*, que o

---

[495] Também neste sentido, L. M. MONTEIRO, *in* ROMANO MARTINEZ / L. M. MONTEIRO / J. VASCONCELOS / MADEIRA DE BRITO / G. DRAY / L. GONÇALVES DA SILVA, *Código do Trabalho Anotado cit.*, 507. Já outras pausas para refeição, ao longo do horário de trabalho, durante as quais o trabalhador não tenha que permanecer à disposição do empregador, não são de qualificar como tempo de trabalho – neste sentido se pronunciou o Ac. STJ de 4/02/2004, CJ (STJ), 2004, I, 264.

[496] Seguindo a técnica de indicar as figuras no singular, que perpassa por todo o actual Código do Trabalho, a lei refere-se a todas estas interrupções como «interrupção» ou «intervalo». É uma opção que, aqui porventura mais do que noutros pontos, é particularmente desadequada, já que estas interrupções se podem repetir ao longo do dia de trabalho.

Código determina por exclusão no art. 199.° (considerando como tal *todo aquele período que não seja tempo de trabalho*), também não é rigorosamente coincidente com a realidade naturalística do descanso, porque nas várias situações de inactividade do trabalhador, que a lei integra no tempo de trabalho, o trabalhador está, efectivamente, a descansar.

O conceito de tempo de trabalho é o primeiro critério de concretização da disponibilidade do trabalhador perante o empregador. Este conceito tem ainda outras relevantes projecções práticas, designadamente para efeitos da retribuição, que é habitualmente calculada em função do tempo de trabalho (art. 261.° n.° 2).

**III.** O segundo conceito operatório fundamental do regime jurídico do tempo de trabalho é o *conceito de período normal de trabalho*. Este conceito, tradicional entre nós a par do conceito de horário de trabalho, e agora referido no art. 198.° do CT, identifica *o número efectivo de horas de trabalho a que o trabalhador está adstrito, por dia (período normal de trabalho diário) e por semana (período normal de trabalho semanal)* – por exemplo, 8 horas por dia e 40 horas por semana (art. 202.° n.° 1).

Como decorre da definição legal, o período normal de trabalho constitui a tradução quantitativa ou a medida do tempo de trabalho, com base numa unidade de tempo diária ou semanal – em suma, este conceito reporta-se à *duração* do trabalho ou da disponibilidade do trabalhador para a sua realização.

Como se observou a propósito do estudo do surgimento e da evolução histórica do Direito do Trabalho[497], a diminuição do número de horas de trabalho diário e semanal foi um dos anseios mais tradicionais dos trabalhadores, desde os primórdios do desenvolvimento desta área jurídica, por força da elevadíssima carga horária dos operários fabris no séc. XIX, que foi denunciada pelos detractores da chamada questão social.

Por esta razão, as normas laborais dedicam grande atenção a esta matéria e dispõem sobre ela em moldes imperativos, fixando limites máximos para o período normal de trabalho diário e semanal, limites esses que têm vindo progressivamente a ser mais apertados. É o que sucede também no caso português.

---

[497] *Direito do Trabalho I*, § 2.°, ponto 3.1.II.

**IV.** Embora a fixação do período normal de trabalho já contribua para balizar temporalmente a disponibilidade do trabalhador perante o empregador (no sentido em que o trabalhador só está disponível durante um número determinado de horas por dia e por semana), para que esta delimitação fique completa é ainda necessária uma outra operação: a operação de distribuição do número de horas de trabalho a que o trabalhador se encontra adstrito ao longo do dia, através da fixação dos momentos de início e de termo do trabalho (assim, por exemplo, as 7 horas de trabalho, que correspondem ao período normal de trabalho diário do trabalhador, têm início às 9 horas e vão até às 13 horas, recomeçando às 14 horas e terminando às 17 horas).

Foi para proceder a esta concretização que a lei desenvolveu o *conceito de horário de trabalho*, no art. 200.° n.os 1 e 2 do CT. Este conceito tem, pois, a ver com a *distribuição das horas que compõem o período normal de trabalho diário ou semanal, ao longo do dia*[498].

A lei esclarece ainda que o horário de trabalho diário pode abranger dias sucessivos de calendário (art. 200.° n.° 3). Esta possibilidade decorre, naturalmente, do facto de o horário de trabalho ser indexado a uma unidade de tempo de 24 horas, que não decorre obrigatoriamente entre as 0 horas e as 24 horas do mesmo dia de calendário.

**V.** Estreitamente conexo com o conceito operatório de horário de trabalho está o *conceito de intervalo de descanso*, referido no art. 213.° do CT.

Como o nome indica, a ideia de intervalo de descanso tem a ver com facto de, por razões de saúde, a lei impor um limite máximo ao número de horas de trabalho seguidas que o trabalhador pode desempenhar – no caso português, a regra é que os trabalhadores não podem prestar mais de cinco horas de trabalho seguidas (art. 213.° n.° 1). Ora, sendo este limite inferior ao período normal de trabalho diário, a fixação do horário de trabalho deve ter em conta um período para descanso do trabalhador – este período é o intervalo de descanso, que, em regra, não deve ter uma duração inferior a uma hora nem superior a duas (art. 213.° n.° 1).

Sendo o intervalo de descanso um tempo de auto-disponibilidade do trabalhador, que ele pode aproveitar como entender, este período não integra o tempo de trabalho e deve, designadamente, distinguir-se dos *tempos*

---

[498] Na jurisprudência, sobre o conceito de horário de trabalho, Ac. STJ de 1/03/2007 (Proc. SJ200703010035424), www.dgsi.pt

*de pausa no trabalho*, durante os quais o trabalhador se mantém à disposição do empregador, nos termos acima referidos.

**VI.** O último conceito operatório desta temática é o *conceito de período de funcionamento*. Nos termos do art. 201.º do CT, o período de funcionamento é o *intervalo de tempo diário durante o qual os estabelecimentos podem exercer a sua actividade*.

O período de funcionamento é designado como *período de laboração* ou como *período de abertura*, consoante o estabelecimento seja um estabelecimento industrial ou um estabelecimento de venda ao público (art. 201.º n.os 2 e 3).

Estruturalmente, o conceito de período de funcionamento não é um conceito laboral: efectivamente, ele tem a ver com as condições de exercício de uma actividade comercial ou industrial e o seu regime jurídico, constante do DL n.º 48/96, de 15 de Maio, é aplicável quer a entidade comercial ou industrial em causa tenha trabalhadores subordinados ao seu serviço, quer não tenha.

Contudo, apesar da natureza extra-laboral das regras sobre o período de funcionamento, justifica-se a referência a este período no Código do Trabalho (referência esta que, aliás, já provém do sistema anterior à codificação laboral) pelas relevantes projecções laborais desta matéria: é que, com frequência, os limites do período de funcionamento excedem os limites máximos do período normal de trabalho diário, o que exige a conjugação do horário de trabalho de diversos trabalhadores para completar o período de funcionamento.

## 93. **Organização do tempo de trabalho**[499]

### 93.1. **Duração do trabalho: período normal de trabalho diário e semanal; duração média do trabalho; adaptabilidade**

**I.** Como acima se referiu, o conceito operatório fundamental para aferir a duração do trabalho é o conceito de período normal de trabalho,

[499] Em geral sobre os problemas da organização do tempo de trabalho, NUNES DE CARVALHO, *A gestão do tempo de trabalho no Projecto de Código do Trabalho, in Código*

que, nos termos do art. 198.° do CT, identifica o número de horas em que o trabalhador está à disposição do empregador para a execução da actividade laboral.

Tendo em conta este conceito, o regime da duração do trabalho passa pela apreciação das questões relativas ao modo de fixação do período normal de trabalho, aos limites gerais do período normal de trabalho diário e semanal, à admissibilidade da redução e do aumento destes limites e à possibilidade de delimitação do tempo de trabalho em termos médios, de acordo com o regime da adaptabilidade.

Passaremos sucessivamente em revista estas questões.

**II.** A *fixação do período normal de trabalho* cabe às partes, dentro dos limites legais, sendo, aliás, o número de horas em que o trabalhador se obriga a permanecer à disposição do empregador para a execução da actividade laboral um importante elemento do conteúdo do contrato de trabalho.

Assim, regra geral, o período normal de trabalho diário e semanal consta do contrato de trabalho e, quando tal não suceda (designadamente porque o contrato não estava condicionado por nenhuma exigência especial de forma[500]), a sua indicação integra o conjunto de informações obrigatórias que o empregador deve prestar, por escrito, ao trabalhador, no início da execução do contrato (art. 106.° n.° 3 i) do CT). Tal como outros aspectos do conteúdo do contrato de trabalho, o período normal de trabalho pode também ser determinado por remissão para o instrumento de

---

*do Trabalho – Alguns Aspectos Cruciais*. Gabinete de Estudos de Trabalho da Universidade Católica Portuguesa, Cascais, 2003, 107-128, F. Liberal Fernandes, *O regime de adaptabilidade do tempo de trabalho, in A Reforma do Código do Trabalho,* Coimbra, 2004, 329-339, Romano Martinez / L. M. Monteiro / J. Vasconcelos / Madeira de Brito / G. Dray / L. Gonçalves da Silva, *Código do Trabalho Anotado cit.*, 504 ss. (anotação de L. M. Monteiro), Romano Martinez, *Direito do Trabalho cit.*, 532 ss., Júlio Gomes, *Direito do Trabalho cit.*, I, 650 ss., Menezes Leitão, *Direito do Trabalho cit.*, 285 ss., Monteiro Fernandes, *Direito do Trabalho cit.*, 347 ss., ou Leal Amado, *Contrato de Trabalho... cit.*, 271 ss.

[500] Nos casos em que a lei exige que o contrato de trabalho revista forma escrita, a indicação do período normal de trabalho no texto contratual é também obrigatória – é o que sucede no contrato de trabalho a termo (art. 141.° n.° 1 c)), no contrato de trabalho temporário (art. 181.° n.° 1 d)), no contrato de trabalho intermitente (art. 158.° n.° 1 b)), ou no teletrabalho (art. 166.° n.° 4 c)).

regulamentação colectiva do trabalho aplicável ao trabalhador ou pelos usos da profissão ou da empresa.

Sendo o período normal de trabalho fixado por acordo das partes, a sua alteração carece igualmente do acordo de ambas[501], excepto nos casos, determinados na lei, em que tal redução seja uma medida temporária de combate a uma situação de crise empresarial (arts. 298.° ss. do CT).

**III.** Os *limites máximos do período normal de trabalho diário e semanal* são, respectivamente, de 8 horas e de 40 horas, nos termos do art. 203.° n.° 1 do CT[502]. A lei prevê uma tolerância de 15 minutos sobre estes limites, com o objectivo de assegurar a finalização de tarefas que já estavam em curso, mas apenas a título excepcional e prevendo o pagamento desse trabalho extra, através da soma dos tempos de tolerância aproveitados (art. 203.° n.° 3)[503]. Este pagamento é devido em singelo, nos termos gerais.

A regra geral sobre a duração máxima do trabalho tem diversas *excepções*, que correspondem a duas situações de aumento do período normal de trabalho (de origem legal e convencional colectiva, respectivamente) e a uma situação de redução do período normal de trabalho. Assim:

i) *Os limites máximos do período normal de trabalho diário e semanal podem ser aumentados por lei* e o Código prevê a possi-

---

501 Também neste sentido, Monteiro Fernandes, *Direito do Trabalho cit.*, 353, e L. M. Monteiro, *in* Romano Martinez / L. M. Monteiro / J. Vasconcelos / Madeira de Brito / G. Dray / L. Gonçalves da Silva, *Código do Trabalho Anotado cit.*, 515. Contra, admitindo a alteração unilateral do período normal de trabalho pelo empregador, desde que não seja significativa nem envolva diminuição da retribuição, Romano Martinez, *Direito do Trabalho cit.*, 537.

502 Estes limites têm vindo progressivamente ao descer, ao longo da evolução do Direito do Trabalho, uma vez que a sua diminuição corresponde a uma reivindicação tradicional dos trabalhadores. Outros países da Europa têm limites gerais mais baixos do que o sistema português – assim, por exemplo, em França o limite máximo do período normal de trabalho semanal está actualmente fixado nas 35 horas (art. L. 3121-10 do *Code du travail*).

503 Em anotação a esta norma, L. M. Monteiro, *in* Romano Martinez / L. M. Monteiro / J. Vasconcelos / Madeira de Brito / G. Dray / L. Gonçalves da Silva, *Código do Trabalho Anotado cit.*, 515, realça o facto deste tempo de tolerância ser ainda «tempo de trabalho», o que justifica o direito do trabalhador ao respectivo pagamento.

bilidade de aumento do período normal de trabalho diário até ao limite de 4 horas (sem prejuízo do disposto em instrumento de regulamentação colectiva do trabalho), no caso dos trabalhadores cuja actividade se desenvolve necessária e exclusivamente nos dias de descanso semanal dos restantes trabalhadores[504] (art. 203.° n.° 2).

ii) *Os limites máximos do período normal de trabalho diário e semanal podem ser aumentados por instrumento de regulamentação colectiva do trabalho* (logo, não através do contrato de trabalho, uma vez que a norma tem natureza convénio-dispositiva, nos termos e para os efeitos do art. 3.° n.° 5 do CT), nas duas situações previstas no art. 210.° n.° 1, i.e.:
   - relativamente aos trabalhadores que prestem serviço em actividades não lucrativas ou estreitamente ligadas ao interesse público, desde que a sujeição aos limites máximos referidos no art. 203.° seja incomportável (art. 210.° n.° 1 a)); como decorre da lei, os requisitos para este aumento são cumulativos e, no caso destas actividades integrarem o sector industrial, o período normal de trabalho semanal deve ainda respeitar a média das 40 horas por semana, tal como tenha sido estabelecida em instrumento de regulamentação colectiva do trabalho (art. 210.° n.° 2).
   - relativamente aos trabalhadores cuja actividade seja uma actividade de simples presença ou com carácter intermitente (assim, actividades como a do contínuo, a do vigilante ou a do guarda de passagem de nível[505]) – art. 210.° n.° 1 b).

---

[504] Esta situação era já prevista na LDT, mas o limite máximo deste aumento era de 2 horas por dia.

[505] O conceito de *actividade «acentuadamente intermitente»* foi amplamente tratado pela jurisprudência na sua aplicação aos guardas das passagens de nível, discutindo-se, designadamente, a constitucionalidade de cláusulas de convenção colectiva de trabalho que isentam algumas destas situações dos limites ao período normal de trabalho diário e que admitem mesmo a sujeição destes trabalhadores a um período normal de trabalho permanente – Ac. TC n.° 368/97, de 14/05/1997, BMJ 467-129, Ac. STJ de 19/01/1994, CJ (STJ), 1994, I, 280, Ac. RC de 21/06/1990, CJ, 1990, III, 99, Ac. STJ de 11/12/1991, BMJ 412-319, ou Ac. RLx. de 10/11/1993, CJ, 1993, V, 174. Está em causa, naturalmente, a conformidade destas cláusulas dos instrumentos de regulamentação colectiva do trabalho

iii) *Os limites máximos do período normal de trabalho podem ser reduzidos por instrumento de regulamentação colectiva do trabalho* nos termos do art. 203.° n.° 4 e sem diminuição correspondente da retribuição; de novo, a natureza convénio-dispositiva da norma impede que a redução do período normal de trabalho seja decidida pelas partes no contrato de trabalho, o que, no caso, se afigura excessivo tendo em conta os interesses em jogo[506].

Desta redução do período normal de trabalho deve, obviamente, distinguir-se a possibilidade de celebração de um contrato de trabalho a tempo parcial, nos termos oportunamente indicados[507].

Por outro lado, embora a norma não o refira, a redução do período normal de trabalho pode decorrer da própria lei: é o que sucede, ainda em sede do próprio Código do Trabalho, com a redução do período normal de trabalho por motivo de amamentação ou de aleitação, nos termos do art. 47.° n.os 1 e 2, que, embora seja referido pela lei como um caso de «dispensa» do trabalhador ou da trabalhadora, se reconduz efectivamente a uma redução do período normal de trabalho diário em duas horas; é também o caso da redução do período normal de trabalho dos pais de crianças deficientes ou com doença crónica, nos termos do art. 54.°; e é ainda o caso do tempo de trabalho dos menores com idade inferior a 16 anos e que executam trabalhos

---

com o direito fundamental ao descanso e aos lazeres e ainda com o direito à conciliação do trabalho com a vida familiar (art. 59.° n.° 1 b) d) da CRP), que não são, obviamente, compatíveis com uma disponibilidade temporalmente incondicionada do trabalhador perante o empregador, ainda que a sua actividade seja intermitente.

[506] Por esta razão, MONTEIRO FERNANDES, *Direito do Trabalho cit.*, 354, admite o acordo entre o empregador e os trabalhadores no sentido da redução do período normal de trabalho com a correspondente redução salarial. É a solução que decorre dos princípios gerais e que seria porventura a mais adequada, não fora a natureza convénio-dispositiva da norma. Evidentemente, ressalva-se desta norma a alteração do período normal de trabalho (quer no sentido do seu aumento quer no da sua redução), que decorra indirectamente da alteração da função ou da mudança de categoria do trabalhador para uma nova função ou uma nova categoria às quais esteja associado um período normal de trabalho e um horário de trabalho diferente.

[507] Cfr., *supra*, § 21.°, ponto 77.

leves, que a lei fixa imperativamente, num máximo de 7 horas por dia e 35 horas por semana (art. 73.° n.° 3), sem prejuízo de aconselhar, como medida geral, a redução do tempo de trabalho dos menores através de instrumento de regulamentação colectiva do trabalho (art. 73.° n.° 2).

A lei ocupa-se ainda da fixação da *duração média semanal do trabalho*. Neste sentido, o art. 211.° do CT impõe como limites à duração média do trabalho, em cada semana, as 48 horas, incluindo trabalho suplementar, sendo o período de referência para o respectivo cálculo de quatro meses, a não ser que outro seja fixado em instrumento de regulamentação colectiva do trabalho, mas, neste caso, tendo como limite máximo os doze meses[508].

Contudo, este regime geral não preclude diversas situações, previstas no próprio Código, em que tais limites são ultrapassados, como vremos de seguida.

**IV.** Desde que os limites gerais máximos do período normal de trabalho sejam respeitados, o tempo de trabalho pode corresponder a um de dois modelos:

- um *modelo rígido*, em que o período normal de trabalho diário e o período normal de trabalho semanal são fixos e invariáveis (X horas por dia e X horas por semana, durante todo o tempo que durar o contrato de trabalho);
- um *modelo flexível ou de adaptabilidade* (de acordo com a designação utilizada nas epígrafes dos arts. 204.° ss. do CT), que se caracteriza pelo facto de o período normal de trabalho ser calculado não na base da unidade diária e semanal mas numa outra base temporal e em termos médios (neste modelo, o trabalhador pode, por exemplo, trabalhar mais horas numa semana e menos na semana seguinte, desde que a média, calculada com base num determinado período de referência, corresponda às 8 horas por dia e 40 horas por semana).

---

[508] Esta norma tem origem no art. 6.° n.° 2 da Dir. 93/104/CE, de 23 de Novembro, que, todavia, admite diversas derrogações no art. 17.° da mesma Directiva. Sobre a conformidade das normas do Código do Trabalho com estas disposições comunitárias, LIBERAL FERNANDES, *O regime de adaptabilidade do tempo de trabalho cit.*, 330 ss.

O modelo tradicional de fixação do tempo de trabalho é o modelo rígido, que se adequa ao perfil igualmente rígido das grandes unidades produtivas industriais, que constituíram um dos pressupostos sócio-económicos do desenvolvimento do sistema normativo laboral, como se viu oportunamente[509]. O modelo de adaptabilidade decorre das modernas tendências de flexibilização do Direito do Trabalho, na valência da flexibilização interna e em prossecução do objectivo de adaptação dos recursos humanos às necessidades produtivas das empresas em cada momento.

Como acima se referiu, o modelo de adaptabilidade do tempo de trabalho foi introduzido no nosso sistema jurídico pela L. n.° 21/96, de 23 de Julho (arts. 2.° a 4.°), tendo o sistema sido aperfeiçoado pela L. n.° 73/78, de 10 de Novembro. O Código do Trabalho de 2003 desenvolveu este regime, distinguindo entre a adaptabilidade por instrumento de regulamentação colectiva do trabalho e a adaptabilidade individual.

O actual Código do Trabalho distingue as seguintes formas de adaptabilidade: adaptabilidade instituída por instrumento de regulamentação colectiva do trabalho (art. 204.°); adaptabilidade individual (art. 205.°); e adaptabilidade grupal (art. 206.°). Para além destes instrumentos de adaptabilidade, o Código consagra ainda dois regimes novos em matéria de tempo de trabalho, que também contribuem para o desígnio geral de flexibilização do tempo de trabalho: o regime do banco de horas e o regime do horário de trabalho concentrado (art. 208.° e 209.°, respectivamente).

Cabe apreciar, sucessivamente, estes regimes.

**V.** Nos termos dos arts. 204.° ss. do CT, o regime da adaptabilidade do período normal de trabalho pode ser fixado em instrumento de regulamentação colectiva do trabalho (adaptabilidade por convenção colectiva de trabalho), pode decorrer de um acordo *ad hoc* entre o empregador e os trabalhadores ou ser estabelecido no próprio contrato de trabalho (adaptabilidade individual), e pode ainda ser uma extensão de qualquer destes dois regimes, a aplicar a um grupo da empresa (é a nova figura da adaptabilidade grupal).

---

509 Cfr., *Direito do Trabalho I*, § 2.°, ponto 4.2.1.b).

Estes regimes caracterizam-se, essencialmente, pelos seguintes traços:

i) O *regime de adaptabilidade estabelecido por instrumento de regulamentação colectiva do trabalho* (art. 204.º)[510] é o regime regra. Neste regime, o período normal de trabalho diário pode ser aumentado até um máximo de 4 horas, a duração semanal do trabalho não pode exceder as 60 horas[511], apenas não sendo contabilizado para esse efeito o trabalho suplementar por motivo de força maior[512] (art. 204.º n.º 1); mas o período normal de trabalho num período de referência de dois meses não pode exceder as 50 horas, o que permite evitar um desequilíbrio excessivo entre os tempos de trabalho (art. 204.º n.º 2)[513].

ii) O *regime de adaptabilidade estabelecido por acordo entre o empregador e os trabalhadores* foi instituído pelo Código do Trabalho de 2003 e consta actualmente do art. 205.º do CT de 2009, sob a epígrafe *adaptabilidade individual*. Este regime pode ser instituído logo no contrato de trabalho, pode decorrer de acordo individual *ad hoc* entre o empregador e um trabalhador ou ainda de proposta geral do empregador, à qual os trabalhadores se podem opor por escrito no prazo de 14 dias (art. 205.º n.º 4). Neste regime, o período normal de trabalho diário pode ser aumentado até um máximo de 2 horas, e a duração do trabalho semanal não pode exceder 50 horas, apenas não se contando para este efeito o trabalho suplementar por motivo de força maior. Nas semanas em que a duração do trabalho seja inferior a 40 horas, o acordo pode prever uma redução do período normal de trabalho diário não superior a 2 horas ou a prestação do trabalho em parte dos dias da semana ou em meios

---

[510] Sobre o regime de adaptabilidade em instrumento de regulamentação colectiva do trabalho, *vd*, por exemplo, o Ac. RC de 10/07/2008 (Proc. n.º 538/07.9TTAVR.C1), www.dgsi.pt.

[511] No regime anterior à codificação laboral, estes limites eram, respectivamente, 50 horas semanais e 2 horas a mais por dia.

[512] É, pois, contabilizado o trabalho suplementar por motivos correntes de gestão – quanto a estes conceitos, *infra*, neste parágrafo, ponto 93.5.

[513] Sobre a conformidade deste regime com o direito comunitário (*vg*, com os arts. 6.º, 16.º e 17.º da Dir. 93/104, de 23 de Novembro), *vd* LIBERAL FERNANDES, *O regime de adaptabilidade do tempo de trabalho cit.*, 330 ss.

dias, sem prejuízo da manutenção do direito do trabalhador ao subsídio de refeição (art. 205.° n.° 3).

É, pois, apesar de tudo, um regime mais restritivo do que o regime instituído por via de instrumento de regulamentação colectiva do trabalho.

iii) O novo *regime de adaptabilidade grupal* é previsto no art. 206.° do CT e consiste numa extensão de qualquer dos regimes anteriores a trabalhadores não inicialmente abrangidos, ou porque não são membros da associação sindical outorgante do instrumento de regulamentação colectiva do trabalho ou porque não celebraram um acordo *ad hoc* para a sujeição ao regime de adpatabilidade individual. Assim, configuram-se aqui duas hipóteses de extensão:

- nos termos do art. 206.° n.° 1, o instrumento de regulamentação colectiva do trabalho que estabeleça um regime de adaptabilidade (ao abrigo do art. 204.°) pode prever que o empregador possa aplicar esse regime ao conjunto dos trabalhadores de um determinado grupo, que a lei define como uma equipa, secção ou unidade económica. Contudo, para que esta extensão seja possível, é exigido que essa convenção seja aplicável a, pelo menos, 60% dos trabalhadores desse grupo, ou porque são filiados na associação sindical outorgante da mesma ou, não o sendo, porque escolheram sujeitar-se a essa convenção, nos termos do art. 497.° n.° 1 (art. 206.° n.° 1 a)). Ainda assim, este regime só se manterá enquanto a percentagem de trabalhadores da unidade sujeitos à convenção se mantiver no nível dos 60% (art. 206.° n.° 1 b)); e, em qualquer caso, o regime não se aplicará aos trabalhadores que sejam cobertos por outra convenção colectiva de trabalho, que disponha em sentido diferente, nem aos trabalhadores membros de associação sindical que tenha deduzido oposição à emissão de portaria de extensão da convenção que preveja este regime (art. 206.° n.° 4);
- nos termos do art. 206.° n.° 2, os acordos *ad hoc* entre empregadores e trabalhadores, que instituam o regime de adaptabilidade individual (ao abrigo do art. 205.°) podem ser aplicados a todos os trabalhadores da unidade económica, secção ou equipa, quando pelo menos 75% dos tra-

balhadores dessa estrutura tenham aceite tais acordos e enquanto se mantiver esta percentagem de trabalhadores aderentes ao sistema.

O novo regime de adaptabilidade grupal justifica uma nota complementar específica, para clarificar a sua razão de ser e ponderar o que nele está envolvido.

A figura da adaptabilidade grupal prossegue o desígnio compreensível de evitar que a implementação prática de um regime de flexibilidade do tempo de trabalho aceite pela maioria dos trabalhadores de um dado universo empresarial (ou porque são, na sua maioria, filiados na associação sindical outorgante do instrumento de regulamentação colectiva do trabalho que o consagrou ou porque individualmente aceitaram, de modo expresso ou tácito, o acordo *ad hoc* de flexibilidade), seja frustrada pela discordância de uma minoria de trabalhadores. É, aliás, este objectivo que justifica a limitação deste objectivo pela percentagem mínima de trabalhadores (respectivamente, 60% de trabalhadores sindicalizados no sindicato outorgante da convenção ou que a ela se sujeitaram voluntariamente, e 75% dos trabalhadores que tenham aceite o acordo *ad hoc* de adaptabilidade, respectivamente no caso de extensão do regime de adaptabilidade convencional e de extensão do regime de adaptabilidade individual).

Este regime colide, contudo, com alguns princípios laborais fundamentais. Com efeito, no caso da extensão da adaptabilidade prevista em convenção colectiva de trabalho, o regime põe em causa o princípio da filiação sindical, porque permite que, por decisão unilateral do empregador, um regime convencional colectivo venha a ser aplicado a trabalhadores não sindicalizados e mesmo a trabalhadores filiados em sindicato que não outorgou a convenção ou que outorgou outra convenção que não diponha sobre esta matéria (art. 206.° n.° 4). Por outro lado, tanto neste caso de extensão como no caso da extensão do regime de adaptabilidade individual, estas normas constituem um desvio ao princípio geral do cumprimento pontual dos contratos (art. 406.° do CC), uma vez que o empregador fica, por esta via, legalmente autorizado a introduzir unilateralmente uma modificação no conteúdo dos contratos de trabalho dos trabalhadores.

Ainda assim, uma vez que estes desvios estão legitimados directamente pela lei (já que, no fundo, estas normas têm a natureza de norma habilitante) e se mantêm dentro de parâmetros razoáveis (os que decorrem das percentagens mínimas de trabalhadores exigidas e ainda os do art.

206.° n.° 4), entendemos que o regime é razoável e axiologicamente justificado num outro princípio laboral fundamental: o princípio da prevalência dos interesses de gestão.

A propósito destes regimes de adaptabilidade, justificam-se ainda três notas complementares: uma nota geral sobre a conjugação dos vários regimes; uma nota sobre os períodos de referência; e uma nota sobre a limitação destes regimes com referência a algumas categorias de trabalhadores.

Quanto à conjugação dos vários regimes, retira-se do 205.° n.° 5 do CT que o regime de adaptabilidade individual criado por acordo entre o empregador e os trabalhadores, deverá manter-se até ao final do período de referência em curso, caso sobrevenha um instrumento de regulamentação colectiva do trabalho que disponha sobre esta matéria e que seja aplicável ao trabalhador. Em interpretação desta norma, foi entendido que ela pretende evitar que, pela superveniência de um regime convencional colectivo de adaptabilidade, se considere que este regime substitui automaticamente o regime de adaptabilidade por acordo, anteriormente instituído ao abrigo deste preceito[514].

Contudo, a nosso ver, a norma não é feliz e pode induzir em erro, permitindo, por exemplo, a leitura de que este regime de adaptabilidade individual é subsidiário do regime colectivo de adaptabilidade, previsto no artigo anterior, devendo cessar no final do período de referência que esteja em curso aquando do surgimento do regime colectivo[515]. É que, em boa verdade, a norma não se afigura necessária, uma vez que, se vier a ser estabelecida a adaptabilidade em instrumento de regulamentação colectiva do trabalho na vigência de um regime individual de adaptabilidade, sempre se recorrerá à regra geral que disciplina a relação entre o contrato de trabalho e os instrumentos de regulamentação colectiva do trabalho (art. 476.° do CT), nos termos da qual o regime individual prevalecerá se for mais favorável ao trabalhador.

Por seu turno, no que se refere ao regime de adaptabilidade grupal que constitui extensão do regime de adaptabilidade individual, entende-se que

---

[514] Sufragando esta interpretação do preceito, L. M. Monteiro, *in* Romano Martinez / L. M. Monteiro / J. Vasconcelos / Madeira de Brito / G. Dray / L. Gonçalves da Silva, *Código do Trabalho Anotado cit.*, 520.

[515] É a interpretação proposta por Liberal Fernandes, *O regime de adaptabilidade do tempo de trabalho cit.*, 335.

a sua vigência segue as regras do próprio regime de adaptabilidade individual ao qual esteja indexado, designadamente a regra do art. 205.° n.° 5.

Qualquer dos regimes de adaptabilidade pressupõe um *período de referência* diferente da semana como base de cálculo do período normal de trabalho.

A fixação do período de referência cabe, em regra, aos instrumentos de regulamentação colectiva do trabalho, não podendo, neste caso, exceder os 12 meses, mas a lei fixa um período de referência supletivo de quatro meses (art. 207.° n.° 1 do CT). Uma vez que o Código não indica qual o período de referência a ter em conta no regime de adaptabilidade instituído por acordo entre o trabalhador e o empregador, entende-se que este regime é de sujeitar ao período de referência legal supletivo, por força das regras comunitárias nesta matéria, que apenas admitem o aumento do limite máximo do período de referência geral de quatro meses por via legal, administrativa ou convencional colectiva[516].

A lei permite ao empregador, a título excepcional, a elevação do período de referência de quatro meses até aos seis meses, nos casos previstos no n.° 2 do art. 207.° do CT. Estes casos prendem-se com necessidades dos trabalhadores, com a natureza ou com as circunstâncias específicas da sua actividade ou com a área de laboração da empresa, tendo em conta, neste último caso, a necessidade de assegurar a continuidade dessa laboração, ou ainda com vicissitudes anormais da empresa ou com exigências de força maior.

Por regra, o período de referência não pode ser alterado enquanto estiver a decorrer (art. 207.° n.° 3).

Por fim, importa ter ter em conta que o regime da adaptabilidade do tempo de trabalho sofre alguns *constrangimentos relativamente a certas categorias de trabalhadores*. Assim:

– as trabalhadoras grávidas, puérperas e lactantes têm o direito de recusar a prestação do trabalho neste regime, assim como os trabalhadores em regime de aleitação (art. 58.° n.os 1 e 2 do CT);

---

[516] A regra geral que fixa o período de referência em quatro meses consta do art. 16.° n.° 2 da Dir. n.° 93/104/CE, de 23 de Novembro; a possibilidade de derrogação desta regra pelas vias indicadas é estabelecida pelo art. 17.° n.os 1 e 2 da Directiva. No sentido da aplicabilidade da regra do período de referência de quatro meses ao regime de adaptabilidade do tempo de trabalho instituído por acordo entre o empregador e o trabalhador, LIBERAL FERNANDES, *O regime de adaptabilidade do tempo de trabalho cit.*, 336.

– os trabalhadores menores podem também ser dispensados deste regime, mediante comprovação médica dos danos que esta forma de organização do tempo de trabalho possa causar à saúde ou à segurança do menor no trabalho (art. 74.° do CT);
– os trabalhadores portadores de deficiência têm direito à dispensa do trabalho em regime de adaptabilidade, mediante comprovação médica dos prejuízos desse regime de trabalho para a sua saúde ou segurança (art. 87.° n.° 1 a) do CT).

**VI.** Para além dos regimes de adaptabilidade, o novo Código do Trabalho prevê ainda dois regimes em matéria de tempo de trabalho, que também contribuem para a flexibilização nesta área: o banco de horas e o horário de trabalho concentrado.

O regime do *banco de horas* é instituído exclusivamente por instrumento de regulamentação colectiva do trabalho nos termos do art. 208.° do CT, e permite o alargamento do período normal de trabalho diário até 4 horas e do período normal de trabalho semanal até 60 horas, com um limite máximo de 200 horas por ano (art. 208.° n.° 2). Este limite pode, contudo, ser ultrapassado, ainda em convenção colectiva de trabalho, caso este regime seja adoptado num contexto de crise empresarial (art. 208.° n.° 3).

O instrumento de regulamentação colectiva do trabalho que diponha nesta matéria deve ainda regular o modo de compensar o trabalho prestado em acréscimo (compensação esta que pode corresponder a retribuição, à redução correspondente de tempo de trabalho ou a um sistema misto), a antecedência com que o empregador tem que comunicar ao trabalhador a necessidade de prestação do trabalho e o momento em que a redução correspondente do tempo de trabalho deve ter lugar.

Na prática, é difícil distinguir esta nova figura do regime de adaptabilidade instituído por instrumento de regulamentação colectiva do trabalho, nos termos do art. 204.°, já que, em ambos os casos o tempo de trabalho é calculado em termos médios. Contudo, no regime do banco de horas há uma maior incerteza quanto aos períodos de prestação de mais trabalho e aos períodos de redução, cuja determinação fica a cargo do empregador, uma vez que lei apenas exige que tais períodos sejam comunicados ao trabalhador com a antecedência determinada pela convenção colectiva.

A grande virtualidade deste regime não é tanto o facto de constituir uma alternativa ao regime de adaptabilidade por instrumento de regulamentação colectiva do trabalho mas o facto de constituir uma alternativa ao regime de trabalho suplementar, uma vez que os períodos de maior trabalho podem ser compensados através de um crédito de horas (se assim o estabelecer a convenção colectiva de trabalho) até ao limite das 200 horas por ano.

**VII.** A outra novidade do actual Código do Trabalho nesta matéria é a figura do *horário concentrado*, prevista no art. 209.°. Embora a epígrafe da norma (horário concentrado) possa induzir no erro de que se trata de um tema de horário de trabalho, trata-se efectivamente de um regime diferenciado quanto ao período normal de trabalho, uma vez que o que nele está em causa é, de novo, a possibilidade de aumento do período normal de trabalho diário (até um máximo de 4 horas), a que inere uma compressão do período normal de trabalho semanal (que, fica, este sim, concentrado em menos dias).

Contrariamente ao que sucede com o banco de horas, o regime de horário concentrado pode ser estabelecido tanto por instrumento de regulamentação colectiva do trabalho como por acordo entre o empregador e o trabalhador. Contudo, as condições deste regime, quando estabelecido em convenção colectiva de trabalho ou por acordo individual, são diferentes. Assim, temos:

- quando o tempo de trabalho do trabalhador corresponda a um modelo rígido (i.e., em que a duração do trabalho corresponde a um determinado número de horas por dia e por semana), o período normal de trabalho semanal do trabalhador pode ser concentrado até um máximo de 4 dias de trabalho por semana, com um aumento do período normal de trabalho diário até um máximo de 4 horas, tanto por instrumento de regulamentação colectiva do trabalho como por acordo entre o empregador e o trabalhador (art. 209.° n.° 1 a) do CT);
- quando o tempo de trabalho do trabalhador corresponda a um modelo flexível (i.e., em que a duração do trabalho seja fixada em termos médios num certo período de referência), o aumento do tempo de trabalho diário até ao máximo de 4 horas ao abrigo deste regime apenas pode ser fixado em instrumento de regulamentação colectiva do trabalho, podendo o tempo de trabalho ser concentrado até ao máximo de 3 dias por semana, seguidos de 2 dias de descanso e num período de referência de 45 dias (art. 209.° n.° 1 b) do CT).

Como decorre do exposto, este regime é mais limitado no caso de o trabalhador já ter o seu tempo de trabalho determinado em termos médios do que no caso de ter um modelo rígido de duração do trabalho, o que se compreende pela maior incerteza que já decorre estruturalmente para o trabalhador do facto de ter um tempo de trabalho flexível.

Além disso, a lei estabelece que não pode ser aplicado ao mesmo tempo a um trabalhador um regime de adaptabilidade e o regime de horário concentrado (art. 209.° n.° 2).

### 93.2. **Distribuição do tempo de trabalho: horário de trabalho, intervalos de descanso e isenção de horário**[517]

#### 93.2.1. **Horário de trabalho, intervalos de descanso e descanso diário mínimo**

**I.** A determinação do tempo de trabalho não passa apenas pela fixação do número de horas de trabalho (o período normal de trabalho), mas exige ainda a distribuição dessas horas ao longo do dia, i.e., a determinação do horário de trabalho (art. 200.° do CT)[518].

O tema do horário de trabalho envolve a apreciação dos problemas relativos à fixação do horário e à sua alteração, bem como as questões relativas aos intervalos de descanso e à isenção de horário de trabalho.

**II.** Embora possa ser determinado por acordo das partes, nos termos gerais da autonomia privada[519], *o horário de trabalho é, em regra, fixado pelo empregador* (art. 212.° n.° 1), o que se compreende, tendo em conta

---

[517] Especificamente sobre os problemas do horário de trabalho, A. Menezes Cordeiro, *Isenção de Horário. Subsídios para a Dogmática Actual do Direito da Duração de Trabalho*, Coimbra, 2000, e F. Liberal Fernandes, *Alteração unilateral do horário de trabalho*, QL, 1994, 3, 159-166, e *Mudança do local de trabalho e alteração do horário de trabalho cit.*, 173 s.

[518] Como acima se referiu, a unidade de tempo a ter em conta na fixação do horário de trabalho é um período de 24 horas e não o período de um dia, pelo que o horário de trabalho pode iniciar-se num dia de calendário e terminar no dia seguinte (art. 200.° n.° 3).

[519] A fixação do horário de trabalho por acordo das partes, exarado no contrato de trabalho, é implicitamente admitida pelo art. 217.° n.° 4.

que a distribuição do tempo de trabalho dos diversos trabalhadores tem que ver com a organização da unidade produtiva. Na fixação do horário de trabalho, o empregador exerce, pois, o seu poder de direcção[520].

O Código do Trabalho fixa, contudo, algumas *regras de orientação do empregador na fixação do horário de trabalho*. Destacamos as seguintes:

i) Na elaboração dos horários de trabalho, o empregador deve ouvir a comissão de trabalhadores ou, na sua falta, as comissões sindicais ou os delegados sindicais (art. 212.° n.° 3). Como decorre do texto da norma, este direito de consulta não tem a ver com o horário de trabalho individual de cada trabalhador, mas incide apenas nos critérios gerais de definição e organização dos horários de trabalho na empresa.

ii) A organização dos horários de trabalho deve conjugar-se com o regime do período de funcionamento, quando o empregador a ele se sujeite (art. 201.°)[521].

iii) Na organização dos horários de trabalho, o empregador deve ter em conta o tempo máximo seguido de trabalho que o trabalhador pode prestar e o correspondente intervalo de descanso (art. 213.° n.° 1), bem como o período mínimo de descanso diário legalmente garantido (art. 214.°).

iv) Na organização dos horários de trabalho, o empregador deve ainda ter em consideração os critérios do art. 212.° n.° 2, que atendem à protecção da segurança e saúde dos trabalhadores, à viabilização da frequência de cursos escolares e de formação técnica e profissional, bem como às necessidades de conciliação do trabalho com a vida familiar, designadamente no caso dos trabalhadores membros do mesmo agregado familiar; o empregador deve ainda assegurar a compatibilidade do horário de trabalho com a formação escolar e académica no caso dos trabalhadores estudantes, nos termos do art. 90.°.

---

[520] Neste sentido, ROMANO MARTINEZ, *Direito do Trabalho cit.*, 542. Na jurisprudência, considerando que a determinação do horário de trabalho é uma emanação do poder de direcção, por exemplo, o Ac. RP de 19/06/2006, www.dgsi.pt.; também referindo que o horário de trabalho é determinado pelo empregador, ainda o Ac. STJ de 17/01/2007 (Proc. n.° SJ200701170021884), www.dgsi.pt.

[521] Sobre os períodos de funcionamento, *vd* o DL n.° 48/96, de 15 de Maio.

v) Os horários de trabalho devem constar de um mapa, que é obrigatoriamente afixado nas instalações da empresa em local visível e cuja cópia deve ser enviada à Autoridade para as Condições de Trabalho (art. 215.°). As regras sobre a elaboração, a afixação e o envio destes mapas constam dos arts. 215.° e 216.°. Para além dos mapas de horário de trabalho, a lei exige que o empregador tenha um registo do número de horas de trabalho dos seus trabalhadores, com indicação das horas de início e de termo da prestação (art. 202.°).

Como desvio em relação ao princípio geral da determinação do horário de trabalho pelo empregador, nos termos expostos, cabe apenas referir a medida específica de tutela dos direitos inerentes à maternidade e à paternidade, em matéria de horário de trabalho, que vem prevista no art. 56.° do CT, sob a epígrafe «*horário flexível de trabalhador com responsabilidades familiares*».

Esta norma, que retoma a figura prevista na LPMP sob a designação de «jornada contínua» que o CT anterior não tinha acolhido, permite ao trabalhador com filho menor de 12 anos ou que, independentemente da idade, sofra de doença crónica ou seja portador de deficiência, e que viva com o trabalhador, trabalhar em regime de flexibilidade de horário, escolhendo, dentro de certos limites, as horas de início e de termo da sua prestação (art. 56.° n.os 1 e 3).

Se o trabalhador pretender exercer este direito, é ainda ao empregador que cabe fixar o horário de trabalho (art. 56.° n.° 3, corpo), mas deve fazê-lo dentro de alguns parâmetros fixados pela lei (art. 56.° n.° 3, alíneas a), b) e c) e n.° 4), sendo, designadamente, previsto que o trabalhador possa prestar a sua actividade durante seis horas consecutivas (solução que recupera a anteriormente designada «jornada contínua») e até dez horas seguidas num dia, para compensar as reduções do tempo de trabalho noutros dias.

Como decorre do exposto, a sujeição a este regime de horário de trabalho depende da iniciativa do trabalhador, embora o horário de trabalho continue a ser determinado pelo empregador. O procedimento para a instituição deste tipo de horário é fixado no art. 57.°, que apenas admite a recusa da atribuição deste horário pelo empregador com fundamento em exigências imperiosas do funcionamento da empresa e mediante parecer positivo da Comissão para a Igualdade no Trabalho e no Emprego (art. 57.° n.os 2 e 5).

Trata-se de uma medida importante para a conciliação da vida familiar e profissional.

**III.** As regras sobre a *alteração do horário de trabalho* constam do art. 217.° do CT e são as seguintes:

- em regra, o empregador pode alterar unilateralmente o horário de trabalho, o que se justifica pelo facto de a fixação do horário de trabalho integrar o seu poder de direcção (art. 217.° n.° 1); excepção a esta regra são os horários que tenham sido individualmente acordados entre o trabalhador e o empregador, cuja alteração exige, em conformidade, o acordo do trabalhador, nos termos do art. 217.° n.° 4[522-523];
- em termos procedimentais, a alteração dos horários de trabalho passa por trâmites idênticos aos da fixação do horário de trabalho, exigindo uma consulta prévia aos representantes dos trabalhadores, carecendo de ser afixada nas instalações e devendo ser remetida à Autoridade para as Condições de Trabalho (art. 217.° n.os 1 e 2);
- a alteração do horário de trabalho deve ser afixada na empresa com a antecedência geral de 7 dias, ou de 3 dias, no caso das microempresas (art. 217.° n.° 2 e n.° 3); apenas no caso de alterações transitórias, cuja duração não exceda uma semana e a que o empregador não pode recorrer mais do que três vezes por ano, se dispensa o aviso prévio e a comunicação à Autoridade para as Condições de Trabalho (217.° n.° 3).
- a alteração de horário de trabalho que implique despesas para o trabalhador confere a este o direito a uma compensação económica (art. 217.° n.° 5).

---

[522] Também neste sentido, MONTEIRO FERNANDES, *Direito do Trabalho cit.*, 356; e, na jurisprudência, o Ac. RP de 19/06/2006, www.dgsi.pt., bem como o Ac. STJ de 1/03/2007 (Proc. SJ200703010035424), www.dgsi.pt, o Ac. STJ de 7/03/2007 (Proc. n.° SJ200703070037514), www.dgsi.pt., e o Ac. STJ de 17/09/2009 (N.° 08S3844), www.dgsi.pt.

[523] A redução do horário de trabalho por acordo das partes, durante a execução do contrato, pode ser acompanhada da correspondente redução da retribuição, sem ofensa ao princípio da irredutibilidade – neste sentido, expressamente, Ac. STJ de 1/03/2007 (Proc. SJ200703010035424), www.dgsi.pt.

**IV.** Directamente conexos com o conceito de horário de trabalho e com a sua fixação estão os conceitos de *intervalo de descanso* e de *descanso diário*.

O *intervalo de descanso* é exigido pelo facto de o trabalhador, por razões de saúde, não poder prestar mais do que cinco horas seguidas de trabalho. Por esta razão, a lei obriga a que o período normal de trabalho diário seja interrompido, para descanso do trabalhador por um período não inferior a uma hora nem superior a duas (art. 213.° do CT)[524].

A lei admite, contudo, a alteração destas regras, tanto através de instrumento de regulamentação colectiva do trabalho, como por acordo entre o empregador e o trabalhador, sujeito a autorização administrativa. Dispõe sobre esta matéria o art. 213.°, do seguinte modo:

– os instrumentos de regulamentação colectiva do trabalho podem aumentar o tempo de trabalho seguido até 6 horas (art. 213.° n.° 2), ou mesmo para além deste limite, no caso dos trabalhadores de vigilância, transporte e tratamento de material de segurança, de trabalhadores de actividades industriais de laboração contínua, bem como no caso de trabalhadores dirigentes ou com isenção de horário de trabalho (art. 213.° n.° 4); ainda por instrumento de regulamentação colectiva do trabalho, pode ser determinado o aumento dos intervalos de descanso, bem como a sua redução ou exclusão (art. 213.° n.° 2);
– a pedido do empregador, acompanhado da declaração escrita de concordância do trabalhador e precedido de informação à comissão de trabalhadores e ao sindicato que representa o trabalhador, pode ser deferida pela Autoridade para as Condições de Trabalho a redução ou a exclusão do intervalo de descanso, motivada por interesse do trabalhador ou pelas condições particulares de trabalho, em determinadas actividades (art. 213.° n.° 3).

[524] No caso dos trabalhadores menores, rege o art. 77.° do CT: o número máximo de horas de trabalho seguidas, que pode ser prestado por um trabalhador menor, é de 4 horas, se o menor tiver idade inferior a 16 anos, e de 4.30 horas, se tiver idade igual ou superior a 16 anos. A possibilidade de modelação destes períodos por instrumento de regulamentação colectiva do trabalho é também mais limitada no caso dos menores (art. 77.° n.° 2).

**V.** O *período legal mínimo de descanso diário* – ou seja, o *tempo mínimo que tem que decorrer entre dois períodos normais de trabalho diários seguidos* – é o último elemento a ter em conta na fixação do horário de trabalho[525].

Este período, que assegura o descanso e a recuperação física do trabalhador entre dois dias de trabalho, é fixado pelo art. 214.° n.° 1 do CT em 11 horas seguidas[526], mas a lei prevê diversas situações de desvio a esta regra geral. Alguns destes desvios consubstanciam o alargamento do direito ao descanso diário (é o sucede em relação aos trabalhadores menores, nos termos do art. 78.°), mas outros permitem uma diminuição do tempo de descanso por motivos ligados às funções dos trabalhadores (assim, em relação aos trabalhadores dirigentes e com isenção de horário, e ao tipo de actividade desenvolvida (nos termos do art. 214.° n.° 2). Em alguns casos, são previstos períodos de descanso compensatório em instrumento de regulamentação colectiva do trabalho (art. 214.° n.° 2 d)).

**VI.** Uma vez fixado o horário de trabalho, ele vincula o trabalhador e o empregador ao longo da execução do contrato.

Assim, para o trabalhador, o horário de trabalho tem importância disciplinar, em termos de quebra dos deveres de assiduidade e pontualidade (art. 128.° n.° 1 b) do CT): se o trabalhador não se apresentar ao serviço dentro do horário de trabalho incorre em falta, ou em atraso no caso de se apresentar mais tarde do que o previsto. Uma vez que esta questão se prende com a matéria das faltas, remetemos para essa sede a apreciação das consequências do desrespeito do horário de trabalho[527].

Para o empregador, a fixação do horário de trabalho delimita o tempo em que pode contar com o trabalhador para a realização da prestação, o que tem duas consequências: em princípio, é inexigível qualquer prestação fora dos limites temporais do horário de trabalho; mas, se tal exigên-

---

[525] Em especial sobre este tema e na perspectiva de admitir não apenas um direito do trabalhador ao descanso diário, mas um verdadeiro dever de descanso diário, por razões de saúde e de recuperação física do trabalhador, M. Auxiliadora Rodrigues, *Do incumprimento das normas de descanso diário e seus reflexos no contrato de trabalho* (dissertação de Mestrado), Lisboa (dact., FDL), 2004, *passim*.

[526] A norma tem origem no art. 3.° da Dir. 93/104, de 23 de Novembro de 1993.

[527] *Infra*, neste parágrafo, ponto 96.

cia for feita, o trabalho prestado em cumprimento da mesma é qualificado como trabalho suplementar, com a aplicação do regime respectivo[528].

### 93.3.2. **Isenção do horário de trabalho**

**I.** Apresentados os problemas relativos à fixação do horário de trabalho, cabe referir a questão da *isenção de horário de trabalho*, que o Código do Trabalho regula, em termos mais abertos do que o regime anterior, nos arts. 218.° e 219.°[529].

A isenção de horário de trabalho permite que o trabalhador não se sujeite, total ou parcialmente, ao horário de trabalho, com as vantagens inerentes, não só do ponto de vista dos interesses do trabalhador (assim, por exemplo, o trabalhador tem uma maior flexibilidade quanto às horas de entrada e saída da empresa), mas, sobretudo, do ponto de vista dos interesses da gestão, já que a não sujeição a um horário de trabalho rígido permite ao empregador ter o trabalhador à sua disposição durante mais tempo sem os encargos inerentes à prestação de trabalho suplementar.

**II.** A isenção de horário de trabalho é estabelecida por acordo entre o trabalhador e o empregador (art. 218.° n.° 1)[530]. Contudo, apenas podem ser sujeitos a este regime as seguintes categorias de trabalhadores, para além de outras categorias previstas em instrumento de regulamentação colectiva do trabalho (art. 218.° n.os 1 e 2):

– trabalhadores dirigentes, de confiança e fiscalização, bem como os trabalhadores com funções de apoio aos titulares dos cargos dirigentes (art. 218.° n.° 1 a))[531];

---

[528] *Infra*, neste parágrafo, ponto 93.5.

[529] Antes da codificação laboral, a isenção de horário de trabalho era prevista no art. 50.° da LCT e regulada nos arts. 13.° ss. da LDT, com as alterações introduzidas pelo DL n.° 398/91, de 16 de Outubro. As principais inovações introduzidas pelo Código de 2003 nesta matéria respeitaram ao universo de trabalhadores que pode ter isenção de horário de trabalho (que foi alargado), e à dispensa da autorização administrativa para a atribuição deste regime. Estas orinetações são mantidas no actual Código do Trabalho.

[530] Em especial sobre a exigência do acordo do trabalhador para o estabelecimento da isenção de horário de trabalho, Ac. STJ de 21/10/2009, www.dgsi.pt.

[531] O âmbito pessoal da isenção, nesta categoria de situações, foi alargado pelo Código de 2003, uma vez que anteriormente este regime não era extensivo aos trabalha-

- trabalhadores que executem trabalhos preparatórios ou complementares, que, pela sua natureza, só possam ser efectuados fora dos limites dos horários de trabalho comuns (art. 218.° n.° 1 b));
- teletrabalhadores e outros trabalhadores que exerçam regularmente a sua actividade fora do estabelecimento, sem controlo imediato da hierarquia (art. 218.° n.° 1 c)).

Em termos formais e procedimentais, a lei exige que o acordo de isenção de horário de trabalho revista forma escrita (art. 218.° n.° 1) e que seja enviado por cópia à Autoridade para as Condições de Trabalho (art. 218.° n.° 3). Esta última exigência corresponde a uma alteração do regime tradicional nesta matéria (que exigia a autorização da Inspecção-Geral do Trabalho para a concessão da isenção[532]), introduzida pelo Código do Trabalho de 2003, e mantida pelo actual Código, o que é de aplaudir, uma vez que o regime anterior implicava uma intromissão excessiva e injustificada na gestão das empresas, designadamente tendo em conta as categorias de trabalhadores abrangidas por estes acordos.

**III.** Nos termos do art. 219.° n.° 1, a isenção de horário de trabalho pode corresponder às seguintes modalidades:

i) *Isenção total*, quando o trabalhador deixe de ficar sujeito aos limites do período normal de trabalho diário e semanal (al. a) do n.° 1 do art. 219.°). Esta modalidade de isenção corresponde ao regime supletivo, nos termos do n.° 2 da mesma norma.

ii) *Isenção parcial*, quando o trabalhador veja a sua disponibilidade para o trabalho[533] alargada a um determinado número de horas por dia ou por semana (al. b) do n.° 1 do art. 219.°); nesta situa-

dores de apoio dos trabalhadores dirigentes. Sobre o âmbito de incidência do regime de isenção de horário de trabalho, *vd*, por exemplo, o Ac. RC de 19/01/2005, www.dgsi.pt.

[532] Sobre a necessidade de autorização administrativa da isenção de horário de trabalho e sobre as consequências da falta de tal autorização, no âmbito do sistema anterior à codificação laboral, *vd* o Ac. RC de 30/09/2004, CJ, 2004, IV, 55. Mas, ainda no âmbito deste regime, o Ac. RC de 19/01/2005, www.dgsi.pt, já considerava o requisito da autorização como uma formalidade meramente burocrática.

[533] O Código usa a expressão «prestação de trabalho» neste contexto, mas julga-se que impropriamente, uma vez que o que está em causa é a maior *disponibilidade temporal* do trabalhador perante o empregador.

ção, muito comum, o trabalhador tem isenção de 1 hora por dia, por exemplo.

iii) *Isenção modelada*, quando o trabalhador se sujeite aos períodos normais de trabalho acordados, mas não a um horário de trabalho (al. c) do n.° 1 do art. 219.°); é o caso do trabalhador que se obriga a cumprir o número de horas que corresponde ao seu período normal de trabalho diário, mas escolhe o modo como distribui essas ao longo do dia. Estas situações são, com frequência, designadas como horários flexíveis[534-535].

**IV.** A isenção de horário de trabalho tem efeitos essencialmente a três níveis: no âmbito do direito ao descanso do trabalhador; na qualificação do trabalho prestado pelo trabalhador ao longo da semana e durante o período de descanso semanal; e em matéria remuneratória.

Assim, da isenção de horário de trabalho resultam, desde logo, *efeitos em matéria do direito do trabalhador ao descanso diário*, que fica reduzido. No que se refere ao direito ao descanso semanal obrigatório e complementar e, bem assim, ao direito a gozar os feriados, eles são salvaguardados pelo art. 219.° n.° 3.

Por outro lado, das regras sobre o direito ao descanso do trabalhador isento de horário de trabalho decorre que *o trabalho prestado pelo trabalhador nos limites dessa mesma isenção é qualificado como trabalho normal* (art. 226.° n.° 3 a)). Contudo, uma vez que a lei assegura a manutenção do direito do trabalhador ao descanso semanal e ao gozo dos feriados, e que, mesmo durante a semana, a isenção pode não ser total, é de qualificar como trabalho suplementar (com o acréscimo remuneratório inerente) o trabalho prestado pelo trabalhador isento de horário de trabalho em dia de descanso semanal obrigatório e complementar ou em dia feriado[536]; e é também de

---

[534] No âmbito do regime anterior à codificação laboral, apenas era admitida a primeira modalidade de isenção. Contudo, a segunda e a terceira modalidades constituíam já prática comum, sendo previstas em instrumentos de regulamentação colectiva do trabalho.

[535] Apesar da designação, convém não confundir este modelo de isenção assente na flexibilidade de horário, com a figura do horário flexível no âmbito das medidas de protecção da parentalidade (art. 56.°), que corresponde a um direito dos trabalhadores com responsabilidades familiares.

[536] Neste sentido, Ac. STJ de 3/12/2008 (Proc. n.° SJ200812030032554), www.dgsi.pt.

qualificar como suplementar o trabalho prestado durante o período normal de trabalho semanal do trabalhador, mas para além dos limites da sua isenção, quer no caso da isenção parcial, quer no caso da isenção modelada (art. 226.° n.° 2). Por outro lado, na conjugação entre o regime da isenção de horário de trabalho e o regime do trabalho suplementar, a doutrina e a jurisprudência têm chamado a atenção para a necessidade de conter o tempo de trabalho exigido ao trabalhador, ao abrigo da isenção, dentro de limites de razoabilidade, para impedir que esta figura se transforme numa forma de defraudar os limites ao trabalho suplementar[537]. Para evitar este resultado, a jurisprudência admite a aplicação ao tempo de trabalho efectivamente dispendido para além do período normal de trabalho, ao abrigo do regime da isenção, dos limites diários e anuais do trabalho suplementar[538].

Por último, assinala-se que o trabalhador isento de horário de trabalho tem direito a um *acréscimo remuneratório global* para compensar a sua maior disponibilidade perante o empregador. Este acréscimo é fixado por instrumento de regulamentação colectiva do trabalho (art. 265.° n.° 1 do CT) ou, na falta de cláusula convencional sobre a matéria, nos termos do art. 265.° n.° 1 a) e b) – estas normas determinam, como valor mínimo deste acréscimo, o valor de uma hora de trabalho suplementar por dia e duas horas de trabalho suplementar por semana, respectivamente para a modalidade de isenção total e parcial, e para a modalidade da isenção modelada. Apenas os trabalhadores dirigentes podem renunciar a este acréscimo remuneratório (art. 265.° n.° 2).

Sendo este acréscimo remuneratório justificado pela isenção, o fim desta envolve a retirada daquele acréscimo, sem que tal possa ser considerado lesivo do princípio da irredutibilidade da retribuição[539].

**V.** Coloca-se ainda o problema da *cessação da isenção de horário de trabalho*.

Sendo o regime da isenção instituído por acordo entre o trabalhador e o empregador, as regras gerais remetem para a exigência de um acordo

---

537 LIBERAL FERNANDES, *Comentário às Leis da Duração do Trabalho... cit.*, 76.

538 Neste sentido se pronunciou o Ac. STJ de 22/09/2004, CJ (STJ), 2004, III, 258.

539 Neste sentido pronunciou a jurisprudência, por exemplo no Ac. STJ de 22/09/1993, CJ (STJ), 1993, III, 269, e no Ac. RC de 7/03/1996, CJ, 1996, II, 63. Desenvolveremos esta questão a propósito do tema da retribuição, *infra*, § 27.°, ponto 101.

das partes no sentido da respectiva cessação[540]. No entanto, crê-se que esta regra deve ser aplicada *cum granu salis*, tendo em conta o facto de, com muita frequência, a isenção de horário de trabalho estar associada directamente ao exercício de determinadas funções ou a certas categorias profissionais. Nestes casos, a alteração das referidas funções ou a mudança da categoria do trabalhador deve entender-se como abrangendo a alteração do regime de isenção que lhes estava associado – assim, se, por hipótese, o trabalhador deixar de desempenhar uma função na qual tinha isenção de horário de trabalho, para passar a desenvolver outra que não prevê tal isenção, não pode opor-se à cessação daquele regime[541].

### 93.3. **Trabalho por turnos**

**I.** A organização do trabalho em regime de turnos é necessária quando o período de funcionamento da organização do empregador (art. 201.° do CT) ultrapasse os limites legais máximos dos períodos normais de trabalho, de modo a exigir a ocupação do mesmo posto de trabalho sucessiva ou alternadamente por diversos trabalhadores, cada um dos quais cumprindo os limites máximos do respectivo período normal de trabalho – é o que sucede em empresas autorizadas a abrir ao público durante muitas horas, ou integradas em espaços comerciais abertos à noite ou ao fim de semana, em actividades de serviço de horário alargado (por exemplo, as actividades de transporte de pessoas e bens) e ainda em empresas ou estabelecimentos de laboração contínua (por exemplo, uma fábrica de produção de energia ou um hospital). Nestes casos, a lei determina que o tempo de trabalho seja organizado em regime de turnos (art. 220.° e art. 221.° n.° 1 do CT).

**II.** A organização do trabalho em regime de turnos era prevista sumariamente na LDT (art. 27.°) e foi disciplinada pela L. n.° 73/98, de 10 de Novembro (art. 2.° n.° 1 e) e art. 10.°), sendo também matéria recorrentemente tratada em sede de instrumentos de regulamentação colectiva

---

[540] Neste sentido, por exemplo, ROMANO MARTINEZ, *Direito do Trabalho cit.*, 545.

[541] Neste sentido, o Ac. RLx. de 9/04/2008, www.dgsi.pt., considerou que quando à nova função desempenhada pelo trabalhador não corresponder um regime de isenção, esta pode ser retirada pelo empregador, no âmbito do seu poder de direcção, bem como o respectivo subsídio, sem, necessidade da anuência do trabalhador.

do trabalho[542]. O Código do Trabalho de 2003 tratava a matéria em subsecção própria, nos arts. 188.° a 191.°

O actual Código do Trabalho disciplina esta matéria em subsecção específica da parte dedicada ao tempo de trabalho, nos arts. 220.° a 222.°. Os *traços essenciais do regime de turnos* são os seguintes:

i) Quanto às modalidades, os turnos podem ser fixos ou rotativos, consoante os trabalhadores desenvolvam a sua actividade sempre no mesmo horário de trabalho ou em horários de trabalho que se alteram periodicamente. O art. 220.° admite os turnos fixos e rotativos, contínuos e descontínuos, o que passa pela alteração do horário de trabalho do trabalhador no final de cada turno[543]. Estas modalidades devem ser ajustadas às necessidades concretas de cada sector de actividade e encontram-se previstas nos instrumentos de regulamentação colectiva do trabalho.

ii) A duração do trabalho em cada turno não pode ultrapassar os limites máximos do período normal de trabalho (art. 221.° n.° 3).

iii) Os turnos devem ser organizados atendendo, tanto quanto possível, aos interesses e preferências dos trabalhadores (art. 221.° n.° 2); relativamente aos trabalhadores estudantes, o regime de turnos deve assegurar, tanto quanto possível, a frequência das aulas e, quando tal não seja possível, estes trabalhadores têm um direito de preferência na ocupação de postos de trabalho compatíveis com a sua actividade escolar (art. 90.° n.° 4).

iv) Os turnos devem garantir o direito do trabalhador ao descanso entre duas mudanças de turno e, no mínimo, o direito a um dia de descanso em cada período de 7 dias (art. 221.° n.os 4 e 5).

---

542 Sobre o ponto, *vd*, por exemplo, o Ac. RLx. de 4/11/2009, www.dgsi.pt, salientando, designadamente a necessidade de compatibilizar os regimes de turnos previstos em instrumento de regulamentação colectiva do trabalho com o exercício do poder de direcção do empregador no que se refere à determinação do horário de trabalho na sua empresa.

543 Embora sejam previstas as várias modalidades de turnos, as normas que disciplinam esta matéria no Código do Trabalho revestem maior interesse para os turnos rotativos, uma vez que são estes que colocam mais problemas e que exigem uma maior atenção à protecção da saúde dos trabalhadores.

v) O empregador tem deveres acrescidos em matéria de segurança e saúde dos trabalhadores que desempenhem a sua actividade em regime de turnos (art. 222.°).

vi) O empregador deve ter um registo específico dos trabalhadores em regime de turnos (art. 221.° n.° 6); este registo integra o mapa de horários de trabalho e deve ser elaborado nos termos do art. 215.° n.os 3 e 4).

**III.** Embora o horário de trabalho possa ser estabelecido unilateralmente pelo empregador, ao abrigo do seu poder de direcção (é, aliás, esta regra), e apesar de os turnos significarem uma forma de horário de trabalho (uma vez que têm a ver não com o número de horas de trabalho que o trabalhador se obriga a prestar, mas com a distribuição dessas horas ao longo do dia ou da semana), entende-se que *a sujeição do trabalhador ao regime de turnos carece, em princípio, do seu acordo*, quer se trate de uma situação determinada no início do contrato, quer venha a ocorrer posteriormente: no primeiro caso, porque, não sendo este o regime regra em matéria de horário de trabalho, ele pode influenciar a vontade negocial do trabalhador; no segundo caso, porque a introdução deste regime durante a execução do contrato de trabalho corresponde a uma modificação substancial do contrato, que carece do acordo das partes nos termos gerais.

Ainda assim, quanto a este último caso, julga-se que a instituição unilateral do regime de turnos, que resulte de uma modificação objectiva no modo de organização da empresa, do serviço, ou do estabelecimento e que afecte o conjunto dos trabalhadores que aí prestam a sua actividade, não deve poder ser inviabilizada pela oposição de um ou mais trabalhadores individualizados[544], sendo razoável, neste tipo de casos, dispensar o acordo dos trabalhadores em nome da regra geral segundo a qual a determinação do horário de trabalho compete ao empregador[545] – esta solução projecta, obviamente, o princípio laboral geral da prevalência dos

[544] Imagine-se um estabelecimento que funcionava num determinado período correspondente ao período normal de trabalho diário máximo e que é autorizado a laborar por um tempo mais alargado, que exige o recurso ao trabalho por turnos.

[545] Parece ser esta a solução pressuposta no Ac. STJ de 17/01/2007 (Proc. n.° SJ200701170021884), www.dgsi.pt., que correspondentemente admitiu que o empregador fizesse posteriormente cessar esse mesmo regime também de forma unilateral.

interesses de gestão. Evidentemente, o trabalhador que não concorde com a alteração poderá resolver o contrato de trabalho com justa causa, residindo esta, no caso, na alteração substancial e duradoura das condições de trabalho no exercício letítimo dos poderes do empregador (art. 394.° n.° 3 b) do CT).

A mesma dispensa do consentimento expresso do trabalhador é de aplicar ao caso da cessação do regime de turnos por determinação do empregador, ao abrigo do seu poder de direcção[546].

**IV.** A organização do trabalho em regime de turnos implica, com frequência, que os trabalhadores estejam ao serviço em períodos que correspondem, para os trabalhadores comuns, a tempo de descanso diário ou semanal, o que poderia colocar a questão do cálculo da retribuição destes trabalhadores quando tal suceda.

Deve, no entanto, ficar claro que o trabalho destes trabalhadores durante os respectivos turnos se situa dentro do seu período normal de trabalho e do seu horário de trabalho, mesmo quando coincida com os tempos de descanso dos restantes trabalhadores. Assim, este trabalho é de qualificar como trabalho normal e não como trabalho suplementar, devendo ser retribuído como tal[547]. Já se os turnos determinarem a prestação do trabalho durante o período nocturno, os trabalhadores têm direito ao acréscimo remuneratório correspondente a este tipo de trabalho.

De qualquer modo, embora a lei não o preveja, muitos instrumentos de regulamentação colectiva do trabalho estabelecem *subsídios de turno*, como forma de compensar o trabalhador pela maior penosidade associada ao trabalho por turnos[548].

---

[546] Neste sentido se pronunciou a jurisprudência – Ac. STJ de 26/04/1999, AD, 457-132, e ainda Ac. STJ de 17/01/2007 (Proc. n.° SJ200701170021884), www.dgsi.pt.

[547] Neste sentido se pronunciou a jurisprudência (Ac. RC de 12/07/1990, CJ, 1990, IV, 104, e Ac. RLx. de 9/06/1993, CJ, 1993, III, 183).

[548] Em especial sobre as questões da retribuição do trabalho prestado em regime de turnos, F. Liberal Fernandes, *Retribuição pelo trabalho prestado em regime de turnos em dia de descanso semanal ou em dia feriado*, QL, 1999, 13, 90-101, e ainda *Cálculo da retribuição pelo trabalho prestado em dia feriado em regime de turnos*, QL, 2002, 19, 110-115, bem como L. M. Monteiro, *in* Romano Martinez / L. M. Monteiro / J. Vasconcelos / Madeira de Brito / G. Dray / L. Gonçalves da Silva, *Código do Trabalho Anotado cit.*, 554.

### 93.4. **Trabalho nocturno**

**I.** Partindo do pressuposto de que o trabalho realizado durante a noite é mais penoso do que o prestado durante o dia, o trabalho nocturno é objecto tradicionalmente de um tratamento especial na lei, tanto entre nós[549], como noutros sistemas jurídicos[550], e ainda ao nível das fontes laborais internacionais, que limitam tradicionalmente este tipo de trabalho em certas actividades e para certas categorias de trabalhadores[551].

O Código do Trabalho regula o trabalho nocturno em subsecção específica da secção dedicada ao tempo de trabalho (arts. 223.° a 225.°), tal como já sucedia no âmbito do Código anterior. Completa este regime o art. 266.°, sobre a retribuição por trabalho nocturno, para além de outras normas dispersas pelo Código, que prevêem limitações à prestação deste tipo de trabalho para certas categorias de trabalhadores, como as mulheres grávidas, puérperas e lactantes (art. 60.°) e os trabalhadores menores (art. 76.°).

**II.** O primeiro aspecto a considerar na apreciação desta matéria tem a ver com a *delimitação do trabalho nocturno*. Para este efeito, devem terse em conta as noções legais de período de trabalho nocturno e de trabalhador nocturno (arts. 223.° e 224.° n.° 1, respectivamente)[552].

Para a delimitação do *conceito de período de trabalho nocturno*, o art. 223.° conjuga dois critérios: o critério da duração do trabalho (um mínimo de sete horas e um máximo de onze horas); e o critério do desempenho desse trabalho no intervalo entre as 0 horas e as 5 horas da manhã

---

[549] Entre nós, a matéria era regulada nos arts. 29.° ss. da LDT e nos arts. 2.° n.° 1 c) e 7.° a 10.° da L. n.° 73/98, de 10 de Novembro; no CT de 2003, a matéria foi tratada nos arts. 192.° a 196.°

[550] Tradicionalmente, o trabalho nocturno mereceu algumas restrições, em especial para determinadas categorias de trabalhadores, como os jovens e as mulheres. Assim sucedeu em sistemas como o alemão (por todos, ZÖLLNER /LORITZ, *Arbeitsrecht... cit.*, 20, e GAMILLSCHEG, *Arbeitsrecht cit.*, I, 466, 475 e 495), o francês (por todos, G. COUTURIER, *Droit du travail cit.*, I, 443 ss.), ou o espanhol (por todos, RAMIREZ MARTINEZ, (dir.) / / GARCIA ORTEGA / GOERLICH PESET / COBOS ORIHUEL / SALA FRANCO, *Curso de Derecho del Trabajo cit.*, 355 s.).

[551] Assim, a Conv. da OIT n.° 89, de 1948, que proíbe o trabalho nocturno das mulheres no sector da indústria.

[552] Estas noções são tradicionais no nosso sistema jurídico, constando já da LDT (art. 29.°) e da L. n.° 73/98, de 10 de Novembro (art. 2.° n.° 1 d)).

(art. 223.° n.° 1). Dentro destes parâmetros, cabe aos instrumentos de regulamentação colectiva do trabalho fixar, em concreto, os períodos normais de trabalho nocturnos (art. 223.° n.° 2)[553], mas, na falta de tal determinação, a lei considera como período normal de trabalho nocturno supletivo o que fique compreendido entre as 22 horas e as 7 horas do dia seguinte (art. 223.° n.° 2).

Por seu turno, o art. 224.° n.° 1 qualifica como *trabalhador nocturno* aquele trabalhador que realize pelo menos três horas de trabalho nocturno não suplementar, por dia, ou, no caso de determinação da duração do trabalho em termos médios, aquele trabalhador que realize uma percentagem anual do seu tempo de trabalho durante o período de trabalho nocturno, sendo esta percentagem definida por instrumento de regulamentação colectiva do trabalho ou, na falta deste, devendo corresponder a três horas de trabalho diário. Decorre, pois, desta noção que o trabalhador nocturno não tem forçosamente que desenvolver toda a sua actividade no período nocturno, embora deva trabalhar nesse período durante uma fracção significativa do tempo.

**III.** No *regime do trabalho nocturno* importa destacar os aspectos relativos à duração do trabalho, à protecção da saúde e segurança dos trabalhadores nocturnos e aos efeitos remuneratórios associados a este tipo de trabalho. Assim:

i) Quanto à *duração do período normal de trabalho nocturno*, ela é fixada em termos idênticos ao do período normal de trabalho diurno, mas, no caso de conjugação do regime do trabalho nocturno com o regime da adaptabilidade do tempo de trabalho, a lei fixa limites médios do período normal de trabalho diário mais baixos, tendo em atenção a maior penosidade do trabalho prestado durante a noite. Estes limites, fixados no art. 224.° n.° 2, podem ser ultrapassados por instrumento de regulamentação colectiva do trabalho e são dispensados relativamente a certas categorias de trabalhadores, a certos tipos de actividades

---

553 Assim, os instrumentos de regulamentação colectiva do trabalho podem fixar como período normal de trabalho nocturno 8 horas de trabalho, compreendidas, por exemplo, entre as 8 horas da noite e as 5 horas da manhã, ou entre as 0h e as 9 da manhã, com um intervalo de descanso de 1 hora.

e em situações de urgência relativas à empresa, nos termos do art. 224.° n.$^{os}$ 5 e 6.

ii) As *responsabilidades do empregador em matéria de protecção da saúde dos trabalhadores nocturnos* são acrescidas, sendo prevista a realização de exames médicos periódicos (art. 225.° n.° 1), devendo os riscos de saúde especiais que possam decorrer do desempenho nocturno da actividade ser avaliados pelo empregador (art. 225.° n.° 2). Na organização do trabalho nocturno pelo empregador, é também prevista a colaboração dos representantes dos trabalhadores para a segurança, higiene e saúde no trabalho (art. 225.° n.° 6).

iii) A prestação de trabalho nocturno confere o direito a um *complemento remuneratório*, pela sua maior penosidade. A regra legal supletiva sobre a matéria é a de que este complemento remuneratório corresponda a um acréscimo de 25% sobre o valor hora do trabalho equivalente prestado durante o dia (art. 266.° n.° 1), mas a lei admite que os instrumentos de regulamentação colectiva do trabalho determinem outras formas de compensação, como aumentos fixos da retribuição de base ou a redução do período normal de trabalho (art. 266.° n.° 2). Por outro lado, o trabalho nocturno não confere direito a qualquer acréscimo relativamente às actividades descritas no n.° 3 do art. 266.°, a não ser em caso de previsão diferente em instrumento de regulamentação colectiva do trabalho (são as actividades que, pela sua natureza ou por imperativo legal, devam funcionar predominantemente durante a noite e, bem assim, as situações em que a retribuição do trabalhador já tenha sido estabelecida tendo em conta que o trabalho é prestado durante a noite)[554].

**IV.** Por último, importa fazer referência à *situação específica de algumas categorias de trabalhadores quanto a este modo de organização do tempo de trabalho*.

Algumas categorias de trabalhadores estão dispensadas ou são mesmo proibidas de prestar trabalho nocturno: assim, não podem prestar trabalho

---

[554] Quanto ao acréscimo retributivo por trabalho nocturno, o Ac. RC de 17/05/2001, CJ, 2001, III, 63, considerou que o subsídio de trabalho nocturno só integra o conceito de retribuição se for regular e periódico e só é devido enquanto esse trabalho for prestado.

nocturno os menores com idade inferior a 16 anos e apenas o poderão fazer em moldes muito restritos entre os 16 e os 18 anos (art. 76.°); os trabalhadores deficientes são dispensados da prestação de trabalho nocturno se for medicamente comprovada a inconveniência de tal regime para a sua saúde (art. 87.° n.° 1 b)); e as trabalhadoras grávidas, puérperas e lactantes são dispensadas do trabalho nocturno nos termos do art. 60.°, tendo direito à passagem a um posto de trabalho correspondente durante o dia.

Neste contexto, cabe ainda uma nota sobre a limitação do trabalho nocturno das mulheres no sector industrial.

Sendo esta limitação tradicional e encontrando-se até hoje prevista na Conv. n.° 89 da OIT (de 1948), ela era também prevista no nosso ordenamento jurídico (ainda que sob a forma mitigada da exigência de autorização para a prestação desse trabalho) no art. 31.° da LDT.

Esta proibição deixou, no entanto, de fazer sentido no quadro constitucional de 1976, por contrariar o princípio geral da igualdade, na sua valência de género (art. 13.° n.° 1 e n.° 2 da CRP). Por outro lado, tal proibição foi considerada contrária ao princípio comunitário da igualdade de tratamento entre trabalhadores e trabalhadores (art. 119.° do Tratado de Roma, art. 141.° do TCE e actual art. 157.° do TFUE), que apenas se compadece com diferenças de tratamento fundadas na gravidez e na maternidade.

Por esta razão, embora Portugal só tenha denunciado formalmente a Conv. n.° 89 da OIT posteriormente, já desde a entrada em vigor da CRP de 1976 que esta norma da LDT era considerada derrogada[555].

No âmbito do Código do Trabalho, a questão não chega, obviamente, a colocar-se.

### 93.5. **Trabalho suplementar**

**I.** A última matéria com relevo para a organização do tempo de trabalho é a que respeita ao trabalho suplementar.

---

[555] Especificamente sobre este ponto, LIBERAL FERNANDES, *Consequências da denúncia pelo Estado Português da Convenção n.° 89 da OIT, sobre o trabalho nocturno das mulheres na indústria (1948) cit.*, 16 ss., e *Sobre o trabalho nocturno feminino na indústria cit.*, 24 ss.

Previsto originariamente na LCT sob a designação de «trabalho extraordinário» (arts. 46.° e 47.°), o trabalho suplementar foi objecto de um regime legal específico, que foi introduzido pelo DL n.° 421/83, de 2 de Dezembro (LTS)[556]. Este diploma vigorou, com algumas alterações, até ao surgimento do Código do Trabalho de 2003, que regulava a matéria em subsecção específica da secção dedicada ao tempo de trabalho (arts. 197.° a 204.°). O actual Código do Trabalho regula também a matéria em secção própria (arts. 226.° a 231.°), e, para complemento deste regime, devem ainda ter-se em conta outras normas do Código (o art. 268.°, sobre a remuneração do trabalho suplementar, e disposições dispersas sobre a aplicação deste regime a certas categorias de trabalhadores).

As mais significativas alterações introduzidas pelo novo Código do Trabalho nesta matéria referem-se à delimitação negativa do trabalho suplementar (com a introdução de duas novas situações de exclusão da qualificação do trabalho como trabalho suplementar – art. 226.° n.° 2 e) e f)) e ao regime do descanso compensatório pela prestação de trabalho suplementar, que é agora mais completo (art. 229.°).

**II.** A *qualificação da actividade laboral desenvolvida pelo trabalhador como trabalho suplementar* passa por uma delimitação positiva e por uma delimitação negativa.

Assim, em moldes positivos e numa noção que já provém da LTS, o art. 226.° n.° 1 do CT define o trabalho suplementar como *todo aquele trabalho que seja prestado fora do horário de trabalho*.

O conceito operatório de referência para a delimitação do trabalho suplementar é, pois, o conceito de horário de trabalho e não o conceito de

[556] A designação «trabalho extraordinário», que tem origem na contraposição deste tipo de trabalho ao conceito de trabalho «normal» ou «ordinário», é a designação que se encontra ainda hoje em muitos instrumentos de regulamentação colectiva do trabalho. Deve, contudo, ter-se em conta que o conceito de trabalho extraordinário não corresponde rigorosamente ao conceito actual de trabalho suplementar, uma vez que, no sistema da LCT, se distinguia entre o trabalho prestado para além do horário de trabalho, mas durante o período normal de trabalho semanal (que era designado como trabalho extraordinário), e o trabalho prestado em dia de descanso semanal (assim designado e sujeito a um regime diferente, do ponto de vista da compensação remuneratória). O actual conceito de trabalho suplementar, introduzido pela LTS, abrange as duas situações. No âmbito do contrato de trabalho em funções públicas, a lei utiliza ainda a designação tradicional «trabalho extaordinário» – art. 158.° da LCTFP (Regime).

período normal de trabalho[557] – assim, presta trabalho suplementar o trabalhador que, tendo terminado o seu horário de trabalho às 17 horas, fica a trabalhar mais uma hora, ainda que durante as oito horas de trabalho que integram o seu período normal de trabalho diário tenha estado temporariamente inactivo; assim como presta trabalho suplementar o trabalhador que, por ordem do empregador, chega uma hora mais cedo ao local de trabalho; mas já não presta suplementar o trabalhador que trabalha ao Domingo, desde que esteja dentro do seu horário de trabalho.

Por outro lado, do facto de o referencial de delimitação do trabalho suplementar ser o conceito operatório de horário de trabalho e não o conceito de período normal de trabalho decorre que o trabalho suplementar tanto pode ser prestado durante a semana como durante o período de descanso semanal ou durante os feriados – como veremos, apenas as consequências remuneratórias de uma e outra situação divergem.

Para complemento desta noção de trabalho suplementar, o art. 226.° n.° 3 procede a uma *delimitação negativa do trabalho suplementar*, excluindo desta qualificação seis categorias de situações[558]:

i) *As situações relacionadas com a isenção de horário*, e que divergem umas das outras, consoante a modalidade de isenção de que o trabalhador beneficie: nos termos já expostos[559], se a isenção for total, não há lugar a trabalho suplementar durante o período normal de trabalho semanal do trabalhador, mas apenas em caso de trabalho prestado em dia de descanso ou feriado (art. 226.° n.° 3 a)); se a isenção for parcial, é trabalho suplementar todo aquele que seja prestado para além do acréscimo de

---

[557] Na LCT, o conceito de período normal de trabalho era, impropriamente, o conceito de referência nesta matéria, o que se prestava a algumas confusões. Assim, numa interpretação literal da lei, seria virtualmente possível ao empregador exigir que o trabalhador prestasse o seu trabalho fora do horário de trabalho mas recusar o respectivo pagamento como trabalho suplementar alegando que o número de horas de trabalho não tinha ultrapassado o limite do período normal de trabalho diário do trabalhador.

[558] O Código do Trabalho de 2003 apenas considerava qutro categorias de situações no preceito correspondente a este (art. 197.°). Contudo, as outras duas situações já correspondiam a situações de exclusão da qualificação, já que resultavam implicitamente de outros regimes do Código. O novo Código do Trabalho apurou, pois, a sistematização desta matéria.

[559] *Supra*, neste parágrafo, ponto 93.2.2.III.

horas previsto na isenção, bem como o trabalho prestado em dia de descanso ou feriado (art. 226.° n.° 2); se a isenção for modelada, é trabalho suplementar o que seja prestado para além do número de horas que integra o período normal de trabalho diário e ainda o trabalho prestado em dia de descanso semanal ou em feriado (ainda art. 226.° n.° 2).

ii) *As situações de trabalho compensatório*: é o caso do trabalho prestado para compensar suspensões da actividade até 48 horas, por motivo respeitante ao trabalhador ou ao empregador e por acordo entre eles (art. 226.° n.° 3 b)).

iii) *O trabalho durante o período de tolerância* de 15 minutos sobre o termo do horário de trabalho, previsto no art. 203.° n.° 3 do CT (art. 226.° n.° 3 c)).

iv) *O tempo utilizado pelo trabalhador em acções de formação profissional*, quer durante o horário de trabalho, quer fora do horário de trabalho, desde que, no último caso, não exceda o horário de trabalho em mais de duas horas (art. 226.° n.° 3 d)).

v) *O trabalho prestado para compensar situações de falta do trabalhador*, ao abrigo do art. 257.° n.° 1 b) do CT (art. 226.° n.° 3 e)).

vi) *Outras situações de trabalho prestado para compensar ausências do trabalhador*, desde que com o acordo do empregador (art. 226.° n.° 3 f)).

Uma vez delimitado o trabalho suplementar, cabe apreciar o seu regime jurídico, no qual destacamos os aspectos relativos ao fundamento do trabalho suplementar, à sua determinação e obrigatoriedade, aos seus limites e aos seus efeitos.

**III.** Significando um acréscimo de disponibilidade do trabalhador perante o empregador, que actua em prejuízo do seu direito ao descanso diário, a exigência de trabalho suplementar tem que estar fundada em motivos suficientemente fortes.

Os *fundamentos do trabalho suplementar* têm a ver com necessidades anormais de gestão (ou seja, com um acréscimo eventual e transitório de actividade que não justifique a contratação de um novo trabalhador) ou com a ocorrência de uma situação de força maior à qual a lei associa a eminência ou a reparação de prejuízos graves para a empresa (art. 227.° n.$^{os}$ 1 e 2).

Verificados estes fundamentos, o direito a exigir a prestação de trabalho suplementar, dentro dos limites anuais para tal fixados, prevalece, pois, sobre o acordo das partes em matéria de tempo de trabalho e sobre o direito do trabalhador ao descanso diário, em clara manifestação do princípio laboral geral da prevalência dos interesses de gestão.

O recurso ao trabalho suplementar fora dos casos previstos na lei constitui contra-ordenação muito grave (art. 227.° n.° 4).

**IV.** No que toca à *determinação do trabalho suplementar*, ela cabe ao empregador, uma vez que se funda em motivos de gestão ou de força maior que só a ele compete avaliar; a exigência deste acréscimo de trabalho integra, assim, o poder organizativo e o poder directivo do empregador.

Deste modo, não parece ser de qualificar como trabalho suplementar o trabalho prestado pelo trabalhador fora do seu horário de trabalho, a título espontâneo e sem para tal ter sido solicitado pelo empregador. Não obstante, o art. 268.° n.° 2 considera exigível o pagamento, como trabalho suplementar, do trabalho realizado «...de modo a não ser previsível a oposição do empregador» (ou seja, do trabalho «a mais» espontaneamente prestado)[560]. Embora se compreenda a reclamação do pagamento neste tipo de situação – ela funda-se, em última análise, no instituto do enriquecimento sem causa, evitando que o empregador tire proveito de um trabalho que não pagou – crê-se, contudo, que ela deve ser interpretada em termos restritivos, sob pena de se permitir que a gestão do trabalho suplementar passe a caber ao trabalhador, o que contraria frontalmente a razão de ser da figura.

Assim, entende-se que, por princípio, só é reclamável o pagamento do trabalho suplementar determinado expressamente pelo empregador, devendo o trabalho suplementar espontâneo ser justificado pelo trabalhador nos mesmos termos objectivos de indispensabilidade de gestão ou de força maior que fundamentam o recurso à figura, de acordo com o art. 227.° n.os 1 e 2, para que possa reclamar o respectivo pagamento.

---

[560] Especificamente sobre este ponto, *vd* o Ac. STJ de 25/06/2009 (Proc. n.° SJ200906250033694), www.dgsi.pt, considerando que, para ter direito ao pagamento do trabalho suplementar, basta que o trabalhador prove que realizou tal trabalho com o conhecimento e sem a oposição do empregador.

**V.** Verificadas as condições legais que justificam a sua exigência, o *trabalho suplementar é de prestação obrigatória* (art. 227.° n.° 3), pelo que o trabalhador incorre em infracção disciplinar se recusar essa prestação. Evidentemente que, se não estiverem preenchidos os requisitos de exigibilidade do trabalho suplementar, a desobediência do trabalhador é lícita.

A regra da obrigatoriedade da prestação de trabalho suplementar tem uma atenuante e prevê diversas excepções. Assim:

i) O trabalhador designado para a prestação de trabalho suplementar pode solicitar a sua dispensa, por motivos atendíveis (art. 227.°, n.° 3 parte final). Sendo o conceito de «motivo atendível» de conteúdo indeterminado, ele deve ser integrado no caso concreto, mas a sua valoração depende, em última análise, do empregador, uma vez que a regra é a da obrigatoriedade da prestação do trabalho suplementar. Assim, se o empregador não considerar o motivo atendível, o trabalhador continua obrigado à prestação do trabalho, sob pena de desobediência.

ii) Algumas categorias de trabalhadores têm direito a ser dispensadas do trabalho suplementar: é o caso das trabalhadoras grávidas e das trabalhadoras ou trabalhadores com filhos de idade inferior a um ano (art. 59.°), e é o caso dos trabalhadores portadores de deficiência (art. 88.°).

iii) Outras categorias de trabalhadores não podem prestar trabalho suplementar por expressa proibição legal: é o caso dos menores (art. 75.°).

**VI.** Por outro lado, *o trabalho suplementar está sujeito a limites temporais*, que estão fixados no art. 228.° do CT.

Estes limites (cuja ultrapassagem permite ao trabalhador recusar licitamente a prestação do trabalho, para além de constituir contra-ordenação muito grave, nos termos art. 228.° n.° 5) impõem-se ao trabalho suplementar com fundamentos de gestão e não, pela natureza das coisas, às situações de força maior (art. 228.° n.° 1) e são calculados numa base anual e numa base diária.

Numa base anual, tem-se em conta a dimensão das empresas, sendo o número de horas de trabalho suplementar que cada trabalhador pode desempenhar por ano menor nas médias e grandes empresas (150 horas por ano) do que nas microempresas e nas pequenas empresas (175 horas por ano) – art. 228.° n.° 1 a) e b); se o trabalhador estiver contratado a tempo parcial, devem observar-se os limites do art. 228.° n.° 1 c). Estes limites podem ser elevados até às 200 horas por ano em instrumento de regulamentação colectiva do trabalho (art. 228.° n.os 2 e 3) e, no caso de trabalho a tempo parcial, prevê-se também o aumento por acordo entre o trabalhador e o empregador (art. 228.° n.° 3).

Numa base diária, o trabalhador não pode prestar mais do que duas horas de trabalho suplementar em dia normal de trabalho, o equivalente ao número de horas que corresponde ao seu período normal de trabalho no caso de trabalho suplementar prestado em dia de descanso ou em feriado, e o equivalente ao número de horas que corresponde ao meio período normal de trabalho, no caso de trabalho suplementar prestado em meio dia de descanso complementar (art. 228.° n.° 1 d), e) e f)).

**VII.** O trabalho suplementar confere ao trabalhador o direito a gozar um *período de descanso compensatório remunerado*, cuja extensão depende do tipo de trabalho prestado (consoante tenha sido prestado em dia de descanso obrigatório ou noutra situação).

O vencimento e o modo de gozo deste direito são regulados nos arts. 229.° e 230.° do CT (em moldes algo diferentes do Código do Trabalho anterior), contemplando a lei algumas especificidades de regime no caso das microempresas e das pequenas empresas (art. 230.° n.° 3).

O actual Código do Trabalho confirma agora, de modo mais claro, que o regime legal do descanso compensatório é um regime imperativo, no que se refere ao trabalho suplementar prestado em dia de descanso semanal obrigatório ou que impeça o gozo do período mínimo de descanso diário (art. 229.° n.os 3 e 4) – esta imperatividade justifica-se por estar em causa aqui o direito mínimo do trabalhador ao repouso. Já em relação ao trabalho suplementar prestado em dia útil (sem pôr em causa o período de descanso diário mínimo), em dia de descanso semanal complementar ou em feriado, o regime legal tem natureza convénio-dispositiva (no sentido e para os efeitos do art. 3.° n.° 5 do CT), uma vez que a lei permite que os instrumentos de regulamentação colectiva do trabalho afastem o descanso compensatório por uma solução alternativa de redução equivalente do tempo de trabalho, pelo pagamento de uma compensação financeira ou por um sistema misto (art. 229.° n.° 6).

Se o trabalho suplementar tiver sido prestado há mais de cinco anos, o crédito correspondente a esta prestação só pode ser provado por documento idóneo, nos termos do art. 337.° n.° 2 do CT[561].

**VIII.** Pela sua maior penosidade, uma vez que acresce ao tempo de trabalho normal, o trabalho suplementar confere ao trabalhador o direito a um *acréscimo remuneratório*, cujo valor varia consoante o número de horas de trabalho prestado por dia e consoante o trabalho seja executado em dia normal de trabalho ou em dia de descanso ou feriado.

Esta matéria é regulada no art. 268.°, que prevê acréscimos remuneratórios que vão desde 50% sobre o valor da retribuição hora (para a primeira hora de trabalho suplementar em dia normal de trabalho) até 75% (para as horas ou fracções de hora subsequentes de trabalho suplementar em dia normal de trabalho) e, por fim, um acréscimo de 100% (para o trabalho prestado em dia de descanso ou feriado).

A lei prevê que esta matéria possa ser disciplinada por instrumento de regulamentação colectiva do trabalho (art. 268.° n.° 3), o que aponta para a natureza convénio-dispositiva da norma, no sentido do art. 3.° n.° 5 do CT – assim, o acréscimo remuneratório aqui previsto não pode ser alterado em contrato de trabalho.

A lei continua a não ser clara sobre o sentido da previsão desta matéria em instrumento de regulamentação colectiva do trabalho, e, designadamente, sobre a questão de saber se os instrumentos de regulamentação colectiva do trabalho podem não apenas aumentar o valor destes acréscimos como diminuir este valor, tanto mais que não consta da norma qualquer referência (que constava da norma correspondente na LST – o art. 7.° n.° 1) à natureza destes acréscimos como acréscimos mínimos. Assim, tendo em conta a regra geral de que os instrumentos de regulamentação colectiva do trabalho podem afastar as normas do Código em qualquer sentido, salvo se estas se revelarem imperativas (art. 3.° n.° 1 do CT), poderíamos defender que os acréscimos remuneratórios pela prestação de trabalho suplementar, fixados neste artigo, poderiam ser modificados por instrumento de regulamentação colectiva

---

[561] Sobre este ponto, o Ac. STJ de 20/052009 (Proc. n.° SJ200905200035364) considerou que as folhas de registo do trabalho suplementar constituem documento idóneo para este efeito.

do trabalho, tanto num sentido mais favorável como num sentido menos favorável aos trabalhadores[562].

Contudo, nesta matéria, o actual Código do Trabalho introduziu uma alteração à norma de remissão para os instrumentos de regulamentação colectiva do trabalho, referindo agora expressamente que os instrumentos de regulamentação colectiva do trabalho podem afastar o regime remuneratório previsto neste artigo «nos termos do n.° 6 do art. 229.°», norma que, como acabamos de ver, admite que o direito ao descanso compensatório possa ser afastado em instrumento de regulamentação colectiva do trabalho através do estabelecimento de uma compensação em dinheiro ou da redução equivalente do tempo de trabalho, ou ainda de um sistema misto. Assim, embora com dúvidas, admite-se que o sentido desta remissão do art. 268.° n.° 3 para o art. 229.° n.° 6, seja o de permitir que os instrumentos de regulamentação colectiva do trabalho substituam a remuneração compensatória prevista no art. 268.° por outras formas de compensação ao trabalhador, como o descanso compensatório.

Por fim, quanto ao âmbito deste dever remuneratório do empregador, rege o art. 268.° n.° 2, que estende este dever não só ao trabalho suplementar expressamente solicitado pelo empregador, mas também àquele que se prevê não merecer a sua oposição. Acentua-se a necessidade de uma interpretação restritiva do preceito no segundo caso, pelos motivos já indicados.

**IX.** Por último, devem assinalar-se os *deveres de registo* associados ao trabalho suplementar.

O empregador é obrigado a manter um registo actualizado das horas de trabalho suplementar prestadas na sua empresa. Este registo deve ser elaborado de acordo com as exigências e os procedimentos estabelecidos no art. 231.° do CT.

---

[562] Foi este o entendimento que sufragámos, nas edições anteriores, em relação à norma correspondente do CT de 2003 – cfr., *Direito do Trabalho cit.*, II, 2.ª ed. (2008), 492. Já a pura e simples supressão destes acréscimos pareceu-nos, então – como nos continua a parecer hoje – ser vedada pela redacção do art. 258.° n.° 1 do CT de 2003 (na medida em que esta norma conferia ao trabalhador o *direito* a um acréscimo) e pela redacção do art. 258.° n.° 4 do mesmo Código, que apenas remetia para a negociação colectiva a fixação do *valor* destes acréscimos, o que pressuporia que havia sempre lugar a algum acréscimo.

Além disso, o empregador deve enviar à Autoridade para as Condições de Trabalho, no início e a meio do ano civil, a informação relevante sobre a prestação do trabalho suplementar no semestre anterior (art. 231.° n.° 7).

## 94. **Descanso semanal e feriados**

### 94.1. **Período normal de trabalho semanal e dias de descanso**[563]

**I.** A delimitação temporal da situação juslaboral do trabalhador fica completa com a apreciação dos temas relativos aos tempos de não trabalho. Neste âmbito, descortinam-se, na verdade, várias situações, a que correspondem regimes diversos: o descanso diário e semanal; os feriados; as férias; e as faltas ao trabalho. Já tendo apreciado a matéria do descanso diário, a propósito do horário de trabalho, cabe analisar os restantes tempos de não trabalho.

Subjacente ao regime jurídico do descanso semanal e das férias encontram-se os princípios constitucionais do direito ao repouso e aos lazeres e do direito à conciliação da actividade profissional com outras actividades do trabalhador e, designadamente, com a sua vida pessoal e familiar (art. 59.° n.° 1 d) e 59.° n.° 1 b), parte final, da CRP) oportunamente identificados. O direito ao descanso semanal é também consagrado em diversos instrumentos normativos internacionais: a Declaração Universal dos Direitos do Homem (art. 24.°), o Pacto Internacional dos Direitos Económicos, Sociais e Culturais, (art. 7.° d)), A Carta Social Europeia (art. 2.° n.° 5), e as Convenções da OIT n.° 14 (de 1921) e n.° 106 (de 1957).

**II.** Tendo a sua origem histórica na tradição judaico-cristã, o direito ao descanso semanal constituiu uma das primeiras reivindicações dos trabalhadores dependentes desde o início da Revolução Industrial, o que

[563] Sobre o tema do descanso semanal, no contexto do Código do Trabalho, Monteiro Fernandes, *Direito do Trabalho cit.*, 419 ss., Romano Martinez / L. M. Monteiro / J. Vasconcelos / Madeira de Brito / G. Dray / L. Gonçalves da Silva, *Código do Trabalho Anotado cit.*, 581 ss. (anotação de L. M. Monteiro), e Leal Amado, *Contrato de Trabalho…cit.*, 275 ss.

explica que uma das primeiras medidas legislativas no domínio laboral tivesse sido, justamente, a instituição da obrigatoriedade de um dia de descanso por semana.

Ainda por força da tradição cristã, nos países ocidentais, foi fixado o Domingo como dia de descanso semanal obrigatório, vindo posteriomente a instituir-se a prática de meio dia de descanso complementar ao Sábado (é a denominada semana inglesa) e, por fim, a prática de um dia de descanso complementar (é a semana americana).

Naturalmente, a evolução destes tempos de descanso semanal tem andado a par da *tendência de diminuição do período normal de trabalho semanal*, nos termos indicados, que traduz também uma aspiração tradicional dos trabalhadores.

**III.** O *regime jurídico do descanso semanal* consta dos arts. 232.° ss. do CT[564]. Os traços mais importantes deste regime são os seguintes:

i) O trabalhador tem direito, pelo menos, a um *dia de descanso semanal obrigatório*, que é, em princípio, o Domingo (art. 232.° n.os 1 e 2).

ii) O dia de descanso obrigatório pode não ser fixado no Domingo nas situações previstas no n.° 2 deste artigo, que se reportam ou às características específicas da empresa ou do estabelecimento ou a determinadas categorias de trabalhadores. Assim, o dia de descanso pode não coincidir com o Domingo quando o empregador não seja obrigado a encerrar o estabelecimento ou a suspender a laboração um dia completo ou quando deva encerrar ou suspender a laboração noutro dia da semana; e ainda relativamente aos trabalhadores que prestam necessariamente a sua actividade na ausência de outros trabalhadores, aos trabalhadores de vigilância e de limpeza, bem como aos trabalhadores que prestem a sua actividade em feiras e exposições ou noutras situações previstas em lei especial.
Naturalmente que nos casos em que o trabalhador goze o seu descanso semanal em dia que não seja o Domingo, o trabalho

[564] Estas normas correspondem, sem grandes alterações, ao regime anteriormente constante da LDT (arts. 35.° a 38.°) e do CT de 2003 (arts. 205.° ss.).

que presta ao Domingo é trabalho normal, devendo, por isso, ser remunerado em singelo e não como trabalho suplementar[565]. Mas, em contrapartida, constituirá trabalho suplementar e deve ser remunerada como tal a actividade prestada por esse trabalhador no dia que corresponda ao do seu descanso semanal.

iii) Tendo ao serviço dois trabalhadores do mesmo agregado familiar, o empregador deve proporcionar-lhes o descanso semanal no mesmo dia, sempre que possível (art. 232.° n.° 4); esta norma concretiza o princípio geral da conciliação entre o trabalho e a vida familiar.

iv) Ao dia de descanso obrigatório é adicionado o tempo de repouso mínimo de onze horas seguidas (previsto no art. 214.°), que se considera integrado no dia de descanso complementar se este for contíguo ao dia de descanso obrigatório (art. 233.° n.° 1 e 2), o que é a regra geral. As excepções a esta regra constam do n.° 3 deste artigo e têm a ver com determinado tipo de actividades, com regimes de isenção de horário ou de fraccionamento normal dos tempos de trabalho e ainda com o caso de prestação de trabalho suplementar.

Para além do dia de descanso obrigatório, pode ser concedido ao trabalhador um ou meio dia de *descanso semanal complementar* (art. 232.° n.° 3 do CT).

O regime do descanso complementar é bastante mais flexível do que o regime do descanso obrigatório, uma vez que a lei permite a sua organização em moldes contíguos ao do descanso semanal obrigatório ou em moldes descontinuados, a definir por instrumento de regulamentação colectiva do trabalho ou pelo contrato de trabalho.

---

565 Neste sentido, L. M. Monteiro, *in* Romano Martinez / L. M. Monteiro / J. Vasconcelos / Madeira de Brito / G. Dray / L. Gonçalves da Silva, *Código do Trabalho Anotado cit.*, 582. É esta também a orientação da jurisprudência – cfr., por exemplo, Ac. RLx. de 23/09/1998, CJ, 1998, IV, 173, ou Ac. RC de 10/07/2008 (Proc. n.° 538/07.9TTAVR.C1), www.dgsi.pt. Diferentemente, nestes casos, o trabalho prestado em dia feriado é trabalho suplementar (ainda Ac. RC de 10/07/2008 (Proc. n.° 538/07.9TTAVR.C1), www.dgsi.pt.)

Como decorre da regra de cálculo da retribuição horária constante do art. 262.° do CT, que atende ao período normal de trabalho semanal, o período de descanso semanal não é remunerado[566].

A violação das regras legais sobre o direito ao descanso semanal constitui contra-ordenação grave, nos termos do art. 232.° n.° 5.

### 94.2. **Feriados**[567]

**I.** Para além do dia ou dias de descanso semanal, o trabalhador interrompe a sua prestação de trabalho nos feriados, por efeito da obrigatoriedade legal de encerramento do estabelecimento ou de suspensão da laboração imposta ao empregador nesses dias. Não pode assim considerar-se que o trabalhador tenha um *direito* aos feriados em termos semelhantes ao direito que lhe assiste relativamente ao descanso semanal, uma vez que a inexigibilidade de trabalho é consequência de uma proibição legal de laboração, que recai sobre a própria unidade produtiva[568].

O regime jurídico dos feriados encontra-se previsto nos arts. 234.° a 236.° do CT, em termos idênticos aos que constavam do regime anterior desta matéria (arts. 18.° a 21.° da LFFF, aprovada pelo DL n.° 874/76, de 28 de Dezembro, e arts. 208.° a 210.° do CT de 2003).

---

[566] Este tem sido o entendimento tradicional na nossa doutrina – cfr., por exemplo, ALMEIDA POLICARPO, *Pagamento ou não pagamento ao trabalhador da remuneração correspondente ao dia de descanso semanal,* ESC, 1967, 23, 61-82, e MENEZES CORDEIRO, *Manual de Direito do Trabalho cit.*, 706, ou MONTEIRO FERNANDES, *Direito do Trabalho cit.*, 421, que assinala, no entanto, a possibilidade de os instrumentos de regulamentação colectiva do trabalho poderem estabelecer tal pagamento.

[567] Sobre o tema dos feriados, podem ver-se, entre outros, MENEZES CORDEIRO, *Manual de Direito do Trabalho cit.*, 706 s., BERNARDO XAVIER, *Curso de Direito do Trabalho cit.*, 424 s., e JORGE LEITE, *Direito do Trabalho cit.*, II, 229 ss., MONTEIRO FERNANDES, *Direito do Trabalho cit.*, 424 ss., ROMANO MARTINEZ, *Direito do Trabalho cit.*, 558, e ROMANO MARTINEZ / L. M. MONTEIRO / J. VASCONCELOS / MADEIRA DE BRITO / G. DRAY / / L. GONÇALVES DA SILVA, *Código do Trabalho Anotado cit.*, 585 ss. (anotação de L. M. MONTEIRO), ou LEAL AMADO, *Contrato de Trabalho...cit.*, 383 s.

[568] Também neste sentido, MONTEIRO FERNANDES, *Direito do Trabalho cit.*, 424, BERNARDO XAVIER, *Curso de Direito do Trabalho cit.*, 424, e JORGE LEITE, *Direito do Trabalho cit.*, II, 229.

Este regime é dotado de imperatividade absoluta, conforme decorre do art. 236.° n.° 2 do CT[569], o que tem sido justificado em nome do interesse público subjacente à necessidade de evitar o absentismo ao trabalho. Fica assim vedado o estabelecimento de novos feriados, para além dos previstos no Código do Trabalho, bem como a modelação dos feriados aí previstos, quer por determinação contratual ou do empregador, quer em instrumento de regulamentação colectiva do trabalho[570].

**II.** O Código prevê duas *modalidades de feriados*, para comemoração de diversas efemérides, de interesse nacional ou que têm a ver com a tradição cristã do nosso país:

i) Os *feriados obrigatórios*, que constam do art. 234.° n.° 1, são os seguintes: 1 de Janeiro, Sexta Feira Santa, Domingo de Páscoa, 5 de Abril, 1 de Maio, Corpo de Deus, 10 de Junho, 15 de Agosto, 5 de Outubro, 1 de Novembro, 1, 8 e 25 de Dezembro. O feriado de Sexta Feira Santa pode ser celebrado noutro dia com significado local (art. 234.° n.° 2).
ii) Os *feriados facultativos* são a Terça Feira de Carnaval e o feriado municipal das localidades (art. 235.° n.° 1). Um destes feriados pode ser substituído por qualquer dia, a gozar como feriado, por acordo entre o empregador e o trabalhador (art. 235.° n.° 2).

Relativamente aos feriados obrigatórios, dispõe também o Código que, por legislação especial, poderá ser determinado o gozo de alguns deles na segunda-feira da semana subsequente (art. 234.° n.° 3).

Esta norma, que provém do Código do Trabalho anterior, foi formalmente justificada pelo objectivo de diminuir os efeitos negativos na produção causados pelas chamadas «pontes», que ocorrem quando os feriados são próximos mas não contíguos aos dias de descanso. No entanto, a norma coloca alguns problemas práticos, o maior dos quais é o de saber se esta transferência se verifica mesmo quando o ferido coincida com o dia de descanso semanal do trabalhador.

---

[569] Esta norma é tradicional entre nós, constando já do art. 21.° da LFFF e do art. 210.° do CT de 2003.

[570] Quanto a este último ponto, o Ac. RLx. de 3/06/1998, CJ, 1998, III, 169, considerou nulas as cláusulas de instrumento de regulamentação colectiva do trabalho que estabeleciam outros feriados para além dos previstos na lei.

Não tendo sido publicada legislação especial sobre esta matéria, a norma não é ainda aplicável.

**III.** Os feriados não podem ser compensados com trabalho suplementar e o trabalhador mantém o direito à retribuição correspondente, nos termos do art. 269.° n.° 1 do CT. Trata-se, portanto, de um desvio ao nexo sinalagmático do contrato de trabalho, no sentido da oneração da posição jurídica do empregador, já que esta remuneração não corresponde a qualquer actividade laboral.

O trabalho prestado num feriado obrigatório, em empresa legalmente autorizada a laborar nesses dias, confere ao trabalhador o direito a ser retribuído com um acréscimo de 100%[571] em relação à retribuição normal, ou a gozar de um tempo equivalente de descanso compensatório, cabendo ao empregador optar por uma destas soluções (art. 269.° n.° 2).

## 95. **Férias**[572]

### 95.1. **Aspectos gerais**

**I.** Também correspondente a uma reivindicação tradicional dos trabalhadores dependentes, o direito a férias periódicas pagas não foi consa-

---

[571] Sobre o pagamento do trabalho nos dias feriados, conjugado com o regime de turnos, LIBERAL FERNANDES, *Cálculo da retribuição pelo trabalho prestado em dia feriado em regime de turnos cit.*, 111 ss., e *Retribuição pelo trabalho prestado em regime de turnos em dia de descanso semanal ou em dia feriado cit.*, 90 ss.

[572] Sobre o tema das férias em geral, MENEZES CORDEIRO, *Manual de Direito do Trabalho cit.*, 707 ss., BERNARDO XAVIER, *Curso de Direito do Trabalho cit.*, 425 ss., JORGE LEITE, *Direito do Trabalho cit.*, II, 213 ss., J. SOARES RIBEIRO, *Alterações ao regime jurídico das férias, in* A. MOREIRA (coord.), *II Congresso Nacional de Direito do Trabalho. Memórias*, Coimbra, 1999, 241-255, RUI ASSIS, *O regime jurídico do direito a férias*, DJ, 2000, 3, 291-316, J. ANDRADE MESQUITA, *O direito a férias, in* ROMANO MARTINEZ (coord.), *Estudos do Instituto de Direito do Trabalho*, III, Coimbra, 2002, 65-153, FAUSTO LEITE, *Férias, feriados e faltas, in A Reforma do Código do Trabalho*, Coimbra, 2004, 341-347, ROMANO MARTINEZ / L. M. MONTEIRO / J. VASCONCELOS / MADEIRA DE BRITO / / G. DRAY / L. GONÇALVES DA SILVA, *Código do Trabalho Anotado cit.*, 587 ss. (anotação de L. M. MONTEIRO), ROMANO MARTINEZ, *Direito do Trabalho cit.*, 559 ss., JÚLIO GOMES, *Direito do Trabalho cit.*, I, 722 ss., MONTEIRO FERNANDES, *Direito do Trabalho cit.*, 426 ss., ou LEAL AMADO, *Contrato de Trabalho...cit.*, 285 ss. Com referência ao tema noutros sistemas jurídicos, por todos, quanto ao sistema germânico, ZÖLLNER / LORITZ,

grado em termos genéricos senão há poucas décadas. Previsto em instrumentos normativos internacionais como a DUDH (art. 24.°) e o PIDESC (art. 7.°), e as Convenções da OIT n.° 52 (de 1935) e n.° 132 (de 1970), o direito a férias apenas foi instituído entre nós com a LCT de 1937 e, ainda assim, sem extensão a todos os trabalhadores e com consideráveis diferenças de regime na sua aplicação aos operários e aos empregados[573].

Na actualidade, o direito a férias periódicas pagas não suscita contestação. Em Portugal, a importância deste direito foi suficiente para justificar o seu enquadramento constitucional (art. 59.° n 1 d) da CRP), nos termos oportunamente indicados[574].

**II.** Na sua configuração originária, o direito a férias tinha subjacente a ideia de prémio ou recompensa ao trabalhador[575]. Actualmente, é um direito reconhecido a todas as categorias de trabalhadores e que tem um *objectivo essencial* e um *objectivo acessório*:

i) O objectivo essencial do direito a férias (e que era, aliás, o único relevante até ao advento do Código de 2003) é o de assegurar o repouso do trabalhador e possibilitar a sua plena recuperação física para um outro ano de trabalho, bem como garantir condições de disponibilidade pessoal e integração familiar e social do trabalhador. Este objectivo – que se retira actualmente do art. 237.° n.° 4 do CT, em consonância com o art. 59.° n.° 1 d) da CRP – é o que preside ao reconhecimento do direito e ao período mínimo de férias legalmente garantido, uma vez que este

---

*Arbeitsrecht cit.*, 210 ss., quanto ao sistema francês, Couturier, *Droit du travail cit.*, I, 460 ss., quanto ao direito italiano, Sconamiglio, *Diritto del lavoro cit.*, 274 ss., quanto ao sistema espanhol, Montoya Melgar, *Derecho del Trabajo cit.*, 355 ss., e, quanto ao sistema brasileiro, Mascaro Nascimento, *Curso de Direito do Trabalho cit.*, 907 ss.

[573] Para mais desenvolvimentos sobre a evolução histórica do instituto das férias, entre nós, Menezes Cordeiro, *Manual de Direito do Trabalho cit.*, 707, Bernardo Xavier, *Curso de Direito do Trabalho cit.*, 425 s., Soares Ribeiro, *Alterações ao regime jurídico das férias cit.*, 242 ss., ou J. Andrade Mesquita, *O direito a férias cit.*, 66 ss.

[574] Em especial sobre o enquadramento constitucional do direito a férias, J. Andrade Mesquita, *O direito a férias cit.*, 69 ss.

[575] J. Almeida Policarpo, *O fundamento do direito a férias,* ESC, 1968, 26, 11-28 (11 ss.), Menezes Cordeiro, *Manual de Direito do Trabalho cit.*, 707, e Bernardo Xavier, *Curso de Direito do Trabalho cit.*, 426, ou Jorge Leite, *Direito do Trabalho cit.*, II, 213.

período é independente da assiduidade do trabalhador e da efectividade do trabalho (art. 237.° n.° 2 do CT).

ii) Desde o Código do Trabalho de 2003 e em orientação mantida pelo actual Código, que o direito a férias recuperou como objectivo acessório a ideia de prémio ou recompensa ao trabalhador, uma vez que se prevê uma majoração do período de férias que pode ir até três dias, em caso de ausência ou perante um número de faltas justificadas do trabalhador muito reduzido no ano a que se reportam as férias (art. 238.° n.° 3) e também porque, ao invés, se consagrou a retirada de dias de férias como sanção disciplinar (art. 328.° n.° 1 d) do CT)[576-577].

O regime jurídico desta matéria reflecte os objectivos do direito a férias acima enunciados.

No estudo deste regime, que consta dos arts. 237.° e ss. do CT (normas que sucederam aos arts. 211.° ss. do CT de 2003, que, por seu turno, substituíram os arts. 2.° ss. da LFFF – DL n.° 874/76, de 28 de Dezembro), importa destacar os seguintes aspectos: a questão da aquisição, da natureza e do vencimento do direito a férias; os problemas da duração das férias e da relação entre o direito a férias e o trabalho prestado, que inclui a questão da majoração das férias; as questões relativas à marcação e ao gozo efectivo das férias; os problemas da retribuição e outras prestações pecuniárias relativas às férias; as regras especiais sobre o direito a férias no ano da celebração do contrato de trabalho e no ano da sua cessação; e os problemas específicos deste direito em contratos de trabalho especiais.

### 95.2. **Aquisição, vencimento e irrenunciabilidade do direito a férias**

**I.** As questões relativas à *aquisição, ao vencimento e à natureza do direito a férias* encontram-se reguladas no artigo 237.° do CT.

---

[576] Noutros sistemas jurídicos, é muito mais saliente o objectivo compensatório da assiduidade no reconhecimento e no regime jurídico das férias – é o caso do sistema brasileiro, em que a duração das férias é fixada num tecto máximo sendo reduzida em função do número de ausências do trabalhador (art. 130.° da Consolidação das Leis do Trabalho). Sobre o ponto, MASCARO NASCIMENTO, *Curso de Direito do Trabalho cit.*, 917 s.

[577] Sobre esta sanção disciplinar e os problemas que ela coloca, *vd infra*, § 29.°, ponto 109.1.

Nos termos da lei, o trabalhador tem direito a um período de férias remuneradas em cada ano civil (237.° n.° 1), que se adquire com a celebração do contrato de trabalho e se vence, em princípio, no dia 1 de Janeiro de cada ano civil (art. 237.° n.° 1)[578].

**II.** O direito a férias é um *direito irrenunciável* (art. 237.° n.° 3), característica que tem a sua razão de ser no objectivo essencial de tutela da saúde e de garante da recuperação física do trabalhador, que assiste a este direito[579]. Da irrenunciabilidade do direito a férias decorre a proibição de substituição das férias por compensação pecuniária, ainda que com o acordo do trabalhador[580] (art. 237.° n.° 3 parte final).

No entanto, este princípio não é absoluto, uma vez que a lei admite uma renúncia parcial do trabalhador ao direito a férias, embora mantendo a retribuição e o subsídio de férias e desde que fique salvaguardado o gozo efectivo de 20 dias úteis (art. 238.° n.° 5). Por outro lado, a lei permite que o trabalhador, cujas faltas ao trabalho determinem a perda da retribuição, possa solicitar a substituição dessa perda pela diminuição correspondente do tempo de férias, até ao limite de 20 dias de férias por ano (257.° n.° 1 a)).

---

[578] No regime anterior desta matéria (art. 211.° do CT de 2003), a lei distinguia mais claramente entre aquisição e vencimento do direito a férias, referindo expressamente que o direito a férias se adquiria com a celebração do contrato de trabalho, embora apenas fosse exigível a 1 de Janeiro do ano seguinte, como regra geral. O actual Código do Trabalho apenas se refere ao vencimento deste direito, mas, naturalmente, cabe ainda situar a aquisição do mesmo no início do contrato, designadamente para poder compreender o regime das férias nos anos de admissão do trabalhador e por ocasião da cessação do contrato de trabalho.

[579] Sobre esta característica do direito a férias, A. Monteiro Fernandes, *A irrenunciabilidade do direito a férias*, ESC, 1967, 22, 11-35.

[580] Sobre este ponto, Ac. STJ de 1/03/1999, CJ (STJ), 1999, I, 299, e Ac. REv. de 5/01/1993, CJ, 1993, I, 289, considerando nulo o acordo das partes no sentido da renúncia ao gozo das férias, mas entendendo que, neste caso, não é de aplicar a sanção de pagamento da retribuição em triplo ao trabalhador (tal como se prevê no art. 246.° n.° 1 do CT), porque o trabalhador deu o seu consentimento a tal renúncia. Quanto a nós, esta é a interpretação mais correcta da norma: ainda que não houvesse outros argumentos, o facto de o trabalhador acordar na renúncia ao direito e depois invocar a ilicitude do acordo para receber a compensação em triplo, configura uma situação de abuso do direito na modalidade de *tu quoque*, já que foi também ele que deu causa à situação de ilicitude, de cujas consequências se pretende posteriormente prevalecer.

**III.** Da aquisição do direito a férias deve distinguir-se o momento da sua exigibilidade ou *vencimento*. Sobre esta matéria, dispõem o art. 237.° n.° 1 e o art. 239.°, nos quais se estabelecem uma regra geral e regras especiais para o direito a férias no ano da contratação do trabalhador. Assim:

– porque, em regra, o direito a férias se reporta ao trabalho prestado no ano civil anterior, a regra geral é a do vencimento do direito no dia 1 de Janeiro do ano subsequente (art. 237.° n.° 1 e 2);
– no ano da admissão do trabalhador, o direito a férias vence-se após seis meses de duração do contrato, o que pode recair ainda no ano civil da contratação ou já no ano subsequente, consoante a data da contratação (art. 239.° n.os 1, 2 e 3)[581].

### 95.3. **Duração das férias: regra geral e regras especiais; a majoração das férias**

**I.** Relativamente à *duração das férias*, cabe estabelecer algumas distinções, tendo em conta o período a que se reporta o direito a férias, o tipo de contrato de trabalho e a assiduidade do trabalhador. Este último critério liga-se especificamente à questão da majoração das férias.

A regra geral quanto à *duração mínima do período anual de férias* é fixada no art. 238.° n.° 1, que estabelece a duração mínima de 22 dias úteis por cada ano de trabalho[582]. A letra do preceito permite concluir pela

---

[581] Assim, se o trabalhador for contratado a 1 de Fevereiro, o seu direito a férias relativo ao ano de admissão vence-se a 1 de Agosto do mesmo ano; mas se for contratado em Agosto de um determinado ano, apenas se vence em 1 de Fevereiro do ano seguinte.

[582] A duração do período anual de férias varia consoante os sistemas. Assim, na Alemanha, este período é, na generalidade dos casos, de 24 dias úteis, mas trata-se de uma duração mínima (ZÖLLNER / LORITZ, *Arbeitsrecht cit.*, 211); em França, a duração das férias é de cinco semanas (COUTURIER, *Droit du travail cit.*, I, 460); em Itália, o período de férias varia consoante o tipo de contrato de trabalho e a antiguidade dos trabalhadores, sendo fixada uma duração mínima pela lei (entre 10 e 30 dias para os empregados e entre 15 a 24 dias para os trabalhadores manuais), que é amplamente modelada em instrumento de regulamentação colectiva do trabalho (SCONAMIGLIO, *Diritto del lavoro cit.*, 275); em Espanha, o art. 38.° do *Estatuto de los Trabajadores* fixa em 30 dias o período anual mínimo de férias (MONTOYA MELGAR, *Derecho del Trabajo cit.*, 357); e no Brasil a duração das férias está fixada em 30 dias corridos mas este período diminui em consonância com o número de faltas do trabalhador, nos termos do art. 130.° da Consolidação das Leis do Trabalho (cfr., MASCARO NASCIMENTO, *Curso de Direito do Trabalho cit.*, 917).

natureza imperativa mínima da norma[583], pelo que este período pode ser aumentado mas não diminuído[584].

Contudo, como decorre do que acima foi referido quanto à renunciabilidade parcial do direito a férias, este período legal mínimo de duração das férias não pode ser confundido com o *período legal mínimo de gozo efectivo das férias*, que é de 20 dias úteis; é também este período legal mínimo de gozo efectivo das férias que constitui o limite para a nova sanção da perda de dias de férias (arts. 328.° n.° 1 d) e n.° 3 b) do CT), bem como para a renúncia parcial ao direito a férias por iniciativa do trabalhador (art. 238.° n.° 5).

Para efeitos da contagem do período de férias são considerados dias úteis os dias de segunda a sexta feira, qualquer que seja o período normal de trabalho semanal do trabalhador, e são descontados os feriados (art. 238.° n.° 2).

**II.** As regras acima indicadas recortam a duração do período de férias num ano comum de execução do contrato. No que se refere ao ano da contratação do trabalhador, ele tem direito a 2 dias úteis de férias, por cada mês completo de serviço, que se vencem após seis meses de trabalho, mas que não podem ultrapassar 20 dias (art. 239.° n.° 1). Por outro lado, da conjugação desta regra com a regra geral do art. 238.° n.° 1 não pode resultar mais tempo de férias do que 30 dias (239.° n.° 3).

Já se o trabalhador tiver sido contratado a termo, por prazo inferior a seis meses, rege o art. 239.° n.os 4 e 5, que confere o direito a 2 dias de férias por cada mês de duração do contrato.

**III.** Por fim, deve atentar-se na possibilidade de *majoração do tempo de férias*, em função da assiduidade do trabalhador, que foi introduzida pelo Código do Trabalho de 2003 e é mantida no actual Código.

---

583 Era já este o entendimento maioritário sobre a natureza do preceito que regia esta matéria, no âmbito do regime anterior ao Código do Trabalho de 2003 (art. 4.° n.° 1 da LFFF), ainda que a redacção da norma não fosse tão clara e que tal leitura contrariasse, em certa medida, a perspectiva de combate ao absentismo que orientou a LFFF. A actual formulação da norma confirma este entendimento, tendo o legislador optado por outras medidas de combate ao absentismo, como é o regime da majoração do direito a férias.

584 Na verdade, muitos instrumentos de regulamentação colectiva do trabalho aumentam este período.

Assim, embora a regra seja a da *independência do direito a férias da efectividade do serviço prestado no ano civil a que se reportam e da assiduidade do trabalhador* (art. 237.° n.° 2)[585], a lei permite o aumento da duração das férias no caso de o trabalhador não ter faltado no ano civil a que se reporta o direito a férias ou de ter tido apenas um número reduzido de faltas.

A majoração do direito a férias ocorre nas situações previstas no art. 238.° n.os 3 e 4 do CT e é variável, de acordo com o tempo de ausência do trabalhador. Assim:

- o trabalhador tem direito a mais três dias de férias no caso de não ter tido nenhuma ausência ao trabalho ou se tiver dado apenas uma falta ou dois meios dias de faltas justificadas, durante o ano civil a que se reportam as férias (art. 238.° n.° 3 a));
- o trabalhador tem direito a mais dois dias de férias, em caso de dois dias completos ou quatro meios dias de faltas justificadas, no ano a que se reporta o direito a férias (art. 238.° n.° 3 b));
- o trabalhador tem direito a mais um dia de férias, no caso de três dias completos ou seis meios dias de faltas justificadas, no ano a que se reporta o direito a férias (art. 238.° n.° 3 c)).

Nos termos do art. 238.° n.° 4, as situações de suspensão do contrato por motivo respeitante ao trabalhador são equiparadas às faltas para efeitos desta norma. Esta regra só é afastada no caso de a suspensão do contrato decorrer do gozo das licenças de parentalidade previstas no art. 35.° n.° 1 alíneas a) a e) do CT, situação que não impede a majoração, o que permite concluir que todas as outras situações de dispensa do trabalhador e de suspensão do contrato interferem com o direito à majoração das férias, independentemente da sua qualificação ou justificação, e ainda que sejam consideradas como tempo efectivo de serviço para outros efeitos[586].

---

[585] Sobre a independência entre o direito a férias e a assiduidade e efectividade do serviço, Ac. STJ de 27/09/1995, CJ (STJ), 1995, III, 273, e Ac. RLx. de 3/11/1994, CJ, 1994, V, 183, entre outros. Contudo, como se observou no Ac. RC de 18/11/1993, CJ, 1993, V, 76, tem que ter sido prestado algum trabalho no ano anterior para que se vença o direito a férias.

[586] Também sufragando este entendimento da norma, L. M. Monteiro, *in* Romano Martinez / L. M. Monteiro / J. Vasconcelos / Madeira de Brito / G. Dray / L. Gonçalves da Silva, *Código do Trabalho Anotado cit.*, 491.

Embora seja compreensível o objectivo do regime da majoração das férias – mais do que penalizar os trabalhadores que faltam ao trabalho, trata-se de premiar aqueles que são assíduos – a aplicação prática deste regime tem suscitado diversas dúvidas, que importa esclarecer. Estas dúvidas referem-se ao tipo de faltas a ter em conta para efeitos da majoração, ao tempo de férias sobre o qual incide o direito à majoração, ao vencimento do direito à majoração e, por fim, à dificuldade de conjugação deste regime com outros valores laborais.

Quanto ao *tipo de faltas que relevam para efeitos da majoração do direito a férias*, suscitou-se a questão de saber se deviam ser tidas em conta as faltas injustificadas ou as faltas justificadas do trabalhador. A nosso ver, decorre não só da letra do preceito (no corpo do art. 238.° n.° 3), como também do escopo do regime da majoração (i.e., a promoção genérica da assiduidade no trabalho), que se teve em vista as faltas justificadas do trabalhador, devendo considerar-se que as faltas injustificadas afastam, por si sós e independentemente do respectivo número, o direito à majoração[587]. Por outras palavras, apenas surge o direito à majoração se o trabalhador, no ano a que se reporta o direito a férias, não tiver dado nenhuma falta injustificada e tiver dado, no máximo, até três faltas justificadas.

Além disso, não deixa de se chamar a atenção para o carácter gravoso deste regime, nomeadamente em relação a certo tipo de faltas justificadas e ainda em relação a algumas situações de suspensão do contrato de trabalho, como as faltas do trabalhador em cumprimento de obrigações legais ou a suspensão do contrato por motivo de adesão a uma greve (art. 249.° n.° 2 d) parte final, e art. 536.° n.° 1, respectivamente).

Um outro problema suscitado por esta norma é o da *base de incidência da majoração*. Tendo em conta que muitos trabalhadores não se sujeitam à duração mínima das férias garantida pela lei (i.e., os 22 dias úteis referidos no art. 238.° n.° 1), mas a uma duração superior, quase sempre fixada por instrumento de regulamentação colectiva do trabalho, em aproveitamento da natureza imperativa mínima daquele preceito le-

[587] Um outro argumento depõe em favor deste entendimento. É que, se não fosse esta a solução, não se compreenderia a equiparação às faltas, para efeitos deste regime, das situações de suspensão do contrato por motivos respeitante ao trabalhador (art. 213.° n.° 4), que são, por natureza, ausências prolongadas mas justificadas.

gal, cabe saber se estes trabalhadores têm ainda direito à majoração e em que termos.

A nosso ver, a resposta a este problema decorre da inserção sistemática do regime da majoração no art. 238.°, que o relaciona com a duração legal mínima das férias e não com a duração efectiva das férias, que seja convencionada pelas partes ou estabelecida em instrumento de regulamentação colectiva do trabalho. Assim, se, por exemplo, o trabalhador já tiver direito a 25 dias de férias por ano, ao abrigo do instrumento de regulamentação colectiva do trabalho aplicável, não há lugar a qualquer majoração, e, se tiver direito a 23 dias de férias por ano, a majoração das suas férias não poderá ultrapassar os dois dias.

Contra este entendimento, poderá dizer-se que estes trabalhadores não vêem a sua assiduidade premiada, mas a verdade é que já dispõem de um regime mais favorável do que o regime legal, uma vez que o alargamento do seu período de férias, operado por via convencional colectiva ou pelo próprio contrato de trabalho, não se sujeita aos requisitos de assiduidade estabelecidos na lei. Outra solução corresponderia a um acumular de vantagens que não se afigura admissível, tanto mais que penalizaria os empregadores que já promoveram o descanso anual dos trabalhadores para além daquilo que a lei obriga.

Outra dúvida suscitada pela norma tem a ver com o *vencimento do direito à majoração, tendo em conta o ano de admissão do trabalhador*. Vencendo-se o direito a férias no dia 1 de Janeiro de cada ano civil e reportando-se esse direito ao trabalho prestado no ano civil anterior, foi sustentado que, no segundo ano de execução do contrato, não haveria ainda lugar à majoração das férias, pelo facto de o trabalhador não ter trabalhado todo o ano anterior[588].

É um entendimento que não sufragamos, por falta de apoio na lei: efectivamente, a lei valoriza no regime da majoração a assiduidade do trabalhador no ano a que se reportam as férias, independentemente de se ter tratado do primeiro ano de execução do contrato e, ao contrário do que estabelece noutros casos, não introduziu qualquer regra específica em matéria de majoração para o ano de admissão do trabalhador. Assim, por

---

[588] Neste sentido, L. M. MONTEIRO, *in* ROMANO MARTINEZ / L. M. MONTEIRO / J. VASCONCELOS / MADEIRA DE BRITO / G. DRAY / L. GONÇALVES DA SILVA, *Código do Trabalho Anotado cit.*, 591.

aplicação directa do art. 237.° n.° 1, a partir do momento em que se vence o direito a 22 úteis de férias (o que sucede no dia 1 de Janeiro do ano subsequente ao ano da contratação do trabalhador), surgirá o direito à majoração se o trabalhador não tiver tido faltas ou se não tiver ultrapassado o número de faltas justificadas previstas no n.° 3 desse artigo, durante o tempo de execução de contrato que decorreu no ano anterior.

Por fim, cabe salientar a *dificuldade de compatibilização entre o regime da majoração das férias e outros valores fundamentais do Direito do Trabalho*, que também relevam em matéria de tempo de trabalho e de tempos de não trabalho, bem como com outros valores relevantes da Ordem Jurídica. Na primeira categoria de situações, este regime pode conflituar com o valor da conciliação entre o trabalho e a vida familiar e com o princípio da igualdade de tratamento entre trabalhadores e trabalhadoras; na segunda categoria, este regime pode opor-se, por exemplo, ao dever geral de cumprimento de obrigações legais e conflituar com outros direitos decorrentes da lei.

No que toca à compatibilização do regime da majoração das férias com o valor da conciliação entre o trabalho e a vida familiar e com o princípio da igualdade de tratamento entre trabalhadores e trabalhadoras, deve salientar-se que, tal como está disposto, este regime pode levar a situações de discriminação indirecta de género, uma vez que, à excepção das licenças de parentalidade, todas as ausências dos trabalhadores são tidas em conta para inibir a majoração (art. 238.° n.° 4). Ora, sendo este critério aparentemente neutro (no sentido em que é aplicável a todos os trabalhadores), é sabido que ele tem resultados desproporcionados na sua aplicação aos trabalhadores e às trabalhadoras, uma vez que são, sobretudo, estas que faltam ao trabalho por motivos ligados à assistência à família, o que consubstancia um caso de discriminação indirecta, nos termos da lei (art. 23.° n.° 1 b) do CT).

Por outro lado, como já referimos, não é excluir a conflitualidade deste regime com os valores jurídicos gerais inerentes a algumas categorias de faltas, que não são salvaguardadas – é o caso das faltas para cumprimento de obrigações legais (por exemplo, para comparecer em tribunal) ou no contexto de actividade de campanha eleitoral[589], ou ainda

589 Salientando esta segunda categoria de situações, FAUSTO LEITE, *Férias, feriados e faltas cit.*, 342.

a suspensão do contrato por motivo de adesão a greve (nos termos do art. 536.° n.° 1 do CT)[590].

### 95.4. **Marcação e gozo efectivo das férias**

**I.** A partir do momento em que se vence o direito a férias, deve proceder-se à respectiva *marcação*, que segue as regras do art. 241.° do CT.

A regra geral nesta matéria é a da marcação das férias por acordo entre o empregador e o trabalhador (art. 241.° n.° 1). Neste caso, as férias podem ser marcadas em qualquer altura do ano e as partes podem prever um único período de férias ou diversos períodos interpolados (art. 241.° n.° 8).

Contudo, há diversas situações em que a marcação das férias compete unilateralmente ao empregador ou tem em conta outros factores. Assim:

i) Na falta de acordo entre o trabalhador e o empregador quanto à marcação das férias, cabe ao empregador proceder a essa marcação, ouvida a comissão de trabalhadores (art. 241.° n.° 2)[591]. Neste caso, e salvo parecer da comissão de trabalhadores ou cláusula de instrumento de regulamentação colectiva do trabalho que o permita, bem como no caso das microempresas[592], as

---

[590] Especificamente quanto a este caso, sempre poderá invocar-se o art. 540.° do CT, que proíbe sumariamente todo e qualquer acto que discrimine o trabalhador em razão da sua adesão à greve, como argumento para isentar esta situação de suspensão das repercussões em matéria de majoração do direito a férias.

[591] Assim, não pode o trabalhador fixar unilateralmente o seu período de férias – a este propósito, *vd* o Ac. RC de 3/12/1994, CJ, 1994, I, 73, que qualificou a ausência do trabalhador que entrou de férias, por sua iniciativa, como uma situação de faltas injustificadas; no mesmo sentido se pronunciou o Ac. STJ de 7/04/2005, CJ (STJ), 2005, I, 258.

[592] Criticando a solução de não circunscrição das microempresas aos limites de marcação das férias entre Maio e Outubro, FAUSTO LEITE, *Férias, feriados e faltas cit.*, 344. Quanto a nós, a solução proposta pelo Código é compreensível, tendo em conta as dificuldades acrescidas de gestão das pequenas empresas, que decorrem da fixação das férias dentro de um lapso temporal mais curto. Reconhece-se, porém, que este regime poderá colidir com o objectivo de promover a conciliação da vida profissional com a vida familiar, que também subjaz ao reconhecimento do direito a férias. Salientando a possível

férias devem ser marcadas entre 1 de Maio e 31 de Outubro, de acordo com os seguintes critérios: deve haver um rateio dos períodos mais pretendidos, que beneficie alternadamente os diversos trabalhadores, e deve ser facilitado o gozo simultâneo das férias dos trabalhadores do mesmo agregado familiar ou que vivam em união de facto ou em economia comum e prestem funções na mesma empresa, salvo prejuízo grave para a empresa (art. 241.° n.os 3 e 7).

ii) Nas situações em que o estabelecimento ou a empresa possam encerrar durante um certo período (o que pode suceder nos casos previstos no art. 242.° do CT, que têm em conta a natureza da actividade desenvolvida), as férias são marcadas tendo em conta o período de encerramento.

iii) Relativamente a certas categorias de trabalhadores, a marcação das férias pode seguir outros critérios, que atendem às necessidades específicas desses trabalhadores – é o que sucede, por exemplo, com a regra especial relativa à marcação das férias dos trabalhadores estudantes (art. 92.° n.° 1).

iv) Especificamente no que toca a actividade económica no sector do turismo, e no caso de a marcação das férias não decorrer de acordo, mas ser feita pelo empregador, apenas 25% do período de férias carece de ser marcado entre os meses de Maio e Outubro, ressalvado tempo superior fixado em instrumento de regulamentação colectiva do trabalho (é o novo regime que decorre do art. 241.° n.° 4 do actual CT).

Uma vez marcadas as férias, o empregador tem que elaborar o respectivo mapa, até 15 de Abril de cada ano, e afixá-lo nas instalações da empresa (art. 241 n.° 9).

Por outro lado, uma vez marcadas as férias, a alteração desta marcação apenas será possível em duas situações: por interesse do empregador, no caso de sobrevirem exigências imperiosas de funcionamento da empresa e conferindo ao trabalhador o direito a ser indemnizado pelos prejuízos que tenha sofrido, na pressuposição de que gozaria as férias no

---

inconstitucionalidade de diversas normas do regime jurídico das férias, por violação deste princípio, Jorge Leite, *Código do Trabalho – algumas questões de inconstitucionalidade*, QL, 2003, 22, 245-278 (274 ss.).

período inicialmente fixado (art. 243.°); por interesse do trabalhador, no caso de estar temporariamente impedido de gozar as férias no período inicialmente previsto, o que confere ao empregador o direito de as remarcar sem sujeição aos limites do art. 241.° n.° 2 (art. 244.°).

Por fim, se o trabalhador já estiver em gozo de férias, o empregador apenas pode interromper esse gozo em caso de necessidades imperiosas da empresa e com o dever de indemnizar o trabalhador pelos prejuízos causados, nos termos do art. 243.°. Nestas situações, deve ser garantido ao trabalhador o gozo seguido de metade do tempo de férias a que tinha direito (art. 243.° n.° 2).

**II.** Do objectivo principal do direito a férias (i.e., a garantia da saúde e da recuperação física do trabalhador) decorrem diversos traços do respectivo regime jurídico, atinentes à periodicidade deste direito e à *garantia do seu gozo efectivo*. Destacamos o seguintes aspectos:

i) A *anualização do direito a férias*: o direito as férias é reportado a cada ano civil, para assegurar a periodicidade do tempo de repouso do trabalhador (art. 237.° n.° 1), e as férias devem ser gozadas no decurso do ano civil em que se vencem (art. 240.° n.° 1), por essa mesma razão. Em consonância com esta regra geral de anualização, não é admissível a acumulação das férias de dois anos, a não ser nas condições restritas do art. 240.° n.os 2 e 3, ou por acordo entre o trabalhador e o empregador.

ii) A *garantia do gozo efectivo seguido de um tempo mínimo de férias*: embora as férias possam ser marcadas em moldes repartidos, quando o sejam, um dos períodos definidos deve corresponder, no mínimo, a 10 dias úteis consecutivos (art. 241.° n.° 8); esta norma (aliás, como o art. 243.° n.° 2 relativo à interrupção do gozo das férias, acima referenciado) pretende garantir um tempo de repouso mínimo ao trabalhador.

iii) A *independência do direito a férias da efectividade do serviço prestado no ano civil a que se reportam e da assiduidade do trabalhador* (art. 237.° n.° 2 parte final), em termos gerais e não obstante a possibilidade de majoração.

iv) A *impossibilidade de substituição das férias por compensação monetária*, ainda que com o acordo do trabalhador, ressalvadas as situações legalmente previstas (art. 237.° n.° 3), que acima se enunciaram.

v) A *proibição geral do desenvolvimento de outra actividade remunerada durante as férias*, salvo autorização do empregador ou no caso de tal actividade já vir sendo desenvolvida na pendência do contrato de trabalho (art. 247.° n.° 1); a violação desta norma consubstancia uma infracção disciplinar, para além de permitir ao empregador reaver o valor do subsídio de férias que tenha pago ao trabalhador (art. 247.° n.os 2 e 3).

vi) *A ocorrência de doença do trabalhador durante o período de férias suspende as mesmas*, nos termos do art. 244.° n.° 1, i.e., desde que o empregador seja informado de tal facto e prevendo-se a comprovação médica da doença nos termos dos arts. 244.° n.° 4 e 254.° n.os 2 e 3. O tempo de férias em falta, por força da doença do trabalhador, é gozado posteriormente, cabendo a respectiva marcação ao empregador (art. 244.° n.° 2). A justificação deste regime reside ainda no objectivo de descanso e de recuperação física do trabalhador que subjaz ao direito a férias: se o trabalhador estiver doente, o tempo para tal descanso e recuperação física deve interromper-se.

### 95.5. **Prestações pecuniárias relativas às férias**[593]

**I.** Ao reconhecimento constitucional do direito a férias inere o direito ao pagamento das mesmas (art. 59.° n.° 1 d) da CRP).

Em consonância com esta exigência constitucional, a lei prevê a atribuição de duas compensações pecuniárias ao trabalhador no seu período anual de férias: o *pagamento da retribuição correspondente a esse período*, como se o trabalhador estivesse em serviço efectivo; e o *pagamento de um subsídio de férias* de montante equivalente ao da retribuição base e demais prestações retributivas que sejam contrapartida do modo específico de execução do trabalho (art. 264.° n.os 1 e 2, respectivamente, do CT).

---

[593] Especificamente sobre este ponto, ainda que com reporte ao regime anterior à codificação laboral, J. ANDRADE MESQUITA, *O direito a férias cit.*, 106 ss.; e, já no âmbito do Código do Trabalho, ROMANO MARTINEZ / L. M. MONTEIRO / J. VASCONCELOS / / MADEIRA DE BRITO / G. DRAY / L. GONÇALVES DA SILVA, *Código do Trabalho Anotado cit.*, 630 ss. (anotação de J. VASCONCELOS).

O direito do trabalhador à retribuição durante as férias e ao subsídio de férias evidencia a obrigação remuneratória ampla do empregador, que é típica dos vínculos laborais[594], uma vez que estes pagamentos correspondem a situações de não trabalho. Trata-se de um dos aspectos reveladores da singularidade dogmática do vínculo laboral no panorama dos negócios obrigacionais, porque manifesta um desvio ao nexo sinalagmático entre as prestações principais das partes.

**II.** A principal dificuldade do regime da retribuição das férias e do subsídio de férias reside na *determinação do conteúdo destas prestações*. Esta dificuldade pode resultar de um de três factores: do facto de o trabalhador auferir uma retribuição variável ou uma retribuição mista (i.e., com uma componente fixa e outra variável)[595], o que torna mais difícil a determinação do valor que deve auferir a título de retribuição de férias e do respectivo subsídio; da dificuldade de qualificar o conjunto das prestações remuneratórias que o trabalhador aufere, colocando-se o problema da tomada em consideração de todas ou apenas de parte dessas prestações, para efeitos do cálculo da retribuição e do subsídio de férias; por fim, da circunstância de o Código do Trabalho (em norma que foi introduzida pelo CT de 2003) ter deixado de equiparar genericamente o subsídio de férias à retribuição de férias, para efeitos do respectivo cálculo, o que significa que estas duas prestações têm um valor diferente.

Para a determinação do valor da retribuição correspondente ao período de férias, quando o trabalhador aufira uma retribuição variável ou mista, deve ter-se em conta tanto a parte fixa da retribuição como a parte variável[596]. Para o cálculo desta última, a jurisprudência tem atendido ao valor médio dos montantes variáveis auferidos pelo trabalhador no ano anterior, critério que tem um apoio indirecto na norma relativa ao modo de cálculo da retribuição variável (art. 261.° n.° 3 do CT). Contudo, como

---

[594] Sobre este ponto, com desenvolvimentos, *Direito do Trabalho I*, 408 s., e ainda ROSÁRIO PALMA RAMALHO, *Da Autonomia Dogmática... cit.*, 773 ss.

[595] Teremos ocasião de desenvolver estes conceitos, a propósito do estudo da matéria da retribuição, *infra*, no § 27.°, ponto 99.

[596] Assim, por exemplo, integrando as comissões de vendas auferidas pelo trabalhador no cálculo da retribuição de férias e do respectivo subsídio, *vd* o Ac. STJ de 11/12/1996, CJ (STJ), 1996, III, 262.

resulta expressamente do n.° 1 do art. 264.°, o valor que resulte deste cálculo não pode ser inferior ao que o trabalhador receberia «se estivesse em serviço efectivo»[597].

Uma outra dificuldade decorre do próprio conceito de retribuição a ter em conta para efeitos desta norma. Como veremos[598], a retribuição do trabalhador não corresponde ao conjunto das vantagens remuneratórias de que ele beneficia no contrato de trabalho, mas integra apenas aquelas vantagens patrimoniais que constituam contrapartida do seu trabalho (art. 258.° n.° 1 do CT), não obstante se presumir, até prova em contrário, que todas as prestações do empregador ao trabalhador constituem retribuição (art. 258.° n.° 3).

No elenco das vantagens remuneratórias do trabalhador cabe, pois, identificar aquelas que correspondem a retribuição, para efeitos do cálculo da retribuição de férias. Assim, não integram a retribuição de férias as prestações remuneratórias relativamente às quais a lei exclua o carácter retributivo, ainda que apenas na exacta medida dessa exclusão (é o caso das quantias recebidas a título de ajudas de custo e outros abonos, como os subsídios de refeição, de transporte ou de representação[599], desde que não tenham sido previstos como retribuição, é o caso da prestação de trabalho suplementar não habitual ou de trabalho nocturno eventual, e é o caso das gratificações extraordinárias ou das quantias recebidas a título

---

[597] ANDRADE MESQUITA, *O direito a férias cit.*, 107, chama a atenção para a injustiça da solução de cálculo do valor da retribuição férias com base na retribuição média auferida no ano anterior, no caso de haver um grande desequilíbrio entre o trabalho prestado no ano anterior e o trabalho desenvolvido no ano em que as férias são gozadas (por exemplo, porque o trabalhador estava anteriormente a trabalhar em regime de tempo parcial e passou no ano seguinte ao regime de tempo inteiro, ganhando mais). Esta ponderação justifica também o segundo critério de delimitação do valor da retribuição, que acima se enuncia. Evidentemente, quando o direito a férias se reporte ao trabalho prestado no próprio ano (o que sucede quanto às férias relativas ao ano de admissão e ao ano da cessação do contrato de trabalho), deve o valor da retribuição e do subsídio respectivo ser calculado pela média das retribuições auferidas nesse ano.

[598] *Infra,* § 27.°, ponto 99.

[599] No âmbito do sistema anterior à codificação laboral, era já este o entendimento maioritário na jurisprudência quanto à integração destas prestações no subsídio de férias. Cfr., entre outros, Ac. STJ de 27/09/1995, CJ (STJ), 1995, III, 273, Ac. RLx. de 29/06/1994, CJ, 1994, III, 181, Ac. RLx. de 3/11/1994, CJ, 1994, V, 183, Ac. RC de 13/11/1996, CJ, 1996, V, 68.

de participação nos lucros); mas já integrará a retribuição das férias, por exemplo, o valor devido ao trabalhador a título de diuturnidades ou de isenção de horário de trabalho ou ainda de prestação de trabalho nocturno ou por turnos, se esses forem os regimes-regra do trabalhador quando em serviço efectivo[600], bem como os subsídios e abonos regulares que tenham sido previstos como retributivos.

Por fim, chama-se a atenção para o facto de o Código do Trabalho – à semelhança do que já sucedia no Código do Trabalho anterior – ter deixado de indexar o modo de *cálculo do subsídio de férias* à retribuição durante as férias[601]. Efectivamente, nos termos do art. 264.° n.° 2, o subsídio de férias compreende a retribuição base – conceito mais restritivo do que o conceito de retribuição, porque se reporta apenas ao salário previsto no contrato de trabalho ou no instrumento de regulamentação colectiva do trabalho para a função ou categoria do trabalhador, tendo em conta o período normal de trabalho (art. 262.° n.° 2 a)) – e ainda as prestações complementares que sejam contrapartida do modo específico de execução da actividade laboral em causa (por exemplo, os valores pagos ao abrigo dos regimes de isenção de horário de trabalho, de trabalho nocturno ou de turnos, os subsídios de função, e, no caso de retribuição variável, as comissões de vendas).

Em compensação, não parecem estar aqui abrangidas as prestações correspondentes ao modo de desempenho do trabalhador (prémios e gratificações[602]), nem aquelas que se referem a despesas do empregador com o

---

[600] Também aplicando o critério da regularidade e da periodicidade das prestações devidas ao trabalhador a título de trabalho nocturno e suplementar e de compensação por redução do horário de trabalho, para efeitos da respectiva inclusão na retribuição de férias e no subsídio de férias e de Natal, Ac. STJ de 19/03/2003, CJ (STJ), 2003, I, 271, e, especificamente em relação à remuneração do trabalho nocturno regular, Ac. RLx. de 21/01/2004, CJ, 2004, I, 145. Quanto à integração de um subsídio de função na retribuição de férias e no respectivo subsídio, pode ver-se o Ac. STJ de 24/04/2002, CJ (STJ), 2002, II, 253.

[601] Era esta a solução do direito anterior, que tinha já suscitado uma interpretação restritiva da norma, por não fazer grande sentido manter, durante o período de férias, o direito a prestações justificadas por despesas que o trabalhador não tem de fazer durante esse período (por exemplo, as despesas de transporte ou de refeição). A solução do Código é, todavia, ainda mais restritiva.

[602] Relativamente aos prémios, no âmbito do sistema anterior ao Código do Trabalho, *vd*, por exemplo, o Ac. STJ de 27/09/1995, CJ (STJ), 1995, III, 273; já o Ac. RP de 14/03/2005, CJ, 2005, II, 229, considerou que os prémios de produtividade e mérito

trabalhador (caso dos subsídios de transporte ou de alimentação[603], ou do valor do uso de viatura cedida pelo empregador, por exemplo).

Evidentemente, em caso de dúvida sobre a qualificação de uma prestação como retributiva, para efeitos da sua tomada em consideração no cálculo da retribuição de férias e do respectivo subsídio, deve funcionar a presunção geral quanto à natureza retributiva das prestações do empregador ao trabalhador (art. 258.° n.° 3 do CT), resolvendo-se a dúvida pela integração de tal prestação na retribuição de férias e no respectivo subsídio[604].

**III.** Podia suscitar-se ainda a *questão de saber se a majoração do direito a férias se repercutia no montante da retribuição e do subsídio de férias*. O Código esclarece esta dúvida em sentido negativo, no art. 264.° n.° 2, *in fine,* ao estabelecer que o montante do subsídio de férias tem por referência o tempo legal mínimo de duração das férias.

Da mesma forma, a redução das férias por interesse do trabalhador e a solicitação deste não determina qualquer redução no montante do subsídio de férias (art. 238.° n.° 5).

**IV.** A lei estabelece que o subsídio de férias deve ser pago antes do gozo das férias, salvo acordo escrito em contrário, e proporcionalmente, no caso de gozo das férias em vários períodos (art. 264.° n.° 3).

### 95.6. **Férias e vicissitudes do contrato de trabalho; outros aspectos**

**I.** O regime das férias pressupõe que o contrato de trabalho esteja em execução. Assim sendo, ele carece de adaptação perante as vicissitudes que afectem o contrato, cabendo destacar, a este propósito, as situações de suspensão e de cessação do contrato.

---

e os «*plafonds*» de cartão de crédito, que integrassem a retribuição do trabalhador, deviam ser tidos em conta no cálculo da retribuição de férias e dos subsídios de férias e de Natal.

[603] Quanto ao subsídio de refeição, era já pacífica no âmbito do sistema anterior ao Código do Trabalho, a sua não inclusão no subsídio de férias, como, aliás, também no subsídio de Natal. Neste sentido, Ac. RLx. de 29/06/1994, CJ, 1994, III, 181, e Ac. RLx. de 3/11/1994, CJ, 1994, V, 183.

[604] Para mais desenvolvimentos sobre este ponto, *infra,* § 27.° , ponto 101.5.

**II.** Relativamente aos *efeitos da suspensão do contrato no direito a férias*, a lei considera o caso em que essa suspensão decorra de impedimento prolongado do trabalhador em moldes de impedir o gozo efectivo do direito a férias já vencido – assim, por exemplo, o trabalhador que beneficia de uma licença prolongada a partir de 1 Março de 2004, sem ter ainda gozado as férias que se venceram a 1 de Janeiro desse ano.

Para estas situações, o Código do Trabalho estabelece regras equivalentes às das férias no ano da admissão do trabalhador e no ano da cessação do contrato de trabalho. Assim, no ano em que cessar a suspensão, o trabalhador tem direito a férias nos moldes previstos para o ano da admissão, ou seja, após seis meses de trabalho e na razão de dois dias por cada mês (art. 239.° n.$^{os}$ 1 e 2, por remissão do n.° 6 do mesmo artigo); e se o contrato de trabalho cessar após o impedimento prolongado, o trabalhador tem direito à retribuição e ao subsídio de férias correspondentes ao tempo de execução do contrato no ano em que ocorreu a suspensão (art. 245.° n.° 4) – assim, no exemplo acima dado, se a suspensão se iniciou a 1 de Março de 2004 e o contrato veio a cessar em 2006, o trabalhador teria direito a dois duodécimos a título de retribuição de férias e a quantia equivalente a título de subsídio de férias, relativos aos dois meses de 2004 que ainda trabalhou[605].

**III.** A lei ocupa-se ainda dos *efeitos da cessação do contrato de trabalho no direito a férias*. Neste caso, o art. 245.° do CT antecipa o vencimento do direito a férias para o momento da cessação do contrato e reporta-o, naturalmente, ao tempo efectivo de execução do contrato no ano da cessação. Assim, quando o contrato de trabalho cessa, o trabalhador tem os seguintes direitos:

– se já gozou as férias relativas ao ano anterior e vencidas a 1 de Janeiro do ano da cessação do contrato, o trabalhador tem direito a receber a retribuição de férias que corresponda ao tempo de execução do contrato no ano da respectiva cessação, bem como ao respectivo subsídio (por exemplo, se o contrato cessa a 1 de Outubro, o trabalhador tem direito a auferir 9/12 da retribuição e 9/12 a

---

[605] Em especial sobre este ponto, ainda que com reporte ao regime anterior ao Código do Trabalho, J. Andrade Mesquita, *O direito a férias cit.*, 92 ss.

título de subsídio de férias, que se reportam aos nove meses de trabalho prestado nesse ano) – art. 245.° n.° 1 a) e b);

- se o trabalhador ainda não gozou as férias relativas ao ano anterior e que se venceram a 1 de Janeiro desse ano, acresce ao direito anterior o direito à retribuição correspondente a essas férias não gozadas e ao respectivo subsídio por inteiro (art. 245.° n.° 3); além disso, se a cessação do contrato estiver sujeita a aviso prévio, o empregador pode determinar que o gozo das férias tenha lugar durante o período de aviso prévio (art. 243.° n.° 3).

Para evitar que da conjugação destas regras decorra um regime de maior favorecimento dos trabalhadores com contratos de trabalho de curta duração, o art. 245.° n.° 3 estabelece ainda uma regra de proporcionalidade entre o direito a férias destes trabalhadores e a duração do contrato, no caso dos contratos de duração inferior a doze meses.

**IV.** Resta referir que a importância fundamental do direito a férias justifica a apertada tutela contra-ordenacional e civil do respectivo regime jurídico.

Nesta linha, a lei impõe ao empregador que obste ao gozo das férias o dever de pagar ao trabalhador uma compensação no valor do triplo da retribuição correspondente ao período de férias em falta, devendo esse período ser gozado no primeiro trimestre do ano civil subsequente (art. 246.° n.° 1).

Por outro lado, a violação das normas relativas ao direito a férias constitui contra-ordenação, de gravidade variável consoante os casos.

## 96. **Faltas**[606]

### 96.1. **Delimitação e classificações**

**I.** A matéria das faltas envolve problemas especialmente complexos, mercê do carácter continuado do vínculo laboral[607] e da complexidade da

[606] Sobre o tema das faltas, podem ver-se, entre outros, MONTEIRO FERNANDES, *Alguns aspectos do regime jurídico das faltas ao trabalho*, ESC, 1968, 28, 17-44, JORGE LEITE, *As faltas ao trabalho,* RDE, 1978, 2, 417-443, JÚLIO GOMES, *Algumas reflexões*

posição debitória do trabalhador nesse vínculo[608], mas também por força do problema crónico do absentismo e das suas consequências perversas na organização do trabalho nas empresas, na sua produtividade e, globalmente, na economia nacional[609].

Até ao surgimento do Código do Trabalho de 2003, o regime jurídico das faltas constava do DL n.° 874/76, de 28 de Dezembro (LFFF). Neste Código, tal como no Código do Trabalho de 2009, a matéria é tratada em subsecção específica do título do Código dedicado ao contrato de trabalho – arts. 248.° a 257.°.

Para além destas normas devem ainda ter-se em conta outras disposições dispersas pelo Código, com relevo nesta matéria: assim, as faltas por motivos atinentes à maternidade e paternidade e à assistência a família são reguladas a propósito da parentalidade, nos arts. 45°, 46.°, 47.° , 49.°, 50.° e 65.°; as faltas dos trabalhadores estudantes para prestação de provas são reguladas a propósito do regime de trabalho destes trabalhadores, no art. 90.° n.° 3 e no art. 91.°; e o regime especial das faltas e do crédito de horas dos trabalhadores que integram as estruturas de representação colectiva dos trabalhadores está previsto nos arts. 408.° e 409.°.

---

*sobre as faltas justificadas por doença (não profissional) do trabalhador, in Estudos de Homenagem ao Prof. Doutor Raúl Ventura*, II, Coimbra, 2003, 717-749, I. Ribeiro Parreira, *O absentismo antes e depois do Código do Trabalho: o reforço das armas do empregador contra as ausências ao trabalho, in Estudos de Direito do Trabalho em Homenagem ao Professor Manuel Alonso Olea*, Coimbra, 2004, 267-320, Fausto Leite, *Férias, feriados e faltas cit., passim,* A. Mendes Baptista, *As faltas ao trabalho por motivo de doença (não profissional) do trabalhador,* Sep. do *VIII Congresso Nacional de Direito do Trabalho*, Coimbra, 2005, 47-77, bem como, em geral, Menezes Cordeiro, *Manual de Direito do Trabalho cit.,* 710 ss., Bernardo Xavier, *Curso de Direito do Trabalho cit.,* 433 ss., Jorge Leite, *Direito do Trabalho cit.*, II, 232 ss..Romano Martinez / L. M. Monteiro / J. Vasconcelos / Madeira de Brito / G. Dray / L. Gonçalves da Silva, *Código do Trabalho Anotado cit.*, 607 ss. (anotação de L. M. Monteiro), Romano Martinez, *Direito do Trabalho cit.*, 563 ss., e Monteiro Fernandes, *Direito do Trabalho cit.,* 401 ss., Júlio Gomes, *Direito do Trabalho cit.*, 722 ss., e Leal Amado, *Contrato de Trabalho cit.,* 299 ss.

[607] *Supra*, § 17.°, ponto 60.I.

[608] *Direito do Trabalho I*, § 12.°, ponto 43.2.

[609] Para uma panorâmica geral do tema do absentismo, *vd* Ribeiro Parreira, *O absentismo antes e depois do Código do Trabalho... cit.*, 267 e s., com abundantes referências estatísticas. A autora ensaia um conceito de *absentismo* que reporta às faltas e suspensões ilegítimas do trabalho (*idem,* 269).

**II.** A *noção de falta* consta do art. 248.° n.° 1 do CT e não coincide integralmente com a noção de falta do Código do Trabalho anterior. Nos termos desta norma, falta é «a ausência do trabalhador no local em que devia desempenhar a actividade, durante o período normal de trabalho diário».

Esta noção legal permite recortar os seguintes elementos integradores do conceito de falta:

i) A falta envolve a *ausência física do trabalhador do seu local de trabalho*, ou seja, a quebra do dever de assiduidade (art. 128.° n.° 1 b) do CT); assim, não incorre em falta o trabalhador que se encontra na empresa mas que, por qualquer motivo, não está a desempenhar a sua actividade[610].

ii) A referência da falta à ausência do trabalhador do «*local em que devia desempenhar a actividade*»[611] remete-nos para o local de trabalho, mas deve ser entendida em termos amplos e de alguma flexibilidade. Assim, para este efeito, o local de trabalho coincide genericamente com as instalações do empregador, quando é aí que o trabalhador desenvolve a sua actividade (assim, não está em falta o trabalhador que se encontra na empresa, mas se deslocou ao bar, ao armazém ou a um outro serviço); mas é também abrangido pela norma todo e qualquer local para onde o trabalhador se desloque fora da empresa em serviço, bem como as situações de local de trabalho diluído oportunamente referenciadas[612].

iii) A situação de falta reporta-se ao «*período normal de trabalho diário*» Neste ponto, a actual noção afasta-se da noção correspondente do Código do Trabalho de 2003 (que reportava a falta

[610] Neste caso pode estar em causa o dever de diligência do trabalhador ou o dever principal de execução da prestação laboral. No mesmo sentido, ISABEL PARREIRA, *O absentismo antes e depois do Código do Trabalho... cit.*, 270, embora em apreciação da noção de falta da LFFF.

[611] A referência ao «local de trabalho» já resultava implicitamente da noção originária de falta, constante do art. 22.° n.° 1 da LFFF. A actual redacção da norma é, neste ponto, mais explícita quanto à qualificação como falta das ausências do trabalhador do local onde ele deve realizar a prestação, mesmo quando tal local não coincida com o seu local de trabalho normal ou predominante.

[612] Cfr., *supra*, § 25.°, ponto 90.

> ao *«período em que o trabalhador devia desempenhar a actividade»* – art. 224.° n.° 1 daquele Código) e aproxima-se da delimitação de falta constante da LFFF (art. 22.° n.° 1), que também referia o período normal de trabalho. Esta opção não é, contudo, a mais adequada e obriga a uma interpretação correctiva da norma, uma vez que a falta se tem que reportar ao *horário de trabalho* a que o trabalhador se encontra adstrito e não ao período normal de trabalho diário. De facto, numa interpretação literal desta norma, podia concluir-se que o trabalhador não está em falta desde que esteja presente na empresa durante o número de horas de trabalho a que está diariamente obrigado (ou seja, cumprindo o seu período normal de trabalho diário) e ainda que complete essas horas fora dos limites fixados no horário de trabalho. Ora, esta interpretação não corresponde, de todo em todo, ao sentido da norma, pelo que se entende que a norma é de reportar ao horário de trabalho. Apenas no caso de o trabalhador ter isenção total de horário de trabalho, a falta se deve entender reportada ao seu tempo de trabalho diário, mas, ainda assim, entendido como tempo efectivo e não como período normal de trabalho[613].

Para além de relevar na situação de falta o dever de assiduidade do trabalhador, pode também ser relevante para este efeito o dever de pontualidade do trabalhador (art. 128.° n.° 1 b) *in fine*). É que, embora a falta tenha como referência geral o período de trabalho diário do trabalhador, o art. 248.° n.° 2 determina que, em caso de ausência do trabalhador por tempo inferior a este período, o conjunto dos tempos de ausência seja adicionado até completar o tempo correspondente ao período normal de trabalho do trabalhador, para efeitos de configurar uma situação de falta. Deste modo, a soma dos atrasos reiterados do trabalhador, que se consubstanciam, em si mesmos, apenas na quebra do dever de pontualidade, também determina o surgimento de uma situação de falta[614].

---

[613] Também neste sentido, ISABEL PARREIRA, *O absentismo antes e depois do Código do Trabalho... cit.*, 274.

[614] Neste sentido, JORGE LEITE, *As faltas ao trabalho cit.*, 421, e *Direito do Trabalho cit.*, II, 233; contra, considerando que só há falta quando o trabalhador se ausenta pelo tempo correspondente ao período normal de trabalho diário, ISABEL PARREIRA, *O absentismo antes e depois do Código do Trabalho... cit.*, 272.

**III.** Apesar de a situação de falta consubstanciar a quebra de um dever do trabalhador, a lei não lhe associa sempre as mesmas consequências, distinguindo duas *categorias de faltas*: as *faltas justificadas* e as *faltas injustificadas* (art. 249.° n.° 1). As primeiras são enumeradas no art. 249.° n.° 2, abrangendo ainda outras situações previstas no Código e noutros diplomas; as segundas são determinadas por exclusão, abrangendo todas aquelas ausências do trabalhador que não constem da enumeração legal do n.° 2 do art. 249.° ou de outros diplomas legais (art. 249.° n.° 3).

A razão de ser da distinção entre faltas justificadas e injustificadas decorre da conjugação do carácter continuado do vínculo laboral com a dimensão pessoal desse vínculo, no que toca ao trabalhador, para a qual oportunamente se chamou a atenção[615]: por um lado, a vocação de durabilidade do vínculo de trabalho torna inevitável o surgimento de situações pontuais em que o trabalhador deixa de estar à disposição do empregador, não sendo exigível que se limite essa situação de indisponibilidade aos tempos de descanso (assim, por exemplo, o trabalhador que adoece ou que tem que prestar assistência a um familiar, ou o trabalhador que é intimado a ir a tribunal); por outro lado, o envolvimento pessoal do trabalhador no vínculo de trabalho, que já vimos ser muito intenso e substancialmente diverso do envolvimento de outros prestadores de serviço no cumprimento das respectivas prestações, justifica também uma tutela acrescida dos seus interesses pessoais e, segundo a lógica peculiar de conciliação dos interesses das partes no Direito Laboral, a sobreposição destes interesses pessoais ao acordo contratual em algumas situações. O caso das faltas justificadas exemplifica essa prevalência e justifica que o regime aplicável a estas faltas e às faltas injustificadas seja diverso, como se verá de seguida.

### 96.2. **Faltas justificadas: enunciado e regime**

**I.** A análise das faltas justificadas envolve a apreciação de três questões: a apresentação do elenco legal destas faltas; os problemas do carácter exemplificativo ou taxativo desta enumeração e da natureza da norma que a consagra; e as questões colocadas pelo regime jurídico desta categoria de faltas.

---

[615] *Direito do Trabalho I*, § 12.°, ponto 43.5.

**II.** O *enunciado das faltas justificadas* consta do art. 249.° n.° 2 do CT[616], que contempla as seguintes categorias de situações:

i) *Falta por motivo de casamento do trabalhador*, pelo período de 15 dias seguidos[617] (art. 249.° n.° 2 a)); de acordo com a redacção do preceito, agora mais clara do que a redacção anterior, estas faltas devem ser dadas por ocasião do casamento.

ii) *Falta por motivo de falecimento do cônjuge, parentes ou afins do trabalhador* (art. 249.° n.° 2 b)). Nos termos do art. 251.°, o tempo de falta neste caso depende dos casos: assim, o trabalhador pode faltar até 5 dias seguidos em caso de falecimento do cônjuge não separado de pessoas e bens, de parente ou afim no 1.° grau na linha recta (art. 251.° n.° 1 a)) e ainda de pessoa com quem viva em união de facto ou em economia comum (art. 251.° n.° 2)[618]; e pode faltar 2 dias consecutivos em caso de falecimento de outro parente ou afim na linha recta ou no 2.° grau da linha colateral (art. 251.° n.° 1 b))[619]. A violação do disposto nestas normas constitui contra-ordenação grave (art. 251.° n.° 3).

---

[616] No âmbito do regime anterior à codificação laboral, dispunha sobre esta matéria o art. 23.° n.° 2 da LFFF. O Código do Trabalho de 2003 procedeu a uma reorganização da matéria, integrando no enunciado das faltas justificadas algumas das situações de falta previstas em legislação laboral avulsa, para além de introduzir novas categorias de faltas e de alterar pontualmente o regime de algumas das categorias já existentes. O actual Código do Trabalho mantém esta orientação.

[617] No âmbito da LFFF, o art. 23.° n.° 2 a) determinava o período de 11 dias seguidos, excluindo os dias de descanso intercorrentes, para esta falta. Tratava-se de uma formulação menos clara do que a actual.

[618] No âmbito da LFFF, o regime desta última categoria de faltas por motivo de falecimento era equiparado ao das faltas por falecimento de parentes menos próximos ao trabalhador. A redacção actual do preceito decorre da L. n.° 7/2001, de 11 de Maio, sobre a protecção das pessoas que vivem em união de facto.

[619] A LFFF estabelecia o regime jurídico das faltas por motivo de falecimento em moldes absolutamente imperativos, vedando expressamente a sua alteração em instrumento de regulamentação colectiva do trabalho e em contrato de trabalho (art. 24.° n.° 3 da LFFF). Esta norma não teve correspondência no CT de 2003, nem no Código do Trabalho actual, sendo a questão da natureza jurídica do regime das faltas justificadas agora tratada em termos gerais no art. 250.°.

iii) *Falta motivada pela prestação de provas em estabelecimento de ensino*, nos termos do art. 91.° do CT (art. 249.° n.° 2 c)). Esta categoria de faltas integra o regime de tutela do trabalhador estudante, exigindo a conjugação da norma com o art. 91.°, nos termos do qual o trabalhador pode faltar até 2 dias por cada prova de avaliação, até um máximo de 4 dias por cada disciplina em cada ano lectivo, e pode ainda faltar por necessidades de deslocação para as referidas provas. Este regime depende do aproveitamento escolar do trabalhador, nos termos previstos no art. 95.° n.° 2[620].

iv) *Falta motivada por impossibilidade de prestar o trabalho, devido a facto não imputável ao trabalhador, nomeadamente doença, acidente, cumprimento de obrigações legais e necessidade de observância de prescrição médica em caso de recurso a procriação medicamente assistida* (art. 249.° n.° 2 d)). Esta categoria de faltas integra situações diversas, quer de impossibilidade física quer de impossibilidade legal, que têm em comum a circunstância de a ausência do trabalhador não corresponder a um acto voluntário, constituindo uma novidade do actual Código do Trabalho a referência neste item às ausências do trabalhador no contexto da procriação medicamente assistida[621]. De qualquer modo, deve reportar-se este requisito da não imputabilidade da ausência ao trabalhador directamente ao vínculo laboral e não ao facto ou acto que impossibilitou a presença do trabalhador na empresa – assim, ainda integra esta situação de falta o caso em que o trabalhador sofreu um acidente por culpa sua, bem como a situação em que o trabalhador se tem que deslocar a tribunal por causa de uma acção judicial que ele próprio intentou. Por outro lado, salienta-se o carácter exemplificativo do enunciado das situações de impossibilidade de prestação de trabalho previstas nesta norma, o que abre a porta a outros casos de ausência do trabalhador, desde que devidamente

---

[620] *Supra*, § 22.°, ponto 82.

[621] A autonomização desta falta não era, na verdade, necessária, uma vez que o motivo da falta se deixa integrar, com facilidade, na categoria das faltas por razões de saúde.

justificados[622]. Esta é uma categoria de faltas que configura uma cláusula aberta de justificação[623].

---

622 Um caso de falta objectivamente motivada pela impossibilidade de prestar trabalho pelo trabalhador, que tem sido objecto de ampla discussão quanto à sua qualificação, no seio da jurisprudência e da doutrina, é a *falta por motivo de prisão do trabalhador*, quer a título preventivo, quer em cumprimento de pena. De um modo geral, tem sido defendido que, pelo menos no caso da prisão do trabalhador em cumprimento de pena, as faltas ao trabalho devem ser qualificadas como faltas injustificadas (neste sentido, entre outros, o Ac. STJ de 25/02/1993, CJ (STJ), 1993, I, 260, o Ac. RLx. de 6/05/1992, CJ, 1992, III, 255, o Ac. RP de 17/05/1993, CJ, 1993, III, 268, e o Ac. RLx. de 17/05/1995, CJ, 1995, III, 183), com as consequências inerentes em matéria disciplinar, e, designadamente, permitindo ao empregador instaurar um processo disciplinar para despedimento quando o número de faltas atingir o limite anual de 5 seguidas ou 10 interpoladas (art. 351.° n.° 2 g) do CT); mas esta qualificação das faltas já tem sido considerada de mais difícil aplicação no caso de tais faltas terem por base a prisão preventiva do trabalhador, uma vez que tal prisão não constitui, só por si, uma comprovação da ilicitude do seu comportamento.

A nosso ver, a questão merece uma outra colocação, porque a ilicitude que releva para a qualificação da falta do trabalhador ao trabalho tem a ver com a imputabilidade da falta a um comportamento do trabalhador enquanto tal e não noutra qualidade, como aqui sucede. A qualificar-se a ausência do trabalhador preso como falta injustificada, porque ele praticou um crime pelo qual foi condenado, teria, por exemplo, que se fazer idêntica qualificação para a falta do trabalhador motivada por acidente de viação em que este tenha sido considerado culpado – hipótese que tem sido reconduzida sem discussão a um caso de falta justificada por impossibilidade de prestar o trabalho. Ora, no caso da falta por motivo de prisão a situação é ainda de impossibilidade objectiva de prestação do trabalho. Deste modo, crê-se que as faltas do trabalhador preso são de qualificar como faltas justificadas. Esta qualificação não colide com a possibilidade de o empregador fazer promover a cessação do contrato de trabalho, ou pela via do despedimento por motivo imputável ao trabalhador no caso de o crime ter reflexos nos seus deveres laborais (por exemplo, o trabalhador de um banco que foi condenado por lavagem de dinheiro), ou então recorrendo à cessação por caducidade, uma vez que o trabalhador preso está objectivamente impossibilitado de continuar a cumprir a sua prestação, não sendo exigível ao empregador que aguarde a sua libertação para retomar o vínculo, pelo menos no caso da prisão para cumprimento de pena – a figura da cessação do contrato de trabalho por caducidade, motivada em impossibilidade superveniente absoluta de o trabalhador continuar a prestar a sua actividade (art. 343.° b) do CT), poderá ter aqui aplicação, enquanto a figura da suspensão do contrato por motivo atinente ao trabalhador (art. 296.°n.° 1 do CT) poderá adequar-se ao caso das faltas por prisão preventiva.

Sobre este problema, *vd* A. Mendes Baptista, *Faltas por motivo de prisão*, QL, 1998, 11, 47-64, com amplas referências jurisprudenciais, e ainda T. Coelho Moreira, *O respeito pela esfera privada do trabalhador: natureza jurídica das faltas cometidas por motivo de prisão baseada em crimes praticados fora do trabalho*, QL, 2001, 18, 155-189,

v) *Falta para assistência à família do trabalhador* (art. 249.° n.° 2 e)): esta categoria de faltas, cujo pressuposto é o direito fundamental à conciliação da vida profissional com a vida familiar (art. 59.° n.° 2 b) da CRP), tem como requisitos gerais que a assistência do trabalhador aos membros do seu agregado familiar seja inadiável e imprescindível. Contudo, para a sua aplicação, a norma carece de ser articulada com os arts. 49.°, 50.° e 252.° do CT, o que resulta num regime de alguma complexidade. Por esta razão, trataremos esta categoria de faltas em separado, um pouco mais à frente[624].

vi) *Falta por motivos escolares* (art. 249.° n.° 2 f)): nos termos desta norma, o trabalhador responsável pela educação de menor pode ausentar-se, uma vez por trimestre, pelo período estritamente necessário mas não superior a 4 horas por cada filho, para deslocação à escola do menor por motivos ligados com a educação deste. Esta falta, que foi introduzida pelo Código do Trabalho de 2003, tem ainda como pressuposto o direito fundamental à conciliação da vida profissional com a vida familiar, mas pretende, sobretudo, garantir os direitos fundamentais dos pais na liderança do processo de educação dos filhos (art. 67.° n.° 2 c) e art. 68.° n.° 1 da CRP). No entanto, tal como está con-

---

bem como ROMANO MARTINEZ, *Direito do Trabalho cit.*, 543 e nota [3], e MONTEIRO FERNANDES, *Direito do Trabalho cit.*, 392 s.

[623] Neste sentido, embora reportando-se à alínea correspondente da LFFF, JÚLIO GOMES, *Algumas reflexões sobre as faltas justificadas por doença... cit.*, 725. Este autor testa, com desenvolvimento, o conceito de «impossibilidade de prestação do trabalho» para este efeito. Quanto a nós, perante a orientação restritiva da lei em matéria de faltas, sempre diremos que se justifica uma interpretação exigente do que constitua uma impossibilidade para efeitos desta norma, designadamente, temperando o conceito pelo critério do que seja exigível ao empregador tolerar como motivo de ausência do trabalhador – assim, se, por exemplo, o trabalhador se quiser ausentar porque resolveu viajar para África no âmbito de uma organização humanitária durante duas semanas, o carácter meritório da iniciativa não obriga o empregador a qualificar esta ausência como uma falta justificada. Em última análise, a apreciação do motivo da impossibilidade cabe ao empregador e deve ser exercida dentro de critérios de razoabilidade, mas adequados ao caso concreto. Ainda sobre a categoria das faltas por motivo de doença do trabalhador, *vd* MENDES BAPTISTA, *As faltas ao trabalho por motivo de doença (não profissional) do trabalhador cit.*, 47 ss.

[624] *Infra*, ponto seguinte.

figurada pelo Código, designadamente pelo facto de reportar o direito a faltar ao trabalhador «responsável pela educação do menor», a norma pode gerar uma situação de discriminação indirecta entre trabalhadoras e trabalhadores, se o efeito prático da sua aplicação for desproporcionado para uma e outra categoria de trabalhadores (art. 23.° n.° 1 b) do CT)[625]. Subscreve-se, por isso, uma interpretação da norma no sentido de estender a possibilidade de faltar para este efeito a qualquer dos progenitores do menor[626], mesmo que junto da escola apenas um deles esteja indicado formalmente como «encarregado de educação», e acautela-se para a necessidade de avaliação periódica da aplicação prática da norma, com o objectivo de verificar se o resultado dessa aplicação é desproporcionado para os trabalhadores dos dois sexos e de molde a promover uma situação de discriminação indirecta de género[627].

vii) *Falta dada por trabalhador eleito para estrutura de representação colectiva dos trabalhadores* (art. 249.° n.° 2 g))[628]. Estas faltas, cuja razão de ser é assegurar o desempenho das funções

---

[625] É sabido que, por razões ligadas ao estigma tradicional de repartição dos papéis sociais, é tendencialmente a mãe que procede ao acompanhamento escolar dos filhos e que é, para efeitos escolares, designada como «encarregado de educação». No caso, esta tendência poderá determinar que sejam, sobretudo, as trabalhadoras a dar estas faltas e tal resultado não só consubstancia, em si mesmo, uma situação de discriminação indirecta, como pode ter outras consequências discriminatórias, por exemplo, em matéria de majoração de férias, uma vez que estas faltas são tidas em conta para esse efeito, de acordo com o art. 238.° n.° 3 do CT.

[626] Evidentemente, o direito a faltar ao abrigo desta disposição estende-se ao tutor do menor ou a outro encarregado da educação do menor, quando esse seja o caso.

[627] Noutra linha de raciocínio, salienta-se a amplitude com que o Código consagrou esta falta, uma vez que não a subordinou ao requisito da imprescindibilidade da ausência do trabalhador, ao contrário do que faz com as faltas para assistência à família, contempladas na alínea anterior – assim, parece ter o direito a ausentar-se para este efeito o trabalhador cujo cônjuge também vá à reunião da escola do seu filho. A amplitude do direito a faltar neste caso pode justificar-se no princípio constitucional da maternidade e da paternidade, na sua valência educativa e, designadamente, na afirmação expressa do papel insubstituível dos pais na educação dos filhos pela Lei Fundamental (art. 68.° n.° 1 da CRP).

[628] Sobre esta categoria de faltas, *vd* o Ac. STJ de 22/10/1996, CJ (STJ), 1996, III, 245.

que a lei atribui aos delegados sindicais e aos membros das comissões de trabalhadores na empresa, seguem o regime previsto no art. 409.° do CT, mas devem também ser conjugadas com o regime do art. 408.°, que estabelece o direito ao crédito de horas destes trabalhadores. Da conjugação destas normas resulta o seguinte:

– os trabalhadores eleitos para as estruturas de representação beneficiam de um determinado número de horas por mês, subtraídas ao seu período normal de trabalho, para exercício da sua actividade de representação, contando este tempo, para todos os efeitos, como tempo de serviço efectivo (é o *crédito de horas*, previsto no art. 408.°);
– para além deste crédito de horas, estes trabalhadores poderão ainda faltar ao trabalho no exercício das suas funções de representação colectiva, mas apenas para a prática de actos necessários e inadiáveis (arts. 249.° n.° 2 g) e 409.°[629]); estas faltas são justificadas e contam como tempo de serviço efectivo, salvo para efeitos retributivos.

viii) *Falta dada por candidatos a eleições para cargos públicos, durante a campanha eleitoral e nos termos da legislação eleitoral correspondente* (art. 249.° n.° 2 h)). No âmbito do sistema anterior à codificação laboral, esta categoria de faltas não estava contemplada na lei laboral, mas já existia[630], pelo que o Código de 2003 procedeu à sua integração. O actual Código do Trabalho manteve esta orientação.

ix) *Falta autorizada ou aprovada pelo empregador* (art. 249.° n.° 2 i)). Esta categoria de faltas permite estender a justificação àquelas ausências do trabalhador que, apesar de não integrarem ne-

---

[629] Assim, por exemplo, integrará este requisito de imprescindibilidade a falta do delegado sindical para estar presente numa reunião com um membro do Governo, que este tenha agendado para uma hora que corresponda ao período normal de trabalho do trabalhador, mas já não integrará o mesmo requisito a falta do delegado sindical para colocar desdobráveis de incitamento a uma greve na caixa do correio dos trabalhadores, uma vez que tal acto pode ser praticado fora do seu tempo de trabalho.

[630] DL n.° 319-A/76, de 3 de Maio, DL n.° 701-B/76, de 29 de Setembro, L. n.° 14//79, de 16 de Maio, e L. n.° 14/87, de 29 de Abril.

nhuma das categorias anteriores, o empregador considere atendíveis, no caso concreto – o que poderá fazer, quer através de uma autorização prévia à falta, quer através da sua aprovação ou ratificação posterior. Trata-se, contudo, de situações que envolvem uma apreciação discricionária do empregador, que não o vincula para o futuro: assim, o empregador pode justificar uma falta a um trabalhador, atendendo a determinado motivo, e não admitir essa mesma motivação para a falta de outro trabalhador, tal como pode considerar atendível certa justificação num dia mas não noutro.

x) *Outra falta considerada justificada por lei* (art. 249.° n.° 2 j)). Esta norma pretende ressalvar outras faltas que sejam consideradas justificadas tanto pelo Código como por outros diplomas[631].

**III.** Apresentado o elenco geral das faltas justificadas, cabe apreciar as questões da *natureza jurídica desta enumeração legal e do regime jurídico destas faltas*.

No que se refere ao carácter da enumeração legal das faltas, a questão reconduz-se à possibilidade de saber se, para além da «válvula de escape» que constitui a categoria das faltas autorizadas ou aprovadas pelo empregador, (art. 249.° n.° 2 i)), podem ou não ser criadas novas categorias de faltas justificadas por instrumento de regulamentação colectiva do trabalho, por regulamento interno ou por contrato de trabalho. Na prática, tem sido frequente o estabelecimento de novas categorias de faltas, sobretudo em instrumento de regulamentação colectiva do trabalho.

Esta questão, que foi objecto de amplo debate no âmbito do regime anterior à codificação laboral, é agora tratada no art. 250.° do CT.

Porque a discussão sobre esta matéria no âmbito do regime jurídico anterior à codificação laboral ajuda a compreender os valores em jogo e

[631] Integram este elenco, entre outras, as faltas dadas ao abrigo do Estatuto Social do Bombeiro (DL n.° 241/89, de 3 de Agosto, e L. n.° 21/87, de 20 de Junho), as faltas dadas para efeitos de dádiva de sangue (L. n.° 25/89, de 2 de Agosto, e DL n.° 294/90, de 21 de Setembro), as faltas dadas pelos praticantes de alta competição (DL n.° 125/95, de 31 de Maio), as faltas dadas por jurados (DL n.° 387-A/87, de 28 de Dezembro), ou as faltas dadas por titulares de órgãos das associações de pais (DL n.° 372/90, de 27 de Novembro).

pode contribuir para esclarecer o sentido do art. 250.° do CT, vale a pena recordá-la sumariamente.

No contexto da LFFF, eram apontados como argumentos em favor do carácter taxativo da enumeração legal das faltas um argumento literal, retirado do texto do art. 23.° da LFFF (que não apontava para o carácter exemplificativo da enumeração), um argumento histórico, que valorizava o intuito de combate ao absentismo que tinha orientado globalmente o legislador da LFFF, e um argumento *a contrario sensu* retirado do art. 23.° n.° 3 da LFFF, que corresponde *ipsis verbis*, ao actual art. 249.° n.° 3 do CT (se todas as faltas não previstas no n.° 2 eram de qualificar como injustificadas, então a enumeração das faltas justificadas devia ser considerada taxativa). Esta conclusão seria, de certo modo, compensada pela categoria das faltas autorizadas pelo empregador, que, numa interpretação extensiva, também poderia abranger novas faltas consagradas em instrumento de regulamentação colectiva do trabalho.

Na linha oposta de argumentação, que sustentámos, considerava-se a enumeração legal das faltas justificadas exemplificativa, tendo em conta a evolução do ambiente sociológico envolvente quanto ao absentismo, que ocorreu desde o surgimento desta lei, considerando a norma do art. 23.° n.° 3 da LFFF como uma norma de enquadramento residual, e, *a contrario sensu*, o facto de a redacção destas normas da LFFF apenas confirmar a natureza imperativa absoluta de duas destas categorias de faltas (as faltas por motivo de casamento, que a lei fixava expressamente «*até* 11 dias...», e as faltas por motivo de falecimento, relativamente às quais a lei vedava expressamente qualquer alteração por instrumento de regulamentação colectiva do trabalho ou por contrato de trabalho (art. 24.° n.° 3 da LFFF); mas recusava-se a interpretação extensiva da alínea relativa às faltas autorizadas pelo empregador para enquadrar as faltas criadas em instrumento de regulamentação colectiva do trabalho ou por contrato de trabalho ou regulamento interno. Em consonância com este entendimento e por aplicação do princípio do tratamento mais favorável ao trabalhador, seriam admissíveis outras faltas, estabelecidas em instrumento de regulamentação colectiva do trabalho, em regulamento empresarial ou em contrato de trabalho, que teriam uma natureza diversa da categoria das faltas autorizadas ou ratificadas pelo empregador, uma vez que a justificação não dependia de um juízo discricionário do empregador, antes o vinculando nos precisos termos do regime que convencionalmente fosse definido para tais faltas.

O regime agora disposto pelo art. 250.° do CT – e que apenas se afasta do regime correspondente no Código do Trabalho de 2003 (art. 226.° deste diploma) num aspecto secundário – parece ter sido sensível à preocupação de combate ao absentismo, que justificou, no passado, o entendimento mais restritivo da enumeração e do regime legal das faltas justificadas.

Efectivamente, este preceito (sugestivamente epigrafado de «imperatividade do regime de faltas») estabelece que as normas relativas aos «motivos justificativos» de faltas (ou seja, a enumeração do art. 249.° n.° 2) e à sua duração não podem ser objecto de instrumento de regulamentação colectiva do trabalho, excepto no caso das faltas atinentes à representação colectiva dos trabalhadores (i.e, a categoria de faltas da alínea g) do n.° 2 do art. 249.°), relativamente às quais os instrumentos de regulamentação colectiva do trabalho podem dispor em sentido mais favorável aos trabalhadores[632]. Em suma, a lei parece apontar para o carácter taxativo da enumeração legal das faltas justificadas e para a imperatividade do seu regime perante os instrumentos de regulamentação colectiva do trabalho[633]. Contudo, a parte final da norma ressalva as «situações [...] previstas em contrato de trabalho», o que permite concluir que o regime legal é imperativo para os instrumentos de regulamentação colectiva do trabalho mas não para o contrato de trabalho.

Esta solução legal oferece-nos sérias reservas, por dois motivos: de uma parte porque não se descortinam motivos válidos para vedar aos instrumentos de regulamentação colectiva do trabalho a possibilidade de disporem em matéria de faltas, sendo certo que as cláusulas convencionais colectivas, nesta como noutras matérias, são o resultado da transacção de interesses dos empregadores e dos trabalhadores e que as disposições convencionais colectivas sobre faltas permitem uma adaptação às necessidades concretas deste ou daquele sector de actividade ou desta ou daquela

---

[632] É neste ponto que o actual Código se afasta do regime do Código do Trabalho anterior, que não condicionava a intervenção dos instrumentos de regulamentação colectiva do trabalho em relação a esta categoria de faltas pelo requisito da maior favorabilidade.

[633] Neste sentido, ISABEL PARREIRA, *O absentismo antes e depois do Código do Trabalho..cit.*, 290 e nota [55], ROMANO MARTINEZ, *Direito do Trabalho cit.*, 543, e, em anotação a esta norma do Código do Trabalho, L. M. MONTEIRO, *in* ROMANO MARTINEZ / / L. M. MONTEIRO / J. VASCONCELOS / MADEIRA DE BRITO / G. DRAY / L. GONÇALVES DA SILVA, *Código do Trabalho Anotado cit.*, 610.

categoria profissional, que prossegue interesses legítimos que a lei não permite alcançar; de outra parte, porque a possibilidade de modificação legal do regime das faltas em contrato de trabalho pode conduzir a situações de tratamento diferenciado (*quiçá* discriminatório) nesta matéria, que não se justificam, sendo ainda certo que, ao nível de cada situação juslaboral individual, a categoria das faltas autorizadas ou ratificadas pelo empregador já permitia enquadrar os casos individuais de ausência que o empregador entendesse justificar *ad hoc*. Em suma, a nosso ver, esta teria sido uma das áreas em que se teria justificado o estabelecimento de um regime convénio-dispositivo, nos termos do art. 3.° n.° 5 do CT.

Resta dizer que, perante a solução adoptada pela lei, as cláusulas de instrumento de regulamentação colectiva do trabalho em vigor, que estabelecem novas faltas ou alteram a sua duração, ficam feridas de nulidade superveniente por contrariedade à lei, nos termos do art. 3.° n.° 1, *in fine* do CT. Ainda assim, entende-se que esta disposição é compatível com cláusulas de instrumentos de regulamentação colectiva do trabalho que disponham sobre o regime das faltas, em aspectos que não respeitem nem à tipologia das faltas nem à sua duração – é o caso das cláusulas de instrumento de regulamentação colectiva do trabalho que disponham sobre o modo de comunicação ou de prova das faltas, bem como as cláusulas que atribuam uma compensação remuneratória suplementar ao trabalhador em caso de falta paga pela segurança social, por exemplo.

Já no que se refere às cláusulas do contrato de trabalho que disponham em matéria de faltas, elas apenas poderão melhorar o regime legal de faltas, nos termos do art. 3.° n.° 4 do CT.

**IV.** Importa ainda reter os seguintes pontos do *regime das faltas justificadas*, atinentes à comunicação das faltas, à prova do seu motivo justificativo, e aos seus efeitos no estatuto do trabalhador.

i) *Comunicação das faltas justificadas*: a lei exige que as faltas sejam comunicadas ao empregador, cabendo proceder a essa comunicação previamente (com a antecedência mínima de 5 dias[634]), se as faltas forem previsíveis, ou logo que possí-

[634] A comunicação da falta com a antecedência de 5 dias constitui a regra geral para as faltas previsíveis, mas a lei estabelece prazos de comunicação diferentes para diversas categorias de faltas. Assim, no caso do trabalhador candidato a um cargo público, as fal-

vel[635] se o não forem, devendo tal comunicação ser reiterada em caso de extensão do tempo de falta inicialmente indicado (art. 253.°). A falta de comunicação atempada da falta determina a sua qualificação como falta injustificada, nos termos do art. 253.° n.° 5.

Não dispondo a lei sobre a forma da comunicação[636], rege o princípio geral da liberdade de forma[637], sendo possível que os instrumentos de regulamentação colectiva do trabalho, os regulamentos empresariais ou o próprio contrato de trabalho disponham sobre a forma mais adequada de proceder a essa comunicação[638]. Ainda assim, pode ser importante para o trabalhador a existência de um suporte material da comunicação da falta para efeitos de prova, tanto mais que a ausência de comunicação torna a falta injustificada.

ii) *Prova do motivo justificativo da falta*: esta prova pode ser exigida pelo empregador, nos termos do art. 254.° n.° 1 (i.e., nos 15 dias subsequentes à comunicação da falta pelo trabalhador), sendo a falta considerada injustificada se tal prova não for produzida (art. 254.° n.° 5)[639]. A lei é particularmente rigorosa com a justificação das faltas por doença do trabalhador, estabelecendo diversas regras para a fiscalização destas faltas (art. 254.°

---

tas durante a campanha eleitoral, dadas ao abrigo do art. 249.° n.° 2 h), carecem de ser comunicadas com 48 horas de antecedência (art. 253.° n.° 3); no caso do crédito de horas e das faltas do delegado sindical ou do membro da comissão de trabalhadores, que excedam aquele crédito de horas, o prazo de aviso é de 1 ou 2 dias, salvo motivo imprevisível (arts. 408.° n.° 3 e 409.° n.° 3).

[635] Sobre a interpretação deste requisito, no caso das faltas imprevistas, *vd* o Ac. STJ de 18/06/1997, CJ (STJ), 1997, II, 293, considerando que a expressão «logo que possível» deve ser interpretada de acordo com as circunstâncias concretas do caso.

[636] Excepto em algumas situações – assim, a comunicação das faltas do delegado sindical ou do membro da comissão de trabalhadores, que excedam o respectivo crédito de horas, devem ser comunicadas por escrito ao empregador, nos termos dos arts. 408.° n.° 3 e 409.° n.° 3.

[637] Sobre este ponto, Ac. RLx. de 13/03/1996, CJ, 1996, II, 165, admitindo a comunicação da falta por via telefónica.

[638] Sobre estas possibilidades, Ac. RLx. de 13/11/1991, CJ, 1991, V, 159.

[639] Ainda assim, o Ac. RLx. de 29/03/1995, CJ, 1995, II, 175, considerou que não é exigível a prova do motivo justificativo da falta quando o empregador já conhece esse motivo.

n.os 2 e 3), que são hoje complementadas pela L. n.° 105/2009, de 14 de Setembro (arts. 17.° ss.), por remissão expressa do art. 254.° n.° n.° 3 do CT. O particular rigor da lei nesta matéria é ainda evidente na regra segundo a qual a oposição do trabalhador à fiscalização da doença, sem motivo atendível, torna a falta injustificada (art. 254.° n.° 5), e na qualificação como justa causa para despedimento dos actos de apresentação de declaração médica para justificação de falta com intuitos fraudulentos (art. 254.° n.° 4) e de falsas declarações relativas à justificação de faltas (art. 351.° n.° 2 f) do CT)[640].

iii) *Efeitos das faltas justificadas na retribuição do trabalhador*: embora a regra geral seja a da manutenção da retribuição durante o tempo de falta (art. 255.° n.° 1), a lei prevê diversas situações em que, apesar de a falta ser justificada, a retribuição não é devida, no todo ou em parte. Estas situações são as referidas no art. 255.° n.° 2 (independentemente de outras previsões legais) e correspondem a três categorias:

- as situações em que a falta confere ao trabalhador o direito a uma compensação monetária, assegurada por outra via – é o que sucede com as faltas por doença, em que o trabalhador tem direito ao respectivo subsídio, e com as faltas motivadas por acidente de trabalho, quando o trabalhador beneficie de um seguro ou subsídio (art. 255.° n.° 2 a) e b)); naturalmente, se o trabalhador não tiver direito a tal compensação, a responsabilidade de assegurar a retribuição é devolvida ao empregador, ao abrigo da regra geral do art. 255.° n.° 1[641];

---

640 Especificamente sobre este tema, H. TAPP BARROSO, *Justa causa por violação do dever de assiduidade; faltas não justificadas ao trabalho e falsas declarações relativas às faltas – uma abordagem do caso das falsas declarações para justificação de faltas em especial, in* ROMANO MARTINEZ (coord.), *Estudos do Instituto de Direito do Trabalho,* II, Coimbra, 2001, 179-193.

641 Neste sentido, em anotação a esta norma do Código do Trabalho, L. M. MONTEIRO, *in* ROMANO MARTINEZ / L. M. MONTEIRO / J. VASCONCELOS / MADEIRA DE BRITO /G. DRAY / L. GONÇALVES DA SILVA, *Código do Trabalho Anotado cit.*, 612. Situação diversa é a do período inicial de carência fixado pelas regras de segurança social relativamente à atribuição de certas prestações, como o subsídio de doença. Afigura-se-nos que, desde

- as faltas para assistência à família, previstas no art. 252.° (art. 255.° n.° 2 c)), que todavia contam, para todos os outros efeitos, como tempo de serviço efectivo (art. 255.° n.° 3;
- as faltas autorizadas ou ratificadas pelo empregador (art. 255.° n.° 2 e))[642];
- outras faltas justificadas por lei, nos termos do art. 249.° n.° 2 j), quando ultrapassem 30 dias por ano (art. 255.° n.° 2 d))[643];
- as faltas dadas pelos representantes dos trabalhadores na sua actividade, uma vez esgotado o respectivo crédito de horas: nos termos do art. 409.° n.° 1, estas faltas contam para todos os efeitos como serviço efectivo, mas não conferem direito a retribuição, ao contrário do que sucede com o tempo de ausência destes trabalhadores no gozo do crédito de horas (art. 408.° n.° 2).

iv) *Faltas justificadas e estatuto do trabalhador*: as faltas justificadas não determinam a perda ou o prejuízo de qualquer direito do trabalhador, nos termos do art. 255.° n.° 1. Assim, o trabalhador tem direito à contagem do tempo de falta como tempo de serviço efectivo (o que releva para efeitos de antiguidade e de formação dos direitos dependentes do decurso do tempo) e não pode também ser prejudicado no seu posto de trabalho e nas re-

---

que o trabalhador se encontre regularmente inscrito no sistema previdencial em condições de dele poder beneficiar, a responsabilidade pela compensação monetária da sua falta se transfere para esse sistema, deixando de caber ao empregador.

[642] O regime retributivo desta categoria de faltas era discutido no âmbito da LFFF, que não se lhe referia. Fica agora claro que à decisão do empregador no sentido de justificar a falta do trabalhador não inere o direito do trabalhador à retribuição do tempo de falta, solução que parece a mais adequada.

[643] No âmbito do Código do Trabalho anterior, era tratada autonomamente a questão dos efeitos das faltas dadas em campanha eleitoral, para as quais o art. 230.° n.° 4 deste Código estabelecia o direito à retribuição correspondente, no máximo, a um terço do período de duração da campanha eleitoral. Tratava-se de uma solução de compromisso entre o direito de faltar que assiste ao trabalhador e o facto de os encargos financeiros respectivos recaírem sobre o empregador, que o actual Código não manteve, pelo que esta categoria de faltas paraece agora de subsumir ao regime geral das faltas autorizadas por lei.

galias inerentes. Por outro lado, as faltas (tanto justificadas como injustificadas) não prejudicam o direito a férias do trabalhador, mas, no caso de determinarem a perda da retribuição, o trabalhador (e só ele) pode optar pela diminuição do tempo de férias, desde que fique salvaguardado o gozo efectivo de 20 dias úteis, nos termos do art. 257.° n.° 1 a).

v) *Faltas justificadas e suspensão do contrato de trabalho*: as faltas justificadas por impedimento do trabalhador, ao abrigo do art. 249.° n.° 2 d), determinam a aplicação do regime da suspensão do contrato de trabalho, se o impedimento se prolongar por mais de um mês (art. 296.° n.° 1); nos termos ao art. 296.° n.° 3, este regime pode ser accionado antes de decorrido um mês de falta, se for, desde logo, previsível que o impedimento se vai prolongar por mais de um mês. Por outro lado, enquanto durar a situação de suspensão, suspendem-se os direitos e deveres das partes que pressuponham a efectividade da prestação (ou seja, os deveres principais de prestação da actividade laboral e de retribuição e os deveres acessórios integrantes destes deveres principais) e mantêm-se os deveres acessórios autónomos (art. 295.° n.° 1)[644].

Dos diversos aspectos do regime jurídico das faltas, que acabam de ser referidos, o traço mais saliente é o da manutenção da obrigação retributiva do empregador: apesar de não prestar qualquer actividade, por motivo a que o empregador é alheio, o trabalhador mantém o direito à retribuição ou a um subsídio compensatório, na maioria dos casos, cabendo também, na maioria dos casos, ao empregador assegurar essa remuneração – é, aliás, de salientar que, mesmo quando a compensação ao trabalhador cabe aos serviços de segurança social ou às empresas seguradoras (no caso de acidentes de trabalho), a responsabilidade originária por esta prestação é ainda do empregador, uma vez que ele é, por lei, obrigado a inscrever o trabalhador no sistema de segurança social e a contribuir para esse sistema, bem como a celebrar o contrato de seguro de acidentes de trabalho e a pagar os respectivos prémios.

---

[644] Remete-se para a classificação destes deveres – *Direito do Trabalho I*, § 12.° pontos 43.2.l e 43.3. e, nesta obra, *supra*, § 23.°, ponto 85.3. e *infra*, § 27.°, ponto 98.

Este regime jurídico evidencia, pois, a quebra do sinalagma funcional do contrato de trabalho entre a prestação da actividade laboral e a prestação retributiva, observando-se uma responsabilidade remuneratória ampla do empregador. É uma das singularidades do vínculo laboral oportunamente assinalada[645].

### 96.3. Faltas justificadas (cont.): em especial as faltas e licenças por motivo de maternidade, paternidade e assistência à família

**I.** Os valores constitucionais eminentes da tutela da maternidade e da paternidade e do direito efectivo à conciliação entre a vida profissional e a vida familiar e, bem assim, as crescentes preocupações do direito comunitário nesta área[646], justificam o estabelecimento de um conjunto de medidas de protecção dos trabalhadores neste domínio. Uma boa parte destas medidas tem incidência em matéria de faltas e de licenças.

A importância e a diversidade destes regimes justifica a sua referência autónoma, aliás, em consonância com a previsão desta matéria no Código do Trabalho, não apenas em sede de faltas ou de licenças, mas também na secção específica que dedica à protecção da parentalidade. (arts. 33.° ss.).

O Código do Trabalho de 2009 introduziu algumas modificações de relevo nesta matéria, que é tradicionalmente complexa, pelas sucessivas alterações ao seu regime legal originário (constante da Lei da Maternidade e da Paternidade – L. n.° 4/84, de 5 de Abril), introduzidas por diversos

---

[645] *Direito do Trabalho I*, 12.°, ponto, 43.3.1.III.

[646] A este nível, devem ser tidas em conta, entre outras, a Dir. n.° 92/85/CEE, de 19 de Outubro, relativa à protecção das trabalhadoras grávidas, puérperas e lactantes, a Dir. n.° 96/34/CE, e a Dir. 2010/18/UE, de 8 de Março, relativas à licença parental, a Dir. 2002/73/CE, de 23 de Setembro, que alterou a Dir. n.° 76/207/CEE, de 9 de Fevereiro, relativa à igualdade de oportunidades e de tratamento entre trabalhadoras e trabalhadores no trabalho e no emprego, e que consolidou a perspectiva da discriminação fundada na maternidade como discriminação de género, e ainda a Res. do Conselho de 29 de Junho de 2000, sobre a conciliação equilibrada entre a vida profissional e a vida familiar. A Dir. 2002/73 foi, entretanto, substituída pela Dir. 2006/54/CE, de 5 de Julho, que manteve esta mesma perspectiva (art. 2.° n.° 2 c)).

diplomas avulsos. No âmbito do Código do Trabalho de 2003, a matéria estava dispersa entre o Código, a RCT e diplomas avulsos, o que também não contribuiu para a clareza do regime.

As alterações introduzidas neste regime pelo actual Código são de índole formal, sistemática e substancial e nem todas são bem conseguidas. Assim, do ponto de vista formal, o Código adopta novas designações para algumas das licenças associadas à maternidade e à paternidade, em homenagem ao conceito de parentalidade, introduzido no Código Civil (a propósito das agora denominadas «responsabilidades parentais» – art. 1885.° do CC), em moldes que suscitam alguma confusão, exigindo um especial cuidado interpretativo. Do ponto de vista sistemático, o Código procedeu à integração das normas sobre esta matéria que se encontravam dispersas pela RCT, o que se traduz numa simplificação do regime. Por fim, em termos substanciais salienta-se o alargamento da duração de algumas destas licenças, algumas alterações no regime das faltas por motivos de parentalidade e a equiparação do regime legal de protecção da adopção ao regime de protecção por filiação natural.

O regime do actual Código do Trabalho nesta matéria tem ainda que se articular com o DL n.° 91/2009, de 9 de Abril, que regula as prestações sociais inerentes à parentalidade.

**II.** Para introduzir alguma racionalidade na análise das medidas de tutela da maternidade e da paternidade e de promoção da conciliação entre a vida profissional e familiar, com incidência na presença do trabalhador na empresa, é conveniente separar as várias categorias de situações em que se traduz tal tutela (e que não são discerníveis com clareza a partir da sistematização do Código nesta matéria, feita no art. 35.°). Estas situações são de três tipos:

i) As situações de *falta ao trabalho*, em sentido próprio, que são justificadas e podem ou não conferir ao trabalhador ou à trabalhadora o direito a retribuição.
ii) As situações de *dispensa do trabalho*, que se reportam a ausências ao trabalho por um lapso de tempo inferior a um dia ou a meio dia de trabalho, não configurando, por isso, uma falta.
iii) As situações de *licença*, que correspondem a ausências mais prolongadas do trabalhador ou da trabalhadora por motivo de maternidade, paternidade ou assistência à família e que não con-

ferem o direito à retribuição mas apenas, em alguns casos, o direito a um subsídio do sistema previdencial do trabalhador.

Relativamente a cada uma destas categorias de situações, a lei prevê diversas medidas de tutela, dispersas entre as secções das faltas e da parentalidade, que cabe, então passar em revista.

Como ponto prévio em relação à apreciação desta matéria, devem ainda ter-se em conta os conceitos operatórios de trabalhadora grávida, trabalhadora puérpera e trabalhadora lactante, estabecidos no n.° 1 do art. 36.° do CT, que constituem condição para a aplicação do regime de tutela na parentalidade. Estes conceitos são delimitados de acordo com um critério formal, que passa pela comunicação pela trabalhadora ao empregador do seu estado de gravidez, da ocorrência do parto ou da siatuação de amamentação, consoante os casos, através de informação escrita.

Diferentemente do que ocorria no Código do Trabalho anterior, o formalismo excessivo destes conceitos, evidenciado na necessidade de uma informação escrita, é agora temperado pela regra do n.° 2 deste artigo, que considera que o regime de tutela da parentalidade também é aplicável na falta daquela informação escrita, quando o facto seja conhecido do empregador. É uma solução que se apoia em critérios de substancialidade e que vem ao encontro das críticas que a doutrina já dirigia à solução anterior.

**III.** No elenco das *faltas por motivo de parentalidade e assistência à família*, cabe destacar as seguintes:

i) *Faltas para assistência inadiável e imprescindível a menores de doze anos*[647], filhos naturais ou adoptados ou enteados do trabalhador, em caso de doença ou acidente destes. Este direito, extensível ao tutor ou a outra pessoa que tenha a confiança judicial ou administrativa do menor, depende da condição de a assistência ao menor ser inadiável e imprescindível[648] e tem

[647] Neste ponto, o Código alterou o regime anterior, que estabelecia a idade máxima de 10 anos da criança como limite para estas faltas.

[648] Assim, não é imprescindível a falta do trabalhador quando o outro progenitor possa prestar assistência ao menor ou quando este tenha outro acompanhante, nos termos agora previstos no art. 49.° n.° 4 do CT. Mas, se, por hipótese, o médico pediatra da criança declarar que a presença dos pais junto da criança é essencial, crê-se que o requisito da imprescindibilidade da falta se verifica.

o limite de 30 dias de falta por ano, excepto em caso de hospitalização do menor, caso em que se mantém durante todo o período de hospitalização, e ainda no caso de a criança sofrer de deficiência ou de doença crónica, em que não há limite de idade da criança (art. 49.° n.° 1 e art. 64.° n.° 1). A lei esclarece ainda que este período anual máximo de falta é acrescido de mais um dia por cada filho além do primeiro (art. 49.° n.° 3).

ii) *Faltas para assistência a netos do trabalhador*, até 30 dias após o seu nascimento, desde que sejam filhos de adolescentes de idade inferior a dezasseis anos e que vivam com o trabalhador em comunhão de mesa e habitação[649]; e noutras circunstâncias, desde que comprovado o requisito de que a assistência ao neto menor é imprescindível e inadiável (art. 50.°). Este direito é também extensível ao adoptante e ao tutor (art. 64.° n.° 1).

iii) *Faltas para assistência inadiável e imprescindível a outros membros do agregado familiar*, incluindo filhos, enteados ou tutelados do trabalhador com mais de doze anos, cônjuge, parente ou afim na linha recta ascendente ou no segundo grau da linha colateral, até 15 dias por ano (art. 49.° n.° 2 e art. 252.°). Também este período anual máximo de falta é acrescido de mais um dia por cada filho além do primeiro (art. 49.° n.° 3).

Sendo estas faltas justificadas, a lei equipara-as à prestação efectiva de serviço, para todos os efeitos, excepto a retribuição (art. 65.° n.° 1 f) e g)). No caso das faltas para assistência a menores, a lei prevê a atribuição de um subsídio compensatório – DL n.° 91/2009, de 9 de Abril, arts. 19.°, 20.° e 21.° .

**IV.** Para além destas faltas, a lei reconhece o direito do trabalhador a algumas *dispensas do trabalho* de menor duração, por motivos relacio-

[649] No âmbito do CT de 2003, o requisito desta falta relativo à vida em comunhão de mesa e de habitação era reportado pela lei à mãe ou ao pai adolescentes. No actual Código, o que se exige é que o neto viva em comunhão de mesa e habitação com a avó ou o avô trabalhadores, o que está obviamente mais de acordo com o objectivo desta falta.

nados com a maternidade, a paternidade e a adopção. Assim, temos as seguintes dispensas:

i) *Dispensa para consultas pré-natais*. A trabalhadora grávida tem direito a dispensa de trabalho para se deslocar a consultas pré-natais pelo tempo e número de vezes necessários e justificados (art. 46.° n.° 1), e o mesmo direito assiste ao pai trabalhador, embora aqui limitado a três dispensas (art. 46.° n.° 5)[650]. A lei permite ao empregador que exija à trabalhadora a prova de que a consulta não pode ter lugar fora do período normal de trabalho e equipara às consultas as acções de preparação para o parto, para efeitos desta dispensa (art. 46.° n.os 2, 3, e 4).

ii) *Dispensa para avaliação para adopção*. Os trabalhadores têm direito a três dispensas de trabalho para este efeito (art. 45.°)[651].

iii) *Dispensa para amamentação e aleitação*. A trabalhadora que, comprovadamente, amamenta o filho, tem direito a dispensa de trabalho para o efeito, pelo durante o tempo da amamentação; em caso de aleitação da criança, o pai ou a mãe trabalhadores têm direito, por decisão conjunta, à dispensa do trabalho para o efeito até a criança perfazer um ano (art. 47.° n.os 1 e 2). A dispensa para amamentação ou aleitação é gozada em dois períodos diários distintos de uma hora cada (acrescidos de 30 minutos em caso de gémeos), salvo se as partes acordarem noutro regime, ou numa redução proporcional deste período no caso de trabalhadores a tempo parcial (art. 47.° n.os 3 a 6).
O procedimento para esta dispensa é regulado no art. 48.°, que considera a amamentação comprovada pela simples declaração da mãe e por atestado médico, após a criança perfazer um ano (n.° 1) e que regula os trâmites para a concessão do direito à dispensa para aleitação ao pai ou à mãe em regime alternado ou conjunto.

Estes períodos de dispensa são considerados, para todos os efeitos, como prestação efectiva do trabalho, incluindo para efeitos retributivos,

[650] No que se refere ao pai, este direito é uma novidade do actual Código do Trabalho. O limite das três dispensas para este efeito é, todavia, arbitrário.

[651] Este direito é uma novidade do actual Código do Trabalho.

excepto no que se refere à dispensa para efeitos de avaliação em processo de adopção (art. 65.° n.° 1 j) e n.° 2).

**V.** Por fim, as *licenças por motivo de gravidez, maternidade e paternidade* abrangem diversas situações, agora designadas como «dispensa da trabalhadora por motivos de segurança ou saúde», «licença parental» (com várias modalidades), «licença por adopção», «licença parental complementar» (também com várias modalidades») e «licença especial para assistência a filho» (com duas modalidades)[652].

Procurando repor alguma racionalidade neste sistema, distinguimos estas licenças por um critério que atende à sua função e origem próxima e que permite identificar quatro categorias de licenças:

- licenças ligadas à gravidez;
- licenças ligadas ao parto e ao acompanhamento de bebés;
- licença de adopção;
- licenças para acompanhamento de crianças;

Vejamos então:

### a) Licenças ligadas à gravidez

As licenças ligadas à gravidez previstas pelo Código do Trabalho são duas:

i) *Licença em situação de risco clínico durante a gravidez* (art. 37.°). Quando a trabalhadora grávida não possa, por razões de risco clínico para si ou para o nascituro, desempenhar as suas funções habituais, não sendo possível atribuir-lhe outras funções compatíveis com o seu estatuto dentro da empresa, a lei

---

[652] A terminologia utilizada pelo Código para identificar estas licenças vai ao arrepio das designações tradicionais, lançando a confusão sobre o conteúdo de algumas dessas licenças, que não coincide com o das licenças que têm a mesma designação no direito comunitário. Assim, por exemplo, o Código designa agora a tradicional «licença de maternidade» como «licença parental inicial», em homenagem ao facto de o pai poder partilhar essa licença – possibilidade esta que, aliás, já existia anteriormente; e designa como «licença parental» um conjunto de licenças cujo conteúdo não coincide com o da «licença parental» consagrada no direito comunitário.

confere-lhe o direito a uma licença pelo período necessário, a comprovar por prescrição médica e sem prejuízo da licença parental inicial.

ii) *Licença por interrupção da gravidez* (art. 38.°). Em caso de interrupção da gravidez, a trabalhadora tem direito a uma licença a fixar entre 14 e 30 dias, de acordo com prescrição médica. No que toca a esta licença. saúda-se a alteração do regime do actual Código por comparação com o regime do Código anterior, que limitava esta licença aos casos de aborto espontâneo ou aborto lícito, contemplados no art. 142.° do Código Penal (art. 35.° n.° 6 do CT de 2003), o que era totalmente injustificado[653].

## b) Licenças ligadas ao parto e ao acompanhamento precoce dos bébés

Neste âmbito, o actual Código do Trabalho estabelece um conjunto diversificado de licenças, sob a designação unitária de «licença parental» e «licença parental complementar» que correspondem, no âmbito da legis-

---

[653] Com efeito, aquele condicionamento legal do direito à licença aos casos de aborto espontâneo ou lícito mereceia severo reparo, não por força de qualquer juízo de fundo sobre a admissibilidade ou não da interrupção da gravidez para além das situações já previstas na lei, mas porque o empregador não tinha que avaliar – na verdade, nem tinha que conhecer! – os motivos subjacentes a uma interrupção da gravidez da trabalhadora. Ocorrida esta e ficando a trabalhadora temporariamente impossibilitada de prestar a sua actividade, justificava-se a sua ausência ao trabalho em termos objectivos, tal como é objectivamente justificada a ausência de um trabalhador sinistrado por acidente de viação, independentemente de se saber que tal acidente se deveu a uma violação do Código da Estrada por ele perpetrada. Por outro lado, a limitação do direito à licença a estes casos de aborto era contra-producente, por poder levar, com probabilidade, à emissão de atestados médicos falsos, para cobertura de outras situações de aborto, com as inerentes consequências em matéria de falsas declarações relativas a faltas, que acima se indicaram. Por estas razões, aquele preceito era, na nossa opinião, muito infeliz, pelo que se considera que o novo Código veio repor o regime nos termos adequados.

Questão diversa é, obviamente, a de saber se o Estado deve pagar o subsídio correspondente a esta licença, no caso de o aborto ser ilícito, o que, a nosso ver, não se justifica, que mais não seja por contradição intra-sistemática. Contudo, a questão do direito ao subsídio não se confunde com a questão da concessão da licença.

lação anterior, à licença de maternidade, às licenças de paternidade e à licença parental.

Assim, temos:

i) *Licença parental inicial* (art. 40.° do CT). Esta licença corresponde à tradicional licença de maternidade e é conferida ao pai e à mãe trabalhadores por ocasião do nascimento de filho. No regime jurídico desta licença são de destacar os seguintes aspectos:
   - quanto à duração, esta licença pode ter a duração de 120 ou de 150 dias consecutivos (art. 40.° n.° 1), que podem ser partilhados por ambos os pais; em caso de parto de gémeos, esta licença é acrescida de mais 30 dias por cada criança além da primeira (art. 40.° n.° 3); e idêntico alargamento de 30 dias ocorre, quando, após a licença inicial exclusiva da mãe, cada um dos pais gozar em exclusivo as semanas seguintes (art. 40.° n.° 2)[654];
   - para efeitos da atribuição desta licença, os pais devem informar o empregador do tempo que pretendem gozar e da forma como pretendem repartir tal licença; na falta de tal declaração, presume-se que a licença é gozada pela mãe (art. 40.° n.os 4, 5 e 6);
   - a contagem do período de licença parental inicial é interrompida em caso de internamento hospitalar da criança ou do progenitor que estiver a gozar a licença (art. 40.° n.os 7 e 8).

ii) *Licença parental inicial exclusiva da mãe* (art. 41.°). Embora autonomizada pelo actual Código, esta licença corresponde, na verdade, ao período da antiga «licença de maternidade» imediatamente antes do parto e ao período destinado ao recobro físico da mãe, na sequência do parto – não se trata pois de uma licença autónoma mas de uma parcela da licença parental inicial gozada

---

[654] Este último aspecto é um traço inovador no regime destas licenças, cuja duração pode assim, no limite, chegar aos 180 dias, se concorrem as condições de aplicação desta norma, i.e., se tiver havido uma opção inicial pela duração alargada da licença até aos 150 dias, e se este período for gozado exclusivamente pelo pai após o tempo de gozo obrigatório da licença pela mãe. Trata-se de uma medida de acção positiva que pretende incentivar o acompanhamento precoce da criança pelo pai.

pela mãe. Assim, nos termos da lei, a trabalhadora pode iniciar o gozo da sua licença parental inicial até 30 dias antes do parto e deve gozar um período obrigatório de seis semanas a seguir ao parto (art. 41.° n.os 1 e 2).

iii) *Licença parental inicial em substituição do outro progenitor* (art. 42.°). Embora autonomizada pelo actual Código, também esta licença corresponde a uma forma de gozar a antiga «licença de maternidade», que ocorre quando o trabalhador que estava em gozo de tal licença morre ou fica impossibilitado de continuar a gozá-la. Neste caso, a lei prevê o gozo do período remanescente da licença pelo outro progenitor.

iv) *Licença parental exclusiva do pai* (art. 43.°). Esta licença corresponde à antiga «licença de paternidade», mas a sua estrutura foi alterada e a sua duração alargada, o que constitui uma acção positiva de incremento ao acompanhamento precoce dos filhos recém nascidos pelo pai. Assim, esta licença comporta agora uma parte de gozo obrigatório e uma parte de gozo facultativo, que se articulam nos seguintes moldes:

- por ocasião do nascimento do filho, o pai tem direito a uma licença parental exclusiva de 10 dias úteis[655], sendo a licença majorada em caso de nascimentos múltiplos; esta licença é obrigatória[656] e deve ser gozada, de forma seguida ou interpolada, nos 30 dias subsequentes ao parto (art. 43.° n.os 1 e 3 do CT);
- durante o gozo da licença parental inicial pela mãe, o pai tem ainda o direito a gozar mais 10 dias úteis de licença, se o pretender (art. 43.° n.° 2).

---

[655] No âmbito da LPMP, estas ausências do pai começaram por ser configuradas como falta, com a duração de 2 dias. Em alteração deste diploma, que transpôs a Dir. n.° 96/34/CE, de 3 de Junho, sobre a licença parental, este período foi alargado para 5 dias e o direito respectivo configurado como uma licença (art. 11.° da LPMP). O CT de 2003 manteve esta qualificação e o actual Código também mas tendo alargado o período da licença para 10 dias úteis.

[656] No contexto do Código anterior suscitou dúvidas a natureza desta licença, uma vez que do texto do Código não resultava claramente a sua natureza obrigatória. A RCT de 2004 veio dissipar estas dúvidas, e o actual Código do Trabalho continua a estabelecer com clareza a natureza obrigatória desta licença.

### c) Licença por adopção

A terceira categoria de licenças associada à parentalidade é a que se refere à adopção. Nos termos do art. 44.° n.os 1 e 3, a adopção de menor com idade inferior a 15 anos, que não seja o filho do cônjuge ou de pessoa com quem o trabalhador viva em união de facto, confere ao trabalhador o direito a gozar uma licença de duração equivalente à licença parental inicial, que pode ser requerida a partir do início da confiança judicial ou administrativa da criança (art. 44.° n.os 6 e 7).

O actual Código do Trabalho equiparou pois o regime das licenças decorrentes da filiação natural e da filiação adoptiva, alterando, neste aspecto, o regime do Código anterior, que apenas previa uma licença de adopção com a duração de 100 dias.

Os restantes aspectos do regime desta licença são também semelhantes ao regime da licença parental inicial, com as devidas adaptações.

### d) Licenças para acompanhamento de crianças

A quarta e última categoria de licenças por razões atinentes à maternidade e à paternidade tem como objectivo promover a conciliação entre a vida profissional e o apoio à família, nomeadamente no que toca ao acompanhamento das crianças mais novas, ou dos filhos com problemas graves de saúde ou portadores de deficiência.

Nesta categoria encontramos três tipos de licenças:

i) *Licença parental complementar* (art. 51.°): esta licença, que corresponde no âmbito do Código do Trabalho anterior à «licença parental», é atribuída ao pai e à mãe trabalhadores, numa base não transferível, para acompanhamento de filho de idade inferior a seis anos, podendo ser gozada por qualquer deles, na modalidade de dispensa total do trabalho pelo período de três meses, de redução do tempo de trabalho para metade, pelo período de doze meses, ou ainda de combinação dos dois sistemas (art. 51.° n.os 1, 2 e 3). O art. 51.° n.° 5 regula os trâmites de comunicação da intenção de gozar esta licença ao empregador[657];

[657] A duração mínima desta licença, que tem origem no direito comunitário (Dir. n.° 96/34/CE), foi alargada pela Dir. n.° 2010/18/UE, de 8 de Março, de três para quatro meses, pelo que esta norma terá que ser alterada em conformidade.

ii) *Licença especial para assistência a filho* (art. 52.° do CT): depois de esgotado o direito à licença parental complementar, os trabalhadores têm ainda direito a uma licença especial para assistência a filho, de modo consecutivo ou interpolado e até ao período máximo de dois anos, e, a partir do terceiro filho, de três anos (art. 52.° n.os 2 e 3), que podem gozar de forma alternada. Os trâmites e outras condições desta licença estão regulados no art. 52.° n.os 6 a 8, sendo os períodos desta licença de seis meses, renováveis, se outra coisa não foi indicada pelo trabalhador.

iii) *Licença especial para acompanhamento de filho portador de deficiência ou de doença crónica* (art. 53.°). Esta licença tem a duração de seis meses, com possibilidade de prorrogação até um máximo de quatro anos, e segue globalmente o regime da licença especial para assistência a filho, acima referida.

No que toca aos outros aspectos do regime destas licenças, cabe distinguir entre as licenças ligadas à gravidez, a licença parental inicial e complementar e a licença de adopção, por um lado, e do outro lado, as restantes licenças para assistência a filhos.

Assim, as primeiras licenças não determinam a perda de quaisquer direitos e são consideradas como prestação efectiva de serviço para todos os efeitos, à excepção da retribuição (art. 65.° n.° 1 a), a e) do CT), sendo ainda tidas em conta para efeitos da formação dos direitos do trabalhador às pensões de reforma e de invalidez. Além disso, estas licenças suspendem o gozo das férias, que deve ser retomado após a respectiva cessação, e adiam a prestação de provas ou de cursos para efeitos de progressão profissional ou na carreira (art. 65.° n.° 3).

Por seu turno, as licenças especiais para assistência a filhos suspendem os direitos e deveres das partes que pressuponham a efectividade do trabalho, designadamente o direito à retribuição (art. 65.° n.° 6), mas também são tidas em conta para a formação dos direitos relativos às pensões de reforma e invalidez (art. 22.° do DL n.° 91/2009, de 9 de Abril).

A não percepção da retribuição pelo trabalhador durante estas licenças é, em algumas situações, compensada pelo direito a um subsídio do sistema previdencial em que o trabalhador esteja inserido, de acordo com o estabelecido na legislação da segurança social – DL n.° 91/2009, de 9 de

Abril. Assim sucede no caso da licença parental inicial (em que o subsídio é calculado sobre uma base de 100% do salário médio mensal do trabalhador, ou numa base de 80% desse salário médio, consoante se opte pela duração de 120 dias ou de 150 dias, respectivamente – arts. 12.° e 30.° deste diploma); assim sucede também com a licença parental inicial exclusiva do pai (quanto aos 10 dias de gozo obrigatório e ainda no caso dos 10 dias facultativos se gozados imediatamente após – arts. 15.° e 31.° deste diploma), e com a licença parental inicial em substituição do outro progenitor (art. 14.° deste diploma) e ainda com a licença para adopção, que conferem o direito a um subsídio calculado com base em 100% da retribuição média auferida pelo trabalhador (arts. 17.° e 34.° deste diploma); é ainda o caso dos primeiros três meses da licença parental, para os quais se prevê um subsidio correspondente a 25% do salário médio (arts. 16.° e 33.° deste diploma).

**VI.** Como decorre do exposto, o sistema normativo nesta matéria reveste alguma complexidade – que o Código do Trabalho não logrou ultrapassar – e revela uma preocupação de tutela dos direitos inerentes à maternidade e da paternidade, em consonância com o valor social eminente que lhes assiste.

O conjunto das disposições do Código do Trabalho sobre esta matéria autoriza duas observações gerais quanto à perspectiva adoptada pelo Código na abordagem destas questões.

A primeira observação é a de que o Código se centrou mais na maternidade e na paternidade do que na outra vertente da conciliação entre o trabalho e a família, que é cada vez mais importante e tem a ver com a assistência aos membros mais idosos do agregado familiar. Ora, se o privilegiar da tutela da maternidade e da paternidade se justifica, entre outras coisas, pelos níveis preocupantes da taxa de natalidade no nosso país, o correspondente envelhecimento da população teria também justificado uma preocupação maior com a assistência aos idosos.

A segunda observação tem a ver com o não estabelecimento de uma ligação clara entre as matérias da maternidade e da igualdade de tratamento e de oportunidades entre trabalhadores e trabalhadoras no Código do Trabalho, sendo certo que tal ligação é imprescindível para o progresso tanto do sistema de conciliação entre a vida familiar e a vida profissional como do sistema de tutela da igualdade de género – uma vez que o equilíbrio na conciliação entre a vida familiar e a vida profissional é condição de efectividade da igualdade de género no trabalho e no emprego[658]. Também na prossecução deste objectivo, a lei poderia ter ido mais longe.

### 96.4. **Faltas injustificadas: enunciado e regime**

**I.** Se a ausência do trabalhador não corresponder a um dos casos previstos da lei, será qualificada como falta injustificada, nos termos do art. 249.° n.° 3 do CT. Por outro lado, por força das exigências legais de comunicação e de prova do motivo justificativo da falta, é também injustificada a falta que, apesar de corresponder a um motivo legalmente atendível, não seja comunicada ou comprovada perante o empregador[659], bem como aquela falta cuja motivação seja falsa.

A qualificação da falta como injustificada tem efeitos na retribuição e na antiguidade do trabalhador, bem como efeitos disciplinares, nos termos do art. 256.° do CT.

**II.** No que se refere aos *efeitos da falta injustificada na retribuição e na antiguidade*, devem ter-se em conta os seguintes aspectos:

- a falta injustificada determina a perda da retribuição correspondente ao tempo de ausência do trabalhador (art. 256.° n.° 1); esta consequência corresponde à reposição do sinalagma funcional do contrato de trabalho, no sentido em que, se o trabalhador não cumpre a sua prestação perde o direito à prestação correspondente do empregador;
- assimilável a um ou a meio dia de falta é a situação de atraso do trabalhador, quando injustificado e superior, respectivamente, a 60 ou a 30 minutos; nesta situação, o empregador pode recusar a pres-

[658] Para um aprofundamento desta perspectiva, que tem sido desenvolvida ao nível do direito comunitário (cfr., em especial a Res. do Conselho de 29 de Junho de 2000, sobre a conciliação equilibrada entre a vida profissional e a vida familiar), *vd* ROSÁRIO PALMA RAMALHO, *Conciliação equilibrada entre a vida profissional e familiar – uma condição para a igualdade de entre mulheres e homens na União Europeia, in Estudos de Direito do Trabalho cit.*, I, 269 ss., e ainda *Reconciling Family and Professional Life...cit.* 7 ss.

[659] Sobre os requisitos de comunicação e prova das faltas, Ac. RP de 25/01/1988, CJ, 1988, I, 247.

tação do trabalhador por um ou por meio dia de falta, respectivamente, sendo esse período qualificado como falta injustificada e procedendo-se ao respectivo desconto remuneratório (art. 256.° n.° 2)[660];

- o tempo de falta é descontado na antiguidade do trabalhador (art. 256.° n.° 1).

**III.** Na medida em que consubstancia a violação do dever de assiduidade do trabalhador, *a falta injustificada corresponde a uma infracção disciplinar*. A gravidade e as consequências desta infracção dependem do tempo de falta e das circunstâncias em que ocorreu. Assim:

- qualquer falta injustificada constitui uma infracção disciplinar, uma vez que se reconduz à violação não justificada de um dever do trabalhador (no caso, o dever de assiduidade)[661]; a esta infracção poderá corresponder a sanção disciplinar que o empregador julgue adequada, tendo em conta um princípio de proporcionalidade;
- a falta injustificada dada em dia ou meio dia imediatamente anterior ou posterior a um dia de descanso ou feriado consubstancia uma infracção disciplinar grave, nos termos do art. 256.° n.° 2, *in fine*; esta qualificação de maior gravidade destina-se, claramente, a combater as faltas dadas para promover as denominadas «pontes»[662] e tem os correspondentes efeitos disciplinares;

---

[660] Para efeitos do desconto da retribuição a retirar ao trabalhador, deve aplicar-se a fórmula de cálculo da retribuição horária, que consta do art. 271.° do CT. Cfr., *infra*, § 27.°, ponto 101.

[661] Neste mesmo sentido, MENEZES CORDEIRO, *Manual de Direito do Trabalho cit.*, 835.

[662] Na redacção deste preceito na LFFF (art. 27.° n.° 2), a lei cominava para esta situação um efeito retributivo imediato, que consistia na retirada da retribuição correspondente não apenas ao dia de falta mas também ao dia ou dias de descanso imediatamente anteriores ou posteriores. A nosso ver, esta retirada da retribuição correspondia, na verdade, a uma sanção disciplinar, já que o trabalhador não é retribuído nos dias de descanso (assim, o que se retirava era a retribuição correspondente a um dia útil de trabalho) e a uma sanção liminar, uma vez que a aplicação desta sanção não era precedida do necessário processo disciplinar. O Código do Trabalho de 2003 e o actual Código do Trabalho não mantiveram – e bem – esta solução.

– a falta injustificada pode consubstanciar uma infracção disciplinar muito grave e, por isso, constitutiva de justa causa para despedimento imediato, nos casos do art. 351.° n.° 2 g), ou seja, se, em cada em ano civil, o número de faltas injustificadas for de 5 seguidas ou 10 interpoladas, bem como se, independentemente do seu número, a falta determinar directamente prejuízos ou riscos graves para a empresa[663]; por outro lado, constitui justa causa para despedimento a apresentação de falsas declarações relativas à justificação de faltas (art. 351.° n.° 2 f))[664].

No âmbito do regime anterior ao Código de 2003, a lei procedia a uma maior discriminação das infracções disciplinares decorrentes das faltas injustificadas, qualificando como infracção grave a falta injustificada durante 3 dias consecutivos ou 6 interpolados no período de um ano e ainda a falta com alegação de motivo comprovadamente falso (art. 27.° n.° 3 da LFFF). Estas classificações não foram contempladas no Código de 2003, nem no actual Código, o que permite ao empregador uma maior discricionariedade na apreciação do grau de gravidade da falta do trabalhador em concreto. Do nosso ponto de vista, esta é a solução mais adequada, uma vez que o juízo sobre a gravidade do comportamento faltoso do trabalhador depende de outras circunstâncias para além do tempo de falta, que só o empregador pode adequadamente avaliar perante o caso concreto.

**IV.** Resta referir que, tal como as faltas justificadas, as faltas injustificadas não têm efeitos sobre o direito a férias do trabalhador, uma vez que este direito não se encontra condicionado à assiduidade e efectividade do trabalho prestado no ano a que se reportam as férias – é a conclusão que se retira do art. 237.° n.° 2 do CT.

---

[663] Um elevado número de faltas também poderá determinar a cessação do contrato por abandono do trabalho, nos termos do art. 403.° do CT, que apreciaremos, *infra*, § 29.°, ponto 143.2.

[664] Em especial sobre o relevo das faltas para efeitos de despedimento, P. MADEIRA DE BRITO, *Justa causa de despedimento com fundamento na violação dos deveres de assiduidade, zelo e diligência, in* ROMANO MARTINEZ (coord.), *Estudos do Instituto de Direito do Trabalho*, II, Coimbra, 2001, 119-134, e H. TAPP BARROSO, *Justa causa por violação do dever de assiduidade... cit.* Sobre este ponto, *infra*, § 35.°, ponto 129.3.

Naturalmente que, envolvendo as faltas injustificadas a retirada da retribuição correspondente ao tempo de falta, também neste caso se perfila a possibilidade de o trabalhador optar pela perda de dias de férias para manter essa retribuição, nos termos previstos no art. 257.°.

Já no que se refere à majoração das férias, prevista no art. 237.° n.° 3, como se referiu oportunamente[665], bastará a ocorrência de uma falta injustificada para afastar o direito à majoração.

---

665 *Supra,* neste parágrafo, ponto 95.3.III.

## SECÇÃO III
## A situação jurídica do empregador no contrato de trabalho

### 97. Sequência

**I.** Apreciada a situação jurídica do trabalhador no contrato de trabalho, cabe analisar a situação do empregador. Esta análise desdobra-se pelo estudo das matérias relativas à retribuição e aos poderes laborais de direcção e disciplina.

**II.** O dever de pagamento da retribuição constitui o dever essencial do empregador no contrato de trabalho. O seu estudo envolve a apreciação das seguintes questões: a delimitação do âmbito do dever remuneratório e o seu posicionamento no elenco dos deveres de empregador; o estabelecimento dos princípios gerais em matéria de retribuição; e o estudo do seu regime jurídico, designadamente no que toca aos aspectos do cumprimento e do incumprimento do dever retributivo.

Por seu turno, os poderes de direcção e de disciplina do empregador são os traços do contrato de trabalho que melhor permitem a sua diferenciação em relação a outros vínculos envolvendo uma prestação laborativa. Por isso os designamos como poderes laborais.

O estudo do poder directivo passa pela sua delimitação e posicionamento no elenco de poderes do empregador e pela análise das questões relativas à sua titularidade e exercício, bem como à sua natureza.

O estudo do poder disciplinar laboral envolve a apreciação das questões relativas à sua titularidade e exercício, bem como à sua função no contrato de trabalho e à delimitação do seu conteúdo, que compreende uma faceta prescritiva e uma faceta sancionatória. O estudo da faceta sancionatória do poder disciplinar passa pela dilucidação dos problemas relativos às infracções disciplinares, às sanções disciplinares e ao procedimento disciplinar.

## § 27.° Remuneração e deveres acessórios do empregador

### 98. Dever remuneratório e deveres acessórios do empregador

#### 98.1. O dever retributivo como dever principal e o débito remuneratório amplo do empregador no contrato de trabalho[666]

**I.** Da apreciação da situação jurídica laboral que fizemos na Dogmática Geral do Direito do Trabalho retirámos a qualificação do dever retributivo como dever principal do empregador: o contrato de trabalho é um contrato necessariamente oneroso e sinalagmático, sendo a retribuição a contrapartida da actividade intelectual ou manual que o trabalhador se

---

[666] Em geral sobre o tema da remuneração, JOÃO MOURA, *A integração do trabalhador na empresa e a forma de remuneração,* ESC, 1962, 4, 42-75, J. LEAL AMADO, *A protecção do salário,* BFDUC, 1993, XXXIX, 39-56 e 137-260, e *Contrato de Trabalho cit.*, 305 ss., MENEZES CORDEIRO, *Manual de Direito do Trabalho cit.*, 717 ss., BERNARDO XAVIER, *Introdução ao estudo da retribuição no direito do trabalho português*, RDES, 1986, 1, 80 ss., bem como *Curso de Direito do Trabalho cit,* 367 ss., MÁRIO PINTO / / FURTADO MARTINS / NUNES DE CARVALHO, *Comentário... cit.*, I, 245 ss., JORGE LEITE, *Direito do Trabalho cit.*, II, 159 ss., e JÚLIO GOMES, *Algumas observações críticas sobre a jurisprudência recente em matéria de retribuição e afins, in* A. MOREIRA (coord.), *IV Congresso Nacional de Direito do Trabalho. Memórias*, Coimbra, 2002, 51-76, bem como *Direito do Trabalho cit.*, 759 ss., ROMANO MARTINEZ / L. M. MONTEIRO / J. VASCONCELOS / / P. MADEIRA DE BRITO / G. DRAY / L. GONÇALVES DA SILVA, *Código do Trabalho Anotado cit.*, 621 ss. (anotação de JOANA VASCONCELOS), ROMANO MARTINEZ, *Direito do Trabalho cit.*, 571 ss., e MONTEIRO FERNANDES, *Direito do Trabalho cit.*, 457 ss. Na doutrina comparada, sobre o tema da remuneração, e, por todos, com referência ao sistema alemão, ZÖLLNER / LORITZ, *Arbeitsrecht cit.*, 185 ss., com referência ao direito italiano, SCONAMIGLIO, *Diritto del lavoro cit.*, 281 ss., com referência ao direito francês, A. MAZEAUD, *Droit du travail cit.*, 277 ss., com referência ao sistema espanhol, RAMIREZ MARTINEZ (dir.), *Curso de Derecho del Trabajo cit.*, 363 ss., e com referência ao direito brasileiro, MASCARO NASCIMENTO, *Curso de Direito do Trabalho cit.*, 791 ss.

obriga a prestar. No nosso sistema jurídico, esta qualificação do dever retributivo retira-se directamente da noção legal de contrato de trabalho, constante do art. 1152.° do CC e do art. 11.° do CT, que expressamente refere a retribuição como elemento essencial do contrato e como contrapartida da actividade laboral.

Do ponto de vista dogmático, a recondução do dever retributivo à categoria de dever principal decorre da recusa das concepções comunitário-pessoais do vínculo de trabalho e da consequente repatrimonialização do vínculo laboral. Esta evolução da construção dogmática do vínculo de trabalho obriga, contudo, a recolocar duas questões relativamente a este dever: a questão do seu âmbito; e a questão da sua conjugação com os outros deveres que também incumbem ao empregador no contrato.

**II.** Relativamente ao âmbito, as obrigações remuneratórias do empregador têm um primeiro núcleo essencial, que pode ser designado como *dever retributivo* e que é imposto pelo art. 59.° n.° 1 a) da CRP e pelo art. 127.° n.° 1 b) do CT: é o dever de pagar ao trabalhador pontualmente uma retribuição adequada e justa ao seu trabalho. Embora a lei não dê um particular destaque a este dever no enunciado dos deveres do empregador, mas apenas na noção legal de contrato de trabalho, o dever de pagar a retribuição é o dever essencial do empregador.

No entanto, como já tivemos ocasião de verificar, o débito patrimonial do empregador no contrato de trabalho não se esgota no pagamento da retribuição correspondente ao trabalho prestado, havendo *situações de não trabalho em que também é devido um pagamento e ainda outras prestações patrimoniais do empregador*, que não se deixam reconduzir à ideia de contrapartida do trabalho. Estas situações são as seguintes:

i) O empregador remunera o trabalhador em diversas situações em que não é prestada qualquer actividade laboral e como se ela tivesse sido efectivamente prestada – assim, o empregador deve remunerar o trabalhador pelo período correspondente aos feriados (art. 269.° n.° 1) e às férias (art. 264.° n.° 1), bem como pelas faltas justificadas, na maioria dos casos (art. 255.° n.° 1 n.° 2, *a contrario sensu*).

ii) O empregador deve pagar ao trabalhador determinados subsídios, que acrescem à remuneração – assim, os subsídios de Natal (art. 263.°) e de férias (art. 264.° n.° 2).

iii) O empregador deve inscrever o trabalhador no sistema de segurança social, por ocasião da celebração do contrato de trabalho, e cabe-lhe contribuir para o financiamento desse sistema ao longo da vigência do contrato, com uma determinada quantia periódica (a taxa contributiva), que é calcula em função do salário do trabalhador.

iv) O empregador é obrigado a celebrar um contrato de seguro para cobrir os riscos de acidentes de trabalho e a pagar os respectivos prémios (art. 283.° n.$^{os}$ 1 e 5); na falta deste seguro, o empregador tem o dever de indemnizar directamente o trabalhador pelos danos decorrentes destes acidentes e de doenças profissionais (art. 127.° n.° 1 g), *in fine*).

Como decorre do exposto, o débito remuneratório do empregador no contrato de trabalho é muito amplo, escapando este segundo grupo de situações à lógica sinalagmática dos contratos obrigacionais. É este conjunto de prestações que permite identificar um *conceito amplo de remuneração*, a par do *conceito restrito de retribuição, como contrapartida do trabalho prestado*.

Como veremos, estas distinções têm projecções regimentais.

### 98.2. **Os deveres acessórios do empregador**[667]

**I.** Para além do dever remuneratório, no sentido amplo que identificámos, a posição debitória do empregador no contrato de trabalho é integrada por alguns deveres de natureza predominantemente pessoal ou com elementos patrimoniais e pessoais.

Entre estes deveres, que estão enunciados em moldes exemplificativos no art. 127.° do CT[668], destacamos os seguintes:

i) *Dever de respeito e tratamento urbano do trabalhador* (art. 127.° n.° 1 a)): este dever é paralelo ao dever de respeito que incumbe

---

[667] Em especial sobre os deveres acessórios do empregador, A. ALMEIDA MOTA, *Os Deveres Acessórios do Empregador*, Lisboa (dact. – FDL), 2000.

[668] No sentido do carácter não taxativo desta enumeração legal, ROMANO MARTINEZ / / L. M. MONTEIRO / J. VASCONCELOS / MADEIRA DE BRITO / G. DRAY / L. GONÇALVES DA SILVA, *Código do Trabalho Anotado cit.*, 356 (anotação de ROMANO MARTINEZ, MADEIRA

ao trabalhador[669], tendo idêntico conteúdo. Implícita neste dever está a exigência geral de um comportamento socialmente correcto para com o trabalhador; uma particular projecção deste dever é a proibição de condutas de assédio moral, sexual e de base sexual para com o trabalhador (art. 29.°).

ii) *Dever de assegurar ao trabalhador boas condições de trabalho, tanto do ponto de vista físico como do ponto de vista moral* (art. 127.° n.° 1 c)).
Este dever, que constitui um desenvolvimento do preceito constitucional constante do art. 59.° n.° b) da CRP, relativo ao direito do trabalhador a condições de trabalho socialmente dignificantes e de modo a fomentar a sua realização pessoal, é também uma manifestação do dever obrigacional de cooperação creditória, que tem no contrato de trabalho uma importância fundamental pelo carácter continuado deste vínculo.
Do ponto de vista físico, estão aqui incluídos os deveres de assegurar as condições adequadas de saúde, higiene e segurança no local de trabalho, que a Constituição também impõe (art. 59.° n.° 1 c) da CRP) e que são concretizados nas alíneas g), h) e i) do art. 127.° n.° 1 e no n.° 2 deste artigo, sendo ainda desenvolvidos em secção autónoma do Código.
Do ponto de vista moral, este dever concretiza o dever geral de colaboração enunciado no art. 126.°, cujo n.° 2 remete para «a promoção humana, social e profissional do trabalhador», o dever de respeitar a «integridade moral» da outra parte no contrato de trabalho, enunciado no art. 15.°, e ainda o dever de contribuir para a conciliação entre o trabalho e a vida familiar e pessoal do trabalhador (art. 127.° n.° 3), dever este que foi reforçado no novo Código do Trabalho.

---

DE BRITO e GUILHERME DRAY). Esta norma corresponde, com alterações, ao art. 19.° da LCT, tendo sido eliminadas as referências a deveres corporativos, e tendo sido acrescentado pelo CT de 2003 o dever de respeito pela autonomia técnica do trabalhador, para além de se concretizarem melhor os deveres do empregador em matéria de prevenção dos riscos profissionais. O Código do Trabalho actual manteve esta orientação.

[669] *Supra*, § 23.°, ponto 85.3.3.b).

iii) *Dever de contribuir para a elevação do nível de produtividade e empregabilidade do trabalhador*, nomeadamente proporcionando-lhe a adequada formação profissional (art. 127.° n.° 1 d)); mais à frente (art. 130.° ss.), o Código procede à concretização dos deveres do empregador em matéria de formação profissional.
A referência ao contributo do empregador para elevar o «nível de empregabilidade do trabalhador» no contexto dese dever foi introduzida pelo novo Código do Trabalho, mas resulta algo desadequada, uma vez que, legitimamente, o investimento do empregador na formação profissional do trabalhador é feito na expectativa da continuação do vínculo laboral que ele tem e não da progressão profissional do trabalhador para além desse vínculo. Não se vislumbra pois qualquer sentido útil para esta referência.

iv) *Dever de respeitar a autonomia técnica do trabalhador no exercício das funções que a pressuponham* (art. 127.° n.° 1 e)). Enunciado em termos autónomos pela primeira vez no Código de 2003, este dever resultava já da LCT, como limite ao dever de obediência do trabalhador, em disposição que, aliás, o Código mantém no art. 116.°. Este dever reforça, pois, a importância da autonomia técnica como limite ao dever de obediência do trabalhador.

v) *Dever de possibilitar ao trabalhador o exercício de cargos em organizações representativas dos trabalhadores* (art. 127.° n.° 1 f)).

vi) *Deveres relativos à prevenção dos riscos de acidentes de trabalho e de doenças profissionais, à informação dos trabalhadores em relação a essas matérias e à reparação destas eventualidades* (art. 127.° n.° 1 h) e i)); estes deveres concretizam o dever estabelecido no art. 59.° n.° 1 f) da CRP e são desenvolvidos em pontos autónomos do Código e por legislação complementar.

vii) *Dever de criar e manter actualizado um registo do pessoal*, com os dados mais relevantes relativamente à situação contratual de cada trabalhador (art. 127.° n.° 1 j)).

Para complemento deste quadro debitório do empregador, devem ainda ter-se em conta as garantias do trabalhador, enunciadas no art. 129.° do CT (que o empregador terá que respeitar), bem como outros deveres que decorram para o empregador, quer do contrato de trabalho, quer de instrumentos de regulamentação colectiva do trabalho.

**II.** Como decorre do exposto, e tal como vimos suceder em relação ao trabalhador, *a posição debitória do empregador no contrato de trabalho é particularmente complexa e é integrada por deveres de conteúdo patrimonial e pessoal.*

No elenco dos deveres acessórios do empregador, merecem uma referência particular, pela importância que o Código do Trabalho lhes dedica, o dever de promoção da formação profissional dos trabalhadores e os deveres ligados à segurança, higiene e saúde no local de trabalho.

### 98.3. **Os deveres de promoção da formação profissional e de garantia da segurança, da higiene e da saúde no local de trabalho, em especial**[670]

**I.** O *dever de promoção da formação profissional do trabalhador* é previsto no art. 127.° n.° 1 d), em directa relação com o dever de promoção da produtividade e empregabilidade do trabalhador, sendo desenvolvido nos arts. 130.° e ss. do CT[671-672].

---

[670] Em especial sobre os deveres em matéria de formação profissional e em matéria de segurança, higiene e saúde no trabalho no Código do Trabalho, ROMANO MARTINEZ / L. M. MONTEIRO / J. VASCONCELOS / MADEIRA DE BRITO / G. DRAY / L. GONÇALVES DA SILVA, *Código do Trabalho Anotado cit.*, 366 ss. (anotação de ROMANO MARTINEZ).

[671] A matéria da formação profissional é também uma matéria de grande desenvolvimento ao nível do direito comunitário, sendo referida nos Tratados comunitários e sendo objecto de diversas directivas e regulamentos, para além de ter justificado a instituição do Fundo Social Europeu. Já tendo apreciado o interesse do direito comunitário por esta matéria, a propósito da apresentação das fontes laborais, para aí se remete. Cfr. *Direito do Trabalho I*, § 6.°, ponto 16.3., e ainda ROSÁRIO PALMA RAMALHO, *Direito Social da União Europeia cit.*, 73 s.

[672] Estas normas do Código do Trabalho procederam à adaptação do regime anterior em matéria de formação profissional, com destaque para o DL n.° 401/91 e para o DL n.° 405/91, ambos de 16 de Outubro.

Os objectivos essenciais em matéria de formação profissional estão delineados no art. 130.° do CT e espraiam-se pelas seguintes áreas:

i) *Formação profissional inicial*: nesta área, pretende-se promover a qualificação dos trabalhadores no momento do ingresso no mercado de trabalho, *verbi gratia* quando sejam jovens e careçam de qualificação profissional adequada (art. 130.° a)).

ii) *Formação profissional contínua ou de actualização*: nesta vertente, pretende-se assegurar a actualização permanente dos conhecimentos dos trabalhadores ao longo da sua carreira profissional, de modo a melhorar o seu desempenho e, com isso, contribuir para o aumento da produtividade e da competitividade das empresas (art. 130.° b)).

iii) *Formação profissional especial para certas categorias de trabalhadores*: integram esta vertente as acções de formação para promover a qualificação ou a reconversão profissional de trabalhadores em risco de desemprego, a reabilitação profissional de pessoas com deficiência, *verbi gratia* quando tal deficiência resulte de acidente de trabalho, e ainda a integração profissional de grupos com particulares dificuldades de inserção no mercado de trabalho (alíneas d) e e) do art. 130.°); o Código reforça ainda os deveres de formação profissional relativamente aos jovens (art. 67.°).

O Código do Trabalho de 2003 aumentou as *exigências ao empregador em matéria de formação profissional*, designadamente no que toca à formação contínua dos seus trabalhadores. O actual Código do Trabalho reforçou ainda mais estas exigências, tanto quanto aos trabalhadores abrangidos como ao número mínimo de horas de formação. Neste aspecto, destacam-se os seguintes deveres do empregador (art. 131.°):

- o dever de assegurar a cada trabalhador um mínimo de horas de formação profissional certificada por ano (art. 131.° n.° 1 b)); a lei fixa esse mínimo em 35 horas por ano (art. 131.° n.° 2), para os trabalhadores por tempo indeterminado; o dever do empregador de assegurar formação profissional estende-se aos trabalhadores com contrato a termo por período superior a 3 meses (inicial ou com as renovações)[673], devendo, nestes casos, a formação corresponder a

[673] Este dever foi alargado, já que no âmbito do CT de 2003 ele apenas surgia em relação aos trabalhadores cujo contrato tivesse uma duração de seis ou mais meses.

um número de horas proporcional à duração do contrato; por fim, o dever de assegurar a formação profissional impende também sobre as empresas utilizadoras de mão-de-obra relativamente aos trabalhadores a que recorram (art. 131.° n.° 8)[674];

- a formação contínua assegurada aos trabalhadores deve abranger, em cada ano, no mínimo, 10% dos trabalhadores da empresa (art. 131.° n.° 5)[675-676].

Para concretização das obrigações do empregador em matéria de formação profissional contínua dos trabalhadores, a lei impõe ao empregador um conjunto de deveres procedimentais, que passam pela elaboração de planos de formação (art. 131.° n.° 1 c) e n.° 6), pela referência aos conteúdos da formação (art. 133.°) e pela atribuição de um crédito de horas e de um subsídio ao trabalhador para efeitos de frequência das acções de formação profissional externas (art. 132.°). Estas disposições são complementadas pelo diploma de regulamentação do actual Código do Trabalho (L. n.° 105/2009, de 14 de Setembro), cujos arts. 13.° ss. dispõem com mais detalhe sobre os planos de formação e sobre os deveres de informação aos trabalhadores e às suas estruturas representativas nesta matéria.

Por outro lado, com o objectivo de promover activamente a igualdade de tratamento entre trabalhadores e trabalhadoras, a lei estabelece, para as profissões ou categorias profissionais em que predominam os trabalhadores de um dos sexos uma orientação no sentido de assegurar a pre-

---

674 Neste caso, o dever de proporcionar formação aos trabalhadores, por parte da empresa utilizadora, parece poder excluir o dever de formação profissional que impende sobre a empresa fornecedora da mão-de-obra, na qualidade de empregador. Este ponto suscitava algumas dúvidas no âmbito do Código do Trabalho anterior.

675 O âmbito deste dever foi alargado no actual Código do Trabalho, já que no âmbito do CT de 2003, a base de referência da percentagem de trabalhador sujeitos a formação anualmente tinha em conta apenas os trabalhadores com contrato de trabalho por tempo indeterminado e não todos os trabalhadores, como agora sucede.

676 Embora se compreenda o reforço dos deveres do empregador em matéria de formação profissional dos seus trabalhadores, pela necessidade de promover a produtividade e a competitividade das empresas, julga-se que a solução uniforme adoptada quanto ao número de horas de formação anual exigida não é a mais adequada, porque não tem em conta a dimensão das empresas, temendo-se que o cumprimento destas exigências pelas pequenas empresas e, em especial, pelas microempresas, seja difícil de assegurar. A previsão de um regime mais flexível de formação profissional para estas pequenas unidades, bem como para os empregadores em nome individual, teria, porventura, maior cabimento.

ferência no acesso às acções de formação profissional aos trabalhadores do sexo sub-representado (art. 30.° n.° 3 do CT) e ainda aos trabalhadores que tenham estado ausentes da empresa por motivos de parentalidade (art. 61.°).

Aos deveres do empregador em matéria de formação profissional corresponde um dever de colaboração e participação do trabalhador nas acções de formação (nos termos do art. 128.° n.° 1 d)), que foi autonomizado como dever do trabalhador pelo actual Código.

A violação dos deveres do empregador em matéria de formação profissional constitui contra-ordenação muito grave, nos termos do art. 131.° n.° 10.

**II.** O *dever de garantir a segurança, a higiene e a saúde do trabalhador no local de trabalho* é desenvolvido nos arts. 281.° ss. do CT, que devem ser complementados por legislação especial, por remissão do art. 284.° do CT. Esta legislação complementar consta actualmente da L. n.° 102/2009, de 10 de Setembro, que constitui o regime base nesta matéria, para além de outros diplomas, relativos a riscos de saúde específicos e que, em boa parte, correspondem à transposição de directivas comunitárias nesta matéria[677].

Em matéria de segurança, higiene e saúde no trabalho, a lei estabelece alguns princípios gerais, que prosseguem dois objectivos essenciais: o objectivo da *prevenção dos riscos profissionais*; o objectivo da *promoção da saúde do trabalhador* (art. 281.° n.° 2 do CT).

Para cumprimento destes objectivos, a lei impõe diversos deveres ao empregador, entre os quais destacamos os seguintes:

i) *Deveres gerais de prevenção dos riscos para a saúde do trabalhador*, nas seguintes matérias: concepção e organização das

---

[677] Salienta-se o facto de a matéria da segurança e saúde no trabalho constituir uma matéria de grande desenvolvimento ao nível do direito internacional (com diversos instrumentos normativos da OIT sobre esta matéria) e do direito comunitário, onde é objecto de diversas directivas e regulamentos. Já tendo apreciado o interesse do direito comunitário por esta matéria, a propósito da apresentação das fontes laborais, para aí se remete. Cfr. *Direito do Trabalho I*, § 6.°, ponto 16.4., e Rosário Palma Ramalho, *Direito Social da União Europeia cit.*, 73 ss. Os preceitos do Código adaptaram, no essencial, o regime constante do DL n.° 441/91, de 14 de Novembro.

instalações, grau de exposição a riscos, modo de organização do trabalho, acesso a locais de risco, previsão de planos de contingência em situações de perigo, e, em geral, dever de observância das regras legais e convencionais colectivas nesta matéria (art. 281.° n.os 2, 3, 4 e 6); a estes deveres do empregador correspondem, da parte do trabalhador, deveres de cumprimento das regras de segurança, higiene e saúde no trabalho e de cooperação com o empregador nesta matéria (arts. 128.° n.° 1 a), i) e j) e 281.° n.° 7).

ii) *Deveres de informação e consulta dos trabalhadores e dos seus representantes nesta matéria* (art. 281.° n.° 3 e 282.° n.os 1 e 2).

iii) *Dever de constituição de serviços de higiene, segurança e saúde na empresa,* com a participação de representantes dos trabalhadores especificamente designados para o efeito, ou, na sua falta, pelas comissões de trabalhadores (art. 281.° n.° 5); a constituição e a organização destes serviços encontram-se reguladas nos arts. 21.° e ss. da L. n.° 102/2009, de 10 de Setembro.

iv) *Dever de assegurar a formação dos trabalhadores em matéria de segurança, higiene e saúde*, de acordo com o que seja adequado ao respectivo posto de trabalho (art. 282.° n.° 3).

Para além destes deveres gerais, que devem ser observados em relação a todos os trabalhadores, o Código ocupa-se da tutela da saúde de algumas categorias de trabalhadores em particular. Nesta linha, são de destacar as normas relativas aos trabalhadores menores e às trabalhadoras grávidas, puérperas e lactantes, que proíbem ou condicionam o desempenho de actividades perigosas e que estabelecem um regime mais restritivo em matéria de tempo de trabalho – art. 72.°, quanto aos menores, e art. 62.°, quanto às trabalhadoras grávidas, puérperas e lactantes. Estas normas são complementadas, respectivamente, pelos arts. 61.° ss. e 51.° ss. da L. n.° 102/2009, de 10 de Setembro.

Por fim, o Código evidencia a preocupação de tutela do património genético, que se traduz na proibição ou no condicionamento de trabalhos perigosos, regime que é também desenvolvido pela L. n.° 102/2009, de 10 de Setembro (arts. 41.° ss.).

## 99. Delimitação dos conceitos de retribuição e de remuneração: retribuição, complementos salariais e outras prestações remuneratórias

**I.** Fixando-nos agora especificamente no dever retributivo e no seu regime jurídico, importa, em primeiro lugar, fixar o *conceito e os elementos essenciais da retribuição*.

Esta delimitação é tradicionalmente dificultada pela diversidade de termos associados ao dever retributivo, que transparece das fontes laborais. Assim:

- o termo *salário* é o termo mais tradicional, sendo referido pela Constituição a propósito do princípio da igualdade remuneratória (art. 59.° n.° 1 a), última parte da CRP). É um termo de utilização frequente nos instrumentos de regulamentação colectiva do trabalho e era também o termo mais comum em algumas leis laborais avulsas (assim, a Lei dos Salários em Atraso e a Lei do Salário Mínimo, por exemplo); é ainda pontualmente utilizado no Código do Trabalho (art. 270.°);
- o termo *retribuição* é referido na CRP (art. 59.° n.° 1 a) primeira parte) e é o termo mais utilizado no Código (art. 11.°, art. 31.°, art. 127.° n.° 1 b), art. 129.° n.° 1 d) e arts. 258.° ss.), que teve, aliás, a preocupação de unificar sob esta designação as referências das anteriores leis laborais avulsas ao salário;
- o termo *remuneração* é referido em textos normativos internacionais e comunitários (*vg* no art. 157.° do TFUE) e era tradicional na nossa lei, que o reportava ao salário de base. O Código do Trabalho de 2003 substituiu estas referências pela locução *retribuição base*, que é mantida no actual Código do Trabalho (art. 258.° n.° 2 e alínea a) do n.° 2 do art. 262.°). O termo remuneração é também um termo de utilização comum nos instrumentos de regulamentação colectiva do trabalho e na doutrina[678].

**II.** Ao nível doutrinal, esta prolixidade terminológica e a verificação da pluralidade de sentidos que se podem associar à retribuição conduziu a doutrina à elaboração de uma distinção essencial: a distinção entre

---

[678] ROMANO MARTINEZ, *Direito do Trabalho cit.*, 571, nota [2], indica ainda o termo «féria» neste contexto.

*remuneração em sentido amplo* e *remuneração em sentido estrito, ou retribuição*[679].

De acordo com esta construção, a *retribuição* (ou remuneração em sentido estrito) corresponde à prestação patrimonial, em dinheiro ou em espécie, regular e periódica, que é devida ao trabalhador, por força do seu contrato, das normas que o regem ou dos usos, como contrapartida do seu trabalho.

A par do conceito de retribuição e tendo em conta o débito remuneratório amplo do empregador, o conceito de *remuneração em sentido amplo,* ou simplesmente, *remuneração* engloba o conjunto das vantagens patrimoniais de que o trabalhador beneficia em razão do seu contrato de trabalho e que podem ou não decorrer do trabalho prestado.

Pese embora o esforço de uniformização terminológica do Código de 2003 e do actual Código ter resultado no privilegiar do termo *retribuição*, crê-se que a distinção doutrinal desenvolvida – que tem origem na doutrina germânica (designadamente, no conceito de remuneração em sentido amplo desenvolvido por SCHWERDTNER, na sua *teoria da remuneração*[680]), mas que foi também desenvolvida na doutrina nacional, em moldes genéricos e específicos, por MENEZES CORDEIRO e também por nós[681] – deve manter-se, pela sua utilidade. A utilidade desta distinção revela-se em dois pontos essenciais.

Por um lado, sendo associado ao conceito de retribuição um princípio de irredutibilidade (art. 129.° n.° 1 d)), esta distinção permite isolar as prestações remuneratórias que se sujeitam a este princípio, não podendo, por consequência, ser retiradas ou diminuídas, das restantes prestações patrimoniais, que, por expressa determinação da lei, não se sujeitam à regra da irredutibilidade (e que são agora delimitadas de uma forma mais clara pelo art. 260.°). É assim importante classificar as prestações remuneratórias para efeitos da tutela que a lei lhes dispensa, o que se torna hoje

---

679 Sobre os sentidos do termo *retribuição* e distinguindo entre prestações remuneratórias de índole retributiva e de índole indemnizatória, *vd* Ac. STJ de 19/02/2003 (Revista n.° 2773/02) www.stj.pt.

680 P. SCHWERDTNER, *Fürsorgetheorie und Entgelttheorie im Recht der Arbeitsbedingungen*, Heidelberg, 1970, *passim*.

681 MENEZES CORDEIRO, *Manual de Direito do Trabalho cit.*, 717 e 720, e ROSÁRIO PALMA RAMALHO, *Da Autonomia Dogmática... cit.*, 773 e 777 ss. Contra, não sufragando esta distinção, ROMANO MARTINEZ, *Direito do Trabalho cit.*, 572 e nota [3].

mais difícil mercê da uniformização terminológica levada a efeito pelo Código.

Por outro lado, é importante ter em conta a diferença entre os conceitos de retribuição e de remuneração porque outras fontes normativas mantêm o termo remuneração com o significado amplo que lhe reconhecemos, daí retirando efeitos práticos. É o que sucede com o conceito comunitário de remuneração constante do art. 157.° do TFUE e desenvolvido pela Dir. 117/75/CEE, de 10 de Fevereiro de 1975, sobre a implementação do princípio da igualdade remuneratória entre trabalhadores dos dois sexos e, actualmente, pela Dir. 2006/54/CE, de 5 de Julho de 2006, que dispõe sobre a mesma matéria.

*Conclui-se, pois, em definitivo, pela utilidade da distinção entre os conceitos de retribuição e de remuneração, com o conteúdo acima definido, no contexto do Código do Trabalho e não obstante o esforço de uniformização terminológica efectuado por este diploma.*

**III.** Reportando-nos agora especificamente ao *conceito de retribuição*, a sua noção legal, constante art. 258.° n.os 1 e 2 do CT[682] permite isolar os seguintes elementos essenciais[683]:

i) *A retribuição constitui um direito do trabalhador* (o que decorre da própria delimitação do contrato de trabalho, pelo facto de ser um contrato necessariamente oneroso); por consequência, o pagamento da retribuição corresponde a um *dever do empregador*, ponto que deve ser salientado porque determina a exclusão do conceito de retribuição de outras prestações feitas pelo empregador com *animus donandi* (assim, por exemplo, os prémios de produtividade ou de assiduidade).
ii) *A retribuição é um direito que decorre do próprio contrato*: este elemento do conceito de retribuição explica que o seu valor seja fixado por acordo das partes, podendo este acordo resultar di-

[682] Estas normas correspondem ao art. 82.° da LCT, com alterações, e ao art. 249.° n.os 1 e 2 do CT de 2003, também com modificações pouco relevantes.

[683] Sobre os elementos essenciais do conceito de retribuição, BERNARDO XAVIER, *Curso de Direito do Trabalho cit.*, 382 ss., JORGE LEITE, *Direito do Trabalho cit.*, II, 162 ss., MÁRIO PINTO /FURTADO MARTINS / NUNES DE CARVALHO, *Comentário... cit.*, I, 247 s., ROMANO MARTINEZ, *Direito do Trabalho cit.*, 573 ss., ou MONTEIRO FERNANDES, *Direito do Trabalho cit.*, 459 ss.

rectamente do contrato de trabalho ou de remissão para o instrumento de regulamentação colectiva do trabalho aplicável ou para os usos, mas dentro dos limites legais (assim se deve entender a remissão da lei, neste contexto, para as normas que regem o contrato).

iii) *A retribuição é a contrapartida da actividade laboral*: evidenciando o carácter sinalagmático do contrato de trabalho, nos termos do brocardo germânico tradicional *kein Arbeit kein Lohn*[684], este elemento essencial do conceito de retribuição exclui do seu âmbito outras prestações patrimoniais do empregador, que não decorram do trabalho prestado mas prossigam outros objectivos, como, por exemplo, a compensação pelos riscos especiais da actividade ou pelas despesas do trabalhador. Contudo, o conceito de contrapartida para este efeito, deve aplicar-se de uma forma criteriosa, sendo de reportar à *disponibilidade do trabalhador* para o desenvolvimento da actividade laboral e não à realização efectiva desta actividade (ou ao «trabalho», como é referido expressamente no art. 258.° n.° 1, *in fine*) e, muito menos, à obtenção dos resultados para que esta actividade tende: é que, no caso do contrato de trabalho, o risco corre por conta do empregador, pelo que, se estes resultados não forem atingidos, ou mesmo se o trabalhador, por qualquer razão, permanecer inactivo no local de trabalho, não se encontrando o contrato suspenso, a retribuição continua a ser devida[685].

iv) *A retribuição é regular e periódica*: embora possa variar quanto à unidade de tempo considerada, nos termos do art. 258.° n.° 2, a periodicidade é um elemento essencial do conceito de retribuição, o que permite dele afastar as prestações patrimoniais

---

[684] Por todos, ZÖLLNER / LORITZ, *Arbeitsrecht cit.*, 185 s.

[685] Por esta razão, LEAL AMADO, *A protecção do salário cit.*, 15 ss., considera que o nexo sinalagmático do contrato de trabalho é restrito mesmo no que respeita à retribuição. A este propósito, *vd* ainda MENEZES CORDEIRO, *Manual de Direito do Trabalho cit.*, 736 s., que reconhece aqui, como princípio geral em matéria de retribuição, o princípio da continuidade, justamente para enfatizar o facto de a prestação retributiva ser independente dos resultados obtidos e das vicissitudes da empresa, sendo devida desde que o trabalhador se mantenha disponível para o trabalho e mesmo que os resultados pretendidos não sejam alcançados. Ainda sobre o ponto, LEAL AMADO, *Contrato de Trabalho cit.*, 311.

feitas pelo empregador ao trabalhador a título ocasional (por exemplo, um prémio de desempenho). A periodicidade é ainda justificada pelo facto de, frequentemente, a retribuição ser a principal ou a única fonte de rendimento do trabalhador, tornando-se assim difícil protelar excessivamente no tempo a sua percepção[686].

v) *A retribuição é uma prestação patrimonial*, no sentido em que é avaliável em dinheiro; este elemento essencial não obsta a que a retribuição tenha uma componente pecuniária e uma componente em espécie (a determinar nos termos do art. 259.°).

Aparentemente simples na sua formulação, este conceito de retribuição carece, todavia, de ser complementado.

Por um lado, a noção do art. 258.° n.° 1 tem que ser conjugada com a presunção estabelecida no art. 258.° n.° 3, segundo a qual integra a retribuição «qualquer prestação do empregador ao trabalhador». Esta presunção é ilidível, nos termos gerais do art. 350.° n.° 2 do CC, podendo ser afastada pelo empregador que demonstre que determinada prestação não é retributiva[687], porque não corresponde aos elementos essenciais do conceito de retribuição, que são, como é de regra, cumulativos.

Por outro lado, este conceito carece de ser integrado com a delimitação do que se entenda como «contrapartida do trabalho». Para este efeito, o art. 258.° n.° 2 integra na retribuição a retribuição base e todas as prestações regulares e periódicas, em dinheiro ou em espécie, feitas ao trabalhador. O conceito de retribuição base consta do art. 262.° n.° 2 a); e do conceito de diuturnidades, que consta da alínea b) do mesmo artigo, decorre também a expressa qualificação desta prestação como retribuição.

---

[686] No tratamento jurisprudencial dos conceitos de regularidade e periodicidade, associados à retribuição, os tribunais têm considerado *regular* a retribuição que não é arbitrária, mas constante; e têm qualificado como *periódica*, a retribuição que é paga em períodos certos ou aproximadamente certos no tempo – sobre o ponto, *vd*, por exemplo, o Ac. STJ de 19/02/2003 (Rev. 3740/02), www.stj.pt, e o Ac RLx. de 22/05/2002 (Rec. 74/02), www.dg.si.pt.

[687] A qualificação desta presunção como ilidível constava expressamente da norma correspondente do CT de 2003 (art. 249.° n.° 3) e deixou de constar do actual Código do Trabalho. Contudo, ela decorre do regime geral das presunções legais (art. 350.° do CC).

A qualificação de certa prestação do empregador ao trabalhador como uma prestação retributiva tem dois *efeitos essenciais*, que estão enunciados no art. 258.° n.° 4 do CT:

- *a sujeição desta prestação à regra da irredutibilidade*, nos termos do art. 129.° n.° 1 d), que se consubstancia na proibição da sua retirada ao trabalhador; todavia, como acima se referiu, esta regra é susceptível de aplicações diferenciadas, consoante as situações;
- *a sujeição desta prestação ao regime especial de tutela dos créditos retributivos do trabalhador*, estabelecido nos arts. 333.° ss.[688].

**IV.** Para além da retribuição base, o trabalhador pode ter direito a determinados *complementos remuneratórios*, os quais integram ou não o conceito de retribuição consoante partilhem os respectivos elementos essenciais. No caso afirmativo, este complementos beneficiam da tutela da irredutibilidade e do regime de tutela dos créditos retributivos; no caso negativo, poderão ser retirados ao trabalhador, se a razão pela qual foram atribuídos deixar de existir.

A multiplicidade e a diversidade dos complementos remuneratórios auferidos pelo trabalhador, em execução do contrato de trabalho, tornam difícil a sua enumeração e, sobretudo, a sua qualificação, que só pode ser feita no caso concreto, aferindo da presença, em cada um deles, das características que permitem a sua recondução ao conceito de retribuição. Contrariamente ao que sucedia no âmbito do Código anterior, o actual Código do Trabalho optou por reunir numa única disposição (o art. 260.° epigrafado, algo elipticamente, como «Prestações incluídas ou excluídas da retribuição»[689]) uma série de complementos remuneratórios, mas considerou outros tantos complementos em normas autónomas, não contribuindo assim para a clarificação desta matéria.

---

[688] Contudo, esta referência da lei afigura-se restritiva, na medida em que a qualificação de certa prestação como retributiva a sujeita a outros regimes, como o da impenhorabilidade parcial, o da compensação dos créditos, etc...

[689] A epígrafe do art. 260.°, para além de não ser esclarecedora quanto à natureza destas prestações (ao contrário do que se pretende), decorre do facto de a lei privilegiar o termo «retribuição», tendo deixado cair o termo remuneração. Pelos motivos expostos, não acompanhamos esta opção.

Mau grado as dificuldades suscitadas por esta técnica legal, é possível proceder à seguinte *categorização dos complementos remuneratórios*:

i) *Diuturnidades*: as diuturnidades são complementos remuneratórios decorrentes da antiguidade do trabalhador na organização ou numa certa categoria. Pela sua natureza pecuniária e periódica, a prestação remuneratória correspondente às diuturnidades é qualificada expressamente pela lei como uma prestação retributiva (art. 262.° n.° 2 b)).

ii) *Subsídios de férias e de Natal* (arts. 264.° n.° 2 e 263.°): estes complementos remuneratórios são prestações pecuniárias, de periodicidade anual, e têm fundamento directo no contrato; também são considerados de natureza retributiva[690].

iii) *Acréscimos remuneratórios devidos ao modo de desenvolvimento da prestação* – é o caso dos acréscimos por trabalho nocturno (art. 266.°)[691], por isenção de horário de trabalho (art. 265.°), por trabalho suplementar (art. 268.°)[692] ou por trabalho em regime de turnos (previsto em muitos instrumentos de regulamentação colectiva do trabalho)[693], bem como por prestação

---

690 Já no que se refere à prestação de 15.° mês, paga por algumas empresas, o Ac. RP de 17/03/2003, CJ, 2003, II, 220, entendeu não se tratar de uma prestação retributiva, uma vez que estava condicionada à dedicação e assiduidade do trabalhador ao longo do ano, pelo que não podia fundar antecipadamente nos trabalhadores a convicção de que a ela teriam direito.

691 Quanto ao acréscimo retributivo por trabalho nocturno, *vd*, por exemplo, o Ac. RC de 17/05/2001, CJ, 2001, III, 63, considerando que o subsídio de trabalho nocturno só integra o conceito de retribuição se for regular e periódico e só é devido enquanto esse trabalho for prestado.

692 Sobre as compensações devidas pela prestação de trabalho suplementar, pode ver-se o Ac. RLx. de 15/03/1995, CJ, 1995, II, 167, bem como o Ac. STJ de 13/07/2005, CJ (STJ), 2005, II, 285, este último considerando uma situação de acumulação de trabalho suplementar com trabalho nocturno. Relativamente ao trabalho suplementar prestado em feriados, o Ac. STJ de 3/05/2006, www.dgsi.pt., considerou que, quando tal trabalho não seja eventual e esporádico mas seja prestado de modo sistemático, corresponde a retribuição variável, pelo que deve ser tido em conta no cálculo dos subsídios de Natal e de férias, tendo em conta o valor médio auferido no ano anterior. Na mesma linha, o Ac. RP de 7/09/2009 (Proc. n.° JTRP00042862), www.dgsi.pt, considerou ser de integrar no cálculo do subsídio de férias o valor correspondente ao trabalho suplementar regular.

693 Relativamente ao subsídio de turno, pode ver-se o Desp. Normativo n.° 182/77, de 30 de Julho, considerando que, mesmo quando previsto em instrumento de regulamentação colectiva do trabalho, este subsídio só é devido no caso dos turnos rotativos. E ainda

de funções afins ou funcionalmente ligadas à actividade do trabalhador (art. 267.°).
Em regra, estes complementos remuneratórios não são de qualificar como retribuição, uma vez que correspondem a um modo particular de prestação do trabalho. Desta qualificação decorre que estes acréscimos serão devidos como contrapartida do trabalho prestado, naquelas condições concretas e enquanto elas subsistirem (incluindo para o cálculo do subsídio de férias, nos termos do art. 264.° n.° 2, que apreciámos oportunamente[694]), mas não são intangíveis. Assim, se o trabalhador passar para a categoria de trabalhador diurno, se perder a isenção de horário ou se deixar de desempenhar funções afins da sua actividade, a sua remuneração baixa sem que com isso se viole o princípio da irredutibilidade da retribuição[695].

iv) *Ajudas de custo*[696] *e outros abonos*[697]*, bem como o pagamento de despesas diversas do trabalhador* (art. 260.° n.° 1 a) e n.° 2). Estas prestações remuneratórias têm em vista compensar o trabalhador por condições específicas da actividade que desenvolve, pelos bens que utiliza no trabalho ou por despesas que realiza por causa do contrato de trabalho; não são, assim, contrapartida do trabalho em sentido próprio[698-699].

---

sobre estes subsídios, Ac. RLx. de 15/03/1995, CJ, 1995, II, 167, Ac. STJ de 9/10/2002, AD, 2003, 498-985, e Ac. STJ de 10/07/2002, AD, 2003, 495-483.

[694] Cfr., *supra*, § 26.°, ponto 95.5.II.

[695] Sobre a retirada dos subsídios de isenção de horário e de turno, quando as situações que os justificam terminem, Ac. STJ de 22/09/1993, CJ (STJ), 1993, III, 269, Ac. STJ de 26/04/1999, CJ (STJ), 1999, II, 270, e Ac. RLx. de 3/03/1999, CJ, 1999, II, 155.

[696] Relativamente às ajudas de custo e à sua natureza, *vd* Ac. RLx. de 4/11/1992, CJ, 1992, V, 184, Ac. RLx. de 24/03/1993, CJ, 1993, II, 163, Ac. RLx. de 15/03/1995, CJ, 1995, II, 167, e Ac. STJ de 11/12/1996, CJ (STJ), 1996, III, 25. A tendência da jurisprudência nesta matéria vai no sentido da qualificação destas prestações como retribuição, na parte em que excedam os custos efectivos do trabalhador e se forem regulares.

[697] Sobre a natureza de um abono para falhas de caixa, Ac. STJ de 6/05/1998, CJ (STJ), 1998, II, 275.

[698] Nesta linha, sobre um subsídio de combustível, Ac. RC de 5/03/1992, CJ, 1992, II, 89; e com referência a um subsídio de deslocação, o Ac. RLx. de 13/01/1993, CJ, 1993, I, 167, qualificou-o como retribuição pelo critério da regularidade e periodicidade.

[699] Contudo, relativamente ao subsídio de refeição, a jurisprudência tem admitido a sua natureza retributiva – Ac. RLx. de 4/11/1992, CJ, 1992, V, 184, Ac. RC de 7/04/1994,

Por esta razão, o Código do Trabalho não qualifica, em regra, estas prestações como retribuição; mas admite que a natureza retributiva possa resultar do contrato ou dos instrumentos de regulamentação colectiva do trabalho, o que pode suceder, designadamente quanto às despesas pagas ao trabalhador, se estiver em causa não o reembolso de despesas feitas ao serviço da empresa, mas o pagamento de despesas próprias do trabalhador ou na parte em que se exceda o valor real dessas despesas[700].

v) *Gratificações* (art. 260.° n.° 1 b) e c)): as gratificações e prémios atribuídos ao trabalhador não integram, em princípio, o conceito de retribuição, porque não correspondem a um dever do empregador mas ao seu *animus donandi*, nem constituem contrapartida do trabalho prestado[701-702]. A lei admite, no entanto, outra qualificação, desde que tal resulte do contrato ou das nor-

---

CJ, 1994, II, 59, Ac. RLx. de 29/06/1994, CJ, 1994, III, 181, Ac. RC de 15/05/1996, CJ, 1996, III, 160, ou Ac. RLx. de 23/02/2005, CJ, 2005, I, 155; mas contra, por exemplo, Ac. RLx., de 23/02/2005 (Proc. n.° 4042/2004-4), www.dgsi.pt., em decisão que, de todo em todo, não acompanhamos porque prevê, justamente com fundamento na natureza não retributiva deste subsídio, que ele pode ser retirado a trabalhadora em gozo de licença de maternidade, sem, todavia, ponderar, que, para efeitos de discriminação de género (que inclui o tratamento diferenciado em razão da maternidade) cabe recorrer ao conceito de remuneração (de origem comunitária) e não ao conceito mais estrito de retribuição, como contrapartida do trabalho.

[700] É de assimilar a estas situações o caso do fornecimento ao trabalhador de equipamento com valor patrimonial, que ele deve utilizar para a realização da prestação, mas do qual também pode usufruir quando não está adstrito ao cumprimento da actividade laboral (por exemplo, o fornecimento de um automóvel de serviço, que o trabalhador mantenha consigo durante o fim de semana). Sobre este tipo de situação, a jurisprudência tem-se inclinado para apenas reconduzir esta vantagem do trabalhador ao conceito de retribuição quando o trabalhador dela beneficie para além das necessidades do trabalho e apenas na medida dessa diferença (sobre o ponto, entre outros, Ac. RLx. de 4/11/1992, CJ, 1992, V, 184, Ac. STJ de 15/06/1994, CJ (STJ), 1994, II, 281, Ac. STJ de 23/11/1994, CJ (STJ), 1994, III, 297, Ac. STJ de 5/03/1997, CJ (STJ), 1997, I, 290). No que toca à suportação de despesas de alojamento, a atribuição de uma casa ao trabalhador foi qualificada como retribuição pelo Ac. RLx. de 13/05/1998, CJ, 1998, III, 161.

[701] Neste sentido, quanto a um prémio de produtividade condicionado aos lucros da empresa, Ac. REv. de 14/07/1992, CJ, 1992, IV, 321. Ainda sobre a natureza retributiva ou não retributiva dos prémios de produtividade, Ac. RP de 22/03/1990, CJ, 1990, II, 259, Ac. RC de 2/11/1990, CJ, 1990, V, 92, e Ac. RLx. de 24/05/2000, CJ, 2000, III, 163.

[702] Quanto aos prémios de assiduidade, Ac. RLx. de 12/01/1994, CJ, 1994, I, 161 ou Ac. RLx. de 14/02/1996, CJ, 1996, I, 170.

mas aplicáveis, e a jurisprudência sustentou essa qualificação em situações em que a liberalidade provou ser contrapartida do trabalho prestado (art. 260.° n.° 3 a))[703].

Por outro lado, tem sido discutida a qualificação das gratificações quando revistam um carácter de habitualidade[704]: neste caso o problema que se coloca é o de saber se o carácter habitual destas prestações (assim, por exemplo, um prémio anual de produtividade, que se vem repetindo) faz surgir um uso e suscita nos trabalhadores beneficiados a legítima expectativa da respectiva continuação, que impeça o empregador de retirar esse prémio. A nosso ver, contudo, a habitualidade da prestação não altera, por si só, a respectiva natureza, pelo que não surge qualquer expectativa tutelável em termos de uso retributivo.

Por fim, debate-se o problema da qualificação das gratificações e outras prestações patrimoniais que o trabalhador recebe não do empregador mas de terceiros (por exemplo, as gorjetas dadas aos empregados de um restaurante ou de um hotel, ou aos *croupiers* do casino, pelos clientes). Crê-se que a qualificação como retribuição destas prestações é de afastar pelo facto de não serem atribuídas nem devidas pelo empregador, não podendo, assim, corresponder a qualquer contrapartida do trabalho prestado[705].

vi) *Participação nos lucros da empresa* (art. 260.° n.° 1 d)): também esta prestação não integra, em princípio, o conceito de retribuição, desde que esteja assegurada uma retribuição ao trabalhador pelo contrato, ou directamente ou por remissão para o instrumento de regulamentação colectiva do trabalho aplicável.

vii) *Outros benefícios patrimoniais do trabalhador auferidos em razão do contrato* (por exemplo, um subsídio ou um crédito bonificado para compra de habitação, ou o estabelecimento de condições especiais de acesso a bens e serviços para o trabalhador

[703] Sobre uma questão deste tipo, Ac. RP de 6/12/1992, CJ, 1992, I, 261.

[704] Equacionando, para este efeito, a distinção entre gratificações habituais e gratificações extraordinárias, Ac. STJ de 8/05/1996, CJ (STJ), II, 251.

[705] Sobre a qualificação deste tipo de gratificações concedidas aos *croupiers* por clientes, Ac. RLx. de 8/03/1995, CJ, 1995, II, 165, e Ac. STJ de 23/01/1996, CJ (STJ), 1996, I, 249.

ou para membros da sua família): estas vantagens não são, usualmente, de qualificar como retribuição por não serem contrapartida do trabalho prestado e, pelo menos em alguns casos, também pela falta de periodicidade[706].

Em última análise, cabe ao tribunal dirimir os litígios relativos a dúvidas sobre a natureza retributiva ou não retributiva das prestações remuneratórias auferidas pelo trabalhador, conforme dispõe o art. 272.° n.° 2. A este propósito, observa-se uma tendência da jurisprudência que é favorável a um sentido amplo de remuneração, nas situações de dúvida, com base na presunção do carácter retributivo das prestações versadas ao trabalhador, que consta do art. 258.° n.° 3, e designadamente desde que a prestação em causa revista carácter habitual[707].

Em todo o caso, convém advertir para o perigo de algum excesso nesta qualificação sistemática das prestações atribuídas ao trabalhador como retribuição, a partir da presunção do art. 258.° n.° 3 e com recurso ao critério da regularidade e periodicidade das mesmas. É que, sendo os elementos essenciais do conceito de retribuição cumulativos, como é de regra, a presunção tem que se considerar ilidida desde que o empregador consiga demonstrar que na prestação em causa falta qualquer um desses elementos e não apenas o elemento da regularidade e periodicidade.

---

[706] Perante a multiplicidade e a diversidade das prestações remuneratórias do empregador, que acabamos de enunciar, não pode deixar de se sublinhar que teria sido útil a assunção e a aplicação da distinção clássica e bem trabalhada na doutrina estrangeira e nacional entre os conceitos de remuneração e de retribuição, pelo legislador. Acresce que muitos instrumentos de regulamentação colectiva do trabalho estabelecem outros complementos remuneratórios para além dos previstos na lei, em regimes por vezes difíceis de descortinar, o que teria justificado um enquadramento geral desta matéria mais claro do que aquele que o Código apresenta.

[707] É ilustrativa desta tendência a noção de retribuição apresentada pelo Ac. STJ de 8/05/1996, CJ (STJ), 1996, II, 251 (252), que, por exemplar, se transcreve: «Segundo o conceito civilista de retribuição esta deveria ter como contrapartida e como base a actividade do trabalhador, mas tal conceito, com a moderna elaboração do Direito do Trabalho, foi ultrapassado e hoje integram-se no âmbito da retribuição todos os benefícios outorgados pela entidade patronal e que se destinam a integrar o orçamento normal do trabalhador, conferindo-lhe a justa expectativa do seu recebimento, dada a sua regularidade e periodicidade». Não acompanhamos este entendimento do Supremo, que valoriza excessivamente o elemento da regularidade e periodicidade, em detrimento dos outros dois elementos (i.e., do facto de a retribuição ter que corresponder a um direito do trabalhador e se reconduzir a uma contrapartida do seu trabalho).

## 100. Princípios gerais e tutela do trabalhador em matéria remuneratória

### 100.1. Enunciado geral

**I.** A importância da retribuição para o trabalhador, não só do ponto de vista jurídico, mas, sobretudo, do ponto de vista económico – uma vez que, com frequência, os rendimentos do trabalho são o meio principal ou mesmo único de subsistência do trabalhador e da sua família – justifica o amplo desenvolvimento desta matéria na lei, e, em especial, a vocação globalmente tutelar do respectivo regime jurídico.

O sistema jurídico português foi sensível ao significado da retribuição deste ponto de vista, à imagem do que sucede noutros sistemas e do que decorre também de instrumentos normativos internacionais e comunitários. Assim, a exigência de uma retribuição justa consta da Carta Social Europeia (art. 4.°), a OIT tem diversos instrumentos normativos em matéria de salários (designadamente a Conv. n.° 26, de 1928, e a Conv. n.° 131, de 1970). Já no plano comunitário, o art. 157.° do TFUE consagra o princípio da igualdade de remuneração entre trabalhadoras e trabalhadores e diversos instrumentos normativos comunitários desenvolvem este princípio, na valência de género (*verbi gratia*, a Dir. 2006/54/CE, de 5 de Juolho de 2006) e com referência a outros factores de discriminação (Dir. 2000/78/CE, de 27 de Novembro); e outras Directivas comunitárias estabelecem medidas de tutela dos trabalhadores em matéria remuneratória, nomeadamente por ocasião da insolvência do empregador (Dir. 80/987/CEE, de 20 de Outubro de 1980, alterada pela Dir. 2002/74/CE, de 23 de Setembro de 2002, e refundida pela Dir. 2008/94/CE, de 22 de Outubro de 2008)[708].

**II.** No caso português, a importância da matéria da remuneração é comprovada pelas referências constitucionais ao princípio da igualdade salarial e ao salário mínimo (art. 59.° n.° 1 a) e n.° 2 a) da CRP). Por seu turno, o regime legal desta matéria permite reconhecer um conjunto de princípios gerais orientadores, que cumpre realçar. Estes princípios são os seguintes: o princípio da suficiência salarial; o princípio da igualdade

[708] Sobre estes desenvolvimentos do Direito da União Europeia, *vd* Rosário Palma Ramalho, *Direito Social da União Europeia cit.*, 79 ss. e 91 s.

remuneratória; o princípio da irredutibilidade da retribuição; e o princípio da relativa intangibilidade da retribuição.

Porque estes princípios justificam muitos dos aspectos do regime jurídico da retribuição, o estudo deste regime deve começar pela respectiva indicação.

### 100.2. **O princípio da suficiência salarial: a retribuição mínima**

**I.** O princípio da suficiência salarial pretende acautelar um nível retributivo mínimo garantido por lei a todos os trabalhadores subordinados. De acordo com este princípio, a retribuição não pode descer abaixo de um valor determinado, que é considerado o valor mínimo para prover às necessidades básicas de sobrevivência do trabalhador e da sua família. Na base deste princípio, encontra-se aquilo que a doutrina tradicional denominou como *a função alimentar do salário*, i.e., o reconhecimento pela Ordem Jurídica de que a retribuição constitui o meio de subsistência essencial da maioria dos trabalhadores e das suas famílias[709], que, por sua vez, entronca na ideia cristã do salário justo ou condigno[710].

No nosso sistema jurídico, o princípio da suficiência salarial tem consagração constitucional. O art. 59.° n.° 1 a) da CRP estabelece a regra de que a retribuição deve permitir uma existência condigna e, em conformidade, atribui ao Estado o dever de fixar o valor do salário mínimo nacional e de proceder à actualização periódica desse valor (art. 59.° n.° 2 a) da CRP)[711].

No plano infra-constitucional, este princípio foi desenvolvido pelo DL n.° 217/74, de 27 de Maio, alterado pelo DL n.° 440/79, de 6 de

---

[709] Sobre esta dimensão do salário, como meio primordial de satisfação das necessidades do trabalhador e da sua família, MONTEIRO FERNANDES, *Direito do Trabalho cit.*, 461 ss. Ainda sobre o princípio da suficiência salarial, MENEZES CORDEIRO, *Manual de Direito do Trabalho cit.*, 729 ss. Para mais desenvolvimentos sobre o princípio do salário mínimo, BERNARDO XAVIER, *Curso de Direito do Trabalho cit.*, 378 ss.

[710] Esta ideia encontra-se já, por exemplo, em S. Tomás de Aquino. Para mais desenvolvimentos, MENEZES CORDEIRO, *Manual de Direito do Trabalho cit.*, 719.

[711] Instituto diverso, ainda que fundado em pressupostos semelhantes, é o do rendimento mínimo garantido, instituído pela L. n.° 19-A/96, de 29 de Junho; actualmente designado como rendimento social de inserção, esta prestação é disciplinada pela L. n.° 13/ /2003, de 21 de Maio.

Novembro, e depois substituído pelo DL n.° 69-A/87, de 9 de Fevereiro, que foi, por sua vez, sucessivamente alterado. O sistema legal previa um salário mínimo mensal para a generalidade dos trabalhadores e salários mínimos diferenciados para diversas categorias de trabalhadores (trabalhadores da agricultura e trabalhadores domésticos), mas a tendência tem vindo a ser no sentido da aproximação destes valores. A lei previa ainda a actualização anual do valor dos salários mínimos (art. 9.° do DL n.° 69-A/87, de 9 de Fevereiro). Este diploma foi revogado com a entrada em vigor do CT de 2003.

**II.** O actual Código do Trabalho regula esta matéria nos arts. 273.° ss.[712] O art. 273.° n.° 1 consagra o princípio da retribuição mensal mínima garantida, que deve ser actualizável. Esta actualização deve ter em conta as necessidades dos trabalhadores, o aumento do custo de vida e a evolução da produtividade e a sua fixação deve ser precedida da audição da Comissão Permanente da Concertação Social (art. 273.° n.° 1, *in fine*).

O Código estabelece ainda regras relativas à integração do conteúdo do salário mínimo (art. 274.°), ao seu modo de cálculo quando a retribuição inclua prestações em espécie (art. 274.° n.° 2) e ainda regras relativas às reduções a que se sujeita no caso de trabalhadores com capacidade de trabalho reduzida e de trabalhadores praticantes, estagiários e aprendizes em situação de formação (art. 275.°).

O desrespeito pelo princípio da suficiência salarial constitui contra-ordenação muito grave (art. 273.° n.° 3).

### 100.3. **O princípio da igualdade remuneratória**

**I.** O princípio da igualdade remuneratória encontra também a sua base na Constituição, que o consagrou sob o brocardo «para trabalho igual, salário igual» (art. 59.° n.° 1 a), primeira parte, da CRP).

Ao nível comunitário, este princípio foi consagrado com referência à igualdade remuneratória entre trabalhadores e trabalhadoras que prestem trabalho igual ou de valor igual no art. 119.° do Tratado de Roma, de onde passou para o art. 141.° n.° 1 do TCE e consta actualmente do art. 157.°

---

[712] No âmbito do CT de 2003, o essencial do regime desta matéria constava da RCT. O actual Código do Trabalho integrou os preceitos correspondentes.

n.° 1 do TFUE. Ainda no plano do direito comunitário, o princípio da igualdade remuneratória entre trabalhadoras e trabalhadores foi inicialmente desenvolvido pela Dir. 75/117/CEE, de 10 de Fevereiro de 1975, e, indirectamente, por diversas outras directivas[713]; actualmente este princípio consta da Dir. 2006/54, de 5 de Julho de 2006 (*maxime* art. 4.°), tendo também conhecido um amplo desenvolvimento pela jurisprudência comunitária[714]. Já em moldes mais gerais, a Dir. 2000/78/CE, de 27 de Novembro, veio proibir as discriminações remuneratórias entre trabalhadores com base em qualquer outro factor discriminatório (art. 3.° n.° 3).

Também a OIT aprovou uma Convenção sobre a igualdade remuneratória entre trabalhadores e trabalhadoras por um trabalho igual ou de igual valor (Conv. n.° 100, de 1951, ratificada por Portugal).

Naturalmente, este princípio não impede diferenças remuneratórias entre os trabalhadores mas apenas um tratamento remuneratório discriminatório. Por outras palavras, apenas estão aqui contempladas as situações em que, perante um trabalho igual ou de valor igual, a retribuição seja diferente sem uma causa de justificação objectiva[715]. Por esta razão, a apli-

---

[713] São de destacar a Dir. n.° 79/7/CEE, de 19 de Dezembro de 1978, sobre a aplicação do princípio da igualdade e tratamento entre homens e mulheres nos regimes gerais de segurança social, a Dir. n.° 86/378/CEE, de 24 de Julho de 1986, a Dir. n.° 96/97/CE, de 20 de Dezembro de 1996, sobre a igualdade nos regimes profissionais de segurança social, e a Dir. n.° 97/80/CE, de 15 de Dezembro de 1997, sobre a repartição do ónus da prova nos processos relativos a questões de igualdade. A maioria destas directivas foi, entretanto, absorvida pela Dir. 2006/54/CE.

[714] O Tribunal de Justiça tem desempenhado um importante papel na fixação de conceitos relevantes nesta matéria e na progressão global do sistema de igualdade de género no domínio remuneratório. Entre outros, destaca-se a importância dos seguintes acórdãos: o Ac. de 8/04/1976 (caso *Deffrenne*), sobre a dimensão económica e moral da igualdade em razão do sexo; o Ac. de 30/01/1985 (caso *Comissão v. Denmark*) sobre a noção de trabalho igual; os Acórdãos de 13/05/1986 (caso *Bilka*) e de 17/05/1990 (caso *Barber*), sobre a igualdade nos regimes complementares de segurança social; os Acórdãos de 9/12/1982 (caso *Garland*) e de 26/02/86 (caso *Marshall*), sobre a noção de discriminação directa; o Ac. de 7/2/1991 (caso *Nimz*), sobre a noção de discriminação indirecta; ou o Ac. de 17/10/1989 (caso *Danfoss*), sobre a inversão do ónus da prova. Em geral, sobre a jurisprudência do Tribunal de Justiça nesta matéria, *vd Igualdade de Oportunidades entre Mulheres e Homens: Trabalho, Emprego e Formação Profissional – Jurisprudência do Tribunal de Justiça das Comunidades Europeias,* Ministério do Trabalho e da Solidariedade, Lisboa, 1998.

[715] Também neste sentido, Leal Amado, *Contrato de Trabalho cit.*, 317, realçando que este princípio não visa alcançar um «igualitarismo extremo».

cação deste princípio passa pela conjugação de várias ideias-chave: a afinação dos critérios de avaliação de funções, que permitem qualificá-las como «trabalho igual» ou «trabalho de valor igual»; a afinição do conceito de remuneração a ter em conta para este efeito; a aplicação precisa dos conceitos de discriminação directa e indirecta; e a definição rigorosa das justificações objectivas para o tratamento remuneratório diferenciado, uma vez que apenas estas são admissíveis.

**II.** No plano infra-constitucional, o único desenvolvimento do princípio constitucional da igualdade remuneratória, que se verificou no nosso sistema até ao surgimento do Código do Trabalho de 2003, foi na valência da igualdade de género, através do DL n.° 392/79, de 20 de Setembro, que estabeleceu o quadro normativo relativo à igualdade e não discriminação em função do sexo no trabalho e no emprego.

Em conformidade com o Direito Comunitário sobre a matéria, este diploma dispunha sobre a igualdade remuneratória em três artigos:

– art. 2.°, procedia-se à delimitação das noções de remuneração, de trabalho igual e de trabalho de valor igual, para efeitos da aplicação do princípio; a noção de remuneração era estabelecida em moldes amplos (em conformidade com o conceito de remuneração para este efeito, constante, ao tempo, do art. 119.° n.° 2 do Tratado de Roma e que consta actualmente do art. 157.° n.° 2 do TFUE), englobando o conjunto de vantagens patrimoniais que decorrem para o trabalhador do seu contrato de trabalho;
– no art. 9.°, era enunciado o princípio da igualdade remuneratória entre trabalhadores e trabalhadoras por trabalho igual ou de valor igual e era estabelecido o regime jurídico desta matéria, no que toca à alegação e à prova da discriminação, prevendo-se um sistema de inversão parcial do ónus da prova do tratamento discriminatório[716];
– no art. 12.° n.° 2, estabelecia-se uma regra de substituição automática das cláusulas dos instrumentos de regulamentação colectiva do

---

[716] Especificamente sobre o problema da repartição do ónus da prova nos casos de discriminação remuneratória, JÚLIO GOMES, *Algumas reflexões sobre o ónus da prova em matéria de paridade de tratamento retributivo («A trabalho igual salário igual»), in* A. MOREIRA (coord.), *I Congresso Nacional de Direito do Trabalho. Memórias,* Coimbra, 1999, 313-324.

trabalho, que previssem remunerações inferiores para as mulheres, pelas remunerações previstas para os homens na mesma categoria[717].

Esta matéria foi, entretanto, prevista em moldes gerais no Código do Trabalho de 2003 e encontra-se hoje regulada no art. 270.° do CT de 2009 (em fórmula que retoma o brocardo constitucional «trabalho igual salário igual»). Esta norma carece, contudo, de ser conjugada com o art. 24.° n.° 2 c), e, no que toca à igualdade remuneratória entre trabalhadoras e trabalhadores, é ainda desenvolvida no art. 31.° n.$^{os}$ 1 e 2.

Por uma razão de clareza, devem ser apreciadas separadamente as incidências deste princípio na igualdade remuneratória de género e noutros factores de discriminação.

**III.** No que toca à *igualdade remuneratória entre trabalhadores e trabalhadoras* rege o art. 31.° n.$^{os}$ 1 e 2, em conjugação com o art. 24.° n.° 2 c) do CT. Desta conjugação resulta alguma evolução do regime legal nesta matéria, por comparação com o Código do Trabalho anterior, que tinha algumas imprecisões e suscitava um problema de desconformidade com o direito comunitário nesta matéria.

Vejamos então:

O art. 31.° n.° 2 do CT faz referência à igualdade de retribuição reportando-a à prestação de um trabalho igual ou de valor igual, que constitui o pressuposto do próprio princípio da igualdade[718], mas não define remuneração para este efeito, à imagem do que já ocorria no Código ante-

---

[717] Sobre esta matéria, pode ver-se ROSÁRIO PALMA RAMALHO, *Igualdade de tratamento entre trabalhadores e trabalhadoras em matéria remuneratória: a aplicação da Directiva 75/117/CE em Portugal*, ROA, 1997, 159-181, republicado *in Estudos de Direito do Trabalho,* I, Coimbra, 2003, 227-246, *Garantir a Igualdade Remuneratória Entre Mulheres e Homens na União Europeia cit.*, e ainda *Igualdade de género e direito comunitário – breves notas,* Ex aequo, 2004, 10, 51-60 (52 s.), M. MANUELA MAIA, *O conceito de retribuição e a garantia retributiva, in* A. J. MOREIRA (coord.), *II Congresso Nacional de Direito do Trabalho. Memórias,* Coimbra, 1999, 259-277.

[718] Incompreensivelmente, na norma correspondente do Código do Trabalho anterior (art. 28.° n.° 1) não era feita qualquer referência ao trabalho igual ou de valor igual, como tivemos ocasião de assinalar na edição anterior deste *Direito do Trabalho* (2.ª ed., 575). O novo Código do Trabalho veio corrigir esse ponto.

rior. Contudo, e diferentemente do que ocorria no âmbito daquele Código, não pode agora retirar-se da falta desta noção a conclusão natural da remissão para o conceito comum de retribuição, que consta do art. 258.° do CT, e tem um alcance mais restrito do que o conceito amplo a ter em conta para efeitos do princípio da igualdade remuneratória entre trabalhadores e trabalhadores, por imposição do art. 157.° n.° 2 do TFUE.

É que o novo Código do Trabalho refere agora, a propósito do enunciado do princípio geral de não discriminação (art. 24.°) que o trabalhador tem direito à igualdade de tratamento no que respeita, designadamente, «a retribuição e outras prestações patrimoniais» (art. 24.° n.° 1 e n.° 2 c)). Assim, pode hoje entender-se que, para efeitos da avaliação de práticas discriminatórias em matéria remuneratória, o conceito de remuneração a ter em conta não inclui apenas a retribuição (ou remuneração em sentido estrito), mas reporta-se à remuneração em sentido amplo, ou seja, ao conjunto de prestações de valor patrimonial de que o trabalhador beneficia em razão do contrato de trabalho[719]. Assim, podemos considerar ultrapassada a desconformidade do direito nacional com o direito comunitário nesta matéria, que resultava do Código anterior[720].

Noutra perspectiva, o Código considera que as diferenças retributivas não constituem discriminação nas situações referidas no n.° 3 do art. 31.°, indicando, como tais, as diferenças que assentem em critérios objectivos, comuns a homens e mulheres. Contudo, adverte-se para a necessidade de interpretar esta norma com cautela, por forma a excluir

[719] Por esta razão, não acompanhamos a decisão do Ac. RLx. de 23/02/2005, CJ, 2005, I, 155, relativa ao ao pagamento do subsídio de refeição a uma trabalhadora no decurso da licença de maternidade, que considerou que tal pagamento não era devido porque a trabalhadora não estava a trabalhar. O sentido amplo do conceito de remuneração a ter em conta para este efeito e a equiparação do tratamento diferenciado em razão da maternidade e da paternidade a uma discriminação de género justificariam o entendimento contrário ao que foi sustentado pelo tribunal.

[720] Sobre este ponto, Rosário Palma Ramalho, *O novo Código do Trabalho. Reflexões sobre a proposta de lei relativa ao novo Código de Trabalho cit.*, 54 s., e *O direito da igualdade e o Código do Trabalho, in A Reforma do Código do Trabalho cit.*, 173 ss. No âmbito do Código do Trabalho anterior, sustentámos a ptrevalência do conceito comunitário de remuenração, constante, para este efeito, do art. 141.° n.° 2 do TCE (actual 157.° n.° 2 do TFUE), que, por decorrer de uma fonte de valor superior, prevaleceria sobre a norma infra-constitucional nesta matéria (cfr., Rosário Palma Ramalho, *Direito do Trabalho cit.*, II (2.ª ed.), 577.

aqueles critérios de diferenciação que, apesar de objectivos, possam conduzir a situações de discriminação indirecta, já que esta é também proibida[721].

A disciplina desta matéria carece ainda de ser completada pelas seguintes regras[722]:

i) O art. 23.° n.° 1 c) e d) apresenta os conceitos de trabalho igual e de trabalho de valor igual, que são necessários para operacionalizar o princípio da igualdade remuneratória. No trabalho igual está em causa o desempenho da mesma actividade e a avaliação desse desempenho; no trabalho de valor igual comparam-se actividades objectivamente diferentes mas de valor idêntico[723].
ii) O art. 31.° n.os 1, 2 e 5 concretiza o princípio da igualdade retributiva entre trabalhadores e trabalhadoras do seguinte modo: exigindo que sejam eliminados todos os factores de discriminação de género do conjunto dos elementos que contribuem para a determinação da retribuição (n.° 1); estabelecendo os critérios de aferição do princípio na sua aplicação às modalidades da retribuição em função do tempo e da retribuição variável (n.° 2); e exigindo que os critérios de avaliação de funções sejam objectivos e comuns a homens e mulheres (n.° 5).

---

[721] Efectivamente, não basta que um critério seja objectivo e comum a mulheres e homens para evitar o tratamento discriminatório, designadamente em matéria retributiva. Assim, se, por exemplo, o valor do trabalho tiver em conta o critério da força física ou da altura requerida aos trabalhadores, a exigência da mesma capacidade física ou da mesma altura a homens e mulheres é directamente discriminatória, apesar de objectiva. Também o critério da assiduidade pode, na prática, determinar situações de discriminação indirecta, se não ressalvar as ausências das trabalhadoras em razão da maternidade, por exemplo.

[722] No âmbito do Código do Trabalho anterior, estas regras constavam da RCT. O actual Código procedeu à sua incorporação.

[723] Os *conceitos de trabalho igual e de trabalho de valor igual* têm sido longamente debatidos na jurisprudência comunitária, em apreciação de situações de tratamento discriminatório de género. Evidentemente, as dificuldades de comparação são muito maiores no segundo caso, mas é nesta segunda valência que o princípio tem revelado uma especial aptidão para fazer face às denominadas discriminações remuneratórias sistémicas, ou seja, relativas a profissões ou a categorias profissionais e não à comparação individualizada entre dois trabalhadores da mesma categoria profissional e da mesma empresa.

iii) O art. 31.° n.° 4 estabelece a indispensável ligação entre a igualdade remuneratória de género e a protecção da maternidade e da paternidade, o que é de importância vital para evitar uma aplicação indiscriminada dos critérios de justificação das diferenças salariais, que constam do n.° 3 deste mesmo artigo, designadamente no que toca ao critério da assiduidade. Assim, por força desta norma, as faltas, licenças e dispensas do trabalho, para tutela da maternidade e da paternidade, não podem constituir fundamento de diferenciações retributivas.

iv) Por fim, o art. 26.° n.° 2 recupera a regra do DL n.° 392/79, de 20 de Setembro, que previa a substituição automática da remuneração mais baixa prevista em instrumento de regulamentação colectiva do trabalho para os trabalhadores de um sexo, que desempenhem trabalho igual ou de valor igual, pela remuneração mais alta prevista para outra categoria de conteúdo funcional igual ou equivalente.

**IV.** No que toca à *aplicação geral do princípio da igualdade remuneratória*, deve distinguir-se a situação anterior e posterior à codificação laboral.

Até ao surgimento do Código do Trabalho de 2003, não houve qualquer desenvolvimento legal do princípio constitucional «trabalho igual salário igual», constante do art. 59.° n.° 1 a) da CRP. Contudo, a jurisprudência procedeu à aplicação directa do preceito constitucional na resolução de diversos casos de discriminação retributiva – trata-se, como referimos a propósito das fontes[724], de uma norma constitucional de natureza preceptiva e que comprova a eficácia civil de alguns direitos fundamentais dos trabalhadores[725].

Nestas aplicações do preceito, a jurisprudência tem reconhecido um sentido restrito ao conceito de remuneração (identificando-o com o conceito de retribuição[726]), tem procurado concretizar os critérios da «quanti-

---

[724] *Direito do Trabalho I*, § 5.°, ponto 13.IV. e ponto 14.

[725] Sobre a aplicabilidade directa deste preceito constitucional, MONTEIRO FERNANDES, *Direito do Trabalho cit.*, 472 s.

[726] Neste sentido, na aplicação do princípio a situações de tratamento remuneratório diferenciado dos trabalhadores em razão da sua filiação sindical, e, por consequência, da sua sujeição (ou não) a convenções colectivas de trabalho, Ac. STJ de 20/01/1993, CJ

dade, natureza e qualidade» do trabalho prestado, que o art. 59.° n.° 1 a) da CRP enuncia, para efeitos da determinação de que o trabalho é, efectivamente, um trabalho igual, designadamente por recurso à delimitação concreta da função do trabalhador (i.e., a *natureza* do trabalho) e ao seu rendimento na execução das tarefas que integram aquela função (ou seja, a *qualidade e a quantidade* do trabalho prestado)[727]. Uma vez feita esta verificação, a jurisprudência tem entendido que o princípio da igualdade retributiva prevalece mesmo sobre outros princípios constitucionais, como o princípio da liberdade sindical[728]. Naturalmente, os critérios de aplicação do princípio confirmam a admissibilidade da individualização da retribuição, quando o trabalho prestado seja qualitativa ou quantitativamente diverso[729].

O Código do Trabalho actual (tal como o Código anterior) contém uma disposição de sentido idêntico ao do princípio constitucional «trabalho igual salário igual», que consta, como já referimos, do art. 270.° e que, faz também apelo aos critérios da natureza, da quantidade e da qualidade do trabalho prestado, para a determinação do valor do trabalho. Por outro lado, a conjugação desta regra com o art. 24.° n.° 2 c) determina que as diferenças retributivas entre trabalhadores, não justificadas objectivamente[730],

(STJ), 1993, I, 238, e Ac. STJ de 8/02/1995, CJ (STJ), 1995, I, 267. Dando conta desta tendência restritiva da jurisprudência na interpretação do princípio constitucional, A. NUNES DE CARVALHO, *Trabalho igual, salário igual – Anotação ao Acórdão de 25 de Março de 1992 do Tribunal da Relação de Lisboa,* RDES, 1992, 4, 349-361.

[727] Sobre estes requisitos de concretização do princípio do trabalho igual salário igual, *vd*, entre outros, Ac. STJ de 14/10/1990, BMJ 401-368, o Ac. STJ de 17/02/1993, AD 379-843, Ac. STJ de 9/06/1993, AD 383-1195, Ac. STJ de 19/01/1994, CJ (STJ), 1994, I, 280, Ac. STJ de 25/06/1997, AD 433-134, Ac. RLx. de 25/05/1994, CJ, 1994, III, 171, Ac. RLx. de 26/06/1996, CJ, 1996, III, 172, Ac. RLx. de 25/09/1996, CJ, 1996, IV, 179, Ac. STJ de 8/03/2006 (Proc. n.° SJ200603080031504), www.dgsi.pt., ou ainda Ac. STJ de 25/06/2008 (proc. n.° SJ200806250005284), www.dgsi.pt. Em geral sobre este ponto, JOÃO RATO, *Igualdade salarial. Mecanismo de aplicação do Direito: os tribunais em Portugal e nos países terceiros*, QL, 2003, 23, 23-32.

[728] Neste sentido, ainda o Ac. STJ de 20/01/1993, CJ (STJ), 1993, I, 238, e o Ac. STJ de 8/02/1995, CJ (STJ), 1995, I, 267.

[729] Neste sentido, expressamente, BERNARDO XAVIER, *Curso de Direito do Trabalho cit.*, 377.

[730] Mas sobre a interpretação deste requisito, *vd*, por exemplo, o Ac. STJ de 27/01/2005 (Proc. n.° SJ200501270034264), www.dgsi.pt, considerando que constitui um critério objec-

sejam qualificadas como situações de tratamento discriminatório, o que é vedado ao empregador.

Assim, o princípio da igualdade remuneratória, nesta aplicação geral, pode ser actuado directamente a partir destas previsões legais.

Por outro lado, diferentemente do que ocorria anteriormente, o actual Código incorporou o desenvolvimento comunitário, entretanto ocorrido, em matéria de não discriminação em geral no trabalho e no emprego (designadamente com a Dir. 2000/78/CE, de 27 de Novembro de 2000), designadamente no que toca ao conceito de remuneração a ter em conta para efeitos de avaliação de práticas discriminatórias, uma vez que tal conceito amplo (que consta do art. 24.° n.° 2 c)) é reportado pela lei a qualquer factor de discriminação. Além disso, o Código estende a qualquer factor de discriminação o regime de substituição automática das cláusulas discriminatórias em matéria retributiva constantes de convenção colectiva de trabalho pelas disposições aplicáveis ao grupo mais favorecido, nos termos do art. 26.° n.° 3.

### 100.4. **O princípio da irredutibilidade da retribuição**

**I.** O princípio da irredutibilidade da retribuição determina que o valor da retribuição não pode ser diminuído, excepto nos casos previstos na lei ou por instrumento de regulamentação colectiva do trabalho[731].

Este princípio corresponde a uma garantia legal do trabalhador, consagrada no art. 129.° n.° 1 d) do CT. No entanto, como decorre do art. 258.° n.° 4, o seu alcance está limitado ao sentido estrito do conceito de remuneração, i.e, à retribuição em sentido próprio, o que atesta a importância da qualificação das diversas prestações integrativas da remuneração, nos termos acima explicitados.

**II.** O princípio da irredutibilidade da retribuição constitui um limite geral à diminuição da retribuição dos trabalhadores, mas não impede que

---

tivo justificativo da diferença remuneratória o facto de o contrato do trabalhador ser a termo e não por tempo indeterminado. É um critério que não acompanhamos, por nada ter a ver com a natureza, a qualidade ou a quantidade do trabalho prestado.

[731] Especificamente sobre este princípio, Menezes Cordeiro, *Manual de Direito do Trabalho cit.*, 735 s.

tal retribuição seja reduzida por lei[732] ou por instrumento de regulamentação colectiva do trabalho (ainda art. 129.° n.° 1 d)).

O Código do Trabalho prevê alguns casos de diminuição da retribuição: é o que sucede no caso da aplicação do regime da redução do tempo de trabalho ou da suspensão do contrato de trabalho em situação de crise da empresa, a que inere uma redução da retribuição (art. 305.° n.° 1 a)); e é o caso da passagem do trabalhador do regime de trabalho a tempo integral para o regime do trabalho a tempo parcial, que envolve uma redução proporcional da retribuição (arts. 155.° n.° 1 e 154.° n.° 3), ou ainda a descida de categoria, nos casos em que é admitida (art. 119.°)[733]. Já outras situações em que o trabalhador vê materialmente diminuída a sua retribuição – como sucede no caso das faltas que determinem a perda da retribuição (arts. 255.° n.° 2 e 256.° n.° 1) ou no caso da sanção disciplinar de suspensão do contrato com perda de retribuição (art. 328.° n.° 1 e)) – não consubstanciam uma violação do princípio da irredutibilidade da retribuição, porque a perda da mesma é uma consequência da não prestação do trabalho, nos termos gerais do sinalagma obrigacional do contrato de trabalho.

Deve dar-se o devido relevo à possibilidade de redução da retribuição por instrumento de regulamentação colectiva do trabalho (prevista expressamente no art. 129.° n.° 1 d)), como demonstração da confiança do sistema normativo na capacidade dos entes laborais colectivos para, em sede de negociação colectiva, encontrarem as soluções mais adequadas aos respectivos interesses em cada momento – assim, será admissível que uma convenção colectiva estabeleça uma redução dos salários numa situação de crise da empresa ou como contrapartida da abertura de

---

[732] O art. 129.° n.° 1 d) do CT refere-se à possibilidade de redução da retribuição nos casos previstos no próprio Código ou em instrumento de regulamentação colectiva do trabalho. Esta referência não afasta, naturalmente, a possibilidade de tal redução resultar de outro diploma legal, nos termos gerais. É o que sucede, por exemplo, com a previsão da diminuição da retribuição dos trabalhadores cuja empresa seja declarada em situação económica difícil, ao abrigo do DL n.° 353-H/77, de 29 de Agosto.

[733] A este propósito, o Ac. STJ de 12/07/2007 (Proc. n.° SJ200707120010474), www.dgsi.pt, considerou que a reconversão profissional assegurada ao trabalhador na sequência de um acidente de trabalho que o incapacitou para a função que desempenhava anteriormente, cabendo na nova função uma retribuição mais baixa, não ofende o princípio da irredutibilidade da retribuição.

novos postos de trabalho, por exemplo. Naturalmente que qualquer redução dos salários por esta via terá que respeitar o limite do salário mínimo nacional.

Em contrapartida, decorre da redacção desta norma a sua índole convénio-dispositiva, nos termos e para os efeitos do art. 3.° n.° 5 do CT: assim, a retribuição não pode ser reduzida por contrato de trabalho, salvo nos casos previstos na lei[734].

Evidentemente, o princípio da irredutibilidade apenas impede a diminuição do valor da retribuição, mas não obsta ao seu aumento, seja por acordo das partes, seja nos termos previstos em instrumento de regulamentação colectiva do trabalho, ou ainda como consequência da subida de categoria do trabalhador.

Por outro lado, este princípio também não obsta à alteração, por parte do empregador, do modo de cálculo da retribuição, na relação entre a remuneração de base e os respectivos complementos, desde que, evidentemente, tal alteração não redunde na diminuição da retribuição[735].

### 100.5. **A relativa intangibilidade da retribuição**

**I.** O último princípio geral orientador do regime jurídico da retribuição tem a ver com a garantia da sua relativa intangibilidade: de acordo com este princípio, pelo menos uma parte da retribuição do trabalhador nunca lhe pode ser retirada[736].

O fundamento do princípio da intangibilidade da retribuição é a já referida função alimentar do salário. Este princípio tem concretizações no plano processual e no regime substantivo da retribuição.

---

[734] É o que sucede quando o trabalhador é colocado em categoria inferior, com o seu acordo, nos termos do art. 119.° n.° 1 do CT, situação que já apreciámos *supra*, § 24.°, ponto 88.2.III. Neste caso, o trabalhador passa a auferir a retribuição mais baixa correspondente a essa categoria, sem que tal consubstancie uma violação do princípio da irredutibilidade.

[735] Neste sentido, entre outros, o Ac. STJ de 1/04/2009 (Ac. n.° 08S3051), www.dgsi.pt.

[736] Também sobre este princípio, na perspectiva que apresentamos, MENEZES CORDEIRO, *Manual de Direito do Trabalho cit.*, 733 s.

**II.** Ao nível processual, decorre da relativa intangibilidade da retribuição a *garantia da impenhorabilidade parcial da retribuição*.

As regras da impenhorabilidade parcial da retribuição estão estabelecidas no art. 824.° n.° 1 a) e n.os 2 e 3 do CPC (com as alterações introduzidas pelo DL n.° 38/2003, de 8 de Março) e são duas:

- a regra geral, constante da alínea a) do n.° 1 do art. 824.°, é da impenhorabilidade de dois terços do valor do salário;
- a esta regra geral o DL n.° 398/2003, veio aditar duas outras regras, relativas aos limites máximo e mínimo da impenhorabilidade: assim, o n.° 2 do mesmo artigo estabelece como limite máximo para efeitos de impenhorabilidade o valor equivalente a três salários mínimos nacionais, e o n.° 3 estabelece o valor do salário mínimo nacional à data da apreensão como limite mínimo à impenhorabilidade[737].

**III.** Por seu turno, no regime da retribuição constante do Código do Trabalho, diversas normas concretizam o princípio da intangibilidade. Assim:

- os créditos remuneratórios do trabalhador são irrenunciáveis[738] e parcialmente indisponíveis, não podendo ser cedidos a terceiros na parcela da respectiva indisponibilidade (art. 280.°);
- os créditos que o empregador tenha sobre o trabalhador não são compensáveis através da retribuição, nem este pode proceder a descontos na retribuição do trabalhador para se ressarcir directamente, na pendência do contrato de trabalho, a não ser nas situações previstas no art. 279 n.° 2[739]; a violação desta norma constitui contra-ordenação muito grave (art. 279.° n.° 5);

---

[737] Sobre este ponto, P. COSTA E SILVA, *A Reforma da Acção Executiva*, Coimbra, 2003, 66.

[738] Já quanto à renúncia aos créditos laborais por ocasião da extinção do vínculo laboral, designadamente no caso de revogação por acordo das partes, ela tem sido admitida por um sector da doutrina e da jurisprudência. Em sentido favorável, ROMANO MARTINEZ, *Direito do Trabalho cit.*, 619, e na jurisprudência, Ac. RLx. de 2/12/1993, CJ, 1993, V, 189, Ac. STJ de 18/03/1998, CJ (STJ), 1998, I, 284, e Ac. STJ de 12/05/1999, CJ (STJ), 1999, II, 281; em sentido contrário, LEAL AMADO, *A protecção do salário cit.*, 216 ss.

[739] A limitação da proibição de compensação directa da retribuição com créditos que o empregador tenha sobre o empregador à pendência do contrato de trabalho, parece

– o prazo de prescrição dos créditos remuneratórios só começa a ser contado a partir do dia seguinte ao da cessação do contrato de trabalho (art. 337.°);
– os créditos remuneratórios do trabalhador beneficiam de privilégios creditórios e gozam de protecção acrescida, designadamente quando o empregador esteja inserido numa coligação societária (arts. 333.° ss.);
– as sanções disciplinares de natureza patrimonial (a sanção pecuniária e a suspensão do contrato com perda de retribuição e de antiguidade – art. 328.° n.° 1 c) e e)) não podem ultrapassar certos limites, para que o trabalhador veja sempre garantida uma percentagem da sua retribuição. Estes limites, que constam do art. 328.° n.° 3, são, apesar de tudo, bastante elevados, como veremos oportunamente[740].

## 101. **Modalidades de retribuição. Cômputo da retribuição**[741]

**I.** As *modalidades de retribuição* vêm referidas no art. 261.° do CT, que permite estabelecer as seguintes distinções:

i) *Retribuição certa* (art. 261.° n.° 1 e 2): é a modalidade de retribuição calculada em função do tempo de trabalho. Sendo a mais frequente, esta modalidade de retribuição constitui um indício da existência de um contrato de trabalho, em casos de dúvida, como já se assinalou, a propósito da delimitação do contrato de trabalho relativamente a figuras próximas[742], para além de ser um dos factores referidos na presunção de laboralidade do art. 12.° (alínea d) do n.° 1). A unidade de tempo a que se reporta a retribuição pode variar.

---

permitir que se proceda a estas compensações em sede de cessação do mesmo (por exemplo, no valor da compensação prevista em acordo revogatório). Neste sentido, JOANA VASCONCELOS, *in* ROMANO MARTINEZ / L. M. MONTEIRO / J. VASCONCELOS / MADEIRA DE BRITO / G. DRAY / L. GONÇALVES DA SILVA, *Código do Trabalho Anotado cit.*, 649.

[740] Cfr., *infra*, § 29.°, ponto 109.3.

[741] Sobre este ponto, JOANA VASCONCELOS, *in* ROMANO MARTINEZ / L. M. MONTEIRO / / J. VASCONCELOS / MADEIRA DE BRITO / G. DRAY / L. GONÇALVES DA SILVA, *Código do Trabalho Anotado cit.*, 626 ss.

[742] Cfr., *supra*, § 17.°, pontos 57.3.III. e 57.4.VI.

ii) *Retribuição variável* (art. 261.° n.os 1, 3 e 4): é a modalidade de retribuição que é calculada em função dos resultados do trabalho. Relativamente a esta modalidade de retribuição, menos frequente, a lei estabelece uma regra para o cálculo do seu valor (art. 261.° n.° 3, parte final). Naturalmente, no cálculo da retribuição, nesta modalidade, tem que ser respeitada, pelo menos, a percepção efectiva de um montante mensal que assegure o respeito pelo princípio constitucional do salário mínimo (art. 59.° n.° 2 a) da CRP)[743].

iii) *Retribuição mista* (art. 261.° n.° 1, *in fine*): é a modalidade de retribuição composta por uma parte certa e uma parte variável, i.e., indexada aos resultados atingidos. Nesta modalidade de retribuição, a regra de cálculo do valor da retribuição, na parte variável, é estabelecida no art. 261.° n.° 3[744]. Com frequência, esta modalidade de retribuição está associada à percepção de comissões sobre as vendas ou sobre os actos ou negócios realizados pelo trabalhador, que acrescem à parte fixa da retribuição[745].

**II.** A matéria relativa à *determinação do valor da retribuição* está regulada pelo Código nos arts. 270.° e ss., subordinando-se aos princípios gerais da igualdade (art. 270.°) e da suficiência mínima (art. 273.°), acima referidos.

O valor da retribuição pode relevar em moldes abstractos ou em moldes concretos, consoante seja independente do trabalho efectivamente prestado (retribuição em abstracto) ou, pelo contrário, tome em conta o trabalho efectivamente prestado num determinado período de tempo, quer para efeitos da adição de complementos remuneratórios (assim, por exemplo, para o pagamento do trabalho suplementar realizado), quer para efeitos de descontos (assim, o desconto do tempo correspondente a faltas injustificadas ou a faltas justificadas mas não retribuídas e ainda outros descontos legalmente devidos).

---

743 Também neste sentido, LEAL AMADO, *Contrato de Trabalho cit.*, 315.

744 Quanto à distinção entre retribuição certa, variável e mista, Ac. STJ de 13/03/1996, CJ (STJ), 1996, I, 272.

745 Especificamente sobre a questão, Ac. RLx. de 8/10/1997, CJ, 1997, IV, 168, e MONTEIRO FERNANDES, *A comissão como elemento da retribuição, in Temas Laborais*, Coimbra, 1984, 78 ss.

O valor da retribuição em concreto é relevante para o cálculo da retribuição mensal e, no seu seio, cabe distinguir entre a retribuição ilíquida e a retribuição líquida – conceitos que identificam, respectivamente, o valor da retribuição em bruto e após a dedução dos descontos legalmente previstos, para efeitos fiscais e da segurança social, ou para outros efeitos determinados por sentença judicial (art. 279.° n.° 2 a) do CT)[746]. Por outro lado, para o empregador, a retribuição deve ser ainda ponderada em termos de custos reais, uma vez que ao valor pago ao trabalhador acresce a percentagem correspondente ao encargo do empregador com a segurança social e o valor do prémio de seguro de acidente de trabalho[747].

O valor da retribuição em abstracto releva para outros efeitos, entre os quais destacamos a determinação da retribuição devida nas férias, o cálculo dos subsídios de férias e de Natal e ainda o cálculo do valor da indemnização a arbitrar ao trabalhador em processo de despedimento.

**III.** O *cômputo do valor da retribuição horária* é feito através da fórmula do art. 271.° do CT, que tem em conta o valor da retribuição mensal (*Rm* × 12 meses) e o período normal de trabalho semanal (*n* × 52 semanas)[748]. Desta fórmula se deduz que os tempos de descanso semanal não são tidos em conta para a fixação do valor da retribuição horária, ao contrário do que sucede com os feriados. Por outro lado, esta fórmula de cálculo tem que ser articulada com algum cuidado e tendo em conta o período médio de referência, nas situações em que o tempo de trabalho siga os regimes de adaptabilidade (arts. 204.° e ss.)

O cálculo da retribuição horária tem importância para a determinação da remuneração concreta e para diversos efeitos: assim, a determinação do valor dos acréscimos remuneratórios por isenção de horário de trabalho,

---

746 Em especial sobre o regime de tributação dos rendimentos do trabalho dependente, L. MENEZES LEITÃO, *A tributação dos rendimentos de trabalho dependente em IRS*, *in* ROMANO MARTINEZ (coord.), *Estudos do Instituto de Direito do Trabalho*, IV, Coimbra, 2005, 225-248.

747 A este propósito, a doutrina identifica o conceito de *salário custo* – ROMANO MARTINEZ, *Direito do Trabalho cit.*, 594.

748 Esta norma corresponde ao art. 29.° do DL 874/76, de 28 de Dezembro, que estabelecia o regime jurídico das férias, dos feriados e das faltas. A localização manifestamente inadequada da norma foi corrigida pelo legislador laboral de 2003.

por trabalho nocturno e por trabalho suplementar, e, bem assim, a determinação do valor dos descontos a fazer na retribuição, em razão de atrasos, de faltas injustificadas ou de faltas que, apesar de justificadas, impliquem a perda da retribuição.

**IV.** Uma vez que corresponde a um elemento essencial do contrato de trabalho, a retribuição é, em regra, fixada pelas partes, ou directamente no contrato ou por remissão para o instrumento de regulamentação colectiva do trabalho aplicável – é esta última forma a mais frequente. Quando assim não suceda, pode o valor da retribuição ser fixado judicialmente, nos termos do art. 272.° n.° 1 do CT.

O Código dispõe ainda sobre o cálculo da retribuição correspondente ao trabalho a tempo parcial, que segue uma regra de proporcionalidade (art. 154.° n.° 3 a)[749]). Relativamente ao modo de cálculo das prestações remuneratórias complementares neste contrato de trabalho especial, rege ainda o art. 154.° n.° 3, que prevê a mesma regra de proporcionalidade, excepto no caso do subsídio de refeição, que pode ser devido na íntegra ou parcialmente, consoante as situações (art. 154.° n.° 3 b))[750].

**V.** Relativamente ao *modo de cálculo das prestações remuneratórias complementares* (entre as quais se contam os subsídios de férias e de Natal), o actual Código do Trabalho mantém as regras do Código anterior.

De acordo com estas regras, constantes do art. 262.°[751], toma-se como base do cálculo destas prestações complementares apenas a retribuição base e as diuturnidades. Por seu turno, a retribuição base é definida na alínea a) do n.° 2 deste preceito, como a que corresponde «à actividade do trabalhador no período normal de trabalho».

---

[749] Esta regra de proporcionalidade corresponde ao princípio *pro rata temporis* consagrado, a este propósito, na Dir. n.° 97/81/CE, do Conselho, de 15 de Dezembro de 1997, que adoptou o Acordo-Quadro sobre o Trabalho a Tempo Parcial (Cláusula 4.ª n.° 2).

[750] Para uma apreciação crítica desta solução, *vd* JÚLIO GOMES, *O trabalho a tempo parcial cit.*, 83 ss., e as observações feitas, aquando da apresentação da figura do contrato de trabalho a tempo parcial, *supra*, § 21.°, ponto 77.VI., em que salientámos a excessiva rigidez desta solução.

[751] Esta norma não tinha correspondência no sistema anterior à codificação laboral.

Os artigos 263.° e 264.° do CT dispõem sobre o subsídio de Natal, sobre a retribuição do período de férias e sobre o subsídio de férias, nos seguintes termos:

i) O *subsídio de Natal* corresponde a um mês de retribuição (263.° n.° 1), sendo para este efeito de considerar como retribuição a referida no art. 262.° n.° 1 (ou seja, incluindo a retribuição base e as diuturnidades). A lei estabelece ainda uma regra de proporcionalidade para o cálculo do subsídio de Natal no ano da admissão do trabalhador, no ano da cessação do contrato e nos anos em que o contrato tenha estado suspenso por motivo respeitante ao trabalhador (art. 263.° n.° 2). A violação destas regras constitui contra-ordenação muito grave (art. 263.° n.° 3).

ii) A *retribuição do período de férias* é de valor igual à retribuição no tempo de serviço efectivo (art. 263.° n.° 1), ou seja, inclui a retribuição base, as diuturnidades e todos os complementos de natureza retributiva.

iii) O *subsídio de férias* compreende a retribuição base (portanto, parece excluir as diuturnidades – 264.° n.° 2) e as demais prestações retributivas que sejam contrapartida do modo específico de execução do trabalho (264.° n.° 2, *in fine*)[752]. Nos termos oportunamente assinalados[753], este subsídio deixa de ser necessariamente igual à retribuição das férias, tal como já sucedia no âmbito do anterior Código do Trabalho, mas não no âmbito do regime anterior à codificação laboral. Além disso, o actual Código esclarece que a majoração de férias aque o trabalhador tenha eventualmente direito (nos termos do art. 238.° n.° 3) não se reflecte no subsídio de férias, cujo valor é calculado com base no período legal mínimo de férias (parte final do art. 264.°

[752] Sobre o modo de cálculo do subsídio de férias, *vd*, por exemplo, o Ac. RP de 7/09/2009 (Proc. n.° JTRP00042862), www.dgsi.pt. Relativamente ao trabalho suplementar prestado em feriados, o Ac. STJ de 3/05/2006, www.dgsi.pt., considerou que, quando tal trabalho não seja eventual e esporádico mas prestado de modo sistemático, corresponde a retribuição variável, pelo que deve ser incluído no cálculo dos subsídios de Natal e de férias, tendo em conta o valor médio auferido no ano anterior. Na mesma linha, o Ac. RP de 7/09/2009 (Proc. n.° JTRP00042862), www.dgsi.pt, considerou ser de integrar no cálculo do subsídio de férias o valor correspondente ao trabalho suplementar regular.

[753] *Supra*, § 26.°, ponto 95.5.

n.° 2)[754]. A violação destas normas constitui contra-ordenação muito grave (art. 264.° n.° 4).

Para interpretar a referência legal, no cálculo do subsídio de férias, às «demais prestações retributivas que sejam contrapartida do modo específico da execução do trabalho» poderão distinguir-se duas categorias de prestações remuneratórias complementares: as que modelem especificamente a função ou o posto de trabalho daquele trabalhador (assim, prestações por trabalho nocturno, por turnos, por penosidade ou por risco e ainda as comissões[755], por exemplo); e as que pressuponham o cumprimento efectivo do dever de trabalho (assim, os subsídios de refeição, transporte ou alojamento, os prémios de produtividade ou de assiduidade e os abonos para falhas).

Embora a redacção da norma não seja clara, crê-se que a única operacionalização possível da distinção entre estas duas categorias passa pela inclusão no subsídio de férias da primeira categoria de prestações mas não das prestações da segunda categoria.

Por outro lado, deve ter-se em conta, como pressuposto geral da consideração de qualquer prestação remuneratória auferida pelo trabalhador, para efeitos da respectiva inclusão no cálculo da retribuição de férias e subsídio respectivo, a natureza retributiva das prestações em causa.

Ora, esta natureza retributiva retira-se do art. 258.°, que exige os três elementos oportunamente indicados: a periodicidade ou regularidade da prestação; o facto se ser contrapartida do trabalho prestado; e o facto de constituir um direito do trabalhador, decorrente do contrato, de instrumento de regulamentação colectiva do trabalho, ou da lei.

A verificação da existência destes elementos relativamente a cada uma das prestações em causa deve, pois, ser feita previamente. Naturalmente, na dúvida sobre a natureza retributiva ou não retributiva destas prestações, elas são de qualificar como retribuição, por força da presunção legal do art. 258.° n.° 3[756].

---

[754] Este era um ponto controvertido no âmbito do Código do Trabalho anterior e que fica agora definitivamente esclarecido.

[755] Especificamente sobre o problema da inclusão do valor das comissões no subsídio de férias, Ac. STJ de 11/12/1996, CJ (STJ), 1996, III, 262.

[756] Já tendo apreciado as questões relativas às prestações remuneratórias inerentes ao tempo de trabalho prestado, a propósito dessa matéria (assim, a remuneração por traba-

## 102. Cumprimento e incumprimento do dever remuneratório

### 102.1. Modo, lugar e tempo de cumprimento do dever remuneratório

**I.** O *modo de cumprimento do dever remuneratório* vem disciplinado no art. 276.° do CT, que determina que a retribuição seja satisfeita em dinheiro ou, mediante acordo das partes, parcialmente em prestações de outra natureza (n.° 1)[757]. Contudo, havendo prestações não pecuniárias, elas sujeitam-se aos limites constantes do art. 259.°. Assim:

– as prestações não pecuniárias não podem ser de valor superior ao da parcela pecuniária da retribuição (art. 259.° n.° 2);
– às prestações não pecuniárias não pode ser atribuído um valor superior ao corrente na região (art. 259.° n.° 1, parte final);
– e estas prestações devem destinar-se à satisfação de necessidades pessoais do trabalhador ou da sua família (art. 259.° n.° 1)[758].

A lei estabelece a possibilidade de o pagamento da retribuição ser feito em cheque, vale postal ou depósito bancário à ordem do trabalhador, desde que a quantia esteja à disposição do trabalhador na data do vencimento e corram por conta do empregador as despesas inerentes às operações bancárias (art. 276.° n.° 2). Cabe ao empregador a escolha do modo de satisfação da obrigação retributiva, que não fica assim na dependência do acordo do trabalhador. O pagamento deve ser acompanhado de um descritivo escrito (art. 276.° n.° 3).

**II.** A regra geral relativamente ao *lugar de cumprimento do dever remuneratório* é a de que este lugar coincida com o local de trabalho, ressalvadas as hipóteses de cumprimento por meio de vale postal ou de depósito bancário ou acordo das partes noutro sentido (art. 277.° n.° 1 do CT).

---

lho suplementar, nocturno e por turnos, e por isenção de horário de trabalho), remete-se para os respectivos pontos.

[757] Especificamente sobre este tipo de remuneração, SALDANHA SANCHES, *Antigas e novas remunerações em espécie: o seu regime fiscal, in* ROMANO MARTINEZ (coord.), *Estudos do Instituto de Direito do Trabalho,* I, Coimbra, 2001, 387-396.

[758] Em aplicação da norma correspondente a esta no sistema anterior à codificação laboral, o Ac. STJ de 17/05/1995, CJ (STJ), 1995, II, 284, admitiu, como prestação retributiva em espécie, a ração diária de pescado atribuída a cada pescador pelo empregador.

Se o trabalhador exercer a sua actividade num local diferente do que corresponda ao lugar do cumprimento do dever retributivo, o tempo por ele gasto para receber a retribuição é considerado como tempo de trabalho (art. 277.° n.° 2).

**III.** Relativamente ao *tempo de cumprimento do dever remuneratório*, decorre da característica da periodicidade da retribuição que o vencimento deste dever ocorre em períodos certos e iguais. O art. 278.° n.° 1 do CT estabelece, como regra supletiva, que estes períodos são a semana, a quinzena ou o mês do calendário, havendo, na prática, uma tendência para a periodicidade mensal. No caso de retribuição variável, se a unidade de tempo que constitui a base do cálculo for superior a 15 dias, o trabalhador pode exigir o cumprimento do dever retributivo quinzenalmente (art. 278.° n.° 3).

A lei determina ainda que o cumprimento do dever retributivo seja feito em dia útil e durante o tempo de trabalho ou imediatamente depois, devendo a retribuição ficar à disposição do trabalhador no dia do vencimento, sob pena de mora do empregador (art. 278.° n.os 4 e 5).

Embora a lei não se debruce sobre o momento do vencimento da retribuição, este momento deve, em princípio corresponder ao final do período de trabalho a que respeita a prestação remuneratória, embora independentemente do resultado do mesmo[759]. O trabalhador deve dar quitação do recebimento da retribuição, nos termos gerais (art. 787.° do CC).

No caso específico do subsídio de férias, a lei determina que o seu pagamento seja feito antes do início das férias, ou, proporcionalmente, antes do gozo de cada período interpolado das férias (art. 264.° n.° 3); e no caso do subsídio de Natal, o pagamento deve ser feito até 15 de Dezembro de cada ano (art. 263.° n.° 1).

### 102.2. **Incumprimento do dever remuneratório**

#### 102.2.1. **A mora no pagamento da retribuição**

**I.** De acordo com as regras gerais de cumprimento dos contratos, se o dever retributivo não for pontualmente cumprido, o empregador incorre

[759] Neste sentido, Romano Martinez, *Direito do Trabalho cit.*, 605, e Leal Amado, *Contrato de trabalho cit.*, 325.

em mora (é o que estabelece o art. 278.° n.° 5 do CT). Se a falta de cumprimento pontual for devida a culpa do empregador, ele constitui-se ainda no dever de pagar os correspondentes juros de mora (art. 323.° n.° 2)[760].

**II.** Foi discutida na doutrina *a possibilidade de aplicação da figura da excepção do não cumprimento do contrato ao contrato de trabalho*, que permitiria ao trabalhador, em caso de mora no pagamento da retribuição, recusar, de imediato, a prestação da actividade laboral, invocando o carácter sinalagmático do contrato (art. 428.° do CC)[761]. Em conformidade com este entendimento, o Anteprojecto do Código do Trabalho de 2003 admitiu a aplicação da figura da excepção de não cumprimento ao contrato de trabalho[762].

Este entendimento acabou, todavia, por não vingar no Código de 2003 e o actual Código do Trabalho mantém esta mesma opção, que se considera mais adequada. É que o nexo sinalagmático que decorre do contrato de trabalho é um nexo imperfeito e, justamente nesta matéria, a natureza diferente da prestação remuneratória e da prestação da actividade laboral (esta é continuada e aquela é periódica) impede o seu cumprimento simultâneo e colide, por consequência, com a possibilidade de invocação da excepção de não cumprimento do contrato[763].

Acresce que a vocação de durabilidade do contrato de trabalho o torna mais vulnerável à possibilidade de incumprimento dos deveres principais das partes, mas o interesse na manutenção do vínculo para qualquer

---

760 Esta norma deve ser articulada com o regime geral da mora, constante dos arts. 804.° ss. do CC.

761 Na verdade, pode também ser equacionada a possibilidade inversa, ou seja a de, perante o incumprimento culposo da prestação pelo trabalhador, o empregador poder suspender de imediato a retribuição. A discussão doutrinal centrou-se, no entanto, tradicionalmente, na hipótese referida em texto. Sobre este tema em especial, J. JOÃO ABRANTES, *Salários em atraso e excepção de não cumprimento do contrato (Anotação ao Acórdão da Relação do Porto de 18 de Maio de 1987), in Direito do Trabalho. Ensaios*, Lisboa, 1995, 79 ss.

762 Art. 294.° do Anteprojecto de Código do Trabalho de 2003.

763 Mas contra, considerando que o regime estabelecido para estas situações no art. 364.° n.° 2 do CT de 2003, norma que corresponde, no actual Código, ao art. 325.° n.$^{os}$ 1 e 2 (suspensão ou resolução do contrato por iniciativa do trabalhador) corresponde ainda a um caso de excepção de não cumprimento do contrato, nos termos do art. 428.° do CC, P. ROMANO MARTINEZ, *Garantias dos Créditos Laborais. A Responsabilidade Solidária Instituída pelo Código do Trabalho, nos artigos 378.° e 379.°*, RDES, 2005, 2/3/4, 195--281 (206).

delas, uma vez ultrapassadas tais dificuldades, é melhor prosseguido através de medidas menos drásticas e mais adaptadas à realidade laboral do que a excepção de não cumprimento. Em suma, esta figura só raramente corresponderá aos interesses essenciais em jogo no contrato de trabalho.

**III.** Recusada a possibilidade de invocação da excepção de não cumprimento do contrato, a falta de cumprimento pontual do dever remuneratório pelo empregador deve ser atacada por outra via. Neste sentido, o Código do Trabalho confere ao trabalhador várias *possibilidades de reacção ao não pagamento da retribuição vencida*[764]:

i) A *possibilidade de suspender o contrato de trabalho decorridos 15 dias sobre o vencimento da retribuição não paga* (arts. 323.° n.° 3 e 325.° n.° 1).
ii) A *possibilidade de resolver o contrato decorridos 60 dias sobre o vencimento da retribuição não paga* (arts. 323.° n.° 3 e 394.° n.° 2 a) e n.° 5). Da articulação do art. 323.° n.° 3 com o art. 394.° n.° 2 a) e n.° 5 do CT, relativo à resolução do contrato por iniciativa do trabalhador, decorre que se trata de uma resolução com justa causa, quer a falta da pagamento da retribuição seja devida a culpa do empregador, quer se trate de uma falta não culposa (art. 394.° n.° 2 a) e n.° 3 c) respectivamente)[765-766-767].

---

[764] No âmbito do CT de 2003, estas regras tinham que ser articuladas com a RCT. O actual Código do Trabalho inorporou estas regras, mas não integralmente, mantendo-se ainda parcialmente em vigor a RCT (*verbi gratia,* no que se refere ao regime do Fundo de Garantia Salarial).

[765] Estes preceitos correspondem, no regime anterior à codificação laboral, ao art. 3.° do Regime dos Salários em Atraso (LSA), instituído pela L. n.° 17/86, de 14 de Julho, que foi incorporado no CT de 2003 e na RCT de 2004, mas com modificações significativas, uma vez que se estabeleceram prazos diferentes para operar a suspensão do contrato e a sua resolução. Diferentemente, na LSA era previsto um prazo único de 30 dias sobre o vencimento da retribuição, decorrido o qual o trabalhador podia optar pela suspensão ou pela resolução do contrato.

[766] Aprofundaremos este regime a propósito da matéria da resolução do contrato de trabalho por iniciativa do trabalhador, *infra,* § 39.°, ponto 142.1.

[767] Mas, contra este entendimento e advogando uma interpretação restritiva da norma, na parte em que se refere à resolução do contrato, por considerar que só se configura o direito de resolução se o incumprimento do empregador for definitivo e culposo, ROMANO MARTINEZ, *Garantia dos créditos laborais... cit.*, 216 ss.

A suspensão do contrato de trabalho segue o regime previsto nos arts. 325.° a 327.° do CT[768].

O processo de declaração da situação de suspensão inicia-se com a certificação, pelo empregador ou pelo serviço inspectivo competente, do atraso no pagamento da retribuição superior a 15 dias (art. 325.° n.os 2 e 3), e passa pela comunicação escrita da decisão de suspensão ao empregador e à Autoridade para as Condições de Trabalho. Esta comunicação deve ser feita com uma antecedência não inferior a 8 dias e deve conter a indicação do montante de retribuição em falta (art. 325.° n.° 1 parte final).

Durante o tempo de suspensão, mantêm-se os direitos, deveres e garantias das partes que não pressuponham a efectiva realização do trabalho, nos termos gerais do art. 295.° n.° 1, e o trabalhador tem direito a desenvolver outra actividade durante o tempo de suspensão (art. 326.°). A suspensão do contrato de trabalho cessa nos termos do art. 327.°, com o pagamento das retribuições em dívida e juros, e mediante comunicação do trabalhador nesse sentido à Autoridade para as Condições de Trabalho e ao empregador, ou ainda com a celebração de um acordo entre as partes tendente à regularização das dívidas.

A resolução do contrato, após 60 dias de atraso no pagamento da retribuição, é independente do prévio recurso ao mecanismo da suspensão (como decorre do art. 323.° n.° 3) e segue o regime do art. 394.°, que será desenvolvido oportunamente[769]. A opção pela resolução do contrato ao abrigo deste regime confere ao trabalhador o direito a uma indemnização, nos termos do art. 396.°.

Por outro lado, a lei veda ao empregador, que esteja em mora no cumprimento do seu dever remuneratório, a prática de actos susceptíveis de diminuir a sua solvabilidade patrimonial (art. 314.° do CT, aplicável por remissão do art. 324.° n.° 1) e considera anuláveis os actos de disposição do património da empresa, nas condições do art. 314.° (também aplicável por força do art. 324.° n.° 2)[770].

---

[768] No âmbito do CT de 2003, esta matéria estava disciplinada na RCT.

[769] *Infra*, § 39.°, ponto 142.

[770] Em crítica certeira a este preceito, ROMANO MARTINEZ, *Garantia dos créditos laborais…, cit.*, 213, chama a atenção para o carácter excessivo de algumas destas medidas protectivas, que dificultam a actividade da empresa, podendo, com isso, ser contraproducentes do ponto de vista da manutenção dos postos de trabalho.

Todo este regime carece de ser complementado com a nova RCT (aprovada pela L. n.° 105/2009, de 14 de Setembro), que atribui ao trabalhador que suspenda ou resolva o contrato de trabalho com fundamento na falta de pagamento da retribuição o direito a aceder ao subsídio de desemprego (art. 25.° deste diploma).

Além disso, este diploma estabelece algumas medidas adicionais de tutela do trabalhador com salários em atraso, quando sobre ele impenda execução fiscal ou acção de despejo. Apreciaremos estas medidas no ponto subsequente, a propósito da tutela dos créditos remuneratórios do trabalhador.

### 102.2.2. **A tutela dos créditos remuneratórios dos trabalhadores**[771]

**I.** Para além das possibilidades de reacção do trabalhador ao incumprimento do dever remuneratório, que conduzem à suspensão ou à resolução do contrato de trabalho, a lei ocupa-se directamente da tutela dos créditos remuneratórios do trabalhador.

Os arts. 333.° ss. do CT consagram as seguintes medidas de tutela destes créditos do trabalhador: privilégios creditórios associados à retribuição do trabalhador; reforço da responsabilidade do empregador pelos créditos do trabalhador em contexto de grupos societários; instituição de um Fundo de Garantia Salarial para satisfazer estes créditos, no caso de insolvência do empregador; regras especiais de prescrição destes créditos; regras de tutela do trabalhador, quando este seja alvo de execuções judiciais, tendo, em simultâneo, créditos laborais vencidos e não pagos.

Relativamente ao Fundo de Garantia Salarial, o regime do Código carece ainda de ser complementado com as normas da RCT de 2004, que se mantêm em vigor neste ponto, uma vez que ainda não foi aprovada a legislação especial para que o actual Código do Trabalho aponta nesta matéria (art. 336.°). Por fim, devem ainda ter-se em conta as regras do diploma que veio regulamentar o novo Código do Trabalho, que estabele-

[771] Especificamente sobre esta matéria, JOANA VASCONCELOS, *Sobre a garantia dos créditos laborais no Código do Trabalho, in* MONTEIRO FERNANDES (coord.), *Estudos de Direito do Trabalho em Homenagem ao Professor Manuel Alonso Olea*, Coimbra, 2004, 321-341, ROMANO MARTINEZ, *Garantias dos créditos laborais... cit.*, 221 ss., R. GARCIA PEREIRA, *A garantia dos créditos laborais no Código do Trabalho,* QL, 2004, 177-214, e ROSÁRIO PALMA RAMALHO, *Grupos Empresariais e Societários... cit.*, 64 ss.

cem medidas adicionais de tutela do trabalhador nesta matéria (arts. 26.° a 31.° da L. n.° 105/2009, de 14 de Setembro).

**II.** O primeiro aspecto da tutela dos créditos do trabalhador tem a ver os *privilégios creditórios*. De acordo com o art. 333.° do CT, os créditos do trabalhador emergentes do contrato de trabalho, da sua violação ou cessação gozam dos seguintes privilégios creditórios[772]:

- *privilégio mobiliário geral*, nos termos do art. 737.° do CC, sendo graduados antes dos créditos previstos no n.° 1 do art. 747.° do CC (é a regra que decorre do art. 333.° n.° 1 a) e n.° 2 a));
- *privilégio mobiliário especial* sobre os bens imóveis do empregador no qual o trabalhador preste a sua actividade, sendo graduados antes dos créditos referidos no art. 748.° do CC e antes dos créditos relativos a contribuições para a segurança social (é a regra estabelecida pelo art. 333.° n.° 1 b) e n.° 2 b)).

Este regime de privilégio dos créditos dos trabalhadores é tradicional no nosso sistema jurídico[773], justificando-se directamente na função alimentar da retribuição. O Código de 2003 introduziu, contudo, algumas modificações nesta matéria, que o actual Código mantém e, por isso, justificam uma reflexão adicional.

Por um lado, foi estendido o âmbito dos privilégios creditórios, uma vez que gozam destes privilégios não apenas os créditos remuneratórios (nos termos conjugados do art. 333.° n.° 1 e do art. 258.° n.° 4 do CT), mas também os créditos que decorram da violação do contrato e da sua cessação, o que inclui, nomeadamente, os créditos indemnizatórios por cessação do contrato (art. 333.° n.° 1); sujeitam-se ainda a este regime os créditos resultantes de indemnização por acidente de trabalho, nos termos do art. 78.° da nova LAT.

---

[772] Em especial sobre a graduação dos créditos laborais no conjunto dos créditos objecto de reclamação e tendo em conta os privilégios imobiliários destes créditos, *vd* o Ac. STJ de 7/06/2005, CJ (STJ), 2005, II, 116, considerando que os créditos laborais com privilégio imobiliário geral não devem ser graduados antes de um crédito hipotecário; e, na doutrina, sobre o tema, ROMANO MARTINEZ, *Garantia dos créditos laborais*... cit., 225 ss.

[773] No contexto anterior ao CT de 2003, o regime de tutela dos créditos do trabalhador estava distribuído entre o art. 25.° da LCT, o art. 12.° da LSA e o art. 4.° da L. 96/2001, de 20 de Agosto.

Contudo, em contrapartida, o privilégio imobiliário especial sobre os imóveis do empregador foi reduzido pelo Código ao imóvel no qual o trabalhador desenvolva a sua actividade, quando anteriormente se estendia ao conjunto dos imóveis do empregador, o que implica uma diminuição efectiva do alcance desta garantia patrimonial[774].

**III.** A segunda via de tutela dos créditos do trabalhador decorre das *regras de reforço da responsabilidade do empregador por estes créditos*, que constam dos arts. 334.° e 335.° do CT[775].

Estas regras, que foram introduzidas pelo CT de 2003 (arts. 378.° e 379.° deste diploma), reforçam a responsabilidade do empregador por estes créditos por duas vias:

– consagrando a responsabilidade solidária por estes créditos, desde que vencidos há mais de três meses, do empregador e das sociedades que com ele se encontrem em relação de participações recíprocas, de domínio ou de grupo, nos termos previstos nos arts. 481.° ss. do CSC (art. 334.°)[776];
– consagrando a responsabilidade solidária dos sócios, que estejam numa das situações do art. 83.° do CSC, por estes créditos, nos moldes estabelecidos nos arts. 78.°, 79.° e 83.° do CSC, bem como

[774] Assim, bastará que as instalações onde o trabalhador presta a sua actividade sejam arrendadas ou cedidas ao empregador a outro título para que este privilégio fique automaticamente afastado.

[775] Para mais desenvolvimentos sobre este tema, ROMANO MARTINEZ, *Garantia dos créditos laborais*... cit., 232 ss. e 265 ss., e ROSÁRIO PALMA RAMALHO, *Grupos Empresariais e Societários... cit.*, 621 ss.

[776] Deve, apesar de tudo, chamar-se a atenção para o facto deste regime de responsabilidade solidária não ser tão amplo quanto possa parecer, uma vez que o art. 481.° do CSC limita a responsabilidade solidária às situações de grupo societário referentes a sociedades com sede em Portugal; por outro lado, no CSC, a regra da solidariedade aplica-se aos créditos vencidos há mais de um mês (art. 501.° n.° 2 do CSC), pelo que a referência do Código do Trabalho ao vencimento do crédito há mais de três meses se afigura mais restritiva. Em geral e por todos, sobre as diversas formas de participação societária, no CSC, que passam a sujeitar-se a este regime, MENEZES CORDEIRO, *Manual de Direito das Sociedades*, I (*Das Sociedades em Geral*), Coimbra, 2004, 809 ss., P. OLAVO CUNHA, *Direito das Sociedades Comerciais*, Coimbra, 2006, 661 ss., e, para mais desenvolvimentos, J. A. ENGRÁCIA ANTUNES, *Os Grupos de Sociedades. Estrutura e Organização Jurídica da Empresa Plurissocietária*, 2.ª ed., Coimbra, 2002, *passim*, bem como ROSÁRIO PALMA RAMALHO, *Grupos Empresariais e Societários... cit.*, 125 ss.

a responsabilidade dos administradores, directores e gerentes, nos mesmos termos (art. 335.° n.os 1 e 2, respectivamente).

**IV.** A terceira forma de tutela dos créditos do trabalhador está vocacionada especificamente para o caso de insolvência do empregador ou da declaração da empresa em situação económica difícil e consiste no *recurso do trabalhador ao Fundo de Garantia Salarial para satisfação imediata de todos ou de parte dos seus créditos,* nos termos do art. 336.° do CT.

O Fundo de Garantia Salarial foi instituído por exigência do direito comunitário, na directiva sobre a protecção dos trabalhadores em caso de insolvência do empregador (Dir. 80/987/CEE, de 20 de Outubro de 1980, alterada pela Dir. 2002/74/CE, de 23 de Setembro de 2002, e refundida pela Dir. 2008/94/CE, de 22 de Outubro de 2008 – *maxime* arts. 3.° e ss. da Dir. 2008/94/CE). O objectivo deste Fundo é garantir e antecipar o pagamento dos créditos laborais, que, por motivo de insolvência ou de situação económica difícil da empresa, não possam ser pagos pelo empregador.

Uma vez que a legislação especial relativa a este Fundo, para a qual remete o art. 336.° do actuial Código do Trabalho, ainda não foi publicada, mantêm-se em vigor os preceitos constantes dos arts. 316.° a 326.° da RCT de 2004 que regulavam esta matéria no âmbito do Código do Trabalho anterior. Destacam-se neste regime as seguintes regras:

– o Fundo assegura o pagamento dos créditos quando o empregador seja declarado judicialmente insolvente ou nos casos em que se tenha iniciado o processo de conciliação para viabilização de empresas em situação de insolvência ou em situação económica difícil, previsto no DL n.° 316/98, de 20 de Outubro, com as alterações introduzidas pelo DL n.° 201/2004, de 18 de Agosto (art. 318.° n.os 1 e 2 da RCT de 2004);
– os créditos abrangidos são os que resultam da execução do contrato de trabalho (*maxime*, retribuição e outras prestações remuneratórias) e da sua violação ou cessação (*maxime*, indemnizações por cessação); contudo, só são contemplados os créditos vencidos nos seis meses anteriores à declaração de insolvência ou à instauração do processo especial de conciliação (art. 319.° n.° 1 da RCT de 2004) e na condição de serem reclamados pelo trabalhador em requerimento devidamente instruído (arts. 323.° e 324.° do CT) até

três meses antes da respectiva prescrição (art. 319.° n.° 3 da RCT de 2004);

- os créditos são pagos até ao montante máximo equivalente a seis meses de retribuição, com um tecto de três vezes a retribuição mínima mensal e com as competentes deduções fiscais e para a segurança social (art. 320.° da RCT de 2004);
- em caso de pagamento dos créditos, o Fundo de Garantia Salarial fica subrogado nos direitos dos trabalhadores sobre a massa insolvente e nos respectivos privilégios creditórios, que actuará junto da massa insolvente em devido tempo (art. 322.° da RCT de 2004).

**V.** Uma outra forma de tutela dos créditos dos trabalhadores tem a ver com as *regras especiais de prescrição destes créditos*, estabelecidas no art. 337.° do CT.

De acordo com esta norma, o prazo de prescrição dos créditos laborais do trabalhador não começa a contar com o vencimento destes créditos nem com o seu conhecimento pelo trabalhador, mas apenas no dia imediato ao da cessação do contrato de trabalho[777], correndo então pelo período de um ano (art. 337.° n.° 1), independentemente da forma de cessação do contrato. Esta regra é também aplicável aos créditos do empregador.

O conceito de créditos laborais constante desta norma é um conceito amplo, uma vez que se incluem aqui não apenas os créditos remuneratórios em sentido estrito, mas todos os créditos que resultem da celebração e da execução do contrato de trabalho, e ainda os que decorram da violação do contrato e da sua cessação. No caso de créditos resultantes da indemnização por falta do gozo de férias, por trabalho suplementar ou pela aplicação de sanções abusivas, vencidas há mais de cinco anos, a lei estabelece exigências especiais de prova, determinando que devem ser provados por documento idóneo (art. 337.° n.° 2)[778].

---

[777] Em aplicação desta regra à cessação do contrato de trabalho por caducidade, em caso de extinção da empresa, o Ac. STJ de 13/05/1998, CJ (STJ), 1998, II, 276, considerou que o prazo se começava a contar a partir da data da extinção da empresa. Aplicando a regra a um caso de trespasse do estabelecimento, o Ac. RP de 30/11/1992, CJ, 1992, V, 267, valorizou a data do trespasse para o efeito da reclamação de créditos ao empregador trespassante.

[778] Sobre este ponto, o Ac. STJ de 20/052009 (Proc. n.° SJ200905200035364) considerou que as folhas de registo do trabalho suplementar constituem documento idóneo para este efeito.

Apesar de valer também para os créditos do empregador, esta regra, que tem grande tradição no nosso sistema[779], pretende, sobretudo, ultrapassar a real dificuldade que assiste ao trabalhador de accionar o empregador na pendência do contrato de trabalho. Para compensação da maior facilidade de reclamação dos créditos, em que esta regra se traduz (na medida em que defere para mais tarde a possibilidade de reclamar os créditos), o prazo de prescrição é, todavia, mais curto do que os prazos previstos pela lei civil[780].

Por fim, deve ter-se em conta que a prescrição carece de ser alegada pela pessoa a quem aproveita, em defesa por excepção, para que esta se possa eximir ao cumprimento do dever de pagamento dos créditos, nos termos gerais dos arts. 303.° e 304.° n.° 1 do CC.

**VI.** Por último, a L. n.° 105/2009, de 14 de Setembro, que veio regulamentar o novo Código do Trabalho, estabelece algumas *regras de protecção do trabalhador que seja réu em processo de execução, quando ele tenha créditos remuneratórios vencidos e não pagos sobre o empregador*[781]. Estas regras são as seguintes:

- o art. 26.° deste diploma determina a suspensão das execuções fiscais contra o trabalhador, mediante a prova de que o não pagamento da quantia exequenda se deve a atraso na percepção da retribuição superior a 15 dias;
- o art. 27.° determina a suspensão da venda judicial ou extra-judicial de bens do trabalhador dados em garantia de pagamento, mediante a prova de que a falta de pagamento se deve à não percepção da retribuição, desde que tais bens correspondam a imóvel que seja residência permanente do trabalhador ou sejam bens indispensáveis à economia doméstica;

---

[779] Esta regra remonta à LCT de 1937 (arts. 23.° a 25.°) e foi mantida pela LCT de 1969 (art. 38.°). Sobre esta regra, no âmbito da LCT de 1937 e do Código Civil de Seabra, *vd*, por todos, Raúl Ventura, *Extinção das relações jurídicas de trabalho cit.*, 344 ss.

[780] Criticando esta solução, por entender que seria preferível sujeitar estes créditos ao prazo prescricional de cinco anos, Leal Amado, *Contrato de trabalho cit.*, 341, que argumenta neste sentido com a falta de simetria deste regime com os prazos de prescrição do Código Civil.

[781] Estas regras provêm da RCT de 2004, mas são agora mais completas.

– o art. 28.° manda suspender a execução da sentença de despejo do trabalhador, fundada na falta de pagamento das rendas, pelo mesmo motivo.

Estas normas encontram ainda fundamento na função tutelar da retribuição em relação às necessidades pessoais e familiares do trabalhador. Contudo, as últimas duas medidas revelam-se excessivas, porque fazem recair sobre entidades terceiras as consequências da situação remuneratória do trabalhador. O excesso afigura-se particularmente clamoroso no que toca à venda judicial de bens para pagamento de dívidas, e *maxime*, no que se refere às consequências na acção de despejo, uma vez que, com probabilidade, o senhorio é, também ele, um sujeito privado, que, por esta via, se vê privado de rendimentos dos quais também pode depender a sua subsistência e a da sua família. Uma possível inconstitucionalidade por quebra dos princípios da igualdade e da proporcionalidade carece de ser ponderada.

Talvez ponderando os resultados excessivos deste regime, nomeadamente no caso da acção de despejo, a L. n.° 105/2009, de 14 de Setembro prevê que, nestes casos, o Tribunal notifique o Fundo de Socorro Social do Instituto de Gestão Financeira da Segurança Social, I.P., da decisão de supensão da acção de despejo, para que este proceda ao pagamento das rendas em falta, ficando subrogado nos direitos correspondentes (arts. 29.° e 31.°). Ainda assim, subsiste, ao menos para as outras medidas e, mesmo quanto a esta medida, nos casos em que o pagamento das rendas não seja efectuado pelo dito Fundo (situação prevista no art. 30.° do diploma), a falta de proporcionalidade que este tipo de medidas tutelares suscita.

## § 28.° Poder directivo

### 103. O poder directivo no elenco dos poderes do empregador: poder directivo e poder disciplinar; poder organizativo, poder de vigilância ou controlo e poder regulamentar[782]

#### 103.1. Aspectos gerais

**I.** Para além do aspecto objectivo, atinente ao débito remuneratório, a situação jurídica do empregador no contrato de trabalho analisa-se numa

---

[782] Sobre esta matéria, C. MESQUITA BARROS, *Poder Empresarial: Fundamento, conteúdo e limites (relatório geral)*, COUTINHO DE ALMEIDA, *Poder Empresarial: Fundamento, conteúdo e limites (Portugal)*, G. DIÉGUEZ CUERVO, *Poder Empresarial: Fundamento, Contenido y limites (España)*, L. FERREIRA PRUNES, *Poder Empresarial: Fundamento, conteúdo e limites (Brasil)*, todos *in* AA/VV, *Temas de Direito do Trabalho. Direito do Trabalho na Crise. Poder Empresarial. Greves Atípicas – IV Jornadas Luso-Hispano-Brasileiras de Direito do Trabalho,* Coimbra, 1990, respectivamente 305-310, 311-332, 333-344, 345-376, COUTINHO DE ALMEIDA, *Os poderes da entidade patronal no direito português cit.,* 301 ss., ROSÁRIO PALMA RAMALHO, *Do Fundamento do Poder Disciplinar Laboral cit.,* 155 ss., RUI ASSIS, *O Poder de Direcção do Empregador cit.*, e ainda, nas obras laborais gerais, MENEZES CORDEIRO, *Manual de Direito do Trabalho cit.*, 658 ss., BERNARDO XAVIER, *Curso de Direito do Trabalho cit.,* 324 ss., JORGE LEITE, *Direito do Trabalho cit.*, II, 154 ss., P. ROMANO MARTINEZ/L. M. MONTEIRO / JOANA VASCONCELOS / P. MADEIRA DE BRITO / G. DRAY / L. GONÇALVES DA SILVA, *Código do Trabalho Anotado cit.*, 289 s. (anotação de MADEIRA DE BRITO), ROMANO MARTINEZ, *Direito do Trabalho cit.,* 627 ss., MONTEIRO FERNANDES, *Direito do Trabalho cit.*, 267 ss., ou LEAL AMADO, *Contrato de Trabalho cit.*, 217 ss. Com referência à literatura estrangeira sobre este tema, entre outros, R. BIRK, *Die Arbeitsrechtliche Leistungsmacht,* Köln-Berlin-Bonn-München, 1973, que constitui até hoje a obra de referência nesta matéria, no contexto doutrinal germânico; com referência à doutrina francesa, podem ver-se NICOLE CATALA, *L'entreprise, in* G.H. CAMERLYNCK (dir.), *Traité de droit du travail*, IV, Paris, 1980, 185 ss., D. LOSCHAK, *Le pouvoir hiérarchique dans l'entreprise privée et dans l'administration cit.*, 22 ss., J. SAVATIER, *Pouvoir patrimonial e direction des personnes,* DS, 1982, 1, 1-10,

posição subjectiva de poder, à qual corresponde a subordinação do trabalhador. Esta posição de poder tem duas componentes essenciais: a componente directiva e a componente disciplinar.

A par destes poderes ou neles integrados, consoante a orientação doutrinal, são ainda identificadas três outras componentes da posição de domínio em que o empregador está investido no contrato de trabalho: o poder organizativo, o poder regulamentar e o poder de vigilância ou controlo. Cabe agora a apreciação desenvolvida destes poderes do empregador.

**II.** Na apreciação da situação jurídica laboral decorrente do contrato de trabalho, a que se procedeu na Dogmática Geral[783], delimitou-se, em primeira aproximação, o conteúdo essencial do poder directivo e do poder disciplinar: o *poder directivo* é a faculdade através da qual o empregador procede à determinação da função do trabalhador e emite ordens e instruções com vista ao cumprimento da actividade laboral e de outros deveres acessórios pelo trabalhador; por seu turno, o *poder disciplinar* permite ao empregador estabelecer regras de conduta do trabalhador na organização que não se reportam à actividade laboral (é a faceta prescritiva deste poder) e aplicar sanções, que recaem sobre a pessoa do trabalhador, em caso de incumprimento dos comandos emitidos ao abrigo do poder de direcção ou do poder disciplinar prescritivo (é a faceta sancionatória deste poder).

O actual Código do Trabalho trata agora em conjunto os poderes laborais, integrando-os na secção dedicada à empresa e ao empregador (arts. 97.°, 98.°, e 99.°, respectivamente dedicados ao poder directivo, ao poder disciplinar e ao regulamento interno), embora desenvolva depois a matéria relativa à componente sancionatória do poder disciplinar a propósito do incumprimento do contrato de trabalho, nos arts. 328.° ss. É uma opção que recupera a tradição de tratamento desta matéria na LCT, em detrimento da opção que tinha sido seguida pelo Código do Trabalho ante-

---

A. Jeammaud / A. Lyon-Caen, *Droit et direction du personnel*, DS, 1982, 1, 56-69; na doutrina italiana sobre o tema, entre muitos outros, R. Pessi, *Il potere direttivo dell'imprenditore ed i suoi nuovi limiti dopo la legge 20 maggio 1970, n. 300*, Riv.DL, 1973, 28-105; na doutrina espanhola, entre outros, Montoya Melgar, *Derecho del Trabajo cit.*, 363 ss., Alonso Olea / Casas Baamonde, *Derecho del Trabajo cit.*, 365 ss.; no direito brasileiro, por todos, Mascaro Nascimento, *Curso de Direito do Trabalho cit.*, 635 ss.

[783] *Direito do Trabalho I*, § 12.°, ponto 43.4.2.

rior, que referia o poder directivo a propósido da prestação de trabalho e apenas tratava o poder disciplinar a propósito do incumprimento do contrato. Acompanhamos na íntegra esta opção, não só pelo valor estrutural destes dois poderes em conjunto na conformação da situação do empregador no contrato de trabalho, mas também porque, para nós, o poder disciplinar não tem apenas uma componente sancionatória, como teremos ocasião de verificar[784].

**III.** Reconhecem-se tradicionalmente duas *perspectivas de abordagem dos poderes laborais de direcção e disciplina*, que a lei atribui ao empregador: uma perspectiva dualista, que considera os dois poderes como poderes paralelos e com valor autónomo na delimitação da posição do empregador; e uma perspectiva monista, que assenta no reconhecimento de um conteúdo amplíssimo ao poder directivo e qualifica como projecções deste poder as restantes manifestações da posição de domínio do empregador no contrato de trabalho, *y compris* o poder disciplinar. A primeira perspectiva é sufragada pela maioria da doutrina nacional e estrangeira[785]; a segunda perspectiva foi desenvolvida, sobretudo, no seio da

---

[784] *Infra*, parágrafo seguinte.

[785] É a perspectiva mais difundida na maioria dos contextos doutrinais. Assim, em Itália, esta concepção dualista já se encontra em autores como A. GRECO, *Il contratto di lavoro, in* Filippo VASSALI (dir.), *Trattato di diritto civile italiano,* VII (tomo III), Torino, 1939, 321 s., A. MARCANTONIO, *Appunti di diritto del lavoro*, Milano, 1958, 132, BARASSI, *Elementi di diritto del lavoro cit.*, 132, LEGA, *Il potere disciplinare del datore di lavoro,* Milano, 1956, 36 s., CASSÌ, *La subordinazione del lavoratore... cit.*, 149, ANGIELLO, *Autonomia e subordinazione... cit.*, 44 s., ou RIVA SANSEVERINO, *Diritto del lavoro cit.*, 279, mas é ainda hoje sustentada por autores como SANTORO-PASSARELLI, *Nozioni di diritto del lavoro cit.,* 185, PESSI, *Il potere direttivo dell'imprenditore... cit.*, 63, ou TOMAJOLI, *Istituzione di diritto del lavoro cit.*, 222, entre muitos outros; em França, esta concepção é sustentada por autores como P. LANGLOIS, *Le pouvoir d'organisation et les contrats de travail,* DS, 1982, 1, 83-92 (83), GROUTEL, *Droit du travail cit.*, 17 s., ou MAZEAUD, *Droit du travail cit.,* 72 ss. e 78 ss., enquanto na Bélgica é subscrita por M. JAMOULLE, *Le contrat de travail cit.,* I, 12; em Espanha, encontramos esta concepção em autores como ALONSO OLEA / CASAS BAAMONDE, *Derecho del Trabajo cit.*, 365 ss., ou MONTOYA MELGAR, *Derecho del Trabajo cit.*, 363 ss. Entre nós, sustentam uma visão dualista dos poderes laborais, A. PINHEIRO XAVIER, *O Poder Disciplinar do Dador de Trabalho*, Lisboa (dact. FDL), 1965, 6, BRITO CORREIA, *Direito do Trabalho cit.*, 95, BERNARDO XAVIER, *Regime Jurídico do Contrato de Trabalho Anotado cit.,* 34, e *Curso de Direito do Trabalho cit.,* 324 ss., J. M. COUTINHO DE ABREU, *A Empresa e o Empregador em Direito do Trabalho*, Coimbra,

doutrina italiana, a partir de uma construção de MAZZONI[786], e, na esteira desta doutrina, foi introduzida entre nós por MONTEIRO FERNANDES[787-788].

No nosso entender, a construção dogmática dos poderes laborais a partir de uma concepção amplíssima do poder de direcção não é de subscrever, por dois motivos essenciais. Estes motivos decorrem do conteúdo dos poderes laborais e das funções que eles desempenham na dinâmica do vínculo de trabalho, que não são devidamente avaliados nesta concepção. Sem prejuízo do desenvolvimento posterior, eles devem ficar, desde já, esboçados, porque justificam a sistematização adoptada para a apresentação desta matéria.

Por um lado, a concepção monista tem como pressuposto o esvaziamento parcial do conteúdo do poder disciplinar, que é considerado como um poder laboral acessório, mero garante da eficácia do poder directivo e reduzido à sua dimensão sancionatória ou patológica. Esta concepção, é, pois, empobrecedora do conteúdo do poder disciplinar e deixa sem enquadramento as regras de disciplina emitidas pelo empregador, que, por não serem atinentes à função do trabalhador e ao modo de execução do trabalho, não se deixam explicar pelo poder directivo.

De outra parte, ao privilegiar o poder directivo na posição de domínio do empregador, esta concepção faz assentar neste poder o critério decisivo de delimitação do contrato de trabalho relativamente a figuras próximas. Ora, como já se estabeleceu oportunamente[789], a aptidão qualificativa

---

1982, 48, COUTINHO DE ALMEIDA, *Os poderes da entidade patronal... cit.*, 303 ss., MENEZES CORDEIRO, *Manual de Direito do Trabalho cit.*, 658 ss. e 745 ss., e RUI ASSIS, *O Poder de Direcção... cit.*, 90 s.

[786] O autor sustentou esta concepção em *Contenuto e limiti del potere disciplinare dell'imprenditore*, Mass.GL, 1965, 150-160 (152 s.) e desenvolveu-a no seu *Manuale di diritto del lavoro* (por exemplo, na 4.ª ed., Milano, 1971), 561 ss. A mesma posição é mantida na 6.ª edição deste manual, já pela pena de PAPALEONI (cfr. M. PAPALEONI, *Il rapporto di lavoro, in* G. MAZZONI (dir.), *Manuale di diritto del lavoro cit.*, I, 599 ss.).

[787] Por exemplo, na 4.ª edição das *Noções Fundamentais de Direito do Trabalho*, I, de 1981 (122 ss.). O autor mantém até hoje este entendimento (cfr. *Direito do Trabalho cit.*, 14.ª ed., 267 ss.), que foi também subscrito por MÁRIO FROTA, *Contrato de Trabalho cit.*, I, 34, e F. RIBEIRO LOPES, *Direito do Trabalho*, Lisboa (copiogr., FDL), 1977/78, 185 ss.

[788] Para mais desenvolvimentos sobre estas duas perspectivas de abordagem dos poderes laborais do empregador, *vd* ROSÁRIO PALMA RAMALHO, *Do Fundamento... cit*, 156 ss.

[789] *Supra*, § 17.°, ponto 57.5.

do poder de direcção no contrato de trabalho é insuficiente, pela circunstância de este poder ser comum a outros contratos que envolvem a prestação continuada de uma actividade laborativa. Assim, também do ponto de vista funcional, esta concepção é empobrecedora, no sentido em que não retira todas as potencialidades dos poderes laborais, designadamente porque deixa na sombra o aspecto mais singular da posição do empregador relativamente a outros credores de prestações laborativas e que constitui a marca distintiva final do contrato de trabalho (o poder disciplinar).

Pelos motivos expostos – que serão aprofundados a propósito da apresentação dos dois poderes – subscreve-se a construção dualista tradicional dos poderes de direcção e disciplina, associada embora a uma configuração específica do poder disciplinar laboral. É esta concepção dualista que está na base da sistematização da matéria que segue.

### 103.2. **Poder organizativo e poder de vigilância ou controlo**

**I.** Para além dos poderes directivo e disciplinar, a inserção do trabalhador na organização do empregador justificou a defesa da autonomização do *poder organizativo* no elenco dos poderes laborais do empregador, por alguns sectores.

A autonomização do poder organizativo do empregador, sustentada, sobretudo, no seio das doutrinas italiana e francesa[790], permitiria dar um enquadramento juslaboral às operações que preexistem ao poder directivo (assim, desde logo, a constituição da empresa, a organização dos seus ser-

---

[790] Quanto à doutrina italiana, sustentaram a autonomia do poder organizativo no elenco dos poderes laborais, entre outros, M. SAVINO, *Il lavoro nei rapporti di diritto privato*, Torino, 1950, 53, C. LEGA, *Il potere disciplinare... cit.*, 13 e 35, A. PALERMO, *Manuale di diritto del lavoro e della sicurezza sociale*, II, Milano, 1957, 23, M. GHIDINI, *Diritto del lavoro cit.*, 344 e 349, A. ARANGUREN, *Principi generali e fonti, in* G. MAZZONI (dir.), *Manuale di diritto del lavoro*, I, 6.ª ed., Milano, 1988, 1-222 (102 ss); mas contra, por exemplo, PESSI, *Il potere direttivo... cit.*, 30 ss. Na doutrina francesa, sobre este poder, P. LANGLOIS, *Le pouvoir d'organisation et les contrats de travail cit.*, 83 ss., ou D. LOSCHAK, *Le pouvoir hiérarchique... cit.*, 29 s., a segunda sustentando a autonomia deste poder e o primeiro criticando esta solução. Para mais desenvolvimentos sobre este tema, que é pouco trabalhado entre nós, *vd* MESSIAS DE CARVALHO, / NUNES DE ALMEIDA, *Direito do Trabalho e Nulidade do Despedimento cit.*, 6 ss., ROSÁRIO PALMA RAMALHO, *Do Fundamento... cit.*, 150 ss., e RUI ASSIS, *O Poder de Direcção... cit.*, 82 ss.

viços e a definição dos postos de trabalho) e, bem assim, a outras decisões do empregador atinentes à gestão da organização e que se repercutem nos contratos de trabalho que nela se desenvolvem (como a extinção ou a reconversão de um posto de trabalho, o encerramento de uma secção ou a mudança de instalações).

Como decorre do seu conteúdo, *o poder organizativo é eminentemente um poder de gestão que assiste ao empregador, não enquanto tal mas na qualidade de empresário.*

Com efeito, tanto o empresário individual ou societário como o empregador laboral têm um poder de organização das suas unidades produtivas, que vão exercendo desde a criação da empresa até à sua extinção e que, em qualquer caso, dá lugar a decisões de gestão, cujo fundamento jurídico último é o princípio constitucional da livre iniciativa económica (art. 80.° c) da CRP). O que sucede, no caso de o empresário ser também empregador, é que ele poderá impor as consequências das suas decisões de gestão aos seus trabalhadores subordinados – o que faz ao abrigo do poder directivo e nos limites do contrato e da lei.

Por esta razão, entende-se que, embora o poder organizativo deva ser tido em conta como motivação de algumas decisões do empregador, ele não reveste autonomia como poder laboral relativamente ao poder directivo[791].

**II.** Relativamente ao *poder de vigilância e controlo*, ele desempenha uma dupla função no contrato de trabalho.

Por um lado, trata-se de um *corolário do poder directivo na vertente relativa ao desenvolvimento da actividade laboral*: cabendo ao empregador direccionar em concreto o trabalhador no cumprimento da prestação, inere a esta direcção o controlo da forma como o trabalhador está a cumprir as suas ordens e instruções. Por outro lado, *o controlo do trabalhador é uma operação prévia ao exercício do poder disciplinar na vertente sancionatória*: é a vigilância do trabalhador que permite avaliar o incumprimento do trabalhador, que justifica a actuação disciplinar.

---

[791] Foi a posição que já sufragámos em *Do Fundamento... cit.*, 150 ss. No mesmo sentido, RUI ASSIS, *O Poder de Direcção... cit.*, 84 s.; contra, por exemplo, MESSIAS DE CARVALHO / NUNES DE ALMEIDA, *Direito do Trabalho e Nulidade do Despedimento cit.*, 6.

A importância do poder de vigilância ou controlo do trabalhador é posta em evidência sobretudo pela doutrina italiana, que configura este poder ou como uma componente do poder directivo ou em moldes autónomos[792].

Quanto a nós, o conteúdo do poder de vigilância ou controlo do trabalhador não justifica o seu reconhecimento como poder laboral autónomo, mas também não se satisfaz com a sua recondução simples ao poder directivo, porque o controlo também pode ser exercido pela entidade com competência disciplinar, que não é necessariamente a entidade que tem competência directiva. Por esta razão, sustenta-se o tratamento deste poder de vigilância como componente do poder directivo e do poder disciplinar: é um corolário natural do primeiro e um pressuposto essencial do segundo.

### 103.3. **Poder regulamentar**[793]

**I.** Por último, neste enunciado dos poderes do empregador, deve ser considerado o *poder regulamentar*.

---

[792] Por exemplo, L. Riva Sanseverino, *Il lavoro nell'impresa, in* A. Scialoja (dir.), *Commentario del codice civile, Libro V – Del lavoro (art. 2188.°-2246.°)*, 2.ª ed., Bologna-Roma, 1943, 280, e *Diritto del lavoro cit.*, 250 ss., Santoro-Passarelli, *Nozioni di diritto del lavoro cit.,* 185, entre muitos outros. O tema tem ganho interesse no seio da doutrina espanhola por força da consideração autónoma da faculdade de vigilância dos trabalhadores na lei (art. 20.° n.° 3 do *Estatuto de Los Trabajadores*) – Montoya Melgar, *Derecho del Trabajo cit.*, 365 s. Entre nós, a autonomia do poder de vigilância no elenco dos poderes laborais foi sustentada por A. Pinheiro Xavier, *O Poder Disciplinar... cit.,* 6 s. Para indicações mais desenvolvidas sobre este tema, *vd* o nosso *Do Fundamento... cit.*, 163 s., e ainda Rui Assis, *O Poder de Direcção... cit.*, 102 ss.

[793] Em especial sobre o poder regulamentar, J. F. Almeida Policarpo, *O regulamento de empresa – sua função,* ESC, 1969, 29, 15-32, Bernardo Xavier / C. Almeida Ribeiro, *Regulamento de empresa (subsídios para a elaboração de regulamentos de empresa)*, ESC, 1973, 36, 87-121, Rosário Palma Ramalho, *Do Fundamento... cit.,* 176 ss., e Rui Assis, *O Poder de Direcção... cit.,* 94 ss., bem como, nas obras gerais, Bernardo Xavier, *Curso de Direito do Trabalho cit.,* 333 ss., Mário Pinto / Furtado Martins / / Nunes de Carvalho, *Comentário... cit.*, I, 189 ss., Jorge Leite, *Direito do Trabalho cit.*, II, 154 s., P. Romano Martinez / L. M. Monteiro / Joana Vasconcelos / P. Madeira de Brito / G. Dray / L. Gonçalves da Silva, *Código do Trabalho Anotado cit.*, 292 ss. (anotação de Madeira de Brito), Romano Martinez, *Direito do Trabalho cit.,* 631 s., e Monteiro Fernandes, *Direito do Trabalho cit.*, 270 s.

Habitualmente reconduzido a uma manifestação do poder directivo[794] ou identificado como um poder laboral autónomo[795], *o poder regulamentar manifesta-se na possibilidade de delimitação das regras de prestação do trabalho e de disciplina na empresa através do regulamento da empresa*. No nosso sistema, esta possibilidade encontra-se actualmente prevista no art. 99.° do CT[796], e, no contexto desta norma, está em questão a faceta normativa do regulamento de empresa, que acresce ao seu conteúdo negocial, já apreciado a propósito da formação do contrato de trabalho[797].

O regulamento da empresa é, com efeito, um instrumento de delimitação das regras de conduta do trabalhador no seio da organização, regras essas que podem ser atinentes à prestação do trabalho ou atinentes a deveres acessórios do trabalhador, integrantes ou independentes da prestação principal, conforme decorre da referência da lei a matérias «...de organização e disciplina do trabalho» (art. 99.° n.° 1) para integrar o conteúdo desta figura.

Ora, na medida em que estas regras são estabelecidas unilateralmente pelo empregador e o trabalhador lhes deve obediência, nos limites do seu contrato e da lei (art. 128.° n.° 2 do CT), o regulamento interno, na sua vertente normativa, manifesta um poder laboral do empregador.

**II.** A *importância do regulamento da empresa e do poder regulamentar no elenco dos poderes laborais* tem sido empolada, sobretudo, na doutrina francesa, mercê da grande tradição de regulamentos empresariais no seio deste sistema, dada a obrigatoriedade legal da sua elaboração, nas empresas com mais de vinte trabalhadores[798]. Esta obrigatoriedade não

---

[794] Por exemplo, Romano Martinez, *Direito do Trabalho cit.*, 631, e Monteiro Fernandes, *Direito do Trabalho cit.*, 270.

[795] Por exemplo, Jorge Leite, *Direito do Trabalho cit.*, II, 154 s.

[796] Esta norma corresponde, com alterações ao art. 39.° da LCT e ao art. 153.° do CT 2003. O Código de 2003 passou a designar esta figura como «regulamento interno da empresa» (o que foi mantido pelo actual CT). Trata-se de uma designação redundante porque o regulamento empresarial é, por natureza, interno à própria empresa.

[797] Cfr, *supra*, § 18.°, ponto 63.4.III., e ainda, em geral, quanto à figura do regulamento empresarial, *Direito do Trabalho I*, § 8.°, ponto 24.

[798] Art. L. 1321-1 do *Code du travail*. Na literatura jurídica francesa, podem ver-se, entre muitos outros sobre o tema, G. Lyon-Caen, *Une anomalie juridique: le réglement interieur*, Dalloz (Chr.), 1969, n. 14, 284, J. Pélissier, *Le réglement intérieur et les notes*

tem paralelo entre nós, embora a lei preveja que a elaboração de regulamentos internos sobre determinadas matérias possa ser tornada obrigatória por instrumento de regulamentação colectiva do trabalho convencional (art. 99.° n.° 4).

Contudo, na prática, os regulamentos internos têm uma importância considerável, sobretudo no seio das grandes empresas, onde é até frequente a existência de regulamentos de âmbito genérico e de regulamentos de âmbito sectorial (para determinadas categorias de trabalhadores) ou com incidência específica em determinadas matérias (assim, por exemplo, regulamentos em matéria de higiene e segurança no trabalho ou em matéria disciplinar).

**III.** O relevo prático dos regulamentos empresariais justifica a preocupação do Código do Trabalho na sua *disciplina jurídica*. Esta disciplina sofreu relevantes modificações com o CT de 2003 e uma pequena modificação com o actual Código, em relação ao regime anterior, nela sendo de destacar os seguintes pontos:

- o objectivo do regulamento empresarial é o estabelecimento de regras de «organização e disciplina do trabalho», nos termos expressos do art. 99.° n.° 1. Esta referência legal acentua o carácter normativo destes instrumentos e o seu conteúdo amplo, logo, não circunscrito à execução da prestação laboral[799];
- a elaboração do regulamento é uma prerrogativa do empregador, mas na sua elaboração deve ser ouvida a comissão de trabalhadores, ou, na sua falta, as comissões sindicais ou os delegados sindicais (art. 99.° n.os 1 e 2); a referência aos representantes sindicaius neste contexto foi acrescentada pelo actual Código;
- o regulamento deve ser enviado à Autoridade para as Condições de Trabalho, sob pena de ineficácia (art. 99.° n.° 3 b));

*de service*, DS, 1982, 1, 75-82, B. Soinne, *Le contenu du pouvoir normatif de l'employeur*, DS, 1983, 7/8, 509-519, J. de la Clausade, *Le réglement intérieur d'entreprise et les droits de la personne, Conseil d'État 25 janvier 1989*, DS, 1990, 2, 201-204, ou A. Supiot, *La réglementation patronale de l'entreprise*, DS, 1992, 3, 215-226.

[799] Apesar de tudo, neste aspecto particular, o anterior Código do Trabalho era mais explícito no reconhecimento da faceta normativa do regulamento empresarial, já que se referia a este seu conteúdo como integrando «*normas* de organização e disciplina do trabalho» (sublinhado nosso) – art. 153.° n.° 1 do CT 2003.

- o empregador deve dar publicidade ao regulamento interno, através da sua afixação adequada na sede da empresa e nos locais de trabalho, e sob pena de eficácia do mesmo (art. 99.° n.° 3 b));
- o não cumprimento dos deveres relativos à audição dos representantes dos trabalhadores e à publicitação do regulamento interno constitui contra-ordenação grave (art. 99.° n.° 5).

A principal alteração ao regime jurídico do regulamento de empresa, introduzida pelo Código do Trabalho de 2003, foi a dispensa de aprovação administrativa do regulamento empresarial, que era tradicional no nosso sistema e que foi substituída pelo requisito do depósito e do registo do regulamento (n.° 4 do art. 153.° do CT de 2003). O actual Código foi ainda mais longe, limitando-se a impor o envio do regulamento para as autoridades inspectivas.

Embora o actual regime jurídico suscite a dúvida sobre o real destino destes regulamentos, no seio da autoridade inspectiva, esta evolução é, no geral, positiva, já que reforça a autonomia da organização empresarial em matéria relativamente à qual se não justificam poderes tutelares. Deve, além disso, ter-se em conta que os interesses dos trabalhadores neste contexto continuam a ser salvaguardados por duas vias: através da intervenção, ainda que a título consultivo, da comissão de trabalhadores ou dos representantes sindicais, na elaboração do regulamento (que foi até reforçaada por este Código); e pelo facto de as disposições do regulamento terem que respeitar os direitos e garantias dos trabalhadores, nos termos gerais (art. 129.° do CT), e não poderem ir contra disposições de instrumentos de regulamentação colectiva do trabalho, de acordo com as regras comuns de relacionamento das fontes laborais[800].

Um último aspecto a reter no regime jurídico desta figura – que não é explicitado pela lei mas decorre das regras gerais – é o da vinculação do empregador aos termos do regulamento que ele próprio tenha emitido: correspondendo a emissão do regulamento a uma prerrogativa do empregador, uma vez emitido e preenchida as formalidades que condicionam a sua

[800] Este último limite decorre, naturalmente, do facto de termos qualificado o regulamento interno como fonte de Direito do Trabalho em sentido material, no que tange à sua faceta normativa. Já tendo oportunamente justificado esta qualificação, para aí se remete (cfr., *Direito do Trabalho I*, § 8.°, ponto 24). Sobre a necessária conformidade do regulamento empresarial com a lei e os instrumentos de regulamentação colectiva do trabalho, *vd* o Ac. RLx. de 14/01/1998, CJ, 1998, I, 156.

eficácia, o regulamento auto-limita o empregador no exercício dos seus poderes laborais enquanto estiver em vigor.

**IV.** Como acima se referiu, o poder regulamentar é, tradicionalmente, reconduzido a uma manifestação do poder directivo ou apresentado como um poder laboral autónomo.

Do nosso ponto de vista, o conteúdo amplo e diversificado dos regulamentos internos depõe contra a recondução do poder regulamentar a uma simples manifestação do poder directivo, aconselhando a enfatizar o seu nexo com este poder (relativamente à parcela do seu conteúdo que se reporta, directa ou indirectamente, à actividade laboral), mas também com o poder disciplinar (relativamente às regras de disciplina nele previstas, que não tenham a ver com a actividade laboral).

Em suma, o poder regulamentar é de reconduzir a uma projecção do poder directivo e do poder disciplinar.

### 103.4. **Conclusão: o poder directivo e o poder disciplinar como poderes laborais do empregador**

**I.** Como decorre do exposto, a posição subjectiva empregador no contrato de trabalho tem um conteúdo amplo e diversificado, desdobrando-se em prerrogativas diversas, que se manifestam ao longo da execução do contrato.

Apresentadas estas prerrogativas, mais facilmente se justifica a afirmação inicial de que *o essencial da posição de domínio do empregador reside na titularidade do poder directivo e do poder disciplinar, uma vez que as outras prerrogativas indicadas ou não são específicas do empregador (caso do poder organizativo) ou se reconduzem a manifestações destes poderes (caso do poderes de controlo ou vigilância e do poder regulamentar).*

Como veremos, a singularidade da posição dominante do empregador, que resulta da titularidade destes poderes – e, nessa medida, aquilo que permite diferenciar o contrato de trabalho de outros contratos envolvendo prestações laborativas –, não decorre de qualquer um destes poderes isoladamente, mas da sua conjugação e, em casos-limite, da titularidade do poder disciplinar.

**II.** É para dar expressão à forma como traduzem a posição subjectiva de domínio que o empregador ocupa no contrato de trabalho, que corresponde à posição de subordinação jurídica do trabalhador e que singulariza o vínculo laboral, que nos referimos ao poder directivo e ao poder disciplinar como *poderes laborais*.

Por outro lado, porque se entende que a singularidade do contrato de trabalho decorre da conjugação destes dois poderes, não se subscreve a tendência doutrinal dominante de sobrevalorizar o poder directivo e desvalorizar o poder disciplinar na posição jurídica do empregador, remetendo este último poder à posição de componente «patológica» daquele. Pelo contrário, os poderes directivo e disciplinar complementam-se e têm uma importância equiparada, embora distinta, no contrato de trabalho.

## 104. **Delimitação e características do poder directivo**

**I.** Avançando na delimitação do poder directivo, podemos defini-lo, agora com maior rigor, como a *faculdade, que assiste ao empregador de determinar a função do trabalhador e de emitir comandos vinculativos da sua actuação (sob a forma de ordens concretas ou de instruções genéricas), quanto ao modo de execução da actividade laboral e de cumprimento dos demais deveres acessórios inerentes a essa actividade*. Actualmente previsto no art. 97.° do CT, o poder directivo é pois, eminentemente, um poder de adequação da conduta do trabalhador no cumprimento da prestação do trabalho e dos deveres inerentes às necessidades do credor. Neste sentido, a lei dispõe que o poder direcção se destina a «estabelecer os termos em que o trabalho deve ser prestado».

Enquanto elemento essencial do contrato de trabalho (sendo implícito na referência ao elemento de «autoridade» constante da noção legal do contrato – art. 11.° do CT), o poder de direcção tem como correspondente a posição de subordinação do trabalhador e, especificamente, o seu dever de obediência (art. 128.° n.° 1 e) e n.° 2), cuja extensão é limitada pela necessidade de respeito pelos seus direitos e garantias (art. 129.°).

Procedendo à decomposição do conceito de poder directivo acima proposto, podemos caracterizar este poder do ponto de vista da sua essência, conteúdo, titularidade, exercício e limites.

**II.** Do ponto de vista da *essência*, o poder directivo reconduz-se à *faculdade de emissão de ordens ou instruções*, no sentido em que não se exige a sua efectividade constante. Dito de outra forma, e de acordo com a opinião unânime da jurisprudência[801], para que se configure a existência do poder directivo bastará a possibilidade de emissão de ordens e instruções, ainda que, por força da autonomia técnica ou deontológica reconhecida ao trabalhador (art. 116.°) ou do elevado grau de confiança que o empregador nele deposita, tais ordens ou instruções não venham, na prática, a ser emitidas.

Para que se possa reconhecer este poder, é, contudo, necessário que a possibilidade de emissão de comandos pelo empregador seja real e não aparente.

**III.** Do ponto de vista do *conteúdo*, são de reconhecer no poder directivo três manifestações essenciais[802]:

i) Uma manifestação inicial, que se reporta à *determinação da função do trabalhador* e que passa pela integração dessa função por determinado conjunto de tarefas (é a manifestação deste poder a que se refere o art. 118.° n.° 1 e que já apreciámos, da perspectiva do trabalhador, a propósito da delimitação da actividade laboral). Nos termos desta norma, o empregador deve procurar adequar a função do trabalhador à sua aptidão e qualificação profissional. Contudo, deve ficar claro que esta norma tem um carácter meramente recomendatório[803].

---

801 Entre muitos outros, neste sentido, Ac. STJ de 17/02/1994, CJ (STJ), 1994, I, 293, Ac. REv. de 23/10/1990, CJ, 1990, IV, 304, Ac. RC de 23/02/1995, CJ, 1995, I, 78, ou Ac. RLx. de 19/02/1997, CJ, 1997, I, 183.

802 Na configuração interna do poder directivo, é possível decompor o seu conteúdo segundo outros critérios. Assim, alguma doutrina francesa, na qual sobressai NICOLE CATALA, *L'entreprise cit.*, 179 ss., mas que também conta com autores como P.-D. OLLIER, *Le droit du travail cit.*, 100, ou H. GROUTEL, *Droit du travail cit.*, 18 ss., distingue entre manifestações individuais e colectivas do poder directivo e manifestações de conteúdo económico e juslaboral, partindo de uma concepção muito ampla deste poder. Para uma apreciação mais desenvolvida e uma perspectiva crítica sobre esta concepção do poder directivo, ROSÁRIO PALMA RAMALHO, *Do Fundamento... cit.*, 164 ss.

803 A qualificação desta parte da norma do art. 118.° n.° 1 como uma disposição meramente recomendatória justifica-se no facto de constituir uma violação inadmissível do princípio da autonomia privada impor ao empregador que, por exemplo, reclassifique

ii) Uma manifestação subsequente, que tem a ver com a *conformação da actividade laboral em concreto*, ou seja, com o direccionamento do trabalhador quanto ao modo, tempo e local de desempenho do trabalho (a esta manifestação conformativa do poder directivo se refere explicitamente o art. 97.°).

iii) Por último, uma manifestação de acompanhamento, que se evidencia no já referido *poder de vigilância ou de controlo* do modo de cumprimento da prestação de trabalho e dos deveres acessórios pelo trabalhador[804].

A distinção entre as componentes determinativa e conformativa do poder directivo deve ser entendida com habilidade, na medida em que a manifestação determinativa não se esgota no momento inicial da execução do contrato, mas volta a ser exercida ao longo da sua vigência, sempre que o trabalhador seja chamado a desempenhar funções não compreendidas no objecto inicialmente definido para o seu contrato, por força do exercício do *jus variandi* pelo empregador, nos termos do art. 120.° n.° 1[805].

Ao contrário do que é por vezes referido, o poder determinativo tem, assim, não apenas uma manifestação inicial, mas também manifestações sucessivas.

Este ponto justifica uma reflexão complementar, pelas dúvidas, recorrentes na doutrina, sobre a inclusão da figura do *jus variandi* no âmbito do poder directivo: enquanto para alguns autores, o *jus variandi* constitui um

---

um trabalhador que obteve um grau académico ou uma determinada habilitação, no decurso da execução do contrato, quando tal reclassificação não corresponda aos seus interesses de gestão. Por isso, enetndemos que esta «obrigação» do empregador se confina ao âmbito da actividade para que o trabalhador foi contratado, como, aliás, decorre do texto da norma.

[804] Os dois primeiros aspectos do conteúdo do poder directivo correspondem à decomposição deste poder que foi proposta, entre nós, por BERNARDO XAVIER, *Curso de Direito do Trabalho cit.*, 325 ss., e por MONTEIRO FERNANDES, *Direito do Trabalho cit.*, 270, em consonância com a doutrina italiana. No que se refere ao segundo autor, a decomposição que apresentamos é, contudo, circunscrita aos dois elementos iniciais da sua construção, uma vez que não qualificamos nem o poder regulamentar nem o poder disciplinar como manifestações do poder de direcção, ao contrário do que propõe este autor, pelos motivos acima expostos.

[805] Já tendo caracterizado o *jus variandi* a propósito da delimitação da actividade laboral, para aí se remete – *supra*, § 23.°, ponto 87.2.

poder autonómo[806], para outros ele constitui um corolário do poder directivo, que é sistematicamente integrado na faceta conformativa deste poder[807].

Quanto a nós, na medida em que se reconduz a uma manifestação da vontade unilateral do empregador, que se impõe ao acordo contratual sobre o objecto do contrato, o *jus variandi* não pode deixar de ser reconhecido como uma manifestação típica da posição peculiar de domínio que o empregador ocupa no contrato de trabalho, que, no caso, prossegue o princípio laboral geral da prevalência dos interesse de gestão[808]. E, na medida em que o *jus variandi* tem a ver com a actividade laboral do trabalhador, não suscita também hesitações a sua recondução a uma manifestação do poder directivo, uma vez que é este poder do empregador que está especificamente vocacionado para a modelar e adequar a actividade laboral do trabalhador. O que nos parece é que, envolvendo o *jus variandi* uma modificação da função e não apenas uma diferente modelação da actividade já desenvolvida, ele terá que se reconduzir a uma manifestação do poder determinativo da função e não a uma manifestação do poder conformativo da prestação.

Esta recondução lógica do *jus variandi* confirma adicionalmente que o poder determinativo da função não tem apenas uma manifestação inicial, mas tem também manifestações subsequentes ao longo da execução do contrato de trabalho[809].

A *delimitação do conteúdo do poder directivo*, na sua vertente determinativa, mas, sobretudo, na sua vertente conformativa, pode ser feita por um critério positivo e por um critério negativo.

Assim, em termos positivos, o poder directivo limita-se pela própria actividade laboral: tratando-se de um poder de concretização e adequação da prestação de trabalho às necessidades do respectivo credor, nele estão compreendidos todos os actos necessários e convenientes para esse efeito.

---

806 Era a opinião sustentada por ROMANO MARTINEZ, na 1.° edição do seu *Direito do Trabalho* (2002), 574 e 580 ss. Nas edições subsequentes da obra, o autor também entendeu que o poder de direcção não envolve a mudança de categoria e refere-se ao *jus variandi* noutra sede, como vicissitude modificativa do contrato de trabalho (cfr., por exemplo, *Direito do Trabalho,* 4.ª ed., 742 ss.). Na mesma linha, RUI ASSIS, *Poder de Direcção... cit.*, 91 ss., justificando o seu entendimento no carácter excepcional do *jus variandi*.

807 Neste sentido, entre outros, BERNARDO XAVIER, *Curso de Direito do Trabalho cit.*, 328, RIBERIRO LOPES, *Direito do Trabalho cit.*, 194, MONTOYA MELGAR, *Derecho del Trabajo cit.*, 362, ou ALONSO OLEA / CASA BAAMONDE, *Derecho del Trabajo cit.*, 377.

808 *Direito do Trabalho I,* § 16.°, ponto 54.1.II. e 54.3.

809 Para uma justificação mais completa deste entendimento, ROSÁRIO PALMA RAMALHO, *Do Fundamento... cit.*, 170 s.

Em termos negativos, os limites ao poder directivo decorrem, nos termos da lei (art. 97.° do CT), do próprio contrato e das normas que o regem, entre as quais se destacam os direitos e garantias do trabalhador (art. 129.°). Em consequência, é legítima a desobediência do trabalhador à ordem ou instrução que desrespeite o seu contrato ou que viole os seus direitos e garantias, aliás nos termos expressos do art. 128.° n.° 1 e) *in fine*.

Ainda neste contexto, merece particular atenção a *delimitação do poder directivo, na sua vertente de vigilância ou controlo do trabalhador*.

Sendo o controlo do trabalhador essencial para a verificação da adequação do seu comportamento às necessidades do empregador, o seu envolvimento pessoal significativo no contrato[810] obriga a estabelecer alguns limites às formas de controlo da sua actividade, proibindo-se, designadamente, aqueles mecanismos de controlo que invadam a privacidade do trabalhador, ou que, de qualquer outro modo, atentem contra os seus direitos de personalidade.

Neste contexto, a lei preocupa-se em restringir os meios de vigilância do desempenho profissional do trabalhador à distância, designadamente proibindo a vigilância com recurso a «equipamento tecnológico» (art. 20.° n.° 1 do CT). Sendo a expressão «equipamento tecnológico» bastante vaga, ela deve ser interpretada em termos amplos, porque estão em causa direitos de personalidade do trabalhador. Ora, se alguns mecanismos de vigilância podem ser considerados inadmissíveis sem dificuldade (assim, uma câmara de filmar com o objectivo de controlar o trabalhador no local de trabalho), outros há que, sem deixarem de corresponder a «equipamento tecnológico», podem, com mais subtileza mas com o mesmo grau de eficiência, servir o mesmo objectivo de controlo do desempenho, mas se prestam com facilidade a uma utilização irrazoável do ponto de vista da dignidade do trabalhador ou da reserva da sua vida privada (assim, os telemóveis, os *pagers* ou o correio electrónico), que deve ser evitada com vigor[811].

---

[810] Nos termos expostos a propósito da delimitação conceptual do contrato de trabalho – *Direito do Trabalho I*, § 12.°, ponto 43.5.2.

[811] Especificamente sobre este tema, FRANCO CARINCI, *Rivoluzione tecnologica e diritto del lavoro: il rapporto individuale*, DLRI, 1985, 26, 203-241 (222 ss.) B. BOSSU, *Le salarié, le délégué du personnel et la vidéosurveillance*, DS, 1995, 12, 978-984, J.-E. RAY, *Nouvelles technologies et nouvelles formes de subordination cit.*, 525 ss., PHILLIPE WAQUET, *Un employeur peut-il filmer à leur insu ses salariés? – Cour de Cassation,*

**IV.** Na apreciação do poder directivo deve distinguir-se o plano da sua *titularidade* e o do seu *exercício*.

No que se refere à titularidade, o poder directivo é um poder do empregador no sentido em que é a este que compete direccionar a prestação do trabalhador às suas necessidades concretas e conjugá-la com as restantes prestações de trabalho que se desenvolvem no seio da sua organização. A atribuição da titularidade do poder directivo ao empregador decorre expressamente do art. 97.° do CT e também da referência à autoridade do empregador (que tem implícita este poder) em sede de definição legal do contrato de trabalho, no art. 11.° do CT.

Contudo, referenciam-se algumas *situações laborais especiais em que o poder directivo é, pela natureza das coisas, atribuído a uma entidade diversa do empregador* – é o que sucede, por exemplo, no caso do trabalho temporário, em que o facto de a prestação ser desenvolvida para a empresa utilizadora (e não para a empresa de trabalho temporário, que é qualificada pela lei como o empregador – art. 172.° a) e b) do CT) determina que seja esta a titular do poder directivo (art. 185.° n.° 2 do CT); e o mesmo sucede no caso do trabalho portuário, em que o empregador é a entidade portuária, mas o poder directivo cabe à entidade que requisita os trabalhadores (arts. 1.°, 3.°, e 7.° do DL n.° 282-A/84, de 20 de Agosto)[812]. Assim, embora a regra seja a da atribuição do poder directivo ao empregador, há algumas situações em que este poder não lhe assiste.

---

*Chambre Sociale, 20 novembre 1991*, DS, 1992, 1, 28-31, W. ADLERSTEIN, *Neue Technologien – Neue Wege in Arbeitsrecht*, ArbuR, 1987, 3, 101-104 (103) e, entre nós, T. COELHO MOREIRA, *Da Esfera Privada do Trabalhador... cit.*, 239 ss., e AMADEU GUERRA, *A Privacidade no Local de Trabalho cit.*, 299 ss. e *passim*. Já tendo desenvolvido esta matéria a propósito da delimitação da actividade do trabalhador, para aí se remete – *supra*, § 23.°, ponto 85.4. Ainda sobre o tema, *vd* o Ac. RLx. de 18/05/2005, CJ 2005, III, 143, considerando que, não obstante a proibição geral de utilização de meios de vigilância do trabalhador à distância, é admissível o recurso àqueles meios quando tenham por fim a segurança das pessoas e bens ou decorram de particulares exigências da actividade profissional.

812 Note-se que, nestes casos, está em causa a atribuição da titularidade e não apenas do exercício do poder directivo a um ente terceiro, uma vez que, pela natureza das coisas, a empresa de trabalho temporário (que é o empregador) não pode direccionar o trabalhador no desempenho de uma actividade que não constitui o objecto de negócio da própria empresa. Por esta razão, o exercício do poder pelas entidades referidas não pode ser explicado pela figura da delegação de poderes, uma vez que este poder cabe, originariamente e pela natureza do próprio contrato em questão, às entidades terceiras.

Estas situações correspondem a casos de *desdobramento dos poderes laborais*, porque se caracterizam pela atribuição do poder directivo a um terceiro, sendo certo que o poder disciplinar se mantém na titularidade do empregador. Tais situações evidenciam pois um certo grau de prescindibilidade do poder directivo, na configuração do contrato de trabalho, uma vez que o empregador não perde essa qualidade apesar de não deter o poder de direcção[813].

No que se refere ao *exercício*, o poder directivo pode caber directamente ao empregador ou, por delegação deste, a outros trabalhadores, superiores hierárquicos do trabalhador destinatário do poder – esta segunda hipótese está prevista no art. 128.° n.° 2, a propósito do dever de obediência, que, estende, em consequência, o âmbito deste dever do trabalhador aos seus superiores hierárquicos.

Evidentemente que nas situações em que a titularidade do poder directivo caiba a terceiro, nos contratos de trabalho especiais acima indicados, o respectivo exercício compete a esses mesmos terceiros ou, por delegação destes, aos superiores hierárquicos do trabalhador no seio da entidade para a qual ele presta o trabalho.

Por outro lado, pode haver situações de desdobramento da posição de poder do empregador que passam pela atribuição do exercício do poder directivo a entes diversos do empregador, durante um certo tempo – é o que sucede nas situações de cedência ocasional do trabalhador, em que o poder directivo cabe ao ente cessionário durante o tempo que durar a cedência (art. 291.° n.° 1).

Também estas situações evidenciam a *relativa prescindibilidade do poder directivo para a configuração do contrato de trabalho*, nos termos explicitados.

**V.** Por último, quanto ao *modus operandi*, o poder directivo pode manifestar-se em ordens concretas, dirigidas a cada trabalhador individualizado, ou em instruções genéricas, destinadas a um grupo de trabalhadores, a uma secção da empresa ou a todos os trabalhadores, e que, muitas vezes, constam do regulamento da empresa (art. 99.° n.° 1), nos termos expostos acima.

Seja qual for a forma que revistam, estes comandos são vinculativos.

---

[813] Já tendo referido esta matéria, a propósito da delimitação do contrato de trabalho, para aí se remete – *supra*, § 17.°, ponto 57.5.III.

## 105. **Natureza e fundamento do poder directivo**

**I.** Delimitado o conteúdo e caracterizado o poder directivo, cabe reflectir sobre a questão dogmática fundamental colocada por este poder: a questão da sua admissibilidade e do seu fundamento.

**II.** A generalidade da doutrina nacional e estrangeira reconhece a maior *importância ao poder directivo*, essencialmente a dois níveis.

Por um lado, este poder é considerado fundamental para a verificação da existência de subordinação jurídica, no sentido em que esta é sistematicamente reportada à vertente directiva da posição contratual de domínio do empregador.

Por outro lado, é entendimento comum que o poder directivo constitui a essência da posição de domínio do empregador no contrato de trabalho. Para esta conclusão tende não apenas o sector da doutrina que integra no âmbito deste poder todas as manifestações de domínio contratual do empregador, incluindo o poder disciplinar laboral, mas mesmo os autores que consideram autonomamente o poder directivo e o poder disciplinar, já que este segundo poder é sistematicamente reduzido à função de garante da eficácia dos comandos emanados do primeiro poder.

Quanto à *natureza do poder directivo*, a doutrina tende a qualificá-lo como um poder de conteúdo egoísta (no sentido de faculdade de exercício livre, que prossegue os interesses próprios do seu titular) ou a identificá-lo com um direito subjectivo (enquanto situação jurídica de vantagem tutelada pelo Direito e de natureza compreensiva, porque decomponível em situações jurídicas menores). Nesta segunda linha, alguns autores reconduzem o poder directivo a um direito potestativo, acentuando o facto dele se traduzir em comandos unilaterais do empregador a que corresponde um estado de sujeição do trabalhador – mais difundido na doutrina italiana[814], este entendimento foi acolhido, entre nós, por autores como RIBEIRO LOPES e MENEZES CORDEIRO[815].

---

814 P. GASPARRI, *Osservazione sulla cosidetta subordinazione dei lavoratori*, DLav., 1940, I, 101-105 (104 s.), U. PROSPERETTI, *La posizione professionale del lavoratore subordinato*, Milano, 1958, 11 ss., SUPPIEJ, *La struttura del rapporto... cit.*, 63 ss., REDENTI, *Variazioni sul tema... cit.*, 779, PAPALEONI, *Il rapporto di lavoro cit.*, 238, PERA, *Compendio... cit.*, 106.

815 RIBEIRO LOPES, *Direito do Trabalho cit.*, 22, e MENEZES CORDEIRO, *Manual de Direito do Trabalho cit.*, 127, 535 e 662.

Para nós, o poder directivo corresponde a um *direito subjectivo em sentido estrito*, na medida em que tem uma estrutura compreensiva (como vimos, ele desdobra-se em diversos poderes menores) e que o seu conteúdo se reconduz a uma permissão normativa específica (trata-se de um poder conferido pela lei) que tende ao aproveitamento de um bem (no caso, a actividade laboral do trabalhador)[816].

Por outro lado, porque ao poder directivo corresponde, na esfera jurídica do trabalhador, o dever de obediência[817], e este dever tem um conteúdo essencialmente positivo e não um conteúdo negativo, de suportação, não se sufraga a recondução do poder directivo à categoria técnica do direito potestativo.

Trata-se, além disso, de um poder de conteúdo necessariamente discricionário, uma vez que é um poder de gestão que assenta, em última análise, do direito de iniciativa económica do empresário, e é a este que compete determinar o modo de gerir a sua empresa ou o seu negócio[818]. A discricionaridade ínsita a este poder não se pode, contudo, confundir com arbitrariedade e é, naturalmente, compatível como situações de exercício ilícito deste poder (nomeadamente, sempre que ele contenda com direitos e garantias do trabalhador) e ainda com situações de exercício abusivo do mesmo (nomeadamente quando tal exercício extravase a função social ou económica para que o poder foi concedido).

**III.** O reconhecimento de tão grande importância ao poder directivo e, bem assim, a sua natureza de direito subjectivo tornam mais premente o problema da sua justificação, uma vez que se trata de explicar a existência, na titularidade de um ente privado e num vínculo de direito privado, de uma posição jurídica de domínio ou de supremacia sobre outro ente privado.

---

816 Em geral e por todos, sobre o conceito de direito subjectivo em sentido estrito, Menezes Cordeiro, *Tratado de Direito Civil cit.*, I (tomo I), 331 ss.

817 Cfr., *supra*, § 23.°, 85.3.2.a).

818 Não acompanhamos, por isso, a orientação de alguma jurisprudência, que procura limitar o poder directivo por critérios como a necessidade de adequação das directrizes do empregador por interesses objectivos da empresa, sindicáveis judicialmente – neste sentido, parece inclinar-se o Ac. STJ de 28/03/2007 (N.° 06S2715), www.dgsi.pt. A nosso ver, os parâmetros gerais de ilicitude e do abuso do direito são os limites naturais deste poder, não cabendo sindicar as decisões do empregador enquanto decisões de gestão.

Não obstante algumas variações de pormenor, o poder directivo tende a ser justificado pela conjugação de dois argumentos fundamentais:

i) *A natureza relativamente indeterminada da prestação laboral*[819]: tendo a prestação de trabalho um conteúdo relativamente indeterminado, o poder directivo é considerado essencial para proceder à especificação do objecto do contrato, ou seja, como modo de adequar a conduta do devedor às necessidades do credor.

ii) *A necessidade de coordenação da prestação do trabalhador com as exigências da organização produtiva e com as prestações dos demais trabalhadores*[820]: nesta justificação de índole organizacional-económica, o poder directivo é considerado como a única forma de coordenar o conjunto das prestações laborais na empresa e, nesse sentido, é reconhecido como o sustentáculo da organização empresarial – como observa NICOLE CATALA[821], «*le pouvoir de direction est au coeur de la vie de l'entreprise*». Quando o contrato de trabalho não tem escopo empresarial, o poder directivo é justificado pela necessidade de adequação da prestação de trabalho às necessidades da organização do credor, ainda que tal organização seja rudimentar[822].

Em complemento destes dois argumentos fundamentais, são ainda adiantados pelos autores argumentos relativos à titularidade ou à gestão da empresa (nesta linha, é corrente a observação de que a actividade de

---

[819] Quanto a esta linha de fundamentação, podem ver-se PESSI, *Il potere direttivo... cit.*, 59, SAVINO, *Il lavoro... cit.*, 47 ss., ou OLLIER, *Le droit du travail... cit.*, 97, entre muitos outros.

[820] Esta linha de fundamentação foi muito difundida no seio da doutrina italiana, a partir de uma construção de BARASSI, *Elementi... cit.*, 136, por autores como RIVA SANSEVERINO, *Diritto del lavoro cit.*, 42 e 253 ss., SANTORO-PASSARELLI, *Nozioni... cit.*, 186 e 190, MAZZONI, *Contenuto e limiti... cit.*, 153, ou L. MENGONI, *Recenti mutamenti nella strutura e nella gerarchia dell'impresa*, Riv.soc., 1958, 689-724 (689 ss.) e ainda em *Contratto e rapporto di lavoro nella recente dottrina italiana, Riv.soc.*, 1965, 674-688 (674 ss.); em França, este entendimento foi sustentado por autores como OLLIER, *Le droit du travail cit.*, 97 e 126 ss., e RIVERO / SAVATIER, *Droit du travail cit.*, 332; entre nós, desenvolvem este argumento autores como COUTINHO DE ABREU, *A empresa e o empregador... cit.*, 51 e s.

[821] *L'Entreprise... cit.*, 185.

[822] Especificamente quanto a esta justificação do poder directivo nos contratos de trabalho não empresariais, RIVA SANSEVERINO, *Diritto del lavoro cit.*, 42.

empresário implica a possibilidade de direccionar em concreto as prestações de trabalho a que se recorra no desenvolvimento dessa actividade[823]), à titularidade do risco da exploração (nesta linha, o poder directivo justificar-se-ia como contrapartida da incidência do risco da frustração dos resultados na esfera do empregador[824]), ou à necessidade de organização hierárquica da empresa (vendo-se o poder directivo como um poder inerente à hierarquia empresarial[825]).

Numa perspectiva diversa, que decorre da concepção institucionalista do vínculo de trabalho, oportunamente apresentada[826], o poder directivo é justificado como um poder típico da organização empresarial que se impõe ao trabalhador em resultado da sua incorporação na empresa, enquanto entidade *a se*, autonomizada da pessoa do empresário[827].

Tendo oportunamente recusado uma visão institucionalista do vínculo laboral, a justificação do poder directivo só pode ser contratual.

Assente este ponto de partida, entende-se que *a ideia básica subjacente ao poder directivo é a exigência de adequação da actividade laboral às necessidades do empregador-credor*: tendo a prestação de trabalho um conteúdo relativamente indeterminado[828] e tendo o contrato de trabalho um carácter continuado[829], é necessário encontrar um mecanismo que assegure a adequação do comportamento do trabalhador às necessidades do empregador. Ora, na medida em que o trabalhador se integra numa organização alheia, que pré-existe ao seu contrato, só o empregador pode, de uma forma unilateral e em cada momento, determinar quais são essas necessidades, o que passa pela atribuição de um poder com uma estrutura directiva.

De outra parte, é ainda a conjugação destas características da indeterminação relativa da prestação de trabalho e da continuidade do vínculo

---

[823] SAVATIER, *Pouvoir patrimonial et direction des personnes cit.*, 1 ss., e, entre nós, COUTINHO DE ABREU, *A empresa e o empregador... cit.*, 51.

[824] F. SANTORO-PASSARELLI, *Libertà e autorità nel diritto civile*, Padova, 1977, 253 ss., e, entre nós, PINHEIRO XAVIER, *O Poder Disciplinar...cit.*, 22 ss.

[825] Este é um argumento dominante na doutrina italiana – por exemplo, GRECO, *Il conttrato di lavoro... cit.*, 54 e *passim*.

[826] *Direito do Trabalho I*, § 12.°, ponto 42.3.VII.

[827] Para uma apresentação sistematizada dos diversos argumentos justificativos do poder directivo, nestas concepções, pode ver-se MENEZES CORDEIRO, *Manual de Direito do Trabalho cit.*, 660 ss., bem como RUI ASSIS, *O Poder de Direcção... cit.* 112 ss.

[828] *Supra*, § 17.°, ponto 57.2.I. e § 23.°, ponto 85.1.II.

[829] *Supra*, § 17.°, ponto 60.I.

laboral que explicam que o poder directivo comporte manifestações iniciais (nomeadamente, a manifestação determinativa) e manifestações sucessivas, que vão desde a conformação da prestação até ao controlo da respectiva execução, mas que podem, inclusivamente, passar pela alteração do acordo contratual, por iniciativa do empregador em nome dos interesses de gestão (como sucede no caso do *jus variandi,* da mobilidade geográfica ou das alterações do tempo de trabalho).

*Bref*, o poder directivo justifica-se no carácter relativamente indeterminado da prestação laboral (a cuja concretização procede) e no carácter continuado do próprio contrato de trabalho (que impõe uma adequação constante da actividade do trabalhador às necessidades do empregador). Explicada a necessidade de um poder deste tipo no contrato de trabalho, fica justificada a correspondente posição de subordinação do trabalhador.

**IV.** A justificação do poder directivo na conjugação da indeterminação relativa da actividade laboral com o carácter continuado do contrato de trabalho obriga ainda a colocar dois problemas relativamente a este poder: o problema do seu âmbito; e o problema da sua utilidade para a distinção do contrato de trabalho relativamente a figuras afins.

A questão do *âmbito do poder directivo* reside em saber se devem ou não ser reconduzidas a este poder todas as determinações do empregador vinculativas da conduta do trabalhador, sendo certo que, por força dos deveres do trabalhador, oportunamente apresentados, muitas dessas determinações não se reportam à prestação laboral, nem de forma directa nem de forma indirecta.

Ora, sendo o poder directivo um poder de adequação da prestação laboral (i.e., um poder de escolha), só com algum artifício nele se poderão integrar determinações sobre higiene e segurança na empresa, sobre deslocações do trabalhador nas instalações e, de um modo, geral, as regras de conduta e de disciplina não justificadas pela actividade laboral.

Deste modo, conclui-se que *o âmbito do poder directivo se circunscreve às determinações do empregador relativas, de modo directo ou indirecto, à prestação do trabalho*. Em consequência, caberá enquadrar por outra via as restantes determinações do empregador, que condicionam a actuação do trabalhador no contrato de trabalho.

O problema da utilidade do poder directivo para a delimitação do contrato de trabalho relativamente a figuras próximas já foi equacionado, a propósito da delimitação deste contrato[830], justificando, por isso, uma observação breve sobre o *grau de singularidade deste poder no panorama dos vínculos negociais privados*.

Ora, como já tivemos ocasião de comprovar, nas diversas modalidades nominadas de prestação de serviços, que apresentam maiores afinidades com o contrato de trabalho, observa-se a existência de poderes que asseguram a adequação da prestação do devedor aos interesses do credor, e que, nessa medida, revestem a essência de um poder directivo. Assim, no contrato de mandato, o mandatário sujeita-se às instruções do mandante, que têm carácter vinculativo (art. 1161.° a) do CC), o que configura um poder directivo, em moldes que, como é sabido, se estendem, aliás, às modalidades atípicas de prestação de serviços, nos termos do art. 1156.° do CC); da mesma forma, no contrato de empreitada, o empreiteiro sujeita-se às instruções do dono da obra e este tem um poder de fiscalização da obra semelhante ao poder de controlo do empregador, podendo, inclusivamente, introduzir alterações unilaterais ao plano inicial até um certo limite (art. 1216.° n.° 1 do CC); por fim, no contrato de agência, o agente sujeita-se às instruções da outra parte e assume deveres muito semelhantes aos do trabalhador subordinado, em matéria de zelo e diligência, sigilo e não concorrência (arts. 7.°, 8.° e 9.° do DL n.° 178/86, de 3 de Julho).

Em face desta verificação e não perdendo de vista que a justificação do poder directivo é a conjugação do carácter relativamente indeterminado da actividade laboral com o carácter continuado do contrato de trabalho, *impõe-se o reconhecimento de que surge um poder directivo em todas as situações jurídicas que envolvam a prestação de uma actividade laborativa para outrem, quando esta actividade tenha um conteúdo relativamente indeterminado e se desenvolva de forma continuada* – é o que sucede nas modalidades de prestação de serviço acima indicadas, que mais afinidades apresentam com o contrato de trabalho[831].

Tanto basta para confirmar a falta de singularidade do poder directivo do empregador e a sua debilidade enquanto critério delimitador do contrato de trabalho relativamente a figuras afins.

---

[830] *Supra*, § 17.°, ponto 58.

[831] Para mais desenvolvimentos sobre este ponto, ROSÁRIO PALMA RAMALHO, *Do Fundamento... cit.*, 279 ss., e *Da Autonomia Dogmática... cit.*, 761.

## § 29.° Poder disciplinar laboral[832]

**I.** A última e, porventura, mais complexa componente da situação juslaboral do empregador, no contrato de trabalho, é o poder disciplinar laboral.

---

[832] Sobre esta matéria, entre nós, A. PINHEIRO XAVIER, *O Poder Disciplinar do Dador de Trabalho cit.*, J. ALMEIDA POLICARPO, *O direito de reclamação do trabalhador*, ESC, 1969, 32, 41-60, MONTEIRO FERNANDES, *Sobre o fundamento do poder disciplinar*, ESC, 1966, 18, 60-83, e *As sanções disciplinares e a sua graduação*, ESC, 1970, 36, 23-54, J. F. ALMEIDA POLICARPO / A. MONTEIRO FERNANDES, *Fundamentos do poder disciplinar*, ESC, 1967, 24, 17-50, JOSÉ ANTÓNIO MESQUITA, *Poder disciplinar*, BMJ (Suplemento), 1979, 215-272, A. GARCIA PEREIRA, *O Poder Disciplinar da Entidade Patronal – seu Fundamento*, Lisboa, 1983, M. LEAL-HENRIQUES, *O Procedimento Disciplinar*, Coimbra, 1984, COUTINHO DE ALMEIDA, *Poder Empresarial: Fundamento, conteúdo e limites... cit.*, 311 ss., ROSÁRIO PALMA RAMALHO, *Do Fundamento do Poder Disciplinar Laboral cit., passim*,e ainda *Os limites do poder disciplinar laboral, in* A. MOREIRA (coord.), *I Congresso Nacional de Direito do Trabalho. Memórias*, Coimbra, 1998, 181-198 (republicado *in Estudos de Direito do Trabalho*, I, Coimbra, 2003, 179-193) e ainda *O poder disciplinar laboral no Código do Trabalho – Notas breves, in Estudos em Memória do Professor Doutor António Marques dos Santos,* I, Coimbra, 2005, 1133-1147, P. SOUSA MACEDO, *Poder Disciplinar Patronal,* Coimbra, 1990, M. ADELAIDE DOMINGOS, *Poder e procedimento disciplinar no Código do Trabalho, in A Reforma do Código do Trabalho,* Coimbra, 2004, 475-493, ou N. ABRANCHES PINTO, *Instituto Disciplinar Laboral,* Coimbra, 2009; e, nas obras gerais, MENEZES CORDEIRO, *Manual de Direito do Trabalho cit.*, 745 ss., BERNARDO XAVIER, *Curso de Direito do Trabalho cit.,* 324 ss., MÁRIO PINTO / FURTADO MARTINS / NUNES DE CARVALHO, *Comentário... cit.*, I, 127 ss., JORGE LEITE, *Direito do Trabalho cit.*, II, 155 ss., P. ROMANO MARTINEZ / L. M. MONTEIRO / JOANA VASCONCELOS / P. MADEIRA DE BRITO / / G. DRAY / L. GONÇALVES DA SILVA, *Código do Trabalho Anotado cit.*, 291 e 874 ss. (anotações de MADEIRA DE BRITO e ROMANO MARTINEZ), ROMANO MARTINEZ, *Direito do Trabalho cit.,* 633 ss., MONTEIRO FERNANDES, *Direito do Trabalho cit.*, 273 ss., JÚLIO GOMES, *Direito do Trabalho cit.*, 879 ss., MENEZES LEITÃO, *Direito do Trabalho cit.*, 367 ss., ou LEAL AMADO, *Contrato de Trabalho cit.*, 218 ss.

Na literatura estrangeira, podem ver-se sobre este tema F. BAUR, *Betriebsjustiz,* JZ, 1965, 163-167, W. ZÖLLNER, *Betriebsjustiz,* ZZP, 1970, 4, 365-393, e ainda ZÖLLNER /

A análise do poder disciplinar laboral comporta uma apreciação geral, destinada a apreender globalmente o sentido e a importância deste poder, a apresentação dos aspectos mais significativos do seu regime jurídico e o debate dos problemas dogmáticos colocados por esta figura.

**II.** A apreciação geral do poder disciplinar laboral compreende uma reflexão sobre o seu conteúdo e a função que desempenha no contrato de trabalho, que revelam a importância fundamental deste poder na dinâmica laboral. Os aspectos regimentais mais significativos do poder disciplinar referem-se à sua titularidade e exercício e às matérias relativas às infracções disciplinares, às sanções disciplinares e ao procedimento disciplinar. Por fim, as questões dogmáticas suscitadas pelo poder disciplinar são as questões da sua natureza e do seu fundamento, devendo salientar-se a dificuldade destas questões pela circunstância deste poder laboral pôr à prova dois princípios fundamentais da ordem jurídica privada – o princípio da igualdade e o princípio do monopólio da justiça pública.

A análise subsequente tocará os pontos indicados.

---

/ LORITZ, *Arbeitsrecht cit.*, 247 ss. e 552 s., G.-J. KUHLMANN, *Betriebsjustiz*, JZ, 1976, 18, 537-546, SCHAUB, *Arbeitsrecht... cit.*, 511 ss., C. LEGA, *Il potere disciplinare del datore di lavoro cit.*, G. MAZZONI, *Contenuto e limiti del potere disciplinare dell'imprenditore cit.*, 150 ss., C. ASSANTI, *Le sanzione disciplinari nei rapporti di lavoro*, Milano, 1963, L. MONTUSCHI, *Potere disciplinare e rapporto di lavoro*, Milano, 1973, A. LÉGAL / J. BRÈTHE DE LA GRESSAYE, *Le pouvoir disciplinaire dans les institutions privées*, Paris, 1938, P. HÉBRAUD, *Le régime des institutions disciplinaires instituées au sein de l'entreprise*, DS, 1949, 188-190, P.-D. OLLIER, *Refléxions sur le droit de se faire justice à soi-même dans les rapports de travail*, DS, 1967, 9-10, 496-505, NICOLE CATALA, *L'entreprise cit.*, 363 ss., J. SAVATIER, *L'amnistie des sanctions disciplinaires dans les entreprises*, DS, 1981, 9/10, 609-620, *Les formes de l'avertissement disciplinaire et le rôle du juge des référés prud'homal dans le contrôle des sanctions disciplinaires – jurisprudence commentée*, DS, 1984, 3, 184-189, *Le contrôle judiciaire du pouvoir disciplinaire de l'employeur depuis la loi du 4 août 1982*, DS, 1986, 6, 501-505, *Le pouvoir disciplinaire de l'employeur (chronique de jurisprudence)*, DS, 1989, 6, 504-511, e *Droit disciplinaire conventionnel et droit disciplinaire légal*, DS, 1992, 3, 227-233, G. BÉLIER, *Droit disciplinaire et citoyenneté dans l'entreprise dans la réforme des droits des travailleurs*, DS, 1982, 5, 407-416, F. VENNIN, *L'aménagement du pouvoir disciplinaire de l'employeur*, DS, 1983, 7/8, 486-493, J.-L. CROZAFON, *Le contrôle juridictionnel de la sanction disciplinaire dans l'entreprise et dans l'administration*, DS, 1985, 3, 201-206, J.-E. RAY, *Contrôle minimum ou contrôle normal du juge judiciaire en matière disciplinaire?*, DS, 1987, 4, 365-367, e MONTOYA MELGAR, *Derecho del Trabajo cit.*, 367 ss.

## 106. O poder disciplinar: aspectos gerais

### 106.1. O poder disciplinar nas fontes laborais

**I.** O poder disciplinar laboral é tradicionalmente reconhecido pela lei, nos diversos sistemas jurídicos, ou de uma forma directa, mediante a sua atribuição ao empregador, ou de uma forma indirecta, através da descrição da posição jurídica das partes no contrato ou ainda do tratamento da matéria das infracções e das sanções disciplinares.

Assim, por exemplo, em Itália, o art. 2106.° do *Codice civile* determina a sujeição do trabalhador a sanções disciplinares em caso de inobservância dos deveres laborais de diligência, obediência e lealdade, e o *Statuto dei lavoratori* (L. de 20 de Maio de 1970, n. 300) regula o poder disciplinar no contrato de trabalho, no art. 7.°, enunciando princípios como o da publicidade das normas disciplinares, do contraditório e da possibilidade de impugnação judicial da sanção, e estabelecendo regras de prescrição da infracção disciplinar e limites a algumas sanções disciplinares.

No sistema francês, a matéria disciplinar é equacionada a partir dos conceitos de *faute grave du salarié* e de *sanction disciplinaire* (Arts. L. 1234-1 e L. 1331-1 do *Code du travail*), e a *Loi n.° 82.629 du 4 aout 1982, relative aux libertés des travailleurs dans l'entreprise*, refere-se ao conteúdo disciplinar dos regulamentos empresariais, que devem conter o elenco das sanções disciplinares.

Em Espanha, o *Estatuto de los Trabajadores* (refundido pelo *Real Decreto Legislativo n.° 1/1995, de 24 de Marzo)* estabelece um sistema gradativo de sanções disciplinares (art. 58.°), admite o despedimento por motivos disciplinares em caso de incumprimento grave do trabalhador (*despido disciplinario* – art. 54.°) e dispõe sobre o processo disciplinar (art. 55.°)[833].

O poder disciplinar é também, com frequência, reconhecido expressamente noutras fontes laborais, com destaque para os instrumentos de regulamentação colectiva do trabalho e para os regulamentos empresariais.

---

[833] Já na Alemanha, o poder disciplinar não é consagrado na lei, mas está presente na contratação colectiva, o que tem aberto a porta a ensaios de justificação deste poder em moldes diversos dos sustentados noutros ordenamentos jurídicos.

No caso português, muitas convenções colectivas de trabalho dedicam grande atenção à matéria disciplinar, estabelecendo uma regulamentação detalhada sobre os aspectos substantivos e processuais do poder disciplinar. No plano substantivo, as convenções colectivas de trabalho dispõem em matérias como as sanções disciplinares (suprimindo, com frequência, a sanção de multa, criando novas sanções e modelando as sanções previstas na lei), a infracção disciplinar (sendo frequente a apresentação de uma noção de infracção disciplinar) e os princípios gerais na matéria, com destaque para o princípio da proporcionalidade, com o objectivo de diminuir o grau de discricionariedade no exercício do poder disciplinar (assim, é frequente o enunciado de circunstâncias agravantes e atenuantes e de causas de exculpação e de justificação da infracção disciplinar, à maneira penal). No plano processual, as convenções dispõem sobre a marcha processual (alargando os prazos de defesa, admitindo a defesa assistida em termos genéricos, ou, simplesmente, estendendo o formalismo do processo disciplinar para despedimento ao processo disciplinar comum) e procuram reforçar a responsabilidade directa do empregador no processo disciplinar[834].

Em suma, o poder disciplinar laboral parece apresentar um certo cunho de inevitabilidade e o seu tratamento nas fontes laborais evidencia, sobretudo, uma preocupação de delimitação deste poder, no plano do seu exercício.

**II.** No sistema jurídico nacional, o poder disciplinar laboral está pressuposto na noção de contrato de trabalho, na referência à «autoridade» do empregador (art. 1152.° do CC e art. 11.° do CT). Além disso, o poder disciplinar é atribuído directamente pela lei ao empregador em todos os contratos de trabalho, pelo art. 98.° do CT[835].

---

[834] Para mais desenvolvimentos e com amplas remissões para instrumentos de regulamentação colectiva do trabalho nesta matéria, Rosário Palma Ramalho, *Do Fundamento do Poder Disciplinar Laboral cit.*, 69 ss.

[835] Apesar deste carácter omnipresente, alguma doutrina salienta o reduzido interesse do poder disciplinar nos contratos de trabalho sem escopo empresarial – neste sentido, por exemplo, Romano Martinez, *Direito do Trabalho cit.*, 635. Não subscrevemos este entendimento, parecendo-nos antes que, nos contratos de trabalho não empresariais ou em que a organização do empregador tem um carácter rudimentar, o poder disciplinar mantém o mesmo interesse e importância, ainda que alguns aspectos do processo disciplinar sejam simplificados nesse contexto.

Tradicionalmente, a atribuição do poder disciplinar ao empregador e a explanação do seu regime jurídico eram feitas a propósito da delimitação dos direitos e deveres das partes no contrato de trabalho – foi esta a orientação seguida pela LCT, que se referia à matéria nos artigos 26.° e ss.[836] No Código do Trabalho de 2003, esta orientação foi abandonada, limitando-se a lei a reconhecer o poder disciplinar a propósito do regime do incumprimento do contrato de trabalho. O actual Código do Trabalho voltou a tratar esta matéria a propósito da posição jurídica do empregador e a par do poder directivo, embora desenvolva depois os aspectos relativos ao conteúdo sancionatório deste poder em sede de incumprimento do contrato (arts. 328.° ss.)[837], e regule ainda separadamente o procedimento disciplinar para despedimento (arts. 352.° ss.).

**III.** A opção do actual Código de apresentar o poder disciplinar a propósito da posição jurídica do empregador é, quanto a nós, a mais adequada, dada a importância e o conteúdo amplo do poder disciplinar. Para melhor alicerçarmos este entendimento, justifica-se um comentário adicional sobre o tratamento da matéria no Código anterior.

Com efeito, a perspectiva do Código anterior relativamente ao poder disciplinar, evidenciada, designadamente, na sua remissão para o capítulo relativo ao incumprimento do contrato de trabalho, era inadequada – como tivemos ocasião de salientar[838] – porque tinha subjacente uma intenção de desqualificação ou secundarização deste poder, confinado, por esta via, à dimensão patológica do vínculo laboral e visto, nessa medida, como um poder residual e eventual do empregador. De outra parte, esta opção de tratamento do poder disciplinar patenteava a concepção predominantemente «civilista» ou obrigacional do contrato de trabalho acolhida por aquele Código, que tendia a sobrevalorizar os aspectos patrimoniais do vínculo sobre a sua componente de pessoalidade e organizacional, e a valorizar a igualdade formal dos contraentes sobre o elemento dominial

---

[836] O reconhecimento do poder disciplinar no plano legal remonta à LCT de 1966, de onde transitou para a LCT de 1969.

[837] Nesta secção do Código são tratadas as matérias relativas ao exercício do poder disciplinar, às sanções disciplinares e ao procedimento disciplinar comum.

[838] Para mais desenvolvimentos sobre esta crítica, Rosário Palma Ramalho, *O poder disciplinar laboral no Código do Trabalho – Notas breves cit.,* 1133 ss.

do vínculo[839-840]. Ora, o poder disciplinar é o instituto laboral que melhor evidencia as componentes dominial e de pessoalidade do contrato de trabalho, enquanto poder unilateral do empregador, com uma essência punitiva, que atinge globalmente o trabalhador na sua personalidade (e não apenas no seu património), sendo justamente estas características que dificultam a recondução do contrato de trabalho aos parâmetros axiológicos dos contratos obrigacionais, nos termos oportunamente assinalados[841].

A perspectiva do Código do Trabalho de 2003 sobre o poder diciplinar pecava, em primeiro lugar, pelo seu artificialismo, que se evidenciava em dois aspectos: por um lado, esta concepção era artificial porque redutora do conteúdo deste poder e incompatível com a sua importância; por outro lado, esta solução coadunava-se mal com a função que este poder desempenha na distinção do contrato de trabalho laboral relativamente a figuras próximas, em casos de dúvida sobre a qualificação do negócio. Assim, a redução do poder disciplinar a um poder «patológico» do empregador não correspondia à realidade, porque o poder disciplinar é, na verdade, um poder essencial e omnipresente no contrato de trabalho, desde o momento da sua celebração e até à sua cessação, e tem não só uma componente sancionatória como uma componente prescritiva, que se manifesta ao longo do desenvolvimento normal do contrato e não pressupõe qualquer incumprimento do mesmo. Por outro lado, a secundarização do poder disciplinar na lei compatibilizava-se mal com o facto de ele ser a componente essencial da posição de domínio do empregador no contrato de trabalho, uma vez que, desacompanhado do poder disciplinar, o poder directivo é comum a outros contratos envolvendo a prestação de um trabalho.

De outra parte, a recondução do poder disciplinar laboral a um poder eventual e residual do empregador, que apenas actuaria numa fase patoló-

---

[839] Sobre estes elementos do contrato de trabalho, *Direito do Trabalho I,* § 12.°, ponto 43.4. e 43.5., bem como Rosário Palma Ramalho, *Da Autonomia Dogmática... cit., maxime*, 716 ss. e 751 e ss., e ainda *Relação de trabalho e relação de emprego – contributos para a construção dogmática do contrato de trabalho, in Estudos de Direito do Trabalho cit.*, I, 125-155.

[840] Sobre esta perspectiva civilista do contrato de trabalho adoptada pelo Código, *Direito do Trabalho I*, § 2.°, ponto 5.2.2.VII., e, para mais desenvolvimentos, Rosário Palma Ramalho, *O Novo Código do Trabalho. Reflexões sobre a Proposta de Lei relativa ao Código do Trabalho, in Estudos de Direito do trabalho cit.*, I, 15 ss.

[841] *Direito do Trabalho I*, § 12.°, ponto 43.5.

gica do vínculo de trabalho, obscurece a função deste poder como critério delimitador do contrato de trabalho em relação a figuras afins, nos casos em que os outros critérios de determinação da subordinação jurídica não sejam operativos – são os casos, oportunamente indicados, de enfraquecimento do poder directivo, de atribuição do poder directivo a entidade diversa do empregador, e de suspensão do poder directivo[842].

Já a recolocação sistemática desta matéria no actual Código do Trabalho se coaduna melhor com a importância decisiva deste poder na posição de domínio do empregador no contrato de trabalho, ao mesmo tempo que viabiliza o reconhecimento das suas duas valências: a valência ordenatória ou prescritiva e a valência sancionatória. Com esta solução, o sistema normativo é, pois, mais adequado à realidade, ganhando assim em consistência dogmática.

Ainda assim, deve assinalar-se um outro aspecto na sistematização da matéria do poder disciplinar no actual Código do Trabalho que, provindo ainda do Código anterior mas não tendo sofrido alterações, continua a merecer um juízo menos positivo: é aspecto da relação do poder disciplinar (na sua vertente sancionatória) com o princípio geral que o Código do Trabalho consagra em matéria de incumprimento do contrato de trabalho, que resulta, a nosso ver, numa construção dogmaticamente incongruente de toda a matéria do incumprimento do contrato de trabalho. Esta incongruência evidencia-se tanto ao nível do âmbito do incumprimento do contrato de trabalho, como ao nível das consequências típicas desse incumprimento.

Assim, quanto ao âmbito do incumprimento, suscitava-se já no âmbito do CT de 2003 e suscita-se ainda no âmbito do actual Código do Trabalho uma dúvida da compatibilização entre o poder disciplinar e o princípio geral em matéria de incumprimento do contrato, actualmente formulado no art. 323.° n.° 1, que é um princípio de responsabilidade civil pelo incumprimento culposo de qualquer das partes. É que esta norma aponta, sobretudo, para o incumprimento dos deveres negociais das partes, com destaque para os deveres principais (de cujo incumprimento se ocupam, aliás, o artigo seguinte e as secções II e IV do mesmo capítulo), não resultando com clareza da lei que também constitui «incumprimento» a violação cul-

[842] Para mais desenvolvimentos sobre esta função do poder disciplinar laboral, ainda o nosso *Do Fundamento... cit.,* 265 ss., e, nesta obra, *supra,* § 17.°, ponto 57.5.

posa de qualquer dever acessório legal, organizacional, convencional colectivo, ou decorrente de conceitos indeterminados, mesmo nos casos em que as prestações principais das partes sejam escrupulosamente executadas – situação que é, aliás, muito frequente na prática. Por outras palavras, *a complexidade da posição debitória do empregador e do trabalhador no contrato de trabalho e a amplitude das situações de incumprimento que aí podem surgir não são suficientemente enfatizadas pela lei.*

De outra parte, a opção do Código de consagrar expressamente um princípio de responsabilidade civil no contrato de trabalho (quando é certo que tal princípio já resulta do Código Civil) e, sobretudo, o tratamento desse princípio em sede de «Efeitos gerais do incumprimento» (conforme consta expressamente da epígrafe do art. 323.° do CT), revela-se dogmaticamente incongruente porque secundariza justamente aquela que é a consequência típica do incumprimento dos contrato de trabalho. É que a consequência típica da violação dos deveres laborais não é a responsabilização civil do infractor (esta só é actuada em casos raros ou após a cessação do vínculo) mas sim o recurso aos dois meios específicos de tutela que, em desenvolvimento do princípio laboral fundamental da auto-tutela[843], a lei põe à disposição do empregador e do trabalhador: o poder disciplinar, meio normal de reacção do empregador à violação de qualquer dever laboral pelo trabalhador, e o direito de greve, meio típico de reacção dos trabalhadores à violação dos deveres do empregador. Em suma, a formulação da lei não dá a devida ênfase ao facto de não ser a responsabilidade civil mas sim a responsabilidade disciplinar e a greve que constituem os pontos mais salientes do regime jurídico do incumprimento do contrato de trabalho, respectivamente quanto ao trabalhador e quanto ao empregador.

**IV.** O exposto permite alicerçar a *conclusão no sentido da importância fundamental do poder disciplinar laboral, tanto no contexto do incumprimento, como, genericamente, para a delimitação da posição jurídica do empregador no contrato de trabalho.*

Porque se baseia em argumentos estruturais e funcionais, esta conclusão não é, naturalmente, posta em causa pela localização sistemática da matéria do poder disciplinar no Código do Trabalho.

---

[843] Rosário Palma Ramalho, *Da Autonomia Dogmática... cit.*, 991, e ainda *Direito do Trabalho I*, § 16.°, ponto 56.

### 106.2. **Conteúdo e características do poder disciplinar laboral**

**I.** Como já foi referido e justificado oportunamente[844], o poder disciplinar laboral tem um sentido amplo e um sentido restrito, aos quais inere um duplo conteúdo:

i) *Conteúdo prescritivo ou ordenador*: *nesta faceta, o poder disciplinar permite ao empregador emitir regras de comportamento ou de disciplina no seio da sua organização, que extravasam o âmbito da prestação de trabalho* e, por essa, razão, não integram o poder directivo – assim, entre outras as regras de apresentação do trabalhador ou de comportamento no seio da organização laboral, a disciplina de acesso e circulação nas instalações da empresa ou as regras de utilização de equipamentos para fins não relacionados com a actividade laboral. Como se observou em devido tempo[845], nesta parcela do seu conteúdo, o poder disciplinar pode ser actuado em moldes específicos ou em termos genéricos, uma vez que as regras de disciplina podem integrar o regulamento empresarial.

ii) *Conteúdo sancionatório ou punitivo*: *nesta faceta, o poder disciplinar permite ao empregador aplicar sanções disciplinares ao trabalhador em razão do incumprimento de algum dos deveres, principais ou acessórios, de origem negocial ou legal, ou resultantes de instrumento de regulamentação colectiva do trabalho ou de regulamento empresarial, que compõem a sua posição debitória complexa no contrato de trabalho*. Nesta sua faceta, o poder disciplinar é, pois, o garante da eficácia das ordens e instruções emitidas pelo empregador ao abrigo do poder directivo e do poder disciplinar prescritivo. Por outro lado, como já se indicou[846], o pressuposto da actuação do poder disciplinar nesta faceta punitiva é a fiscalização da actuação do trabalhador, que se processa através do poder de vigilância ou controlo.

---

[844] *Direito do Trabalho I*, § 12.°, ponto 43.4.2.IV.

[845] *Supra*, § 28.°, ponto 103.3.

[846] *Supra*, § 28.°, ponto 103.2.

No sentido amplo, o poder disciplinar inclui os dois conteúdos referidos[847]; no sentido estrito, reconduz-se ao conteúdo sancionatório.

Como já se referiu, a generalidade da doutrina tende a valorizar apenas o conteúdo estrito ou sancionatório do poder disciplinar, que trata como manifestação do poder directivo ou como um poder laboral autónomo, mas, ainda assim, acessório do poder directivo, no sentido em que constitui a garantia da eficácia deste último poder, intervindo numa fase patológica do desenvolvimento do vínculo laboral.

A nosso ver, o reconhecimento de uma faceta prescritiva no conteúdo do poder disciplinar é uma exigência que encontra apoio num argumento literal, num argumento de comparação e num argumento de inteligibilidade dos poderes laborais no seu conjunto. De uma parte, a lei laboral refere, por diversas vezes, o termo disciplina em sentido positivo (assim, a disciplina na empresa, as regras de disciplina, etc...), o que permite reconhecer um conteúdo positivo ao poder disciplinar. De outra parte, os fenómenos disciplinares no âmbito de outras situações jurídicas privadas, tanto no domínio contratual (como a disciplina das associações privadas) como no domínio extra-contratual (como, por exemplo, a disciplina no âmbito do poder paternal) têm uma parcela do seu conteúdo delimitada em termos positivos – é, assim, natural reconhecer idêntico conteúdo ao poder disciplinar laboral. Por fim, o entendimento do poder directivo como um poder de adequação da prestação de trabalho deixa sem enquadramento os deveres do trabalhador que não se reportem a essa prestação e sim às regras de disciplina, de que o poder disciplinar prescritivo constitui o enquadramento natural.

**II.** Assente a utilidade da distinção das duas componentes do poder disciplinar laboral, no sentido preconizado, deve, evidentemente, reconhecer-se que a parcela do conteúdo deste poder, que reveste uma maior singularidade e que melhor evidencia a essência dominial da posição jurídica do empregador no contrato de trabalho, é a parcela punitiva, uma vez que um poder com esta configuração não tem paralelo noutros negócios de direito privado. A essência dominial deste poder justifica a sua adjectivação como *poder laboral*, no sentido que, oportunamente, se atribuiu ao termo[848].

---

[847] Reconhecendo este duplo conteúdo ao poder disciplinar laboral, Ac. STJ de 3/06/2009 (N.° 08S3085), www.dgsi.pt

[848] *Direito do Trabalho I*, § 1.°, ponto 1.7.

Por outro lado, subjacente ao reconhecimento destas duas facetas do poder disciplinar laboral está a recusa da redução deste poder a uma manifestação ou mesmo a um poder acessório do poder directivo, em favor do seu reconhecimento como um poder laboral autónomo do empregador, a par do poder de direcção. Por maioria de razão, o reconhecimento de uma parcela ordenadora ou prescritiva ao poder disciplinar opõe-se à sua recondução a um poder meramente eventual do empregador, que apenas actua numa fase patológica do contrato, uma vez que, com este conteúdo amplo, o poder disciplinar é omnipresente no contrato de trabalho.

É com esta configuração – que corresponde à realidade do vínculo laboral – que o poder disciplinar deve ser compreendido e justificado pela Ordem Jurídica.

**III.** A configuração geral do poder disciplinar laboral no nosso sistema jurídico permite reconhecer-lhe as seguintes *características essenciais*[849]:

i) Apesar da sua designação formal pela lei, o poder disciplinar laboral é um *direito subjectivo em sentido próprio e não um poder*, na medida em que se consubstancia numa situação jurídica de vantagem de âmbito compreensivo e não analítico (porque envolve diversos poderes menores, como o poder de emitir regras de disciplina, o poder de vigilância ou controlo do trabalhador, o poder de instaurar o processo disciplinar e o poder de aplicar as sanções disciplinares). Enquanto direito subjectivo, o poder disciplinar integra a categoria de *direito potestativo*, porque da sua actuação resulta uma alteração na esfera jurídica de outra pessoa (no caso, o trabalhador), que fica constituída num estado de sujeição[850].

ii) O poder disciplinar laboral corresponde a um *direito privado*, porque é atribuído a um ente jurídico privado ou que se comporta como tal (o empregador) e surge no âmbito de uma situação jurídica privada (o contrato de trabalho).

---

849 Especificamente sobre este ponto, ROSÁRIO PALMA RAMALHO, *Os limites do poder disciplinar laboral, in Estudos de Direito do Trabalho cit.*, I, 179 ss.

850 Em geral e por todos sobre os conceitos de poder e de direito subjectivo e sobre a distinção entre direito subjectivo em sentido estrito e direito potestativo, MENEZES CORDEIRO, *Tratado de Direito Civil, I (tomo I) cit.*, 311 ss. e 335 ss.

iii) Enquanto direito subjectivo, *o poder disciplinar corresponde a um direito funcional*, na medida em que se justifica pelos interesses de gestão do empregador enquanto tal. É, contudo, um *direito de exercício livre e não vinculado e ao qual inere uma componente de discricionariedade*, no sentido em que é pelos seus critérios de conveniência pessoal e de gestão que o empregador emite as regras de disciplina no âmbito da sua organização; por outro lado, perante uma infracção disciplinar, o empregador não é obrigado a sancionar o trabalhador nem tem que sancionar de modo rigorosamente igual todos os trabalhadores pela prática da mesma infracção[851].

iv) O poder disciplinar tem uma *essência ordenadora e punitiva*, respectivamente na sua faceta prescritiva e na sua faceta sancionatória. O carácter punitivo da faceta sancionatória deste poder decorre do facto de as sanções disciplinares serem sanções aflitivas e não ressarcitórias, uma vez que incidem globalmente sobre a pessoa do trabalhador e não têm como escopo a reparação dos danos causados ao empregador.

v) O poder disciplinar é um *direito de conteúdo egoísta*, na medida em que prossegue os interesses próprios do seu titular (no caso, os interesses do empregador na recolocação célere do trabalhador em situação de cumprimento e em manter a sua posição de domínio no contrato). O carácter egoísta do poder disciplinar laboral permite distingui-lo de outras manifestações disciplinares privadas, como o poder paternal ou o poder disciplinar das associações privadas sobre os seus membros, em que estão em causa, respectivamente, o interesse do destinatário do poder e o interesse geral da associação.

vi) Na sua faceta punitiva, o poder disciplinar tem *conteúdo dominial e unilateral*, na medida em que permite a aplicação de sanções aflitivas ao trabalhador sem necessidade de intermediação

---

[851] No âmbito da LCT, discutia-se se, pelo menos num caso, o poder disciplinar não revestia a natureza de um poder-dever: era o caso, previsto no art. 40.° n.° 2 da LCT, em que se atribuía ao empregador o *dever* de aplicar sanções ao trabalhador que tivesse um comportamento de desmoralização dos colegas de trabalho, em especial das mulheres e das crianças. A norma, de inspiração corporativista e de pendor tutelar, foi eliminada do Código do Trabalho, o que se aplaude.

judicial e não tem paralelo numa situação jurídica correspondente na titularidade do trabalhador.

Estas características do poder disciplinar devem ser tidas em conta na apreciação do modo de exercício deste poder, uma vez que fornecem critérios seguros para conter esse exercício dentro de parâmetros adequados, como se verá de imediato.

## 107. Titularidade e exercício do poder disciplinar laboral

**I.** O art. 98.° do CT atribui a *titularidade do poder disciplinar* ao empregador, o que decorre do facto deste poder constituir um elemento essencial do contrato de trabalho e uma componente imprescindível da posição do empregador nesse contrato, nos termos expostos.

A interpretação deste preceito deve, contudo, ser feita com cautela, já que ele se presta a alguma confusão. Assim, de uma parte, a norma esclarece que o poder disciplinar apenas se mantém «enquanto vigorar o contrato de trabalho»; ora, esta precisão, que provém do Código do Trabalho de 2003 (art. 365.° n.° 1) e que não constava da norma correspondente da LCT (art. 26.° n.° 1), afigura-se despicienda porque os poderes laborais caem necessariamente com a cessação do contrato de trabalho[852]. Por outro lado, a norma mantém a referência da titularidade do poder disciplinar em relação ao trabalhador «ao [...] serviço» do empregador; ora, esta referência não é suficientemente abrangente, porque, na prática, o empregador continua a deter e a poder exercer o poder disciplinar sobre os seus trabalhadores que estejam ao serviço de uma outra entidade, por exemplo no quadro do trabalho temporário ou no âmbito de uma cedência ocasional, bem como sobre os trabalhadores cujo contrato esteja suspenso, dada a omnipresença deste poder[853].

[852] Sobre esta questão, Ac. RP de 1/06/1998, CJ, 1998, III, 251.

[853] Assim, se o trabalhador tiver o seu contrato suspenso, por impedimento prolongado ou, por exemplo, porque aderiu a uma greve, pode, ainda assim, incorrer na violação de deveres acessórios não integrantes da actividade laboral, como o dever de lealdade ou o dever de respeito. Nestas situações, o poder disciplinar pode ser accionado, apesar de o trabalhador não se encontrar, em concreto, ao serviço do empregador.

A norma que atribui a titularidade do poder disciplinar ao empregador é de valia geral, mas revela-se de especial significado para dois efeitos.

Por um lado, esta norma confirma que a posição jurídica de empregador é de reconhecer à entidade que detenha o poder disciplinar e não àquela que detenha o poder directivo, nas situações de desdobramento dos poderes laborais (como sucede nos casos do trabalho temporário e do trabalho portuário e ainda no caso da cedência ocasional de trabalhadores). Nestes casos, como já se observou, a titularidade do poder disciplinar é o elemento decisivo para a determinação do empregador.

Por outro lado, esta norma confirma que a responsabilidade última em matéria disciplinar cabe ao empregador, o que pode ser importante nos casos em que o poder disciplinar não seja actuado pelo empregador directamente, mas sim por outros trabalhadores, no âmbito de uma delegação de poderes do empregador.

**II.** Da questão da titularidade deve distinguir-se o problema do *exercício do poder disciplinar laboral*. Sobre esta matéria, dispõe o art. 329.° n.° 4 do CT, determinando que o poder disciplinar pode ser exercido directamente pelo empregador titular, mas também pode ser exercido pelos superiores hierárquicos do trabalhador, por delegação de poderes e nos parâmetros em que tal delegação seja estabelecida[854].

Também esta norma teria justificado alguma actualização, na medida em que, na prática, o exercício do poder disciplinar pode ser confiado a trabalhadores com competência específica para o efeito, mas que podem não ser formalmente superiores hierárquicos do trabalhador, ou mesmo a instrutores disciplinares que sejam terceiros em relação à empresa[855].

Por outro lado, não é mesmo de excluir a possibilidade de delegação do exercício do poder disciplinar (ainda que de uma forma limitada) por um ente terceiro, em situações especiais em que o trabalhador desenvolve a sua actividade para outrem que não o empregador (assim, no caso da

[854] Muitos instrumentos de regulamentação colectiva do trabalho dispõem sobre esta matéria, exigindo que a delegação do poder disciplinar revista forma escrita e insistindo na responsabilidade última do empregador quanto à actuação disciplinar, em especial nos casos em que o poder disciplinar seja exercido por delegação. Na jurisprudência, sobre a delegação do poder disciplinar, *vd*, por exemplo, o Ac. RLx. de 20/11/1996, CJ, 1996, V, 174.

[855] Nestes casos, a decisão disciplinar final cabe ao empregador ou ao superior hierárquico do trabalhador, com competência disciplinar.

cedência ocasional de trabalhadores), o que passa pela aplicação analógica da regra do art. 329.° n.° 4. Nestes casos, deve, contudo, ficar claro que se trata de uma delegação do exercício do poder disciplinar e não de uma alteração da sua titularidade (esta cabe sempre ao empregador), e que tal delegação só pode envolver a sujeição do trabalhador às regras de disciplina da entidade em cuja organização está integrado (i.e., o conteúdo prescritivo do poder disciplinar) e a sua sujeição a sanções conservatórias do vínculo, mas nunca à sanção máxima do despedimento disciplinar, que só poderá ser proferida pelo empregador, dado o seu carácter expulsivo.

Tendo em conta o carácter gravoso do poder disciplinar laboral, designadamente na sua faceta punitiva, é importante estabelecer os *limites adequados ao seu exercício*. Estes limites retiram-se das próprias características deste poder, acima enunciadas[856]. Assim:

i) *Da qualificação do poder disciplinar como um direito subjectivo, na modalidade de direito potestativo, retira-se a ideia de alguma elasticidade e discricionariedade no exercício deste poder, mas também a sua sujeição aos limites gerais da boa fé e do abuso do direito*. A discricionariedade do poder disciplinar permite, por exemplo, que, perante uma infracção disciplinar idêntica, cometida por dois trabalhadores, o empregador decida, com bases em juízos de oportunidade ou de gestão, aplicar uma sanção disciplinar apenas a um dos trabalhadores ou aplicar duas sanções disciplinares de valor diferente a cada um deles, ou, mesmo, não sancionar nenhum deles – neste sentido, depõe, aliás, o art. 328.° n.° 1 do CT, referindo que o empregador «pode» aplicar sanções disciplinares, o que evidencia o carácter não vinculado deste poder.
Mas a sujeição do poder disciplinar aos limites gerais decorrentes da boa fé e do abuso do direito (art. 334.° do CC) gera uma situação de ilicitude quando o poder seja exercido, por exemplo, para prosseguir um fim contrário àquele para que foi concedido (assim, por exemplo, será ilícita a aplicação de uma sanção disciplinar ao trabalhador pelo incumprimento do contrato, quando foi o empregador que provocou esse incumprimento, dando-lhe uma ordem ilegal). Por outro lado, a sujeição do poder discipli-

[856] *Supra*, ponto 106.2.III.

nar aos limites gerais da boa fé impede que a discricionariedade do poder se transforme em arbitrariedade, não sendo admissível um tratamento disciplinar diferenciado dos trabalhadores não justificado por interesses de gestão ou outros interesses atendíveis do empregador, ou baseado em motivos persecutórios.

ii) Por seu turno, *da recondução do poder disciplinar a um direito funcional, no sentido em que é justificado pelos interesses de gestão do empregador enquanto tal, retira-se, como limite geral do exercício deste poder, a ideia de que a aplicação da sanção disciplinar exige uma violação culposa daqueles interesses por parte do trabalhador – por outras palavras, o exercício do poder disciplinar pressupõe uma infracção disciplinar*, ou, no limite, um comportamento do trabalhador que se repercuta directamente no vínculo laboral em termos de prejudicar gravemente a sua execução para o futuro ou de tornar inexigível a sua continuação para o empregador. Assim, será ilícita a aplicação de uma sanção disciplinar ao trabalhador que recusou cumprir uma ordem do empregador, que é contrária aos seus direitos e garantias, ou uma ordem discriminatória, assim como será ilícita a sanção aplicada ao trabalhador que tenha reclamado legitimamente contra as condições de trabalho (é a matéria das sanções abusivas, que o Código contempla no art. 331.°).

iii) *Do carácter dominial e unilateral do poder disciplinar laboral retira-se a importância de assegurar a defesa do trabalhador na acção disciplinar*. Este objectivo fundamenta a exigência do processo disciplinar, previsto nos arts. 329.° e 353.° ss. do CT (respectivamente para os casos em que esteja em causa a aplicação de uma sanção disciplinar conservatória ou da sanção disciplinar de despedimento imediato com justa causa), justifica as regras gerais do processo disciplinar, com destaque para o princípio do contraditório (arts. 329.° n.° 6 e 355.°, respectivamente para o processo disciplinar comum e para o processo para despedimento) e justifica ainda a nulidade das sanções disciplinares proferidas sem precedência de processo ou com irregularidades processuais graves.

iv) *Do carácter punitivo do poder disciplinar laboral na sua faceta sancionatória* (em resultado da natureza aflitiva das sanções disciplinares) *retira-se também a necessidade de assegurar as garantias do trabalhador no processo disciplinar, com destaque para o princípio da proporcionalidade entre a infracção e a sanção* (art. 330.° n.° 1). Este princípio obriga, designadamente, a ponderar a infracção em termos relativos e à maneira penal, equacionando todas as circunstâncias agravantes e atenuantes do comportamento do trabalhador, o que limita o grau de discricionariedade no exercício do poder e contribui para a sua delimitação em moldes mais objectivos.

v) Por fim, *do carácter privado e egoísta do poder disciplinar* (no sentido em que o poder é conferido a um sujeito privado e actuado na prossecução dos respectivos interesses) *decorre a necessidade de confinar o seu exercício nos limites dos interesses do empregador enquanto tal ou dos interesses da sua organização*, que não devem confundir-se nem com as conveniências pessoais do empregador nem com a vida pessoal ou privada do trabalhador – por outras palavras, a limitação ao exercício do direito pelo critério da adequação funcional (nos termos gerais do art. 334.° do CC) é especialmente importante no caso do poder disciplinar, pelo facto deste poder prosseguir os interesses do próprio titular. Aplicando este critério, não será, por exemplo, admissível ao empregador aplicar uma sanção disciplinar ao trabalhador por factos da sua vida privada, se não lograr estabelecer uma conexão directa e relevante entre tais factos e a esfera contratual. Por outro lado, da natureza privada do poder disciplinar, conjugada com o seu carácter discricionário acima referido, decorre que os poderes públicos não devem substituir-se ao empregador no exercício deste poder, o que tem como consequência a inadmissibilidade da amnistia pública das sanções disciplinares[857]; e

---

[857] A questão colocou-se, no nosso sistema jurídico, por força da previsão da amnistia das infracções disciplinares pela L. n.° 23/91, de 4 de Julho, com referência a empresas públicas e de capitais públicos. Esta possibilidade não deve ser admitida, em razão da própria natureza do poder disciplinar, que não se altera pelo facto de a empresa ser pública ou de capitais públicos, uma vez que o contrato de trabalho no seio dessas empresas continua a corresponder a um negócio jurídico privado. Sobre o ponto, na jurisprudência, Ac. STJ de 12/01/1994, CJ (STJ), 1994, I, 274, Ac. STJ de 17/02/1994, CJ (STJ), 1994, I, 290, Ac. STJ de 27/04/1994, QL, 1994, 1, 60, Ac. STJ de 23/11/1994, CJ (STJ), 1994, III, 293

justifica ainda que, em sede de impugnação contenciosa da sanção aplicada, o tribunal não possa substituir a sanção, que considerou indevidamente aplicada a um trabalhador, por outra sanção que julgue, porventura, mais adequada[858].

## 108. As infracções disciplinares[859]

**I.** Ao contrário do que sucede noutros contextos – designadamente no domínio dos vínculos de emprego público, onde o art. 3.° n.° 1 do Estatuto Disciplinar dos Trabalhadores que exercem Funções Públicas, aprovado pela L. n.° 58/2008, de 9 de Setembro, define a infracção disciplinar[860] – não encontramos no sistema juslaboral nenhuma noção de infracção disciplinar, nem sequer um enunciado legal das infracções disciplinares, ainda que, como se referiu oportunamente, esta omissão seja, por vezes, colmatada pelos instrumentos de regulamentação colectiva do trabalho, que apresentam noções amplas de infracção disciplinar.

**II.** Na falta de um conceito legal, a delimitação das infracções disciplinares pode ser feita a partir da conjugação de dois preceitos legais, sem prejuízo das cláusulas das convenções colectivas de trabalho que dispo-

---

e Ac. STJ de 11/06/1996, CJ (STJ), 1996, II, 270. E, na doutrina, em especial, MENEZES CORDEIRO, *Da «amnistia» laboral perante a Constituição da República*, ROA, 1992, III, 869-892, e J. SAVATIER, *L'amnistie des sanctions disciplinaires... cit.*, 609 ss.

[858] Evidentemente que, sendo o poder disciplinar sindicável, nos termos gerais, o tribunal pode entender que a sanção aplicada foi excessiva – assim, por exemplo, porque não considera que a infracção disciplinar tenha gravidade suficiente para consubstanciar uma situação de justa causa para despedimento. Quando assim suceda, o tribunal pode decretar a nulidade da sanção, mas o carácter privado do poder disciplinar impede-o de se substituir ao empregador na aplicação de outra sanção disciplinar. Sobre a questão, Ac. STJ de 24/04/1996, BMJ 456-276, e, na doutrina, no sentido que subscrevemos, ADELAIDE DOMINGOS, *O poder e o procedimento disciplinar... cit.*, 485. Em geral, sobre o controlo judicial da sanção disciplinar, SOUSA MACEDO, *Poder Disciplinar Patronal cit.*, 162 ss.

[859] Para mais desenvolvimentos sobre este ponto, ROSÁRIO PALMA RAMALHO, *Do Fundamento... cit.*, 209 ss.

[860] Nos termos desta norma, constitui infracção disciplinar «o comportamento do trabalhador, por acção ou omissão, ainda que meramente culposo, que viole deveres gerais ou especiais inerentes à função que exerce». Trata-se, pois, de uma definição de âmbito muito genérico.

nham sobre a matéria: o art. 128.° n.° 1, que enuncia os deveres do trabalhador no contrato de trabalho; e o art. 351.° n.° 2, que enumera as situações constitutivas de justa causa para despedimento.

Assim, do enunciado dos deveres do trabalhador, constante do art. 128.° n.° 1, retira-se que pode constituir infracção disciplinar a violação culposa de qualquer um destes deveres, tanto por acção como por omissão. Por outro lado, o enunciado das situações constitutivas de justa causa para despedimento, no art. 351.° n.° 2, permite identificar diversas infracções disciplinares, que não correspondem, aliás, exactamente aos deveres enumerados no art. 128.° n.° 1, mas se reportam tanto a deveres atinentes à prestação principal como a deveres independentes dessa prestação.

De qualquer modo, embora estes dispositivos permitam identificar um conjunto de infracções disciplinares, o certo é que não são suficientes para operar uma delimitação precisa do conceito de infracção disciplinar, que mais não seja pela natureza exemplificativa de qualquer uma destas enumerações, conforme ressalta da referência do corpo do n.° 1 do art. 128.° a «outras obrigações» do trabalhador e do reconhecimento expresso do carácter exemplificativo das situações de justa causa no corpo do art. 351.° n.° 2. Acresce que ao conjunto dos deveres legais e especificamente laborais do trabalhador se juntam ainda outros deveres, resultantes do contrato de trabalho, de regulamento empresarial, de instrumento de regulamentação colectiva do trabalho, e ainda os deveres gerais decorrentes de conceitos indeterminados, como a boa fé.

Assim, de acordo com a classificação dos deveres do trabalhador oportunamente estabelecida, conclui-se que *pode ser qualificado como infracção disciplinar todo e qualquer comportamento do trabalhador que viole um dos seguintes deveres: o dever principal de prestação da actividade laboral; os deveres acessórios integrantes e autónomos da prestação de trabalho; outros deveres decorrentes do contrato de trabalho, de instrumentos de regulamentação colectiva do trabalho ou de regulamento empresarial; e ainda deveres legais e contratuais gerais, bem como deveres resultantes de conceitos indeterminados*.

Em suma, como sugestivamente observa OLLIER[861], todo e qualquer comportamento culposo do trabalhador pode vir a ser qualificado como uma infracção disciplinar.

---

861 *Le Droit du travail... cit.*, 127.

**III.** O espectro amplo dos comportamentos do trabalhador que podem consubstanciar uma infracção disciplinar, nos moldes apontados, legitima também uma outra conclusão: é que, se nem todos os comportamentos do trabalhador susceptíveis de serem qualificados como infracção disciplinar se reportam à prestação de trabalho, pode haver infracções que não tenham a ver com as determinações do poder directivo. Estão neste grupo as infracções decorrentes da violação de deveres acessórios autónomos da prestação principal e ainda da violação de outros deveres de disciplina e de comportamento no seio da organização, que emanam do poder disciplinar prescritivo.

O âmbito alargado das situações de infracção disciplinar confirma assim a independência entre os poderes directivo e disciplinar do empregador e a utilidade do reconhecimento, no conteúdo do poder disciplinar, de uma faceta prescritiva ou ordenadora.

**IV.** Por fim, embora excepcionalmente, o poder disciplinar pode ser actuado não em razão de uma infracção disciplinar, nos termos expostos, mas como reacção a comportamentos do trabalhador que, embora extravasando o domínio dos seus deveres contratuais (por exemplo, comportamentos da vida pessoal do trabalhador ou comportamentos extra-contratuais que envolvam censura civil ou criminal) têm ou podem ter repercussões na esfera negocial, em termos de comprometer a correcta execução do contrato, ou mesmo tornando inexigível a continuação do vínculo para o empregador[862].

Necessário é, contudo, nestes casos, que o empregador logre estabelecer um nexo directo entre aqueles comportamentos e o contrato, para que eles possam relevar em contexto disciplinar[863]. Em suma, para que seja relevante, o comportamento extra-laboral do trabalhador tem que se repercutir de uma forma grave no vínculo laboral[864].

---

[862] Sobre este ponto, T. Coelho Moreira, *Da Esfera Privada do Empregador... cit.*, 381 ss., com diversos exemplos do relevo disciplinar de condutas pessoais do trabalhador, e, nas obras gerais, Menezes Cordeiro, *Manual de Direito do Trabalho cit.*, 752, e Romano Martinez, *Direito do Trabalho cit.*, 604.

[863] Nesta linha, o Ac. STJ de 11/05/1994, BMJ 437-335, e o Ac. STJ de 7/12/1994, CJ (STJ), 1994, III, 303, consideraram constituir justa causa de despedimento a conduta do comandante de aeronave e do comissário de bordo que, durante o período de repouso em escala de viagem área, se embriagaram, considerando que tal comportamento colocou em risco a vida dos passageiros, na viagem seguinte.

[864] Desenvolveremos este ponto a propósito da matéria do despedimento disciplinar, *infra*, § 35.°, ponto 129.3.

## 109. As sanções disciplinares

Merecedora da maior atenção da lei, a matéria das sanções disciplinares envolve a apreciação das seguintes questões: a delimitação e a tipologia das sanções disciplinares; o enunciado dos princípios norteadores da sua aplicação; a referência aos seus limites; e a apreciação do problema da sua natureza jurídica.

### 109.1. Tipologia das sanções disciplinares[865]

**I.** Tal como sucede em relação à infracção disciplinar, não encontramos nenhuma noção de sanção disciplinar na lei. Contudo, o art. 328.º n.º 1 do CT apresenta-nos uma tipologia das sanções disciplinares que, num crescendo de gravidade, inclui as seguintes sanções:

- repreensão simples (al. a));
- repreensão registada (al. b));
- sanção pecuniária (al.c)), cujo produto reverte para o Instituto de Gestão Financeira da Segurança Social (art. 330.º n.º 3);
- perda de dias de férias (al. d));
- suspensão do trabalho com perda da retribuição e da antiguidade (al. e));
- despedimento sem direito a indemnização ou compensação (al. f)).

O texto do corpo do art. 328.º n.º 1 permite concluir pelo carácter exemplificativo da enumeração legal das sanções disciplinares. Admite-se, pois, a criação de outras sanções em instrumento de regulamentação colectiva do trabalho (art. 328.º n.º 2), desde que não contrariem os direitos e garantias dos trabalhadores, consagrados no art. 129.º.

Na prática, é corrente o estabelecimento de novas sanções disciplinares em instrumento de regulamentação colectiva do trabalho, assim como a delimitação em moldes mais restritos das sanções legais (assim, por exemplo, a diminuição dos limites máximos da sanção pecuniária e da sanção de suspensão do trabalho com perda de retribuição) e mesmo a supressão de algumas sanções (com destaque para a sanção pecuniária, proibida

[865] Especificamente quanto a este ponto, MONTEIRO FERNANDES, *As sanções disciplinares e a sua graduação cit.*, 23 ss.

em muitas convenções colectivas de trabalho). Os limites desta regulamentação são a salvaguarda dos direitos e garantias dos trabalhadores[866].

Já relativamente à possibilidade de estabelecimento de novas sanções disciplinares ou de modelação das existentes, quer no contrato de trabalho quer unilateralmente pelo empregador (designadamente no regulamento empresarial), a lei parece vedar expressamente esta hipótese. Com efeito, a referência da norma aos instrumentos de regulamentação colectiva do trabalho neste contexto permite qualificá-la como uma norma convénio-dispositiva, nos termos do art. 3.° n.° 5 do CT, pelo que só pode ser afastada por instrumento de regulamentação colectiva do trabalho.

A limitação do poder dispositivo do empregador em matéria de definição das sanções disciplinares não é, contudo, suficiente para esbater a sua posição de domínio nesta matéria, uma vez que, na aplicação das sanções previstas na lei ou em instrumento de regulamentação colectiva do trabalho, ele mantém um considerável grau de discricionariedade.

**II.** A tipologia das sanções disciplinares no actual Código do Trabalho corresponde à do Código do Trabalho anterior mas apresenta algumas alterações formais e substanciais em relação ao enunciado das sanções no período anterior à codificação laboral (art. 27.° da LCT).

Em termos formais, destaca-se a nova designação da sanção de multa como «sanção pecuniária». Esta alteração, introduzida pelo CT de 2003, pode induzir em confusão, não só porque a designação de multa é a designação mais tradicional e difundida nos instrumentos de regulamentação colectiva do trabalho, mas também pelo facto de a multa não ser a única

---

[866] A este propósito, tem sido discutida a admissibilidade de sanções disciplinares como a *sanção da transferência do trabalhador para outro local de trabalho e a sanção da suspensão prolongada do contrato de trabalho*. Os dois tipos de sanção parecem ser de recusar: quanto à sanção de transferência disciplinar, porque colide com o direito do trabalhador à inamovibilidade (art. 129.° n.° 1 f) do CT), direito este que só cede perante interesses objectivos de gestão (de acordo com o regime constante do art. 194.° do CT, que apreciámos, *supra*, no § 25.°, ponto 91.2.); a sanção da suspensão do contrato, porque contraria os fundamentos técnicos do instituto da suspensão, que estão indicados nos arts. 294.° ss. do CT – *infra*, § 31.°, ponto 119). Apreciando o caso de uma sanção de suspensão do contrato de trabalho por 180 dias, consagrada em convenção colectiva de trabalho, o Ac. STJ de 1/02/1995, BMJ 444-452, pronunciou-se no sentido da nulidade da mesma. Relativamente à admissibilidade deste tipo de sanções, numa posição favorável, MENEZES CORDEIRO, *Manual de Direito do Trabalho cit.*, 759 ss.

sanção com expressão patrimonial, ainda que seja a única sanção com valor pecuniário directo[867-868].

Em termos substanciais, a lei passou a esclarecer que a sanção da suspensão da prestação do trabalho determina a perda da retribuição e da antiguidade correspondentes[869], mas é, sobretudo, de destacar, a sanção da perda de dias de férias, instituída pelo CT de 2003 e que o actual Código manteve.

**III.** Pelos problemas que coloca, a *sanção da perda de dias de férias* merece uma reflexão adicional.

A nosso ver, a previsão desta sanção não é feliz, não só por razões jurídicas, como pelas dificuldades práticas que a sua aplicação pode suscitar.

Do ponto de vista jurídico, esta sanção sujeita-se à crítica de colidir com a função primordial do direito a férias (reconhecida no art. 59.° n.° 1 d) da CRP), que é a de propiciar aos trabalhadores um tempo de descanso e recuperação em cada ano de trabalho[870]. Ora, ainda que a lei imponha como limites a esta sanção o gozo de 20 dias úteis de férias (art. 328.° n.° 3 b) do CT), o óbice constitucional não é ultrapassado, porque o direito a férias é um direito do trabalhador que também prossegue um interesse público, pelo que não deveria ser admitida a sua limitação por um terceiro, mas apenas (e, ainda assim, só em termos estritos) pelo seu titular[871].

---

[867] Efectivamente, a sanção da suspensão do trabalho tem também uma relevante componente patrimonial, uma vez que envolve a supressão da retribuição correspondente.

[868] Também em termos formais, observa-se, a propósito da sanção do despedimento, o desaparecimento da referência da lei anterior ao carácter imediato deste despedimento. A exigência de que o despedimento disciplinar seja imediato continua, no entanto, a decorrer do conceito geral de justa causa para este efeito, enunciado no art. 351.° n.° 1 do CT, uma vez que só configura justa causa a infracção disciplinar do trabalhador que torne «*imediata* e praticamente impossível» a subsistência do contrato de trabalho.

[869] O art. 27.° da LCT apenas associava expressamente à sanção da suspensão do trabalho a perda da retribuição correspondente e não o desconto do tempo de suspensão na antiguidade do trabalhador; contudo, a mesma conclusão decorria do próprio regime da antiguidade, que se reporta à execução do contrato, nos termos oportunamente indicados (*supra*, § 24.°, ponto 89). O ponto ficou esclarecido com o CT de 2003.

[870] *Supra*, § 26.°, ponto 95.1.II.

[871] Note-se que, ao contrário do que agora sucede entre nós, esta sanção é proibida noutros ordenamentos jurídicos – é o caso espanhol, nos termos do art. 58.° n.° 3 do *Estatuto de los Trabajadores*, que, aliás, também proíbe a sanção de multa.

Por outro lado, em termos práticos, deve apontar-se o perigo de aproveitamento desta sanção pelo empregador para atingir outros objectivos: na verdade, pode surgir a tentação de aplicar esta sanção a um trabalhador não porque ele praticou uma infracção disciplinar, mas porque faz falta à empresa no período das férias.

Por fim, esta sanção suscita diversos problemas técnicos na sua aplicação, para os quais a lei não fornece uma resposta clara. Salientamos os seguintes:

i) O problema de saber se à perda de dias de férias em que se consubstancia esta sanção pode corresponder a perda da parcela correspondente do subsídio de férias. Quanto a nós, esta consequência não é de admitir, não só porque o subsídio de férias é um direito do trabalhador garantido pela lei (art. 264.° n.° 2 do CT), pelo que não pode ser limitado por outra pessoa que não o respectivo titular, mas também, pragmaticamente, porque admitir tal esta consequência aumentaria a probabilidade de utilização abusiva desta sanção por parte dos empregadores[872].

ii) O problema dos limites desta sanção: este problema decorre da duração efectiva das férias anuais do trabalhador, já que, como vimos oportunamente[873], a duração legal mínima do período de férias (fixada pelo art. 238.° n.° 1 do CT em 22 dias úteis) pode ser objecto de majoração, quer em instrumento de regulamentação colectiva do trabalho, quer como prémio pela assiduidade do trabalhador, nos termos do art. 238.° n.° 3. Ora, tendo a sanção da perda de dias de férias como único limite legal a garantia do gozo de 20 dias úteis de férias (art. 328.° n.° 3 b) do CT), ela poderá variar em função da duração efectiva das férias do trabalhador no ano a que se reporta (podendo ir até 5 dias se o trabalhador tiver 25 dias de férias)[874]. Por outro lado, também parece decorrer do limite estabelecido no art. 328.° n.° 3 b) que

---

872 Também recusando a repercussão desta sanção no subsídio de férias, por entender que isso consubstanciaria uma segunda sanção pela mesma infracção, em contravenção directa ao art. 367.° do CT de 2003, ADELAIDE DOMINGOS, *O poder e o procedimento disciplinar... cit.*, 481 s. O argumento mantém validade à face do actual Código.

873 *Supra*, § 26.°, ponto 95.3.

874 Também neste sentido, em interpretação deste preceito legal, ADELAIDE DOMINGOS, *O poder e o procedimento disciplinar... cit.*, 480.

esta sanção não poderá ser aplicada nas situações em que o direito a férias do trabalhador não atinja o período mínimo legal (o que sucede em contratos a termo de curta duração ou no ano de admissão do trabalhador).

iii) Por fim, esta sanção coloca um problema de execução, por força do princípio da celeridade na aplicação das sanções disciplinares, estabelecido pelo art. 330.° n.° 2 do CT, conjugado com as regras do vencimento do direito a férias, estabelecidas no art. 237.° n.$^{os}$ 1 e 2 do Código – uma vez que estas regras podem, em concreto, determinar que o tempo máximo previsto pela lei para a aplicação da sanção (três meses) decorra antes do vencimento do direito a férias, o que tornaria a sanção inexequível. A nosso ver, uma forma de ultrapassar o problema será considerar a sanção como executada com a respectiva decisão, ainda que os respectivos efeitos sejam postergados para o momento do vencimento do direito a férias. Mas, de novo, este é um problema que a lei não resolve.

**IV.** A tipologia legal das sanções disciplinares justifica ainda uma observação quanto à sanção de repreensão oral e uma observação relativa à sanção do despedimento disciplinar.

Quanto à *repreensão oral* (art. 328.° n.° 1 a)), não se teria, porventura, justificado a sua manutenção no elenco das sanções disciplinares, à semelhança do que já acontece noutros sistemas jurídicos[875], até porque as regras do processo disciplinar não se lhe aplicam, pela natureza das coisas.

Já a manutenção do despedimento no elenco das sanções disciplinares (art. 328.° n.° 1 f)) vem confirmar a tradição do nosso sistema juslaboral de reconhecimento da índole sancionatória desta forma de rompimento do vínculo contratual: por outras palavras, *o despedimento com justa causa* – que desde o Código de 2003 é designado pela expressão mais anódina mas um pouco equívoca de «despedimento por facto imputável ao trabalhador» (arts. 340 c) e 351.° do actual CT) – *é um despedimento disciplinar* no sentido em que tem necessariamente na sua base uma infracção disciplinar ou, no limite, um comportamento extra-laboral do

[875] Foi a orientação do sistema jurídico francês (art. L. 1331-1 do *Code du Travail*).

trabalhador que comprometa de forma irremediável a continuação do vínculo laboral.

Por outro lado, a natureza disciplinar do despedimento com justa causa permite dividir as sanções disciplinares em duas grandes categorias, de acordo com o critério dos objectivos que prosseguem e dos efeitos que produzem: as *sanções conservatórias do vínculo laboral*, que vão desde a repreensão oral à suspensão do trabalho com perda de retribuição e da antiguidade, e a que o empregador recorre quando pretende recolocar o trabalhador na situação de cumprimento do contrato; e a *sanção disciplinar expulsiva*, que é o despedimento imediato, a que o empregador lança mão quando a infracção disciplinar do trabalhador revista uma gravidade que não se compadeça com a continuação do vínculo laboral. Desta classificação das sanções disciplinares e dos respectivos efeitos retira-se a justificação para que a aplicação da sanção do despedimento se sujeite a um processo mais estrito e garantístico do que o processo disciplinar comum, a que se recorre para a aplicação das sanções conservatórias.

### 109.2. **Princípios gerais de aplicação das sanções disciplinares**

**I.** À tipologia das sanções disciplinares não corresponde uma regulamentação legal sistemática da matéria, mas a lei estabelece um conjunto de princípios norteadores da aplicação das sanções para além de alguns limites às sanções com expressão pecuniária (a sanção pecuniária e a sanção de suspensão do trabalho).

Os princípios gerais norteadores da aplicação das sanções disciplinares são o princípio da proporcionalidade, o princípio da processualidade, o princípio da celeridade e o princípio da cumulação da responsabilidade disciplinar com outras fontes de responsabilidade do trabalhador.

**II.** O *princípio da proporcionalidade entre a infracção e a sanção disciplinar* é consagrado no art. 330.º n.º 1 do CT. Este princípio impõe ao empregador que proceda a um juízo de adequação entre a infracção cometida e a sanção a aplicar, com base na gravidade da infracção e no grau de culpa do trabalhador.

Em desenvolvimento deste princípio no âmbito do despedimento, o art. 351.º n.º 3 determina que a apreciação da infracção disciplinar tenha em conta, no âmbito da empresa, o grau de lesão dos interesses do empregador, as suas relações com o trabalhador, e entre este e os colegas, e as demais circunstâncias relevantes no caso. Embora esta norma se reporte especificamente à apreciação da infracção disciplinar que consubstancia justa causa para despedimento, ela fornece critérios gerais para a aferição da gravidade do facto e da culpabilidade do trabalhador em qualquer infracção disciplinar[876].

Corolário do princípio da proporcionalidade é a proibição de aplicação de mais do que uma sanção disciplinar pela prática da mesma infracção (art. 330.° n.° 1 *in fine*)[877].

Em desenvolvimento do princípio da proporcionalidade e com o objectivo de diminuir o grau de discricionariedade do empregador na apreciação da infracção disciplinar, muitos instrumentos de regulamentação colectiva do trabalho contêm verdadeiros catálogos de circunstâncias agravantes e atenuantes e de causas de justificação e de exclusão da culpa. Por outro lado, o princípio da proporcionalidade tem justificado o desenvolvimento jurisprudencial da ideia de *coerência disciplinar*, que valoriza a prática disciplinar das empresas, para condenar, por excessiva, uma sanção que extravase consideravelmente a punição dada anteriormente a casos semelhantes ou a punição diferente de dois trabalhadores pela prática da mesma infracção[878].

No entanto, apesar destas tentativas de objectivação do exercício do poder disciplinar, a partir do princípio da proporcionalidade, a verdade é que ao exercício deste poder e, designadamente, à valoração da infracção pelo empregador é inerente uma margem considerável de discricionariedade, ainda que não de arbitrariedade. Acresce que a regra da pro-

---

[876] Desenvolveremos estes critérios de apreciação da infracção disciplinar no âmbito do despedimento com justa causa, *infra,* § 35.°, ponto 129.4.

[877] Mas a jurisprudência tem admitido que, num mesmo processo disciplinar, sejam aplicadas várias sanções correspondentes a infracções diversas do trabalhador – Ac. RC de 26/11/1998, CJ, 1998, V, 66.

[878] Nesta linha, o Ac. RC de 15/04/1999, CJ, 1999, II, 65, considerou violador do princípio da coerência disciplinar, num caso de agressão mútua de dois trabalhadores, que a empresa apenas tivesse punido um deles. Já a aplicação de penas disciplinares diversas para infracções idênticas, quando se concluir por um grau de culpa diferente, tem sido amplamente admitida pela jurisprudência – por exemplo, Ac. STJ de 21/05/1997, CJ (STJ), 1997, II, 288, Ac. RP de 6/05/1996, CJ, 1996, III, 246, Ac. RC de 26/11/1998, CJ, 1998, V, 166, e Ac. RP de 10/04/2000, CJ, 2000, II, 258.

porcionalidade varia de organização para organização e, dentro de cada empresa, de trabalhador para trabalhador – assim, determinado comportamento pode não ser objecto de censura numa empresa e ser considerado grave noutra empresa, assim como a quebra do mesmo dever pode assumir menos gravidade num trabalhador do que noutro trabalhador, por exemplo, porque este último é um trabalhador mais experiente ou da confiança do empregador.

**III.** O *princípio da processualidade* determina que a aplicação de qualquer sanção disciplinar seja necessariamente precedida de um processo (que a lei designa como «procedimento»), tendente a apurar a gravidade da infracção e o grau de culpa do trabalhador e a determinar a sanção disciplinar adequada. Neste processo deve ser assegurado o direito de defesa do trabalhador, nos termos do art. 329.º n.º 6.

A lei prevê duas modalidades de processo disciplinar: um processo disciplinar comum (art. 329.º), para a aplicação das sanções conservatórias; e um processo disciplinar especial (arts. 353.º ss.), quando esteja em causa a aplicação da sanção de despedimento por facto imputável ao trabalhador.

Tendo em conta a gravidade da sanção de despedimento, o processo respectivo obedece a regras mais estritas. Contudo, com alguma frequência, os instrumentos de regulamentação colectiva do trabalho determinam a aplicação das regras do processo especial para despedimento também quando esteja em causa a aplicação sanções disciplinares conservatórias. Por outro lado, o novo Código do Trabalho aligeirou significativamente os trâmites do processo para despedimento ao tornar a fase instrutória facultativa, como regra geral (art. 356.º).

**IV.** Um outro princípio geral, que o regime legal das sanções disciplinares permite identificar, é o *princípio da celeridade* na actuação disciplinar.

Justificado pelo interesse em recolocar rapidamente o trabalhador na situação de cumprimento e o contrato de trabalho em execução normal, no caso das sanções conservatórias, e justificado pelo interesse em fazer cessar rapidamente o vínculo laboral, nos casos de justa causa para despedimento (sob pena de o requisito da impossibilidade imediata de continuação do vínculo, imposto pelo art. 351.º n.º 1 *in fine* para configurar a justa causa, não se verificar), o princípio da celeridade tem as seguintes projecções substantivas e processuais:

i) O *prazo geral de prescrição da infracção disciplinar* é de um ano sobre a sua prática (independentemente do conhecimento da mesma pelo empregador[879]), excepto se a infracção também constituir crime, caso em que vigora o prazo de prescrição penal (art. 329.° n.° 1). Esta última regra foi instituída pelo CT de 2003, correspondendo a uma tomada de posição sobre uma questão longamente debatida pela doutrina[880].

ii) O *prazo para a instauração do processo disciplinar* é de 60 dias sobre o conhecimento da infracção pelo empregador (art. 329.° n.° 2). Este prazo é de qualificar, na ausência de referência expressa da lei noutro sentido, como um prazo de caducidade, nos termos gerais do art. 298.° n.° 2 do CC[881-882], embora se trate de uma caducidade atípica, uma vez que a lei contempla a possibilidade de interrupção do prazo em algumas situações (arts. 352.° e 353.° n.° 3). No caso de a infracção corresponder a uma violação continuada dos deveres laborais, este prazo (aliás como o anterior) começa a contar-se a partir do momento em que cessa o comportamento[883]. Instaurado o

---

879 Neste sentido, Ac. RP de 9/12/1997, CJ, 1997, V, 249, e ainda Ac. STJ de 27/10/2004, CJ (STJ), 2004, III, 268.

880 Por todos, sobre esta discussão, BERNARDO XAVIER, *Prescrição da infracção disciplinar*, RDES, 1990, 225-267.

881 É a qualificação que tem sido sustentada pela maioria da doutrina e da jurisprudência. Por todos, quanto a este ponto, ADELAIDE DOMINGOS, *O poder e o procedimento disciplinar... cit.*, 487, e o Ac. de Uniformização de Jurisprudência do STJ n.° 4/2003, de 21 de Maio, DR, I S-A, de 10/07/2003.

882 Da conjugação dos dois prazos decorre, na prática, que o empregador pode ter menos tempo para instaurar o processo disciplinar: se, por exemplo, a infracção tiver sido praticada no dia 1 de Janeiro, mas o empregador a vier a conhecer apenas a 1 de Dezembro do mesmo ano, apenas disporá de um mês para instaurar o processo disciplinar.

883 Sobre este ponto, Ac. STJ de 25/09/1996, CJ (STJ), 1996, III, 228, Ac. STJ de 14/05/1997, CJ (STJ), 1997, II, 280, e Ac. RLx. de 29/06/2005, CJ, 2005, III, 153, este último salientando que o conhecimento dos factos relevante para efeitos do início da contagem do prazo de caducidade do procedimento disciplinar não é um conhecimento naturalístico, mas um conhecimento que comporte uma carga valorativa da ilicitude disciplinar. Ainda neste sentido se manifestou o Ac. STJ de 8/06/2006, CJ (STJ), 2006, II, 275.

processo disciplinar, interrompe-se o prazo de prescrição da infracção[884].

iii) O *prazo para a conclusão do processo disciplinar* é de um ano sobre a respectiva instauração, se nesse prazo o trabalhador não tiver sido notificado da decisão final do processo (art. 329.° n.° 3). Esta norma constitui uma novidade do actual Código do Trabalho, que tem por objectivo evitar o prolongamento excessivo do processo disciplinar instaurado. Era um ponto lacunoso no regime anterior, embora esta solução já fosse defensável com recurso à regra da prescrição da infracção disciplinar.

iv) O *prazo para a aplicação da sanção disciplinar* é de três meses sobre a decisão da mesma, nos termos do art. 330.° n.° 2[885].

**V.** O último princípio orientador da matéria das sanções disciplinares é o *princípio da cumulação da responsabilidade disciplinar com outras fontes de responsabilidade do trabalhador.*

No âmbito do sistema anterior à codificação laboral, o art. 27.° n.° 4 da LCT estabelecia a regra da cumulação da responsabilidade disciplinar com a responsabilidade criminal e civil, no contrato de trabalho, o que assegurava a independência dos respectivos pressupostos. Esta norma não foi transposta para o Código do Trabalho de 2003, nem consta do actual Código. Contudo, entende-se que o princípio de cumulação e de independência entre a responsabilidade disciplinar e a responsabilidade civil continua a decorrer, embora não de uma forma tão clara, da regra geral da responsabilidade civil das partes pelos danos que causem à outra parte, formulada no art. 323.° do CT e que já apreciámos, devendo os pressupostos de cada uma destas fontes de responsabilidade ser apurados de acordo com as respectivas regras (designadamente, a responsabilidade disciplinar não pressupõe o dano a que alude o art. 323.° n.° 1). Já no que tange à responsabilidade criminal, a mesma re-

---

[884] Ac. STJ de 25/02/1993, CJ (STJ), 1993, I, 260, e Ac. STJ de 27/10/2004, CJ (STJ), 2004, III, 268, este último considerando, no entanto, que o processo disciplinar tem que ser diligente e célere, sob pena de não se poder considerar interrompido o prazo de prescrição da infracção.

[885] No âmbito do anterior Código, este prazo era fixado em dias, correspondendo a 90 dias (art. 373.°)

gra de cumulação e independência decorre dos princípios gerais em matéria penal[886].

### 109.3. **Limites das sanções disciplinares**

**I.** Para além dos princípios orientadores da aplicação das sanções disciplinares, a lei estabelece alguns limites a essas sanções: o limite geral do respeito pelos direitos, liberdades e garantias do trabalhador; limites máximos de duração ou de valor para algumas sanções; e uma limitação geral para a sanção do despedimento disciplinar.

**II.** *A aplicação das sanções disciplinares está limitada genericamente pela necessidade de respeito pelos direitos e garantias dos trabalhadores.* Este limite geral impõe-se não apenas à criação de novas sanções e à modelação das sanções existentes pelos instrumentos de regulamentação colectiva do trabalho, nos termos do art. 328.° n.° 2 do CT, mas veda também o sancionamento do trabalhador por comportamentos que não consubstanciem uma infracção.

Expressão deste limite geral é a qualificação como abusivas das sanções que sejam aplicadas ao trabalhador em razão de ter reclamado legitimamente contra as condições de trabalho, por se recusar a cumprir ordens ilegítimas, por exercer ou se candidatar a funções e organismos de representação dos outros trabalhadores ou, genericamente, por invocar, exercer ou ter exercido os seus direitos e garantias (art. 331.° n.° 1 do CT). A lei qualifica ainda como abusivas as sanções aplicadas nos seis meses subsequentes a qualquer destas ocorrências (art. 331.° n.° 2 a))[887].

Por outro lado, a lei reforça a protecção de certas categorias de trabalhadores, pela sua maior vulnerabilidade em matéria disciplinar: neste sentido, o despedimento por facto imputável a trabalhadora grávida, puérpera ou lactante presume-se abusivo (art. 63.° n.° 2 do CT), tal como o despedimento dos delegados sindicais e dos membros da comissão de trabalhadores em funções ou cujas funções tenham cessado há menos de três anos (art. 410.° n.° 3).

---

[886] Em especial sobre a cumulação da responsabilidade disciplinar com os restantes remédios civis para o incumprimento, J. A. MESQUITA, *Poder disciplinar cit.*, 249.

[887] Em especial sobre as sanções abusivas, Ac. STJ de 13/11/1996, CJ (STJ), 1996, III, 251, ou Ac. STJ de 21/03/2001, CJ (STJ), 2001, I, 303.

O art. 331.° n.os 3, 4, 5 e 6 estabelece as *consequências das sanções abusivas*, que passam pelo direito do trabalhador a uma indemnização e, no caso de a sanção aplicada ter sido o despedimento, pelo direito a reintegração.

**III.** *Relativamente a algumas modalidades de sanções, a lei estabelece ainda limites específicos de valor ou de duração.* Assim:

– a sanção de perda de dias de férias não pode prejudicar o gozo de 20 dias úteis de férias (art. 328.° n.° 3 b)); da conjugação desta norma com o facto de a duração efectiva das férias poder ser superior ao mínimo legal, decorre que os limites máximos desta sanção podem variar consoante a duração efectiva das férias do trabalhador, nos termos já explicitados[888];
– as sanções pecuniárias por infracções praticadas no mesmo dia não podem exceder um terço da retribuição diária e, em cada ano civil, a retribuição correspondente a 30 dias (art. 328.° n.° 3 a));
– a sanção de suspensão do trabalho com perda da retribuição não pode exceder 30 dias por cada infracção e, em cada ano civil, o total de 90 dias (art. 328.° n.° 3 c)).

Os *limites dispostos para a sanção pecuniária* foram elevados pelo Código do Trabalho de 2003 e mantiveram-se no actual Código. Estes limites podem ainda ser elevados até ao dobro, em instrumento de regulamentação colectiva do trabalho, nos termos do art. 328.° n.° 4, o que evidencia uma preocupação com o reforço dos poderes de punibilidade do empregador sobre o trabalhador, através do agravamento destas sanções.

Esta opção justifica, contudo, uma observação adicional.

Assim, quanto ao alargamento dos limites da sanção pecuniária, a nossa lei seguiu uma orientação oposta à de outros países, bem como, entre nós, nas convenções colectivas[889], que têm vindo a erradicar a sanção de multa, pela facilidade de abusos do empregador na sua aplicação e pelos reflexos desta sanção na função alimentar do salário. A orientação inversa da lei nesta matéria (que já resulta do Código do Trabalho anterior)

---

[888] *Supra,* neste parágrafo, ponto 109.1.III.

[889] Sobre o ponto, com múltiplos exemplos, ROSÁRIO PALMA RAMALHO, *Do Fundamento... cit.,* 76 e nota [79].

pode aumentar as situações de abuso na aplicação desta sanção, para além de poder pôr em causa o princípio constitucional da suficiência salarial mínima (art. 59.° n.° 1 a) *in fine*, e n.° 2 a) da CRP)[890], sobretudo se se atentar na possibilidade de elevação destes limites para o dobro, nos termos do artigo 328.° n.° 4 do CT.

Idêntica reflexão suscita o aumento dos limites da sanção de suspensão da prestação do trabalho com perda de retribuição, sobretudo porque foi mantida a possibilidade de elevação desses limites para o dobro, em convenção colectiva (art. 328.° n.° 4). É que da conjugação destes preceitos resulta que o tempo de suspensão do contrato pode ir até seis meses, o que parece manifestamente excessivo.

Neste ponto, sucita-se ainda a dúvida sobre o destino das contribuições para a segurança social relativas ao tempo de suspensão do trabalho com perda da retribuição, uma vez que não consta do novo Código a norma segundo a qual tais contribuições continuavam a ser devidas[891-892].

**IV.** As maiores preocupações limitadoras da lei em matéria de sanções disciplinares referem-se, naturalmente, à sanção do despedimento, cuja aplicação se sujeita a critérios substanciais estritos de avaliação do comportamento do trabalhador que fundamenta o despedimento (são os critérios da justa causa para despedimento, enunciados no art. 351.° do CT), e depende de uma tramitação processual específica e mais exigente (o processo previsto nos arts. 353.° ss.).

Porque esta matéria se insere na temática da cessação do contrato de trabalho, remete-se a sua apreciação para esse momento[893].

---

[890] *Supra*, § 27.°, ponto 100.2.

[891] Era a norma constante do art. 370.° n.° 2 do CT de 2003. Apesar da omissão, ROMANO MARTINEZ *in* ROMANO MARTINEZ / L. M. MONTEIRO / JOANA VASCONCELOS / MADEIRA DE BRITO / GUILHERME DRAY / GONÇALVES DA SILVA, *Código do Trabalho Anotado cit.*, 883 sustenta que tais contribuições continuam a ser devidas, solução que temos dificuldade em acompanhar, uma vez que faz reverter esta sanção contra o empregador que, não beneficiando da prestação do trabalhador durante o período de suspensão, continua a ter que pagar tais contribuições. O ponto não é, contudo, isento de dúvidas.

[892] Apesar de tudo, relativamente a esta sanção, pode apontar-se, como consequência positiva do novo regime, que o aumento dos seus limites máximos pode fazer diminuir as situações de recurso ao despedimento. Neste sentido, em anotação à norma, ROMANO MARTINEZ *in* ROMANO MARTINEZ / L. M. MONTEIRO / JOANA VASCONCELOS / MADEIRA DE BRITO / GUILHERME DRAY / GONÇALVES DA SILVA, *Código do Trabalho Anotado cit.*, 878.

[893] *Infra*, § 35.°.

**V.** Ainda a propósito dos limites das sanções disciplinares, cabe referir o art. 328.° n.° 5 do CT, que prevê a publicitação das sanções no seio da empresa, como forma de as agravar.

### 109.4. **Natureza das sanções disciplinares**

**I.** O último aspecto relativo à matéria das sanções disciplinares tem a ver com a sua natureza. Como decorre da sua tipologia e do seu regime jurídico, *as sanções disciplinares devem ser qualificadas como sanções de tipo punitivo e não como remédios civis comuns de reacção do credor ao incumprimento do devedor*[894], pelos seguintes motivos:

i) *Estas sanções revestem carácter pessoal* (excepto no caso da sanção pecuniária), uma vez que incidem sobre a pessoa do trabalhador, atingindo-o na sua individualidade (por exemplo, as sanções de repreensão e a sanção de perda da dias de férias) ou no seu posicionamento contratual ou empresarial (por exemplo, a sanção de suspensão do trabalho e a sanção de despedimento). Mesmo a sanção de suspensão do trabalho com perda de retribuição é de qualificar com uma sanção pessoal, porque o seu conteúdo essencial é a recusa da prestação de trabalho pelo empregador, sendo a perda da correspondente retribuição um efeito que inere àquela recusa.

ii) *Estas sanções são independentes de qualquer prejuízo ou risco para o empregador* causado pela infracção: não só este prejuízo ou risco podem não se verificar como, se ocorrerem, apenas devem ser tidos em conta para efeitos da aferição do princípio da proporcionalidade entre a infracção e a sanção.

iii) *Estas sanções podem ter carácter conservatório ou extintivo do vínculo, consoante se pretenda a manutenção do contrato de trabalho ou a sua cessação, mas em caso algum têm uma função ressarcitória dos danos causados ao empregador*; a existirem, esses danos deverão ser reparados com recurso aos mecanismos

---

[894] Em sentido diferente, por considerar que a responsabilidade disciplinar assenta ainda no figurino da responsabilidade civil, ROMANO MARTINEZ, *Direito do Trabalho cit.*, 634. Já realçando a essência punitiva das sanções disciplinares, MENEZES CORDEIRO, *Manual de Direito do Trabalho cit.*, 749.

gerais da responsabilidade civil, atenta a verificação dos respectivos pressupostos, em consonância com o art. 323.° do CT.

iv) *Estas sanções prosseguem simultaneamente uma função repressiva e de prevenção geral e especial*, à maneira das sanções penais: por um lado, elas castigam o trabalhador pela infracção cometida; por outro lado, elas demonstram perante os outros trabalhadores da organização as consequências que poderão decorrer de um comportamento idêntico; e, no caso das sanções conservatórias, são ainda uma forma de aviso ao trabalhador infractor relativamente a futuras infracções.

**II.** A caracterização das sanções disciplinares como sanções punitivas suscita alguns problemas, uma vez que implica a sua qualificação como *penas privadas*, dada a natureza privada do negócio laboral e do próprio empregador.

Estes problemas serão equacionados no contexto do tema do fundamento do poder disciplinar laboral[895].

## 110. **O processo disciplinar**

### 110.1. **Modalidades de processo disciplinar e princípios gerais do processo**

**I.** Como acima se referiu, um dos princípios que norteia o poder disciplinar, na sua vertente sancionatória, é o princípio da processualidade. De acordo com este princípio, a aplicação de qualquer sanção disciplinar deve ser precedida de um processo, destinado a averiguar a gravidade da infracção e o grau de culpa do trabalhador e a decidir a sanção a aplicar.

No nosso sistema jurídico, a exigência do processo disciplinar é aplicável a todas as sanções disciplinares, o que no caso da sanção de repreensão oral não faz grande sentido, uma vez que esta sanção se consubstancia num juízo de censura imediato e directo do empregador. Para a aplicação das restantes sanções faz, evidentemente, sentido a exigência de um processo, para assegurar o direito de defesa do trabalhador.

---

[895] *Infra*, neste parágrafo, ponto 112.

**II.** Como já se referiu, o sistema jurídico nacional prevê dois *tipos de processo disciplinar* – designados pelo termo «procedimento»[896] – consoante a sanção que o empregador pretenda aplicar:

- o *processo disciplinar comum*, previsto para a aplicação das sanções conservatórias e regulado no art. 329.°;
- o *processo disciplinar para a aplicação da sanção de despedimento por facto imputável ao trabalhador*, regulado nos arts. 353.° ss.[897-898].

Estas duas modalidades de processo disciplinar distinguem-se pelo tipo de sanção em causa, mas também por alguns aspectos regimentais. Com efeito, uma apreciação comparada dos arts. 329.° e 353.° ss., permite concluir que o processo para despedimento é mais moroso, é mais exigente do ponto de vista dos requisitos de qualificação da infracção disciplinar e oferece mais garantias de defesa ao trabalhador. Estas garantias evidenciam-se na necessidade de emissão de uma nota de culpa, na exigência de forma escrita e de comunicação das várias fases do processo às estruturas sindicais e à comissão de trabalhadores, e na necessidade de fundamenta-

---

[896] Com efeito, o processo disciplinar comum, o processo disciplinar para despedimento com justa causa, e, bem assim, os trâmites processuais exigidos para operar as restantes formas de cessação do contrato de trabalho por iniciativa do empregador, têm uma designação unitária no Código do Trabalho (que já provém do CT de 2003) , que é a designação «procedimento», tendo a lei deixado cair o termo *processo*, utilizado tradicionalmente neste contexto. É uma alteração que não acompanhamos, não só porque, efectivamente, está em causa um processo em sentido próprio, enquanto encadeado de actos dirigidos a um determinado fim (e, neste sentido, a doutrina há muito deixou de limitar o uso da expressão «processo» ao universo da litigiosidade judicial), mas também porque a expressão «procedimento» é mais vaga, permitindo confusões com o conceito de formalidades, o que não é desejável do ponto de vista da visibilidade das garantias do trabalhador no próprio processo. Referiremos, indiferentemente, os termos *processo* e *procedimento* neste contexto.

[897] A situação era diversa no âmbito da LCT. Na versão originária deste diploma apenas era contemplada uma forma de processo disciplinar. Com o surgimento da Lei dos Despedimentos (DL n.° 372-A/75, de 16 de Julho) foi regulado separadamente o processo para despedimento imediato com justa causa, mantendo-se o processo disciplinar previsto na LCT (art. 31.°), para a aplicação das restantes sanções disciplinares. Esta solução dicotómica é a que se mantém até hoje, sem prejuízo de os princípios gerais em matéria de procedimento disciplinar se aplicarem às duas formas de processo.

[898] Este ponto será desenvolvido a propósito do estudo do despedimento disciplinar, como forma de cessação do contrato de trabalho, *infra*, § 35.°, ponto 130.

ção escrita da decisão de despedimento[899]. Apesar de tudo, assinala-se a simplificação do processo disciplinar para despedimento no Código do Trabalho actual.

As maiores exigências do processo de despedimento encontram a sua justificação no facto de estar em causa a aplicação da sanção disciplinar mais grave, que poderá pôr fim ao vínculo contratual.

A este propósito, suscitou-se a questão de saber se, na prática, a delimitação de duas modalidades de processo disciplinar não aponta para um juízo prévio do empregador sobre uma infracção disciplinar que ainda não foi apreciada, até porque relativamente a qualquer infracção se coloca em abstracto a possibilidade de aplicação de qualquer sanção, incluindo o despedimento, assim como se poderá verificar, no decurso do processo de despedimento, que o comportamento do trabalhador não é, afinal, tão grave que justifique o despedimento, bastando aplicar uma sanção conservatória.

Parece, de facto, inegável que a opção pelo processo de despedimento implica um juízo preliminar sobre a gravidade do ilícito e sobre a culpabilidade do infractor, por parte do empregador, ou seja, uma pré-compreensão sobre o fenómeno, mas o certo é que o pré-entendimento sobre os fenómenos é inevitável na aplicação do Direito e, designadamente, em qualquer acto de julgar[900]. Assim, apesar dos eventuais inconvenientes que o pré-entendimento do empregador sobre o ilícito disciplinar laboral possa envolver, uma vez que é esse entendimento que determinará a forma processual a adoptar, justifica-se a distinção de duas modalidades de processo essencialmente por dois motivos: por um lado, porque a valoração prévia do empregador sobre a gravidade do facto e o grau de culpa do infractor pode ser desmentida no processo disciplinar, vindo a verificar-se a inadequação da sanção de despedimento; por outro lado, porque, havendo uma intenção inicial de despedir e sendo o despedimento a sanção disciplinar mais grave, do ponto de vista do trabalhador é mais seguro e correcto a adopção de um processo que lhe dê mais garantias de defesa, bem como lhe poderá ser benéfico ter, logo à partida, conhecimento da real intenção do empregador ao iniciar o processo disciplinar.

---

[899] Por todos, sobre o fenómeno da pré-compreensão ou do pré-entendimento no mundo jurídico, Menezes Cordeiro, *Introdução à Edição Portuguesa* da obra de C.-W. Canaris, *Pensamento Sistemático e Conceito de Sistema na Ciência do Direito*, 2.ª ed., Lisboa, 1996, VII-CXIV, *passim*.

[900] *Infra*, § 35.°, ponto 130.1.

A existência de duas modalidades de processo disciplinar coloca ainda as seguintes questões: sendo, à partida e em abstracto, aplicável qualquer sanção disciplinar ao trabalhador, pode um processo disciplinar comum culminar na aplicação da sanção de despedimento, se vier a verificar-se que a infracção em causa integra uma situação de justa causa para despedimento? E podem, pelo contrário, no decurso de um processo disciplinar para despedimento, aproveitar-se os actos praticados com vista à aplicação de uma sanção mais leve, ou terá que se iniciar um novo processo para o efeito?

A resposta à primeira questão terá que ser negativa: se a lei institui uma forma de processo especial para a aplicação da sanção do despedimento, então essa sanção não pode ser adoptada no âmbito do processo disciplinar comum; quando muito, os actos praticados no decurso do processo comum podem ser aproveitados como fase preliminar do processo para despedimento – i.e., a denominada fase do inquérito prévio, prevista no art. 352.° do CT.

Relativamente à segunda questão, já parece perfeitamente admissível a aplicação de uma sanção disciplinar menos grave no culminar de um processo para despedimento, em aplicação do princípio geral do aproveitamento dos actos jurídicos – com efeito, seria destituído de sentido não poder aplicar uma sanção menos grave do que a do despedimento no processo respectivo, quando é este processo que dá ao trabalhador mais garantias de defesa.

**III.** Sem prejuízo do desenvolvimento específico a fazer para o caso do despedimento[901], o processo disciplinar laboral rege-se pelos seguintes *princípios norteadores*:

i) *Princípio do contraditório*: nos termos do art. 329.° n.° 6, a sanção disciplinar não pode ser aplicada sem a audiência prévia do trabalhador, na qual este tem o direito de apresentar a sua defesa. Embora a lei apenas se refira sucintamente à necessidade de audiência do trabalhador, uma vez que esta audiência visa assegurar a sua defesa, está implícito o dever do empregador de facultar ao trabalhador os elementos de facto sobre os

[901] Especificamente sobre este ponto, ALMEIDA POLICARPO, *O direito de reclamação do trabalhador cit.*, 41 ss.

quais se alicerçou o juízo de infracção disciplinar, bem como o dever de efectuar as diligências probatórias que o trabalhador requeira para ilustrar a sua defesa, nos limites da razoabilidade. A violação do princípio do contraditório constitui contra-ordenação grave (art. 329.° n.° 8).

ii) *Princípio da celeridade processual*: este princípio concretiza, no domínio processual, o princípio geral idêntico que norteia a matéria disciplinar e que acima indicámos, prosseguindo o mesmo objectivo, i.e., evitar a eternização de uma situação de conflito entre as partes. Projectam este princípio no domínio processual a regra da caducidade para o exercício da acção disciplinar (art. 329.° n.° 2) e a exigência de celeridade na condução do próprio processo (art. 329.° n.° 3).

iii) *Princípio do recurso*[902]: o trabalhador tem o direito de recorrer da sanção disciplinar aplicada para o escalão hierárquico superior com competência disciplinar, bem como o direito de accionar os mecanismos de resolução de conflitos entre o empregador e o trabalhador, previstos em instrumento de regulamentação colectiva do trabalho, neste contexto; para além deste recurso gracioso, previsto no art. 329.° n.° 7, o trabalhador tem o direito de recorrer judicialmente da sanção aplicada, nos termos desta mesma norma[903].

Alguns autores realçam ainda a importância, no contexto do processo disciplinar, do princípio geral da boa fé e do princípio da igualdade[904].

O princípio da boa fé condenaria a actuação disciplinar do empregador para prosseguir fins diversos daqueles para que foi prevista (por exemplo, a instauração de um processo disciplinar ao trabalhador com objecti-

---

[902] Sobre este ponto, amplamente tratado na doutrina francesa, entre outros, J. Savatier, *Les formes de l'avertissement disciplinaire et le rôle du juge des référés prud'homal dans le contrôle des sanctions disciplinaires... cit.*, 184 ss. e ainda *Le contrôle judiciaire du pouvoir disciplinaire de l'employeur... cit.*, 501 ss., bem como J.-L. Crozafon, *Le contrôle juridictionnel de la sanction disciplinaire dans l'entreprise et dans l'administration cit.*, 201 ss., J.-E. Ray, *Contrôle minimum ou contrôle normal du juge judiciaire en matière disciplinaire? cit.*, 365 ss.

[903] Menezes Cordeiro, *Manual de Direito do Trabalho cit.*, 755 ss.

[904] Com desenvolvimentos sobre este ponto, Sousa Macedo, *Poder Disciplinar Patronal cit.*, 127 ss.

vos persecutórios e na ausência de qualquer infracção disciplinar). A nosso ver, o princípio da boa fé é um princípio norteador geral da conduta disciplinar do empregador com projecções substantivas (por exemplo, em matéria de sanções abusivas), mas sem projecções processuais específicas.

O princípio da igualdade vedaria situações de incoerência na aplicação de sanções disciplinares. No entanto, como acima se referiu, este princípio é de alcance limitado, já que a actuação disciplinar do empregador se pode orientar por juízos de oportunidade e de gestão. Perante a componente de discricionariedade do poder disciplinar, este princípio funcionará, sobretudo, pela negativa, permitindo condenar situações de evidente arbitrariedade, de uma forma mediatizada, ou seja, com recurso às regras gerais da boa fé e do abuso do direito, no âmbito das sanções abusivas (art. 331.° do CT).

### 110.2. **Marcha do processo**[905]

**I.** Deixando para um momento ulterior a apreciação da marcha do processo para despedimento[906], devem ter-se em conta as seguintes fases da *marcha do processo disciplinar comum*:

i) *Iniciativa do processo*: a iniciativa do processo disciplinar é do empregador, enquanto titular do poder disciplinar, ou, por delegação deste, dos superiores hierárquicos do trabalhador, com competência disciplinar, nos termos do art. 329.° n.° 4. Neste segundo caso, a maioria das convenções colectivas de trabalho tende a acentuar que a responsabilidade pelo processo continua a ser do empregador. Por outro lado, a iniciativa processual delegada deve circunscrever-se estritamente ao âmbito da delegação de poderes.

ii) *Condução do processo*: a condução do processo pode também caber directamente ao empregador ou ser exercida, por delegação, por um instrutor (art. 329.° n.° 4), mas, neste último caso, o

---

[905] *Infra*, § 35.°, ponto 130.2.

[906] É, aliás, frequente que o empregador delegue a competência disciplinar para a condução do processo mas avoque a si a decisão final, ou que apenas delegue a competência para instaurar o processo disciplinar tendente à aplicação de sanções conservatórias, mas não da sanção de despedimento.

empregador pode chamar a si o processo em qualquer momento e pode alterar a decisão do instrutor; a condução do processo deve respeitar os princípios acima indicados.

iii) *Suspensão preventiva do trabalhador*: durante o processo disciplinar, o trabalhador pode ser suspenso preventivamente sem perda da retribuição, se a sua presença na empresa for inconveniente para o empregador (art. 329.° n.° 5). Esta suspensão preventiva é um mecanismo cautelar, cujo objectivo é permitir a condução do processo pelo empregador em liberdade, pelo que apenas deve ser decretada se a presença do trabalhador, efectivamente, dificultar a instrução[907]. O carácter cautelar desta medida justifica a manutenção do direito do trabalhador à retribuição, enquanto estiver suspenso, e permite distingui-la da sanção de suspensão do trabalho.

iv) *Aplicação da sanção*: a sanção disciplinar deve ser aplicada no prazo de três meses a contar da decisão, nos termos do art. 330.° n.° 2, em cumprimento do princípio geral da celeridade processual.

**II.** Na marcha do processo disciplinar, deve ainda ter-se especial atenção aos instrumentos de regulamentação colectiva do trabalho, que, com frequência, dispõem sobre esta matéria, numa dupla vertente como vimos oportunamente[908]: por um lado, reforçando as garantias de defesa dos trabalhadores no processo, através da previsão de prazos de defesa mais alargados, da fixação da obrigatoriedade da forma escrita do processo em termos gerais, da consagração do direito da defesa assistida do trabalhador, ou, lapidarmente, estendendo as formalidades do processo para despedimento ao processo disciplinar comum; por outro lado, reforçando a responsabilidade directa do empregador pela condução do processo disciplinar e pela sanção aplicada, exigindo delegações escritas de compe-

---

[907] Já era assim no âmbito da LCT (art. 31.° n.° 2). Pelo contrário, a suspensão preventiva do trabalhador, no âmbito do processo disciplinar para despedimento, era admitida sem condicionalismos pelo art. 11.° n.° 1 da LCCT. O CT de 2003 passou a impor o requisito da inconveniência do trabalhador para a suspensão nos dois tipos de processo (arts. 371.° n.° 3 e 417.° n.° 1, respectivamente), solução que é mantida pelo actual Código do Trabalho (arts. 329.° n.° 5 e 354.° n.° 1).

[908] Cfr. *supra*, neste parágrafo, ponto 106.1.I.

tências nesta matéria e alargando os deveres de comunicação às estruturas representativas dos trabalhadores ao longo do processo.

Por fim, constitui dever do empregador nesta matéria manter um registo actualizado das sanções disciplinares, que permita a respectiva consulta, nos termos do art. 332.° n.° 1. O não cumprimento deste dever constitui contra-ordenação leve (art. 332.° n.° 2).

## 111. **Funções e importância do poder disciplinar laboral**

**I.** Delimitado e caracterizado o poder disciplinar laboral e apresentados os traços essenciais do seu regime jurídico, podemos avaliar, em termos conclusivos, a sua importância, a partir das funções que desempenha, tanto no âmbito do contrato de trabalho, como, globalmente, para o equilíbrio e a dinâmica específica do Direito do Trabalho como ramo jurídico.

Já tendo dado conta do papel desempenhado pelo poder disciplinar nestes diversos planos, noutros pontos do estudo, basta uma recolecção sintética das funções deste poder para confirmar a sua importância.

**II.** Ao nível do contrato de trabalho, o poder disciplinar laboral tem um papel fundamental, quer na configuração da posição jurídica do empregador, como, globalmente, para o equilíbrio do contrato, e ainda para a distinção entre este contrato e os negócios afins, em casos de dúvida de qualificação.

De uma parte, *o poder disciplinar é a componente da posição jurídica do empregador no contrato de trabalho que mais evidencia a sua posição de domínio no vínculo laboral*, não obstante a natureza privada deste vínculo, na medida em que permite ao empregador aplicar sanções punitivas ao trabalhador, em consequência do incumprimento de qualquer um dos seus deveres e sem intermediação judicial; além disso, mesmo de uma forma preventiva, a mera possibilidade de aplicação de sanções disciplinares funciona, para o trabalhador, como um poderoso estímulo ao cumprimento, que, obviamente, fortalece a posição do empregador. Tanto basta para confirmar a importância fundamental deste poder na posição jurídica do empregador no vínculo laboral e, por consequência, para recusar a sua secundarização no elenco dos poderes laborais.

De outra parte, justamente por força da sua configuração dominial, *o poder disciplinar laboral assegura o equilíbrio do próprio contrato de trabalho, na sua parcela laboral* (que oportunamente designámos como *relação de emprego*[909]), na medida em que é este poder que permite ao empregador assegurar, com eficácia, a adequação do contrato de trabalho aos seus objectivos de gestão e ainda cumprir o débito negocial alargado que a lei lhe atribui com a celebração do contrato. Por outras palavras, o poder disciplinar laboral assegura o delicado equilíbrio entre os interesses das partes no vínculo de trabalho.

Por último, como não tem paralelo noutros contratos de direito privado e está sempre presente no contrato de trabalho (ao contrário do que sucede com o poder directivo, que, como se observou oportunamente[910], pode ser atribuído a um terceiro, pode não ser efectivo e existe noutros contratos de serviço), *o poder disciplinar laboral, designadamente na sua faceta prescritiva, é um importante auxiliar na delimitação do contrato de trabalho relativamente a figuras próximas*, em situações de dúvida de qualificação, nos termos assinalados.

**III.** Noutro nível de análise, o poder disciplinar laboral revela-se um instituto-chave do Direito do Trabalho, na medida em que confirma a autonomia dogmática da área jurídica e a sua dinâmica específica.

No que tange à autonomia dogmática, vimos já que *o poder disciplinar é um dos institutos laborais que mais contribuiu para a emancipação do Direito Laboral em relação aos parâmetros juscientíficos civis*, pela sua singularidade estrutural, que o coloca em rota de colisão com princípios gerais do direito comum: é que, na sua faceta sancionatória, enquanto poder privado e egoísta que dispensa o recurso aos meios jurisdicionais comuns de reintegração dos direitos, o poder disciplinar põe em causa o princípio do monopólio da justiça pública, e o princípio da igualdade dos entes jurídicos privados, o que vem confirmar a singularidade dogmática da área jurídica em que se insere[911].

---

[909] Cfr., *supra*, § 28.°, ponto 104.IV.

[910] Especificamente sobre a importância do poder disciplinar laboral como argumento em favor da autonomia dogmática do Direito do Trabalho, *vd* ROSÁRIO PALMA RAMALHO, *Da Autonomia Dogmática cit.* 751 ss.; e ainda *Direito do Trabalho I*, § 14.°, pontos 48.1. e 49.2.

[911] ROSÁRIO PALMA RAMALHO, *Da Autonomia Dogmática... cit.*, 949 ss., e ainda *Direito do Trabalho I*, § 14.°, ponto 50.

Por outro lado, *enquanto mecanismo de auto-tutela, o poder disciplinar laboral evidencia a capacidade do Direito do Trabalho para desenvolver formas específicas de preservação dos seus institutos e de prossecução dos seus próprios interesses* – no caso, o interesse da preservação da posição de domínio do empregador no contrato de trabalho e, mediatamente, o interesse da subsistência desse contrato. Assim, o poder disciplinar confirma a maturidade dogmática do Direito do Trabalho.

## 112. **Fundamento do poder disciplinar**[912]

### 112.1. **O posicionamento do problema e os valores em jogo**

**I.** A questão do fundamento do poder disciplinar laboral coloca-se em relação à sua componente sancionatória e reside em averiguar da admissibilidade de um poder punitivo directo do empregador sobre a pessoa do trabalhador, em resultado de um comportamento que ele próprio valora como infracção disciplinar e tendo em conta que o empregador é um ente jurídico privado e que o contrato de trabalho é um negócio de direito privado.

Como se observou, logo na primeira abordagem do poder disciplinar laboral e quando voltámos a referi-lo a propósito do tema da autonomia dogmática do Direito do Trabalho[913], a admissibilidade de um poder deste tipo num contrato de índole privada põe aparentemente em causa dois princípios fundamentais da ordem jurídica: o princípio da justiça pública, uma vez que é o empregador que aplica directamente a sanção disciplinar; e o princípio da igualdade das partes nos negócios jurídicos privados, uma vez que este poder manifesta uma posição inequívoca de domínio negocial do seu titular, que vai muito para além de outras faculdades presentes noutras situações jurídicas privadas.

---

[912] Em especial sobre este ponto, ALMEIDA POLICARPO / A. MONTEIRO FERNANDES, *Fundamento do poder disciplinar cit.*, 17 ss., GARCIA PEREIRA, *O Poder Disciplinar... cit.*, *passsim*, e ROSÁRIO PALMA RAMALHO, *Do Fundamento... cit.*, *maxime* 299 ss. Para cotejo da abundante doutrina sobre este problema noutros países, *vd* as referências feitas no nosso *Do Fundamento... cit.*, *passim*.

[913] *Direito do Trabalho I*, respectivamente § 12.°, ponto 43.4.2.IV., e § 14.°, ponto 48.1.II.

**II.** Com efeito, a conjugação da posição de domínio negocial do empregador com a titularidade de um poder directo de punir o devedor não encontra paralelo no direito privado, quer na esfera do negócio jurídico, quer em situações jurídicas não negociais.

É certo que se nos deparam algumas situações de domínio negocial de uma das partes sobre a outra (veja-se a posição dominante da parte que elabora as cláusulas contratuais gerais e as impõe à outra parte num contrato de adesão, ou a posição mais favorável do arrendatário no contrato de arrendamento, por exemplo), mas em nenhum destes casos a posição dominante no contrato é assistida de um poder de punir; e, ainda no domínio contratual, encontram-se sanções privadas em negócios obrigacionais (como a cláusula penal ou a revogação da doação por ingratidão do donatário), mas nestes casos não se descortina qualquer posição de domínio de um dos contraentes sobre o outro. Por seu turno, num contexto extra-contratual, observam-se situações de domínio com uma componente disciplinar punitiva (é o que sucede no poder paternal e no poder disciplinar dos órgãos da associação sobre os respectivos membros que infrinjam as regras estatutárias da mesma), mas, nestes casos, o interesse justificativo da atribuição da faculdade disciplinar é o interesse do destinatário do poder (assim, no poder paternal) ou é o interesse do grupo (assim, no poder disciplinar associativo, que corporiza uma forma de auto-disciplina) e não um interesse próprio do titular do poder, como sucede no poder disciplinar laboral.

Na prática, a única situação com um vincado paralelismo com a do empregador laboral, do ponto de vista dos poderes que lhe assistem e, designadamente, do poder disciplinar laboral, é a situação de poder que assiste ao Estado e às pessoas colectivas públicas na qualidade de empregadores. Todavia, a posição de poder dos empregadores públicos encontra uma justificação óbvia no interesse público, para além de estar, à partida, comprometida a aplicação do princípio da igualdade nestes vínculos, pela *potestas* natural do Estado.

**III.** É, pois, com a configuração singular que lhe assiste no panorama dos negócios jurídicos privados e com consciência de que põe à prova dois dos princípios basilares da ordem jurídica (o princípio da igualdade e o princípio da justiça pública) que o poder disciplinar laboral carece de ser justificado.

### 112.2. A fundamentação tradicional: teorias contratualistas, teorias institucionalistas e reconstrução obrigacional[914]

**I.** A doutrina debruçou-se longamente sobre a questão do fundamento do poder disciplinar laboral, podendo indicar-se duas grandes orientações (ainda que com inúmeras variantes) de resposta a este problema: uma orientação contratualista, que foi a primeira a desenvolver-se e é até hoje a predominante; e uma orientação institucionalista, desenvolvida, sobretudo, entre as décadas de trinta e sessenta do séc. XX, tendo actualmente poucos adeptos.

**II.** Estas vias de justificação do poder disciplinar laboral inserem-se, quase sempre, no âmbito da construção dogmática do vínculo de trabalho, que, como tivemos ocasião de apreciar oportunamente[915], ocupou recorrentemente a doutrina ao longo da história do Direito do Trabalho; por outro lado, dada a função garantística e acessória habitualmente reconhecida ao poder disciplinar, a explicação para ele encontrada é sistematicamente acoplada à justificação adiantada para o poder directivo.

#### 112.2.1. Teorias contratualistas

**I.** A *orientação contratualista* procura encontrar a justificação para o conjunto dos poderes laborais e, especificamente, para o poder disciplinar em mecanismos obrigacionais e no próprio contrato de trabalho.

Entre as múltiplas variantes desta orientação, salientamos a concepção obrigacional e a concepção contratualista autónoma. Esta segunda concepção tem, por seu turno, diversas variantes, entre as quais se destacam a concepção estruturalista, a concepção legal, a concepção organizacional e a concepção convencional.

**II.** A *concepção obrigacional* foi a que se desenvolveu em primeiro lugar (ao abrigo da construção civilista do contrato de trabalho oportunamente referenciada[916]), mas encontra até hoje alguns adeptos no seio da

---

[914] Para mais desenvolvimentos sobre estas teorias, com indicações bibliográficas, Rosário Palma Ramalho, *Do Fundamento... cit.*, 307 ss.

[915] *Direito do Trabalho I*, § 12.°.

[916] *Direito do Trabalho I*, § 12.°, ponto 42.2.

dogmática germânica e italiana[917], sendo referida, na doutrina nacional, por MENEZES CORDEIRO[918].

Esta concepção procura resolver o problema do fundamento do poder disciplinar através da aplicação ao universo laboral de uma figura obrigacional de grande tradição: a cláusula penal[919]. De acordo com este entendimento, a sanção disciplinar teria a natureza de pena convencional, embora com algumas especificidades regimentais, e, como tal, seria admissível nos mesmos termos, ou seja, como uma forma de reacção do credor ao incumprimento do devedor através da previsão antecipada das consequências desse incumprimento[920].

Este entendimento permitiria, com facilidade, ultrapassar os obstáculos colocados pelo princípio da justiça pública e pelo princípio da igualdade: como forma de reacção do credor ao incumprimento, a sanção disciplinar não exprimiria qualquer posição de domínio especial do credor; por outro lado, tendo a sanção disciplinar a natureza de cláusula penal, o poder disciplinar ver-se-ia aceite pelo trabalhador-devedor *ab initio* no contrato de trabalho, o que asseguraria a igualdade das partes no vínculo jurídico.

A justificação obrigacional do poder disciplinar não é aceitável porque as sanções disciplinares são irredutíveis à figura da cláusula penal. Para tal irredutibilidade concorrem os seguintes argumentos: enquanto a cláusula penal é uma cláusula acessória (logo, eventual) do negócio jurí-

---

[917] No contexto doutrinal germânico, esta concepção é facilitada pela circunstância de o poder disciplinar não ser consagrado na lei e pelo facto de a maioria das sanções fixadas em convenção colectiva de trabalho terem um escopo patrimonial – esta concepção é sustentada por autores como BAUR, *Betriebsjustiz cit.*, 164 ss. Na Itália, o maior desenvolvimento desta fundamentação do poder disciplinar deve-se a R. CORRADO, *La nozione unitaria del contratto di lavoro,* Torino, 1956, 340 ss.

[918] *Manual de Direito do Trabalho cit.,* 746 s. e 763.

[919] Por todos, sobre esta figura, A. PINTO MONTEIRO, *Cláusula Penal e Indemnização,* Coimbra, 1990.

[920] MENEZES CORDEIRO, *Manual de Direito do Trabalho cit.,* 746 s. e 763, que, contudo, considera que a figura da cláusula penal apenas é apta a explicar a função compulsória ou de estímulo ao cumprimento das sanções disciplinares. Outros autores enfatizam também o paralelismo entre o poder disciplinar e outras formas de auto-tutela no âmbito dos contratos privados – neste sentido, ROMANO MARTINEZ, *Direito do Trabalho cit.,* 633. É um entendimento que não acompanhamos, uma vez que o poder disciplinar é conferido pela lei em atenção aos interesses de apenas um dos contraentes (o empregador).

dico, o poder disciplinar laboral é um elemento essencial do contrato de trabalho; enquanto a cláusula penal tem um conteúdo patrimonial (na verdade, pecuniário), as sanções disciplinares revestem, quase todas, carácter pessoal; enquanto a cláusula penal tem uma estrutura negocial, no sentido em que decorre da vontade das partes, o poder disciplinar é atribuído por lei e tem uma estrutura unilateral; enquanto a cláusula penal visa acautelar as consequências danosas do incumprimento da prestação, a sanção disciplinar é independente de qualquer prejuízo ou dano e não tem um objectivo ressarcitório.

**III.** A *concepção contratualista autónoma* encontra o fundamento do poder disciplinar laboral no próprio contrato de trabalho, de uma forma directa ou conjugando essa justificação com outros factores. Esta concepção apresenta as seguintes variantes:

i) *Variante estrutural*: procedendo a uma análise estrutural do contrato de trabalho, este entendimento, muito difundido no seio da doutrina italiana, justifica a posição de domínio do empregador na natureza relativamente indeterminada da prestação de trabalho, que exige a subordinação do trabalhador às directrizes de concretização do empregador (ou seja, ao poder directivo) e, como corolário, o poder de assegurar o cumprimento daquelas directrizes de uma forma expedita (i.e., o poder disciplinar)[921].

ii) *Variante legal*: conjugando o elemento contratual com o elemento legal, alguns autores entendem que o poder disciplinar se fundamenta directamente na lei, uma vez que corresponde a uma posição de domínio de um sujeito sobre outro num vínculo de direito privado, que apenas a lei pode atribuir; contudo, o papel do contrato de trabalho, na justificação deste poder é também considerado essencial, porque é a celebração deste contrato que assegura a voluntariedade da sujeição do trabalhador àquele regime legal[922].

---

[921] Neste sentido se pronunciaram autores como SAVINO, *Il lavoro nei rapporti di diritto privato cit.*, 47 e 57 s., CONTIERI, *Potere disciplinare e accordi sindacale nel pubblico impiego*, Napoli, 1984, 45 s., PESSI, *Il potere direttivo... cit.*, 59, ou MONTUSCHI, *Potere disciplinare... cit.*, 16 s. e 148 ss., entre outros.

[922] Neste sentido, entre outros, LEGA, *Il Potere disciplinare... cit.*, 116 s., D. NAPOLETANO, *Il lavoro subordinato*, Milano, 1955, 76 ss., ou MONTOYA MELGAR, *Derecho del*

iii) *Variante organizacional*: o entendimento mais difundido para justificar o poder disciplinar laboral, no seio das doutrina italiana, francesa e nacional[923], é o que conjuga o elemento contratual com o factor da organização do trabalho na empresa ou fora dela. De acordo com este entendimento, o fundamento do poder disciplinar retira-se da conjugação do contrato de trabalho (que assegura que a sujeição do trabalhador ao poder é voluntária) com as necessidades de adequação da prestação de trabalho aos objectivos do credor-empregador e de conjugação dessa prestação com as demais prestações em execução na organização empresarial. Este entendimento apoia-se em diversos argumentos, que têm uma saliência diferente nos vários contextos doutrinais:

- o argumento do risco, que considera o poder disciplinar como uma contrapartida da incidência do risco da não produção do resultado na esfera do empregador (é um argumento enfatizado, na doutrina nacional, por PINHEIRO XAVIER[924]);
- o argumento da titularidade ou do domínio do empregador sobre a empresa: como titular da empresa, o empregador tem que ter os meios necessários ao seu êxito, e o poder disciplinar é um desses meios (é um argumento com mais

---

*Trabajo cit.*, 367. Salientando a atribuição legal do poder disciplinar como seu argumento legitimador, entre nós, MENEZES CORDEIRO, *Manual de Direito do Trabalho cit.*, 761 s. e MÁRIO PINTO / FURTADO MARTINS / NUNES DE CARVALHO, *Comentário... cit.*, 127.

[923] Este argumento foi o mais difundido na doutrina italiana, por autores como BARASSI, *Elementi... cit.*, 136, SANTORO-PASSARELLI, *Nozioni... cit.*, 186 ss., RIVA SANSEVERINO, *Diritto del lavoro... cit.*, 42 e 253 ss, MAZZONI, *Contenuto e limiti... cit.*, 153, ou MENGONI, *Recenti mutamenti... cit.*, 689 ss., e ainda em *Contratto e rapportto... cit.*, 674 ss., V. SPAGNUOLO VIGORITA, *Impresa, rapporto di lavoro, continuità*, Riv.dir.civ., 1969, I, 545-578 (545 ss.), mas mereceu também acolhimento na doutrina francesa, em autores como OLLIER, *Refléxions sur le droit de se faire justice... cit.*, 497. Entre nós, esta justificação do poder disciplinar é subscrita por autores como ALMEIDA POLICARPO / MONTEIRO FERNANDES, *Fundamento... cit.*, 24 ss., ou BERNARDO XAVIER, *Regime Jurídico... cit.*, 84 e nota II.

[924] *O poder disciplinar... cit.*, 22 ss.; na doutrina italiana, este argumento é salientado, entre outros, por SANTORO-PASSARELLI, *Libertà e autorità nel diritto civile cit.*, 253 ss.

saliência na doutrina francesa[925], mas que se encontra, entre nós, em autores como COUTINHO DE ABREU[926]);
- o argumento da organização hierárquica da empresa: a estrutura hierárquica da empresa exige a repartição de poderes, cuja eficácia tem que ser assegurada pela via do poder disciplinar (é um argumento valorizado, sobretudo, pela doutrina italiana).

**IV.** Independentemente das observações que cada uma destas variantes da concepção contratualista autónoma suscita, cabe salientar, desde já, a que resulta da precedente apreciação dos poderes laborais no seu conjunto: é que este tipo de justificações ou reveste índole formal (é o caso da justificação legal, que se contenta a situar a origem do poder disciplinar na lei, mas não fornece qualquer explicação axiológica para a sua atribuição pela lei) ou procuram justificar o poder disciplinar a partir de argumentos que servem ao poder directivo, como a indeterminação da prestação laboral ou a necessidade da sua coordenação com as restantes prestações no seio da organização. Numa palavra, estas concepções, não logrando explicar o poder disciplinar, optam por justificar o poder directivo do empregador e por considerar o poder disciplinar como o corolário daquele poder, diminuindo a sua importância própria. Ora, este tipo de construção não se coaduna com a independência dos dois poderes, nem explica as situações em que a aplicação da sanção disciplinar nada tem a ver com violações dos comandos emanados do poder directivo.

**V.** Uma versão moderna e, esta sim, substancialmente diferente, das concepções contratualistas tradicionais, é a *concepção convencional*, que sem abstrair da base necessariamente negocial e voluntária (no sentido de consentida) do poder disciplinar, valoriza as convenções colectivas de trabalho para efeitos da instituição e legitimação deste poder.

Partindo da constatação da desigualdade das partes no vínculo jurídico laboral, cuja manifestação mais evidente é a titularidade do poder disciplinar pelo empregador, esta concepção advoga, pura e simplesmente,

---

925 Por exemplo, OLLIER, *Le droit du travail... cit.*, 101 s., e SAVATIER, *Pouvoir patrimonial... cit.*, 1 s.

926 *A empresa e o empregador... cit.*, 51.

a necessidade de reconduzir o poder disciplinar às convenções colectivas de trabalho, entendendo que este poder apenas é de admitir quando for aí consagrado[927].

Sem necessidade de outro argumento, diríamos que esta concepção só é defensável em sistemas jurídicos que não consagram o poder disciplinar na lei. No caso português, esta concepção não é de admitir, porque o poder disciplinar é atribuído directamente pela lei ao empregador e é um elemento essencial do contrato de trabalho, independentemente de ser ou não previsto em convenção colectiva de trabalho e até de haver um instrumento de regulamentação colectiva do trabalho aplicável a esse contrato.

### 112.2.2. **Teorias institucionalistas**

**I.** A fundamentação institucionalista do poder disciplinar laboral tenta justificar este poder a partir da autonomização da organização empresarial em relação ao empregador e através da recondução da empresa ao conceito de instituição – ou seja, perspectivando-a como um grupo *a se*, dotado de um interesse próprio, diferente da soma dos interesses dos seus membros e do interesse individual do empresário, e cuja prossecução exige uma organização desnivelada e hierarquizada, com poderes diferenciados e funções repartidas[928].

---

[927] É uma concepção que encontramos, por exemplo, em M. BIANCA, *Le autorità private,* Napoli, 1977, 38 e em C. ASSANTI, *Le sanzione disciplinari... cit.,* 11, com base numa interpretação actualista do art. 2106.° do Código Civil italiano – este última autora retoma, aliás, esta concepção no seu *Corso di diritto del lavoro,* 2.ª ed., Padova, 1993, 362 s. No sistema jurídico germânico, não sendo previsto o poder disciplinar na lei, este entendimento é muito difundido, com base num conceito de disciplina empresarial, fundada ou nas convenções colectivas de trabalho ou nos acordos colectivos empresariais, celebrados com as comissões de trabalhadores, no âmbito da cogestão – neste sentido, entre muitos outros, SCHAUB, *Arbeitsrecht... cit.,* 514 ss., ZÖLLNER / LORITZ, *Arbeitsrecht cit.,* 248, ou SÖLLNER, *Grundriß... cit.,* 185.

[928] Nesta concepção, são reconhecidos à empresa os três elementos integrativos do conceito de instituição, tal como foi teorizado por HAURIOU (a primeira formulação deste entendimento aparece no *Précis de Droit Administratif,* 6.ª ed., Paris, 1907, *maxime* 1 a 37, mas a formulação completa desta construção consta da sua obra *La théorie de l'institution et de la fondation, in Cahiers de la Nouvelle Journée,* IV, Paris, 1925) e desenvolvido por autores como DELOS, *La Théorie de l'Institution. La solution réaliste du Problème de la Personnalité Morale et le Droit à fondament objectif,* Arch.Ph.Dr., 1931, 1/2, 97-153, ou

Uma vez autonomizada do empresário, a empresa constitui, ela própria, o fundamento dos poderes laborais de direcção e disciplina: estes poderes não são poderes do empregador e sim poderes empresariais, sem os quais a empresa não poderia prosseguir os seus objectivos. Nesta perspectiva, os poderes laborais são funcionalizados, na medida em que correspondem não a uma posição de domínio especial do empregador mas a uma função que ele, como gestor, tem que exercer, para garantia do sucesso e, mesmo, da sobrevivência da sua organização empresarial.

**II.** No seu desenvolvimento – cujo apogeu se situa entre as décadas de quarenta e cinquenta do séc. XX –, as teorias institucionalistas tiveram duas grandes vertentes, que põem, respectivamente, em evidência o elemento do objectivo comum da empresa-instituição (é a concepção comunitarista) ou o elemento da organização interna autoritária do grupo institucional (é a concepção organizacional-autoritária).

Na *perspectiva comunitarista* do institucionalismo, a empresa é entendida como um grupo autónomo, distinto do empresário, com objectivos comuns ao empregador e aos trabalhadores, e é esta autonomia e esta comunhão de objectivos que justificam os poderes laborais. Esta perspectiva teve maior projecção no seio da dogmática germânica (por força do tradicional pensamento comunitarista germânico ou *Gemeinschaftslehre*), mas também teve adeptos na doutrina francesa, que desenvolveu, para este efeito, o conceito de *interêt de l'entrepsrise*, nele justificando directamente os poderes laborais[929].

A *perspectiva organizacional-autoritária*, dominante na doutrina italiana e que teve também alguma difusão entre nós, privilegia o factor da organização da instituição-empresa na justificação dos poderes laborais: o

SANTI ROMANO, *L'ordinamento giuridico,* 2.ª ed., Firenze, 1945, 29 ss. Os elementos do conceito de instituição são, como é sabido, os seguintes: um grupo autónomo, designadamente em relação ao instituidor e, por isso mesmo, capaz de sobreviver às vicissitudes deste; um grupo animado por um objectivo próprio; e um grupo dotado de uma organização interna que, no caso da empresa laboral, é uma organização verticalizada.

[929] Assim, em autores como LÈGAL e BRÈTHE DE LA GRESSAYE, *Le pouvoir disciplinaire... cit.*, 18 e 61 ss., e só de BRÈTHE DE LA GRESSAYE, *La discipline dans les entreprises, les syndicats et les professions organisées,* Arch.Ph.Dr., 1953/54, 75-108 (75 ss.), DURAND / JAUSSAUD, *Traité de Droit du travail,* I, Paris, 1947, 409 ss., HÉBRAUD, *Le régime des jurisdictions disciplinaires... cit.*, 189, NICOLE CATALA, *L'entreprise cit.*, 363 ss., ou P. ROUBIER, *Les prérogatives juridiques,* Arch.Ph.Dr., 1960, V, 65 ss.

grupo empresa exige uma organização hierarquizada e é esta que justifica os poderes de direcção e disciplina[930].

No entendimento institucionalista, ou não é reconhecido qualquer papel ao contrato de trabalho na justificação do poder disciplinar laboral (como, aliás, para a justificação do poder directivo, uma vez que e explicação é dada para os dois poderes laborais em conjunto) ou é-lhe reconhecido um papel secundário para esse efeito. Assim, na formulação mais radical deste entendimento – que ficou conhecida pela designação de *teoria da incorporação* e foi sustentada por autores como NIKISCH[931], o contrato de trabalho é substituído pelo acto material de integração do trabalhador na empresa, sendo a organização empresarial que constitui a instância de justificação dos poderes laborais. Numa formulação mais moderada deste entendimento – sustentada por autores como SIEBERT[932] e com mais difusão fora do contexto doutrinal germânico – é reconhecido ao contrato de trabalho o papel de assegurar formalmente que o acesso do trabalhador ao grupo empresarial é voluntário, mas é, ainda assim, a integração material do trabalhador no grupo empresarial que confere carácter laboral ao vínculo decorrente do contrato de trabalho e é a empresa, que, por si só, justifica os aspectos mais peculiares do vínculo laboral e, nomeadamente, a posição de domínio que nela ocupa o empregador, *y compris* o poder disciplinar.

**III.** A fundamentação institucionalista do poder disciplinar laboral não colhe por dois motivos essenciais: a insubsistência de um interesse comum ao empregador e aos trabalhadores que justifique a recondução da empresa ao conceito de instituição; e a ineficácia explicativa global desta fundamentação.

De uma parte, o carácter marcadamente conflitual do vínculo laboral – para o qual se chamou a atenção a propósito da construção dogmática do

---

930 Subscrevendo esta justificação dos poderes laborais, entre outros, GRECO, *Il contratto di lavoro cit.*, 58, PALERMO, *Manuale... cit.*, I, 144 s. ou D'EUFEMIA, *Le situazione soggetive del lavoratore dipendente,* Milano, 1958, 83.

931 Por exemplo em *Arbeitsvertrag und Arbeitsverhältnis*, Berlin, 1941, 84 ss. e *passim*.

932 Por exemplo em *Die Begründung des Arbeitsverhältniss,* DAR, 1937, 11, 305--310 e 338-342 (305 ss.).

contrato de trabalho[933] – impede o reconhecimento de um interesse essencial comum ao empregador, em moldes de justificar a recondução da empresa a uma instituição. E, se esta recondução não é possível em termos de fundamentar dogmaticamente o contrato de trabalho, nos moldes oportunamente indicados[934], por maioria de razão não é apta a justificar o poder disciplinar.

De outra parte, a fundamentação institucionalista carece de eficácia explicativa geral, uma vez que, mesmo considerando o conceito de instituição aplicável à empresa, ainda que apenas para efeitos da justificação do poder disciplinar, esta concepção não permitiria explicar este poder nos contratos de trabalho de escopo não empresarial, relativamente aos quais a aplicação do conceito de instituição é desadequada. Ora, uma tal explicação não é admissível, dada a universalidade do poder disciplinar no nosso ordenamento juslaboral.

### 112.3. **Reposicionamento do problema e posição adoptada**[935]

**I.** Apresentadas as diversas concepções sobre o fundamento do poder disciplinar, cabe tomar posição.

Em primeiro lugar, deve ficar assente que o ponto de partida para a resposta à questão do fundamento do poder disciplinar tem que ser contratualista e não institucionalista, não só pela ineficácia explicativa global das teorias institucionalistas, nem sequer pela inviabilidade da recondução da empresa a uma instituição, mas, sobretudo, porque estas teorias são profundamente inadequadas ao nosso sistema laboral. De facto, apesar da importância reconhecida à empresa pela lei, nunca se descortina a intenção de a desligar dos contratos de trabalho ou de a erigir em justificação autónoma da posição de domínio negocial do empregador, substitutiva do próprio contrato.

Mas, se o ponto de partida da construção é necessariamente contratualista, tal não significa que não se deva proceder a uma reformulação das

---

[933] *Direito do Trabalho I*, § 12.°, ponto 42.4.II. e ponto 42.5.II.

[934] Já tendo recusado a concepção institucionalista do vínculo laboral (*Direito do Trabalho I*, § 12.°, ponto 42.5.III.) para aí se remete.

[935] Para mais desenvolvimentos sobre a solução proposta para este problema, ROSÁRIO PALMA RAMALHO, *Do Fundamento... cit.*, 415 ss.

perspectivas contratualistas tradicionais sobre este poder laboral, já que estas concepções não são aceitáveis nas suas duas premissas básicas: a premissa da redução do poder disciplinar a um mero corolário do poder directivo, com a função de garante do mesmo; e a premissa da diluição do problema da justificação do poder disciplinar na questão da justificação global da posição de poder do empregador no contrato de trabalho.

**II.** A reformulação do problema do fundamento do poder disciplinar laboral passa pela decomposição do conteúdo do vínculo de trabalho na zona obrigacional e na zona laboral (apenas para efeitos analíticos, uma vez que estão geneticamente ligadas), nos moldes oportunamente indicados aquando da construção dogmática do contrato de trabalho, que se propôs[936]:

i) Na *zona obrigacional do contrato de trabalho*, reportada ao binómio patrimonial de troca trabalho / retribuição, incluem-se os deveres do trabalhador inerentes à actividade principal e, do lado do empregador, o dever remuneratório e o poder directivo, uma vez que este poder é, eminentemente, um poder de adequação da prestação de trabalho, justificado pelo seu carácter relativamente indeterminado e pelo carácter continuado do contrato de trabalho. Desta zona do contrato de trabalho emerge a relação que denominámos *relação de trabalho*, e que surge sempre que seja prestada uma actividade laborativa de uma forma continuada e sob a direcção da outra parte, o que faz desta relação um vínculo comum ao trabalho subordinado e ao trabalho independente.

ii) Na *zona laboral do contrato*, reportada ao binómio pessoal sujeição do trabalhador / domínio do empregador, e na qual se contém ainda a componente de inserção organizacional do trabalhador,evidencia-se a posição subjectiva desigual das partes e, sobressaem, do lado do empregador, os poderes laborais. Desta zona do contrato de trabalho emerge a denominada *relação de emprego*, que justifica o débito alargado que decorre do contrato de trabalho para cada uma das partes: do lado do trabalhador, este débito alargado inclui o dever principal, mas também deve-

---

[936] *Direito do Trabalho I*, § 12.°, ponto 43.6.

res acessórios integrantes do dever principal, deveres autónomos relativos à disciplina na organização e ainda, por força do elemento organizacional do contrato, a sua sujeição a modificações unilaterais do contrato, introduzidas pelo empregador em prossecução dos seus interesses de gestão; para o empregador, o débito acrescido decorre do carácter amplo do seu dever remuneratório, dos deveres de conteúdo não patrimonial que assume perante o trabalhador e ainda da sua sujeição a alterações ao contrato introduzidas pelo trabalhador, em nome dos seus interesses próprios e em concretização do elemento de pessoalidade do contrato.

Perante este quadro, entende-se que *o fundamento do poder disciplinar laboral reside exactamente na conjugação da posição debitória complexa de cada uma das partes no contrato de trabalho*.

Contudo, se tivermos em atenção os interesses essenciais e a motivação última das partes no recurso ao contrato de trabalho, esta conjugação da posição das partes é, afinal, de fácil compreensão. Assim, o trabalhador prefere celebrar um contrato de trabalho, em que se coloca numa posição jurídica de subordinação perante o credor, que é especialmente gravosa do ponto de vista da sujeição disciplinar, em troca da maior segurança económica que lhe é dada pelo dever de remuneração ampla do empregador e pelo princípio geral da estabilidade de emprego – ele coloca-se, deste modo, numa situação de desvantagem no contrato, mas fá-lo, consciente e voluntariamente, pela maior solidez que esse contrato lhe oferece perante a alternativa do trabalho independente. Por seu turno, o empregador compensa os maiores encargos patrimoniais e as responsabilidades pessoais acrescidas que para ele decorrem do contrato de trabalho com a vantagem de dispor de uma posição de poder de grande eficácia e celeridade – é o poder disciplinar.

Em conclusão, *a justificação do poder disciplinar laboral é uma justificação de índole negocial, porque é encontrada no próprio contrato de trabalho, mas pode ser encontrada autonomamente, no sentido em que não decorre da justificação do poder directivo, e assenta nos aspectos mais singulares do contrato de trabalho, que são evidenciados na zona laboral do vínculo (as componentes de pessoalidade e organizacional e o débito alargado que resulta destas componentes para cada uma das partes)*.

**III.** Resta referir que, justificado por esta via, o poder disciplinar laboral constitui, efectivamente, uma excepção ao princípio da justiça pública, uma vez que as sanções disciplinares são de qualificar como penas privadas.

E, na mesma linha, este poder constitui uma excepção ao princípio jusprivado geral da igualdade, porque o trabalhador não dispõe de um poder correspondente de reacção ao incumprimento do empregador-credor, ainda que, neste particular, a posição das partes se volte a equilibrar de uma forma indirecta, na medida em que à superioridade do empregador manifestada nos poderes laborais corresponde a sua particular responsabilidade remuneratória e pessoal perante o trabalhador.

# III

# VICISSITUDES DAS SITUAÇÕES JUSLABORAIS INDIVIDUAIS

## SECÇÃO I
## Modificação e suspensão do contrato de trabalho

### 113. **Quadro geral das vicissitudes do contrato de trabalho**

**I.** Apreciadas as situações jurídicas que decorrem da celebração do contrato de trabalho, em termos gerais e na perspectiva do trabalhador e do empregador, cabe apresentar as suas vicissitudes, i.e., as ocorrências que, não integrando o programa de execução normal do contrato de trabalho, afectam o seu desenvolvimento.

Aplicando a classificação tradicional da teoria geral do negócio jurídico, que distingue entre factos jurídicos modificativos e extintivos[1], classificamos as vicissitudes do contrato de trabalho em duas categorias:

- as *vicissitudes modificativas*, que decorrem de eventos que interferem no programa normal de execução do contrato de trabalho, introduzindo uma alteração substancial e estável num dos seus elementos;
- as *vicissitudes extintivas*, decorrentes de um evento que põe fim ao contrato de trabalho; estas vicissitudes remetem-nos para a temática da cessação do contrato de trabalho, que será tratada em secção própria[2].

**II.** No elenco das *vicissitudes modificativas do contrato de trabalho* é ainda útil estabelecer uma classificação, que toma como critério a origem do efeito modificativo do contrato: o acordo das partes, uma ocorrência unilateral atinente ao empregador (i.e., uma razão de gestão) ou um facto atinente ao trabalhador.

---

[1] Por todos, quanto a esta classificação dos factos jurídicos, MENEZES CORDEIRO, *Tratado de Direito Civil Português cit.*, I (tomo I), 438 s.

[2] *Infra*, neste Capítulo, Secção II, §§ 33.° a 40.°.

Desde logo, *a modificação do contrato de trabalho pode decorrer do acordo das partes*, nos termos gerais da liberdade contratual (art. 406.° n.° 1 do CC) e desde que tal alteração respeite as normas legais e convencionais imperativas que caibam ao caso. Assim, com os limites já indicados a propósito do estudo de cada uma destas matérias, as partes podem acordar na mudança do objecto contratual, na alteração da categoria do trabalhador, na alteração da retribuição, na mudança do tempo ou do local de trabalho; as partes podem ainda acordar na suspensão do contrato por um determinado tempo (art. 294.° n.° 2 b), parte inicial, do CT).

Por seu turno, o critério da origem das vicissitudes modificativas permite identificar as seguintes *vicissitudes do contrato de trabalho, por motivos de gestão*:

- transmissão da empresa, estabelecimento ou unidade económica (arts. 285.° ss.);
- cedência ocasional de trabalhadores no âmbito de um grupo empresarial (arts. 288.° ss.);
- suspensão do contrato e redução do tempo de trabalho por motivo de crise da empresa (arts. 298.° ss.);
- suspensão decorrente do encerramento do estabelecimento ou da redução da actividade por motivos técnicos ou por caso fortuito ou de força maior (arts. 309.° ss.).

Por fim, no âmbito das *vicissitudes do contrato de trabalho que decorrem de um facto atinente ao trabalhador ou da sua iniciativa*, cumpre distinguir as seguintes categorias de situações:

- modificação do contrato por motivo atinente ao trabalhador: assim, a alteração do tempo de trabalho, pela passagem ao regime de tempo parcial, pela aplicação do regime do trabalhador estudante, ou por motivos atinentes à tutela da maternidade e da paternidade;
- suspensão do contrato por impedimento do trabalhador em geral (art. 296.° n.° 1): no elenco das situações de suspensão do contrato por motivo atinente ao trabalhador, a lei destaca a concessão de licenças sem retribuição (art. 317.°, e, relativamente às licenças por motivo atinente à maternidade e à paternidade, ainda arts. 35.° ss.), o regime da pré-reforma (arts. 318.° ss.), a suspensão do contrato por motivo de adesão do trabalhador à greve (art. 536.° n.° 1), e ainda a suspensão do contrato requerida pelo trabalhador com fun-

damento no incumprimento do dever retributivo do empregador (arts. 325.° ss.);

- modificação ou suspensão do contrato por motivo de acidente de trabalho ou doença profissional (art. 286.° n.° 1 do CT e Regime Jurídico dos Acidentes de Trabalho, aprovado pela L n.° 98/2009, de 4 de Setembro)[3].

**III.** O Código do Trabalho trata as vicissitudes modificativas do contrato de trabalho em capítulo específico do título que dedica à disciplina deste contrato (o Capítulo V, arts. 285.° ss.), apresentando, sucessivamente, o regime da transmissão da empresa e do estabelecimento (arts. 285.° a 287.°), o regime da cedência ocasional (arts. 288.° a 293.°) e os regimes da redução da actividade e da suspensão do contrato de trabalho por motivo de crise empresarial e também por motivo respeitante ao trabalhador (arts. 294.° ss.). Já a matéria dos acidentes de trabalho e das doenças profissionais (factos que correspondem rigorosamente a uma vicissitude do contrato de trabalho respeitante ao trabalhador) é referida apenas sumariamente no capítulo desta parte do Código dedicado à matéria da prevenção e reparação dos acidentes de trabalho e das doenças profissionais (Capítulo V, arts. 281.° a 283.°), mas o regime desta vicissitude é remetido para legislação especial (actualmente constante da L.° n.° 98/2009, de 4 de Setembro).

O tratamento desta matéria no actual Código do Trabalho apresenta algumas modificações em relação ao Código anterior, tanto em termos sistemáticos como em termos substanciais. Remetendo a apreciação das alterações substanciais para o momento em que se analise cada vicissitude, para melhor compreensão, chama-se a atenção para algumas alterações de âmbito sistemático.

Em primeiro lugar, nota-se a preocupação geral de economia legislativa, que é patente ao longo de todo o Código, com a concentração dos regimes em menos (mas mais extensos) artigos. Em segundo lugar, observa-se a diferente perspectiva do Código no tocante à matéria dos acidentes de trabalho e das doenças profissionais, que deixou de ser tratada *ex professo* no Código para ser remetida para legislação especial (art. 284.° do CT). Por fim, assinala-se a deslocação do tratamento da matéria da mobilidade funcional e espacial do trabalhador, bem como do regime da descida de

---

[3] Este diploma revogou a anterior LAT (L. n.° 100/97, de 13 de Setembro).

categoria, que eram tratados como vicissitudes do contrato de trabalho no CT de 2003 e são agora tratados, como vimos oportunamente[4], a propósito das matérias da actividade laboral e do local de trabalho, respectivamente. Esta última opção sistemática do novo Código merece uma reflexão adicional.

Na verdade, na medida em que envolvem uma alteração estável (que pode ser definitiva ou transitória) de um dos aspectos do conteúdo do contrato de trabalho (a função, a categoria ou o local de trabalho), as figuras da mobilidade funcional e espacial e da descida de categoria correspondem, efectivamente, a vicissitudes modificativas do contrato, em sentido próprio. Por outro lado, à excepção da mudança de categoria, que exige o acordo do trabalhador e que pode também ter como fundamento uma necessidade deste, as restantes figuras correspondem a uma modificação unilateral do contrato por iniciativa do empregador e com fundamento num interesse de gestão. Estas vicissitudes evidenciam, pois, a lógica peculiar do vínculo laboral, para a qual chamámos oportunamente a atenção[5], que contemporiza regularmente com o sacrifício do acordo contratual em nome dos interesses de uma das partes (em claro desvio ao princípio geral *pacta sunt servanda*).

Contudo, apesar do rigor formal da qualificação destas figuras como vicissitudes do contrato de trabalho, o facto de ocorrerem com alguma regularidade e normalidade ao longo da vida do contrato de trabalho, permite que as reconheçamos como *desvios normais e não excepcionais ao programa contratual*, justamente por força da dinâmica específica de desenvolvimento do vínculo laboral que se conhece. Já pelo contrário, e de acordo com o mesmo critério substancial de apreciação, as restantes vicissitudes modificativas do contrato correspondem a desvios anormais do programa contratual, ou pela sua importância e carácter definitivo ou por se basearem numa alteração superveniente e imprevisível das circunstâncias em que se baseou o contrato (assim, a mudança do empregador, a crise da empresa ou a verificação de um impedimento prolongado do trabalhador para a prestação da actividade laboral).

Por esta razão, aplaude-se a alteração da perspectiva do Código na abordagem desta matéria, que levou à reinserção sistemática destas figuras.

---

[4] *Supra*, § 23.°, ponto 87 (quanto à mobilidade funcional), § 24.°, ponto 88.2 (quanto à mudança da categoria) e § 25.°, ponto 91 (quanto à mudança do local de trabalho).

[5] *Direito do Trabalho I*, § 12.°, ponto 43, maxime 43.6.

## § 30.° Modificação e suspensão do contrato de trabalho por motivos de gestão

### 114. Transmissão do estabelecimento e transmissão da empresa[6]

**I.** A modificação do contrato de trabalho, com origem num facto atinente ao empregador, pode ser um efeito da transmissão da posição con-

---

[6] Em especial sobre a figura da transmissão do estabelecimento no âmbito laboral, C. A. MOTA PINTO, *Cessão da Posição Contratual*, Coimbra, 1982, 84 e 90 ss., FURTADO MARTINS, *Algumas observações sobre o regime da transmissão do estabelecimento no direito do trabalho português*, RDES, 1994, IX, 1/2/3, 357-366, JÚLIO GOMES, *O conflito entre a jurisprudência nacional e a jurisprudência do TJ das CCEE em matéria de transmissão do estabelecimento no direito do trabalho; o art. 37.° da LCT e a Directiva 77/187*, RDES, 1996, 77-194, e ainda *A jurisprudência recente em matéria de empresa, estabelecimento ou parte de estabelecimento – inflexão ou continuidade?*, in ROMANO MARTINEZ (coord.), *Estudos do Instituto de Direito do Trabalho*, I, Coimbra, 2001, 481-521, F. LIBERAL FERNANDES, *Transmissão do estabelecimento e oposição do trabalhador à transferência do contrato: uma leitura do art. 37.° da LCT conforme ao direito comunitário*, QL, 1999, 14, 213-240, JOANA SIMÃO, *A transmissão do estabelecimento na jurisprudência do trabalho comunitária e nacional*, QL, 2002, 20, 203-220, C. OLIVEIRA CARVALHO, *Da Mobilidade dos Trabalhadores no Âmbito dos Grupos de Empresas Nacionais. Perspectiva das Relações Individuais de Trabalho*, Porto, 2001, 163 ss., *Admissibilidade de um acordo entre transmitente e transmissário no sentido de excluir a transmissão de contratos de trabalho*, QL, 2003, 21, 99-103, e ainda *Algumas questões sobre a empresa e o direito do trabalho no novo Código do Trabalho, in A Reforma do Código do Trabalho*, Coimbra, 2004, 437-474 (460 ss.), bem como, nas obras laborais gerais, MÁRIO PINTO / / FURTADO MARTINS / NUNES DE CARVALHO, *Comentário às Leis do Trabalho*, I *cit.*, 174 ss., ROMANO MARTINEZ / L. M. MONTEIRO / J. VASCONCELOS / P. MADEIRA DE BRITO / G. DRAY / L. GONÇALVES DA SILVA, *Código do Trabalho Anotado cit.*, 801 ss. (anotação de JOANA VASCONCELOS), L. MENEZES LEITÃO, *Código do Trabalho Anotado cit.* 246 ss., MONTEIRO FERNANDES, *Direito do Trabalho cit.*, 261 ss., ROMANO MARTINEZ, *Direito do Trabalho cit.*, 770 ss., JÚLIO GOMES, *Direito do Trabalho cit.*, 808 ss., LEAL AMADO, *Contrato de Trabalho cit.*, 201 ss., ROSÁRIO PALMA RAMALHO / MADEIRA DE BRITO, *Contrato de Trabalho na Administração Pública cit.*, 83 ss., e ainda especificamente sobre a proble-

tratual do empregador, em decorrência da transmissão da sua empresa ou do seu estabelecimento.

O fenómeno da transmissão da empresa ou do estabelecimento encontrava-se tratado no art. 37.° da LCT e consta actualmente dos arts. 285.° ss. do CT. A matéria é também objecto de legislação comunitária na Dir. 2001/23/CE, de 12 de Março de 2001[7], que se ocupa da tutela dos direitos dos trabalhadores do estabelecimento objecto de transmissão e cuja transposição para o direito nacional é formalmente indicada no art. 2.° l) do Diploma Preambular ao Código[8].

**II.** Os aspectos essenciais do regime jurídico da transmissão do estabelecimento ou da empresa – que decorriam já da LCT (art. 37.°) e do CT de 2003 (arts. 318.° ss.) – são quatro.

Em primeiro lugar, verifica-se a assunção, por parte do adquirente da unidade empresarial, da posição jurídica de empregador relativamente aos contratos de trabalho vigentes ao tempo da transmissão, independentemente da anuência do trabalhador e exceptuado o caso de este continuar ao serviço do primeiro empregador noutro estabelecimento deste (art. 285.° n.° 1). Em segundo lugar, transmite-se também para o adquirente da empresa ou do estabelecimento, de forma automática, a responsabilidade

---

mática da transmissão da empresa ou do estabelecimento no contexto da constituição, modelação ou reestruturação dos grupos empresariais ou societários, ROSÁRIO PALMA RAMALHO, *Grupos Empresariais e Societários... cit.*, 553 ss. Sobre este tema na doutrina estrangeira, entre outros, P. RESCIGNO, *Crisi dell'impresa, trasferimento di azienda e rapportti di lavoro, in Problemi attuali dell'impresa in crisi. Studi in onore di Giuseppe Ferri*, Padova, 1983, 283-292, U. CARABELLI, *Alcune riflessioni sulla tutela dei lavoratori nei transferimenti di azienda: la dimensione individuale*, RIDL, 1995, I, 41-79, SCONAMIGLIO, *Diritto del lavoro cit.*, 504 ss., ou PÉLISSIER / SUPIOT / JEAMMAUD, *Droit du travail cit.*, 363 ss.

[7] Esta Directiva substituiu uma outra directiva comunitária sobre a mesma matéria – a Dir. n.° 77/187/CEE, de 14 de Fevereiro de 1977, alterada pela Dir. n.° 98/50/CE, de 29 de Junho de 1998. Esta sucessão de iniciativas legislativas evidencia a atenção continuada do direito comunitário a esta matéria, na perspectiva da tutela dos trabalhadores afectados pela transmissão. Sobre a evolução desta matéria no âmbito do direito comunitário, por todos, BLANPAIN / JAVILLIER, *Droit du travail communautaire cit.*, 286 ss., e ROSÁRIO PALMA RAMALHO, *Direito Social da União Europeia cit.*, 91 ss.

[8] Especificamente quanto à compatibilidade entre o direito nacional e o direito comunitário nesta matéria, JÚLIO GOMES, *O conflito... cit., passim*, e LIBERAL FERNANDES, *Transmissão do estabelecimento... cit.*, 213 ss.

pelo pagamento de coima aplicada ao transmitente pela prática de contra-ordenação laboral (art. 285.° n.° 1, *in fine*). Em terceiro lugar, o transmitente e o transmissário responsabilizam-se solidariamente por eventuais créditos dos trabalhadores contra o primitivo empregador, (art. 285.° n.° 2). Por fim, o negócio transmissivo investe também o transmissário no conjunto das obrigações que advinham para o transmitente de instrumento de regulamentação colectiva do trabalho vigente na empresa ou no estabelecimento transmitido, independentemente de o transmissário ter outorgado ou não tal instrumento colectivo (é o regime estabelecido pelo art. 498.° do CT).

*Estes pontos essenciais do regime permitem concluir que a figura da transmissão do estabelecimento ou da empresa prossegue um duplo objectivo*: de uma parte, pretende-se assegurar a plena liberdade do empresário nos negócios que celebra com respeito à sua empresa ou a parte dela, em prossecução do princípio constitucional da livre iniciativa económica e no exercício do seu poder de organização empresarial[9] e dispensando-se a anuência dos trabalhadores do estabelecimento ou empresa transmitidos[10]; de outra parte, pretende-se evitar que os trabalhadores sejam afectados na sua posição contratual (e nos créditos que dela decorram contra o primeiro empregador), por efeito da transmissão da posição contratual do empregador, pelo que os respectivos contratos acompanham o estabelecimento ou a empresa transmitida automática e independentemente da vontade do transmissário.

Este regime (que é similar ao de outras situações, como, por exemplo, o regime da transmissão do prédio arrendado, para protecção do arrendatário), evidencia a dimensão organizacional do vínculo laboral, na medida em que valoriza a ligação incindível do contrato de trabalho com a organização no seio da qual se desenvolve.

**III.** Mantendo os aspectos essenciais da figura da transmissão do estabelecimento ou da empresa, o Código do Trabalho de 2003 introduziu modificações consideráveis no regime jurídico anterior desta matéria, que constava do art. 37.° da LCT. O actual Código do Trabalho manteve, no essencial, o regime do Código anterior, com pequenas alterações (nomea-

---

[9] *Supra*, § 28.°, ponto 103.2.

[10] Sobre a dispensa do consentimento do trabalhador cedido para a transmissão, Ac. STJ de 9/11/1994, CJ (STJ), 1994, III, 287.

damente, quanto à responsabilidade pelo pagamento da coima e quanto ao aviso para reclamação dos créditos).

Em boa parte, o actual regime desta figura decorre da directiva comunitária sobre esta matéria – assim, quanto ao sentido amplo de transmissão a ter em conta para este efeito, bem como relativamente ao conceito de unidade empresarial transmitida, e ainda no que respeita à intervenção dos trabalhadores neste processo. Ainda assim, há aspectos diferentes do regime da LCT, que não têm origem no direito comunitário – é o caso do regime de exclusão dos trabalhadores (ou de parte deles) do efeito transmissivo.

Para além do conteúdo essencial acima focado, devem ser destacados os seguintes aspectos no regime jurídico da figura da transmissão da empresa ou do estabelecimento: o problema da determinação do fenómeno transmissivo para efeitos da sujeição a este regime; a questão da delimitação das situações de exclusão do regime de acompanhamento dos contratos de trabalho; a questão da participação dos trabalhadores no processo de transmissão; e o regime de tutela dos créditos dos trabalhadores abrangidos pela transmissão.

**IV.** O *âmbito de aplicação do regime da transmissão do estabelecimento ou da empresa* é delimitado no art. 285.° pela conjugação de dois critérios: um critério que atende ao negócio transmissivo; e um critério que atende à unidade empresarial sobre a qual incide aquele negócio.

Quanto ao *âmbito do fenómeno transmissivo*, é qualificada como transmissão, para efeitos da sujeição a este regime legal, não apenas a mudança da titularidade da empresa ou do estabelecimento, por qualquer título (i.e., uma transmissão definitiva, por efeito de trespasse, fusão, cisão ou venda judicial), mas também a transmissão, a cessão ou a reversão da exploração da empresa ou do estabelecimento sem alteração da respectiva titularidade (i.e., uma transmissão das responsabilidades de gestão a título temporário, embora estável) – art. 285.° n.os 1 e 3.

Deste modo, o conceito de transmissão para este efeito é especialmente amplo, abrangendo todas as alterações estáveis (mas não necessariamente definitivas) na gestão do estabelecimento ou da empresa[11]. Por

---

[11] Era já este o entendimento da maioria da jurisprudência, em interpretação do art. 37.° da LCT, não obstante a redacção daquela norma permitir uma leitura mais restritiva,

outro lado, os termos amplos do art. 285.° viabilizam a aplicação deste regime não apenas a transmissões da titularidade ou da exploração de unidades negociais no âmbito do sector privado, mas também a transmissões que envolvam os sectores público e privado – assim, caem sob a alçada da norma as concessões de serviços públicos a entes privados ou outras formas de cedência da exploração de actividades públicas a entes privados, bem como a respectiva reversão[12-13].

Com a adopção deste conceito amplo de negócio transmissivo, o Código não só se coloca em linha com o conceito correspondente na Dir. n.° 2001/23 (art. 1.°), que resulta, aliás, da interpretação da jurisprudência comunitária, como dissipa as dúvidas, que se tinham suscitado anteriormente na nossa jurisprudência, sobre a sujeição a este regime de algumas situações, com destaque para a reversão da exploração para o cedente e para as concessões da exploração a sucessivos cessionários, pelo facto de não envolverem um negócio translativo da propriedade sobre a empresa ou o estabelecimento[14].

O segundo critério a ter em conta para a fixação do âmbito de aplicação do regime laboral da transmissão do estabelecimento tem a ver com o *objecto do negócio transmissivo*.

---

e este entendimento consolidou-se com o Código do Trabalho de 2003 – sobre o ponto, considerando que há transmissão do estabelecimento para efeitos da sujeição a este regime em situações de concessão de exploração, por exemplo, o Ac. STJ de 12/03/2009 (N.° 08S3440), e o Ac. RLx. de 13/02/2008 (N.° 10037/2007-4), ambos em http://jurisprudencia.no.sapo.pt; e ainda salientando o significado amplo do conceito de transmissão para efeitos desta norma, o Ac. Rc de 23/03/2006 (N.° 372/06), http://jurisprudencia.no.sapo.pt. É também este entendimento amplo do fenómeno transmissivo que decorre da Directiva comunitária na matéria. Para mais desenvolvimentos sobre o conceito de transmissão envolvido nesta matéria, *vd*. Rosário Palma Ramalho, *Grupos Empresariais e Societários... cit.*, 558 ss.

[12] Ainda assim, deve ter-se em conta a norma de exclusão do âmbito de incidência, que consta do art. 1.° n.° 1 c) da Directiva.

[13] Em todo o caso, sempre diremos que é necessária a prossecução da mesma actividade económica na esfera do adquirente. Assim, não configura transmissão do estabelecimento o caso de encerramento definitivo da empresa, a que se se seguem actos de liquidação do respectivo património pelos credores, que podem mesmo envolver a continuação da actividade por mais algum tempo. Apreciando justamente uma situação deste tipo, *vd* o Ac. STJ de 25/02/2009 (N.° 08S2309), www.dgsi.pt.

[14] Em especial sobre este ponto, Júlio Gomes, *O conflito... cit.*, 77 ss., e ainda *A jurisprudência... cit.*, 481 ss., bem como Joana Simão, *A transmissão do estabelecimento... cit.*, 203 ss., e Catarina Carvalho, *Algumas questões sobre a empresa... cit.*, 462 ss.

Embora a epígrafe do art. 285.° aponte formalmente para a transmissão «de empresa ou estabelecimento», o n.° 1 deste artigo sujeita também a este regime os fenómenos transmissivos (no sentido amplo acima referido) que tenham como objecto «parte da empresa ou do estabelecimento que constitua uma unidade económica». Para operacionalizar este critério, o art. 285.° n.° 5 considera que a parte de empresa ou de estabelecimento constitui uma unidade económica quando corresponda a um conjunto de meios organizados para o exercício de uma actividade económica, principal ou acessória.

A aplicação do conceito de unidade económica para este efeito foi introduzida pelo CT de 2003, em decorrência da Directiva comunitária, e alarga consideravelmente o âmbito de aplicação da figura da transmissão do estabelecimento. Chama-se, contudo, a atenção para o carácter algo vago da noção de unidade económica, que carece de concretização. Para este efeito, o critério a ter em conta não deve ser o da organização formal da empresa (em secções ou serviços), mas antes o critério económico da possibilidade de individualização de uma parte da sua actividade numa unidade negocial autónoma. Por outras palavras, o que parece decisivo para a equiparação da transmissão de «parte» da empresa ou do estabelecimento à transmissão da própria empresa ou do próprio estabelecimento é o *conceito de unidade de negócio*[15].

Por fim, no que se refere ao *universo de trabalhadores abrangidos pela transmissão*, decorre da fórmula ampla do art. 285.° n.° 1 («respectivos trabalhadores»), que a transmissão da posição jurídica do empregador, inerente à operação de transmissão da unidade económica em questão,

---

[15] Assim, por exemplo, se numa fábrica de automóveis se produzem, de um modo diferenciado mas não correspondente formalmente a dois estabelecimentos, duas marcas de automóveis, cada uma das linhas de produção pode corresponder a uma unidade de negócio, para efeitos desta norma. Como observa Catarina Carvalho, *Algumas questões sobre a empresa... cit.*, 461, o conceito laboral de unidade económica para este efeito é, ainda assim, mais amplo, do que o conceito equivalente de Direito Comercial. Para a concretização deste conceito, a autora propugna a adopção do critério da autonomia organizatória da unidade em questão. Na nossa jurisprudência, este conceito amplo de estabelecimento, reportado à ideia de unidade de negócio, tem sido considerado, para efeitos desta norma (ainda que, quase sempre, à luz do art. 37.° da LCT), em diversos casos relativos à transmissão de contratos entre empresas de limpeza que laboram por empreitada para outras entidades – por exemplo, Ac. REv. de 11/04/2000, CJ, 2000, II, 296, e ainda o Ac. RLx. de 29/09/2004, CJ, 2004, IV, 158.

opera em relação a todos os trabalhadores daquela unidade que não sejam expressamente exceptuados (nos termos do art. 285.° n.° 4 ou por acordo com o primeiro empregador) e independentemente da situação concreta dos respectivos contratos.

Deste modo, transmitem-se quer os contratos celebrados por tempo indeterminado quer os contratos a termo, e transmitem-se tanto os contratos cujos trabalhadores estejam em efectividade de funções como os contratos suspensos[16].

**V.** O segundo aspecto do regime jurídico da figura da transmissão da empresa ou do estabelecimento, que deve ser salientado, tem a ver com a *delimitação das situações de exclusão do regime de acompanhamento dos contratos de trabalho*.

No âmbito da LCT, não acompanhavam a transmissão da empresa ou do estabelecimento os trabalhadores que, por acordo entre o transmitente e o transmissário, se mantivessem ao serviço do primeiro noutro estabelecimento ou serviço daquele (art. 37.° n.° 1 da LCT). Esta norma foi, reiteradamente, considerada incompatível com o Direito Comunitário, por permitir contornar o objectivo de tutela dos trabalhadores prosseguido pela figura da transmissão do estabelecimento, uma vez que permitia ao transmissário escolher os trabalhadores com que pretendia ficar, em detrimento dos restantes[17].

A matéria é agora regulada pelo art. 285.° n.° 4 do CT em moldes correspondentes ao Código anterior mas diferentes da LCT e que justificam uma reflexão mais aprofundada.

A possibilidade de um acordo entre o transmitente e o transmissário da unidade económica, com vista à exclusão de parte dos trabalhadores das consequências do negócio transmissivo, mediante a transferência dos mesmos para outro estabelecimento da empresa, deixou de ser contemplada na lei.

O principal aspecto do regime da figura, quanto a este ponto, decorre actualmente do art. 285.° n.° 4 (que corresponde a regime introduzido no

---

[16] Neste sentido, o Ac. RLx. de 3/11/2004, CJ, 2004, V, 147, entendeu que também se consideravam transmitidos os contratos de trabalho que estavam suspensos à data da operação de transmissão.

[17] Por todos, quanto a esta crítica, JÚLIO GOMES, *O conflito... cit.*, 155.

Código anterior – art. 319.°) e consiste na possibilidade de obviar à aplicação da regra geral da transmissão automática da posição de empregador, em resultado da transmissão da empresa ou do estabelecimento, através do recurso ao regime da transferência do local de trabalho. Com efeito, nos termos desta norma, em caso de transmissão do estabelecimento ou de parte da empresa ou do estabelecimento, não acompanham o negócio transmissivo os trabalhadores que, até ao momento da transmissão, tenham sido transferidos para outro estabelecimento ou parte da empresa ou do estabelecimento, para aí se manterem ao serviço do transmitente, não se sujeitando esta transferência colectiva ao acordo dos trabalhadores mas antes ao regime da mudança do local de trabalho, disposto no art. 194.° do CT (art. 285.° n.° 4 *in fine*).

Esta remissão do Código para o regime do art. 194.° coloca, todavia, as maiores dúvidas, não só porque este regime não carece do acordo dos trabalhadores como também pelo carácter genérico da própria remissão. É que, contemplando o art. 194.° duas situações que se sujeitam a regimes diferentes (a mudança individual do local de trabalho, e a mudança colectiva, previstas, respectivamente nas alíneas a) e b) do n.° 1 do art. 194)[18], suscita-se a dúvida sobre o alcance da remissão: em concreto, está em causa saber se o trabalhador pode recusar a transferência neste contexto, alegando prejuízo sério pela mudança do local de trabalho – o que poderia fazer em caso de transferência individual (art. 194.° n.° 1 b)) – o que lhe permitiria manter o local de trabalho, e, na sequência, acompanhar o estabelecimento na subsequente transmissão do mesmo; ou se tem obrigatoriamente que se sujeitar à transferência (como mudança colectiva do local de trabalho), restando-lhe a possibilidade de resolver o contrato em caso de prejuízo sério decorrente da mudança de local de trabalho (art. 194.° n.° 5).

Consoante o empregador pretenda transferir todos os trábalhadores que integram um estabelecimento ou parte de estabelecimento ou um mais trabalhadores individualizados, será aplicado o regime da transferência colectiva ou o regime da mudança individual do local de trabalho. A verdade, porém, é que, pelo menos no caso da transferência colectiva, a solução que decorre do art. 194.° n.° 1 a) e n.° 5 CT desprotege fortemente os trabalhadores, já que esta transferência é decidida unilateralmente pelo

[18] Como vimos oportunamente – *supra*, § 26.°, pontos 91.2. e 91.3.

empregador e os trabalhadores não podem optar antes por acompanhar o estabelecimento que venha a ser transmitido.

Com este regime, torna-se, pois, mais fácil iludir o escopo tutelar da figura da transmissão da empresa ou do estabelecimento, que preserva os contratos de trabalho dos trabalhadores perante o negócio transmissivo. Perante o actual sistema, a situação jurídica destes trabalhadores poderá ser afectada, para tanto bastando que, tendo em vista a futura transmissão da unidade económica, o empregador, ao abrigo do art. 194.° n.° 1 a), transfira os respectivos trabalhadores para um outro estabelecimento ou local (cujo destino poderá decidir mais tarde[19]), aumentando assim o valor do estabelecimento a transmitir com o inerente esvaziamento dos encargos laborais que a presença de trabalhadores lhe associa necessariamente e celebrando então o seu negócio de transmissão do mesmo, porventura com uma mais valia superior. O carácter gravoso deste regime, do ponto de vista das garantias dos trabalhadores, merece ser realçado, devendo, para ultrapassar esta dificuldade, exigir-se que o fundamento objectivo da transferência dos trabalhadores não seja o próprio negócio de transmissão e, em última análise, fazendo apelo ao princípio geral do abuso do direito (art. 334.° do CC), para inviabilizar a utilização deste regime pelo empregador em condições que extravasem os respectivos limites funcionais – ou seja, no caso, com o intuito de defraudar, através do expediente da transferência dos trabalhadores, o objectivo de salvaguarda da sua situação jurídica perante o negócio entre o transmitente e o transmissário da empresa ou do estabelecimento.

Em todo o caso, sempre se dirá que, embora não seja admissível a oposição global dos trabalhadores, quer à transmissão dos seus contratos por efeito do negócio de transmissão do estabelecimento ou da empresa, ao abrigo ao art. 285.°, quer à sua própria transferência colectiva para outro estabelecimento ou serviço, ao abrigo do art. 194.° n.° 1 a), uma vez que, do ponto de vista de cada trabalhador, esta transferência constitui uma modificação objectiva do contrato, ele poderá resolver o contrato com justa causa, nos termos do art. 394.° n.° 3 b) do CT, assistindo-lhe ainda o direito a ser indemnizado se conseguir provar o prejuízo sério que para ele decorreria da mudança do local de trabalho, nos termos do art. 194.° n.° 5.

---

[19] E que poderá até ser a extinção, com a inerente sujeição dos trabalhadores ao despedimento colectivo.

Questão diferente – que foi suscitada no âmbito da LCT, mas que se mantém pertinente perante o Código do Trabalho, uma vez que o Código não se debruça especificamente sobre este ponto – é a da *possibilidade de oposição individual do trabalhador à transmissão do seu contrato de trabalho na sequência do negócio de transmissão da empresa ou do estabelecimento*, podendo dessa oposição decorrer o direito de manter o contrato com a empresa cedente[20].

A nosso ver, os valores em jogo no instituto da transmissão da empresa ou do estabelecimento não são compatíveis com uma oposição do trabalhador à transmissão do seu contrato, que possa ter como consequência a manutenção do seu vínculo com o primeiro empregador, não só porque a transmissão do contrato é uma consequência do negócio transmissivo, que é independente da vontade das partes, mas também porque o regime da transmissão não acautela apenas os interesses dos trabalhadores mas também os interesses de gestão do empregador, nos termos acima indicados.

Contudo, sendo certo que, do ponto de vista negocial, a transmissão da posição jurídica do empregador envolve uma alteração substancial do contrato de trabalho de cada trabalhador (que, em última análise, contraria o princípio geral da liberdade contratual, na vertente da liberdade de escolha do parceiro negocial), não será possível impor ao trabalhador um novo empregador. Assim, caso não queira acompanhar o estabelecimento transmitido, o trabalhador opor-se-á à transmissão do seu próprio contrato de trabalho e, como efeito dessa oposição, poderá recorrer à resolução do contrato com justa causa, nos termos do art. 394.° n.° 3 b) do CT (i.e, com fundamento na alteração substancial das condições de trabalho ao abrigo dos poderes do empregador)[21], poderá resolver o contrato com fundamento no art. 394.° n.° 2 b) ou e) do CT, se provar que a operação de transmissão correspondeu a um intuito frau-

---

[20] Sobre o ponto, em estudo muito completo e, designadamente, colocando o problema da eventual incompatibilidade do regime nacional da transmissão do estabelecimento com o direito comunitário, por força da impossibilidade de oposição do trabalhador à transmissão do seu contrato de trabalho, JÚLIO GOMES, *A jurisprudência recente... cit.*, 519, bem como CATARINA CARVALHO, *Admissibilidade de um acordo entre transmitente e transmissário... cit., passim*; e, colocando já o problema no contexto do Código do Trabalho, ainda CATARINA CARVALHO, *Algumas questões... cit.*, 471 ss.

[21] Neste sentido, ROMANO MARTINEZ, *Direito do Trabalho cit.*, 733.

dulento[22], com direito à indemnização correspondente (art. 396.° n.° 1), e poderá ainda denunciar o contrato com aviso prévio, nos termos do art. 400.° n.° 1 do CT[23].

Por outro lado, embora não seja consagrada expressamente na lei, a possibilidade de um acordo entre o trabalhador e o empregador transmitente, para que o primeiro se mantenha ao serviço do segundo noutro estabelecimento, não acompanhando o estabelecimento transmitido, decorre das regras gerais da modificação dos contratos por acordo das partes (art. 406.° n.° 1 do CC).

**VI.** O carácter gravoso do regime de exclusão do efeito transmissivo, nos termos do art. 285.° n.° 4 do CT, atribui especial significado à *participação dos trabalhadores no processo tendente à transmissão da empresa ou do estabelecimento*, que a lei contempla em conformidade com as normas comunitárias[24].

Nesta linha, a lei impõe ao transmitente e ao adquirente da unidade económica objecto da transmissão os seguintes deveres:

i) *Dever de informação dos representantes dos trabalhadores* (sendo como tal consideradas as comissões de trabalhadores, as comissões sindicais e intersindicais e os delegados sindicais) ou, na sua falta, os próprios trabalhadores, da operação em curso, da

---

[22] Por exemplo, se o objectivo da transmissão tiver sido, a prazo, fazer cessar os contratos de trabalho daqueles trabalhadores na empresa cessionária.

[23] Contra, admitindo que da oposição do trabalhador à transmissão possa decorrer a manutenção do seu vínculo laboral com o empregador transmitente, CATARINA CARVALHO, *Algumas questões... cit.*, 473 s., e JÚLIO GOMES, *A jurisprudência recente... cit.*, 521. Apenas no caso de o empregador não possuir outro posto de trabalho susceptível de ser ocupado pelo trabalhador, estes autores entendem que o contrato poderá caducar, devendo aplicar-se o art. 343.° do CT. Quanto à jurisprudência mais recente, o Ac. STJ de 22/09/2004, CJ (STJ), 2004, III, 254), considerou admissível a oposição do trabalhador à transmissão do seu contrato e compatível com a natureza *ex lege* da transmissão do estabelecimento, com fundamento no direito constitucional ao trabalho e à manutenção do posto de trabalho, ainda que sem dele retirar consequências práticas no caso; e o Ac. RLx. de 29/09/2004, CJ, 2004, IV, 158, considerou (aliás, fazendo apelo directo ao direito comunitário nesta matéria) que tal oposição era admissível se a transmissão do contrato pusesse em causa a dignidade do trabalhador, mas, de novo, não retirou consequências práticas dessa oposição. Para mais desenvolvimentos sobre este ponto, *vd.* ROSÁRIO PALMA RAMALHO, *Grupos Empresariais e Societários... cit.*, 563 ss.

[24] Art. 7.° da Dir. n.° 2001/23.

sua data e motivações, dos respectivos efeitos para os trabalhadores e das medidas projectadas para estes (art. 286.° n.os 1 e 4). Esta informação deve revestir forma escrita e deve ser prestada, em tempo útil, antes da transmissão ou até 10 dias antes da consulta dos representantes dos trabalhadores sobre as medidas a adoptar em relação aos trabalhadores afectados (art. 286.° n.° 2).

ii) *Dever de consulta dos representantes dos trabalhadores* previamente à transmissão, com vista a chegar a um acordo quanto às medidas a tomar em relação aos trabalhadores abrangidos (art. 286.° n.° 3).

A violação dos deveres constantes deste artigo constitui contra-ordenação leve, nos termos do art. 286.° n.° 5. Mas, sendo a lei omissa sobre outras consequências da frustração do acordo relativo às medidas a tomar em relação aos trabalhadores da unidade económica a transmitir, bem como sobre as consequências laborais da inobservância do dever de informação, coloca-se a questão de saber se a transmissão se pode manter nestas situações.

Do nosso ponto de vista, revestindo a participação dos trabalhadores e das suas estruturas representativas neste processo um carácter consultivo, a não obtenção do acordo quanto às medidas a tomar em relação aos trabalhadores abrangidos e mesmo a violação dos deveres de informação e consulta dos representantes dos trabalhadores não pode inviabilizar a transmissão, uma vez que esta operação é uma projecção do direito constitucional de livre iniciativa económica do empregador.

A lei estabelece ainda regras de preservação das estruturas de representação dos trabalhadores da unidade económica transmitida, bem como de extensão da tutela conferida aos representantes dos trabalhadores, após a transmissão (art. 287.° do CT).

**VII.** Um outro aspecto a realçar no regime da transmissão da empresa ou do estabelecimento é o aspecto da *tutela dos créditos laborais dos trabalhadores*.

A este respeito dispõe o art. 285 n.° 2, que estabelece a regra da responsabilidade solidária do transmitente e dos adquirente pelos créditos laborais dos trabalhadores sobre o primeiro empregador. Nos termos desta norma, durante o período de um ano subsequente à transmissão, o transmitente responde solidariamente com o transmissário pelas obrigações vencidas até à data da transmissão[25]. Como decorre da norma, incluem-se aqui quaisquer créditos do trabalhador sobre o primitivo empregador e não apenas os créditos remuneratórios (assim, o trabalhador poderá, por exemplo, exigir do adquirente o gozo de um período de férias vencido antes da transmissão mas ainda não usufruído). Além disso, a lei não estabelece qualquer limite temporal para a responsabilidade solidária do adquirente e do transmitente pelos referidos créditos. Por fim, sendo esta responsabilidade solidária, o trabalhador pode reclamar os créditos directamente ao adquirente do estabelecimento ou ao transmitente do mesmo.

Neste ponto, o actual Código do Trabalho diverge da solução do CT de 2003, que condicionava o funcionamento desta responsabilidade solidária a um aviso, afixado nos locais de trabalho, sobre a operação de transmissão, e a uma reclamação dos créditos pelos trabalhadores junto do novo empregador na sequência de tal aviso. Na falta de tal reclamação, cujo ónus recaía, pois, sobre os trabalhadores, os créditos continuariam a ser da exclusiva responsabilidade do transmitente (art. 319.° n.° 3 do CT de 2003).

Esta norma do CT de 2003 tinha como objectivo evitar a oneração da posição jurídica do adquirente do estabelecimento com o surgimento de créditos surpresa dos trabalhadores, após a consumação do negócio transmissivo. Contudo, ela limitava de certa forma a tutela dos trabalhadores nesta vicissitude, uma vez que condicionava o regime de solidariedade.

Não tendo esta norma transitado para o novo Código, decorre agora de um modo mais claro do regime legal que transmitente e transmissário são solidariamente responsáveis por todos e quaisquer créditos do trabalhador contra o transmitente, independentemente da data do seu vencimento e durante o ano subsequente à transmissão. É uma solução que favorece mais os trabalhadores.

De outra parte, tendo em conta o âmbito amplo do conceito de operação de transmissão, para efeitos de sujeição ao regime desta norma, deve ainda atentar-se no modo especial de funcionamento da regra da responsabilidade solidária, no caso de estar em causa não um negócio translativo da propriedade mas uma operação de transmissão da exploração da empresa ou do estabelecimento a qualquer título. Neste caso, rege o art. 285.°

---

[25] O art. 37.° da LCT sujeitava este regime às dívidas vencidas nos seis meses anteriores à transmissão. O Código de 2003 eliminou este limite temporal, reforçando assim o regime da responsabilidade solidária, solução que se mantém no Código actual.

n.° 3, que atribui a responsabilidade solidária ao cessionário e à entidade que imediatamente o antecedeu na exploração da unidade económica objecto do negócio.

Por fim, ainda neste ponto, chama-se a atenção para a necessidade de compatibilizar este regime com o regime especial de solidariedade pelos créditos laborais dos trabalhadores, quando o respectivo empregador esteja integrado num grupo societário. Este regime especial, que consta do art. 334.° e que já apreciámos oportunamente, pode conflituar com o regime do art. 285.° n.° 2 na medida em que as operações de constituição ou de modelação de grupos societários podem envolver uma transmissão de empresa ou de estabelecimento (assim, por exemplo, um grupo societário que se constitui através da cisão de duas sociedades). Neste caso, havendo créditos, os trabalhadores poderão socorrer-se de qualquer um destes regimes de solidariedade, desde que se verifiquem os respectivos pressupostos[26].

**VIII.** Apreciado o regime da transmissão da empresa e do estabelecimento, cabem duas observações finais: a primeira é para concluir sobre a natureza jurídica da figura da transmissão da posição de empregador, por efeito da transmissão da empresa ou do estabelecimento; a segunda é para distinguir esta figura da figura próxima da cessão da posição contratual do empregador.

*O regime legal confirma a transmissão da posição jurídica do empregador, que decorre do negócio transmissivo, como um caso de subrogação legal*, já que o transmissário assume a posição negocial do transmitente junto da contraparte deste no contrato de trabalho, por imposição da lei e independentemente da vontade do outro contraente (no caso, o trabalhador)[27].

---

[26] Para mais desenvolvimentos sobre este ponto, *vd.* ROSÁRIO PALMA RAMALHO, *Grupos Empresariais e Societários... cit.*, 568 ss.

[27] Já sustentando esta qualificação da figura, em reporte ao art. 37.° da LCT, MOTA PINTO, *Cessão da Posição Contratual cit.*, 84 e 90 ss., bem como COUTINHO DE ABREU, *A empresa e o empregador... cit.*, 298, MENEZES CORDEIRO, *Manual de Direito do Trabalho cit.*, 774 s., BERNARDO XAVIER, *Curso de Direito do Trabalho cit.*, 311, e CATARINA CARVALHO, *Algumas questões sobre a empresa... cit.*, 460. Na jurisprudência, o Ac. STJ de 22/09/2004, CJ (STJ), 2004, III, 254, reconduziu também a figura a um caso de subrogação legal.

Por outro lado, esta qualificação facilita a *distinção entre a figura da transmissão da empresa ou do estabelecimento e a figura próxima da cessão da posição contratual do empregador*[28]. Neste último caso, a transmissão da posição jurídica do empregador decorre de um acordo entre o cedente (o empregador inicial) e o cessionário (o empregador subsequente), mas exige-se a anuência do trabalhador, de acordo com o regime geral da figura da cessão da posição contratual, constante do art. 424.° do CC.

Os acordos de cessão da posição contratual de empregador são de recurso frequente, nomeadamente no contexto dos grupos empresariais (onde funcionam como mecanismo de mobilidade dos trabalhadores entre as empresas do grupo[29]) e o seu principal atractivo é, obviamente, assegurar ao trabalhador que ele mantém, na nova empresa, o estatuto que já detinha no âmbito da empresa cedente, com as inerentes vantagens ao nível do desenvolvimento do vínculo, designadamente no que toca à antiguidade.

Embora alguma doutrina manifeste reservas em relação à admissibilidade dos acordos de cessão da posição contratual do empregador, tais acordos têm sido admitido pela jurisprudência[30]. É o entendimento que julgamos mais correcto, porque a figura da cessão da posição contratual tem um domínio de aplicação útil no campo laboral e não se confunde com outras figuras (designadamente com a figura de cedência ocasional de trabalhadores, cujo escopo é antes uma alteração temporária do estatuto do trabalhador através da sua inserção na órbita de outro credor do trabalho). Não há pois razões para a excluir, enquanto manifestação da autonomia privada que prossegue interesses dignos de tutela jurídica.

---

[28] Sobre a aplicação laboral desta figura, MOTA PINTO, *Cessão da Posição Contratual cit.*, 449 ss., COUTINHO DE ABREU, *Grupos de sociedades e direito do trabalho*, BFDUC, 1990, LXVI, 124-149 (141 ss.). BERNARDO XAVIER / FURTADO MARTINS, *Cessão da posição contratual laboral. Relevância dos grupos económicos. Regras de contagem da antiguidade*, RDES, 1994, 4, 369-427 (389 ss.), ou ROMANO MARTINEZ, *Direito do Trabalho cit.*, 731 s. Já numa posição mais restritiva em relação à aplicação desta figura esta figura no domínio laboral, JÚLIO GOMES, *O conflito... cit.*, 179 ss.

[29] Para mais desenvolvimentos sobre a aplicação da figura da cessão da posição contratual no contexto dos grupos empresariais ou societários, *vd* ROSÁRIO PALMA RAMALHO, *Grupos Empresariais e Societários... cit.*, 534 ss.

[30] Por exemplo, Ac. STJ de 11/11/1995, CJ (STJ) 1995, III, 298, Ac. RLx. de 15/01/1992, CJ, 1992, I, 190, e Ac. RC de 23/11/1995, CJ, 1995, V, 86.

### 115. Cedência ocasional de trabalhadores no âmbito de situações empresariais de grupo[31]

**I.** Uma outra vicissitude modificativa do contrato de trabalho, por razões de gestão, é a denominada cedência ocasional de trabalhadores. A cedência ocasional é uma figura de mobilidade dos trabalhadores típica do contexto dos grupos de empresas ou no quadro de colaboração empresarial. Neste contexto específico, a figura da cedência ocasional permite ultrapassar as dificuldades de movimentação dos trabalhadores entre as empresas, que decorrem das suas garantias gerais em matéria funcional (o princípio da invariabilidade da prestação – art. 118.° n.° 1 do CT) e em matéria geográfica (o princípio da inamovibilidade – art. 129.° n.° 1 f) do CT).

Trata-se, pois, de um importante instrumento de maleabilização dos recursos humanos no âmbito dos grupos empresariais, contribuindo, nessa medida, para a flexibilização do Direito do Trabalho. Noutra perspectiva, a figura da cedência ocasional põe em destaque o elemento organizacional do vínculo laboral, que tem aqui uma projecção muito especial, na medida em que transcende os limites da organização formal do empregador.

**II.** Tradicionalmente, o sistema jurídico nacional não foi receptivo a esta forma de disponibilização dos trabalhadores pelo empregador a terceiros, já que este tipo de prática é associado a uma certa «mercantilização»

---

[31] Em especial sobre esta matéria, A. Dias Coimbra, *Grupo societário em relação de domínio total e cedência ocasional de trabalhadores. Atribuição de prestação salarial complementar*, RDES, 1990, 115-154, Coutinho de Abreu, *Grupos de sociedades e direito do trabalho cit.*, 138 ss., M. Regina Redinha, *Da cedência ocasional de trabalhadores*, QL, 1994, 1, 16-23, bem como *A Relação Laboral Fragmentada cit.*, 152 ss., P. Romano Martinez, *Cedência ocasional de trabalhadores: quadro jurídico*, ROA, 1999, III, 859--870, C. Afonso Reis, *Cedência de Trabalhadores*, Coimbra, 2000, Catarina Carvalho, *Da Mobilidade dos Trabalhadores... cit.*, 258 ss., J. Zenha Martins, *Cedência de Trabalhador e Grupos de Empresas*, Coimbra, 2002, e *Definição e condições gerais da cedência ocasional de trabalhadores no Código do Trabalho,* QL, 2005, 25, 77-110, Júlio Gomes, *Direito do Trabalho cit.*, 836 ss., Romano Martinez / L. M. Monteiro / J. Vasconcelos / / Madeira de Brito / G. Dray / Gonçalves da Silva, *Código do Trabalho Anotado cit.*, 811 ss. (anotação de Guilherme Dray), Menezes Leitão, *Código do Trabalho Anotado cit.*, 249 ss., Romano Martinez, *Direito do Trabalho cit.*, 777 ss., Rosário Palma Ramalho / Madeira de Brito, *Contrato de Trabalho na Administração Pública cit.*, 73 ss., e ainda Rosário Palma Ramalho, *Grupos Empresariais e Societários... cit.*, 493 ss.

da força de trabalho que repugna à singularidade genética da actividade laboral, enquanto bem jurídico, e à componente de pessoalidade do vínculo de trabalho. A desconfiança da Ordem Jurídica relativamente a esta figura evidenciou-se na sua tardia recepção legal, no princípio proibitivo geral que orientou o seu regime e na índole restritiva desse regime.

A figura da cedência ocasional de trabalhadores foi introduzida no nosso sistema jurídico em 1989, no contexto do regime jurídico originário do trabalho temporário (DL n.° 358/89, de 17 de Outubro, arts. 26.° a 30.°), figura com a qual tem algumas afinidades. Todavia, o princípio geral nesta matéria era um princípio de proibição (art. 26.° n.° 1 da LTT, na versão de 1989), e o seu regime legal revestia uma índole restritiva, que se manifestava no quadro exigido para a própria cedência (o quadro da colaboração empresarial), na imposição de limites de duração à cedência e na exigência do acordo do trabalhador para a sua efectivação, bem como em diversas normas de tutela do trabalhador no seio da entidade cessionária. Com o Código do Trabalho de 2003, que procedeu à revogação das normas da LTT sobre esta matéria, a figura foi adequadamente tratada em sede de vicissitudes do contrato de trabalho (arts. 322.° a 329.°) e o pendor excepcional do seu regime foi um pouco atenuado, nomeadamente pela admissibilidade de uma ampla intervenção dos instrumentos de regulamentação colectiva do trabalho nesta matéria.

Actualmente, a figura da cedência ocasional encontra-se regulada na Secção II do Capítulo do Código do Trabalho dedicado às vicissitudes do contrato de trabalho (arts. 288.° a 293.°), o que corresponde ao posicionamento adequado, uma vez que se trata, efectivamente, de uma vicissitude modificativa do negócio laboral, porque corresponde a uma alteração estável, ainda que temporária, do seu conteúdo. Por comparação com o regime anterior desta matéria, observa-se, no novo Código, a preocupação de redução sistemática das normas, e, em termos substanciais, algumas alterações no sentido da maior restrição da figura, nomeadamente, quanto à exigência do acordo do trabalhador como requisito geral da cedência e quanto ao âmbito de intervenção dos instrumentos de regulamentação colectiva do trabalho nesta matéria.

Na apreciação do regime da cedência ocasional cabe a análise dos seguintes aspectos: a delimitação da figura da cedência e a sua distinção de figuras próximas; a orientação geral do Código nesta matéria e a distinção das várias modalidades de cedência; a apreciação do regime da cedência legal; outros aspectos regimentais gerais.

**III.** A *noção legal de cedência* consta do art. 288.° do CT e permite identificar os seguintes *elementos essenciais* da figura[32]:

i) Do ponto do de vista do *conteúdo e do objectivo que prossegue*, a cedência ocasional é um mecanismo de disponibilização de um trabalhador pelo seu empregador a uma outra entidade, em cuja organização o trabalhador passa a desenvolver a sua actividade.

ii) Do ponto de vista das *condições subjectivas e objectivas a que obedece*, a cedência ocasional só pode abranger os trabalhadores com contrato de trabalho por tempo indeterminado, tem, necessariamente, que revestir natureza eventual (no sentido de em que é ocasional, i.e., não regular) e tem que ser temporária[33]. O carácter não regular da cedência não impede, todavia, que o trabalhador seja cedido mais do que uma vez ou a mais do que a uma entidade (art. 291.° n.° 6).

iii) Do ponto de vista da *situação jurídica do trabalhador durante a cedência ocasional*, ele mantém o vínculo contratual com o empregador cedente (a cuja organização regressa, finda a cedência) mas observa-se uma *repartição dos poderes laborais*, com a atribuição do poder directivo à entidade cessionária, no seio da qual o trabalhador é inserido, e a manutenção do poder disciplinar na titularidade do cedente, uma vez que este é o empregador[34]. Entende-se que a titularidade do poder disciplinar pelo cedente não colide com a possibilidade delegação do exercício deste poder no cessionário, uma vez que a lei não o proíbe. Contudo,

---

[32] Sobre estes elementos essenciais, em comentário a esta norma do Código do Trabalho, GUILHERME DRAY, *in* ROMANO MARTINEZ / L. M. MONTEIRO / J. VASCONCELOS / / P. MADEIRA DE BRITO / G. DRAY / L. GONÇALVES DA SILVA, *Código do Trabalho Anotado cit.*, 812 s.

[33] O carácter necessariamente não regular (i.e., ocasional) da cedência era mais explícito na noção de cedência ocasional que constava do CT de 2003 (art. 233.°), que se referia expressamente ao carácter *eventual* da cedência. Contudo, a exigência de ocasionalidade resulta da natureza da própria figura.

[34] Já tivemos oportunidade de apreciar dogmaticamente as situações de cisão dos poderes laborais, pelo que se dispensam mais desenvolvimentos.

para este efeito, será necessário subscrever a aplicação analógica do art. 329.° n.° 4 a esta situação[35], uma vez que o cessionário não é um superior hierárquico do trabalhador. Por outro lado, esta delegação do exercício do poder disciplinar é de admitir tanto para a faceta prescritiva como para a faceta sancionatória deste poder, mas, nesta última faceta, estará sempre fora de causa a aplicação da sanção disciplinar de despedimento, pelo seu efeito expulsivo.

Os elementos que integram esta noção legal permitem operar a *distinção entre a cedência ocasional e as seguintes figuras próximas*:

i) *A cessão da posição contratual do empregador e a transmissão do contrato de trabalho do trabalhador por efeito da transmissão da empresa ou do estabelecimento*. A principal diferença entre estas duas figuras e a figura da cedência ocasional reside no facto de as primeiras envolverem uma transmissão total, e não meramente parcelar, da posição jurídica do empregador e de essa transmissão ser a título definitivo, ao passo que na cedência se trata de uma alteração provisória, ainda que substancial, do contrato e se configura uma situação de desdobramento dos poderes laborais[36].

ii) *O trabalho temporário*. Esta figura, estudada oportunamente[37] tem em comum com a cedência ocasional o facto de envolver três entidades (a empresa de trabalho temporário, a empresa utilizadora e o trabalhador) e o facto de o trabalhador desenvolver a sua actividade para a entidade que não é o seu empregador. Contudo, ela distingue-se da cedência por diversos critérios: por um lado, corresponde a um contrato de trabalho especial, enquanto a cedência corresponde a uma vicissitude de um contrato de trabalho pré-existente; por outro lado, o trabalhador temporário vai desenvolver na empresa utilizadora uma actividade que não desempenhava na empresa de trabalho temporário, porque o objecto desta empresa é, justamente, a colocação de trabalhado-

[35] Como se sustentou oportunamente – *supra*, § 28.°, ponto 107.II.

[36] Sobre esta distinção, *vd*, por exemplo, o Ac. STJ de 31/10/2007 (N.° 07S1260), www.dgsi.pt.

[37] *Supra*, § 21.°, ponto 74.

res em moldes regulares, o que não sucede no caso da cedência ocasional[38].

iii) *A mudança do local de trabalho.* Tanto a mudança de local de trabalho como a cedência envolvem uma deslocação geográfica do trabalhador e ambas correspondem a uma modificação do contrato de trabalho; contudo, na cedência ocasional, o aspecto da mobilidade geográfica do trabalhador é apenas um aspecto acessório, sendo antes determinante o facto de ele prestar a sua actividade a um sujeito que não é o empregador.

iv) *A prestação de trabalho que beneficia um ente terceiro, mas ao serviço do empregador* (assim, o trabalhador cuja função implica deslocações em serviço e a intervenção em organizações de terceiros, como o trabalhador de empresa de segurança ou de limpezas industriais). Nestas situações, o trabalhador desempenha a sua actividade para o empregador e sob a orientação deste, apesar de o seu local de trabalho não corresponder às instalações da empresa; pelo contrário, na figura da cedência, o trabalhador insere-se na organização do cessionário e sujeita-se ao poder directivo deste[39].

**IV.** O *princípio geral em matéria de cedência ocasional*, no Código do Trabalho, continua a ser um princípio de proibição, que já provém do anterior Código, ainda que não seja formulado como o foi originariamente na LTT. De facto, em lugar de enunciar uma regra de proibição geral da cedência de trabalhadores para utilização por entidades terceiras, a propósito do regime da cedência (à semelhança da regra que constava do art. 26.° n.° 1 da LTT), o Código trata a matéria em sede de garantias gerais dos trabalhadores, aí incluindo a referida proibição, com a ressalva dos casos de cedência «especialmente previstos» (art. 129.° n.° 1 g)).

---

[38] No âmbito da primeira LTT, era mais difícil de estabelecer a distinção entre a cedência ocasional e o trabalho temporário, na medida em que a própria lei permitia às empresas de trabalho temporário recorrerem a esta figura (art. 27.° n.° 2 da LTT, na versão de 1989). Esta disposição, cujo conteúdo era, aliás, enigmático, não foi acolhida pelo Código do Trabalho de 2003. Sobre a distinção entre as duas figuras, *vd* o Ac. STJ de 31/10/2007 (N.° 07S1260), www.dgsi.pt.

[39] Relativamente a esta distinção, ainda o Ac. STJ de 31/10/2007 (N.° 07S1260), www.dgsi.pt, acima referido.

Todavia, na prática, este princípio geral de proibição tem, hoje, um alcance menor do que aquele que tinha no âmbito do regime anterior à codificação laboral, por força da formulação do art. 289.° do CT, que estabelece as condições de admissibilidade da cedência e admite ainda a modelação de tais condições em instrumento de regulamentação colectiva do trabalho (art. 289.° n.° 1 e n.° 2, respectivamente).

Neste ponto, observa-se também uma alteração significativa na configuração legal do regime da cedência ocasional entre o novo e o anterior Código do Trabalho, que resulta da concentração da matéria dos requisitos da figura num só artigo, mas se traduz, a final, numa restrição global do perfil convénio-dispositivo que a figura tinha, no âmbito do anterior Código.

Com efeito, o tratamento desta matéria pelo Código anterior permitia identificar duas *modalidades de cedência ocasional*: a *cedência legal*, regulada na lei; e a *cedência convencional colectiva*, prevista em norma à parte e regulada em instrumento de regulamentação colectiva do trabalho. Relativamente a esta segunda modalidade, colocou-se a questão de saber se o seu regime jurídico podia afastar o regime legal e tendo em conta a remissão ampla da lei para os instrumentos de regulamentação colectiva do trabalho, considerámos – como outros autores – que os instrumentos de regulamentação colectiva do trabalho podiam prever a figura e estabelecer o respectivo regime, com alguma latitude, inclusivamente afastando-se do regime previsto no Código, desde que não pervertessem os elementos essenciais da figura[40].

Diferentemente, no actual Código, a figura da cedência ocasional de trabalhadores parece ter uma estrutura unitária e de base legal, não só porque a lei deixou de distinguir formalmente entre a cedência legal e a cedência convencional colectiva, mas também porque limitou a intervenção dos instrumentos de regulamentação colectiva do trabalho nesta matéria à definição das «condições da cedência ocasional» (art. 289.° n.° 2). Assim, não só se mantém arredada a possibilidade de alteração do regime

---

[40] Rosário Palma Ramalho, *Direito do Trabalho cit.*, II, 2.ª ed., 707 ss. Neste mesmo sentido, embora já com reporte ao novo Código do Trabalho, Guilherme Dray, *in* Romano Martinez / L. M. Monteiro / J. Vasconcelos / P. Madeira de Brito / / G. Dray / L. Gonçalves da Silva, *Código do Trabalho Anotado cit.*, 817. Já Romano Martinez, *Direito do Trabalho cit.*, 778, se refere a este regime legal da cedência como um «regime comum».

legal da cedência por regulamento empresarial e por contrato de trabalho, pelo menos no que toca às condições de admissibilidade da figura (dada a natureza convénio-dispositiva da norma do art. 289.° n.° 2 e nos termos gerais do art. 3.° n.° 5 do CT), como ficou diminuído âmbito de intervenção dos instrumentos de regulamentação colectiva do trabalho nesta matéria. É uma solução que não acompanhamos, pelo seu pendor mais rígido numa matéria que é da maior importância para a flexibilização dos regimes laborais, sendo certo que a flexibilização conseguida no âmbito do regime anterior não era excessiva porque delimitada pelas balizas da contratação colectiva.

**V.** Em termos gerais, o art. 289.° do CT estabelece as seguintes *condições substanciais de admissibilidade da cedência ocasional*:

i) Só podem ser cedidos os trabalhadores vinculados à entidade cedente por contrato de trabalho por tempo indeterminado (art. 289.° n.° 1 a)), o que deixa de fora os trabalhadores a termo e os trabalhadores temporários[41].

ii) A cedência tem que ocorrer num quadro de colaboração organizacional (art. 289.° n.° 1b)). Contudo, a lei desenvolve um conceito amplo de colaboração organizacional para este efeito, nele abrangendo as diversas formas de colaboração societária (colaboração entre sociedades coligadas e relações societárias de participação recíproca, de domínio ou de grupo, nos termos dos arts. 481.° ss. e 488.° ss. do CSC[42]), mas também a colaboração entre empregadores não societários, desde que mantenham estruturas organizativas comuns. O conteúdo amplo e algo vago da expres-

---

[41] Contudo, como bem observa o Ac. RC de 10/01/2006 (N.° 2917/905), www.dgsi.pt, se o trabalhador cedido for titular de um contrato de trabalho a termo, sendo a cedência ilícita por este motivo, não deixa o trabalhador de poder exercer o direito de opção relativamente a qual dos empregadores quer ficar vinculado com um contrato de trabalho por tempo indeterminado.

[42] Em geral e por todos, sobre estas formas de colaboração societária e o respectivo regime jurídico, A. Menezes Cordeiro, *Manual de Direito Comercial,* II, Coimbra, 2001, 335 ss., mas, sobretudo, *Manual de Direito das Sociedades cit.,* I, 809 ss., Engrácia Antunes, *Grupos de Sociedades cit., passim*, e já tomando em consideração as alterações introduzidas ao CSC pelo DL n.° 76-A/2006, de 29 de Março, ainda Olavo Cunha, *Direito das Sociedades Comerciais cit.*, 661 ss., e Rosário Palma Ramalho, *Grupos Empresariais e Societários... cit.*, 125 ss.

são «estruturas organizativas comuns» (que o Código também utiliza, a propósito da figura da pluralidade de empregadores, no art. 101.°[43]) alarga a cedência ocasional muito para além do domínio que corresponde à maior utilidade da figura, que é o domínio da colaboração societária. Evidentemente, é este requisito da cedência ocasional que põe mais em evidência o elemento organizacional do vínculo laboral.

iii) A cedência tem que ter o acordo do trabalhador (art. 289.° n.° 1 c)). Para efeitos da verificação deste requisito, o art. 290.° exige que o acordo de cedência celebrado entre o cedente e o cessionário tenha forma escrita, dele devendo constar a declaração de concordância do trabalhador (art. 290.° n.° 1 e).

iv) A cedência tem o prazo máximo de um ano, mas é renovável por iguais períodos, até ao limite máximo de cinco anos (art. 289.° n.° 1 d))[44]. Este requisito concretiza o elemento essencial da transitoriedade implícito na noção geral de cedência, constante do art. 288.°. Pelo contrário, a lei não impõe uma duração mínima à cedência, que pode ser fixada livremente pelas partes.

O art. 289.° n.° 2 permite que estes requisitos da cedência ocasional sejam afastados por instrumento de regulamentação colectiva do trabalho, à excepção do acordo do trabalhador, que tem sempre que ser assegurado. Neste ponto, o actual Código afasta-se também do Código anterior, que não continha esta limitação.

No que se refere à regulamentação da figura por instrumento de regulamentação colectiva do trabalho, é importante ter ainda em conta os seguintes pontos:

– a possibilidade de instituição da figura da cedência ocasional em instrumento de regulamentação colectiva do trabalho só poderá

---

[43] Já tendo procedido oportunamente, à apreciação crítica desta referência, a propósito da apresentação da figura da pluralidade de empregadores, para aí se remete – *Direito do Trabalho I,* § 9.°, ponto 34.4.II. e IV.

[44] Esta norma corresponde ao art. 28.° n.° 1 da LTT (na versão de 1989), mas a LTT admitia a «duração incerta» da cedência, hipótese que o Código de 2003 deixou de contemplar, bem como o actual Código. Sobre o ponto, *vd*, contudo, Romano Martinez, *Direito do Trabalho cit.*, 780, que parece inclinar-se no sentido de que a duração da cedência possa ser incerta à luz desta norma. Não acompanhamos este entendimento, perante a referência da norma ao prazo de «um ano» neste contexto.

estender-se aos instrumentos de regulamentação colectiva do trabalho convencionais e às portarias de extensão, mas não às portarias de condições de trabalho, uma vez que esta última categoria de instrumentos de regulamentação colectiva não pode afastar-se do disposto na lei, nos termos da regra geral de articulação destas fontes laborais, que consta art. 3.° n.° 2 do CT;

- no estabelecimento do regime da cedência ocasional, os instrumentos de regulamentação colectiva do trabalho podem afastar-se das condições de admissibilidade da figura estabelecidas no art. 289.°, mas esse afastamento não pode saldar-se na afectação de qualquer um dos elementos essenciais do conceito de cedência, enunciado no art. 288.°; deste modo, na regulação da cedência, os instrumentos de regulamentação colectiva do trabalho não podem, por exemplo, retirar-lhe o carácter ocasional, alargar os seus limites temporais de forma a comprometer o requisito da transitoriedade, ou ainda atribuir ao cessionário a titularidade do poder disciplinar;
- na mesma linha, não nos parece também possível a alteração por instrumento de regulamentação colectiva do trabalho de aspectos do regime jurídico da figura que têm a ver com a sua própria essência: assim, a sujeição do trabalhador cedido ao regime de trabalho em vigor na empresa cessionária (art. 291.° n.° 1), ou o direito do trabalhador de regressar à empresa cedente, findo o prazo da cedência ou antes, no caso de o cessionário se extinguir (art. 290.° n.° 2);
- por fim, entende-se que os instrumentos de regulamentação colectiva do trabalho não podem pôr em causa direitos e garantias gerais ou especiais dos trabalhadores; designadamente, não se considera admissível o afastamento das normas relativas aos direitos remuneratórios e relativos às férias do trabalhador (art. 291.° n.° 5).

Apesar destes limites (ainda assim, mais apertados no actual Código do Trabalho do que no Código anterior, sobretudo pela ressalva do acordo do trabalhador), os instrumentos de regulamentação colectiva do trabalho mantêm alguma margem de manobra na modelação da figura da cedência ocasional, quer no que toca ao seu âmbito de aplicação (que pode estender-se para além dos limites da colaboração societária e abranger os trabalhadores a termo, ainda que, neste último caso, a disciplina colectiva nesta matéria não possa contrariar normas imperativas do regime do próprio contrato a termo[45]), quer no que respeita à sua duração (por exemplo, alargando-se os prazos de duração da mesma, desde que dentro de limites de razoabilidade, que não comprometam a transitoriedade da figura), como ainda noutros aspectos do seu regime jurídico (por exemplo, atribuindo-se ao cessionário ou ao cedente os deveres remuneratórios).

**VI.** Quanto aos *requisitos formais* da cedência legal, o art. 290.° do CT impõe que a cedência de cada trabalhador individualizado seja titulada por um acordo escrito entre o cedente e o cessionário, assinado por ambos e do qual terão que constar obrigatoriamente as seguintes menções: a identificação do trabalhador cedido, a actividade a executar, o início da cedência e a respectiva duração; e a declaração de concordância do trabalhador cedido. Trata-se, pois, de uma exigência de forma qualificada.

A exigência deste documento de titulação da cedência é extensível aos casos em que a cedência seja também regulada em convenção colectiva de trabalho, uma vez que é esta a forma mais adequada de concretizar a cedência na esfera jurídica de um trabalhador individualizado e de assegurar o cumprimento do requisito geral do acordo do trabalhador.

Por outro lado, deste acordo poderão ainda constar as cláusulas que as partes entenderem, relativas a outros aspectos do regime da cedência (por exemplo, a atribuição dos deveres remuneratórios ou a previsão do modo de exercício dos poderes laborais), desde que não contrariem disposições legais imperativas nesta matéria.

Por fim, no que se refere ao requisito do acordo do trabalhador, crê-se que o art. 290.° n.° 1 não obsta a que tal acordo seja prestado por antecipação, por exemplo em declaração que conste do próprio contrato de trabalho, desde que suficientemente precisa. Neste caso, a junção de um exemplar do contrato de trabalho ao acordo de cedência corresponderá às exigência de forma nesta matéria[46].

---

[45] Ponto é, quanto a esta última possibilidade, que o fundamento objectivo da contratação a termo possa manter-se no âmbito da empresa cessionária, sob pena de cair a fundamentação objectiva do próprio contrato a termo. Assim, não será possível a cedência ocasional de um trabalhador a termo que foi contratado para substituir um trabalhador da empresa cedente, por exemplo.

[46] Também neste sentido ROMANO MARTINEZ, *Direito do Trabalho cit.*, 780.

**VII.** Da violação dos requisitos substanciais e formais da cedência decorre, naturalmente, o direito do trabalhador de não se conformar com a ordem de cedência, uma vez que esta ofende uma sua garantia geral – art. 129.° n.° 1 g) do CT.

Do mesmo modo, o trabalhador pode recusar uma cedência que conflitue com uma das suas outras garantias gerais (em especial, com as garantias inerentes à categoria[47], à função e ao local de trabalho)[48].

**VIII.** Por fim, o Código ocupa-se de alguns *aspectos do regime jurídico da cedência*, entre os quais salientamos os seguintes:

– o princípio geral é o da integração do trabalhador cedido no seio da entidade cessionária, para efeitos da sua sujeição às condições de trabalho e às regras de segurança, higiene e saúde no trabalho vigentes nessa empresa, para efeitos de acesso aos equipamentos sociais do cessionário (art. 291.° n.° 1), e ainda para efeitos da retribuição (excepto se for mais elevada no âmbito da empresa cedente – art. 291.° n.° 5 a) )[49] e para efeitos das férias (art. 291.° n.° 5 b) e n.° 4 parte final);
– os trabalhadores cedidos não integram o efectivo do pessoal da empresa cessionária, excepto para efeitos da aplicação das normas sobre saúde e segurança no trabalho (art. 293.° n.° 1);

---

[47] A este propósito, o Ac. RC de 27/02/1997, CJ, 1997, I, 75, considerou que o trabalhador cedido tinha o direito de desempenhar, no seio da empresa cessionária, funções correspondentes à categoria que detinha na empresa cedente.

[48] Este aspecto tem que ser conjugado com os regimes legais em matéria de mudança de categoria e de mobilidade funcional e geográfica, oportunamente apresentados (cfr., *supra,* § 23.°, ponto 88.2., § 22.°, ponto 87., e § 25.°, ponto 91, respectivamente). Uma vez que estas garantias são hoje compatíveis com o estabelecimento de um regime menos favorável em sede do contrato de trabalho (art. 120.° n.° 2), se o trabalhador tiver dado o seu acordo à cedência, a questão da preservação destas garantias não se coloca.

[49] No caso da retribuição, subjaz a este regime o princípio geral da igualdade remuneratória – art. 59.° n.° 1 a) da CRP – conjugado com o princípio do tratamento mais favorável ao trabalhador. Romano Martinez, *Direito do Trabalho cit.*, 781, considera que o dever de retribuição incumbe ao cedente, mas outros autores salientam que pode caber ao cessionário (Regina Redinha, *A Relação Laboral Fragmentada... cit.*, 153). Quanto a nós, trata-se de matéria sobre a qual as partes podem livremente acordar, desde que respeitem os critérios de fixação da retribuição impostos por esta norma. Sobre este ponto, *vd* o Ac. STJ de 18/11/1997, CJ (STJ), 1997, III, 280.

- os trabalhadores não podem ser cedidos para a prestação de trabalhos perigosos, excepto nas condições do art. 291.° n.° 3, e têm o direito a ser informados sobre os riscos inerentes à actividade que vão desenvolver (art. 291.° n.° 2);
- apesar do carácter eventual da cedência, os trabalhadores podem ser cedidos mais do que uma vez (art. 291.° n.° 6), como acima se referiu;
- no termo do acordo de cedência, ou se, entretanto, a entidade cessionária se extinguir, o trabalhador cedido tem o direito a regressar à empresa cedente, na posição que detinha antes da cedência e contando-se o período de cedência na antiguidade (art. 290.° n.° 2);
- o recurso ilícito à cedência confere ao trabalhador o direito de optar pela integração na empresa cessionária em regime de contrato de trabalho por tempo indeterminado, opção esta que o trabalhador deve manifestar, por escrito, junto das duas entidades, até ao termo da cedência (art. 292.°)[50]; além disso, a lei qualifica como contra-ordenação grave o desrespeito pelas principais regras da cedência (arts. 289.° n.° 3, 290.° n.° 3 e 291.° n.° 7);
- o empregador tem deveres especiais de informação em relação à comissão de trabalhadores sobre o recurso à figura da cedência ocasional (art. 293.° n.° 2).

## 116. **Suspensão do contrato de trabalho e redução do tempo de trabalho por motivo de crise da empresa**

### 116.1. **Efeitos gerais da suspensão do contrato de trabalho**[51]

**I.** Verifica-se a suspensão do contrato de trabalho quando o trabalhador não desenvolve a sua actividade laboral (ou seja, a sua prestação principal) na pendência do vínculo.

---

[50] Sobre este ponto em especial, embora à luz da norma correspondente da LTT (versão de 1989), *vd* o Ac. RLx. de 20/10/1993, CJ, 1993, IV, 192.

[51] Em especial sobre este ponto, Jorge Leite, *Notas para uma teoria da suspensão do contrato de trabalho*, QL, 2003, 20, 121-138, e ainda, nas obras gerais, Menezes Cordeiro, *Direito do Trabalho cit.*, 767 ss. Bernardo Xavier, *Curso de Direito do Trabalho cit.*, 436 ss., Romano Martinez / L. M. Monteiro / J. Vasconcelos / P. Madeira de

No sistema anterior à codificação laboral, a matéria da suspensão do contrato de trabalho estava originariamente disciplinada na LCT (arts. 73.° ss.), mas, tendo estes dispositivos sido expressamente revogados pela LFFFF (art. 31.°) – que, todavia, não procedeu à sua completa substituição – o regime jurídico desta matéria permaneceu incerto durante algum tempo. Esta situação clarificou-se parcialmente com a aprovação do DL n.° 398/83, de 2 de Novembro (LSCT, conhecida como a *Lei do lay-off*, em homenagem à figura da suspensão e da redução por motivo de crise empresarial), que apresentou um quadro geral das situações de suspensão do contrato de trabalho e as regras comuns a essas situações, mas que apenas regulou com minúcia a suspensão e a redução do tempo de trabalho determinada pelo empregador com fundamento numa situação de crise empresarial, não contemplando, efectivamente, todas as situações de suspensão do contrato. A par deste regime, diversos diplomas consagraram e regularam outras modalidades de suspensão do contrato de trabalho, por motivo imputável ao trabalhador, mas manteve-se uma lacuna regulativa em relação aos casos de suspensão do contrato por motivo imputável ao empregador mas fora de um contexto de crise empresarial[52].

O Código de 2003 procedeu ao tratamento sistematizado destas matérias, considerando as diversas situações de suspensão oportunamente enunciadas, em linha orientadora que foi mantida pelo actual Código do Trabalho. Já tendo estabelecido o quadro geral das vicissitudes modificativas do contrato de trabalho, de acordo com o critério da sua origem num facto atinente ao empregador (ou à gestão) ou num facto atinente ao trabalhador[53], cabe apenas enunciar as regras gerais em matéria de suspensão do contrato de trabalho, antes de entrarmos na apreciação da vicissitude de suspensão do contrato de trabalho e de redução do tempo de trabalho com fundamento em crise empresarial.

---

Brito / G. Dray / L. Gonçalves da Silva, *Código do Trabalho Anotado cit.*, 831 ss. (anotação de Joana Vasconcelos), Romano Martinez, *Direito do Trabalho cit*, 761 ss., Monteiro Fernandes, *Direito do Trabalho cit.*, 509 ss.. Júlio Gomes, *Direito do Trabalho cit.*, 852 ss. e Leal Amado, *Contrato de Trabalho cit.*, 347 ss. Quanto ao tema, na literatura estrangeira, por, exemplo, J.-M. Béraud, *La suspension du contrat de travail. Essai d'une théorie générale*, Paris, 1980, Pélissier / Supiot / Jeammand, *Droit du travail cit.*, 374 ss., ou Sconamiglio, *Diritto del lavoro cit.*, 447 ss.

[52] Por todos, sobre a acidentada evolução legislativa desta matéria, no contexto anterior ao Código do Trabalho, Monteiro Fernandes, *Direito do Trabalho cit.*, 511 ss.

[53] *Supra*, neste parágrafo, ponto 113.

**II.** As *regras gerais em matéria de suspensão do contrato de trabalho* encontram-se agora nos arts. 294.° e 295.° do CT. Estas regras são as seguintes:

i) Quanto à *origem do facto suspensivo*, a suspensão do contrato de trabalho pode decorrer de uma impossibilidade temporária de prestação do trabalho pelo trabalhador, pode provir de uma impossibilidade temporária de receber o trabalho por parte do empregador e pode ainda fundar-se no acordo das partes (art. 294.° n.os 1 e 2)[54].

ii) Quanto ao *âmbito da situação suspensiva*, a suspensão do contrato de trabalho tem sempre um âmbito limitado[55], mas cabe distinguir a posição do trabalhador e a posição do empregador. Assim, da parte do trabalhador, a suspensão do contrato abrange o dever principal de desenvolvimento da actividade laboral e os deveres acessórios integrantes da prestação principal, mas não se estende aos deveres acessórios autónomos[56] – esta conclusão, que se retira directamente do art. 295.° n.° 1, implica que não é admissível a violação de um dever inerente à prestação principal durante a suspensão do contrato (como, por exemplo, o dever de diligência ou o dever de assiduidade), mas é admissível e sancionável a violação de um dever autónomo (como o dever de sigilo ou o dever de respeito, por hipótese), porque estes deveres se mantêm activos durante o tempo de suspensão. Da parte do empregador, a suspensão do contrato pode abranger o seu dever retributivo, mas isso nem sempre sucede (o que evidencia a fraqueza do sinalagma obrigacional do contrato), e abrange o seu

---

[54] Trata-se, naturalmente, de uma impossibilidade superveniente, nos termos dos arts. 790.° do CC. O regime da suspensão do contrato obsta, justamente, ao efeito extintivo geral da obrigação que resultaria desta impossibilidade, nos termos do art. 802.° do CC.

[55] Sustentámos este alcance limitado do efeito suspensivo do contrato de trabalho há longo tempo, em apreciação do caso específico da suspensão por motivo de adesão do trabalhador à greve (Rosário Palma Ramalho, *Sobre os acidentes de trabalho em situação de greve*, ROA, 1993, III, 521-574, republicado *in Estudos de Direito do Trabalho cit.*, I, 339-389 (352 ss.)), o que, aliás, o Código veio a reconhecer expressamente em relação à greve (art. 536.° n.° 2). Este alcance limitado da suspensão do contrato de trabalho tem, contudo, validade geral.

[56] Remete-se para a classificação dos deveres acessórios do trabalhador apresentada oportunamente – *supra*, § 23.°, ponto 85.3.

poder de direcção, uma vez que este poder se justifica na prestação do trabalho[57], mas não atinge o poder disciplinar, que pode ser actuado no seu conteúdo sancionatório estrito, em caso de violação dos deveres acessórios autónomos pelo trabalhador.

iii) Quanto aos *efeitos da situação suspensiva*, exactamente porque a suspensão do contrato não é total e é, por definição, compatível com a manutenção do vínculo, não são afectadas as posições das partes que se refiram à pertença do trabalhador à empresa ou a aspectos do vínculo laboral não atinentes à prestação efectiva do trabalho. Assim, o tempo de suspensão do contrato não é descontado na antiguidade do trabalhador (art. 295.° n.° 2[58]), mas a suspensão não interrompe o decurso do prazo do contrato, para efeitos de caducidade do mesmo, nem obsta a que qualquer das partes faça cessar o contrato nos termos gerais (art. 295.° n.° 3)[59]. Para além destes efeitos, que o Código entendeu realçar nesta mesma sede, outros aspectos da situação jurídica do trabalhador mantêm-se também incólumes à suspensão, por força das regras gerais: assim, durante a suspensão o trabalhador continua integrado no sistema de segurança social a que pertence e pode beneficiar das respectivas prestações, bem como das prestações que já auferia por incapacidade devida a acidente de trabalho ou a doença profissional (é um efeito que a lei realça a propósito da suspensão por adesão à greve, no art. 536.° n.° 2 *in fine*, mas que tem alcance geral).

iv) Finda a situação de suspensão, as partes reassumem todos os direitos e obrigações decorrentes do contrato e atinentes à prestação do trabalho (art. 295.° n.° 4).

Apresentadas as regras gerais sobre a suspensão, resta dizer que elas se aplicam, com as devidas adaptações, à vicissitude de simples redução da actividade de trabalho, quer por motivo atinente ao trabalhador, quer

---

[57] Como vimos, *supra,* § 28.°, ponto 105.

[58] O mesmo regime decorre do art. 536.° n.° 3 do CT, no que se refere especificamente à suspensão do contrato por adesão do trabalhador à greve.

[59] A este propósito, Monteiro Fernandes, *Direito do Trabalho cit.*, 516, realça que a suspensão do contrato de trabalho não impede, por exemplo, que, sobrevindo ou agravando-se uma crise na empresa, o trabalhador suspenso seja abrangido por um processo de despedimento colectivo.

por motivo respeitante ao empregador, nomeadamente no caso de crise empresarial – é a solução que decorre dos arts. 294.° e 295.° do CT.

### 116.2. Regime jurídico da suspensão do contrato de trabalho e da redução do tempo de trabalho por motivo de crise empresarial

**I.** A suspensão do contrato de trabalho por impossibilidade temporária de recebimento da prestação laboral, por parte do empregador, pode decorrer de uma situação de crise empresarial. Este mesmo fundamento permite também ao empregador determinar a redução do tempo de trabalho dos trabalhadores.

As medidas da suspensão do contrato de trabalho e da redução do tempo de trabalho, por iniciativa do empregador e em razão da crise da empresa, foram introduzidas no nosso ordenamento pelo DL n.° 398/83, de 2 de Novembro (LSCT), como medidas temporárias e de recurso, que permitem adaptar os contratos de trabalho à situação de dificuldade económica da empresa, tendo em vista a recuperação da mesma[60] – trata-se, obviamente, de medidas de flexibilização dos regimes laborais, que actuam no contexto específico de uma crise empresarial.

No contexto do actual Código do Trabalho, estas medidas estão previstas no art. 294.° n.° 2 a) e são reguladas nos arts. 298.° ss. O Código actual incorporou as normas que constavam da RCT de 2004 sobre esta matéria.

---

[60] Apesar do carácter transitório e de recurso destas medidas, a sua aprovação suscitou elevada polémica e contestação social à época da aprovação da LSCT. Esta contestação, que se arrastou durante o processo de feitura do diploma, acabou por influenciar o respectivo conteúdo, reflectindo-se num regime difícil de operacionalizar, não só por força dos requisitos apertados das medidas e das exigências procedimentais para a sua aplicação, mas também por implicar um forte envolvimento das entidades estatais no processo. Apenas com as alterações subsequentes do diploma (introduzidas pelo DL n.° 64-B/89, de 27 de Fevereiro, pelo DL n.° 210/92, de 2 de Outubro, e pela L. n.° 137/99, de 28 de Agosto), o sistema foi aligeirado, designadamente no que se refere à intervenção da tutela. Os Códigos de 2003 e de 2009 mantiveram o essencial do sistema anterior, observando-se, ainda assim, uma preocupação de aceleração do procedimento de instauração destas medidas, por via da diminuição dos prazos para este procedimento.

Na apreciação destas normas cabe distinguir as condições que delimitam o recurso a estas medidas por parte do empregador, o procedimento necessário à respectiva implementação, e a situação jurídica do trabalhador durante a sua vigência.

**II.** As medidas de suspensão dos contratos de trabalho ou de redução do tempo de trabalho podem ser tomadas pelo empregador verificados três requisitos essenciais, que se retiram da conjugação do art. 294.° n.° 2 a) com o art. 298.° n.° 1:

i) A *situação de crise da empresa*, fundada em motivos de mercado, estruturais ou tecnológicos, em catástrofes ou outras ocorrências, que determinem uma afectação grave e anormal da sua actividade, susceptível de pôr em causa a viabilidade da empresa (art. 298.° n.° 1). A lei não esclarece o que entende por motivos de mercado, estruturais ou tecnológicos, em sede desta norma, mas estes mesmos motivos são referenciados, com mais detalhe, para fundamentar o recurso ao despedimento colectivo (art. 359.° n.° 2), pelo que se pode recorrer a esta norma para integrar as referências do art. 298.° n.° 1, utilizando um argumento sistemático de interpretação[61]. Chama-se, no entanto, a atenção para o facto de os motivos subjacentes às medidas de suspensão ou redução não constituírem, em si mesmos, fundamento bastante para as desencadear; para tal será ainda necessário que deles decorra uma crise da empresa, i.e., uma afectação grave do seu funcionamento que ponha em risco a sua viabilidade[62].

ii) A *transitoriedade das medidas* (art. 298.° n.° 1): pretendendo-se com estas medidas a recuperação da empresa, elas só fazem sentido durante um período de tempo limitado. Para concretização deste requisito, o art. 301.° n.° 1 estabelece como limite tempo-

[61] Neste sentido, em anotação a este preceito, Joana Vasconcelos, *in* Romano Martinez / L. M. Monteiro / J. Vasconcelos / P. Madeira de Brito / G. Dray / L. Gonçalves da Silva, *Código do Trabalho Anotado cit.*, 832. Quanto à integração destes conceitos, no âmbito do despedimento colectivo, *infra*, § 36.°, ponto 133.

[62] A identificação dos fundamentos económicos subjacentes à decisão de suspensão ou redução dos contratos ou do tempo de trabalho pode ser mais difícil quando a empresa esteja inserida num grupo económico. Sobre este ponto, com desenvolvimentos, Rosário Palma Ramalho, *Grupos Empresariais e Societários... cit.*, 574 ss.

ral máximo de aplicação destas medidas o período de seis meses ou de um ano, respectivamente se a crise da empresa se fundar em motivos de mercado ou tecnológicos ou em catástrofes ou outras ocorrências, admitindo-se, ainda assim, a prorrogação destes prazos, nos termos do n.° 3 desta norma.

iii) A *indispensabilidade das medidas de suspensão e/ou redução para assegurar a viabilidade da empresa e a manutenção dos postos de trabalho* (art. 298.° n.° 1): para que o empregador possa lançar mão destas medidas não basta a ocorrência de uma crise grave da empresa, mas é necessário que estas medidas sejam o instrumento adequado para assegurar a recuperação da mesma.

Observados estes requisitos, comuns à medida da suspensão e da redução do tempo de trabalho, cabe ao empregador optar por uma destas medidas, de acordo com a avaliação que faça da situação[63].

A lei confere alguma margem de manobra ao empregador na aplicação da medida de redução do tempo de trabalho, permitindo que ela corresponda a uma diminuição do número de horas de período normal de trabalho diário ou semanal ou à interrupção da actividade por um ou mais períodos normais de trabalho diários ou semanais, que pode mesmo abranger, rotativamente, diferentes grupos de trabalhadores (art. 298.° n.° 2).

**III.** Verificados os requisitos de recurso a estas medidas, a lei estabelece um *procedimento* rigoroso para a sua aplicação. Neste procedimento, destacam-se as seguintes fases:

i) *Fase de comunicações* das medidas previstas à comissão de trabalhadores e às comissões sindicais representativas dos trabalhadores a abranger, ou, na falta destas entidades, aos próprios trabalhadores atingidos (art. 299.° n.° 1 e n.° 2). Trata-se de uma comunicação sujeita a forma escrita e que tem que conter as informações mencionadas nas várias alíneas do art. 299.° n.° 1.

[63] Este não era o regime originário da LSCT, que estabelecia a subsidiariedade da medida de suspensão dos contratos de trabalho em relação à medida de redução do tempo de trabalho, tendo em conta o carácter menos gravoso da redução. Esta não era, contudo, a melhor solução, atendendo a que apenas o empregador está em posição de avaliar a situação concreta da empresa e, perante essa avaliação, decidir qual a medida mais adequada.

ii) *Fase de informação e negociação* do empregador com as estruturas de representação dos trabalhadores, ou, na falta destas, com uma comissão *ad hoc*, designada pelos próprios trabalhadores para este efeito (art. 300.° n.° 1), tendo em vista a obtenção de um acordo sobre a dimensão e a duração das medidas a adoptar (art. 300.° n.° 1, *in fine*).

iii) *Fase de decisão e comunicação individual*: obtido o acordo com os representantes dos trabalhadores ou, não sendo este obtido no prazo de 10 dias, por determinação unilateral do empregador, são comunicadas, por escrito, a cada trabalhador as medidas adoptadas, com indicação do respectivo fundamento e duração (art. 300.° n.° 3)[64]. As estruturas representativas dos trabalhadores devem também ser informadas do conjunto das medidas tomadas (art. 300.° n.os 4 e 5).

No procedimento de implementação destas medidas, destacam-se ainda os deveres do empregador de informar os serviços do Ministério responsável pela área da segurança social sobre as medidas aplicadas, com referência a cada trabalhador individualizado, bem como sobre o modo como decorreu o processo (art. 300.° n.° 4).

Por outro lado, no período de implementação destas medidas, os serviços competentes do Ministério responsável pela área laboral têm um poder de fiscalização do processo e, por iniciativa própria ou a requerimento dos interessados, podem pôr termo às medidas adoptadas no caso destas não terem respeitado os fundamentos legais ou de o procedimento para a sua implementação ter sido irregular (art. 307.° n.° 2). Em suma, o Estado não tem uma intervenção decisória neste processo, mas tem uma intervenção fiscalizadora, com vista a assegurar a legalidade do mesmo.

---

[64] Também nesta fase se salienta a evolução do regime relativamente à versão originária da LSCT, que não conferia idêntica liberdade ao empregador na decisão final sobre as medidas a adoptar, antes estabelecendo que estas medidas tinham que ser adoptadas por acordo e sob o aval dos serviços do Ministério responsável pela área laboral, que tinham uma participação muito mais ampla no processo. Era uma solução estatizante, atentatória da liberdade de gestão e, além disso, inadequada aos interesses em jogo, uma vez que apenas o empregador deverá, em última análise, avaliar quais as medidas mais adequadas à sobrevivência da sua empresa.

**IV.** Por fim, cabe salientar os aspectos mais relevantes da *situação jurídica do trabalhador na vigência das medidas de suspensão do contrato ou de redução do tempo de trabalho*. Estes aspectos são os seguintes:

i) Durante a suspensão ou a redução, o trabalhador tem o direito a auferir o valor correspondente a 2/3 da sua retribuição normal ou, no caso de este valor ser inferior ao valor da retribuição mínima mensal garantida, este valor (art. 305.° n.° 1 a)). Caso seja necessário para atingir aqueles limites e com o tecto de três salários mínimos (art. 305.° n.° 3), esta compensação é suportada pelo empregador e pela segurança social[65]. A repartição dos encargos com esta compensação é ainda (e transitoriamente) estabelecida com base numa proporção de 30% e de 70%, respectivamente para o empregador e para a segurança social, nos termos do art. 344.° do CT de 2003, que foi mantido em vigor pela Lei Preambular ao Código do Trabalho (art. 12.° n.° 3 b)). Em caso de redução do tempo de trabalho, ocorre a redução proporcional da retribuição (art. 305.° n.° 3).

ii) Durante a suspensão ou a redução, o trabalhador pode gozar as férias nos termos gerais (art. 306.° n.° 1) e tem direito ao subsídio de férias e ao subsídio de Natal por inteiro (art. 306.° n.° 2)[66]; o subsídio de férias é pago pelo empregador e o encargo do subsídio de Natal é repartido entre o empregador e a segurança social (art. 306.° n.os 2 e 3).

iii) Durante a suspensão do contrato ou a redução da actividade laboral, o trabalhador mantém os direitos e regalias decorrentes da segurança social, cujas prestações continuam a ser calculadas na base da prestação normal de trabalho (art. 305.° n.° 1 b)).

iv) Durante a suspensão ou a redução, o trabalhador tem direito a desenvolver outra actividade remunerada (art. 304.° n.° 1 a)),

---

65 A nova redacção desta norma no CT de 2009 é bastante menos clara do que as das norma correspondentes do Código do Trabalho anterior, suscitando várias dúvidas sobre este sistema de repartição da compensação retributiva entre o empregador e a segurança social.

66 No âmbito da LSCT, o subsídio de Natal nesta situação só era garantido em termos proporcionais ao tempo de serviço prestado (art. 9.° da LSCT).

mas a remuneração decorrente desta actividade é tomada em consideração para efeitos da compensação retributiva, determinando o desconto do valor correspondente no valor desta compensação (arts. 304.° n.° 1 b) e 305.° n.° 3). O trabalhador deve ainda informar o empregador da actividade remunerada que exerça fora da empresa (art. 304.° n.° 1 b)).

v) Durante a suspensão ou a redução, o trabalhador mantém os deveres de desconto para a segurança social (art. 304.° n.° 1 a)), e deve frequentar as acções de formação profissional que o empregador lhe proporcione (art. 304.° n.° 1 c) e art. 302.°).

vi) A redução da actividade laboral ou a suspensão do contrato de trabalho não prejudicam o exercício das funções de representação dos trabalhadores (art. 308.°).

vii) Em caso de não recebimento da retribuição ou da compensação retributiva o trabalhador pode suspender o contrato com fundamento em não pagamento pontual da retribuição, tendo direito a prestações de desemprego (art. 305.° n.° 5 do CT, e art. 25.° n.° 3 a) e b) da L n.° 105/2009, de 14 de Setembro).

Na vigência da situação de suspensão do contrato ou de redução da actividade laboral, a lei impõe também ao empregador alguns deveres, que se destinam a evitar a frustração dos objectivos do próprio regime da suspensão ou redução. Assim, por um lado, compete ao empregador não só pagar a compensação retributiva, que tiver sido definida, e manter as contribuições para a segurança social; e, por outro lado, o empregador fica impedido de distribuir lucros, de aumentar as remunerações dos titulares dos corpos sociais, bem como de admitir novos trabalhadores ou de renovar contratos de trabalho a termo para os postos de trabalho abrangidos pelas medidas de redução ou de suspensão ou que pudessem ser ocupados pelos trabalhadores afectados por tais medidas (art. 303.° n.° 1)[67].

A violação destes deveres constitui contra-ordenação grave (art. 303.° n.° 2).

---

[67] A proibição de renovação de contratos de trabalho a termo neste contexto constitui uma novidade do actual Código do Trabalho, que se compreende bem neste contexto.

**V.** Resta referir que o regime da suspensão e da redução é aplicável, com as devidas adaptações, às *empresas declaradas em situação económica difícil*, nos termos do DL n.° 353-H/77, de 9 de Agosto, bem como às *empresas insolventes*, em processo de recuperação, nos termos do art. 298.° n.° 3 do CT.

Na aplicação deste regime às empresas declaradas em situação económica difícil e às empresas insolventes, parece ser de dispensar, designadamente, a comprovação dos requisitos das medidas de suspensão e redução, uma vez que a situação de crise da empresa já está comprovada à partida (sendo, todavia, de exigir o requisito da indispensabilidade destas medidas). Por outro lado, no caso das empresas insolventes, o processo de implementação destas medidas deverá ficar a cargo do administrador da insolvência, uma vez que é ele que assume os direitos e deveres do empregador no processo de insolvência[68].

## 117. **Encerramento temporário do estabelecimento ou da empresa por motivos técnicos, por caso fortuito e de força maior**[69]

**I.** A suspensão do contrato de trabalho por motivos atinentes ao empregador pode ainda decorrer do encerramento temporário da empresa ou do estabelecimento onde os trabalhadores prestam serviço, por motivos diversos de uma crise empresarial.

A *suspensão do contrato de trabalho por motivos técnicos* atinentes ao empregador estava originariamente prevista no art. 78.° da LCT e aplicava-se ao caso de encerramento temporário da empresa ou do estabelecimento para obras de beneficiação ou de conservação das instalações, ou por quaisquer outros motivos do interesse do empregador ou decorren-

---

[68] A este propósito, *vd*, no CIRE (DL n.° 53/2004, de 18 de Março), em especial os arts. 192.° ss.

[69] Em especial sobre este ponto, JOÃO REIS, *Suspensão do contrato e dever de comunicação do impedimento,* QL, 1994, 2, 80-88, MENEZES CORDEIRO, *Manual de Direito do Trabalho cit.*, 770, e, para compreensão do regime da figura na LCT, ainda MÁRIO PINTO/ / FURTADO MARTINS / NUNES DE CARVALHO, *Comentário... cit.*, 234 ss., JOANA VASCONCELOS, *in* ROMANO MARTINEZ / L. M. MONTEIRO / J. VASCONCELOS / P. MADEIRA DE BRITO / / G. DRAY / L. GONÇALVES DA SILVA, *Código do Trabalho Anotado cit.*, 848 ss., ROMANO MARTINEZ, *Direito do Trabalho cit.*, 763 e LEAL AMADO, *Contrato de Trabalho cit.*, 356 ss.

tes de facto que lhe fosse imputável. Apesar desta norma ter sido expressamente revogada pelo art. 31.° da LFFF, a estranheza destes motivos de encerramento da empresa ou do estabelecimento em relação às situações de suspensão do contrato por motivo de crise empresarial (reguladas pela LSCT) levou a jurisprudência[70] e parte da doutrina a subscrever a repristinação material da norma da LCT sobre a matéria para enquadrar estas situações – solução que tinha um relevante interesse prático, na medida em que o regime postulado na LCT previa a manutenção dos deveres remuneratórios do empregador por inteiro, ao passo que, nos casos de suspensão do contrato por motivo de crise empresarial, o âmbito do dever remuneratório do empregador fica muito comprimido. Em compensação, no caso do encerramento por caso fortuito ou de força maior, a LCT previa a resolução do contrato, solução que não era contemplada pela LSCT.

Em suma, a matéria colocava significativas dificuldades, perante a revogação expressa da norma da LCT.

**II.** Esta situação de incerteza jurídica foi dissipada pelo Código do Trabalho de 2003, que veio estabelecer um regime novo para estas situações. Este regime foi globalmente mantido pelo actual Código do Trabalho nos arts. 309.° a 316.°, que integrou ainda as previsões da RCT de 2004 nesta matéria.

O Código distingue duas situações de encerramento temporário da empresa ou do estabelecimento ou de redução temporária da respectiva actividade, pelo critério da origem do facto suspensivo:

i) *A redução da actividade ou o encerramento temporário da empresa ou do estabelecimento com fundamento em caso fortuito ou de força maior* (por exemplo, uma catástrofe natural que atinja a empresa). Nesta situação, não imputável ao empregador, o contrato de trabalho suspende-se, mas o dever retributivo do empregador mantém-se, embora reduzido a 75% do valor da retribuição normal dos trabalhadores (art. 309.° n.° 1 a)). É uma solução que se justifica pela atribuição normal do risco ao empregador no contrato de trabalho, mas que tem também em conta a circunstância de o facto que está na origem do encerramento

[70] Sobre esta questão, na jurisprudência e por todos, Ac. RLx de 31/01/1983, CJ, 1983, I, 78, e Ac. STJ de 20/10/89, BMJ 390-294.

não ser imputável ao empregador, atribuindo, por isso, uma parcela (ainda que menor) desse risco aos trabalhadores.

ii) *A redução da actividade ou o encerramento temporário da empresa ou do estabelecimento por facto imputável ao empregador ou por motivo do seu interesse*. Neste caso, o contrato de trabalho suspende-se mas o empregador mantém os seus deveres remuneratórios na íntegra, em consonância com a regra geral de suportação do risco no contrato de trabalho (art. 309.° n.° 1 b)). A fórmula ampla deste artigo permite subsumir a este regime hipóteses tão diferentes como o encerramento de um serviço para obras de beneficiação ou conservação, o encerramento por motivos técnicos ligados à produção ou aos equipamentos e ainda o encerramento determinado pelos serviços administrativos, por falta de autorização de funcionamento ou por incumprimento de normas de segurança ou sanitárias, por exemplo. Por outras palavras, a aplicação deste regime não depende de um acto ilícito do empregador.

**III.** Durante a suspensão do contrato, fundada nestas situações, o trabalhador pode desenvolver outra actividade remunerada, mas a lei prevê que seja descontado no valor da retribuição devida pelo empregador o montante equivalente àquele que o trabalhador venha a auferir por aquela actividade (art. 309.° n.° 2).

O empregador deve prevenir os trabalhadores da cessação do impedimento de laboração da empresa, para que eles possam retomar o cumprimento da prestação do trabalho (art. 310.°)[71].

Os aspectos procedimentais desta forma de suspensão dos contratos de trabalho estão regulados nos arts. 311.° ss.

**IV.** Resta referir que, fora das situações de crise da empresa e das motivações do art. 309.° do CT (que, como vimos, enquadram um conjunto relativamente amplo de situações), não é lícito ao empregador promover unilateralmente o encerramento do estabelecimento ou da empresa.

---

[71] Especificamente sobre os deveres de comunicação do empregador associados a esta forma de suspensão do contrato de trabalho, JOÃO REIS, *Suspensão do contrato e dever de comunicação do impedimento*, QL, 1994, 2, 80 ss.

Tal actuação é, no nosso sistema, reconduzida à figura do *lock-out* e, enquanto tal, é objecto de uma proibição constitucional e legal (art. 57.° n.° 4 da CRP) e art. 544.° n.$^{os}$ 1 e 2 do CT. Evidentemente, o *lock-out* (e a correspondente proibição) insere-se num contexto de conflito colectivo laboral, pelo que tal situação não se configura nos casos de encerramento motivado nos termos destas normas[72].

[72] Para mais desenvolvimentos sobre o conceito de *lock-out* e sobre a amplitude do princípio da sua proibição no nosso sistema jurídico, ROSÁRIO PALMA RAMALHO, *Lei da Greve Anotada*, Lisboa, 1994, 87 ss.

## § 31.° Modificação e suspensão do contrato de trabalho por motivos atinentes ao trabalhador

### 118. Modificações do contrato de trabalho por motivos atinentes ao trabalhador

**I.** No âmbito das *vicissitudes modificativas do contrato de trabalho que decorrem de um facto atinente ao trabalhador ou da sua iniciativa*, distinguem-se os factos que determinam uma alteração no programa de execução do contrato e os factos com efeito suspensivo sobre o mesmo.

Já tendo apreciado, a propósito de outras matérias, a maioria das modificações que podem ser introduzidas ao contrato de trabalho por iniciativa do trabalhador, cabe apenas fazer-lhes uma referência remissiva ou proceder à sua análise sucinta.

**II.** No elenco das modificações ao contrato de trabalho, que decorrem de facto atinente ao trabalhador ou da iniciativa deste, destacamos as seguintes situações:

i) *Alteração do tempo de trabalho, pela passagem do trabalhador ao regime de trabalho a tempo parcial*: esta modificação do contrato de trabalho já foi referida como resultante do acordo das partes (art. 155.° n.° 1), a propósito do regime do contrato de trabalho a tempo parcial[73], mas cabe referi-la também nesta sede, porque a passagem ao regime do trabalho a tempo parcial pode corresponder a um direito do trabalhador que se impõe ao acordo contratual, de acordo com a lógica peculiar do contrato de trabalho. Assim sucede no caso de a solicitação da passagem ao regime de tempo parcial se fundar em motivos atinentes à tutela

[73] *Supra*, § 20, ponto 77.

da maternidade e da paternidade (art. 55.°), não podendo o empregador desatender a pretensão do trabalhador, a não ser em casos de absoluta indispensabilidade do mesmo e de inviabilidade da sua substituição e mediante parecer prévio favorável da Comissão para a Igualdade no Trabalho e no Emprego (art. 57.° n.os 2, 5, 6 e 7). Nestes casos, estamos, pois, perante uma vicissitude modificativa do contrato de trabalho por iniciativa do trabalhador.

ii) *Alteração do tempo de trabalho, para além do trabalho a tempo parcial, por razões ligadas à tutela da maternidade e da paternidade*: é o caso da alteração do trabalho em regime de turnos ou de trabalho nocturno das trabalhadoras, durante a gravidez, o puerpério e a amamentação (arts. 58.°, 59.° e 60.°); é o caso das dispensas para amamentação ou aleitação para as mães e pais trabalhadores (art. 47.°); e é o caso da redução do tempo de trabalho ou da instituição do regime de horário de trabalho flexível para os pais e mães trabalhadores para acompanhamento das crianças de tenra idade, ou de crianças portadoras de deficiência ou de doença crónica (arts. 53.° e 56.°). Já tendo analisado estas situações oportunamente para aí se remete[74].

iii) *Alteração do tempo de trabalho, por força da aplicação do regime de tutela do trabalhador-estudante*, nos termos oportunamente indicados a propósito da apresentação desse regime (arts. 90.° a 92.°)[75].

iv) *Alteração da categoria, motivada pela impossibilidade superveniente de prestar o trabalho por motivo atinente ao trabalhador*: embora, neste caso, a modificação do contrato dependa do acordo do empregador (art. 119.°), indicamo-la nesta sede para enfatizar o facto de ela ter como origem uma pretensão do trabalhador, que, por esta via, consegue obviar à cessação do contrato por caducidade, fundada em impossibilidade superveniente e absoluta do cumprimento da sua prestação (art. 343.° b) do CT).

v) *Alteração do contrato por aplicação do regime de pré-reforma*, quando tal regime se cifre numa redução do tempo de trabalho e

---

[74] *Supra*, § 22.°, ponto 81.

[75] *Supra*, § 22.°, ponto 82.

não na suspensão do contrato (arts. 318.° ss.). Como não é esta a situação mais comum no regime de pré-reforma, optamos por considerar este regime a propósito das situações de suspensão do contrato de trabalho, no ponto seguinte[76].

## 119. Suspensão do contrato por motivos atinentes ao trabalhador[77]

### 119.1. Aspectos gerais

**I.** No elenco das vicissitudes do contrato de trabalho, que determinam a sua suspensão e se prendem com motivos atinentes ao trabalhador ou decorrem da iniciativa deste, destacam-se as situações seguintes, cujo regime se encontra disperso pelo Código do Trabalho:

- suspensão do contrato por impedimento do trabalhador em geral (arts. 294.° e 296.°);
- licenças sem retribuição em geral (art. 317.°);
- licenças por motivo atinente à maternidade e à paternidade (arts. 35.° ss.);
- suspensão do contrato de trabalho por aplicação do regime da pré-reforma (arts. 318.° ss.)
- suspensão do contrato por motivo de adesão do trabalhador à greve (art. 536.° n.° 1);

---

[76] Para além destas situações, o Código do Trabalho de 2003 previa ainda uma outra modificação do contrato: *a redução do tempo de trabalho no contexto da figura da reforma parcial* (art. 330.° n.° 3 deste Código). Contudo, o desenvolvimento deste regime, cujos contornos eram, aliás, indeterminados, foi remetido para legislação especial, que não chegou a ser publicada, pelo que a figura acabou por não ter aplicação. Esta figura não consta do actual Código do Trabalho.

[77] Sobre esta matéria, Menezes Cordeiro, *Manual de Direito do Trabalho cit.*, 768 s., Bernardo Xavier, *Curso de Direito do Trabalho cit.*, 440 s., João Reis, *Suspensão do contrato e dever de comunicação do impedimento cit.*, 80 ss., Romano Martinez / L. M. Monteiro / J. Vasconcelos / P. Madeira de Brito/ G. Dray / L. Gonçalves da Silva, *Código do Trabalho Anotado cit.*, 827 ss. (anotação de Joana Vasconcelos), Romano Martinez, *Direito do Trabalho cit.*, 763 ss., Monteiro Fernandes, *Direito do Trabalho cit.*, 520 ss., Júlio Gomes, *Direito do Trabalho cit.*, 861 ss., e Leal Amado, *Contrato de trabalho cit.*, 358 ss.

- suspensão do contrato requerida pelo trabalhador com fundamento no incumprimento do dever retributivo do empregador (arts. 294.° n.° 3 e 325.°);
- suspensão disciplinar do trabalhador (art. 328.° n.° 1.° e) );
- suspensão do contrato com fundamento em violência doméstica (art. 296.° n.° 2, conjugado com o art. 195.°).

**II.** Nos termos do art. 294.° n.° 1 do CT, constitui fundamento para a suspensão do contrato de trabalho a impossibilidade temporária de prestação da actividade laboral pelo trabalhador, por facto que lhe respeite. Em desenvolvimento deste preceito geral, o art. 296.°[78] as seguintes estabelece as condições para a verificação deste efeito suspensivo:

i) *A existência de um impedimento temporário do trabalhador de prestação da actividade laboral* (art. 296.° n.° 1). O impedimento tem que ser temporário porque, se fosse definitivo, daria lugar à cessação do contrato, por impossibilidade superveniente absoluta do trabalhador (nos termos do art. 343.° b)), e não à suspensão. O carácter necessariamente transitório do impedimento do trabalhador explica também a solução do art. 296.° n.° 4, que estabelece a caducidade do contrato de trabalho quando, no decorrer da suspensão, se verifique que o impedimento se tornou definitivo.

ii) *O impedimento do trabalhador deve ser temporário mas prolongado no tempo*, sendo como tal qualificado o impedimento que se estenda por mais de um mês (art. 296.° n.° 1). Da exigência de que o impedimento se prolongue por mais de um mês, para que sobrevenha a situação de suspensão do contrato de trabalho, decorre que as situações de impossibilidade do trabalho com uma duração inferior a um mês são de qualificar como faltas ao trabalho, que podem ser justificadas ou injustificadas, nos termos gerais do art. 249.° do CT (*verbi gratia*, art. 249.° n.° 2 d)). Contudo, a lei admite a aplicação do regime da suspensão do contrato de trabalho antes de decorrido o prazo de um mês sobre o início do impedimento do trabalhador, sempre que, à partida,

---

[78] Esta norma corresponde, sem alterações de substância, ao art. 3.° da LSCT e ao art. 333.° do CT de 2003.

seja previsível que a duração do mesmo seja superior a um mês (art. 296.° n.° 3) – assim, se o trabalhador adoecer com uma doença, cujo tempo de recuperação é, com probabilidade, superior a um mês, o regime da suspensão do contrato à aplicável de imediato. Também é aplicável de imediato o regime da suspensão no caso de esta ter origem na prática de violência doméstica (art. 296.° n.° 2)[79].

iii) *A impossibilidade de prestação do trabalho tem que ficar a dever-se a um facto não imputável ao trabalhador*, sendo como tal indicadas, em enunciado exemplificativo, as situações de doença ou acidente do trabalhador e os impedimentos decorrentes da aplicação da lei do serviço militar ou de serviço cívico[80-81] (art. 296.° n.° 1)[82]. Este requisito de inimputabilidade do facto impeditivo da prestação ao trabalhador exige uma interpretação cuidada, julgando-se que a imputabilidade não deve ser reportada ao carácter lícito ou ilícito do facto gerador do impedimento, mas sim à circunstância de tal facto ser voluntário e ter reflexos nos deveres laborais do trabalhador. Assim, não deixa de integrar esta previsão normativa o acidente de viação que impede o trabalhador de desenvolver a sua actividade durante dois meses, mesmo que o trabalhador tenha tido culpa nesse acidente, mas já o trabalhador que resolve integrar uma expedição de cariz humanitário aos antípodas não pode prevalecer-se do regime da sus-

---

[79] Trataremos um pouco mais frente esta situação específica de suspensão, que constitui uma novidade do Código do Trabalho de 2009. Para já, fica já retido que a aplicação deste regime prescinde do requisito geral dos 30 dias.

[80] Saúda-se a alteração da redacção da norma no que se refere ao impedimento prolongado por razões relativas ao serviço militar, relativamente ao texto da norma correspondente do CT de 2003 (art. 333.° n.° 1), que se referia a serviço militar obrigatório e a serviço cívico, quando no nosso sistema jurídico, o serviço militar é de base voluntária. Sobre a crítica a esta norma no Código anterior, *vd* Rosário Palma Ramalho, *Direito do Trabalho cit.*, II (2.ª ed.), 733.

[81] Sobre a suspensão do contrato de trabalho com fundamento no serviço militar, *vd* o Ac. RLx. de 30/04/1992, CJ, 1992, II, 100.

[82] Para além destas causas de suspensão, a jurisprudência tem tratado outras situações. Neste sentido, o Ac. RP de 3/06/1996, CJ, 1996, III, 356, admitiu a suspensão motivada na frequência de um curso de formação profissional pelo trabalhador, e o Ac. STJ de 22/10/1996, CJ (STJ), 1996, III, 245, admitiu a suspensão do contrato com fundamento no exercício de funções sindicais.

pensão do contrato de trabalho ao abrigo desta norma, por mais meritória que seja a sua intenção, porque toma essa decisão voluntariamente e com a consciência de que tal opção sacrifica os seus deveres laborais[83]. No caso de o impedimento decorrer de facto imputável ao trabalhador, apenas ocorre a suspensão do contrato de trabalho nos casos determinados na lei, nos termos do art. 296.° n.° 5 – é o que sucede com as licenças sem retribuição, a pedido do trabalhador, com as licenças atinentes à maternidade, paternidade ou assistência à família e ainda com outras situações previstas noutros diplomas legais, como a do exercício de cargos públicos (é o caso do cargo de deputado ou da prestação de funções na Casa Civil do Presidente da República), bem como a designação do trabalhador da empresa para um órgão social da mesma, desde que o seu vínculo laboral tenha uma duração superior a um ano (art. 398.° n.° 2 do CSC), entre outras situações.

Estabelecidos os requisitos gerais de suspensão do contrato de trabalho por motivo respeitante ao trabalhador mas que não lhe seja imputável, a lei regula o procedimento a adoptar findo o impedimento do trabalhador. A este propósito, o art. 297.° estabelece o dever de apresentação do trabalhador na empresa no dia imediato à cessação do impedimento, sob pena de incorrer no regime das faltas injustificadas.

A suspensão do contrato de trabalho por impedimento prolongado respeitante ao trabalhador tem ainda efeitos especiais em matéria de férias (art. 239.° n.° 6). Já tendo apreciado estas regras a propósito do estudo da matéria das férias, para aí se remete[84].

Nos restantes aspectos, são aplicáveis as regras gerais sobre a suspensão do contrato de trabalho expendidas acima, designadamente no que se refere ao âmbito limitado do efeito suspensivo, constante do art. 295.°.

---

[83] Neste sentido, quanto à interpretação do requisito da não imputabilidade do impedimento de prestação da actividade laboral, entre outros, Menezes Cordeiro, *Manual de Direito do Trabalho cit.*, 769, Monteiro Fernandes, *Direito do Trabalho cit.*, 523, ou Romano Martinez, *Direito do Trabalho cit.*, 764.

[84] *Supra*, § 26.°, ponto 95.6.

### 119.2. Licenças[85]

**I.** No elenco das situações de suspensão do contrato de trabalho por motivo respeitante ao trabalhador devem incluir-se as situações que a lei designa genericamente pelo termo «licenças». Comum a todas estas situações é o efeito suspensivo sobre o contrato de trabalho (com a inerente aplicação das regras gerais quanto ao âmbito da suspensão), residindo as diferenças no facto que dá origem à suspensão e, bem assim, em alguns aspectos do regime jurídico de cada uma delas.

No âmbito do regime anterior à codificação laboral, a matéria das licenças encontrava-se dispersa por vários diplomas legais (com destaque para a LFFF, alterada nesta matéria pelo DL n.° 397/91, de 16 de Outubro, e para a LPMP, também sucessivamente alterada), revelando a falta de uma teorização geral deste tema e suscitando dúvidas sobre o regime a aplicar e, designadamente, sobre a sujeição destas situações às regras gerais da suspensão do contrato de trabalho, que constavam da LSCT. O Código do Trabalho de 2003 procurou sistematizar esta matéria, mas uma boa parte do regime jurídico de algumas destas licenças foi remetido para a RCT de 2004. Actualmente, a matéria é tratada pelo Código do Trabalho, nos arts. 317.° ss., relativamente à generalidade das licenças, e nos arts. 35.° ss., relativamente às licenças por motivos atinentes à maternidade, à paternidade e à assistência à família, tendo o Código incorporado os preceitos da RCT de 2004.

Com um objectivo de sistematização desta matéria, podem distinguir-se as seguintes categorias de licenças:

- licenças sem retribuição em geral;
- licenças sem retribuição para frequência de cursos de formação profissional;
- licenças no contexto da maternidade, paternidade e assistência à família.

**II.** A suspensão do contrato de trabalho pode ocorrer a pedido do trabalhador, e por acordo com o empregador: é a *licença sem retribuição*, prevista no art. 317.° n.° 1 do CT[86].

---

[85] Em especial sobre este ponto, João Lobo, *Licença sem retribuição: as alterações introduzidas pelo DL n.° 397/91, de 16 de Outubro*, QL, 1994, 2, 76-79.

[86] Esta norma tem origem no art. 16.° n.° 1 da LFFF e corresponde ao art. 354.° do CT 2003.

Dependendo esta licença do acordo do empregador, ela pode fundar-se em qualquer motivo e o empregador pode recusar a sua concessão, se assim o entender, ou sujeitá-la a condições materiais ou temporais, nos termos gerais da autonomia privada.

Nos aspectos que não sejam disciplinados pelas partes, a licença sem retribuição sujeita-se às regras gerais sobre a suspensão do contrato, previstas no art. 295.°, mantendo o trabalhador o direito a retomar o posto de trabalho no final da licença e podendo ser contratado um trabalhador a termo para o substituir durante o tempo da licença (art. 140.° n.° 2 c)). As regras especiais relativas às férias (art. 239.° n.° 6) têm também aplicação a estas situações, que correspondem a um impedimento respeitante ao trabalhador.

**III.** A suspensão do contrato de trabalho pode ainda ocorrer a pedido do trabalhador, motivado na pretensão de frequência de curso de formação em estabelecimento de ensino ou de um curso de formação profissional de longa duração, nos termos do art. 317.° n.° 2 do CT. É considerada como «de longa duração» para este efeito a licença superior a 60 dias, nos termos desta mesma norma.

Estas *licenças sem retribuição de objectivo formativo*, com as quais a lei favorece a valorização profissional e educativa dos trabalhadores, configuram um direito do trabalhador, na medida em que o empregador apenas pode recusar a respectiva concessão nos casos previstos no n.° 3 do art. 317.° – i.e., se o trabalhador tiver beneficiado de formação profissional nos últimos dois anos, se tiver uma antiguidade inferior a três anos na empresa, se a licença não tiver sido requerida com a devida antecedência, se, tratando-se de uma microempresa ou de uma pequena empresa[87], o trabalhador não puder ser substituído, e ainda no caso de o trabalhador ocupar um cargo de direcção ou de especial qualificação e não ser substituível sem prejuízo sério para a empresa.

A estas licenças é aplicável o regime do art. 295.°, acima indicado, bem como as regras especiais relativas às férias (art. 239.°) já referidas.

---

[87] A maior diferença do regime jurídico actual destas licenças em relação ao regime originário da mesma (constante do art. 16.° n.$^{os}$ 2, 3 e 4 da LFFF) reside no alargamento da possibilidade de recusa destas licenças pelo empregador, tendo em conta a dimensão da empresa: enquanto no regime anterior este critério abrangia as empresas como menos de 20 trabalhadores, no Código, a extensão deste critério às pequenas empresas (que vão até 50 trabalhadores – art. 100.° n.° 1 b) do CT) resulta no seu alargamento.

A violação desta norma constitui contra-ordenação grave, nos termos do art. 317.° n.° 5.

**IV.** Por fim, têm um efeito suspensivo sobre o contrato de trabalho as diversas *licenças que se fundamentam em motivos atinentes à tutela da maternidade da paternidade* e, genericamente, nas necessidades de conciliação entre a vida profissional e a vida familiar. Estas licenças estão previstas nos arts. 35.° ss. do Código do Trabalho

Já tendo referido esta matéria a propósito das especificidades do contrato de trabalho celebrado com trabalhadoras grávidas, puérperas e lactantes[88], e apresentado o respectivo regime com detalhe a propósito da matéria do tempo de trabalho e, especificamente, no contexto das faltas[89], limitamo-nos a recordar o enunciado desta categoria de licenças, que integra as seguintes situações:

- licenças ligadas à gravidez, que são de dois tipos: licença em situação de risco clínico durante a gravidez (art. 37.°) e licença por interrupção da gravidez (art. 38.°);
- licenças ligadas ao parto e ao acompanhamento precoce de bebés, que são as seguintes: licença parental inicial da mãe e do pai, em razão da maternidade (art. 40.°); licença parental inicial exclusiva da mãe para recuperação do parto (art. 41.°); licença parental inicial exclusiva do pai para acompanhamento precoce do bebé (art. 43.°); licença parental inicial de um dos progenitores em substituição do outro (art. 42.°);
- licença por adopção (art. 44.°);
- licenças para acompanhamento de crianças, que são as seguintes: licença parental complementar (art. 51.°); licença especial para assistência a filho, na sequência da lineça parental complementar (art. 52.°); licença especial para assistência a filho portador de deficiência ou de doença crónica (art. 53.°).

No que toca ao regime destas figuras, remete-se para a respectiva apreciação, feita oportunamente, cabendo apenas reforçar que, em razão do valor social eminente da maternidade e da paternidade, esta categoria

---

[88] *Supra,* § 22.°, ponto 81.III.

[89] *Supra,* § 26.°, ponto 96.3.V.

de licenças constitui um direito dos trabalhadores, pelo que o empregador não pode recusar a sua concessão.

### 119.3. **Pré-reforma**[90]

**I.** A pré-reforma corresponde a uma situação de redução da prestação de trabalho ou de suspensão do contrato de trabalho determinada por acordo entre o trabalhador, com idade igual ou superior a 55 anos, e o empregador, para vigorar durante um determinado período e durante a qual o trabalhador aufere uma prestação pecuniária mensal a cargo do empregador.

Como decorre desta delimitação essencial, a situação de pré-reforma pode não determinar a suspensão do contrato de trabalho, mas antes a sua modificação. Optou-se por apresentá-la a propósito das situações de suspensão pelo facto de a modalidade suspensiva ser de recurso mais frequente.

**II.** A figura da pré-reforma foi introduzida no nosso sistema jurídico pelo DL n.° 261/91, de 25 de Julho, como medida facilitadora da transição do trabalhador da idade activa para o regime da aposentação, e, por outro lado, com o objectivo de fomentar o rejuvenescimento do quadro de pessoal das empresas.

O Código do Trabalho trata esta matéria nos arts. 318.° ss., mantendo os traços desta figura que resultam do seu regime originário. Estes traços, que se referem ao conteúdo desta situação, ao modo de a instituir, aos direitos do trabalhador e à cessação deste regime, são os seguintes:

i) *Conteúdo da situação de pré-reforma*: a pré-reforma pode consistir na redução do tempo de trabalho ou na suspensão do contrato de trabalho, mas só é aplicável aos trabalhadores com idade igual ou superior a 55 anos (art. 318.°).

---

[90] Em especial sobre esta matéria, ROMANO MARTINEZ / L. M. MONTEIRO / J. VASCONCELOS / P. MADEIRA DE BRITO / G. DRAY / L. GONÇALVES DA SILVA, *Código do Trabalho Anotado cit.*, 861 ss. (anotação de JOANA VASCONCELOS), ROMANO MARTINEZ, *Direito do Trabalho cit.*, 768, e MONTEIRO FERNANDES, *Direito do Trabalho cit.*, 543 s. e JÚLIO GOMES, *Direito do Trabalho cit.*, 867.

ii) *Modo de constituição da situação de pré-reforma*: a situação de pré-reforma é instituída por acordo entre o trabalhador e o empregador (podendo a respectiva iniciativa caber a qualquer deles), nos termos dos arts. 318.° e 319.°; este acordo reveste obrigatoriamente forma escrita e deve conter as menções referidas no art. 319.°.

iii) *Efeitos da pré-reforma*: durante a situação de pré-reforma, o trabalhador tem direito a receber do empregador uma prestação pecuniária mensal, cujo montante não pode ser superior à que vinha auferindo nem inferior a 25% desse montante (art. 320.° n.° 1). Esta prestação deve ser actualizada anualmente, goza dos privilégios creditórios associados à retribuição, e a falta culposa do seu pagamento habilita o trabalhador a retomar as suas funções nos moldes anteriores ou a resolver o contrato com direito a indemnização (art. 320.° n.os 2 e 3[91]. O trabalhador pode desenvolver outra actividade profissional remunerada na vigência do acordo de pré-reforma (art. 321.° n.° 1). No acordo de pré-reforma, as partes podem ainda estabelecer outros efeitos, nos termos do art. 321.° n.° 2.

iv) *Cessação da situação de pré-reforma*: a situação de pré-reforma cessa nos termos do art. 322.° n.° 1, i.e., se o trabalhador regressar às funções que detinha anteriormente, por acordo com o empregador, se o trabalhador passar à situação de reformado ou se o contrato de trabalho cessar por outra via, cabendo, neste último caso, adaptar à situação o valor da indemnização a que o trabalhador tenha, eventualmente, direito, em virtude da cessação do contrato (art. 322.° n.os 2 e 3 ). A necessidade do acordo do empregador para a reversão da situação de pré-reforma evidencia a irreversibilidade tendencial desta figura: quase sempre, ela prossegue o objectivo de, a prazo, fazer cessar o contrato de trabalho.

---

[91] Como observa MONTEIRO FERNANDES, *Direito do Trabalho cit.*, 544, esta prestação pecuniária corresponde a uma retribuição em sentido próprio, no caso de o acordo de pré-reforma se traduzir na redução do tempo de trabalho (neste caso, deve ter um valor proporcional ao tempo de trabalho prestado) ou a uma «prestação de segurança social privada», quando ocorra a suspensão do vínculo. Trata-se, neste segundo caso, de uma compensação do trabalhador pela sua inactividade.

### 119.4. Outras situações

**I.** Resta analisar as quatro outras situações em que a lei se refere à suspensão do contrato de trabalho e que decorrem da iniciativa do trabalhador ou de facto a ele respeitante: a suspensão do contrato por motivo de adesão do trabalhador à greve (art. 536.° n.° 1); a suspensão do contrato requerida pelo trabalhador com fundamento no incumprimento do dever retributivo do empregador (art. 325.°); a situação decorrente da aplicação da sanção disciplinar de suspensão do trabalhador (art. 328.° n.° 1 e)); e a suspensão do contrato de trabalho dos trabalhadores vítimas de violência domestica (art. 296.° n.° 2), que constitui uma novidade do Código do Trabalho de 2009.

**II.** A *suspensão do contrato por motivo de adesão do trabalhador a uma greve* é um dos traços mais significativos do regime jurídico da greve, que decorre do facto de a greve corresponder a um direito fundamental dos trabalhadores, nos termos do art. 57.° n.° 1 da CRP. Sendo a greve um direito fundamental dos trabalhadores, mas envolvendo o acto de adesão à greve uma recusa da prestação de trabalho, a lei estabelece que tal adesão tem um efeito suspensivo sobre o contrato de trabalho, para obviar à recondução do comportamento abstensivo do trabalhador a um incumprimento do contrato. Por outras palavras, a suspensão do contrato de trabalho em consequência da adesão à greve coloca o trabalhador grevista numa situação de imunidade negocial pela recusa da prestação de trabalho (art. 536.° do CT).

Não cabendo, neste momento, um aprofundamento da construção dogmática do direito de greve, que permite justificar este efeito suspensivo da adesão do trabalhador sobre o seu contrato[92], cabe apenas referir o alcance desta modalidade de suspensão do contrato de trabalho, que se reconduz, no essencial, ao regime geral. Assim:

– a suspensão do contrato por motivo de adesão à greve tem um âmbito limitado, abrangendo os deveres principais das partes (i.e., o dever de retribuição e o dever de trabalho) e os deveres acessórios integrantes do dever principal, mas não atinge os deveres la-

[92] Remete-se este tema para o ponto em que se apreciará a figura da greve, no *Direito do Trabalho III*.

borais autónomos, cuja violação é sancionável nos termos gerais (arts. 536.° n.os 1 e 2)[93];
- esta suspensão não tem efeitos na antiguidade do trabalhador, nem atinge os direitos que lhe assistem em matéria de segurança social e em matéria acidentária (arts. 536.° n.° 3);
- esta suspensão não interfere nos prazos de duração do contrato de trabalho, que continuam a correr, nem impede a cessação do contrato de trabalho por outros motivos (art. 295.° n.° 3).

Resta referir, como curiosidade da suspensão do contrato de trabalho por adesão do trabalhador à greve, que esta modalidade de suspensão é totalmente controlada pelo trabalhador, no sentido em que ele pode aderir ou não a uma greve que tenha sido convocada regularmente, assim como é livre de revogar a sua adesão a uma greve em curso. Neste último caso, bem como quando a greve terminar, cessa o efeito suspensivo, pelo que o trabalhador deve retomar de imediato o trabalho, sob pena de incorrer no regime das faltas injustificadas (art. 541.° do CT).

**III.** O incumprimento do dever de pagamento da retribuição pelo empregador, por período superior a 15 dias, confere ao trabalhador o direito a requerer a suspensão do contrato, nos termos do art. 294.° n.° 3 conjugado com o art. 325.° n.° 1. Trata-se pois de uma *modalidade de suspensão do contrato de trabalho que é da iniciativa do trabalhador mas cujo motivo justificativo é a mora do empregador no cumprimento do seu dever principal*.

O regime jurídico desta modalidade de suspensão do contrato é estabelecido pelos arts. 325.° ss. Já tendo dado conta dos principais traços deste regime, a propósito do estudo da matéria da retribuição[94], para aí se remete, cabendo apenas referir que, nos aspectos não disciplinados especificamente, se aplicam as regras gerais da suspensão do contrato de trabalho (arts. 294.° e 295.°), acima indicadas.

---

[93] Sobre o alcance limitado do efeito suspensivo da greve sobre o contrato de trabalho do trabalhador aderente, *vd* ROSÁRIO PALMA RAMALHO, *Lei da Greve Anotada cit.*, 42 ss., com amplas indicações bibliográficas.

[94] Cfr., *supra*, § 27.°, ponto 102.2.1.III.

**IV.** A *suspensão do contrato de trabalho* pode também ocorrer *por motivos disciplinares*. Como se observou oportunamente[95], a suspensão do trabalho com perda da retribuição é uma das sanções disciplinares à disposição do empregador (art. 328.º n.º 1 e). Associada a esta sanção encontra-se ainda o efeito acessório da perda da antiguidade do trabalhador, que tem, em si mesmo, carácter sancionatório.

A motivação disciplinar desta suspensão pode suscitar dúvidas sobre a sua sujeição às regras gerais da suspensão do contrato de trabalho. Por outro lado, deve ter-se em conta que, em alguns aspectos, o regime jurídico da sanção de suspensão do trabalho não coincide com o regime geral da suspensão do contrato de trabalho (assim sucede com a perda da antiguidade – art. 328.º n.º 1 e) *in fine*).

Apesar destas especificidades de regime, e independentemente da motivação disciplinar desta situação, entende-se que é útil reconduzi-la a um caso de suspensão do contrato de trabalho, para clarificar a situação jurídica do trabalhador suspenso, até porque a situação de suspensão pode prolongar-se durante um lapso temporal relativamente longo, nos termos dos arts. 328.º n.º 3 c) e n.º 4. Assim, ressalvadas as especificidades que decorrem da índole disciplinar desta suspensão disciplinar, ela sujeita-se às regras gerais da suspensão do contrato de trabalho, oportunamente enunciadas[96].

**V.** Por fim, cabe referir a nova figura da *suspensão do contrato de trabalho de trabalhador vítima de violência doméstica*, prevista no art. 296.º n.º 2.

Nos termos desta norma, o trabalhador ou a trabalhadora vítimas de violência doméstica, que tenham apresentado queixa contra o agressor e que devam ausentar-se da casa de morada da família, podem requerer a suspensão do seu contrato de trabalho, com efeitos imediatos se não puderem ser transferidos para outro estabelecimento do empregador (nos termos do art. 195.º n.º 1) ou até que tal transferência ocorra (nos termos do art. 195.º n.º 2).

---

[95] Cfr., *supra*, § 29.º, ponto 109.1.I. e, quanto aos limites desta sanção, ponto 109.3.III.

[96] Assim, o trabalhador poderá desenvolver outra actividade durante o tempo de suspensão do contrato de trabalho, e mantém-se vinculado aos deveres acessórios não integrantes da prestação principal, que continuam a ser sancionáveis nos termos gerais, para além de o contrato poder cessar nos termos gerais.

Trata-se de uma norma de objectivo protectivo e que é subsidiária do regime de tutela destes trabalhadores através da mudança do local de trabalho, oportunamente apresentado[97]. Assinala-se que esta suspensão corresponde a um direito do trabalhador e que tem efeitos imediatos.

Nos restantes aspectos, é aplicável o regime geral da suspensão, nomeadamente no que se refere aos efeitos do facto suspensivo nos direitos e deveres das partes inerentes à prestação efectiva do trabalho (art. 295.° n.° 1), o que inclui a perda do direito à retribuição. Este aspecto do regime, que bem se compreende como projecção geral do carácter sinalagmático do contrato de trabalho, pode desincentivar na prática os trabalhadores a recorrerem este direito, uma vez que as situações de violência doméstica estão muitas vezes associadas à dependência financeira da vítima em relação ao agressor e tal dependência se torna mais intensa com a perda da retribuição. Todavia, este efeito perverso só pode ser contornado ao nível da segurança social.

---

[97] *Supra*, § 25.°, ponto 91.2.VIII.

## § 32.° Acidentes de trabalho e doenças profissionais[98]

### 120. Evolução histórica da tutela acidentária dos trabalhadores subordinados

**I.** A última vicissitude do contrato de trabalho a justificar uma referência especial é a figura dos acidentes de trabalho e das doenças profissionais. A ocorrência de um acidente de trabalho ou a detecção de uma doença profissional ao trabalhador podem determinar uma modificação do contrato de trabalho, a sua suspensão, ou, no limite, a cessação do mesmo, se o acidente ou a doença implicarem uma impossibilidade absoluta de prestação da actividade laboral.

O tema dos acidentes de trabalho e das doenças profissionais reveste uma importância significativa no domínio laboral (para além da importância inequívoca que lhe assiste, do ponto de vista sócio-económico, pela

---

[98] Sobre este tema, M. MANUELA AGUIAR, *Acidentes «in itinere»*, ESC, 1968, 25, 36-77, ROSÁRIO PALMA RAMALHO, *Sobre os acidentes de trabalho em situação de greve cit.* (ROA, 1993, III, 521-574; republicado *in Estudos de Direito do Trabalho cit*, I, 339--389), ROMANO MARTINEZ, *Acidentes de trabalho,* Lisboa, 1996, ILÍDIO DAS NEVES, *Direito da Segurança Social*, Coimbra, 1996, 729 ss., ANA ESTELA LEANDRO, *Acidentes de Trabalho,* Lisboa, 1998, F. ALMEIDA PIRES, *Seguro de Acidentes de Trabalho*, Lisboa, 1999, L. CARLOS ALEGRE, *Acidentes de Trabalho e Doenças Profissionais,* 2.ª ed., Coimbra, 2000, MENEZES LEITÃO, *A reparação de danos emergentes de acidentes de trabalho*, *in* ROMANO MARTINEZ (coord.), *Estudos do Instituto de Direito do Trabalho*, I, Coimbra, 2001, 537-577 (republicado *in Temas Laborais. Estudos e Pareceres*, Coimbra, 2006, 7-50), F. RIBEIRO LOPES, *Regime legal de prevenção de acidentes de trabalho*, *in* ROMANO MARTINEZ (coord.), *Estudos do Instituto de Direito do Trabalho*, I, Coimbra, 2001, 581-593, P. MORGADO CARVALHO, *Um olhar sobre o actual regime dos acidentes de trabalho e das doenças profissionais: benefícios e desvantagens*, QL, 2003, 21, 74-98, ROMANO MARTINEZ, *Direito do Trabalho cit.*, 817 ss. , ROMANO MARTINEZ / L. M. MONTEIRO / J. VASCONCELOS / MADEIRA DE BRITO / G. DRAY / L. GONÇALVES DA SILVA, *Código do Trabalho Anotado cit.*, 723 ss. (anotação de ROMANO MARTINEZ).

elevada sinistralidade laboral), como é comprovado, aliás, pela enorme litigância judicial nesta matéria[99]. Por outro lado, apesar de as questões colocadas por esta matéria serem, sobretudo, questões de responsabilidade civil, a sua apreciação em sede laboral justifica-se pelas especificidades do próprio regime da responsabilidade civil neste caso, pelas implicações da matéria no tema mais vasto das condições e da segurança no trabalho (que, no caso, se liga à prevenção dos acidentes de trabalho e das doenças profissionais) e, obviamente, pelos reflexos do facto acidentário no vínculo laboral, enquanto vicissitude do mesmo.

Uma vez que a matéria da segurança, higiene e saúde no trabalho já foi desenvolvida a propósito do estudo dos deveres do empregador[100], tendo-se então acentuado a importância do objectivo de prevenção acidentária dos deveres das partes nesta matéria[101] as observações que se seguem vão centrar-se, sobretudo, nas duas outras valências da matéria dos acidentes de trabalho e das doenças profissionais – ou seja, na indicação dos aspectos mais relevantes do regime da responsabilidade civil desta matéria e nas questões relativas aos efeitos do acidente ou da doença no contrato de trabalho.

**II.** A preocupação dos diversos sistemas juslaborais pela tutela acidentária do trabalhador remonta aos primórdios do Direito do Trabalho como ramo jurídico, na transição do séc. XIX para o séc. XX[102], e tem a sua origem na elevada sinistralidade laboral à época.

Esta preocupação evidencia-se, por um lado, na emissão de normas sobre segurança, higiene e saúde no local de trabalho, com o objectivo de prevenção dos acidentes laborais, e, por outro lado, no esboço de um sistema de reparação dos danos emergentes dos acidentes de trabalho, que veio a ser o primeiro sistema de responsabilidade civil objectiva pelo risco, representando, assim, um dos contributos originais do Direito do Trabalho para a evolução dogmática do instituto geral da responsabilidade civil. A importância desta matéria explica também que tenha sido

---

[99] Efectivamente, a par da matéria da cessação do contrato de trabalho, a matéria dos acidentes de trabalho e das doenças profissionais é a que mais ocupa a jurisdição laboral.

[100] *Supra*, § 27.°, ponto 98.3.

[101] Para mais desenvolvimentos, justamente nesta óptica da prevenção, Ribeiro Lopes, *Regime legal de prevenção... cit*, 581 ss.

[102] Tal como fixámos oportunamente – *Direito do Trabalho I*, § 2.°, ponto 3.

objecto da atenção da Organização Internacional do Trabalho muito precocemente.

Na Alemanha, o diploma que constitui o arranque da legislação geral sobre condições de trabalho remonta a 1891 (*Arbeiterschutzgesetz von 1891*), mas já na época de Bismarck surge legislação no domínio dos riscos sociais ligados à doença, aos acidentes de trabalho e à velhice, em 1883, 1884 e 1889, respectivamente. A Áustria tem uma evolução semelhante, com a regulação da matéria dos riscos ligados aos acidentes de trabalho e à doença em 1887 e 1888[103]. No sistema jurídico italiano, é referenciada a emissão de normas sobre infortunística laboral na indústria em 1898 (*Lei de 19 de Março)*[104], e em França, o regime da segurança e higiene nos estabelecimentos industriais remonta a 1893 (*Loi du 12 juin 1893*) e o regime dos acidentes de trabalho a 1898 (*Loi du 9 avril 1898*). Na Bélgica, é referida a emissão um diploma sobre a saúde e a segurança dos operários de 1899[105], e em Espanha, o regime geral na matéria da saúde e higiene no trabalho data de 1873 (*Ley de 24/07/1873*). Na Inglaterra, o regime dos acidentes de trabalho remonta a 1897.

Por seu turno, ao nível das fontes internacionais, destaca-se a preocupação precoce da OIT com esta matéria, que é tratada em diversas convenções: a Conv. n.° 12, de 1921, sobre acidentes de trabalho na agricultura, aprovada para ratificação por Portugal pelo Dec. n.° 42 874, de 15/03/60; a Conv. n.° 17, de 1925, sobre reparação de acidentes de trabalho, aprovada para ratificação por Portugal pelo Dec. n.° 16 586, de 9/03/29; a Conv. n.° 18, de 1925, sobre reparação das doenças profissionais, aprovada para ratificação por Portugal pelo Dec. n.° 16 587, de 9/03/29, bem como diversas convenções e recomendações sobre seguros contra os riscos sociais ligados ao trabalho (Conv. n.° 24, de 1927, sobre seguro de doença dos trabalhadores da indústria, do comércio e domésticos; Conv. n.° 25, de 1927, sobre seguro de doença dos trabalhadores agrícolas; e Rec. n.° 29, de 1927, sobre seguro de doença).

---

[103] G. BERNERT, *Arbeitsverhältnisse im 19. Jahrhundert*, Marburg, 1972, 175 e *passim*; H. ROSCHER, *Die Anfänge des modernen Arbeitsrecht – Ein Beitrag zur Geschichte des Jugendarbeitsschutzes unter besonderer Berücksichtigung der Entwicklung in Preußen*, Frankfurt-Bern-New York, 493 s. e *passim*.

[104] F. PERGOLESI, *Introduzione al diritto del lavoro*, in U. BORSI / F. PERGOLESI, *Trattato di diritto del lavoro*, I *(Introduzione al diritto del lavoro)*, 3.ª ed., Padova, 1960, 1-436 (33 ss.).

[105] P. HORION, *Le contrat de travail en droit belge, in* G. BOLDT / G. CAMERLYNCK / / P. HORION / A. KAYSER / M. G. LEVENBACH / L. MENGONI, *Le contrat de travail dans les pays membres de la C.E.C.A.*, Paris (s.d.), 155-224 (162 ss.) e P. DENIS, *Droit du Travail cit.*, 11.

Também outros instrumentos normativos internacionais, como a DUDH (art. 25.°), a CSE (art. 3.°) e o PIDESC (art. 7.°) se referem à tutela acidentária e, evidentemente, relevam nesta matéria as normas comunitárias em matéria de segurança, higiene e saúde no local de trabalho, assinaladas a propósito das fontes laborais[106].

**III.** Também o nosso sistema jurídico se ocupou precocemente destes temas, quer na perspectiva preventiva da imposição de regras em matéria de saúde e segurança no trabalho (neste aspecto, deve ter-se em conta o Dec. de 14 de Abril de 1891, alterado pela L. n.° 297, de 22 de Janeiro de 1915, e pelo Reg. de 16 de Março de 1893, que protegia em especial os menores e as mulheres no trabalho, e o regime geral da segurança, higiene e condições ambientais nos locais de trabalho, aprovado pelo Dec. n.° 4351, de 29 de Maio de 1915)[107], quer com referência específica à matéria dos acidentes de trabalho, cujo primeiro regime jurídico surge logo em 1913, com a L. n.° 83, de 24 de Julho de 1913, regulamentada pelos Decretos n.° 182, de 18 de Outubro de 1913, e n.° 183, de 24 de Outubro de 1913, e a que se seguiu o Decreto n.° 5637, de 10 de Abril de 1919, que generalizou o regime dos acidentes de trabalho e tornou obrigatório o respectivo seguro[108].

Revelador do interesse que a matéria dos acidentes de trabalho cedo despertou entre nós é ainda o facto de ela ter ocupado os primeiros cultores universitários das matérias laborais, como MARNOCO E SOUSA, integrando o programa da disciplina de Economia Social (tanto na Faculdade de Direito de Lisboa como na Faculdade de Direito de Coimbra), através da qual, como se referiu oportunamente, os temas laborais fizeram o seu ingresso no Curso de Direito[109]. E, na mesma linha, o tema dos acidentes

---

[106] *Direito do Trabalho I*, § 6.°, ponto 16.4.

[107] Para um panorama geral sobre os primórdios do desenvolvimento da legislação portuguesa nesta área, por exemplo, RUY ULRICH, *Legislação Operária Portugueza cit.*, *maxime*, 43 ss.

[108] Em especial, sobre esta regulamentação A. ARY DOS SANTOS, *Acidentes de Trabalho*, Lisboa, 1932; e especificamente sobre a matéria dos seguros, BARBOSA DE MAGALHÃES, *Seguro contra Acidentes de Trabalho*, 1913.

[109] *Direito do Trabalho I*, § 4.°, ponto 8. Para mais desenvolvimentos sobre este ponto, ROSÁRIO PALMA RAMALHO, *Perspectivas Metodológicas do Direito do Trabalho. Relatório*, Coimbra, 2005, 54 ss.

de trabalho foi tratado em dissertações académicas muito precocemente, por autores como EMYGDIO DA SILVA e BARBOSA DE MAGALHÃES[110].

A evolução legislativa da matéria dos acidentes de trabalho no nosso país passou seguidamente pela aprovação da L. n.° 1942, de 27 de Julho de 1936, substituída pela Lei de Bases dos Acidentes de Trabalho em 1965 (L. n.° 2127, de 3 de Agosto), regulamentada pelo DL n.° 360/71, de 21 de Agosto. Este regime manteve-se até 1997, altura em que foi substituído pela L. n.° 100/97, de 13 de Setembro (LAT), regulamentada pelo DL n.° 143/99, de 30 de Abril (no que se refere aos acidentes de trabalho) e pelo DL n.° 248/99, de 2 de Julho (relativo às doenças profissionais) e que entrou em vigor em 2000[111]. Entretanto, a importância da matéria justificou a sua referência na Constituição, cujo art. 59.° n.° 1 f) consagra o direito à assistência e à justa reparação dos trabalhadores vítimas de acidente de trabalho ou de doença profissional.

O Código do Trabalho de 2003 regulou esta matéria em capítulo autónomo e com grande desenvolvimento (arts. 281.° ss.). Contudo, a entrada em vigor deste regime jurídico foi remetida para o momento da aprovação da respectiva regulamentação (art. 3.° n.° 2 do Diploma Preambular do CT de 2003), mas, como esta regulamentação não chegou a ser emitida na vigência daquele Código, as normas do Código nesta matéria não chegaram a entrar em vigor, mantendo-se em aplicação o regime constante da L. n.° 100/97, de 13 de Setembro, e a respectiva regulamentação, constante do DL n.° 143/99, de 30 de Abril, bem como o DL n.° 248/99, de 2 de Julho, relativo às doenças profissionais.

**IV.** A orientação do novo Código do Trabalho nesta matéria é diametralmente oposta à do Código anterior. À maneira tradicional, o Código limita-se a estabelecer alguns princípios gerais nesta matéria (arts. 281.° a 283.°), mas remete para legislação especial o desenvolvimento do regime

---

[110] EMYGDIO DA SILVA, *Acidentes de Trabalho I*, 1913, e BARBOSA DE MAGALHÃES, *Seguro contra Acidentes de Trabalho*, também de 1913; ambos se apresentaram a concurso para a Faculdade de Direito de Lisboa (sobre este ponto, ROSÁRIO PALMA RAMALHO, *Perspectivas Metodológicas... cit.*, 56).

[111] Para uma apreciação mais desenvolvida da evolução do sistema laboral nacional anterior à LAT de 1997, MENEZES LEITÃO, *A reparação de danos... cit.*, 545 s. E com referência ao sistema da LAT, MORGADO CARVALHO, *Um olhar sobre o actual regime jurídico... cit.*, 78 ss., e ROMANO MARTINEZ, *Direito do Trabalho cit.*, 817 ss.

(art. 284.°). Em cumprimento desta remissão legal, foi, entretanto, publicada uma nova LAT (L. n.° 98/2009, de 4 de Setembro), que veio finalmente revogar o Regime Jurídico dos Acidentes de Trabalho de 1997 (L. n.° 100/97, de 13 de Setembro), bem como o DL n.° 248/99, de 2 de Julho (relativo às doenças profissionais) – art. 186.° da LAT.

O quadro legislativo nesta matéria está, pois, hoje mais clarificado, compreendendo os seguintes diplomas principais:

- Código do Trabalho, arts. 281.° a 284.° (princípios gerais em matéria de prevenção e de reparação dos acidentes de trabalho e das doenças profissionais);
- L. n.° 98/2009, de 4 de Setembro (LAT), que agora regula não só os acidentes de trabalho mas também amplamente as doenças profisisonais;
- DL n.° 143/99, de 30 de Abril, que regulamenta a LAT e que foi mantido em vigor por esta lei, excepto quanto às normas relativas à reparação dos acidentes de trabalho (art. 186.° b)), que constam agora desenvolvidamente da própria LAT;
- DL n.° 142/99, de 30 de Abril, que regula o Fundo de Acidentes de Trabalho (com as alterações introduzidas pelo DL n.° 185/2007, de 10 de Maio).

A opção do actual Código do Trabalho no sentido de remeter esta matéria para legislação específica é, a nosso ver, a mais correcta, não porque tal signifique o reconhecimento da menor importância deste tema no universo laboral – bem pelo contrário, trata-se matéria da maior importância, como já se referiu – mas porque envolve um regime jurídico de grande especificidade e complexidade[112].

Em termos gerais, é ainda de reter que o regime da nova LAT se aproxima mais do regime da LAT de 1997 do que do regime do CT de 2003 nesta matéria, que tinha introduzido algumas alterações relativamente àquele regime.

---

[112] Mas contra, criticando esta opção do actual Código do Trabalho, ROMANO MARTINEZ, na sua anotação às normas do Código do Trabalho sobre esta matéria, *in* ROMANO MARTINEZ / L. M. MONTEIRO / J. VASCONCELOS / MADEIRA DE BRITO / G. DRAY / L. GONÇALVES DA SILVA, *Código do Trabalho Anotado cit.*, 723.

## 121. Regime jurídico dos acidentes de trabalho e das doenças profissionais

### 121.1. Aspectos gerais

**I.** O primeiro aspecto a ter em conta, na apreciação da matéria dos acidentes de trabalho e das doenças profissionais, é o da delimitação dos conceitos envolvidos.

Em termos gerais, pode dizer-se que o acidente de trabalho é o evento súbito e imprevisto, ocorrido no local e no tempo de trabalho, que produz uma lesão corporal ou psíquica ao trabalhador que afecte a sua capacidade de ganho (por exemplo, uma queda do trabalhador durante o desenvolvimento da actividade laboral, da qual resultem ferimentos que o impeçam de continuar a trabalhar) – art. 8.° n.° 1 da LAT.

Por seu turno, a doença profissional caracteriza-se pela sua verificação lenta e imperceptível, tendo origem no trabalho desenvolvido ao longo do tempo (por exemplo, o operador manual de alta precisão que, com o tempo, adquire uma tendinite)[113]. As doenças profissionais seguem uma regra de tipicidade, na medida em que apenas são como tal qualificadas as que constam de uma tabela oficial, que é periodicamente revista (art. 283.° n.° 2 do CT e art. 94.° n.° 1 da LAT).

**II.** No caso português, a distinção entre as duas fontes da tutela acidentária laboral tem grande importância, por força da opção de base do legislador no respectivo tratamento. Enquanto a matéria dos acidentes de trabalho não é integrada no sistema da segurança social, sendo a respectiva responsabilidade actuada através de um sistema de seguro privado, a que os empregadores têm que aderir através da celebração de um contrato de seguro, e cabendo o pagamento da correspondente indemnização às companhias seguradoras (art. 283.° n.° 5 do CT e art. 79.° da

[113] Sobre a distinção entre acidente de trabalho e doença profissional na jurisprudência, *vd* o Ac. STJ de 14/04/1999, CJ (STJ), 1999, II, 260 e o Ac. STJ de 21/11/2001, CJ (STJ), 2001, III, 277, ambos acentuando o critério da subitaneidade e imprevisibilidade do evento na caracterização do acidente de trabalho, mesmo que tal evento seja revelador de uma doença existente (nesta linha, o Ac. RLx. de 12/04/1993, CJ, 1993, III, 171, qualificou como acidente de trabalho o acidente vascular cerebral sofrido pelo trabalhador na sequência de uma discussão com um colega).

LAT), a matéria das doenças profissionais é inserida no sistema de segurança social (art. 283.° n.° 7 do CT e art. 93.° n.° 1 da LAT), no qual o empregador tem que inscrever o trabalhador e para o qual tem que contribuir[114].

A perspectiva dualista da lei na abordagem da matéria dos acidentes de trabalho e da matéria das doenças profissionais justifica uma observação complementar. Ela mereceu a crítica de alguns sectores, tendo sido advogada, *de jure condendo*, a progressiva integração da matéria acidentária no sistema de segurança social, com base no argumento de que a Constituição inclui os acidentes de trabalho no elenco dos riscos sociais cobertos pela segurança social (art. 63.° n.° 3 da CRP) e no entendimento idêntico da Lei de Bases da Segurança Social de 2000 (L. n.° 17/2000, de 8 de Agosto), cujo art. 111.° previa expressamente a integração da matéria acidentária no sistema de segurança social, na linha do que, aliás, já decorria da anterior Lei de Bases (art. 72.° da L. 28/84, de 14 de Agosto)[115].

Contudo, a Lei de Bases da Segurança Social de 2002 (L. n.° 32/2002, de 20 de Dezembro) afastou-se da orientação do diploma anterior, referindo genericamente a tutela dos trabalhadores em matéria acidentária no elenco dos objectivos do sistema de segurança social, em consonância com a Constituição, (art. 4.° c)), mas não apontando para a integração da matéria dos acidentes de trabalho no âmbito do sistema de segurança social. Na mesma linha, a actual Lei de Bases da Segurança Social (L. n.° 4/2007,

---

[114] O enquadramento da matéria da reparação dos danos decorrentes de acidente de trabalho em moldes privados e assentes na responsabilidade civil pelo risco é tradicional entre nós, remontando ao primeiro regime jurídico da matéria, de 1913. Outros países, como a França, a Itália e o Brasil optaram pela integração da matéria no regime geral da segurança social.

[115] Neste sentido, por exemplo, F. ALMEIDA PIRES, *Seguro de Acidentes de Trabalho cit.*, 25. Também salientando as insuficiências da teoria da responsabilidade civil (quer com base na culpa quer com base no risco) para corresponder aos interesses em presença no âmbito da reparação dos danos emergentes de acidente de trabalho, MENEZES LEITÃO, *A reparação de danos...cit.*, 549 ss., que propõe, como enquadramento alternativo, a reparação dos acidentes de trabalho integrada no sistema de segurança social (*idem*, 551 ss.). Sobre o modo de integração do sistema de tutela acidentária no regime público da segurança social, *vd* ainda ILÍDIO DAS NEVES, *Direito da Segurança Social cit.*, 773. Em favor da manutenção do actual sistema privado de reparação, por exemplo, ROMANO MARTINEZ, *Direito do Trabalho cit.*, 821.

de 16 de Janeiro) não só afirma um princípio de complementaridade, que passa pela articulação de formas privadas e públicas de assegurar a protecção social dos indivíduos (art. 15.°), como remete a fixação do sistema de reparação dos acidentes de trabalho para lei própria (art. 107.°), confirmando pois a admissibilidade tradicional do sistema dualista de tutela.

Independentemente da questão constitucional, que não parece incontornável, uma vez que o carácter público do sistema de segurança é compatível com soluções de coordenação com entidades privadas para concretizar o regime jurídico das matérias integradas nesse sistema, a opção actual da lei nesta matéria afigura-se a mais adequada, perante a situação financeira do sistema de segurança social nacional, que dificilmente se coaduna com o aumento dos encargos que a solução inversa necessariamente implicaria. Evidentemente, nesta solução, cabe ao Estado assegurar que o modelo privado de reparação dos danos emergentes dos acidentes de trabalho prossegue adequadamente os objectivos de tutela e também o interesse público que subjazem ao sistema, o que é feito através da modelagem desse sistema pela lei em moldes imperativos, da adequada fiscalização do cumprimento das suas regras e da previsão de instrumentos públicos que assegurem a reparação, em situações de recurso.

Com o Código do Trabalho de 2003 e, agora, com o Código do Trabalho de 2009 e a L. n.° 98/2009, de 4 de Setembro, consolida-se, pois, esta perspectiva dualista do ordenamento jurídico nacional no estabelecimento do regime dos acidentes de trabalho e das doenças profissionais.

Deve, no entanto, frisar-se que a responsabilidade originária pelo cumprimento dos deveres legais nesta matéria é sempre do empregador (art. 7.° da LAT). Assim, se o empregador não tiver celebrado o contrato de seguro de acidentes de trabalho, assim como se não tiver procedido à inscrição do trabalhador no sistema de segurança social, é pessoal e directamente responsável pelos danos decorrentes do acidente de trabalho, ainda que, em caso de insuficiência económica do empregador, na prática, a reparação directa dos danos causados pelo acidente possa vir a ser feita pelo Fundo de Acidentes de Trabalho (art. 283.° n.° 6 do CT e DL n.° 142/99, de 30 de Abril). Além disso, no caso de o trabalhador não estar abrangido por nenhum seguro de acidente de trabalho ou coberto pela segurança social (se estiver em causa doença profissional) por facto imputável ao empregador, este deve ainda remunerar o trabalhador por todo o tempo de ausência ao trabalho que decorra do sinistro laboral, nos termos do art. 255.° n.° 2 b) do CT. É uma projecção da responsabilidade remuneratória ampla do empregador no contrato de trabalho, a que se aludiu oportunamente[116].

**III.** Do ponto de vista do regime, deve ainda atentar-se no *âmbito alargado do regime dos acidentes de trabalho e das doenças profissionais*. Este regime abrange a generalidade dos trabalhadores subordinados, mas estende-se também, com as necessárias adaptações, às seguintes categorias de trabalhadores, previstas no art. 4.° da Lei Preambular ao CT:

- praticante, estagiário e aprendiz e demais situações de formação profissional;
- administrador, director, gerente ou equiparado, que exerça a sua actividade mediante remuneração, ainda que sem subordinação jurídica;
- trabalhadores autónomos mas economicamente dependentes do credor da actividade.

O âmbito alargado do regime dos acidentes de trabalho evidencia o carácter expansionista do Direito do Trabalho (i.e., a sua tendência para alargar as normas laborais para além da fronteira natural do trabalho subordinado), que foi salientado em devido tempo[117].

**IV.** Desde os seus primórdios que a tutela acidentária laboral foi ligada ao instituto da responsabilidade civil. Contudo, na sua aplicação a esta temática, o instituto da responsabilidade civil sofreu, ele próprio, uma significativa evolução. Em termos esquemáticos, esta evolução permite identificar as seguintes fases[118]:

i) *Fase da responsabilidade civil aquiliana*: nesta fase, que correspondeu ao modelo inicial de enquadramento da matéria dos acidentes de trabalho, o empregador era responsabilizado pelos danos emergentes do acidente de trabalho sempre que este acidente se devesse a culpa sua, ou seja, nos termos gerais da responsa-

[116] *Supra*, § 27.°, ponto 98.1. e *passim*.

[117] *Direito do Trabalho I*, § 3.°, ponto 6.6.

[118] Para uma apreciação desenvolvida e crítica desta evolução, MENEZES LEITÃO, *A reparação de danos... cit.*, 540 ss., e ROMANO MARTINEZ, *Direito do Trabalho cit.*, 829 ss.

bilidade aquiliana. Evidentemente, a recondução da responsabilidade acidentária a este modelo deixava de fora a maioria das situações, em que o acidente não se deve a um acto culposo do empregador, sendo, além disso, difícil de operacionalizar pela necessidade de provar a culpa do empregador, nos termos gerais.

ii) *Fase da responsabilidade contratual*: neste modelo, a responsabilidade do empregador por acidente de trabalho foi admitida sempre que o facto acidentário se devia a um incumprimento dos deveres contratuais do empregador, ainda que apenas por negligência (por exemplo, a inobservância das regras de segurança). Um pouco mais abrangente e mais fácil de operacionalizar do que o modelo anterior, uma vez que o enquadramento como responsabilidade contratual está associado a uma presunção de culpa, este modelo continua, contudo, a não ser satisfatório, porque deixa de fora todas as situações de acidente em que não se consegue identificar uma violação contratual do empregador.

iii) *Responsabilidade extra-contratual pelo risco*: neste modelo, a responsabilidade do empregador pelos danos decorrentes de acidente de trabalho não pressupõe a culpa, mas é justificada na ideia de risco da actividade laboral de que o empregador beneficia, enquanto credor da prestação.

O terceiro modelo de enquadramento da responsabilidade acidentária é o modelo actual. Este modelo – que foi percursor das diversas formas de responsabilidade objectiva pelo risco – evoluiu ainda no que respeita ao ónus da prova, que, tendo começado por caber, nos termos gerais, ao trabalhador, veio posteriormente a ser invertido, constituindo esta, hoje, a principal especificidade do regime da responsabilidade acidentária relativamente ao regime comum da responsabilidade pelo risco, a par dos critérios de fixação da indemnização, que são determinados em função dos danos laborais tipificados.

O risco valorizado na responsabilidade acidentária é duplo: o *risco profissional*, i.e., o que decorre dos perigos inerentes à actividade profissional desenvolvida pelo trabalhador; e o *risco empresarial* (também denominado risco de autoridade), ou seja, o risco de ter trabalhadores ao serviço. Esta segunda valência do risco explica a cobertura dos acidentes de trabalho que ocorrem nas instalações da empresa mas sem ser no desempenho da actividade (por exemplo, o trabalhador que escorrega no refeitório da empresa), bem como a cobertura dos acidentes ocorridos na deslocação do trabalhador para a empresa ou no seu regresso a casa (os denominados acidentes de trajecto ou acidentes *in itinere*).

### 121.2. Delimitação do acidente de trabalho e pressupostos da responsabilidade acidentária

**I.** A actuação da responsabilidade acidentária exige uma delimitação técnica cuidadosa do conceito de acidente de trabalho, que constitui o respectivo facto constitutivo. Esta delimitação pode ser feita a partir da noção legal de acidente de trabalho, que deixou de ser feita pelo Código do Trabalho[119] mas consta do art. 8.° n.° 1 da LAT. Nos termos desta norma é acidente de trabalho «aquele que se verifique no local e no tempo de trabalho e produza directa ou indirectamente lesão corporal, perturbação funcional ou doença de que resulte redução na capacidade de trabalho ou de ganho ou a morte»[120].

Esta noção permite recortar a figura do acidente de trabalho com recurso a um critério subjectivo, a um critério geográfico, a um critério temporal, e ainda ao dano típico que resulta deste acidente. Além disso, a lei exige um adequado nexo de causalidade entre o evento acidentário e o dano, nos termos gerais da responsabilidade civil.

Vejamos, com um pouco mais de detalhe, estes elementos.

---

[119] O CT de 2003 definia o acidente de trabalho no art. 284.°, em moldes não coincidentes com o conceito da actual LAT, que é mais próximo do da LAT de 1997. Da noção de acidente de trabalho constante CT de 2003 retirava-se, por um lado, a caracterização do acidente como um evento súbito ou imprevisto, mas não constava, como elemento essencial, a referência ao efeito laboral do sinistro, i.e., ao dano que se traduza na morte ou na redução da incapacidade de ganho do trabalhador, sendo o dano típico do acidente de trabalho tratado autonomamente (art. 286.°), como pressuposto da obrigação de indemnizar decorrente do acidente. A actual noção é menos clara, designadamente para efeitos da distinção entre o acidente de trabalho e a doença profissional, por força da supressão da referência ao carácter súbito ou imprevisto do acidente.

[120] Sobre o conceito de acidente de trabalho, podem ver-se, entre outros, na jurisprudência, o Ac. STJ de 9/09/2009 (n.° 08S3047) www.dgsi.pt, ou o Ac. RLx. de 2/02/2005, CJ, 2005, I, 153.

**II.** *Por um critério subjectivo, é acidente de trabalho aquele cujo lesado é um trabalhador por conta de outrem* (art. 3.° n.° 1 da LAT), mas o acidente não se descaracteriza pelo facto de o contrato de trabalho ser inválido, por força da regra geral do art. 122.° n.° 1 do CT que manda tratar este contrato como se fosse válido em relação ao tempo em foi executado.

Este critério subjectivo de delimitação do acidente de trabalho admite algumas extensões, por força do âmbito amplo da tutela acidentária laboral. Assim, também constitui acidente de trabalho aquele que lesa um trabalhador autónomo, um trabalhador economicamente dependente, o aprendiz ou estagiário e o formando, bem como o que atinge o titular de um órgão societário, nos termos do art. 4.° n.° 1 da Lei Preambular ao CT. Já no que se refere aos trabalhadores independentes, eles podem beneficiar do regime de tutela acidentária, desde que efectuem um contrato de seguro para o efeito (art. 4.° n.° 2 do Diploma Preambular ao CT)[121].

Ainda em aplicação deste critério, a lei regula as condições de aplicação do regime dos acidentes de trabalho aos trabalhadores estrangeiros que exerçam a sua actividade em Portugal e aos trabalhadores nacionais que exerçam a actividade noutro país (arts. 5.° e 6.° da LAT): quanto aos trabalhadores estrangeiros, trata-se de um desenvolvimento do princípio geral da igualdade de tratamento, que é enunciado pelo art. 4.° do CT; quanto aos trabalhadores nacionais a desenvolver a actividade noutro país, trata-se de um desenvolvimento do princípio da universalidade da tutela laboral.

**III.** A lei delimita também o conceito de acidente de trabalho pelo *critério do local da ocorrência do mesmo, conjugado com um critério de autoridade*.

Nos termos do art. 8.° n.° 1 da LAT, o acidente de trabalho é o que ocorre no local de trabalho. Para este efeito, a lei utiliza um conceito amplo de local de trabalho, identificando-o com o lugar onde o trabalhador se encontre ou se deva dirigir, por força do trabalho, e no qual esteja,

[121] E art. 3.° da LAT. O regime jurídico do seguro de acidentes de trabalho dos trabalhadores independentes foi estabelecido pelo DL n.° 159/99, de 11 de Maio. O Ac. STJ de 19/02/2004, CJ (STJ), 2004, I, 272, considerou competentes os Tribunais do Trabalho para apreciar o litígio decorrente de um acidente de trabalho sofrido por um trabalhador independente. Sobre esta matéria, *vd*, por exemplo, o Ac. RC de 10/02/2005, CJ, 2005, V, 60, e o Ac. RP de 8/09/2008, CJ, 2008, IV, 229.

directa ou indirectamente, sujeito ao controlo do trabalhador (art. 8.° n.° 2 a) da LAT). Deste modo, o critério geográfico conjuga-se com um critério de autoridade, que faz apelo ao controlo do empregador sobre o trabalhador, na delimitação do acidente de trabalho.

Esta noção ampla de local de trabalho permite cobrir não apenas as situações laborais comuns, como também as situações, oportunamente apreciadas, em que o local de trabalho é disperso ou móvel[122]. Por outro lado, uma vez apontado o local de trabalho como um dos critérios delimitadores do acidente de trabalho, a lei procede a algumas extensões da tutela acidentária com alcance geográfico, que permitem qualificar como acidentes de trabalho os eventos danosos ocorridos nas situações seguintes:

- no trajecto de ida para o local de trabalho ou de regresso deste local, que é definido, em termos muito amplos, pelo art. 9.° n.° 1 a) e n.° 2 da LAT: é a categoria dos acidentes de trabalho *in itinere*[123];
- em actividade de procura de emprego, durante o crédito de horas concedido para esse efeito (art. 9.° n.° 1 g) da LAT);
- fora do local de trabalho, quando o acidente ocorra na execução de serviços determinados pelo empregador ou por ele consentidos (art. 9.° n.° 1 h) da LAT), o que também evidencia uma aplicação extensiva do critério da autoridade[124].

De outra parte, o critério delimitador da autoridade ou controlo do empregador é também objecto de extensão no art. 9.° n.° 1 da LAT, permitindo enquadrar no conceito de acidente de trabalho o sinistro ocorrido na execução de serviços espontaneamente prestados pelo trabalhador e dos quais o empregador pode beneficiar (art. 9.° n.° 1 b) da LAT), bem como noutras situações em que, apesar de o trabalhador se encontrar no local de trabalho, não está adstrito à sua actividade laboral (e, nessa medida, sujeito ao controlo do empregador), mas sim a outras actividades, como o exercí-

---

[122] *Supra,* § 25.°, ponto 90.IV.

[123] Em especial sobre a figura dos acidentes *in itinere,* M. MANUELA AGUIAR, *Acidentes «in itinere»*, ESC, 1968, 25, 36 ss.; e, na jurisprudência, por exemplo, o Ac. STJ de 5/05/2004, CJ (STJ), 2004, II, 260, o Ac. STJ de 28/03/2007 (N.° 06S3957), www.dgsi.pt, ou o Ac. RC de 16/10/2008, CJ, 2008, IV, 69.

[124] Sobre um acidente ocorrido em deslocação do trabalhador ao serviço do empregador, *vd* o Ac. STJ de 20/05/2004, CJ (STJ), 2004, II, 264, o Ac. STJ de 2/04/2008 (N.° 08S529), www.dgsi.pt, o Ac. STJ de 9/09/2009 (N.° 08S3047), www.dgsi.pt.

cio do direito de reunião ou a actividade de representação de outros trabalhadores, ou ainda em actividade de formação (art. 9.° n.° 1 c) e d) da LAT).

Já no caso de o contrato de trabalho se encontrar suspenso, por impedimento prolongado devido ao trabalhador ou ao empregador, ou por qualquer outra causa que determine a suspensão do vínculo, o acidente que sobrevenha ao trabalhador não pode ser qualificado como acidente de trabalho, uma vez que escapa ao critério da autoridade ou do controlo do empregador. Exceptuam-se as situações em que o acidente ocorra por ocasião do recomeço da execução do contrato de trabalho ou quando o trabalhador deva executar o seu trabalho em situações de suspensão do contrato – assim, por exemplo, o trabalhador cujo contrato de trabalho se encontra suspenso porque ele aderiu à greve (art. 536.° n.° 1 do CT), mas que é chamado ao desempenho de serviços mínimos (art. 537.° do CT), sofrendo um acidente nessa actividade, deve ver este acidente qualificado como acidente de trabalho para todos os efeitos, justamente porque o trabalhador volta a colocar-se sob a autoridade do empregador no desempenho daquela actividade (art. 537.° n.° 4 do CT)[125].

**IV.** Um outro critério de delimitação do conceito de acidente de trabalho é o critério temporal. Assim, é *acidente de trabalho o sinistro ocorrido durante o tempo de trabalho*, que, para este efeito, a lei define em termos amplos, como o tempo correspondente ao período normal de trabalho, o que o precede ou lhe sucede imediatamente, em actos de preparação do mesmo, e ainda as interrupções normais ou forçosas de trabalho (art. 8.° n.° 2 b) da LAT).

A lei procede também a uma extensão deste critério, por forma a tutelar os acidentes ocorridos fora do tempo de trabalho mas no desenvolvi-

---

[125] Sustentámos este entendimento, ainda no contexto da Lei da Greve (L. n.° 65/77, de 26 de Agosto), que não era tão explícita sobre a situação jurídica do trabalhador grevista a desempenhar serviços mínimos como o Código do Trabalho, com fundamento na ideia da suspensão limitada do contrato de trabalho, desenvolvida oportunamente. Já se o acidente ocorrer durante a greve, mas, por exemplo, no decorrer de um plenário de trabalhadores grevistas, não deve ser qualificado como acidente de trabalho, mesmo que tenha lugar nas instalações da empresa. Mas parece de qualificar como laboral o acidente de um trabalhador não grevista que pretende aceder às instalações e é impedido pelo piquete de greve. Para uma justificação mais completa deste entendimento, e em geral sobre o tema dos acidentes de trabalho durante a greve, ROSÁRIO PALMA RAMALHO, *Acidentes de trabalho em situação de greve cit.*, 350 ss. e 359 e *passim*.

mento de actividades de que o empregador possa beneficiar (alíneas b) e h) do art. 9.° n.° 1 da LAT).

Decorre, naturalmente, deste critério que não é acidente de trabalho o que ocorra durante o tempo de descanso diário, semanal ou anual do trabalhador, excepto se, durante esses períodos, o trabalhador tiver sido chamado a prestar a sua actividade laboral e o sinistro se dê nesse contexto.

**V.** A lei delimita ainda o conceito de acidente de trabalho pelo critério dos *danos típicos que dele emergem,* em consonância com a definição tradicional de acidente de trabalho (constante da LAT de 1965 e da LAT de 1997) mas alterando a solução do CT de 2003 nesta matéria[126].

Independentemente do rigor desta opção técnica, fica, em qualquer caso, mais claro que o acidente de trabalho só constitui o trabalhador ou os seus familiares no direito à reparação se do acidente resultarem danos, relevando para este efeitos dois tipos de danos, que se podem considerar os danos típicos da responsabilidade civil acidentária (nos termos do art. 8.° n.° 1 *in fine* da LAT):

- *o dano físico ou psíquico, i.e., a lesão corporal, a perturbação funcional, a doença ou a morte do trabalhador, que resultem directa ou indirectamente do acidente*[127]; para efeitos da determinação do âmbito deste dano, a lei considera ainda algumas situações específicas que relacionam o sinistro com anteriores incapacidades e com o quadro patológico anterior do trabalhador (art. 11.° da LAT);
- *o dano especificamente laboral, i.e., a incapacidade ou a redução da capacidade de trabalho ou de ganho do trabalhador,*

---

[126] Como já referimos, não era esta a opção do CT de 2003, que tratava os danos não como um elemento essencial do conceito de acidente de trabalho, mas como um pressuposto do dever de reparação que dele emerge – assim, por exemplo, o trabalhador que cai de uma escada durante o desenvolvimento da actividade laboral sofre um acidente de trabalho, mas, se não sobrevêm danos desta queda, não surge o dever de indemnizar do evento acidentário. Na estrutura da actual lei, a ausência de danos descaracteriza o acidente de trabalho enquanto tal.

[127] Parecem ficar fora do âmbito desta reparação os danos não patrimoniais do trabalhador, se não se traduzirem em qualquer perturbação funcional. A reparação destes danos dependerá da verificação dos pressupostos gerais da responsabilidade civil (arts. 483.° e 496.° do CC). No mesmo sentido, Menezes Leitão, *A reparação de danos... cit.*, 562.

que resultem daquela lesão, perturbação funcional ou doença do trabalhador.

A complexidade dos danos relevantes para efeitos do accionar da responsabilidade civil por acidente de trabalho torna também especialmente complexo o estabelecimento do *nexo de causalidade entre o sinistro e as suas consequências*. Com efeito, terá que haver um duplo nexo de causalidade, entre o acidente e o dano físico ou psíquico (a lesão, a perturbação funcional, a doença ou a morte), e entre este dano físico ou psíquico e o dano laboral (a redução ou a exclusão da capacidade de trabalho ou de ganho do trabalhador)[128]. A falta de qualquer destes elementos do nexo de causalidade exclui o dever de reparação.

A principal especificidade do regime deste nexo causal está na presunção de causalidade entre o acidente e o dano físico ou psíquico, que a lei estabelece para o caso em que o dano seja reconhecido na sequência de acidente, com a inerente consequência da inversão do ónus da prova – terá então que ser o empregador a provar a ausência do nexo causal. Já se o dano sobrevier apenas posteriormente compete ao trabalhador ou aos seus familiares provar que ele foi devido ao acidente (art. 10.° n.os 1 e 2 da LAT).

### 121.3. **Exclusão, redução e agravamento da responsabilidade acidentária**

**I.** Sendo a responsabilidade por acidente de trabalho uma responsabilidade objectiva pelo risco, a lei não deixa de valorizar o elemento subjectivo da culpa para efeitos de conformação concreta da reparação devida pelo facto acidentário.

Assim, a culpa do trabalhador ou de terceiro no acidente pode constituir causa de exclusão ou de redução da responsabilidade do empregador[129],

---

[128] Sobre este nexo de causalidade, *vd*, por exemplo, o Ac. do STJ de 25/06/2008 (N.° 08S0236), www.dgsi.pt.

[129] Sobre a redução ou a exclusão da responsabilidade do empregador, por culpa ou negligência do trabalhador no acidente de trabalho, por exemplo, Ac. STJ de 23/09/2009 (N.° 323/04), www.dgsi.pt, Ac. STJ de 17/09/2009, CJ (STJ), 2009, III, Ac. STJ de 2/02/2006, CJ (STJ), 2006, I, 250, Ac. RP de 12/03/2007, CJ, 2007, II, 225, Ac. RP de 13/03/2006, CJ, 2006, II, 210, Ac. RP de 23/01/2006, CJ, 2006, I, 226, ou Ac. RC de 26/04/2006, CJ, 2006, II, 56.

ao passo que a culpa do empregador no acidente justifica o agravamento da responsabilidade[130].

**II.** As *situações de exclusão da responsabilidade por acidente de trabalho* são as seguintes:

i) *Acidentes provocados pelo trabalhador sinistrado* (referidos, no art. 14.° da LAT, algo impropriamente, sob a epígrafe «descaracterização do acidente de trabalho»[131]) ou dolosamente ou por omissão não justificada das regras de segurança, bem como situações de negligência grosseira do trabalhador[132]; esta norma inclui ainda situações de incapacidade permanente do trabalhador bem como situações de incapacidade acidental (art. 257.° do CC), a não ser que esta incapacidade resulte da própria prestação de trabalho ou que o empregador, conhecendo-a, tenha persistido na exigência da prestação (art. 14.° n.° 1 a), b) e c) da LAT)[133].

ii) *Acidentes causados por motivo de força maior*, sendo como tal considerado um motivo decorrente de forças inevitáveis da natureza, que não constitua risco criado pelas condições de trabalho

---

[130] Sobre o agravamento da responsabilidade por acidente de trabalho em caso de violação de regras de segurança pelo empregador, *vd*, por exemplo, Ac. STJ de 21/10/2009 (Rec. n.° 129/04), e o Ac. do STJ de 26/01/2006 (Rec. n.° 3228/05-4), ambos em www.dgsi.pt.

[131] Esta epígrafe da norma, é, na verdade, enganadora, porque não é de descaracterização do acidente que se trata (na medida em que o evento acidentário mantém todos os seus elementos essenciais), mas do afastamento dos efeitos reparatórios que lhe caberiam, na sequência da qualificação como acidente de trabalho. Já, por exemplo, se o acidente ocorrer fora do local ou do tempo de trabalho, é descaracterizado como acidente de trabalho por falta de um elemento essencial.

[132] Não é, pois, excludente da responsabilidade a mera negligência leve do trabalhador, mas apenas a sua falta grave e indesculpável. Quanto à exclusão da responsabilidade por acidente de trabalho, por violação das normas de segurança pelo trabalhador sinistrado, *vd*, por exemplo, o Ac. STJ de 23/06/2004, CJ (STJ), 2004, II, 285; e quanto a situações de descaracterização do acidente por negligência grosseira do sinistrado, ainda o Ac STJ de 6/07/2004, CJ (STJ), 2004, II, 286, bem como o Ac. RP de 10/10/2005, CJ, 2005, IV, 246.

[133] Assim, o trabalhador que cai e sofre um acidente de trabalho sob o efeito do álcool não tem direito à respectiva reparação; mas se se tratar de um trabalhador que cai e se fere na operação de pisagem manual da uva num lagar, verificando-se que estava alcoolizado por inalação dos vapores da uva, tem direito à reparação.

nem decorra da exigência da prestação pelo empregador em situação de perigo (art. 15.° da LAT); não é, pois, excludente da responsabilidade o caso fortuito (por exemplo, o rebentamento acidental de uma máquina).

iii) *Acidentes ocorridos por ocasião da prestação de serviços ocasionais ou eventuais de curta duração*, a pessoas singulares e em actividades sem fins lucrativos, mas apenas se o acidente não tiver sido causado por máquinas[134] (art. 16.° da LAT).

**III.** As *situações de limitação do âmbito da responsabilidade civil por acidentes de trabalho*, bem como as repercussões da responsabilidade em relação a terceiros, estão contempladas no art. 17.° da LAT, e têm a ver com o caso em que o acidente é causado por outro trabalhador ou por terceiro.

Nestas situações, o arbitramento da reparação pelo empregador não colide com o direito de acção contra o terceiro responsável, prevendo a lei soluções de limitação e de exoneração da responsabilidade do empregador em caso de indemnização arbitrada pelo terceiro, bem como a subrogação do empregador e da companhia seguradora nos direitos do trabalhador contra o terceiro.

**IV.** A lei prevê o *agravamento da responsabilidade do empregador* quando o acidente se deva a culpa sua ou a inobservância de regras de segurança, higiene e saúde, que lhe seja imputável[135]. Nesta situação, são ressarcíveis todos os danos, patrimoniais e não patrimoniais do trabalhador e da sua família, nos termos gerais, e não apenas os danos patrimoniais que determinem a redução da capacidade de trabalho ou de ganho (art. 18.° n.° 1 da LAT).

Este regime é independente da responsabilidade criminal a que haja lugar e estende-se à conduta culposa do representante do empregador ou de entidade por ele contratada, prevendo a lei o direito de regresso do empregador contra o seu representante neste caso (art. 18.° n.os 2 e 3 da LAT).

---

[134] Assim, o jovem que faz *baby sitting* para uma família ocasionalmente e que sofre um acidente nessa actividade. Relativamente a este tipo de situações, *vd*, entre outros, o Ac. RC de 9/01/2008, CJ, 2008, IV, 65, ou o Ac. RC de 23/03/2006, CJ, 2006, II, 53.

[135] Tratando uma situação deste tipo, por exemplo, o Ac. STJ de 6/07/2004, CJ (STJ), 2004, II, 289, bem como o Ac. REv. de 4/10/2005, CJ, 2005, IV, 287.

**V.** Como última nota, salienta-se que a lei considera nula toda e qualquer convenção das partes tendente a excluir ou a reduzir os direitos do trabalhador relativamente à responsabilidade acidentária do empregador, bem como a renúncia do trabalhador aos direitos inerentes (art. 12.° n.os 1 e 2 da LAT). Não fica assim vedada a convenção que agrave a responsabilidade do empregador nesta matéria.

A lei proíbe ainda ao empregador o desconto na retribuição das quantias correspondentes aos encargos em matéria acidentária que tenha com o trabalhador, cominando com a nulidade os acordos sobre esta matéria (art. 13.° da LAT). Esta norma constitui uma concretização da regra geral da impossibilidade de proceder a descontos na retribuição do trabalhador, constante do art. 279.° n.° 1 do CT.

### 121.4. **A reparação dos danos**

**I.** Verificado o acidente de trabalho, o trabalhador tem direito a cuidados de primeiros socorros (em todos os casos, incluindo as situações de exclusão da responsabilidade, nos termos do art. 26.° n.° 1 da LAT) e tem direito à reparação pelos danos causados nos termos dos arts. 23.° ss. deste mesmo diploma.

O direito à reparação compreende dois tipos de prestações:

i) *Prestações em espécie* (art. 23 a) da LAT): as prestações em espécie compreendem os cuidados médicos, hospitalares e medicamentosos de que o trabalhador careça para se recuperar e retomar a vida activa; a lei estabelece algumas regras relativamente a estas prestações (arts. 25 a 46.° da LAT).

ii) *Prestações em dinheiro* (art. 23.° b) da LAT): o trabalhador ou os seus familiares têm ainda direito, consoante os casos, a auferir uma ou mais das indemnizações ou subsídios previstas nos arts. 47.° ss. da LAT: prestações indemnizatórias por incapacidade (arts. 48.° ss.); prestações por morte atribuídas aos familiares do trabalhador (arts. 56.° ss.); subsídios diversos, designadamente por morte e despesas de funeral (arts. 65.° ss.). A lei regula com minúcia os critérios de atribuição destas prestações (arts. 48.° ss. da LAT).

**II.** A lei estabelece um conjunto de regras relativas ao cálculo e ao pagamento destas prestações (arts. 71.° da LAT), bem como à garantia do respectivo pagamento. Estas últimas incluem a sujeição destas prestações ao regime das garantias dos créditos remuneratórios (art. 78.° da LAT), a obrigatoriedade de transferência da responsabilidade para uma companhia seguradora (art. 283.° n.° 5 do CT e art. 79.° da LAT), a previsão de uma apólice uniforme para este efeito (art. 81.° da LAT)[136] e a garantia do pagamento destas prestações em caso de insuficiência patrimonial do empregador, através de um fundo especial para o efeito – o Fundo de Acidentes de Trabalho (art. 82.° da LAT), regulado pelo DL n.° 142/99, de 30 de Abril, com as alterações introduzidas pelo DL n.° 185/2007, de 10 de Maio.

Por fim, a LAT ocupa-se das regras relativas à participação dos acidentes de trabalho (arts. 86.° ss.).

### 121.5. **Doenças profissionais**

**I.** O regime jurídico das doenças profissionais é também remetido pelo Código do Trabalho para legislação especial (art. 284.°). Este regime integra agora um capítulo autónomo da LAT (arts. 93.° ss.), que revogou o DL n.° 248/99, de 30 de Abril, que regulava anteriormente esta matéria (art. 186.° b) da LAT).

**II.** A regra geral relativamente à matéria das doenças profissionais é a da sua sujeição ao regime dos acidentes de trabalho, com as necessárias adaptações e sem prejuízo das normas específicas que lhes respeitem (art. 1.° n.° 2 da LAT).

As doenças profissionais constam de uma lista oficial publicada (art. 94.° n.° 1 da LAT). De acordo com a regra da tipicidade, apenas

[136] A matéria relativa à apólice uniforme do seguro de acidentes de trabalho para trabalhadores por conta de outrem foi regulada pelo Regulamento do Instituto de Seguros de Portugal n.° 27/99 (Norma 12/99-R) de 30 de Novembro, alterada pelo Reg/ISP 3/2001 (Norma 16/2000-R) de 19 de Janeiro. A matéria relativa à apólice uniforme do seguro de acidentes de trabalho para trabalhadores independentes está regulada no Reg/ISP n.° 1/ /2000 (Norma 14/99-R), de 7 de Janeiro, com as alterações introduzidas pelo Reg/ISP 3/2001 (Norma 16/2000-R).

as doenças que constam dessa lista dão lugar a indemnização ao abrigo deste regime. Contudo, trata-se de um sistema de tipicidade aberta, uma vez que o direito à reparação também surge no caso de doença ou de lesão corporal ou funcional, que não integre aquela lista, se se provar que tal doença ou lesão é consequência directa e necessária da actividade exercida e não do normal desgaste do organismo (art. 94.° n.° 2 da LAT).

Para que se configure o direito do trabalhador à reparação dos danos emergentes da doença profissional é necessária a verificação cumulativa dos seguintes requisitos: que o trabalhador esteja afectado pela doença; e que tenha estado exposto ao risco daquela doença no desempenho da sua actividade laboral (art. 95.° a) e b) da LAT).

A lei atribui à autoridade administrativa com competência na matéria a tarefa de proceder à avaliação, à graduação e à reparação dos danos decorrentes da doença profissional (art. 96.° da LAT).

Esta reparação pode envolver prestações em espécie e prestações pecuniárias, com carácter provisório ou permanente, consoante as necessidades e a patologia clínica em causa. Estas prestações estão reguladas nos arts. 102.° ss. da LAT, sendo prevista a sua actualização (art. 124.°).

## 122. Efeitos do acidente de trabalho e da doença profissional no contrato de trabalho

**I.** O último aspecto a ter em conta no regime jurídico dos acidentes de trabalho e das doenças profissionais tem a ver com os efeitos do acidente no contrato de trabalho.

Esta matéria é regulada pelo Código do Trabalho, mas também pela LAT, no capítulo que dedica à reabilitação profissional do trabalhador vítima de acidente de trabalho ou de doença profissional (arts. 154.° ss. deste diploma).

**II.** O princípio geral nesta matéria é o de que a ocorrência do acidente de trabalho ou a revelação da doença profissional não fazem cessar o contrato de trabalho. Contudo, devem distinguir-se diversos efeitos da ocorrência do acidente de trabalho ou da revelação da doença profissional no vínculo laboral, tendo em conta o carácter imediato ou diferido desses efeitos e a natureza e o grau de incapacidade para o trabalho que resulte do sinistro.

Em termos imediatos, o acidente de trabalho ou a doença profissional podem determinar a suspensão do contrato de trabalho, se deles decorrer um impedimento temporário do trabalhador para o desenvolvimento da actividade laboral. Neste caso, é de aplicar o regime da suspensão do contrato de trabalho por causa não imputável ao trabalhador, nos termos gerais do art. 294.° n.° 1 e do art. 296.° n.°1 e 2 do CT, e sem prejuízo da aplicação das disposições do regime dos acidentes de trabalho que caibam ao caso. Em caso de impedimento de duração inferior a um mês, aplica-se o regime das faltas justificadas (art. 249.° n.° 2 d) do CT).

**III.** Resultando do acidente de trabalho ou da doença profissional um impedimento temporário ou permanente do trabalhador para o desempenho da actividade profissional que vinha exercendo até aí, a lei atribui ao empregador o dever de o ocupar em funções compatíveis com a sua aptidão durante o tempo que durar a incapacidade ou permanentemente e, porventura, mediante a adaptação do posto de trabalho ou a passagem a tempo parcial (art. 155.° n.os 1 e 2)[137]. Neste caso, o contrato é objecto de uma vicissitude modificativa em sentido estrito, uma vez que vê, temporária ou definitivamente, alterado o seu objecto.

Esta norma carece, contudo, de uma interpretação cuidada, uma vez que não parece ser de exigir ao empregador que crie um novo posto de trabalho para aquele trabalhador, mas apenas que o ocupe em tarefas compatíveis com o seu estado e das quais o empregador careça – é o sentido que se sufraga para esta norma, que mais não seja pelo manifesto desequilíbrio no exercício das posições jurídicas que resultaria da outra solução[138].

---

[137] Este regime deve ser complementado pelo o DL n.° 143/99, de 30 de Abril, nos arts. 54.° e 55.° (que se mantém em vigor quanto a esta matéria). Estas normas estabelecem limites ao dever de ocupação do trabalhador, tendo em conta o grau de incapacidade (que não deve ser superior a 50%) e a dimensão da empresa (só têm este dever de ocupação do trabalhador sinistrado as empresas com mais de 10 trabalhadores). Por outro lado, o art. 42.° deste diploma estabelece algumas regras relativas à conversão da incapacidade temporária em incapacidade definitiva.

[138] Neste mesmo sentido, se manifestou ROMANO MARTINEZ, *Direito do Trabalho cit.*, 888, dando o exemplo do trabalhador motorista de uma empresa de transportes, que

A lei estabelece ainda que o trabalhador ocupado em funções compatíveis tem direito a ver calculada a sua retribuição com base no valor respectivo ao dia do acidente (ou superior, se aquela tiver sido entretanto actualizada) – art. 157.° n.° 2 da LAT. Contudo, isto não significa que o trabalhador tenha direito a manter a mesma retribuição, impondo apenas a lei que, a partir daquela base, a retribuição não venha a ser inferior à capacidade de trabalho que o trabalhador ainda mantém (art. 157.° n.° 3 da LAT).

Quando o empregador não disponha de funções compatíveis, deve declará-lo à autoridade administrativa competente, para confirmação da situação, cessando o seu dever de ocupar efectivamente o trabalhador nesse caso (art. 161.° da LAT). Em qualquer caso, parece-nos que a lei não impede que o trabalhador seja colocado em função compatível com a sua capacidade de trabalho actual, mas que corresponda formalmente a categoria inferior, por acordo com o empregador e a devida autorização administrativa, uma vez que se trata, neste caso, de uma descida de categoria por motivo do estrito interesse do trabalhador, que, por esta via, obsta à cessação do contrato de trabalho por impossibilidade absoluta superveniente de continuar a efectuar a prestação – esta é, pois, quanto a nós, uma situação que justifica a aplicação do regime da descida de categoria, previsto no art. 119.° do CT.

A lei protege também o trabalhador na hipótese de despedimento sem justa causa, assegurando-lhe o direito à reintegração nos termos do despedimento ilícito, mas dobrando o valor da indemnização que lhe caberia pela ilicitude do despedimento, no caso de a opção do trabalhador não ser a reintegração (art. 157.° n.° 4 da LAT).

Para assegurar o objectivo de reabilitação do trabalhador, a lei atribui ainda ao empregador o dever de lhe proporcionar a adequada preparação e formação profissional e incumbe o Governo de organizar serviços de adaptação e reconversão profissional dos trabalhadores sinistrados (art. 155° n.os 2 e 3 da LAT)

Este regime de reabilitação do trabalhador deve articular-se com a L. n.° 9/89, de 2 de Maio, que estabeleceu as Bases da Prevenção e da

---

deixa de poder conduzir em consequência de acidente de trabalho, para concluir que não é, neste caso, exigível ao empregador que dê uma ocupação no serviço de secretariado, por exemplo.

Reabilitação e Integração das Pessoas com Deficiência, bem como com as disposições do Código do Trabalho relativas aos trabalhadores portadores de deficiência ou de doença crónica e aos trabalhadores com capacidade de trabalho reduzida (arts. 84.° ss.), oportunamente apreciados[139].

**IV.** Apesar do princípio geral da manutenção do vínculo laboral após a ocorrência do acidente de trabalho ou na sequência da revelação da doença profissional, o contrato de trabalho pode vir a cessar posteriormente. Assim sucede nas seguintes situações:

- se o acidente for devido à violação das regras de higiene e segurança, por culpa grave do trabalhador, tal violação configura, em si mesma, uma situação de justa causa para despedimento, nos termos do art. 351.° n.° 2 h) do CT, o que permite ao empregador fazer cessar o contrato com recurso à figura do despedimento por motivo imputável ao trabalhador;
- se o acidente for devido a culpa do empregador, o trabalhador tem, ele próprio, fundamento para a resolução do contrato, nos termos do art. 394.° n.° 2 d) do CT. Tratando-se de uma resolução fundada em justa causa subjectiva[140], o trabalhador tem direito à indemnização por cessação do contrato de trabalho, nos termos do art. 396.°;
- se do acidente de trabalho ou da doença profissional resultar uma incapacidade permanente e geral do trabalhador para o trabalho, e, bem assim, no caso de incapacidade permanente parcial, mas em que o trabalhador não aceita a função alternativa que lhe seja proposta pelo empregador, e ainda quando não seja exigível que o empregador lhe ofereça uma função alternativa porque não dispõe de tal função, tendo os serviços administrativos competentes confirmado essa situação (nos termos do art. 157.° n.° 2 da LAT), o contrato de trabalho cessa por caducidade, fundada na impossibilidade superveniente absoluta de o trabalhador prestar o seu trabalho, nos termos do art. 343.° b) do CT[141].

---

[139] *Supra,* § 22.°, ponto 80.II.

[140] Quanto a este conceito, no contexto da resolução do contrato de trabalho por iniciativa do trabalhador, *infra,* § 39.°, ponto 141.

[141] *Infra,* § 34.°, ponto 126.3.

## SECÇÃO II
## **Cessação do contrato de trabalho**

### § 33.° Enquadramento geral

**I.** As vicissitudes extintivas do contrato de trabalho remetem-nos para a temática da cessação do contrato.

A extensão e a complexidade deste tema justificam que se proceda, em primeiro lugar, a um enquadramento geral do mesmo, com vista a apreender os vectores fundamentais do sistema jurídico na matéria. Nesta apreciação geral, cabe uma breve evocação da evolução histórico-legislativa da matéria, que é de grande importância para compreender o seu actual regime jurídico, uma referência ao seu enquadramento constitucional e, por fim, a apresentação das diversas formas de cessação do contrato de trabalho no Código do Trabalho, cuja diversidade torna útil um esforço classificatório.

**II.** Numa segunda parte, proceder-se-á à apreciação *per se* de cada uma das formas de cessação do contrato. Para este efeito, a matéria será apresentada tendo em conta o critério da origem da cessação do contrato, com a seguinte sequência:

- cessação do contrato de trabalho por caducidade, por acordo revogatório e no decurso do período experimental;
- cessação do contrato por despedimento por facto imputável ao trabalhador;
- cessação do contrato por despedimento colectivo;
- cessação do contrato por despedimento por extinção do posto de trabalho;

– cessação do contrato por despedimento por inadaptação;
– cessação do contrato por iniciativa do trabalhador[142].

**III.** Por fim, será feita uma referência aos efeitos acessórios da cessação do contrato de trabalho.

### 123. Problemática geral e evolução normativa da matéria da cessação do contrato de trabalho

**I.** O primeiro aspecto a ter em conta na aproximação à matéria da cessação do contrato de trabalho é o da índole garantística e protectiva do sistema normativo nesta matéria, que é revelada tanto pelo seu princípio orientador geral como por um conjunto de desvios em relação às regras civis gerais de cessação dos contratos obrigacionais, que tutelam a posição do trabalhador nesta matéria.

O perfil garantístico do sistema normativo nesta área deve-se à tutela do emprego, que tem, entre nós, relevo constitucional no princípio da proibição dos despedimentos sem justa causa ou princípio da segurança no emprego (art. 53.° da CRP). Assim, enquanto o trabalhador pode, de uma forma relativamente incondicionada, pôr fim ao contrato de trabalho, já a idêntica possibilidade do empregador se vê condicionada à verificação de requisitos substanciais e processuais muito exigentes.

**II.** Entre nós, o sistema de grande proteccionismo da situação juslaboral do trabalhador em matéria de cessação do contrato – que coloca o nosso país entre os que mais protegem o trabalhador subordinado nesta matéria, na actualidade[143] – é produto de uma evolução que remonta ao

---

[142] Paralelamente a estas formas de cessação do contrato de trabalho, recorda-se que o contrato pode também cessar por aplicação dos institutos civis gerais, como a anulação ou a declaração de nulidade, no caso de vício originário, nos termos dos arts. 121.° a 124.° do CT, oportunamente apreciados (*supra*, § 18.°, ponto 67.1). As situações de cessação que agora se referem pressupõem a constituição válida do contrato de trabalho, justificando-se a cessação do mesmo num facto superveniente.

[143] É certo que a tutela do trabalhador por ocasião da cessação do contrato de trabalho é prevista pela grande maioria dos sistemas jurídicos, efectivando-se através da limitação das causas de despedimento por iniciativa do empregador, da imposição de forma-

Código Civil de 1867 e que, num passado recente, foi profundamente influenciada pelos valores da ordem constitucional subsequente ao Estado Novo, plasmados no já referido princípio da segurança no emprego.

De uma forma esquemática, podemos identificar três grandes fases na evolução do regime jurídico da cessação do contrato de trabalho no nosso sistema jurídico, até à codificação laboral: o período correspondente à vigência do Código de Seabra, à LCT de 1937 e à LCT de 1969; o período correspondente à Lei dos Despedimentos de 1975 (DL n.° 372-A/75, de 16 de Julho) e à Constituição de 1976; e o período correspondente à LCCT de 1989.

Estas fases revelam a preocupação crescente de tutela da situação jurídica do trabalhador através da permanência do vínculo laboral, tendo o expoente máximo da índole protectiva do sistema sido atingido na segunda fase. Com a LCCT, há um aligeiramento da vocação tutelar do sistema, orientação mantida no CT de 2003 e no actual Código do Trabalho.

**III.** No âmbito do Código de Seabra, a cessação dos vínculos de trabalho (o contrato de serviço doméstico e o contrato de serviço salariado) era livre e incondicionada, actuando por denúncia unilateral de qualquer das partes (art. 1371.°, relativamente ao contrato de serviço doméstico). Se o contrato fosse «por tempo certo», exigia-se justa causa para a cessação do mesmo antes do termo (art. 1376.° e 1380.°, relativamente ao serviço doméstico, e art. 1394.°, relativamente ao contrato de salariado).

A liberdade de fazer cessar o contrato de trabalho foi mantida pela LCT de 1937, que previa a cessação do contrato por tempo indeterminado

---

lismos processuais mais ou menos exigentes para a efectivação dos despedimentos e ainda da previsão de indemnizações ao trabalhador neste contexto. Contudo, o sistema jurídico nacional encontra-se entre os sistemas mais protectivos nesta matéria, sobretudo no que toca à fundamentação da cessação do contrato de trabalho, por não admitir a denúncia do empregador com aviso prévio, e também no que toca às consequências da ilicitude dos despedimentos, por considerar a reintegração como o remédio comum para essas situações. Sobre a cessação do contrato de trabalho no panorama comparado, podem ver-se, quanto ao direito germânico, por todos, ZÖLLNER / LORITZ, *Arbeitsrecht cit.*, 267 ss., quanto ao direito austríaco, por todos, MAYER-MALY / MARHOLD, *Österreichisches Arbeitsrecht cit.*, I (T. MAYER MALY), 155 ss. e 165 ss., quanto ao direito francês, por todos, COUTURIER, *Droit du travail cit.*, I, 202 ss., quanto ao sistema italiano, por todos, NICOLINI, *Manuale di diritto del lavoro cit.*, 529 ss., quanto ao sistema espanhol, por todos, ALONSO OLEA / CASAS BAAMONDE, *Derecho del Trabajo cit.*, 419 ss., e no âmbito da doutrina brasileira, ainda MASCARO NASCIMENTO, *Curso... cit.*, 717 ss.

mediante aviso prévio, com uma antecedência dependente da duração do contrato (art. 10.°), e exigia justa causa para a cessação antecipada do contrato de trabalho a termo (art. 11.° e 13.°)[144].

Este sistema transitou para a LCT de 1969, já na vigência do Código Civil de 1966, que, como se sabe, remeteu o regime do contrato de trabalho para diploma especial. Nos termos da LCT, o contrato de trabalho podia cessar por acordo das partes, por caducidade, por rescisão com justa causa, ou, sendo o contrato sem prazo, por denúncia de qualquer dos contraentes, mediante pré-aviso (art. 98.°)[145].

**IV.** A grande alteração qualitativa do sistema normativo nesta matéria deu-se, na sequência da ruptura constitucional de 1974, com a aprovação do regime jurídico dos despedimentos pelo DL n.° 372-A/75, de 16 de Julho (LD), que passou a disciplinar autonomamente esta matéria, tendo procedido à revogação das normas correspondentes da LCT.

O princípio geral enunciado neste diploma foi o princípio da proibição dos despedimentos sem justa causa, sendo o conceito de justa causa reconduzido à exigência de uma infracção disciplinar grave do trabalhador como motivação do despedimento por iniciativa do empregador – por outras palavras, o despedimento era necessariamente disciplinar (art. 9.°). Na fase inicial de aplicação do diploma, ainda foi admitido, a par deste despedimento disciplinar, o despedimento por motivo atendível (que correspondia a uma motivação objectiva individual para a cessação do vínculo), mas esta causa de despedimento foi eliminada em alteração ao diploma[146], o que consolidou o despedimento disciplinar como a forma normal de pôr fim ao contrato de trabalho por iniciativa do empregador. Para além deste despedimento disciplinar, o empregador podia lançar mão do despedimento colectivo (fundado em motivos económicos ou de mercado ou ainda na crise da empresa), modalidade de cessação do contrato que começou por ser regulada em diploma autónomo, mas veio, posterior-

---

[144] Sobre a cessação do contrato de trabalho no contexto do Código de Seabra e da LCT de 1937, *vd* RAÚL VENTURA, *A extinção das relações jurídicas de trabalho cit.*, 215 ss.

[145] Sobre este regime, na versão originária da LCT, BERNARDO XAVIER, *Regime Jurídico... cit.*, 150 ss., e FERNANDA AGRIA / LUÍSA CARDOSO PINTO, *Contrato Individual do Trabalho cit.*, 189 ss.

[146] A Lei dos Despedimentos foi sucessivamente alterada pelo DL n.° 84/76, de 28 de Janeiro, pelo DL n.° 841-C/76, de 7 de Dezembro, e pela L. n.° 48/77, de 11 de Julho.

mente, a integrar a Lei dos Despedimentos (art. 13.°). Já no que se refere à cessação do contrato de trabalho por iniciativa do trabalhador, a lei previa a rescisão com justa causa (que corresponde à actual resolução) e com aviso prévio (que corresponde à actual denúncia) – art. 24.°.

A Lei dos Despedimentos reforçou consideravelmente a estabilidade do emprego, não apenas por força da eliminação do despedimento com aviso prévio e do despedimento por motivo atendível, mas também pela concorrência de três outros factores: a imposição de um estrito condicionalismo processual à efectivação quer do despedimento com justa causa, quer do despedimento colectivo (respectivamente, arts. 11.° e arts. 14.° ss.) a cominação da nulidade do despedimento, não apenas por falta de fundamento, como também por irregularidades processuais (respectivamente arts. 12.° e 23.°); a previsão de uma ampla participação das estruturas representativas dos trabalhadores e, bem assim, a previsão da intervenção administrativa no processo para despedimento colectivo com competências deliberativas (arts. 15.°, 16.° e 17.°); e, em paralelo, a redução generalizada do período experimental do contrato de trabalho para 15 dias (art. 28.°), o que conferia estabilidade ao vínculo laboral muito precocemente[147]. Acresce que as normas da Lei dos Despedimentos eram dotadas de imperatividade absoluta (art. 31.°), o que contribuiu para consolidar a rigidez do sistema, que atingiu, nesta fase, o seu expoente máximo.

O regime jurídico da Lei dos Despedimentos influenciou toda a evolução posterior do sistema juslaboral em matéria de cessação do contrato de trabalho, sobretudo a partir do momento em que o seu princípio orientador geral (o princípio da proibição dos despedimentos sem justa causa) foi objecto de recepção constitucional – é o art. 53.° da CRP, que foi consagrado na versão originária da Lei Fundamental, em 1976, e aí se mantém, sem alterações, desde então[148].

---

[147] *Supra*, § 18.°, ponto 66. Remete-se para as observações que então se fizeram (*maxime* ponto 66.V) sobre a relação estreita entre a matéria do período experimental e a matéria da cessação do contrato de trabalho, uma vez que, num sistema especialmente rígido em matéria de cessação, o período experimental tende a funcionar como válvula de escape do empregador que não queira manter o trabalhador. Naturalmente, a conjugação da limitação das formas de cessação do contrato com a curta duração do período experimental contribui para reforçar a rigidez do sistema.

[148] Pela sua importância e projecções, este princípio será desenvolvido no ponto seguinte.

**V.** A Lei dos Despedimentos manteve-se em vigor até 1989, altura em que a matéria passou a constar do Regime da Cessação do Contrato de Trabalho (LCCT), aprovado pelo DL n.° 64-A/89, de 27 de Fevereiro. A LCCT (que tinha a particularidade de disciplinar também o contrato de trabalho a termo, como se viu oportunamente[149]) regulou esta matéria até ao surgimento do Código do Trabalho de 2003), que procedeu à sua revogação (art. 21.° n.° 1 m) do Diploma Preambular ao CT de 2003).

Comparativamente com a Lei dos Despedimentos, a LCCT introduziu alguma flexibilidade no regime da cessação do contrato de trabalho, designadamente nos seguintes aspectos: o processo disciplinar para despedimento com justa causa foi aligeirado para as pequenas empresas (art. 15.°); a intervenção dos serviços administrativos no processo de despedimento colectivo foi restringida e deixou de ter um conteúdo decisório, para ganhar o cunho de uma mediação entre as partes (art. 19.°); foi instituída a figura da extinção do posto de trabalho, que corresponde a uma causa objectiva de cessação do contrato de trabalho (arts. 26.° ss.) e a figura do abandono do trabalho, que facilitou a cessação do contrato por motivo de ausência prolongada e injustificada do trabalhador (art. 40.°); e, tendo ainda em conta a estreita ligação da matéria da cessação do contrato com a matéria do período experimental, a duração deste período foi significativamente alargada (art. 55.°). Dois anos depois, o quadro legal em matéria de cessação do vínculo laboral foi completado com a consagração, em diploma autónomo, da figura do despedimento por inadaptação (DL n.° 400/91, de 16 de Outubro), que permite fazer cessar o contrato de trabalho quando o posto de trabalho seja objecto de uma modificação relevante à qual o trabalhador não se consiga adaptar; e, já bastante mais tarde, foram aprovadas alterações de procedimento no regime da cessação do contrato por acordo das partes e por denúncia do trabalhador com aviso prévio (L. n.° 38/96, de 31 de Agosto).

Das alterações introduzidas nesta fase da evolução do regime da cessação do contrato de trabalho, as mais relevantes são, naturalmente, a rein-

---

[149] Como se referiu, a propósito do estudo da figura do contrato de trabalho a termo (*supra*, § 20.°, ponto 72.IV e V), este diploma assume explicitamente a conexão estreita que existe entre o regime da cessação do contrato de trabalho e a figura do contrato a termo, já que, quando aquele regime é muito estrito, o recurso à contratação a termo é uma opção que o empregador toma para contornar aquela rigidez). Sobre esta ligação entre os dois regimes, ROSÁRIO PALMA RAMALHO, *Insegurança ou diminuição do emprego? cit.*, 95 ss.

trodução da possibilidade de fazer cessar o contrato de trabalho por causas objectivas, atinentes a um trabalhador isolado ou a um posto de trabalho – é o que decorre, respectivamente, da figura do despedimento por inadaptação e da extinção do posto de trabalho. Contudo, na prática, a abertura do sistema por esta via foi ilusória, porque os requisitos substanciais e processuais destas figuras são de tal modo rigorosos que as tornam de reduzida operacionalidade[150].

O sistema da cessação do contrato de trabalho manteve assim o seu perfil garantístico tradicional, ao abrigo destes diplomas[151] e foi com este mesmo perfil que transitou para o Código do Trabalho de 2003 e se mantém no Código do Trabalho de 2009. É pois nesse contexto geral que deve ser situado e compreendido o regime actual desta matéria.

## 124. **Tutela constitucional em matéria de cessação do contrato de trabalho: o princípio da segurança no emprego**

**I.** Sendo o regime jurídico da cessação do contrato de trabalho globalmente orientado por um princípio constitucional de grande alcance, justifica-se uma breve referência a este substrato constitucional do sistema.

Tal como é enunciado no art. 53.° da CRP, o princípio da segurança no emprego tem um conteúdo positivo e um conteúdo negativo: em termos positivos, este princípio garante aos trabalhadores a segurança no

---

[150] A provar a reduzida operacionalidade das figuras do despedimento por inadaptação e da extinção do posto de trabalho está a escassa jurisprudência se produziu sobre estas figuras nos quinze anos da sua existência. Os requisitos apertados da figura da extinção do posto de trabalho levaram mesmo alguns autores a comentar que, na prática, a referida figura era uma armadilha para os empregadores (neste sentido, ABÍLIO NETO, *Despedimentos e Contratação a Termo – Notas e Comentários*, Lisboa, 1989, 159, nota 1.

[151] Entre outros, sobre o regime da cessação do contrato de trabalho no direito anterior à codificação laboral e, em especial, com reporte à LCCT, P. ROMANO MARTINEZ, *Cessação do contrato de trabalho; aspectos gerais, in Estudos do Instituto de Direito do Trabalho*, III, Coimbra, 2002, 179-206, FURTADO MARTINS, *Cessação do Contrato de Trabalho cit.*, e ainda *Despedimento Ilícito, Reintegração... cit.*, MESSIAS DE CARVALHO e V. NUNES DE ALMEIDA, *Direito do Trabalho e Nulidade do Despedimento cit.*, e, nas obras laborais gerais, MENEZES CORDEIRO, *Manual de Direito do Trabalho cit.*, 777 ss., JORGE LEITE, *Direito do Trabalho cit.*, II, 279 ss., e BERNARDO XAVIER, *Curso de Direito do Trabalho cit.*, 447 ss.

emprego; em termos negativos, o princípio consubstancia-se na proibição dos despedimentos sem justa causa ou por motivos políticos ou ideológicos.

Para além da formulação redundante – na medida em que, se o despedimento se dever a motivos políticos ou ideológicos, é, necessariamente, sem justa causa – mas que se compreende pelo seu significado axiológico, tendo em conta o ambiente envolvente ao tempo da elaboração da Lei Fundamental, este princípio é, sem dúvida, um princípio vigoroso do ponto de vista do conteúdo, assegurando uma ampla tutela aos trabalhadores em matéria de estabilidade do vínculo laboral.

Ao vigor do seu conteúdo, o princípio da segurança no emprego junta uma grande eficácia, uma vez que o art. 53.° da CRP integra a categoria dos direitos, liberdades e garantias dos trabalhadores, com a inerente sujeição ao regime do art. 18.° da Lei Fundamental, que determina a sua imposição directa a entes públicos e privados e a limitação das restrições ao seu conteúdo à regra do mínimo. Acresce que, pela sua formulação, a norma do art. 53.° tem sido considerada como uma norma de conteúdo preceptivo e não como um preceito programático[152].

Em suma, tanto pelo seu conteúdo amplo como pela sua inserção sistemática, o princípio constitucional da segurança no emprego é um princípio de grande alcance – que levou mesmo alguns autores a reconhecer um verdadeiro «direito ao posto de trabalho» na titularidade dos trabalhadores subordinados[153] –, evidenciando a preocupação tutelar do sistema laboral na matéria da cessação do contrato de trabalho ao nível mais elevado da pirâmide normativa, que é, naturalmente, a Lei Fundamental. Compreende-se que, tendo na base um princípio desta magnitude, o sistema normativo infra-constitucional nesta matéria se tenha desenvolvido

---

[152] *Vd* a classificação feita a propósito das fontes laborais, entre as diversas categorias de direitos fundamentais com relevo laboral e o respectivo grau de eficácia – *Direito do Trabalho I,* § 5.°, ponto 13.

[153] Neste sentido, Gomes Canotilho /Vital Moreira, *Constituição Portuguesa Anotada cit.*, 286 s. e nota IV, considerando que esta norma constitucional configura uma forma de «propriedade social sobre os postos de trabalho». Em sentido diverso, Mário Pinto, *Garantia de emprego e crise económica. Contributo ensaístico para um novo conceito*, DJ, 1987/88, III, 141-162, ensaiou um novo conceito de garantia do emprego que procura conjugar o princípio constitucional da estabilidade do emprego com outros valores, como o direito ao trabalho, a autonomia privada e a necessidade de flexibilização do Direito do Trabalho.

nos moldes garantísticos que o caracterizam até hoje. E compreende-se também que, nas alterações introduzidas no sistema normativo infra-constitucional nesta matéria, desde a Constituição até ao Código do Trabalho, passando pela LCCT de 1989, o problema da constitucionalidade das novas regras tenha sido sistematicamente suscitado (aliás, logo em sede de apreciação preventiva) e esteja na origem das soluções normativas de grande cautela neste domínio[154].

---

[154] Efectivamente, tanto a LCCT como o Código do Trabalho de 2003 foram sujeitos a apreciação preventiva da constitucionalidade relativamente às regras dispostas em matéria de despedimento – cfr., respectivamente, Ac. TC n.° 107/88, de 31/05/1988 (DR I S de 21/06/1988, e Ac. TC n.° 306/2003, de 25 de Junho (DR I S-A, de 18/07/2003), quanto às questões enunciadas nos pontos B) e C) – reabertura do processo disciplinar e recusa da reintegração do trabalhador ilicitamente despedido, respectivamente). No âmbito do primeiro acórdão referenciado, a previsão da figura da cessação do contrato por extinção do posto de trabalho lançou a discussão sobre o âmbito do princípio constitucional da segurança no emprego e, em especial, sobre o conceito de justa causa para este efeito, e embora tenha prevalecido a ideia de que este princípio constitucional é essencialmente dirigido a proibir despedimentos arbitrários (i.e., sem justa causa), não obstando à admissibilidade de causas de despedimento objectivas (e, por isso mesmo, justificadas), o vigor deste princípio foi decisivo na redacção final da lei e, designadamente, na imposição dos estritos requisitos substanciais de fundamentação desta forma de despedimento e das cautelas procedimentais para a sua efectivação (que se mantiveram, aliás, no regime do despedimento por inadaptação, aprovado dois anos depois). Para um aprofundamento das questões relativas à constitucionalidade da LCCT, podem ver-se, J. J. Gomes Canotilho / / Jorge Leite, *A inconstitucionalidade da lei dos despedimentos,* Coimbra (Sep. do BFDUC), 1988, que manifestam, aliás, uma opinião crítica relativamente à interpretação do conceito de justa causa para efeitos do princípio constitucional da segurança no emprego no sentido indicado, que prevaleceu no Acórdão do Tribunal Constitucional (62 ss. e *passim*), e ainda sobre a constitucionalidade do conceito de justa causa objectiva, J. Baptista Machado, *Constitucionalidade da justa causa objectiva, in Obra Dispersa,* II, Braga, 1993, 547-552. Sobre as dúvidas de compatibilidade entre o actual regime da cessação do contrato de trabalho e o princípio vertido no art. 53.° da CRP, *vd* José João Abrantes, *O Código do Trabalho e a Constituição,* QL, 2003, 22, 123-154 (143 ss.), Júlio Gomes / Raquel Carvalho, *Código do Trabalho – a (inconstitucionalidade das normas relativas à repetição do procedimento disciplinar e à reintegração,* QL, 2003, 22, 212-223, A. Garcia Pereira, *As diversas e graves inconstitucionalidades do Código do Trabalho*, QL, 2003, 22, 224-236 (223 ss.), e A. Monteiro Fernandes, *Notas sobre o controlo de constitucionalidade do Código do Trabalho,* QL, 2003, 22, 237-244 (241 s.). Embora reportadas ao CT de 2003, as observações destes autores mantêm actualidade face ao actual Código do Trabalho, uma vez que esta matéria não sofreu alterações significativas.

**II.** A protecção do trabalhador no que toca à cessação do contrato de trabalho é um dos aspectos mais importantes – senão mesmo o aspecto decisivo – da tutela laboral, tanto por razões económicas, como por razões de paz social e ainda por razões jurídicas: do ponto de vista económico, a tutela do trabalhador subordinado na cessação do contrato justifica-se pelo facto de, na esmagadora maioria dos casos, o trabalhador depender dos rendimentos do trabalho para a sua sobrevivência pessoal e para a subsistência dos seus dependentes, para além de se justificar pelas vantagens económicas gerais que decorrem de um mercado de emprego dotado de estabilidade; do ponto de vista social, esta tutela justifica-se pelo facto de um ambiente de elevada instabilidade nos postos de trabalho pôr em perigo a paz social; do ponto de vista jurídico, a tutela do trabalhador na cessação do seu vínculo justifica-se na debilidade negocial do trabalhador perante o empregador e na posição de domínio que este ocupa no contrato, enquanto titular dos poderes laborais, com destaque para o poder disciplinar, que, na sua faceta punitiva, pode determinar a aplicação de sanção expulsiva do despedimento.

De outra parte, o facto de os interesses mais relevantes nesta matéria serem atinentes ao trabalhador justifica que o sistema de cessação do contrato de trabalho seja desequilibrado para as duas partes, dificultando-se o rompimento do vínculo por iniciativa do empregador (que não carece, nesta matéria, de uma especial protecção), mas não se impondo particulares restrições à cessação do contrato por iniciativa do trabalhador. O desequilíbrio do sistema é, afinal, de índole formal, uma vez que se trata de anular uma situação que é, à partida, desvantajosa para uma das partes.

**III.** Assente a importância axiológica do princípio da segurança no emprego – e justificada, por inerência, a consagração constitucional deste princípio – deve, contudo, advertir-se para os efeitos perversos da aplicação irrestrita de tal princípio, como tal se entendendo a sua aplicação contra outros valores que também constituem pilares do sistema juslaboral.

Sem se duvidar da bondade do princípio da segurança no emprego nem diminuir a sua importância, a verdade é que a prossecução *à tout prix* deste princípio se tem saldado, na prática, na diminuição de postos de trabalho, pelo ressurgimento do trabalho autónomo, enquadrado pelas diversas modalidades do contrato de prestação de serviços – é um fenómeno que já foi designado expressivamente como a «fuga ao Direito do Trabalho»[155] –, bem como pela ocorrência de fenómenos diversos de evasão ao sistema ou de contorno do regime tutelar, tanto em moldes lícitos como em moldes ilícitos, mas que, em qualquer caso, põem em evidência as debilidades do sistema protectivo e obrigam a questionar a bondade do seu perfil garantístico.

O sistema jurídico português constitui um exemplo paradigmático destes efeitos perversos, se procedermos à conjugação do tema da cessação do contrato de trabalho com outros institutos e realidades laborais, que são particularmente sensíveis deste ponto de vista[156].

Assim, é sabido que, na sequência da rigidificação do regime jurídico dos despedimentos em 1975, se generalizou o recurso à contratação a termo, como meio de contornar as dificuldades de pôr fim ao contrato de trabalho e de ultrapassar a consolidação precoce do vínculo laboral, na sequência de um período experimental muito curto; mas deste recurso maciço ao contrato a termo – que, em si mesmo, era admissível, na medida em que este contrato não se encontrava limitado pela exigência de uma motivação objectiva, a não ser quando celebrado por período inferior a seis meses – resultaram consequências ilícitas, como a ultrapassagem do prazo máximo de duração destes contratos e a cessação dos mesmos seguida da imediata recontratação do mesmo trabalhador, para iludir as regras legais sobre a duração destes contratos. Numa palavra, a intensificação da tutela dos trabalhadores ao nível do despedimento, que se conseguiu com a restrição do respectivo regime jurídico, resultou numa utilização abusiva da figura do contrato de trabalho a termo, com a inerente descida do nível de tutela dos trabalhadores abrangidos.

O quadro descrito justificou a restrição do regime jurídico do contrato a termo, operada em 1989, pela LCCT, nos moldes oportunamente expostos[157] e que tiveram como resultado uma drástica diminuição destes contratos. Contudo, como acima se referiu, as medidas de abertura do regime dos despedimentos, que foram aprovadas no mesmo diploma e nos dois anos subsequentes (com destaque para as figuras da cessação do con-

---

[155] M. Rodriguez-Piñero, *La huida del Derecho del Trabajo,* Rel.Lab., 1992, I, 85-92.

[156] Para uma análise mais desenvolvida nesta perspectiva, Rosário Palma Ramalho, *Insegurança ou diminuição do emprego... cit., passim.*

[157] *Supra,* § 20.°, ponto 72.IV.

trato por extinção do posto de trabalho e por inadaptação), tiveram um alcance muito limitado, o que desencadeou outros efeitos perversos do sistema: assim, é a partir de 1989 que se intensifica a tendência do ressurgimento do trabalho autónomo em diversas áreas, mas, sobretudo, é a partir desta época que se observa o crescimento dos fenómenos do trabalho falsamente independente (os denominados «falsos recibos verdes»), i.e., de situações em que o trabalhador tem uma posição substancial em tudo idêntica à de um trabalhador subordinado, mas se apresenta formalmente como um trabalhador por conta própria, escapando assim à tutela laboral, não só em matéria de cessação do contrato mas em todos os restantes aspectos; e é também a partir desta época que proliferam os acordos revogatórios do contrato de trabalho e as rescisões unilaterais do contrato de trabalho por iniciativa do trabalhador, celebrados em branco, no momento da constituição do vínculo laboral, e cuja data o empregador se limita a preencher quando pretende fazer cessar o contrato. Em suma, a grande rigidez do sistema de cessação do contrato de trabalho, aliada agora à rigidificação do regime do contrato de trabalho a termo, teve como resultado o afastamento de um número cada vez maior de trabalhadores do âmbito da tutela laboral e a proliferação de situações de ilicitude, às quais o sistema acaba por reagir repressivamente, através da imposição de regras mais apertadas à cessação do contrato por acordo e por denúncia do trabalhador, instituídas pela L. n.° 38/96, de 1 de Agosto[158].

**IV.** A observação atenta e descomplexada da evolução do sistema normativo nacional em matéria de cessação do contrato de trabalho, nos últimos trinta anos, e a ponderação dos valores em jogo nesta matéria justificam uma reflexão sobre o significado axiológico que deve hoje ser reconhecido ao princípio constitucional da segurança do emprego e da proibição dos despedimentos sem justa causa.

A importância do valor da estabilidade do emprego (ou da segurança no emprego, para utilizar o léxico constitucional) justifica a índole

---

[158] Para atacar o problema dos falsos independentes, foram previstas diversas soluções, as mais importantes das quais passaram pela previsão legal de presunções de laboralidade. Todavia, estes projectos não chegaram a ir adiante, até ao surgimento do Código de 2003, que consagrou, pela primeira vez, uma presunção de laboralidade, no art. 12.°. Esta presunção transitou, com alterações, para o art. 12.° do actual Código do Trabalho – *supra*, § 17.° , ponto 57.4.2.

tutelar e garantística do regime infra-constitucional de cessação do contrato de trabalho, que se evidencia em aspectos como a taxatividade das modalidades de cessação do contrato de trabalho, a imposição de fundamentos rígidos para estas modalidades, a previsão de um formalismo processual para a efectivação das modalidades de cessação de iniciativa patronal e, por fim, a garantia da sindicância dos despedimentos efectuados, através da possibilidade de impugnação judicial. O reforço tutelar deste sistema é ainda assegurado pela imperatividade das suas normas.

Contudo, o valor da estabilidade do emprego tem que se compatibilizar com o valor do próprio emprego e com um outro princípio constitucional de grande importância, que assegura, de forma indirecta, a manutenção do emprego: o princípio da livre iniciativa económica. Da compatibilização entre os dois princípios decorre que o princípio da estabilidade do emprego não deve ser prosseguido em moldes que constituam um obstáculo a que o empregador desenvolva novas áreas de negócio ou que cesse algumas das actividades que vinha desenvolvendo, com as consequências inerentes ao nível dos contratos de trabalho dos trabalhadores abrangidos, sob pena de o emprego de todos os trabalhadores da empresa e a criação de novos postos de trabalho, em prossecução do objectivo constitucional do pleno emprego, serem postos em causa. Numa palavra, o valor do próprio emprego deve ser equacionado a par do valor da estabilidade do emprego, sob pena de a garantia deste último valor vir a abranger um número cada vez menor de trabalhadores (como, aliás, atesta a evolução do sistema jurídico nacional acima indicada), o que, por seu turno, contraria o objectivo tradicional de universalização da tutela laboral, oportunamente referenciado[159].

O cotejo dos diversos valores em presença legitima pois a conclusão de que o princípio da estabilidade do emprego não deve interferir com a possibilidade de pôr fim ao vínculo de trabalho por razões objectivas, ou ligadas à gestão (como sucede no caso de despedimento colectivo ou do despedimento por extinção do posto de trabalho) ou atinentes ao próprio trabalhador (como é o caso do despedimento por inadaptação).

Esta concepção do princípio da segurança no emprego tem implícito um *entendimento restrito do conceito de justa causa, para efeitos da*

---

[159] *Direito do Trabalho I*, § 2.°, ponto 4.1.1.III. e passim.

*norma constitucional*, que corresponde, aliás, à concepção sufragada pela jurisprudência constitucional em apreciação do preceito[160].

De acordo com este entendimento, o despedimento será «sem justa causa» quando seja arbitrário ou imotivado, porque não tem fundamento disciplinar (ou seja, porque não decorre de uma infracção disciplinar grave do trabalhador) ou porque se baseia em motivos políticos ideológicos (que, pela sua própria natureza, não se reconduzem a uma infracção disciplinar). Dito de outro modo, a justa causa para efeitos da norma do art. 53.° da CRP é, necessariamente, uma justa causa subjectiva (no sentido em que pressupõe uma infracção disciplinar do trabalhador), ficando fora do alcance da proibição contida neste preceito constitucional outras motivações da cessação do contrato de trabalho, que não pressupõem uma justa causa no sentido subjectivo indicado, sob pena de contradição deste princípio com outros valores constitucionais relevantes nesta matéria[161].

A este entendimento restritivo do conceito de justa causa, para efeitos da norma constitucional, poderá objectar-se que os trabalhadores, cujos contratos cessam por motivos objectivos, ficam desprotegidos na cessação do seu vínculo. Crê-se, no entanto, que a observação não colhe, não só porque a lei fixa taxativamente as condições em que a cessação do contrato pode ocorrer e o respectivo procedimento (sendo tanto aquelas como este sindicáveis, nos termos gerais), mas, sobretudo, porque estabelece o dever de compensação monetária destes trabalhadores, por ocasião da cessação do seu contrato de trabalho. Fica assim compatibilizada a tutela dos trabalhadores, por ocasião da cessação dos seus contratos de trabalho, com os interesses de gestão, suportados pelo princípio da livre iniciativa económica, que justificaram essa cessação.

---

[160] Sobre esta interpretação do conceito de justa causa pelo Tribunal Constitucional, com amplas referências doutrinais, FURTADO MARTINS, *Despedimento Ilícito... cit.*, 15 ss.

[161] Como argumento de reforço deste entendimento restritivo do conceito de justa causa, para efeitos da determinação do alcance do princípio constitucional da segurança no emprego, deve dizer-se que o conceito de justa causa – que é aqui o conceito determinante – proveio da Lei dos Despedimentos de 1975 para a Constituição e já tinha na LD este significado subjectivo, reportado a uma infracção disciplinar do trabalhador. Aliás, o conceito mantém esta índole subjectiva no Código do Trabalho (art. 351 n.° 1).

## 125. A cessação do contrato de trabalho no Código do Trabalho: aspectos gerais; modalidades de cessação[162]

**I.** É no contexto tutelar e garantístico que decorre da evolução anterior desta matéria e cujo alicerce axiológico é a tutela constitucional, nos moldes indicados, que a matéria da cessação do contrato de trabalho é regulada nos arts. 338.° ss. do CT.

Deixando para o momento da apresentação das diversas formas de cessação do contrato a apreciação mais detalhada das modificações regimentais introduzidas, justifica-se uma apreciação panorâmica geral do Código nesta matéria e a indicação das principais alterações.

**II.** Em termos gerais, sublinha-se a linha de continuidade do Código e 2009 em relação ao anterior Código do Trabalho, que, por seu turno, não se tinha afastado significativamente da índole geral do sistema normativo anterior. Esta continuidade é patente no que se refere ao perfil tutelar e garantístico do sistema normativo, no que tange às causas de cessação do contrato e no que respeita aos procedimentos para essa cessação e à matéria da impugnação do despedimento.

O perfil tutelar e garantístico do regime legal nesta matéria é comprovado pelo seu princípio orientador, que continua a ser o princípio da proibição dos despedimentos sem justa causa ou por motivos políticos ou ideológicos, enunciado do art. 338.° do CT, em moldes idênticos aos do art. 53.° da CRP. Por outro lado, tal como sucedia anteriormente, o regime legal nesta matéria é dotado de imperatividade absoluta, uma vez que não se permite o afastamento das normas legais, nem em sede de con-

---

[162] Especificamente sobre este ponto, P. ROMANO MARTINEZ, *Considerações gerais sobre o Código do Trabalho*, RDES, 2003, 1-2, 15 ss., *Apontamentos sobre a cessação do contrato de trabalho à luz do Código do Trabalho*, Lisboa, 2004, *Direito do Trabalho cit.*, 893 ss., e ainda *Da Cessação do Contrato cit.*, 371 ss., bem como MONTEIRO FERNANDES, *Direito do Trabalho cit.*, 547 ss., P. ROMANO MARTINEZ / L. M. MONTEIRO / JOANA VASCONCELOS / P. MADEIRA DE BRITO / G. DRAY / L. GONÇALVES DA SILVA, *Código do Trabalho Anotado cit.*, 907 ss. (anotação de ROMANO MARTINEZ), L. MENEZES LEITÃO, *Formas de cessação do contrato de trabalho, in Estudos em Memória do Professor Doutor António Marques dos Santos*, Coimbra, 2005, 1117-1131, e ainda *Direito do Trabalho cit.*, 447 ss., JÚLIO GOMES, *Direito do Trabalho cit.*, 447 ss., e LEAL AMADO, *Contrato de Trabalho cit.*, 547 ss.

trato de trabalho, nem em sede de instrumento de regulamentação colectiva do trabalho, a não ser no que se refere aos critérios de definição das indemnizações e aos prazos procedimentais e de aviso prévio, bem como em relação aos valores dessas indemnizações, que podem ser disciplinados em instrumento de regulamentação colectiva do trabalho (art. 339.° n.° 1 do CT)[163]. O regime é pois, genericamente, um regime imperativo absoluto, excepto nas matérias contempladas no art. 339.° n.os 2 e 3, em que tem natureza convénio-dispositiva, nos termos e para os efeitos do art. 3.° n.° 5 do CT.

**III.** Apesar da linha de continuidade em relação ao direito anterior, o Código de 2009 introduziu modificações na sistematização da matéria, para além de algumas alterações substanciais.

Em termos sistemáticos, e mantendo a orientação do Código anterior[164], o CT de 2009 reúne todas as modalidades de cessação do contrato de trabalho no art. 340.°, e, após a formulação de algumas regras gerais sobre a matéria, procede à apresentação das modalidades de cessação seguindo o critério da qualificação técnica do facto extintivo, conjugado com a sua origem. Na disciplina de cada uma das modalidades de cessação do contrato de trabalho, o novo Código afasta-se, contudo, do anterior, uma vez que apresenta na mesma rubrica as regras relativas à motivação e ao procedimento e apenas trata em separado a questão da ilicitude do despedimento[165]. Por fim, ainda em termos sistemáticos, observa-se também nesta matéria a preocupação geral de economia ou saneamento que

---

[163] Sobre o ponto, por exemplo, o Ac RP de 11/01/2010 (N.° 727/07.6TTGMR.P1), www.dgsi.pt, considerando que a norma tem natureza convénio-dispositiva, pelo que não é lícito às partes disporem sobre esta matéria no contrato de trabalho.

[164] Neste aspecto, foi o CT de 2003 que mais inovou em relação ao regime anterior, uma vez que incorporou a figura do despedimento por inadaptação, que constava de diploma próprio e não da LCCT.

[165] No âmbito do CT de 2003, para além da separação das matérias pelo critério da origem do facto extintivo (a caducidade, o acordo das partes, a iniciativa do empregador e a iniciativa do trabalhador), na apresentação das situações de resolução (que correspondem ao despedimento por iniciativa do empregador), o Código tratava separadamente as matérias da fundamentação, do processo e da ilicitude das diversas formas de despedimento, o que obrigava a uma consulta *per saltum* do respectivo regime. A opção do actual Código – que já adoptávamos nas nossas Lições – é mais linear e facilita a consulta do texto normativo.

perpassa por todo o Código, com a reunião de várias regras num só preceito normativo, sendo as normas, por isso, mais extensas.

Em termos linguísticos, o Código mantém a preocupação de introduzir algum rigor no modo de designar as diversas modalidades de cessação do contrato (cujo resultado, do ponto de vista da clareza, nem sempre é satisfatório) e procede também à substituição de expressões tradicionais nesta área. Neste contexto, destacam-se, pela sua importância, a substituição da designação da figura do despedimento com justa causa pela expressão, mais anódina, de «despedimento por facto imputável ao trabalhador» (art. 340.° c) e art. 351.°), a designação de todos os casos de resolução de contrato de trabalho por iniciativa do empregador como «despedimento» e, por fim, a substituição de todas as referências ao processo para despedimento pela expressão «procedimento», de pendor mais «administrativo».

Por fim, em termos substanciais, destacam-se a manutenção de algumas das alterações introduzidas pelo CT de 2003 nesta área, a supressão de outras e ainda algumas novidades introduzidas pelo Código do Trabalho actual. Assim, por um lado, o CT de 2009 manteve a reformulação de algumas das situações típicas de justa causa de despedimento feita pelo anterior Código (art. 351.° n.° 2 do CT de 2009) e as regras sobre a fixação da indemnização e sobre a possibilidade de o empregador recusar a reintegração do trabalhador (arts. 391.° e 392.° do actual CT), que tinham sido introduzidas pelo Código anterior. Em orientação diversa do Código anterior, o actual Código do Trabalho deixou de contemplar a admissibilidade da reabertura do processo disciplinar (art. 436.° n.° 2 do CT de 2003), tendo antes optado por uma significativa redução das formalidades do processo para despedimento com justa causa, através do regime da instrução facultativa (art. 356.°), que constitui, aliás, a mais relevante modificação introduzida nesta matéria.

Remetendo a apreciação das modificações substanciais para o estudo das matérias respectivas, justifica-se uma breve apreciação das opções sistemáticas e linguísticas do Código na matéria.

**IV.** Relativamente às *opções sistemáticas*, o Código procede, na secção inicial que destina a esta matéria, ao estabelecimento de algumas regras gerais e à apresentação das várias modalidades de cessação do contrato de trabalho (art. 340.°), de acordo com o critério da qualificação técnica do evento extintivo diverso.

Este critério determina a apresentação a matéria em várias secções, ao longo das quais são apresentados os regimes seguintes:

1. Caducidade do contrato de trabalho (Secção II, arts. 343.° ss.).
2. Revogação ou cessação do contrato de trabalho por acordo das partes (Secção III, arts. 349.° s.).
3. Cessação do contrato de trabalho por iniciativa do empregador (Secção IV, arts. 351.° ss.). Sendo várias as situações em que o empregador pode promover a cessação do contrato, esta secção compreende várias subsecções e outras tantas divisões, de acordo com o critério da qualificação técnica do facto extintivo:
   - 3.1. Modalidades de despedimento (Subsecção I)[166], que inclui as seguintes modalidades de cessação por iniciativa do empregador:
     - despedimento por facto imputável ao trabalhador, que corresponde na LCCT, o despedimento com justa causa (Divisão I, arts. 351.° ss.);
     - despedimento colectivo (Divisão II, arts. 359.° ss.);
     - despedimento por extinção do posto de trabalho (Divisão III, arts. 367.° ss.);
     - despedimento por inadaptação (Divisão IV, arts. 373.° ss.)[167].
   - 3.2. Ilicitude do despedimento (Subsecção II, arts. 381.° ss.).
   - 3.3. Despedimento por iniciativa do empregador em caso de contrato a termo (art. 393.°)[168].

---

[166] O CT de 2003 intitulava esta secção como «Resolução». A actual titulação é mais explícita quanto ao conteúdo das normas integradas nesta subsecção, já que o termo «resolução» também é tecnicamente adequado para indicar uma modalidade de cessação do contrato de trabalho por iniciativa do trabalhador (a resolução do contrato de trabalho por justa causa).

[167] No âmbito do CT de 2003, como referimos oportunamente, em cada uma destas divisões apenas eram apresentadas as diversas formas de despedimento, mas o processo de cessação relativo a cada uma dessas modalidades constava da Subsecção seguinte, em sucessivas divisões. No actual Código, essa subsecção desapareceu, passando as regras procedimentais a ser apresentadas a propósito de cada uma das modalidades de despedimento.

[168] Em bom rigor, uma vez que se trata de mais uma modalidade de despedimento por iniciativa do empregador, esta modalidade poderia ter sido considerada em paralelo com as restantes, mas o legislador optou por tratá-la em separado, sem grande justificação técnica.

4. Cessação do contrato de trabalho por iniciativa do trabalhador (Secção V, que compreende diversas subsecções, de acordo com o facto extintivo):

   4.1. Resolução, ou cessação do contrato com justa causa, tradicionalmente designada como rescisão com justa causa (Subsecção I, arts. 394.° ss.).

   4.2. Denúncia (Subsecção II, arts. 400.° ss.), no seio da qual cabe ainda distinguir duas modalidades:
   – cessação do contrato com aviso prévio (anteriormente designada como rescisão com aviso prévio) – arts. 400.° ss.;
   – abandono do trabalho (art. 403.°).

**V.** No que toca às *opções linguísticas*, mantém-se no actual Código do Trabalho a preocupação de rigor nesta matéria, que já provém do Código do Trabalho anterior, designadamente no que toca à designação das diversas modalidades de cessação do contrato de trabalho[169].

Apenas em dois casos se entende que este objectivo de correcção da linguagem não foi totalmente conseguido, porque resultou numa solução menos clara e, por isso, de mais difícil apreensão: a alteração da designação tradicional de «processo» para «procedimento» e a nova designação da figura do despedimento com justa causa pela expressão «despedimento por motivo imputável ao trabalhador».

A substituição das referências ao processo para despedimento pela expressão «procedimento» não é feliz, não só porque a segunda designação tem um pendor «administrativo» que não se justifica no contexto privado do vínculo laboral, mas também porque o conjunto sucessivo de actos que é exigido para a actuação das diversas modalidades de despedimento corresponde a um processo no sentido rigoroso do termo (que, como se sabe, não é um termo exclusivo das áreas adjectivas ou «processuais» do Direito).

Por seu turno, crê-se que a nova designação da figura do despedimento com justa causa pela expressão «despedimento por facto imputável ao trabalhador» não dá suficiente ênfase à circunstância de que o facto que

---

[169] Especificamente sobre a alteração da terminologia laboral relativamente às formas de cessação do contrato de trabalho no CT de 2003, ROMANO MARTINEZ, *Considerações gerais*... 15 ss.

está na origem deste despedimento não ser um facto imputável ao trabalhador a qualquer título (por exemplo, um impedimento superveniente definitivo a que o trabalhador deu causa), mas ser um facto que se consubstancia uma infracção disciplinar integrativa de justa causa ou que, pelo menos, se reflecte no vínculo laboral em termos de comprometer definitivamente a sua continuação – em suma, esta expressão não evidencia o facto deste despedimento ser um despedimento disciplinar. Acresce que, perante a dificuldade tradicional de circunscrever o alcance do princípio constitucional da proibição dos despedimentos sem justa causa, acima referenciada, a manutenção da designação tradicional «despedimento com justa causa» teria a virtualidade de reforçar a ideia de que o que está em causa neste princípio constitucional é apenas a justa causa em sentido subjectivo, ou seja, ligada a uma infracção disciplinar do trabalhador.

## § 34.° Cessação do contrato de trabalho por caducidade, por acordo revogatório e no decurso do período experimental

### 126. Cessação do contrato de trabalho por caducidade

#### 126.1. Aspectos gerais: causas de caducidade do contrato de trabalho

**I.** Nos termos dos arts. 340.° a) e 343.° do CT, o contrato de trabalho pode cessar por caducidade, nos termos gerais de Direito. O art. 343.° enuncia, contudo, algumas situações específicas de caducidade do contrato. Estas situações são as seguintes:

i) *Caducidade do contrato por efeito da verificação do seu termo* (al. a) do art. 343.°). Embora a lei se refira, de uma forma simples, ao «termo» neste contexto, trata-se necessariamente de um termo extintivo ou resolutivo, correspondendo a caducidade à forma normal de cessação do contrato de trabalho a termo. Esta forma de cessação do contrato de trabalho a termo é disciplinada nos arts. 344.° e 345.°.

ii) *Caducidade do contrato por impossibilidade superveniente, absoluta e definitiva de prestação da actividade laboral pelo trabalhador, ou de recebimento dessa actividade pelo empregador* (al. b) do art. 343.°). No âmbito desta causa de caducidade cabem situações de impossibilidade por motivo atinente ao trabalhador e por motivo atinente ao empregador, mas o Código só se refere com mais detalhe à segunda categoria de situações, que contempla nos arts. 346.° e 347.° .

iii) *Caducidade do contrato por efeito da reforma do trabalhador por velhice ou invalidez* (al. c) do art. 343.°). O Código refere-se a esta causa de caducidade do contrato de trabalho no art. 348.°.

**II.** Antes de procedermos à apreciação individualizada de cada uma destas situações, cabe referir os desvios que o regime da caducidade apresenta, na sua aplicação ao contrato de trabalho, relativamente às regras gerais da caducidade.

O elenco das situações de caducidade do contrato de trabalho, previstas no art. 343.° do CT, põe, desde logo, em evidência que a figura da caducidade, na sua aplicação laboral, é de entender com o seu conteúdo mais amplo – ou seja, reconduzida não apenas ao efeito extintivo do decurso de um prazo sobre uma situação jurídica (sentido mais restrito da caducidade, contemplado no art. 328.° do CC), mas incluindo também as situações de extinção da situação jurídica por força de um facto superveniente a que a lei atribua esse efeito extintivo[170].

O reconhecimento de que a caducidade, na sua aplicação à matéria da cessação do contrato de trabalho, tem um sentido amplo ajuda a explicar a heterogeneidade das situações que, neste contexto, a lei indica como causas de caducidade, bem como as diferenças de regime de cada uma destas situações. Neste âmbito, ressaltam, como pontos de maior diferença em relação ao regime comum da caducidade, o facto de a caducidade do contrato de trabalho não actuar de modo automático, carecendo, para ter eficácia extintiva, de uma comunicação à outra parte, e, por outro lado, o facto de a cessação do contrato de trabalho por caducidade poder ter efeitos acessórios e determinar o surgimento de direitos novos, em algumas situações, o que não sucede no regime geral. A propósito da apreciação das diversas situações de caducidade, as especificidades deste instituto na sua aplicação laboral ficarão mais patentes.

**III.** A referência, no corpo do art. 343.° do CT à possibilidade de surgimento de outras causas de caducidade (uma vez que a enumeração feita pela norma reveste natureza exemplificativa) remete-nos para outras situações de caducidade que possam decorrer directamente da lei, ou em sede do próprio Código do Trabalho (por exemplo, a caducidade do con-

---

170 Menezes Cordeiro, *Manual de Direito do Trabalho cit.*, 790 s., considerando mesmo o agrupamento de causas de caducidade do contrato de trabalho feito pela lei pouco rigoroso. Apesar de as observações deste autor se reportarem ao contexto da LCCT, elas mantêm total pertinência perante o Código do Trabalho. Também quanto ao significado amplo da figura da caducidade aplicada no contexto laboral, Jorge Leite, *Direito do Trabalho cit.*, II, 296 s.

trato de trabalho por retirada superveniente da carteira profissional do trabalhador, nos termos do art. 117.° n.° 2 do CT) ou em diploma especial – assim, as causas específicas de caducidade do contrato de serviço doméstico, consagradas no respectivo regime legal (art. 28.° do DL n.° 235/92, de 24 de Outubro[171]), o regime especial de caducidade dos contratos de trabalho a termo no âmbito da Administração Pública (art. 92.° n.° 2 da LCTFP (Regime), ou a caducidade do contrato de trabalho do trabalhador que acede à titularidade dos órgãos da pessoa colectiva empregadora (art. 398.° n.° 2 do CSC).

Fora destas situações especificamente previstas na lei, poderá haver outros casos de caducidade, desde que correspondam aos requisitos de alguma das situações de caducidade enunciadas no art. 343.°[172].

### 126.2. **A caducidade do contrato de trabalho a termo (remissão)**

**I.** A primeira situação de cessação do contrato de trabalho por caducidade, apresentada pelo Código do Trabalho, é a da verificação do termo do contrato (al. a) do art. 387.°). Já tendo, a propósito da figura do contrato de trabalho a termo, apresentado o regime da sua cessação por caducidade – que constitui a forma normal de cessação deste contrato de trabalho especial – recordam-se, agora, apenas os aspectos essenciais dessa exposição.

---

[171] O regime da caducidade do contrato de serviço doméstico tem relevantes especificidades, não apenas no que se refere às causas de caducidade como também no que respeita à compensação devida ao trabalhador, que a lei não garante em todos os casos. Sobre estas diferenças e discutindo, aliás, a questão da constitucionalidade deste regime, por exemplo, o Ac. REv. de 30/05/2005, CJ, 2005, III, 273.

[172] Advogando o recurso à noção ampla de caducidade para nela incluir outras situações de impossibilidade de subsistência do contrato de trabalho não referidas no Código do Trabalho, ROMANO MARTINEZ, *Direito do Trabalho cit.*, 915. Também admitindo a cessação do contrato de trabalho por ocorrência de um facto superveniente que torne incompatível a posição de trabalhador subordinado com o estatuto actual do trabalhador (sem, todavia, qualificar expressamente a situação com um caso de caducidade), *vd* o Ac. RC de 14/10/2004, CJ, 2004, IV, 60, a propósito de um caso em que a trabalhadora farmacêutica assumiu, a partir de certa altura e por efeito de um contrato de cessão da exploração da farmácia que celebrou com o seu empregador, a gestão da mesma farmácia com total autonomia.

Assim, devem reter-se os seguintes pontos:

i) *A cessação do contrato de trabalho a termo por caducidade não opera ipso jure,* ao contrário do que corresponde ao regime geral da caducidade, mas exige uma comunicação escrita à outra parte, manifestando a vontade de não renovar o contrato ou de não o converter em contrato por tempo indeterminado (arts. 344 n.° 1 e 345.° n.° 1, respectivamente para o contrato a termo certo e para o contrato a termo incerto)[173]. Sendo esta comunicação uma declaração recipienda, nos termos do art. 224.° do CC, ela só produz efeitos a partir do momento em que entre na esfera jurídica do trabalhador[174].

ii) *A comunicação referida deve ser emitida com uma antecedência diversa, consoante o autor da mesma e consoante o tipo e a duração do contrato a termo*: no contrato a termo certo, a comunicação deve ter uma antecedência de 15 ou 8 dias consoante seja da iniciativa do empregador ou do trabalhador (art. 344.° n.° 1)[175]; no contrato a termo incerto, a comunicação da iniciativa do empregador tem uma antecedência de 7, 30 ou 60 dias relativamente à previsão do fim da necessidade do trabalhador, consoante o contrato tenha durado até seis meses, de seis meses a dois anos ou por um período superior (art. 345.° n.° 1); não sendo referida nesta norma a comunicação da iniciativa do trabalhador, entende-se que é de aplicar o prazo de aviso prévio de 8 dias, previsto para o contrato a termo certo, no art. 344.° n.° 1, por analogia.

---

[173] Relativamente à questão de saber se subsiste o dever de proceder a esta comunicação no caso em que as partes tenham já manifestado, por escrito, aquando da celebração do contrato a termo, que se tratava de um contrato não renovável, remete-se para o entendimento formulado oportunamente no sentido de se considerar necessária uma nova comunicação, em face da nova formulação da norma do art. 344.° n.° 1, introduzida pelo actual Código do Trabalho – *supra,* § 20.°, ponto 73.5.II.

[174] Neste sentido, *vd* Ac. RLx. de 11/03/1992, CJ, 1992, II, 186.

[175] Na norma correspondente a esta no regime anterior à codificação laboral (art. 46.° n.° 1 da LCCT), o tempo de aviso prévio da comunicação do empregador era de 8 dias, tal como o do trabalhador. Já aplicando o novo prazo de 15 dias ao aviso prévio de cessação de um contrato de trabalho a termo, por caducidade, *vd* o Ac. RP de 16/05/2005, CJ, 2005, III, 228, qualificando como despedimento ilícito a cessação do contrato a termo que não respeitou aquele prazo.

iii) *Os efeitos da falta da comunicação ou da comunicação intempestiva da vontade de fazer cessar o contrato a termo divergem consoante o tipo de contrato a termo e a iniciativa da cessação do mesmo*: no contrato a termo certo, a falta de comunicação do empregador ou a comunicação intempestiva determinam a renovação automática do contrato por igual período ou a sua conversão em contrato por tempo indeterminado, se já se tiver esgotado o número máximo de renovações (art. 149.° n.° 2 e art. 147.° n.° 2 b) do CT); no contrato a termo incerto, o desrespeito pelo aviso prévio ou a falta de comunicação da cessação do contrato, por iniciativa do empregador, conferem ao trabalhador direito a indemnização pelo valor correspondente ao tempo de aviso prévio em falta (art. 345.° n.° 3)[176]. Se for o trabalhador a não comunicar ao empregador a intenção de cessar o contrato ou se o fizer sem a devida antecedência, não referindo a lei qual o regime aplicável, subscreve-se a aplicação do regime comum da denúncia do contrato com aviso prévio por iniciativa do trabalhador antes do termo, com as necessárias adaptações: assim, o trabalhador fica obrigado a pagar ao empregador uma indemnização correspondente ao período de aviso prévio em falta (art. 401.° do CT).

iv) *A cessação do contrato a termo por caducidade passa ainda por formalidades de comunicação* às estruturas representativas dos trabalhadores e, periodicamente, à Autoridade para as Condições do Trabalho (art. 144.° n.os 1 e 2 do CT). No caso de não renovação do contrato a termo de trabalhadora grávida, puérpera ou lactante, exige-se também uma comunicação à Comissão para a Igualdade no Trabalho e no Emprego, indicando o motivo da não renovação do contrato, no prazo de cinco dias úteis (art. 144.° n.° 3).

**II.** Por outro lado, *a cessação do contrato a termo por caducidade tem alguns efeitos acessórios*, cujo objectivo é compensar os trabalha-

---

[176] Neste último caso, todavia, se o trabalhador permanecer em funções após a comunicação atempada da cessação do contrato ou por mais de 15 dias sobre a realização da tarefa para que foi contratado ou sobre o regresso do trabalhador que substituiu, há lugar à conversão do contrato, nos termos do art. 147.° n.° 2 c) do CT.

dores pela maior incerteza da sua situação juslaboral. Estes efeitos são os seguintes:

i) *Direito do trabalhador a uma indemnização pela cessação do contrato por iniciativa do empregador*. No contrato a termo certo, o valor da compensação é de dois ou três dias de retribuição de base e diuturnidades por cada mês de duração do contrato, consoante ele tenha durado mais ou menos de seis meses e sendo as fracções de mês calculadas proporcionalmente (art. 344.° n.os 2 e 3). Este direito é extensível à cessação do contrato a termo incerto por caducidade, mas independentemente de a iniciativa da cessação caber ao empregador ou ao trabalhador, nos termos do art. 345.° n.° 4.

ii) *Direito de preferência na admissão para postos de trabalho permanentes*, no prazo de 30 dias sobre a cessação do contrato a termo, quando esteja em causa o exercício de funções idênticas às que o trabalhador preferente desempenhou e desde que esteja em igualdade de condições com outros candidatos (art. 145.° n.° 1). A violação deste direito confere ao trabalhador o direito a ser indemnizado pelo valor correspondente a três meses de retribuição base, cabendo ao trabalhador alegar a violação e ao empregador provar a sua inexistência (art. 145.° n.os 2 e 3).

### 126.3. A caducidade do contrato de trabalho por impossibilidade de prestar o trabalho ou de o receber

A segunda situação de caducidade do contrato de trabalho, apresentada pelo Código do Trabalho (al. b) do art. 343.°), é a que decorre da impossibilidade de prestação da actividade pelo trabalhador ou do recebimento dessa actividade pelo empregador. Esta é a situação de caducidade de conteúdo mais amplo, a ela podendo ser reconduzidas outras situações de impossibilidade não previstas no Código do Trabalho nem, directamente, noutros diplomas legais.

O Código estabelece os requisitos gerais de relevância desta causa de caducidade e desenvolve duas situações de impossibilidade atinentes ao empregador: a impossibilidade de subsistência do contrato em caso de morte do empregador ou de encerramento definitivo da empresa; e a situação resultante da declaração de insolvência do empregador.

### 126.3.1. **Requisitos gerais**

**I.** Para que o contrato de trabalho cesse por caducidade, em razão da impossibilidade de prestação da actividade, por parte do trabalhador, ou de recebimento do trabalho por parte do empregador, é necessário que a impossibilidade revista três características cumulativas, que se retiram do art. 343.° b) do CT. Estas características são as seguintes:

i) Deve tratar-se de uma *impossibilidade superveniente*: a caducidade do contrato pressupõe a prévia constituição e o desenvolvimento de uma situação jurídica laboral válida; naturalmente, um vício originário de impossibilidade determina a nulidade do contrato de trabalho nos termos gerais (art. 280.° do CC) e não a cessação do mesmo por caducidade.

ii) Deve tratar-se de uma *impossibilidade definitiva* e não apenas de uma impossibilidade temporária de prestar ou de receber o trabalho; em caso de impossibilidade temporária, apenas pode haver lugar à suspensão do contrato de trabalho, nos termos apreciados oportunamente[177].

iii) Deve tratar-se de uma *impossibilidade absoluta*, no sentido em que não pode corresponder a uma situação de mera dificuldade na prestação da actividade laboral ou no seu recebimento.

O requisito da impossibilidade que suscita mais dificuldades é o da exigência do seu carácter absoluto.

Quando a impossibilidade é reportada ao empregador, tem-se entendido que este requisito se verifica quando é objectivamente impossível continuar a receber a prestação de trabalho (por exemplo, por morte do empregador, sem que os herdeiros mantenham o seu estabelecimento) e não apenas quando seja inexigível a continuação do vínculo.

No caso do trabalhador, à impossibilidade objectiva de prestação da actividade é equiparada a impossibilidade subjectiva, uma vez que a prestação de trabalho é, por natureza, uma prestação infungível: basta, pois, que a prestação se torne impossível para aquele trabalhador em concreto para que a caducidade opere[178].

---

[177] *Supra*, §§ 30.° a 32.°.

[178] Também neste sentido, MENEZES CORDEIRO, *Manual de Direito do Trabalho cit.*, 793.

A jurisprudência tem interpretado o requisito da impossibilidade absoluta em moldes restritivos, considerando que tal impossibilidade não se verifica quando as qualidades do trabalhador se limitem a diminuir e desde que possa ser-lhe atribuída outra função no seio da organização do empregador[179]. Não se perfilha este entendimento, pelo menos no sentido de configurar um dever do empregador de atribuir ao trabalhador outra função: se o trabalhador foi contratado para um posto de trabalho determinado e deixa de poder desempenhar a função correspondente, o contrato perde a sua razão de ser e deverá caducar[180].

**II.** Aplicando um outro critério ao requisito geral de impossibilidade, deve ainda ter-se em conta que a impossibilidade pode ser física ou legal, consoante decorra de uma qualidade ou acontecimento relativos ao sujeito, ou de uma determinação da lei. Assim, por exemplo, corresponde a uma situação de impossibilidade física a caducidade do contrato de trabalho da trabalhadora telefonista, em razão da sua surdez superveniente; mas corresponde a uma situação de impossibilidade legal a caducidade do contrato de trabalho do trabalhador a quem seja retirada a carteira profissional na pendência do contrato (art. 117.° n.° 2 do CT)[181], bem como a caducidade do contrato quando o trabalhador, com menos de um ano de antiguidade na empresa, é nomeado administrador da mesma (art. 398.°

---

[179] Neste sentido, o Ac. REv. de 2/07/1987, CJ, 1987, IV, 308, considerou que o facto de o trabalhador que, durante a execução do contrato, perder a mão direita, não constitui fundamento para a caducidade do seu contrato, porque a impossibilidade de trabalho não é absoluta. Já com fundamento no carácter não definitivo da impossibilidade de prestação do trabalho, o Ac. RC de 25/11/2004, CJ, 2004, V, 61, entendeu que não configurava um caso de caducidade por impossibilidade de receber a prestação de trabalho a situação em que o trabalhador deixa de poder desempenhar a actividade que desenvolvia para o empregador, porque o contrato desta última com o beneficiário dessa actividade tinha cessado.

[180] Mais próximo do sentido que expomos, por exemplo, o Ac. RP de 17/01/2005, CJ, 2005, I, 228, reportando a impossibilidade superveniente e definitiva do trabalhador à sua «função habitual» e admitindo a verificação da caducidade desde que o empregador não tenha outras funções ou outro posto de trabalho compatível com a condição física do trabalhador.

[181] Nos termos vistos oportunamente – cfr., *supra*, § 18.°, ponto 62.3.IV. Admitindo a caducidade do contrato de trabalho, com este fundamento, por exemplo, o Ac. RLx. de 10/05/1989, CJ, 1989, III, 174.

n.° 2 do CSC); e corresponde ainda a uma situação de impossibilidade legal a caducidade do contrato em razão da reforma do trabalhador (como veremos um pouco mais adiante).

### 126.3.2. Caducidade do contrato por motivo atinente ao empregador em especial: morte do empregador ou encerramento da empresa; a situação de insolvência do empregador

#### a) Morte do empregador e encerramento da empresa

**I.** O contrato de trabalho cessa por caducidade no caso de morte do empregador em nome individual e em caso de extinção da pessoa colectiva empregadora, nos termos previstos no art. 346.° do CT[182].

Deve considerar-se separadamente esta modalidade de caducidade reportada ao empregador, consoante o empregador seja uma pessoa física (art. 346.° n.° 1) ou uma pessoa colectiva (art. 346.° n.° 2). Além disso, deve distinguir-se a hipótese de extinção do empregador e a hipótese de encerramento definitivo da empresa (art. 346.° n.° 3) da situação de insolvência do empregador (art. 347.°).

**II.** A *morte do empregador em nome individual* determina a caducidade do contrato de trabalho, mas esta só ocorre com o encerramento da sua empresa, nos termos do art. 346.° n.° 1[183].

Ainda assim, o contrato não cessa no caso de os sucessores do falecido continuarem a actividade para que o trabalhador foi contratado, bem como no caso de a empresa ou o estabelecimento do falecido serem trans-

---

[182] Esta norma está em linha com o preceito correspondente do CT de 2003 (art. 390.°), que correspondia ao art. 6.° da LCCT, mas apresentava diversas e importantes alterações em relação ao respectivo conteúdo: a primeira era a do reporte da cessação do contrato ao encerramento da empresa em todos os casos, incluindo no caso de morte do empregador em nome individual; a segunda tinha a ver com as exigências de procedimento, que não constavam do regime anterior; a terceira referia-se aos critérios da indemnização por cessação do contrato, que foram alterados. Estas alterações foram acolhidas pelo actual Código do Trabalho.

[183] No regime anterior à codificação laboral (art. 6.° n.° 1 da LCCT) não se verificava este reporte da caducidade ao encerramento da empresa no caso do empregador em nome individual.

mitidos (art. 346.° n.° 1, parte final)[184]. Neste segundo caso, cabe aplicar o regime da transmissão do estabelecimento (previsto nos arts. 285.° ss.), nos termos do qual o contrato se mantém na esfera jurídica do adquirente[185].

O conceito de empresa para efeitos desta norma deve entender-se no sentido mais amplo possível, por forma a abranger a organização mais rudimentar, e, designadamente, para possibilitar a aplicação da norma aos contratos de trabalho não empresariais – assim, por exemplo, o contrato de trabalho da secretária de um advogado em nome individual cessa com a morte deste.

A caducidade do contrato de trabalho por morte do empregador em nome individual não opera automaticamente, uma vez que a lei a reporta não à morte do empregador mas ao encerramento da empresa que possa decorrer desse facto.

A lei não é clara em relação ao procedimento a adoptar para fazer operar a caducidade neste caso. Contudo, uma vez que a caducidade é reportada ao encerramento da empresa ou da organização do empregador, entende-se que é de estender a este caso a exigência de uma comunicação ao trabalhador com a antecedência mínima de 60 dias, nos termos do art. 346.° n.° 3, para fazer operar a caducidade.

Por outro lado, da caducidade do contrato de trabalho por este motivo decorre para o trabalhador o direito a uma compensação, que corresponde a um mês de retribuição base e diuturnidades por cada ano completo de antiguidade, e, no caso de fracção de ano, o valor proporcional, sendo o valor mínimo desta compensação o que corresponda a três meses de retribuição (art. 366.°, mandado aplicar pelo art. 346.° n.° 5). Por esta compensação é responsável o património da empresa[186].

---

[184] Apreciando um caso deste tipo, o Ac. RLx. de 19/01/2005, CJ, 2005, I, 149, considerou que não configura uma transmissão do estabelecimento o caso em que os sucessores do empregador falecido apenas o mantêm para fazerem o levantamento da situação em que se encontra e não para continuarem a respectiva actividade.

[185] Quanto a este regime, *vd, supra*, § 30.°, ponto 113.

[186] A este propósito, o Ac. RLx. de 5/05/2004, CJ, 2004, III, 152, considerou que, sendo o empregador falecido uma pessoa singular, o «património da empresa» a que se refere esta norma era de reportar ao conjunto de bens que integram a herança do falecido.

**III.** *No caso de o empregador ser uma pessoa colectiva, o contrato de trabalho cessa por caducidade, com a extinção do ente colectivo*, excepto se ocorrer a transmissão da empresa ou do estabelecimento (art. 346.° n.° 2).

Na configuração do conceito de extinção da pessoa colectiva empregadora, para este efeito, deve recorrer-se aos critérios enunciados no art. 346.° n.° 3. Assim, só ocorre a caducidade do contrato de trabalho quando se verifique o encerramento total e definitivo da empresa: do requisito de que o encerramento da empresa seja total retira-se que o contrato não cessa por virtude do encerramento do estabelecimento no qual o trabalhador presta o serviço, caso em que o trabalhador deve, simplesmente, ser deslocado para outro local de trabalho; do requisito de que o encerramento seja definitivo decorre que a paragem temporária da laboração ou o encerramento temporário da empresa não constituem motivo justificativo da cessação do contrato[188].

Também neste caso, a caducidade do contrato não opera automaticamente, exigindo a lei que seja adoptado um determinado procedimento, que varia consoante a dimensão da empresa. Assim:

- se a empresa for pequena, média ou grande (i.e., nos termos do art. 100.°, sempre que tenha 10 ou mais trabalhadores) deve seguir-se o procedimento previsto para o despedimento colectivo, nos arts. 360.° ss., com as devidas adaptações (art. 346.° n.° 3); este procedimento inclui uma fase de comunicações aos trabalhadores e às suas estruturas representativas, uma fase de negociação e uma fase decisória[187], mas, sendo o fundamento da cessação dos contratos de trabalho o encerramento da empresa, afigura-se que a fase da negociação tem um interesse reduzido, uma vez que não há margem para uma medida alternativa à cessação do contrato;
- caso se trate de uma micro-empresa (i.e., nos termos do art. 100.° do CT, uma empresa com menos de 10 trabalhadores), a lei dispensa a adopção do processo para despedimento colectivo, mas determina a necessidade de comunicação do encerramento ao

[187] O encerramento definitivo da empresa pode suscitar problemas específicos no caso de ela estar inserida num grupo societário ou empresarial. Para mais desenvolvimentos sobre este ponto, *vd*, Rosário Palma Ramalho, *Grupos Empresariais e Societários... cit.*, 574 ss.

trabalhador, com uma antecedência mínima de 60 dias (art. 346.° n.° 4).

As exigências procedimentais associadas à caducidade do contrato de trabalho por encerramento total e definitivo da empresa foram introduzidas pelo CT de 2003, que, por esta via, reforçou a protecção dos trabalhadores nesta situação, evitando, designadamente, que o empregador, através da qualificação do modo de cessação dos contratos dos seus trabalhadores como caducidade por encerramento da empresa (e não como despedimento colectivo) escapasse ao controlo mais rigoroso da sua actuação que é proporcionado pelo processo de despedimento colectivo[189].

Contudo, a lei nada esclarece sobre as consequências da inobservância das formalidades processuais previstas no art. 346.° n.os 3 e 4, sendo certo, todavia, que não faz grande sentido aplicar aqui as consequências gerais da ilicitude do despedimento por falta ou irregularidades de procedimento (art. 389.° a) e b) do CT), já que a reintegração do trabalhador na empresa é inviabilizada, na prática, pelo seu encerramento, e uma vez que a indemnização do trabalhador está assegurada pelo art. 346.° n.° 5. Fica, pois, a dúvida sobre o alcance prático destas exigências processuais.

Por outro lado, tal como sucede no caso de caducidade do contrato de trabalho por morte do empregador em nome individual, a caducidade por encerramento da empresa faz surgir na esfera jurídica do trabalhador o direito à compensação previsto no art. 346.° n.° 5, a que acima se aludiu.

A última dificuldade colocada pela figura da caducidade do contrato de trabalho fundada em encerramento da empresa é a da sua distinção da figura do despedimento colectivo (prevista no art. 359.° do CT)[190].

---

188 *Infra*, § 36.°, ponto 134.1.

189 Esta evolução não foi alheia à condenação de Portugal pelo Tribunal de Justiça da União Europeia, em processo relativo ao conceito de despedimento colectivo, para efeitos do reconhecimento do direito dos trabalhadores a uma compensação, nos termos da Directiva comunitária sobre o despedimento colectivo. O Ac. do TJ de 12/10/2004 (Proc. C-55/02), *Comissão contra República Portuguesa*, CJ, 2004, I-09387, entendeu que a caducidade do contrato de trabalho por motivo atinente ao empregador era ainda de qualificar como um caso de despedimento em sentido amplo (no sentido de cessação do contrato de trabalho por iniciativa do empregador), pelo que os trabalhadores afectados têm direito à indemnização.

190 Para um maior aprofundamento da distinção entre o despedimento colectivo e a caducidade do contrato de trabalho com fundamento no encerramento definitivo da em-

Sem prejuízo do aprofundamento desta distinção, no momento em que se tratar da figura do despedimento colectivo[191], é, desde já, possível estabelecer alguns critérios de delimitação: o despedimento colectivo tem obrigatoriamente como fundamento os motivos de mercado, estruturais ou tecnológicos enunciados no art. 359.° n.° 2, enquanto a caducidade do contrato de trabalho por impossibilidade atinente ao empregador assenta necessariamente na extinção da entidade empregadora ou no encerramento total e definitivo da empresa, que se pode dever a este tipo de factores mas também a outros factores, como uma catástrofe natural ou, simplesmente, a decisão de não continuar o negócio; o despedimento colectivo não tem que abranger todos os trabalhadores da empresa (na verdade, muitas vezes, assim não acontece), ao passo que a caducidade do contrato, com fundamento no encerramento da empresa, tem necessariamente que se reportar a todos os trabalhadores; e, sobretudo, o contexto habitual e natural do despedimento colectivo é uma situação de crise da empresa mas tendente à sua recuperação, ainda que modificada e redimensionada à custa da cessação dos vínculos laborais de alguns trabalhadores, ao passo que o contexto da caducidade dos contratos de trabalho por encerramento da empresa é, por natureza, um contexto de impossibilidade superveniente e absoluta de subsistência do vínculo laboral, por motivo atinente ao empregador.

### b) A insolvência do empregador e os seus efeitos nos contratos de trabalho[192]

**I.** Ainda no contexto da caducidade do contrato de trabalho por impossibilidade superveniente absoluta de subsistência do negócio por

---

presa, BERNARDO XAVIER, *O Despedimento Colectivo no Dimensionamento da Empresa*, Lisboa, 2000, 383, 416 ss. e *passim*. Também tratando o problema da distinção entre as duas figuras, o Ac. RC de 7/07/2005, CJ, 2005, IV, 58, admitiu que a inobservância das formalidades legais exigidas para a cessação dos contratos de trabalho por caducidade fundada em encerramento total e definitivo das instalações podia configurar uma situação de despedimento colectivo ilícito.

[191] *Infra*, § 26.°, ponto 133.

[192] Especificamente sobre este ponto, A. NUNES DE CARVALHO, *Reflexos laborais do Código dos Processos Especiais de Recuperação da Empresa e de Falência*, RDES, 1995, 1/2/3, 55-88, e RDES, 1995, 4, 319-350, L. CARVALHO FERNANDES, *Repercussões*

motivo atinente ao empregador, cabe considerar a *situação de insolvência do empregador*, que o Código do Trabalho contempla no art. 347.°.

A situação de insolvência do empregador é determinada nos termos do CIRE (Código da Insolvência e da Recuperação de Empresas, aprovado pelo DL n.° 35/2004, de 18 de Março). Constitui, entre outros, fundamento para requerer a declaração de insolvência a situação de «incumprimento generalizado por mais de seis meses de dívidas (...) emergentes de contrato de trabalho ou da violação ou cessação deste contrato» (art. 20.° n.° 1 g) iii) do CIRE).

Nas relações entre a declaração de insolvência e os contratos de trabalho em vigor na empresa do insolvente, devem distinguir-se os seguintes aspectos:

- os efeitos da insolvência sobre os contratos de trabalho vigentes na empresa e a possibilidade de recrutamento de novos trabalhadores após a declaração de insolvência;
- a intervenção dos trabalhadores no processo de insolvência;
- a tutela dos direitos dos trabalhadores enquanto credores da massa insolvente.

---

*da falência na cessação do contrato de trabalho, in* ROMANO MARTINEZ (coord.), *Estudos do Instituto de Direito do Trabalho*, I, Coimbra, 2001, 411-440, e ainda *Efeitos da declaração de insolvência no contrato de trabalho segundo o Código da Insolvência e da Recuperação de Empresas*, RDES, 2004, 1/2/3, 5-39, P. ROMANO MARTINEZ, *Repercussões da falência nas relações laborais,* RFDUL, 1995 (vol. XXXVI), 417-424, *Apontamentos sobre a Cessação do Contrato de Trabalho à luz do Código do Trabalho cit.*, 51 ss., e ainda *Da Cessação do Contrato,* Coimbra, 2005, 416 ss., P. FURTADO MARTINS, *Cessação do Contrato de Trabalho cit.,* 52, L. MENEZES LEITÃO, *Código da Insolvência e da Recuperação de Empresas Anotado,* 5.ª ed., Coimbra, 2009, 106 e 153, e ainda deste autor, *As repercussões da insolvência no contrato de trabalho, in Estudos em Memória do Professor Doutor José Dias Marques*, Coimbra, 2007, 871-884, CATARINA SERRA, *O Novo Regime Português da Insolvência. Uma Introdução*, Coimbra, 2004, e ainda ROSÁRIO PALMA RAMALHO, *Aspectos laborais da insolvência,* QL, 2005, 26, 145-163; e nas obras gerais, MENEZES CORDEIRO, *Manual de Direito do Trabalho cit.,* 545 ss. e 742 s., BERNARDO LOBO XAVIER, *Curso de Direito do Trabalho cit.* 464, ou ROMANO MARTINEZ, *Direito do Trabalho cit.*, 937 ss. Ainda sobre este tema, mas com referência ao contexto dos grupos societários ou empresariais, quando esteja em causa a insolvência ou o encerramento definitivo de uma das empresas do grupo, ROSÁRIO PALMA RAMALHO, *Grupos Empresariais e Societários, cit.*, 574 ss.

O art. 347.° do CT ocupa-se do primeiro aspecto referido[193]. Os restantes pontos são regulados no CIRE e referidos, esparsamente, em algumas disposições do Código do Trabalho.

**II.** No que se refere ao *destino dos contratos de trabalho do empregador ou da empresa insolvente*, a questão que se coloca é a de saber se a declaração judicial de insolvência poderia funcionar como um facto extintivo daqueles contratos.

A resposta é negativa. Nos termos do art. 347.° n.° 1 do CT, a declaração judicial de insolvência do empregador não tem efeitos sobre os contratos de trabalho em vigor na empresa ou no estabelecimento[194], cabendo ao administrador judicial da insolvência continuar a cumprir integralmente as obrigações que resultavam daqueles contratos para o empregador[195]. Verifica-se pois uma subrogação legal do administrador da insolvência na posição jurídica do empregador.

O ponto em apreciação merece uma nota mais aprofundada, pela circunstância de ter desaparecido do CIRE a norma do anterior regime jurídico da insolvência (constante do CREF, aprovado pelo DL n.° 132/93, de 23 de Abril), que remetia genericamente o destino dos contratos de trabalho vigentes na empresa ao tempo da declaração de falência para o regime da cessação do contrato de trabalho (art. 172.° do CREF). Perante esta omissão do CIRE, já foi sustentada a aplicação de duas normas daquele diploma, para ultrapassar esta questão: o art. 111.°, relativo aos contratos envolvendo uma prestação duradoura de serviços com o insolvente, ou o art. 277.°, sobre conflitos de normas no contexto da insolvência. Assim, considerando que o

---

[193] No âmbito do Código dos Processos Especiais de Recuperação da Empresa e da Falência (CREF, aprovado pelo DL n.° 132/93, de 23 de Abril), a lei continha uma disposição geral sobre o destino dos contratos de trabalho vigentes nas empresas falidas, que remetia genericamente para o regime da cessação do contrato de trabalho (art. 172.° do CREF). Esta disposição, considerada inútil por alguns autores (por exemplo, CATARINA SERRA, *O Novo Regime Português da Insolvência... cit.* 23 s.) desapareceu do CIRE, pelo que o regime jurídico desta matéria consta agora exclusivamente do art. 347.° do CT.

[194] Também referindo expressamente esta solução, o Ac. RC de 7/07/2005, CJ, 2005, IV, 58.

[195] Esta norma é a projecção laboral da regra geral do art. 33.° n.° 1 do CIRE, que atribui ao administrador provisório da insolvência o dever de assegurar a «continuidade da exploração da empresa», excepto se considerar que a suspensão dessa actividade é mais vantajosa para os credores e desde que a medida de suspensão seja autorizada pelo juiz; o mesmo dever é atribuído ao administrador da insolvência pelo art. 55.° n.° 1 b) do CIRE.

art. 111.° é aplicável aos contratos de trabalho, entendem alguns autores que a declaração de insolvência não tem um efeito suspensivo sobre os contratos de trabalho vigentes na empresa, mas permite ao administrador judicial da insolvência, no prazo de 60 dias, denunciar estes contratos, aplicando-se, em tudo o mais, o regime constante do art. 347.° do CT[196]. Outros autores têm sustentado a resolução do problema através da aplicação do art. 277.° do CIRE, que manda aplicar a lei laboral à matéria dos efeitos da insolvência relativamente aos trabalhadores do insolvente em caso de conflito de normas, considerando esta norma como uma regra remissiva geral, que substitui a regra do art. 172.° do CREF[197].

A nosso ver, nenhuma destas soluções é de sufragar. Assim, no que toca ao art. 277.° do CIRE, esta norma não resolve o problema porque é uma norma de conflitos (como decorre quer do seu conteúdo quer da sua inserção sistemática no diploma), e não uma norma de remissão geral, pelo que não consente esta aplicação. Mas também a solução de aplicação do art. 111.° não nos parece adequada pelos seguintes motivos: porque esta norma visa directamente os contratos de prestação de serviço e não os contratos de trabalho, sendo que as duas figuras são claramente delimitadas tanto na lei como em termos dogmáticos; porque o próprio CIRE distingue entre os dois tipos de contratos, referindo-se ao contrato de trabalho em diversas disposições, não sendo, por isso, de crer que, nesta situação, a lei incluiria o contrato de trabalho numa referência supostamente mais genérica ao contrato de prestação de serviço; porque a atribuição de uma possibilidade livre de denúncia dos contratos de trabalho ao administrador da insolvência pode mesmo configurar um problema de inconstitucionalidade, por violação do princípio da proibição dos despedimentos sem justa causa; e, por fim, porque esta solução contraria a possibilidade de recuperação da empresa insolvente, que também pode resultar da declaração judicial de insolvência.

Perante este quadro, cabe reconhecer a existência de uma lacuna do CIRE nesta matéria, que cabe integrar com recurso ao art. 347.° do CT.

Assente que os contratos de trabalho em vigor na empresa insolvente são imunes à declaração de insolvência, eles poderão ou não vir a ser afec-

---

[196] Neste sentido se pronunciou ROMANO MARTINEZ, *Da Cessação do Contrato cit.* 417, *Apontamentos sobre a Cessação do Contrato de Trabalho à Luz do Código do Trabalho cit.*, 51 s., e ainda no mesmo sentido, em anotação ao art. 391.° do CT, *in* P. ROMANO MARTINEZ / L. M. MONTEIRO / JOANA VASCONCELOS / P. MADEIRA DE BRITO / G. DRAY / L. GONÇALVES DA SILVA, *Código do Trabalho Anotado cit.*, 925 s.

[197] Neste sentido, CATARINA SERRA, *O Novo Regime Português da Insolvência... cit.*, 24.

tados no futuro, de acordo com o destino final da empresa na sequência da declaração de insolvência: a reestruturação da empresa ou a sua extinção.

Assim, se a empresa for reestruturada, na sequência de um processo de recuperação, o destino dos contratos de trabalho de todos ou de alguns dos seus trabalhadores dependerá das medidas de recuperação adoptadas, podendo passar pela manutenção dos contratos, pelo despedimento colectivo ou pela transmissão da posição contratual do empregador (por exemplo, se um dos estabelecimentos da empresa for alienado), consoante os casos e de acordo com os respectivos regimes legais.

Já no caso de o processo de insolvência culminar com o encerramento total e definitivo da empresa ou do estabelecimento, os contratos de trabalho vigentes até esse momento cessam apenas com aquele encerramento, que é, assim, o respectivo facto extintivo – é a solução que resulta do art. 347.° n.° 1, que deve, por isso, ser conjugado com o art. 346.° n.° 3. Em suma, apenas o encerramento total e definitivo do estabelecimento constitui uma situação de impossibilidade absoluta e superveniente de continuação do vínculo laboral, que justifica a respectiva cessação.

Perante a hipótese de encerramento do estabelecimento ou da empresa, na sequência da declaração judicial de insolvência, a lei manda adoptar, para o efeito da cessação dos contratos de trabalho, o processo previsto para o despedimento colectivo, com as necessárias adaptações, excepto no caso das microempresas, em que tal procedimento é dispensado (é o regime que decorre do art. 347.° n.$^{os}$ 3 e 4).

**III.** Para além destas hipóteses de cessação dos contratos de trabalho, que decorrem do destino final da empresa insolvente, a lei permite a *cessação dos contratos no período intercalar e por iniciativa do administrador da insolvência*.

Nos termos do art. 347.° n.° 2, o administrador da insolvência tem competência para, após a declaração judicial de insolvência, mas antes do encerramento definitivo do estabelecimento, promover a cessação dos contratos de trabalho dos trabalhadores que não sejam indispensáveis à manutenção da empresa em funcionamento. Não esclarecendo a lei qual a forma a que o administrador da insolvência pode recorrer para promover a cessação dos contratos de trabalho neste período intercalar, e sendo as formas de cessação do contrato de trabalho por iniciativa do empregador taxativas, julga-se que a norma aponta para uma nova e autónoma causa de despedimento no contexto da insolvência – o despedimento com base na dispensabilidade dos trabalhadores para o funcionamento da empresa[198]. As formalidades a seguir neste caso são ainda as do processo do despedimento colectivo, com as necessárias adaptações[199], excepto no caso de microempresas, em que se dispensam aquelas formalidades (art. 347.° n.° 4)[200].

Como efeito acessório da cessação dos contratos de trabalho no âmbito de um processo de insolvência, salienta-se o direito dos trabalhadores atingidos a uma indemnização compensatória pela cessação do contrato, a calcular nos termos do art. 366.° n.° 1 do CT. É que, apesar de a remissão do art. 347.° n.os 3, 4 e 5 ser limitada ao processo para despedimento colectivo e não a outros aspectos desta modalidade de cessação do contrato de trabalho, a causa da cessação destes contratos é ainda, quanto a nós, a impossibilidade absoluta de o empregador continuar a receber a prestação, pelo que é arbitrável a indemnização prevista para estas situações no art. 346.° n.° 5.

**IV.** Por fim, destaca-se a competência do administrador da insolvência para, no decurso do processo de insolvência, contratar, a termo certo ou incerto, os trabalhadores necessários à liquidação da massa insolvente ou à continuação da exploração da empresa (art. 55.° n.° 4 do CIRE).

Esta *possibilidade de contratação de novos trabalhadores durante o processo de insolvência* acresce, pois, às situações previstas no art. 140.° n.° 2 do CT para a celebração de contrato de trabalho a termo, mas o art. 55.° n.° 4 do CIRE estabelece um regime especial de caducidade destes

---

198 Coloca-se a questão de saber se o administrador da insolvência pode fazer cessar o contrato por acordo revogatório. Entende-se que sim, uma vez que a lei não veda essa hipótese.

199 Designadamente, tem aqui pouca utilidade a fase negocial do processo de despedimento colectivo, uma vez que o contexto da insolvência não se compadece com medidas alternativas ao despedimento.

200 A redacção do preceito na LCCT (art. 56.° n.° 2) era mais equívoca, na medida em que remetia genericamente para o «regime» do despedimento colectivo. Ficava assim a dúvida sobre se a fundamentação da cessação do contrato, neste contexto de insolvência, teria também que corresponder aos motivos de justificação despedimento colectivo. A nosso ver, a actual redacção da norma é mais esclarecedora quanto ao alcance meramente procedimental da remissão, o que também vai de encontro ao entendimento que sustentamos de que este despedimento no contexto da insolvência tem uma motivação específica.

contratos: eles caducam com o encerramento definitivo da empresa ou do estabelecimento em que os trabalhadores prestem serviço ou, salvo convenção em contrário, no momento da respectiva transmissão[201].

V. No que se refere à *intervenção dos trabalhadores no processo de insolvência*, deve destacar-se a importância desta intervenção, por dois motivos essenciais: por um lado, porque os trabalhadores são um activo da empresa e, sendo concebível que a declaração judicial de insolvência não encaminhe a empresa para a extinção mas para a recuperação, são, obviamente, um elemento importante a ter em conta no processo de recuperação; por outro lado, porque os trabalhadores são também, na maioria dos casos, credores da empresa insolvente, pelo que a sua intervenção no processo de insolvência garante a sua posição e defende os seus interesses nessa qualidade.

Assente a importância da intervenção dos trabalhadores neste processo, o CIRE atribui competência para corporizar essa intervenção à comissão de trabalhadores e, apenas subsidiariamente, aos trabalhadores individualizados. A intervenção dos trabalhadores neste contexto destaca-se, essencialmente, nos seguintes aspectos:

- a sentença de declaração de insolvência deve ser comunicada à comissão de trabalhadores; na falta de comissão de trabalhadores, a sentença é publicitada através da afixação de editais na sede e nos estabelecimentos da empresa (art. 37.° n.° 7 do CIRE);
- um dos membros da comissão de credores deve representar os trabalhadores; este membro é designado pela comissão de trabalhadores ou, na sua falta, directamente pelos trabalhadores (art. 66.° n.° 3 do CIRE);
- os trabalhadores têm direito a ser representados na assembleia de credores por três membros; estes membros pertencem à comissão de trabalhadores ou, na falta desta, são designados pelos próprios trabalhadores (art. 72.° n.° 6 do CIRE);

---

[201] Este último aspecto constitui um desvio às regras laborais gerais em matéria de transmissão do estabelecimento (arts. 285.° ss. do CT), que se justifica no contexto específico que fundamenta estes contratos (a necessidade de fazer face à gestão da situação de insolvência). Desaparecendo este fundamento quando o estabelecimento é transmitido, escapando assim à massa insolvente, compreende-se a solução da caducidade do contrato.

- a comissão de trabalhadores tem direito a ser notificada da realização da assembleia de credores (art. 75.° n.° 3 do CIRE);
- a comissão de trabalhadores tem o direito de se pronunciar (em moldes consultivos) sobre o relatório da contabilidade do insolvente e sobre o plano de insolvência elaborado pelo administrador da insolvência (art. 156.° n.° 1 do CIRE);
- durante o processo de insolvência, os trabalhadores do insolvente (bem como aqueles cujos contratos de trabalho cessaram no período de dois anos que antecedeu a declaração de insolvência) têm o dever de fornecer todas as informações relevantes para o processo de insolvência, que lhes sejam requeridas pelo administrador da insolvência, pela comissão de credores, pela assembleia de credores ou pelo juiz, bem como o dever de se apresentarem pessoalmente em tribunal no âmbito do processo de insolvência (art. 83.° n.os 1 e 4 do CIRE)[202].

**VI.** Por fim, destaca-se a *posição dos trabalhadores no processo de insolvência, enquanto credores da massa insolvente*.

Relativamente a esta matéria, deve ter-se em conta a Dir. 80/987/CEE, do Conselho, alterada pela Dir. 2002/74/CE, de 23 de Setembro de 2002, e mais recentemente, a Dir. 2008/94/CE, de 22 de Outubro de 2008 (Directiva de reformulação), referentes à protecção dos trabalhadores em caso de insolvência do empregador. Esta Directiva estabelece algumas medidas de protecção dos créditos laborais, cujo fundamento é a denominada função alimentar do salário, e que devem ser respeitadas no processo de insolvência[203].

Os *aspectos mais relevantes do regime de tutela dos créditos dos trabalhadores* têm a ver com a graduação dos créditos laborais e com o sistema de antecipação do respectivo pagamento pelo Fundo de Garantia Salarial.

---

202 Em geral e por todos, sobre os deveres de informação e de apresentação durante o processo de insolvência, R. PINTO DUARTE, *Efeitos da declaração de insolvência quanto à pessoa do devedor*, THEMIS, 2005 (ed. especial sobre *Novo Direito da Insolvência)*, 2005, 131-150 (137 ss.).

203 Para mais desenvolvimentos sobre este ponto, *vd* ROSÁRIO PALMA RAMALHO, *Direito Social da União Europeia cit.*, 91 ss.

Já tendo apreciado esta matéria, a propósito do regime jurídico da retribuição[204], remete-se para as observações então feitas, recordando apenas que, na graduação dos créditos à massa insolvente, os créditos laborais são créditos privilegiados (art. 47.° n.° 4 a) do CIRE), porque gozam dos privilégios creditórios descritos no art. 333.° do CT. Acresce que, ao contrário do que sucede com outros privilégios, os privilégios dos créditos laborais não caem com a declaração judicial da insolvência (art. 97.° do CIRE).

Como também já se referiu, do cotejo do regime do art. 333.° do CT com o regime laboral anterior à codificação nesta matéria – que se distribuía entre o art. 25.° da LCT, o art. 12.° da LSA (regime jurídico dos salários em atraso, aprovado pela L. 17/86, de 14 de Junho) e o art. 4.° da L. 96/2001, de 20 de Agosto – decorre que a tutela concedida aos trabalhadores se reforçou, por um lado, mas se atenuou pelo outro: o reforço decorre da extensão do privilégio mobiliário geral não apenas aos créditos salariais mas também aos créditos decorrentes da violação do contrato e da sua cessação; a atenuação da tutela decorre da limitação do privilégio imobiliário especial sobre os imóveis do empregador ao imóvel no qual o trabalhador desenvolve a sua actividade, o que afasta automaticamente o privilégio, sempre que, por exemplo, o trabalhador preste a sua actividade em instalações arrendadas ou cedidas ao empregador.

Dado o alcance prático desta última alteração, pode concluir-se que a posição do trabalhador enquanto credor no processo de insolvência ficou enfraquecida com o CT de 2003, situação que se mantém no actual Código do Trabalho.

Ainda no contexto desta tutela, destaca-se a medida suplementar de protecção dos trabalhadores no processo de insolvência, que decorre da atribuição de um *direito de alimentos ao trabalhador da empresa insolvente à custa da massa insolvente* e em termos semelhantes ao direito a alimentos do devedor insolvente (art. 84.° do CIRE)[205].

Este subsídio de alimentos (que será, a final, deduzido no valor do crédito do trabalhador) pode ser arbitrado pelo administrador da insol-

---

[204] *Supra*, § 27.°, ponto 102.2.

[205] Em geral sobre o direito a alimentos do devedor insolvente, PINTO DUARTE, *Efeitos da declaração de insolvência... cit.*, 148 s.

vência, com o acordo da comissão de credores ou da assembleia de credores, nas seguintes condições: os trabalhadores serem titulares de créditos sobre a massa insolvente emergentes do contrato de trabalho, da sua violação ou cessação; os trabalhadores carecerem em absoluto de meios de subsistência; os trabalhadores não poderem angariar esses meios pelo seu trabalho.

Trata-se de um direito absolutamente excepcional dos trabalhadores, tanto mais que os meios de subsistência lhes são, em regra, assegurados pelo Fundo de Garantia Salarial, nos termos expostos.

**VII.** Por estar relacionado com a insolvência, cabe ainda referir o art. 113.° do CIRE que é dedicado à *insolvência do trabalhador*, para responder à questão dos eventuais efeitos da situação de insolvência do trabalhador na sua situação jurídica laboral.

A este propósito, o art. 113.° do CIRE[206] estabelece duas regras: a regra de que a insolvência do trabalhador não suspende o seu contrato de trabalho (n.° 1); e a regra de que o ressarcimento dos prejuízos decorrentes de uma eventual violação dos deveres contratuais apenas pode ser reclamado ao próprio insolvente (n.° 2).

A primeira regra enunciada é uma evidência, já que a manutenção do contrato de trabalho do trabalhador insolvente resultava já quer da disposição constitucional que consagra o direito ao trabalho (art. 58.° n.° 1 da CRP), quer das regras de processo civil relativas à impenhorabilidade parcial da retribuição (art. 824.° n.° 1 a) e n.os 2 e 3 do CPC, com as alterações introduzidas pelo DL n.° 38/2003, de 8 de Março), que, naturalmente, pressupõem a possibilidade de o insolvente trabalhar[207].

A segunda regra é uma regra cautelar, destinada a impedir a comunicação das responsabilidades com a insolvência do trabalhador ao seu empregador: o sentido útil desta regra será esclarecer que, se, por hipótese, o trabalhador deixar de receber a retribuição, não pode a parte penhorável ser exigida directamente ao empregador, uma vez que este é alheio à situação de insolvência do trabalhador, ainda que a falta de pagamento da retribuição seja devida a culpa do empregador.

---

[206] Que não tem correspondência no regime anterior da insolvência.

[207] Por todos, quanto ao direito de trabalhar do trabalhador insolvente, MENEZES CORDEIRO, *Manual de Direito do Trabalho cit.*, 545.

## 126.4. A reforma do trabalhador por velhice ou invalidez

**I.** A terceira causa de cessação do contrato de trabalho por caducidade, que o Código do Trabalho regula, é a caducidade decorrente da reforma do trabalhador, por velhice ou invalidez (al. c) do art. 343.°).

Neste caso, a caducidade do contrato deve-se a uma impossibilidade legal de prestar o trabalho a partir do momento em que o trabalhador passe à situação de pensionista, ou por força da idade ou verificada uma situação de invalidez que o incapacite de uma forma permanente para a função que desempenhava.

De novo, deve ter-se em conta que esta causa de caducidade não decorre directamente nem da idade do trabalhador (uma vez que o trabalhador não é obrigado a solicitar a reforma por velhice quando atinja a idade legalmente prevista para tal), nem da verificação da sua incapacidade, dependendo o efeito extintivo sobre o contrato, em última análise, da vontade das partes[208]. Além disso, é duvidosa a questão de saber, mesmo depois de requerida a reforma e da respectiva concessão, qual o momento exacto em que se deve considerar o contrato extinto[209].

**II.** A lei prevê um regime de transição para o contrato do trabalhador que requereu a reforma por velhice e que permanece ao serviço, bem como para a situação em que o trabalhador permaneça ao serviço, já tendo atingido os 70 anos e sem que o seu contrato tenha caducado por reforma (art. 348.° n.os 1 e 3, respectivamente).

Este regime passa por uma conversão, *ipso jure*, do contrato de trabalho em contrato a termo resolutivo, decorridos 30 dias sobre o conhecimento, pelo empregador e pelo trabalhador, da situação de reforma deste por velhice (art. 348.° n.° 1), ou, no segundo caso, logo que o trabalhador perfaça os 70 anos (art. 348.° n.° 3).

Este contrato segue o regime geral do contrato de trabalho a termo[210], com as especificidades constantes do art. 348.° n.° 2: assim, o contrato não tem que ser reduzido a escrito; o contrato tem uma duração de seis meses, mas pode ser renovado por igual período sem limites máximos; o contrato

---

208 Neste sentido, MONTEIRO FERNANDES, *Direito do Trabalho cit.*, 562.

209 Sobre esta dúvida, JORGE LEITE, *Direito do Trabalho cit.*, II, 307 s.

210 *Supra*, § 20.°.

pode cessar por caducidade por iniciativa de qualquer das partes, no final de qualquer período, e mediante um pré-aviso de 60 ou de 15 dias, consoante a iniciativa de cessação seja do empregador ou do trabalhador; da caducidade do contrato não decorre o direito do trabalhador a qualquer compensação[211].

Perante este regime, parece ser de considerar, como momento decisivo para a extinção do contrato, o momento em que o trabalhador deixar de comparecer ao trabalho, após o conhecimento da situação de reforma ou, se continuar ao serviço, decorridos 30 dias sobre esse momento, se não se verificar a conversão do contrato em contrato a termo, de acordo com o art. 348.° n.° 1[212].

## 127. Cessação do contrato de trabalho por acordo revogatório[213]

**I.** A segunda causa de cessação do contrato de trabalho disciplinada pela lei é o acordo revogatório (art. 340.° b) e arts. 349.° e 350.° do CT).

Evidentemente, por aplicação das regras gerais de revogação dos contratos bilaterais, é admissível que o contrato de trabalho cesse por mútuo

---

[211] A dispensa da compensação por cessação do contrato de trabalho a termo neste caso não constava do regime correspondente desta matéria na LCCT.

[212] Também neste sentido, ainda que com reporte ao sistema da LCCT, JORGE LEITE, *Direito do Trabalho cit.*, II, 308.

[213] Em especial sobre este ponto, FURTADO MARTINS, *Nulidade da revogação do contrato de trabalho,* RDES, 1992, 4, 370-377, e ainda *Da Cessação do Contrato de Trabalho cit.*, 55 ss., LEAL AMADO, *Revogação do contrato e compensação pecuniária para o trabalhador: notas a um Acórdão do Supremo Tribunal de Justiça,* QL, 1994, 3, 167-172, NUNES DE CARVALHO, *Contrato de trabalho. Revogação por acordo. Compensação pecuniária global: seu valor,* RDES, 1994, 1/2/3, 220-224, JORGE LEITE, *Observatório Legislativo,* QL, 1996, 8, 216-218, JOANA VASCONCELOS, *A revogação do contrato de trabalho,* DJ, 1997, XI, 2, 173-193, e nas obras laborais gerais, MENEZES CORDEIRO, *Manual de Direito do Trabalho cit.*, 797 ss., BERNARDO XAVIER, *Curso de Direito do Trabalho cit.*, 472 ss., JORGE LEITE, *Direito do Trabalho cit.*, II, 287 ss., ROMANO MARTINEZ, *Direito do Trabalho cit.*, 949 ss., e *Da Cessação do Contrato cit.*, 427 ss., JÚLIO GOMES, *Direito do Trabalho cit.*, 940 ss., P. ROMANO MARTINEZ / L. M. MONTEIRO / JOANA VASCONCELOS / P. MADEIRA DE BRITO / G. DRAY / L. GONÇALVES DA SILVA, *Código do Trabalho Anotado cit.*, 928 ss. (anotação de ROMANO MARTINEZ), MONTEIRO FERNANDES, *Direito do Trabalho cit.*, 551 ss., e LEAL AMADO, *Contrato de Trabalho cit.*, 379 ss.

acordo das partes – é o que dispõe o art. 349.° n.° 1 do CT. Tratando-se de uma revogação, o acordo de cessação do contrato apenas produz efeitos *ex nunc* e não tem que obedecer a uma motivação especial, uma vez que projecta o princípio geral da liberdade contratual[214].

Contudo, o princípio laboral da protecção do trabalhador justifica as exigências acrescidas que a lei impõe na formalização do acordo revogatório no caso do contrato de trabalho (art. 349.° n.° 2), bem como a solução singular da rescisão unilateral deste acordo revogatório pelo trabalhador, que é prevista no art. 350.°. Por outro lado, é ainda o princípio da protecção do trabalhador que justifica a proibição, imposta ao empregador, de fazer cessar o contrato, mesmo com o acordo do trabalhador, para o readmitir posteriormente, com o objectivo de o prejudicar nos direitos que para ele decorram da antiguidade (art. 129.° n.° 1 j) do CT).

**II.** As *exigências formais impostas ao acordo revogatório do contrato de trabalho* constam do art. 349.° n.os 2 e 3 e são as seguintes:

i) O *acordo revogatório reveste obrigatoriamente forma escrita e deve ser celebrado em duplicado, ficando cada uma das partes com um exemplar* (art. 349.° n.° 2). A exigência de forma escrita constitui um desvio à regra geral relativa à forma dos negócios jurídicos, nos termos da qual os actos posteriores à celebração do negócio ficam, em princípio, sujeitos à forma exigida para o próprio negócio (art. 221.° n.° 2 do CC), já que, como se sabe, o contrato de trabalho não é, em si mesmo e por regra, um contrato formal (art. 110.° do CT)[215]. Contudo, esta exigência justifica-se para tutela da situação jurídica do trabalhador por ocasião da cessação do vínculo, assegurando-lhe a oportunidade para uma melhor ponderação da decisão de pôr fim ao contrato por esta via. Trata-se, como se referiu oportunamente[216], da projecção do princípio da protecção do trabalhador em matéria de forma, através do fortalecimento das regras sobre a forma das declarações negociais, sempre que esteja em causa a aplicação de um regime menos favorável ao trabalhador.

---

214 JORGE LEITE, *Direito do Trabalho cit.*, II, 289, e JOANA VASCONCELOS, *A revogação do contrato de trabalho cit.*., 174.

215 *Supra,* § 18.°, ponto 65.1.I.

216 *Supra,* § 18.°, ponto 65.1.III.

ii) *A forma do acordo revogatório é uma forma qualificada* no sentido em que o documento de cessação do contrato deve conter obrigatoriamente certas menções: assim, para além da assinatura de ambas as partes, deve ser expressamente indicada a data da celebração do acordo, bem como a data do início da produção dos respectivos efeitos (art. 349.° n.° 3).

iii) *O acordo revogatório do contrato de trabalho sujeita-se a formalidades de reconhecimento notarial*, que, não sendo impostas por lei, têm, contudo, a maior importância prática, para evitar o exercício do denominado «direito ao arrependimento» pelo trabalhador, nos dias imediatamente subsequentes à celebração do acordo. Esta formalidade, estabelecida no art. 350.° n.° 4, é o reconhecimento presencial das assinaturas das partes perante notário.

O desrespeito pelas regras de forma do acordo revogatório, constantes do art. 349.° n.os 2 e 3 do CT, determina a nulidade deste acordo, nos termos gerais do art. 220.° do CC[217], até porque a forma escrita é, no caso, uma forma *ad substantiam*[218]. A violação destas regras constitui contra-ordenação leve, nos termos do art. 349.° n.° 6.

**III.** Do ponto de vista do *conteúdo*, o acordo revogatório do contrato de trabalho pode prever, para além das declarações de revogação que constituem o seu aspecto essencial, outros efeitos, desde que permitidos por lei (neste sentido, dispõe o art. 349.° n.° 4) – assim, por exemplo, um pacto de não concorrência com eficácia pós-contratual (art. 136.° n.° 2) ou o reforço do dever de sigilo do trabalhador após a cessação do contrato.

É também admitida pela lei, e muito vulgar na prática, a previsão, no acordo revogatório ou conjuntamente com ele, de uma compensação pecuniária global ao trabalhador por cessação do contrato[219]. Quando assim suceda, o art. 349.° n.° 5 estabelece uma presunção no sentido da inclusão e da liquidação, naquela compensação, de todos os créditos que

---

[217] Também neste sentido, ROMANO MARTINEZ, *Direito do Trabalho cit.*, 954.

[218] JORGE LEITE, *Direito do Trabalho cit.*, II, 290.

[219] A previsão desta compensação não corresponde, de qualquer modo, a um direito do trabalhador, decorrendo, antes, do acordo das partes – neste sentido, *vd* o Ac. RC de 18/11/2004, CJ, 2004, V, 60.

as partes pudessem ter uma contra a outra e que estivessem vencidos à data da cessação do contrato ou pudessem decorrer dessa cessação[220]. Nada estabelecendo a lei sobre a natureza desta presunção, ela deve ser qualificada como uma presunção ilidível, nos termos gerais do art. 350.° n.° 2 do CC[221].

Este regime afasta, pois, a possibilidade de reclamação dos créditos laborais no ano subsequente à cessação do contrato de trabalho, de acordo com a regra especial de prescrição destes créditos, estabelecida no art. 337.° n.° 1 do CT e oportunamente apreciada[222], ressalvada, naturalmente, a reclamação baseada no afastamento da presunção.

**IV.** Por fim, cabe uma palavra sobre a medida tutelar do trabalhador associada à cessação do contrato de trabalho por acordo revogatório, estabelecida no art. 350.° do CT, e que é conhecida como o *direito ao arrependimento*.

Nos termos desta norma, o trabalhador pode, por decisão unilateral tomada nos 7 dias subsequentes à data da celebração do acordo de revoga-

---

[220] A previsão de uma compensação pecuniária global nos termos desta norma coloca a questão da admissibilidade da renúncia do trabalhador a créditos neste acordo, bem como a possibilidade de ser feita uma compensação entre créditos do empregador e do trabalhador. Sobre esta questão, na jurisprudência, Ac. STJ de 6/07/1994, BMJ 439-376, Ac. STJ de 16/04/1997, BMJ 466-343, e Ac. STJ de 18/03/1998, CJ (STJ), 1998, I, 284.

[221] O regime anterior ao CT de 2003 (art. 8.° n.° 4 da LCCT) não referia expressamente a existência de qualquer presunção nesta norma, mas o texto da norma lançou a discussão sobre a existência de tal presunção e sobre o carácter ilidível ou inilidível da mesma – assim, considerando que a norma estabelecia uma presunção *juris tantum* nos termos gerais, MENEZES CORDEIRO, *Manual de Direito do Trabalho cit.*, 799, JORGE LEITE, *Direito do Trabalho cit.*, II, 291 ss., e LEAL AMADO, *Revogação do contrato e compensação... cit.*, 167 ss.; mas contra, considerando que se tratava de uma presunção inilidível, por exemplo, o Ac. STJ de 26/05/1993, CJ (STJ), 1993, II, 287, e Ac. STJ de 19/02/2004, CJ (STJ), 2004, I, 274, e, na doutrina, MONTEIRO FERNANDES, por exemplo na 12.ª edição do seu *Direito do Trabalho cit.*, 523. A nova redacção da norma vem clarificar a questão, não se suscitando agora dúvidas sobre a existência de uma presunção, que, por nada ser dito em contrário, é de qualificar como uma presunção *iuris tantum*, com os correspondentes efeitos legais. Também expressamente neste sentido, em anotação a esta norma, ROMANO MARTINEZ, *in* P. ROMANO MARTINEZ / L. M. MONTEIRO / JOANA VASCONCELOS / P. MADEIRA DE BRITO / G. DRAY / L. GONÇALVES DA SILVA, *Código do Trabalho Anotado cit.*, 930. Em sentido idêntico, ainda que evoluindo do entendimento que anteriormente sustentara quanto ao sentido do preceito, MONTEIRO FERNANDES, *Direito do Trabalho cit.*, 553.

[222] *Supra*, § 27.°, ponto 102.2.V.

ção do contrato de trabalho, rescindir aquele acordo e, por esta via, retomar a execução do contrato[223]. Para tanto, bastar-lhe-á enviar uma comunicação escrita ao empregador (art. 350.° n.° 1, parte final, e n.° 2, prevendo esta última norma a informação por carta registada com aviso de recepção, no caso de não ser possível entregar aquela comunicação ao empregador por outra via) e colocar à disposição do empregador o valor das compensações pecuniárias recebidas por efeito da cessação do contrato (art. 350.° n.° 3)[224].

Como acima se referiu, esta possibilidade de arrependimento do trabalhador só é afastada no caso de o acordo revogatório ser celebrado com assinatura presencial das partes, perante o notário, nos termos do art. 350.° n.° 4.

A solução do «direito ao arrependimento» é uma solução de grande singularidade, não só porque faz prevalecer a vontade unilateral de uma das partes sobre o acordo de ambas (o que contraria as regras gerais de cumprimento dos negócios jurídicos e, designadamente, o princípio *pacta sunt servanda*), mas, sobretudo, porque pode envolver a repristinação de um negócio jurídico que já se extinguiu (assim sucederá se os efeitos do acordo se tiverem produzido imediatamente ou dentro do prazo de 7 dias fixado para o exercício do direito ao arrependimento).

Além disso, trata-se de uma solução de justificação difícil, uma vez que assenta no pressuposto da menor capacidade de avaliação das situações jurídicas (i.e., em termos substanciais, um pressuposto de menoridade) por parte do trabalhador. Ora, mesmo que se admita a maior debilidade negocial do trabalhador, no momento da celebração do contrato e mesmo ao longo da sua execução, não faz sentido reconhecer essa debilidade por ocasião da cessação do contrato de trabalho[225].

---

223 Apesar de o Código do Trabalho não qualificar este direito do trabalhador ao arrependimento, ele parece corresponder a uma rescisão do acordo revogatório, uma vez que é fundada na lei e tem eficácia retroactiva, retomando-se o contrato de trabalho que existia e não se celebrando um novo contrato.

224 O Ac. RLx. de 9/04/2003, CJ, 2003, II, 157, considerou que a data de produção de efeitos da revogação do acordo de cessação do contrato de trabalho é a que coincide com a data da cessação do contrato de trabalho e não com a data em que o empregador tomou conhecimento da declaração de revogação unilateral.

225 Para tal, teria que se admitir como regra que o trabalhador celebra o acordo revogatório sob pressão ou coacção do empregador, o que não é crível. Mas, ainda quando esse

Em suma, esta solução é dogmaticamente inconsistente.

Apesar da sua inconsistência dogmática, o direito ao arrependimento tem grande tradição no nosso sistema juslaboral, remontando à Lei dos Despedimentos de 1975 (art. 7.°), no contexto da qual foi justificado como forma de compensar a debilidade negocial do trabalhador subordinado perante o empregador, dando-lhe uma oportunidade de reavaliação posterior da sua decisão de fazer cessar o contrato. Tendo sido suprimido pela LCCT de 1989[226], o direito ao arrependimento voltou a ser consagrado, na alteração introduzida a este diploma pela L. n.° 38/96, de 31 de Agosto (art. 1.°), que, aliás, estendeu esta solução à rescisão do contrato de trabalho por iniciativa do trabalhador (art. 2.°), e foi mantida no CT de 2003 (art. 395.° deste Código). Contudo, é reconhecido que esta readmissão do direito ao arrependimento se ficou a dever à prática, entretanto difundida, de celebração de acordos revogatórios e de emissão de declarações de rescisão do contrato de trabalho pelo trabalhador, com a data em branco, por ocasião da celebração do contrato de trabalho, declarações e acordos esses cuja data era posteriormente introduzida pelo empregador, quando lhe conviesse fazer cessar o vínculo laboral.

Para além da oportunidade de reavaliação da decisão de pôr fim ao contrato por parte do trabalhador, é esta prática ilícita que continua a estar na base do regime do direito ao arrependimento no actual Código do Trabalho, e é também esta prática que justifica a não sujeição a este regime do acordo devidamente datado e cujas assinaturas sejam reconhecidas presencialmente perante o notário (nos termos do art. 350.° n.° 4), uma vez que esta formalidade assegura que o acordo corresponde, efectivamente, à vontade das partes e que foi celebrado por ocasião da cessação do contrato e não anteriormente.

Apesar de tudo, deve reforçar-se a singularidade e o carácter gravoso desta solução, para o empregador, pela incerteza em que o coloca no período imediatamente subsequente à celebração do acordo de cessação do contrato, sobretudo se os respectivos efeitos se produzirem imediatamente,

---

seja o caso, ele poderá sempre recorrer aos meios comuns de invalidação do negócio revogatório, alegando erro ou mesmo ou coacção moral (art. 252.° e art. 255.° do CC).

[226] Por todos, quanto à evolução da figura do direito ao arrependimento, na LD e na LCCT, MENEZES CORDEIRO, *Manual de Direito do Trabalho cit.*, 798 ss.

e pelos problemas adicionais que podem surgir se, entretanto, tiver sido contratado um novo trabalhador para aquele posto de trabalho[227]. Por esta razão, apesar de não ser obrigatório, o recurso à formalidade do reconhecimento notarial, aquando da celebração do pacto revogatório, tem uma grande importância.

O CT de 2003 introduziu algumas novidades no regime tradicional do direito ao arrependimento, que passaram para o regime actual e que merecem uma referência especial: o prazo de exercício do direito ao arrependimento, que no âmbito da L. n.° 38/96, de 31 de Agosto, foi fixado em 2 dias úteis, voltou a ser fixado em 7 dias; contudo, este prazo passou a contar-se da data da celebração do acordo revogatório e não da data do início da produção dos seus efeitos, que coincidia com a efectiva cessação do contrato de trabalho.

Dada a absoluta excepcionalidade da figura do direito ao arrependimento, a solução do alargamento do período de arrependimento é especialmente criticável, porque torna o sistema ainda mais gravoso para o empregador, sem justificação.

Já a deslocação do início da contagem do prazo de arrependimento para o momento da celebração do acordo (em lugar do momento do início da produção dos seus efeitos, i.e., do momento da cessação do contrato) – que decorre da actual redacção do art. 350.° n.° 1 do CT – resulta, paradoxalmente, numa menor eficácia da norma no combate às práticas fraudulentas de cessação do contrato através dos acordos revogatórios em branco, na medida em que o trabalhador que tiver sido pressionado a assinar desse acordo quando celebrou o seu contrato de trabalho ou durante a execução do mesmo, continuará pressionado 7 dias depois, pelo que dificilmente exercerá aquele direito.

Tal como foi concebida pelo Código de 2003 e se mantém no actual Código do Trabalho, a solução do direito ao arrependimento tem, pois, uma utilidade reduzida.

---

227 Neste caso, o empregador terá que fazer cessar o contrato do segundo trabalhador, o que poderá fazer através do despedimento durante o período experimental. Todavia, a situação será mais complicada se o contrato não tiver período experimental (o que pode suceder, nos termos do art. 111.° n.° 3 do CT), caso em que apenas poderá ser possível promover a anulação do contrato com base em erro sobre a base do negócio, nos termos do art. 252.° n.° 2 do CC, com as dificuldades práticas inerentes a esta solução.

## 128. Cessação do contrato de trabalho no decurso do período experimental[228]

**I.** Uma outra causa de cessação do contrato de trabalho é a denúncia durante o período experimental.

Invertendo a tradição anterior, o CT de 2003 e o actual Código do Trabalho não se referem ao período experimental a propósito da cessação do contrato de trabalho (era a perspectiva da LD e da LCCT) mas em sede de formação do vínculo laboral (arts. 111.° a 114.°), aí apresentando também o regime de cessação do contrato durante este período (art. 114.°). É a opção que temos por mais correcta, uma vez que o período experimental corresponde à fase inicial da execução do contrato de trabalho, nos termos oportunamente explicitados[229].

**II.** Já tendo apresentado a figura do período experimental a propósito da matéria da formação do contrato de trabalho[230], limitamo-nos a recordar sumariamente os traços do respectivo regime jurídico atinentes à cessação do contrato durante esse período. Estes traços, que decorrem do art. 114.° do CT, são, essencialmente, os seguintes:

i) O direito de fazer cessar o contrato de trabalho durante o período experimental assiste a qualquer das partes (art. 114.° n.° 1).
ii) A cessação do contrato de trabalho durante o período experimental corresponde tecnicamente a uma denúncia, na medida em que tem *efeitos ex nunc* e não é legalmente condicionada por nenhum motivo; neste sentido, o art. 114.° n.° 1 estabelece a dispensa de justa causa para a cessação do contrato de trabalho durante este período.
iii) A denúncia não carece também de aviso prévio, a não ser no caso de já terem decorrido mais de 60 dias ou mais de 120 dias sobre o início do período experimental, caso em que a denúncia

[228] Para as indicações bibliográficas sobre este ponto, *vd, supra*, § 18.°, ponto 66, e nota de rodapé.
[229] *Supra*, § 18.°, ponto 66.IV.
[230] *Supra*, § 18.°, ponto 66.

pelo empregador deve respeitar um aviso prévio de 7 ou de 15 dias, respectivamente (art. 114.° n.$^{os}$ 1, 2 e 3)[231].

iv) Da denúncia do contrato de trabalho durante o período experimental não decorre qualquer direito a indemnização (art. 114.° n.° 1). Contudo, a falta de respeito pelo aviso prévio, quando ele deva ter lugar, confere direito à indemnização pelo valor correspondente ao tempo de aviso prévio em falta (art. 114.° n.° 4).

Este regime suscita ainda duas notas adicionais.

A primeira é para salientar que o facto de a denúncia do contrato de trabalho durante o período experimental ser incondicionada não significa que seja insindicável, nem que possa ser exercida em moldes que contrariam a função do período experimental. Nesta linha, a jurisprudência tem-se pronunciado sobre o exercício abusivo do direito de despedimento no período experimental, na situação em que o trabalhador não tenha tido oportunidade de demonstrar a sua aptidão para o trabalho ou de efectuar a prestação[232]. É também o que consideramos adequado, tendo em conta a função do período experimental, que é hoje reforçada pelo art. 111.° n.° 2 do CT, ao determinar que as partes se devem comportar durante o período experimental de modo a que a outra parte possa avaliar o interesse em prosseguir o vínculo. Se tal avaliação não for possível, o período experimental não cumpriu a sua função.

A segunda nota é para salientar a nova norma do art. 114.° n.° 4 do CT, relativa às consequências da falta de pré-aviso em relação à cessação do contrato durante o período experimental, que veio colmatar uma lacuna, já que o Código do Trabalho anterior nada dispunha sobre as consequências do desrespeito pelo aviso prévio nestas situações. Fica agora claro que o desrespeito por esta norma tem efeitos meramente indemnizatórios, não acarretando a consolidação do vínculo.

---

[231] No CT de 2003 apenas era estabelecido um prazo de aviso prévio de 8 dias, na primeira situação.

[232] Neste sentido, entre outros, o Ac. STJ de 25/06/1986, BMJ 358-470, o Ac. RLx. de 08/05/1996, CJ, 1996, III, 157, e o Ac. STJ de 12/02/1997, BMJ 464-301. E, no mesmo sentido, na doutrina, FURTADO MARTINS, *Cessação do contrato de trabalho cit.*, 202, e JÚLIO GOMES, *Do uso e abuso... cit.*, 268 ss.

## § 35.° Despedimento por facto imputável ao trabalhador ou despedimento disciplinar[233]

**I.** Ao contrário do que sucede com o trabalhador, cuja faculdade de pôr fim ao vínculo laboral é relativamente incondicionada, o empregador só pode fazer cessar unilateralmente o contrato de trabalho em situações típicas e taxativas[234]: ou através do despedimento por facto imputável ao trabalhador, que se baseia num incumprimento grave dos deveres deste (i.e., uma situação de justa causa subjectiva); ou por motivos objectivos graves, que podem decorrer de uma situação de crise da empresa (é o caso

[233] Em geral, sobre esta matéria, MENEZES CORDEIRO, *Manual de Direito do Trabalho cit.*, 818 ss., e ainda *Concorrência Laboral e Justa Causa de Despedimento cit.*, 487 ss., BERNARDO XAVIER, *Curso de Direito do Trabalho cit.*, 486 ss., JORGE LEITE, *Direito do Trabalho cit.*, 310 ss., FURTADO MARTINS, *Cessação do contrato de trabalho cit.*, 73 ss. e 83 ss., MESSIAS DE CARVALHO / V. NUNES DE ALMEIDA, *Direito do Trabalho e Nulidade do Despedimento*, Coimbra, 1984, ou P. SOUSA MACEDO, *Poder Disciplinar Patronal cit.*, 70 ss., ROSÁRIO PALMA RAMALHO, *Do Fundamento do Poder Disciplinar cit., passim*, ROMANO MARTINEZ, *Direito do Trabalho cit.*, 977 ss., e *Da Cessação do Contrato cit.*, 456, JÚLIO GOMES, *Direito do Trabalho cit.*, 944 ss., MONTEIRO FERNANDES, *Direito do Trabalho cit.*, 564 ss., MENEZES LEITÃO, *Direito do Trabalho cit.*, 453 ss., P. ROMANO MARTINEZ / L. M. MONTEIRO / JOANA VASCONCELOS / P. MADEIRA DE BRITO / G. DRAY / / L. GONÇALVES DA SILVA, *Código do Trabalho Anotado cit.*, 933 ss. (anotação de ROMANO MARTINEZ), e LEAL AMADO, *Contrato de Trabalho cit.*, 383 ss. Na literatura juslaboral comparada, ainda sobre o tema, em obras gerais, podem ver-se, entre muitos outros, ZÖLLNER / LORITZ, *Arbeitsrecht cit.*, 281 ss. e SÖLLNER, *Grundriß des Arbeitsrecht cit.*, 297 ss., G. COUTURIER, *Droit du travail cit.*, II, 202 ss., e 224 ss., A. MAZEAUD, *Droit du travail cit.*, 317 ss. e 327 ss., SCONAMIGLIO, *Diritto del lavoro cit.*, 521 ss., e G. NICOLINI, *Manuale di diritto del lavoro cit.*, 529 ss. e 567 ss. Para as referências bibliográficas mais específicas vd as notas de rodapé subsequentes.

[234] Neste sentido, FURTADO MARTINS, *Cessação do Contrato de Trabalho cit.*, 73, refere-se ao despedimento por iniciativa do empregador como uma declaração vinculada. Na verdade, todas as modalidades de despedimento são vinculadas, no sentido em que carecem sempre de um motivo justificativo estabelecido na lei.

do despedimento colectivo e do despedimento por extinção do posto de trabalho) ou da inaptidão superveniente do trabalhador para o trabalho (é o caso do despedimento por inadaptação).

**II.** Este regime condicionado, que resulta, como se viu oportunamente, da consagração constitucional da proibição dos despedimentos sem justa causa (art. 53.° da CRP), explica também o cuidado posto pela lei na articulação prática de cada uma das modalidades de despedimento que consagra. Este cuidado evidencia-se em três aspectos essenciais:

- na exigência de fundamentação do despedimento;
- no estabelecimento de um processo para a sua efectivação;
- na previsão da impugnação do despedimento ilícito e no estabelecimento das consequências dessa impugnação.

Na exposição da matéria do despedimento, o Código do Trabalho disciplina estes três aspectos essenciais, que vai reportando a cada uma das situações de despedimento por iniciativa do empregador, excepto quanto à matéria da impugnação judicial do despedimento, que é tratada em secção autónoma.

Na apresentação destas figuras vamos abordar também estes aspectos, mas sequencialmente em relação a cada modalidade de despedimento, procedendo, quando adequado, às necessárias remissões.

## 129. O fundamento do despedimento por facto imputável ao trabalhador: a justa causa

### 129.1. O conceito geral de justa causa e a justa causa no despedimento por facto imputável ao trabalhador

**I.** Nos termos do art. 351.° n.° 1 do CT, o despedimento por facto imputável ao trabalhador assenta necessariamente num comportamento do trabalhador que consubstancie uma situação de justa causa.

**II.** O conceito de justa causa é um conceito indeterminado, de utilização frequente no Direito Civil, onde aparece, nomeadamente, como condicionante do poder de resolução ou de denúncia de contratos obrigacionais por uma das partes. Assim sucede na procuração conferida também no interesse do procurador, em que a existência de justa causa condiciona a respectiva revogação (art. 265.° n.° 3 do CC), no contrato de mandato, quanto à revogação unilateral do mandato conferido também no interesse do mandatário, que depende de justa causa (art. 1170.° n.° 2 do CC), no caso da prestação de serviços do administrador de sociedades de responsabilidade limitada em que a justa causa é requisito para operar a resolução do vínculo antes do respectivo termo (ainda por força do art. 1170.° n.° 2 do CC), e ainda especificamente no caso da destituição e de substituição do administrador da insolvência, pelo juiz, que depende também de justa causa (art. 56.° n.° 1 do CIRE). Também no contrato de comodato, a justa causa permite ao comodante resolver o contrato de comodato antes do prazo fixado (art. 1140.° do CC), e o depositário pode devolver a coisa antes do prazo em caso de justa causa (art. 1201.° do CC).

*O conjunto de aplicações do conceito indeterminado de justa causa permite identificar um sentido amplo para este conceito, que o reconduz a um motivo atendível para fazer cessar determinado vínculo*. Este motivo atendível pode reportar-se a dois tipos de situações: situações subjectivas, decorrentes de um incumprimento grave e culposo dos deveres legais ou contratuais pela outra parte, que justifica o rompimento do vínculo (é a *justa causa subjectiva*); e motivos objectivos, que são independentes do incumprimento da outra parte, mas determinam a impossibilidade ou tornam inexigível a subsistência do vínculo, justificando a respectiva cessação (é a *justa causa objectiva*).

**III.** Aplicando o conceito de justa causa, neste sentido amplo, ao domínio do contrato de trabalho, haveria justa causa para a cessação do contrato tanto no caso do despedimento imediato por motivo imputável ao trabalhador (que corresponde a uma situação de justa causa subjectiva), como nos restantes casos de despedimento por iniciativa do empregador (nestas situações, estaremos perante uma justa causa objectiva, uma vez que o motivo justificativo da cessação do contrato não se deve a um incumprimento do trabalhador).

Todavia, o Código do Trabalho, em orientação que confirma a tradição anterior nesta matéria, apenas utiliza a expressão «justa causa» com este significado amplo na sua aplicação à resolução do contrato de trabalho por iniciativa do trabalhador, aí distinguindo entre os fundamentos da resolução que decorrem de um incumprimento culposo e grave dos deveres do empregador e os que assentam em motivos atendíveis objectivos – é a distinção que decorre do art. 394.° n.os 2 e 3, respectivamente, e cujo efeito essencial é a constituição ou não do empregador no dever de indemnizar o trabalhador (art. 396.° n.° 1).

Já no que se refere à cessação do contrato de trabalho por iniciativa do empregador, a lei refere a justa causa apenas em sentido subjectivo, ligando-a necessariamente a um incumprimento grave e culposo do contrato pelo trabalhador, ou seja, a uma infracção disciplinar – este sentido da justa causa é o que resulta da definição legal de justa causa, constante do art. 351.° n.° 1, para efeitos da fundamentação do despedimento por motivo imputável ao trabalhador. Tal como referimos oportunamente, este sentido subjectivo e, por isso, mais restritivo, do conceito de justa causa, constitui a projecção legal da referência constitucional à justa causa, feita pelo art. 53.° da CRP[235].

Na apreciação do conceito de justa causa, a propósito da matéria da cessação do contrato de trabalho, cabe, pois, ter em conta o alcance diverso da expressão, quando utilizada no contexto da cessação do contrato por iniciativa do empregador ou a propósito da cessação por iniciativa do trabalhador.

**IV.** Estando assente que a lei aplica o conceito subjectivo de justa causa ao denominado «despedimento por facto imputável ao trabalhador»[236], deve atender-se à metodologia utilizada para desenvolver esta modalidade de cessação do contrato de trabalho por iniciativa do empregador.

Esta metodologia, com grande tradição no nosso sistema jurídico, é a seguinte: em primeiro lugar, a lei apresenta-nos uma cláusula geral de justa causa, que integra com recurso a diversos critérios (art. 351.° n.° 1); em segundo lugar, enumera um conjunto de situações típicas de justa causa para despedimento (art. 351.° n.° 2); por fim, apresenta alguns cri-

---

[235] *Supra*, § 33.°, ponto 124.IV.

[236] A designação tradicional desta modalidade de despedimento era «despedimento com justa causa». A nosso ver, a actual designação desta modalidade de cessação do contrato de trabalho pela expressão «despedimento por facto imputável ao trabalhador» é mais imprecisa, porque nem todos os factos imputáveis ao trabalhador justificam o despedimento, mas apenas aqueles que lhe sejam imputáveis a título de culpa e, e mesmo quanto a estes, apenas se revestirem gravidade suficiente para tornar inexigível a subsistência do vínculo.

térios de apreciação das situações de justa causa no quadro da empresa (art. 351.° n.° 3).

Esta metodologia coloca as seguintes questões:

– a questão da interpretação do próprio conceito geral de justa causa;
– a questão da conjugação das situações típicas de justa causa enunciadas pela lei com a cláusula geral de justa causa e o problema da admissibilidade de outras situações de justa causa para além das tipificadas na lei;
– a questão do modo de apreciação das situações de justa causa.

Vamos apreciar sucessivamente estas questões. A resposta que lhes for dada permite, por sua vez, aceder à questão dogmática da natureza jurídica desta modalidade de despedimento.

### 129.2. **O conceito geral de justa causa disciplinar**[237]

**I.** A lei é particularmente exigente na configuração da justa causa para despedimento. Assim, para que surja uma situação de justa causa para este efeito, é necessário que estejam preenchidos os requisitos do art. 351.° n.° 1 do CT[238]. Estes requisitos, de verificação cumulativa, são os seguintes:

– *um comportamento ilícito, grave, em si mesmo ou pelas suas consequências, e culposo do trabalhador* (é o elemento subjectivo da justa causa);

---

[237] Entre especial sobre o conceito de justa causa, RAÚL VENTURA, *Extinção das relações jurídicas de trabalho cit.*, 303 ss., BERNARDO XAVIER, *Justa causa de despedimento: conceito e ónus da prova*, RDES, 1988, 1, 1-68, LUÍS MORAIS, *Dois Estudos: Justa Causa e Motivo Atendível de Despedimento... cit.*, 11 ss., JOSÉ JOÃO ABRANTES, *Segurança no emprego e justa causa de despedimento, in Direito do Trabalho. Ensaios*, Lisboa, 1995, 111-134, FURTADO MARTINS, *Cessação do Contrato de Trabalho cit.*, 83 ss., MENEZES CORDEIRO, *Justas causas de despedimento, in* ROMANO MARTINEZ (coord.), *Estudos do Instituto de Direito do Trabalho*, II, Coimbra, 2001, 7-14, JOANA VASCONCELOS, *O conceito de justa causa de despedimento – evolução legislativa e situação actual, in* ROMANO MARTINEZ (coord.), *Estudos do Instituto de Direito do Trabalho,* II, Coimbra, 2001, 15-34, e ainda *Concretização do conceito de justa causa, in* ROMANO MARTINEZ (coord.), *Estudos do Instituto de Direito do Trabalho,* III, Coimbra, 2002, 207-223.

[238] A norma corresponde, sem alterações, ao art. 9.° n.° 1 da LCCT, e ao art. 396.° n.° 1 do CT de 2003.

- *a impossibilidade prática e imediata de subsistência do vínculo laboral* (é o elemento objectivo da justa causa);
- *a verificação de um nexo de causalidade entre os dois elementos anteriores*, no sentido em que a impossibilidade de subsistência do contrato tem que decorrer, efectivamente, do comportamento do trabalhador[239].

A formulação exigente da lei na configuração dos requisitos da justa causa explica-se, genericamente, pela importância da tutela do trabalhador por ocasião da cessação do seu contrato, que corresponde, como vimos, a um princípio constitucional (art. 53.° da CRP) e, especificamente, pelo objectivo de evitar o recurso abusivo ou arbitrário à figura do despedimento com justa causa para operar a cessação do contrato por iniciativa do empregador. Por outro lado, de acordo com as regras gerais, cabe ao empregador o ónus da prova destes elementos do conceito de justa causa[240].

É ainda esta preocupação de tutela do trabalhador que explica a especial exigência da jurisprudência na aplicação da cláusula geral de justa causa, mormente através de uma interpretação criteriosa dos seus requisitos.

**II.** Assim, relativamente ao *elemento subjectivo da justa causa* é exigido que o comportamento do trabalhador seja ilícito, grave e culposo. Estes requisitos justificam as seguintes observações:

i) A *exigência da ilicitude do comportamento do trabalhador* não resulta expressamente do art. 351.° n.° 1, mas constitui um pres-

---

[239] Referindo-se expressamente a estes três elementos na integração do conceito de justa causa, *vd*, entre muitos outros, o Ac. STJ de 17/01/1985, BMJ 343-222, o Ac. RLx. de 30/01/1985, CJ, 1985, I, 222, o Ac. STJ de 10/02/1989, AD 328-574, o Ac. STJ de 22/02/1995, CJ (STJ), 1995, I, 279, ou o Ac. STJ de 28/04/2004, CJ (STJ), 2004, II, 257, o Ac. STJ de 22/04/2009 (N.° 09S0153), www.dgsi.pt., o Ac. STJ de 27/04/2006 (N.° 05S4320), www.dgsi.pt, o Ac. RP de 05/01/2009 (N.° 084603), www.dgsi.pt., o Ac. STJ de 21/02/2006 (N.° 05S3738), www.dgsi.pt., ou o Ac. STJ de 25/02/2009 (N.° 08S2461), www.dgsi.pt.

[240] Neste sentido, entre muitos outros, o Ac. STJ de 2/12/2004, CJ, (STJ), 2004, III, 276, salientando a maior ou menor dimensão deste ónus, consoante a infracção disciplinar concretamente verificada, bem como Ac. STJ de 22/04/2009 (N.° 09S0153), www.dgsi.pt., Ac. STJ de 21/02/2006 (N.° 05S3738), www.dgsi.pt., ou Ac. RP de 05/01/2009 (N.° 084603), www.dgsi.pt.

suposto geral do conceito de justa causa para despedimento, uma vez que, se a actuação do trabalhador for lícita, ele não incorre em infracção que possa justificar o despedimento[241]. Contudo, a ilicitude deve ser apreciada do ponto de vista dos deveres laborais afectados pelo comportamento do trabalhador, o que se compadece com situações em que, em si mesmo, o comportamento não seja ilícito – assim, por exemplo, um trabalhador que tenha uma conduta privada reprovável, ainda que lícita, não poderá, por princípio, ser despedido por causa dessa conduta, mas tal já poderá suceder se de tal conduta decorrer o perigo de uma diminuição da sua aptidão para o trabalho, em moldes de comprometer gravemente a sua prestação, ou se tal comportamento quebrar o elo de lealdade e de confiança entre as partes em que assenta o contrato.

ii) *O comportamento do trabalhador deve ser culposo, podendo corresponder a uma situação de dolo ou de mera negligência.* Nos termos gerais, será de qualificar como culposa a actuação do trabalhador que contrarie a diligência normalmente devida, segundo o critério do bom pai de família[242], mas o grau de diligência exigido ao trabalhador depende também, naturalmente, do seu perfil laboral específico (assim, consoante seja um trabalhador indiferenciado ou especializado, um trabalhador de base ou um técnico superior, o grau de diligência varia). Relevam e devem ainda ser valoradas, no contexto da apreciação da infracção do trabalhador, as circunstâncias atenuantes e as causas de exculpação que, eventualmente, caibam ao caso[243].

---

[241] Neste sentido, o Ac. STJ de 25/02/2009 (N.° 08S2461), www.dgsi.pt, observa que a culpa do trabalhador tem aqui um sentido amplo, pressupondo a ilicitude do comportamento.

[242] Neste sentido, Menezes Cordeiro, *Manual de Direito do Trabalho cit.*, 821, e, na jurisprudência, Ac. STJ de 8/06/1984, AD 274-1205, Ac. STJ de 7/03/1986, BMJ 355-260, Ac. STJ de 22/02/1995, CJ (STJ), 1995, I, 279, Ac. STJ de 2/12/2004, CJ (STJ), 2004, III, 276, Ac. STJ de 25/02/2009 (N.° 08S2461), www.dgsi.pt. A culpa e a gravidade do comportamento do trabalhador devem ser apreciados de acordo com o padrão do empregador médio, segundo critérios de razoabilidade e em função do caso concreto – Ac. RP de 05/01/2009 (N.° 084603), www.dgsi.pt.

[243] A este propósito, e com o intuito de diminuir a discricionariedade na apreciação das infracções disciplinares, muitos instrumentos de regulamentação colectiva do

iii) *O comportamento do trabalhador deve ser grave, podendo a gravidade ser reportada ao comportamento em si mesmo ou às consequências que dele decorram para o vínculo laboral.* Assim, se o trabalhador furta ao empregador um objecto muito valioso, o seu comportamento é grave em si mesmo; mas se furtar um objecto de reduzido valor, o comportamento não deixa de revestir idêntica gravidade, não pelo valor do objecto furtado em si mesmo, mas, naturalmente, porque significa uma quebra do seu dever de lealdade para com o empregador, que compromete o futuro do vínculo laboral[244]. A exigência da gravidade do comportamento decorre ainda do princípio geral da proporcionalidade das sanções disciplinares, enunciado no art. 330.° n.° 1 do CT e oportunamente apresentado[245]: sendo o despedimento a sanção disciplinar mais forte, ela terá que corresponder a uma infracção grave; se o comportamento do trabalhador, apesar de ilícito e culposo, não revestir particular gravidade, a sanção a aplicar deverá ser uma sanção conservatória do vínculo laboral.

**III.** Para além destes elementos subjectivos, só se configura uma situação de justa causa de despedimento se do comportamento do trabalhador decorrer a *impossibilidade prática e imediata de subsistência do vínculo laboral* – é o denominado *requisito objectivo da justa causa*. Fica assim claro que o comportamento do trabalhador, ainda que constitutivo de infracção disciplinar, não é, por si só, justa causa para despedimento; para que esta surja, é necessário que concorram os dois outros elementos integrativos.

---

trabalho contêm verdadeiros catálogos de circunstâncias atenuantes e agravantes das infracções, bem como elencos de causas de exculpação e de justificação da responsabilidade disciplinar.

244 Neste sentido, se pronunciou o Ac. RLx. de 31/07/1985, BTE, 2.ª S, 1-2/1988, 217, considerando como justa causa de despedimento o furto de um objecto de valor ínfimo pelo trabalhador, por considerar que tal comportamento configurava uma violação grave do dever de lealdade, que era independente do valor do objecto furtado.

245 *Supra*, § 29.°, ponto 109.2.II. Referindo o princípio da proporcionalidade neste contexto, por exemplo, o Ac. STJ de 3/12/2008 (N.° 08S3255), www.dgsi.pt.

Em interpretação da *componente objectiva da justa causa*, a jurisprudência tem chamado a atenção para três aspectos essenciais:

i) *O requisito da impossibilidade de subsistência do vínculo laboral deve ser reconduzido à ideia de inexigibilidade, para a outra parte, da manutenção do contrato, e não apreciado como uma impossibilidade objectiva*[246]. Assim, se o trabalhador difama o empregador, é inexigível para este que o contrato se mantenha, apesar de não haver qualquer impossibilidade objectiva de subsistência do mesmo. A ideia de inexigibilidade, que uma boa parte da jurisprudência relaciona com a perda irremediável de confiança do empregador na viabilidade futura do vínculo[247], é, aliás, a que melhor se adequa ao carácter *intuitu personae* do contrato de trabalho[248].

ii) *A impossibilidade de subsistência do contrato de trabalho tem que ser uma impossibilidade prática, no sentido em que deve relacionar-se com o vínculo laboral em concreto*. Esta exigência tem a ver com a necessária contextualização do comportamento do trabalhador que seja constitutivo de justa causa: assim, o mesmo tipo de comportamento em dois contextos empresariais diferentes pode determinar, apenas num deles, a impossibilidade prática de subsistência do contrato, por força das características da própria organização (por exemplo, a rudeza de linguagem pode ser tolerada ou mesmo habitual numa dada empresa e intolerável noutra empresa).

---

[246] Especificamente sobre a recondução do requisito da impossibilidade à ideia de inexigibilidade, na jurisprudência, Ac. STJ de 22/02/1995, CJ (STJ), I, 279, Ac. STJ de 14/12/2006 (N.° 06S3212), www.dgsi.pt., Ac. STJ de 25/02/2009 (N.° 08S2461), www.dgsi.pt, Ac. REv. de 15/02/2005, CJ, 2005, I, 273, ou Ac. RP de 05/01/2009 (N.° 084603), www.dgsi.pt.

[247] Neste sentido, por exemplo, o Ac. STJ de 8/02/2006 (N.° 05S1963), www.dgsi.pt, o Ac. STJ de 22/04/2009 (N.° 09S0153), www.dgsi.pt., ou o Ac. STJ de 21/02/2006 (N.° 05S3738), www.dgsi.pt. Já o Ac. STJ de 27/04/2006 (N.° 05S4320), www.dgsi.pt, acentua o facto de a quebra de confiança se ter que traduzir numa «crise contratual extrema e irreversível» para que se configure a impossibilidade de subsistência do vínculo, e neste mesmo sentido se pronunciam ainda o Ac. STJ de 14/12/2006 (N.° 06S3212), www.dgsi.pt., e o Ac. STJ de 8/11/2006 (N.° 06S1820), www.dgsi.pt.

[248] *Supra*, § 17.°, ponto 60.I.

iii) *A impossibilidade de subsistência do vínculo tem que ser imediata*: este requisito exige que o comportamento do trabalhador seja de molde a comprometer, de imediato, o futuro do vínculo laboral. Assim, se, apesar de grave, ilícita e culposa, a infracção do trabalhador não tiver, na prática, obstado à execução normal do contrato, após o conhecimento da situação pelo empregador, tal execução demonstra que a infracção não comprometeu definitivamente o futuro do vínculo contratual.
O requisito da impossibilidade imediata carece, contudo, de ser aferido com cautela, devendo conjugar-se com o prazo geral de caducidade do procedimento disciplinar, que é, como se viu oportunamente, de 60 dias sobre o conhecimento da infracção disciplinar pelo empregador (art. 329.° n.° 2 do CT): tendo em conta a necessidade de ponderação pelo empregador da actuação a adoptar perante uma determinada infracção do trabalhador, ainda corresponderá ao requisito da impossibilidade imediata o caso em que o empregador apenas instaura o procedimento disciplinar para despedimento, por hipótese, um dia antes do termo daquele prazo de 60 dias[249].

**IV.** Por fim, a lei exige que se verifique um *nexo de causalidade entre o comportamento ilícito, grave e culposo do trabalhador e a impossibilidade prática e imediata de subsistência do contrato de trabalho.*

Esta exigência destina-se, obviamente, a evitar a qualificação como despedimento com justa causa da cessação do contrato que sobrevenha, afinal, por outra razão, a que corresponda um regime mais favorável ao trabalhador – assim, por exemplo, se estiver em curso um processo para despedimento, mas a empresa for encerrada, cessando o contrato do trabalhador por esse motivo, o regime a aplicar poderá ser o do despedimento colectivo, que envolve uma compensação ao trabalhador por antiguidade, ao contrário do que sucede no caso do despedimento por justa causa.

---

[249] No âmbito da LCT e da LCCT, a associação do carácter imediato ao requisito da impossibilidade de subsistência do vínculo laboral era reforçada pelo facto de o despedimento ser configurado, no elenco das sanções disciplinares (art. 27.° da LCT), expressamente como um «despedimento imediato». No âmbito do CT de 2003, este qualificativo do despedimento desapareceu (art. 366.° deste diploma), não sendo também referido no actual Código (art. 328.° n.° 1 f)). Contudo, tal requisito continua a ser exigido por força do art. 351.° n.° 1.

### 129.3. As situações típicas de justa causa disciplinar e a sua relação com o conceito geral; outras situações de justa causa

**I.** O n.° 2 do art. 351.° do CT enumera diversas situações típicas, que são constitutivas de justa causa para despedimento do trabalhador. Este enunciado, assumidamente exemplificativo, contempla a seguinte tipologia de comportamentos do trabalhador:

i) *Comportamentos de violação dos deveres relacionados directa ou indirectamente com a actividade laboral*: assim, a desobediência ilegítima a ordens do empregador ou dos superiores hierárquicos (al. a))[250], a violação do dever de prestação da actividade laboral[251] e demais deveres com ela relacionados, com a diligência devida (al. d))[252], a violação do dever de assiduidade e de deveres conexos, considerando aqui a lei, em moldes autónomos, a questão das faltas injustificadas e a questão da falsa justificação de faltas (alíneas f) e g))[253]; e a violação grave do dever

---

[250] Para que configure justa causa de despedimento, esta desobediência tem que ser ilegítima. Assim, conforme acentuaram o Ac. RLx. de 9/12/2004, CJ, 2004, V, 154, e o Ac. RLx. de 19/01/2005, CJ, 2005, I, 147, não constitui justa causa a desobediência do trabalhador a uma ordem do empregador contrária aos seus direitos e garantias em matéria de categoria e de inamovibilidade. Por seu turno, o Ac. STJ de 25/05/2005, CJ (STJ), 2005, II, 261, a propósito de uma situação de desobediência, realça a importância do passado disciplinar do trabalhador (com sucessivas atitudes de desobediência) para concretizar a justa causa de despedimento. E o Ac. STJ de 3/06/2009 (N.° 08S3085), www.dgsi.pt, realça para este efeito o conteúdo amplo do dever de obediência, considerando que configura justa causa de despedimento ao abrigo deste dever a inobservância das regras de disciplina vigentes na empresa.

[251] Especificamente sobre a justa causa de despedimento fundada no incumprimento da actividade de trabalho, ROMANO MARTINEZ, *Incumprimento contratual e justa causa de despedimento*, *in Estudos do Instituto de Direito do Trabalho*, II, Coimbra, 2001, 93-118.

[252] Especificamente sobre a justa causa de despedimento fundada na quebra do dever de zelo e diligência, Ac. STJ de 21/02/2006 (N.° 05S3738), www.dgsi.pt., ou Ac. STJ de 8/02/2006 (N.° 05S1963), www.dgsi.pt.

[253] Sobre a justa causa relacionada com a violação destes deveres, P. MADEIRA DE BRITO, *Justa causa de despedimento com fundamento na violação dos deveres de assiduidade, zelo e diligência, in* ROMANO MARTINEZ (coord.), *Estudos do Instituto de Direito do Trabalho*, II, Coimbra, 2001, 119-134, e ainda H. TAPP BARROSO, *Justa causa por violação do dever de assiduidade: faltas não justificadas ao trabalho e falsas declarações relativas às faltas – uma abordagem do caso das falsas declarações relativas às faltas em especial cit.*, 179 ss. E, na jurisprudência, por exemplo, o Ac. STJ de 7/04/2005, CJ (STJ),

de produtividade (estabelecendo a al. m) como situação de justa causa para o despedimento a redução anormal de produtividade).

ii) *Comportamentos de violação de deveres organizacionais*: assim, a violação dos deveres de respeito para com os outros trabalhadores, quer no trato (al. c)), quer relativamente aos seus direitos e garantias (al. b)), a violação dos deveres de higiene e segurança nas instalações (al. h))[254], e ainda comportamentos lesivos de interesses patrimoniais sérios da empresa (al. e))[255].

iii) *Comportamentos de violação de deveres gerais*: assim, a prática de violência física, de injúrias ou outras ofensas punidas por lei, contra outros trabalhadores, contra o empregador ou os seus representantes e ainda contra terceiros, no contexto empresarial (al. i))[256], o sequestro e outros crimes contra a liberdade destas mesmas pessoas (al. j)), e o incumprimento ou a oposição ao cumprimento de decisões judiciais ou administrativas (al. l)).

**II.** Do confronto destas situações típicas de justa causa com o enunciado dos deveres do trabalhador, feito pelo art. 128.° do CT, resulta que as situações contempladas pelo art. 351.° n.° 2 estão longe de cobrir o conjunto dos deveres do trabalhador, o que confere um alcance muito particular à referência da lei ao carácter exemplificativo desta enumeração.

---

2005, I, 258, o Ac. STJ de 11/05/2005, CJ (STJ), 2005, II, 255, bem como o Ac. STJ de 28/04/2004, CJ (STJ), 2004, II, 257, este último considerando que também constitui falta, para efeitos desta previsão legal, a recusa do trabalhador em participar numa acção de formação profissional determinada pelo empregador.

[254] Especificamente sobre uma situação de justa causa relacionada com deveres de segurança, Ac. STJ de 27/04/2006 (N.° 05S4320), www.dgsi.pt.

[255] Especificamente sobre esta situação de justa causa, J. Andrade Mesquita, *Tipificações legais de justa causa. A «lesão de interesses patrimoniais sérios da empresa» e a «prática intencional, no âmbito da empresa, de actos lesivos da economia nacional»*, *in Estudos do Instituto de Direito do Trabalho*, II, Coimbra, 2001, 135-163. A situação de justa causa decorrente da prática de actos lesivos da economia nacional, no âmbito da empresa, que constava do art. 9.° n.° f) da LCCT, deixou de integrar a enumeração das situações típicas de justa causa no CT de 2003 e não consta também do art. 351.° n.° 2 do actual Código do Trabalho, o que se aplaude pela manifesta inadequação daquela situação à índole privada do vínculo laboral.

[256] Sobre situações deste tipo, entre muitos outros, o Ac. REv. de 16/09/2003, CJ, 2003, IV, 266, o Ac. RP de 24/03/2003, CJ, 2003, II, 224, ou Ac. RP de 05/01/2009 (N.° 084603), www.dgsi.pt.

Assim, deve ficar claro que, para além das situações de justa causa enunciadas no art. 351.° n.° 2, outros comportamentos do trabalhador, que constituam uma violação grave e culposa de qualquer dos seus deveres, decorrentes da lei, do contrato ou de instrumento de regulamentação colectiva do trabalho, podem consubstanciar uma situação de justa causa para despedimento[257-258].

**III.** Ainda neste contexto, merece uma referência especial a questão da *relevância disciplinar dos comportamentos extra-laborais do trabalhador, designadamente para efeitos de poderem configurar uma situação de justa causa para despedimento*[259].

Esta questão é muito delicada pela necessidade de compatibilizar vários valores.

Assim, o princípio geral do respeito pela vida privada, familiar e social do trabalhador (em suma, o respeito pela sua esfera extra-laboral) determina, como regra geral, a regra da irrelevância disciplinar dos comportamentos extra-laborais do trabalhador; e no mesmo sentido depõe o princípio geral de respeito pelos direitos de personalidade do trabalhador,

---

[257] Para um confronto da jurisprudência, relativamente à apreciação das situações de justa causa previstas na lei, bem como de situações de justa causa decorrentes da violação de outros deveres do trabalhador, *vd* FURTADO MARTINS, *A Cessação do Contrato de Trabalho cit.*, 89 s., PEDRO CRUZ, *A Justa Causa de Despedimento na Jurisprudência*, Coimbra, 1990, A. MENDES BAPTISTA, *Jurisprudência do Trabalho Anotada. Relação Individual do Trabalho,* 3.ª ed., 1999, Lisboa, 590 ss., e J. ANDRADE MESQUITA / M. CAPITÃO FERREIRA, *Jurisprudência Laboral. Contrato Individual de Trabalho*, 2.ª ed., Lisboa, 2003, 451 ss.

[258] Entre os deveres laborais que não constam da enumeração legal das situações de justa causa, destaca-se o dever de lealdade. Contudo, a jurisprudência tem acentuado o relevo da violação deste dever para efeitos da configuração da situação de justa causa – entre muitos outros, Ac. STJ de 27/05/2004, CJ (STJ), 2004, II, 267, Ac. RLx. de 12/01/2005, CJ, 2005, I, 145, Ac. RLx. de 13/04/2005, CJ, 2005, II, 154 (onde se refere, a par, a violação dos deveres de urbanidade e de lealdade), o Ac. STJ de 12/06/2003, CJ (STJ), 2003, II, 284 (a propósito da violação do dever de lealdade, na manifestação específica da não concorrência), o Ac. STJ de 8/11/2006 (N.° 06S1820), www.dgsi.pt, ou o Ac. STJ de 22/04/2009 (N.° 09S0153), www.dgsi.pt.

[259] Especificamente sobre o relevo das condutas da esfera privada do trabalhador para efeitos de configuração de situações de justa causa, GUILHERME DRAY, *Justa causa e esfera privada*, *in* ROMANO MARTINEZ (coord.), *Estudos do Instituto de Direito do Trabalho,* II, Coimbra, 2001, 35-91, bem como RENÉ SAVATIER, *La protection de la vie privée des salariés cit.*, 329 ss.

mesmo quando exercitados no seio da empresa (assim, o direito do trabalhador à imagem ou à liberdade de expressão).

Contudo, em contraposição a estes princípios gerais, pode justificar-se a imposição de limites ao exercício dos direitos de personalidade do trabalhador e às suas actuações privadas, com a consequente responsabilidade pela violação de tais limites. Tal imposição decorre da necessidade de compatibilizar aqueles direitos do trabalhador com direitos de personalidade do empregador, mas também com necessidades organizacionais, por força do carácter *intuitus personae* do contrato de trabalho, e mesmo por força dos princípios gerais da boa fé e do abuso do direito, concretizados na ideia de que os direitos devem ser exercidos dentro de parâmetros de adequação aos fins para que foram concedidos.

A conjugação de todos estes princípios explica que a jurisprudência tenha concluído pelo relevo disciplinar, para efeitos de configuração como justa causa para despedimento, dos seguintes comportamentos privados dos trabalhadores, adoptados tanto no local e no tempo de trabalho, como fora dele:

- comportamentos de intimidade sexual entre dois trabalhadores no local de trabalho, ainda que fora do tempo de trabalho, foram considerados como justa causa de despedimento pelo Ac. RP de 9/03/1981[260];
- crimes praticados pelo trabalhador fora da empresa, como o caso do crime de tráfico de droga (Ac. STJ de 31/10/1986[261]), e crimes de furto e fraudes praticadas fora da empresa (Ac. RLx. de 31/07/1985[262]), foram considerados relevantes para efeitos de despedimento;
- actos do trabalhador praticados fora do tempo e do local de trabalho, mas que podem ter relevo no seu desempenho profissional posterior ou que quebram a relação de confiança do empregador no trabalhador para o futuro, foram considerados relevantes para efeitos de configuração de justa causa (assim, o caso do piloto de avia-

---

[260] CJ, 1981, II, 143.

[261] BMJ 360-468. No caso, o crime foi praticado por um trabalhador de uma companhia de seguros. Na mesma linha, o Ac. REv. de 2/06/1991, CJ, 1991, III, 315, relativamente ao trabalhador de um museu que era receptador de objectos roubados noutro local.

[262] BTE, 2.ªS 1 e 2/1988, 217.

ção que, horas antes do voo, se alcoolizou fortemente no hotel onde devia estar a repousar, tratado pelo Ac. STJ de 11/05/1994[263]).

O critério desenvolvido pela jurisprudência para justificar o relevo disciplinar das condutas extra-laborais do trabalhador é o da existência de um nexo relevante entre aquelas condutas e o contrato de trabalho, no sentido em que, apesar de extra-laborais, tais condutas se repercutem no vínculo de trabalho de modo grave, justificativo da inexigibilidade da respectiva subsistência[264]; no caso das actividades criminais, os tribunais acentuam ainda a quebra da relação de confiança entre as partes, que decorre do conhecimento daqueles crimes pelo empregador, o que, tendo em conta a natureza dos mesmos e a função desempenhada pelo trabalhador, compromete a continuação do vínculo laboral para o futuro[265].

**IV.** A outra questão colocada pelo art. 351.° n.° 2 do CT é a da *conciliação das situações típicas de justa causa elencadas nesta norma com a cláusula geral da justa causa estabelecida pelo art. 351.° n.° 1.*

Tem sido entendimento unânime da doutrina e da jurisprudência que qualquer situação de justa causa – seja ela directamente subsumível ao art. 351.° n.° 2 ou decorrente da violação de qualquer outro dever do trabalhador, com fundamento legal, negocial ou convencional colectivo – tem que se subsumir à cláusula geral de justa causa estabelecida no n.° 1 do artigo, para efeitos de verificação dos respectivos elementos integrativos[266].

---

[263] BMJ 437-335.

[264] Neste sentido, negando a relevância para efeitos de justa causa do comportamento conflituoso de uma trabalhadora, quando foi atendida, como cliente, num estabelecimento da empresa, diverso daquele em que trabalhava e fora do tempo de trabalho, se pronunciou o Ac. RP de 17/01/2005, CJ, 2005, I, 225, argumentando exactamente que o comportamento da trabalhadora tinha índole privada e nenhuma relação com o seu vínculo de trabalho. Avaliação semelhante a esta (no sentido de exigir um efeito do comportamento extra-laboral do trabalhador no vínculo de trabalho, como condição justificativa do despedimento), se pode encontrar, por exemplo, na jurisprudência francesa, como é documentado por RENÉ SAVATIER, *La protection de la vie privée des salariés cit.*, 330 ss.

[265] Assim, o Ac. STJ de 15/01/2003, CJ (STJ), 2003, I, 245, relativamente à tentativa de furto de 3 kg de percebes pelo cozinheiro de um estabelecimento, considerou que, apesar do valor reduzido do bem e da não consumação do crime, o comportamento do trabalhador constituía justa causa para despedimento, porque punha em causa a relação de confiança entre as partes.

[266] Neste sentido, por exemplo, o Ac. STJ de 25/02/2009 (N.° 08S2461), www.dgsi.pt.

Assim, o comportamento do trabalhador apenas consubstancia uma situação de justa causa para despedimento se for ilícito, culposo e grave e se dele resultar a impossibilidade prática e imediata de subsistência do contrato de trabalho, nos termos indicados. Em suma, perante o comportamento do trabalhador, objectivamente considerado (e, enquanto tal, correspondente ou não a uma das situações previstas no art. 351.º n.º 2), é sempre necessário um juízo de valor, para determinar, em concreto, a gravidade deste comportamento, o grau de culpa do trabalhador e em que medida é que ele compromete o vínculo laboral.

### 129.4. **Os critérios de apreciação da justa causa**

**I.** Estabelecida a cláusula geral de justa para despedimento e enunciadas as situações típicas de justa causa, a lei ocupa-se ainda do modo de apreciação do comportamento do trabalhador, que configura a situação de justa causa.

Para este efeito, o art. 351.º n.º 3 do CT[267] manda atender, no quadro de gestão da empresa (ou seja, tendo em conta o contexto concreto em que o comportamento ocorreu e a prática disciplinar naquele mesmo contexto) aos seguintes factores na avaliação do comportamento do trabalhador:

i) *O grau de lesão dos interesses do empregador que resulte do comportamento do trabalhador*: a referência à lesão ou ao prejuízo do empregador, neste contexto, e não, portanto, como elemento integrativo do próprio conceito de justa causa, confirma que não é exigível que a infracção provoque danos[268]; se os tiver

[267] Esta norma corresponde ao art. 396.º n.º 2 do CT 2003 e ao art. 11 n.º 5 da LCCT, mas neste último diploma era reportada à apreciação da justa causa pelo tribunal, em sede da acção de impugnação do despedimento. Com a deslocação do preceito para a norma geral sobre a justa causa, o CT de 2003 procedeu, acertadamente, à consagração destes critérios como critérios gerais de apreciação da justa causa, opção que o actual Código do Trabalho mantém.

[268] Nesta linha, o Ac. STJ de 18/01/2005, CJ (STJ), 2005, I, 227, considerou justa causa de despedimento a conduta do trabalhador bancário que autorizou a prática de rotação de cheques, apesar de tal prática não ter, no caso, causado prejuízos ao empregador, dada a gravidade do comportamento do trabalhador, que, só por si, torna imediatamente impossível a manutenção do vínculo. Também relativamente a um caso de furto de pequeno montante praticado pelo trabalhador no local de trabalho mas não ao empregador

causado, eles serão tidos em conta, como um entre outros critérios, na avaliação da gravidade do comportamento do trabalhador. Deve, contudo, ter-se em conta que, em algumas situações típicas de justa causa, o dano constitui elemento integrador das mesmas – é o que sucede no caso das faltas injustificadas que causem directamente prejuízos ou riscos graves para a empresa, ou no caso da lesão de interesses patrimoniais sérios da empresa (art. 351.° n.° 2, alínea g), primeira parte, e alínea e), respectivamente). Por outro lado, a lesão a ter em conta para este efeito pode corresponder a um dano patrimonial ou a um dano não patrimonial.

ii) *O carácter das relações entre as partes*: atento o carácter *intuitus personae* do contrato de trabalho, o mesmo comportamento poderá ser considerado muito mais grave num trabalhador especializado do que num trabalhador indiferenciado, num trabalhador mais experiente do que num trabalhador inexperiente, num trabalhador de chefia ou da confiança do empregador do que num trabalhador comum[269]. Uma vez que a valoração da situação de justa causa deve ser feita no caso concreto, este critério tem grande importância.

iii) *As demais circunstâncias que sejam relevantes no caso*: esta remissão para outras circunstâncias relevantes no caso corresponde a uma cláusula geral, pelo que pode ter as mais diversas integrações[270].

---

(no caso, o trabalhador de um lar que retirou 5 € da carteira de um idoso), o Ac. RP de 14/03/2005, CJ, 2005, II, 227, considerou que tal comportamento consubstanciava justa causa para despedimento, por ser violador do dever de lealdade, frustrando a confiança do empregador no trabalhador e tornando, por isso, inexigível a manutenção do vínculo. Ainda dispensando a ocorrência de danos para a configuração da justa causa, *vd* o Ac. STJ de 22/04/2009 (N.° 09S0153), www.dgsi.pt., bem como o Ac. STJ de 3/06/2009 (N.° 08S3085), www.dgsi.pt., e o Ac. STJ de 3/12/2008 (N.° 08S3255), www.dgsi.pt.

[269] Neste sentido, Ac. STJ de 3/12/2008 (N.° 08S3255), www.dgsi.pt., considerando particularmente grave a conduta do trabalhador por se tratar de um trabalhador de chefia.

[270] Assim, a jurisprudência tem valorizado factores como o passado disciplinar do trabalhador (por exemplo, o Ac. STJ de 27/04/2006 (N.° 05S4320), www.dgsi.pt), ou a categoria do mesmo na empresa (assim, o Ac. STJ de 3/06/2009 (N.° 08S3085), www.dgsi.pt, realçando, para este efeito, a circunstância de o trabalhador infractor ser um representante dos restantes trabalhadores, pelo que deveria dar o exemplo de uma boa conduta).

Apesar de estes critérios contribuírem para objectivar a avaliação da justa causa de despedimento, não é possível eliminar um relevante grau de discricionariedade do empregador na apreciação e na valoração do comportamento do trabalhador, para efeitos de configuração da situação de justa causa. É uma discricionariedade que já foi salientada quanto ao exercício do poder disciplinar em geral, e que permite que o mesmo comportamento objectivo seja considerado grave num trabalhador e leve noutro ou seja considerado mais grave numa empresa e menos grave noutra empresa[271].

Estando em causa, neste caso, a possibilidade de cessação do contrato de trabalho, têm ainda mais importância, neste contexto, as medidas tendentes à diminuição do grau de discricionariedade da actuação disciplinar do empregador, tanto ao nível dos instrumentos de regulamentação colectiva do trabalho (com a previsão de circunstâncias agravantes e atenuantes da infracção, e com a previsão de causas de justificação e de causas de exclusão da culpa), como no contexto da organização empresarial em concreto, fazendo apelo a um princípio de coerência no tratamento disciplinar na organização. Este princípio, implícito na referência do art. 351.° n.° 3 à apreciação da justa causa no quadro de gestão da empresa, tem sido reiteradamente referido pela jurisprudência[272].

**II.** Tem-se colocado a questão da dispensabilidade da avaliação e de sujeição aos requisitos gerais da justa causa descritos pelo art. 351.° n.° 1, relativamente a uma das situações típicas de justa causa enunciadas no art. 351.° n.° 2: a situação das faltas injustificadas do trabalhador que atinjam, num ano civil, o número de 5 seguidas ou de 10 interpoladas (parte final da alínea g) do n.° 2 do art. 351.°)[273].

Este entendimento encontraria apoio no facto de a lei determinar que este número de faltas constitui justa causa de despedimento «independen-

---

[271] *Supra,* § 29.°, ponto 109.2.II.

[272] Por exemplo, Ac. REv. de 20/04/1982, BMJ 318-491, Ac. RP de 21/11/1987, CJ, 1987, V, 247. Quanto a este ponto, *vd supra,* § 29.°, ponto 109.2.II.

[273] Na versão constante do Anteprojecto do CT de 2003, foi prevista a redução deste número para 4 faltas injustificadas seguidas ou 8 interpoladas, no período de um ano civil. Esta norma, que pretendia reforçar o combate ao absentismo laboral, acabou por não ser adoptada pelo Código, que manteve os limites tradicionais das 5 faltas seguidas ou 10 interpoladas, por ano. O mesmo limite foi preservado pelo actual Código.

temente de prejuízo ou risco», o que dispensaria o empregador do dever de verificar a gravidade da infracção e de avaliar o grau de culpa do trabalhador, fazendo desta situação uma justa causa objectiva para o despedimento[274]. Não é este o nosso entendimento: crê-se, pelo contrário, que, ao consagrar esta causa de despedimento nestes moldes aparentemente mais objectivos, a lei estabelece, a partir do número de faltas e, sobretudo, com base no facto de serem injustificadas (constituindo assim uma violação do dever de assiduidade), a presunção de que tais faltas correspondem a uma infracção disciplinar grave. É por força desta presunção que o empregador fica dispensado de provar a culpa do trabalhador (já que a ilicitude decorre do facto de as faltas serem injustificadas), bem como de avaliar a infracção pelo critério do dano decorrente de tal falta, que, aliás, como acima vimos, não constitui requisito geral de relevância da justa causa, mas apenas um dos vários critérios a ter em conta na avaliação do comportamento do trabalhador. Evidentemente, esta presunção faz inverter o ónus da prova, sendo possível ao trabalhador apresentar a justificação da falta[275].

Já no caso de ocorrência de uma única falta ou de um número de faltas por ano, que seja inferior ao limite das 5 seguidas ou das 10 interpoladas (situação contemplada na 1.ª parte da al. g) do n.° 2 do art. 351.°), estamos perante uma situação de justa causa a apreciar nos termos gerais do art. 351.° n.os 1 e 3 e relativamente à qual, por determinação expressa da lei, se exige que o dano ou o risco decorrente da ausência do trabalhador seja grave[276].

---

[274] Neste sentido se pronunciou BERNARDO XAVIER, *Direito de Greve*, Lisboa, 1984, 273 s. Mas contra, por exemplo, JORGE LEITE, *As faltas ao trabalho no Direito do Trabalho português cit.*, 442, e MENDES BAPTISTA, *As faltas ao trabalho por motivo de doença (não profissional) do trabalhador cit.*, 63 s.. Sobre o ponto, *vd* ainda o Ac. RC de 15/05/2008 (N.° 1007/06.0TTCBR.C1), www.dgsi.pt, considerando que nesta situação o empregador está apenas dispensado de provocar o prejuízo ou risco para a empresa decorrente das faltas, mas terá que provar que este comportamento inviabilizou a continuação do vínculo laboral.

[275] Com amplas indicações da jurisprudência sobre este tema, ainda MENDES BAPTISTA, *As faltas ao trabalho por motivo de doença (não profissional) do trabalhador cit.*, 63 ss. Também entendendo que, neste caso, estamos perante uma presunção de ilicitude e de culpa do trabalhador, *vd* o Ac. STJ de 2/12/2004, CJ, (STJ), 2004, III, 276.

[276] Assim, poderá constituir justa causa de despedimento, ao abrigo desta norma, uma única falta injustificada do trabalhador, que coincida, por exemplo, com a data marcada para a celebração de um contrato de grande importância para a empresa, que aquele trabalhador ia outorgar em nome dela.

**III.** Para completar a apresentação do tema da justa causa, deve assinalar-se o facto de algumas categorias de trabalhadores beneficiarem de uma *presunção de ausência de justa causa de despedimento* – é o caso dos trabalhadores membros da comissão de trabalhadores e dos trabalhadores representantes sindicais, tanto em exercício actual de funções, como se forem candidatos a essas funções e ainda se as tiverem exercido há menos de 3 anos (art. 410.° n.° 3); e é o caso das trabalhadoras grávidas, puérperas e lactantes e dos trabalhadores em gozo de licença parental (nos termos do art. 63.° n.° 2).

Sendo esta presunção ilídivel, nos termos gerais, ela determina maiores exigências de prova da justa causa para o empregador.

### 129.5. A natureza do despedimento por facto imputável ao trabalhador: um despedimento disciplinar

**I.** A fundamentação do despedimento por motivo imputável ao trabalhador, que se acaba de apresentar, permite estabelecer, desde já, uma conclusão sobre a natureza jurídica desta modalidade de despedimento.

Apesar dos termos anódinos que a lei escolheu para identificar esta modalidade de despedimento e da sua qualificação legal expressa como uma forma de resolução do contrato, em termos substanciais esta modalidade de despedimento corresponde, inequivocamente, a um *despedimento disciplinar*[277], porque tem na sua base um incumprimento grave dos seus deveres, por parte do trabalhador, e pretende reagir a esse incumprimento através da aplicação da sanção disciplinar máxima prevista na alínea f) do n.° 1 do art. 328.° do CT[278], que é, aliás, a única sanção disciplinar com efeito extintivo sobre o vínculo laboral.

---

[277] Neste mesmo sentido, expressamente, JÚLIO GOMES, *Direito do Trabalho cit.*, 944.

[278] O carácter disciplinar deste despedimento é expressamente assumido noutros sistemas jurídicos na própria designação da figura – é o que se passa, no sistema espanhol, cujo art. 54.° do *Estatuto de los Trabajadores* se refere a esta figura como *despido disciplinario*. Também no direito francês, o *Code du travail* no seu art. L. 1234-1, corpo, se refere expressamente ao *licenciement par faute grave*, expressão que é reconduzida à infracção disciplinar quando reportada ao trabalhador. E no direito italiano, este despedimento é também expressamente designado como *licenziamento disciplinare* e reconhecido como a sanção disciplinar mais grave à disposição do empregador (por todos, neste sen-

Com efeito, a conjugação dos comportamentos típicos e atípicos de justa causa com os requisitos gerais da justa causa, acima indicados, permite concluir que a situação de justa causa configura, por regra, uma infracção disciplinar do trabalhador (uma vez que se reconduz a uma violação culposa dos seus deveres legais ou gerais, contratuais ou decorrentes de instrumento de regulamentação colectiva do trabalho)[279], ou decorre, no mínimo, de um comportamento do trabalhador que, apesar de extravasar o vínculo laboral (por exemplo, um comportamento da sua vida privada), se reflecte directa ou indirectamente nesse vínculo, em termos de comprometer o adequado desempenho da actividade de trabalho ou a observância de um dever laboral acessório.

Por outras palavras, na base desta modalidade de despedimento está necessariamente a violação de um dever do trabalhador ou uma conduta geradora do perigo da violação de um dever laboral. Ora, assim sendo, deve assumir-se a qualificação deste despedimento como um despedimento disciplinar.

**II.** A qualificação do despedimento por motivo imputável ao trabalhador como um despedimento disciplinar não é isenta de consequências. Estas consequências são as seguintes:

i) Recuperando a distinção feita oportunamente entre a justa causa objectiva e subjectiva, ao despedimento por motivo imputável ao trabalhador subjaz necessariamente uma situação de justa causa subjectiva, porque só esta configura uma conduta de violação dos deveres do trabalhador de modo grave e ilícito, nos termos do art. 351.° n.° 1 do CT. Não integra assim o conceito de justa causa, para este efeito, um comportamento do trabalhador que inviabilize objectivamente a manutenção do contrato, mas que não se reconduza a uma violação culposa e grave dos seus deveres, devendo, nestes casos, o contrato cessar por outra via, *verbi gratia,* por caducidade.

---

tido, E. Massi / G. Quintieri, *Sanzioni disciplinari. Il potere disciplinare nell'ambiente di lavoro analizzato all luce dell'art. 7 della L. 20/5/1970, n. 300*, Roma, 1985, 22 ss., com amplas indicações sobre o entendimento da jurisprudência italiana neste mesmo sentido.

[279] Neste sentido, expressamente, o Ac. STJ de 2/12/2004, CJ, (STJ), 2004, III, 276.

ii) É ilícito o despedimento com aparente justa causa, ou seja, o despedimento que, sob a aparência de reacção a uma infracção do trabalhador, esconda a intenção do empregador de pôr fim ao contrato de trabalho por outra via. Dito de outro modo, na base da decisão de despedimento tem que estar, obrigatoriamente, um comportamento grave e ilícito do trabalhador.

iii) São extensíveis a esta modalidade de despedimento os princípios gerais de actuação do poder disciplinar, quer de âmbito substancial quer de âmbito procedimental, bem como as garantias dos trabalhadores em matéria disciplinar, que foram, em devido tempo, apresentados[280].

iv) A recondução desta modalidade de despedimento a um despedimento disciplinar, no sentido em que é obrigatoriamente motivado pela violação dos deveres do trabalhador, justifica as diferenças do respectivo regime relativamente ao regime das outras modalidades de despedimento por iniciativa do empregador, designadamente no que toca ao facto deste despedimento não determinar qualquer direito de compensação para o trabalhador, bem como o especial empenho posto pela lei na salvaguarda das garantias de defesa do trabalhador no processo disciplinar para despedimento.

## 130. O processo disciplinar para despedimento por facto imputável ao trabalhador

### 130.1. Os princípios gerais do processo disciplinar para despedimento

**I.** Como se observou a propósito da matéria do poder disciplinar, a aplicação de qualquer sanção disciplinar tem que ser obrigatoriamente precedida de um processo, tendente a determinar a gravidade do ilícito e a culpabilidade do infractor. É isso que sucede também com a sanção do despedimento, que segue o processo disciplinar especial previsto nos arts. 352.° ss. do CT.

[280] *Supra*, § 29.°, ponto 109.2. e 110.1.

Tendo já justificado a necessidade deste processo especial e descrito os princípios gerais em matéria de processo disciplinar, a propósito da apresentação da matéria do poder disciplinar[281], basta, por ora, reforçar a ideia de que aqueles princípios se aplicam também ao processo especial para despedimento. Na verdade, pela maior gravidade da sanção disciplinar em causa, neste processo – uma vez que o despedimento é a única sanção disciplinar expulsiva – estes princípios são, aqui, de capital importância.

**II.** Fica, pois, assente que o processo disciplinar para despedimento se sujeita aos seguintes *princípios gerais da actuação disciplinar*:

i) *Princípio do contraditório* (art. 329.° n.° 6): no âmbito do processo disciplinar para despedimento, este princípio é reforçado pelas exigências impostas à nota de culpa (art. 353.°), pela previsão da defesa escrita do trabalhador (art. 355.°) e pelo reforço das garantias de defesa do trabalhador ao longo do processo (arts. 355.° e 356.°).

ii) *Princípio da celeridade processual*: este princípio, do qual emergem as regras de prescrição da infracção disciplinar e de caducidade do exercício da acção disciplinar (art. 329.° n.os 1 e 2)[282] e a exigência de celeridade na condução do próprio processo (art. 329.° n.° 3), é reforçado, no processo de despedimento, pela exigência do carácter imediato da sanção do despedimento, bem como pela previsão de prazos curtos para a condução do processo disciplinar e para a decisão final sobre a sanção a aplicar.

iii) *Princípio do recurso*: sendo o despedimento com justa causa uma sanção expulsiva, a lei assegura, neste caso, o princípio do recurso, através da atribuição ao trabalhador dos direitos de suspensão e de impugnação judicial do despedimento (arts. 386.° e 387.°).

---

[281] *Supra*, § 29.°, pontos 109.2.III. e 110.1.

[282] Sobre ponto, *vd*, por exemplo, o Ac. STJ de 17/06/2009 (N.° 09S0154), www.dgsi.pt, fazendo relevar para efeitos de caducidade do direito de aplicar a sanção de despedimento não o prazo legal, mas o prazo, constante do instrumento de regulamentação colectiva do trabalho aplicável, para a emissão do parecer pelas estruturas representativas dos trabalhadores. Com efeito, sendo a matéria dos prazos inerentes ao processo para despedimento matéria sobre a qual os instrumentos de regulamentação colectiva do trabalho podem dispor, tais disposições prevalecem, também para este efeito, sobre o regime legal. Ainda sobre estes prazos, *vd* o Ac. STJ de 8/06/2006, CJ (STJ), 2006, II, 275.

### 130.2. A marcha do processo

#### 130.2.1. Aspectos gerais

**I.** O processo para despedimento por facto imputável ao trabalhador é regulado pela lei de uma forma muito mais minuciosa do que o processo disciplinar comum, o que se justifica pelo carácter gravoso da sanção disciplinar em causa.

Nesta matéria, o novo Código do Trabalho não só introduziu alterações de sistematização (apresentando agora estas normas em conjunto com as regras relativas à fundamentação desta modalidade de despedimento), mas, sobretudo, uma alteração substancial de monta: a consagração, como regra geral, da fase de instrução do processo disciplinar como uma fase facultativa (art. 356.°)[283].

Deve ainda ter-se em conta que os instrumentos de regulamentação colectiva do trabalho, em aproveitamento da faculdade que lhes é concedida pelo art. 339.° n.° 2 do CT, dispõem, com frequência, sobre esta matéria, procurando, de uma forma geral, aumentar as garantias dos trabalhadores no processo e reforçar a responsabilidade do empregador na respectiva condução.

**II.** O conjunto das disposições do Código do Trabalho na matéria permite identificar as seguintes *fases na marcha do processo disciplinar para despedimento*:

- a fase da iniciativa processual (arts. 352.°, 353.° e 354.°);
- a fase da defesa do trabalhador (art. 355.°);
- a fase da instrução (art. 356.°);
- a fase da decisão final (art. 357.°).

Deve ainda referir-se que o Código prevê, à imagem do que já sucedia anteriormente, o *aligeiramento do processo disciplinar para despe-*

[283] Relativamente a esta mesma matéria, o CT de 2003 tinha introduzido algumas alterações substanciais em relação ao regime anterior, que constava da LCCT (arts. 10.° ss.), com destaque para a norma sobre o momento da cessação do contrato de trabalho, na sequência do processo de despedimento (art. 416.°), para a alteração do regime da suspensão preventiva do trabalhador (art. 417.°), e para o alargamento do prazo para defesa do trabalhador de 5 para 10 dias úteis (art. 10.° n.° 4 da LCCT e art. 413.° do CT de 2003). O Código actual manteve estas regras.

*dimento nas microempresas* (art. 358.°). Contudo, o alcance deste aligeiramento resultou objectivamente diminuído por comparação com o regime anterior à codificação laboral, já que, na LCCT, a dimensão da empresa a ter em conta para este efeito era a da empresa até 20 trabalhadores e agora, como se sabe, a microempresa é a que tem menos de 10 trabalhadores (art. 100.° n.° 1 a) do CT); e, mesmo por comparação com o regime do CT de 2003, esta regra tem hoje um alcance prático menor também por força da simplificação do processo para despedimento disciplinar em geral, que resulta da nova regra sobre a instrução facultativa.

Ainda assim, deve ficar claro que os traços essenciais que asseguram a tutela do trabalhador no processo disciplinar mantêm-se neste processo aligeirado que ocorre nas microempresas – i.e., a emissão de nota culpa escrita e a comunicação da intenção de despedimento, a produção de prova e a necessidade de fundamentação da decisão final. Relativamente aos outros aspectos, o que se observa é a atribuição da responsabilidade pela sua verificação ao trabalhador e não ao empregador.

**III.** A *importância do processo disciplinar* é confirmada pelas consequências que a lei associa à sua falta ou às irregularidades mais graves de que padeça.

Assim, a ausência de processo disciplinar e, bem assim, as irregularidades graves de que este padeça constituem fundamento para a impugnação do despedimento (art. 381.° c) e art. 382.° n.° 2). Apreciaremos este regime a propósito do tema da ilicitude do despedimento[284].

Por outro lado, as normas relativas ao processo disciplinar têm tutela contra-ordenacional, nos termos dos arts. 353.° n.° 4, 355.° n.° 2, 356.° n.° 7, 357.° n.° 8 e 358.° n.° 6.

### 130.2.2. A iniciativa processual: nota de culpa, inquérito prévio e suspensão preventiva do trabalhador

**I.** O processo disciplinar para despedimento é da iniciativa do empregador, como titular do poder disciplinar laboral (art. 98.° do CT).

---

[284] *Infra*, ponto seguinte.

Contudo, tal não obsta a que o processo seja desencadeado por um superior hierárquico do trabalhador, com competência disciplinar, no quadro de uma delegação de poderes (art. 329.° n.° 4)[285], ou por uma entidade externa, em representação do empregador, nos termos gerais.

A este propósito, os instrumentos de regulamentação colectiva do trabalho tendem a afirmar que a responsabilidade disciplinar é sempre do empregador, ainda que a condução prática do processo seja atribuída a outra pessoa.

**II.** O processo disciplinar para despedimento inicia-se com a *comunicação escrita ao trabalhador da intenção de despedimento*, devendo esta comunicação ser acompanhada da uma *nota de culpa com a descrição circunstanciada dos factos que lhe são imputados e que fundamentam a intenção de despedimento* (art. 353.° n.° 1)[286].

A nota de culpa é a peça essencial do processo disciplinar para despedimento, uma vez que estabelece o fundamento do mesmo, em moldes que condicionam a actuação do empregador até ao final do processo – neste sentido, o art. 357.°.° n.° 4 *in fine* estabelece que, na decisão final de despedimento, não podem ser invocados factos que não tenham constado da nota de culpa[287].

Apesar desta regra geral, a jurisprudência tem admitido a emissão de complementos à nota de culpa em situações em que, posteriormente à emissão dessa nota, o empregador tome conhecimento de novos factos relevantes para efeitos do processo disciplinar e desde que seja concedido ao trabalhador um novo prazo de defesa quanto a esses factos[288].

---

[285] Expressamente prevendo esta hipótese, Ac. STJ de 8/06/2006, CJ (STJ), 2006, II, 275.

[286] Embora a responsabilidade pelo processo disciplinar incumba ao empregador, a jurisprudência não considerou como um caso de nulidade, mas apenas como uma simples irregularidade do processo, o facto de a intenção de despedimento ter sido comunicada ao trabalhador não directamente pelo empregador mas pelo instrutor do processo – Ac. RP de 20/01/2003, CJ, 2003, I, 223.

[287] Reiterando o princípio de que a decisão de despedimento se tem que circunscrever aos factos alegados na nota de culpa, entre outros, o Ac. STJ de 8/04/2004, CJ (STJ), 2004, II, 257.

[288] Sobre esta possibilidade, entre outros, o Ac. STJ de 10/12/1997, AD, 436-524.

A importância decisiva da nota de culpa no processo disciplinar para despedimento explica o rigor com que a lei regula esta peça processual. São, a este propósito, de destacar os seguintes aspectos:

i) *A comunicação da intenção de despedir e a nota de culpa têm que revestir forma escrita* (art. 353.° n.° 1); as duas peças podem materialmente corresponder a dois documentos ou a um único documento, desde que, em qualquer caso, fique absolutamente clara a intenção de o empregador proceder ao despedimento, sob pena de se frustrar o direito de defesa do trabalhador[289]. Por outro lado, correspondendo estas comunicações a declarações receptícias, elas apenas produzem efeitos a partir do momento em que entrem no poder do destinatário ou sejam dele conhecidas, nos termos gerais do art. 224.° n.° 1 do CC[290].

ii) *Da nota de culpa tem que constar a descrição circunstanciada dos factos imputáveis ao trabalhador*, susceptíveis de integrar o conceito geral de justa causa, constante do art. 351.° n.° 1, e das infracções disciplinares a que tais factos correspondam (art. 353.° n.° 1, *parte final*), o que se justifica para assegurar a efectividade do direito de defesa do trabalhador. Deste preceito resulta que a *estrutura da nota de culpa* deve obrigatoriamente integrar as seguintes indicações:
   – a descrição completa e detalhada (i.e., circunstanciada[291]) dos factos concretos que consubstanciam a violação do dever do trabalhador, não bastando, pois, uma simples referência ao dever violado pelo trabalhador, nem, muito menos, a remissão para a norma legal que comina tal dever;

---

[289] Também admitindo que a nota de culpa e a comunicação da intenção de despedimento constem de um único documento, FURTADO MARTINS, *A Cessação do Contrato de Trabalho cit.*, 98; a jurisprudência pronunciou-se igualmente neste sentido (Ac. STJ de 12/01/2000, CJ (STJ), 2000, I, 249).

[290] A qualificação desta comunicação como uma declaração receptícia torna-lhe também extensível a regra do art. 224.° n.° 2 do CC, devendo considerar-se eficaz a comunicação que apenas não foi recebida por culpa do trabalhador. Neste sentido, entre outros, o Ac. STJ de 1/07/1998, AD, 446-262 e o Ac. RP de 15/02/1997, CJ 1997, V, 253.

[291] Admitindo que esta descrição circunstanciada dos factos seja feita por remissão para documento junto à própria nota de culpa, por exemplo, o Ac. RP de 27/01/1997, CJ, 1997, I, 273.

– a referência à infracção a que corresponde o comportamento faltoso do trabalhador; tendo em conta que o comportamento do trabalhador pode ser um comportamento extra-laboral (nos termos acima indicados), é, nestes casos, especialmente importante o estabelecimento, na nota de culpa, do nexo entre aquele comportamento e o dever laboral relevante para efeitos do despedimento;
– a aferição da gravidade e da culpa do trabalhador na prática de tal infracção, de acordo com os critérios gerais da justa causa para despedimento enunciados no art. 353.° n.° 1 e n.° 3[292].

iii) Da nota de culpa e da comunicação da intenção de despedimento devem ser remetidas *cópias à comissão de trabalhadores e, se o trabalhador for representante sindical, à associação respectiva (art. 353.° n.° 2), para emissão de parecer*. Estas formalidades são dispensadas no caso das microempresas, nos termos do art. 358.° n.° 1, excepto se o trabalhador for membro da comissão de trabalhadores ou representante sindical – neste caso, a lei parece remeter para o procedimento comum, o que pressupõe a obrigatoriedade destas comunicações.

**III.** Embora a lei preveja a comunicação da intenção de despedimento e da nota de culpa como a forma habitual de início do processo disciplinar para despedimento, tal processo pode também iniciar-se com um *procedimento prévio de inquérito*, nos termos do art. 352.° do CT.

Este procedimento tem lugar previamente à comunicação da intenção de despedimento e da emissão da nota de culpa, quando seja necessário para fundamentar a nota de culpa. A nosso ver, sendo este inquérito um procedimento interno ao empregador, o trabalhador não tem acesso a ele.

---

[292] Apesar do modo exigente como a lei se refere à nota de culpa, a jurisprudência tem admitido que as deficiências da nota de culpa se considerem sanadas, desde que, na sua defesa, o trabalhador mostre ter compreendido o teor da nota de culpa (neste sentido, entre outros, Ac. STJ de 25/09/1996, CJ (STJ), 1996, III, 228, Ac. STJ de 9/04/2003, CJ (STJ), II, 247, ou Ac. RLx. de 29/03/1995, CJ, 1995, II, 176). É uma posição que se subscreve, tendo em conta a finalidade das exigências de indicação circunstanciada dos factos na nota de culpa: visando estas indicações assegurar o direito de defesa do trabalhador, se este se defende em relação a um facto não completamente circunstanciado, mostra que o conhecia, pelo que a finalidade da norma se deve considerar cumprida.

Em obediência ao princípio da celeridade processual, a lei preocupa-se com a condução deste processo em moldes diligentes, estabelecendo o prazo de máximo de 30 dias entre a suspeita da infracção e o início do inquérito e entre a conclusão deste e a notificação da nota de culpa (art. 352.°). Contudo, a lei não estabelece qualquer prazo máximo para a duração do próprio inquérito[293], bastando-se com a afirmação de que ele deve ser conduzido de forma diligente, o que pode gerar alguma incerteza nesta fase preliminar.

**IV.** A instauração do processo disciplinar para despedimento deve ser feita dentro dos prazos de prescrição da infracção disciplinar e de caducidade do procedimento disciplinar fixados no art. 329.° n.os 1 e 2 do CT, e aos quais se fez oportunamente referência[294].

A lei prevê a *interrupção destes prazos com a instauração do processo disciplinar* de duas formas: com a comunicação da nota de nota ao trabalhador (art. 353.° n.° 3)[295]; com a instauração do procedimento prévio de inquérito, nos termos do art. 352.°, mas, neste caso, apenas se o procedimento de inquérito for necessário para fundamentar a nota de culpa (ou seja, se não se tratar de um expediente dilatório) e se for iniciado e conduzido de forma diligente[296]. Em suma, neste caso, a suspensão dos prazos não opera automaticamente.

**V.** Associada à instauração do processo disciplinar para despedimento está a *possibilidade de suspensão preventiva do trabalhador*, que é prevista no art. 354.° do CT.

Esta suspensão pode ser determinada com a notificação da nota de culpa ou até 30 dias antes, verificadas as condições do art. 354.° n.os 1 e 2, respectivamente:

i) O direito de suspender o trabalhador com a notificação da nota de culpa só surge se a sua presença na empresa se mostrar incon-

---

[293] Ac. STJ de 28/02/1996, CJ (STJ), 1996, I, 258.

[294] *Supra,* § 29.°, ponto 109.2.IV. Sobre o ponto, Ac. STJ de 8/06/2006, CJ (STJ), 2006, II, 275.

[295] Ac. STJ de 8/06/2006, CJ (STJ), 2006, II, 275.

[296] A este propósito, o Ac. STJ de 18/03/2004, CJ (STJ), I, 280, considerou que a suspensão do prazo de caducidade do processo disciplinar não se aplica aos processos de averiguações em que não se conhece o infractor.

veniente para a condução do processo (art. 354.° n.° 1); esta condição equipara a suspensão preventiva do trabalhador no contexto do despedimento disciplinar à figura geral da suspensão preventiva do trabalhador no decurso do processo disciplinar comum, que é prevista no art. 329.° n.° 5[297], o que faz todo o sentido, dado o carácter cautelar da medida.

ii) O trabalhador pode ser suspenso preventivamente até 30 dias antes da comunicação da nota de culpa, desde que o empregador justifique, por escrito, que a sua presença é inconveniente para a averiguação dos factos que lhe são imputados e que não foi ainda possível elaborar a nota de culpa (art. 354.° n.° 2). Desta norma decorre uma maior exigência para a suspensão preventiva do trabalhador neste caso, o que se justifica pelo facto de ser anterior à emissão da nota de culpa e da comunicação da intenção de despedimento, peças estas que, de certa maneira, evidenciam já um pré-juízo do empregador quanto à gravidade dos factos imputáveis ao trabalhador. Da norma se retira ainda, *a contrario sensu,* que no caso de a suspensão preventiva ocorrer com a nota de culpa, a justificação do empregador não se sujeita a particulares exigências de forma.

Embora a lei não o diga expressamente, entende-se que a suspensão preventiva do trabalhador pode ser decretada depois da notificação da nota de culpa, uma vez que a presença do trabalhador na empresa se pode mostrar inconveniente em qualquer fase do processo disciplinar.

Como já se referiu, a propósito da figura geral da suspensão preventiva[298], esta suspensão não corresponde, em si mesma, a nenhuma sanção disciplinar, mas sim a uma medida cautelar, destinada a assegurar a condução do processo pacificamente e nas melhores condições. É este carácter cautelar da medida que justifica que o trabalhador mantenha o direito à retribuição, durante o tempo em que esteja suspenso, nos termos do art. 354.° n.° 1, aliás em correspondência com o regime geral da suspensão preventiva (art. 329.° n.° 5).

---

[297] *Supra,* § 29.°, ponto 110.2.I.

[298] *Supra,* § 29.°, ponto 110.2.I.

Por outro lado, tendo em conta o direito do trabalhador a consultar o processo disciplinar e a solicitar ao empregador as diligências probatórias pertinentes para a respectiva instrução (nos termos do art. 355.° n.° 1), a sua suspensão preventiva no decurso do mesmo não pode obstar ao seu acesso à empresa para o efeito, quando tal seja necessário, sob pena de frustração do direito de defesa, com as inerentes consequências do ponto de vista da impugnabilidade do despedimento.

Como medida de protecção dos trabalhadores membros da comissão de trabalhadores ou representantes sindicais, que sejam alvo de processo disciplinar para despedimento, o art. 410.° n.° 1 do CT estabelece que a suspensão preventiva destes trabalhadores não obsta ao seu direito de acesso às instalações da empresa, para o exercício normal das actividades de representação dos colegas.

### 130.2.3. **A defesa do trabalhador**

**I.** Com a notificação da nota de culpa, inicia-se a fase processual da defesa do trabalhador, regulada pelo art. 355.° do CT.

Esta fase decorre ao longo de 10 dias úteis, se outro prazo não for fixado em instrumento de regulamentação colectiva do trabalho, em aproveitamento da previsão do art. 339.° n.° 2[299]. Sendo a comunicação da intenção de despedimento uma declaração receptícia, este prazo de defesa só começa a contar com a recepção da mesma, nos termos gerais[300].

Durante esta fase, o trabalhador tem o direito de consultar o processo disciplinar, de deduzir e apresentar a resposta à nota de culpa, por escrito, e de requerer ao empregador a realização das diligências probatórias pertinentes.

**II.** O *direito de consultar o processo* é um direito preparatório da defesa do trabalhador.

---

[299] Na prática, é frequente o alargamento deste prazo pelos instrumentos de regulamentação colectiva do trabalho. A natureza convénio-dispositiva da norma, por força da conjugação do art. 339.° n.° 2 com o art. 3.° n.os 1 e 5 do CT, coloca a questão de saber se as convenções colectivas de trabalho podem diminuir estes prazos. Parece, apesar de tudo, que tal não deverá ser admitido, sob pena de se comprometer o direito de defesa do trabalhador.

[300] Ac. STJ de 23/03/2000, CJ (STJ), 2000, I, 268.

Esta consulta pode ocorrer quer na empresa quer junto do representante externo que o empregador tenha designado para conduzir o processo. A doutrina tem entendido que o direito de consulta do processo disciplinar abrange a possibilidade de reprodução dos respectivos documentos[301].

No que toca ao âmbito da consulta, pode suscitar-se a dúvida sobre a sua extensão à fase do inquérito preliminar, quando o trabalhador dele tenha conhecimento. A nosso ver, o processo de inquérito prévio é um processo interno à empresa, que é, aliás, quase sempre utilizado nas situações em que o empregador tem dúvidas sobre a instauração do processo para despedimento ou quando ainda se encontra numa fase incipiente de recolha de prova sobre os factos imputados ao trabalhador Assim, tanto pelo seu carácter interno como pela sua função preparatória, o procedimento de inquérito deve manter-se reservado, não sendo de admitir o acesso do trabalhador a esse processo.

Em princípio, o direito de consulta do processo deve ser exercido pelo próprio trabalhador. Contudo, nada impede que o trabalhador mandate um advogado para o assistir no processo – aliás, embora a lei não o preveja, muitos instrumentos de regulamentação colectiva do trabalho prevêem a defesa assistida do trabalhador no processo para despedimento – e, se for este o caso, o empregador terá que facultar a consulta do processo ao mandatário do trabalhador.

Se o empregador inviabilizar a consulta do processo disciplinar, fica, naturalmente, em causa a defesa do trabalhador, o que pode vir a fundamentar a impugnação do despedimento[302].

**III.** O aspecto mais importante da defesa do trabalhador é, obviamente, a *resposta à nota de culpa*.

---

301 Neste sentido, FURTADO MARTINS, *A Cessação do Contrato de Trabalho cit.*, 102.

302 Contudo, o Ac. STJ de 17/01/1996, CJ (STJ), 1996, I, 247, considerou não constituir irregularidade do processo disciplinar o facto de o empregador não ter indicado expressamente ao trabalhador a hora e o local da consulta do processo; e o Ac. RLx. de 10/10/2003, CJ, 2003, IV, 157, entendeu que, se o processo apenas incluir a nota de culpa, o facto de o empregador não permitir a consulta do mesmo pelo trabalhador não determina a respectiva nulidade, uma vez que o trabalhador conhece a referida nota.

Esta resposta deve ser emitida no prazo de 10 dias úteis[303] e deve revestir forma escrita[304].

Nos termos do art. 355.° n.° 1, a resposta à nota de culpa deve incluir todos «os elementos que [o trabalhador] considera relevantes para esclarecer os factos e a sua participação nos mesmos». Na verdade, a resposta do trabalhador pode e deve cingir-se à matéria alegada na nota de culpa, já que apenas esta matéria pode constituir fundamento do despedimento.

Constitui contra-ordenação grave (e muito grave, no caso de o despedimento respeitar a trabalhador representante sindical) o despedimento do trabalhador em desrespeito pelo seu direito de consultar o processo ou de responder à nota de culpa (art. 355.° n.° 2).

**IV.** Por fim, para efeitos probatórios, cabe ao trabalhador juntar à resposta à nota de culpa os documentos pertinentes para o caso e *solicitar ao empregador as diligências probatórias pertinentes para o esclarecimento da verdade* (art. 355.° n.° 1 *in fine*).

O conceito de diligências pertinentes para efeitos da prova dos factos imputados ao trabalhador é algo vago. Tais diligências podem, nos termos gerais, passar pela junção de documentos, pela indicação de testemunhas ou pela solicitação de exames periciais, mas a avaliação da sua pertinência para o processo cabe, em última análise, ao empregador.

### 130.2.4. **A fase instrutória**

**I.** Apresentada a defesa do trabalhador, segue-se a fase instrutória do processo disciplinar para despedimento, destinada à produção de prova.

Nesta matéria, o CT de 2009 introduziu uma modificação de relevo: tradicionalmente obrigatória (art. 10.° n.° 5 da LCCT e art. 414.° do CT de 2003), a fase de instrução é agora, em regra, uma fase facultativa do pro-

---

303 Este prazo provém do CT de 2003, que o alargou para o dobro (o art. 10.° n.° 4 da LCCT estabelecia um prazo de apenas 5 dias para a apresentação da defesa do trabalhador).

304 No âmbito do CT de 2003, era dispensada a defesa escrita do trabalhador nas microempresas, sendo em regra, substituída pela audição do trabalhador (art. 418.° n.° 4 deste Código). O actual Código do Trabalho não manteve esta solução, porque aligeirou globalmente o processo na fase de instrução. Assim, a defesa escrita do trabalhador passou a ser o meio de assegurar o princípio do contraditório no processo para despedimento também nas microempresas.

cesso disciplinar para despedimento. Com efeito, a promoção da instrução depende de dois requisitos, que resultam da conjugação do art. 355.° n.° 2 parte final, e do 356.° n.° 1: o requerimento de diligências probatórias adicionais (e pertinentes) pelo trabalhador na resposta à nota de culpa (art. 355.° n.° 2 parte final); e a decisão do empregador de proceder à realização de tais diligências (art. 355.° n.° 1).

A supressão da regra tradicional de obrigatoriedade da instrução parece destinar-se a cumprir dois objectivos: promover a celeridade processual, evitando o arrastamento do procedimento disciplinar, que, quase sempre, se verifica nesta fase; e evitar fontes de impugnação do despedimento com fundamento em irregularidades do procedimento, que, com frequência, se situam nesta fase do processo. Fica assim ao critério do empregador a decisão sobre a abertura formal da instrução, decisão esta que assentará, naturalmente, na consistência dos meios de prova que já tenha no caso concreto.

Contudo, deve ficar claro que a decisão de não abertura da instrução, por parte do empregador, não é de molde a inviabilizar o princípio do contraditório, que, enquanto princípio geral do processo disciplinar (art. 329.° n.° 6 ), tem também aplicação ao processo disciplinar para despedimento. Neste caso, porém, tal princípio é assegurado pela resposta escrita à nota de culpa, nos termos do art. 355.°.

A regra do carácter facultativo da fase de instrução não se aplica se o despedimento respeitar a trabalhadora grávida, puérpera ou lactante ou a trabalhador ou trabalhadora em gozo de licença parental. Neste caso, a instrução é obrigatória (art. 356.° n.° 2).

**II.** Nos casos em que a instrução tenha lugar – ou porque é obrigatória (porque o despedimento incide sobre uma trabalhadora grávida, puérpera ou lactante ou sobre trabalhador em gozo de licença parental) ou porque o trabalhador a requereu e o empregador decidiu atender o seu pedido – devem seguir-se as regras do art. 356.° n.os 2 e 3.

Assim, o empregador deve proceder às diligências probatórias requeridas pelo trabalhador na resposta à nota de culpa, excepto se as considerar manifestamente dilatórias ou impertinentes, mas, neste caso, deve justificar por escrito a sua recusa (art. 356.° n.° 2, parte final)[305]. Por outro

[305] A este propósito, alguns autores têm chamado a atenção para a necessidade de interpretar a exigência contida neste preceito de acordo com um critério substancial, não

lado, relativamente à audição de testemunhas, o empregador não é obrigado a ouvir mais do que três por cada facto descrito na nota de culpa, nem mais do que dez no total, e, além disso, cabe ao trabalhador responsabilizar-se pela comparência das testemunhas para serem ouvidas (art. 356.° n.° 4)[306].

A lei não estabelece qualquer limite temporal para a conclusão da fase instrutória do processo, o que se compreende tendo em conta a diversidade de comportamentos do trabalhador que pode estar na base do processo disciplinar. Todavia, o princípio geral da celeridade processual impõe que esta fase – como as restantes fases do processo disciplinar – decorra de uma forma tão breve quanto possível.

Por fim, entende-se que o carácter interno à empresa (e não judicial) do processo disciplinar para despedimento dispensa a presença do trabalhador ou do seu representante nas diligências probatórias[307].

**III.** Finda a fase instrutória do processo disciplinar, ou, se esta não tiver lugar, após a recepção da resposta à nota de culpa, *deve o processo ser enviado, por cópia integral, à comissão de trabalhadores e, se o trabalhador for representante sindical, à associação respectiva.*

---

considerando o processo nulo apenas por falta da fundamentação escrita pelo empregador da impertinência das diligências probatórias solicitadas pelo trabalhador, mas apenas se configurando tal nulidade no caso de tal diligência ser efectivamente impertinente. Neste sentido, FURTADO MARTINS, *A Cessação do Contrato de Trabalho cit.*, 102 s.

[306] A este propósito, o Ac. RLx. de 11/03/1998, CJ, 1998, II, 166, considerou que a falta de comparência das testemunhas indicadas pelo trabalhador na data da respectiva inquirição fazia cessar a obrigatoriedade da respectiva audição pelo empregador, ressalvada causa justificativa apresentada pelo trabalhador. Mas o Ac. RP de 6/06/2005, CJ, 2005, III, 232, entendeu que, apesar do ónus da apresentação das testemunhas caber ao trabalhador, não pode o empregador servir-se de tal facto para violar o direito de defesa do trabalhador (o que acontece quando o trabalhador indica como testemunhas trabalhadores do mesmo empregador e este, podendo proceder à respectiva inquirição quando quiser, não o faz). Também o Ac. STJ de 9/04/2003, CJ (STJ), II, 247, considerou ferido de nulidade o processo disciplinar em que o empregador se recusou a ouvir as testemunhas indicadas pelo trabalhador, por este não ter indicado a matéria sobre a qual deveriam depor.

[307] Neste sentido, SOUSA MACEDO, *Poder Disciplinar Patronal cit.*, 150, e FURTADO MARTINS, *Cessação do Contrato de Trabalho cit.*, 105. Neste sentido, o Ac. RP de 12/12/2005, CJ, 2005, V, 247, considerou que a falta de notificação do advogado do trabalhador para estar presente nas diligências probatórias requeridas pelo trabalhador não constituía fundamento para a nulidade do processo disciplinar para despedimento.

Estas entidades dispõem de um prazo de 5 dias úteis para juntarem ao processo o seu parecer fundamentado, nos termos do art. 356.° n.° 5. Trata-se, nos termos gerais, de um parecer não vinculativo[308].

No caso de o despedimento envolver uma trabalhadora grávida, puérpera e lactante ou um trabalhador ou trabalhadora em gozo de licença parental[309], impõe ainda o art. 63.° n.° 1 do CT que ele seja precedido de um *parecer da entidade administrativa com competência na área da igualdade de oportunidades entre mulheres e homens*. Esta entidade é a Comissão para a Igualdade no Trabalho e no Emprego.

Assim, estando em causa o despedimento desta categoria de trabalhadores, o empregador deve, após o encerramento da fase instrutória do processo, remetê-lo, por cópia à CITE, nos termos do art. 63.° n.° 3, para emissão de parecer sobre o despedimento[310].

Relativamente a este parecer da CITE, devem ter-se em conta as regras constantes do art. 63.°, que consubstanciam um regime especial de tutela desta categoria de trabalhadores no contexto do despedimento[311]. Este regime especial constitui uma projecção do valor constitucional da protecção da maternidade e da paternidade (art. 68.° n.° 2 da CRP, mas também art. 33.° n.° 1 do CT), cuja importância dispensa qualquer justificação complementar.

Os aspectos mais relevantes deste regime são os seguintes:

i) O despedimento disciplinar das trabalhadoras grávidas, puérperas e lactantes e dos trabalhadores ou trabalhadoras em gozo de licença parental presume-se sem justa causa (art. 62.° n.° 2). Esta presunção é, nos termos gerais, uma presunção ilidível, cabendo

---

[308] No mesmo sentido, FURTADO MARTINS, *A Cessação do Contrato de Trabalho cit.*, 106. Este autor considera que o próprio trabalhador se pode opor ao envio do processo para a comissão de trabalhadores (*idem*), uma vez que tal procedimento pretende ainda assegurar o seu direito de defesa. Na jurisprudência, sobre a natureza não vinculativa deste parecer, Ac. RP de 20/01/2003, CJ, 2003, I, 223.

[309] A extensão desta protecção ao trabalhador pai, em gozo de licença parental, sucitava dúvidas no âmbito do CT de 2003 (sobre o ponto, cfr. ROSÁRIO PALMA RAMALHO, *Direito do Trabalho cit.*, II, 2.ª ed., 855). O actual Código do Trabalho veio dissipar estas dúvidas.

[310] Para um cotejo da actividade da CITE nesta área, pode ver-se, por exemplo, *Pareceres da CITE no Ano de 2004 cit.*, *passim*, bem como www.cite.gov.pt.

[311] No âmbito do CT de 2003, estas regras constavam da RCT de 2004 (art. 98.°). O actual Código do Trabalho procedeu à respectiva incorporação.

ao empregador demonstrar, junto da CITE, que o despedimento da trabalhadora ou do trabalhador não é devido ao seu estado nem se funda em qualquer outra prática discriminatória.

ii) A solicitação do parecer é obrigatória, configurando a sua falta uma situação de invalidade do despedimento (art. 381.° d) do CT)[312]; o ónus da prova da solicitação do parecer cabe ao empregador (art. 63.° n.° 5).

iii) A CITE dispõe de 30 dias sobre o envio do processo para despedimento para emitir o parecer sobre o mesmo e comunicá-lo ao empregador; se a Comissão não se pronunciar dentro desse prazo, considera-se emitida uma decisão no sentido favorável ao despedimento (art. 63.° n.° 4).

iv) Se o parecer for desfavorável ao despedimento, porque o empregador não conseguiu ilidir a presunção da ausência da justa causa, o processo fica suspenso, só podendo o despedimento prosseguir após decisão judicial que reconheça o respectivo motivo justificativo, devendo o empregador intentar essa acção no prazo de trinta dias sobre a recepção do parecer da CITE (art. 63.° n.° 6). Deste modo, e ao contrário do que sucede com os pareceres da comissão de trabalhadores ou da associação sindical, acima referidos, este parecer tem carácter vinculativo e eficácia suspensiva sobre o despedimento, que passa, necessariamente, a ser um despedimento judicial, no caso de o parecer ser desfavorável.

Completam o regime especial de tutela da trabalhadora grávida, puérpera e lactante, e do trabalhador ou trabalhadora em gozo de licença parental, outras medidas, relativas à suspensão e à impugnação do despedimento, bem como a protecção desta categoria de trabalhadores noutras modalidades de despedimento. Referiremos essas medidas nos diversos contextos em que surgem.

---

[312] Contudo, deve ter-se em conta, quanto a este aspecto que, embora o regime especial de tutela no despedimento abranja ao trabalhadores e trabalhadoras em gozo de licença parental (art. 63.°), a lei apenas prevê a invalidade do despedimento para os trabalhadores que estejam em gozo de licença parental inicial (art. 381.° d)). Parecem assim ficar fora do âmbito de incidência desta medida os trabalhadores em gozo de licença parental complementar, em qualquer das suas modalidades. Esta solução, que se retira da letra da lei, suscita as maiores dúvidas.

**IV.** Ainda quanto à fase instrutória do processo, resta referir as especificidades das microempresas. Assim, nos termos do art. 358.° n.° 1 do CT, pode ser dispensada nesta fase a diligência de envio de cópia do processo às estruturas de representação colectiva dos trabalhadores à comissão de trabalhadores, excepto se o trabalhador for membro da comissão de trabalhadores ou representante sindical.

Nada referindo a lei sobre a dispensa do pedido de parecer à CITE no caso de despedimento de trabalhadora grávida, puérpera e lactante ou de trabalhador ou trabalhadora em gozo de licença parental, entende-se que tal parecer é sempre exigível, independentemente da dimensão das empresas.

### 130.2.5. **A decisão de despedimento e a sua fundamentação**

**I.** Após a produção de prova e a emissão do parecer pelas entidades competentes, se for o caso, cabe ao empregador emitir a decisão final sobre o despedimento.

As alterações introduzidas pelo novo Código do Trabalho em matéria de instrução e as especificidades do processo relativamente a algumas categorias de trabalhadores obrigaram ao estabelecimento de regras várias regras no que se refere à *contagem do prazo para a emissão da decisão de despedimento*. Estas regras são as seguintes:

i) O prazo para proferir a decisão de despedimento é de 30 dias contados a partir da recepção dos pareceres emitidos pelas estruturas de representação colectiva dos trabalhadores ou do final do prazo para a emissão desses pareceres (art. 357.° n.° 1).
ii) Embora a lei se refira expressamente apenas ao prazo de 5 dias para a emissão do parecer das estruturas representativas do trabalhador, deverá ser respeitado o prazo de 30 dias, no caso de ser exigível o parecer da CITE, nos termos acima indicados. Assim, neste caso, o prazo de 30 dias para a prolação da decisão de despedimento apenas começa a contar a partir da recepção do parecer da CITE, ou no final dos 30 dias previstos para a emissão de tal parecer (art. 63.° n.° 4).
iii) Quando não exista comissão de trabalhadores e o trabalhador não seja representante sindical, o prazo de 30 dias começa a con-

tar a partir da data de conclusão da última diligência instrutória (art. 357.° n.° 2)[313].

A ultrapassagem do prazo para proferir a decisão de despedimento determina a caducidade do direito de aplicação da sanção do despedimento (art. 357.° n.° 1)[314]. Contudo, se não houver lugar a instrução, a decisão de despedimento só pode ser tomada decorridos 5 dias úteis sobre a recepção dos pareceres dos representantes dos trabalhadores ou esgotado o prazo para esse efeito, ou ainda decorridos 5 dias sobre a recepção da resposta à nota de culpa, no caso de não haver comissão de trabalhadores e o trabalhador não ser representante sindical (art. 357.° n.° 3)

Este prazo relativamente curto para a emissão da decisão de despedimento é uma projecção do princípio da celeridade, que domina a matéria disciplinar em geral e o processo disciplinar em especial, e resulta também do fundamento do próprio despedimento no conceito de justa causa, que pressupõe, como já se referiu, a impossibilidade imediata de subsistência do vínculo laboral. Naturalmente, o carácter imediato desta impossibilidade não se compadece com uma excessiva dilação da decisão final de despedimento.

Já a dilação obrigatória de 5 dias, no caso de não haver instrução, parece destinar-se a exigir um tempo mínimo de ponderação do empregador antes de proferir a decisão.

**II.** A decisão de despedimento deve revestir forma escrita e ser fundamentada (art. 357.° n.° 5).

---

[313] O Ac. REv. de 8/11/2005, CJ, 2005, V, 283, considerou que o prazo de 30 dias só começava a contar depois da data da audição da última testemunha.

[314] No âmbito do regime anterior ao Código do Trabalho de 2003, a lei nada referia sobre a natureza deste prazo (art. 10.° n.° 8 da LCCT), pelo que a doutrina e a jurisprudência debatiam sobre a sua qualificação como um prazo de prescrição ou de caducidade (sobre o ponto, com amplas referências doutrinais e jurisprudenciais, Furtado Martins, *A Cessação do Contrato de Trabalho cit.*, 109 e nota [88]). A questão ficou ultrapassada com o CT de 2003, cujo art. 415.° n.° 1 expressamente qualificava este prazo como um prazo de caducidade, solução que o actual Código mantém. Assim, decorridos os 30 dias, a sanção disciplinar de despedimento não pode mais ser aplicada. A nosso ver, é esta a solução que melhor se coaduna com o elemento objectivo do conceito de justa causa (i.e., com a exigência de que a continuação do contrato de trabalho se tenha tornado *imediata* e praticamente impossível).

Nesta fundamentação devem ser ponderadas as circunstâncias pertinentes para o caso, deve ser avaliado o grau de culpa do trabalhador para concluir sobre a adequação da sanção do despedimento ao caso (ou seja, deve ser aplicado o princípio geral da proporcionalidade entre a infracção e a sanção disciplinar, enunciado no art. 330.° n.° 1) e devem ser tidos em conta os pareceres a que houver lugar (art. 357.° n.° 4).

O aspecto mais importante da fundamentação da decisão de despedimento é o da circunscrição deste fundamento aos factos alegados na nota de culpa e na resposta do trabalhador, a não ser quanto a novos factos que atenuem a responsabilidade do trabalhador (art. 357.° n.° 4, parte final). Este aspecto evidencia, de novo, a importância central da nota de culpa no processo de despedimento[315].

A fundamentação detalhada e a forma escrita da decisão de despedimento são também exigidas no caso de despedimento que ocorra em microempresa (art. 358.°).

Nesta fase do processo e após a ponderação de todas as circunstâncias relevantes para o caso, o empregador pode acabar por não aplicar ao trabalhador a sanção máxima do despedimento, optando por não sancionar o seu comportamento ou por lhe aplicar uma sanção disciplinar conservatória. Esta opção do empregador decorre do princípio geral de aproveitamento dos actos processuais, já que, no caso, foi observado o princípio da processualidade e que o processo adoptado assegura, até de uma forma mais completa, as garantias de defesa do trabalhador.

Como se referiu a propósito do estudo do poder disciplinar[316], já a situação inversa não pode ocorrer: assim, se o empregador tiver instaurado ao trabalhador um processo disciplinar comum e, no decurso desse processo, tiver concluído que a sua conduta revestia tal gravidade que teria justificado o despedimento, terá que instaurar um processo de despedimento para o efeito e os actos processuais já praticados apenas poderão ser aproveitados como correspondendo à fase de inquérito prévio (art. 352.°), se, entretanto, os prazos de prescrição da infracção disciplinar e de caducidade da acção disciplinar não tiverem decorrido.

---

[315] A jurisprudência tem admitido que a fundamentação da decisão de despedimento seja feita por remissão para outro documento (designadamente para a nota de culpa), desde que tal documento seja junto à comunicação da intenção de despedimento (Ac. RLx. de 3/11/1994, CJ, 1994, V, 178).

[316] *Supra*, § 29.°, ponto 110.1.II.

**III.** A decisão fundamentada deve ser enviada, por cópia ou transcrição, ao trabalhador, à comissão de trabalhadores e, no caso do trabalhador ser representante sindical, à respectiva associação sindical, nos termos do art. 357.° n.° 6, excepto nas microempresas, caso em que o art. 358.° dispensa tal formalidade.

Correspondendo a decisão de despedimento a uma declaração negocial recipienda (no caso, uma declaração com efeitos extintivos sobre o contrato), a lei fixa, como o momento da cessação efectiva do contrato de trabalho, o momento em que a comunicação daquela decisão chega ao poder do trabalhador ou é dele conhecida; e considera eficaz tal comunicação quando apenas por culpa do trabalhador ela não seja por ele oportunamente recebida (art. 357.° n.° 7). Estas regras – que foram instituídas pelo CT de 2003 – têm a utilidade de clarificar o momento da cessação do contrato de trabalho, que, todavia, se retirava já das regras gerais sobre a eficácia das declarações negociais, que constam do art. 224.° do CC.

## 131. **Ilicitude do despedimento disciplinar**

### 131.1. **Aspectos gerais. Razão de ordem**

**I.** A eficácia da tutela conferida ao trabalhador por ocasião do despedimento depende, na prática, da possibilidade de actuar contra o mesmo, em caso de ilicitude. No sistema jurídico português, esta possibilidade concretiza-se do direito, que assiste ao trabalhador, de promover judicialmente a suspensão e a impugnação do despedimento.

Esta matéria encontra-se regulada em secção específica do Código do Trabalho, que compreende os arts. 381.° a 392.°. Ao contrário do que sucedia no regime anterior à codificação laboral, que regulava as questões relativas à ilicitude a propósito de cada forma de cessação do contrato de trabalho, o Código de 2003 optou por uma regulamentação unificada desta matéria, aplicável a todas as modalidades de despedimento, e que integra também algumas normas aplicáveis especificamente a cada uma dessas modalidades. Esta opção sistemática foi mantida pelo actual Código do Trabalho.

**II.** Tendo optado por apresentar sucessivamente as diversas modalidades de despedimento, tratando, relativamente a cada uma delas, todas as matérias, a apresentação das questões relativas à ilicitude do despedimento obedece, naturalmente, à mesma metodologia.

Assim, na apresentação desta matéria, proceder-se-á, desde já, ao estudo das regras gerais da suspensão e da impugnação do despedimento, aplicáveis a todas as suas modalidades, bem como ao estudo das especificidades do despedimento por motivo imputável ao trabalhador, nesta matéria.

A propósito da apresentação das outras modalidades de despedimento, serão equacionados os problemas específicos em relação à sua ilicitude e feitas as necessárias remissões para os aspectos gerais desta problemática, que ficam, desde já, tratados.

**III.** Tanto o Código do Trabalho de 2003 como o actual Código introduziram alterações substanciais significativas na matéria da ilicitude do despedimento. No Código do Trabalho anterior, foi prevista a reabertura do processo disciplinar no caso de a impugnação do despedimento se fundar numa irregularidade processual do mesmo, foram estabelecidas novas regras para o cálculo da indemnização substitutiva da reintegração e foi instituída a possibilidade de recusa da reintegração do trabalhador despedido ilicitamente[317]. O novo Código do Trabalho manteve estas medidas, à excepção da reabertura do procedimento disciplinar, que substituiu pela medida alternativa da confirmação do despedimento com diminuição do valor da indemnização compensatória arbitrada ao trabalhador (art. 389.° n.° 2) e alterou ainda significativamente os trâmites da impugnação judicial do despedimento ilícito (art. 387.°).

**IV.** Ainda em termos gerais, deve salientar-se que a matéria da ilicitude do despedimento é matéria laboral de elevada litigância judicial, uma vez que a maioria das acções judiciais intentadas no âmbito laboral são procedimentos de suspensão do despedimento ou acções de impugnação do mesmo, dada a tradicional dificuldade que assiste ao trabalhador em accionar judicialmente o empregador na pendência do contrato.

Assim, se o referente jurisprudencial é um referente obrigatório na apreciação da generalidade dos problemas laborais – como, aliás, para a análise dogmática de qualquer problema jurídico – a análise atenta da jurisprudência nesta matéria é absolutamente indispensável.

---

[317] Respectivamente, arts. 436.° n.° 2, 439.° e 438.° n.° 1 do CT de 2003.

### 131.2. Fundamento da ilicitude do despedimento: causas gerais e causas específicas do despedimento disciplinar

**I.** A ilicitude do despedimento pode decorrer de causas gerais ou comuns a todas as modalidades de despedimento ou de causas de ilicitude específicas de cada modalidade, independentemente de outras causas estabelecidas em legislação especial.

As *causas gerais de ilicitude do despedimento* estão enunciadas no art. 381.° do CT e são as seguintes:

i) *Improcedência dos motivos justificativos invocados para o despedimento* (al. b) do art. 381.°), ou seja, ilicitude decorrente de um motivo substancial.
ii) *Fundamento do despedimento num motivo político, ideológico, étnico ou religioso, ainda que com invocação de motivo diverso* (al. a) do art. 381.°). Neste caso, a ilicitude do despedimento é ainda de raiz substancial (no sentido em que o despedimento com este fundamento é, por natureza, imotivado), pelo que a autonomização desta causa de ilicitude se destina apenas a sublinhar a importância axiológica da proibição destes despedimentos discriminatórios. Acresce que, a par dos motivos discriminatórios de despedimento enunciados nesta norma, outros justificariam igual ênfase (assim, por exemplo, despedimentos com fundamento em práticas discriminatórias em razão do sexo, da nacionalidade, da idade, ou da deficiência).
iii) *Falta do procedimento legalmente exigido para a efectivação do despedimento* (al. c) do art. 381.°), ou seja, ilicitude decorrente de um vício formal do despedimento, que ocorreu de forma liminar. Importa, pois, ter em conta que não estão aqui em causa as eventuais irregularidades do processo para despedimento (tratadas com autonomia), mas apenas os casos de despedimento não precedido de processo.
iv) *Falta de solicitação do parecer prévio da CITE no caso do despedimento de trabalhadora grávida, puérpera ou lactante ou de trabalhador ou trabalhadora em gozo de licença parental inicial* em qualquer das suas modalidades (al. d) do art. 381.°) – este fundamento da ilicitude do despedimento constava anteriormente da norma sobre tutela das trabalhadoras grávidas, puérpe-

ras e lactantes, e é ainda um fundamento procedimental. O que está aqui em causa é apenas a situação em que o despedimento tenha sido proferido sem que tal parecer tenha sido pedido pelo empregador e não, obviamente, a situação de não emissão desse parecer, que, como vimos acima, é equiparada pela lei a um parecer favorável ao despedimento.

**II.** Aplicando estas causas gerais de ilicitude do despedimento à modalidade de despedimento que agora nos ocupa, conclui-se que a *ilicitude do despedimento disciplinar ou por justa causa* pode ser declarada nos seguintes casos:

i) Em caso de *falta ou de inconsistência da situação de justa causa alegada pelo empregador* (é a projecção das alíneas a) e b) do art. 381.° nesta modalidade de despedimento). Quanto a este fundamento substancial da ilicitude do despedimento, deve ter-se em conta o caso, já referido, do despedimento das trabalhadoras grávidas, puérperas e lactantes e dos trabalhadores e trabalhadoras em gozo de licença parental, cujo despedimento se presume sem justa causa (art. 63.° n.° 2), bem como a idêntica presunção estabelecida relativamente ao despedimento de trabalhadores candidatos a corpos sociais em associação sindical, de trabalhadores que exerçam ou tenham exercido há menos de três anos funções nos mesmos corpos sociais (art. 410.° n.° 3)[318].

ii) Em caso de *falta do processo disciplinar para despedimento*[319], uma vez que este é o procedimento legalmente exigido para a efectivação desta modalidade de despedimento, ou de falta de pedido do parecer prévio à CITE, quando a ele haja lugar (é a projecção das alíneas c) e d) do art. 381.° nesta modalidade de despedimento).

Para além destas causas gerais, a ilicitude do despedimento disciplinar ou despedimento por facto imputável ao trabalhador pode ainda

[318] Como oportunamente se referiu, estas presunções são ilidíveis.

[319] Sobre uma situação deste tipo, entre muitos outros, Ac. STJ de 14/03/2007 (N.° 06S4472), www.dgsi.pt.

resultar das *causas específicas* enunciadas no art. 382.° do CT. Estas causas são as seguintes:

i) *Terem decorrido os prazos de prescrição da infracção disciplinar e de caducidade do processo disciplinar*, fixados no art. 329.° (art. 382.° n.° 1);

ii) *Ser o processo disciplinar inválido* (art. 382.° n.° 1 *in fine*), o que sucederá nas seguintes situações, previstas no n.° 2 deste mesmo artigo:
   - falta ou insuficiência grave da nota de culpa, *verbi gratia*, por não revestir a forma escrita ou por não ter a descrição circunstanciada dos factos imputados ao trabalhador (art. 382.° n.° 2 a));
   - não junção da comunicação da intenção de despedimento à nota de culpa (art. 382.° n.° 2 b));
   - desrespeito pelo princípio do contraditório, que inclui não só a garantia do direito de resposta à nota de culpa como do direito de consulta do processo (art. 382.° n.° 2 c));
   - a decisão de despedimento não ter sido comunicada ao trabalhador, não revestir forma escrita ou não ter sido elaborada com indicação dos fundamentos e ponderando as circunstâncias do caso (art. 382.° n.° 2 d));.

**III.** Apresentadas as causas de ilicitude do despedimento, cabe reflectir um pouco mais sobre as causas formais, ligadas à falta ou aos vícios do processo disciplinar para despedimento.

Em primeiro lugar, decorre da conjugação das causas gerais e das causas específicas de ilicitude do despedimento disciplinar a distinção entre o vício da falta de processo disciplinar (causa geral de ilicitude do despedimento, nos termos do art. 381.° c)) e o vício que a lei qualifica expressamente como *invalidade do procedimento* (art. 382.° n.° 1, parte final) e que se verifica em caso de irregularidades do mesmo (as enunciadas no n.° 2 do mesmo artigo). No contexto do CT de 2003, esta distinção tinha uma grande importância porque o Código estabelecia – em norma sem paralelo no sistema anterior – que, no caso de impugnação do despedimento com base em invalidade do procedimento disciplinar, este procedimento podia ser reaberto uma vez e prosseguido com a sanação do vício[320], ocorrendo, neste caso, uma suspensão da instância. Já no caso do vício, mais grave, da falta do processo disciplinar, em que o despedimento ocorre de imediato e liminarmente, não seria de admitir a sanação do vício através da medida da reabertura do processo disciplinar. Contudo, uma vez que o actual Código do Trabalho não manteve a medida da reabertura do processo para despedimento para estas situações, a distinção entre as situações de falta de processo e de irregularidades processuais, que decorre destas normas, tem hoje um interesse prático reduzido.

Por outro lado, deve atentar-se no facto de apenas determinarem a invalidade do procedimento disciplinar para despedimento os vícios mais graves desse processo – é o que se deduz das situações descritas no n.° 2 do art. 382.°.°, que se referem, efectivamente, aos aspectos que, no processo, asseguram a delimitação da infracção, o conhecimento pelo trabalhador da intenção de despedimento, o exercício do contraditório e, por último, a base final da decisão, que constitui o pressuposto de uma eventual impugnação do mesmo. Assim, uma pequena irregularidade processual não constitui fundamento da ilicitude do processo disciplinar.

Por fim, crê-se que a qualificação expressa das irregularidades processuais como fonte de *invalidade do próprio procedimento* – qualificação esta que provém do CT de 2003 mas não constava da LCCT[321] – se pode prestar a alguma confusão. É que, se não respeitar os requisitos legais, o processo disciplinar é ilícito (nos termos gerais do art. 294.° do CC), sendo esta ilicitude que pode determinar (se for grave) a invalidade da decisão final de despedimento[322]. Por outro lado, a referência à invalidade, no contexto do procedimento disciplinar, poderá ainda lançar dúvidas sobre a consequência do vício do despedimento neste caso, que, a nosso ver, não pode deixar de ser a nulidade (por contrariedade à lei), ainda que se trate

---

[320] Art. 436.° n.° 2 do CT de 2003.

[321] No âmbito da LCCT, regia sobre esta matéria o art. 12.° n.° 1 e n.° 3, que distinguia entre a falta do processo disciplinar e o processo disciplinar nulo, sendo este último aquele a que faltavam as formalidades essenciais. Era uma solução mais clara do que a actual, que provém do CT anterior.

[322] Na verdade, a ser estabelecido o desvalor da invalidade neste contexto, ele quadraria melhor à decisão final do despedimento, porque esta decisão reveste carácter negocial, na medida em que é o produto da vontade do empregador. Já os actos procedimentais que a lei estabelece e que conduzem àquela decisão final são actos vinculados, no sentido em que o empregador tem necessariamente que os praticar.

de uma nulidade especial, dados os prazos que a lei impõe para a impugnação do acto, no art. 387.° n.° 2 do CT.

### 131.3. Declaração da ilicitude: suspensão e impugnação do despedimento

**I.** Perante um despedimento ilícito, cabe ao trabalhador lançar mão dos mecanismos de defesa que a lei lhe concede: a providência cautelar de suspensão do despedimento (art. 386.°); e a acção judicial para apreciação do despedimento com vista à respectiva impugnação (art. 387.°).

Estes mecanismos são previstos para todas as modalidades de despedimento, embora apresentem especificidades relativamente a algumas dessas modalidades. Além disso, a configuração do mecanismo da impugnação do despedimento foi profundamente alterada pelo actual Código do Trabalho, constituindo, aliás, a maior novidade do Código em matéria de despedimento.

**II.** O art. 386.° do CT permite ao trabalhador interpor a *providência cautelar de suspensão do despedimento*, no prazo de 5 dias úteis a contar da recepção da comunicação do despedimento.

A providência cautelar de suspensão do despedimento é regulada em termos gerais (i.e., aplicáveis às várias modalidades de despedimento) nos arts. 34.° ss. do CPT, na redacção introduzida pela revisão deste Código, operada pelo DL n.° 295/2009, de 13 de Outubro[323]. No caso do despedi-

---

[323] No âmbito da vigência do CPT, na sua versão originária, alguma jurisprudência considerou que não havia lugar ao recurso à providência da suspensão no caso de despedimento por extinção do posto de trabalho, uma vez que o regime desta providência previsto no CPT se adequava apenas ao despedimento colectivo (art. 41.°) ou ao despedimento individual sancionatório ou despedimento por justa causa (art. 34.°) – nesse sentido, por exemplo, Ac. RC de 3/03/2005, CJ, 2005, II, 51. Perante a reordenação das causas de resolução do contrato de trabalho por iniciativa do empregador, como situações de despedimento, feita pelo Código do Trabalho, sendo a providência da suspensão prevista em moldes genéricos, e perante a afinidade substancial entre as figuras do despedimento colectivo e do despedimento por extinção do posto de trabalho, já tínhamos entendido que este entendimento devia ser revisto (ROSÁRIO PALMA RAMALHO, *Direito do Trabalho cit.*, II, 2.ª ed., 863 s. e nota [350]). Contudo, perante a alteração do regime do CPT nesta matéria (introduzida na revisão operada pelo DL n.° 295/2009, de 13 de Outubro), o problema

mento por motivo imputável ao trabalhador, a suspensão deverá ser decretada em caso de falta de comparência do requerido na audiência ou se este não apresentar oportunamente o processo disciplinar, se tal processo faltar ou se for inválido, e ainda se, ponderadas as circunstâncias relevantes, o juiz concluir pela probabilidade séria de inexistência de justa causa (arts. 37.° n.° 2, 38.° n.° 1 e 39.° n.° 1 do CPT)[324]. O requerimento de suspensão do despedimento deve ainda solicitar obrigatoriamente a impugnação do despedimento, sob pena de extinção do procedimento cautelar (art. 34.° n.° 4)

Se a suspensão judicial do despedimento for decretada, o contrato de trabalho retoma a sua eficácia, até à decisão final da causa na acção de impugnação. Assim, o trabalhador tem o direito de retomar as suas funções e de auferir a retribuição, nos termos gerais[325].

Ainda a propósito da providência de suspensão do despedimento, cabe salientar a protecção reforçada que a lei concede às trabalhadoras grávidas, puérperas e lactantes e aos trabalhadores e trabalhadoras em gozo de licença parental nesta situação, bem como aos trabalhadores representantes de outros trabalhadores.

Relativamente às trabalhadoras grávidas, puérperas de lactantes e aos trabalhadores e trabalhadores em gozo de licença parental, o art. 63.° n.° 7 do CT prevê que a suspensão judicial do despedimento só não será decretada se o parecer emitido pela CITE no âmbito do processo para despedimento tiver sido favorável ao despedimento e se o tribunal considerar que existe uma probabilidade séria de verificação da justa causa.

Relativamente aos trabalhadores representantes de outros trabalhadores (sejam eles representantes sindicais, membros da comissão de traba-

---

deixa de se colocar, porque a lei passou a regular a providência cautelar de suspensão do despedimento em termos gerais e o art. 34.° do CPT reporta essa providência a todas as modalidades de despedimento.

[324] Sobre este procedimento cautelar, *vd* A. Mendes Baptista, *Código de Processo do Trabalho Anotado*, 2.ª ed., Lisboa, 2002, 94 ss., embora reportando-se ao contexto anterior ao Código do Trabalho. O surgimento do CT de 2003 fez surgir a necessidade de revisão e adaptação de algumas das normas do Código do Processo de Trabalho (entre as quais as normas relativas aos procedimentos cautelares), mas tal revisão só veio a ocorrer já na vigência do actual Código do Trabalho.

[325] Neste sentido se pronunciou expressamente a jurisprudência – Ac. STJ de 22/06/2005, CJ (STJ), 2005, II, 266, que salientou ainda o facto de as retribuições continuarem a ser devidas ao trabalhador, mesmo quando o empregador o não reocupe no período que transcorre até à decisão final da acção de impugnação.

lhadores ou membros do conselho de empresa europeu), o art. 410.° n.° 4 do CT estabelece que a providência cautelar de suspensão só não é decretada se o tribunal concluir pela probabilidade séria de verificação da justa causa invocada.

**III.** Em matéria de *impugnação do despedimento*, o Código do Trabalho de 2009 veio estabelecer novas regras no art. 387.°. Porque a aplicação prática destas regras dependia da alteração do Código do Processo do Trabalho, elas apenas entraram em vigor com a aprovação do diploma que reviu o CPT – o DL n.° 295/2009, de 13 de Outubro (nos termos do art. 14.° n.° 1 da Lei Preambular ao Código do Trabalho). O CPT veio a regular esta matéria nos arts. 98.°-B a 98.°-P.

O princípio geral nesta matéria é o de que a apreciação da licitude e da regularidade do despedimento só pode ser feita em acção judicial. Contudo, em lugar da tradicional acção de impugnação do despedimento, a intentar no prazo de um ano sobre a cessação do contrato, a lei prevê agora uma acção especial para este efeito, denominada «acção de impugnação judicial da regularidade e licitude do despedimento» (art. 98.°-B do CPT revisto).

Esta acção, que o trabalhador pode intentar de uma forma simples e sem patrocínio judiciário, através de um requerimento em formulário próprio junto do tribunal competente em que manifesta a sua oposição ao despedimento[326], e que deve apresentar no prazo de 60 dias[327] sobre a recepção da comunicação do despedimento ou da cessação do contrato[328] (art. 387.° n.° 2 do CT, e art. 98.°-C n.° 1 do CPT), é aplicável não apenas ao despedimento por facto imputável ao trabalhador, mas também ao despedimento por extinção do posto de trabalho e ao despedimento por inadaptação (art. 98.°-C n.° 1 do CPT).

---

326 Se o trabalhador tiver anteriormente recorrido à providência cautelar de despedimento, é dispensado este requerimento, uma vez que, como se viu, em sede desta providência é obrigatoriamente requerida a impugnação do despedimento (art. 98.°-C n.° 2 do CPT).

327 Note-se que o prazo para intentar a acção tradicional de impugnação de despedimento era de um ano sobre a cessação do contrato – art. 435.° n.° 2 do CT de 2003.

328 Esta diferença quanto ao momento do início da contagem deste prazo entre o momento da recepção da comunicação do despedimento e o momento da cessação do contrato tem utilidade para os casos do despedimento por inadaptação e do despedimento por extinção do posto de trabalho, no quais a cessação do contrato pode ser posterior.

O novo processo especial de impugnação do despedimento segue os trâmites dos arts. 98.º-B a 98.º-P do CPT, prevendo-se uma audiência de partes para uma tentativa de conciliação (art. 98.º-A a 98.º-I do CPT), à qual, na falta de conciliação, se seguem os articulados. Apenas para efeitos de apresentação dos articulados é obrigatória a constituição de patrocínio judiciário (art. 98.º-B do CPT). Não tendo o trabalhador que alegar os fundamentos da ilicitude do despedimento no requerimento inicial, mas apenas manifestar a sua «oposição» ao mesmo, os primeiros articulados competem ao empregador (art. 98.º-J do CPT), que, nos termos do art. 387.º n.º 3 do CT, não pode invocar factos e fundamentos do despedimento que não constem da decisão de despedimento[329], o que confirma a importância desta peça no processo de despedimento, nos moldes acima salientados. Seguem-se a contestação do trabalhador (art. 98.º-L do CPT) e a audiência de julgamento (art. 98.º-M do CPT). No que se refere especificamente ao despedimento disciplinar, o art. 382.º n.º 4 do CT exige ainda que o Tribunal se pronuncie sempre sobre o fundamento substantivo do mesmo, ainda que haja vícios formais.

O art. 410.º n.º 5 do CT atribui carácter urgente às acções de impugnação do despedimento de trabalhadores membros de estrutura de representação colectiva de trabalhadores.

Este novo regime teve claramente o objectivo de facilitar a impugnação do despedimento pelo trabalhador, não só através da solução encontrada para desencadear a acção (já que o requerimento inicial é um requerimento simples e se dispensa o patrocínio judiciário), como também pela consagração da inversão do ónus da prova da ilicitude do despedimento, uma vez que passa a caber ao empregador a demonstração da licitude e regularidade do mesmo.

Este regime suscita, contudo (ou pelo menos), uma dúvida técnica e uma reserva axiológica, sobre as quais vale a pena reflectir.

A dúvida técnica colocada por este regime tem a ver com a incidência material desta acção especial de impugnação do despedimento, uma

---

[329] Sobre este ponto, *vd* o Ac. RLx. de 15/03/2000, CJ, 2000, II, 162. Com reporte ao sistema anterior, o Ac. RC de 20/05/2004, CJ, 2004, III, 55, referiu que, na acção de impugnação do despedimento, compete ao trabalhador alegar e provar os factos respeitantes ao despedimento invocado. O actual sistema recupera, de certo modo, a solução da LCCT, cujo art. 12.º n.º 4, referia expressamente que competia ao empregador produzir a prova dos factos e fundamentos subjacentes ao despedimento.

vez que, contrariamente ao que parece sugerido pelo art. 387.° do CT, ela não parece ser aplicável a todas as modalidades de despedimento. Para além do despedimento colectivo (expressamente excluído e por seguir uma acção de impugnação própria, prevista no art. 388.° do CT e regulada nos arts. 156.° ss. do CPT), o problema que se coloca é o da possibilidade de recurso a esta acção especial para efeitos de impugnação de outras formas de cessação do contrato de trabalho, que não envolvam um despedimento formal (ou seja, comunicado como tal pelo empregador) – assim, por exemplo, o caso de cessação do contrato de trabalho através de um despedimento liminar e verbal, ou a cessação de um contrato de trabalho que o empregador alega ser por caducidade, por se tratar de um contrato a termo, e que o trabalhador entende corresponder a um despedimento ilícito (por exemplo, porque considera que o vínculo já se consolidou como contrato de trabalho por tempo indeterminado).

Uma via para resolver este problema é considerar que, sempre que não haja um despedimento individual formalizado, o trabalhador não pode recorrer a este processo especial mas deve recorrer antes ao processo laboral comum, no prazo geral de um ano sobre a cessação do contrato de trabalho – recorrendo-se a este prazo não só porque é este o prazo geral de arguição das anulabilidades (art. 287.° do CC), mas também porque é o prazo legal de reclamação dos créditos laborais (art. 337.° n.° 1 do CT)[330]. Para esta solução parece, aliás, apontar o próprio CPT, quando admite casos de impugnação do despedimento em que o trabalhador apresenta a petição inicial (art. 60.°-A), bem como o recurso ao processo comum em caso de utilização indevida deste processo especial (art. 98.°-I n.° 3). Sendo assim, nestas situações, caberá ao trabalhador, intentar uma acção laboral comum declarativa e de condenação para impugnação do despedimento, alegando e provando nos termos gerais[331].

Julgamos, todavia, que esta solução deve ser evitada, até porque favorece os despedimentos encapotados e os despedimentos absolutamente informais. Sendo clara a intenção da lei facilitar o desencadear da acção de impugnação do despedimento pelo trabalhador, esta solução iria, na verdade, contra aquele objectivo.

---

[330] Neste sentido, LEAL AMADO, *Contrato de trabalho cit.*, 409, considerando, por esta razão, que o preceito do art. 387.° n.° 2 do CT é enganador.

[331] Neste sentido, ainda LEAL AMADO, *Contrato de Trabalho cit.*, 409 s.

Assim, cremos que a possibilidade de lançar mão deste processo especial de impugnação do despedimento deve estender-se a todas as situações de despedimento ilícito, quer este despedimento tenha sido formalizado, quer não o tenha sido. Compete ao empregador, ao longo do processo, provar que o despedimento foi lícito e regular ou que o contrato de trabalho cessou regularmente por outra via.

Para além desta dúvida técnica, o sistema de impugnação do despedimento previsto no art. 387.° do CT suscita-nos duas reservas de natureza axiológica, que têm a ver com a extensão deste sistema ao despedimento por extinção do posto de trabalho e, de outra parte, com os efeitos perversos deste sistema na litigância judicial.

Assim, por um lado, merece crítica a extensão do regime do art. 387.° ao despedimento por extinção do posto de trabalho (i.e., aos despedimentos com fundamento objectivo), pelas diferenças entre este regime de impugnação e o regime de impugnação do despedimento colectivo (constante do art. 388.° do CT e desenvolvido nos arts. 156.° ss. do CPT), nomeadamente em pontos tão importantes como o prazo para intentar a acção (60 dias e 6 meses, respectivamente) e o ónus da prova. É que, perante a identidade dos fundamentos económicos do despedimento colectivo e do despedimento por extinção do posto de trabalho, a haver soluções diferentes para a impugnação destas modalidades de despedimento, teria sido preferível reservar a acção especial do art. 387.° apenas para o despedimento disciplinar e, porventura, para o despedimento por inadaptação, e aplicar o regime especial da impugnação judicial do despedimento colectivo também ao despedimento por extinção do posto de trabalho, com as necessárias adaptações.

Por outro lado, não podemos deixar de observar que o regime do art. 387.° promove fortemente a litigância judicial em matéria laboral. É que, não tendo que apresentar prova e nem sequer que procurar conselho jurídico para propor a acção, e sendo até o requerimento que inicia o processo pré-formulado, qualquer trabalhador despedido poderá – com ou sem fundamento – ser tentado a propor esta acção, correndo-se um sério risco de inundar os tribunais com este tipo de processos.

Ora, os valores constitucionais eminentes que subjazem à tutela do trabalhador no despedimento não se coadunam com a banalização destas acções, que, com probabilidade, decorrerá deste sistema «facilista». Também por esta razão, o actual regime merece-nos sérias reservas axiológicas.

### 131.4. Efeitos da ilicitude do despedimento: indemnizações e reintegração do trabalhador[332]

#### 131.4.1. Aspectos gerais

**I.** Da ilicitude do despedimento decorrem os efeitos previstos nos arts. 389.° ss. do CT. Estas normas são aplicáveis a todas as modalidades de despedimento, desde que seja declarada a sua ilicitude, mas esta aplicação suscita dificuldades relativamente a algumas destas modalidades.

**II.** A lei permite identificar três tipos de efeitos da declaração judicial da ilicitude do despedimento: o direito do trabalhador à reintegração ou, em alternativa, o direito a uma indemnização (art. 389.° n.° 1 a) e b) e art. 391.° do CT); a manutenção da eficácia do despedimento, mas com o direito do trabalhador a uma indemnização mais reduzida, no caso de a ilicitude do despedimento se fundar na invalidade do processo respectivo mas persistirem os fundamentos substanciais do mesmo (art. 389.° n.° 2); e o direito do trabalhador a receber as retribuições intercalares (art. 390.°).

No âmbito do CT de 2003, no caso de a ilicitude do despedimento se fundar na invalidade do processo para despedimento era previsto o direito do empregador a reabrir o processo disciplinar (art. 436.° n.° 2 do CT de 2003). A solução do actual Código do Trabalho, que consta do art. 389.° n.° 2, veio substituir a medida da reabertura do procedimento disciplinar.

O art. 393.° n.° 2 prevê ainda efeitos especiais para o despedimento ilícito, quando esteja em causa um contrato de trabalho a termo.

#### 131.4.2. Reintegração

**I.** *O princípio geral em matéria de ilicitude do despedimento é o da reintegração do trabalhador*, uma vez que é a reintegração que assegura plenamente a reposição da situação que existia antes do despedimento ilícito. Neste sentido, o art. 389.° n.° 1 b) do CT prevê a condenação do empregador, que praticou um despedimento ilícito, a reintegrar o trabalhador, exigindo que a reintegração seja feita no estabelecimento onde o tra-

[332] Especificamente sobre este ponto, LEAL AMADO, *Os efeitos do despedimento ilícito (sobre os artigos 436.° a 440 do Código do Trabalho)*, RMP, 2006, 105, 17-44.

balhador prestava serviço anteriormente e sem prejuízo da sua categoria e dos direitos decorrentes da antiguidade[333].

O direito à reintegração é estabelecido pela lei em alternativa ao direito à indemnização (previsto no art. 389.° n.° 1 a) do CT), pelo que, se o trabalhador não pretender ser reintegrado, tem que manifestar a sua vontade no sentido de ser indemnizado até ao termo da audiência final de julgamento (art. 391.° n.° 1)[334-335].

---

333 Neste ponto, o CT de 2003 era mais exigente, porque exigia que a reintegração do trabalhador fosse feita no mesmo posto de trabalho (art. 436.° n.° 1 b) deste Código) e não apenas no mesmo estabelecimento. A actual orientação do Código do Trabalho neste matéria vai ao encontro de alguma jurisprudência, que vem admitindo a reintegração do trabalhador em posto de trabalho diverso mas com um conteúdo funcional idêntico e correspondente à categoria que o trabalhador tinha anteriormente – Ac. STJ. de 12/05/1999, CJ (STJ), 1999, II, 275. A este propósito, FURTADO MARTINS, *Despedimento Ilícito, Reintegração na Empresa e Dever de Ocupação Efectiva cit.,* 161 ss., observa que a reintegração significa apenas uma declaração judicial de manutenção do contrato de trabalho, não obrigando concretamente o empregador a ocupar efectivamente o trabalhador num posto de trabalho. A nosso ver, sendo a acção de impugnação de despedimento uma acção de condenação, a declaração judicial de reintegração tem como efeito recuperar o vínculo laboral pré-existente, tal como ele se configurava ou em moldes equivalentes, conferindo a ambas as partes o direito a ver cumpridos os deveres inerentes a esse vínculo – o que inclui o dever de ocupação efectiva do trabalhador, tal como ele é actualmente cominado no art. 129.° n.° 1 b) do CT. Não sendo exigível que o empregador recrie para o trabalhador a função que detinha, este dever impõe que seja atribuída ao trabalhador uma função compatível com a sua categoria e estatuto. Também sobre este ponto, e discutindo a admissibilidade de imposição ao empregador de uma sanção pecuniária compulsória, em execução da sentença de reintegração, no caso de o empregador se recusar a reintegrar o trabalhador ilicitamente despedido na anterior função, *vd* ainda o Ac. RLx. de 25/06/2003, CJ, 2003, III, 160, e o Ac. RP de 27/01/2003, CJ, 2003, I, 232.

334 Neste ponto, o actual Código é mais explícito quanto à consideração da reintegração como o efeito comum da ilicitude do despedimento, uma vez que, se o trabalhador nada disser, será reintegrado. Pelo contrário, no âmbito do Código anterior, o trabalhador tinha que manifestar a sua opção no sentido da reintegração (art. 438.° n.° 1 do CT de 2003). Sobre esta opção do trabalhador, *vd*, ainda, por exemplo, o Ac. STJ de 20/05/2009 (N.° 08S4118), www.dgsi.pt.

335 Como observa LEAL AMADO, *Os efeitos do despedimento ilícito... cit.*, 29, a reintegração não é apenas o regime-regra em matéria de despedimento ilícito mas também o regime legal supletivo, pelo que deverá ser decretada sempre que o trabalhador não tenha optado expressamente pela indemnização. Por outro lado, a referência do Código à possibilidade de o trabalhador optar até à sentença deve ter-se como reportada à sentença da 1.ª instância; se o trabalhador fizer a sua opção em momento anterior, ela é irrevogável – LEAL AMADO, *Os efeitos do despedimento ilícito... cit.*, 27 e s..

Apenas no caso de a ilicitude do despedimento ser fundar na invalidade do processo para despedimento, mas os motivos substanciais persistam, o trabalhador não tem esta opção, estabelecendo o art. 389.° n.° 2 que o trabalhador tem direito a uma indemnização de valor mais reduzido.

No caso dos contratos a termo, o direito à reintegração também só existe se o termo do contrato ocorrer depois do trânsito em julgado da decisão do tribunal que declarou o despedimento ilícito; nos restantes casos, há apenas direito à indemnização (art. 395.° n.° 2, alíneas b) e a), respectivamente).

**II.** Em disposição que provém do Código anterior, o Código do Trabalho atribui ao empregador a *possibilidade de se opor à reintegração*, em duas situações contempladas no art. 392.° n.° 1: no caso de se tratar de uma microempresa; e no caso de o trabalhador despedido ocupar um cargo de direcção ou de administração.

Para fundamentar a sua oposição à reintegração, o empregador terá que demonstrar, perante o tribunal, que o regresso efectivo do trabalhador à empresa é gravemente prejudicial e perturbador do funcionamento da empresa (art. 392.° n.° 1, parte final), cabendo ao tribunal apreciar este fundamento (art. 392.° n.° 3, parte inicial).

A razão de ser das duas situações em que se configura a possibilidade de oposição à reintegração é, obviamente, diversa, pelo que cabe considerá-las separadamente.

No caso da microempresa, a justificação da oposição do empregador à reintegração parece assentar num juízo de inexigibilidade da manutenção do trabalhador na empresa, tendo em conta que a pequena dimensão desta (nos termos do art. 100.° n.° 1 a) do CT a microempresa é aquela que tem menos de 10 trabalhadores) confere uma especial intensidade às relações pessoais entre o empregador e o trabalhador, o que pode inviabilizar a reconstituição prática do vínculo laboral em termos de normalidade, independentemente da ilicitude do próprio despedimento[336].

---

[336] Assim, se o comportamento do trabalhador, que esteve na base do despedimento, tiver sido uma injúria grave ao empregador, a relação laboral não deixa de ficar irremediavelmente comprometida pelo facto de o despedimento ser ilícito, por exemplo, porque não foi precedido de processo disciplinar.

Contudo, na ponderação desta excepção devem ter-se em conta os seguintes factores: em primeiro lugar, esta excepção tem, no nosso sistema, um alcance considerável, uma vez que o tecido empresarial nacional é constituído maioritariamente por microempresas; em segundo lugar, deve ser ponderado o facto deste juízo de inexigibilidade de manutenção do contrato para o empregador ser, sobretudo, adequado ao despedimento disciplinar e não às restantes modalidades de despedimento, às quais se aplica também esta previsão normativa, o que exige um especial cuidado na sua aplicação; em terceiro lugar, deve tomar-se em consideração o facto desta solução fazer recair sobre o trabalhador as consequências de uma circunstância a que é absolutamente alheio (a dimensão da empresa); e, por fim, deve ser adequadamente ponderado o facto de esta solução constituir um desvio ao princípio constitucional da segurança no emprego (art. 53.° da CRP).

Ora, o conjunto destes factores impõe, no mínimo, que o tribunal seja especialmente exigente na apreciação do fundamento invocado para a oposição à reintegração, nos termos do art. 392.° n.os 1 e 2, avaliando se o regresso do trabalhador é, de facto, gravemente prejudicial e perturbador da actividade empresarial ou não.

Já no caso do despedimento de trabalhadores com cargos de direcção ou administração[337], o fundamento da oposição do empregador à reintegração pode ser um de dois: no caso de se tratar de um despedimento disciplinar, pode invocar-se a impossibilidade de reconstituição da relação de confiança entre as partes que subjaz a estes vínculos, por força das funções exercidas pelo trabalhador, tornando-se inexigível para o empregador a subsistência do contrato, independentemente do motivo da ilicitude do despedimento; e, em geral, pode esta solução justificar-se pela menor necessidade de tutela destes trabalhadores, dada a sua função dirigente.

De qualquer modo, também nestas situações a lei determina que o fundamento da oposição à reintegração aduzido pelo empregador seja

---

337 Naturalmente, estamos aqui perante situações em que os cargos de administração sejam compatíveis com a existência de um vínculo laboral. Por outro lado, deve ter-se em conta a dificuldade de integrar o conceito de cargos de direcção e administração, para efeitos desta norma, dada a extrema variedade das formas de organização das empresas – salientando esta dificuldade, LEAL AMADO, *Os efeitos do despedimento ilícito... cit.*, 30, preconizando a necessidade de avaliação de cada situação em concreto, para concluir sobre o estatuto real do trabalhador na empresa.

apreciado pelo tribunal e, pelos motivos acima indicados, entende-se que tal apreciação deve ser feita nos moldes da maior exigência[338].

No caso de a oposição do empregador ser considerada procedente, o trabalhador tem direito à indemnização prevista no art. 392.° n.° 3, cujo valor é majorado em relação ao valor da indemnização geral para estes casos, prevista no art. 391.° n.os 1 e 2.

**III.** O Código do Trabalho exceptua expressamente da possibilidade de oposição à reintegração três casos, que correspondem a situações merecedoras de uma tutela reforçada em matéria de cessação do contrato de trabalho:

- os casos em que a ilicitude do despedimento decorre do seu fundamento em motivos políticos, ideológicos, étnicos ou religiosos, ainda que com invocação de motivo diverso (art. 392.° n.° 2); esta excepção constitui uma projecção do particular valor cultural dos princípios constitucionais subjacentes a estes fundamentos do despedimento;
- os casos em que o fundamento justificativo da oposição à reintegração tenha sido culposamente criado pelo empregador (art. 392.° n.° 2 *in fine*); esta excepção é uma projecção do instituto do abuso do direito na modalidade do *tu quoque*, pretendendo evitar que o empregador beneficie de um direito que decorre de uma situação culposamente criada por si mesmo[339];
- o caso de o despedimento atingir uma trabalhadora grávida, puérpera e lactante, ou um trabalhador ou trabalhadora em gozo de licença parental (art. 63.° n.° 8)[340].

---

338 Chamando a atenção para dificuldade de elaboração deste juízo, por parte do tribunal, uma vez que se trata, essencialmente, de um juízo de prognose sobre o comportamento futuro do trabalhador na empresa, LEAL AMADO, *Os efeitos do despedimento ilícito... cit.*, 31.

339 LEAL AMADO, *Os efeitos do despedimento ilícito... cit.*, 34 s., propõe a extensão desta excepção à oposição do empregador à reintegração do trabalhador a todos os casos em que o empregador tenha provocado dolosamente o despedimento, bem como ao despedimento dos representantes dos trabalhadores.

340 Esta última excepção não estava contemplada no Anteprojecto do Código de 2003 nem na Proposta da Lei, tendo justificado a crítica que fizemos a tal omissão nas reflexões que apresentámos sobre a Proposta de Lei (ROSÁRIO PALMA RAMALHO, *O Novo*

**IV.** A norma que previu a possibilidade de oposição à reintegração foi uma das normas do Código do Trabalho de 2003 que foi objecto de apreciação preventiva da constitucionalidade, tendo-se debatido a possível contrariedade deste regime ao princípio da proibição dos despedimentos com justa causa, constante do art. 53.° da CRP.

Embora com votos de vencido, o Tribunal Constitucional, no Ac. n.° 306/2003, de 25 de Junho, concluiu no sentido da constitucionalidade do preceito. Do nosso ponto de vista, este entendimento é o que melhor se coaduna com o princípio constitucional da segurança no emprego, no sentido em que o interpretámos oportunamente[341], ou seja, como um princípio eminentemente dirigido a vedar despedimentos arbitrários ou injustificados.

Ora, este princípio não é afectado pelo facto de o trabalhador, cujo contrato de trabalho tenha cessado ilicitamente, ser protegido por outra via que não seja a reintegração na empresa (no caso, através do direito a uma indemnização majorada), desde que esta outra forma de protecção seja objectivamente justificada, como sucede, no caso, através da comprovação da inexigibilidade prática da manutenção do vínculo. Esta solução configura, afinal, a reparação dos prejuízos causados ao trabalhador pelo acto ilícito, não pela via da reconstituição natural mas através de um sucedâneo pecuniário[342].

A conclusão no sentido da constitucionalidade da solução não invalida, no entanto, o reconhecimento do seu carácter gravoso, tendo em conta a importância do princípio da estabilidade do emprego. Assim, este valor constitucional impõe ao tribunal o maior rigor na apreciação do fundamento de oposição à reintegração invocado pelo empregador, e, na dúvida sobre esse fundamento, a decretação da reintegração solicitada pelo trabalhador.

---

*Código do Trabalho... cit.*, *in Estudos de Direito do Trabalho* I, 64 s.). Já na fase da discussão da Proposta de Lei pela Assembleia da República foi introduzida esta excepção, cuja falta era particularmente chocante. O actual Código mantém esta solução. Sobre o ponto, com desenvolvimentos, ainda ROSÁRIO PALMA RAMALHO, *O direito da igualdade no Código do Trabalho cit.*, 187 e nota [9].

341 *Supra*, § 33.°, ponto 124.

342 Contra, considerando a solução inconstitucional, entre outros, J. JOÃO ABRANTES, *O Código do Trabalho e a Constituição cit.*, 145 ss., e JÚLIO GOMES / RAQUEL CARVALHO, *Código do Trabalho – a (in)constitucionalidade) das normas relativas à repetição do procedimento disciplinar e à reintegração*, QL, 2003, 22, 212-236 (217 ss.).

V. Por fim, cabe fazer uma referência à solução algo salomónica que foi introduzida pelo Código do Trabalho de 2009 para os casos em que a ilicitude do despedimento decorre de uma invalidade processual mas em que a motivação substantiva do mesmo não oferece dúvidas.

Para esta situação, o CT anterior previa a possibilidade de reabertura do procedimento disciplinar para corrigir o vício do processo, retomando-se a contagem do prazo de prescrição da infracção disciplinar e do prazo de caducidade do procedimento disciplinar. Esta solução – que foi objecto de apreciação preventiva da constitucionalidade[343] – foi justificada no facto de, com alguma frequência, o fundamento da impugnação do despedimento ser uma irregularidade processual, sem que subsistam dúvidas sobre a justa causa para o despedimento. Contudo, como tivemos ocasião de referir oportunamente[344], esta solução causava estranheza por vários motivos: em primeiro lugar, porque premiava o empregador que praticou um acto de negligência no processo, que só a ele era imputável; em segundo lugar, porque eternizava o procedimento disciplinar, o que era contrário ao princípio da celeridade que domina esta matéria; por outro lado, porque redundava num segundo julgamento do trabalhador pela mesma infracção; e, por fim, porque não ficava claro o destino do próprio processo de impugnação de despedimento neste caso[345].

O actual Código do Trabalho abandonou esta solução em favor do regime que agora consta do art. 389.º n.º 2. Assim, no caso de a ilicitude do despedimento se fundar na invalidade do processo pelos motivos estabelecidos nessa norma, mas persistirem os fundamentos substanciais do despedimento, o trabalhador apenas tem direito a uma indemnização.

Contudo, esta indemnização não constitui uma alternativa à reintegração – efeito da ilicitude que fica, assim, excluído à partida – e o

---

[343] Ac. TC n.º 306/2003, de 25 de Junho de 2003 (DR, I S. de 18/07/2003). O Tribunal Constitucional não se pronunciou no sentido da inconstitucionalidade da solução proposta. Sobre o problema, com visões diferentes, podem ver-se J. JOÃO ABRANTES, *O Código do Trabalho e a Constituição cit.*, 143 s., JÚLIO GOMES / RAQUEL CARVALHO, *Código do Trabalho – a (in)constitucionalidade) das normas relativas à repetição do procedimento disciplinar e à reintegração cit.*, 212 ss., e A. MENDES BAPTISTA, *A reabertura do procedimento disciplinar*, RMP, 2006, 108, 197-228.

[344] ROSÁRIO PALMA RAMALHO, *Direito do Trabalho cit.*, 2.ª ed., 878 s.

[345] Equacionando alguns problemas colocados por esta solução da reabertura do processo disciplinar, *vd* o Ac. RLx. de 19/09/2007 (N.º 4802/2007-4), www.dgsi.pt.

seu valor é reduzido para metade daquele que resultaria dos critérios gerais.

Como acima referimos, trata-se de uma solução salomónica, que procura conciliar os valores em jogo. É que, por um lado, não deixa de se atender ao facto de o despedimento ser substancialmente justificado, o que explica que se afaste a reintegração do trabalhador e se reduza o valor da indemnização a arbitrar ao trabalhador. Mas por outro lado, penaliza-se o empregador que incorreu, ele próprio, num comportamento desconforme com a lei (ainda que em termos processuais), fazendo-o incorrer no dever de indemnizar.

Deve, contudo, chamar-se a atenção para o facto de o âmbito de aplicação desta norma ser mais restrito do que era a solução correspondente da reabertura do procedimento disciplinar no CT de 2003. É que apenas integram a previsão do art. 389.° n.° 2 as irregularidades procedimentais relativas à fase de instrução (art. 356.° n.$^{os}$ 2 e 3) e a um dos prazos para prolação da decisão de despedimento (o prazo do art. 357.° n.° 3). Assim, este regime não se aplica nem às situações de ausência de processo disciplinar nem às irregularidades processuais mais graves, casos em que o despedimento é ilícito.

### 131.4.3. **Indemnizações e retribuições intercalares**

**I.** Em alternativa à reintegração, pode o trabalhador optar pela indemnização pelos danos, patrimoniais e não patrimoniais, que o despedimento ilícito lhe tenha causado, nos termos do art. 391.° n.° 1 do CT.

No âmbito do regime anterior ao CT de 2003, a lei estabelecia um valor fixo de indemnização pelo despedimento ilícito, que correspondia a um mês de retribuição base por cada ano de antiguidade (ou fracção de ano) do trabalhador ao serviço da empresa, sendo previsto como valor mínimo para essa indemnização o correspondente a três meses de retribuição (art. 13.° n.° 3 da LCCT). Para efeitos da contagem da antiguidade, era tido em conta todo o tempo de execução do contrato e ainda o tempo decorrido até à sentença judicial (art. 13.° n.° 3 da LCCT).

**II.** O Código de 2003 estabeleceu novas regras nesta matéria, que transitaram para o novo Código do Trabalho. Assim, actualmente vigora o sistema seguinte:

i) O valor da retribuição a ter em conta para efeitos do cálculo desta indemnização é o que corresponde à retribuição base e às diuturnidades (art. 391.° n.° 1), tal como estão definidas no art. 262.° n.° 2.

ii) A indemnização por despedimento ilícito deixou de corresponder a um valor fixo para passar a corresponder a um valor variável, a arbitrar pelo tribunal, entre um mínimo de 15 e um máximo de 45 dias por cada ano de antiguidade do trabalhador ou fracção de ano (art. 391.° n.° 1). Assim, o tribunal tem uma grande latitude na determinação do *quantum* da indemnização, até porque os critérios que a lei estabelece para a determinação do valor a arbitrar em cada caso (i.e. «o valor da retribuição e o grau de ilicitude decorrente da ordenação estabelecida no artigo 381.°») não são esclarecedores[346].

iii) O valor mínimo da indemnização a arbitrar é o que corresponda a três meses de retribuição base e diuturnidades, tal como já decorria do sistema anterior (art. 391.° n.° 3).

iv) A contagem da antiguidade do trabalhador, para efeitos do cálculo desta indemnização, inclui o tempo total de execução do contrato e ainda o tempo que decorreu entre o despedimento até ao trânsito em julgado da decisão judicial (art. 391.° n.° 2). Embora a norma não se refira expressamente à contagem da antiguidade correspondente ao tempo de execução do contrato,

---

[346] A remissão do art. 391.° n.° 1 para o art. 381.° do CT não é compreensível, porque esta última norma apenas enuncia as causas de ilicitude, mas nada permite concluir sobre o *grau* dessa ilicitude, sendo, aliás, discutível, se um despedimento por motivo ideológico, político ou religioso é mais grave do que o despedimento por qualquer outro motivo substancial que não se venha a comprovar, ou ainda que o despedimento ilícito por razões formais é mais grave do que o despedimento de uma trabalhadora grávida, por falta do parecer exigido para o efeito. Por outro lado, o critério do valor da retribuição também não permite concluir se a base da indemnização a ter em conta deve ser mais ampla ou mais estreita, consoante o trabalhador tenha auferido uma retribuição mais elevada ou menos elevada. Já aplicando a norma correspondente a esta do CT de 2003, o Ac. RLx. de 6/03/2005, CJ, 2005, II, 146, considerou pouco relevante, para efeitos da fixação do montante da indemnização a arbitrar, o critério do valor da retribuição auferida pelo trabalhador na pendência do contrato, mas valorizou o critério do grau da ilicitude, considerando, no caso, que a falsidade dos motivos do despedimento e a consciência plena dessa falsidade pelo empregador justificavam a fixação da indemnização nos 45 dias por cada ano de antiguidade.

a contagem deste tempo retira-se directamente da regra do n.° 1 do mesmo artigo. Por outro lado, é resolvida a questão da inclusão das fases de recurso do processo de impugnação na contagem da antiguidade para este efeito: referindo-se agora a norma ao momento do trânsito em julgado da decisão judicial, conclui-se, naturalmente, que a contagem da antiguidade abrange as fases de recurso do processo[347].

v) No caso de o empregador se opor à reintegração e desta oposição ser julgada procedente pelo tribunal, a indemnização a arbitrar é majorada, prevendo-se a sua fixação entre os 30 e os 60 dias por cada ano de antiguidade do trabalhador, com um valor mínimo de seis meses de retribuição base e diuturnidades (art. 392.° n.° 3). Compreendendo-se a majoração da indemnização neste caso, uma vez que ela não resulta da opção do trabalhador (que tinha optado pela reintegração) mas de um acto do empregador, não deixa de se assinalar, por um lado, a ampla margem de discricionariedade do tribunal na fixação do valor a arbitrar, mas, sobretudo, o facto desta solução favorecer a litigância judicial, porque torna menos atractiva para o trabalhador a resolução do processo por acordo, com a aceitação de uma indemnização numa fase mais precoce da lide[348].

A lei prevê também uma indemnização majorada para aquelas categorias de trabalhadores que beneficiam de tutela especial em matéria de despedimento – é o caso dos membros das comissões de trabalhadores e dos representantes sindicais (art. 410.° n.° 5), e das trabalhadoras despedidas na situação de gravidez, puerpério ou lactância, bem como dos trabalhadores e trabalhadoras despedidos durante a licença parental (art. 63.° n.° 8).

---

[347] Sobre este ponto, por exemplo, o Ac. STJ de 20/05/2009 (N.° 08S4118), www.dgsi.pt. Veja-se, no entanto, o Ac. RLx. de 13/04/2005, CJ, 2005, II, 158, relativo a uma situação em que, entre a data do despedimento e a data da sentença, o trabalhador esteve em situação de baixa e, entretanto, se reformou. Nesta situação, o Tribunal entendeu que a indemnização por antiguidade devia ter apenas em conta o tempo decorrido entre a data da admissão e a data da reforma do trabalhador.

[348] Também salientando este efeito pernicioso da norma, Leal Amado, *Os efeitos do despedimento ilícito... cit.*, 41.

Já relativamente aos contratos a termo, o art. 393.º n.º 2 a) do CT indexa o direito à indemnização à importância correspondente ao valor das retribuições que o trabalhador teria direito a auferir desde o despedimento até ao termo do seu contrato, ou até ao trânsito em julgado da decisão do tribunal sobre a ilicitude do despedimento, se aquele termo ocorrer posteriormente.

A propósito desta matéria, deve ainda ter-se em conta o art. 339.º n.º 3 do CT, que prevê que os instrumentos de regulamentação colectiva do trabalho disponham sobre os critérios de definição das indemnizações, bem como em matéria de determinação dos valores das indemnizações, embora dentro dos limites fixados pelo Código[349].

**III.** Um problema que tem merecido a atenção da doutrina e da jurisprudência é o dos *limites da indemnização por despedimento ilícito*.

Uma vez que o valor da indemnização se encontra estabelecido na lei, a jurisprudência entendeu tradicionalmente que tal valor devia considerar-se como cobrindo a totalidade dos danos decorrentes do despedimento[350]. Contudo, em decisões mais recentes, tem sido admitida uma indemnização por danos não patrimoniais em acréscimo à indemnização prevista na lei laboral, que é, assim, configurada como uma indemnização pelos danos decorrentes da ilicitude do despedimento[351].

O Código do Trabalho não esclarece este problema e, no que se refere à indemnização prevista para o despedimento ilícito com justa causa, os critérios de fixação do valor da indemnização, indicados no art. 391.º n.º 1 (designadamente a enigmática remissão para o grau de ilicitude) parecem pressupor a ponderação, pelo juiz, de todos os danos causados ao trabalhador, dentro dos limites mínimo e máximo da indemnização aí fixados; todavia, de outra parte, o art. 389.º n.º 1 a) refere-se expressamente à

---

[349] Sobre a fixação destas indemnizações em instrumento de regulamentação colectiva do trabalho, *vd* o Ac. STJ de 14/05/2003, CJ (STJ), 2003, II, 254.

[350] Dando conta do entendimento tradicional da jurisprudência relativamente a esta questão, Furtado Martins, *Cessação do Contrato de Trabalho cit.*, 159.

[351] Ainda no âmbito da LCCT, mas mantendo a pertinência perante o Código do Trabalho, sobre a admissibilidade de fazer acrescer à indemnização fixada no art. 13.º da LCCT uma indemnização por danos não patrimoniais superiores, *vd* o Ac. STJ de 23/11/2001 (proc. n. 1659/01), www.dgsi.pt, o Ac. STJ de 27/03/2001 (proc. n.º 3913/01) www.dgsi.pt, o Ac. STJ de 8/05/2002, AD, 2003, 493-148, o Ac. STJ de 9/10/2002, AD, 2003, 498-973, e o Ac. RLx. de 23/05/2001, BTE, II Série n.º 10-11-12/2002, 1484.

condenação do empregador no dever de indemnizar o trabalhador «por *todos* os danos causados, patrimoniais e não patrimoniais».

A nosso ver, no caso de ilicitude do despedimento, a questão deve ser resolvida por aplicação das regras gerais da responsabilidade civil. Assim, a indemnização prevista no art. 391.° n.° 1 do CT, com base na antiguidade do trabalhador, é uma indemnização pelos danos patrimoniais correspondentes ao despedimento ilícito e à não reintegração do trabalhador. Contudo, se o trabalhador provar que, da cessação do contrato de trabalho, e independentemente da questão da ilicitude, resultaram outros danos com carácter patrimonial ou não patrimonial, esses prejuízos devem ser ressarcidos nos termos gerais, verificados os respectivos pressupostos[352-353].

**IV.** Do direito à indemnização por ilicitude do despedimento, como sucedâneo da reintegração, deve distinguir-se o *direito do trabalhador à percepção das retribuições intercalares*, atribuído pelo art. 390.° do CT, e que inclui as retribuições que o trabalhador deixou de auferir desde a data do despedimento até ao trânsito em julgado da decisão do tribunal[354].

O direito às retribuições intercalares é independente quer do direito à indemnização (tal como é expressamente referido no n.° 1 do art. 390.°), quer do direito do trabalhador à reintegração, se for esta a sua opção. Trata-se da consequência natural da invalidade do despedimento: embora a decisão de despedimento tenha sido eficaz durante algum tempo (razão pela qual o contrato deixou de estar em execução e, portanto, o trabalhador deixou de auferir a retribuição), com a declaração de invalidade do despedimento, a eficácia da decisão de despedimento é destruída retroac-

---

[352] Também sustentando o carácter mínimo da indemnização por antiguidade prevista na lei para o caso de despedimento ilícito, e, em consequência, a possibilidade de atribuição de indemnização por outros danos, JÚLIO GOMES, *Acção de impugnação de despedimento. Reforma. Indemnização de antiguidade*, QL, 2002, 96-109 (107 s.). E, no mesmo sentido, já perante o Código do Trabalho, LEAL AMADO, *Os efeitos do despedimento ilícito... cit.*, 18 s.

[353] Neste sentido, por exemplo, o Ac. RLx. de 6/03/2005, CJ, 2005, II, 146, arbitrando uma indemnização por danos morais em acréscimo à indemnização por ilicitude do despedimento, tendo calculado esta pelo valor máximo dos 45 dias por cada ano de antiguidade do trabalhador. Sobre a reparação deste tipo de danos, ainda, por exemplo, o Ac. STJ de 19/02/2003, CJ (STJ), 2003, I, 264.

[354] Sobre o modo de cálculo das retribuições intercalares, *vd* o Ac. STJ de 6/07/2004, CJ (STJ), 2004, II, 287.

tivamente, nos termos gerais, pelo que se procede à reposição integral da situação contratual – o que passa pela percepção das retribuições a que o trabalhador teria direito se o contrato tivesse estado em execução. Uma vez que a lei se refere expressamente à retribuição neste contexto, entende-se que não está aqui em causa a reposição dos valores correspondentes a prestações complementares não retributivas.

Na regulação desta matéria, o Código resolveu também a questão do alcance deste direito do trabalhador[355]: nos termos do art. 390.° n.° 1, as retribuições devidas ao trabalhador incluem também a fase de recurso do processo de impugnação do despedimento, uma vez que o momento limite fixado pela lei deixou de ser a sentença para passar a ser o momento do trânsito em julgado da decisão judicial sobre a questão[356].

Resta referir a regra segundo a qual deve ser deduzido do montante das retribuições intercalares a pagar ao trabalhador, ao abrigo desta norma, o valor correspondente a três tipos de situações (art. 390.° n.° 2):

i) O montante relativo a importâncias que o trabalhador tenha auferido com a cessação do contrato e que não teria recebido se o despedimento não tivesse ocorrido (art. 390.° n.° 2 a)). A fórmula extremamente ampla deste preceito permite aqui incluir os rendimentos de trabalho, quer subordinado quer autónomo, que o trabalhador tenha auferido após a cessação do contrato, mas a lei exige que tal trabalho fosse objectivamente incompatível com a situação do trabalhador, caso o seu contrato estivesse em execução[357]. Esta dedução do *aliunde perceptum*, que já provém do regime anterior à codificação laboral, embora tenha um maior alcance desde o CT de 2003[358], tem sido justificada pela dou-

---

[355] Sobre esta querela, no regime anterior à codificação laboral e com referências jurisprudenciais, LEAL AMADO, *Os efeitos do despedimento ilícito...cit.*, 21 s.

[356] Discutindo esta questão, no âmbito do sistema anterior ao Código do Trabalho de 2003, J. LEAL AMADO, *Despedimento ilícito e salários intercalares: sentença versus decisão final,* QL, 2002, 20, 234 s.

[357] Assim, por exemplo, se o trabalhador já tinha uma situação de pluriemprego, a dedução não se aplica. Sobre uma situação deste tipo, *vd* o Ac. RP de 19/02/2004, CJ, 2004, I, 227. Ainda sobre estas deduções, pode ver-se o Ac. STJ de 14/03/2007 (N.° 06S4472), www.dgsi.pt., ou o Ac. RP de 29/06/2009 (N.° 0847108), www.dgsi.pt.

[358] Mas atente-se na interpretação restritiva desta norma, preconizada por LEAL AMADO, *Os efeitos do despedimento ilícito... cit.*, 23 ss.

trina como uma projecção do princípio geral da proibição da locupletação à custa alheia ou do enriquecimento sem causa, evitando que o trabalhador «receba duas vezes»[359]. A nosso ver, esta justificação não colhe por duas razões: porque a desocupação temporária do trabalhador teve na sua base um acto ilícito do empregador, sendo que esta solução acaba por beneficiar o infractor; e, de outra parte, porque se trata de uma solução pouco pedagógica, na medida em que premeia os trabalhadores que permanecem desocupados – e, nessa medida, improdutivos – após o despedimento, em detrimento daqueles que procuram uma actividade alternativa[360].

ii) O montante das retribuições auferidas pelo trabalhador entre o momento do despedimento e até 30 dias antes da propositura da acção de impugnação, se esta não for proposta no prazo de 30 dias sobre a data do despedimento (art. 390.° n.° 2 b)). Uma vez que o trabalhador dispõe agora do prazo de 60 dias para promover a apreciação judicial do despedimento (art. 387.° n.° 2 do CT), esta dedução tem como objectivo evitar que recaia sobre o empregador a consequência do trabalhador decidir impugnar o despedimento tardiamente[361].

iii) O montante do subsídio de desemprego auferido pelo trabalhador após o despedimento, que deve ser entregue pelo empregador à segurança social (art. 390.° n.° 2 c)): esta dedução, instituída pelo CT de 2003, justifica-se plenamente, não só para não premiar um trabalhador desocupado relativamente a um trabalhador que voltou a trabalhar, mas, sobretudo, porque o subsídio de desemprego é uma prestação do Estado, substitutiva da retribuição; assim, recuperada esta, deve aquele ser devolvido.

---

[359] Neste sentido, entre outros, ROMANO MARTINEZ, *Direito do Trabalho cit.*, 1024 s., admitindo mesmo a extensão desta solução ao caso em que o trabalhador despedido não tenha aceite uma oferta de emprego compatível ou não se tenha candidatado ao subsídio de desemprego.

[360] Sobre estas deduções e o modo como devem ser feitas, *vd* o Ac. STJ de 7/10/2003, CJ (STJ), 2003, III, 263, e o Ac. RLx. de 2/06/2005, CJ, 2005, III, 151.

[361] Sobre esta situação, o Ac. RLx. de 13/04/2005, CJ, 2005, II, 158, esclarece que, se, entre a data do despedimento e a data da sentença, o trabalhador esteve em situação de baixa e, entretanto, se reformou, não são devidas retribuições intercalares. No mesmo sentido se pronunciou o Ac. STJ de 21/02/2006 (N.° 05S3639), www.dgsi.pt.

## § 36.° Despedimento colectivo[362]

### 132. Aspectos gerais

**I.** O despedimento do trabalhador pode fundar-se em motivos objectivos, ligados à impossibilidade de o empregador continuar a receber a prestação laboral e a cumprir os deveres remuneratórios.

---

[362] Na doutrina nacional, sobre a figura do despedimento colectivo, BERNARDO XAVIER, *O Despedimento Colectivo no Dimensionamento da Empresa cit.*, *passim*, MÁRIO PINTO / FURTADO MARTINS, *Despedimentos colectivos: liberdade de empresa e acção administrativa*, RDES, 1993, 1/2/3/4, 3-70, e ainda de FURTADO MARTINS, *Cessação do Contrato de Trabalho cit.*, 113 ss., MENEZES CORDEIRO, *Manual de Direito do Trabalho cit.*, 847 ss., BERNARDO XAVIER, *Curso de Direito do Trabalho cit.*, 526 ss., e JORGE LEITE, *Direito do Trabalho cit.*, 339 ss., CATARINA CARVALHO, *Cessação do contrato de trabalho promovida pelo empregador com justa causa objectiva no contexto dos grupos empresariais, in* MONTEIRO FERNANDES (coord.), *Estudos de Direito do Trabalho em Homenagem ao Professor Manuel Alonso Olea,* Coimbra, 2004, 205-239, P. ROMANO MARTINEZ / L. M. MONTEIRO / JOANA VASCONCELOS / P. MADEIRA DE BRITO / G. DRAY / L. GONÇALVES DA SILVA, *Código do Trabalho Anotado cit.*, 949 ss. (anotação de ROMANO MARTINEZ), ROMANO MARTINEZ, *Direito do Trabalho cit.*, 1002 ss., e *Da Cessação do Contrato cit.*, 477 ss., JÚLIO GOMES, *Direito do Trabalho cit.*, 976 ss., MONTEIRO FERNANDES, *Direito do Trabalho cit.*, 632 ss., LEAL AMADO, *Contrato de Trabalho cit.*, 400 ss., e ainda, em apreciação dos problemas do despedimento colectivo no contexto dos grupos societários e empresariais, ROSÁRIO PALMA RAMALHO, *Grupos Empresariais e Societários... cit.*, 574 ss. Para um panorama de direito comparado sobre a figura do despedimento colectivo, ainda BERNARDO XAVIER, *O Despedimento Colectivo no Dimensionamento da Empresa cit.*, 128 ss., bem como, quanto ao sistema alemão, por todos, ZÖLLNER /LORITZ, *Arbeitsrecht... cit.*, 297 ss., quanto ao sistema francês, VERDIER / COEURET / SOURIAC, *Droit du travail cit.*, 515 ss., e colocando a questão especificamente no âmbito dos grupos de empresas, ainda G. PICA, *Le droit du travail à l'épreuve de l'économie (À propos des licenciements collectifs pour motif économique dans les groups de societés)*, DS, 1994, 1, 26-29, quanto ao sistema italiano, SCONAMIGLIO, *Diritto del lavoro cit.*, 537 ss. e 556 ss., e, quanto ao direito espanhol, MONTOYA MELGAR, *Derecho del Trabajo cit.*, 481 ss.

Ao leque de motivações objectivas que o Código do Trabalho admite para este efeito correspondem três modalidades de despedimento:

– o *despedimento colectivo*, cujo objectivo é o encerramento de uma ou de várias secções ou estabelecimentos da empresa, ou a redução de pessoal da mesma, por motivos de mercado, estruturais ou tecnológicos (art. 340.° d) e arts. 359.° ss.);
– o *despedimento por extinção do posto de trabalho*, motivado em razões económicas, de mercado, estruturais ou tecnológicas (art. 340.° e) e arts. 367.° ss.);
– o *despedimento por inadaptação*, motivado pela inadequação superveniente do trabalhador ao posto de trabalho, modificado no decurso do seu contrato (art. 340.° f) e arts. 373.° ss.).

Em todas estas situações, a cessação do contrato é justificada em motivos que não são imputáveis ao trabalhador a título de culpa[363] – o que permite distinguir estas modalidades de despedimento do despedimento disciplinar ou por justa causa – mas que tornam inexigível ao empregador a manutenção do vínculo.

Assim sendo e estando assente a admissibilidade de pôr fim ao contrato de trabalho por iniciativa do empregador, por motivos objectivos, tendo em conta a interpretação preconizada (e sufragada tanto pela jurisprudência constitucional como pela doutrina) para o princípio da proibição dos despedimentos sem justa causa, constante do art. 53.° da CRP[364], a lei preocupa-se, sobretudo, em assegurar a necessária contenção destas modalidades de despedimento dentro de parâmetros de razoabilidade, através da sua limitação em termos substanciais e procedimentais e garantindo aos trabalhadores abrangidos a adequada compensação monetária.

**II.** No elenco das modalidades de resolução do contrato de trabalho por iniciativa do empregador e com fundamento objectivo, o despedi-

---

[363] Mesmo no caso do despedimento por inadaptação assim sucede, na medida em que esta figura pressupõe uma alteração do posto de trabalho superveniente à celebração do contrato de trabalho e à qual o trabalhador – sem culpa sua – não se adapta, tornando-se inexigível ao empregador a manutenção do vínculo.

[364] Como se referiu, *supra*, § 33.°, ponto 124. Especificamente sobre este ponto, com referência ao despedimento colectivo, MONTEIRO FERNANDES, *Direito do Trabalho cit.*, 632 s.

mento colectivo é a figura mais tradicional, tanto no panorama comparado, como no nosso sistema jurídico, tendo especial vocação para fazer face a uma situação de crise da empresa, cuja ultrapassagem passe pela sua reestruturação, bem como para prosseguir objectivos empresariais de reorientação estratégica ou de mercado.

Entre nós, a figura dos despedimentos colectivos foi regulada no DL n.° 783/74, de 31 de Dezembro[365]. Com a revogação deste diploma, a matéria foi integrada na Lei dos Despedimentos de 1975 (DL n.° 372-A/75, de 16 de Julho, na alteração introduzida pelo DL n.° 84/76, de 28 de Janeiro). Com a revogação da Lei dos Despedimentos pela LCCT (aprovada pelo DL n.° 64-A/89, de 27 de Fevereiro), a matéria do despedimento colectivo passou também a integrar este diploma, até ao surgimento do CT de 2003[366], onde foi regulada nos arts. 397.° ss. O actual Código do Trabalho regula esta matéria nos arts. 359.° a 366.°.

Em termos substanciais, o regime jurídico do despedimento colectivo acompanhou a evolução rigidificante do sistema laboral em matéria de despedimentos, que caracterizou a Lei dos Despedimentos, conforme se salientou oportunamente. No caso específico desta figura, tal tendência manifestou-se, sobretudo, no pendor administrativo do processo para efectivar o despedimento, que passava por uma intervenção dos serviços do Ministério do Trabalho, tanto na fase negocial como na fase decisória do processo, carecendo, aliás, a decisão final sobre o despedimento da autorização dos serviços administrativos[367].

Com a LCCT, esta índole exageradamente publicista do regime do despedimento colectivo foi eliminada, sendo a participação dos serviços administrativos no processo reduzida a um papel de fiscalização formal e apoio técnico, na fase negocial e a pedido das partes. O regime desta figura mantém até hoje os traços essenciais que resultaram da sua configuração pela LCCT, tendo o CT de 2003 introduzido apenas alterações de pormenor ou de clarificação regimental. Por seu turno, o actual Código do Tra-

---

[365] Com respeito ao tratamento e ao regime jurídico desta matéria anteriormente a este diploma, *vd* Mário Pinto / Furtado Martins, *Despedimentos colectivos... cit.*, 3 ss.

[366] Para mais desenvolvimentos sobre a evolução legislativa em matéria de despedimento colectivo, no quadro anterior à codificação laboral, Bernardo Xavier, *O Despedimento Colectivo... cit.*, 43 ss.

[367] Art. 17.° n.° 1 a) da LD. Criticando este sistema, por exemplo, Menezes Cordeiro, *Manual de Direito do Trabalho cit.*, 848 s.

balho alterou a sistematização da matéria (voltando a tratar em conjunto os aspectos substantivos e procedimentais) e, em termos substantivos, alterou algumas regras sobre prazos no processo para despedimento e tomou posição sobre a questão – até agora controvertida – da natureza jurídica da presunção de aceitação do despedimento colectivo (art. 366.° n.° 5).

**III.** O Código do Trabalho desenvolve o regime jurídico do despedimento colectivo nos seguintes preceitos:

- art. 359.°, que se ocupa da delimitação e dos fundamentos do despedimento colectivo;
- arts. 360.° a 365.°, que se ocupam do processo necessário à efectivação do despedimento colectivo;
- art. 366.°, relativo à compensação devida pelo despedimento colectivo;
- art. 383.°, relativo às causas específicas de ilicitude do despedimento colectivo.

Relativamente à matéria do despedimento colectivo, devem ainda ter-se em conta as fontes comunitárias, com destaque para a Dir. n.° 98/59/CE, do Conselho, de 20 de Julho de 1998, que procedeu à reunião das anteriores directivas sobre a matéria[368], e cujo objectivo essencial é a protecção dos trabalhadores por ocasião deste despedimento. Também a jurisprudência comunitária se tem pronunciado sobre esta modalidade de cessação do contrato de trabalho[369].

---

368 Esta Directiva revogou (procedendo à respectiva codificação) duas directivas anteriores sobre esta matéria: a Dir. n.° 75/129/CEE, do Conselho, de 17 de Fevereiro de 1975, e a Dir. n.° 92/56/CEE, do Conselho, de 24 de Junho de 1992. O Código do Trabalho procedeu à transposição desta directiva (art. 2.° g) do Diploma Preambular). Especificamente sobre a transposição desta Directiva para o direito interno, CATARINA CARVALHO, *Cessação do contrato de trabalho... cit.*, 235 ss., e, em geral, sobre o direito comunitário nesta matéria, BERNARDO XAVIER, *O Despedimento Colectivo... cit.*, 289 ss., e ROSÁRIO PALMA RAMALHO, *Direito Social da União Europeia cit.*, 91 ss.

369 Destaca-se, neste contexto, o Ac. TJ de 12/10/2004 (Proc. C-55/02), www.europa.eu.int/eur-lex, da Comissão contra a República Portuguesa, que tratou o conceito de despedimento colectivo e insistiu na necessidade de alargamento do conceito de despedimento colectivo, essencialmente para assegurar a extensão da protecção concedida em sede desta modalidade de despedimento às restantes modalidades de cessação do contrato de trabalho, por iniciativa do empregador e com fundamento objectivo.

## 133. Configuração e fundamentos do despedimento colectivo

**I.** O despedimento colectivo pode ter lugar nas condições previstas no art. 359.° n.° 1 do CT. Estas condições, relativas ao número de trabalhadores abrangidos, ao tempo em que ocorre o despedimento e aos motivos que lhe estão subjacentes, são as seguintes:

– só se considera despedimento colectivo aquele que abranja, pelo menos, dois ou cinco trabalhadores, consoante se reporte a uma pequena ou microempresa, ou a uma média ou grande empresa, respectivamente[370];
– só se considera despedimento colectivo aquele que seja operado simultaneamente ou aquele que seja operado de forma sucessiva, mas compreendida no período máximo de três meses;
– o despedimento colectivo pode fundar-se no encerramento de uma ou de várias secções ou estrutura equivalente da empresa ou na redução de pessoal, justificadas por motivos de mercado, estruturais ou tecnológicos; a descrição destes motivos é feita no n.° 2 do mesmo artigo[371].

**II.** O *requisito do número mínimo de dois ou cinco trabalhadores a abranger pela medida do despedimento colectivo* assegura o carácter colectivo do despedimento[372].

Este requisito coloca, contudo, duas questões: a questão de saber quais são os trabalhadores a ter em conta para a determinação da dimensão da empresa e, no caso de o despedimento colectivo se reportar apenas

---

[370] Ou seja, nos termos da classificação das empresas, constante do art. 100.° do CT, empresas que tenham menos ou mais de 50 trabalhadores, respectivamente.

[371] Assim, como observa MONTEIRO FERNANDES, *Direito do Trabalho cit.*, 632, os dois traços caracterizadores do despedimento colectivo são o facto de o despedimento envolver uma pluralidade de trabalhadores e o facto de se fundar num motivo comum a todos eles. No mesmo sentido, *vd* o Ac. STJ de 21/09/2000, CJ (STJ), 2000, III, 259.

[372] Sobre este ponto, o Ac. STJ de 6/11/1996, CJ (STJ), 1996, III, 248, considerou que não deixava de se qualificar como despedimento colectivo o despedimento que, como tal, se consumou apenas relativamente a um dos trabalhadores envolvidos *ab initio*, porque relativamente aos trabalhadores restantes foram adoptadas medidas alternativas, no decurso do processo para despedimento. No mesmo sentido, na doutrina, BERNARDO XAVIER, *O Despedimento Colectivo... cit.*, 377 s., e FURTADO MARTINS, *Cessação do Contrato de Trabalho cit.*, 114 s.

a um estabelecimento ou a um serviço ou secção da empresa, coloca também o problema de saber se são de ter em conta, para efeitos do preenchimento deste requisito, todos os trabalhadores da empresa ou apenas os trabalhadores do estabelecimento abrangido.

Quanto ao tipo de trabalhadores a ter em conta para a determinação da dimensão da empresa, remete-se para a interpretação do art. 100.° do CT feita oportunamente[373]: devem ter-se em conta, no cômputo dos trabalhadores da empresa, todos os trabalhadores, excepto os trabalhadores temporários que nelas se encontrem a prestar serviço, porque o vínculo laboral destes trabalhadores é com a empresa de trabalho temporário[374].

Quanto à questão de saber se o cômputo dos trabalhadores se deve reportar à empresa ou ao estabelecimento, no caso de o despedimento colectivo visar a supressão de uma secção ou estabelecimento da empresa, entende-se que a contagem dos trabalhadores é sempre de reportar à empresa no seu conjunto, por força da própria razão de ser do instituto do despedimento colectivo, que é um motivo económico ligado à empresa na sua globalidade, independentemente do facto de, na prática, a medida de despedimento recair apenas sobre uma secção ou uma unidade da empresa.

Por fim, deve ficar claro que a noção de empresa relevante para efeitos da aplicabilidade do regime do despedimento colectivo é uma noção ampla – ou seja, coincidente com o conceito de empresa laboral, oportunamente desenvolvido[375].

**III.** O requisito temporal – i.e., *a exigência de que o despedimento seja operado simultaneamente ou de forma sucessiva mas compreendida no período máximo de três meses, para todos os trabalhadores* – destina-se, essencialmente, a evitar que, sob a aparência de um despedimento colectivo e à sombra dos respectivos motivos justificativos, o empregador proceda a sucessivos despedimentos individuais com outra justificação.

---

[373] Cfr. *Direito do Trabalho I*, § 9.°, ponto 34.3.II.

[374] No âmbito da Lei dos Despedimentos, a lei estabelecia critérios de preferência na selecção dos trabalhadores a abranger pelo despedimento colectivo, o que veio a ser retirado pela LCCT. Tais critérios também não foram acolhidos nem pelo CT de 2003 nem pelo actual Código do Trabalho.

[375] Cfr. *Direito do Trabalho I*, § 9.°, ponto 34.2. Também advogando uma interpretação ampla da referência à empresa, para efeitos do despedimento colectivo e dos seus fundamentos, BERNARDO XAVIER, *O Despedimento Colectivo... cit.*, 366 s.

**IV.** O elemento que exige uma apreciação mais cuidada é, obviamente, o que se refere à *configuração e à motivação do próprio despedimento* – ou seja, o facto de o despedimento colectivo se poder consubstanciar em redução de pessoal ou de serviços, desde que fundados em motivos de mercado, tecnológicos ou estruturais[376].

Do ponto de vista do objectivo da figura, é consensual que o despedimento colectivo é, sobretudo, adequado como medida de superação de uma crise da empresa, que se pretenda ultrapassar através do seu redimensionamento ou reestruturação, passando esta reestruturação pela supressão de um serviço, secção ou estabelecimento[377], ou simplesmente pela redução de pessoal.

No âmbito do regime da LCCT (art. 16.°), previa-se ainda expressamente o recurso à figura do despedimento colectivo para promover a extinção de todos os contratos de trabalho vigentes na empresa, tendo em vista o encerramento definitivo e total da mesma, referência que desapareceu do Código de 2003, pondo fim a muitas dúvidas de qualificação destas situações.

Com efeito, a possibilidade de aplicação da figura do despedimento colectivo ao caso de encerramento da empresa, no âmbito da LCCT, colocava o problema da distinção entre a cessação dos contratos por esta via ou por caducidade motivada pelo encerramento definitivo da empresa (que configura um caso de impossibilidade superveniente e absoluta atinente ao empregador), que a LCCT tratava no art. 8.° e que o Código do Trabalho contempla hoje no art. 346.° n.° 3, oportunamente apreciado[378].

Para efeitos desta distinção, sempre se podia recorrer ao critério da vontade do empregador, uma vez que, na hipótese de encerramento definitivo da empresa, a extinção do vínculo ocorre por um facto alheio à vontade do empregador, ao passo que no despedimento colectivo, ainda quando inserido num processo de encerramento definitivo da empresa, há um acto voli-

---

[376] A este propósito, o Ac. RLx. de 23/09/2009 (N.° 272/09.5TTVFX.L1-4), www.dgsi.pt, considerou que não é necessário o encerramento de uma secção da empresa para que o despedimento se considere fundamentado. Mesmo que ocorram outras razões de mercado, estruturais ou tecnológicas que levem ao redimensionamento da empresa e justifiquem uma adequação do seu quadro de pessoal considera-se preenchido este requisito.

[377] A este propósito, o Ac. STJ de 19/11/2008 (N.° 08S1873), www.dgsi.pt. , considerou que, quando fundado em motivos estruturais, o encerramento do serviço ou da secção tinha que ser definitivo.

[378] *Supra*, § 34.°, ponto 126.3.2 a).

tivo do empregador tendente à cessação do vínculo, que a lei valoriza independentemente do destino final da empresa[379-380].

Esta operação de qualificação era decisiva no âmbito do regime anterior à codificação laboral, porque as regras aplicáveis num e noutro caso eram diversas, designadamente quanto ao direito dos trabalhadores à compensação por cessação do contrato, que a lei não previa para o caso da caducidade, mas apenas para o caso do despedimento colectivo.

Assim, no caso de estar em causa o encerramento definitivo da empresa, parece retirar-se da conjugação dos arts. 359.° n.° 1 e 346.° n.os 1 e 3 do CT que o empregador deve invocar a caducidade do contrato de trabalho (nos termos do art. 346.° n.° 3) e não recorrer ao despedimento colectivo.

Contudo, este ponto justifica ainda duas observações adicionais.

A primeira tem a ver com o procedimento a seguir para promover a caducidade dos contratos de trabalho com fundamento em encerramento definitivo da empresa. Nos termos do art. 346.° n.° 3, este procedimento é, obrigatoriamente, o processo para despedimento colectivo (excepto no caso das microempresas, por força do n.° 4 do mesmo artigo), com as especificidades que decorrem do contexto do encerramento e para as quais se chamou oportunamente a atenção[381]. Acresce que, em caso de cessação do contrato por caducidade, ao abrigo desta norma, os trabalhadores têm

---

379 Neste sentido, se compreende a decisão do Ac. STJ de 16/12/1989, BMJ 392--361, que qualificou como caducidade a extinção dos contratos de trabalho da empresa na sequência da expropriação do imóvel onde funcionavam as respectivas instalações.

380 As dificuldades de distinção das duas figuras, tendo em conta este âmbito de aplicação do despedimento colectivo, colocavam o problema da inadequação do recurso ao despedimento colectivo para a eventualidade do encerramento da empresa (caso em que se deveria recorrer ao regime da caducidade, nos termos acima indicados), reservando-se o despedimento colectivo para as situações de crise da empresa que envolvessem apenas o seu redimensionamento, através da supressão de serviços, secções ou estabelecimentos da mesma ou ainda através da redução de pessoal, apesar de a lei também o prever para o caso de encerramento total da empresa – discutindo esta questão, BERNARDO XAVIER, *O Despedimento Colectivo... cit.*, 416 ss. Na jurisprudência, o Ac. RC de 18/05/2005, CJ, 2005, III, 60, qualificou como despedimento colectivo ilegal o encerramento de uma empresa e a recusa do trabalho dos respectivos trabalhadores pelo empregador (a nosso ver, a possibilidade de recondução deste comportamento a um caso de *lock-out* poderia também ter sido considerada).

381 *Supra*, § 32.°, ponto 126.3.2 a) III.

direito à indemnização prevista para o despedimento colectivo, por força do art. 346.° n.° 5. Assim, conclui-se que, apesar da mais clara delimitação do âmbito de aplicação das duas figuras no Código do Trabalho, o respectivo regime jurídico é, hoje, muito mais próximo do que era no âmbito da LCCT.

A segunda observação tem a ver com o espaço de aplicação que deve ser ainda reservado ao despedimento colectivo no âmbito de um processo de encerramento da empresa, por força dos limites operatórios da própria figura da caducidade por encerramento da empresa, que só se configura na hipótese de «encerramento total de definitivo» (art. 346.° n.° 3). Perante a redacção desta norma e embora o Código do Trabalho situe a figura do despedimento colectivo no contexto da redução de pessoal, a actuar através da redução de uma ou mais secções da empresa, entende-se que nada obsta a que, no âmbito de um processo tendente ao encerramento da empresa, se recorra ao despedimento colectivo, antes de se chegar à situação de encerramento definitivo e total[382].

Por outro lado, deve ter-se em conta que *na base do recurso à figura do despedimento colectivo têm que estar, obrigatoriamente, motivos económicos, que a lei classifica, embora em enunciado exemplificativo, como motivos de mercado, estruturais ou tecnológicos*. Estes motivos, definidos nas várias alíneas do art. 359.° n.° 2 do CT[383], apontam para dois tipos de situações em que se pode recorrer ao despedimento colectivo:

i) *Uma situação de crise empresarial*: assim, quanto aos motivos de mercado, a redução da actividade da empresa[384], pela dimi-

[382] Na verdade, este poderá ser o procedimento mais adequado para o empregador, uma vez que lhe permite evitar um arrastamento dos contratos de trabalho por mais tempo, com os inconvenientes financeiros inerentes, quer em termos retributivos, quer quanto à compensação devida aos trabalhadores, já que tal compensação é calculada em função do momento da cessação do contrato.

[383] No âmbito da LCCT, embora as motivações do despedimento colectivo já fossem estas, a delimitação do respectivo conteúdo não era feita nesta sede, mas a propósito da cessação do contrato por extinção do posto de trabalho (art. 26.° n.° 2). O Código de 2003 procedeu, adequadamente, à deslocação do preceito para a figura do despedimento colectivo, que é a primeira a ser tratada na lei, como, aliás, já sucedia na LCCT. O actual Código do Trabalho mantém esta orientação.

[384] Na norma correspondente a esta disposição na LCCT (art. 26.° n.° 2 a)) exigia-se que a redução da actividade fosse «comprovada», o que só podia interpretar-se como

nuição da procura dos bens que produz ou pela dificuldade de os colocar (al. a)); e quanto aos motivos estruturais, a situação de desequilíbrio económico-financeiro (al. b))[385].

ii) *Um objectivo de reorientação estratégica da empresa*: assim, nos motivos estruturais, a mudança de actividade da empresa, a sua reestruturação produtiva ou a mudança de produtos dominantes (al b)); e, nos motivos tecnológicos, as alterações nas técnicas de fabrico ou a informatização dos serviços (al. c))[386].

Fica assim claro que o despedimento colectivo só é admissível perante estes motivos e apenas se eles exigirem a redução de pessoal ou de serviços ou estrutura equivalente da empresa[387]. O direito de resolver o contrato de trabalho por parte do empregador corresponde a uma actuação vinculada, que, no caso, se baseia obrigatoriamente nas razões indicadas. Acresce que o quadro de apreciação destes motivos deve ser o da própria empresa, mesmo que ela esteja inserida num grupo económico mais vasto[388].

---

uma redução da actividade já verificada. Tendo esta referência desaparecido da norma, conclui-se que o despedimento colectivo com este fundamento também pode ser actuado em caso de redução *previsível* da actividade.

[385] Na norma correspondente a este preceito no âmbito da LCCT (art. 26.° n.° 2 c)), referia-se expressamente como motivo estrutural o encerramento da empresa. Esta referência já não constou do preceito equivalente do Código de 2003, nem consta do actual Código, pelos motivos indicados acima.

[386] Em especial sobre a adequação destes fundamentos do despedimento colectivo ao contexto dos grupos de empresas, CATARINA CARVALHO, *Cessação do contrato de trabalho... cit.*, 212 ss., e, com mais desenvolvimentos, ROSÁRIO PALMA RAMALHO, *Grupos Empresariais e Societários... cit.*, 574 ss.

[387] Para mais desenvolvimentos sobre este ponto, ROSÁRIO PALMA RAMALHO, *Grupos Empresariais e Societários...cit.*, 581 ss. No mesmo sentido se pronunciou o Ac. STJ de 7/10/2009 (N.° 820/05.0TTVNF.S1), www.dgsi.pt., quanto a um despedimento colectivo ocorrido numa empresa inserida num grupo internacional.

[388] Tendo em conta este pressuposto, o Ac. STJ de 13/01/2010 (N.° 15275/09. 1T2SNT.S1), www.dgsi.pt., decretou a ilicitude do despedimento, por falta de fundamento numa situação em que se comprovou que a actividade que a trabalhadora desempenhada continuou a ser desempenhada na empresa após o despedimento, considerando que tal facto revela uma incongruência entre o fundamento geral do despedimento colectivo e a sua aplicação à trabalhadora em questão. É um argumento que não acompanhamos, tendo em conta que fundamento do despedimento foi o encerramento das instalações do empregador em certo local, que, efectivamente ocorreu.

Contudo, não pode deixar de se assinalar a fraca relevância prática do preceito legal, no que toca à descrição dos fundamentos económicos que estão na base do despedimento colectivo. É que, como a doutrina tem chamado a atenção, as decisões económicas do empregador, que estão na base desta modalidade de despedimento, são dificilmente sindicáveis pelo tribunal[389].

**V.** Para completar a apresentação da figura do despedimento colectivo, cabe ainda referir que ele pressupõe obrigatoriamente a atribuição de uma *compensação monetária* aos trabalhadores abrangidos pela cessação do contrato de trabalho por esta via.

O art. 366.° do CT regula esta matéria estabelecendo as seguintes regras:

- a compensação é calculada de acordo com a antiguidade do trabalhador, correspondendo a um mês de retribuição base e diuturnidades por cada ano completo de antiguidade (n.° 1)[390]; este valor deve ser considerado como um valor mínimo, uma vez que os instrumentos de regulamentação colectiva do trabalho podem dispor sobre esta matéria, nos termos do art. 339.° n.° 3 do CT.
- o valor da compensação correspondente a fracções de ano é calculado proporcionalmente (n.° 2);
- há um valor mínimo de compensação, que corresponde a três meses de retribuição base e diuturnidades (n.° 3).

---

389 Neste sentido, Bernardo Xavier, *O Despedimento Colectivo...cit.*, 410, Furtado Martins, *A Cessação do Contrato de Trabalho cit.*, 117 e 128 ss., Catarina Carvalho, *Cessação do contrato de trabalho...cit.*, 210 e nota [21], Romano Martinez *in* P. Romano Martinez / L. M. Monteiro / Joana Vasconcelos / P. Madeira de Brito / G. Dray / L. Gonçalves da Silva, *Código do Trabalho Anotado cit.*, 950, e Monteiro Fernandes, *Direito do Trabalho cit.*, 635. Este facto tem óbvias consequências para efeitos da determinação da licitude ou ilicitude do despedimento, com base na falta de fundamento substancial – *infra*, ponto 134.2. Sobre esta matéria, *vd* ainda o Ac. STJ de 21/09/2000, CJ (STJ), 2000, III, 259, considerando que a apreciação judicial dos fundamentos do despedimento não permite questionar os critérios de gestão da empresa, mas apenas verificar se houve abuso do direito ou dissimulação de outra causa para a cessação dos contratos de trabalho. Na mesma linha, ainda o Ac. STJ de 25/02/2009 (N.° 08S2309), www.dgsi.pt.

390 Sobre o cômputo desta compensação e considerando expressamente que ela não integra os complementos remuneratórios não retributivos, *vd* o Ac. STJ de 25/02/2009 (N.° 08S2567), www.dgsi.pt.

Como se referiu oportunamente, esta compensação também é devida nos casos de caducidade do contrato de trabalho, por efeito do encerramento total e definitivo da empresa, nos termos do art. 346.° n.° 5 do CT.

A não disponibilização do valor da compensação ao trabalhador, por ocasião do despedimento colectivo, determina a ilicitude deste, nos termos do art. 383.° c) do CT[391].

## 134. **Processo e ilicitude do despedimento colectivo**

### 134.1. **Processo para despedimento colectivo**

**I.** A efectivação do despedimento colectivo passa por um processo, no qual intervêm os trabalhadores a abranger, as suas estruturas representativas e os serviços administrativos. Este processo comporta uma fase de comunicações (art. 360.°), uma fase negocial (art. 361.°), e uma fase decisória (art. 363.°)[392].

**II.** O processo inicia-se com uma *comunicação do empregador manifestando a sua intenção de proceder ao despedimento colectivo*. Esta comunicação deve ser feita de acordo com as regras previstas no art. 360.° do CT:

- a comunicação é dirigida à comissão de trabalhadores ou, na sua falta, às comissões sindicais da empresa, que representem os trabalhadores a abranger (art. 360.° n.° 1); apenas na falta destas entidades, deve a comunicação ser dirigida a cada um dos trabalhadores que possam vir a ser abrangidos pela medida do despedimento (n.° 3);
- a comunicação reveste obrigatoriamente forma escrita (art. 360.° n.° 1);

---

391 Ac. RLx. de 14/03/2007 (N.° 7873/2006-4), www.dgsi.pt

392 Previamente a estas fases, autores como BERNARDO XAVIER, *O Despedimento Colectivo... cit.*, 403 ss., e FURTADO MARTINS, *Cessação do Contrato de Trabalho cit.*, 117 s., consideram ainda uma fase interna do despedimento colectivo, durante a qual o empregador toma a decisão de proceder ao despedimento. Esta fase não reveste, contudo, autonomia.

– a comunicação deve ser acompanhada de informação relativa aos elementos constantes do n.° 2 do art. 360.°, i.e. indicação dos motivos justificativos do despedimento, do número de trabalhadores[393] a abranger e respectivas categorias, do tempo do processo e do método de cálculo de eventuais compensações a arbitrar, para além da indemnização legal prevista no art. 366.°;
– desta comunicação e dos elementos anexos deve ser remetida cópia aos serviços competentes do Ministério responsável pela área laboral (art. 360.° n.° 5).

Na falta de representantes dos trabalhadores, a comunicação da intenção de despedimento é enviada a cada trabalhador, mas, para efeitos da continuação do processo, devem os trabalhadores designar, no prazo de 5 dias úteis sobre a recepção desta comunicação[394], uma comissão representativa, com de três a cinco elementos, consoante o despedimento abranja até cinco ou mais de cinco trabalhadores, respectivamente[395]. Neste caso, os elementos justificativos da intenção de despedimento, indicados no art. 360.° n.° 2, serão remetidos a esta comissão *ah hoc* (art. 363.° n.$^{os}$ 3 e 4).

Esta matéria sujeita-se a tutela contra-ordenacional, nos termos dos art. 360.° n.° 6.

**III.** Segue-se uma *fase de informações e de negociação entre o empregador e os representantes dos trabalhadores*, que decorre ao longo de 5 dias – o que corresponde a um encurtamento do prazo anteriormente previsto para este efeito[396] e que nos parece excessiva, dados os interesses em

---

[393] Relativamente a um caso em que desta comunicação constou, logo à partida, não apenas o número mas a identificação dos trabalhadores a abranger pelo despedimento, *vd* o Ac. RLx. de 5/12/2007 (N.° 6823/2007-4), www.dgsi.pt, considerando que esta indicação personalizada não inquinava o despedimento.

[394] Esta norma apresenta duas alterações substanciais em relação ao regime correspondente na LCCT (art. 17.° n.° 4): o prazo para a designação desta comissão passou de sete para cinco dias úteis, mas começa a contar-se a partir da data da recepção da comunicação e não a partir da data da respectiva expedição.

[395] Esta comissão *ad hoc* de trabalhadores evidencia a dinâmica específica dos grupos no domínio laboral, ainda que não correspondam a nenhuma entidade de representação institucionalizada. Trata-se, como se referiu oportunamente, de uma manifestação do princípio fundamental do Direito do Trabalho que designámos como princípio do colectivo. Sobre o ponto, *Direito do Trabalho I*, § 10.°, ponto 35.III e § 14.°, ponto 49.1.II.

[396] No regime anterior ao CT de 2003 este prazo era de 15 dias (art. 18.° n.° 1 da

jogo – e cujo objectivo é chegar a um acordo sobre o modo de prossecução do despedimento e sobre a viabilidade de medidas alternativas ao mesmo (art. 361.° n.° 1).

Num enunciado exemplificativo, o art. 361.° n.° 1 prevê as seguintes medidas alternativas ao despedimento:

- a suspensão ou a redução do trabalho nos termos previstos no regime jurídico do *lay-off* (previsto nos arts. 298.° ss.)[397], ainda que com dispensa do respectivo procedimento negocial, que é substituído pelo procedimento de despedimento colectivo em curso (art. 361.° n.° 1 a) e b) e n.° 2);
- a reconversão ou a reclassificação profissional dos trabalhadores[398], a sua reforma antecipada ou a pré-reforma (art. 361.° n.° 1 c) e d)); a adopção deste segundo conjunto de medidas exige, obviamente, o acordo do trabalhador (art. 361.° n.° 3).

A lei prevê que as partes se façam assistir por peritos nas reuniões de negociação (art. 361.° n.° 4), da qual deve ser lavrada acta, com as menções referidas no art. 361.° n.° 5. Nesta fase, é também prevista a intervenção dos representantes do Ministério competente na área laboral, tendo esta intervenção apenas como objectivo assegurar a regularidade formal do processo, promover a conciliação entre as partes e, a solicitação destas, definir as medidas de emprego, formação profissional e segurança social que sejam adequadas à solução adoptada pelas partes (art. 362.°). Em suma, a intervenção administrativa no processo tem apenas um escopo técnico mas nenhum pendor decisório[399].

---

LCCT); no CT de 2003 passou para 10 dias (art. 420.° n.° 1). O prazo conta-se a partir da recepção das comunicações referidas no art. 360.°, nos termos gerais do art. 224.° do CC.

[397] *Supra,* § 30.°, ponto 116.

[398] A possibilidade de reconversão dos trabalhadores, como medida alternativa ao despedimento, pode envolver uma mudança de categoria, nos termos do art. 119.° do CT. Trata-se de um afloramento da figura do despedimento modificativo, consagrada no sistema jurídico germânico (por todos, sobre esta figura, ZÖLLNER/LORITZ, *Arbeitsrecht cit.*, 276 e 311 ss., e SÖLLNER, *Grundriß... cit.*, 194).

[399] Por este motivo, o Ac. RLx de 14/03/2007 (N.° 7873/2006-4) e o Ac. RLx. de 23/09/2009 (N.° 272/09.5TTVFX.L1-4), ambos em www.dgsi.pt, não consideraram como vício relevante do processo para despedimento colectivo a ausência de representante do Ministério nas reuniões entre as partes havidas na fase de negociação, por não se tratar de formalidade essencial.

No final desta fase, e apenas no caso de o despedimento colectivo envolver trabalhadoras grávidas, puérperas ou lactantes, ou trabalhadores ou trabalhadoras em gozo de licença parental, o processo deve ser remetido para a Comissão para a Igualdade no Trabalho e no Emprego, para emissão do parecer sobre o despedimento (art. 63.° n.° 3 b) do CT)[400].

**IV.** A última fase do processo para despedimento colectivo é a *fase decisória*, que compete ao empregador. Esta fase inicia-se decorridos 15 dias sobre o acordo obtido na fase negocial, ou, na falta deste acordo, sobre a comunicação inicial da intenção de proceder ao despedimento (art. 363.° n.° 1)[401] – este prazo foi também encurtado em cinco dias relativamente ao regime anterior[402].

A fase decisória do processo para despedimento colectivo passa pelos seguintes trâmites:

i) O empregador comunica por escrito, a cada trabalhador, a decisão de despedimento, com menção expressa do motivo[403] e da data da cessação do respectivo contrato, e indicando o montante da compensação devida e a forma e lugar do respectivo pagamento (art. 363.° n.° 1). Contrariamente ao que sucedia no âm-

---

[400] Quanto aos outros aspectos relativos a este parecer, remete-se para o que foi dito a este propósito na matéria do despedimento disciplinar, *supra,* § 35.°, ponto 130.2.4.III.

[401] No caso de ser exigido um parecer (i.e., quando o despedimento afecte trabalhadoras grávidas, puérperas ou lactantes), devem somar-se a este prazo de 15 dias os 30 dias previstos para a emissão do referido parecer pela entidade competente. Também neste sentido, Furtado Martins, *Cessação do Contrato de Trabalho cit.*, 121.

[402] No CT de 2003, este prazo era de 20 dias (art. 422.° n.° 1).

[403] A este propósito, o Ac. STJ de 18/10/2006 (N.° 06S1324), www.dgsi.pt, considerou que desta comunicação deve constar não apenas a indicação do motivo geral do despedimento mas a adequação de tal motivo genérico ao trabalhador em concreto abrangido, sob pena de incongruência entre a dimensão colectiva e os efeitos individuais do despedimento, o que o torna imotivado e, por isso, ilícito (no mesmo sentido, ainda o Ac. RLx. de 25/03/2009 (N.° 3278/08.8TTLB-4), www.dgsi.pt. Não acompanhamos este entendimento que assimila a figura do despedimento colectivo a um conjunto de despedimentos individuais por motivos objectivos (que a lei apenas autoriza se enquadrados pelas figuras do despedimento por extinção do posto de trabalho ou por inadaptação). No caso do despedimento colectivo, a razão de ser do mesmo é uma razão económica de mercado, estrutural ou tecnológica que atinente à actividade da empresa e não a cada posto de trabalho ou à função de cada trabalhador; e este é afectado, porque, de acordo com critérios objectivos, está inserido no âmbito da medida de redimensionamento da empresa.

bito do CT de 2003, em que esta comunicação tinha uma antecedência mínima de 60 dias relativamente à data da cessação do contrato em todos os casos, o actual Código estabelece agora prazos de aviso prévio diferentes consoante a antiguidade do trabalhador, que vão desde os 15 dias (para os trabalhadores com antiguidade inferior a um ano) aos 75 dias (para os trabalhadores com mais de 10 anos de antiguidade). A lei prevê ainda prazos especiais no caso de o despedimento colectivo abranger trabalhadores casados ou que vivam em união de facto entre si (art. 363.° n.° 2)[404]. O desrespeito por este tempo de aviso prévio não faz cessar o contrato mais cedo e determina a constituição imediata do empregador na obrigação de pagamento da retribuição correspondente ao período de antecedência em falta (art. 363.° n.° 4).

ii) Na data destas comunicações, o empregador deve remeter as actas das negociações ao serviço competente do Ministério responsável pela área laboral, bem como um mapa dos trabalhadores abrangidos pela medida do despedimento, com informações detalhadas relativamente a cada trabalhador. Este mapa deve ainda ser remetido às estruturas representativas dos trabalhadores (art. 363.° n.° 3 a) e b), respectivamente).

Durante o período que medeia entre esta comunicação e a cessação do contrato (o já referido período de aviso prévio variável, previsto no art. 363.° n.os 1 e 2), o trabalhador dispõe de um crédito de horas de dois dias por semana, sem perda de retribuição, para procurar emprego. A utilização deste crédito de horas segue os termos previstos no art. 364.°.

Além disso, durante este período, a lei permite que o trabalhador denuncie o contrato, com um aviso prévio mínimo de 3 dias úteis[405], mas sem perda da compensação de despedimento (art. 365.°)[406]. A nosso ver,

---

404 Sobre a natureza destes prazos, embora ainda com reporte ao Código do Trabalho anterior, *vd* o Ac. STJ de 30/09/2009 (N.° 09S0233), www.dgsi.pt.

405 Esta norma prevalece, pois, sobre o regime geral da denúncia do contrato por iniciativa do trabalhador (art. 400.° do CT), que estabelece um prazo de aviso prévio de duração superior.

406 Neste caso, como refere Furtado Martins, *Cessação do Contrato de Trabalho cit.*, 124 s., o contrato cessa com a recepção da comunicação da denúncia pelo trabalhador, mas o valor da compensação a atribuir ao trabalhador deve ter em conta a totalidade do tempo de aviso prévio.

também nada obsta a que, no decorrer do processo, as partes façam cessar o contrato de trabalho por acordo, nos termos dos arts. 349.° ss. do CT[407].

Decorrido o prazo de aviso prévio, o contrato cessa, presumindo-se que o trabalhador aceitou o despedimento com o recebimento da compensação legal (art. 366.° n.° 4)[408]. No âmbito do regime anterior discutia-se a natureza desta presunção, mas o Código veio agora tomar posição sobre o problema, estabelecendo que a presunção tem carácter ilidível (nos termos gerais do art. 350.° n.° 2 do CC)[409]. Contudo, para afastar a presunção em sede do processo de impugnação do despedimento, o trabalhador tem colocar à disposição do empregador a totalidade da compensação auferida pelo despedimento.

### 134.2. **Ilicitude do despedimento colectivo**

**I.** A ilicitude do despedimento colectivo pode ser decretada pelos motivos comuns a todas as formas de despedimento, constantes do art. 381.° do CT, e pelos motivos específicos desta modalidade de despedimento, contemplados no art. 383.°. Assim:

i) O despedimento colectivo é ilícito se não tiver sido precedido do procedimento aplicável (i.e., o procedimento previsto nos arts. 360.° ss.), se se fundar em motivos políticos, ideológicos, étni-

---

[407] Considerando uma situação deste tipo, por exemplo, o Ac. STJ de 6/11/1996, CJ (STJ), 1996, III, 248.

[408] Esta solução retoma, em parte, a solução prevista na versão originária da LCCT, que foi suprimida, em alteração deste diploma, pela L. n.° 32/99, de 18 de Maio. Especificamente sobre este problema, no âmbito da L. n.° 32/99, BERNARDO XAVIER, *O regime dos despedimentos colectivos e as modificações introduzidas pela L. n.° 32/99, de 18 de Maio*, *in* ROMANO MARTINEZ (coord.), *Estudos do Instituto de Direito do Trabalho*, I, Coimbra, 2001, 403-409. Sobre este problema, *vd* o Ac. RLx. de 28/04/2004, CJ, 2004, II, 154, que sufragou a ideia da aceitação do despedimento mesmo no caso em que o trabalhador apenas tenha recebido as primeiras prestações da compensação. No âmbito da LCCT o Ac. do STJ de 13/04/2005 (N.° 04S3160), www.dgsi.pt., qualificou a presunção como *juris et de jure*, mas, no âmbito do CT de 2003, o Ac. STJ de 13/01/2010 (N.° 15275/09.1T2SNT.S1), www.dgsi.pt., considerou que a presunção é *juris tantum* e que o seu recebimento não impede o trabalhador de intentar a acção de impugnação do despedimento.

[409] Também neste sentido, MONTEIRO FERNANDES, *Direito do Trabalho cit.*, 640, que critica, aliás, o estabelecimento da presunção.

cos ou religiosos, ainda que com outra invocação, ou se os seus motivos justificativos (i.e., a necessidade de redução de pessoal ou de encerramento de uma secção ou serviço da empresa por motivos de mercado, estruturais ou conjunturais) forem declarados improcedentes (são as *causas comuns de ilicitude*, contempladas no art. 381.°)[410].

ii) O despedimento colectivo é ainda ilícito nas situações previstas no art. 383.°, que correspondem a *causas específicas de ilicitude* desta modalidade de despedimento, i.e.:
   - se o empregador não tiver feito as comunicações e promovido o processo de negociação respectivo (al. a)); esta causa de ilicitude corresponde não à ausência do processo (causa comum, contemplada no art. 381.° c)), mas a um vício do próprio procedimento, que põe em causa o direito de defesa do trabalhador[411];
   - se não tiver sido respeitado o prazo de 15 dias para a decisão de despedimento, previsto no art. 363.° n.° 1 b) (art. 383.° b))
   - se não tiver sido posta à disposição do trabalhador, até ao termo do prazo de aviso prévio, a compensação devida, bem como os restantes créditos a que ele tenha direito por ocasião da cessação do contrato de trabalho (art. 383.° n.° 1 c))[412-413].

---

[410] Especificamente quanto à falta do fundamento substancial do despedimento colectivo (que deve entender-se como a falta dos motivos estruturais, conjunturais ou de mercado referidos no art. 359.° n.° 2 do CT), chama-se a atenção para a dificuldade de sindicância deste vício no plano judicial, uma vez que não cabe ao tribunal apreciar o mérito das decisões económicas do empregador, que estão na base do recurso ao despedimento colectivo. Já no que toca à verificação do carácter discriminatório do despedimento (ou seja, à situação de ilicitude contemplada na al. b)) bem como à ilicitude por falta de procedimento (al. a)) a apreciação pelo tribunal não suscita dificuldades.

[411] Tratando uma situação deste tipo, por exemplo, o Ac. REv. de 19/02/2008 (N.° 3201/07-2), www.dgsi.pt.

[412] No âmbito do CT de 2003, este motivo não constituía fundamento da ilicitude do despedimento colectivo se este despedimento ocorresse em contexto de insolvência da empresa (art. 431.° n.° 1 c) e n.° 2 deste Código). O actual Código do Trabalho não contempla esta excepção.

[413] Apreciando esta causa de ilicitude do despedimento colectivo, por exemplo, o Ac. RLx de 14/03/2007 (N.° 7873/2006-4), www.dgsi.pt.

De outra parte, a lei presume a ilicitude do despedimento colectivo que abranja trabalhadores que sejam ou tenham sido representantes de outros trabalhadores, nos termos do art. 410.° n.° 3 do CT.

**II.** No que se refere ao *modo de decretação da ilicitude*, remete-se para o que foi dito a propósito do despedimento por justa causa[414], devendo apenas apontar-se as seguintes especificidades:

i) A *providência cautelar de suspensão do despedimento*, prevista no art. 386.° do CT pode também ser requerida pelos trabalhadores abrangidos pelo despedimento colectivo e segue os trâmites previstos nos arts. 34.° ss. do CPT[415]; deve, contudo, salientar-se que o art. 39.° n.° 1 c) do CPT apenas admite como fundamentos para decretar a providência as irregularidades formais do despedimento e a não atribuição da compensação ao trabalhador (i.e., os fundamentos específicos de ilicitude deste despedimento que constam do art. 383.° do CT), o que denuncia a dificuldade de apreciação judicial dos fundamentos substanciais desta modalidade de despedimento acima referida[416].

ii) *A impugnação judicial do despedimento colectivo* corre nos termos de acção especial prevista para esse efeito nos arts. 156.° ss. do CPT. O prazo para a propositura desta acção de impugnação do despedimento é de seis meses[417], contados da data de cessação do contrato de trabalho (art. 388.° n.° 2 do CT)

**III.** Por último, no que toca aos *efeitos da ilicitude do despedimento*, cabe aplicar o regime do art. 389.° do CT. Assim, o trabalhador ilicita-

---

[414] *Supra*, § 35.°, ponto 131.3.

[415] Também neste sentido, MONTEIRO FERNANDES, *Direito do Trabalho cit.*, 640 s., salientando embora que este direito assiste mesmo aos trabalhadores que tenham aceite a compensação. Quanto ao regime desta providência cautelar no CPT, *vd* MENDES BAPTISTA, *Código de Processo do Trabalho Anotado cit.*, 110 ss.

[416] Neste sentido *vd* o Ac. RLx. de 23/09/2009 (N.° 272/09.5TTVFX.L1-4), www.dgsi.pt.

[417] Sobre a natureza deste prazo, *vd* o Ac. STJ de 25/02/2009 (N.° 08S2309), www.dgsi.pt.

mente despedido tem direito à reintegração na empresa ou à indemnização, nos termos explicitados a propósito do despedimento disciplinar, devendo ainda auferir as retribuições intercalares[418].

Contudo, se a ilicitude do despedimento se fundar em vício procedimental não se considera aplicável a medida de diminuição do *quantum* indemnizatório devido pelo despedimento, que é actualmente prevista no art. 389.° n.° 2 do CT, uma vez que esta medida é globalmente configurada pela lei para o processo disciplinar – ou seja, no contexto de um despedimento com justa causa – e a norma que a consagra tem carácter excepcional.

[418] *Supra,* § 35.°, pontos 131.4.2. e 131.4.3.

## § 37.° Despedimento por extinção do posto de trabalho[419]

### 135. Aspectos gerais

**I.** A segunda motivação objectiva que pode ser invocada pelo empregador para promover o despedimento do trabalhador é a necessidade de extinção do respectivo posto de trabalho, por razões económicas, de mercado, estruturais ou tecnológicas – é a modalidade de despedimento regulada nos arts. 367.° ss. do CT.

**II.** Esta modalidade de despedimento foi introduzida no nosso sistema jurídico pela LCCT (arts. 26.° ss.) – sendo então designada pela locução anódina de «cessação do contrato de trabalho por extinção do posto de trabalho»[420] – para corresponder às situações de inexigibilidade da

---

[419] Sobre esta figura, podem ver-se, entre outros, MENEZES CORDEIRO, *Manual de Direito do Trabalho cit.*, 850 s., BERNARDO XAVIER, *Curso de Direito do Trabalho cit.*, 514 ss., JORGE LEITE, *Direito do Trabalho cit.*, 341 s., e FURTADO MARTINS, *Cessação do Contrato de Trabalho cit.*, 126 ss., ROMANO MARTINEZ, *Direito do Trabalho cit.*, 1006 ss., e *Da Cessação do Contrato cit.*, 481 ss., JÚLIO GOMES, *Direito do Trabalho cit.*, 976 ss., P. ROMANO MARTINEZ / L. M. MONTEIRO / JOANA VASCONCELOS / P. MADEIRA DE BRITO / / G. DRAY / L. GONÇALVES DA SILVA, *Código do Trabalho Anotado cit.*, 965 ss (anotação de ROMANO MARTINEZ), MONTEIRO FERNANDES, *Direito do Trabalho cit.*, 523 ss., e LEAL AMADO, *Contrato de Trabalho cit.*, 404 ss. Ao nível comparado, também é admitida a cessação do contrato de trabalho por iniciativa do empregador e com um fundamento objectivo, de natureza económica ou empresarial. Sobre o ponto, em França, VERDIER / COEURET / SOURIAC, *Droit du travail cit.*, 514, quanto ao sistema italiano, SCONAMIGLIO, *Diritto del lavoro cit.*, 537 ss. e, quanto ao direito espanhol, MONTOYA MELGAR, *Derecho del Trabajo cit.*, 479 ss.

[420] Como observa FURTADO MARTINS, *Cessação do Contrato de Trabalho cit.*, 126 s., esta designação neutra não foi alheia às dúvidas então reinantes sobre a constitucionalidade dos despedimentos com fundamentos objectivos, de que esta forma de cessação é, sem dúvida, uma modalidade.

manutenção do vínculo ao empregador por razões atinentes ao funcionamento da sua empresa, mas que não se pudessem enquadrar na figura do despedimento colectivo.

Contudo, o ambiente de contestação que rodeou a elaboração da LCCT e as dúvidas de constitucionalidade então suscitadas em torno da admissibilidade desta justa causa objectiva de cessação do contrato de trabalho – a que oportunamente aludimos[421] – fez com que a figura da extinção do posto de trabalho, na versão final do diploma, viesse a ser consagrada em moldes de grande exigência e rigidez. Este facto contribuiu para a reduzida operacionalidade da figura, que se comprova, aliás, facilmente, pela escassa jurisprudência que se encontra nesta matéria até hoje[422].

A configuração originária desta figura foi mantida pelo CT de 2003, que se limitou a introduzir algumas alterações de pormenor no respectivo regime jurídico. O actual Código do Trabalho procedeu a alterações sistemáticas (voltando a tratar na mesma divisão os aspectos relativos à delimitação e fundamentos destes despedimento e os aspectos procedimentais) e introduziu uma alteração nos prazos de aviso prévio deste despedimento, em sintonia com as regras correspondentes do despedimento colectivo que, como vimos, também foram alteradas.

O regime do despedimento por extinção do posto de trabalho é, pois, apresentado nas seguintes normas do Código:

- arts. 367.° e 368.° (noção e requisitos desta modalidade de despedimento);
- arts. 369.° a 371.° (procedimento);
- art. 372.° (direitos dos trabalhadores nesta eventualidade);
- art. 384.° (questões relativas à ilicitude deste despedimento).

---

[421] Cfr., *supra*, § 33.°, ponto 124.

[422] Os requisitos apertados da figura da extinção do posto de trabalho dão razão aos autores que, à época da aprovação da LCCT, consideraram esta figura como uma armadilha para os empregadores (neste sentido, ABÍLIO NETO, *Despedimentos e Contratação a Termo – Notas e Comentários*, Lisboa, 1989, 159, nota [1]). Também salientando as dificuldades de aplicação prática da figura, MENEZES CORDEIRO, *Manual de Direito do Trabalho cit.*, 851.

## 136. Configuração e fundamentos do despedimento por extinção do posto de trabalho

**I.** O empregador pode promover o despedimento com fundamento na extinção do posto de trabalho nos termos previstos nos arts. 367.° e 368.° do CT. A conjugação destas normas evidencia a complexidade do fundamento desta modalidade de despedimento, que depende não apenas de requisitos atinentes ao posto de trabalho a extinguir, como de requisitos atinentes ao contrato de trabalho afectado por tal extinção.

*O fundamento desta modalidade de despedimento é a extinção do posto de trabalho, mas esta extinção apenas pode ocorrer por razões económicas, que podem ser de mercado, estruturais, ou tecnológicas* (art. 367.° n.° 1)[423]. Na norma correspondente a este preceito na LCCT (art. 26.°), a lei integrava o conteúdo destes motivos económicos; no CT de 2003 passou a proceder-se a a essa integração em sede de fundamentação do despedimento colectivo; no actual Código, a lei limita-se a enunciar estes motivos, fazendo expressamente a competente remissão para o regime do despedimento colectivo, com vista à integração do seu conteúdo (art. 367.° n.° 2)[424-425].

---

[423] Como refere ROMANO MARTINEZ, *in* P. ROMANO MARTINEZ / L. M. MONTEIRO / / JOANA VASCONCELOS / P. MADEIRA DE BRITO / G. DRAY / L. GONÇALVES DA SILVA, *Código do Trabalho Anotado cit.*, 965, estes motivos podem ser presentes ou futuros, no sentido de previsíveis. Contudo, *vd* o Ac. STJ de 7/07/2009 (Proc. n.° 27/07.1.TTFIG.C1.S1), www.dgsi.pt, considerando que para fundamentar a extinção do posto de trabalho não basta apenas invocar a necessidade de diminuição dos custos, cabendo demonstrar o esvaziamento das funções do trabalhador abrangido.

[424] Valem, pois, também para a integração dos motivos económicos justificativos da extinção do posto de trabalho, para efeitos de fundamentar este despedimento, as considerações que expendemos a propósito dos motivos subjacentes ao despedimento colectivo, quanto ao carácter vago das razões de mercado, estruturais ou tecnológicas e quanto à difícil sindicabilidade da decisão do empregador quanto a estes fundamentos – *supra,* § 36.°, ponto 133.IV. Também aqui nos parece que o tribunal, na apreciação dos motivos que levaram à extinção do posto de trabalho, se deve limitar a verificar se tal extinção não é meramente aparente, se se funda ou não em motivos económicos, e, quando muito, se a decisão de gestão foi absolutamente imprudente, arbitrária ou leviana – neste sentido, expressamente, Ac. RC de 13/11/1996, CJ, 1996, V, 66 e Ac. STJ de 9/09/2009 (N.° 08S4021), www.dgsi.pt. No mesmo sentido, FURTADO MARTINS, *Cessação do Contrato de Trabalho cit.*, 129 s., e 132, que acentua, todavia, na concretização do fundamento para a extinção do posto de trabalho, a necessidade de avaliar os motivos de mercado, estruturais ou tecnológicos em relação ao posto ou postos de trabalho a extinguir em con-

Ainda quanto à justificação da extinção do posto de trabalho deve chamar-se a atenção para o facto de a lei fazer referência expressa a uma realidade empresarial no contexto desta modalidade de despedimento, tal como vimos suceder com o despedimento colectivo (neste sentido, os motivos indicados são «relativos à empresa»). Desta referência decorre que o contexto normal de aplicação desta figura são os contratos de trabalho empresariais, mas justifica-se também aqui a adopção de um significado amplo de empresa, tal como subscrevemos para o despedimento colectivo[426].

**II.** Uma vez ocorrida a extinção do posto de trabalho, o despedimento só pode ter lugar perante a verificação dos requisitos cumulativos, que constam do art. 368.° n.° 1 do CT. Estes requisitos são os seguintes[427]:

i) *Os motivos indicados para a extinção do posto de trabalho não serem devidos a culpa do empregador ou do trabalhador* (al. a) do n.° 1 do art. 368.°). O afastamento desta modalidade de despedimento em caso de actuação culposa do trabalhador destina-se a evitar o recurso à figura numa situação em que se devia

creto. Não acompanhamos esta exigência de reporte do fundamento económico directamente ao posto ou postos de trabalho a extinguir, porque a lei reporta expressamente este fundamento à empresa.

425 O ónus da prova dos fundamentos da extinção do posto de trabalho compete ao empregador – Ac. STJ de 17/10/2007 (n.° 07S615), www.dgsi.pt.

426 Apesar deste entendimento, em contratos de trabalho no contexto de organizações rudimentares, quase sempre será mais adequado promover a cessação do contrato por caducidade, com fundamento em impossibilidade superveniente, nos termos do art. 343.° b) do CT. Relativamente a alguns contratos de trabalho especiais, a doutrina salienta também a inadequação material da figura da cessação do contrato de trabalho por extinção do posto de trabalho, apesar de ser formalmente prevista como causa de cessação – neste sentido, quanto ao contrato de trabalho desportivo, Leal Amado, *Contrato de Trabalho Desportivo Anotado cit.*, 73, em anotação ao regime do contrato de trabalho desportivo, constante inicialmente do DL n.° 305/95, de 18 de Novembro, que previa expressamente esta causa de cessação no art. 20.° g). O novo regime jurídico deste contrato, constante da L. n.° 28/98, de 26 de Junho, já não contempla esta modalidade de despedimento no elenco das causas de cessação deste contrato especial.

427 Para uma apreciação da aplicação destes requisitos na jurisprudência, entre outros, o Ac. RC de 13/11/1996, CJ, 1996, V, 66, ou o Ac. RLx. de 14/01/1998, CJ, 1998, I, 159, ambos salientando o carácter cumulativo destes requisitos, bem como o Ac. STJ de 9/09/2009 (N.° 08S4021), www.dgsi.pt.

antes recorrer ao despedimento com justa causa[428]; mas já o afastamento do despedimento no caso de actuação culposa do empregador é uma situação de difícil avaliação prática, uma vez que a decisão de extinção do posto de trabalho é uma decisão de gestão, cujos critérios são dificilmente sindicáveis[429]. Assim, crê-se que, na parte em que se refere ao empregador, este requisito se deve limitar à exigência de que os motivos por ele indicados para a extinção do posto de trabalho não sejam meramente aparentes, disfarçando um despedimento com outro fundamento.

ii) *A subsistência da relação de trabalho deve ser praticamente impossível* (al. b) do n.° 1 do art. 368.°). Embora, na sua redacção, esta norma evoque o requisito idêntico previsto para o despedimento por justa causa (art. 351.° n.° 1)[430], este requisito é concretizado em moldes específicos no n.° 4 do art. 368.°, considerando a lei que há impossibilidade de subsistência do contrato desde que, extinto o posto de trabalho, o empregador não disponha de outro compatível com a categoria do trabalhador[431], devendo aqui entender-se a referência à categoria como reportada à categoria interna e não à categoria funcional do trabalha-

---

[428] A este propósito, BERNARDO XAVIER, *Curso de Direito do Trabalho cit.*, 516, considera admissível o recurso a esta modalidade de despedimento em caso de culpa leve do trabalhador que conduza à extinção do posto de trabalho, pela circunstância de, num caso destes, não se justificar o recurso ao despedimento com justa, logo, sem indemnização. Não se subscreve este entendimento, porque a extinção do posto de trabalho só se pode ficar a dever a razões económicas, sendo, por isso, independente da culpa do trabalhador. A existir uma actuação culposa do trabalhador, ou esta tem a gravidade suficiente para consubstanciar uma situação de justa causa para despedimento (e então essa é a via a seguir) ou não tem e o despedimento por extinção do posto de trabalho também não será possível.

[429] Nos termos que referimos para o despedimento colectivo – *supra*, § 36.°, ponto 133.IV.

[430] Esta referência levou alguma doutrina a caracterizar o despedimento por extinção do posto de trabalho como uma figura híbrida, por ter elementos do despedimento colectivo e elementos do despedimento por justa causa (neste sentido, MONTEIRO FERNANDES, *Direito do Trabalho cit.*, 623). Não subscrevemos este entendimento, parecendo-nos até a fórmula deste requisito do art. 368.° n.° 1 (que, tendo origem na LCCT, não foi certamente alheia ao ambiente em que este diploma foi aprovado) muito pouco adequada aos fundamentos e à razão de ser desta modalidade de despedimento, que não se aproxima do despedimento disciplinar, mas é, quando muito, o equivalente ««individual» da figura do despedimento colectivo.

[431] Sobre o ponto, por exemplo, o Ac. STJ de 22/06/2005 (N.° 05S923), www.dgsi.pt.

dor[432]. Assim, conclui-se que o empregador tem o dever de oferecer ao trabalhador, cujo posto de trabalho é extinto, um outro posto de trabalho da mesma categoria, se o tiver, mas não lhe é exigível criar um novo posto de trabalho para ocupar o trabalhador. Por outro lado, mesmo que o empregador disponibilize um novo posto de trabalho, da mesma categoria, o trabalhador terá que o aceitar expressamente, até porque, correspondendo esse posto de trabalho a uma função diferente, configura-se uma alteração do contrato, que carece do acordo das partes nos termos gerais do art. 406.° do CC[433-434].

iii) *Não existirem contratos de trabalho a termo para as tarefas correspondentes às do posto de trabalho extinto* (al. c) do n.° 1 do art. 368.°). Este requisito pretende privilegiar os vínculos laborais por tempo indeterminado sobre os contratos de trabalho a termo e evitar a extinção de um posto de trabalho permanente necessário, o que a lei presume acontecer quando a função correspondente àquele posto de trabalho seja desempenhada por outro trabalhador, ainda que sob a moldura de um contrato de trabalho a termo[435-436].

---

[432] Quanto a estas acepções de categoria, *vd*, *supra*, § 23.°, ponto 86.1.IV. O que está em causa no preceito em análise é assegurar que o tratamento dispensado ao trabalhador e que decorre do seu posicionamento na hierarquia empresarial (ou seja, a acepção de categoria que designámos como categoria interna ou vertical) seja mantido no posto de trabalho alternativo que o empregador lhe ofereça. Não está em causa a manutenção da mesma função (ou seja, a acepção horizontal da categoria ou categoria funcional), sob pena de total inoperacionalidade do preceito. Considerando expressamente que a categoria referenciada na lei para este efeito é a categoria normativa e não a categoria funcional, ainda o Ac. STJ de 22/06/2005 (Proc. n.° 05S923), www.stj.pt.

[433] O dever de propiciar ao trabalhador um novo posto de trabalho compatível com a sua categoria é um afloramento da figura do denominado *despedimento modificativo* (desenvolvida, sobretudo, no sistema jurídico germânico (*Änderungskündigung*) como alternativa geral à cessação do contrato de trabalho. Sobre a matéria, entre outros, Zöllner/Loritz, *Arbeitsrecht cit.*, 276 e 311 ss., e Söllner, *Grundriß... cit.*, 194.

[434] Apreciando especificamente este requisito do despedimento por extinção do posto de trabalho, o Ac. RP de 29/11/2004, CJ, 2004, V, 228. Ainda a este propósito, o Ac. RP de 3/03/2004, CJ, 2004, II, 221, salientou a necessidade do acordo do trabalhador para o desempenho das novas funções, pelo que faltando tal acordo, caberá ao trabalhador resolver o contrato com justa causa.

[435] Criticando a exigência deste requisito quando o contrato a termo seja de longa duração, Bernardo Xavier, *Curso de Direito do Trabalho cit.*, 516.

iv) *Não ser aplicável o regime previsto para o despedimento colectivo* (al. d) do n.° 1 do art. 368.°). Deste requisito decorre a subsidariedade da figura do despedimento por extinção do posto de trabalho em relação à figura do despedimento colectivo, cuja razão de ser não se descortina. Na prática, embora não esteja vedado o recurso ao despedimento por extinção de mais do que um posto de trabalho, este requisito impede o recurso a esta modalidade de despedimento sempre que esteja em causa, nas pequenas e nas microempresas, o despedimento de mais do que um trabalhador, e nas médias e grandes empresas, o despedimento de mais do que quatro trabalhadores[437].

A falta de qualquer destes requisitos determina a ilicitude do despedimento, nos termos do art. 384.° a) do CT, uma vez que se trata de requisitos cumulativos, e a jurisprudência tem entendido que o ónus da prova da sua verificação incumbe ao empregador[438]. Por outro lado, o desrespeito pelos requisitos procedimentais deste despedimento constitui contra-ordenação grave, nos termos do art. 368.° n.° 6.

Como facilmente se compreende, o conjunto destes requisitos e o seu carácter cumulativo dificultam muito o recurso a esta modalidade de des-

---

[436] A este propósito a jurisprudência já apreciou o problema de saber se o recurso a um contrato de prestação de serviço para o desempenho das tarefas correspondentes ao posto de trabalho extinto, configurava ou não uma violação dos requisitos deste despedimento, tendo concluído pela negativa (Ac. RC de 13/11/1996, CJ, 1996, V, 66). Este é, a nosso ver, o entendimento correcto, uma vez que o contrato de prestação de serviço não é de equiparar a um contrato de trabalho, seja a termo seja por tempo indeterminado. Por outro lado, compete ao empregador, no exercício dos seus poderes de gestão, decidir a moldura jurídica a adoptar para enquadrar as actividades de que carece na sua empresa ou para o seu negócio. Em sentido diverso ao que sufragamos, alegando que, se a empresa recorre a serviços externos deixando inactivo um seu trabalhador, não se verifica o requisito da impossibilidade de subsistência da relação de trabalho, *vd*, contudo, o Ac. RP de 5/01/2004, CJ, 2004, I, 221.

[437] No âmbito da LCCT e do CT de 2003, acrescia um quinto requisito, que era a disponibilização ao trabalhador da compensação devida pelo despedimento, que era equiparada à compensação devida pelo despedimento colectivo. Em bom rigor, não se trata de um requisito do despedimento mas de uma condição de licitude do mesmo, pelo que o novo Código optou – e bem – por tratar a matéria da compensação separadamente (como, aliás, faz no despedimento colectivo).

[438] Ac. RLx. de 14/01/1998, CJ, 1998, I, 159.

pedimento, confirmando, aliás, a conclusão perniciosa que a escassez de jurisprudência nesta matéria já permitia intuir: i.e., a conclusão de que, no nosso sistema jurídico, é mais fácil proceder a um despedimento colectivo do que proceder a um despedimento individual por extinção do posto de trabalho.

**III.** Para além dos requisitos enunciados, a lei estabelece, em moldes imperativos, *critérios de preferência na escolha do posto de trabalho a extinguir*, no caso de existir uma pluralidade de postos de trabalho com idêntico conteúdo funcional na mesma secção ou estrutura equivalente da empresa.

Estes critérios destinam-se a assegurar a objectividade deste despedimento – ou seja, evitando que, através dele, o empregador consiga atingir um trabalhador determinado, cujo contrato queria ver cessar – e estão enunciados no art. 368.° n.° 2. Assim, havendo vários postos de trabalho com o mesmo conteúdo funcional, na mesma secção ou serviço, os critérios de extinção a seguir são, sucessivamente, os seguintes: posto de trabalho cujo trabalhador tenha menor antiguidade no próprio posto de trabalho; posto de trabalho cujo trabalhador tenha menor antiguidade na categoria profissional; posto de trabalho cujo trabalhador tenha uma categoria profissional mais baixa; e posto de trabalho cujo trabalhador tenha menor antiguidade na empresa[439].

O Código do Trabalho estabelece ainda uma medida suplementar de protecção dos trabalhadores atingidos por esta modalidade de despedimento, no art. 368.° n.° 3: esta norma determina que o trabalhador que, nos três meses anteriores ao início do processo para despedimento por extinção do posto de trabalho, tiver sido transferido para esse posto de trabalho, tem o direito de reocupar o posto de trabalho que ocupava anteriormente, excepto se este posto de trabalho também já tiver sido extinto.

Como facilmente se compreende, a norma visa evitar que, através desta modalidade de despedimento e mediante o expediente prévio mobilidade funcional, o empregador consiga atingir um trabalhador determinado, cujo contrato não podia fazer cessar por outra via. Em suma, trata-se, cla-

---

[439] Considerando discutíveis estes critérios, por não se basearem em nenhum juízo de competência ou mesmo económico, BERNARDO XAVIER, *Curso de Direito do Trabalho cit.*, 517, e FURTADO MARTINS, *Cessação do Contrato de Trabalho cit.*, 134.

ramente, de uma norma destinada a evitar a utilização fraudulenta da figura do despedimento por extinção do posto de trabalho[440].

**IV.** Por fim, a lei exige que seja paga ao trabalhador uma compensação pelo despedimento, que, por remissão do art. 372.°, tem um valor idêntico à compensação por despedimento colectivo – i.e., um mês de retribuição base e diuturnidades por cada ano de antiguidade, sendo o valor correspondente a fracções de ano calculado proporcionalmente, e tendo um valor mínimo correspondente a três meses (art. 366.°, *ex vi* art. 372.° do CT).

Esta compensação deve ser posta à disposição do trabalhador até ao termo do prazo de aviso prévio do despedimento, sob pena de ilicitude do mesmo (art. 384.° d)) e o seu recebimento faz presumir a aceitação do despedimento, sendo a presunção ilidível nos termos já explicitados para o despedimento colectivo (art. 366.° n.° 4)[441].

## 137. **Processo e ilicitude do despedimento por extinção do posto de trabalho**

### 137.1. **Processo para despedimento por extinção do posto de trabalho**

**I.** A efectivação do despedimento por extinção do posto de trabalho passa por um processo semelhante ao do despedimento colectivo, que o Código do Trabalho regula nos arts. 369.° a 371.°.

Este processo envolve uma fase de comunicações, uma fase de consultas e uma fase decisória, que se caracterizam pelos seguintes traços fundamentais[442]:

i) *Fase de comunicações* (art. 369.°): o processo inicia-se com a comunicação escrita do empregador à comissão de trabalhadores

---

[440] No mesmo sentido, ROMANO MARTINEZ, *in* P. ROMANO MARTINEZ / L. M. MONTEIRO / JOANA VASCONCELOS / P. MADEIRA DE BRITO / G. DRAY / L. GONÇALVES DA SILVA, *Código do Trabalho Anotado cit.*, 968.

[441] Remete-se para a apreciação desta norma, *supra,* § 36.°, ponto 133.V.

[442] Previamente a estas fases, alguma doutrina autonomiza uma fase interna, que termina com a tomada de decisão que precede as comunicações referidas pela lei – BER-

ou, na sua falta, à comissão sindical, da intenção de extinguir o posto de trabalho e de despedir o trabalhador que o ocupe; esta comunicação é também enviada a cada trabalhador envolvido, bem como, no caso de o trabalhador ser representante sindical, ao respectivo sindicato (n.° 1); a comunicação deve ser acompanhada dos elementos relativos aos motivos da extinção do posto de trabalho e à necessidade de despedimento do trabalhador (n.° 1 alíneas a) e b)).

ii) *Fase de consultas* (art. 370.°): esta fase decorre ao longo dos dez dias subsequentes às comunicações acima referidas e passa pela emissão de um parecer fundamentado pela comissão de trabalhadores ou pela associação sindical, caso queiram opor-se à medida de despedimento, bem como pela oposição de cada trabalhador abrangido, que o pretenda fazer (n.° 1). Nesta fase, pode também ser solicitada pelos trabalhadores ou pelos seus representantes a intervenção dos serviços competentes do Ministério responsável pela área laboral, tendo esta intervenção como escopo a verificação do preenchimento dos requisitos do art. 368.° n.° 2 (i.e., a observância dos critérios de preferência dos trabalhadores a atingir) e do art. 368.° n.° 1, c) e d) (i.e., os requisitos relativos à inexistência de contratos de trabalho a termo para a mesma função, e à inaplicabilidade do regime do despedimento colectivo)[443], e compreendendo a elaboração de um relatório sobre estes pontos (art. 370.° n.os 2 e 3). Terminada esta fase de consultas, se a intenção de despedimento recair sobre uma trabalhadora grávida, puérpera ou lactante ou sobre trabalhador ou trabalhadora em licença parental, o processo deve ser remetido, para parecer, à Comissão para a Igualdade no Trabalho e no Emprego, nos termos previstos no art. 63.° n.° 3 c) do CT, seguindo-se os trâmites indicados nessa norma.

---

NARDO XAVIER, *Curso de Direito do Trabalho cit.*, 517, e FURTADO MARTINS, *Cessação do Contrato de Trabalho cit.*, 134. Não consideramos esta fase, pela sua falta de relevo do ponto de vista do processo de cessação do contrato.

[443] Como decorre do exposto, os serviços administrativos não se pronunciam, pois, sobre os fundamentos materiais da extinção do posto de trabalho, nem sobre a impossibilidade de subsistência do contrato (art. 403.° n.° 1 a) e b)), mas apenas sobre os requisitos formais do despedimento.

iii) *Fase decisória*: nos 5 dias posteriores ao fim da fase das consultas, o empregador pode proferir a decisão de despedimento, que deve ser escrita e fundamentada, com a indicação dos motivos de extinção do posto de trabalho, a confirmação dos requisitos do despedimento, que constam do art. 368.° n.° 1, a prova do critério de prioridades seguido na determinação dos trabalhadores abrangidos, o montante da compensação atribuída a cada trabalhador e a data da cessação do contrato (art. 371.° n.os 1 e 2). Esta comunicação – que deve ser dirigida a cada trabalhador (art. 371.° n.° 3)[444], bem como por cópia à comissão de trabalhadores, e, na sua falta, à comissão sindical, bem como aos serviços do Ministério responsável pela área laboral – deve ainda prever um tempo de pré-aviso até à data da cessação do contrato que passou a ser variável de acordo com a antiguidade do trabalhador na empresa, podendo ir de 15 dias (para os trabalhadores com menos de um ano de antiguidade) até 75 dias (para os trabalhadores com mais de dez anos de antiguidade) – é a regra que consta do art. 371.° n.° 3 alíneas a) a d) e que está em linha com as novas regras dispostas sobre o pré-aviso no caso do despedimento colectivo, já apreciadas.

**II.** Por expressa remissão do art. 372.° do CT, são ainda aplicáveis no âmbito do despedimento por extinção do posto de trabalho as seguintes regras previstas para o despedimento colectivo:

- se o empregador não respeitar o tempo de pré-aviso entre a decisão final de despedimento e a cessação do contrato, fica investido no dever de pagar a retribuição correspondente ao período em falta e a data da cessação do contrato não se altera (art. 363.° n.° 4);
- durante o tempo de aviso prévio o trabalhador tem direito a um crédito de horas, nos termos do art. 364.°;
- durante o tempo de aviso prévio, o trabalhador pode denunciar o contrato com a antecedência mínima de três dias, sem perda do direito à compensação (art. 365.°)[445].

---

[444] Neste ponto, o actual Código é mais explícito do que o Código anterior, do qual não constava, inexplicavelmente, esta exigência. Sobre o ponto, Rosário Palma Ramalho, *Direito do Trabalho cit.*, II, 908.

[445] Remete-se para a apreciação destas normas, que foi feita a propósito da figura do despedimento colectivo, *supra*, § 36.°, ponto 134.1.IV.

### 137.2. Ilicitude do despedimento por extinção do posto de trabalho

**I.** A ilicitude do despedimento por extinção do posto de trabalho rege-se pelo disposto nos arts. 381.° e 384.° do CT, respectivamente quanto às causas comuns de ilicitude e quanto às causas específicas.

Já tendo apreciado as causas comuns de ilicitude, cabe salientar as *causas específicas*, que são as seguintes:

- desrespeito pelos requisitos do art. 368.° n.° 1 (art. 384.° a));
- violação dos critérios de preferência quanto aos postos de trabalho a extinguir, previstos no art. 368 n.° 2 (art. 384.° b));
- falta das comunicações previstas no art. 369.° (art. 384.° c));
- não disponibilização ao trabalhador, até ao final do prazo de aviso prévio, da compensação legalmente devida, bem como dos créditos vencidos exigíveis por ocasião da cessação do contrato (art. 384.° d)).

**II.** Quanto à impugnação do despedimento ilícito e às suas consequências remete-se para o que foi dito a propósito do despedimento com justa causa[446], uma vez que é aplicável o mesmo regime[447].

Chama-se apenas a atenção para a dúvida da jurisprudência e da doutrina sobre a questão da admissibilidade do recurso à providência cautelar de suspensão deste despedimento no âmbito do Código do Processo de Trabalho[448]. Actualmente, esta dúvida deixou de ter razão de ser, perante a previsão da providência cautelar de suspensão do despedimento em moldes gerais pelo art. 386.° do CT (o que faz pressupor a sua aplicabilidade a todas as modalidades de despedimento) e tendo também em conta que a nova redacção do art. 34.° do CPT prevê expressamente o recurso à providência cautelar de suspensão no caso do despedimento por extinção do posto de trabalho.

---

[446] *Supra*, § 35.°, ponto 131.

[447] Também não se admite a extensão da regra de diminuição da manutenção do despedimento ainda que com redução da indemnização, prevista no art. 389.° n.° 2, ao caso em que a ilicitude do despedimento por extinção do posto de trabalho se funde em vício procedimental, pelas razões indicadas para o despedimento colectivo.

[448] *Supra*, § 35.°, ponto 131.3.II. O problema foi suscitado pelo Ac. RC de 3/03/2005, CJ, 2005, II, 51, que considerou não haver lugar a esta providência, uma vez que o regime da mesma no CPT (na versão de 1999) se adequava apenas ao despedimento colectivo (art. 41.°) ou ao despedimento individual sancionatório ou despedimento por justa causa (art. 34.°).

## § 38.° Despedimento por inadaptação[449]

### 138. Aspectos gerais

**I.** A última modalidade de despedimento por iniciativa do empregador é o despedimento por inadaptação.

A possibilidade de fazer cessar o contrato por inaptidão do trabalhador para as funções, revelada na execução da prestação, constava da LCT (art. 102.° a)) e foi admitida na versão originária da Lei dos Despedimentos de 1975, como um dos «motivos atendíveis» para o despedimento (art. 14.° n.° 3 b) da LD), mas desapareceu na versão subsequente deste diploma. A figura foi reintroduzida no nosso sistema jurídico pelo DL n.° 400/91, de 16 de Outubro, na sequência do Acordo Económico e Social de 1991, de onde passou para o CT de 2003 (arts. 405.° ss.) e, agora, para o CT de 2009 (arts. 373.° ss.).

No actual Código do Trabalho, o regime do despedimento por inadaptação é apresentado nas seguintes normas:

– arts. 373.° a 375.°, nos quais são tratadas as matérias relativas à noção e aos fundamentos deste despedimento;

---

[449] Sobre esta figura, podem ver-se A. Menezes Cordeiro, *Da cessação do contrato de trabalho por inadaptação do trabalhador perante a Constituição da República*, RDES, 1991, 3/4, 369-421, J. Soares Ribeiro, *Cessação do contrato de trabalho por inadaptação do trabalhador, in* A. Moreira (coord.), *IV Congresso Nacional de Direito do Trabalho. Memórias*, Coimbra, 2002, 397-409, Furtado Martins, *Cessação do Contrato de Trabalho cit.*, 139 ss., Bernardo Xavier, *Curso de Direito do Trabalho cit.*, 522 ss., Jorge Leite, *Direito do Trabalho cit.*, II, 343 ss., P. Romano Martinez, *Direito do Trabalho cit.*, 1009 ss., e *Da Cessação do Contrato cit.*, 483 ss., Júlio Gomes, *Direito do Trabalho cit.*, 997 ss., Monteiro Fernandes, *Direito do Trabalho cit.*, 627 ss., Romano Martinez / L. M. Monteiro / Joana Vasconcelos / P. Madeira de Brito / G. Dray / / L. Gonçalves da Silva, *Código do Trabalho Anotado cit.*, 973 ss. (anotação de Romano Martinez), e Leal Amado, *Contrato de Trabalho cit.*, 405 ss.

– arts. 376.° a 378.°, que regulam os aspectos procedimentais deste despedimento;
– art. 379.°, sobre os direitos do trabalhador;
– art. 385.°, relativo à ilicitude do despedimento.

**II.** O despedimento por inadaptação corresponde a uma modalidade de despedimento por causa objectiva (no sentido em que não depende de uma actuação culposa do trabalhador), mas esta causa reporta-se ao trabalhador e não à empresa: é a inadaptação do trabalhador ao seu posto de trabalho, no decurso do contrato (logo, trata-se de uma inaptidão superveniente) e na sequência de alterações introduzidas pelo empregador a esse posto de trabalho, no exercício dos seus poderes de gestão. O tipo de alterações que a lei admite para este efeito (e que são enunciadas nos arts. 374.° e 375.° n.° 1) permite concluir que esta modalidade de despedimento decorre das necessidades de flexibilização do Direito do Trabalho e, designadamente, das projecções tecnológicas dessas necessidades[450].

O fundamento objectivo do despedimento por inadaptação explica as dificuldades de introdução desta figura no nosso sistema jurídico – tendo em conta as dúvidas ao tempo existentes sobre o alcance da proibição constitucional dos despedimentos sem justa causa, de que oportunamente se deu conta – bem como o perfil excessivamente garantístico que veio a ter o respectivo regime jurídico[451]. Este facto permite compreender a fraca aplicação prática desta figura, que se revela na exígua jurisprudência que, sobre ela, se tem produzido.

O CT de 2003 manteve, no essencial, o regime jurídico desta figura, tal como constava do DL n.° 400/91, de 16 de Outubro. O actual Código do Trabalho apenas introduziu uma nova regra quanto ao prazo de aviso prévio para o despedimento (em linha com as regras correspondentes nesta matéria, que dispôs para o despedimento colectivo e para o despedimento

---

[450] Neste sentido, FURTADO MARTINS, *Cessação do Contrato de Trabalho cit.*, 141. Para salientar esta motivação da figura, MENEZES CORDEIRO, *Da cessação do contrato de trabalho por inadaptação do trabalhador... cit.*, 401, refere-se-lhe como um «despedimento tecnológico», expressão que se encontra também em autores como B. VENEZIANI, *Nuove tecnologie e contratto di lavoro: profili di diritto comparato*, DLRI, 1987, 1, 1-60 (51 ss.).

[451] Especificamente sobre a questão da constitucionalidade deste regime, MENEZES CORDEIRO, *Da cessação do contrato de trabalho por inadaptação do trabalhador... cit.*, 369 ss., *maxime* 409 ss., tendo o autor concluído pela conformidade da Proposta de Lei com a Constituição.

por extinção do posto de trabalho), e procedeu a uma nova arrumação sistemática do regime jurídico desta figura, não separando os aspectos substantivos e procedimentais.

## 139. **Configuração e fundamentos do despedimento por inadaptação**

**I.** O despedimento do trabalhador por inadaptação superveniente ao posto de trabalho é previsto no art. 373.°, mas só pode ocorrer mediante a verificação dos requisitos cumulativos enunciados nos arts. 374.° e 375.°. Estes requisitos referem-se, de uma parte, à configuração da situação de inadaptação e, de outra parte, à cessação do contrato de trabalho em si mesma.

**II.** Esta modalidade de despedimento pressupõe, em primeiro lugar, a *verificação de uma situação de inadaptação do trabalhador ao posto de trabalho*.

Considera-se verificada esta situação de inadaptação se concorrerem os seguintes elementos:

i) *A inadaptação deve ser superveniente*, no sentido em que ocorre durante a execução do contrato de trabalho (art. 373.°). Este requisito permite distinguir a figura do despedimento por inadaptação dos casos de inaptidão inicial do trabalhador para o posto de trabalho, que justificam, porventura, a anulação do contrato, nos termos gerais[452].

ii) A inadaptação ocorre em dois tipos de situações, que correspondem, respectivamente, ao regime geral da figura e ao regime especial, para determinadas categorias de trabalhadores. Assim, há inadaptação:
   - em caso de *redução continuada*[453] *da produtividade ou da qualidade de trabalho, de verificação de avarias repetidas*

---

[452] Sobre a distinção entre a figura do despedimento por inadaptação e as situações e de inaptidão originária e superveniente (mas, quanto a esta última, sem causa externa), Jorge Leite, *Direito do Trabalho cit.*, II, 343, e Monteiro Fernandes, *Direito do Trabalho cit.*, 628.

[453] O anterior Código referia-se, neste contexto, a redução «anormal» da produtividade do trabalhador. O novo Código realça – e bem – como facto relevante que a redução

*nos meios afectos ao seu trabalho ou de provocação de riscos para a segurança e saúde do trabalhador, dos seus colegas ou de terceiros*, mas apenas quando estes efeitos sejam devidos ao modo de exercício da actividade e tornem praticamente impossível a subsistência do vínculo laboral (art. 374.° n.° 1 alíneas a), b) e c) e corpo);

– e *relativamente a cargos de complexidade técnica ou de direcção*[454], *quando o trabalhador não atinja os objectivos previamente acordados por escrito*[455-456], mas apenas se tal ocorrência tornar praticamente impossível a subsistência do vínculo laboral (art. 374.° n.° 2). Este regime constitui mais um afloramento da tendência do nosso sistema jurídico para tratar de modo diferenciado os quadros dirigentes, que também se observa noutras matérias.

Nas situações de inadaptação enunciadas, acentua-se a importância do requisito de que a inadaptação se fique a dever ao modo de exercício da função pelo trabalhador ou ao incumprimento dos objectivos por ele próprio aceites, no caso de funções de direcção ou de complexidade técnica. É que são estes requisitos que permitem fixar a origem do facto

---

deve antes ser continuada (no sentido de prolongada no tempo), para além de se poder reportar à produtividade mas também à qualidade do trabalho.

[454] A maior dificuldade na determinação desta situação de inadaptação reside na concretização do que seja um cargo de complexidade técnica para este efeito, uma vez que esta expressão corresponde a um conceito indeterminado (neste sentido, ROMANO MARTINEZ, *in* P. ROMANO MARTINEZ / L. M. MONTEIRO / JOANA VASCONCELOS / P. MADEIRA DE BRITO / G. DRAY / L. GONÇALVES DA SILVA, *Código do Trabalho Anotado cit.*, 976). Apesar da diversidade de conteúdos possíveis, este conceito parece ser de reportar aos cargos que exijam uma qualificação especial.

[455] Para ROMANO MARTINEZ, *in* P. ROMANO MARTINEZ / L. M. MONTEIRO / JOANA VASCONCELOS / P. MADEIRA DE BRITO / G. DRAY / L. GONÇALVES DA SILVA, *Código do Trabalho Anotado cit.*, 975, a possibilidade de despedimento por inadaptação, com fundamento na não obtenção dos objectivos previamente fixados e aceites pelas partes configura tecnicamente uma condição resolutiva. Mas como o autor esclarece noutra sede (*Direito do Trabalho cit.*, 1010), esta condição funciona apenas como requisito da inadaptação, não tendo, por si só, efeito resolutivo.

[456] Da norma correspondente a este preceito no regime anterior à codificação laboral (art. 2.° n.° 2 do DL n.° 400/91, de 16 de Outubro) não constava a exigência da forma escrita na fixação dos objectivos do contrato. A exigência de acordo escrito sobre os objectivos a alcançar aumenta a segurança da posição jurídica do trabalhador.

extintivo na pessoa do trabalhador (ou, melhor dito, no modo como ele executa a sua prestação), que é o traço distintivo desta modalidade de despedimento relativamente às outras modalidades de despedimento com fundamento objectivo (i.e., o despedimento colectivo e o despedimento por extinção do posto de trabalho).

Já no que se refere ao requisito da impossibilidade prática de subsistência do vínculo laboral, que a lei fixou, em assumido paralelismo com a figura do despedimento por justa causa, são extensíveis a este caso as observações críticas que fizemos à formulação de idêntico requisito no caso do despedimento por extinção do posto de trabalho[457], por nos parecer que tal requisito não se adequa à justificação objectiva desta modalidade de despedimento. O que está aqui em causa é um juízo de inexigibilidade ao empregador da manutenção do vínculo laboral com um trabalhador que, reconhecidamente, não consegue trabalhar com o equipamento disponibilizado ou que põe em risco a sua segurança ou a de outros pelo modo como realiza a sua prestação.

**III.** Uma vez identificada a situação de inadaptação, *o despedimento só poderá ocorrer se concorrerem os requisitos cumulativos enunciados no art. 375.° do CT*. Estes requisitos são dispostos de forma diferente para as duas situações de inadaptação contempladas no art. 374.°.

Assim, *no caso de inadaptação revelada na ocorrência de avarias, de redução continuada da produtividade ou da qualidade do trabalho, ou de riscos de segurança para o próprio trabalhador ou para terceiros*, só pode haver despedimento, verificados os requisitos constantes do art. 375.° n.° 1. Estes requisitos são os seguintes:

i) O posto de trabalho ter sofrido modificações, que podem resultar da alteração de processos de fabrico ou de comercialização[458], da introdução de novas tecnologias ou equipamentos, nos seis meses anteriores ao despedimento (al. a) do n.° 1 do art. 375.°).

---

[457] *Supra*, § 37.°, ponto 136.II.

[458] Na norma correspondente a esta no regime anterior à codificação laboral (art. 3.° do DL n.° 400/91, de 16 de Outubro), apenas eram previstas alterações aos processos de fabrico, mas não de comercialização. Evidentemente, as modernas tecnologias também se repercutem nos processos de comercialização (por exemplo, as vendas através da Internet) pelo que faz sentido este alargamento. Assim sendo, não se compreende porque é que esta extensão não foi contemplada no caso previsto no n.° 2 desta mesma norma.

Deste requisito decorre que a causa última do despedimento tem que ser externa ao trabalhador, ainda que a causa próxima seja a inadequação deste às modificações introduzidas no seu posto de trabalho[459]. Por outro lado, este requisito exige uma certa actualidade das modificações introduzidas no posto de trabalho, relativamente ao início do processo para despedimento, dando ao empregador um lapso de tempo relativamente curto (seis meses) para lançar mão desta medida.

ii) Ter sido ministrada ao trabalhador a formação profissional adequada à novas características do seu posto de trabalho (al. b) do n.° 1 do art. 375.°). Este requisito visa evitar que o empregador se socorra desta modalidade de despedimento para conseguir afastar os trabalhadores, sem lhes proporcionar a possibilidade de se adaptarem à nova situação.

iii) Ter sido concedido ao trabalhador um tempo de adaptação mínimo de 30 dias, após a formação, no posto de trabalho reconfigurado (al. c) do n.° 1 do art. 375.°).

iv) Não existir na empresa outro posto de trabalho disponível, que seja compatível com a qualificação profissional do trabalhador (al d) do n.° 1 do art. 375.°). Este requisito, tal como o requisito idêntico previsto no caso do despedimento por extinção do posto de trabalho[460], visa promover uma alternativa à cessação do contrato, mas passa pela modificação do objecto do contrato (uma vez que a lei ressalva apenas a necessidade de o novo posto de trabalho ser compatível com qualificação profissional do trabalhador, mas não exige que tenha o mesmo conteúdo funcional[461]),

---

459 Assim, se o posto de trabalho for informatizado e o trabalhador não se habituar à utilização do computador na realização da sua actividade, este requisito está preenchido; mas já não o estará se o trabalhador, por qualquer razão, se mostrar progressivamente menos apto para desempenhar a função que vinha exercendo, sem que esta tenha sido substancialmente alterada. Neste segundo caso, se a diminuição da aptidão do trabalhador for muito grave, o empregador poderá lançar mão da figura caducidade do contrato de trabalho por impossibilidade superveniente, absoluta e definitiva de o trabalhador continuar a executar a prestação, nos termos do art. 343.° b) do CT.

460 *Supra*, § 37.°, ponto 136.II.

461 A utilização do termo «qualificação profissional» neste contexto é equívoca, porque se trata de um termo muito amplo, o que alarga o âmbito do dever do empregador na disponibilização de um trabalho alternativo ao trabalhador. Teria sido mais adequada

o que pressupõe o acordo do trabalhador, nos termos gerais. Além disso, resulta claramente da lei que o empregador apenas tem o dever de oferecer ao trabalhador um posto de trabalho alternativo que já exista e esteja disponível na empresa, não lhe cabendo criar um novo posto de trabalho para o efeito.

v) A situação de inadaptação não ter sido criada pela falta de condições de segurança, higiene e saúde no local de trabalho imputável ao empregador (al e) do n.° 1 do art. 375.°)[462].

No *caso especial de inadaptação decorrente da não obtenção dos objectivos previamente acordados, nos cargos de direcção ou de complexidade técnica* (situação prevista no art. 374.° n.° 2), a lei é menos rigorosa quanto aos requisitos de cessação do contrato de trabalho. Ainda assim, o contrato só pode cessar verificados os seguintes requisitos cumulativos, previstos no art. 375.° n.° 3:

i) Terem sido introduzidos novos processos de fabrico, ou novas tecnologias ou equipamentos, que determinaram uma modificação das funções do posto de trabalho em questão (art. 375.° n.° 3 parte final). A nosso ver, este requisito é excessivo, tendo em conta que o contrato já foi inicialmente condicionado por objectivos e é a não obtenção destes que evidencia a inadaptação[463].

ii) A situação de inadaptação não ter sido criada pela falta de condições de segurança, higiene e saúde no local de trabalho imputável ao empregador (art. 375.° n.° 3 parte inicial).

O art. 375.° n.° 4 do CT estabelece ainda que o despedimento por inadaptação só pode ter lugar desde que seja posta à disposição do trabalhador a compensação devida. Por força da remissão do art. 379.° para o regime do despedimento colectivo nesta matéria, esta indemnização é a

---

uma referência à categoria do trabalhador, uma vez que está em causa a manutenção do estatuto que o trabalhador detinha anteriormente.

[462] No âmbito do CT de 2003, era indicado ainda como requisito deste despedimento a disponibilização ao trabalhador da indemnização compensatória. O actual Código considerou esta matéria à parte, o que consideramos adequado uma vez que não se trata de um pressuposto da figura mas de uma condição de licitude da mesma.

[463] No mesmo sentido, ROMANO MARTINEZ, *in* P. ROMANO MARTINEZ / L. M. MONTEIRO / JOANA VASCONCELOS / P. MADEIRA DE BRITO / G. DRAY / L. GONÇALVES DA SILVA, *Código do Trabalho Anotado cit.*, 670.

prevista no art. 366.°, correspondendo assim a um mês de retribuição por cada ano completo de trabalho, ao valor proporcional para as fracções de ano e tendo um limite mínimo de três meses.

A compensação tem que ser posta à disposição do trabalhador até ao termo do aviso prévio do despedimento, sob pena de ilicitude do mesmo (art. 385.° c)) e o recebimento da compensação constitui presunção de aceitação do despedimento, nos termos do art. 366.° n.° 4.

A violação dos requisitos do despedimento por inadaptação e a não disponibilização da compensação constituem contra-ordenação grave, nos termos do art. 375.° n.° 5 do CT.

Para além destes requisitos, a lei estabelece ainda duas normas cautelares, que procuram assegurar que esta modalidade de despedimento não se desvia dos objectivos para os quais foi concebida.

Assim, a lei prevê que o trabalhador que tenha sido transferido para o posto de trabalho, para o qual se revele inapto, nos três meses anteriores ao início do procedimento para o despedimento, possa retomar o posto de trabalho anterior, sem perda de regalias, a não ser que aquele posto de trabalho tenha sido, entretanto, extinto – é a regra constante do art. 375.° n.° 2 e paralela ao art. 368.° n.° 4, relativo ao despedimento por extinção do posto de trabalho, tendo aqui também a função de evitar fraudes na utilização desta modalidade de despedimento[464].

Por outro lado, o art. 380.° estabelece que esta modalidade de despedimento não pode determinar uma diminuição do volume global de emprego na empresa[465], pelo que impõe ao empregador o dever de, no prazo de 90 dias a contar da cessação do contrato, admitir um novo trabalhador para o posto de trabalho em causa, ou transferir para esse posto de trabalho um outro trabalhador cujo posto de trabalho se pretenda extinguir. Esta norma, cujo objectivo parece ser impedir que o empregador recorra ao despedimento por inadaptação quando, na verdade, pretenda, diminuir os pos-

[464] Ainda assim, tal como está feito, julga-se que este paralelismo não é feliz, porque este prazo de três meses não se conjuga com o prazo até seis meses para a introdução das modificações ao posto de trabalho, previsto no art. 375.° n.° 1 a).

[465] Na redacção da norma correspondente a este preceito no regime anterior às codificação laboral (art. 10.° do DL n.° 400/91, de 16 de Outubro) aludia-se a «volume de emprego permanente». Referindo-se agora a lei apenas ao nível de emprego, pode concluir-se que cumpre o preceituado neste artigo, o empregador que recorra à contratação de trabalhadores a termo para preencher o posto de trabalho vago.

tos de trabalho, afigura-se, contudo, de difícil aplicação, e mesmo, de duvidosa constitucionalidade, uma vez que a «imposição» ao empregador de um dever de contratar conflitua com o princípio constitucional da livre iniciativa económica e, obviamente, com o princípio civil geral da autonomia privada, na vertente da liberdade de contratar. Por esta razão, entende-se que a violação deste dever é apenas sancionável no plano contra-ordenacional, como, aliás, decorre do art. 380.° n.° 3.

**IV.** Como decorre do exposto, o grau de exigência da lei na configuração do despedimento por inadaptação, não só pelo número de requisitos que o rodeia, como pelo carácter cumulativo destes requisitos, torna esta figura muito difícil de aplicar.

A utilidade prática desta figura é, por isso, escassa, o que é confirmado pela falta de jurisprudência nesta matéria[466].

## 140. **Processo e ilicitude do despedimento por inadaptação**

### 140.1. **Processo para despedimento por inadaptação**

**I.** Para além dos requisitos substanciais, o despedimento por inadaptação depende ainda de um processo, que o Código do Trabalho regula nos arts. 376.° a 378.°.

Este processo é semelhante ao do despedimento por extinção do posto de trabalho e compreende as seguintes fases:

i) *Fase de comunicações* (art. 376.°): o processo inicia-se com a comunicação escrita do empregador, tanto ao trabalhador abrangido como às suas estruturas representativas (comissão de trabalhadores e, na sua falta, comissão sindical), da sua intenção de proceder ao despedimento (n.° 1). Nesta comunicação devem ser indicados o motivo do despedimento e as modificações intro-

[466] Na pesquisa de jurisprudência sobre a matéria, deparámo-nos com um único Acórdão que se refere à figura do despedimento por inadaptação, e, ainda assim, indirectamente, porque o faz a propósito da apreciação dos requisitos substanciais do despedimento por extinção do posto de trabalho (Ac. STJ de 22/06/2005 (Proc. n.° 05S923), www.stj.pt.).

duzidas no posto de trabalho, bem como a inexistência de posto de trabalho alternativo (n.° 2).

ii) *Fase de consultas* (art. 377.°): nesta fase, que decorre nos 10 dias subsequentes às comunicações, o trabalhador pode deduzir oposição e as estruturas representativas podem emitir parecer fundamentado sobre o despedimento[467]. No termo desta fase, se estiver em causa uma trabalhadora grávida, puérpera ou lactante ou trabalhador ou trabalhadora em gozo de licença parental, o processo deve ser enviado para a Comissão da Igualdade no Trabalho e no Emprego, para emissão de parecer, nos termos previstos no art. 63.° n.° 3 d) do CT.

iii) *Fase decisória* (art. 378.°): decorrida a fase de consultas, a decisão final sobre o despedimento compete ao empregador, que a deve emitir, por escrito e com a fundamentação e as indicações constantes do art. 378.° n.° 1 alíneas a) a d). Desta comunicação é enviada cópia ao trabalhador, às estruturas representativas e aos serviços competentes do Ministério responsável pela área laboral (n.° 2). Nos termos desta norma, tem que ser respeitado um aviso prévio mínimo entre 15 e 75 dias, consoante a antiguidade do trabalhador entre a decisão de despedimento e a cessação do contrato.

A violação destas regras de procedimento constitui contra-ordenação grave, nos termos do art. 378.° n.° 3 do CT.

**II.** Com referência a este processo, cabe ainda salientar que, por remissão do art. 379.° do CT, o trabalhador objecto desta medida tem direito ao crédito de horas previsto no art. 364.° durante o tempo de aviso prévio e pode denunciar o contrato durante esse período, nos termos do art. 365.°, sem perda da compensação.

Já tendo apreciado estas regras a propósito do despedimento colectivo, para aí se remete[468].

---

[467] No regime anterior à codificação laboral, este prazo era de 15 dias (art. 5.° do DL n.° 400/91, de 16 de Outubro).

[468] *Supra*, § 36.°, ponto 134.1.IV.

### 140.2. Ilicitude do despedimento por inadaptação

**I.** Resta referir a questão da ilicitude do despedimento por inadaptação.

Para além dos fundamentos gerais da ilicitude, oportunamente apreciados (art. 381.° do CT)[469] e que também se aplicam a esta figura, o art. 385.° do CT enuncia as *causas específicas de ilicitude desta modalidade de despedimento*. Estas causas são as seguintes:

i) *Falta dos requisitos substanciais previstos no art. 375.° n.° 1* (art. 385.° a)). Tendo em conta as duas situações de inadaptação previstas pelo art. 374.°, não se compreende a não inclusão dos requisitos do n.° 2 do art. 375.° (referente à segunda situação de inadaptação) no âmbito das causas de ilicitude, pelo que se subscreve uma aplicação analógica da norma do art. 385.° a) a esta situação, com base num argumento de identidade de razão. Por outro lado, valem para esta modalidade de despedimento as referências feitas a propósito das outras modalidades de despedimento com fundamento objectivo, relativamente ao carácter não sindicável das razões de gestão que tenham presidido às modificações do posto de trabalho a que o trabalhador se não veio a adaptar, porque decorrem do direito de livre iniciativa económica que assiste ao empregador; sindicável é apenas o nexo entre tais modificações e a actuação posterior do trabalhador, que manifesta a sua inadaptação ao posto de trabalho modificado.

ii) *Falta das comunicações exigidas no processo para despedimento* (art. 385.° b));

iii) *Não disponibilização ao trabalhador da compensação devida pela cessação do contrato*, bem como de outros créditos que tenha sobre o empregador (art. 385.° c)).

**II.** Quanto à *impugnação do despedimento ilícito e às suas consequências* remete-se para o que foi dito a propósito das providências de suspensão e de impugnação judicial do despedimento com justa causa, que são aplicáveis ao despedimento por inadaptação[470].

---

[469] *Supra*, § 35.°, ponto 131.2.I

[470] *Supra*, § 35.°, ponto 131.

## § 39.° Cessação do contrato de trabalho por iniciativa do trabalhador[471]

### 141. Aspectos gerais

**I.** A cessação do contrato de trabalho por iniciativa do trabalhador não coloca as mesmas dificuldades que a cessação por iniciativa do empregador, sendo admitida pela lei em moldes relativamente incondicionados.

---

[471] Em especial sobre este tema, RAÚL VENTURA, *Extinção das relações jurídicas de trabalho cit.*, 245 ss., A. MENDES BAPTISTA, *Prazo para o exercício do direito de rescisão do contrato de trabalho por iniciativa do trabalhador* QL, 2002, 19, 61-65, JÚLIO GOMES, *Da rescisão do contrato de trabalho por iniciativa do trabalhador, in* A. MOREIRA (coord.), *V Congresso Nacional de Direito do Trabalho. Memórias*, Coimbra, 2003, 129-166, P. FURTADO MARTINS, *Rescisão pelo trabalhador. Comunicação escrita*, RDES, 1993, n.° 1-4, 337-345, e ainda *Cessação do Contrato de Trabalho cit.*, 181 ss., MENEZES CORDEIRO, *Manual de Direito do Trabalho cit.*, 853, BERNARDO XAVIER, *Curso de Direito do Trabalho cit.*, 533 ss., JORGE LEITE, *Direito do Trabalho cit.*, II, 345 ss., A. MENDES BAPTISTA, *Notas sobre a cessação do contrato de trabalho por iniciativa do trabalhador no novo Código do Trabalho, in A Reforma do Código do Trabalho*, Coimbra, 2004, 537-549, J. E. ALMEIDA, *A cessação do contrato de trabalho por iniciativa do trabalhador – notas e dúvidas ao novo regime, in A Reforma do Código do Trabalho*, Coimbra, 2004, 551-570, P. ROMANO MARTINEZ / L. M. MONTEIRO / JOANA VASCONCELOS / P. MADEIRA DE BRITO / / G. DRAY / L. GONÇALVES DA SILVA, *Código do Trabalho Anotado cit.*, 1018 ss. (anotação de JOANA VASCONCELOS), ROMANO MARTINEZ, *Direito do Trabalho cit.*, 1042 ss., e *Da Cessação do Contrato cit.*, 446, 449 ss. e 511 ss., MONTEIRO FERNANDES, *Direito do Trabalho cit.*, 642 ss., ou LEAL AMADO, *Contrato de Trabalho cit.*, 447 ss. Ainda sobre esta matéria, na literatura jurídica comparada, por todos, quanto ao sistema jurídico germânico, ZÖLLNER / LORITZ, *Arbeitsrecht cit.*, 278 ss. e 281 ss., quanto ao sistema jurídico italiano, SCONAMIGLIO, *Diritto del Lavoro cit.*, 568 ss., quanto ao sistema jurídico francês, VERDIER / / COEURET / SOURIAC, *Droit du travail cit.*, 478 s. e 483, quanto ao direito espanhol, ALONSO OLEA / CASAS BAAMONDE, *Derecho del Trabajo cit.*, 479 ss., e quanto ao direito brasileiro, MASCARO NASCIMENTO, *Curso de Direito do Trabalho cit.*, 717 e 784 ss.

A razão do tratamento diferenciado do empregador e do trabalhador, no que toca à cessação do vínculo laboral, está no princípio geral da liberdade de trabalho, que entronca remotamente na proibição dos vínculos de servidão pessoal e de trabalho vitalício[472] e do qual a liberdade de desvinculação do trabalhador é uma das principais projecções.

**II.** No sistema jurídico português, a liberdade de rompimento do contrato de trabalho por iniciativa do trabalhador era já assegurada no Código de Seabra (art. 1371.°, relativo ao contrato de serviço doméstico), excepto se o contrato fosse a termo, caso que apenas era admitida a cessação antecipada mediante justa causa (arts. 1376.° e 1377.°). Este regime foi mantido pela LCT de 1937 (art. 10.° e art. 13.°) e pela LCT de 1969 (art. 107.° e art. 108.°, este último já admitindo, todavia, a denúncia antecipada dos contratos a termo com duração superior a quatro anos). Contudo, nesta fase, o mesmo regime de rompimento do contrato era aplicável ao empregador, que podia assim pôr fim ao vínculo laboral com idêntica facilidade.

No actual quadro constitucional, a regra da liberdade de desvinculação do trabalhador foi mantida pela Lei dos Despedimentos (DL n.° 372-A/75 de 16 de Julho), que regulava esta matéria nos arts. 24.° a 27.°, prevendo duas formas de cessação do contrato de trabalho por iniciativa do trabalhador: a rescisão com aviso prévio (art. 24.°); e a rescisão imediata por motivo atendível[473] (art. 25.°). Por outro lado, estendeu-se a regra da liberdade de desvinculação do trabalhador aos contratos de trabalho a termo, independentemente da respectiva duração[474].

---

472 Nesta linha, recorda-se, logo nos Códigos Civis de oitocentos – que, como se referiu oportunamente (*Direito do Trabalho I,* § 2.°, ponto 3.1.I. e, com mais desenvolvimentos, *Da Autonomia Dogmática... cit.*, 22 ss. e 166 ss.), não dedicavam grande atenção ao fenómeno emergente do trabalho subordinado – o cuidado em proibir os vínculos de trabalho perpétuos (neste sentido, o art. 1371.° do Código de Seabra considerava nulo o contrato de serviço doméstico estipulado por toda a vida dos contraentes), e, como consequência desta proibição, o reconhecimento às partes da liberdade de fazerem cessar o vínculo laboral. Naturalmente, esta liberdade tem um significado diferente para o empregador e para o trabalhador, o que explica que, na evolução subsequente dos sistemas juslaborais, ela tenha sido mantida para o trabalhador e tenha sido condicionada, em menor ou menor grau, para o empregador.

473 No contexto deste diploma, não se procedia à qualificação técnica destas situações. Apenas com a LCCT elas são referenciadas como situações de justa causa.

474 Criticando esta solução, em especial quanto aos contratos de trabalho a termo de curta duração, FURTADO MARTINS, *Cessação do Contrato de Trabalho cit.*, 182.

O regime da LD transitou para a LCCT de 1989, que manteve estas duas causas de cessação do contrato por iniciativa do trabalhador: a rescisão com aviso prévio, regulada nos arts. 38.° e 39.°; e a rescisão independente de aviso prévio mas com justa causa[475], regulada nos arts. 34.° a 37.°. A maior novidade da LCCT nesta matéria foi a introdução, no âmbito da rescisão com aviso prévio, da figura do abandono do trabalho (art. 40.°).

O CT de 2003 manteve o regime da LCCT sobre esta matéria (arts. 441.° a 450.°), com três alterações essenciais: a reformulação da designação destas modalidades de cessação do contrato, que ganhou em rigor terminológico; a alteração do valor da indemnização a arbitrar, quando a ela haja lugar; e a possibilidade da correcção do vício do procedimento de resolução, pelo trabalhador, em caso de declaração de ilicitude da resolução com esse fundamento.

O actual Código do Trabalho manteve as orientações do Código anterior nesta matéria, agora regulada nos arts. 394.° ss.

**II.** O Código do Trabalho prevê, em subsecções autónomas, as seguintes *modalidades de cessação do contrato de trabalho por iniciativa do trabalhador*:

i) *Resolução*[476], que é a cessação imediata do contrato por justa causa (arts. 394.° a 399.°), tradicionalmente designada como «rescisão com justa causa». Trata-se de uma cessação do contrato vinculada, no sentido em que é necessariamente fundamentada. A lei regula os fundamentos desta resolução, o procedimento de cessação, o direito do trabalhador à indemnização, e a possibilidade de impugnação judicial da resolução e respectivas consequências.

ii) *Denúncia*, i.e., a cessação do contrato com aviso prévio e independente de motivo (arts. 400.° a 402.°), tradicionalmente desig-

---

[475] Como oportunamente se referiu, trata-se da única referência expressa ao conceito de justa causa fora do âmbito do despedimento disciplinar. Nesta aplicação, o conceito de justa tem um âmbito mais alargado, na medida em que contempla situações de justa causa subjectiva (i.e., ligadas a violações dos deveres do empregador) e situações de justa causa objectiva (ligadas a outros motivos atendíveis para a cessação do vínculo e que podem ser atinentes ao trabalhador ou ao empregador).

[476] Trata-se, com efeito, de um caso de resolução em sentido próprio, na medida em que os seus fundamentos estão tipificados na lei.

nada pelo termo «rescisão com aviso prévio». A este propósito, a lei estabelece os prazos de aviso prévio e as consequências da sua inobservância.

Apesar de estar formalmente integrado na subsecção do Código do Trabalho relativa à denúncia, deve considerar-se com autonomia o preceitos relativo ao *abandono do trabalho* (art. 403.°), que constitui uma modalidade de cessação do contrato por iniciativa do trabalhador que apenas tem afinidades mas não se confunde com a denúncia.

Ainda em sede de observações gerais sobre esta matéria, é de salientar o facto de o Código ter mantido a índole do regime anterior no que toca à resolução (i.e., a antiga rescisão com justa causa), no sentido de aproximar este regime do regime do despedimento disciplinar, oportunamente apreciado. Assim sucede quanto aos critérios de apreciação da justa causa, quanto aos seus requisitos, quanto ao valor da indemnização a arbitrar ao trabalhador e quanto à possibilidade de repetição do procedimento de cessação do contrato.

Este esforço de aproximação dos regimes não se afigura adequado, não só porque a justa causa tem, no contexto do despedimento disciplinar, uma função totalmente diversa da que desempenha no contexto da cessação do contrato por iniciativa do trabalhador, mas também porque os princípios gerais subjacentes a uma e outra modalidades de cessação – e que, naturalmente, inspiram os respectivos regimes – são opostos: no caso do despedimento disciplinar, o valor fundamental é o da estabilidade de emprego e da proibição de despedimentos arbitrários; no caso da resolução do contrato pelo trabalhador, o valor fundamental é o da liberdade de trabalho e da liberdade pessoal do trabalhador.

O ponto deve ficar assinalado.

## 141. **Resolução do contrato com fundamento em justa causa**

### 141.1. **Situações de justa causa**

**I.** O contrato de trabalho pode ser resolvido pelo trabalhador com efeitos imediatos, desde que haja justa causa (art. 394.° n.° 1 do CT).

As situações de justa causa, indicadas para este efeito no art. 394.° n.os 2 e 3, reconduzem-se a duas categorias: as situações de justa causa subjectiva (art. 394.° n.° 2), cujo enunciado é assumidamente exemplificativo[477]; e as situações de justa causa objectiva (art. 394.° n.° 3)[478-479]. A estas duas categorias de situações corresponde um regime diverso.

**II.** As *situações de justa causa subjectiva*, contempladas no art. 394.° n.° 2, reportam-se a comportamentos do empregador que traduzem uma violação culposa dos seus deveres[480]. Para este efeito, relevam, entre outros, os seguintes comportamentos:

i) *Comportamentos de violação de deveres contratuais*, como a falta culposa do pagamento pontual da retribuição ou a violação das garantias convencionais do trabalhador (alíneas a) e b) do n.° 2 do art. 394.° e ainda n.° 5 do art. 394.°, que concretiza a situação de justa causa atinente ao não pagamento da retribuição).
ii) *Comportamentos de violação de deveres legais*, como a violação das garantias legais do trabalhador[481], a aplicação de sanção abusiva ao trabalhador (nos termos do art. 331.° do CT), ou o incumprimento culposo de deveres atinentes à segurança, higiene e saúde no trabalho (alíneas b), c) e d) do n.° 2 do art. 394.°).
iii) *Comportamentos de violação de deveres gerais*, como a lesão culposa de interesses patrimoniais sérios do trabalhador, as ofen-

---

[477] O carácter exemplificativo do enunciado das situações de justa causa nesta norma não resultava, com idêntica clareza, da norma correspondente da LCCT (art. 35.°), ainda que a redacção da norma não vedasse a interpretação nesse sentido. O Código do Trabalho de 2003, e, agora o Código de 2009, clarificaram a natureza da norma.

[478] Também referindo esta classificação das situações de justa causa que estão na base da resolução do contrato por iniciativa do trabalhador, embora com reporte ao sistema da LCCT, FURTADO MARTINS, *Cessação do Contrato de Trabalho cit.*, 183 s.

[479] Quanto à natureza taxativa ou exemplificativa desta segunda categoria de situações de justa causa, *vd, infra,* III.

[480] Por esta razão, a resolução do contrato com este fundamento é, por vezes, designada como «despedimento indirecto». É uma designação comum no direito brasileiro, como se pode ver, por exemplo, em MASCARO NASCIMENTO, *Curso de Direito do Trabalho cit.*, 784 ss.

[481] A este propósito, *vd*, entre outros, o Ac. STJ de 6/12/2000, CJ (STJ), 2000, III, 291, discutindo a questão de saber se a retirada de funções de chefia ao trabalhador, sem prejuízo da sua categoria, integra ou não a violação das suas garantias.

sas à integridade física ou moral, à liberdade, honra ou dignidade do trabalhador, puníveis por lei, e que tenham sido praticados pelo empregador ou pelo seu representante (alíneas e) e f) do n.° 2 do art. 394.°).

Sendo a enumeração do art. 394.° n.° 2 exemplificativa[482], na prática, qualquer outro comportamento do empregador, que constitua uma violação grave e culposa dos seus deveres negociais, legais, ou decorrentes de instrumento de regulamentação colectiva do trabalho, constitui fundamento para a resolução imediata do contrato de trabalho pelo trabalhador.

Para a *aferição concreta da justa causa*, a lei manda atender aos critérios de apreciação da justa causa disciplinar (art. 394.° n.° 4), que são indicados pelo art. 351.° n.° 3, com as necessárias adaptações. Por outro lado, mas ainda na mesma linha de «equiparação» da justa causa neste caso e no caso do despedimento disciplinar, a jurisprudência tem acentuado a necessidade da presença de três requisitos para que se configure uma situação de justa causa subjectiva para a resolução do contrato[483]:

i) Um requisito objectivo, que é o comportamento do empregador violador dos direitos ou garantias do trabalhador.
ii) Um requisito subjectivo, que é a atribuição desse comportamento ao empregador a título de culpa. Contudo, no que se refere ao requisito da culpa, é de presumir a sua verificação, uma vez que estamos no âmbito da responsabilidade contratual, ou seja, por aplicação da regra geral do art. 799.° do CC. Desta presunção decorre uma inversão do ónus da prova, cabendo ao empregador demonstrar que a situação subjectiva de justa causa alegada pelo trabalhador não procedeu de um comportamento culposo[484].

---

[482] Contra este entendimento, por considerar que esta enumeração é ainda «tendencialmente taxativa», MONTEIRO FERNANDES, *Direito do Trabalho cit.*, 645.

[483] Para a apreciação destes requisitos, *vd*, entre outros, o Ac. RC de 28/05/1998, CJ, 1998, III, 70, o Ac. STJ de 1/02/2001, CJ (STJ), 2001, I, 288, o Ac. RC de 25/09/2003, CJ, 2003, IV, 54, o Ac. RLx. de 8/10/2003, CJ, 2003, IV, 154, o Ac. RC de 15/04/2004, CJ, 2004, II, 60, ou o Ac. RP de 15/05/2004, CJ, 2004, III, 226.

[484] Neste sentido, FURTADO MARTINS, *Cessação do Contrato de Trabalho cit.*, 188, e, na jurisprudência, Ac. RLx. de 26/01/1994, CJ, 1994, I, 176, e Ac. RC de 28/05/1998, CJ, 1998, III, 70.

iii) Um terceiro requisito, que relaciona aquele comportamento com o vínculo laboral, no sentido de tornar imediata e praticamente impossível para o trabalhador a subsistência desse vínculo (ou seja, em termos comparáveis aos da justa causa subjacente ao despedimento disciplinar). Este requisito retira-se da exigência legal de que a resolução do contrato seja promovida num lapso de tempo muito curto sobre o conhecimento dos factos que a justificam (30 dias sobre o conhecimento desses factos pelo trabalhador, nos termos do art. 395.° n.° 1), mas não pode deixar de ser reconduzido à ideia de simples inexigibilidade da manutenção do vínculo pelo trabalhador.

Na esteira do que anteriormente se referiu, acentua-se a necessidade de não apreciar os elementos acima referidos em moldes tão estritos e exigentes como no caso da justa causa disciplinar, designadamente no que toca ao terceiro elemento. A fundamental dissemelhança entre as figuras do despedimento disciplinar e da resolução do contrato por iniciativa do trabalhador assim o impõe.

A *situação de justa causa assente na falta culposa do pagamento pontual da retribuição* (prevista no art. 394.° n.° 2 a) do CT), justifica uma observação complementar, pela necessidade de articular esta norma com o art. 394.° n.° 5, que concretiza esta situação de justa causa[485].

Nos termos do art. 394.° n.° 5, só se configura a situação de justa causa para a cessação do contrato, quando o atraso no pagamento da retribuição for superior a 60 dias sobre a data do respectivo vencimento[486], ou antes de decorrido tal prazo, se o empregador declarar por escrito a previsão do não pagamento da retribuição até ao final do período de sessenta dias. Nesta situação, o prazo geral de 30 dias para que o trabalhador exerça

---

[485] Este preceito é novo, mas, no âmbito do CT de 2003, já tinha correspondência no art. 308.° n.os 1 e 2 da RCT, e, anteriormente, no art. 3.° da Lei dos Salários em Atraso (L. n.° 17/86, de 14 de Junho), em termos que careciam de ser articulados com as previsões da LCCT sobre a matéria. Para uma ilustração do modo como a jurisprudência foi afinando a articulação entre os dois regimes, Furtado Martins, *Cessação do Contrato de Trabalho cit.*, 189 s.

[486] A norma correspondente do regime anterior à codificação laboral (Lei dos Salários em Atraso art. 3.° n.° 1) previa apenas 30 dias para este efeito.

o direito de resolução pelo trabalhador (previsto no art. 395.° n.° 1) só pode começar a contar-se após estes 60 dias ou após a emissão daquela declaração pelo empregador[487] – é o que decorre, aliás, expressamente do art. 395.° n.° 2.

Por outro lado, embora no Código do Trabalho só seja qualificada como justa causa subjectiva de resolução do contrato a situação de falta culposa do pagamento da retribuição (ainda que se aplique aqui a presunção geral de culpa do art. 799.° do CC[488]), a situação de falta não culposa de pagamento da retribuição é também prevista como situação objectiva de justa causa no art. 394.° n.° 3 c) do CT. Contudo, o recurso a esta disposição terá pouco interesse para o trabalhador, porque neste caso a resolução do contrato não lhe confere direito a indemnização (art. 396.° n.° 1, a *contrario sensu*)

**III.** As *situações de justa causa objectiva* estão contempladas no art. 394.° n.° 3 do CT e podem dizer respeito ao trabalhador o ao empregador.

A redacção da norma, em confronto com o modo de indicação das situações previstas no n.° 2 deste mesmo artigo, deixa dúvidas sobre a natureza taxativa ou exemplificativa deste elenco[489]. Inclinamo-nos, apesar de tudo, no sentido do carácter exemplificativo deste enunciado, por nos parecer que o alcance primordial da divisão das duas alíneas não reside em coartar a liberdade de pôr imediatamente termo ao contrato de trabalho pelo trabalhador, quando tal se justifique (o que pode, obviamente, suceder em situações aqui não previstas), mas sim nos efeitos indemnizatórios que decorrem da qualificação do comportamento do empregador como uma situação de justa causa subjectiva ou objectiva.

As situações de justa causa objectiva previstas no art. 394.° n.° 3 são as seguintes:

---

[487] *Infra,* ponto seguinte.

[488] Aplicando esta presunção de culpa a um caso de não pagamento pontual da retribuição, ainda o Ac. RLx. de 26/01/1994, CJ, 1994, I, 176, o Ac. RC de 28/05/1998, CJ, 1998, III, 70, ou o Ac. RP de 15/05/2004, CJ, 2004, III, 226.

[489] De facto, só no enunciado das situações de justa causa subjectiva, a lei se refere expressamente ao carácter exemplificativo destas situações. Por esta razão, Romano Martinez, *Direito do Trabalho cit.*, 1047, sustenta que o enunciado das situações de justa causa objectiva tem carácter taxativo; mas contra, J. E. Almeida, *A Cessação do contrato por iniciativa do trabalhador... cit.*, 556 s.

i) *Necessidade de cumprimento de obrigação legal incompatível com a continuação do contrato* (al. a) do n.° 3 do art. 394.°). Embora a lei não o refira expressamente, o que está em questão nesta situação de justa causa é um motivo de cessação do contrato atinente ao trabalhador. Por se tratar do cumprimento de um dever legal, a situação não é imputável ao trabalhador a título de culpa, o que justifica a qualificação desta situação como justa causa objectiva. Por outro lado, tendo em conta que o cumprimento de obrigações legais incompatíveis com a execução do contrato também pode consubstanciar uma situação de falta justificada (art. 249.° n.° 2 d) do CT), assim como pode justificar a suspensão do contrato (nos termos do art. 296.° do CT), neste tipo de situações cabe o trabalhador optar pela suspensão ou pela resolução do contrato.

ii) *Alteração substancial e duradoura das condições de trabalho pelo empregador, no exercício lícito dos poderes laborais* (al. b) do n.° 3 do art. 394.°). Esta situação de justa causa visa conciliar o exercício dos poderes laborais de direcção e disciplina com o acordo contratual e com os interesses do trabalhador, sendo especialmente adequada para aqueles casos em que o exercício dos poderes laborais resulta numa alteração relevante do contrato, tal como vinha sendo executado. Tal como se referiu oportunamente, dentro da lógica peculiar do contrato de trabalho e em prossecução do princípio da prevalência dos interesses de gestão[490], é relativamente comum que o acordo das partes seja objecto de modificações impostas pelo empregador (assim, por exemplo, a mudança do local[491] ou do tempo de trabalho ou a alteração da função do trabalhador), mudanças estas que, desde que respeitem as normas legais aplicáveis e, designadamente, as garantias do trabalhador, se impõem à vontade deste, fazendo surgir o dever de obediência. Nestas situações, se o trabalhador não quiser acatar as determinações do empregador, tem como alternativa a resolução do contrato, cujo fundamento reside, obviamente, na alteração das condições contratuais pelo empre-

---

490 *Direito do Trabalho I*, § 16.°, pontos 54.1. e 54.3.

491 Considerando justamente um caso deste tipo, por exemplo, o Ac. RLx. de 5/05/2004, CJ, 2004, III, 154.

gador que, apesar de legítima, não deixa de ser unilateral. Deve, contudo, ter-se em conta que a lei apenas considera relevantes como justa causa para esta resolução, as modificações substanciais e duradouras das condições de trabalho, e não alterações meramente transitórias ou de escassa importância no programa contratual[492].

iii) *Falta não culposa do pagamento pontual da retribuição* (al. c) do n.° 3 do art. 394.°). Esta situação de justa causa decorre de uma conduta do empregador, mas corresponde a uma justa causa objectiva, porque não pressupõe a culpa do empregador na falta de pagamento da retribuição.

Também relativamente às situações de justa causa objectiva, previstas no art. 394.° n.° 3 do CT, a lei determina que sejam apreciadas de acordo com os critérios legalmente previstos para a aferição da justa causa disciplinar, com as devidas adaptações (art. 394.° n.° 4).

Neste caso concreto, a equiparação ao sistema de avaliação da justa causa disciplinar não é feliz, porque aqueles critérios são especialmente desadequados para as situações de justa causa objectiva contempladas nesta norma.

**IV.** Da recondução do motivo alegado pelo trabalhador para a resolução imediata do contrato de trabalho a uma situação de justa causa subjectiva ou objectiva decorre uma diferença fundamental para o regime aplicável à resolução do contrato: nos termos do art. 396.° do CT, apenas as situações qualificadas como justa causa subjectiva conferem ao trabalhador o *direito a uma indemnização*, pelos danos patrimoniais e não patrimoniais sofridos, por ocasião da resolução do contrato[493]; pelo con-

---

492 Reforça-se, como pressuposto deste regime, a necessidade de que estas alterações tenham sido impostas ao trabalhador no exercício legítimo dos poderes laborais do empregador, uma vez que, se tal exercício for ilegítimo, não surge, pura e simplesmente, o dever de obediência.

493 Sobre o problema da integração dos danos não patrimoniais no âmbito desta indemnização ou da sua consideração à parte, J. E. ALMEIDA, *A cessação do contrato por iniciativa do trabalhador cit...*, 558 ss. No âmbito do regime correspondente da LCCT, a jurisprudência tendia a admitir o direito do trabalhador a indemnização por danos não patrimoniais decorrentes de actos anteriores aos que motivaram a cessação do contrato e para além da indemnização de antiguidade fixada pela lei, que era considerada como

trário, as situações de justa causa objectiva, contempladas no n.° 3 do art. 394.°, não conferem direito a qualquer indemnização pela cessação do contrato.

A diferença de regimes encontra a sua justificação no facto de apenas a resolução com fundamento em justa causa subjectiva se reportar a um comportamento culposo do empregador.

Devem, contudo, ter-se presentes outras situações de justa causa objectiva para a resolução do contrato previstas na lei, que conferem também ao trabalhador o direito a uma indemnização – é o caso da mudança definitiva de local de trabalho do trabalhador se o trabalhador optar por resolver o contrato, previsto no art. 194.° n.° 5 do CT.

Devem ser ainda realçadas as regras do Código do Trabalho relativamente ao *modo de cálculo desta indemnização*, que se afiguram desadequadas à situação em apreço[494]. Estas regras são as seguintes:

- o valor da indemnização não é fixo[495], mas variável, entre um mínimo de 15 dias e um máximo de 45 dias, por cada ano completo de antiguidade do trabalhador na empresa (art. 396.° n.° 1);
- no caso de fracção de ano, o valor é calculado proporcionalmente (art. 396.° n.° 2);
- independentemente da antiguidade do trabalhador, o valor mínimo da indemnização é o que corresponda a três meses de retribuição base e diuturnidades (art. 396.° n.° 1 parte final);
- no caso de o contrato de trabalho ser a termo, a indemnização não pode ser inferior ao valor correspondente às retribuições vincendas (art. 396.° n.° 4);
- pode haver uma indemnização superior em caso de danos patrimoniais ou não patrimoniais mais elevados (art. 396.° n.° 3). Esta regra, sem paralelo no regime anterior, permite ultrapassar a

---

«a indemnização mínima e certa» a que o trabalhador tem direito pela ocorrência de justa causa – neste sentido, por todos, Ac. STJ de 2/12/1998 (Proc. n.° 98S248), www.dgsi.pt/stj.

[494] Para uma interpretação crítica desta norma, vd, A. Mendes Baptista, *Notas sobre a cessação do contrato de trabalho por iniciativa do trabalhador... cit.*, 538 ss.

[495] Na LCCT (art. 36.°), o valor desta indemnização era fixo, correspondendo a um mês por cada ano completo de antiguidade ou fracção. O sistema de indemnização variável foi instituído pelo CT de 2003.

dúvida sobre os limites da indemnização e sobre a cobertura dos danos não patrimoniais[496].

É manifesto o paralelismo entre estas regras e as regras de cálculo da indemnização por despedimento ilícito em acção de impugnação do mesmo, consagradas no art. 391.°, às quais se aludiu oportunamente[497].

Contudo, tendo em conta que a resolução do contrato por iniciativa do trabalhador e com fundamento em justa causa é uma resolução extrajudicial (ao contrário do que sucede no caso da impugnação do despedimento, que é, necessariamente, judicial), a previsão de uma indemnização variável, nos termos expostos, afigura-se de difícil praticabilidade, porque não fica claro quem deve calcular esta indemnização e com que critérios. Sendo escusado dizer que o trabalhador e o empregador dificilmente estarão de acordo quanto aos critérios a adoptar na fixação desta indemnização, no caso de o empregador não pagar ao trabalhador a indemnização a que este se julga com direito, deverá o trabalhador, para lograr o reconhecimento efectivo da sua pretensão, intentar contra o empregador uma acção judicial de indemnização pelos danos decorrentes da cessação do contrato ou considerar a diferença de valor desta indemnização integrada nos créditos laborais e reclamá-los também por via judicial, no ano subsequente à resolução do contrato.

Quanto ao *cômputo da indemnização*, estando em causa a cessação do contrato por iniciativa do trabalhador, ainda que com fundamento em justa causa, entende-se que se deve contar apenas o tempo transcorrido até à data da cessação do contrato, e não o que decorra até à sentença proferida em acção judicial subsequente[498].

**V.** Resta dizer que o trabalhador tem direito a rescindir unilateralmente a declaração de resolução do contrato de trabalho, nos termos do art. 397.° do CT, ou seja, no prazo de 7 dias sobre a recepção desta comunicação pelo empregador (n.° 1) e desde que, no mesmo prazo, ponha à

---

[496] Com efeito, no âmbito do CT de 2003 e tal como ainda hoje sucede em relação à indemnização por despedimento ilícito, a redacção da norma parecia indicar que o valor da indemnização fixado pela lei abrangia tanto os danos patrimoniais como os danos não patrimoniais.

[497] *Supra*, § 35.°, ponto 131.4.3.II.

[498] Neste sentido se pronunciou o Ac. REv. de 21/09/2004, CJ, 2004, I, 269.

disposição do empregador as quantias recebidas por ocasião da cessação do contrato (art. 350.° n.° 3, aplicado por remissão expressa do art. 397.° n.° 2).

Este *direito do trabalhador ao arrependimento* é paralelo ao que a lei consagrou para o caso da revogação do contrato de trabalho por acordo das partes (art. 350.°), justificando-se como medida pragmática (ainda que pouco ortodoxa) de combater a conhecida proliferação de casos de resolução e de denúncia dos contratos de trabalho em branco, preenchidos pelos trabalhadores no momento da celebração dos respectivos contratos, e que o empregador fazia actuar posteriormente.

Já tendo apreciado detalhadamente esta figura a propósito da cessação do contrato de trabalho por mútuo acordo, remete-se para o que então foi dito[499], cabendo apenas referir que, no caso da resolução do contrato, o direito ao arrependimento pode ser afastado pelo empregador através da exigência ao trabalhador de que a declaração de resolução conste de documento contendo a assinatura do trabalhador, reconhecida presencialmente por notário em data que não pode anteceder a cessação do contrato em mais de 60 dias (arts. 397.° n.° 1 e 395.° n.° 4).

Por outro lado, tendo em conta que o tempo para o arrependimento (i.e., o prazo de 7 dias) não é contado a partir da cessação efectiva do contrato de trabalho, e sim a partir da declaração de resolução (art. 397.° n.° 1), ao contrário do que sucedia no regime desta matéria anterior à codificação laboral[500], o conteúdo do direito ao arrependimento pode ficar esvaziado se a declaração de resolução não produzir efeitos de imediato.

### 142.2. **Procedimento e ilicitude**

**I.** A resolução do contrato por justa causa depende da observância do procedimento previsto no art. 395.° do CT.

Nos termos desta norma, a declaração de resolução deve ser emitida sob forma escrita e com a indicação sucinta dos respectivos factos justificativos (art. 395.° n.° 1). Apesar da referência da lei ao carácter «sucinto»

---

[499] *Supra*, § 34.°, ponto 127.IV.

[500] Art. 2.° n.° 1 da L. n.° 38/96, de 31 de Agosto. Para apreciação deste regime, especificamente quanto a esta questão, Ac. STJ de 31/03/2001, CJ (STJ), 2001, I, 306.

desta indicação[501], a descrição clara dos factos justificativos da resolução é importante, uma vez que, em caso de impugnação judicial da resolução, são estes factos os únicos atendíveis pelo tribunal, nos termos do art. 398.° n.° 3. Por outro lado, o empregador pode exigir ao trabalhador que proceda ao reconhecimento notarial presencial da sua assinatura na declaração de resolução, para obviar ao direito ao arrependimento, nos termos dos arts. 395.° n.° 4 e 397.° n.° 1, como já se referiu.

A declaração de resolução do contrato deve ser emitida nos seguintes *prazos*[502]:

- para a generalidade das situações de justa causa, nos 30 dias subsequentes ao conhecimento, pelo trabalhador, dos factos justificativos da resolução (art. 395.° n.° 1)[503-504];
- nas situações de justa causa por falta de pagamento pontual da retribuição, nos 30 dias subsequentes aos 60 dias decorridos sobre o vencimento do dever de pagamento da retribuição (art. 395.° n.° 2);
- na situação de justa causa decorrente da necessidade de cumprimento de deveres legais incompatíveis com a continuação do contrato (i.e., a situação contemplada no art. 394 n.° 3 a) do CT), logo que possível (art. 395.° n.° 3)[505].

---

[501] Apesar de a lei ser menos exigente em relação ao modo de indicação dos factos constitutivos da situação de justa causa neste caso do que quanto à descrição da justa causa disciplinar (que deve ser circunstanciada), decorre também deste preceito que não basta uma indicação remissiva para a alínea do art. 394.° do CT que o trabalhador pretenda invocar. Ainda sobre este ponto, Ac. RLx. de 19/02/1997, CJ, 1997, I, 248.

[502] Trata-se, nos termos gerais, de um prazo de caducidade – Ac. STJ de 21/03/2001, CJ (STJ), 2001, I, 302.

[503] O CT de 2003 alargou este prazo, que era, na LCCT, apenas de 15 dias (art. 34.° n.° 2).

[504] Sobre o início da contagem deste prazo, *vd* Ac. STJ de 9/07/1998, CJ (STJ), 1998, II, 299. No caso de factos prolongados no tempo, este prazo deve contar-se a partir do momento em que, na perspectiva do trabalhador, se torne inexigível a continuação do vínculo – FURTADO MARTINS, *Cessação do Contrato de Trabalho cit.*, 186, bem como A. MENDES BAPTISTA, *Notas sobre a cessação do contrato de trabalho por iniciativa do trabalhador... cit.*, 547, que, ainda assim, chama a atenção para a exiguidade deste prazo, designadamente por comparação com o prazo de 60 dias de que o empregador dispõe para promover o processo disciplinar. Ainda sobre este tema, A. MENDES BAPTISTA, *Prazo para o exercício do direito de rescisão... cit.*, 61 ss.

[505] A resolução do contrato fora destes prazos é de interpretar no sentido de que o trabalhador não considerou o comportamento do empregador como integrativo de uma

Embora a lei não o refira em termos gerais, a declaração de resolução é uma declaração receptícia, pelo que carece de ser comunicada ao empregador, só produzindo efeitos a partir do momento em que possa ser por ele conhecida, de acordo com o art. 224.° do CC. Só neste momento cessa o contrato de trabalho.

Por outro lado, na medida em que a lei não resolve a questão de saber em que momento e por que forma deve ser arbitrada a indemnização pela resolução do contrato de trabalho, que caiba ao caso, entende-se que o trabalhador deve reclamá-la ao empregador logo na declaração de resolução.

**II.** Por fim, cabe considerar a questão da *ilicitude da resolução do contrato por iniciativa do trabalhador*, a que o Código do Trabalho se refere nos arts. 398.° e 399.°.

A ilicitude da resolução do contrato por iniciativa do trabalhador carece de ser decretada judicialmente, em acção que o empregador pode promover no prazo de um ano sobre a data da resolução (art. 398.° n.os 1 e 2)[506].

Ao contrário do que sucede com as várias modalidades de despedimento, a lei não enuncia expressamente os motivos da ilicitude da resolução do contrato por iniciativa do trabalhador. Contudo, da aplicação conjugada dos arts. 398.° n.° 3, 394.° e 395.° decorre que a ilicitude da resolução do contrato pode ter um de dois fundamentos: um fundamento substancial (a ausência ou a insubsistência da justa causa invocada pelo trabalhador); e um fundamento procedimental (a não emissão da declaração de resolução por forma escrita ou no prazo legalmente determinado, ou ainda a não indicação dos factos justificativos).

Se a ilicitude da resolução se dever a um motivo procedimental, o art. 398.° n.° 4 do CT permite que o trabalhador corrija o vício até ao termo do prazo para contestar. Trata-se de um regime paralelo ao regime da reabertura do procedimento disciplinar, no caso da declaração de ilicitude do

---

situação de justa causa para a resolução, com a consequente perda do direito à indemnização – Ac. STJ de 9/07/1998, CJ (STJ), 1998, II, 299.

[506] A consagração expressa da possibilidade de propor esta acção é uma novidade do Código do Trabalho, mas esta acção já podia, obviamente, ser proposta no âmbito do regime anterior. Sobre este ponto em especial, J. E. Almeida, *A cessação do contrato de trabalho por iniciativa do trabalhador... cit.*, 566 ss.

despedimento disciplinar fundada em vício procedimental, que foi previsto no art. 436.° n.° 2 do CT de 2003[507] e que o actual Código não manteve, como vimos oportunamente. Em compensação, o Código optou por preservar este regime para o caso da resolução do contrato de trabalho pelo trabalhador.

Quanto a nós, este regime já não se justificava no âmbito do Código do Trabalho anterior (já que as razões que, eventualmente, justificariam esta solução no âmbito do despedimento disciplinar – i.e., a necessidade de não frustrar um despedimento que é, de facto, motivado, por causa de uma irregularidade processual, ficando depois o empregador impossibilitado de fazer cessar o vínculo – não são extensíveis à resolução do contrato por iniciativa do trabalhador) e continua a não ter justificação no actual regime, que mais não seja porque o trabalhador pode, por outra via, fazer cessar o contrato. Entende-se assim que esta solução é desadequada[508].

Se a resolução do contrato for ilícita (por um motivo substancial ou, em caso de motivo procedimental, se o trabalhador não corrigir o vício, nos termos do art. 398.° n.° 4) o empregador tem direito a uma indemnização pelos prejuízos causados. O valor desta indemnização é o que corresponda ao tempo de aviso prévio que o trabalhador teria que dar ao empregador, se tivesse optado por denunciar o contrato com aviso prévio, em lugar de o resolver, e sem prejuízo de responsabilidade civil pelos danos excedentes – é o regime estabelecido no art. 401.° do CT, mandado aplicar pelo art. 399.°[509].

Como decorre do regime exposto, a justa causa subjacente à resolução do contrato por iniciativa do trabalhador tem uma função diferente da justa causa subjacente ao despedimento disciplinar. Na situação agora em apreciação, a declaração judicial da insubsistência da justa causa alegada pelo trabalhador não determina a nulidade da cessação do contrato, mas apenas a ilicitude desta cessação, sendo que desta ilicitude apenas decorrem efeitos indemnizatórios. Pelo contrário, a verificação de uma

---

[507] *Supra*, § 35.°, ponto 131.4.4.

[508] Também criticando este preceito, A. Mendes Baptista, *Notas sobre a cessação do contrato de trabalho por iniciativa do trabalhador... cit.*, 543 s.

[509] Sobre a indemnização devida no caso de ilicitude da resolução por ausência de justa causa, *vd* também o Ac. RLx. de 2/04/2003, CJ, 2003, II, 154.

situação de justa causa, neste âmbito, tem como efeito dispensar o trabalhador do aviso prévio e, nos casos indicados, confere-lhe o direito a uma indemnização.

## 143. Denúncia com aviso prévio e abandono do trabalho

### 143.1. Denúncia com aviso prévio

**I.** A outra forma de cessação do contrato de trabalho por iniciativa do trabalhador é a denúncia, mediante aviso prévio e independente de justa causa. Esta modalidade de cessação é uma projecção do princípio constitucional da liberdade de trabalho[510] e evidencia o maior desequilíbrio entre a posição jurídica do empregador e do trabalhador na matéria da cessação do contrato de trabalho, uma vez que o empregador não dispõe desta modalidade de cessação do contrato.

A denúncia do contrato de trabalho com aviso prévio é regulada pelo Código do Trabalho nos arts. 400.° a 402.°, que correspondem substancialmente ao regime anterior da figura[511]. Os traços principais a reter neste regime referem-se à forma da denúncia, aos prazos de aviso prévio e às consequências da respectiva falta.

**II.** *A declaração de denúncia deve revestir forma escrita*, nos termos do art. 400.° n.° 1 do CT[512]. Tratando-se de uma declaração receptícia, ela

---

[510] Apesar de a denúncia por iniciativa do trabalhador projectar o princípio geral da liberdade de trabalho, há alguns contratos de trabalho especiais relativamente aos quais a lei parece não admitir a cessação do vínculo por esta via. É o caso do contrato de trabalho desportivo, regulado pela L. n.° 28/98, de 26 de Junho, cujo art. 26.°, que enuncia as formas de cessação deste contrato e não refere esta modalidade. Esta especificidade encontra a sua razão de ser no facto deste contrato ser, necessariamente, um contrato a termo e corresponde à regra tradicional da não extensão da possibilidade de denúncia desta espécie de contrato de trabalho antes do fim do respectivo prazo.

[511] Este regime constava dos arts. 38.° e 39.° da LCCT e, depois, dos arts. 447.° a 449.° do CT de 2003. À excepção da alteração da designação da figura (que era anteriormente referida como «rescisão com aviso prévio»), o CT de 2003 apenas procedeu a alterações de pormenor na redacção dos artigos. Estas alterações foram mantidas pelo actual Código.

[512] Em bom rigor, é o aviso prévio da denúncia que se sujeita à exigência da forma escrita e não a própria denúncia, como observa FURTADO MARTINS, *Cessação do Contrato*

carece de ser comunicada ao empregador. A cessação do contrato ocorre na data indicada nesta declaração como correspondendo ao termo do prazo de aviso prévio[513].

Por outro lado, para evitar o exercício do direito ao arrependimento pelo trabalhador, o empregador pode exigir ao trabalhador que proceda ao reconhecimento notarial presencial da sua assinatura na declaração de denúncia, nos termos do art. 402.° e do art. 395.° n.° 4, *ex vi,* art. 400.° n.° 5 do CT.

**III.** Os *prazos de aviso prévio* são estabelecidos pelo art. 400.°, tendo em conta o critério da antiguidade do trabalhador na empresa e o tipo de contrato de trabalho. Assim:

- em caso de contrato de trabalho por tempo indeterminado, o prazo de aviso prévio é de 30 ou de 60 dias, consoante o trabalhador tenha até dois anos ou mais de dois anos de antiguidade (art. 400.° n.° 1);
- em caso de contrato de trabalho a termo, o prazo de aviso prévio é de 15 ou de 30 dias, consoante o contrato tenha uma duração inferior a seis meses ou igual ou superior a seis meses; no caso de contrato a termo incerto, deve atender-se ao tempo de duração efectiva do contrato para calcular prazo de aviso prévio, nos termos previstos para o contrato a termo certo (art. 400.° n.os 3 e 4).

Estes prazos de aviso prévio são expressamente referenciados pela lei como prazos mínimos. Por esta razão, o art. 400.° n.° 2 admite o alargamento destes prazos, tanto através de instrumento de regulamentação colectiva do trabalho como por contrato de trabalho, até um máximo de seis meses, embora apenas para os trabalhadores que ocupem cargos de administração ou direcção, ou funções de representação ou de responsabilidade[514].

---

*de Trabalho cit.*, 193. O Ac. RLx. de 28/01/2004, CJ, 2004, I, 149, considerou, nesta mesma linha, que a rescisão do contrato de trabalho com aviso prévio não carecia de forma escrita, sendo a comunicação escrita do aviso prévio uma formalidade *ad probationem* e não *ad substantiam*.

[513] Como refere FURTADO MARTINS, *Cessação do Contrato de trabalho cit.*, 192, o aviso prévio funciona como um termo suspensivo aposto à declaração de denúncia do contrato, pelo que, durante este período, o vínculo laboral se mantém em plena execução.

[514] As situações em que o prazo de aviso prévio pode ser alargado foram ampliadas pelo CT de 2003 relativamente à LCCT (art. 38.° n.° 2). O actual Código manteve o regime do Código anterior.

Nada obsta, naturalmente, a que o empregador dispense o tempo de aviso prévio, por acordo com o trabalhador, cessando então o contrato antecipadamente.

**IV.** Em caso do *desrespeito pelo prazo de aviso prévio,* no todo ou em parte, o trabalhador fica constituído no dever de indemnizar o empregador, nos termos do art. 401.° do CT[515].

Este dever inclui o pagamento de uma compensação no valor da retribuição base e diuturnidades correspondente ao tempo de aviso prévio em falta, mas não exclui a responsabilidade civil por outros prejuízos que a conduta do trabalhador cause ao empregador, nos termos gerais.

**V.** Resta dizer que a lei estende à denúncia do contrato por iniciativa do trabalhador o *direito ao arrependimento*, que o trabalhador pode exercitar, nos 7 dias subsequentes à recepção da declaração de denúncia pelo empregador, nos termos do art. 402.° do CT. Conjugando este prazo para o exercício do direito ao arrependimento com o prazo de aviso prévio, que inere a esta modalidade de cessação do contrato, conclui-se que, neste caso, o direito ao arrependimento é necessariamente exercitado ainda na pendência do contrato.

Quanto aos restantes aspectos do regime jurídico do direito ao arrependimento, remete-se para o que foi dito sobre esta figura a propósito da resolução do contrato por iniciativa do trabalhador e da cessação do contrato por acordo revogatório[516].

### 143.2. **Abandono do trabalho**

**I.** Da denúncia do contrato com aviso prévio deve distinguir-se a figura do abandono do trabalho.

Instituída na LCCT de 1989 (art. 40.°), e mantida pelo CT de 2003 (art. 450.°), sem grandes alterações, esta figura é agora prevista no art.

---

[515] A este propósito, o Ac. RP de 5/06/2000, CJ, 2000, III, 251, considerou que havia violação do dever de aviso prévio (e não abandono do trabalho), não apenas no caso da falta de comunicação atempada ao empregador da denúncia do contrato, como também no caso de, no decorrer do prazo do aviso prévio comunicado, o trabalhador deixar de comparecer ao serviço.

[516] *Supra,* § 34.°, ponto 127.IV., e, neste parágrafo, ponto 141.1.VI.

403.° do CT de 2009 para enquadrar as situações em que não há uma declaração expressa do trabalhador no sentido da cessação do contrato (seja esta uma declaração de resolução do contrato, ou uma declaração de denúncia, e, neste último caso, com respeito pelo tempo de aviso prévio ou não), mas em que o trabalhador se ausenta e do seu comportamento se pode deduzir claramente a sua intenção de fazer cessar o contrato.

Embora tenha sido inicialmente criticada por alguns sectores[517], a figura do abandono do trabalho veio corresponder a um desígnio prático muito concreto, que era o do enquadramento, em moldes simples e relativamente expeditos, das situações de ausência prolongada do trabalhador, sem notícias, bem como de outras situações de ausência acompanhadas de factos que, por si sós, demonstram a intenção de não manter o vínculo laboral, por parte do trabalhador.

Até ao surgimento desta figura, este tipo de situações apenas podia ser enquadrado pelo despedimento disciplinar, devendo o empregador recorrer à situação de justa causa atinente às faltas injustificadas (actualmente prevista no art. 351.° n.° 2 g), 2.ª parte, do CT), cabendo-lhe promover o competente processo disciplinar e, no final, emitir a competente decisão de despedimento. Ora, a inadequação deste processo a uma situação em que já se sabe, de antemão, que é o trabalhador que não quer retomar o serviço, justifica amplamente o seu enquadramento em moldes diferentes.

Foi este enquadramento que foi fornecido pela figura do abandono do trabalho.

**II.** Justificada a figura do abandono do trabalho, cabe referir os principais aspectos do seu *regime jurídico*, que o Código do Trabalho apresenta no art. 403.°. Estes aspectos referem-se à configuração da situação de abandono, ao modo de promover a cessação do contrato, uma vez veri-

---

517 A crítica a esta figura levantava a possibilidade de ela corresponder materialmente a um despedimento disciplinar (uma vez que na sua base está uma ausência não justificada ao trabalho), que, por esta via, seria actuado sem a correspondente fundamentação substancial e sem o processo adequado. Não se subscreve este entendimento, uma vez que o que está aqui em causa é a vontade do trabalhador de não manter o contrato (revelada inequivocamente pelo seu comportamento) e não uma simples situação de falta injustificada, à qual o empregador pode reagir disciplinarmente e que, se for grave, pode mesmo justificar o rompimento do contrato por iniciativa do empregador.

ficada aquela situação e aos efeitos acessórios desta modalidade de cessação do contrato.

Nos termos do art. 403.° n.° 1, configura-se uma situação de abandono do trabalho com a verificação de dois requisitos cumulativos[518]: a ausência do trabalhador ao serviço; e a verificação de factos que, com toda a probabilidade, revelem a sua intenção de não retomar o trabalho.

Embora a lei não o refira expressamente, a ausência do trabalhador ao serviço (que corresponde tecnicamente a uma situação de falta, nos termos do art. 248.° n.° 1 do CT[519]), tem que ser uma ausência injustificada. Por outro lado, decorre desta norma que a ausência relevante para efeitos da configuração de uma situação de abandono do trabalho não é uma ausência simples mas uma ausência qualificada, dada a necessidade de ser acompanhada de factos que revelem inequivocamente a intenção de não retomar o trabalho – por exemplo, saber-se que o trabalhador já está a trabalhar noutra empresa ou noutro país.

O n.° 2 do art. 403.° estabelece uma *presunção de abandono do trabalho*, quando a ausência do trabalhador se prolongue por um período superior a 10 dias úteis seguidos[520], sem que o empregador tenha sido informado sobre o motivo da ausência[521]. Contudo, esta presunção pode ser ilidida pelo trabalhador, nos termos do n.° 4 deste mesmo artigo, ou seja, apresentando prova do motivo de força maior impeditivo da comunicação da ausência[522].

---

[518] Sobre os requisitos do abandono do trabalho na jurisprudência, *vd,* entre outros, Ac. STJ de 13/12/1995, CJ (STJ), 1995, III, 306, e Ac. STJ de 16/05/2000, CJ (STJ), 2000, II, 262.

[519] Sobre a noção de falta, *supra,* § 26.°, ponto 96.1.

[520] O prazo previsto no regime do abandono do trabalho na LCCT era de 15 dias úteis seguidos (art. 40.° n.° 2 da LCCT). O CT de 2003 diminuiu este prazo para 10 dias, solução que o actual Código manteve.

[521] Esta comunicação do trabalhador pode ser expressa ou tácita, relevando, no segundo caso, quaisquer factos que demonstrem a intenção do trabalhador de retomar o serviço – Ac. STJ de 13/12/1995, CJ (STJ), 1995, III, 306.

[522] A prova exigida ao trabalhador para ilidir a presunção é uma prova forte: não basta que o trabalhador indique a razão da ausência, mas tem que demonstrar que não lhe foi possível comunicar a ausência ao empregador por motivos de força maior. Neste sentido se pronunciou o Ac. STJ de 16/05/2000, CJ (STJ), 2000, II, 262.

Da conjugação da presunção de abandono do trabalho, prevista no art. 403.° n.° 2, com os requisitos do n.° 1 do mesmo artigo, decorre que a situação de abandono pode ser invocada pelo empregador por duas vias e em dois momentos distintos: ainda antes de decorridos os 10 dias de ausência do trabalhador, previstos no n.° 2, se a ausência for acompanhada de factos que revelem, de imediato, a vontade de não retomar a execução do contrato pelo trabalhador[523]; ou após os 10 dias de ausência sem notícias do trabalhador, por aplicação da presunção de abandono prevista no n.° 2 deste artigo.

**III.** Uma vez verificada a situação de abandono, a cessação do contrato por ela justificada passa ainda por um *procedimento* a promover pelo empregador. Neste sentido, o art. 403.° n.° 3 estabelece que o empregador deve enviar uma comunicação escrita e registada com aviso de recepção para a última morada conhecida do trabalhador, na qual declare que considera o contrato cessado por abandono.

Obviamente, são aplicáveis a esta comunicação as regras gerais do Código Civil sobre a eficácia das declarações receptícias, devendo, designadamente, considerar-se eficaz a comunicação que apenas por culpa do trabalhador não foi recebida (art. 224.° n.os 1 e 2 do CC). Contudo, a jurisprudência tem assinalado que, não obstante a exigência desta comunicação, o momento a considerar como momento da cessação do contrato é o da data correspondente ao início da ausência do trabalhador, e não a data da recepção da comunicação do empregador pelo trabalhador, uma vez que a cessação do contrato é da iniciativa do trabalhador e a comunicação do empregador apenas vem confirmar tal iniciativa[524].

Salienta-se o facto desta exigência de uma comunicação do empregador ao trabalhador ter um carácter meramente procedimental. Ela não altera, por isso, a configuração desta modalidade de cessação do contrato de trabalho, que continua a ser da iniciativa do trabalhador, uma vez que a lei se limita a conferir valor jurídico ao comportamento do trabalhador, quando tal comportamento revele em termos inequívocos a sua intenção

---

[523] Assim, se o trabalhador desaparecer um dia da empresa sem deixar notícias e se vier a saber que ele viajou para os antípodas, sem regresso marcado, dois dias depois, nada impede o empregador de adoptar de imediato o procedimento necessário à cessação do contrato por abandono do trabalho.

[524] Ac. RP de 11/07/1994 (Proc. n.° 141/94), www.dgsi.pt.

de não manter o vínculo laboral. Numa palavra, a figura do abandono do trabalho corresponde a uma declaração tácita de cessação do contrato por vontade do trabalhador, nos termos do art. 217.° n.° 1, *in fine*, do CC, que a comunicação do empregador se limita a confirmar.

**IV.** Os efeitos da cessação do contrato por abandono do trabalho são estabelecidos no art. 403.° n.° 5 do CT. O trabalhador fica investido no dever de indemnizar o empregador pelos prejuízos causados com a cessação abrupta do contrato, sendo o valor da indemnização o valor da retribuição base e diuturnidades correspondentes ao tempo de aviso prévio que seria exigível ao trabalhador, no caso de ter optado pela denúncia do contrato, mas não sendo excluída a responsabilidade civil pelos danos excedentes.

**V.** Como decorre do exposto, a figura do abandono do trabalho não se confunde com a figura da denúncia, porque não pressupõe uma declaração expressa do trabalhador manifestando a sua vontade de fazer cessar o contrato. E mesmo quando a denúncia não respeite o prazo de aviso prévio aplicável, ou quando seja feita por forma não adequada, ela continua a pressupor uma manifestação de vontade expressa do trabalhador no sentido da cessação do vínculo laboral, que não existe no abandono do trabalho[525].

Esta diferença qualitativa entre as duas figuras explica a referência do art. 403.° n.° 3 do CT no sentido de que «o abandono do trabalho vale como denúncia do contrato», o que deixa pressuposto que não se trata de uma denúncia em sentido próprio, mas de uma situação afim da denúncia do contrato de trabalho.

---

[525] Assim, o trabalhador que comunica ao empregador que se vai embora no dia seguinte está a denunciar o contrato, embora em desrespeito pelo prazo de aviso prévio; e, da mesma forma, é ainda de qualificar como denúncia a declaração de cessação do contrato que revista forma oral. Pelo contrário, se o trabalhador desaparece de um dia para o outro, sem informar o empregador do seu paradeiro, ou se deixa de comparecer ao trabalho sem justificação e é visto, uns dias depois, a trabalhar noutro sítio, estamos perante situações de abandono do trabalho.

## § 40.° Efeitos acessórios da cessação do contrato de trabalho[526]

**I.** O último aspecto atinente à temática da cessação do contrato de trabalho tem a ver com os efeitos acessórios dessa cessação, independentemente da modalidade que ela revista. Devem considerar-se aqui separadamente quatro questões:

- a questão dos deveres que emergem para as partes do próprio acto de cessação do contrato, e que são comuns a todas as modalidades de cessação;
- a questão dos deveres especiais que podem emergir da cessação do contrato, por acordo das partes nesse sentido (é o problema dos pactos de não concorrência com eficácia subsequente ao fim do contrato);
- a questão da pós-eficácia de alguns deveres das partes relativamente à cessação do vínculo laboral;
- a questão da prescrição dos créditos laborais.

**II.** Referiremos estes pontos de seguida. No que toca ao problema da prescrição dos créditos laborais, cabe apenas uma referência remissiva, uma vez que a matéria já foi tratada a propósito do tema da retribuição.

---

526 Em especial sobre este ponto, Raúl Ventura, *Extinção das relações de trabalho cit.*, 359 ss., Menezes Cordeiro, *Manual de Direito do Trabalho cit.*, 551 e nota [14], Mário Pinto / Furtado Martins / Nunes de Carvalho, *Comentário às Leis do Trabalho cit.*, 168 ss., e Júlio Gomes, *As cláusulas de não concorrência no direito do trabalho... cit.*, 933 ss.

## 144. **Deveres emergentes da cessação do contrato de trabalho**

### 144.1. **Deveres gerais emergentes da cessação do contrato**

**I.** Da cessação do contrato de trabalho, independentemente da modalidade que revista, decorrem deveres tanto para o empregador como para o trabalhador.

**II.** No que toca ao *empregador*, salientam-se os seguintes deveres:

i) *O dever de saldar os créditos do trabalhador decorrentes da cessação do contrato de trabalho*, referentes ao gozo de férias e ao respectivo subsídio, bem como ao subsídio de Natal correspondente ao ano da cessação do contrato. Assim, nos termos do art. 245.° (que já foi apreciado a propósito do tema das férias[527]), com a cessação do contrato, o vencimento do direito a férias é antecipado e reportado à duração efectiva do contrato no ano da cessação, sendo conferidos ao trabalhador os seguintes direitos: no caso de já ter gozado as férias relativas ao ano anterior e vencidas a 1 de Janeiro do ano da cessação, tem direito a receber a retribuição de férias proporcional à duração do contrato no ano da cessação, bem como o respectivo subsídio; no caso de ainda não ter gozado as férias relativas ao ano anterior, para além das quantias acima indicadas, tem ainda direito à retribuição correspondente a essas férias não gozadas e ao respectivo subsídio por inteiro (art. 245.° n.° 1 a) e b))[528]. Quanto ao subsídio de Natal, o trabalhador tem direito ao valor correspondente ao tempo de trabalho no ano da cessação, nos termos do art. 263.° n.° 2 b).

ii) *O dever de fornecer ao trabalhador um certificado de trabalho*. Este certificado deve indicar as datas da sua admissão e da cessação do contrato, bem como o cargo ou cargos que desempenhou, mas, por imposição da lei, não pode conter quaisquer outras refe-

---

[527] *Supra*, § 26.°, ponto 95.6.III.

[528] Nos contratos a termo com duração inferior a doze meses, o art. 245.° n.° 3 do CT estabelece uma regra de proporcionalidade destes direitos do trabalhador à duração efectiva do contrato, nos termos expostos, *supra*, § 26.°, ponto 95.6.III.

rências, salvo solicitação do trabalhador nesse sentido (art. 341.° n.° 1 a) e n.° 2). O empregador deve ainda fornecer ao trabalhador os documentos de que ele careça para fins oficiais, designadamente para efeitos da segurança social (art. 341.° n.° 1 b))[529].

iii) *Outros deveres para com as autoridades com competência na área laboral ou da segurança social*: assim, por exemplo, o dever de comunicar a cessação do contrato de trabalho celebrado com trabalhador estrangeiro, à Autoridade para as Condições do Trabalho, nos termos do art. 5.° n.° 5 b); o dever de comunicar às estruturas representativas dos trabalhadores e à Autoridade para as Condições do Trabalho os casos de cessação de contratos de trabalho a termo, nos termos do art. 144.° n.os 1 e 2 do CT; o dever de comunicar a não renovação do contrato de trabalho a termo celebrado com a trabalhadora grávida, puérpera ou lactante à Comissão para a Igualdade no Trabalho e no Emprego, nos termos do art. 144.° n.° 3.

**III.** No que se refere ao *trabalhador*, é de destacar como dever geral decorrente da cessação do contrato de trabalho o *dever de devolução ao empregador dos instrumentos de trabalho que tenham sido por este fornecidos, bem como de quaisquer outros objectos pertencentes ao empregador*.

Este dever encontra-se previsto no art. 342.° do CT – embora já pudesse ser retirado do princípio geral da boa fé no cumprimento dos contratos (art. 762.° n.° 2 do CC) e do regime geral do direito de propriedade[530] – e deve ser cumprido imediatamente na sequência da cessação do contrato.

Esta norma prevê a responsabilidade civil do trabalhador pelos danos causados pelo incumprimento deste dever, o que nos remete para os arts. 483.° ss. do CC. Embora não seja expressamente referido este aspecto, entende-se, nos termos gerais, que também há lugar a responsabilidade civil

---

[529] No preceito correspondente a este na LCCT (art. 57.°), exigia-se que o pedido de documentação feito pelo trabalhador ao abrigo desta norma revestisse forma escrita, ao contrário do que sucede actualmente.

[530] Neste sentido, P. Romano Martinez / L. M. Monteiro / Joana Vasconcelos / / P. Madeira de Brito / G. Dray / L. Gonçalves da Silva (anotação de Romano Martinez).

se os bens relacionados com o trabalho forem devolvidos em más condições ao empregador, ressalvada a deterioração decorrente do seu uso normal.

Poderá suscitar-se a questão da admissibilidade de o trabalhador, que tenha créditos sobre o empregador por ocasião da cessação do contrato de trabalho, exercer o direito de retenção sobre os instrumentos de trabalho ou outros bens do empregador que, por força do seu trabalho, tenha à sua guarda, nos termos do art. 754.° do CC. Por força do próprio regime do direito de retenção, crê-se que este direito só se verifica em relação aos créditos que resultem de despesas do trabalhador relativas a esses mesmos bens, e não por outros créditos, incluindo créditos salariais[531].

### 144.2. Em especial os pactos de não concorrência e a pós-eficácia dos deveres laborais

**I.** Questão diversa da dos deveres gerais emergentes do acto de cessação do contrato é a questão da possibilidade de surgimento de novos deveres, para vigorarem após a cessação do contrato, por acordo das partes.

O problema coloca-se relativamente aos denominados *pactos de não concorrência post pactum finitum*. Acordados entre o empregador e o trabalhador, ou em sede do próprio contrato de trabalho ou por ocasião da respectiva cessação, estes pactos impõem ao trabalhador o dever de não desenvolver a sua actividade profissional na área de actividade do empregador, durante um período de tempo determinado, subsequente à cessação do contrato de trabalho.

O princípio geral na nossa lei é o da proibição deste tipo de pactos, uma vez que eles restringem o princípio da liberdade de trabalho, consagrado no art. 47.° da CRP. Esta restrição é, aliás, especialmente gravosa, porque terá efeitos após a cessação do contrato, o que justifica o vigor da proibição destes pactos no art. 136.° n.° 1 do CT[532]. Nos termos desta

---

[531] No mesmo sentido, P. ROMANO MARTINEZ / L. M. MONTEIRO / JOANA VASCONCELOS /P. MADEIRA DE BRITO / G. DRAY / L. GONÇALVES DA SILVA, *Código do Trabalho Anotado cit.*, 915 s. (anotação de ROMANO MARTINEZ).

[532] Como se referiu oportunamente, o Código do Trabalho trata esta matéria a propósito das cláusulas acessórias do contrato, portanto, em sede de formação e de delimitação do conteúdo do contrato de trabalho e a par dos pactos de permanência, que já apreciámos, *supra*, § 19.°, ponto 69.1. Tratando-se de matéria atinente à cessação do contrato, escolhemos tratá-la neste contexto.

norma, a proibição genérica de celebração destes pactos estende-se tanto aos contratos de trabalho como aos instrumentos de regulamentação colectiva do trabalho.

Por outro lado, com o mesmo objectivo de impedir a limitação da liberdade de trabalho do trabalhador, o art. 138.° do CT proíbe a celebração de acordos entre empregadores que limitem a admissão de trabalhadores que a eles tenham prestado serviço.

**II.** Apesar deste princípio de proibição, o relevo de interesses de gestão ligados ao dever de não concorrência justifica a admissibilidade deste tipo de pactos, desde que as restrições à liberdade de trabalho do trabalhador tenham uma justificação objectiva e sejam limitadas no tempo.

Assim, da conjugação dos interesses em presença resultou o regime previsto no art. 136.° do CT, que acolheu as regras anteriores nesta matéria, sem grandes alterações[533]. Nos termos desta norma, os pactos de não concorrência relativos ao período subsequente à cessação do contrato de trabalho só são admitidos mediante a verificação dos seguintes requisitos cumulativos:

i) O tempo de limitação da actividade do trabalhador não pode exceder dois anos sobre a cessação do contrato (art. 136.° n.° 2)[534]; este limite apenas pode ser alargado até três anos, em caso de trabalhador que exerça um cargo de confiança ou que execute uma actividade envolvendo o acesso a dados sensíveis do ponto de vista da concorrência (art. 136.° n.° 5).
ii) A cláusula de limitação da actividade do trabalhador tem que constar, sob forma escrita, do contrato de trabalho ou do respectivo acordo de cessação (al. a) do n.° 2 do art. 136.°). Também não cremos que haja obstáculo a que na execução do contrato as partes celebrem um pacto de não concorrência, desde que observem a forma escrita e se conformem com os restantes requisitos de admissibilidade da figura[535].

---

533 Art. 36.° n.os 1 e 2 da LCT e art. 146.° do CT de 2003.

534 No regime anterior à codificação laboral, o limite máximo geral para estes pactos era de três anos.

535 A este propósito, a doutrina tem admitido a celebração do pacto durante a execução do contrato de trabalho, como cláusula adicional ao próprio contrato – neste sentido,

iii) Ser a actividade laboral, que é objecto da limitação, uma actividade cujo exercício pelo trabalhador, após a cessação do contrato, possa, efectivamente, causar prejuízo ao empregador (al. b) do n.° 2 do art. 136.°). Ficam assim vedadas as limitações genéricas à actividade profissional do trabalhador, ainda que numa área determinada, uma vez que a lei não se basta com um mero conflito de interesses, mas exige a probabilidade de um prejuízo efectivo do empregador, decorrente, por exemplo, da transmissão de um *know-how* muito específico do trabalhador a outra empresa, ou do desvio de clientela para um concorrente. Numa palavra, este requisito deve ser interpretado em termos estritos, até porque estes pactos constituem uma restrição a um direito fundamental do trabalhador (a liberdade de trabalho)[536].

iv) Ser atribuída ao trabalhador uma compensação[537] durante o período de limitação da sua actividade (al. c) do n.° 2 do art. 136.°)[538]. Esta compensação deve ser determinada pelas partes no próprio pacto e não tem que corresponder ao valor da retribuição auferida pelo trabalhador na pendência do contrato. A lei prevê a redução do valor desta compensação de acordo com juízos de equidade, para compensar o empregador de gastos avul-

por exemplo, MONTEIRO FERNANDES, *Direito do Trabalho cit.*, 654 s., ou ROMANO MARTINEZ, *Direito do Trabalho cit.*, 647 s.

[536] Também subscrevendo uma interpretação restritiva deste preceito, MONTEIRO FERNANDES, *Direito do Trabalho cit.*, 655, e ROMANO MARTINEZ, *Direito do Trabalho cit.*, 648, este último autor sugerindo ainda que o pacto delimite uma área geográfica para a proibição da concorrência do trabalhador, à semelhança do que sucede no contrato de agência (art. 9.° n.° 2 do DL n.° 178/86, de 3 de Julho). Não subscrevemos este último critério, pelo menos em moldes gerais, porque não decorre da lei, mas o factor geográfico pode ser um elemento a ter em conta na avaliação do carácter prejudicial da actividade concorrente.

[537] No preceito correspondente a esta norma no regime anterior ao CT de 2003 (art. 36.° n.° 2 c) da LCT), a lei referia-se a uma «retribuição» neste contexto, o que era manifestamente incorrecto, porque não se trata de pagar ao trabalhador qualquer contrapartida do trabalho, e sim de o compensar pelo facto de não poder continuar a trabalhar naquela actividade. Contudo, MONTEIRO FERNANDES, *Direito do Trabalho cit.*, 654, defende a sujeição genérica desta compensação ao regime tutelar da retribuição.

[538] O facto de a lei conferir o direito a esta compensação «durante o período de limitação da actividade» não obsta a que ela seja paga, por inteiro e tendo em conta esse período, logo no momento da cessação do contrato de trabalho.

tados que tenha tido com a formação profissional do trabalhador (parte final da al. c) do n.° 2 do art. 136.°), mas também prevê o aumento deste valor, até ao limite do valor da retribuição auferida pelo trabalhador, no momento da cessação do contrato[539], no caso deste ter cessado por despedimento declarado ilícito ou por resolução por iniciativa do trabalhador com fundamento em justa causa subjectiva (art. 136.° n.° 3).

À semelhança do regime preconizado para outras situações em que o trabalhador obtém rendimentos do exercício de qualquer actividade profissional depois da cessação do contrato[540], o Código prevê a dedução no montante da compensação a pagar ao trabalhador, daqueles rendimentos, até ao montante fixado nos termos da alínea c) do n.° 2 do art. 136.° do CT.

Esta regra, que consta do art. 136.° n.° 4 e que provém do CT de 2003, merece críticas e suscita algumas dúvidas quanto ao modo de aplicação. Por um lado, a solução é criticável não só em termos gerais, pelo facto deste tipo de solução incentivar à «preguiça» e pela excessiva amplitude da previsão legal (no sentido em que abrange rendimentos de trabalho subordinado e de trabalho autónomo)[541], mas também porque o que está em questão no pacto de não concorrência é compensar adequadamente o trabalhador não pelo facto de não trabalhar mas sim pelo facto de não poder continuar a desenvolver a sua actividade profissional na área em que vinha trabalhando e na qual poderia ser melhor remunerado do que noutra área[542]. Ora, se assim é, os rendimentos que o trabalhador venha a

---

539 Este limite do agravamento do valor da compensação até ao valor da retribuição parece pressupor que a compensação é, por regra, de valor inferior ao valor da retribuição. A nosso ver, nada impede, todavia, que as partes fixem um valor igual ou mesmo superior ao da retribuição do trabalhador para esta compensação, no exercício da sua liberdade contratual. Neste caso, não haverá lugar ao agravamento previsto nesta norma nos casos de ilicitude do despedimento ou de resolução com justa causa subjectiva.

540 Por exemplo, no período que transcorre entre a decretação de um despedimento e a declaração judicial da ilicitude do mesmo, nos termos do art. 390.° n.° 2.

541 Aplicam-se, pois, ao caso vertente as críticas que, oportunamente, fizemos à solução idêntica prevista para o caso do despedimento ilícito, *supra*, § 35.°, ponto 131.4.3.IV.

542 Estas são as situações em que, na prática, as partes recorrem a este tipo de pactos, ou seja, para evitar que um trabalhador especialmente qualificado em certa área de actividade, possa utilizar a sua *expertise* na mesma área ao serviço de outra empresa. Natu-

auferir depois do contrato não diminuem o prejuízo que é acautelado por esta norma, pelo que não deviam ser deduzidos no valor da compensação.

Por outro lado, a norma levanta uma dúvida na sua aplicação, porque a previsão da redução da compensação a pagar ao trabalhador «até ao valor decorrente da aplicação da alínea c) do n.° 2» não é compreensível, uma vez que esta norma não refere qualquer montante para a referida compensação, mas apenas um montante relativo às despesas do empregador com a formação profissional do trabalhador. Contudo, a ser este o montante a ter em conta, a norma perde utilidade, porque estas despesas já permitem, por si sós, uma dedução equitativa na compensação ao abrigo do art. 136.° n.° 2 c).

Em suma, no que se refere à compensação a arbitrar ao trabalhador, o regime legal padece de falta de clareza.

O incumprimento do pacto de não concorrência pelo trabalhador determina responsabilidade civil contratual, nos termos gerais dos arts. 798.° ss. do CC[543].

**III.** Para além dos deveres que podem surgir para as partes da cessação do contrato, coloca-se ainda a questão da *pós-eficácia de alguns deveres que as partes tinham na pendência do contrato*.

Com fundamento no princípio geral da boa fé no exercício das posições jurídicas, entende-se que alguns deveres das partes se mantêm após a cessação do contrato de trabalho. Assim sucede, designadamente, quanto ao dever de sigilo e, mesmo sem necessidade de qualquer pacto, quanto ao dever geral de não concorrência do trabalhador, na pendência do contrato, enunciados no art. 128.° n.° 1 e) do CT, que sobrevivem ao fim do contrato, vedando ao trabalhador que faça concorrência desleal ao seu antigo empregador e que divulgue factos sigilosos de que teve conhecimento no exercício da sua actividade laboral na empresa e por causa dessa actividade. E, com o mesmo fundamento geral, é vedado ao empregador revelar factos da vida pessoal do trabalhador de que apenas teve conhecimento por força do vínculo laboral.

---

ralmente, sendo esta qualificação especial do trabalhador determinante para a avaliação do seu trabalho, se ele tiver que enveredar por outra actividade, receberá, com probabilidade, uma retribuição de valor inferior.

[543] No mesmo sentido, ROMANO MARTINEZ, *Direito do Trabalho cit.*, 650, que admite também a responsabilidade civil da empresa terceira que contrate o trabalhador em violação do pacto.

Estes deveres das partes são, neste sentido, dotados da característica da pós-eficácia.

## 145. **A prescrição dos créditos laborais (remissão)**

**I.** Um último ponto a ter em consideração, no que toca à cessação do contrato de trabalho, tem a ver com o facto de, apenas a partir deste momento, começar a contar o prazo de prescrição dos créditos que qualquer das partes tenha contra a outra, nos termos do art. 337.° do CT.

**II.** Já tendo apreciado esta matéria, a propósito do tema da remuneração[544], limitamo-nos a recordar os traços fundamentais das regras sobre a prescrição dos créditos laborais, remetendo os desenvolvimentos para aquele ponto. Estes traços, que decorrem do art. 337.°, são os seguintes:

- o prazo de prescrição dos créditos laborais não começa a contar com o vencimento destes créditos nem com o seu conhecimento pelo credor, mas apenas a partir do dia imediato ao da cessação do contrato de trabalho, correndo então pelo prazo de um ano (art. 337.° n.° 1);
- este regime é aplicável tanto aos créditos do trabalhador como aos créditos do empregador (art. 337.° n.° 1);
- o conceito de créditos laborais para este efeito é um conceito amplo, que inclui os créditos remuneratórios em sentido estrito e ainda os créditos que resultem da celebração e da execução do contrato de trabalho, da sua violação e cessação (art. 337.° n.° 1);
- os créditos resultantes da indemnização por falta do gozo de férias, por trabalho suplementar ou pela aplicação de sanções abusivas, vencidos há mais de cinco anos, devem ser provados por documento idóneo (art. 337.° n.° 2).

---

[544] *Supra*, § 27.°, ponto 102.2.V.

# ÍNDICE DE LEGISLAÇÃO[1]

### 1) Legislação nacional

L. n.º 83, de 24 de Julho de 1913 – Acidentes de trabalho
Dec. n.º 182, de 18 de Outubro de 1913 – Acidentes de trabalho
Dec. n.º 183, de 24 de Outubro de 1913 – Acidentes de trabalho
L. n.º 295, de 22 de Janeiro de 1915 – Limitação da jornada diária de trabalho no sector do comércio e dos estabelecimentos de crédito e de câmbios e em todas as empresas com mais de cinco operários
L. n.º 296, de 22 de Janeiro de 1915 – Trabalho suplementar
Dec. n.º 4351, de 29 de Maio de 1915 – Regime geral da segurança, higiene e condições ambientais nos locais de trabalho
Dec. n.º 5516, de 7 de Maio de 1919 – Limites máximos do período normal de trabalho diário e semanal para a função pública e para os sectores do comércio e da indústria
Dec. n.º 5637, de 10 de Abril de 1919 – Acidentes de trabalho
L. n.º 1942, de 27 de Julho de 1936 – Regime jurídico dos acidentes de trabalho
L. n.º 1952, de 10 de Março de 1937 (LCT1) – Regime geral do contrato de trabalho
Dec. n.º 29931, de 15 de Setembro de 1939 – Carteiras profissionais
DL n.º 43181, de 23 de Setembro de 1960 – Contrato de trabalho dos profissionais de espectáculos
DL n.º 45 968, de 15 de Outubro de 1964 – Contrato de trabalho a bordo na marinha mercante
L. n.º 2127, de 3 de Agosto de 1965 (LAT1)- Acidentes de trabalho
DL n.º 47032, de 27 de Maio de 1966 – Novo regime jurídico do contrato de trabalho
DL n.º 49408, de 24 de Novembro de 1969 (LCT) – Regime jurídico do contrato de trabalho

---

[1] Este índice não é exaustivo, limitando-se aos diplomas de incidência laboral directa ou indirecta referidos em texto e cuja consulta permite uma visão panorâmica do quadro normativo complexo do Direito do Trabalho nacional na actualidade e da sua história. Por razões de clareza, distinguem-se os instrumentos legislativos dos instrumentos regulamentares; em cada uma destas categorias, os diplomas são referidos por ordem cronológica e acompanhados de uma indicação temática geral. Na categoria dos instrumentos normativos internacionais, são autonomizados o Direito Comunitário e alguns actos normativos da Organização Internacional do Trabalho.

DL n.° 360/71, de 21 de Agosto – Regulamentação do regime jurídico dos acidentes de trabalho e doenças profissionais
DL n.° 409/71, de 27 de Setembro (LDT) – Duração do trabalho
DL n.° 74/73, de 1 de Março – Contrato de trabalho a bordo na marinha mercante
DL n.° 217/74, de 27 de Maio – Salário mínimo nacional
DL n.° 783/74, de 31 de Dezembro – Despedimento colectivo
DL n.° 215-B/75, de 30 de Abril (LS) – Associações sindicais
DL n.° 372-A/75, de 16 de Julho (LD) – Lei dos despedimentos
DL n.° 84/76, de 28 de Janeiro – Despedimentos; alteração à LD
DL n.° 178/76, de 3 de Julho – Contrato de agência
DL n.° 781/76, de 28 de Outubro – Contrato de trabalho a prazo
DL n.° 841-C/76, de 7 de Dezembro – Despedimentos; alteração à LD
DL n.° 874/76, de 28 de Dezembro (LFFF) – Férias, feriados e faltas
DL n.° 97/77, de 17 de Março – Trabalho de estrangeiros
L. n.° 48/77, de 11 de Julho – Despedimentos; alteração à LD
DL n.° 353-H/77, de 9 de Agosto – Empresas declaradas em situação económica difícil
L. n.° 65/77, de 26 de Agosto (LG) – Greve
L. n.° 77/77, de 29 de Setembro – Bases da reforma agrária
DL n.° 496/77, de 25 de Novembro – Reforma do Código Civil de 1966
DL n.° 392/79, de 20 de Setembro – Igualdade no trabalho e no emprego para os trabalhadores do sector privado
DL n.° 508/80, de 21 de Outubro – Contrato de serviço doméstico
DL n.° 40/83, de 25 de Janeiro – Regime do emprego protegido
DL n.° 398/83, de 2 de Novembro (LSCT) – Redução e suspensão do contrato de trabalho
DL n.° 421/83, de 2 de Dezembro – Trabalho suplementar
DL n.° 28/84, de 16 de Janeiro – Estatuto Disciplinar dos Funcionários e Agentes da Administração Central, Regional e Local
DL n.° 45-A/84 de 3 de Fevereiro – Negociação colectiva na Administração Pública
DL n.° 102/84, de 29 de Março – Contrato de aprendizagem
L. n.° 4/84, de 5 de Abril (LPMP) – Protecção da maternidade e da paternidade
DL n.° 253/84, de 26 de Julho – Estágios no âmbito do ensino técnico-profissional
L. 28/84, de 14 de Agosto – Bases da segurança social
DL n.° 358/84, de 13 de Novembro – Carteira profissional
DL n.° 136/85, de 3 de Maio – Protecção da maternidade e da paternidade; regulamentação da LPMP
DL n.° 194/85, de 24 de Junho – Emprego protegido
DL n.° 446/85, de 25 de Outubro (LCCG) – Contratação com recurso a cláusulas contratuais gerais
L. n.° 141/85, de 14 de Novembro – Balanço social
L. n.° 17/86, de 14 de Junho – Salários em Atraso
DL n.° 38/87, de 26 de Janeiro – Contrato de trabalho dos profissionais de espectáculaos
DL n.° 69-A/87, de 9 de Fevereiro – Salário mínimo nacional
DL n.° 154/88, de 29 de Abril – Subsídio de maternidade
L. n.° 108/88, de 26 de Setembro – Revoga a lei de bases da reforma agrária

DL n.° 426/88, de 18 de Novembro – Igualdade no trabalho e no emprego para os trabalhadores do sector público
DL n.° 64-A/89, de 27 de Fevereiro (LCCT) – Cessação do contrato de trabalho e trabalho a termo
DL n.° 64-B/89, de 27 de Fevereiro – Suspensão do contrato de trabalho; alteração à LSCT
DL n.° 104/89, de 6 de Abril – Contrato de trabalho dos trabalhadores da marinha mercante
L. n.° 9/89, de 2 de Maio – Bases da prevenção e da reabilitação e integração das pessoas com deficiência
DL n.° 358/89, de 17 de Outubro (LTT) – Contrato de trabalho temporário
DL n.° 427/89, de 7 de Dezembro – Regime jurídico do emprego público
L. n.° 23/91, de 4 de Julho – Amnistia das infracções disciplinares
DL n.° 261/91, de 25 de Julho – Pré-reforma
DL n.° 396/91, de 16 de Outubro – Trabalho de menores
DL n.° 397/91, de 16 de Outubro – Licenças sem retribuição
DL n.° 398/91, de 16 de Outubro – Trabalho suplementar; alterações à LTS
DL n.° 400/91, de 16 de Outubro – Despedimento por inadaptação
DL n.° 401/91, de 16 de Outubro – Formação profissional
DL n.° 403/91, de 16 de Outubro – Cessação do contrato de trabalho; alteração à LCCT
DL n.° 404/91, de 16 de Outubro – Trabalho em comissão de serviço
DL n.° 440/91, de 14 de Novembro – Trabalho no domicílio
DL n.° 441/91, de 14 de Novembro – Princípios gerais em matéria de segurança e saúde no local de trabalho
DL n.° 95/92, de 23 de Maio – Emissão de certificados de aptidão profissional
DL n.° 210/92, de 2 de Outubro – Suspensão do contrato de trabalho; alteração à LSCT
DL n.° 235/92, de 24 de Outubro – Contrato de trabalho doméstico
DL n.° 118/93, de 13 de Abril – Contrato de agência
DL n.° 132/93, de 23 de Abril (CREF) – Código dos Processos Especiais de Recuperação da Empresa e da Falência
DL n.° 280/93, de 13 de Agosto – Contrato de trabalho portuário
DL n.° 298/93, de 28 de Agosto – Contrato de trabalho portuário
DL n.° 332/93, de 25 de Setembro – Mapas do quadro de pessoal
L. n.° 5/94, de 11 de Janeiro – Dever de informação do empregador ao trabalhador
L. n.° 17/95, de 9 de Junho – Protecção da maternidade e da paternidade; alteração à LPMP
DL n.° 220/95, de 31 de Agosto – Contratação com recurso a cláusulas contratuais gerais; alteração à LCCG
DL n.° 34/96, de 18 de Abril – Apoios financeiros à contratação de jovens e de desempregados de longa duração
DL n.° 48/96, de 15 de Maio – Períodos de funcionamento
L. n.° 19-A/96, de 29 de Junho – Rendimento mínimo garantido
DL n.° 88/96, de 3 de Julho – Subsídio de Natal
L. n.° 21/96, de 23 de Julho – Adaptabilidade dos horários e polivalência funcional
L. n.° 38/96, de 31 de Agosto – Regras sobre cessação do contrato de trabalho e sobre contrato de trabalho a termo
L. n.° 51/96, de 7 de Setembro – Código Cooperativo
DL n.° 205/96, de 25 de Outubro – Regime jurídico da aprendizagem

DL n.º 116/97, de 12 de Maio – Segurança e saúde no trabalho a bordo
L. n.º 15/97, de 31 de Maio – Contrato de trabalho a bordo de embarcações de pesca
L. n.º 100/97, de 13 de Setembro (LAT) – Acidentes de trabalho e doenças profissionais
L. n.º 102/97, de 13 de Setembro – protecção da maternidade e da paternidade (altera a LPMP)
L. n.º 105/97, de 13 de Setembro – Igualdade no trabalho e no emprego
L. n.º 116/97, de 4 de Novembro – Estatuto do trabalhador estudante
L. n.º 20/98, de 12 de Maio – Trabalhadores estrangeiros e apátridas
L. n.º 23/98, de 26 de Maio – Negociação colectiva na Administração Pública
DL n.º 259/98, de 26 de Maio – Duração do trabalho dos funcionários e agentes do Estado
L. n.º 28/98, de 26 de Junho – Contrato de trabalho do praticante desportivo e de formação desportiva
DL n.º 218/98, de 17 de Julho – Regime jurídico do emprego público; alterações
L. n.º 67/98, de 26 de Outubro – Protecção dos dados pessoais
L. n.º 71/98, de 3 de Novembro – Regime jurídico do voluntariado
L. n.º 73/98, de 10 de Novembro – Organização do tempo de trabalho
DL n.º 119/99, de 14 de Abril – Regime jurídico da protecção no desemprego
DL n.º 132/99, de 21 de Abril – Princípios gerais de política de emprego
DL n.º 142/99, de 30 de Abril – Fundo de Acidentes de Trabalho
DL n.º 143/99, de 30 de Abril – Regulamento dos acidentes de trabalho
L. n.º 32/99, de 18 de Maio – Despedimentos; alteração à LCCT
DL n.º 159/99, de 11 de Maio – Seguro de acidentes de trabalho dos trabalhadores independentes
DL n.º 263/99, de 25 de Junho – Estatuto dos Militares das Forças Armadas
L. n.º 58/99, de 30 de Junho – Trabalho de menores
DL n.º 248/99, de 2 de Julho – Regulamento das doenças profissionais
DL n.º 249/99, de 7 de Julho – Contratação com recurso a cláusulas contratuais gerais; alteração à LCCG
L. n.º 103/99, de 26 de Julho – Trabalho a tempo parcial
L. n.º 118/99, de 11 de Agosto – Trabalho de menores
L. n.º 137/99, de 28 de Agosto – Suspensão do contrato de trabalho; alteração à LSCT
L. n.º 142/99, de 31 de Agosto – Protecção da maternidade e da paternidade; alteração à LPMP
L. n.º 146/99, de 1 de Setembro – Trabalho temporário; alteração à LTT
DL n.º 384/99, de 23 de Setembro – Regime jurídico da tripulação do navio
DL n.º 389/99, de 30 de Setembro – Regime jurídico do voluntariado; regulamentação
DL n.º 444/99, de 3 de Novembro – Contrato de trabalho do pessoal dos serviços externos do Ministério dos Negócios Estrangeiros
DL n.º 480/99, de 9 de Novembro – Revisão do Código de Processo do Trabalho
DL n.º 503/99, de 20 de Novembro – Acidentes de trabalho e doenças profissionais; regime dos trabalhadores da Administração Pública
DL n.º 558/99, de 17 de Dezembro – Regime jurídico do sector empresarial do Estado
L. n.º 9/2000, de 15 de Junho – Trabalhadores destacados
DL n.º 70/2000, de 4 de Maio – Protecção da Maternidade e da Paternidade; alteração à LPMP

L. n.º 9/2000, de 15 de Junho – Destacamento de trabalhadores
L. n.º 17/2000, de 8 de Agosto – Bases da Segurança Social
DL n.º 230/2000, de 23 de Setembro – Regulamentação da Lei da Protecção da Maternidade e da Paternidade
DL n.º 29/2001, 3 de Fevereiro – Trabalhadores deficientes no sector público
DL n.º 107/2001, de 6 de Abril – Trabalhos leves e actividades proibidas e condicionadas aos menores
L. n.º 18/2001, de 3 de Julho – contrato de trabalho a termo; alteração à LCCT
L. n.º 96/2001, de 20 de Agosto – Privilégios creditórios dos trabalhadores
DL n.º 280/2001, de 23 de Outubro – Regime jurídico da profissão de marítimo
DL n.º 58/2002, de 15 de Março – Admissão ao trabalho de menores sem a escolaridade obrigatória
L. n.º 32/2002, de 20 de Dezembro – Bases da Segurança Social
DL n.º 38/2003, de 8 de Março – Alterações ao Código de Processo Civil
L. n.º 13/2003, de 21 de Maio – Rendimento social de inserção
L. n.º 99/2003, de 27 de Agosto (CT) – Código do Trabalho
DL n.º 197-A/2003, de 30 de Agosto – Estatuto dos Militares das Forças Armadas; alterações
L. n.º 18/2004, de 11 de Maio – Igualdade de tratamento entre as pessoas sem distinção de origem racial ou étnica
L. n.º 19/2004, de 9 de Fevereiro – Salário mínimo nacional; repristinação transitória do DL n.º 69-A/87, de 9 de Fevereiro
DL n.º 35/2004, de 18 de Março (CIRE) – Código da Insolvência e da Recuperação de Empresas
DL n.º 87/2004, de 17 de Abril – Pré-reforma
L. n.º 23/2004, de 22 de Junho – Contrato de trabalho na Administração Pública
LC n.º 1/2004, de 24 de Julho – Sexta Revisão Constitucional
L. n.º 35/2004, de 29 de Julho (RCT) – Regulamentação do Código do Trabalho
L. n.º 38/2004, de 18 de Agosto – Bases gerais do regime jurídico da prevenção, habilitação, reabilitação e participação da pessoa com deficiência
DL n.º 200/2004, de 18 de Agosto – Insolvência e recuperação de empresas; alterações ao CIRE
L. n.º 12/2005, de 26 de Janeiro – Informação genética pessoal e informação de saúde
DL n.º 77/2005, de 14 de Abril – Subsídio de maternidade; alteração
DL n.º 86/2005, de 2 de Maio – Não discriminação em geral no trabalho e no emprego
DL n.º 176/2005, de 25 de Outubro – Regime jurídico do voluntariado; alterações
L. n.º 9/2006, de 20 de Março – Primeiras alterações ao Código do Trabalho
DL n.º 76-A/2006, de 29 de Março – Código das Sociedades Comerciais; alterações
L. n.º 53/2006, de 7 de Dezembro – Mobilidade dos funcionários e agentes da Administração Pública
L. n.º 4/2007, de 16 de Janeiro – Nova Lei de Bases da Segurança Social
L. n.º 19/2007, de 22 de Maio – Regime jurídico do trabalho temporário
DL n.º 185/2007, de 10 de Maio – Fundo de Acidentes de Trabalho
DL n.º 237/2007, de 19 de Junho – Tempo de trabalho dos trabalhadores do sector dos transportes rodoviários

L. n.° 4/2008, de 7 de Fevereiro – Contrato de trabalho dos artistas de espectáculos
L. n.° 12-A/2008, de 27 de Fevereiro – Novo regime de vinculação, carreiras e remunerações dos trabalhadores que exercem funções públicas
L. n.° 58/2008, de 9 de Setembro – Novo Estatuto Disciplinar dos trabalhadores que exercem funções públicas
L. n.° 59/2008, de 11 de Setembro (LCTFP) – Regime do contrato de trabalho em Funções Públicas
L. n.° 98/2009, de 4 de Setembro (LAT) – Novo Regime Jurídico dos Acidentes de Trabalho
L. n.° 101/2009, de 8 de Setembro – Regime jurídico do trabalho no domicílio
L. n.° 102/2009, de 10 de Setembro – Novo regime jurídico de segurança e saúde no trabalho
L. n.° 105/2009, de 14 de Setembro – Regulamentação do Código do Trabalho de 2009
L. n.° 110/2009, de 16 de Setembro (CRCSS) – Código dos Regimes Contributivos do Sistema Previdencial da Segurança Social
DL n.° 260/2009, de 25 de Setembro – Regime jurídico das empresas de trabalho temporário
DL n.° 295/2009, de 13 de Outubro – Código do Processo de Trabalho; revisão

Reg. de 16 de Março de 1893 – Idade mínima para o trabalho; trabalho infantil; protecção da maternidade
DReg. n.° 43 190, de 23 de Setembro de 1960 – Contrato de trabalho dos profissionais de espectáculos
DReg. n.° 45 969, de 15 de Outubro de 1964 – Contrato de trabalho a bordo na marinha mercante
DReg. n.° 381/72, de 9 de Outubro – Contrato de trabalho no sector dos transportes ferroviários
DReg. n.° 2/94, de 28 de Janeiro – Contrato de trabalho portuário
DReg. n.° 5/2001, de 3 de Maio – Comissão Nacional de Revisão da Lista de Doenças Profissionais
DReg. n.° 6/2001, de 5 de Maio – Lista oficial de doenças profissionais
DReg. n.° 16/2002, de 15 de Março – Admissão de menores ao trabalho e formação profissional de menores

Port. 186/73, de 13 de Março – Trabalhos proibidos às mulheres
Port. 229/96, de 26 de Junho – Segurança e saúde das trabalhadoras grávidas, puérperas e lactantes
Port. n.° 356/98, de 24 de Junho – Segurança e saúde no trabalho a bordo
Port. n.° 196/2001, de 10 de Março – Política de emprego
Port. n.° 1191/2003, de 10 de Outubro – Política de emprego
PRT, publicada no BTE, I S., n.° 21, de 8 de Junho de 1979 – Contrato de trabalho rural
Port. n.° 83-A/2009, de 22 de Janeiro – Procedimento concursal para o acesso a funções públicas, em regime de nomeação ou em regime de contrato de trabalho

Desp. Normativo n.° 182/77, de 30 de Julho – Subsídio de turno

Reg. do Instituto de Seguros de Portugal n.° 27/99 (Norma 12/99-R) de 30 de Novembro – Apólice uniforme do seguro de acidentes de trabalho para trabalhadores por conta de outrem

Reg. do Instituto de Seguros de Portugal n.° 1/2000 (Norma 14/99-R), de 7 de Janeiro – Apólice uniforme do seguro de acidentes de trabalho para trabalhadores independentes

Reg. do Instituto de Seguros de Portugal n.° 3/2001 (Norma 16/2000-R) de 19 de Janeiro – Apólice uniforme do seguro de acidentes de trabalho para trabalhadores independentes; alteração

## 2) Alguns instrumentos normativos internacionais

Declaração Universal dos Direitos do Homem (DUDH), aprovada a 10 de Dezembro de 1948

Pacto Internacional sobre os Direitos Civis e Políticos, de 7 de Outubro de 1976 (PIDCP), aprovado para ratificação pela L. n.° 29/78, de 12 de Junho

Pacto Internacional sobre os Direitos Económicos, Sociais e Culturais, de 7 de Outubro de 1976 (PIDESC), aprovado para ratificação pela L. n.° 45/78, de 11 de Julho

Convenção Europeia dos Direitos do Homem, de 4 de Novembro de 1950 (CEDH), aprovada para ratificação pela L. n.° 65/78, de 13 de Outubro

Carta Social Europeia (CSE), aprovada para ratificação, na versão revista (de 3 de Maio de 1996), pela Res. AR n.° 64-A/2001, de 17 de Outubro

Convenção Europeia sobre o Estatuto Jurídico do Trabalhador Migrante, aprovada para ratificação pela L. n.° 162/78, de 27 de Dezembro

## 3) Instrumentos normativos comunitários

Tratado da União Europeia (TUE), na versão do Tratado de Nice, de 26 de Fevereiro de 2001

Tratado instituindo a Comunidade Europeia (TCE), de 25 de Março de 1957, na versão consolidada pelo Tratado de Amesterdão, de 2 de Outubro de 1997, e modificada pelo Tratado de Nice, de 26 de Fevereiro de 2001

Tratado que institui a Constituição Europeia, assinado em 29 de Outubro de 2004

Tratado da União Europeia (TUE) e Tratado sobre o Funcionamento da União Europeia (TFUE), de acordo com o Tratado de Lisboa, de 13 de Dezembro de 2007

Carta Comunitária dos Direitos Sociais Fundamentais dos Trabalhadores, de 9 de Dezembro de 1989

Carta dos Direitos Fundamentais da União Europeia, de 7 de Dezembro de 2000

Reg. 1612/68, de 15 de Outubro de 1968 – Circulação dos trabalhadores, condições da sua permanência e das suas famílias nos Estados de destino, durante e depois do desenvolvimento da actividade laboral

Reg. 1251/70, de 29 de Julho de 1970 – Circulação dos trabalhadores, condições da sua permanência e das suas famílias nos Estados de destino, durante e depois do desenvolvimento da actividade laboral
Reg. 3820/85, de 20 de Dezembro de 1985 – Trabalho no sector dos transportes
Reg. 3821/85, de 20 de Dezembro de 1985 – Trabalho no sector dos transportes
Reg. 4064/89, de 21 de Dezembro de 1989 – Disposições sobre operações de cisão, fusão e concentração de empresas
Reg. 447/98, de 1 de Março de 1998 – Disposições sobre operações de cisão, fusão e concentração de empresas
Reg. 2135/98, de 24 de Setembro – Trabalho no sector dos transportes

Dir. 64/221/CEE, de 25 de Fevereiro de 1964 – Circulação dos trabalhadores, condições da sua permanência e das suas famílias nos Estados de destino, durante e depois do desenvolvimento da actividade laboral
Dir. 68/360/CEE, de 15 de Outubro de 1968 – Circulação dos trabalhadores, condições da sua permanência e das suas famílias nos Estados de destino, durante e depois do desenvolvimento da actividade laboral
Dir. 73/148/CEE, de 21 de Maio de 1973 – Circulação dos trabalhadores, condições da sua permanência e das suas famílias nos Estados de destino, durante e depois do desenvolvimento da actividade laboral
Dir. 75/117/CEE de 10 de Fevereiro de 1975 – Igualdade remuneratória entre trabalhadores e trabalhadoras
Dir. 75/129/CEE, de 17 de Fevereiro de 1975 – Despedimento colectivo
Dir. 76/207/CEE de 9 de Fevereiro de 1976 – Igualdade de tratamento no acesso ao emprego, nas condições de trabalho, na carreira e na formação profissional
Dir. 77/187/CEE, de 14 de Fevereiro – Tutela dos direitos dos trabalhadores do estabelecimento objecto de transmissão
Dir. 78/855/CEE, de 9 de Outubro de 1978 – Disposições sobre operações de cisão, fusão e concentração de empresas
Dir. 80/987/CEE, de 20 de Outubro de 1980 – Insolvência do empregador e protecção dos trabalhadores
Dir. 82/891/CEE, de 17 de Dezembro de 1982 – Disposições sobre operações de cisão, fusão e concentração de empresas
Dir. 86/613/CEE, de 11 de Dezembro de 1986 – Igualdade de tratamento no universo dos trabalhadores independentes e dos trabalhadores da agricultura, incluindo a protecção na maternidade
Dir. 88/599/CEE, de 23 de Novembro de 1988 – Trabalho no sector dos transportes
Dir. 89/391/CEE, de 12 de Junho de 1989 – Protecção da saúde em geral
Dir. 89/654/CEE, de 30 de Novembro de 1989 – Regras mínimas de segurança e saúde nos locais de trabalho
Dir. 91/383/CEE, de 25 de Junho de 1991 – Segurança e saúde dos trabalhadores que têm uma relação de trabalho a termo ou uma relação de trabalho temporário
Dir. 91/533/CEE, de 14 de Outubro de 1991 – Dever de informação do empregador ao trabalhador no contrato de trabalho

Dir. 92/51/CEE, de 18 de Junho de 1992 – Regime geral de reconhecimento das habilitações profissionais
Dir. 92/56/CEE, de 24 de Junho de 1992 – Despedimento colectivo
Dir. 92/85/CEE, de 19 de Outubro de 1992 – Protecção da saúde e das condições de trabalho das trabalhadoras grávidas, puérperas e lactantes dependentes e independentes
Dir. 93/13/CEE, de 5 de Abril de 1993 – Cláusulas abusivas nos contratos celebrados com consumidores
Dir. 93/104/CE, de 23 de Novembro de 1993 – Organização do tempo de trabalho
Dir. 94/33/CE, de 22 de Junho de 1994 – Trabalho dos jovens
Dir. 94/45/CE, de 22 de Setembro de 1994 – Conselhos de empresa europeus
Dir. 96/34, de 3 de Junho de 1996 – Licença parental
Dir. 96/71/CE, de 16 de Dezembro de 1996 – Trabalhadores destacados no quadro de prestação de serviços do respectivo empregador
Dir. 97/80/CE, de 15 de Dezembro de 1997 – Garantia da efectividade dos direitos em matéria da igualdade de género; repartição do ónus da prova nos casos de discriminação em razão do género
Dir. 97/81/CE, de 15 de Dezembro de 1997 – Trabalho a tempo parcial
Dir. 98/50/CE, de 29 de Junho de 1998 – Tutela dos direitos dos trabalhadores do estabelecimento objecto de transmissão
Dir. 98/59/CE, de 20 de Julho de 1998 – Despedimento colectivo
Dir. 99/70/CE, de 28 de Junho de 1999 – Trabalho a termo
Dir. 2000/34/CE, de 22 de Junho de 2000 – Organização do tempo de trabalho
Dir. 2000/43/CE, de 29 de Junho de 2000 – Implementação do princípio da igualdade de tratamento entre as pessoas sem distinção de raça ou de origem étnica
Dir. 2000/78/CE, de 27 de Novembro de 2000 – Estabelecimento de um quadro geral em favor da igualdade de tratamento no trabalho e no emprego
Dir. 2001/23/CE, de 12 de Março de 2001 – Transmissão do estabelecimento ou da empresa, no todo ou em parte, e manutenção dos direitos dos trabalhadores
Dir. 2001/45/CE de 27 de Junho de 2001 – Prescrições mínimas de segurança e saúde para a utilização pelos trabalhadores de equipamentos de trabalho
Dir. 2002/1/CE, de 11 de Março de 2002 – Quadro geral relativo à informação e consulta dos trabalhadores na Comunidade Europeia
Dir. 2002/11/CE, de 11 de Março – Organização do tempo de trabalho no sector do transporte rodoviário
Dir. 2002/73/CE, de 23 de Setembro de 2002 – Igualdade de tratamento no acesso ao emprego, nas condições de trabalho, na carreira e na formação profissional
Dir. 2002/74/CE, de 23 de Setembro de 2002 – Insolvência do empregador e protecção dos trabalhadores
Dir. 2003/88/CE, de 4 de Novembro de 2003 – Determinados aspectos da organização do tempo de trabalho
Dir. 2004/38, de 29 de Abril de 2004 – Circulação dos trabalhadores, condições da sua permanência e da permanência das suas famílias nos Estados de destino, durante o desenvolvimento da actividade laboral e posteriormente
Dir. 2006/54/CE, de 5 de Julho de 2006 – Igualdade de oportunidades e de tratamento entre homens e mulheres no emprego e na formação profissional (reformulação)

Dir. 2008/94/CE, de 22 de Outubro de 2008 – Protecção dos trabalhadores assalariados em caso de insolvência do empregador (reformulação)
Dir. 2010/18/UE, de 8 de Março de 2010 – Licença parental

Rec. 86/379/CEE, de 24 de Julho de 1986 – Trabalho de deficientes
Rec. 92/131/CEE, de 27 de Novembro de 1991 – Protecção da dignidade das mulheres e dos homens no trabalho; assédio sexual
Rec. 97/370/CE, de 27 de Maio de 1998 – Ratificação da Convenção n.° 177 da OIT relativa ao trabalho no domicílio
Res. do Conselho de 29/06/2000 – Participação equilibrada das mulheres e dos homens na actividade profissional e na vida familiar

### 4) Alguns actos normativos da Organização Internacional do Trabalho

Conv. OIT n.° 12, de 1921 – Acidentes de trabalho na agricultura
Conv. OIT n.° 14, de 1921 – Descanso semanal
Conv. OIT n.° 17, de 1925 – Acidentes de trabalho
Conv. OIT n.° 18, de 1925 – Reparação das doenças profissionais
Conv. OIT n.° 24, de 1927 – Seguro de doença dos trabalhadores da indústria, do comércio e domésticos
Conv. OIT n.° 25, de 1927 – Seguro de doença dos trabalhadores agrícolas
Conv. OIT n.° 26, de 1928 – Retribuição
Conv. OIT n.° 52, de 1935 – Férias
Conv. OIT n.° 89, de 1948 – Trabalho nocturno das mulheres na indústria
Conv. OIT n.° 100, de 1951 – Igualdade remuneratória entre trabalhadores e trabalhadoras por um trabalho igual ou de igual valor
Conv. OIT n.° 106, de 1957 – Descanso semanal
Conv. OIT n.° 131, de 1970 – Retribuição
Conv. OIT n.° 132, de 1970 – Férias
Conv. OIT n.° 159, de 1983- Reabilitação profissional e emprego da pessoa portadora de deficiência
Conv. OIT n.° 175, 1994 – Trabalho a tempo parcial
Conv. n.° 177, de 1996 – Trabalho no domicílio

Rec. OIT n.° 29, de 1927 – Seguro de doença
Rec. OIT n.° 168, de 1983 – Reabilitação profissional e emprego da pessoa portadora de deficiência
Rec. OIT n.° 184, de 1996 – Trabalho no domicílio

# ÍNDICE DE JURISPRUDÊNCIA[1]

*Tribunal Constitucional*



*Supremo Tribunal de Justiça*



[1] As remissões são feitas para as páginas, podendo reportar-se ao corpo do texto ou a nota de rodapé.

***Supremo Tribunal Administrativo***

***Tribunal da Relação de Lisboa***

### *Tribunal da Relação do Porto*

### *Tribunal da Relação de Coimbra*

### *Tribunal da Relação de Évora*

# ÍNDICE IDEOGRÁFICO[1]



[1] As remissões são feitas para as páginas, podendo reportar-se ao corpo do texto ou a notas de rodapé, e são exemplificativas; os números a negro indicam as páginas onde a matéria é mais desenvolvida.

# ÍNDICE BIBLIOGRÁFICO

AA/VV – *Temas de Direito do Trabalho. Direito do Trabalho na Crise. Poder Empresarial. Greves Atípicas – IV Jornadas Luso-Hispano-Brasileiras de Direito do Trabalho*, Coimbra, 1990

AA/VV – *Os Caminhos da Privatização da Administração Pública, IV Colóquio Luso-Espanhol de Direito Administrativo*, Coimbra, 2001

ABRANTES, José João Nunes – *Do Contrato de Trabalho a Prazo*, Coimbra, 1982

ABRANTES, José João Nunes – *Breve apontamento sobre o novo regime jurídico do contrato de trabalho a prazo*, Rev.FDUL (sep.), 1990, 241-247

ABRANTES, José João Nunes – *Estudos de Direito do Trabalho*, Lisboa, 1992

ABRANTES, José João Nunes – *Direito do Trabalho. Ensaios*, Lisboa, 1995

ABRANTES, José João Nunes – *Segurança no emprego e justa causa de despedimento, in Direito do Trabalho. Ensaios*, Lisboa, 1995, 111-134

ABRANTES, José João Nunes – *A redução do período normal de trabalho. A Lei n.° 21/96 em Questão*, QL, 1997, 9/10, 81-89

ABRANTES, José João Nunes – *Flexibilidade e polivalência, in A. MOREIRA (coord.), I Congresso Nacional de Direito do Trabalho. Memórias*, Coimbra, 1998, 135-144

ABRANTES, José João Nunes – *Contrato de trabalho e direitos fundamentais, in* A. MOREIRA (coord.), *II Congresso Nacional de Direito do Trabalho. Memórias*, Coimbra, 1999, 105-114

ABRANTES, José João Nunes – *Contrato de trabalho a termo, in* P. ROMANO MARTINREZ (coord.), *Estudos do Instituto de Direito do Trabalho*, III, Coimbra, 2002, 157-177

ABRANTES, José João Nunes – *Contrat de travail et droits fondamentaux – contribution à une dogmatique commune européenne, avec référence spéciale au droit allemand et au droit portugais*, Frankfurt am Main, 2000; e, na versão portuguesa, *Contrato de Trabalho e Direitos Fundamentais*, Coimbra, 2005

ABRANTES, José João Nunes – *O Código do Trabalho e a Constituição,* QL, 2003, 22, 123-154

ABRANTES, José João Nunes – *O novo Código do Trabalho e os direitos de personalidade do trabalhador, in* Centro de Estudos Judiciários (coord.), *A Reforma do Código do Trabalho*, Coimbra, 2004, 139-160

ABREU, Jorge Manuel Coutinho de – *A Empresa e o Empregador em Direito do Trabalho*, Coimbra, 1982

ABREU, Jorge Manuel Coutinho de – *Grupos de sociedades e direito do trabalho*, BFDUC, 1990, LXVI, 124-149

ADLERSTEIN, Wolfgang – *Neue Technologien – Neue Wege im Arbeitsrecht,* ArbuR, 1987, 3, 101-104

AGRIA, Fernanda – *Serviço Doméstico. Problemas e Soluções*, ESC, 1968, 26, 52-101

AGRIA, Fernanda / PINTO, Luiza Cardoso – *Contrato Individual de Trabalho*, Coimbra, 1972

AGUIAR, Manuela – *Acidentes «in itinere»*, ESC, 1968, 25, 36-77

AGUIAR, Manuela – *A regulamentação do trabalho domiciliário*, ESC, 1973, 35, 59-66

ALEGRE, Carlos – *Contrato de Serviço Doméstico*, Lisboa, 1994

ALEGRE, Carlos – *Acidentes de Trabalho e Doenças Profissionais*, 2.ª ed., Coimbra, 2000

ALMEIDA, Carlos Ferreira de – *Texto e Enunciado na Teoria do Negócio Jurídico*, I, Coimbra, 1992

ALMEIDA, José Eusébio – *A cessação do contrato de trabalho por iniciativa do trabalhador – notas e dúvidas ao novo regime, in* Centro de Estudos Judiciários (coord.), *A Reforma do Código do Trabalho*, Coimbra, 2004, 551-570

ALMEIDA, Fernando Jorge Coutinho de – *Os poderes da entidade patronal no direito português,* RDE, 1977, 301-334

ALMEIDA, Jorge Coutinho de – *Poder Empresarial: Fundamento, conteúdo e limites (Portugal), in* AA/VV, *Temas de Direito do Trabalho. Direito do Trabalho na Crise. Poder Empresarial. Greves Atípicas – IV Jornadas Luso-Hispano-Brasileiras de Direito do Trabalho,* Coimbra, 1990, 311-332

ALMEIDA, Tatiana Guerra de – *Período experimental. Breves notas para o estudo comparativo dos regimes jurídicos português e espanhol, in* A. MONTEIRO FERNANDES (coord.), *Estudos de Direito do Trabalho em Homenagem ao Professor Manuel Alonso Olea*, Coimbra, 2004, 589-611

ALONSO OLEA, Manuel – *vd* OLEA

ALVES, Hugo Gabriel Santos – *O contrato de trabalho doméstico. Algumas reflexões*, Porto (inédito – UCP, Porto), 2003

AMADO, João Leal – *A protecção do salário,* BFDUC, 1993, XXXIX, 39-56 e 137-260

AMADO, João Leal – *Pornografia, Informática e Despedimento*, QL, 1994, 2, 109-116

AMADO, João Leal – *Revogação do contrato e compensação pecuniária para o trabalhador: notas a um Acórdão do Supremo Tribunal de Justiça*, QL, 1994, 3, 167-172

AMADO, João Leal – *Inamovibilidade: uma garantia supletiva?*, QL, 1994, 3, 175-177

AMADO, João Leal – *Contrato de Trabalho Desportivo Anotado*, Coimbra, 1995

AMADO, João Leal – *O DL n.° 305/95, a relação laboral desportiva e a relação laboral comum*, QL, 1995, 6, 187-192

AMADO, João Leal – *Caso Bosman e a «Indemnização de promoção ou valorização» (art. 22.° n.° 2 do DL 405/95, de 18-11)*, QL, 1996, 7, 3-17

AMADO, João Leal – *Vinculação* versus *Liberdade. O Processo de Constituição e Extinção da Relação Laboral do Praticante Desportivo*, Coimbra, 2002

AMADO, *Despedimento ilícito e salários intercalares: sentença* versus *decisão final*, QL, 2002, 20, 234-235

AMADO, João Leal – *Contrato de trabalho prostitucional?*, QL, 2002, 20, 236-240

AMADO, João Leal – *Temas Laborais*, Coimbra, 2005

AMADO, João Leal – *Breve apontamento sobre a incidência da revolução genética no domínio juslaboral e a Lei n.° 12/2005, de 26 de Janeiro*, QL, 2005, 25, 111-120

AMADO, João Leal – *Os efeitos do despedimento ilícito (sobre os artigos 436.° a 440.° do Código do Trabalho)*, RMP, 2006, 105, 17-44

AMADO, João Leal – *Contrato de Trabalho*, 2.ª ed., Coimbra, 2010

ANDRADE, Manuel A. Domingos de – *Teoria Geral da Relação Jurídica*, II, 7.° *reprint*, Coimbra, 1987

ANGIELLO, Luigi – *Autonomia e subordinazione nella prestazione lavorativa*, Padova, 1974

ANTUNES, José Augusto Engrácio – *Os Grupos de Sociedades. Estrutura e Organização Jurídica da Empresa Plurissocietária*, 2.ª ed., Coimbra, 2002

ARANGUREN, Aldo – *Principi generali e fonti, in* G. MAZZONI (dir.), *Manuale di diritto del lavoro*, I, 6.ª ed., Milano, 1988, 1-222

ASCENSÃO, José de Oliveira – *A Tipicidade dos Direitos Reais*, Lisboa, 1968

ASCENSÃO, José de Oliveira – *Direito Civil. Teoria Geral*, I, II (2.ª ed.) e III, Coimbra, 1997, 2003 e 2002

ASQUINI, Alberto – *Del contratto di trasporto, in* Leone BOLLAFIO / Cesare VIVANTE (dir.), *Codice del Commercio commentato*, VI, *(Parte Seconda)* – art. 388.°-416.°, 5.ª ed., Torino, 1925

ASSANTI, Cecilia – *Le sanzione disciplinari nei rapporti di lavoro*, Milano, 1963

ASSANTI, Cecilia – *Corso di diritto del lavoro*, 2.ª ed., Padova, 1993

ASSIS, Rui – *O regime jurídico do direito a férias*, DJ, 2000, 3, 291-316

ASSIS, Rui – *O Poder de Direcção do Empregador*, Coimbra, 2005

AVILÉS, Antonio Ojeda – *El final de un «principio» (la estabilidad en el empleo), in Estudios de Derecho del Trabajo en Memoria del Professor Gaspar BAYÓN-CHACÓN*, Madrid, 1980, 467-485

BAAMONDE, María Emília Casas / DAL-RÉ, Fernando Valdés – *Diversidad y precariedad de la contratación laboral en España,* Rel.Lab., 1989, I, 240-258

BALLESTRERO, Maria Vittoria – *L'ambigua nozione di lavoro parasubordinato,* Lav.Dir., 1987, 1, 41-67

BALLESTRERO, Maria Vittoria – *Emploi privé, emploi public: de la différence au droit commun, in* A. SUPIOT (dir.), *Le travail en perspectives,* Paris, 1998, 375-389

BAPTISTA, Albino Mendes – *A aponibilidade da condição resolutiva ao contrato de trabalho*, RMP, 1998, 74, 121-129

BAPTISTA, Albino Mendes – *Faltas por motivo de prisão*, QL, 1998, 11, 47-64

BAPTISTA, Albino Mendes – *Jurisprudência do Trabalho Anotada,* 3.ª ed., Lisboa, 1999

BAPTISTA, Albino Mendes – *Transferência do trabalhador para outro local de trabalho, aviso prévio e esclarecimento sobre as condições da mudança*, QL, 1999, 14, 196-212

BAPTISTA, Albino Mendes – *É o regime laboral comum aplicável aos contratos entre clubes e treinadores profissionais?*, RMP, 1999, 80, 129-139

BAPTISTA, Albino Mendes – *Considerações sobre o estatuto do trabalhador-estudante*, ROA, 1999, III, 1061-1080

BAPTISTA, Albino Mendes – *Breve apontamento sobre as cláusulas de rescisão,* RMP, 2002, 91, 140 ss.

BAPTISTA, Albino Mendes – *Prazo para o exercício do direito de rescisão do contrato de trabalho por iniciativa do trabalhador,* QL, 2002, 19, 61-65

BAPTISTA, Albino Mendes – *Grupo normal de trabalho. Equipas B e dever de ocupação efectiva do praticante desportivo, in Estudos de Homenagem ao Prof. Doutor Raúl Ventura*, II, Coimbra, 2002, 819-832

BAPTISTA, Albino Mendes – *Código de Processo do Trabalho Anotado*, 2.ª ed., Lisboa, 2002

BAPTISTA, Albino Mendes – *Qualificação contratual e presunção de laboralidade, in Estudos sobre o Código do Trabalho*, Coimbra, 2004, 59-76

BAPTISTA, Albino Mendes – *Notas sobre a cessação do contrato de trabalho por iniciativa do trabalhador no novo Código do Trabalho, in* Centro de Estudos Judiciários (coord.), *A Reforma do Código do Trabalho*, Coimbra, 2004, 537-549

BAPTISTA, Albino Mendes – *As faltas ao trabalho por motivo de doença (não profissional) do trabalhador*, Sep. do *VIII Congresso Nacional de Direito do Trabalho. Memórias*, Coimbra, 2005, 47-77

BAPTISTA, Albino Mendes – *A reabertura do procedimento disciplinar*, RMP, 2006, 108, 197-228

BAPTISTA, Albino Mendes – *Pacto de opção, contrato de trabalho desportivo e o Acórdão da Comissão Arbitral Paritária de 28 de Março de 2008, in in Liberdade e Compromisso*, II (*Estudos em Homenagem ao Professor Mário Fernando de Campos Pinto,* Lisboa, 2009, 51-78.

BARASSI, Lodovico – *Il dovere della colaborazione,* Riv.DL, 1950, 1-15

BARASSI, Lodovico – *Elementi di diritto del lavoro*, 7.ª ed., Milano, 1957

BARATA, Carlos Lacerda – *Sobre o Contrato de Agência*, Coimbra, 1991

BARATA, Carlos Lacerda – *Anotações ao Novo Regime do Contrato de Agência*, Lisboa, 1994

BARRIO, M. E. Senise – *El Trabajo a tempo parcial como instrumento de creación de empleo*, Madrid, 2001

BARROS, Cássio Mesquita – *Poder Empresarial: Fundamento, conteúdo e limites (Relatório Geral), in* AA/VV, *Temas de Direito do Trabalho. Direito do Trabalho na Crise. Poder Empresarial. Greves Atípicas – IV Jornadas Luso-Hispano-Brasileiras de Direito do Trabalho,* Coimbra, 1990, 305-310

BARROSO, Helena Tapp – *Justa causa por violação do dever de assiduidade; faltas não justificadas ao trabalho e falsas declarações relativas às faltas – uma abordagem do caso das falsas declarações para justificação de faltas em especial, in* P. ROMANO MARTINEZ (coord.), *Estudos do Instituto de Direito do Trabalho*, II, Coimbra, 2001, 179-193

BASTO, Nuno Cabral – *O contrato de trabalho – colaboração e subordinação*, ESC, 1967, 23, 83-109

BAUR, Fritz – *Betriebsjustiz,* JZ, 1965, 163-167

BÉLIER, Gilles – *Droit disciplinaire et citoyenneté dans l'entreprise dans la réforme des droits des travailleurs*, DS, 1982, 5, 407-416

BÉLIER, Gilles – *Le contrat de travail à durée indéterminée intermitent*, DS, 1987, 9/10, 696-701

BÉLIER, Gilles / BERTHONNEAU, Laurence – *Le droit du travail temporaire*, Paris, 1990

BÉRAUD, Jean-Marc – *La suspension du contrat de travail. Essai d'une théorie générale,* Paris, 1980

BÉRAUD, Jean-Marc – *Die Flexibilisierung im französischen Arbeitsrecht, in Flexibilisierung des Arbeitsrecht – eine europäische Herausforderung*, ZIAS, 1987, 258-275

BERNERT, Günther – *Arbeitsverhältnisse im 19. Jahrhundert*, Marburg, 1972

BETTENCOURT, Pedro Ortins – *Contrato de Trabalho a Termo*, Amadora, 1996

BETTENCOURT, Pedro Ortins – *Trabalho de estrangeiros, in* A. MOREIRA (coord.), *VI Congresso Nacional de Direito do Trabalho. Memórias*, Coimbra, 2004, 29-37

BEUTHIEN, Volker – *Das fehlerhafte Arbeitsverhältnis als bürgerlich-rechtliches Abwicklungsproblem*, RdA, 1969, 6, 161-174

BIANCA, Massimo – *Le autorità private,* Napoli, 1977

BIRK, Rolf – *Die Arbeitsrechtliche Leistungsmacht,* Köln-Berlin-Bonn-München, 1973

BIRK, Rolf – *Diritto del lavoro e imprese multinazionali*, RIDL, 1982, 2, 137-155

BIRK, Rolf – *Competitividade das empresas e flexibilização do direito do trabalho*, RDES, 1987, 3, 281-307

BLANKE, Thomas – *Arbeitsgruppen und Gruppenarbeit in der Betriebsverfassung*, RdA, 2003, 3, 140-155

BLANPAIN, Roger / JAVILLIER, Jean-Claude – *Droit du travail communautaire*, 2.ª ed., Paris, 1995

BOSSU, Bernard – *Le salarié, le délégué du personnel et la vidéosurveillance*, DS, 1995, 12, 978-984

BRITO, Maria Helena – *O Contrato de Agência, in Novas Perspectivas do Direito Comercial*, Coimbra, 1988, 107-135

BRITO, Pedro Madeira de – *Do Local de Trabalho,* Lisboa (copiogr., FDL), 1995

BRITO, Pedro Madeira de – *Local de Trabalho, in* P. ROMANO MARTINEZ (coord.), *Estudos do Instituto de Direito do Trabalho,* I, Coimbra, 2001, 355-386

BRITO, Pedro Madeira de – *Justa causa de despedimento com fundamento na violação dos deveres de assiduidade, zelo e diligência, in* P. ROMANO MARTINEZ (coord.), *Estudos do Instituto de Direito do Trabalho,* II, Coimbra, 2001, 119-134

BRUN, André / GALLAND, Henri – *Droit du travail*, I, 2.ª ed., Paris, 1978

CAMANHO, Paula Ponces – *Algumas reflexões sobre o regime jurídico do contrato de trabalho a termo, in* M. AFONSO VAZ / J. A. AZEREDO LOPES (coord.), *Juris et de Jure – Nos Vinte Anos da Faculdade de Direito da Universidade Católica Portuguesa – Porto*, Porto, 1998, 969-986

CAMANHO, Paula Ponces – *O trabalho a tempo parcial, in* P. ROMANO MARTINEZ (coord.), *Estudos do Instituto de Direito do Trabalho*, IV, Coimbra, 2003, 205-223

CAMANHO, Paula Ponces / CUNHA, Miguel da / PAIS, Sofia / VILARINHO, Paulo – *Trabalho temporário,* RDES, 1992, 1/3, 171-257

CAMERLYNCK, G. H. – *Le contrat de travail, in* G. H. CAMERLYNCK (dir.), *Traité de Droit du travail,* I, 2.ª ed., Paris, 1982

CAMPOS, Júlia – *Igualdade e não discriminação no direito do trabalho, in* A. MOREIRA (coord.), *IV Congresso Nacional de Direito do Trabalho. Memórias*, Coimbra, 2002, 267-321

CANARIS, Claus Wilhelm – *Atypische faktische Arbeitsverhältnisse,* BB, 1967, 4, 165-171

CANOTILHO, José Joaquim Gomes / LEITE, Jorge – *A inconstitucionalidade da lei dos despedimentos,* Sep. do BFDUC, Coimbra, 1988

CANOTILHO, José Joaquim Gomes / MOREIRA, Vital – *Constituição da República Portuguesa Anotada,* 3.ª ed., Coimbra, 1993

CARABELLI, Umberto – *Alcune riflessioni sulla tutela dei lavoratori nei trasferimenti d'axienda: la dimensione individuale,* RIDL, 1995, I, 41-79

CARINCI, Franco – *Rivoluzione tecnologica e diritto del lavoro: il rapporto individuale*, DLRI, 1985, 26, 203-241

CARINCI, Franco – *Contratto e rapporto individuale di lavoro, in La riforma del rapporto di lavoro pubblico*, DLRI, 1993, 3/4, 653-789

CARVALHO, António Nunes de – *Das Carreiras Profissionais no Direito do Trabalho*, Lisboa (copiogr., Faculdade de Direito da UCP), 1990

CARVALHO, António Nunes de – *Sobre o dever de ocupação efectiva*, RDES, 1991, 3/4, 261-467

CARVALHO, António Nunes de – *Trabalho igual, salário igual – Anotação ao Acórdão de 25 de Março de 1992 do Tribunal da Relação de Lisboa*, RDES, 1992, 4, 349-361

CARVALHO, António Nunes de – *Contrato de trabalho. Revogação por acordo. Compensação pecuniária global: seu valor*, RDES, 1994, 1/2/3, 220-224

CARVALHO, António Nunes de – *Reflexos laborais do Código dos Processos Especiais de Recuperação da Empresa e de Falência*, RDES, 1995, 1/2/3, 55-88, e RDES, 1995, 4, 319-350

CARVALHO, António Nunes de – *A gestão do tempo de trabalho no Projecto de Código do Trabalho, in Código do Trabalho – Alguns Aspectos Cruciais*. Gabinete de Estudos de Trabalho da Universidade Católica Portuguesa, Cascais, 2003, 107-128

CARVALHO, António Nunes de – *Reflexões sobre a categoria profissional (a propósito do Código do Trabalho), in* A. MONTEIRO FERNANDES (coord.), *Estudos de Direito do Trabalho em Homenagem ao Professor Manuel Alonso Olea*, Coimbra, 2004, 123-161

CARVALHO, António Nunes de – *Trabalho portuário:especificidades, evolução histórica e regime actual, in Liberdade e Compromisso*, II (*Estudos em Homenagem ao Professor Mário Fernando de Campos Pinto,* Lisboa, 2009, 149-212.

CARVALHO, Catarina Oliveira – *O exercício do* jus variandi *no âmbito das relações individuais de trabalho e a polivalência funcional, in* M. AFONSO VAZ / J. A. AZEREDO LOPES (coord.), *Juris et de Jure – Nos Vinte Anos da Faculdade de Direito da Universidade Católica Portuguesa – Porto*, Porto, 1998, 1031-1063

CARVALHO, Catarina Oliveira – *Da Mobilidade dos Trabalhadores no Âmbito dos Grupos de Empresas Nacionais. Perspectiva das Relações Individuais de Trabalho*, Porto, 2001

CARVALHO, Catarina Oliveira – *Admissibilidade de um acordo entre transmitente e transmissário no sentido de excluir a transmissão de contratos de trabalho,* QL, 2003, 21, 99-103

CARVALHO, Catarina Oliveira – *Algumas questões sobre a empresa e o Direito do Trabalho no novo Código do Trabalho, in* Centro de Estudos Judiciários (coord.), *A Reforma do Código do Trabalho*, Coimbra, 2004, 437-474

CARVALHO, Catarina Oliveira – *Cessação do contrato de trabalho promovida pelo empregador com justa causa objectiva no contexto dos grupos empresariais, in* MONTEIRO

FERNANDES (coord.), *Estudos de Direito do Trabalho em Homenagem ao Professor Manuel Alonso Olea*, Coimbra, 2004, 205-239

CARVALHO, Catarina de Oliveira – *A regulamentação nacional do tempo de trabalho e o direito comunitário: omissões e incompatibilidades*, QL, 2006, 3-59

CARVALHO, Messias de / ALMEIDA, Vitor Nunes de – *Direito do Trabalho e Nulidade do Despedimento*, Coimbra, 1984

CARVALHO, Paulo Morgado – *Um olhar sobre o actual regime dos acidentes de trabalho e das doenças profissionais: benefícios e desvantagens*, QL, 2003, 21, 74-98

CASAS BAAMONDE, María Emilia – *vd* BAAMONDE

CASSÌ, Vincenzo – *La subordinazione del lavoratore nel diritto del lavoro*, 2.ª ed., Milano, 1961

CASTRO, Catarina Sarmento e – *A protecção dos dados pessoais dos trabalhadores*, QL, 2002, 19, 27-60, e QL, 2002, 20, 139-163

CATALA, Nicole – *L'entreprise, in* G.H. CAMERLYNCK (dir.), *Traité de droit du travail*, IV, Paris, 1980

CATAUDELLA, Antonino – *Spunti sulla tipologia dei rapporti di lavoro*, DLav., 1983, I, 77-90

CAUPERS, João – *Os Direitos Fundamentais dos Trabalhadores e a Constituição*, Coimbra, 1985

CAUPERS, João – *Situação jurídica comparada dos trabalhadores da Administração Pública e dos trabalhadores abrangidos pela legislação reguladora do contrato individual de trabalho*, RDES, 1989, 1/2, 243-254

CESTER, Carlo / SUPPIEJ, Giuseppe – *Lavoro subordinato (contratto e rapporto)* NovissDI, IV (Apendice), 1983, 757-797

CHORÃO, Mário Bigotte – *A colaboração na empresa perante o Direito Português*, Dir., 1971, 9-22

CLAUSADE, Josseline de la – *Le réglement intérieur d'entreprise et les droits de la personne, Conseil d'État 25 janvier 1989*, DS, 1990, 2, 201-204

COIMBRA, António Dias – *«Empresas» de tendência e trabalho dependente*, RDES, 1989, 1/2, 197-228

COIMBRA, António Dias – *Grupo societário em relação de domínio total e cedência ocasional de trabalhadores: atribuição de prestação salarial complementar*, RDES, 1990, 1/2/3/4, 115-154

COIMBRA, António Dias – *A mobilidade do trabalhador no âmbito da cedência imprópria e o problemas da inexistência de relação contratual laboral entre o trabalhador e o utilizador*, ROA, 1993, III, 815-839

COIMBRA, António Dias – *Negociação colectiva europeia: o trabalho a tempo parcial*, QL, 1999, 13, 60-89

COLENS, Antoine / COLENS, Dominique – *Le contrat d'emploi – contrat de travail des employés,* 6.ª ed., Bruxelles, 1980

Comissão para a Igualdade no Trabalho e no Emprego (ed.) – *Pareceres da CITE no Ano de 2004,* Lisboa (Comissão para a Igualdade no Trabalho e no Emprego – Ministério do Trabalho e da Solidariedade Social), 2006

CONTIERE, Alfredo – *Potere disciplinare e accordi sindacale nel pubblico impiego*, Napoli, 1984

CORDEIRO, António da Rocha Menezes – *Da situação jurídica laboral: perspectivas dogmáticas do direito do trabalho*, ROA, 1982, 89-149

CORDEIRO, António da Rocha Menezes – *Da Boa Fé no Direito Civil,* I, e II, Coimbra, 1984

CORDEIRO, António da Rocha Menezes – *Concorrência laboral e justa causa de despedimento,* ROA, 1986, 487-526

CORDEIRO, António da Rocha Menezes – *Direito das Obrigações*, I, Lisboa, 1980 (*reprint* 1988)

CORDEIRO, António da Rocha Menezes – *Direito Marítimo. Cessão de exploração de um navio. Contrato de trabalho a bordo. Particular responsabilidade civil marítima emergente da matrícula*, CJ, 1988, III, 34-47

CORDEIRO, António da Rocha Menezes – *Manual de Direito do Trabalho*, Coimbra, 1991

CORDEIRO, António da Rocha Menezes – *Da constitucionalidade das comissões de serviço laborais,* RDES, 1991, XXXIII, 1/2, 129-148

CORDEIRO, António da Rocha Menezes – *Da cessação do contrato de trabalho por inadaptação do trabalhador perante a Constituição da República*, RDES, 1991, 3/4, 369-421

CORDEIRO, António da Rocha Menezes – *Da «amnistia» laboral perante a Constituição da República,* ROA, 1992, III, 869-892

CORDEIRO, António da Rocha Menezes – *Introdução à Edição Portuguesa* da obra de Claus-Wilhelm CANARIS, *Pensamento Sistemático e Conceito de Sistema na Ciência do Direito,* 2.ª ed., Lisboa, 1996, VII-CXIV

CORDEIRO, António da Rocha Menezes – *Da Responsabilidade Civil dos Administradores das Sociedades Comerciais*, Lisboa, 1997

CORDEIRO, António da Rocha Menezes – *O respeito pela esfera privada do trabalhador, in* A. MOREIRA (coord.), *I Congresso Nacional de Direito do Trabalho. Memórias*, Coimbra, 1998, 16-37

CORDEIRO, António da Rocha Menezes – *A liberdade de expressão do trabalhador, in* A. MOREIRA (coord.), *II Congresso Nacional de Direito do Trabalho. Memórias*, Coimbra, 1999, 24-43

CORDEIRO, António da Rocha Menezes – *Isenção de horário. Subsídios para a Dogmática Actual do Direito da Duração de Trabalho*, Coimbra, 2000

CORDEIRO, António da Rocha Menezes – *Manual de Direito Comercial,* II, Coimbra, 2001

CORDEIRO, *Justas causas de despedimento, in* P. ROMANO MARTINEZ (coord.), *Estudos do Instituto de Direito do Trabalho*, II, Coimbra, 2001, 7-14

CORDEIRO, António da Rocha Menezes – *Contrato de trabalho e objecção de consciência, in* A. MOREIRA (coord.), *V Congresso Nacional de Direito do Trabalho. Memórias*, Coimbra, 2003, 23-46

CORDEIRO, António da Rocha Menezes – *Manual de Direito das Sociedades*, I (*Das Sociedades em Geral*), Coimbra, 2004

CORDEIRO, António da Rocha Menezes – *Tratado de Direito Civil Português*, I (*Parte Geral*), 3.ª ed., Coimbra, 2005, e tomo III, Coimbra, 2004

CORDOVA, Efrén – *Las relaciones de trabajo atípicas* (I y II), Rel.Lab., 1986, I, 239-283

CORRADO, Renato – *La nozione unitaria del contratto di lavoro*, Torino, 1956

CORRADO, Renato – *Trattato di diritto del lavoro,* II, Torino, 1966

CORREIA, Luís Brito – *Direito do Trabalho*, I, Lisboa, 1980/81

CORREIA, Miguel José de Almeida Pupo – *Da experiência no contrato de trabalho*, BFDUC, 1971, Supl. XVIII, 149-174

COSTA, Mário Júlio de Almeida – *Direito das Obrigações,* 7.ª ed., Coimbra, 1998 (*reprint* 1999)

COSTA, Mário Júlio de Almeida / CORDEIRO, António Manuel de Menezes – *Cláusulas Contratuais Gerais. Anotação ao Decreto-Lei n.° 446/85, de 25 de Outubro,* Coimbra, 1991

COUTURIER, Gérard – *Droit du travail*, I, 3.ª ed., e II, Paris, 1996 e 2001

CROZAFON, Jean-Luc – *Le contrôle juridictionnel de la sanction disciplinaire dans l'entreprise et dans l'administration*, DS, 1985, 3, 201-206

CRUZ, Pedro – *A Justa Causa de Despedimento na Jurisprudência*, Coimbra, 1990

CUERVO, Gonzalo Diéguez – *Poder Empresarial: Fundamento, Contenido y limites (España), in* AA/VV, *Temas de Direito do Trabalho. Direito do Trabalho na Crise. Poder Empresarial. Greves Atípicas – IV Jornadas Luso-Hispano-Brasileiras de Direito do Trabalho,* Coimbra, 1990, 333-344

CUNHA, Paulo Olavo – *Direito das Sociedades Comerciais,* Coimbra, 2006

DAMAS, Joaquim Domingues – *A redução da duração do tempo de trabalho e a adaptação dos horários na Lei n.° 21/96*, QL, 1997, 9/10, 90-119

DÄUBLER, Wolfgang – *Una riforma del diritto del lavoro tedesco? – prime osservazioni sul Beschäftigungsforderungsgesetz 26 Aprile 1985*, RIDL, 1985, 528-546

DÄUBLER, Wolfgang – *Das Arbeitsrecht,* I, 15.ª ed., e II, 11.ª ed., Reinbek, 1998

DAUGAREILH, Isabelle – *Le contrat de travail à l'épreuve des mobilités*, DS, 1996, 2, 128-140

DEAKIN, Simon / MORRIS, Gillian S. – *Labour Law*, 3.ª ed., London – Edinburgh, 2001

DELL'OLIO, Matteo – *La prestazione di fatto del lavoro subordinato*, Padova, 1970

DELL'OLIO, Matteo – *I collaboratori dell'imprenditore*, *in* P. RESCIGNO (dir.), *Trattato di diritto privato*, 15 (*Impresa e lavoro*), I, 1986, 223-270

DELOS, J.-T. – *La Théorie de l'Institution. La solution réaliste du Problème de la Personnalité Morale et le Droit à fondament objectif*, Arch.Ph.Dr., 1931, 1/2, 97-153

DENIS, Pierre – *Droit du travail*, Bruxelles, 1992

DESPAX, Michel – *L'évolution du lien de subordination*, DS, 1982, 1, 11-19

D'EUFEMIA, Giuseppe – *Le situazione soggetive del lavoratore dipendente*, Milano, 1958

DIAS, Amadeu – *Polivalência funcional*, QL, 1997, 9/10, 38-60

DIAS, Amadeu – *Redução do tempo de trabalho, adaptabilidade do horário e polivalência funcional*, Coimbra 1997

DOLE, Georges – *Les professions ecclésiastiques. Fiction juridique et réalité sociologique*, Paris, 1987

DOLE, Georges – *La liberté d'opinion et de conscience en droit comparé du travail*, I, Paris, 1997

DOMINGOS, Maria Adelaide – *Poder e procedimento disciplinar no Código do Trabalho, in* Centro de Estudos Judiciários (coord.), *A Reforma do Código do Trabalho*, Coimbra, 2004, 475-493

DOROY, Fabienne – *La vérité sur le faux travail indépendant*, DS, 1995, 7/8, 638-641

DRAY, Guilherme Machado – *O Princípio da Igualdade no Direito do Trabalho. Sua Aplicabilidade no Domínio Específico da Formação de Contratos Individuais de Trabalho*, Coimbra, 1999

DRAY, Guilherme Machado – *Autonomia privada e igualdade na formação e execução de contratos de trabalho*, in ROMANO MARTINEZ (coord.), *Estudos do Instituto de Direito do Trabalho*, I, Coimbra, 2001, 21-105

DRAY, Guilherme Machado – *Justa causa e esfera privada, in* ROMANO MARTINEZ (coord.), *Estudos do Instituto de Direito do Trabalho*, II, Coimbra, 2001, 35-91

DRAY, Guilherme Machado – *Teletrabalho, Sociedade de Informação e Direito, in* ROMANO MARTINEZ (coord.), *Estudos do Instituto de Direito do Trabalho*, III, Coimbra, 2002, 261-286

DRAY, Guilherme Machado – *Trabalho temporário, in* ROMANO MARTINEZ (coord.), *Estudos do Instituto de Direito do Trabalho*, IV, Coimbra 2003, 101-143

DRAY, Guilherme Machado – *Direitos de Personalidade. Anotações ao Código Civil e ao Código do Trabalho*, Coimbra, 2006

DUARTE, Maria Luisa – *Tribunal das Comunidades Europeias (Acórdãos de 27 de Setembro de 1989 e 27 de Março de 1990 – Livre Circulação de Trabalhadores) – Comentário*, ROA, 1991, I, 255-290

DUARTE, Maria Luísa – *O estatuto de cidadão da União e a (não) discriminação em razão da orientação sexual, in Estudos em Memória do Professor Doutor António Marques dos Santos*, II, Coimbra, 2005, 361-389

DUARTE, Rui Pinto – *Tipicidade e Atipicidade dos Contratos*, Coimbra, 2000

DUARTE, Rui Pinto – *Efeitos da declaração de insolvência quanto à pessoa do devedor*, THEMIS, (ed. especial sobre *Novo Direito da Insolvência*), 2005, 131-150

DURAND, Paul / JAUSSAUD, R. – *Traité de Droit du travail*, I, Paris, 1947

EINEM, Hans-Jörgen – *Abhängige Selbständigkeit – Handlungsbedarf für den Gesetzgeber?*, BB, 1994, 1, 60-64

EISEMANN, Hans Friedrich / FRIANT, Martine Le / LIDDINGTON, Lady Jane / NUMHAUSER-HENNING, Annn / ROSEBERRY, Lynn / SCHINZ, Reinhard / WAAS, Bernd – *Der Anspruch auf Teilzeitarbeit und seine gerichtliche Durchsetzung in den Niederlanden, Frankreich, Großbritannien, Schweden, Dänemark und der Bundesrepublik Deutschland*, RdA, 2004, 3, 129-141

FAVENNEC-HÉRY, Françoise – *Le travail à temps partiel*, DS, 1994, 2, 165-175

FAVENNEC-HÉRY, Françoise – *Le travail à temps partiel*, Paris, 1997

FERNANDES, António de Lemos Monteiro – *Sobre o fundamento do poder disciplinar*, ESC, 1966, 18, 60-83

FERNANDES, António de Lemos Monteiro – *A irrenunciabilidade do direito a férias*, ESC, 1967, 22, 11-35

FERNANDES, António de Lemos Monteiro – *Sobre o objecto do contrato de trabalho*, ESC, 1968, 25, 13-35

FERNANDES, António de Lemos Monteiro – *Alguns aspectos do regime jurídico das faltas ao trabalho*, ESC, 1968, 28, 17-44

FERNANDES, António de Lemos Monteiro – *Requisitos objectivos do contrato de trabalho*, ESC, 1969, 29, 33-54

FERNANDES, António de Lemos Monteiro – *Notas sobre os contratos «equiparados» ao contrato de trabalho (art. 2.° da LCT)*, ESC, 1970, 34, 11-35

FERNANDES, António de Lemos Monteiro – *As sanções disciplinares e a sua graduação*, ESC, 1970, 36, 23-54

FERNANDES, António de Lemos Monteiro – *Noções Fundamentais de Direito do Trabalho*, I, 4.ª ed., Coimbra, 1981

FERNANDES, António de Lemos Monteiro – *Temas Laborais,* Coimbra, 1984

FERNANDES, António de Lemos Monteiro – *Notas sobre o controlo de constitucionalidade do Código do Trabalho*, QL, 2003, 22, 237-244

FERNANDES, António de Lemos Monteiro – *Direito do Trabalho,* 14.ª ed., Coimbra, 2009; e 11.ª ed., Coimbra, 1999

FERNANDES, Francisco Liberal – *Consequências da denúncia pelo Estado português da Convenção n.° 89 da OIT, sobre o trabalho nocturno das mulheres na indústria (1948)*, Pront.LT, 1993, 44, 16-20

FERNANDES, Francisco Liberal – *Sobre o trabalho nocturno feminino na indústria*, QL, 1994, 1, 24-36

FERNANDES, Francisco Liberal – *Alteração unilateral do horário de trabalho,* QL, 1994, 3, 159-166

FERNANDES, Francisco Liberal – *Mudança de local de trabalho e alteração do horário de trabalho*, QL, 1994, 3, 173-174

FERNANDES, Francisco Liberal – *Comentário às Leis da Duração do Trabalho e do Trabalho Suplementar*, Coimbra, 1995

FERNANDES, Francisco Liberal – *A organização do tempo de trabalho à luz da Lei n.° 21/96,* QL, 1997, 9/10, 115-138

FERNANDES, Francisco Liberal – *O direito de negociação colectiva na Administração Pública,* QL, 1998, 12, 221-225

FERNANDES, Francisco Liberal – *Retribuição pelo trabalho prestado em regime de turnos em dia de descanso semanal ou em dia feriado*, QL, 1999, 13, 90-101

FERNANDES, Francisco Liberal – *Transmissão do estabelecimento e oposição do trabalhador à transferência do contrato: uma leitura do art. 37.° da LCT conforme ao direito comunitário*, QL, 1999, 14, 213-240

FERNANDES, Francisco Liberal – *Cálculo da retribuição pelo trabalho prestado em dia feriado em regime de turnos*, QL, 2002, 19, 110-115

FERNANDES, Francisco Liberal – *O regime de adaptabilidade do tempo de trabalho, in* Centro de Estudos Judiciários (coord.), *A Reforma do Código do Trabalho*, Coimbra, 2004, 329-339

FERNANDES, Luís Carvalho – *A Conversão dos Negócios Jurídicos Civis*, Lisboa, 1993

FERNANDES, Luís Carvalho – *Repercussões da falência na cessação do contrato de trabalho, in* P. ROMANO MARTINEZ (coord.), *Estudos do Instituto de Direito do Trabalho*, I, Coimbra, 2001, 411-440

FERNANDES, Luís Carvalho – *Efeitos da declaração de insolvência no contrato de trabalho segundo o Código da Insolvência e da Recuperação de Empresas*, RDES, 2004, 1/2/3, 5-39

FERNÁNDEZ VILLAZON, Luis Antonio – *vd* VILLAZON

FESTAS, David Oliveira – *O direito à reserva da intimidade da vida privada do trabalhador no Código do Trabalho*, ROA, 2004, I/II, 369-458

FROTA, Mário – *Contrato de Trabalho,* I, Coimbra, 1978

GAETA, Lorenzo – *Lavoro a distanza e subordinazione*, Napoli, 1993

GAETA, Lorenzo – *Il telelavoro: legge e contrattazione*, DLRI, 1995, 68, 550 ss.

GAMILLSCHEG, Franz – *Die Grundrechte im Arbeitsrecht,* AcP, 1964, 164, 5/6, 385-444

GAMILLSCHEG, Franz – *Die allgemeinen Lehren der Grundrechte und das Arbeitsrecht*, ArbuR, 1996, 2, 41-48

GAMILLSCHEG, Franz – *Arbeitsrecht* I e II, 8.ª ed., München, 2000

GASPARRI, Pietro – *Osservazione sulla cosidetta subordinazione dei lavoratori*, DLav., 1940, I, 101-105

GHERA, Edoardo – *La flessibilità: variazioni sul tema,* Riv.GL, 1996, 2, 123-136

GHEZZI, Giorgio / ROMAGNOLI, Umberto – *Il rapporto di lavoro*, 3.ª ed., Bologna, 1995 (*reprint* 1999)

GHIDINI, Mario – *Diritto del lavoro*, 6.ª ed., Padova, 1976

GIORGI, Paolo – *La distinzione fra lavoro autonomo e lavoro subordinato nella giurisprudenza*, RIDL, 1986, II, 522-525

GIUBBONNI, S. / SCIARRA, Silvana – *La regolamentazione del part-time in Europa – Introduzione*, DLRI, 2000, 4, 547-557

GOLDMAN, Alvin L. – *Labor Law and Industrial Relations in the United States of America*, 2.ª ed., Deventer, 1984

GOMES, Irene – *A comissão de serviço à luz do Código do Trabalho, in Estudos em Comemoração do 10.° Aniversário da Licenciatura em Direito da Universidade do Minho*, Coimbra, 2004, 613-630

GOMES, Irene – *Considerações sobre o regime jurídico do contrato de trabalho a termo certo no Código do Trabalho*, QL, 2005, 24, 137-169

GOMES, Júlio Manuel Vieira – *O conflito entre a jurisprudência nacional e a jurisprudência do TJ das CCEE em matéria de transmissão do estabelecimento no direito do trabalho; o art. 37.° da LCT e a Directiva 77/187*, RDES, 1996, 77-194

GOMES, Júlio – *As cláusulas de não concorrência no direito do trabalho (algumas questões), in* M. AFONSO VAZ / J. A. AZEREDO LOPES (coord.), *Juris et de Jure – Nos Vinte Anos da Faculdade de Direito da Universidade Católica Portuguesa – Porto*, Porto, 1998, 933-968

GOMES, Júlio – *Algumas reflexões sobre o ónus da prova em matéria de paridade de tratamento retributivo («A trabalho igual salário igual»), in* A. MOREIRA (coord.), *I Congresso Nacional de Direito do Trabalho. Memórias*, Coimbra, 1999, 313-324

GOMES, Júlio – *Do uso e abuso do período experimental,* RDES, 2000, 1/2, 37-74, e 3/4, 245-276

GOMES, Júlio – *A jurisprudência recente em matéria de empresa, estabelecimento ou parte de estabelecimento – inflexão ou continuidade?, in* P. ROMANO MARTINEZ, *Estudos do Instituto de Direito do Trabalho*, I, Coimbra, 2001, 481-521

GOMES, Júlio – *O Trabalho a tempo parcial, in* A. MOREIRA (coord.), *III Congresso de Direito do Trabalho. Memórias*, Coimbra, 2001, 57-92

GOMES, Júlio – *Algumas observações críticas sobre a jurisprudência recente em matéria de retribuição e afins, in* A. MOREIRA (coord.), *IV Congresso Nacional de Direito do Trabalho. Memórias*, Coimbra, 2002, 51-76

GOMES, Júlio – *Acção de impugnação de despedimento. Reforma. Indemnização de antiguidade*, QL, 2002, 96-109

GOMES, Júlio – *Da rescisão do contrato de trabalho por iniciativa do trabalhador, in* A. MOREIRA (coord.), *V Congresso Nacional de Direito do Trabalho. Memórias*, Coimbra, 2003, 129-166

GOMES, Júlio – *Algumas considerações sobre o trabalho no domicílio*, RDES, 2003, 51-86

GOMES, Júlio – *O contrato de trabalho a termo ou a tapeçaria de Penélope?, in* P. ROMANO MARTINEZ (coord.), *Estudos do Instituto de Direito do Trabalho*, IV, Coimbra, 2003, 35-99

GOMES, Júlio – *Algumas reflexões sobre as faltas justificadas por doença (não profissional) do trabalhador, in Estudos de Homenagem ao Prof. Doutor Raúl Ventura*, II, Coimbra, 2003, 717-749

GOMES, Júlio – *Direito do Trabalho, I – Relações Individuais de Trabalho*, Coimbra, 2007

GOMES, Júlio – *Da fábrica à fábrica de sonhos – primeiras reflexões swobre o regime do contrato de trabalho dos profissionais de espectáculos, in Liberdade e Compro-misso*, II (*Estudos em Homenagem ao Professor Mário Fernando de Campos Pinto,* Lisboa, 2009, 247-280

GOMES, Júlio / CARVALHO, Catarina – *Sobre o regime da invalidade do contrato de trabalho, in* A. MOREIRA (coord.), *II Congresso Nacional de Direito do Trabalho. Memórias*, Coimbra, 1999, 147-176

GOMES, Júlio / CARVALHO, Raquel – *Código do Trabalho – a (in)constitucionalidade) das normas relativas à repetição do procedimento disciplinar e à reintegração*, QL, 2003, 22, 212-223

GOMES, Júlio / GUEDES, Agostinho – *Algumas considerações sobre a transferência do trabalhador, nomeadamente no que concerne à repartição do ónus da prova*, RDES, 1991, 1/2, 77-127

GOMES, Manuel Januário da Costa – *Contrato de Mandato, in* MENEZES CORDEIRO (dir.), *Direito das Obrigações*, III, 2.ª ed., Lisboa, 1991, 263-408/C

GOMES, Manuel Januário da Costa – *Apontamentos sobre o Contrato de Agência,* Sep. da TJ, 1990, 3

GOMES, Orlando / GOTTSCHALK – *Curso de Direito do Trabalho,* 16.ª ed., Rio de Janeiro, 2000

GONÇALVES, Luis da Cunha – *Tratado de Direito Civil em Comentário ao Código Civil Português*, VII, Coimbra, 1933

GRANDI, Mario – *La mobilità interna, in Strumenti della flessibilità dell'organizzazione aziendale*, Milano, 1986, 251-294

GRECO, Aldo – *Il contratto di lavoro, in* Filippo VASSALI (dir.), *Trattato di diritto civile italiano,* VII (tomo III), Torino, 1939

GRESSAYE, Jean Brèthe de la – *La discipline dans les entreprises, les syndicats et les professions organisées*, Arch.Ph.Dr., 1953/54, 75-108

GROUTEL, Hubert – *Droit du travail,* Paris, 1974

GROUTEL, Hubert – *Le critère du contrat de travail, in Tendances du droit du travail français contemporain. Études offertes à G.H. Camerlynck*, Paris, 1978, 49-62

GUERRA, Amadeu – *A Privacidade no Local de Trabalho. As novas Tecnologias e o Controlo dos Trabalhadores através de Sistemas Automatizados. Uma Abordagem ao Código do Trabalho*, Coimbra, 2004

HANAU, Peter – *Befristung und Abrufarbeit nach dem Beschäftigunsgforderungsgesetz 1985*, RdA, 1987, 1, 25-29

HANAU, Peter / ADOMEIT, Klaus – *Arbeitsrecht,* 12.ª ed., Neuwied, 2000

HAURIOU, Maurice – *Précis de Droit Administratif,* 6.ª ed., Paris, 1907

HAURIOU, Maurice – *La théorie de l'institution et de la fondation, in Cahiers de la Nouvelle Journée*, IV, Paris, 1925

HAUPT, Günther – *Über faktisches Vertragsverhältnisse, Festschrift für H. SIBER*, II, 1943, 5-37

HÉBRAUD, Pierre – *Le régime des institutions disciplinaires instituées au sein de l'entreprise*, DS, 1949, 188-190

HENSSLER, Martin – *Der Arbeitsvertrag im Konzern,* Berlin, 1983

HEPPLE, Bob / O'HIGGINS – *Employment Law,* 4.ª ed., London, 1981

HERSCHEL, Wilhelm – *Haupt – und Nebenpflichten im Arbeitsverhältnis*, BB, 1978, 12, 569-572

HEUBERGER, Georg – *Sachliche Abhängigkeit als Kriterium des Arbeitsverhältnis*, Königstein, 1982

HOENIGER, Heinrich – *Grundformen des Arbeitsvertrages, in* H. HOENIGER / E. WEHRLE (Hrsg.), *Arbeitsrecht – Sammlung der reichsgesetzlichen Vorschriften zum Arbeitsvertrag*, 6.ª ed., Mannheim-Berlin-Leipzig, 1925

HORION, Paul – *Le contrat de travail en droit belge, in* G. BOLDT / G. CAMERLYNCK / P. HORION / A. KAYSER / M. G. LEVENBACH / L. MENGONI, *Le contrat de travail dans les pays membres de la C.E.C.A.*, Paris (s.d.), 155-224 ICHINO, Andrea / ICHINO, Pietro – *A chi serve il diritto del lavoro?*, RIDL, 1994, I, 469-503

ICHINO, Pietro – *Libertà formale e libertà materiale del lavoratore nella qualificazione della prestazione come autonoma o subordinata*, RIDL, 1987, II, 70-85

ICHINO, Pietro – *Criteri «prioritari» e criteri «sussidiari» di qualificazione del rapporto di lavoro*, RIDL, 1990, II, 365-367

ICHINO, Pietro – *Subordinazione e autonomia nel diritto del lavoro*, Milano, 1989

JAMBU-MERLIN, Roger – *Les travailleurs intelectuels à domicile,* DS, 1981, 7/8, 561-568

JAMOULLE, Micheline – *Le contrat de travail,* I, Liège, 1982

JAVILLIER, Jean-Claude – *Droit du travail,* 7.ª ed., Paris, 1999

JEAMMAUD, Antoine / FRIANT, Martine Le – *Contratto di lavoro, figure intermedie e lavoro autonomo nell'ordinamento francese, in* M. PEDRAZZOLI (dir.), *Lavoro subordinato e dintorni – comparazioni e prospettive*, Bologna, 1989, 255-273

JEAMMAUD, Antoine / LYON-CAEN, Antoine – *Droit et direction du personnel,* DS, 1982, 1, 56-69

KUHLMANN, Goetz-Joachim – *Betriebsjustiz,* JZ, 1976, 18, 537-546

KÜCHENHOFF, Günther – *Faktische Vertragsverhältnisse und faktische Arbeitsverhältnisse?*, RdA, 1958, 4, 121-130

LALLANA, María del Carmen Ortiz – *Lineas de tendencias y problemas fundamentales del sector juridico-laboral en las sociedades industriales: el caso español*, Rev.Trab., 1986, II, 93-123

LANGLOIS, Philippe – *Le pouvoir d'organisation et les contrats de travail*, DS, 1982, 1, 83-92

LANQUETIN, Marie-Thérèse – *L'égalité entre les femmes et les hommes: sur la directive 2002/73 CE du 23 septembre 2002*, DS, 2003, 3, 312-322

LEAL-HENRIQUES, Manuel de Oliveira – *O Procedimento Disciplinar,* Coimbra, 1984

LEANDRO, Ana Estela – *Acidentes de Trabalho*, Lisboa, 1998

LEGA, Carlo – *Il potere disciplinare del datore di lavoro*, Milano, 1956

LEGA, Carlo – *La comunità del lavoro nell'impresa, Milano*, 1963

LÉGAL, Alfred / GRESSAYE, Jean Brèthe de la – *Le pouvoir disciplinaire dans les institutions privées*, Paris, 1938

LEITÃO, *Luis Manuel Teles de Menezes – A reparação de danos emergentes de acidentes de trabalho*, *in* P. ROMANO MARTINEZ (coord.), *Estudos do Instituto de Direito do Trabalho*, I, Coimbra, 2001, 537-577; republicado *in Temas Laborais. Estudos e Pareceres*, Coimbra, 2006, 7-50

LEITÃO, Luís Manuel Teles de Menezes – *Código do Trabalho Anotado,* 2.ª ed., Coimbra, 2004

LEITÃO, Luís Manuel Teles de Menezes – *A protecção dos dados pessoais no Código do Trabalho, in* Centro de Estudos Judiciários (coord.), *A Reforma do Código do Trabalho*, Coimbra, 2004, 123-138; republicado *in Temas Laborais. Estudos e Pareceres*, Coimbra, 2006, 91-106

LEITÃO, Luís Manuel Teles de Menezes – *Formas de cessação do contrato de trabalho, in Estudos em Memória do Professor Doutor Antómio Marques dos Santos*, Coimba, 2005, 1117-1131; republicado *in Temas Laborais. Estudos e Pareceres*, Coimbra, 2006, 107-122

LEITÃO, Luís Manuel Teles de Menezes – *A tributação dos rendimentos de trabalho dependente em IRS, in* P. ROMANO MARTINEZ, *Estudos do Instituto de Direito do Trabalho*, IV, Coimbra, 2005, 225-248; republicado *in Temas Laborais. Estudos e Pareceres*, Coimbra, 2006, 65-90

LEITÃO, Luís Manuel Teles de Menezes – *A reparação de danos emergentes de acidentes de trabalho, in Temas Laborais (Estatuto e Pareceres)*, I, Coimbra. 2006, 7-50

LEITÃO, Luís Manuel Teles de Menezes – *Temas Laborais. Estudos e Pareceres,* Coimbra, 2006

LEITÃO, Luís Manuel Teles de Menezes – *As repercussões da insolvência no contrato de trabalho, in Estudos em Memória do Professor Doutor José Dias Marques*, Coimbra, 2007, 871-884

LEITÃO, Luís Manuel Teles de Menezes – *Direito do Trabalho*, Coimbra, 2008

LEITÃO, Luís Manuel Teles de Menezes – *Código da Insolvência e da Recuperação de Empresas Anotado*, 5.ª ed., Coimbra, 2009

LEITE, Fausto – *Férias, feriados e faltas, in* Centro de Estudos Judiciários (coord.), *A Reforma do Código do Trabalho*, Coimbra, 2004, 341-347

LEITE, Jorge – *As faltas ao trabalho no Direito do Trabalho português*, RDE, 1978, 2, 417-443

LEITE, Jorge – *Alguns aspectos do regime jurídico do trabalho de menores*, ProntDT, 1990, 40, 11-16

LEITE, Jorge – *Direito de exercício da actividade profisssional no âmbito do contrato de trabalho*, RMP, 1991, 47, 9-34

LEITE, Jorge – *Relação de trabalho cooperativo,* QL, 1994, 2, 89-108

LEITE, Jorge – *Dever de informação,* QL, 1994, 3, 189-192

LEITE, Jorge – *Contrato a termo para lançamento de nova actividade*, QL, 1995, 5, 76-87

LEITE, Jorge – *Observatório Legislativo*, QL, 1996, 8, 194-240

LEITE, Jorge – *Flexibilidade funcional*, QL, 1997, 9/10, 5-37

LEITE, Jorge – *Direito do Trabalho*, II, Coimbra (FDC), ed. de 1992/93 (*reprint* 1999)

LEITE, Jorge – *Comissão de serviço*, QL, 2000, 16, 152-161

LEITE, Jorge – *Notas para uma teoria da suspensão do contrato de trabalho*, QL, 2003, 20, 121-138

LEITE, Jorge – *Código do Trabalho – algumas questões de inconstitucionalidade*, QL, 2003, 22, 245-278

LEITE, Jorge / ALMEIDA, F. Jorge Coutinho de – *Legislação do Trabalho*, 1.ª ed., 1986, e 17.ª ed., Coimbra, 2002

LIMA, Adolpho – *O Contrato de Trabalho*, Lisboa, 1909

LIMA, Fernando Andrade Pires de / VARELA, João de Matos Antunes – *Código Civil Anotado*, II, 4.ª ed., Coimbra, 1997

LOBO, João – *Licença sem retribuição: as alterações introduzidas pelo DL n.° 397/1, de 16 de Outubro*, QL, 1994, 2, 76-79

LOPES, Fernando Ribeiro – *Direito do Trabalho*, Lisboa (copiogr., FDL), 1977/78

LOPES, Fernando Ribeiro – *Trabalho subordinado ou trabalho autónomo: um problema de qualificação*, RDES, 1987, 1, 57-80

LOPES, Fernando Ribeiro – *Regime legal de prevenção de acidentes de trabalho*, *in* P. ROMANO MARTINEZ (coord.), *Estudos do Instituto de Direito do Trabalho*, I, Coimbra, 2001, 581-593

LÓPEZ, Manuel Carlos Palomeque / ROSA, Manuel Álvarez de la – *Derecho del Trabajo*, 9.ª ed., Madrid, 2001

LOSCHAK, Danièle – *Le pouvoir hiérarchique dans l'entreprise privée et dans l'administration*, DS, 1982, 1, 22-40

LOTMAR, Philipp – *Die Idee eines einheitlichen Arbeitsrechts* (1912), *in* J. RÜCKERT (Hrsg.), *Philipp Lotmar Schriften zu Arbeitsrecht, Zivilrecht und Rechtsphilosophie*, Frankfurt am M., 1992, 603-614

LOURENÇO, José Acácio – *Elementos acidentais: o termo e a condição, in Estudos Sobre Temas de Direito do Trabalho*, Lisboa, 1982, 35-47

LOURENÇO, José Acácio – *Contrato de trabalho e figuras afins, in Estudos sobre Temas de Direito do Trabalho*, Lisboa, 1982, 13-33

LOURENÇO, José Acácio – *Algumas considerações sobre o regime jurídico do trabalho rural e do serviço doméstico, in Estudos sobre temas de Direito do Trabalho*, Lisboa, 1982, 49-58

LOURENÇO, José Acácio – *As Relações de Trabalho nas Empresas Públicas*, Coimbra, 1984

LOURENÇO, Paula Meira – *Os deveres de informação no contrato de trabalho*, RDES, 2003, 1-2, 29 ss.

LÖWISCH, Manfred – *Arbeits- und sozialrechtliche Hemmnisse einer weiteren Flexibilisierung der Arbeitszeit*, RdA, 1984, 4, 197-214

LÖWISCH, Manfred – *Arbeitsrecht – Ein Studienbuch,* 5.ª ed., Dusseldorf, 2000

LYON-CAEN, Antoine – *Les rapports internationaux de travail,* DS, 1978, 6, 197-203

LYON-CAEN, Antoine – *La mise à disposition internationale du salarié*, DS, 1981, 12, 747-753

LYON-CAEN, Gérard – *Une anomalie juridique: le réglement interieur*, Dalloz (Chr.), 1969, n. 14, 284

LYON-CAEN, Gérard – *Les societés de travail temporaire dans la Communauté économique européenne,* DS, 1975, 5, 308-314

LYON-CAEN, Gérard – *Le droit du travail. Une technique réversible*, Paris, 1995

LYON-CAEN, Gérard / LYON-CAEN, Antoine – *Droit social international et européen,* 7.ª ed., Paris, 1991

LYON-CAEN, Gérard / PÉLISSIER, Jean – *Droit du travail*, 16.ª ed., Paris, 1992

MACEDO, Pedro de Sousa – *Poder Disciplinar Patronal,* Coimbra, 1990

MACHADO, João Baptista – *Constitucionalidade da justa causa objectiva, in Obra Dispersa*, II, Braga, 1993, 547-552

MAGALHÃES, Barbosa de – *Seguro contra Acidentes de Trabalho*, Lisboa, 1913

MAIA, Maria Manuela – *O conceito de retribuição e a garantia retributiva, in* A. J. MOREIRA (coord.), *II Congresso Nacional de Direito do Trabalho. Memórias*, Coimbra, 1999, 259-277

MAIA, Maria Manuela – *A discriminação sexual no mercado de trabalho. Uma reflexão sobre as discriminações directas e indirectas*, QL, 2000, 15, 84-112

MARCANTONIO, Amleto di – *Appunti di diritto del lavoro*, Milano, 1958

MARTENS, Klaus-Peter – *Das Arbeitsverhältnis im Konzern, in* F. GAMILLSHEG (Hrsg.), *25 Jahre Bundesarbeitsgericht,* München, 1979, 367-392

MARTÍN VALVERDE, Antonio – *vd* VALVERDE

MARTINEZ, Juan M. Ramírez (dir.) / ORTEGA, Jesús Garcia / PESET, José María Goerclich/ / ORIHUEL, Francisco Peréz de los Cobos / FRANCO, Tomás Sala – *Curso de Derecho del Trabajo*, Valencia, 1999

MARTINEZ, Pedro Romano – *O Subcontrato*, Coimbra, 1989

MARTINEZ, Pedro Romano – *Contrato de Empreitada, in* MENEZES CORDEIRO (dir.), *Direito das Obrigações*, III, 2.ª ed., Lisboa, 1991, 409-561

MARTINEZ, Pedro Romano – *Acidentes de trabalho,* Lisboa, 1996

MARTINEZ, Pedro Romano – *Repercussões da falência nas relações laborais,* RFDUL, 1995, XXXVI, 417-424

MARTINEZ, Pedro Romano – *Direito do Trabalho,* II, tomo 1 (*Contrato de Trabalho*), 3.ª ed. (copiogr.), Lisboa 1999

MARTINEZ, Pedro Romano – *Cedência ocasional de trabalhadores: quadro jurídico*, ROA, 1999, III 859-870

MARTINEZ, Pedro Romano – *Trabalho subordinado e trabalho autónomo, in Estudos do Instituto de Direito do Trabalho*, I, Coimbra, 2001, 271-293

MARTINEZ, Pedro Romano – *Incumprimento contratual e justa causa de despedimento, in Estudos do Instituto de Direito do Trabalho*, II, Coimbra, 2001, 93-118

MARTINEZ, Pedro Romano – *Cessação do contrato de trabalho; aspectos gerais, in Estudos do Instituto de Direito do Trabalho*, III, Coimbra, 2002, 179-206

MARTINEZ, Pedro Romano – *Considerações gerais sobre o Código do Trabalho*, RDES, 2003, 1-2, 15 ss

MARTINEZ, Pedro Romano – *Apontamentos sobre a Cessação do Contrato de Trabalho à luz do Código do Trabalho*, Lisboa, 2004

MARTINEZ, Pedro Romano – *Direito do Trabalho*, 4.ª ed., Coimbra, 2007, e 1.ª ed., Coimbra, 2002

MARTINEZ, Pedro Romano – *Da Cessação do Contrato*, Coimbra, 2005

MARTINEZ, Pedro Romano – *Garantia dos créditos laborais. A responsabilidade solidária instituída pelo Código do Trabalho nos artigos 378.° e 379.°*, RDES (Sep.), 2005, 2/3/4, 195-281

MARTINEZ, Pedro Romano / MONTEIRO, Luis Miguel / VASCONCELOS, Joana / BRITO, Pedro Madeira de / DRAY, Guilherme / SILVA, Luís Gonçalves da – *Código do Trabalho Anotado*, 4.ª ed., Coimbra, 2005

MARTINS, Ana Maria Guerra – *Curso de Direito Constitucional da União Europeia*, Coimbra, 2004

MARTINS, João Zenha – *Cedência de trabalhador e Grupos de Empresas*, Coimbra, 2002

MARTINS, João Zenha – *Mobilidade dos Futebolistas Profissionais. Contributo para o Estudo do Contrato de Trabalho Desportivo*, Lisboa (inédito, FDL), 2005

MARTINS, João Zenha – *Definição e condições gerais da cedência ocasional de trabalhadores no Código do Trabalho*, QL, 2005, 25, 77-110

MARTINS, João Zenha – *A vinculação laboral desportiva e os pactos de opção, in Liberdade e Compromisso*, II (*Estudos em Homenagem ao Professor Mário Fernando de Campos Pinto,* Lisboa, 2009, 321-378

MARTINS, Pedro Furtado – *A relevância dos elementos pessoais na situação jurídica do trabalhador subordinado. Considerações em torno de uma manifestação típica: o dever de ocupação efectiva*, RMP, 1991, 47, 35-53

MARTINS, Pedro Furtado – *Despedimento Ilícito, Reintegração na Empresa e Dever de Ocupação Efectiva. Contributo para o Estudo dos Efeitos da Declaração da Invalidade do Despedimento*, Lisboa, 1992

MARTINS, Pedro Furtado – *Nulidade da revogação do contrato de trabalho,* RDES, 1992, 4, 370-377

MARTINS, Pedro Furtado – *Rescisão pelo trabalhador. Comunicação escrita*, RDES, 1993, 1/2/3/4, 337-345

MARTINS, Pedro Furtado – *Algumas observações sobre o regime da transmissão do estabelecimento no direito do trabalho português*, RDES, 1994, 1/2/3, 357-366

MARTINS, Pedro Furtado – *A crise do contrato de trabalho*, RDES, 1997, 4, 335-368

MARTINS, Pedro Furtado – *O pluriemprego no Direito do Trabalho, in* A. MOREIRA (coord.), *II Congresso Nacional de Direito do Trabalho. Memórias*, Coimbra, 1999, 191-210

MARTINS, Pedro Furtado – *Questões sobre trabalho temporário*, RDES, 1999, 1, 51-85

MARTINS, Pedro Furtado – *Cessação do Contrato de Trabalho,* 2.ª ed., Cascais, 2002

MASSI, Eufranio / QUINTIERI, Giovanni – *Sanzioni disciplinari. Il potere disciplinare nell'ambiente di lavoro analizzato alla luce dell'art. 7 della L. 20/5/1970, n. 300*, Roma, 1985

MAYER-MALY, Theo – *Römische Grundlagen des modernen Arbeitsrechts*, RdA, 1967, 8/9, 281-286

MAYER-MALY, Theo / MARHOLD, Franz – *Österreichisches Arbeitsrecht*, I, Wien – New York, 1987

MAZEAUD, Antoine – *Droit du travail,* 3.ª ed., Paris, 2002

MAZZONI, Giuliano – *Contenuto e limiti del potere disciplinare dell'imprenditore*, Mass.GL, 1965, 150-160

MAZZONI, Giuliano – *Manuale di diritto del lavoro,* 4.ª ed., Milano, 1971

MAZZONI, Giuliano (dir.) – *Manuale di diritto del lavoro,* I, II, 6.ª ed., Milano, 1988 e 1990

MELGAR, Alfredo Montoya – *Derecho del Trabajo*, 22.ª ed., Madrid, 2001

MENGONI, Luigi – *Recenti mutamenti nella strutura e nella gerarchia dell'impresa*, Riv.soc., 1958, 689-724

MENGONI, Luigi – *Contratto e rapporto di lavoro nella recente dottrina italiana*, Riv.soc., 1965, 674-688

MESQUITA, José Andrade – *Tipificações legais de justa causa. A «lesão de interesses patrimoniais sérios da empresa» e a «prática intencional, no âmbito da empresa, de actos lesivos da economia nacional», in* P. ROMANO MARTINEZ (coord.), *Estudos do Instituto de Direito do Trabalho*, II, Coimbra, 2001, 135-163

MESQUITA, José Andrade – *O direito a férias, in* P. ROMANO MARTINEZ (coord.), *Estudos do Instituto de Direito do Trabalho*, III, Coimbra, 2002, 65-153

MESQUITA, José Andrade – *Direito do Trabalho*, Lisboa, 2003

MESQUITA, José Andrade / FERREIRA, Marco Capitão – *Jurisprudência Laboral – Contrato Individual do Trabalho*, 2.ª ed., Lisboa, 2003

MESQUITA, José António – *Poder disciplinar*, BMJ (Suplemento), 1979, 215-272

Ministério do Trabalho e da Solidariedade (ed.) – *Igualdade de Oportunidades entre Mulheres e Homens: Trabalho, Emprego e Formação Profissional – Jurisprudência do Tribunal de Justiça das Comunidades Europeias*, Lisboa, 1998

MIRANDA, Jorge – *Liberdade de Trabalho e Profissão*, RDES, 1988, 2, 145-162

MOLITOR, Erich – *Das Wesen des Arbeitsvertrages*, Leipzig, 1925

MONTEIRO, António Pinto – *Cláusula Penal e Indemnização*, Coimbra, 1990

MONTEIRO, António Pinto – *Contrato de Agência (Anotação ao Decreto-Lei n.° 178/86, de 3 de Julho)*, 4.ª ed., Coimbra, 2000

MONTEIRO, Luís Miguel – *Polivalência funcional. Requisitos de concretização, in* P. ROMANO MARTINEZ (coord.), *Estudos do Instituto de Direito do Trabalho*, I, Coimbra, 2001, 295-314

MONTEIRO, Luís Miguel – *Regime jurídico do trabalho em comissão de serviço*, in A. MONTEIRO FERNANDES (coord.), *Estudos de Direito do Trabalho em Homenagem ao Professor Manuel Alonso Olea*, Coimbra, 2004, 507-528

MONTEIRO, Luís Miguel / BRITO, Pedro Madeira de – *Alteração ao regime jurídico do contrato de trabalho a termo introduzida pela L. n.° 18/2001, de 3 de Julho*, RDES, 2002, 1, 93-132

MONTOYA MELGAR, Alfredo – *vd* MELGAR

MONTUSCHI, Luigi – *Potere disciplinare e rapporto di lavoro*, Milano, 1973

MORAIS, Luis Domingos da Silva – *Dois Estudos. Justa Causa e Motivo Atendível de Despedimento. O Trabalho Temporário*, Lisboa, 1991

MOREIRA, Teresa Alexandra Coelho – *O respeito pela esfera privada do trabalhador: natureza jurídica das faltas cometidas por motivo de prisão baseada em crimes praticados fora do trabalho*, QL, 2001, 18, 155-189

MOREIRA, Teresa Alexandra Coelho – *Da Esfera Privada do Trabalhador e o Controlo do Empregador*, Coimbra, 2004

MORIN, Marie-Laure – *Louage d'ouvrage et contrat d'entreprise, in* A. SUPIOT (dir.), *Le travail en perspectives*, Paris, 1998, 125-143

MOTA, Alexandra Almeida – *Os Deveres Acessórios do Empregador*, Lisboa (inédito, FDL), 2000

MOURA, João – *A integração do trabalhador na empresa e a forma de remuneração*, ESC, 1962, 4, 42-75

MOURA, José Barros – *Notas para uma Introdução ao Direito do Trabalho*, Lisboa, 1979/80

MOURA, José Barros – *Compilação de Direito do Trabalho Sistematizada e Anotada*, Coimbra, 1980

MÜLLER-GLÖGE, Rudi – *Münchener Kommentar zum Bürgerlichen Gesetzbuch*, IV – *Schuldrecht. Besonder Teil II (§§ 607-704)*, 3.ª ed., München, 1997, 157-312

NAPOLETANO, Domenico – *Il lavoro subordinato,* Milano, 1955

NASCIMENTO, Amauri Mascaro – *Curso de Direito do Trabalho,* 20.ª ed., S. Paulo, 2005

NETO, Abílio – *Despedimentos e Contratação a Termo – Notas e Comentários*, Lisboa, 1989

NETO, Abílio – *Contrato de Trabalho. Notas Práticas,* 15.ª ed., Lisboa, 1998

NETO, Abílio – *Código do Trabalho Anotado,* Coimbra, 2003

NEVES, Ana Fernanda – *Relação Jurídica de Emprego Público*, Coimbra, 1999

NICOLINI, Giovanni – *Il lavoro temporaneo,* Padova, 1998

NICOLINI, Giovanni – *Manuale di diritto del lavoro*, 3.ª ed., Milano, 2000

NIKISCH, Arthur – *Die Grundformen des Arbeitsvertrag und der Anstellungsvertrag*, Berlin, 1926

NIKISCH, Arthur – *Arbeitsvertrag und Arbeitsverhältnis*, Berlin, 1941

NIKISCH, Arthur – *Arbeitsrecht*, I e II, 3.ª ed., Tübingen, 1961

NIKISCH, Arthur – *Über «faktische Vertragsverhältnisse», in* E. v. CAEMMERER / A. NIKISCH/ / K. ZWEIGERT (Hrsg.), *Vom Deutschen zum Europäischen Recht, Fest. für Hans Dolle*, I, Tübingen, 1963, 79-102

NOGLER, Luca – *Metodo tipologico e qualificazione dei rapporti di lavoro subordinato*, RIDL, 1990, I, 182-223

OJEDA AVILÉS – *vd* AVILÉS

OLEA, Manuel Alonso – *De la Servidumbre al Contrato de Trabajo*, 2.ª ed., Madrid, 1987

OLEA, Manuel Alonso – *Introducción al Derecho del Trabajo*, 5.ª ed., Madrid, 1994

OLEA, Manuel Alonso / BAAMONDE, Maria Emilia Casas – *Derecho del Trabajo,* 19.ª ed., Madrid, 2001

OLLIER, Pierre-Dominique – *Refléxions sur le droit de se faire justice à soi-même dans les rapports de travail*, DS, 1967, 9-10, 496-505

OLLIER, Pierre-Dominique – *Le droit du travail,* Paris, 1972

ORIHUEL, Francisco Pérez de los Cobos – *La movilidad de los trabajadores en los grupos de sociedades europeos: el caso español*, Doc.Lab., 1991, I, 37-53

ORIHUEL, Francisco Pérez de los Cobos – *El trabajo subordinado como tipo contractual,* Doc. Lab., 1993, 1, 39, 29-48

ORTIZ LALLANA – *vd* LALLANA

OTERO, Paulo – *Legalidade e Administração Pública. O Sentido da Vinculação Administrativa à Juridicidade*, Coimbra, 2003

PALERMO, Antonio – *Manuale di diritto del lavoro e della sicurezza sociale*, II, Milano, 1957

PAPALEONI, Marco – *Il rapporto di lavoro, in* G. MAZZONI (dir.), *Manuale di diritto del lavoro,* I, 6.ª ed., Milano, 1988, 221-1142

PARREIRA, Isabel Ribeiro – *Contrato de Trabalho de Advogado. Uma Questão de Qualificação*, Lisboa (inédito, FDL), 2000

PARREIRA, Isabel Ribeiro – *Do tipo legal contrato de trabalho*, Lisboa, (inédito, FDL), 2001

PARREIRA, Isabel Ribeiro – *O assédio sexual no trabalho, in* A. MOREIRA (coord.), *IV Congresso Nacional de Direito do Trabalho. Memórias*, Coimbra, 2002, 159-265

PARREIRA, Isabel Ribeiro – *O assédio moral no trabalho, in* A. MOREIRA (coord.), *V Congresso Nacional de Direito do Trabalho. Memórias*, Coimbra, 2003, 209-247

PARREIRA, Isabel Ribeiro – *O absentismo antes e depois do Código do Trabalho: o reforço das armas do empregador contra as ausências ao trabalho, in* A. MONTEIRO FERNANDES (coord.), *Estudos de Direito do Trabalho em Homenagem ao Professor Manuel Alonso Olea*, Coimbra, 2004, 267-320

PEDRAZZOLI, Marcello – *Prestazione d'opera e parasubordinazione*, RIDL, 1984, 506-556

PÉLISSIER, Jean – *Le réglement intérieur et les notes de service*, DS, 1982, 1, 75-82

PÉLISSIER, Jean / SUPIOT, Alain / JEAMMAUD, Antoine – *Droit du travail*, 20.ª ed., Paris, 2000

PERA, Giuseppe – *Compendio di diritto del lavoro,* 4.ª ed., Milano, 1996

PERA, Giuseppe / POSO, Antonio – *Compendio di diritto del lavoro,* 6.ª ed., Milano, 2003

PEREIRA, António Garcia – *O Poder Disciplinar da Entidade Patronal – seu Fundamento*, Lisboa, 1983

PEREIRA, António Garcia – *As diversas e graves inconstitucionalidades do Código do Trabalho*, QL, 2003, 22, 224-236

PEREIRA, Rita Garcia – *A Garantia dos créditos laborais no Código do Trabalho*, QL 2004, 177-214

PÉREZ DE LOS COBOS ORIHUEL, Francisco – *vd* ORIHUEL

PERGOLESI, Ferruccio – *Introduzione al diritto del lavoro, in* U. BORSI / F. PERGOLESI, *Trattato di diritto del lavoro*, I (*Introduzione al diritto del lavoro*), 3.ª ed., Padova, 1960, 1-436

PESSI, Roberto – *Il potere direttivo dell'imprenditore ed i suoi nuovi limiti dopo la legge 20 maggio 1970, n. 300*, Riv.DL, 1973, 28-105

PESSI, Roberto – *Riflessioni sul diritto del lavoro negli anni' 80, in Prospettive del Diritto del lavoro per gli anni' 80 – Atti del VII Congresso Nazionale di Diritto del lavoro, Bari, 23-25 Aprile 1982*, Milano, 1983, 59-78

PICA, Georges – *Le droit du travail à l'épreuve de l'économie (À propos des licenciements collectifs pour motif économique dans les groupes de sociétés)*, DS, 1994, 1, 26-29

PINTO, Alexandre Mota – *Notas sobre o contrato de trabalho de adesão (de acordo com o direito vigente e o Código do Trabalho)*, QL, 2003, 21, 34-73

PINTO, Carlos Alberto da Mota – *Contratos de adesão: uma manifestação jurídica da moderna vida económica*, RDES, 1973, Abril-Dezembro, 122 ss.

PINTO, Carlos Alberto da Mota – *Cessão da Posição Contratual*, Coimbra, 1982

PINTO, José Augusto Rodrigues – *Curso de Direito Individual do Trabalho*, 5.ª ed., São Paulo, 2003

PINTO, Mário F. C. – *Garantia de emprego e crise económica. Contributo ensaístico para um novo conceito*, DJ, 1987/88, III, 141-162

PINTO, Mário F. C. – *L'assouplissement du temps de travail*, DJ, 1992, VI, 125-148

PINTO, Mário F. C. – *Direito do Trabalho – Introdução. Relações Colectivas de Trabalho*, Lisboa, 1996

PINTO, Mário F. C. / MARTINS, Pedro Furtado – *Despedimentos colectivos: liberdade de empresa e acção administrativa*, RDES, 1993, 1/2/3/4, 3-70

PINTO, Mário F. C. / MARTINS, Pedro Furtado / CARVALHO, António Nunes de – *Comentário às Leis do Trabalho*, I, Lisboa, 1994

PINTO, Nuno Abranches – *Instituto Disciplinar Laboral*, Coimbra, 2009

PIRES, Florbela Almeida – *Seguro de Acidentes de Trabalho*, Lisboa, 1999

PLAZA, José Luís Tortuero – *A insegurança do emprego: causas, instrumentos e políticas legislativas, in* A. MOREIRA (coord.), *X Jornadas Luso-Hispano-Brasileiras de Direito do Trabalho – Anais*, Coimbra, 1999, 69-90

POLICARPO, João Francisco de Almeida – *A colaboração na empresa – noção e fundamentos do princípio da colaboração*, ESC, 1962, 1, 72-82

POLICARPO, João Francisco de Almeida – *Pagamento ou não pagamento ao trabalhador da remuneração correspondente ao dia de descanso semanal*, ESC, 1967, 23, 61-82

POLICARPO, João Francisco de Almeida – *O fundamento do direito a férias*, ESC, 1968, 26, 11-28

POLICARPO, João Francisco de Almeida – *Algumas observações acerca do art. 7.° do Decreto-Lei n.° 47 032, de 27-05-1966*, ESC, 1968, 28, 127-132

POLICARPO, João Francisco de Almeida – *O regulamento de empresa – sua função*, ESC, 1969, 29, 15-32

POLICARPO, João de Almeida – *O direito de reclamação do trabalhador*, ESC, 1969, 32, 41-60

POLICARPO, João Francisco de Almeida / FERNANDES, António de Lemos Monteiro – *Fundamento do poder disciplinar,* ESC, 1967, 24, 17-51

PROSPERETTI, Ubaldo – *La posizione professionale del lavoratore subordinato*, Milano, 1958

PRUNES, Luiz Ferreira – *Poder Empresarial: Fundamento, conteúdo e limites (Brasil)*, *in* AA/VV, *Temas de Direito do Trabalho. Direito do Trabalho na Crise. Poder Empresarial. Greves Atípicas – IV Jornadas Luso-Hispano-Brasileiras de Direito do Trabalho,* Coimbra, 1990, 345-376

QUADROS, Fausto de – *Direito da União Europeia*, Coimbra, 2004

RAMALHO, Maria do Rosário Palma – *Sobre os acidentes de trabalho em situação de greve*, ROA, 1993, III, 521-574; republicado *in Estudos de Direito do Trabalho I,* Coimbra, 2003, 339-389

RAMALHO, Maria do Rosário Palma – *Do Fundamento do Poder Disciplinar Laboral*, Coimbra, 1993

RAMALHO, Maria do Rosário Palma – *Lei da Greve Anotada,* Lisboa, 1994

RAMALHO, Maria do Rosário Palma – *Igualdade de tratamento entre trabalhadores e trabalhadoras em matéria remuneratória: a aplicação da Directiva 75/117/CE em Portugal*, ROA, 1997, 159-181; republicado in *Estudos de Direito do Trabalho*, I, Coimbra, 2003, 227-246

RAMALHO, Maria do Rosário Palma – *Os limites do poder disciplinar laboral, in* A. MOREIRA (coord.), *I Congresso Nacional de Direito do Trabalho. Memórias*, Coimbra, 1998, 181-198; republicado *in Estudos de Direito do Trabalho*, I, Coimbra, 2003, 179-193

RAMALHO, Maria do Rosário Palma – *Insegurança ou diminuição do emprego? A rigidez do sistema jurídico português em matéria de cessação do contrato de trabalho e de trabalho atípico, in* A. MOREIRA (coord.), *X Jornadas Luso-Hispano-Brasileiras de Direito do Trabalho – Anais*, Coimbra, 1999, 91-102; republicado *in Estudos de Direito do Trabalho*, I, Coimbra, 2003, 95-106

RAMALHO, Maria do Rosário Palma – *Da Autonomia Dogmática do Direito do Trabalho,* Coimbra, 2001

RAMALHO, Maria do Rosário Palma – *Ainda a crise do direito laboral: a erosão da relação de trabalho «típica» e o futuro do direito do trabalho, in* A. MOREIRA (coord.), *III Congresso de Direito do Trabalho. Memórias*, Coimbra, 2001, 253-266; republicado *in Estudos do Direito do Trabalho*, I, Coimbra, 2003, 107-121

RAMALHO, Maria do Rosário Palma – *Relação de trabalho e relação de emprego – contributos para a construção dogmática do contrato de trabalho, in Estudos em Homenagem ao Professor Doutor Inocêncio Galvão Telles*, I, Coimbra, 2002, 651-681; republicado *in Estudos de Direito do Trabalho*, I, Coimbra, 2003,125-156

RAMALHO, Maria do Rosário Palma – *Intersecção entre o regime da função pública e o regime laboral – breves notas*, ROA, 2002, 2, 439-466; republicado *in Estudos de Direito do Trabalho* I, Coimbra, 2003, 69-93

RAMALHO, Maria do Rosário Palma – *Contrato de trabalho e direitos fundamentais da pessoa, in Estudos de Homenagem à Professora Doutora Isabel de Magalhães Collaço*, II, Coimbra, 2002, 393-415; republicado *in Estudos de Direito do Trabalho*, I, Coimbra, 2003, 157-178

RAMALHO, Maria do Rosário Palma – *Estudos de Direito do Trabalho*, I, Coimbra, 2003

RAMALHO, Maria do Rosário Palma – *Novas formas da realidade laboral: o teletrabalho, in Estudos de Direito do Trabalho*, I, Coimbra, 2003, 195-211; também publicado sob o título *Teletrabalho: reflexões sobre uma projecção da sociedade da informação, in* Direito da Sociedade da Informação, V, Coimbra, 2004, 185-202

RAMALHO, Maria do Rosário Palma – *O novo Código do Trabalho. Reflexões sobre a proposta de lei relativa ao novo Código de Trabalho, in Estudos de Direito do Trabalho*, I, Coimbra, 2003, 15-67

RAMALHO, Maria do Rosário Palma – *O direito do trabalho numa sociedade em mutação acelerada e o problema da igualdade de tratamento entre trabalhadores e trabalhadoras, in Estudos de Direito do Trabalho*, I, Coimbra, 2003, 215-225

RAMALHO, Maria do Rosário Palma – *Igualdade e não discriminação em razão do género no domínio laboral – situação portuguesa e relação com o direito comunitário, in Estudos de Direito do Trabalho*, I, Coimbra, 2003, 227-246

RAMALHO, Maria do Rosário Palma – *Conciliação equilibrada entre a vida profissional e familiar – uma condição para a igualdade entre mulheres e homens na União Europeia, in Estudos de Direito do Trabalho*, I, Coimbra, 2003, 269-277

RAMALHO, Maria do Rosário Palma – *Protection de la maternité et articulation entre la vie familiale et la vie professionnelle par les hommes et par les femmes, in Estudos de Direito do Trabalho*, I, Coimbra, 2003, 279-286; também publicado, em versão francesa, sob o título *Protection de la maternité et articulation entre la vie familiale et la vie professionnelle par les hommes et par les femmes. Une nouvelle problématique? in* AFFJ & EWLA (dir.), *L'égalité entre femmes et hommes et la vie professionnelle. Le point sur les développements actuels en Europe*, Paris, 2003, 137-142

RAMALHO, Maria do Rosário Palma – *Garantir a Igualdade Remuneratória Entre Mulheres e Homens na União Europeia* (com tradução em língua inglesa, sob o título *Guaranteeing Equal Pay beetween Women and Men in the European Union*, e em língua francesa, sob o título *Garantir l'égalité de rémunération entre femmes et hommes dans l'Union Européenne*), Lisboa, 2003

RAMALHO, Maria do Rosário Palma – *«De la Servidumbre al Contrato de Trabajo» – deambulações em torno da obra de Manuel Alonso Olea e da singularidade dogmática do contrato de trabalho, in* A. MONTEIRO FERNANDES (coord.), *Estudos de Direito do Trabalho em Homenagem ao Professor Manuel Alonso Olea*, Coimbra, 2004, 529-545

RAMALHO, Maria do Rosário Palma – *O direito da igualdade no Código do Trabalho, in* Centro de Estudos Judiciários (coord.), *A Reforma do Código do Trabalho*, Coimbra, 2004, 173-190

RAMALHO, Maria do Rosário Palma – *Igualdade de género e direito comunitário – breves notas,* Ex aequo, 2004, 10, 51-60

RAMALHO, Maria do Rosário Palma – *O poder disciplinar laboral no Código do Trabalho – Notas breves, in Estudos em Memória do Professor Doutor António Marques dos Santos*, I, Coimbra, 2005, 1133-1147

RAMALHO, Maria do Rosário Palma – *Perspectivas Metodológicas do Direito do Trabalho. Relatório*, Coimbra, 2005

RAMALHO, Maria do Rosário Palma – *O contrato de trabalho na Reforma da Administração Pública*, QL, 2005, 24, 121-136

RAMALHO, Maria do Rosário Palma – *Aspectos laborais da insolvência,* QL, 2005, 26, 145-163; republicado *in Estudos em Memória do Professor Doutor José Dias Marques*, Coimbra, 2007, 687-705

RAMALHO, Maria do Rosário Palma / BRITO, Pedro Madeira de – *Contrato de Trabalho na Administração Pública. Anotação à Lei n.° 23/2004, de 22 de Junho*, 2.ª edição, Coimbra, 2005

RAMALHO, Maria do Rosário Palma – *Grupos Empresariais e Societários. Incidências Laborais*, Coimbra, 2008

RAMALHO, Maria do Rosário Palma – *Direito do Trabalho. Parte I – Dogmática Geral,* 2.ª ed., Coimbra, 2009

RAMALHO, Maria do Rosário Palma – *Direito Social da União Europeia,* Coimbra, 2009

RAMALHO, Maria do Rosário Palma – *Reconciling Family and Professional Life and the Gender Equality Principle in Employment*, EGELR, 2009, 2, 7-15

RAMALHO, Maria do Rosário Palma / PERISTA, Heloísa – *Concilier famille et travail au Portugal: droit et pratiques, in* AA/VV, *Concilier famille et travail pour les hommes et pour les femmes: droit et pratiques*, Athènes – Bruxelles, 2005, 191-217

RAPOSO, Vera Lúcia – *Os limites da igualdade: um enigma por desvendar (a questão da promoção da igualdade laboral entre os sexos)*, QL, 2004, 23, 42-80

RATO, João – *Igualdade salarial. Mecanismo de aplicação do Direito: os tribunais em Portugal e nos países terceiros*, QL, 2003, 23, 23-32

RAY, Jean-Emmanuel – *Contrôle minimum ou contrôle normal du juge judiciaire en matière disciplinaire?*, DS, 1987, 4, 365-367

RAY, Jean-Emmanuel – *Nouvelles technologies et nouvelles formes de subordination*, DS, 1992, 6, 525-537

RAY, Jean-Emmanuel – *Du Germinal à Internet. Une nécessaire évolution du critère du contrat de travail*, DS, 1995, 7/8, 634-637

RAY, Jean Emmanuel – *Le droit du travail à l'épreuve du télétravail: le statut du télétravailleur*, DS, 1996, 2, 121-127

REDENTI, Enrico – *Variazioni sul tema del verbo commandare*, Riv.Trim.DPC, 1959, 777-794

REDINHA, Maria Regina Gomes – *Empresas de trabalho temporário*, RDE, 1984/85, 137-171

REDINHA, Maria Regina Gomes – *Da cedência ocasional de trabalhadores*, QL, 1994, 1, 16-23

REDINHA, Maria Regina Gomes – *A Relação laboral Fragmentada. Estudo sobre o Trabalho Temporário*, Coimbra, 1995

REDINHA, Maria Regina – *O teletrabalho, in* A. MOREIRA (coord.), *II Congresso Nacional de Direito do Trabalho. Memórias*, Coimbra, 1999, 81-102

REDINHA, Maria Regina Gomes – *Trabalho temporário: apontamento sobre a reforma do seu regime jurídico, in* P. ROMANO MARTINEZ (coord.), *Estudos do Instituto de Direito do Trabalho*, I, Coimbra, 2001, 443-470

REDINHA, Maria Regina Gomes – *O teletrabalho,* QL, 2001, 17, 87-107

REDINHA, Maria Regina Gomes – *Assédio moral ou mobbing no trabalho, in Estudos em Homenagem ao Prof. Doutor Raúl Ventura*, II, Coimbra, 2003, 833-847

REDINHA, Maria Regina Gomes – *Os direitos de personalidade no Código do Trabalho: actualidade e oportunidade da sua inclusão, in* Centro de Estudos Judiciários (Org.), *A Reforma do Código do Trabalho*, Coimbra, 2004, 161-172

REIS, Célia Afonso – *Cedência de Trabalhadores,* Coimbra, 2000

REIS, Célia Afonso – *Notas sobre o trabalho temporário, in* ROMANO MARTINEZ (coord.), *Estudos do Instituto de Direito do Trabalho*, IV, Coimbra, 2003, 145-185

RESCIGNO, Pietro – *Crisi dell'impresa, trasferimento di azienda e rapporti di lavoro, in Problemi attuali dell'impresa in crisi. Studi in onere di Giuseppe Ferri,* Padova, 1983, 283-292

RESENDE, Feliciano Tomás de – *As prestações das partes no contrato de trabalho,* ESC, 1969, 32, 9-40

RIBEIRO, João Soares – *Alterações ao regime jurídico das férias, in* A. MOREIRA (coord.), *II Congresso Nacional de Direito do Trabalho. Memórias*, Coimbra, 1999, 241-255

RIBEIRO, João Soares – *Cessação do contrato de trabalho por inadaptação do trabalhador in* A. MOREIRA (coord.), *IV Congresso Nacional de Direito do Trabalho. Memórias*, Coimbra, 2002, 397-409

RIBEIRO, Maria de Fátima – *O tempo de trabalho no Direito Comunitário (a Directiva 93/104/CE, de 23 de Novembro), in* S. OLIVEIRA PAIS / M. FÁTIMA RIBEIRO, *Dois Temas de Direito Comunitário*, Porto, 2000, 105-182

RICHARDI, Reinhard – *J. von Staudingers Kommentar zum Bürgerlichen Gesetzbuch mit Einführungsgesetz und Nebengesetzen*, 13.ª ed., II – *Recht der Schuldverhältnisse (§§ 611-615)*, Berlin, 1999

RIVERO, Jean / SAVATIER, Jean – *Droit du travail*, 8.ª ed., Paris, 1981

RODRIGUES, Maria Auxiliadora B. M. – *Do incumprimento das normas de descanso diário e seus reflexos no contrato de trabalho*, Lisboa (dact., FDL), 2004

RODRIGUEZ-PIÑERO, Miguel – *Contratación temporal y nuevas formas de* empleo, Rel.Lab., 1989, I, 49-55

RODRIGUEZ-PIÑERO, Miguel – *La flessibilità e il diritto del lavoro spagnolo, in* M. D'ANTONA (dir.), *Politiche di flessibilità e mutameni del diritto del lavoro. Italia e Spagna*, Napoli, 1990, 205-227

RODRIGUEZ-PIÑERO, Miguel – *La huida del Derecho del Trabajo,* Rel.Lab.,1992, I, 85-92

RODRIGUEZ-PIÑERO, Miguel – *Trabajo a tempo parcial y Derecho Comunitário*, Rel.Lab, 1998, II, 167-178

ROMANO, Santi – *L'ordinamento giuridico,* 2.ª ed., Firenze, 1945

ROSCHER, Helmut – *Die Anfänge des modernen Arbeitsrecht – Ein Beitrag zur Geschichte des Jugendarbeitsschutzes unter besonderer Berücksichtigung der Entwicklung in Preußen*, Frankfurt-Bern-New York

ROUAST, André / DURAND, Paul – *Précis de droit du travail,* 2.ª ed., Paris, 1961

ROUBIER, Paul – *Les prérogatives juridiques,* Arch.Ph.Dr., 1960, V, 65 ss.

ROY-LOUSTAUNAU, Claude – *Une avance insuffisante en matière de contrat à durée détérminée (loi du 3 janvier 2003)*, DS, 2003, 3, 265-270

RUIVO, Margarida / GONZÁLEZ, Maria do Pilar / VAREJÃO, José M. – *Why is part-time work so low in Portugal and Spain, in* J. O'REILLY / C. FAGAN (dir.), *Part-Time Prospects – An international comparison of part-time work in Europe, North America and the Pacific Rim*, London – New-York, 1998, 199-213

RÜMELIN, Gustav – *Dienstvertrag und Werkvertrag*, Tübingen, 1905

RUSSOMANO, Mozart Victor – *Curso de Direito do Trabalho,* 6.ª ed., Curitiba, 1997

SANCHES, José Luís Saldanha – *Antigas e novas remunerações em espécie: o seu regime fiscal, in* P. ROMANO MARTINEZ (coord.), *Estudos do Instituto de Direito do Trabalho*, I, Coimbra, 2001, 387-396.

SANSEVERINO, Luisa Riva – *Il lavoro nell'impresa, in* A. SCIALOJA (dir.), *Commentario del codice civile, Libro V – Del lavoro (art. 2188.°-2246.°)*, 2.ª ed., Bologna-Roma, 1943

SANSEVERINO, Luisa Riva – *Il Contratto individuale di lavoro, in* U. BORSI / F. PERGOLESI, *Trattato di dirittto del lavoro, II (Il contratto di lavoro)*, 3.ª ed., Padova, 1958, 1-379

SANSEVERINO, Luisa Riva – *Lavoro autonomo, in* A. SCIALOJA / G. BRANCA (dir.), *Commentario del Codice civile, libro V – Del lavoro (art. 2188.°-2246.°),* 2.ª ed., Bologna-Roma, 1963

SANSEVERINO, Luisa Riva – *Diritto del lavoro,* 14.ª ed., Padova, 1982

SANTORO-PASSARELLI, Francesco – *Libertà e autorità nel diritto civile,* Padova, 1977

SANTORO-PASSARELLI, Giuseppe – *Il lavoro parasubordinato,* Milano, 1983

SANTORO-PASSARELLI, Francesco – *Nozioni di diritto del lavoro,* 35.ª ed., Napoli, 1987 (*reprint* 1995)

SANTOS, A. Ary dos – *Acidentes de Trabalho,* Lisboa, 1932

SAVATIER, Jean – *L'amnistie des sanctions disciplinaires dans les entreprises*, DS, 1981, 9/10, 609-620

SAVATIER, Jean – *Pouvoir patrimonial e direction des personnes*, DS, 1982, 1, 1-10

SAVATIER, Jean – *Les formes de l'avertissement disciplinaire et le rôle du juge des référés prud'homal dans le contrôle des sanctions disciplinaires – jurisprudence commentée*, DS, 1984, 3, 184-189

SAVATIER, Jean – *Le contrôle judiciaire du pouvoir disciplinaire de l'employeur depuis la loi du 4 août 1982*, DS, 1986, 6, 501-505

SAVATIER, Jean – *Secret médical et obligation de discrétion de l'employeur*, DS, 1986, 5, 419-423

SAVATIER, Jean – *Le pouvoir disciplinaire de l'employeur (chronique de jurisprudence)*, DS, 1988, 3, 251-261

SAVATIER, Jean – *Le pouvoir disciplinaire de l'employeur (chronique de jurisprudence)*, DS, 1989, 6, 504-511

SAVATIER, Jean – *Droit disciplinaire conventionnel et droit disciplinaire légal*, DS, 1992, 3, 227-233

SAVATIER, Jean – *La protection de la vie privée des salariés*, DS, 1992, 4, 329-336

SAVINO, M. – *Il lavoro nei rapporti di diritto privato*, Torino, 1950

SCHAUB, Günther – *Arbeitsrecht Handbuch,* 9.ª ed., München, 2000

SCHWERDTNER, Peter – *Fürsorgetheorie und Entgelttheorie im Recht der Arbeitsbedingungen*, Heidelberg, 1970

SCONAMIGLIO, Renato – *Diritto del lavoro,* 5.ª ed., Napoli, 2000

SÉGUIN, Philippe – *L'adaptation du droit du travail,* DS, 1986, 12, 828-833

SERRA, Adriano Paes da Silva Vaz – *União de Contratos, Contratos Mistos*, Lisboa, 1960

SERRA, Adriano Paes da Silva Vaz – *Empreitada,* BMJ, 1965, 145, 19-190, e 146, 33-247

SERRA, Catarina – *O Novo Regime Português da Insolvência. Uma Introdução*, Coimbra, 2004

SIEBERT, Wolfgang – *Die Begründung des Arbeitsverhältniss,* DAR, 1937, 11, 305-310 e 338-342

SILVA, Ana Paula Costa e – *A Reforma da Acção Executiva,* Coimbra, 2003

SILVA, Fernando Emydgio da – *Acidentes de Trabalho*, I, Lisboa, 1913

SILVA, Filipe Fraústo da – *Sobre a exigência legal de forma escrita para o despedimento no contrato de serviço doméstico*, QL, 2000, 16, 232-237

SILVA, Filipe Fraústo da – *Em torno do contrato de trabalho doméstico*, ProntDT, 2001, 60, 83-130

SILVA, Filipe Fraústo da – *Serviço doméstico, intimidade e despedimento*, RDES, 2001, 3/4, 215-317

SILVA, João Moreira da – *Direitos e Deveres dos Sujeitos da Relação Individual de Trabalho*, Coimbra, 1983

SILVA, Maria da Conceição Tavares da – *Trabalho no domicílio*, ESC, 1962, 4, 13-41

SILVA, Maria da Conceição Tavares da – *Direito do Trabalho*, Lisboa (copiogr.), 1964-65

SILVA, Maria Manuela Maia da – *Mobilidade funcional*, QL, 1997, 9/10, 61-80

SIMÃO, Joana – *A transmissão do estabelecimento na jurisprudência do trabalho comunitária e nacional*, QL, 2002, 20, 203-220

SMURAGLIA, Carlo – *La persona del prestatore nel rapporto di lavoro*, Milano, 1967

SOINNE, Bernard – *Le contenu du pouvoir normatif de l'employeur*, DS, 1983, 7/8, 509-519

SÖLLNER, Alfred – *Grundriß des Arbeitsrecht*, 12.ª ed., München, 1998

SUPIOT, Alain – *La réglementation patronale de l'entreprise*, DS, 1992, 3, 215-226

SUPIOT, Alain – *Le travail, liberté partagée*, DS, 1993, 9/10, 715-724

SUPIOT, Alain – *Critique du droit du travail*, Paris, 1994

SUPIOT, Alain (dir.) – *Le travail en perspectives*, Paris, 1998

SUPIOT, Alain – *Au-delà de l'emploi. Transformations du travail et devenir du droit du travail en Europe – Rapport pour la Commission des Communautés Européennes avec la collaboration de l'Université Carlos III de Madrid*, Paris, 1999

SUPIOT, Alain – *Les nouveaux visages de la subordination*, DS, 2000, 2, 134 ss.

SUPPIEJ, Giuseppe – *La struttura del rapporto di lavoro*, II, Padova, 1963

SUPPIEJ, Giuseppe – *Il rapporto di lavoro*, Padova, 1982

TELLES, Inocêncio Galvão – *Contratos Civis (Projecto completo de um título do futuro Código Civil Português e respectiva Exposição de Motivos)*, BMJ, 1959, 83, 113-283

TELLES, Inocêncio Galvão – *Parecer n.° 45/VII à Câmara Corporativa – Regime do Contrato de Trabalho (Projecto de Proposta de L. n.° 517), in Pareceres da Câmara Corporativa (VII legislatura)*, 1961, II, Lisboa, 1962, 515-560

TELLES, Inocêncio Galvão – *Direito das Obrigações*, 7.ª ed., Coimbra, 1997

TELLES, Inocêncio Galvão – *Introdução ao Estudo do Direito*, I, 11.ª ed., Lisboa, 1999

TELLES, Inocêncio Galvão – *Manual dos Contratos em Geral*, 4.ª ed., Coimbra, 2002

TEYSSIÈ, Bernard – *Personnes, entreprises et relations de travail*, DS, 1988, 5, 374-383

TOFFOLETTO, Franco – *Subordinazione e carattere durevole della prestazione*, RIDL, 1986, II, 514-521

TOMAJOLI, Doro Muscari – *Istituzione di diritto del lavoro*, 4.ª ed., Milano, 1985

TOMANDL, Theodor – *Wesensmerkmale des Arbeitsvertrages in Rechthsvergleichender und Rechtspolitischer Sicht*, Wien – New York, 1971

TORRES, Mário – *Trabalho no domicílio*, RMP, 1987, 30, 25-66

TORTUERO PLAZA, José Luís – *vd* PLAZA

TREU, Tiziano – *Gruppi di imprese e relazione industriali: tendenze europee*, DLRI, 1988, 641-672

TREU, Tiziano – *Labour flexibility in Europe*, ILR, 1992, 4/5, 497-512

TROPLONG, M. – *De l'échange et du louage, in Le droit civil expliqué. Commentaire des Titres VII et VIII du livre III du Code Napoléon*, 3.ª ed., II, Paris, 1859

ULBER, Jürgen – *Arbeitszeitrecht im Wandel*, WSI-Mitt, 1987, 745-752

ULRICH, Ruy Ennes – *Legislação Operária Portugueza*, Coimbra, 1906

VALLEBONA, Antonio – *Il lavoro in cooperativa*, RIDL, 1991, I, 291-299

VALVERDE, António Martín – *El período de prueba en el contrato de trabajo*, Madrid, 1976

VALVERDE, António Martín / GUTIÉRREZ, Fermín Rodriguez-Sañudo / MURCIA, Joaquin García – *Derecho del Trabajo*, 4.ª ed., Madrid, 1995

VASCONCELOS, Joana – *A revogação do contrato de trabalho*, DJ, 1997, XI, 2, 173-193

VASCONCELOS, Joana – *O conceito de justa causa de despedimento – evolução legislativa e situação actual, in* P. ROMANO MARTINEZ (coord.), *Estudos do Instituto de Direito do Trabalho*, II, Coimbra, 2001, 15-34

VASCONCELOS, Joana – *Concretização do conceito de justa causa, in* P. ROMANO MARTINEZ (coord.), *Estudos do Instituto de Direito do Trabalho*, III, Coimbra, 2002, 207-223

VASCONCELOS, Joana – *Sobre a garantia dos créditos laborais no Código do Trabalho, in Estudos de Direito do Trabalho, in* A. MONTEIRO FERNANDES (coord.), *Estudos em Homenagem ao Professor Manuel Alonso Olea*, Coimbra, 2004, 321-341

VASCONCELOS, Pedro Pais de – *Contratos Atípicos*, Coimbra, 1995

VARELA, João de Matos Antunes – *Das Obrigações em Geral*, I, 9.ª ed., Coimbra, 1998

VEIGA, António Jorge da Motta – *Lições de Direito do Trabalho*, 6.ª ed., Lisboa, 1995, e 8.ª ed., Lisboa, 2000

VENEZIANI, Bruno – *Nuove tecnologie e contratto di lavoro: profili di diritto comparato*, DLRI, 1987, 1, 1-60

VENEZIANI, Bruno – *Gruppi di imprese e diritto del lavoro,* Lav.Dir., 1990, 609-647

VENNIN, Françoise – *L'aménagement du pouvoir disciplinaire de l'employeur*, DS, 1983, 7/8, 486-493

VENTURA, Raúl Jorge Rodrigues – *Teoria da Relação Jurídica de Trabalho – Estudo de Direito Privado*, I, Porto, 1944

VENTURA, Raúl Jorge Rodrigues – *Notas sobre algumas modalidades de contrato de trabalho,* RFDUL, 1948, V, 253-258

VENTURA, Raúl Jorge Rodrigues – *Extinção das relações jurídicas de trabalho*, ROA, 1950, 1/2, 215-364

VENTURA, Raúl Jorge Rodrigues – *O período de experiência no contrato de trabalho*, Dir., 1961, 4, 247-280

VENTURA, Raúl Jorge Rodrigues – *Nulidade total e nulidade parcial do contrato de trabalho*, Dir., 1962, 245-273

VERDIER, Jean-Maurice / COEURET, Alain / SOURIAC, Marie-Armelle – *Droit du travail,* 12.ª ed., Paris, 2002

VICENTE, Dário Moura – *Destacamento Internacional de Trabalhadores, in Direito Internacional Privado – Ensaios*, I, Coimbra, 2002, 85-106

VIGNEAU, Christophe – *L'accord-cadre européen sur le travail à durée déterminée*, DS, 1999, 11, 928-937

VIGORITA, Luciano Spagnuolo – *Subordinazione e diritto del lavoro – problemi storico-critici*, Napoli, 1967

VIGORITA, Luciano Spagnuolo – *Impresa, rapporto di lavoro, continuità,* Riv.dir.civ., 1969, I, 545-578

VILAR, António – *Flexibilidade e polivalência funcional, in* A. MOREIRA (coord.), *I Congresso Nacional de Direito do Trabalho. Memórias*, Coimbra, 1998, 145-168

VILLAZON, Luis Antonio Fernandéz – *Los derechos de los trabajadores frente al tratamiento de datos personales. Comentario a la Directiva 95/46/CE, relativa a la protección de las personas físicas en lo que respecta al tratamiento de datos personales y a la libre circulación de esos datos*, Rel. Lab. 1996, II, 1178-1209

WANK, Rolf – *Atypische Arbeitsverhältnisse,* RdA, 1992, 2, 103-113

WANK, Rolf – *Neuere Entwicklungen im Arbeitnehmerüberlassungsrecht*, RdA, 2003, 1, 1-11

WAQUET, Philippe – *Un employeur peut-il filmer à leur insu ses salariés? – Cour de cassation, Chambre sociale, 20 novembre 1991*, DS, 1992, 1, 28-31

WINDBICHLER, Christine – *Arbeitnehmer mobilität im Konzern*, RdA, 1988, 2, 95-99

WINDSCHEID, Bernhard / KIPP, Theodor – *Lehrbuch des Pandettenrechts, 9 Auflage unter vergleichender Darstellung des deutschen bürgerlicher Rechts*, II, Frankfurt, 1906 (reprint, 1963)

XAVIER, Alberto Santos Pinheiro – *O Poder Disciplinar do Dador de Trabalho*, Lisboa (dact., FDL), 1965

XAVIER, Bernardo da Gama Lobo – *A determinação qualitativa da prestação de trabalho*, ESC, 1964, 10, 9-45

XAVIER, Bernardo da Gama Lobo – *Regime Jurídico do Contrato de Trabalho Anotado*, 1.ª ed., Coimbra, 1969, e 2.ª ed., Coimbra, 1972

XAVIER, Bernardo da Gama Lobo – *O lugar da prestação do trabalho*, ESC, 1970, 33, 11-61

XAVIER, Bernardo da Gama Lobo – *Direito de Greve*, Lisboa, 1984

XAVIER, Bernardo da Gama Lobo – *Contratos de trabalho dos profissionais de espectáculos (Direito aplicável)*, RDES, 1986, 1, 103-139

XAVIER, Bernardo da Gama Lobo – *Introdução ao estudo da retribuição no direito do trabalho português*, RDES, 1986, 1, 80 ss.

XAVIER, Bernardo da Gama Lobo – *Justa causa de despedimento: conceito e ónus da prova*, RDES, 1988, 1, 1-68

XAVIER, Bernardo da Gama Lobo – *Contrato de trabalho a prazo*, RDES, 1988, 4, 424-436

XAVIER, Bernardo da Gama Lobo – *Prescrição da infracção disciplinar*, RDES, 1990, 225-267

XAVIER, Bernardo da Gama Lobo – *Curso de Direito do Trabalho*, 2.ª ed., Lisboa, 1993 (*reprint* 1999); 1.ª ed., Lisboa, 1992; e *Curso de Direito do Trabalho*, I, 3.ª ed., Lisboa, 2004

XAVIER, Bernardo da Gama Lobo – *Iniciação ao Direito do Trabalho*, Lisboa – S. Paulo, 1994

XAVIER, Bernardo da Gama Lobo – *A mobilidade funcional e a nova redacção do art. 22.° da LCT*, RDES, 1997, 1/2/3, 51-130

XAVIER, Bernardo da Gama Lobo – *Polivalência e mobilidade*, *in* A. MOREIRA (coord.), *I Congresso Nacional de Direito do Trabalho. Memórias*, Coimbra, 1998, 103-131

XAVIER, Bernardo da Gama Lobo – *O Despedimento Colectivo no Dimensionamento da Empresa*, Lisboa, 2000

XAVIER, Bernardo da Gama Lobo – *O regime dos despedimentos colectivos e as modificações introduzidas pela L. n.° 32/99, de 18 de Maio*, *in* P. ROMANO MARTINEZ (coord.), *Estudos do Instituto de Direito do Trabalho*, I, Coimbra, 2001, 403-409

XAVIER, Bernardo da Gama Lobo – *O acesso à informação genética. O caso particular das entidades empregadoras*, RDES, 2003, 3/4, 11-49

XAVIER, Bernardo da Gama Lobo / MARTINS, Pedro Furtado – *Cessão da posição contratual laboral. Relevância dos grupos económicos. Regras de contagem da antiguidade*, RDES, 1994, 4, 369-427

XAVIER, Bernardo da Gama Lobo / RIBEIRO, Maria Cândida Almeida – *Regulamento de empresa (subsídios para a elaboração de regulamentos de empresa)*, ESC, 1973, 36, 87-121

XAVIER, Rita Lobo – *Limites à Autonomia Privada nas Relações Patrimoniais entre os Cônjuges*, Coimbra, 2000

ZACHERT, Ulrich – *Die Zerstörung des Normalarbeitsverhältnisses*, ArbuR, 1988, 5, 129-137

ZÖLLNER, Wolfgang – *Betriebsjustiz*, ZZP, 1970, 4, 365-393

ZÖLLNER, Wolfgang / LORITZ, Karl-Georg – *Arbeitsrecht – ein Studienbuch*, 5.ª ed., München, 1998

# ÍNDICE GERAL

## DIREITO DO TRABALHO
## PARTE II

### SITUAÇÕES LABORAIS INDIVIDUAIS



## I
## FORMAÇÃO DAS SITUAÇÕES JUSLABORAIS INDIVIDUAIS: O CONTRATO DE TRABALHO

### § 17.° Delimitação do contrato de trabalho

## § 18.° Formação do contrato de trabalho

# II
# CONTEÚDO DAS SITUAÇÕES JUSLABORAIS INDIVIDUAIS

## Secção I – Do conteúdo em geral e conteúdos especiais no contrato de trabalho

### § 19.° Conteúdos gerais típicos do contrato de trabalho



### § 20.° Contratos de trabalho sujeitos a regime especial: o contrato de trabalho a termo resolutivo



### § 21.° Outros contratos de trabalho sujeitos a regime especial

**§ 22.° Outros regimes laborais especiais**



**Secção II – A situação jurídica do trabalhador no contrato de trabalho**



**§ 23.° A actividade laboral e os deveres acessórios do trabalhador**

## § 24.° O posicionamento do trabalhador na organização do empregador: a categoria, a carreira e a antiguidade



## § 25.° O local de trabalho



## § 26.° Tempo de trabalho e tempos de não trabalho

**Secção III – A situação jurídica do empregador no contrato de trabalho**



**§ 27.° Remuneração e deveres acessórios do empregador**

## § 28.° Poder directivo



## § 29.° Poder disciplinar laboral

## III
## VICISSITUDES DAS SITUAÇÕES JUSLABORAIS INDIVIDUAIS

### Secção I – Modificação e suspensão do contrato de trabalho



### § 30.° Modificação e suspensão do contrato de trabalho por motivos de gestão



### § 31.° Modificação e suspensão do contrato de trabalho por motivos atinentes ao trabalhador



### § 32.° Acidentes de trabalho e doenças profissionais

**Secção II – Cessação do contrato de trabalho**

**§ 33.° Enquadramento geral**



**§ 34.° Cessação do contrato de trabalho por caducidade, por acordo revogatório e no decurso do período experimental**



**§ 35.° Despedimento por facto imputável ao trabalhador ou despedimento disciplinar**

### § 36.° Despedimento colectivo



### § 37.° Despedimento por extinção do posto de trabalho

### § 38.° Despedimento por inadaptação



### § 39.° Cessação do contrato de trabalho por iniciativa do trabalhador



### § 40.° Efeitos acessórios da cessação do contrato de trabalho